BUCHNERS GESCHICHTE

OBERSTUFE

Ausgabe Nordrhein-Westfalen
Qualifikationsphase

Herausgegeben von
Elke Langendorf

C.C.Buchner

Buchners Geschichte Oberstufe

Ausgabe Nordrhein-Westfalen. Qualifikationsphase

Unterrichtswerk für die Oberstufe

Herausgegeben von Elke Langendorf

Bearbeitet von Thomas Ahbe, Boris Barth, Benjamin Bauer, Ralph Erbar, Christoph Hamann, Klaus Dieter Hein-Mooren, Heinrich Hirschfelder, Alexandra Hoffmann-Kuhnt, Elke Langendorf, Lorenz Maier, Thomas Ott, Bernhard Pfändtner, Markus Sanke, Reiner Schell, Rolf Schulte, Winfried Schumacher, Jürgen Weber und Hartmann Wunderer unter Beratung von Werner Fink, Josef van de Gey und Thomas Sandkühler

Dieser Titel ist auch als digitale Ausgabe unter *www.ccbuchner.de* erhältlich.

1. Auflage, 1. Druck 2015
Alle Drucke dieser Auflage sind, weil untereinander unverändert, nebeneinander benutzbar.

Dieses Werk folgt der reformierten Rechtschreibung und Zeichensetzung. Ausnahmen bilden Texte, bei denen künstlerische, philologische oder lizenzrechtliche Gründe einer Änderung entgegenstehen.

Die Mediencodes enthalten ausschließlich optionale Unterrichtsmaterialien. Auf verschiedenen Seiten dieses Buches finden sich Verweise (Links) auf Internetadressen. Haftungshinweis: Trotz sorgfältiger inhaltlicher Kontrolle wird die Haftung für die Inhalte externer Seiten ausgeschlossen.

Redaktion: Benjamin Bauer, Doreen Eschinger und Klaus Dieter Hein-Mooren
Layout und Satz: ARTBOX Grafik und Satz GmbH, Bremen
Umschlag: ARTBOX Grafik und Satz GmbH, Bremen
(unter Verwendung des Gemäldes „Work in Progress" von Jörg Frank von 1995 und des Kupferstiches „Le Congrès" von 1815)
Druck- und Bindearbeiten: PHOENIX PRINT GmbH

www.ccbuchner.de

ISBN 978-3-7661-**4677**-9

Anforderungsbereich I (Reproduktion)

Er verlangt in erster Linie die geordnete Wiedergabe von Sachverhalten und die (eventuell chronologische) Auflistung von Kenntnissen ohne Kommentierung. Weiterhin wird die Anwendung eingeübter Arbeitstechniken, z. B. bei der Bearbeitung einer Quelle, sowie die Reduzierung (historischer Ereignisse) auf wesentliche Aussagen erwartet.

nennen **benennen**	zielgerichtet Informationen zusammentragen, ohne dies zu kommentieren
aufzählen	Textinformationen oder Wissenselemente in sinnvoller Ordnung → *benennen*
skizzieren	in knapper Form zentrale Grundlinien historischer Sachverhalte (Ereignis, Ablauf, Zustand), Probleme oder Aussagen erkennen und zutreffend formulieren
beschreiben **aufzeigen**	exakte Angaben selbst wählen, um Inhalte des Materials auszudrücken
zusammenfassen	einen längeren Text ohne Sinnverlust kürzer ausdrücken
wiedergeben	Informationen aus Vorlage oder Wissen richtig → *benennen* und → *aufzählen*

Anforderungsbereich II (Reorganisation und Transfer)

Er fordert das eigenständige Erklären, Bearbeiten und Ordnen bekannter Inhalte und die Anwendung des Eingeübten auf andere Sachverhalte.

analysieren **untersuchen**	an Material gezielte Fragen stellen, diese beantworten und die Antworten → *begründen*
begründen **nachweisen**	Aussagen (z. B. Urteil, These, Wertung) durch Argumente stützen, die auf historischen Beispielen und anderen Belegen gründen
charakterisieren	einen historischen Sachverhalt in seiner Eigenart → *beschreiben* und dann unter einem bestimmten Gesichtspunkt → *zusammenfassen*
einordnen	einen oder mehrere historische Sachverhalte in einen größeren historischen Zusammenhang stellen
erklären	Informationen durch eigenes Wissen und eigene Einsichten in einen Zusammenhang (Theorie, Modell, Regel, Gesetz, Funktionszusammenhang) → *einordnen* und → *begründen*
erläutern	wie → *erklären*, zusätzlich noch durch Informationen und Beispiele verdeutlichen
herausarbeiten	aus Materialien bestimmte historische Sachverhalte herausfinden, die nicht explizit genannt werden, und zwischen ihnen Zusammenhänge herstellen
gegenüberstellen	wie → *skizzieren*, zusätzlich argumentierend gewichten
widerlegen	Argumente dafür anführen, dass eine These/Behauptung zu Unrecht aufgestellt wird

Anforderungsbereich III (Reflexion und Problemlösung)

Er umfasst den selbstständigen und kritischen Umgang mit neuen und umfassenden Sachverhalten – Ziele sind eigenständige Wertungen, Deutungen und Begründungen.

beurteilen urteilen	Hypothesen oder Behauptungen im Zusammenhang → *prüfen* und eine Aussage über deren Richtigkeit, Angemessenheit usw. machen, wobei die Kriterien selber gefunden werden müssen
bewerten Stellung nehmen	wie → *beurteilen*, aber zusätzlich mit Offenlegen und → *Begründen* eigener Wertmaßstäbe, die Pluralität einschließen und zu einem Werturteil führen, das auf den Wertvorstellungen unserer freiheitlich-demokratischen Grundordnung basiert
entwickeln	Analyseergebnisse und eigenes Fachwissen heranziehen, um zu einer eigenen Deutung zu gelangen
sich auseinandersetzen diskutieren	zu einer historischen Problemstellung oder These eine Argumentation → *entwickeln*, die zu einer → *begründeten* Bewertung (→ *bewerten*) führt
prüfen überprüfen	Aussagen (Hypothesen, Behauptungen, Urteile) auf ihre Angemessenheit hin → *untersuchen*
vergleichen	auf der Grundlage von Kriterien historische Sachverhalte problembezogen → *gegenüberstellen*, um Gemeinsamkeiten, Unterschiede, Ähnlichkeiten, Abweichungen oder Gegensätze zu → *beurteilen*

Übergeordnete „Operatoren", die Leistungen in allen drei Anforderungsbereichen verlangen

interpretieren	Sinnzusammenhänge aus Materialien erschließen und eine → *begründete* Stellungnahme abgeben, die auf einer Analyse (→ *analysieren*), Erläuterung (→ *erläutern*) und Bewertung (→ *bewerten*) beruht
erörtern	eine These oder Problemstellung durch eine Kette von Für-und-Wider- bzw. Sowohl-als-auch-Argumenten auf ihren Wert und ihre Stichhaltigkeit hin abwägend → *prüfen* und auf dieser Grundlage eine eigene Stellungnahme dazu → *entwickeln*; die Erörterung einer historischen Darstellung setzt deren Analyse (→ *analysieren*) voraus
darstellen	historische Entwicklungszusammenhänge und Zustände mithilfe von Quellenkenntnissen und Deutungen → *beschreiben*, → *erklären* und → *beurteilen*

Zusammengestellt nach www.kmk.org/doc/beschl/196-13_EPA-Geschichte-Endversion-formatiert.pdf und Renate El Darwich und Hans-Jürgen Pandel, Wer, was, wo, warum? Oder nenne, beschreibe, zähle, begründe. Arbeitsfragen für die Quellenerschließung, in: Geschichte lernen H. 46 (1995), S. 33-37

H **F** Diese Symbole kennzeichnen zusätzliche Anregungen zum Helfen und Fordern und dienen damit der Binnendifferenzierung.

Inhalt

Die moderne Industriegesellschaft zwischen Fortschritt und Krise

Die „Zweite Industrielle Revolution“ und die Entstehung der modernen Massengesellschaft

Vom Hochimperialismus zum ersten „modernen“ Krieg der Industriegesellschaft

Ursachen und Folgen der Weltwirtschaftskrise 1929

Nation – Nationalismus – Nationalstaat

Die „Deutsche Frage" im 19. Jahrhundert

„Volk" und „Nation" im Deutschen Kaiserreich

Die Zeit des Nationalsozialismus – Voraussetzungen, Herrschaftsstrukturen, Nachwirkungen und Deutungen

Politische und ideologische Voraussetzungen des Nationalsozialismus

Die Herrschaft des Nationalsozialismus in Deutschland und Europa

Vergangenheitspolitik und „Vergangenheitsbewältigung"

Von der getrennten zur vereinten Nation

Nationale Identität unter den Bedingungen der Zweistaatlichkeit in Deutschland

Die Überwindung der deutschen Teilung in der „friedlichen Revolution" von 1989

Friedensschlüsse und Ordnungen des Friedens in der Moderne

Multilateraler Interessenausgleich nach dem Dreißigjährigen Krieg

Europäische Friedensordnung nach den Napoleonischen Kriegen

Internationale Friedensordnung nach dem Ersten Weltkrieg

Konflikte und Frieden nach dem Zweiten Weltkrieg

Anhang

Auf einen Blick: Methoden-Bausteine

Mit diesem Buch arbeiten und lernen

Der Band verfolgt eine doppelte Zielsetzung: Er ist Lern- und Arbeitsbuch zugleich! Er bietet die Materialbasis für einen vielseitigen und methodenorientierten Unterricht und setzt die im Kernlehrplan benannten Kompetenzbereiche konsequent um.

Buchners Geschichte Oberstufe ist darüber hinaus für die selbstständige Wiederholung des Unterrichtsstoffes und für eine systematische Vorbereitung auf Klausuren geeignet.

Dieser Anspruch wird durch folgende konzeptionelle Elemente verwirklicht:

Einführungsseiten zu den Großkapiteln

- zeigen links einige für das Inhaltsfeld relevante und **charakteristische Abbildungen**, die erinnerungskulturelle Aspekte berühren;
- geben rechts einen **Überblick zur Kompetenzorientierung** und, damit verbunden, Hinweise auf den anzustrebenden Kompetenzerwerb bei der Bearbeitung des Großkapitels.

Orientierungsseiten zu den Themenkapiteln

- knüpfen an die inhaltlichen Schwerpunkte des Lehrplans an und schaffen die Voraussetzungen für ein strukturgeschichtliches Arbeiten;
- bestehen immer aus einer charakteristischen **Abbildung**, einem **Überblickstext**, einem **Zeitstrahl**, einer **Karte** und übergreifenden **Leitfragen**.

Darstellungen/Verfassertexte

- vermitteln ein Verständnis für die historischen Zusammenhänge und Strukturen und **sind mit den Materialien vernetzt** (▸ M1, ▸ M2 usw.);
- gliedern sich in überschaubare, kleinere **Sinnabschnitte**, sodass sie auch als Nachschlagewerk benutzt werden können;
- sind am Ende mit **kompetenzorientierten Arbeitsvorschlägen** versehen, die eine kritische Rezeption des Darstellungstextes einfordern;
- enthalten in der Randspalte **Mediencodes** für **G**eschichte **I**n **C**lips und Internettipps* sowie Literatur- und Filmtipps. Wichtige Begriffe und Personen werden ebenfalls in der Randspalte erläutert.

* Auf unserer Homepage (www.ccbuchner.de) finden Sie Filmausschnitte und Internetadressen zu bestimmten Themen. Geben Sie dazu in das Suchfeld unserer Internetseite den angegebenen Mediencode ein.

Materialien

- sind der Abfolge des Darstellungsteils nach angeordnet;
- veranschaulichen und vertiefen einzelne Aspekte und thematisieren weiterführende Fragen;
- berücksichtigen alle **relevanten Quellengattungen**, denen mit unterschiedlichen Aufgabenarten und -formen begegnet wird;
- verweisen in den Einleitungen auf den **Unterschied zwischen Quellen und Darstellungen**.

Arbeitsaufträge

- sind in farbig **gekennzeichnete Anforderungsbereiche** (orange, grün, rot und blau) unterteilt;
- verwenden die aktuell gültigen „**Operatoren**" nach Vorgabe der Einheitlichen Prüfungsanforderungen (vgl. dazu auch vorn im Buch);
- werden an passender Stelle sowohl im Darstellungs- als auch im Materialienteil durch **Angebote zum Ⓗelfen und Ⓕordern** unterstützt.

Methoden-Bausteine

- führen auf optisch hervorgehobenen Sonderseiten die **zentralen historischen Arbeitstechniken** für die eigenständige Erarbeitung und Wiederholung an einem konkreten Beispiel vor;
- werden durch **Anwendungsaufgaben** (s. u.) ergänzt, die der Wiederholung, Festigung und Übung der Methode dienen.

Sonderseiten

- zielen auf die Einbindung geschichtskultureller Aspekte, dienen der Förderung eines reflektierten Geschichtsbewusstseins und stärken die Entwicklung der Urteilskompetenz.
  - Geschichte kontrovers
  - Erinnern
  - Geschichte regional

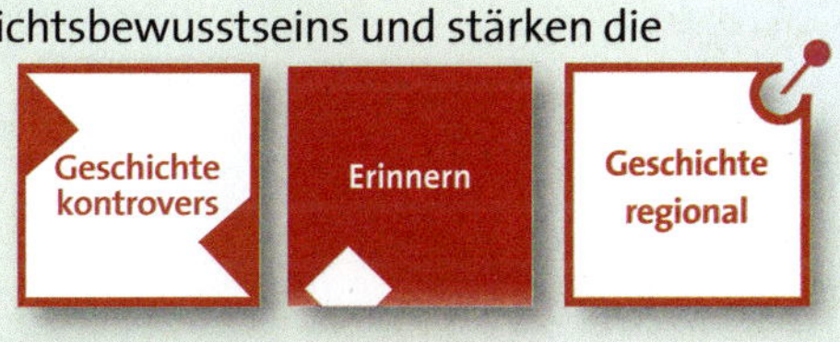

Zusammenfassungs- und Vertiefungsseiten

- stehen unter dem Motto „Kompetenzen erweitern – vertiefen – anwenden";
- enthalten **themen- und fächerübergreifende Arbeitsaufträge**, die besonders die Sach-, Urteils-, Methoden- und Handlungskompetenz schulen;
- bieten neue Materialien, die eine Verbindung zu den im Großkapitel behandelten Methoden-Bausteinen herstellen (**Anwendungsaufgaben**).

Klausurtraining

- soll helfen, die anstehenden Leistungsüberprüfungen in der Oberstufe zu trainieren;
- ist im Stil der nordrhein-westfälischen Abituraufgaben gehalten, sodass das Klausurtraining gleichzeitig auch zur **Vorbereitung auf das Abitur** genutzt werden kann.

Die moderne Industriegesellschaft zwischen Fortschritt und Krise

◂ **Standbild von Alfred Krupp im Ruhr Museum in Essen neben einem Foto der Hochöfen der Friedrich-Wilhelms-Hütte in Mülheim an der Ruhr.**
Foto von 2010.
Das Museum befindet sich in der ehemaligen Kohlenwäsche der Zeche Zollverein, Schacht XII in Essen und zeigt in seiner Dauerausstellung die gesamte Natur- und Kulturgeschichte des Ruhrgebietes.

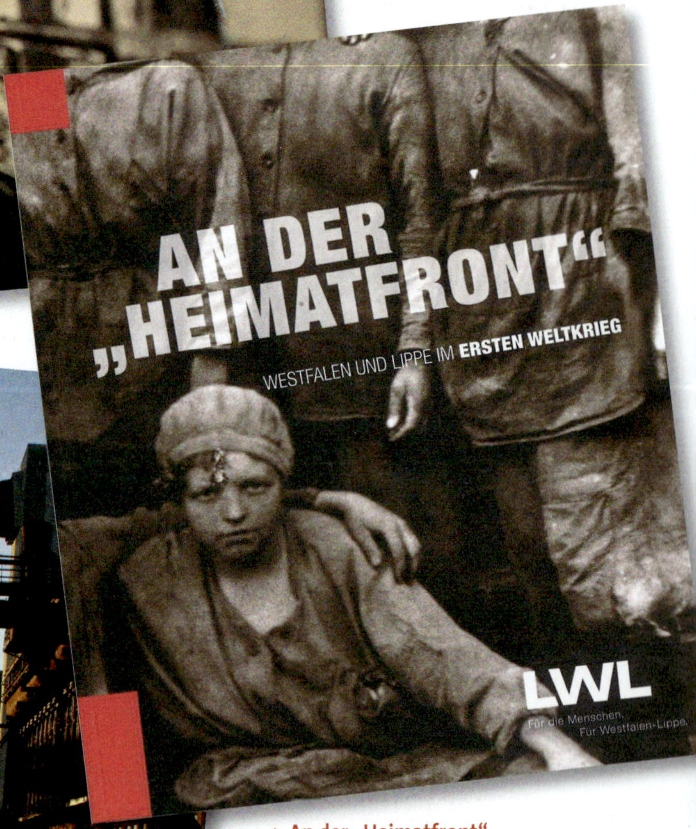

▴ **An der „Heimatfront“. Westfalen und Lippe im Ersten Weltkrieg.**
Plakat zu einer Wanderausstellung des LWL-Museumsamtes für Westfalen, die 2014/15 in acht Museen in Westfalen-Lippe präsentiert wurde.

▴ **Freizeitspaß im Weltkulturerbe.**
Foto von 2007.
Auf dem Gelände der Kokerei Zollverein in Essen-Katernberg kann im Winter auf dem ehemaligen Löschbecken entlang der Ofenbatterien Schlittschuh gelaufen werden.

Die Epoche zwischen 1880 und 1930 war von tief greifenden ökonomischen und sozialen Umwälzungen geprägt. Schneller als in den Jahrhunderten und Jahrtausenden davor veränderten sich die Bedingungen der menschlichen Existenz. Die Zweite Industrielle Revolution schuf die Bedingungen der europäischen Moderne und der durch sie geprägten Globalisierung. Sie brachte technischen, medizinischen und sozialen Fortschritt, führte aber auch zu Umweltverschmutzung. Sie ermöglichte die Europäisierung der Welt sowie koloniale Ausbeutung, und sie veränderte die Kriegsführung. Breiteren gesellschaftlichen Schichten wurden politische Teilhabe und steigender Wohlstand ermöglicht; andererseits erzeugte die krisenhafte Entwicklung der kapitalistischen Wirtschaft neues Elend. Die zunehmende internationale Verflechtung stellte die nationalen Regierungen vor neue Aufgaben und beeinflusste ihre Handlungsspielräume.

Diese Epoche zerfällt in eine Vorkriegszeit, in der Industrialisierung und kapitalistische Wirtschaft sich schnell entwickelten, die Zeit des Ersten Weltkrieges, der als „Urkatastrophe" des 20. Jahrhunderts bezeichnet wird, sowie in eine Prosperitätsperiode im Anschluss an diesen Krieg, die in eine globale Wirtschaftskrise mündete, in der sich die politische Landschaft Europas wiederum änderte.

In diesem Kapitel können folgende Kompetenzen erworben werden:

▶ **Sach- und Urteilskompetenz**

- Sie setzen sich mit *Modernisierungsprozessen* in den Bereichen Bevölkerung, Technik, Arbeit, soziale Sicherheit und Umwelt auseinander.
- Sie beschäftigen sich mit den durch die Industrialisierung *veränderten Lebensbedingungen* unterschiedlicher sozialer Gruppen.
- Sie erarbeiten *Merkmale, Motive, Ziele, Funktionen und Formen des Imperialismus.*
- Sie beurteilen ausgehend von kontroversen Positionen ansatzweise die *Verantwortung für den Ausbruch des Ersten Weltkrieges.*
- Sie charakterisieren die *Modernität der Kriegsführung und -wirtschaft* im Ersten Weltkrieg und erörtern die *Relevanz der Unterscheidung zwischen „herkömmlicher" und „moderner" Kriegsführung.*
- Sie untersuchen *Ursachen und Wirkungszusammenhänge der Weltwirtschaftskrise.*
- Sie erörtern kritisch wirtschaftliche und politische *Krisenentscheidungen* sowie *Krisenbewältigungsstrategien.*
- Sie fragen nach der Eignung des *Fortschrittsbegriffes* für die Interpretation von Industrialisierungsprozessen.

▶ **Methodenkompetenz**

Drei Methoden stehen in diesem Großkapitel im Fokus:

- Statistiken und Diagramme auswerten
- Mit Karten arbeiten
- Literarische Texte als Quellen verwenden

▶ **Handlungskompetenz**

- Sie erörtern die Verantwortung für historische Sachverhalte und deren Konsequenzen *am Beispiel des Imperialismus.*
- Sie setzen sich mit Handlungsoptionen für die Gegenwart unter Beachtung historischer Erfahrungen *in Bezug auf die Krisenhaftigkeit der globalen wirtschaftlichen Entwicklung* auseinander.

Die „Zweite Industrielle Revolution" und die Entstehung der modernen Massengesellschaft

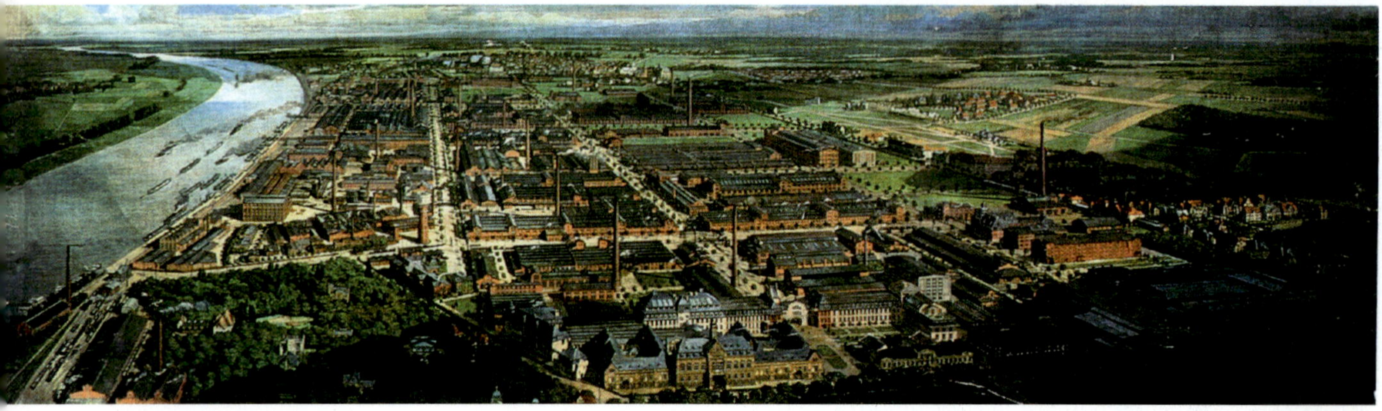

▲ **Das Werk Leverkusen (Bayer AG).**
Ölgemälde von Otto Bollhagen (183 x 580 cm), 1912-1921 (Ausschnitt).
Es wurde für das Konferenzzimmer des Direktors in Auftrag gegeben.
- *Das Gemälde entspricht der für diese Zeit typischen Panoramadarstellungen von Werkanlagen. Beschreiben Sie die charakteristischen Merkmale des Bildes und beurteilen Sie seine Wirkungsabsicht.*

Orientierung Mitte des 18. Jahrhunderts begann in England eine radikale Veränderung der Gesellschaft und der wirtschaftlichen Strukturen, die wenig später auch in Deutschland einen tief greifenden Wandlungsprozess auslöste und die von Historikern als „Industrielle Revolution" bezeichnet wird. Technische Neuerungen revolutionierten die Produktion von Gütern oder Nahrungsmitteln, den Informationsaustausch, das Transportwesen, das tägliche Leben. Sie sorgten auch dafür, dass die Menschen in immer höherem Tempo und nach immer präziserem Takt arbeiteten, sich fortbewegten und miteinander kommunizierten.

Im Lauf der Industrialisierung wurden unterschiedliche Industriezweige zum Motor der Gesamtwirtschaft. Anfangs war dies die Textilindustrie, später folgten Schwerindustrie und Maschinenbau. In der Phase der „Zweiten Industriellen Revolution" seit 1880 wurden die Elektro- und die chemische Industrie zu den „Schrittmachern" für das wirtschaftliche Wachstum.

Mit der Industrialisierung veränderte sich die Gesellschaft grundlegend. Der überwiegende Teil der Bevölkerung war nun in der gewerblichen Produktion tätig; die neu entstandene Arbeiterschicht und ihre elenden Lebensbedingungen stellten die Gesellschaft vor enorme Herausforderungen.

Die Dynamik der Wirtschaft, ihr Auf- oder Abschwung hängt seit der Industrialisierung nicht mehr vorrangig von den Erträgen der Landwirtschaft ab, sondern von der Produktion und dem Konsum von Industriegütern. Viele Zeitgenossen begriffen die technischen Errungenschaften und die Mehrung des Wohlstandes als „Fortschritt". Die durch die Industrialisierung verursachte Zerstörung der Umwelt wurde nur von wenigen kritisiert.

1834 Gründung des Deutschen Zollvereins

1835 Erste deutsche Eisenbahnlinie zwischen Nürnberg und Fürth

1847 Erste Telegrafenleitung zwischen Berlin und Potsdam

1848/49 Revolution in Deutschland

ab ca. 1850 „Durchbruchphase" der Industrialisierung in Deutschland; Gründung einer Vielzahl von Banken

1869 Wilhelm Liebknecht und August Bebel gründen die Sozialdemokratische Arbeiterpartei (SDAP)

1871 Gründung des Deutschen Kaiserreiches

1873-1895 „Gründerkrise" und Zeit der „Großen Depression"

1830 – 1835 – 1840 – 1845 – 1850 – 1855 – 1860 – 1865 – 1870

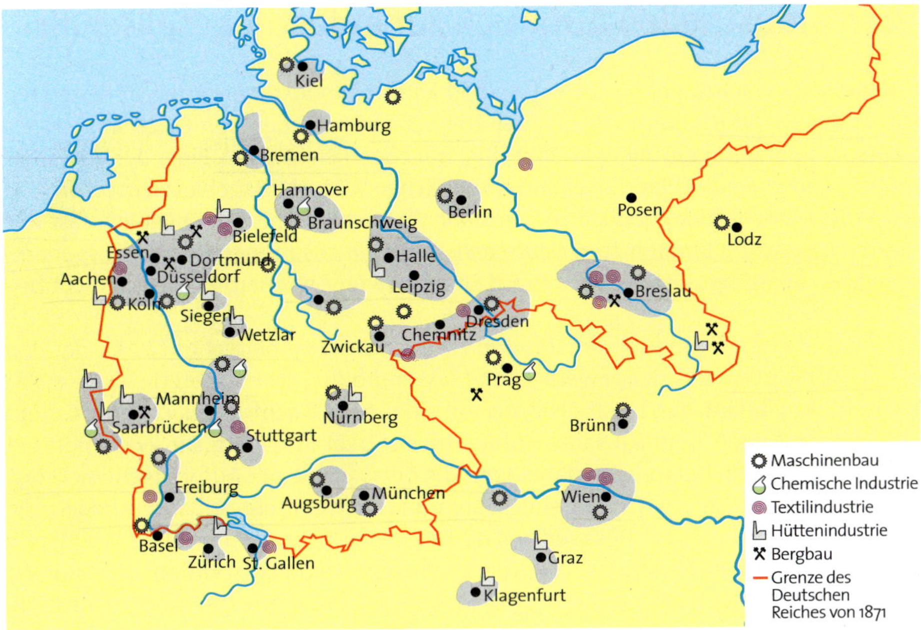

◂ **Die industriellen Standorte in Deutschland um 1900.**

Das folgende Kapitel behandelt die Bedingungen der europäischen Moderne aus sozial-, wirtschafts- und umweltgeschichtlicher Perspektive, konzentriert auf das deutsche Beispiel. Sie erläutern Ausmaß und Auswirkungen der Urbanisierung, untersuchen Veränderungen in der Unternehmensstruktur und setzen sich mit den Arbeits- und Lebensbedingungen der Arbeiterschicht vor dem Ersten Weltkrieg auseinander; dazu überprüfen Sie die Aussagekraft von Statistiken. Sie analysieren Emanzipationsbestrebungen und ihre Erfolge und diskutieren die Angemessenheit des Fortschrittsbegriffes.

In diesem Kapitel werden folgende Fragen erörtert:

- *Welchen Vorbedingungen unterlag die Industrialisierung in Deutschland und wie gestaltete sich ihr Verlauf?*
- *Welche Modernisierungsprozesse kennzeichnen die Industrialisierung in den Bereichen Bevölkerung, Technik, Arbeit, soziale Sicherheit, Kommunikation, Verkehr und Umwelt?*
- *Wie wirkte sich die „Große Depression" Ende des 19. Jahrhunderts auf die Arbeits- und Lebensbedingungen der Menschen aus?*

1875-1910
In Deutschland entstehen industrielle Ballungszentren

1876
Nikolaus August Otto entwickelt den ersten Verbrennungsmotor

ab 1880
Massenproduktion; Kartell- und Syndikatsbildung

1883-1889
Einführung staatlicher Sozialgesetze

ab 1890/95
Deutschland steigt durch den Aufschwung in den „modernen Industrien" (Elektrotechnik, Chemie und Maschinenbau) zu einer der größten Industrienationen auf

1894
Unter dem neu gegründeten Dachverband „Bund Deutscher Frauenvereine" entfaltet die Frauenbewegung größere Wirkung im Kaiserreich

ca. 1895-1913
Ein wachsendes Realeinkommen ermöglicht breiteren Schichten Freizeitaktivitäten und Massenkonsum

1913
Henry Ford setzt in den USA erstmals ein Fließband bei der Automobilfertigung ein

1914
Die Arbeitszeit sinkt durchschnittlich auf etwa neun Stunden pro Tag

1875 1880 1885 1890 1895 1900 1905 1910 1915

Vom industriellen Aufbruch zur Industriegesellschaft

▲ **Friedrich List.**
Pastell nach einer Lithografie von Josef Kriehuber, um 1845.

Friedrich List (1789 - 1846, Selbstmord): geboren in Reutlingen, Wirtschaftswissenschaftler, Politiker und Journalist. Er wurde 1822 in Württemberg wegen Aufhetzung gegen die Staatseinrichtungen zu Festungshaft verurteilt. 1825 kam er frei und ging in die USA. Fünf Jahre später kehrte er zurück und begann, sich für die Einheit Deutschlands einzusetzen.

Internettipps:
Zur Industrialisierung in Deutschland und im europäischen Vergleich siehe Code 4677-01

Erfolgreicher Nachzügler ■ In Deutschland kam die Industrialisierung in der ersten Hälfte des 19. Jahrhunderts wegen der Zollgrenzen zwischen den Einzelstaaten des *Deutschen Bundes* (gegründet im Jahr 1815) nur zögerlich in Gang. Einer der Vorkämpfer für die Idee, Deutschland zu einem einheitlichen Wirtschaftsgebiet zu machen, war der Volkswirtschaftler **Friedrich List**. Im Jahr 1834 schlossen sich schließlich fast alle großen deutschen Staaten zum *Deutschen Zollverein* zusammen (▸ M1). Ausgenommen blieb allerdings Österreich, das auf Drängen Preußens dem Zollverein nicht beitreten durfte.

Nach dessen Gründung entstand ein weitgehend einheitlicher Markt, der den Absatz von Gütern aus der gewerblichen Massenproduktion erleichterte. Da nun das Risiko für Kapitalanlagen in Fabriken, die auf eine große Nachfrage nach ihren Gütern angewiesen waren, deutlich sank, wurde umso stärker investiert. Die Wirtschaft der deutschen Staaten befand sich daher von 1815 bis 1835 in einer Aufwärtsentwicklung. Vor allem in der Landwirtschaft stieg durch neue effizientere Anbaumethoden, die Verwendung ertragreicher Pflanzen und die Verbesserung der Tierzucht die Produktion stark an, in den Jahren 1815 bis 1845 um 50 Prozent. Dadurch konnten nicht nur die stetig zunehmende Zahl von Bewohnern im eigenen Land versorgt, sondern auch Agrarprodukte exportiert werden. Trotz der Produktionssteigerungen hatte die gewerbliche Industrie im Vergleich zu England aber noch einen deutlichen Rückstand. Das Überangebot an Arbeitskräften führte zusätzlich zur Senkung der Löhne.

Die Eisenbahn als „Schrittmacher“ ■ In der Folge wurden die Schwerindustrie und der Maschinenbau zu entscheidenden Trägern der Industrialisierung. Insbesondere der Eisenbahnbau erwies sich als Motor der Entwicklung (▸ M2). Die Eisenbahnen wurden in Kürze zu schnellen und günstigen Transportmitteln, was alle Wirtschaftsbereiche und den Handel begünstigte. Die erste deutsche Eisenbahnlinie wurde 1835 zwischen Nürnberg und Fürth in Betrieb genommen.

In den folgenden Jahren wurde das Schienennetz in den deutschen Staaten rasch ausgebaut. Gab es um 1840 erst 579 Streckenkilometer, so waren 1850 bereits 7123 Kilometer Schienen verlegt worden.

Zur Gewinnung von Eisen und Stahl wurden moderne Fabriken gegründet. Diese entstanden meist in Gegenden mit Kohlebergbau, wie dem Ruhrgebiet, dem Saargebiet und Sachsen. Etwa 1850 begann die „Durchbruchphase“ der deutschen Industrialisierung. Der Aufschwung hielt bis in die Siebzigerjahre an. Um 1870 war Deutschland zwar noch immer ein Land, in dem der größte Teil der Bevölkerung in der Landwirtschaft tätig war und das einen hohen Anteil seiner Wirtschaftsleistung in diesem Sektor schuf. Der Prozess der Industrialisierung beschleunigte sich aber zunehmend. Der Anteil der Menschen, die in der gewerblichen Produktion und im Dienstleistungsbereich arbeiteten, stieg ebenso stark an wie die Zahl der Fabriken. Diese Entwicklung verlief nicht gleichmäßig in allen Teilen Deutschlands, sondern fand vorwiegend in den industriell führenden Regionen statt.

Deutschland wird Industriestaat ■ Nach dem Krieg gegen Frankreich von 1870/71 und der Gründung des Deutschen Reiches verstärkte sich das Wachstum der deutschen Wirtschaft und Industrie sprunghaft. Deutschland wurde nun endgültig zu einem Industriestaat. Die Reichsgründung führte zur Entstehung eines nationalen Wirtschaftsraums, der mit einer weitgehend einheitlichen Wirtschaftspolitik geführt wurde. Durch die von Frankreich zu zahlende Kriegsentschädigung in Höhe von fünf Milliarden Goldfrancs wurde der Kapitalmarkt beträchtlich erweitert.

Sowohl die Regierung wie auch Privatleute waren bereit, erhebliche Summen in die Wirtschaft zu investieren. Insbesondere die Schwerindustrie, der Maschinenbau, die Eisenbahnen und die Bauwirtschaft profitierten davon. So wuchs allein die Roheisenproduktion in den Jahren zwischen 1870 und 1873 um 61 Prozent.

Zusätzliche Impulse erhielt die Wirtschaft durch eine Gesetzesänderung, die es erleichterte, **Aktiengesellschaften** zu gründen. Dies führte innerhalb kürzester Zeit zur Gründung einer Vielzahl von Banken (z. B. Darmstädter Bank für Handel und Industrie, 1853; Deutsche Bank, 1870), Eisenbahngesellschaften, Bau- und Montanunternehmen.

Aktiengesellschaft: Da für den Bau von Fabriken, Eisenbahnen oder Zechen enorme Kapitalmengen nötig waren, organisierten sich die meisten Unternehmen in Form von Aktiengesellschaften, bei denen sich Aktionäre über den Ankauf von Anteilen am Gründungskapital – den Aktien – am Gewinn und Verlust des Unternehmens beteiligten. Auch ausländische Kapitalgeber konnten auf diese Weise Eigentum an deutschen Firmen erwerben. Die ursprünglichen Gründerfamilien behielten zwar in der Regel einen großen Teil des Kapitals, Geschäftsführer übernahmen jedoch nun die Leitungsfunktionen, und die Gesellschaftsmitglieder konnten über ihr Stimmrecht Einfluss ausüben. In der Zeit von 1871 bis 1873 wurden im Deutschen Reich 928 neue Aktiengesellschaften gegründet, wesentlich mehr als in den zwanzig Jahren zwischen 1850 und 1870. 1907 waren vier Fünftel der 100 größten deutschen Industrieunternehmen Aktiengesellschaften. Rund zwei Drittel des gesamten Kapitals befanden sich in ihren Händen.

Vom Gründer-Boom zur „Gründerkrise" Das rasante Wachstum erlebte 1873 einen jähen Einbruch, der durch eine Börsenkrise ausgelöst wurde („*Gründerkrise*"). Der Optimismus der Unternehmer und Aktionäre hatte dazu geführt, dass die Produktionsmittel erweitert wurden und die Aktienkurse wegen der großen Nachfrage stark stiegen. Als sich die Spekulationen als überzogen herausstellten, kam es weltweit zu erheblichen wirtschaftlichen Problemen und zu Konkursen von Unternehmen. In Deutschland wurden bis 1876 61 Banken, vier Eisenbahngesellschaften und mehr als 100 Industrieunternehmen zahlungsunfähig. Dem Kurssturz an den Börsen folgte eine längere Phase der wirtschaftlichen Entwicklung, die geprägt war von einem deutlich abgeschwächten Wachstum, sinkenden Preisen und Unternehmergewinnen, Produktionsrückgängen und zunehmender Arbeitslosigkeit. Historiker sprechen daher von den Jahren 1873 bis 1895 als Zeit der „*Großen Depression*".

Die Krise bewirkte ein Umdenken. Der Staat sollte eine aktivere Rolle in der Wirtschafts- und Finanzpolitik spielen. Die Eisenbahnen wurden verstaatlicht, Marktpreise und Verkehrstarife wurden von staatlicher Seite reguliert. Das Bankgesetz von 1875, nach dem sich die Privatnotenbanken der neu gegründeten Reichsbank als zentraler Notenbank unterzuordnen hatten, sorgte für eine Konzentration und Vereinheitlichung des deutschen Bankenwesens. Vor allem die Industrie und die Landwirtschaft forderten einen verstärkten Schutz gegen die ausländische Konkurrenz. Zu diesem Zweck wurden seit 1879 neue Schutzzölle erhoben. Damit war die liberale *Freihandelspolitik* in der Frühphase der Industrialisierung in Deutschland beendet.*

Insgesamt verlief die wirtschaftliche Schwächephase in Deutschland nach der „Gründerkrise" aber günstiger als in anderen Ländern. Obwohl die Preise, Umsätze, Aktienkurse und Gewinne sanken und die Arbeitslosigkeit zunahm, schritt der Industrialisierungsprozess auch in der Phase von 1873 bis 1895 deutlich voran. Dies zeigt sich sogar in den von der „Gründerkrise" besonders betroffenen Gewerbezweigen: der Schwerindustrie, dem Maschinenbau und dem Baugewerbe. Dort kam es bei sinkender Nachfrage zu Massenentlassungen. Gleichzeitig nutzten aber viele Unternehmer in der Schwerindustrie die Krise, um ihre Betriebe zu rationalisieren und die Produktionsabläufe mithilfe neuer Techniken effizienter zu gestalten. Als in den 1880er-Jahren die Konjunktur wieder anzog, verzeichneten die Leitsektoren Schwerindustrie und Kohleförderung erneut hohe Produktionszunahmen. Aber auch die Metallverarbeitung, die Textil- und die Bauindustrie profitierten vom erneuten Wachstumsschub.

Stellen Sie die Interessen, Entscheidungen und Maßnahmen zusammen, die die Industrialisierung in Deutschland hemmten oder förderten.

* Vgl. dazu auch S. 20.

M1 Die Entwicklung des Deutschen Zollvereins seit 1834

Vergleichen Sie die Grenzen des Deutschen Zollvereins mit den Grenzen des Deutschen Bundes und des Deutschen Reiches von 1871 (siehe S. 135 und 159).

M2 Die neuen Transportmittel

Friedrich List, der mit der Gründung der Leipzig-Dresdener-Eisenbahngesellschaft im Jahre 1834 einen wichtigen Grundstein für den Eisenbahnbau gelegt hat, beschreibt im Jahre 1837 die Auswirkungen der Eisenbahn auf das Wirtschaftsleben:

Die neuen Transportmittel ersetzen die lebende Kraft durch die mechanische Kraft, die in ihrem Umfang beinahe unbegrenzt und in ihrer Anwendung zur unendlichen Verbesserung geeignet ist, um die den Menschen drückende Last der Arbeit zu verringern und ihn dadurch zum Gebieter und Gestalter der Natur zu machen. Diese Kraft steigert die Produktion und reduziert bei jenen den Konsum von Lebensmitteln, die ausschließlich mit dem Transport beschäftigt sind, weil sie diese nicht verbrauchen; infolgedessen ermöglicht sie die Ernährung und das Wohlergehen einer viel größeren Anzahl von Menschen. Sie fördert die Wissenschaft und die Technik, weil man sie für den Bau der Maschinen benötigt. Sie erfordert beträchtliche Mengen in Eisen und Steinkohle; deswegen fördert sie die beiden bedeutendsten Wirtschaftszweige, den Bergbau und die Industrie. [...]

Die neuen Transportmittel versetzen die Menschen in die Lage, besser mit der Natur zu kämpfen als dies mithilfe der alten möglich war. Damit vermag er den Winden und den Stürmen, der Strömung der Flüsse, den sintflutartigen Wolkenbrüchen, der Härte des Winters und der brennenden Hitze der heißen Zonen zu trotzen. [...]

Außerdem beflügeln sie durch den Transport von Personen, Briefen, Nachrichten, Büchern und Zeitungen den geistigen Austausch in einem solchen Maße, dass deren Bedeutung in dieser Hinsicht noch viel größer sein wird als im Hinblick auf den materiellen Handel.

Die neuen Transportmittel werden für den Abbau der Überbevölkerung der alten Länder und für die Gründung neuer Kolonien, für die Vermischung der Rassen, für die Verbreitung und die Fortschritte der Wissenschaften, für die Technik, die Zivilisation, die Toleranz, die allgemeine Ausbildung aller Klassen, für die Erhaltung der Vaterlandsliebe, für die Ausrottung von Vorurteilen und des Aberglaubens sowie von unsittlichen und schädlichen Verhaltensweisen und der Trägheit, für die Verbreitung neuer Erfindungen und nützlicher Verfahren, für die Kenntnis von Fremdsprachen und der Literatur, für die Existenz der Armen und der Gebrechlichen [...], für die Verbesserung der Gesetzgebung und der nationalen wie der örtlichen Verwaltung, für die politischen Institutionen und die Wohltaten der ganzen Spezies, für die Aufrechterhaltung von Ruhe und Ordnung usw. weitaus größere Dienste leisten als die alten Transportmittel.

Friedrich List, Die Welt bewegt sich [...], zitiert nach: Gerhard Henke-Bockschatz (Bearb.), Industrialisierung, Schwalbach/Ts. 2003, S. 75 f.

1. *Arbeiten Sie Vorteile und Wirkungen der Eisenbahn heraus. Ordnen Sie sie nach Bereichen.*
2. *Beurteilen Sie Lists Plädoyer in einer schriftlichen oder mündlichen Stellungnahme.*
H *Welche seiner Argumente entsprechen einem Wunschbild, welche der Wirklichkeit? Welche Bedeutung misst er der Wirtschaft bei?*
3. *Analysieren Sie, inwiefern List die Bedingungen industrieller Entwicklung nachzeichnet. Entwerfen Sie auf dieser Grundlage ein Schaubild und erläutern Sie es.*

Statistiken präsentieren Daten und Informationen, um gegenwärtige und vergangene Verhältnisse und Zusammenhänge zu verstehen und Veränderungen zu erkennen. Sie fassen Wahlergebnisse zusammen, zeigen die Lohn- und Preisentwicklung auf, liefern Daten über das Klima, die Bevölkerung, aus Umfragen ermittelte Meinungen und vieles mehr. Aus den Befunden lassen sich Aussagen über die Geschichte ableiten. Zur Veranschaulichung werden die statistischen Daten als (Zahlen-)Tabellen oder als Diagramme dargestellt.

Statistiken und Diagramme auswerten

Statistiken und Diagramme auswerten

Bis ins 20. Jahrhundert wurden Daten noch nicht systematisch und flächendeckend gesammelt. Zudem erschweren unterschiedliche Bezugsgrößen wie z. B. Gewichte, Maße, Währungen und Räume (Grenzen) die Vergleichbarkeit. Gültige Aussagen können jedoch nur auf der Grundlage untereinander vergleichbarer und möglichst lückenloser Angaben gemacht werden. Deshalb werden die Daten der Statistiken meist bearbeitet, d. h. nach bestimmten Gesichtspunkten ausgewählt, vereinheitlicht und sortiert.
Die in Statistiken aufgelisteten Größen können absolute Größenangaben sein, also exakte Werte einer Messeinheit, z. B. Tonnen, Euro, Stück. Ebenso häufig finden sich relative Werte, also Prozentanteile oder Indizes, d. h. Verhältniszahlen, die sich auf einen Ausgangswert beziehen. Hierbei werden die Verhältnisse eines Stichjahres mit der Indexzahl 100 angesetzt, die Werte der anderen Jahre entsprechend ihrer Abweichung von jenen des Stichjahres angegeben (z. B. ein Jahr mit dem Index 80 liegt demnach 20 Prozent unter dem Stichjahr).
Für die Darstellung von Entwicklungen (z. B. Bevölkerungszahlen) eignen sich Linien- oder Kurvendiagramme, um Anteile innerhalb einer Gesamteinheit (z. B. Stimmenanteile bei Wahlen) zu veranschaulichen, werden oft Kreisdiagramme („Tortendiagramme") verwendet, Säulen- oder Balkendiagramme erleichtern den Vergleich von Mengen oder verschiedenen Bezugsgrößen.

Formale Kennzeichen

- Um welche Art von Statistik handelt es sich?
- Wer hat sie erstellt oder in Auftrag gegeben?
- Wann und wo ist sie entstanden bzw. veröffentlicht worden?

Inhalt

- Worüber informiert die Statistik (Thema/Inhalt, Zeit, Raum, Messgrößen)?
- Welche Zahlenwerte (absolute Werte, Prozentangaben, Indizes) werden verwendet?
- Woher stammen die Zahlen? Sind die Angaben verlässlich und vollständig?
- Wird ein Zustand oder eine Entwicklung (Anstieg, Rückgang, Stagnation) dargestellt?

Historischer Kontext

- Auf welche Epoche, welches Ereignis oder welchen Sachverhalt bezieht sich die Statistik?
- Ist die Statistik in der betreffenden Zeit entstanden oder das Ergebnis einer Forschungsarbeit?

Intention und Wirkung

- Welche Aussageabsicht hat die Statistik?
- Für welche Zielgruppe wurde die Statistik erstellt?

Bewertung und Fazit

- Welche Gesamtaussage bzw. welche Thesen lassen sich formulieren?
- Müssen die Angaben durch andere Informationen ergänzt oder korrigiert werden?

Beispiel und Analyse

Nominaleinkommen:
tatsächlich erwirtschaftetes durchschnittliches Arbeitseinkommen (Grundlage siehe Fußnote) im jeweiligem Jahr, angegeben in absoluten Beträgen (Mark) und als Index (1913 = 100)

Lebenshaltungskosten:
als (Preis-)Index (1913 = 100); der Preisindex ist das Preisniveau der Konsumgüter (Berechnungsgrundlage siehe Fußnote)

Realeinkommen:
als Index (1913 = 100); von Preisen und Inflation bereinigtes Nominaleinkommen, das sich aus dem Index Nominaleinkommen und dem Index der Lebenshaltungskosten berechnet ($\frac{\text{Nominaleinkommen}}{\text{Preisindex}}$ x 100 = Index Realeinkommen); zeigt im Gegensatz zum Nominaleinkommen die reale Kaufkraft der Arbeitnehmer

Indexwerte:
für alle Messgrößen dasselbe Stichjahr 1913 für den direkten Vergleich

Zeitleiste:
Angaben regelmäßig in Zehnjahresabständen zwischen 1810 und 1910 sowie in Jahresabständen zwischen 1910 und 1913; gleiche Jahresangaben für alle Messgrößen ermöglichen einen direkten Vergleich/Bezug der Daten

Jahr	Nominaleinkommen* absolut in Mark	Nominaleinkommen* Index (1913 = 100)	Index der Lebenshaltungskosten** (1913 = 100)	Realeinkommen Index (1913 = 100)
1810	278	26	45	58
1820	293	27	42	64
1830	288	27	51	53
1840	303	28	49	57
1850	313	29	45	64
1860	396	37	62	60
1870	487	45	69	65
1880	545	50	86	58
1890	650	60	82	73
1900	784	72	83	87
1910	979	90	98	92

▲▼ Entwicklung des Nominal- und Realeinkommens von Arbeitnehmern auf dem Gebiet des späteren Deutschen Reiches 1810-1913.

Umwandlung der Tabelle in ein kombiniertes Linien-Säulen-Diagramm:
zwei Achsen zum Vergleich der Indizes (y-Achse = Indizes; x-Achse = Jahre); Säulendiagramm zum Vergleich der Indizes Nominaleinkommen und Lebenshaltungskosten; Liniendiagramm zeigt den Trend des Realeinkommens an

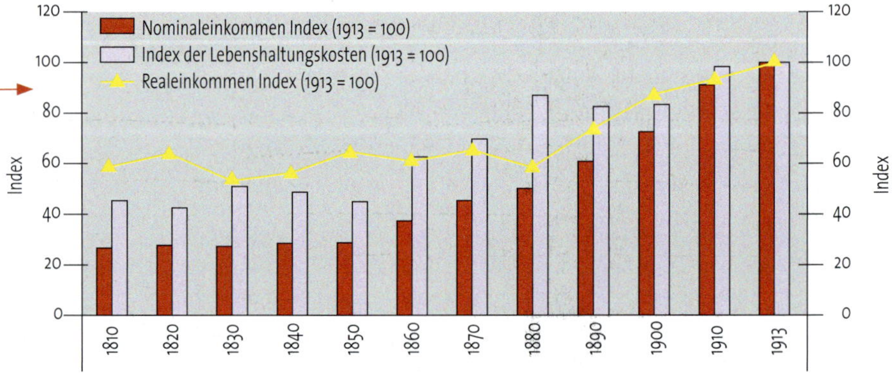

Fußnoten/Erläuterungen:
geben Auskunft über Herkunft und Zusammensetzung der Daten; wichtiger Hinweis für die Verlässlichkeit der Daten und eine Hilfe für die Interpretation

* Einkommen 1810 bis 1849: Bauhandwerker (v. a. Maurer, Zimmerergesellen) von acht Städten und durchschnittliche Einkommen in der Baumwollindustrie; 1850 bis 1870: Arbeitseinkommen in Industrie und Handwerk (ohne Angestellte); 1871 bis 1913: Jahresverdienste von Arbeitnehmern in Industrie, Handel und Verkehr

** Da die Ausgaben für Nahrung, Kleidung und Wohnung sowie Sonstiges vor 1913 nicht systematisch berechnet wurden, basieren die Zahlen auf Schätzungen und Näherungswerten, die sich v. a. auf die Preise von Waren stützen. Für 1810 bis 1870 wurde als für Städte repräsentativ der Lebenshaltungskostenindex für Nürnberg angesehen (Roggenbrot, Rind-, Schweine-, Kalb-, Hammelfleisch, Bier, Milch, Roggenmehl, Schweineschmalz, Eier, Kartoffeln, Butter, Wohnung, Föhrenholz, Talg, Bekleidung (ab 1850 Bekleidung, Textilien, Hausrat und Lederwaren)). Für die Jahre 1871 bis 1913 liegt ein korrigierter Index zugrunde.

Nach: Wolfram Fischer, Jochen Krengel und Jutta Wietog (Hrsg.), Sozialgeschichtliches Arbeitsbuch, Bd. I.: Materialien zur Statistik des Deutschen Bundes 1815-1870, München 1982, S. 155-157

Formale Kennzeichen Historiker haben die vorliegenden statistischen Daten für ein Arbeitsbuch erstellt, das 1982 erschien. Die auf unterschiedlicher Grundlage gewonnenen Einzeldaten wurden aufbereitet. Zur Veranschaulichung wurde die Tabelle für dieses Schulbuch in ein Diagramm umgewandelt.

Inhalt Die Statistik zeigt die Entwicklung des Nominal- und Realeinkommens von Arbeitnehmern im Zeitraum von 1810 bis 1913 auf dem Gebiet des Deutschen Reiches in seinen Grenzen von 1871. Das Nominaleinkommen wird in absoluten Zahlen und als Index angegeben, die Lebenshaltungskosten sowie das aus ihnen errechnete Realeinkommen hingegen nur als Index. Bezugspunkt ist das Stichjahr 1913. Für den Zeitraum 1810 bis 1910 wird jeweils in Zehnjahresschritten vorgegangen, für den Zeitraum 1910 bis 1913 jeweils in Jahresschritten.
Die Zahlenreihen belegen insgesamt einen Anstieg des Nominaleinkommens um das beinahe Vierfache, der Lebenshaltungskosten um mehr als das Doppelte und des Realeinkommens um etwas weniger als das Doppelte. Das Nominaleinkommen wächst dabei zwischen 1810 und 1850 zunächst langsam, steigt dann von der Jahrhundertmitte bis kurz nach der Reichsgründung 1871 sprunghaft an, bricht während der sogenannten „Großen Depression“ nach 1874 ein, um nach 1890 bis 1913 rasch zuzunehmen. Die Indizes der Lebenshaltungskosten liegen zwar insgesamt über denen des Nominaleinkommens, zeigen jedoch einen geringeren Anstieg. Demgegenüber pendelt der Index der Realeinkommen in den Jahren 1810 bis 1880 vergleichsweise konstant zwischen 58 und 65, steigt ab 1890 jedoch deutlich an.

Historischer Kontext Die Statistik beleuchtet einen Teilaspekt der Industrialisierung und der Sozialen Frage im 19. Jahrhundert auf dem Gebiet des Deutschen Reiches. Die ansteigende Entwicklung der Löhne und auch der Lebenshaltungskosten entspricht der industriellen Entwicklung. Sie ist damit ein Indikator für den zunehmenden Industrialisierungsgrad.

Intention und Wirkung Die Statistik verdeutlicht, wie sich das Einkommen der Arbeitnehmer während des 19. bis zum Beginn des 20. Jahrhunderts entwickelt hat. Da das Nominaleinkommen die reale Kaufkraft des Geldes nicht berücksichtigt, muss es in Bezug zu den Lebenshaltungskosten betrachtet und daraus das Realeinkommen errechnet werden. Dies erst zeigt an, wie viel Geld den Arbeitnehmern tatsächlich zur Verfügung stand. Die Statistik belegt, dass mit den teilweise sprunghaft steigenden Nominallöhnen kein vergleichbarer Anstieg der Reallöhne verbunden war, die zu einem großen Teil für die ebenfalls steigenden Lebenshaltungskosten verbraucht wurden.

Bewertung und Fazit Die Trends der Statistik lassen sich mit dem wirtschaftlichen Aufschwung während der Industrialisierung im 19. Jahrhundert erklären. Die Statistik macht zwar deutlich, dass die Nominallöhne nicht das tatsächliche Einkommen der Arbeitnehmer wiedergeben. Allerdings verleiten die Zahlen dazu, von dem Anstieg der Reallöhne auf eine zwar geringe, jedoch stetige Verbesserung der Lebensbedingungen zu schließen. Für Lebenshaltungskosten und Realeinkommen nennt die Statistik aber nur einen Index. So bleibt unklar, ob und in welchem Umfang die erzielten Nominaleinkommen das Existenzminimum abdeckten. Darüber hinaus geben die stark verallgemeinernden statistischen Mittelwerte keine Auskunft über die Verdienstunterschiede von gelernten und ungelernten Arbeitern sowie von Männern und Frauen. Die Zahlen sagen also nichts darüber, wie viele Menschen Not litten und ob sich die Soziale Frage mit fortschreitendem Industrialisierungsgrad entschärft hat. Sie sagen selbstverständlich auch nichts über Arbeitsbedingungen, Konsumgewohnheiten bzw. -möglichkeiten oder Wohnverhältnisse aus.

Lebens- und Arbeitsbedingungen im Wandel

Wichtige Erfindungen und Fortschritte in Physik, Medizin, Nachrichten- und Kommunikationstechnik um 1900

1886 Entdeckung elektrischer Funk- und Radiowellen (*Heinrich Hertz*, Deutsches Reich)

1895 Röntgenstrahlen (*Wilhelm C. Röntgen*, Deutsches Reich)

1896 Entdeckung der natürlichen Radioaktivität des Urans (*Henri Becquerel*, Frankreich)

1896 Erfindung der drahtlosen Telegrafie (*Guglielmo Marconi*, Italien)

1900 Quantentheorie (*Max Planck*, Deutsches Reich)

1903 Operation im Brustkorb und am freiliegenden Herzen (*Ferdinand Sauerbruch*, Deutsches Reich)

1904 Offsetdruck; Aufschwung der illustrierten Presse

1905/15 bisherige Annahmen über Zeit und Raum, Masse und Energie werden „relativiert“; Relativitätstheorien (*Albert Einstein*, Deutsches Reich)

1910 Entwurf eines Atommodels, das von einem positiven Bereich (Protonen) im Atomkern ausgeht (*Ernest Rutherford*, Großbritannien)

1913 Reihenimpfung gegen Diphtherie auf Grundlage der Entdeckung von Impfstoffen (*Emil von Behring*, Deutsches Reich)

Erfindungen und technischer Fortschritt Am Ende des 19. Jahrhunderts begann in Deutschland eine neue Phase der Industrialisierung, in der neue Branchen als „Schrittmacherindustrien“ hervortraten (▸ M1).

Die Anfänge der *chemischen Industrie* liegen in der ersten Hälfte des 19. Jahrhunderts, wo sie vor allem als Zulieferer der Textilindustrie an Bedeutung gewann. Am Ende des 19. Jahrhunderts produzierte die chemische Industrie Grundchemikalien, Zwischen- und Fertigprodukte für die Landwirtschaft, die Textil-, Automobil- und Pharmaindustrie sowie für das Bau-, Glas-, Papier-, Leder-, Metall- und Seifengewerbe. 1913 besaßen die deutschen Chemiekonzerne zusammen einen Anteil von 80 Prozent an der Weltproduktion.

Entscheidende technische Neuerungen prägten die *Elektroindustrie*. Die Dynamomaschine ermöglichte es, mechanische Energie in elektrische Energie umzuwandeln. Mit dem elektrischen *Telegrafen* konnten Nachrichten wesentlich schneller als bisher verbreitet werden. In Deutschland wurde die erste Telegrafenleitung 1847 zwischen Berlin und Potsdam errichtet, seit 1849 war in Preußen der Telegrafenverkehr öffentlich. Mit den um 1880 entwickelten brauchbaren *Telefonen* konnte die neue Kommunikationstechnik auch im Privathaushalt genutzt werden. War es 1881 nur in sieben deutschen Orten möglich zu telefonieren, so waren 1913 bereits über 40 000 Orte an das Telefonnetz angeschlossen.

In die Achtzigerjahre des 19. Jahrhunderts fällt auch die Erfindung des *Automobils*. Die industrielle Massenproduktion begann aber erst nach der Jahrhundertwende. Die Erfindung des Verbrennungsmotors wirkte sich auch auf den beginnenden *Luftverkehr* aus. Vor allem die militärische Nutzung führte zu einem Auftrieb für den Flugzeugbau: Wurden 1912/13 noch 1 000 Flugzeuge weltweit gebaut, produzierte allein das Deutsche Reich während des Ersten Weltkrieges 44 000 Flugzeuge.

Welthandel und internationale Konkurrenz Die neuen Verkehrswege, Nachrichtentechniken und die intensivierten Handels- und Kapitalbeziehungen sorgten für bessere Absatzmöglichkeiten und ein enormes weltweites Wirtschaftswachstum. Begünstigt wurde dies durch den *Freihandel*, zu dem nach britischem Vorbild um die Mitte des 19. Jahrhunderts auch andere europäische Staaten übergingen und der einen von Zöllen und anderen staatlichen Eingriffen unbehinderten Warenaustausch ermöglichte. Gleichzeitig hatten die intensivierten weltwirtschaftlichen Verflechtungen – Historiker sprechen von einem ersten „Globalisierungsschub“ – einen steigenden Wettbewerb zur Folge und ließen die Industriestaaten immer mehr vom Weltmarkt abhängig werden.

Die auf den Boom der Gründerjahre folgende Wirtschaftskrise von 1873 erschütterte das ungebrochene Vertrauen in die Selbstregulierung der Wirtschaft durch das „freie Spiel der Kräfte“ und brachte ein Umdenken in der Wirtschaftspolitik. Der Ruf nach staatlichen „Schutzzöllen“, die den deutschen Markt vor der ausländischen Konkurrenz abschirmen sollten, wurde immer lauter. Besonders die Landwirtschaft sah sich von den billigen amerikanischen und russischen Getreideimporten bedroht. 1879 ging das Deutsche Reich von der Freihandels- zur Schutzzollpolitik (*Protektionismus*) über. In Abkehr von der wirtschaftsliberalen Grundüberzeugung sah es der Staat zunehmend als seine Aufgabe an, Handel und Wirtschaft zu schützen und durch die Festlegung von Marktpreisen oder Verkehrstarifen regulierend einzugreifen. Zusätzlich unterstützte die Regierung die Industrie beim Aufbau von Handelsvertretungen im Ausland oder versorgte Reedereien, Werften und die Rüstungsindustrie mit Aufträgen.

Neue Unternehmensformen bilden sich Die Entwicklung der Industrie war seit den 1880er-Jahren durch ein enormes Wachstum und eine gleichzeitige Konzentration der Betriebe gekennzeichnet, in denen die Umstellung auf *Massenproduktion* eine immer größere Rolle spielte.

Wollte ein Unternehmen seine Stellung am Markt ausbauen, konnte es zwei Strategien verfolgen. Entweder wurden Betriebe mit gleicher Produktion aufgekauft und in das Unternehmen eingegliedert (*horizontale Konzentration*). Dadurch ließ sich der Marktanteil für bestimmte Produkte vergrößern und stärker Einfluss auf die Preisbildung nehmen. Die zweite Strategie bestand in der *vertikalen Konzentration*. In diesem Falle erwarb ein Unternehmen Firmen, die vor- oder nachgeschaltete Produktionsstufen abdeckten, also vom Grundstoff bis zum Endprodukt alles selbst herstellten. Auf diese Weise konnten alle Produktionsschritte aufeinander abgestimmt, die Preise knapp kalkuliert und die Verluste eines Bereiches durch die anderen Produktionszweige ausgeglichen werden.

→ vertikale Konzentration

Besonders ausgeprägt fand dieser Prozess in der Montan-, der Chemie- und der Elektroindustrie statt. Im Ruhrkohlenbergbau sank die Zahl unabhängiger Unternehmen zwischen 1887 und 1914 auf nahezu die Hälfte, der Marktanteil der zehn größten Produzenten stieg gleichzeitig auf über 50 Prozent an. Deutscher Stahl wurde 1913 sogar zu zwei Dritteln von den zehn größten Unternehmen im rheinisch-westfälischen Gebiet produziert. In der Farbenindustrie war die Dominanz der fünf führenden Konzerne noch größer: Ihr Anteil lag 1913 bei 90 Prozent.

▲ **Titelseite einer Preisliste von 1886.**
Die Entwicklung der Chemie zu einer eigenen Wissenschaft im Verlauf des 19. Jh. schuf die Voraussetzung für die Herstellung von Farben, die kräftiger und haltbarer waren als die bisher verwendeten Naturfarben. Seit den Achtzigerjahren wurden synthetische Farben (Anilinfarben) produziert, deren Ausgangsstoffe aus Steinkohlenteer, einem Nebenprodukt der Kokserzeugung, gewonnen wurden.

Kartell- und Syndikatsbildung Verstärkt wurde der Konzentrationsprozess durch *Kartelle* und *Syndikate*. In einem Kartell schlossen sich unabhängige Unternehmen einer bestimmten Branche zwecks interner Preis- und Mengenabsprache zusammen, was der Wettbewerbsbeschränkung oder gar der Monopolbildung, das heißt der völligen Beherrschung des Marktes, dienen sollte. In einem Syndikat wurde darüber hinaus der Vertrieb über ein gemeinsames Büro abgewickelt. Das 1893 gegründete *Rheinisch-Westfälische Kohlesyndikat* kontrollierte auf diese Weise mehr als 80 Prozent der Fördermenge in Deutschland. Der gemeinsame Vertrieb stellte zusätzlich die absolute Preiskontrolle sicher.

Auch die deutsche chemische Industrie war von Kartellabsprachen geprägt (▸ M2). 1904 gründeten *Hoechst*, die *Farbwerke Cassella* und die *Chemische Fabrik Kalle* den „Dreiverband", und auch die Teerfarbenfabriken *Bayer*, *BASF* und die *Aktiengesellschaft für Anilinfabrikation* (*Agfa*) schlossen sich zusammen. Innerhalb der Organisationen wurde neben den Preisen auch die Aufteilung von Patenten besprochen.

Wandel in Unternehmensstrukturen und Berufen Mit dem Wachstum der Unternehmen wandelten sich auch die Strukturen in den Betrieben. Neue Gewerbezweige und Produktpaletten entstanden, die Aufgabenbereiche in den Betrieben erweiterten und differenzierten sich. Einen völlig neuen Stellenwert erhielt die Arbeitsorganisation: Wissenschaftlich ausgebildete Fachkräfte, vor allem Ingenieure, arbeiteten in Labors und Konstruktionsbüros weitere Verbesserungen aus und Betriebswirte systematisierten die Organisation und Planung der Betriebe. Die Verwaltung der Unternehmen wurde bürokratisiert und rationalisiert, Buchführung, Logistik und Vertrieb zu eigenen Bereichen ausgebaut. Schreib- und Verwaltungsaufgaben nahmen zu, gleichzeitig veränderten Telefon, Schreibmaschine und Kurzschrift die Büroarbeit grundlegend.

▲ **Uhr, Signaltafel, Spinde und Stechuhr: Maßnahmen zur Disziplinierung der Arbeiter.**
Holzstich aus der „Illustrirten Zeitung“ vom 18. Mai 1889.

Der steigende Bedarf an qualifizierten Arbeitskräften ließ eine neue Berufsgruppe entstehen: die *Angestellten*. Diese heterogene Gruppe umfasste neben den Büroberufen, den kaufmännischen Mitarbeitern, Buchhaltern, Kassierern oder Schreibkräften, ebenso die Betriebsberufe der Techniker und Ingenieure sowie den Werkstattbereich (Werkmeister u. a.). Auch der um die Jahrhundertwende rapide wachsende Dienstleistungssektor bot den Angestellten in Handel, Banken und Versicherungen viele neue Arbeits- und Aufstiegsmöglichkeiten.

In ihrer Lebensführung suchten sich die Angestellten deutlich von den Arbeitern abzugrenzen und näherten sich als „neuer Mittelstand“ dem Bürgertum an. Sichtbarer Ausdruck dafür war eine Reihe von Statussymbolen. Dazu gehörten etwa die standesgemäße Kleidung mit Anzug, weißem Hemd und typischem Stehkragen für die Männer sowie – vor allem nach dem Ersten Weltkrieg – modische Kleidung, Frisuren und Kosmetik für die Frauen.

Arbeit in Fabriken und an Maschinen Für die Menschen, die in die Industriegebiete zogen, veränderten sich Arbeit und Alltag grundlegend. Zwischen 1882 und 1907 verdoppelte sich die Industriearbeiterschaft und wurde bis zum Ersten Weltkrieg zur größten sozialen Gruppe. Fabrikarbeit bedeutete ein durch Arbeitsvertrag und Lohnarbeit gekennzeichnetes Abhängigkeitsverhältnis. Für Selbstbestimmung, individuelle Bedürfnisse oder persönliche Identifikation mit der Arbeit blieb kein Platz. Stechuhren, disziplinierende Vorarbeiter und stichprobenartige Kontrollen verzeichneten jeden Verstoß gegen die strengen Fabrikordnungen und das kalkulierte Arbeitssoll.

Eine besonders effektive und zeitsparende technische Neuerung war die Einführung des Fließbandes, das die schnelle Massenfertigung von normierten Einzelteilen in großen Stückzahlen ermöglichte. Dabei wurde die Produktion in unzählige kleine Zwischenstationen zerlegt, bei der die einzelnen Teile die Fertigung möglichst ohne Unterbrechung durchliefen. Jeder Arbeiter und jede Arbeiterin hatte dabei jeweils nur wenige bestimmte und immer gleiche Handgriffe auszuführen. Die Folge davon war ein steigender Anteil von An- und Ungelernten innerhalb der Industriearbeiterschaft.

Literaturtipp:
Jürgen Kocka, Geschichte des Kapitalismus, München ²2014

1913 setzte der amerikanische Unternehmer *Henry Ford* das Fließband erstmals in der Automobilindustrie ein. Die neue Fertigungsmethode ermöglichte es ihm, seinen Arbeitern relativ hohe Löhne auszuzahlen und seine Automobile zu enorm niedrigen Preisen anzubieten. Erst nach dem Ersten Weltkrieg wurde auch in Deutschland auf Fließbandproduktion umgestellt: 1924 eröffnete Henry Ford ein Autowerk in Berlin, im selben Jahr wurde das Fließband bei Opel, 1925 bei Siemens eingeführt.

Die standardisierte Arbeit am Fließband ist eng mit den arbeits- und betriebswissenschaftlichen Überlegungen des Amerikaners **Frederick W. Taylor** verbunden, die nach ihm als *Taylorismus* benannt sind. Seine umfassende praktische Umsetzung fand der Taylorismus in den Ford-Werken. Die konsequente Rationalisierung durch Fließbandproduktion, Schichtbetrieb und Akkordarbeit galt als nachahmenswertes Erfolgsmodell. Allerdings fand der Taylorismus nicht nur Anerkennung. Die stereotype, monotone Tätigkeit sowie die durch das Fließband und den Takt der Maschinen gesteigerte Arbeitsgeschwindigkeit wurden als unmenschliche „Arbeitshetze“ heftig kritisiert.

Frederick Winslow Taylor (1856-1915): amerikanischer Ingenieur, der als Erster begann, Arbeitsabläufe in Fabriken wissenschaftlich zu analysieren und zu optimieren. Damit gilt er als Begründer der wissenschaftlichen Betriebsführung (Scientific Management oder Taylorismus).

Erschwert wurde das hohe Arbeitspensum durch die körperlichen Beeinträchtigungen wie Lärm, Hitze, Schmutz, Gestank, Licht- und Luftmangel. Fehlende Sicherheitsvorkehrungen an den Maschinen verursachten immer wieder schwere Unfälle. Hinzu kamen Berufskrankheiten.

Die industriellen Arbeitsanforderungen wirkten sich auf andere Wirtschaftsbereiche aus. In den 1920er- und 30er-Jahren erfasste die Rationalisierung auch die Büroarbeit: Die Arbeitsvorgänge wurden zerlegt, normiert und durch Rechen- und Buchungsmaschinen mechanisiert. Die dadurch vereinfachten Arbeiten konnten nun auch weniger qualifizierte Kräfte ausführen, sodass der Einzelne ersetzbar wurde. Die Angestellten wurden immer mehr zu „Stundenlöhnern".

▲ **„Modern Times."**
Szene aus dem gleichnamigen Spielfilm von 1936; Regie: Charlie Chaplin.
Chaplin thematisiert in seinem weltberühmten Spielfilm die Befürchtung, dass Menschen in einer vollständig technisierten und rationalisierten Welt von absurden Produktionsabläufen versklavt und ansonsten eigentlich abgeschafft werden könnten.

Arbeitszeiten und Löhne In der Frühphase der Industrialisierung hatte die Arbeitszeit schnell zugenommen: Männer, Frauen und auch Kinder arbeiteten nicht unter zwölf Stunden täglich, oft sogar 15 bis 17 Stunden an mindestens sechs Tagen der Woche. Seit den 1860er-Jahren verkürzte sich die Arbeitszeit Schritt für Schritt auf etwa zwölf, bis 1914 auf durchschnittlich neun Stunden. Jedoch war weiterhin eine Wochenarbeitszeit von 70 Stunden nicht ungewöhnlich. „Urlaub" oder „Erholung" gab es in der Regel nicht, und auch das 1891 im Deutschen Reich eingeführte Verbot der Sonn- und Feiertagsarbeit wurde vielfach nicht beachtet.

Zwischen 1895 und 1913 stiegen die Reallöhne um mehr als ein Viertel. Der Lohnanstieg fiel allerdings je nach Tätigkeit, Branche und Region unterschiedlich aus. Besonders zwischen gelernten und ungelernten Arbeitern herrschte ein deutliches Lohngefälle. So verdienten als Vorarbeiter und Fabrikmeister eingesetzte ausgebildete Handwerker das Vier- bis zuweilen Sechsfache der ungelernten Kräfte. Meist reichte das Einkommen der ungelernten Arbeiter nicht zum Lebensunterhalt der Familie aus, sodass Frauen und Kinder hinzuverdienen mussten (▸ M3).

Um 1900 lag die Zahl der Fabrikarbeiterinnen bei 1,9 Millionen. Neben der Textilbranche stellten vor allem die neuen Chemiewerke und elektrotechnischen Betriebe verstärkt Frauen ein, allerdings meist in untergeordneten Positionen. In der Regel gab es in den Fabriken getrennte Arbeitsbereiche für Männer und Frauen. Die Frauenbewegung erreichte einige Mindeststandards des Arbeitsschutzes: Die Gewerbeordnungsnovelle von 1891 verbot die Nacht- und Sonntagsarbeit und schrieb eine sechswöchige Arbeitsunterbrechung nach der Geburt vor. 1908 wurde der zehnstündige Maximalarbeitstag eingeführt und das Beschäftigungsverbot für Wöchnerinnen auf acht Wochen ausgedehnt.

Arbeitslosigkeit oder Krankheit konnten schnell das Einkommen einer Familie aufzehren und sie an den Rand des Existenzminimums bringen, denn sie hatte kaum Möglichkeiten, Rücklagen zu bilden. Altersarmut war verbreitet.

1. *Stellen Sie die Entwicklung wesentlicher technischer Neuerungen, Erfindungen und Entdeckungen in Referaten vor. Veranschaulichen Sie die Stufen der Entwicklung, die Bedeutung der Erfindungen sowie ihre Auswirkungen auf Folien (PowerPoint).*

2. *Veranschaulichen Sie die wesentlichen Komponenten der Zweiten Welle der Industrialisierung in einer grafischen Gestaltung.*

F *Entwerfen Sie eine Rede zum Anbruch des 20. Jahrhunderts, in der ein Unternehmer auf die Industrialisierung zurückblickt und seine Überlegungen zur weiteren Entwicklung vorstellt.*

M1 Bedeutung und Entwicklung der Industriezweige in Deutschland

Die industrielle Entwicklung in Deutschland 1875-1913:

Industriegruppe	Anteil an gewerblich Beschäftigten (in %)		Wachstumsraten (in % pro Jahr)	
	1875	1911/13	Produktion 1870-1913	Arbeitsproduktivität 1875-1913
1. Steine und Erden	6,5	7,2	3,7	1,2
2. Metallerzeugung	2,9	4,0	5,7	2,4
3. Metallverarbeitung	11,7	16,9	5,3	2,2
4. Chemische Industrie	1,3	2,5	6,2	2,3
5. Textilindustrie	18,0	10,3	2,7	2,1
6. Ledererzeugung	0,9	0,5	2,8	2,2
7. Bekleidungsindustrie	20,9	14,4	2,5	1,6
8. Holzverarbeitung	10,1	8,7	3,1	1,6
9. Papiererzeugung und -verarbeitung	1,6	2,6	6,9	3,5
10. Nahrungs- und Genussmittel	13,1	12,7	2,7	0,9
11. Gas, Wasser, Elektrizität	0,3	0,9	9,7	3,6
12. Baugewerbe	10,3	15,6	3,1	–0,5

Nach: Thomas Nipperdey, Deutsche Geschichte 1866-1918, Bd. 1: Arbeitswelt und Bürgergeist, München [3]1990, S. 239

1. *Analysieren Sie anhand der Tabelle die Entwicklung der Beschäftigungsstruktur in den unterschiedlichen Industriezweigen. Welche Branchen gewinnen an Bedeutung, in welchen geht der Anteil der Beschäftigten zurück?*
2. *Arbeiten Sie die Relation von Beschäftigungsanteil zu den jährlichen Wachstumsraten für die einzelnen Branchen heraus. Stellen Sie dar, welche Faktoren hierbei berücksichtigt werden müssen bzw. welche für ein besonders rasches Wachstum eine Rolle spielen könnten.*

M2 Warum Konzentration?

Der Chemiker und Wirtschaftsführer Carl Duisberg wird 1912 Generaldirektor der Farbenfabriken Bayer und ist eine der maßgeblichen Persönlichkeiten der deutschen Chemie-Industrie. Bereits 1904 macht er sich für die Vereinigung der deutschen Großchemie stark:

Der Zweck einer jeden Kapitals- und Betriebsvereinigung mehrerer industrieller Unternehmungen zu einer großen Körperschaft unter gemeinsamer Leitung sollte immer die weitgehendste Verminderung der Kosten für Produktion, Verwaltung und Verkauf, unter Beseitigung eines ruinösen Konkurrenzkampfes, behufs Erzielung eines möglichst hohen Gewinnes sein, um damit nicht nur bei möglichst guter Bezahlung der Beamten und Arbeiter und entsprechender Fürsorge für sie und ihre Angehörigen nach allen Richtungen hin eine günstige Verzinsung der angelegten Kapitalien zu erzielen, sondern um vor allem durch die nur in einem großen Organismus mögliche Durchführung der weitgehendsten Arbeitsteilung, unter Wahrung der für jede Verbilligung von industriellen Leistungen notwendigen Zentralisation, eine im Interesse der heimischen Verhältnisse liegende Beeinflussung des Weltmarktes auf dem betreffenden Gebiet herbeizuführen. [...]

Es ist nahe liegend, dass ein Zusammenschluss vieler großer und kleiner Industriegesellschaften zu einer einzigen Betriebsvereinigung sich meist dann am leichtesten vollzieht, wenn die Geschäftslage in den in Betracht kommenden Industriezweigen ungünstig und der Nutzen auf ein Minimum gesunken ist. Ob es aber richtig und zweckmäßig ist, die Gründung derartiger Organisationen unter dem Zwang der Not vorzunehmen, wird bezweifelt. Unausbleiblich muss in diesem Falle die Folge der Vereinigung eine Erhöhung der

Verkaufspreise sein. Aber gerade dieser Umstand hat solchen Körperschaften immer den Zorn des Publikums und der gesetzgebenden Machthaber zugezogen, so segensreich sich auch vielfach die Syndikatsbildungen (Kohlensyndikat) und Kartelle[1], trotz der Erhöhung der Preise, erwiesen haben. [...] Meiner Ansicht nach sollten Industriezweige, die ihrer Natur und Art nach die Vorteile des Zusammenschlusses sich besonders zu eigen machen können, nicht in schlechten, sondern in guten Tagen zu großen Verbänden sich vereinigen, weil sie dann ohne Erhöhung der Verkaufspreise für ihre Erzeugnisse, ja, wenn möglich sogar unter Herabsetzung derselben, durch ihren Zusammenschluss die bisher erzielten guten Erträgnisse für viele Jahre im Voraus sichern können. Lassen nun die Verhältnisse in der Farbenindustrie Deutschlands schon heute eine Vereinigung als dauernd vorteilhaft erscheinen? Ich glaube, diese Frage mit „Ja" beantworten zu müssen. Keine Industrie der Welt ist so umfassend in technischer und kaufmännischer Hinsicht, vereinigt wissenschaftliche, technische und kaufmännische Kräfte in einem solchen Maße wie die deutsche Farbenindustrie. Sie hat wissenschaftlich gut ausgebildete Chemiker, Ingenieure, Mediziner und Apotheker nötig, die in möglichst zweckmäßig eingerichteten Laboratorien und Werkstätten bemüht sein müssen, neue chemische Verbindungen mit neuen koloristischen[2], pharmakologischen oder technischen Eigenschaften ausfindig zu machen, neue Verfahren zur Darstellung bekannter Körper zu finden, neue Maschinen und Apparate zu konstruieren, um Fortschritt an Fortschritt zu reihen.

Carl Duisberg, Abhandlungen, Vorträge und Reden 1882-1921, Berlin/Leipzig 1923, S. 343 f.

1. *Gestalten Sie ein Interview zwischen Duisberg und einem skeptischen Journalisten. Duisberg erläutert die Gründe für seinen Vorschlag.*

H *Sie können sich für Duisbergs Äußerungen weitgehend an die Textvorlage halten. Sie entwickeln vor allem die passenden Fragen.*

2. *Erklären Sie, inwiefern Carl Duisberg ein „Kind seiner Zeit" ist. Welche Argumente würde er heute nicht mehr verwenden? Finden Sie Gründe.*

3. *Führen Sie eine zeitgenössische Debatte über Duisbergs Konzept und die damit verbundenen Interessen. Dafür müssen Sie überlegen, welche Gruppen der Entwicklung kritisch gegenübergestanden haben dürften.*

4. *Suchen Sie nach aktuellen Beispielen für betriebliche Zusammenschlüsse und recherchieren Sie Hintergründe, Argumente und Ziele. Fassen Sie Ihre Ergebnisse in einer PowerPoint-Präsentation zusammen.*

[1] Zu Syndikaten und Kartellen vgl. S. 21.
[2] **koloristisch**: farblich

M3 Lebenshaltungskosten eines Arbeiterhaushaltes

Durchschnittliches Monatseinkommen eines deutschen Arbeiterhaushaltes 1800 und 1890 (beide Eltern und zwei Kinder arbeiten):

	1800	1890
(Netto-)Lohn (in Mark)	81,0	139,0
Kosten für (absolut und in % vom Nettolohn)		
Miete/Heizung	11,3	25,25
	13,95 %	18,17 %
Nahrung/Getränke	58,3	76,75
	71,97 %	55,22 %
Hausrat	2,4	5,6
	2,97 %	4,0 %
Gesundheit/Hygiene	1,0	1,7
	1,23 %	1,22 %
Kleidung	5,0	7,7
	6,17 %	5,54 %
Bildung/Unterhaltung	2,0	12,0
	2,47 %	8,63 %
Versicherungen	–	6,8
	–	4,9 %
Kosten gesamt	80,0	135,8
	98,77 %	97,7 %
Sparvolumen	1,0	3,2
	1,23 %	2,3 %

Nach: Putzger Historischer Weltatlas, Berlin ^{103}2001, S. 139

1. *Erläutern Sie die Entwicklung der laufenden Kosten eines Arbeiterhaushaltes von 1800 bis 1890. Nennen Sie Gründe für die langfristige Tendenz.*

2. *Ziehen Sie Rückschlüsse auf die Lebenssituation der Arbeitnehmer vor dem Ersten Weltkrieg.*

3. *Recherchieren Sie – etwa auf www.destatis.de – das aktuelle Durchschnittseinkommen und die Ausgabenstruktur eines mittleren Arbeitnehmerhaushaltes von heute und suchen Sie nach auffälligen Konstanten und Verschiebungen in der Ausgabenstruktur (Verkehr, Freizeit etc.).*

Geschichte regional

Kruppstahl aus Essen

Friedrich Krupp, der aus einer Essener Bürgerfamilie stammte, gründete 1811 mit zwei Teilhabern eine Gussstahlfabrik. Infolge der napoleonischen Besatzung, der Kontinentalsperre und der Befreiungskriege wäre das Unternehmen fast gescheitert. Seit der zweiten Hälfte der 1830er-Jahre wuchs der Betrieb ständig. Inzwischen hatte Friedrich Krupps ältester Sohn Alfred die Firma übernommen und der Deutsche Zollverein bessere Rahmenbedingungen geschaffen. Krupp verdiente viel am Eisenbahnbau. Das Unternehmen stellte Schienen, Achsen, Walzen und vor allem nahtlose Eisenbahnreifen her. Bald kam die Herstellung von Kanonen, Geschützrohren und anderen Rüstungsgütern hinzu.

Sitz der Firma blieb Essen. Doch auch in anderen Orten des Reiches besaß das Unternehmen Firmen. Zu ihnen zählten das modernste Stahlwerk um 1900, die „Friedrich-Albert-Hütte" in Rheinhausen (heute ein Stadtteil Duisburgs), und die „Germania-Werft" in Kiel, eine der größten Werften für Kriegsschiffe.

▲ **Das Stammhaus der Firma Krupp in Essen.**
Foto aus einem Gedenkblatt von 1873.

▲ **Gussstahlfabrik und Wohnhaus der Familie Krupp in Essen.**
Foto von 1861.
Im Hintergrund ein Gebäude, in dem der Schmiedehammer „Fritz" stand (siehe S. 27 oben).

▲ **Die Gussstahlfabrik Friedrich Krupp in Essen aus der Vogelschau.**
Farbdruck nach einem Aquarell von J. Scheiner, 1879/80.

▲ Der Dampfhammer „Fritz".
Holzstich von Emil Linner aus der Leipziger „Illustrirten Zeitung", 1890.
Der riesige Schmiedehammer wurde 1861 gebaut und war bis 1911 in Betrieb. Mit seinen 1 000 Zentnern Hammergewicht war er lange der größte Dampfhammer der Welt.

▲ Transport von Radreifen.
Foto von 1899.

Jahr	Gesamtumsatz (in Mark)	davon für Rüstungsgüter (in Prozent)
1850	814 418	2,1
1860	3 045 711	10,6
1870/71	29 074 126	44,7
1880/81	40 595 681	25,5
1890/91	55 854 718	27,8
1900/01	119 178 537	34,8

▲ Umsatz der Firma Krupp 1850 bis 1900.
Klaus Tenfelde, Krupp – der Aufstieg eines deutschen Weltkonzerns, in: Ders. (Hrsg.), Bilder von Krupp. Fotografie und Geschichte im Industriezeitalter, München 1994, S. 35

Jahr	Belegschaft der Firma	Einwohner der Stadt
1830	8	5 457
1840	60	6 325
1850	241	8 734
1860	1 785	18 435
1870	7 172	43 528
1915	69 447	ca. 360 000

▲ Krupp und Essen.
Ulrich Borsdorf und Sigrid Schneider, Ein gewaltiger Betrieb: Fabrik und Stadt auf den Kruppschen Fotografien, in: Klaus Tenfelde (Hrsg.), a. a. O., S. 123 (Auszug)

Versetzen Sie sich in die Lage eines Journalisten im Jahr 1915. Schreiben Sie einen Zeitungsartikel über „Krupp und Essen". Nutzen Sie die Abbildungen und die Tabellen.

Ansätze zur Lösung der Sozialen Frage

Die Entstehung der Sozialen Frage Das 19. Jahrhundert war geprägt von einem hohen Bevölkerungswachstum. Für die Industriearbeiter und die Lohnarbeiter in der Landwirtschaft, die nichts als ihre Arbeitskraft hatten, um ihren Lebensunterhalt zu sichern, wurde zeitgenössisch der Begriff **Proletarier** üblich. Deren Lebenserwartung war wegen der schwierigen Arbeits- und Lebensbedingungen gering. Zwischen 1882 und 1907 verdoppelte sich die Arbeiterschaft in Deutschland, bis zum Ersten Weltkrieg wurde sie zur größten sozialen Gruppe. Immer mehr Menschen zogen in die Industriegebiete und waren in Großunternehmen tätig.

Trotz ihres wachsenden Anteils an der Bevölkerung blieben die Arbeiter lange ohne politische Mitbestimmung. Die Wahlsysteme bevorzugten häufig Bürger mit großem Vermögen, so etwa das **Dreiklassenwahlrecht** in Preußen, das die unteren Schichten nahezu zur politischen Bedeutungslosigkeit verurteilte. Bereits die Zeitgenossen sahen die Not und die daraus erwachsenden sozialen Probleme.

Mitte des 19. Jahrhunderts gründeten *Hermann Schulze-Delitzsch* und *Friedrich Wilhelm Raiffeisen* unabhängig voneinander die ersten **Genossenschaften**, die Hilfe zur Selbsthilfe boten. Vorschuss- und Kreditvereine – die Vorläufer der heutigen Volksbanken – sollten den Mitgliedern Kredite für nötige Investitionen gewähren.

Proletarier: Der Begriff leitet sich ab von der Bezeichnung für diejenigen Bürger im Alten Rom, die nichts anderes besaßen als ihre eigenen Nachkommen (lat. proles).

Dreiklassenwahlrecht: Wahlsystem, bei dem die wenigen Großsteuerzahler der ersten Klasse (etwa fünf Prozent der Wahlberechtigten) ebenso viele Abgeordnete wählen konnten wie die Masse der Bevölkerung (rund 80 Prozent). Dieses Wahlsystem galt in Preußen von 1850 bis 1918.

Genossenschaft: Zusammenschluss von selbstständigen Personen zu einem Geschäftsbetrieb. Damit können verschiedene Bereiche wie Einkauf, Lagerung oder Maschinenhaltung gemeinsam („genossenschaftlich“) betrieben und die Kosten verteilt werden.

Einzelne Unternehmer versuchen zu helfen Die Mehrzahl der Unternehmer sah in den Arbeitern in erster Linie einen Kostenfaktor und kümmerte sich nicht um deren Lebensbedingungen. Nur wenige Arbeitgeber entschieden sich, die Lage ihrer Beschäftigten zu verbessern. Dabei spielten nicht nur christliche und allgemein humanitäre Überlegungen eine Rolle, sondern auch die Furcht, die zunehmende Verelendung der Arbeiter könnte zu Aufständen oder zur Revolution führen. Daher gründeten etwa die Großunternehmer *Alfred Krupp* (▸ M2) und *Friedrich Harkort* in ihren Betrieben ab 1836 erste Betriebskrankenkassen. Dies sicherte die Familien der Arbeitnehmer ab, wenn der Ernährer krank wurde oder wegen Invalidität nicht mehr oder nur eingeschränkt arbeiten konnte. Ergänzt wurde diese Absicherung im Krankheitsfall durch eine Altersversorgung, zu deren Finanzierung die Unternehmer beitrugen. Der Bau von Werkswohnungen sollte die Wohnsituation der Beschäftigten verbessern. Hygiene- und Sicherheitsvorschriften am Arbeitsplatz dienten der Vorbeugung von Krankheiten und Unfällen. Durch den Einkauf von Lebensmitteln und Gütern des täglichen Bedarfs in *Konsumvereinen* konnten die Arbeiter ihre Lebenshaltungskosten senken.

Karl Marx (1818-1883): protestantisch getaufter Jude aus Trier; Ökonom, Philosoph und Begründer des Marxismus

Friedrich Engels (1820-1895): Kaufmann, Philosoph und sozialistischer Politiker aus Barmen, Freund und Mitarbeiter von Marx

Der revolutionäre Weg: Karl Marx und der Kommunismus Unter dem Eindruck der katastrophalen Lebensumstände der Arbeiterschaft entwickelte der Philosoph und Journalist **Karl Marx** in Zusammenarbeit mit dem Unternehmersohn **Friedrich Engels** die Theorie des modernen *Kommunismus*. Im Zentrum von Marx' Weltbild stand der Gedanke, dass die Wirtschaft das zentrale Element jeder Gesellschaft sei (*Materialismus*). Veränderungen in einer Gesellschaft können demnach nur durch die Änderung der materiellen Verhältnisse erreicht werden. Marx unterteilte die Geschichte der Menschheit bis in die Gegenwart in vier Zeitabschnitte: Urgesellschaft, antike Sklavenhaltergesellschaft, mittelalterliche Feudalgesellschaft und die Epoche des Kapitalismus, der auf dem Privateigentum an Produktionsmitteln beruhe. Seiner Ansicht nach war das soziale Elend der Arbeiter eine zwangsläufige Folge der Produktionsbedingungen des Kapitalismus, da sich in dieser Gesellschaftsordnung zwei Klassen gegenüberstünden: die Unternehmer (die *Bourgeoisie*), die allein über die Produktionsmittel verfügten, und die Arbeiter (Proletarier), die nur ihre Arbeitskraft verkaufen könnten. Die Lösung sah Marx in der *sozialistischen Revolution*, die seiner Ansicht nach unausweichlich war. In dieser Revolution werde das Proletariat die Herrschaft über die Bourgeoisie erringen und das Privateigentum an Produktionsmitteln abschaffen. Sämtliche Fabriken, Banken und Bergwerke würden vergesellschaftet. Danach entstehe die kommunistische Gesellschaft, in der alle Klassengegensätze aufgehoben würden: Denn die Produktionsmittel seien dann Eigentum der Gesellschaft und jeder Mensch könne sich ohne Ausbeutung durch andere selbst verwirklichen.

Reform statt Revolution: die Sozialdemokratie Die Anfänge der Arbeiterbewegung in Deutschland reichen bis zur Mitte des 19. Jahrhunderts zurück. Vereinzelt entstanden Arbeitervereine, die die materiellen Lebensumstände und die Bildung ihrer Mitglieder zu verbessern suchten. In der Revolution von 1848/49 vereinigten sich mehr als 30 Arbeitervereine zur „Allgemeinen Deutschen Arbeiterverbrüderung". Sie forderten die Gründung von Konsumgenossenschaften, Unterstützungskassen für den Krankheitsfall, ferner das allgemeine Wahlrecht und das **Koalitionsrecht**. Das Scheitern der Revolution von 1848/49 und die darauf folgende Phase reaktionärer Politik in vielen deutschen Staaten führten aber zu einem Verbot aller Arbeitervereine.

Erst in den 1860er-Jahren wurde die Bildung von Arbeiterparteien möglich. 1863 gründete **Ferdinand Lassalle** den *Allgemeinen Deutschen Arbeiterverein* (ADAV). Im Gegensatz zu Marx hielt er es für möglich, die Soziale Frage durch Reformen zu lösen und dabei die staatliche Grundordnung und das Privateigentum beizubehalten. Um dieses Ziel zu erreichen, mussten jedoch die Arbeiter einen größeren Einfluss auf die Politik gewinnen. Daher war eine zentrale Forderung Lassalles die Einführung des allgemeinen, gleichen, direkten und geheimen Wahlrechts, damit die Arbeiter ihre Interessen auch politisch vertreten konnten.

1869 gründeten *Wilhelm Liebknecht* und *August Bebel* in Eisenach eine zweite Arbeiterpartei: die *Sozialdemokratische Arbeiterpartei* (SDAP), die marxistisch geprägt war und die Revolution als Mittel zur Überwindung der sozialen Probleme anstrebte. Um die Kräfte zu bündeln, arbeiteten die SDAP und Lassalles Arbeiterverein zusammen und vereinigten sich 1875 in Gotha zur *Sozialistischen Arbeiterpartei Deutschlands* (SAPD). Das Gothaer Programm der Partei war sowohl von marxistischen Ideen beeinflusst als auch von Lassalles Programm geprägt (▸ M1). Bei den Reichstagswahlen 1877 konnte die neue Partei erste Erfolge verbuchen: Sie erhielt 9,1 Prozent der Stimmen und konnte zwölf Abgeordnete in den Reichstag entsenden.

Weite Kreise des Bürgertums empfanden die Sozialdemokratie als eine Bedrohung ihres Besitzstandes. Reichskanzler **Otto von Bismarck** versuchte daher, die Partei durch das *„Sozialistengesetz"* (1878-1890) zu unterdrücken und mithilfe staatlicher Sozialgesetzgebung die Arbeiter für sich zu gewinnen. Damit scheiterte er jedoch. Als 1890 das „Sozialistengesetz" aufgehoben wurde, gründete sich die Partei in Halle neu und nannte sich nun *Sozialdemokratische Partei Deutschlands* (SPD). Zu den zentralen Forderungen der Partei gehörten die Vergesellschaftung der Produktionsmittel, der Acht-Stunden-Tag, das Verbot der Kinderarbeit und das Koalitionsrecht. Obwohl die Sozialdemokratie im politischen System des Kaiserreiches auch nach der Aufhebung des „Sozialistengesetzes" in eine Außenseiterrolle gedrängt wurde, wuchs ihre Anhängerschaft stetig. 1912 wurde sie mit 34,8 Prozent der Stimmen und 110 Abgeordneten sogar die stärkste Fraktion im Reichstag und blieb dies auch bis zum Ende des Kaiserreiches.

Koalitionsrecht: erlaubt den Zusammenschluss zu Vereinen, Parteien und Gewerkschaften

Ferdinand Lassalle (1825-1864): Sohn eines jüdischen Kaufmanns aus Breslau; Philosoph, Journalist und Politiker

Otto von Bismarck (1815-1898): von 1862 bis 1890 mit kurzer Unterbrechung preußischer Ministerpräsident; 1871-1890 Reichskanzler und Außenminister

▲ **Polizeieinsatz gegen streikende Bergarbeiter im Ruhrgebiet.**
Foto vom März 1912.
Am 11. März 1912 legten rund 170 000 Bergleute im Ruhrgebiet die Arbeit nieder, um höhere Löhne und bessere Arbeitsbedingungen durchzusetzen. Es war der erste geplante Streik in der deutschen Gewerkschaftsbewegung. Er scheiterte jedoch: Angesichts des eingesetzten Militärs, vor allem aber wegen der mangelnden Solidarität und des Streits zwischen den konkurrierenden Richtungsgewerkschaften gaben die Bergleute nach einer Woche auf.

Die Gewerkschaften Koalitionsverbote, die den Zusammenschluss von Arbeitern untersagten, sowie das Verbot von Streiks behinderten zunächst die Entstehung von Gewerkschaften nach englischem Vorbild. Erst seit den Sechzigerjahren konnten sich die Arbeitervereinigungen wirksam für die Interessen ihrer Mitglieder einsetzen. Jetzt wurde eine Vielzahl von Gewerkschaften gegründet, die sich teils eng an die Arbeiterparteien anlehnten. 1877 hatten die den Sozialdemokraten nahe stehenden *Freien Gewerkschaften* rund 52000 Mitglieder. Die nach Aufhebung des „Sozialistengesetzes“ als Dachorganisation aller Einzelgewerkschaften gegründete „*Generalkommission der Freien Gewerkschaften*“ führte ab 1899 eine ganze Reihe großer Streiks durch, womit die Gewerkschaften bessere Arbeitsbedingungen erreichten. Die Mitgliederzahl der Freien Gewerkschaften erhöhte sich von rund 294000 (1890) auf über 2,5 Millionen (1913).

Neben den sozialdemokratisch ausgerichteten Gewerkschaften entstanden 1868 auch bürgerliche Gewerkschaften unter der Führung von *Max Hirsch* und *Franz Duncker*, die *Hirsch-Duncker'schen Gewerkvereine*. Schließlich gab es mehrere *Christliche Gewerkschaften*, die sich erst 1901 zum „*Gesamtverband der christlichen Gewerkschaften Deutschlands*“ zusammenschlossen. Gemessen an den Mitgliederzahlen und in ihrer Bedeutung blieben die bürgerlichen und christlichen Gewerkschaften aber weit hinter den Freien Gewerkschaften zurück.

Die bürgerliche Frauenbewegung In den deutschen Staaten hatten sich auch Frauen bereits im *Vormärz* und noch mehr während der *Revolution von 1848/49* in Vereinen zusammengeschlossen. So organisiert, drängten sie auf gesellschaftliche Veränderungen und erhofften sich politische Freiheit. Wichtige Impulse für den Kampf um die Rechte der Frau waren dabei von der *Aufklärung* und der *Französischen Revolution* ausgegangen. Vor allem aber hatte der gesellschaftliche Wandel infolge der Industrialisierung nicht nur die Soziale Frage, sondern zugleich auch die „Frauenfrage“ aufgeworfen.

Da das *Preußische Vereinsgesetz* von 1850 den Frauen die Mitgliedschaft in politischen Vereinigungen sowie die Teilnahme an politischen Veranstaltungen verbot, konzentrierten sich die Vereine in den 1860er-Jahren auf die Mädchenbildung und auf die Berufschancen unverheirateter Frauen. Bürgerliche Frauen engagierten sich für die Verbesserung der sozialen und ökonomischen Lage der Arbeiterinnen und Arbeiterfrauen. Erste Kinderschutzvereine wurden gegründet, in deutschen Großstädten errichtete man Entbindungsheime und „Kinderbewahranstalten“. Volksküchen wurden eröffnet, um berufstätige Frauen zu entlasten und sie mit gesunder Ernährung bekannt zu machen. Die Frauen erteilten Mädchen aus den Unterschichten Hauswirtschaftsunterricht, kümmerten sich um Not leidende Arbeiterfamilien, um Prostituierte und die Reintegration weiblicher Strafgefangener.

Louise Otto-Peters (1819-1895): Schriftstellerin und Journalistin; gründete 1849 die erste deutsche „Frauen-Zeitung“ und engagierte sich seit den 1860er-Jahren in der bürgerlichen Frauenbewegung

1865 wurde auf Initiative von **Louise Otto-Peters**, der Vorsitzenden des Leipziger Frauenbildungsvereins, der *Allgemeine Deutsche Frauenverein* (ADF) gegründet. Er gilt als Ausgangspunkt der organisierten deutschen Frauenbewegung. Ziel des ADF war es, „alle der weiblichen Arbeit im Wege stehenden Hindernisse“ zu beseitigen. Langfristig sollten bessere Bildung und die Öffnung qualifizierter Berufe für Frauen die Voraussetzungen für politische Mitsprache sein.

Aber erst durch den 1894 nach amerikanischem Vorbild gegründeten Dachverband der Frauenvereine, den *Bund Deutscher Frauenvereine* (BDF), entfaltete die Frauenbewegung größere Wirkung. 1901 umfasste sie fast 140 Vereine mit verschiedenen Anliegen. Es gab Berufsvertretungen, Beratungs- und Rechtsschutzvereine, Damenturnklubs, Wandergruppen sowie Vereine zur Sozialfürsorge für Frauen oder Vereine mit konfessionellem Charakter. Nur eine kleine Minderheit dieser Vereinigungen stellte politische Forderungen. Der BDF diskutierte zwar Fragen des Arbeiterinnenschutzes, der Gewerbefreiheit oder des Wahlrechts. Der Schwerpunkt seines Engagements galt indessen der Bildungsförderung und der Ausarbeitung von familienrechtlichen und bildungspolitischen Petitionen, die jedoch alle ohne Erfolg blieben.

Zu den führenden Persönlichkeiten der bürgerlichen Frauenbewegung zählten **Hedwig Dohm**, die sich neben den Forderungen nach gleicher Ausbildung und weiblicher Erwerbstätigkeit für das Frauenwahlrecht aussprach (▸ M4, M5), sowie **Helene Lange**, die als Vorsitzende des ADF und des BDF die Frauenbewegung für viele Jahre prägte.

Die sozialistische Frauenbewegung Den Gegenpol zur bürgerlichen Frauenbewegung bildete die sozialistische Frauenbewegung, die seit 1889 von **Clara Zetkin** angeführt wurde. Die Organisation zählte um 1908 rund 30 000 Mitglieder. Sie verstand sich als Teil der sozialistischen Arbeiterbewegung und engagierte sich vorrangig für den Schutz der Arbeiterinnen, die Abschaffung der Kinderarbeit, gleiche Rechte und Löhne wie für Männer sowie die Aufklärung der Frauen über ihre „Klassenlage". Clara Zetkin ging es um die vollständige politische Gleichberechtigung der Frauen im Rahmen einer groß angelegten Lösung der Sozialen Frage. Gemäß der sozialistischen Lehre, nach der die Ungleichheit vor allem zwischen den (Eigentums-)Klassen bestand, war die Gleichheit aller nur durch eine proletarische Revolution und die Abschaffung des Privateigentums zu erreichen. Die SPD blieb bis zum Ersten Weltkrieg die einzige Partei, die sich für das Wahlrecht der Frauen einsetzte.

Initiativen im Bereich der christlichen Kirchen Die großen sozialen Probleme, die mit der Industrialisierung einhergingen, führten lange Zeit zu keinem Engagement der Amtskirchen. Zu dieser passiven Haltung trug ein konservatives Weltbild bei, das die Solidarität mit Sozialisten und Kommunisten ablehnte. Hinzu kam ein generelles Misstrauen gegenüber der Industrialisierung und den von ihr verursachten sozialen Veränderungen. So blieb sowohl in der katholischen wie in der evangelischen Kirche das Engagement auf die Initiative Einzelner beschränkt. Der evangelische Pastor *Johann Hinrich Wichern* gründete 1833 in Hamburg das *„Rauhe Haus"*, das sich um alleinstehende Jugendliche bemühte. Diese erhielten eine handwerkliche oder hauswirtschaftliche Ausbildung und sollten zu verantwortungsbewussten Menschen erzogen werden. Für die Sozialarbeit in der evangelischen Kirche richtungweisend wurde die von Wichern 1848 angeregte *„Innere Mission"*, die zur Entstehung zahlreicher sozialer Einrichtungen der evangelischen Kirche (Krankenanstalten, Altersheime usw.) führte.

Auf katholischer Seite engagierten sich besonders der Kölner Domvikar *Adolph Kolping* und der Mainzer Erzbischof *Wilhelm von Ketteler*, um die Lage der Arbeiter zu verbessern. Die von Kolping gegründeten katholischen Gesellenvereine unterstützten seit 1849 vor allem die wandernden Handwerksgesellen bei der Suche nach preiswerter Unterkunft und Betreuung. Erst am Ende des 19. Jahrhunderts leitete Papst *Leo XIII.* (1878-1903) eine grundsätzliche Neuorientierung im Hinblick auf die sozialen Probleme der Zeit ein. In seinem Rundschreiben an die katholischen Gläubigen, der

▲ **„Heraus mit dem …"**
Mit diesem Plakat (83 x 60 cm) von Erich Maria Stadler warb die sozialistische Frauenbewegung 1914 für das Frauenwahlrecht. Der Berliner Polizeipräsident hielt die Schlagzeile für eine Beleidigung der Obrigkeit und verbot die Plakatierung.

Hedwig Dohm (1831-1919): Schriftstellerin und Frauenrechtlerin. Sie kämpfte für die völlige rechtliche, soziale und ökonomische Gleichberechtigung und das Frauenwahlrecht.

Helene Lange (1848-1930): Lehrerin und Frauenrechtlerin. Sie setzte sich vor allem für bessere Bildungs- und Berufschancen der Frauen ein. 1890 gründete sie den Allgemeinen Deutschen Lehrerinnenverein (ADLV).

Clara Zetkin (1857-1933): Volksschullehrerin und sozialistische Politikerin. 1878 schloss sie sich den Sozialdemokraten an und wurde daraufhin aus dem Schuldienst entlassen; ab 1890 organisierte sie die sozialdemokratische Frauenbewegung.

Enzyklika: päpstliches Rundschreiben

Sozialenzyklika *„Rerum Novarum“* von 1891, forderte der Papst die europäischen Regierungen auf, für Arbeitsschutz und gerechten Lohn Sorge zu tragen. Die praktische Wirkung der Enzyklika blieb jedoch begrenzt.

Der Staat greift ein Gemäß den liberalen wirtschaftspolitischen Vorstellungen des 19. Jahrhunderts sollte der Staat so weit wie möglich auf ein Eingreifen in die wirtschaftliche Ordnung verzichten. Daher beschränkten sich auch in Deutschland die wenigen gesetzlichen Regelungen auf die Eindämmung der schlimmsten Auswüchse bei der Frauen- und Kinderarbeit. Infolge der Entstehung der Arbeiterparteien nahmen die Ängste des Bürgertums vor einer sozialen Revolution zu. Nach 1871 versuchte Reichskanzler Bismarck, den Zulauf zur Arbeiterbewegung auf zweierlei Weise zu verringern. Durch das „Sozialistengesetz“ von 1878 sollten die Arbeiterparteien politisch ausgeschaltet werden. Gleichzeitig nahm Bismarck einige sozialpolitische Forderungen der Arbeiterbewegung auf und versuchte, durch eine fortschrittliche *Sozialgesetzgebung* die Arbeiterschaft mit dem Staat zu versöhnen (▸ M3):

1. Das 1883 erlassene Gesetz über die Einführung einer *Krankenversicherung* schrieb die Mitgliedschaft für alle Arbeiter und einen Teil der Angestellten in Gewerbe- oder Industriebetrieben vor. Die Beiträge für die neu gegründeten Ortskrankenkassen wurden zu zwei Dritteln von den Arbeitnehmern und zu einem Drittel von den Arbeitgebern getragen. Die Versicherten besaßen nun einen Anspruch auf kostenfreie ärztliche Behandlung und eine finanzielle Absicherung im Krankheitsfall (Beihilfe der Ortskrankenkassen in den ersten 13 Wochen nach der Erkrankung).
2. Bei der 1884 eingeführten *Unfallversicherung* trugen ausschließlich die Unternehmer die Kosten für die Beiträge. Der Geschädigte eines Betriebsunfalls musste dem Unternehmer nicht mehr dessen Verschulden nachweisen, um Anspruch auf Versorgung zu erhalten. Die Versicherung übernahm die Arzt- und Heilkosten und sicherte dem Arbeitnehmer für die Dauer seiner Invalidität eine Rente, die zwei Drittel seines Lohnes betrug. Im Todesfall erhielt die Witwe 60 Prozent der Rente ihres verstorbenen Mannes.
3. 1889 wurde die *Alters- und Invaliditätsversorgung* gesetzlich geregelt. Durch die Gründung der Rentenversicherung wurden Arbeitnehmer mit einem niedrigen Einkommen im Alter und im Fall der Erwerbsunfähigkeit abgesichert. Finanziert wurde diese Versicherung zum einen durch Beiträge der Arbeitnehmer und der Unternehmen, zum anderen durch einen staatlichen Zuschuss. Versicherungspflichtig waren alle Arbeitnehmer ab 16 Jahren mit einem jährlichen Lohn von bis zu 2000 Mark. Die Altersrente wurde ab dem 70. Lebensjahr ausbezahlt und richtete sich nach dem Verdienst und der Versicherungsdauer. Wenn ein Arbeitnehmer länger als ein Jahr erwerbsunfähig war, erhielt er eine Invalidenrente.

Dank dieser Gesetze verbesserte sich die soziale Sicherheit der Arbeitnehmer spürbar. Alter und Krankheit waren nun nicht mehr gleichbedeutend mit dem Verlust jeglichen Einkommens. Zwar sorgten die Versicherungen nur für Notfälle vor, trotzdem waren die Arbeiter in Deutschland nun im Vergleich zu anderen europäischen Ländern deutlich besser abgesichert. Die von Bismarck angestrebte Schwächung der Sozialdemokratie wurde mit diesen Maßnahmen allerdings nicht erreicht.

▲ **„Der Segen der Alters- und Invalidenversicherung.“**
Abholen der Rente vom Postamt, neu kolorierter Holzstich, um 1890.

1. *„Zuckerbrot und Peitsche“ – mit diesen Begriffen wurde Bismarcks Politik gegenüber der Arbeiterklasse charakterisiert. Erläutern Sie die beiden Begriffe.*

2. *Entwerfen Sie den Kommentar einer sozialdemokratischen Zeitschrift zur Sozialgesetzgebung Bismarcks.*

M1 Das Gothaer Programm

Auszug aus dem 1875 beschlossenen Programm der SAPD:

I. [...] In der heutigen Gesellschaft sind die Arbeitsmittel Monopol der Kapitalistenklasse, die hierdurch bedingte Abhängigkeit der Arbeiterklasse ist die Ursache des Elends und der Knechtschaft in allen Formen.
Die Befreiung der Arbeit erfordert die Verwandlung der Arbeitsmittel in Gemeingut der Gesellschaft und die genossenschaftliche Regelung der Gesamtarbeit mit gemeinnütziger Verwendung und gerechter Verteilung des Arbeitsertrages.
Die Befreiung der Arbeit muss das Werk der Arbeiterklasse sein, der gegenüber alle anderen nur eine reaktionäre Masse sind.

II. Von diesen Grundsätzen ausgehend, erstrebt die Sozialistische Arbeiterpartei Deutschlands mit allen gesetzlichen Mitteln den freien Staat und die sozialistische Gesellschaft, die Zerbrechung des ehernen Lohngesetzes[1] durch Abschaffung des Systems der Lohnarbeit, die Aufhebung der Ausbeutung in jeder Gestalt, die Beseitigung aller sozialen und politischen Ungleichheit. [...] Die Sozialistische Arbeiterpartei Deutschlands fordert, um die Lösung der Sozialen Frage anzubahnen, die Errichtung von sozialistischen Produktivgenossenschaften[2] mit Staatshilfe unter der demokratischen Kontrolle des arbeitenden Volkes. Die Produktivgenossenschaften sind für Industrie und Ackerbau in solchem Umfange ins Leben zu rufen, dass aus ihnen die sozialistische Organisation der Gesamtarbeit entsteht.

1. Allgemeines, gleiches, direktes Wahl- und Stimmrecht, mit geheimer und obligatorischer Stimmabgabe aller Staatsangehörigen vom zwanzigsten Lebensjahre an für alle Wahlen und Abstimmungen in Staat und Gemeinde. Der Wahl- oder Abstimmungstag muss ein Sonntag oder Feiertag sein.
2. Direkte Gesetzgebung durch das Volk. Entscheidung über Krieg und Frieden durch das Volk. [...]
3. Allgemeine Wehrhaftigkeit, Volkswehr anstelle der stehenden Heere.
4. Abschaffung aller Ausnahmegesetze, namentlich der Press-, Vereins- und Versammlungsgesetze; überhaupt aller Gesetze, welche die freie Meinungsäußerung, das freie Forschen und Denken beschränken.
5. Rechtsprechung durch das Volk. Unentgeltliche Rechtspflege.
6. Allgemeine und gleiche Volkserziehung durch den Staat. Allgemeine Schulpflicht. Unentgeltlicher Unterricht in allen Bildungsanstalten. Erklärung der Religion zur Privatsache.

Die Sozialistische Arbeiterpartei fordert innerhalb der heutigen Gesellschaft:

1. Möglichste Ausdehnung der politischen Rechte und Freiheiten im Sinne der obigen Forderungen.
2. Eine einzige progressive Einkommensteuer für Staat und Gemeinde anstatt aller bestehenden, insbesondere die das Volk belastenden indirekten Steuern.
3. Unbeschränktes Koalitionsrecht.
4. Einen den Gesellschaftsbedürfnissen entsprechenden Normalarbeitstag. Verbot der Sonntagsarbeit.
5. Verbot der Kinderarbeit und aller die Gesundheit und Sittlichkeit schädigenden Frauenarbeit.
6. Schutzgesetze für Leben und Gesundheit der Arbeiter. [...] Überwachung der Bergwerke, der Fabrik-, Werkstatt- und Hausindustrie durch von Arbeitern gewählte Beamte. Ein wirksames Haftpflichtgesetz.

Zitiert nach: Günter Schönbrunn (Bearb.), Das bürgerliche Zeitalter 1815-1914. Geschichte in Quellen, München 1980, S. 878 f.

1 Nach Ferdinand Lassalle (vgl. S. 29), dem ersten Präsidenten des Allgemeinen Deutschen Arbeitervereins, war der durchschnittliche Arbeitslohn auf ein Minimum beschränkt, das es dem Arbeiter gerade noch erlaubte, seine Existenz zu erhalten.
2 **Produktivgenossenschaft**: wirtschaftliche Vereinigung von Handwerkern, Bauern oder Arbeitern ohne unternehmerische Selbstständigkeit

1. *Stellen Sie tabellarisch diejenigen Forderungen, die innerhalb des Kaiserreiches durchzusetzen wären, und diejenigen, die nur als Folge einer Revolution erreichbar wären, einander gegenüber.*

2. *Charakterisieren Sie auf Grundlage Ihrer Zusammenfassung das Gothaer Programm als eher marxistisch oder eher von Lassalle geprägt.*

F *Entwerfen Sie ein Streitgespräch zwischen einem Anhänger Lassalles und einem Marxisten über das Gothaer Programm der SAPD.*

M2 „Ein Wort an die Angehörigen meiner gewerblichen Anlagen“

Die sogenannte „Große Depression“ führt ab 1874 zu Firmenzusammenbrüchen und einer bislang nicht gekannten Streikwelle. Der Unternehmer Alfred Krupp richtet 1877 folgenden Aufruf an seine Arbeiter:

Trotz wiederholter Warnung scheint sich unter einem Teile von Euch der Geist der Sozialdemokratie einschleichen zu wollen. Dieser Geist aber ist verderblich, und jeder Verständige muss ihn bekämpfen, der Arbeiter so gut wie der Arbeitgeber. [...] Um die Lage meiner Arbeiter zu verbessern, war ich von jeher zunächst darauf bedacht, ihnen ein möglichst sorgenfreies Dasein für die Zeiten zu verschaffen, in denen sie selbst nicht mehr arbeiten könnten. Ihr selbst wisst es am besten, wie es mit Kranken, Invaliden und ausgedienten Arbeitern bei uns gehalten wird. Dann habe ich den Arbeitern Wohnungen gebaut, worin bereits 20000 Seelen untergebracht sind, habe Schulen gegründet, Schenkungen verliehen und Einrichtungen getroffen zur billigen Beschaffung von allem Lebens- und Hausbedarf. Ich habe mich dadurch in eine Schuldenlast gesetzt, die abgetragen werden muss. Damit dies geschehen kann, muss jeder seine Schuldigkeit tun in Frieden und Eintracht und in Übereinstimmung mit unseren Vorschriften.

[...] Unter den schwierigsten Umständen habe ich den Mut gehabt, für meine Leute einzutreten, und behalte ihn auch in der jetzigen schweren Zeit. Ich hoffe, dass wir sie überwinden werden, dass wir Arbeit behalten werden. Alle Kräfte werden dafür nach allen Seiten aufgewandt. Das sollten die Arbeiter dankbar erkennen [...]. Ich gebe Euch nun diesen Rat: Lasst Euch nicht blenden durch schöne Worte und erwartet das Heil nicht von solchen, die einen neuen mühelosen Weg zur Volksbeglückung gefunden haben wollen. Die Angelegenheiten des ganzen Vaterlandes sollen jedem wichtig und teuer sein, aber dazu hilft gar nichts [...] das Schwatzen über politische Angelegenheiten, das ist nur den Aufwieglern willkommen und stört die Pflichterfüllung. Eine ernste Beschäftigung mit der Landespolitik erfordert mehr Zeit und tiefere Einsicht in schwierige Verhältnisse, als Euch zu Gebote steht. Das Politisieren in der Kneipe ist nebenbei sehr teuer, dafür kann man im Hause Besseres haben. Nach getaner Arbeit verbleibt im Kreise der Eurigen, bei den Eltern, bei der Frau und den Kindern. Da sucht Eure Erholung, sinnt über den Haushalt und die Erziehung. Das und Eure Arbeit sei zunächst und vor allem Eure Politik. Dabei werdet Ihr frohe Stunden haben.

Zitiert nach: Gerhard Adelmann u. a. (Hrsg.), Quellensammlung zur Geschichte der sozialen Betriebsverfassung, Bd. 2, Bonn 1965, S. 295

1. *Arbeiten Sie heraus, welche Stellung Krupp dem Arbeiter und dem Unternehmer zuweist.*

2. *Formulieren Sie den kritischen Kommentar eines Sozialdemokraten zu Krupps Aufruf.*

M3 Gründe und Ziele staatlicher Sozialpolitik

Reichskanzler Otto von Bismarck in der Beratung des ersten Unfallversicherungsgesetzes im Reichstag am 2. April 1881:

Seit fünfzig Jahren sprechen wir von einer Sozialen Frage. [...] Ich halte es für meinen Beruf, diese Fragen ohne Parteileidenschaft [...] in Angriff zu nehmen, weil ich nicht weiß, wer sie mit Erfolg in Angriff nehmen soll, wenn es die Reichsregierung nicht tut. [...]

Ich bin der Meinung, dass das „laisser faire, laisser aller"[1], „das reine Manchestertum[2] in der Politik", „Jeder sehe, wie er's treibe, jeder sehe, wo er bleibe", „Wer nicht stark genug ist zu stehen, wird niedergerannt und zu Boden getreten", „Wer da hat, dem wird gegeben, wer nicht hat, dem wird genommen", dass das im Staat, namentlich in dem monarchischen, landesväterlich regierten Staat Anwendung finden könne. [...] Aber umsonst ist der Tod! Wenn Sie nicht in die Tasche greifen wollen und in die Staatskasse, dann werden Sie nichts fertig bekommen. Die ganze Sache der Industrie aufzubürden – das weiß ich nicht, ob sie das ertragen kann. Schwerlich geht es bei allen Industrien. Bei einigen ginge es allerdings; es sind das diejenigen Industriezweige, bei welchen der Arbeitslohn nur ein minimaler Betrag der Gesamtproduktionskosten ist. [...] Ob man den Beitrag auf die Arbeiter oder auf die Unternehmer legt, das halte ich für ganz gleichgültig. Die Industrie hat ihn in beiden Fällen zu tragen, und was der Arbeiter beiträgt, das ist doch notwendig schließlich zulasten des ganzen Geschäfts. Es wird allgemein geklagt, dass der Lohn der Arbeiter im Ganzen keinen Überschuss und keine Ersparnis gestatte. Will man also dem Arbeiter zu dem eben noch ausreichenden Lohn noch eine Last auferlegen, ja, dann muss der Unternehmer diese Mittel zulegen, damit der Arbeiter die Last tragen kann.

Alfred Milatz (Hrsg.), Otto von Bismarck. Werke in Auswahl, Bd. 6, Darmstadt 1973, S. 515–521

1. *Fassen Sie Bismarcks Erwägungen über die Finanzierbarkeit der Unfallversicherung zusammen.*

2. *Arbeiten Sie heraus, ob sich Bismarck für oder gegen das „Laisser faire"-Prinzip ausspricht.*

3. *Prüfen Sie, ob Bismarck Recht hat, wenn er behauptet, die Soziale Frage bestehe bereits seit 50 Jahren. Welche Aufgaben für die Regierung leitet er daraus ab?*

[1] **laisser faire, laisser aller** (franz.): tun, gehen lassen; hier etwa: Treibenlassen aller Dinge

[2] **Manchestertum**: Bezeichnung für einen extremen Wirtschaftsliberalismus ohne staatliche Eingriffe, benannt nach dem britischen Manchester, dem damaligen Zentrum der Textilindustrie

M4 Der Frauen Natur und Recht

1876 schreibt Hedwig Dohm über das Stimmrecht:

Warum soll ich erst beweisen, dass ich ein Recht dazu habe? Ich bin ein Mensch, ich denke, ich fühle, ich bin Bürgerin des Staats, ich gehöre nicht zur Kaste der Verbrecher, ich lebe nicht von Almosen, das sind die Beweise, die ich für meinen Anspruch beizubringen habe. Der Mann bedarf [...] eines bestimmten Wohnsitzes, eines bestimmten Alters, eines Besitzes, warum braucht die Frau noch mehr? Warum ist die Frau gleichgestellt Idioten und Verbrechern? [...]
Aus ihrer Macht über die Frauen leiten die Männer ihre Rechte den Frauen gegenüber her. Die Tatsache der Herrschaft ist aber kein Recht. Gesetzlich bestimmen sie alle die Maßregeln, Gebräuche und Ordnungen, die zur Unterdrückung des weiblichen Geschlechts dienen, und nennen diese Arrangements dann einen Rechtszustand. Das Unrecht wird aber nicht geringer, wenn ein Gesetz es sanktioniert[1] hat, die Unterdrückung [...] umso furchtbarer, wenn sie einen universellen, einen weltgeschichtlichen Charakter trägt. [...] So lange es heißt: der Mann will und die Frau soll, leben wir nicht in einem Rechts- sondern in einem Gewaltstaat. [...]
Der Mangel des Stimmrechts bedeutet für die Frau: du sollst kein Eigentum haben, keine Erziehung, kein Recht an den Kindern, dich darf der Mann, der Starke züchtigen [...].
Die Gewohnheit, die lange Dauer der Unterwerfung hat die Meinung von ihrem Recht bei den Männern so festgewurzelt, dass sie sich der Tatsache der Unterdrückung, die sie üben, gar nicht bewusst werden, ebenso wenig wie die Mehrzahl der Frauen über ihre legale Sklaverei zur Klarheit gelangt. [...]
Die Frauen, die das Stimmrecht nicht wollen, verzichten damit auf die höchsten Stufen menschlicher Entwicklung und erklären sich für eine untergeordnete Spezies der Gattung: Mensch.

Hedwig Dohm, Der Frauen Natur und Recht, 1876 (Auszug), in: Quellen zur Geschichte der Frauen, Bd. 3. Neuzeit, herausgegeben von Anne Conrad und Kerstin Michalik, Stuttgart 1999, S. 317 f.

1. *Veranschaulichen Sie die Argumentation von Hedwig Dohm in einer grafischen Gestaltung.*
H *Sie können dafür die Form eines Konspekts[2] wählen.*
2. *Kommentieren Sie in Form eines Leserbriefs Dohms Ausführungen. Entscheiden Sie sich für die Perspektive einer Anhängerin der bürgerlichen oder der sozialistischen Frauenbewegung.*

[1] **sanktionieren**: gutheißen, bestätigen
[2] **Konspekt**: Zusammenfassung wesentlicher Textinhalte, die dem Aufbau des Textes folgt und durch Linien, Pfeile o. Ä. die Verknüpfung der Textinhalte anzeigt

M5 Die rechtliche Stellung der Frauen im BGB

a) Im Bürgerlichen Gesetzbuch heißt es im Jahr 1900 über die Rechten und Pflichte der Frau:

§ 1354. Dem Manne steht die Entscheidung in allen das gemeinschaftliche eheliche Leben betreffenden Angelegenheiten zu; er bestimmt insbesondere Wohnort und Wohnung. [...]
§ 1356. Die Frau ist, unbeschadet der Vorschriften des § 1354, berechtigt und verpflichtet, das gemeinschaftliche Hauswesen zu leiten. Zu Arbeiten im Hauswesen und im Geschäfte des Mannes ist die Frau verpflichtet, soweit eine solche Tätigkeit, nach den Verhältnissen, in denen die Ehegatten leben, üblich ist. [...]
§ 1363. Das Vermögen der Frau wird durch die Eheschließung der Verwaltung und Nutznießung des Mannes unterworfen (eingebrachtes Gut). Zum eingebrachten Gute gehört auch das Vermögen, das die Frau während der Ehe erwirbt. [...]

b) Änderungen des § 1356 in späteren Jahren:

BGB 1958: Die Frau führt den Haushalt in eigener Verantwortung. Sie ist berechtigt, erwerbstätig zu sein, soweit dies mit ihren Pflichten in Ehe und Familie vereinbar ist.
BGB 1977: Die Ehegatten regeln die Haushaltsführung im gegenseitigen Einvernehmen. Ist die Haushaltsführung einem der Ehegatten überlassen, so leitet dieser den Haushalt in eigener Verantwortung. Beide Ehegatten sind berechtigt, erwerbstätig zu sein. Bei der Wahl und Ausübung einer Erwerbstätigkeit haben sie auf die Belange des anderen Ehegatten und der Familie die gebotene Rücksicht zu nehmen.

Erster Text zitiert nach: Quellen zur Geschichte der Frauen, a. a. O., S. 136 f.
Zweiter Text zitiert nach: http://lexetius.com/BGB/1356 und www.buergerliches-gesetzbuch.info/bgb/1356.html [Zugriff vom 9. Dezember 2014]

1. *Recherchieren Sie, wie die restlichen Paragrafen bis heute verändert wurden.*
2. *Charakterisieren Sie die rechtliche Stellung der Frauen um 1900 und die Veränderungen bis heute.*
3. *Die Paragrafen des Bürgerlichen Gesetzbuches galten auch während der Weimarer Republik. In der Verfassung, die den Frauen das Wahlrecht gab, wurde 1919 festgelegt:*
Art. 109 Alle Deutschen sind vor dem Gesetz gleich. [...]
Art. 119 Die Ehe steht [...] unter dem besonderen Schutz der Verfassung. Sie beruht auf der Gleichberechtigung der Geschlechter. [...]
Kommentieren Sie die Stellung der Frauen in der Weimarer Republik aus der Sicht einer Anhängerin von Hedwig Dohm (M4).

Moderne Massengesellschaft – neue Lebensqualität oder Ende der Kultur?

Bevölkerungswachstum, „Landflucht“ und Verstädterung ■ Nach jahrhundertelangem Gleichgewicht von hohen Geburten- und Sterberaten begann die europäische Bevölkerung seit der Mitte des 18. Jahrhunderts in einem sich ständig beschleunigenden Maße zu wachsen. 1750 lebten auf dem Kontinent etwa 130 Millionen Menschen; um 1850 waren es bereits 266 Millionen, um 1910 dann 468 Millionen. Der Wandel von einer hohen Geburten- und Sterbeziffer hin zu einer Verminderung beider Quoten, die über einen längeren Zeitraum ein hohes Bevölkerungsniveau garantieren, ist als „demografische Revolution“ bezeichnet worden. Ursächlich hierfür waren in Europa seit dem ausgehenden 18. Jahrhundert verschiedene, sich gegenseitig verstärkende politische, gesellschaftliche und wirtschaftliche Faktoren (▸ M1).

Auch auf dem Gebiet des späteren Deutschen Kaiserreiches wuchs die Bevölkerung zwischen 1816 und 1871 von gut 23 auf 41 Millionen. Dieser Anstieg und die sich dynamisch entwickelnde Arbeitswelt forderten von den Menschen die Bereitschaft zur Mobilität. Ströme von Arbeitsuchenden zogen in die rasch wachsenden Industrieregionen. Diese schon damals als „*Landflucht*“ bezeichnete Entwicklung führte zum viel beklagten Arbeitskräftemangel auf dem Lande.

Je mehr Industrie sich in den Städten ansiedelte, wo es gute Verkehrsanbindungen und zahlreiche Arbeitskräfte gab, desto stärker wuchs dort die Einwohnerzahl. Ausgangspunkt für die Verstädterung (*Urbanisierung*, ▸ M2) waren Standorte der Textilproduktion, des Bergbaus und der Schwerindustrie. Kaum eine Region veränderte sich so schnell wie das Ruhrgebiet. Kern des rasanten Strukturwandels war dort der Kohlebergbau. Zu Beginn des 19. Jahrhunderts noch durch Landwirtschaft, Kleinstädte und Dörfer geprägt, wuchs das Ruhrgebiet bis zum Ende des Jahrhunderts zum größten industriellen Ballungszentrum Europas an. Auch Großstädte wie Berlin, Hamburg, Köln, Frankfurt am Main, Hannover und Nürnberg sowie das sächsisch-oberschlesische Industrierevier waren Zentren des Wachstums.

Da vor allem junge Menschen in die Stadt kamen, die Geburtenrate dadurch anstieg und zugleich die Sterblichkeit aufgrund verbesserter Hygiene und ärztlicher Versorgung stärker abnahm als auf dem Land, trug auch das innerstädtische Bevölkerungswachstum zur Urbanisierung bei. In vielen Städten verdreifachte sich die Einwohnerschaft in wenigen Jahrzehnten. Auch die Anzahl der Großstädte wuchs: 1871 gab es im Deutschen Reich sieben, 1918 bereits mehr als 50. Nur noch Großbritannien übertraf den deutschen Grad der Verstädterung.

Die Industrialisierung löste nicht nur eine „Landflucht“, sondern zugleich eine Ost-West-Wanderung aus. Zwischen 1860 und 1914 verließen etwa 16 Millionen Menschen die ostdeutschen Gebiete in Richtung Westen. Viele gingen noch einen Schritt weiter: Angesichts schlechter Lebensbedingungen, Arbeitslosigkeit und politischer Konflikte wanderten zwischen 1830 und 1913 mehr als sechs Millionen Deutsche aus. 90 Prozent gingen in die USA, das „Land der unbegrenzten Möglichkeiten“.

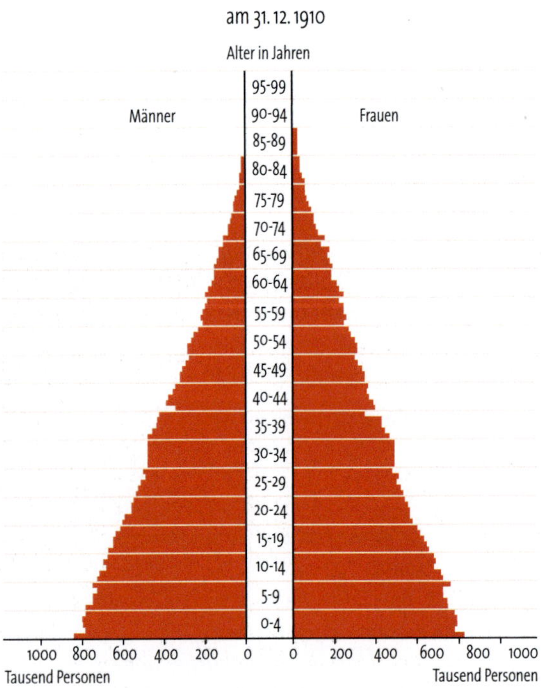

▲ **Die deutsche Bevölkerung nach Altersstufen im Jahr 1910.**
Nach: Gerd Hohorst u. a. (Hrsg.), Sozialgeschichtliches Arbeitsbuch, Bd. II: Materialien zur Statistik des Kaiserreichs 1870-1914, München [2]1978, S. 23 und Statistisches Bundesamt (Hrsg.), Bevölkerung Deutschlands bis 2050. 11. koordinierte Bevölkerungsvorausberechnung, Wiesbaden 2006, S. 16

Recherchieren Sie auf den Internetseiten des Statistischen Bundesamtes (www.destatis.de/bevoelkerungspyramide) nach dem Altersaufbau der Bevölkerung im Jahr 2010 und 2050. Arbeiten Sie die langfristigen Tendenzen heraus. Welche Probleme ergeben sich für eine Gesellschaft aus dem Altersaufbau?

Mobilität und die sozialen Folgen 1907 lebte nahezu die Hälfte der Bevölkerung nicht mehr an ihrem Geburtsort. Die erzwungene Mobilität, um den Lebensunterhalt zu verdienen, hatte vielfältige soziale Folgen: Familienverbände wurden auseinandergerissen; die Menschen verloren ihr soziales Umfeld.

Trotz der meist besseren Lebensbedingungen litten viele ehemalige Landbewohner an Heimweh. Sie idealisierten ihr früheres Leben, da ihnen die Stadt fremd blieb. Als besonders problematisch empfanden sie die Anonymität. Während die Dorfgemeinschaft in sozialen Notlagen für den Einzelnen aufkam, war in der Stadt jeder auf sich allein gestellt. Damit entfiel auch die soziale Kontrolle, die auf dem Land ausgeprägt war und das Leben des Einzelnen wie der Gemeinschaft mitbestimmte.

Wohnungselend Durch den enormen Zuzug in die Städte wurde der Wohnraum knapp. Vor allem fehlten preiswerte Unterkünfte für Arbeiterinnen und Arbeiter (▸ M3). Zunächst hatten die Zuwanderer noch in den meist heruntergekommenen Vierteln der Altstädte eine Bleibe gefunden, jedoch reichte dort der Platz schon bald nicht mehr aus. Daher wurde mit dem Bau von Wohnungen in der Nähe der Fabriken begonnen, die sich meist vor den Stadtmauern ansiedelten – weit ab von den Villenvierteln und bürgerlichen Wohngegenden. Wohnlage und Mietpreise sorgten für einen hohen Grad an sozialer Differenzierung.

Vor allem in den großen Städten gingen Bauunternehmer angesichts des knapper werdenden Baulandes dazu über, dicht aneinandergereihte, mehrgeschossige Mietskasernen mit Vor- und Hinterhäusern sowie winzigen Hinterhöfen zu bauen. Sie nutzten die Grundstücksfläche durch äußerst enge und minderwertige Bebauung aus, um hohe Gewinne zu erzielen. Ein Großteil der Wohnungen verfügte weder über fließendes Wasser noch über Toiletten. Auch konnten sie nur unzureichend beheizt werden, sodass die Räume häufig feucht und schimmelig waren. Die Mieten lagen trotzdem hoch und fraßen einen Großteil des Einkommens auf. Daher teilten sich vier- bis sechsköpfige Familien oft nur einen Wohnraum und nahmen zusätzlich noch „Schlafgänger“ auf, die sich eine Schlafstelle mieteten.

Die Stadtverwaltungen reagierten auf das Wohnungselend zunächst nur zögerlich, weil die Arbeiter in den politischen Gremien kaum vertreten waren. Da man einen Sittenverfall in den überfüllten Arbeitervierteln befürchtete, suchten die Kommunen ab den 1890er-Jahren verstärkt nach Lösungen. Sie legten Bebauungspläne fest und erarbeiteten städtebauliche Konzepte, um das Wachstum zu lenken und die Wohn- und Hygieneverhältnisse zu verbessern. Einflussreiche Haus- und Grundstücksbesitzer konnten kommunale Bauvorhaben jedoch blockieren. Erreicht wurde höchstens eine strengere Aufsicht durch die Behörden, die den bautechnischen und hygienischen Zustand der Wohnungen überprüften. Beanstandungen fielen dann allerdings oft auf die Bewohner zurück. Erst um die Jahrhundertwende entspannte sich die Lage auf dem Wohnungsmarkt.

Oft wurde das Leben in den neuen Arbeiterquartieren durch Rauch und Lärm der Industriezentren so stark belastet, dass dort die Lebenserwartung deutlich niedriger lag als in den Wohnvierteln des Bürgertums. Die Umweltfrage war also auch ein wichtiger Teil der sogenannten Sozialen Frage.

▲ **Berliner Mietskasernen.**
Foto, um 1910.
Die Berliner Mietskasernen waren berüchtigt für ihre Blockbebauung, bei der meist drei oder vier Höfe aufeinanderfolgten. In diese fiel kaum Tageslicht, weil die Höfe nach Polizeivorschrift nur 5,30 qm groß sein mussten, damit die pferdebespannten Spritzenwagen der Feuerwehr gerade noch darin wenden konnten.

▲ **„Die Henrichshütte bei Hattingen am Abend."**
Ölgemälde (69 x 87 cm) von Eugen Bracht, 1912.
- *Beschreiben Sie die Abbildung.*
- *Recherchieren Sie, welche Intention der Künstler mit der Darstellung dieser Industrielandschaft verfolgte.*

Umweltverschmutzung Das Bevölkerungswachstum und die Konzentration der Menschen in den Städten brachten Probleme für die Wasserversorgung mit sich. Fäkalien, Schmutz und Unrat aus privaten Haushalten wurden in der Regel entweder durch Gräben entfernt oder mit Fässern abtransportiert. Wassertoiletten und Schwemmkanalisationen waren so gut wie unbekannt. Erst um die Mitte des 19. Jahrhunderts begann man mit dem systematischen Bau von *Kanalisationssystemen* in den großen Städten. Kanalisation und sauberes Trinkwasser sorgten für eine enorme Verbesserung der sanitären und hygienischen Verhältnisse in den Städten (▸ M4). Diese Art der Abwasserentsorgung brachte jedoch bald ein neues Problem mit sich. Durch das Einleiten von Abwässern aus Haushalten und Fabriken in die Flüsse wurden diese so stark verschmutzt, dass sie kaum noch als Trinkwasserreservoirs infrage kamen. Gerade viele kleinere Flüsse verkamen zu Kloaken.

Gleichzeitig wurde das öffentliche *Gesundheitswesen* ausgebaut. Ein Großteil der medizinischen Versorgung der Bevölkerung wurde nun von staatlichen und kommunalen Einrichtungen übernommen. In den Jahren zwischen 1877 und 1913 verdoppelte sich die Zahl der Krankenhäuser, auch die Zahl der niedergelassenen Ärzte stieg. Für die Kosten kam zum größten Teil die im Rahmen der Sozialgesetzgebung eingeführte Krankenversicherung auf.*

Gegen die negativen Folgen der Industrialisierung für Mensch und Natur regte sich bereits früh Protest. Die Anwohner der Fabriken klagten häufig gegen die Belästigungen und Gefährdungen, die von den gewerblichen Anlagen ausgingen. Allerdings blieben ihre Beschwerden in der Regel erfolglos. Das Wissen um die Auswirkungen der Umweltverschmutzung war noch gering, man betrachtete den Rauch und Gestank als notwendiges „Culturübel", das man hinnehmen musste. Da es keine geeigneten Messmethoden und wissenschaftlich gesicherten Erkenntnisse über die Folgen der Umweltbelastung gab, war es im Einzelfall schwierig nachzuweisen, ob bestimmte Fabriken die Gesundheit der Anwohner gefährdeten.

Für die Unternehmer war der Umweltschutz in erster Linie eine Kostenfrage. Solange es keine gesetzlichen Regelungen gab, wollte niemand die eigene Produktion durch einen höheren Aufwand bei der Entsorgung von Schadstoffen verteuern. Der Versuch der Behörden, mit Gewerbeordnungen die Beeinträchtigungen durch die Fabriken zu vermindern, erwies sich als ungeeignet. Auch der Bau höherer Schornsteine führte lediglich dazu, dass sich über den Städten bei ungünstiger Wetterlage Dunstglocken bildeten, die heute unter der englischen Bezeichnung *„Smog"* bekannt sind.

Erst durch die aufkommende Elektrifizierung am Ende des 19. Jahrhunderts verbesserte sich die Qualität der Luft in den großen Städten wieder. Viele Fabriken stellten den Antrieb ihrer Maschinen von Dampfmaschinen und Transmissionssystemen auf Elektromotoren um. Trotzdem blieb durch die Verbrennung von Kohle und durch die Schadstoffe der Fabriken die hohe Belastung der Luft bestehen.

* Siehe dazu S. 32.

Zurück zur Natur Mit der Industrialisierung wandelten sich auch die sozialen Beziehungen der Menschen. Am deutlichsten wird dies anhand des um 1900 häufig verwendeten Schlagwortes von der „Entdeckung der Jugend". „Jugend" wurde zum Inbegriff des Fortschrittsglaubens und des Aufbruchs in eine neue Zeit. Wer jugendlich war, verkörperte Dynamik und Opposition gegen alles Veraltete und Verkrustete in Gesellschaft und Politik, kurz: den modernen Menschen. Als Leitwort fand der Begriff Eingang in die gesellschaftliche und politische Diskussion, in Mode und Musik. Schließlich gab er auch der Kunstrichtung *„Jugendstil"* ihren Namen, der mit der gleichnamigen Münchener Zeitschrift „Jugend" ein eigenes Forum erhielt. Mit der Erneuerung der Kunst im Jugendstil rebellierten die Künstler gegen historistische Stilnachahmungen und akademische Traditionen. Sie forderten einen modernen, zeitgemäßen Stil und propagierten ein Leben im Einklang mit Natur und Kunst.

Gleichzeitig schufen sich die Jugendlichen eine eigene Jugendkultur, mit der sie sich von der Erwachsenenwelt und den als starr und zwanghaft empfundenen Autoritäten in Familie, Schule und Militär abzugrenzen versuchten. Seit den 1880er-Jahren bildeten sich in zahlreichen Vereinen und Institutionen eigene Jugendorganisationen. Dazu zählten in erster Linie die mitgliederstarken Jugendabteilungen der Turnvereine. Seit 1904 entwickelte sich aus den ersten sozialistischen Jugendvereinen die proletarische Jugendbewegung, die vehement für die Verbesserung ihrer sozialen Lage kämpfte.

Andere Intentionen verfolgten jene Jugendlichen, die sich seit den 1890er-Jahren zur gemeinsamen Wanderung in der freien Natur trafen. Sie wollten so dem autoritären Druck der Gesellschaft und der individualisierten Lebensweise in den Großstädten entfliehen und nach dem romantisierten Vorbild des einfachen Landlebens einen eigenen, jugendlichen Lebensstil entwickeln. Dies waren die Anfänge des *„Wandervogels"*. Die Wandervögel waren individualistisch geprägt, unpolitisch, frei von Vorschriften und Zwängen. Ihr Mitbegründer und führender Kopf *Karl Fischer* war 1901 selbst erst 20 Jahre alt. Unter den Mitgliedern bildete sich bald eine eigene Subkultur mit spezifischen Regeln, Werten und einer eigenen Sprache aus.

Fortschrittsoptimismus oder Zivilisationskritik? Mit dem Wachstum der Städte veränderte sich auch das städtische Leben, der „Mythos Großstadt" entstand. Elektrische Straßenbeleuchtung, bunte Reklame, Trambahnen, Automobile, über die Straßen eilende Menschenmassen, Warenhäuser, Cafés und Theater standen für einen neuen, urbanen Lebensstil. Dieser, so das allgemeine Urteil der Zeitgenossen, wirkte sich nicht nur auf den Alltag der Menschen, sondern auch auf ihre Mentalität aus.

Die Veränderungen wurden dabei sehr unterschiedlich wahrgenommen. Für die einen galten die Großstädte als Inbegriff der Moderne, als dynamische Zentren des Fortschritts und der kulturellen Vielfalt, die dem Einzelnen Freiheit und Individualität ermöglichten. Die ländliche „Provinz" konnte mit dem Tempo nicht mithalten. Von vielen Städtern wurde sie als rückständig und verschlafen belächelt. Andere wiederum kritisierten die Städte als Orte des sittlichen Verfalls, des dekadenten Massenkonsums und der politisch-sozialen Gefährdung.

In Großstadtfaszination und Großstadtkritik bündelten sich die widersprüchlichen Tendenzen der Zeit, die sich auch in der Kunst – in Bildern und Gedichten, aber auch in Literatur, Fotografie oder Film – widerspiegelten (▸ M5).

▾ **Fahrrad-Werbung.**
Plakat, um 1910.

Massenkultur und neue Freizeitformen Die Verkürzung der Arbeitszeit, Urlaubsregelungen und die steigende Kaufkraft ermöglichten es immer mehr Menschen, die nach der Arbeit verbleibende Zeit nach eigenen Bedürfnissen zu gestalten. In den Großstädten entstanden neue Tanzlokale, Varietés und Kabaretts. Die Theater bekamen Konkurrenz durch große Revuen mit ihren Gesangsnummern und Tanzeinlagen.

Auch der Sport spielte eine immer größere Rolle. 1878 gab es in Hannover den ersten deutschen Fußballverein. 1900 wurde in Leipzig der *Deutsche Fußballbund* (*DFB*) gegründet. Seit 1903 fanden Deutsche Meisterschaften statt. Auch Radrennen und Boxkämpfe zogen die Massen an. Zur Freizeit am Wochenende gehörte neben dem Sport für viele Großstädter der Ausflug „ins Grüne“, zu Fuß oder mit dem Fahrrad.

Massenkultur und neues Freizeitverhalten verwischten die Milieugrenzen zwischen Arm und Reich, zwischen Stadt und Land. Ins Kino ging der Arbeiter ebenso wie der Großbürger, alle Klassen und Schichten tanzten zu denselben Schlagern und lasen dieselben Illustrierten. Hoch- und Massenkultur ließen sich nicht mehr eindeutig voneinander trennen.

▲ **Brunnen-Lichthof des Kaufhauses Wertheim in Berlin.**
Foto von 1906.
Im Jahre 1875 eröffneten Abraham und Ida Wertheim in Stralsund das erste Wertheim Kaufhaus: einen kleinen Kurzwarenladen an der Ecke. Die Söhne beteiligten sich am Geschäft, erweiterten das Produktangebot und führten eine Reihe von Neuerungen ein: das Umtauschrecht, einheitliche Preise, Schaufenster und Auslagen, um die Waren vor dem Kauf ausgiebig ansehen zu können. Bereits 1897 war aus dem kleinen Eckladen eine „Warenhauskette“ mit mehreren Filialen geworden, von denen das Gebäude in der Leipziger Straße in Berlin das seinerzeit größte Warenhaus Europas war.

Wachsende Warenwelt und Massenkonsum Durch die technischen Neuerungen und die industrielle Massenfertigung verbesserte sich stetig die Versorgung der Bevölkerung mit neuen Produkten. Dies und die zunehmende Kaufkraft bereiteten der Konsumgesellschaft den Weg. Zigaretten, bislang ein Luxusgut, wurden zu Massenprodukten. Ende des 19. Jahrhunderts kamen die ersten industriell gefertigten Lebensmittel wie Fertigsuppen auf den Markt. Zur gleichen Zeit traten Markenartikel dank geschickter Werbung ihren Siegeszug an.

Zum herausragenden Zeichen der immer reichhaltigeren Warenwelt wurden die prächtigen Kaufhäuser in den Großstädten. Die ersten faszinierten in Frankreich, England und in den USA schon in der Mitte des 19. Jahrhunderts ihre Kunden. Im Deutschen Reich gewannen Kaufhäuser um 1900 an Bedeutung. Sie boten vor allem Textilien in großer Auswahl und „Kleidung von der Stange“ an, führten feste Preise ein und machten Porzellan, Südfrüchte und Konserven zu Massenartikeln.

Die Elektrifizierung der Haushalte mit Staubsauger, Bügeleisen, Waschmaschine und Kühlschrank wurde zum Inbegriff der modernen Konsumgesellschaft. Arbeitnehmer mit durchschnittlichem Einkommen konnten sich diesen Luxus allerdings kaum leisten. Der 1928 von der AEG auf den Markt gebrachte „Volksherd“ war jedoch bereits für den Massenkauf konstruiert. Während die Zahl der mit Strom versorgten Haushalte in der Großstadt Berlin zwischen 1925 und 1930 von 27 auf 76 Prozent anstieg, blieben die Kleinstädte und Dörfer auf dem Land noch lange hinter dieser Entwicklung zurück. Dort war von der Konsum- und Massengesellschaft bis in die 1930er-Jahre kaum etwas zu spüren.

■ *„Großstadtfaszination“ und „Großstadtkritik“: Entscheiden Sie sich in Partnerarbeit für je eine der beiden Positionen und entwickeln Sie ein Streitgespräch.*

M1 Das Bevölkerungswachstum und seine Komponenten

Jahr	Eheschließungen	Lebendgeborene	Gestorbene (ohne Totgeb.)	Überschuss der Geborenen (+) bzw. Gestorbenen (-)	Wanderungsgewinne (+) bzw. -verluste (-) zwischen den Volkszählungen*	jährliche Wachstumsrate
		auf 1000 Einwohner			1000	%
1870	7,7	38,5	27,4	+11,1	-492	
1871	8,2	34,5	24,6	+4,9		0,47
1880	7,5	37,6	26,0	+11,6	-385	1,02
1890	8,0	35,7	24,4	+11,4	-345	1,50
1900	8,5	35,6	22,1	+13,6	+140	1,44
1910	7,7	29,8	16,2	+13,6	-150	1,34

* Der durchschnittliche jährliche Wanderungsgewinn bzw. -verlust in den Jahren zwischen zwei Volkszählungen ergibt sich aus der Differenz zwischen dem (aus Geburten und Sterbefällen) errechneten Bevölkerungsüberschuss und der tatsächlichen Bevölkerungszunahme nach den Volkszählungen.

Nach: Gerd Hohorst u. a. (Hrsg.), Sozialgeschichtliches Arbeitsbuch, Bd. II: Materialien zur Statistik des Kaiserreichs 1870-1914, München [2]1978, S. 29 f.

1. *Erläutern Sie die Komponenten des Bevölkerungswachstums. Welche Faktoren könnten in einer Statistik zum Bevölkerungswachstum noch relevant sein?*
2. *Vergleichen Sie die Zahlen mit jenen zur vorindustriellen Bevölkerungsentwicklung. Nennen Sie auffällige Veränderungen und formulieren Sie Thesen.*
3. *Recherchieren Sie aktuelle Daten zu Bevölkerungsentwicklung, Einwanderung, Binnenwanderung und gegebenenfalls Auswanderung in der Bundesrepublik Deutschland. Erläutern Sie die Ergebnisse und Ihre Vorgehensweise bei der Recherche.*

M2 Urbanisierung

Die Verteilung von Stadt- und Landbevölkerung im Deutschen Reich:

	Prozentualer Anteil an der Gesamtbevölkerung in Gemeinden				
	mit weniger als 2000 Einwohnern	2000 bis 5000 Einwohner	5000 bis 20000 Einwohner	20000 bis 100000 Einwohner	100000 und mehr Einwohner
1871	63,9	12,4	11,2	7,7	4,8
1880	58,6	12,7	12,6	8,9	7,2
1890	53,0	12,0	13,1	9,8	12,1
1900	45,6	12,1	13,5	12,6	16,2
1905	42,6	11,8	13,7	12,9	19,0
1910	40,0	11,2	14,1	13,4	21,3

Nach: Gerd Hohorst u. a. (Hrsg.), a. a. O., S. 52

1. *Setzen Sie die Tabelle in eine geeignete Diagrammform um, die das Verhältnis von Stadt- und Landbevölkerung anzeigt. Erläutern Sie die Entwicklung.*
2. *Finden Sie heraus, welche Bevölkerungsentwicklung in Ihrem Heimatraum im 19. Jahrhundert und später stattfand. Lassen sich für die Zeit des Kaiserreiches Belege für Städtewachstum und Veränderungen der Infrastruktur finden?*

▲ **„Der späte Schlafbursche.“**
Zeichnung von Heinrich Zille, 1902.

M3 Armenwohnung

Der spätere SPD-Reichstagsabgeordnete Albert Südekum schildert Mitte der 1890er-Jahre seine Eindrücke von einer Mietskaserne:

Ein heißer, schwüler Augustnachmittag. [...]
Die stagnierende Luft des engen Hofes lag bleischwer auf dem unsauberen Pflaster, die Wände des Hauses strömten eine brütende Hitze aus, nachdem schon tagelang die Sonne ihre Glutpfeile unbarmherzig auf die Stein- und Asphaltwüste der staubigen Großstadt herniedergesandt hatte. Ein Gefühl der Beklemmung legte sich mir auf die Brust, als wir durch die enge Tür zum Treppenhaus traten und die Stiegen emporklommen. Fast jede Stufe knarrte und ächzte laut unter unserem Tritt, und obschon wir beide nur leichtes Schuhwerk trugen, vollzog sich der Aufstieg nicht ohne beträchtliches Geräusch. Wie es erst in einem solchen Hause kracht und dröhnt, wenn ein müder, schwerer Mann mit derben Nagelstiefeln die Stufen hinaufstapft, davon macht sich der „herrschaftlich“ Wohnende keine Vorstellung.
Auf jeden Treppenpodest gingen drei Türen, die meisten mit mehreren Schildern oder Karten behängt. In diesem Quergebäude gab es fast nur zweiräumige Wohnungen, aus Stube und Küche bestehend. Viele Mieter teilten ihre Räume noch mit Schlafburschen oder Logiermädchen.
Die Patientin meines Freundes, die Frau eines Gelegenheitsarbeiters, hatte der furchtbaren Hitze wegen die Tür der Küche, in der sie lag, und die Tür nach dem Treppenhause hin offen gelassen. [...] Die Atmosphäre in dem Raum war fürchterlich, denn wegen des Lärms der spielenden Kinder konnte die Kranke das Fenster den ganzen Tag nicht öffnen. [...]
Nur wenig ärmlicher Hausrat fand sich in dem unwohnlichen Raum. Auf der kleinen eisernen Kochmaschine standen ein paar Töpfe, die nach dem letzten Gebrauch noch nicht gereinigt waren; den einzigen Tisch bedeckten ein paar Teller und Gläser, Zeitungsblätter, Kamm, Bürste und Seifenschale, eine Schachtel mit Salbe zum Einreiben, Teller mit Speiseresten und andere Gegenstände. Der geringe Kleidervorrat der Familie hing an den Wänden; ein paar halbverblasste Familienbilder und ungerahmte Holzschnitte aus einer illustrierten Zeitung bildeten den einzigen Schmuck. Außer der Frau und ihrem Manne lebten in dieser Küche noch drei Kinder, von denen das älteste, ein Mädchen, 14 Jahre, die beiden Knaben etwa 7 und 4 Jahr alt waren. Das Bett der Kranken, die einzige sichtbare Schlafgelegenheit, war etwas quer geschoben, sodass sie von ihm aus, ohne sich zu erheben, den Wasserzapfhahn erreichen konnte; hinter dem Bett eine Kommode; in der Ecke ein Korblehnstuhl, sonst nur zwei hölzerne Schemel ohne Lehne. [...]
Ich fragte die Frau nach ihren „Wohnschicksalen“ in der Großstadt. [...] Meistens hatten sie nur einen Raum ermieten können, seit sie in Berlin selbst wohnten; nur etwa zwei Jahre lang im Ganzen, bei etwas höherem Verdienst und regelmäßiger Arbeit des Mannes, konnten sie in besser ausgestatteten Zweizimmerwohnungen weilen. Jedesmal, wenn es schien, als ob es ihnen dauernd etwas besser gehe, waren sie durch eine Krankheit oder durch ein, manchmal verfrühtes, Wochenbett – die Frau hatte im Ganzen deren sechs durchgemacht – oder einen Todesfall wieder zurückgeworfen worden. Armenunterstützung hatten sie noch nicht in Anspruch genommen, waren dagegen wiederholt gelegentlich beschenkt worden, nachdem die Kranke einst in der Frau eines rasch zu Vermögen gelangten ehemaligen Maurerpoliers eine Jugendfreundin entdeckt hatte. [...]
Wie die Familie schlief? Mann und Frau in einem einzigen Bett. Die Kinder wurden auf ausgebreiteten Kleidungsstücken untergebracht und durften erst dann ins Bett kriechen, wenn Vater und Mutter – gewöhnlich vor 5 Uhr morgens – aufgestanden waren. Die kleinsten Kinder waren jeweils in einem Korbe, gelegentlich auch, wenn die Frau zu irgendeinem Gange das Zimmer verlassen musste, in einem halbaufgezogenen Schub der Kommode gebettet gewesen.

Zitiert nach: Jens Flemming, Klaus Saul und Peter-Christian Witt, Quellen zur Alltagsgeschichte der Deutschen 1871-1914, Darmstadt 1997, S. 237-239

1. *Legen Sie eine Liste der von Südekum beobachteten Wohnmängel an.*
2. *Ordnen Sie die einzelnen Mängel unterschiedlichen Ursachen zu: Mängel des Baus, Probleme der Arbeiterschicht, individuelle Schwierigkeiten.*
3. *Entwickeln Sie geeignete Gesetzesvorschläge für eine Verbesserung der Situation.*

M4 Selbstreinigungskraft der Natur

Der erste Professor für Hygiene in Deutschland, Max von Pettenkofer, analysiert 1881 die Rolle von Luft, Wasser und Erde für die Gesundheit des Menschen:

Seit die Menschheit den Begriff Gesundheit erfasst hat, wurden der Örtlichkeit, die man als wesentlich aus Luft, Wasser und Boden bestehend betrachtet, wohl schon immer krank machende und gesund machende Eigenschaften zugeschrieben, man hat aber den Sitz dessen, was krank und gesund macht, [...] weniger im Boden des Ortes angenommen. [...] Alles Wasser, was wir auf Erden trinken, fällt vom Himmel und ist überall fast gleich zusammengesetzt. Erst wenn es in den Boden eindringt und durch ihn weiterzieht, verändert es sich durch die Aufnahme von Stoffen, welche der Örtlichkeit entstammen, durch die es läuft. [...] Wenn also Luft oder Wasser an einem Orte verdorben sind, so geht die Verderbnis nicht von einer Entmischung oder Zersetzung dieser beiden Lebenselemente aus, sondern vom Ort selbst, und sie reinigen sich bald wieder. Am längsten und zähesten haftet eine Verunreinigung am Boden, der keinen Ortswechsel hat, wie Luft und Wasser. Wenn man früher für einen Ort den hygienischen Wert der Luft an erste Stelle, den des Wassers an zweite und den des Bodens an dritte Stelle setzte, so darf man gegenwärtig die Reihenfolge wohl umkehren. [...]
Eine regelrechte Kanalisierung mit hinreichender Spülung bezweckt nicht nur die Fortschaffung vielen Schmutzes, sondern auch eine große Verdünnung aller in Wasser löslichen und schwemmbaren Schmutzstoffe, und diese Verdünnung trägt nachweisbar auch zu ihrer Unschädlichmachung und völligen Zerstörung bei. Die Gegner der Kanalisation führen sehr gern an, dass es unmöglich sei, ein Kanalnetz absolut dicht herzustellen. Darauf kommt es aber auch gar nicht an, es genügt, die in den Boden eindringende Unreinigkeit, soweit sie organischer Natur ist, bis auf ein gewisses Maß herabzuringen, in welchem sie rasch vom Boden verändert und unschädlich verarbeitet wird.

Max von Pettenkofer, Der Boden und sein Zusammenhang mit der Gesundheit des Menschen, Berlin [2]1882, S. 5-7

1. *Erläutern Sie die von Pettenkofer beschriebenen Verarbeitungsprinzipien der Natur anhand eines Schaubildes.*
2. *Formulieren Sie eine Eingabe an die Stadtverwaltung auf der Grundlage von Pettenkofers Text.*

F *Überprüfen Sie die Tragfähigkeit von Pettenkofers Argumentation anhand Ihres heutigen Wissens.*

◄ **„Berliner Straßenszene."** *Ölgemälde (121 x 95 cm) von Ernst Ludwig Kirchner, 1913.*

M5 Alfred Wolfenstein: Städter (1914)

Dicht wie die Löcher eines Siebes stehn
Fenster beieinander, drängend fassen
Häuser sich so dicht an, dass die Straßen
Grau geschwollen wie Gewürgte stehn.

Ineinander dicht hineingehakt
Sitzen in den Trams[1] die zwei Fassaden
Leute, ihre nahen Blicke baden
Ineinander, ohne Scheu befragt.

Unsre Wände sind so dünn wie Haut,
Dass ein jeder teilnimmt, wenn ich weine.
Unser Flüstern, Denken ... wird Gegröle ...

– Und wie still in dick verschlossner Höhle
Ganz unangerührt und ungeschaut
Steht ein jeder fern und fühlt: alleine.

Zitiert nach: Kurt Pinthus (Hrsg.), Menschheitsdämmerung. Ein Dokument des Expressionismus, Reinbek [32]2003, S. 45 f.

1. *Charakterisieren Sie die sprachlichen Mittel und Bilder, die der Dichter verwendet, und die Grundstimmung, die er erzeugt.*
2. *Vergleichen Sie die Darstellung der Städter in Wolfensteins Gedicht mit der Darstellung der Passanten in Kirchners Gemälde.*

[1] **Tram**: altmodische Bezeichnung für Straßenbahn

Berlin – Metropole an der Spree

Stadt	um 1850	1913
London	2380	7300
Paris	1053	4850
St. Peters-burg	524	2400
Moskau	448	1900
Berlin	437	4000
Wien	431	2150

▲ **Einwohnerzahl der größten Städte Europas um 1850 und 1913 (in Tausend).**

Nach: Friedrich Lenger, Metropolen der Moderne. Eine europäische Stadtgeschichte seit 1850, München 2013, S. 53

Berlin wird Metropole Bereits um 1900 war Berlin die am schnellsten wachsende Hauptstadt Europas, aber erst während der Weimarer Republik wurde sie zur Weltstadt, zur politischen, wirtschaftlichen, wissenschaftlichen und kulturellen Metropole Deutschlands. Eine Voraussetzung dafür war der Zusammenschluss Alt-Berlins mit sieben Städten im Umland, 59 Landgemeinden und 27 Gutsbezirken zur riesigen Einheitsgemeinde „Groß-Berlin“ im Jahr 1920. Mit rund vier Millionen Einwohnern wurde Berlin nach London und New York die drittgrößte Stadt der Welt und bedeutendster Industriestandort des Kontinents.

Das Stadtbild wurde geprägt von großen Arbeitervierteln mit dunklen Mietskasernen, schmutzigen Industriebezirken, großbürgerlichen Wohngebieten und dem luxuriösen Zentrum rund um den „Kurfürstendamm“ mit modernen Warenhäusern, vielen Kino- und Theaterpalästen und zahllosen Vergnügungsstätten (▸ M1, M2).

Massenverkehr und hektisches Tempo galten bald als Wahrzeichen Berlins. Die 1928 gegründete *Berliner Verkehrs-Aktiengesellschaft* (BVG) wurde zum größten kommunalen Unternehmen der Welt. Sie betrieb 92 Straßenbahn-, 30 Omnibus- und vier U-Bahnlinien. Dazu baute Berlin das damals modernste Massenverkehrsmittel aus: die *S-Bahn*. Gleichzeitig entwickelte sich Berlin zum wichtigsten Bahnknotenpunkt Deutschlands. Der nach 1923 ständig wachsende Flughafen Tempelhof machte die deutsche Hauptstadt zum „Luftkreuz Europas“.

▲ **Berlin, Potsdamer Platz.**
Foto (Ausschnitt) von 1926.

Weltoffene Metropole und Mittelpunkt der Wissenschaft Berlin war schon in den 1920er-Jahren eine Vielvölkerstadt und ein multikultureller Treffpunkt Europas. Hier lebten zeitweise fast eine halbe Million Russen, überwiegend Intellektuelle und Angehörige der von den Bolschewiken vertriebenen Oberschichten. Die jüdische Gemeinde in Berlin war mit rund 170 000 Mitgliedern die größte in Deutschland.

Zum Ruf und zur Modernität Berlins trugen neben der international anerkannten *Humboldt-Universität* auch andere wissenschaftliche Institutionen wie die 1911 gegründete *Kaiser-Wilhelm-Gesellschaft* (KWG) bei. In den Instituten für Physik, Chemie und Biologie wurden bahnbrechende Entdeckungen gemacht, und am Ende der 1920er-Jahre war Berlin eines der bedeutendsten Wissenszentren der Welt.

Zentrum der Medien und Kultur Berlin war um 1930 auch die größte Zeitungsstadt der Welt. Morgens, mittags und abends wurden Presseerzeugnisse gedruckt, darunter rund 150 politische Tageszeitungen. Insgesamt erschienen in der Stadt regelmäßig über 2600 Zeitschriften und Zeitungen: Das Angebot reichte von Sensationsblättern über international angesehene Zeitungen bis zu Spezialzeitschriften für Wissenschaft, Alltag und Freizeit. Die Presse war weitgehend konkurrenzlos, denn der Rundfunk erreichte erst Ende der 1920er-Jahre ein größeres Publikum. Ein bedeutsamer Teil der Presse, der Kulturjournalismus, lebte vom lebendigsten und vielfältigsten Bereich des Kulturlebens: von der ungeheuer vitalen Theaterszene der Stadt. Mitte der 1920er-Jahre existierten in Berlin 49 Theater. Dazu kamen drei Opernhäuser, drei Revuetheater und 75 Kabarett- und Kleinkunstbühnen. Durch viele künstlerische Experimente und Provokationen wurde Berlin zur zentralen Theaterstadt Europas.

Skizzieren Sie, etwa in Form einer Mindmap, welche Faktoren zum Aufstieg Berlins zur Weltstadt beitrugen.

M1 Chicago an der Spree – Berlin in der Gründerzeit

Der Schriftsteller Günter Ogger veröffentlicht 1982 ein Buch über die „Gründerzeit". Über die städtebauliche Entwicklung Berlins schreibt er:

Der spätere Gründer der AEG, Emil Rathenau, erfand für die dynamische Hauptstadt des Kaiserreiches einen Titel, den die Berliner damals als Beleidigung auffassten: Chicago an der Spree. Wie in der amerikanischen Schlachthofmetropole am Michigansee drehte sich auch im Berlin der frühen Siebzigerjahre des vergangenen Jahrhunderts einfach alles um den Profit. Die Reichen bauten sich im Westen der Stadt ihre Villen, die Armen vegetierten in trostlosen Mietskasernen dahin. Jahrzehnte später klagte der deutsche Historiker Friedrich Meinecke über das Berlin der Gründerjahre: „Hier steht ein assyrischer Tempel neben einem Nürnberger Patrizierhaus, ein bisschen weiter schimmert Versailles auf, dann muss man an den Broadway, an Italien oder Ägypten denken – grauenhafte Missgeburten einer technisierten Bierfantasie." [...]

In jenen Tagen entstand aber auch eine Form des Bauens, die wir heute schon wieder eher liebevoll denn abschätzig als Gründerzeitarchitektur bezeichnen: überdachte Einkaufspassagen, mit verschwenderischer Pracht ausgestattete Kaufhäuser, Glaspaläste aus Stahlrippenkonstruktionen und pompöse Denkmäler. Alles musste grob, wuchtig oder, um ein Modewort der Zeit zu gebrauchen, „kolossal" wirken. In Berlin entstanden so typische Gebäude wie der Potsdamer Bahnhof, das Palais Royal und die Kaisergalerie, eine glasüberdachte Passage zwischen der Behren- und Friedrichstraße.

Nirgendwo zeigte sich die Vitalität, aber auch die Geschmacklosigkeit und Brutalität der Gründerperiode deutlicher als im Geschäft mit Häusern und Wohnungen. [...] „An- und außerhalb der Börse wurden Grundstücke wie Effekten[1] verhandelt, wurden die ‚Schlussscheine' von Häusern mit immer höherem Aufgeld bezahlt. Die Preise erreichten eine fabelhafte Höhe, standen bald in keinem Verhältnis mehr zu dem Mietserträgnis und zu dem eigentlichen Werte der Baulichkeiten; jeder Maßstab ging verloren, ganz willkürliche Schätzungen gewannen die Oberhand, es blühte der Schacher", berichtete die „Gartenlaube".[2]

Das Blatt schilderte den Fall eines Hausbesitzers, der sein Anwesen für 120 000 Taler zu verkaufen gedachte. Es meldeten sich jedoch so viele Interessenten, die sich gegenseitig überboten, dass er schließlich 250 000 Taler dafür erlöste. 14 Tage später aber hörte er, dass sein ehemaliges Haus von einer Bank für 400 000 Taler erstanden worden war. Aus Wut und Verzweiflung hängte er sich kurz danach auf.

Günter Ogger, Die Gründerjahre. Als der Kapitalismus jung und verwegen war, München 1982, S. 197-199

[1] **Effekten**: Wertpapiere, Urkunden über langfristige Kapitalanlagen
[2] **„Die Gartenlaube"**: Eine auflagenstarke illustrierte Zeitschrift, die ab Mitte des 19. Jh. in Leipzig veröffentlicht wurde. Ogger zitiert aus einem Artikel des Journalisten und Schriftstellers Otto Glagau, der 1875 erschien.

M2 Barackenkolonie in Berlin vor dem Kottbusser Tor auf der Schlächter Wiese

Holzstich von 1873.
Die „Klein-Amerika" genannte Siedlung entstand ohne Genehmigung. 1873 wurde sie von der Polizei geräumt, was zu Protesten führte.

1. *Klären Sie die Begriffe „Metropole" und „Gründerzeit".*
2. *Analysieren Sie, mit welchen sprachlichen Mitteln Günter Ogger Berlins Entwicklung beschreibt, und charakterisieren Sie seine Urteilskriterien.*
3. *Erläutern Sie die strukturellen Veränderungen, die mit dem Aufstieg Berlins zur Metropole verbunden waren (Verfassertext, M1 und M2). Ziehen Sie dafür auch weitere Informationen (z. B. Abbildungen) hinzu, die Sie in diesem Kapitel über Berlin finden. Analysieren Sie, welche Bereiche hier nicht thematisiert werden.*
4. *Recherchieren Sie Beispiele für „Gründerzeitarchitektur" in Ihrem Schul- oder Wohnort. Erstellen Sie dazu eine PowerPoint-Präsentation.*

Geschichte kontrovers

Die Industrialisierung – Fortschritt für alle?

Die Industrialisierung löste einen tief greifenden ökonomischen und sozialen Strukturwandel aus. Unbestreitbar ist die Erhöhung des materiellen Wohlstandes der Menschen in den industrialisierten, westlichen Gesellschaften gegenüber der Zeit vor 200 Jahren. Kontrovers dagegen wird debattiert, ob die Industrialisierung aus ihrer wirtschaftlichen Dynamik heraus allen sozialen Schichten gleichermaßen und von Anfang an zu mehr materiellem Wohlstand verholfen hat oder ob die Teilhabe zuallererst politisch herbeigeführt werden musste. Bereits zeitgenössische Ökonomen wie Adam Smith sowie Karl Marx und Friedrich Engels äußerten sich zur Notwendigkeit politischen Eingreifens. Bis heute existieren gegensätzliche Interpretationen zu der Frage: Fortschritt für alle allein durch die Industrialisierung?

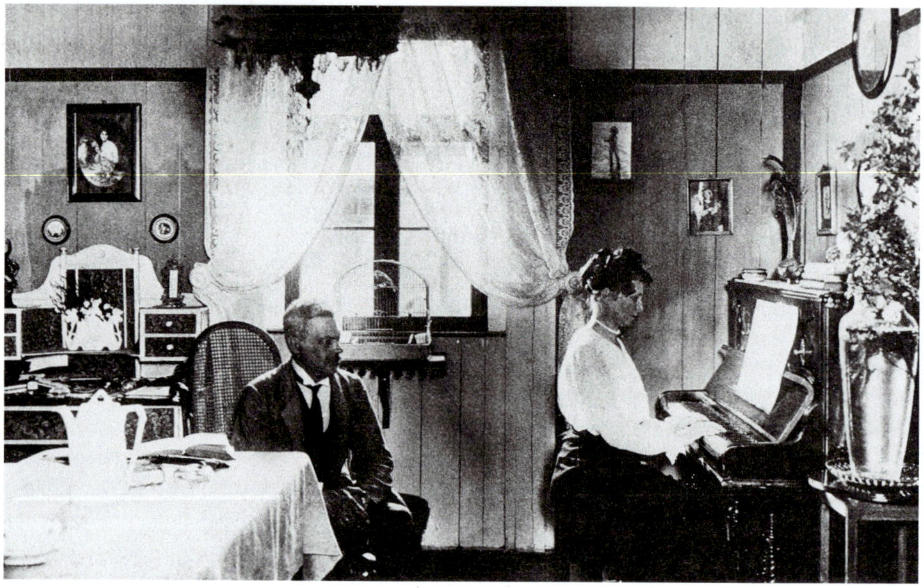

▸ **Wohnzimmer einfacher Bürger.**
Foto um 1900.
- *Vergleichen Sie die Wohnsituation mit jener der Familie auf S. 47 und ziehen Sie Rückschlüsse auf die berufliche Tätigkeit und den Bildungsgrad der abgebildeten Personen.*

M1 Industrialisierung – verringerte Ungleichheit?

Der Wirtschaftswissenschaftler Gregory Clark, Professor für Volkswirtschaft an der Universität Davis in Kalifornien, gelangt 2007 zu folgendem Urteil über die Industrialisierung:

Die Industrielle Revolution wurde durch die Erweiterung von (Fach-)Wissen angetrieben. Erstaunlicherweise haben unqualifizierte Arbeiter jedoch mehr Gewinne als jede andere Gruppe erzielt. Marx und Engels, die im *„Kommunistischen Manifest“* 1848 düstere Voraussagen verkündeten, hätten bezüglich des Schicksals der unqualifizierten Arbeiter nicht falscher liegen können. [...] Die Realität ist nämlich eine ganz andere. 1815 stiegen die Reallöhne für Landarbeiter sowie für städtische ungelernte Arbeiter unaufhaltsam, was einen Wohlstand für diese Gruppen nach sich zog. Sogar die Gewinne auf landwirtschaftliche wie industrielle Investitionen überstiegen anfangs nicht die von Arbeitskräften. 1760 bis 1860 nahmen die Reallöhne in England stärker als die Produktivität zu. Die Erfinder, die Kapitaleigner, die Landbesitzer und die hochqualifizierten Arbeiter erhielten bescheidene oder überhaupt keine Vergütungen auf die Weiterentwicklung ihres Wissens. So hat das moderne Wachstum, von dem die am meisten benachteiligten Gruppen in der vorindustriellen Gesellschaft, besonders die unqualifizierten Arbeiter, profitierten, von Beginn an die soziale Ungleichheit verringert [...].
In Bezug auf die allgemeinen Lebensverhältnisse und Lebensperspektiven der Reichen wie der Armen scheint die Industrielle Revolution die sozialen Unterschiede verkleinert zu haben, sogar mehr als die Einkommens- und Vermögensverhältnisse es allein nahe legen.

Gregory Clark, A Farewell to Alms. A brief economic history of the world, Princeton 2007, S. 272 - 273 und 284 (übersetzt von Rolf Schulte)

M2 Industrialisierung – vergrößerte Ungleichheit?

Professor Jan-Luiten van Zanden lehrt Wirtschaftsgeschichte an der Universität Utrecht in den Niederlanden, Professor Sevket Pamuk an der London School of Economics. In ihrer 2010 veröffentlichten Studie über Lebensstandards kommen sie in Bezug auf die Wirkungen der Industrialisierung zu folgendem Fazit:

▲ **Blick in ein Berliner Hinterhofzimmer.**
Foto von 1903.
Der 7 qm große Raum diente der ganzen Familie als Wohn- und Schlafstube zugleich. In Berlin wurden um 1900 rund 2 000 Haushalte gezählt, die nur aus einem Raum bestanden.

Diese Einschätzung zeigt, dass die Befürchtungen von Friedrich Engels über die wachsende Ungleichheit und die fortgesetzte Armut der Masse der arbeitenden Bevölkerung Großbritanniens nachvollziehbar waren, aber er hatte nicht in allen Punkten Recht. Fest steht, dass sich das ökonomische Wachstum in der Periode von 1700 bis 1870 beschleunigte – in Nordwest-Europa früher und ausgeprägter als auf dem restlichen Kontinent –, dass die Reallöhne hinterherzuhinken tendierten (und wiederum auch hier in Nordwest-Europa höher lagen als anderswo) und dass die reale Verbesserung anderer Indikatoren des Lebensstandards – Körpergröße, Kindersterblichkeit, Lese- und Schreibfähigkeit – sich oft (und speziell im britischen Fall) deutlich verzögerten. Die Früchte der Industriellen Revolution verteilten sich sehr ungleich über den Kontinent, sowohl auf der räumlichen Ebene (aber das ist vielleicht ganz und gar nicht überraschend, da die Industrielle Revolution in einem Winkel Europas entstand) als auch auf der sozioökonomischen Ebene. Die räumliche Ungleichheit nahm zu und die soziale Ungleichheit explodierte, besonders in den Teilen Europas, die am meisten von dem neuen Industriezeitalter profitierten. [...] Die Industrialisierung in Westeuropa ereignete sich daher in einer Umgebung von hoher sozialer Ungleichheit und sie neigte dazu, diese noch zu verschärfen. [...] Was politische Rechte und den Schutz der Eigentumsrechte angeht, mögen die Bürger Westeuropas in einer besseren Lage als die Einwohner anderer Teile der Welt gewesen sein. Im Gefolge der „Atlantischen Revolution"[1] und natürlich im Besonderen der Französischen Revolution entwickelten sich neue Vorstellungen von Bürgerrechten, die – zumindest in der Theorie – den Bürgern Westeuropas wachsende politische Macht gaben. Diese Entwicklung wurde auch nicht wirklich durch die konservative Bewegung in der nationalen wie internationalen Politik in den Jahrzehnten nach 1815 aufgehoben. [...] Und wieder bildeten die eher schwierigen Umformungen politischer Systeme[2] die Grundlage für den wirklichen Fortschritt, der sich in der zweiten Hälfte des 19. Jahrhunderts vollzog.

Sevket Pamuk und Jan-Luiten van Zanden, Standards of living, in: Stephen Broadberry und Kevin H. O'Rourke, The Cambridge Economic History of Modern Europe I. 1700-1870, Cambridge 2010, S. 233-234 (übersetzt von Rolf Schulte)

1. *Zeigen Sie anhand von M1 und M2 die Unterschiede, aber auch Gemeinsamkeiten in der Einschätzung auf. Erläutern Sie, auf welchen Grundlagen die Ergebnisse basieren.*
2. *Überprüfen Sie die Stellungnahmen M1 und M2 anhand der Informationen im Darstellungstext auf den Seiten 28 bis 32 und 36 bis 40 (Sachurteil).*
3. *Die Industrialisierung – Fortschritt für alle? Nehmen Sie Stellung.*

[1] **Atlantische Revolution**: die Ereignisse, die zur Unabhängigkeit der Vereinigten Staaten und zur Einführung einer parlamentarischen Demokratie in Nordamerika führten und Auswirkungen auf den gesamten atlantischen Raum hatten

[2] Die Autoren erläutern diese These an anderer Stelle genauer: „Der Aufstieg der parlamentarischen Demokratie während der zweiten Hälfte des 19. Jahrhunderts führte zu einem wachsenden Bildungsangebot, das zu einer weiteren Beschleunigung des Wachstums führte und soziale Programme hervorbrachte, die darauf abzielten, Einkommen auf die unteren sozialen Schichten zu übertragen."

Vom Hochimperialismus zum ersten „modernen“ Krieg der Industriegesellschaft

▲ **Die Kolonialreiche um 1830.**

Orientierung Die Außenpolitik der großen Staaten war seit etwa 1880 geprägt vom Imperialismus. Am weitesten fortgeschritten war die Entwicklung des britischen Weltreiches; um 1910 gehörte etwa ein Viertel der Erde zum „Empire“. Frankreich konkurrierte in Afrika und Südostasien mit Großbritannien, Russland dehnte seine Herrschaft nach Mittelasien, Japan in den pazifischen Raum aus. Das Deutsche Reich als „späte Nation“ nahm nach 1880 an der Aufteilung der Welt teil und musste sich mit vergleichsweise unbedeutenden Kolonien begnügen.

Territoriale Expansion und militärische Stärke waren Schlüsselkonzepte des Nationalismus, der in allen Staaten eine Blüte erlebte. Er überhöhte die eigene Nation und grenzte sie qualitativ von anderen, als minderwertig empfundenen Völkern ab. Zudem führte er zu einer Identifikation mit dem eigenen Staat und lenkte von sozialen und politischen Schwierigkeiten im Innern ab.

Deutschlands Übergang zur Weltpolitik war begleitet vom Aufbau einer starken deutschen Kriegsmarine. Um die Jahrhundertwende nahmen Rüstungswettlauf und Kriegsbereitschaft in Europa immer weiter zu. Die imperialen Rivalitäten, die aufgeheizten öffentlichen Meinungen und die internationalen Spannungen trugen dazu bei,

1871
Im Januar Gründung des Deutschen Kaiserreiches; König Wilhelm I. wird Deutscher Kaiser, Otto von Bismarck erster Reichskanzler

1878
Berliner Kongress

1879
Zweibundvertrag zwischen dem Deutschen Kaiserreich und Österreich-Ungarn

1880-1914
Phase des Hochimperialismus

1881
Der „Wettlauf nach Afrika“ beginnt / Deutschland, Russland und Österreich-Ungarn schließen den Dreikaiserbund

1882
Der Zweibund wird durch den Beitritt Italiens zum Dreibund erweitert

1884-1885
Berliner Westafrika-Konferenz; Afrika wird unter den europäischen Großmächten aufgeteilt

1887
Rückversicherungsvertrag zwischen dem Deutschen Kaiserreich und Russland

1890
Bismarck tritt als Reichskanzler zurück

1870 | 1875 | 1880 | 1885 | 1890 | 1895

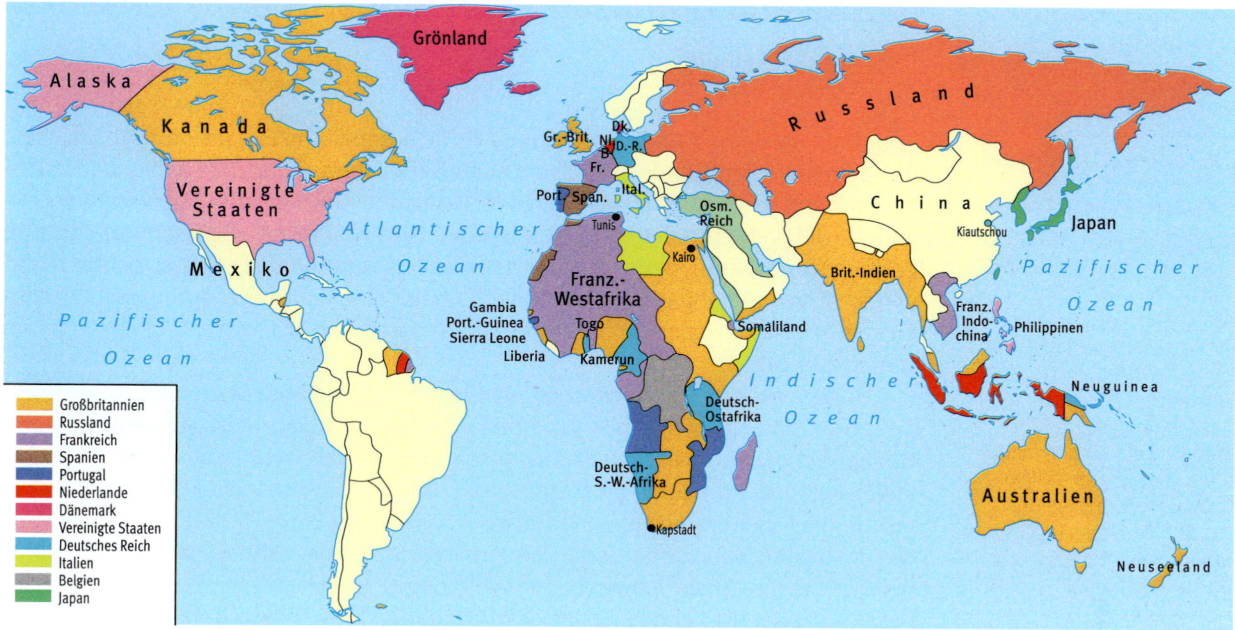

▲ Die Kolonialreiche um 1914.

dass alle Bemühungen um Rüstungsbegrenzungen und eine friedliche Konfliktlösung letztlich erfolglos blieben.

Sie beschäftigen sich in diesem Kapitel insbesondere mit folgenden Fragen:

- *Welche Merkmale, Motive, Ziele, Funktionen und Formen kennzeichneten das Zeitalter des Imperialismus?*
- *Wodurch wurde die imperialistische Expansion von den europäischen Großmächten legitimiert?*
- *Welche zeitgenössischen Begründungen und welche modernen Erklärungen lassen sich für den Ausbruch des Ersten Weltkrieges finden?*
- *Wie unterschied sich die „moderne Kriegsführung“ im Ersten Weltkrieg von der „herkömmlichen“ früherer kriegerischer Auseinandersetzungen?*
- *Wodurch waren die Organisation der Kriegswirtschaft und das Alltagsleben der Menschen im Ersten Weltkrieg gekennzeichnet?*

1898/1900
Durch die „Flottengesetze“ von Alfred von Tirpitz startet ein umfangreiches Flottenbauprogramm im Kaiserreich

1898-1899
Faschoda-Krise

1904
Aufstand der Herero in Deutsch-Südwestafrika / Entente cordiale zwischen Großbritannien und Frankreich

1905/11
Erste und zweite Marokko-Krise

1912-1913
Balkan-Kriege

1914
Beginn des Ersten Weltkrieges

1915
Erstmaliger Einsatz von Giftgas

1916
Schlacht von Verdun, über 700 000 Soldaten sterben

1917
Die USA greifen aufseiten der Entente in den Krieg ein / Februar- und Oktoberrevolution in Russland

1918
Frieden von Brest-Litowsk / Deutschland kapituliert

1900 1905 1910 1915 1920 1925

Motive und Grundzüge des europäischen Imperialismus

Kolonialismus: Herrschaft eines Staates über abhängige Kolonien. Kolonien stehen in der Abhängigkeit einer Kolonialmacht, die direkt durch Statthalter oder indirekt politisch-wirtschaftlich ihren Einfluss geltend macht. Der Herrschaftsanspruch der Kolonialmacht beruht auf ihrem Ausdehnungsstreben, das aufgrund politischer, militärischer oder wirtschaftlich-technischer Überlegenheit möglich wird. Den Prozess der Landnahme bezeichnet man als Kolonisation.

Vom Kolonialismus zum Imperialismus Die europäische Expansion nach Übersee, die seit dem 16. Jahrhundert durch die Kolonisationsbewegung der Spanier und Portugiesen, dann hauptsächlich der Holländer, Engländer und Franzosen geprägt war, veränderte die Welt grundlegend. Seit Mitte der 1880er-Jahre erhielt dieser Vorgang eine gesteigerte Stoßkraft, denn jetzt wurde es zum programmatischen Ziel, politisch und wirtschaftlich abhängige Gebiete außerhalb der eigenen Grenzen zielgerichtet dem eigenen Herrschaftsbereich einzuverleiben, um so die Machtstellung der eigenen Nation zu stärken.

Unter diesen neuen Vorzeichen wandelte sich im letzten Drittel des 19. Jahrhunderts der Kolonialismus zum *Imperialismus* und stellte damit zugleich Fortsetzung und Höhepunkt der europäischen Expansion dar (▸ M1). Vom lateinischen Wort *Imperium* abgeleitet, bedeutet der Begriff „Herrschaft" oder „Großreichspolitik" und kann als die territoriale Ausdehnung eines Staates über andere Länder und Völker verstanden werden. Im weiten Sinne umfasst der „Imperialismus" das gesamte 19. und frühe 20. Jahrhundert bis zum Ausbruch des Ersten Weltkrieges. Als „klassisches Zeitalter des Imperialismus" oder als Periode des *Hochimperialismus* gelten jedoch die Jahre zwischen 1880 und 1914, in denen die nichteuropäische Welt von der europäischen Zivilisation sowie dem westlich-industriellen System durchdrungen wurde. Das Gleichgewicht der Mächte wich einem allgemeinen Prestige- und Rüstungswettlauf.

Zum Hauptschauplatz der um Kolonien wetteifernden Großmächte wurde das bis dahin weitgehend unerschlossene Afrika. Ein weiterer Schwerpunkt des Interesses lag in Ostasien, vor allem in China und im pazifischen Raum. Manche Staaten wie Belgien, das Deutsche Reich und Italien erwarben erstmals koloniale Besitzungen und traten damit in Konkurrenz zu den „alten" Kolonialmächten – allen voran England mit seinem „Empire", das neben den ehemaligen Siedlungskolonien, den *Dominions* (Kanada, Neufundland, Australien, Neuseeland, Kapkolonie in Afrika), und Britisch-Indien Kolonien und Stützpunkte in aller Welt umfasste. Die Rufe nach einem „größeren Britannien" ebenso wie nach einem „neuen Frankreich" wurden immer lauter. Gleichzeitig setzte das zaristische Russland seine Expansion bis nach Persien und an die Grenzen Afghanistans, Koreas und nach China fort. Auch die USA und Japan, das sich im letzten Drittel des 19. Jahrhunderts in einem raschen Industrialisierungs- und Modernisierungsprozess dem europäisch-amerikanischen Vorbild anglich, beteiligten sich an diesem Vorgang.

Da die noch „freien" Gebiete der Erde begrenzt waren, entwickelte sich ein internationales Ringen um Vergrößerung der eigenen Territorien und Abrundung der Einflussgebiete. Die Konkurrenzsituation beschleunigte den Prozess der Landnahme enorm. Innerhalb weniger Jahrzehnte teilten die Kolonialmächte die Welt unter sich auf und unterwarfen die unterlegenen Länder und Völker. Vor dem Ersten Weltkrieg stand die Hälfte der Erde und damit mehr als 600 Millionen Menschen unter kolonialer Herrschaft.

▲ **„The Rhodes Colossus. Striding from Cape Town to Cairo."***
Karikatur aus der englischen Satirezeitschrift „Punch" vom 10. Dezember 1892.
- *Recherchieren Sie die Rolle von Cecil Rhodes für die Kolonisierung Afrikas.*
- *Analysieren Sie die Karikatur und erläutern Sie ihre Aussage.*

* Zur Kap-Kairo-Linie vgl. S. 60.

Industrialisierung und Globalisierung Lange vor Beginn der Industrialisierung hatte sich durch den überseeischen Handel ein global vernetztes Wirtschaftssystem gebildet. Europäische Handelsgesellschaften besaßen Niederlassungen in Asien, Afrika und Amerika, um dort Rohstoffe wie Gewürze, Pflanzenfarben, Baumwolle, Kaffee, Kautschuk, aber auch Edelmetalle und Mineralien billig einzukaufen und nach Europa zu verschiffen.

Einen entscheidenden Schub erhielten die weltweiten wirtschaftlichen Verflechtungen jedoch erst durch technische Innovationen im Zuge der Industrialisierung. Dampfschiffe sorgten mit ihren größeren Ladekapazitäten und höheren Geschwindigkeiten für den billigen Transport von Massengütern über große Entfernungen und eine enorme Ausweitung der Absatzmöglichkeiten. Eisenbahnen ermöglichten die Erschließung weitläufiger Länder. Telegraf und Telefon revolutionierten die Übermittlung von Informationen.

Die Dynamik der Industriellen Revolution ging jedoch auch mit einer zunehmenden kapitalistischen Konkurrenzwirtschaft einher. Der Weltmarkt ließ die Industriestaaten von internationalen konjunkturellen Krisen abhängig werden. Warenüberangebote, Preiseinbrüche, Produktionsrückgänge und steigende Arbeitslosigkeit führten zu einem scharfen Wettbewerb der Industriestaaten untereinander. Durch die rasch steigenden Produktionsmengen erhöhte sich die Nachfrage nach Rohstoffen, die die europäischen Länder selbst nicht produzieren konnten. Zwischen 1890 und 1910 verdreifachte sich beispielsweise auf dem Weltmarkt der Preis für Kautschuk, der für die Reifen von Fahrrädern und Autos gebraucht wurde.

Von zeitgenössischen Verfechtern und Kritikern der imperialistischen Politik, aber auch in der modernen Forschung wurde ein enger Zusammenhang zwischen dem industriell-kapitalistischen Wirtschaftssystem und der imperialistischen Politik hergestellt (▸ M2, M3). Beide Seiten argumentierten, dass die Kolonien als Rohstofflieferanten und Absatzmärkte für das Wirtschaftswachstum der Industrienationen von existenzieller Bedeutung gewesen seien und dies letztlich ausschlaggebend für die Expansionspolitik war.

Von Ausnahmen wie Britisch-Indien abgesehen war die gesamtwirtschaftliche Bilanz der Kolonien jedoch eher negativ, auch wenn einzelne Firmen oder Interessengruppen große Gewinne aus den Kolonien zogen. Der Export von Fertigprodukten in die Kolonien war gering. Mehr als zwei Drittel des Welthandels konzentrierten sich bis 1914 auf die Industrienationen. Der größte Teil des restlichen Drittels verteilte sich auf Regionen, in denen die Industrialisierung bereits begonnen hatte. Hierzu gehörten die lateinamerikanischen Staaten sowie die britischen Dominions Kanada, Australien oder Neuseeland.

Weder die Industrialisierung noch das rapide Wachstum des Welthandels vor 1914 waren also Voraussetzungen für die imperialistische Politik. Genauso wenig war die territoriale Expansion Bedingung für das Fortschreiten der weltwirtschaftlichen Entwicklung – wenngleich

Globalisierung: Der Begriff charakterisiert die rapiden wirtschaftlichen Wandlungsprozesse, die seit dem Ende des Ost-West-Konfliktes die Welt prägen. Allgemein kann unter Globalisierung ein Prozess verstanden werden, in dem sich Wirtschafts- und Gesellschaftssysteme über die Grenzen der Nationalstaaten hinaus in ökonomischer, aber auch sozialer und kultureller Hinsicht immer stärker miteinander vernetzen.

▾ **Kolonialwarenladen in Buchen im Neckar-Odenwald-Kreis.**
Foto, um 1900.

◂ **Werbung für Kolonialwaren.**
Anzeige aus der Zeitschrift „Kolonie und Heimat“, 1907.

Jahr	Geldwert der Im- und Exporte in Milliarden Euro umgerechnet	
	Welt insgesamt	davon Europa
1720	0,90	0,63
1750	1,43	1,05
1780	1,90	1,40
1800	3,09	2,33
1820	3,49	2,55
1830	4,16	3,08
1840	5,86	4,17
1850	8,95	6,24
1860	16,0	11,0
1870	23,6	16,9
1880	32,6	23,0
1890	36,1	24,1
1900	42,0	27,7
1910	67,2	42,3

▲ **Entwicklung des Welthandels.**
Nach: Golo Mann (Hrsg.), Propyläen Weltgeschichte, Bd. VIII: Das neunzehnte Jahrhundert, Frankfurt am Main 1986, S. 28

■ *Errechnen Sie aus der Tabelle jeweils den Anteil Europas am Welthandel in Prozent und setzen Sie das Ergebnis in eine geeignete Diagrammform um. Erläutern Sie die Entwicklung.*

sich diese begünstigend auswirkten. Entscheidend war vielmehr, dass der industrielle und technische Fortschritt die Überlegenheit der Industriestaaten gegenüber weniger entwickelten Kulturen und Zivilisationen verstärkte. Er schuf so die Grundlage für die weltweite Durchsetzung des westlich-industriellen Systems. Die Kolonialmächte erzwangen die Öffnung der überseeischen Märkte. Sie erwarben dort Monopole und Konzessionen und durchdrangen als wichtigste Kapitalgeber die regionalen Wirtschaftsstrukturen. Die wirtschaftliche Dominanz war umfassender als direkte politische Kontrolle. Denn diese führte zu weitreichenden ökonomischen Abhängigkeiten und dauerhaften Strukturen der Ungleichheit. Die globalen Folgen von Kolonialismus und Imperialismus sind noch heute im Verhältnis der Industriestaaten zu den Ländern der „Dritten Welt“ spürbar.

Ursachen und Legitimationsversuche Die Ursachen und Legitimationsversuche für den Konkurrenzkampf um Kolonien waren unterschiedlich. In allen Ländern spielten wirtschaftliche Gründe eine wichtige Rolle. In Zeiten, in denen wirtschaftliche Krisen Existenzängste auslösten, galten Kolonien bei allen Bevölkerungsschichten als unverzichtbare Absatzmärkte und Rohstoffquellen. Zudem sollten die Gebiete als Siedlungsraum für die rasch wachsende Bevölkerung Europas dienen.

Eine weitere Ursache war der aufkeimende **Nationalismus** der Industriestaaten. Neben einzelnen Politikern, Kaufleuten, Forschern und Militärs traten gegen Ende des 19. Jahrhunderts auch einflussreiche Verbände für eine Expansionspolitik ein und übten entsprechend Druck auf die Regierungen aus. Diese wiederum hofften, durch die Befriedigung der nationalen Wünsche von innenpolitischen Missständen und Konflikten ablenken zu können. So wurde in einigen Staaten eine Strategie des *Sozialimperialismus* verfolgt: Die Aussicht auf stetiges Wirtschaftswachstum und Wohlstand durch Kolonien sollte in Krisenzeiten die unzufriedenen Massen der Arbeiterschaft beruhigen, revolutionäre Tendenzen unterdrücken und damit die bestehende politische Ordnung erhalten.

Darüber hinaus entwickelte sich infolge der nationalistischen Tendenzen in den Industriestaaten die Einstellung einer unbedingten Überlegenheit gegenüber anderen Völkern. Das christlich motivierte Sendungsbewusstsein, die Fremden zu ihrem eigenen Nutzen zum „rechten“ Glauben zu bekehren, wurde durch neue imperiale Ideologien überlagert, die sich als ideale Rechtfertigung für die Unterwerfung erwiesen. Diese Vorstellungen bauten einerseits auf der Überzeugung auf, den Rest der Welt „zivilisieren“ und den rückständigen „Wilden“ den rechten Glauben, Kultur, Frieden und Fortschritt bringen zu müssen; andererseits resultierten sie aber auch aus einem neuen *Rassismus*: Die stärkeren Völker besäßen das Recht, die schwächeren zu beherrschen und auszubeuten. Vor allem gegenüber der farbigen Bevölkerung erwuchs ein starkes Überlegenheitsgefühl, das in Verbindung mit den Theorien des **Sozialdarwinismus** oftmals rassistische Züge annahm.

Nationalismus: weltanschauliches Bekenntnis (Ideologie) zur eigenen Nation und dem Staat, dem man angehört. Auf der einen Seite stand die Überzeugung, dass alle Völker einen Anspruch auf nationale Selbstbestimmung haben, auf der anderen die Hochschätzung des eigenen Volkes. Die Abwertung anderer Nationen trug seit der Mitte des 19. Jh. zu einem übersteigerten Nationalbewusstsein (Chauvinismus) bei, einem Kennzeichen des Imperialismus und des Nationalsozialismus.

Der **Sozialdarwinismus** übertrug die Evolutionstheorie über die „Entstehung der Arten“ des englischen Naturforschers Charles Darwin in stark vereinfachter und damit verfälschter Weise auf menschliche Gesellschaften: Im „Kampf ums Dasein“ könnten sich demnach nur die weiter entwickelten und daher überlegenen Völker und Staaten durchsetzen.

Formen imperialer Herrschaft Bis zur Mitte des 19. Jahrhunderts überwogen in den europäischen Kolonialreichen indirekte Herrschaftsmethoden (*informeller Imperialismus* oder *indirect rule*). Es wurden beispielsweise Verträge mit lokalen Machthabern abgeschlossen, die auf die Öffnung der Märkte und die Sicherung des wirtschaftlichen und politischen Einflusses der Europäer abzielten. Sie wurden notfalls mit diplomatischem oder militärischem Druck durchgesetzt. Alles Weitere überließ man den Kaufleuten, Siedlern, Offizieren und Missionaren vor Ort, den „men on the spot". Oftmals bezog sich die Kontrolle nur auf die Küstenregionen eines Landes oder einzelne Stützpunkte. Die bestehenden staatlichen und wirtschaftlichen Ordnungen, Lebensgewohnheiten und Gebräuche der einheimischen Gesellschaften blieben weitgehend unangetastet.

Die europäischen Rivalitäten um Kolonialbesitz seit den 1880er-Jahren führten zu einer Verbreitung direkter, auf politisch-militärischer und wirtschaftlicher Kontrolle basierender Herrschaftsmethoden (*formeller Imperialismus* oder *direct rule*).

Indirekte Herrschaftsmethoden verschwanden jedoch nicht. Vor allem in China und im Osmanischen Reich basierte der Einfluss der imperialistischen Mächte weitgehend auf wirtschaftlicher Durchdringung und Kontrolle. Überhaupt konnte die reale Durchsetzung von Herrschaft in der Praxis sehr unterschiedlich aussehen. Während in manchen Gebieten kaum von effektiver Herrschaft gesprochen werden kann, etablierten sich im belgischen Kongo-Freistaat, im britischen Südafrika oder in Deutsch-Südwestafrika gewaltsame Unterdrückungsregime. Die Herrschaftsform war jeweils von den verwaltungsmäßigen Zugriffsmöglichkeiten vor Ort, dem militärischen Potenzial und den unterschiedlichen herrschaftsideologischen Grundsätzen der Kolonialmächte abhängig.

Sogar innerhalb des britischen Empire existierten ganz unterschiedliche Verwaltungs- und Herrschaftsformen nebeneinander. Generell bevorzugten die Briten jedoch wo immer möglich das Konzept der indirekt-informellen Herrschaft, das unter möglichst geringem personellen und finanziellen Aufwand die britischen Wirtschafts- und Kapitalinteressen sicherstellte. Die Briten beließen den regionalen Herrschern nach außen ihre Autorität, während diese zugleich – gelenkt durch britische Residenten – zur Errichtung der Fremdherrschaft beitrugen.

Anders gingen die Franzosen vor (▸ M4). Da Selbstregierung dem republikanischen Einheitsgedanken widersprach, wurden die Kolonien direkt von Paris aus gelenkt und von französischen Gouverneuren vor Ort verwaltet. Frankreich verfolgte das Herrschaftsprinzip der Assimilation: Die Kolonien sollten dem Mutterland in jeder Hinsicht angeglichen und die Bevölkerung zu Franzosen „umerzogen" werden. Um die Jahrhundertwende beschränkte man sich schließlich weitgehend auf eine organisatorische Anbindung an das Mutterland und gestand den Kolonien mehr Autonomie zu.

Die Lage der Kolonialvölker So unterschiedlich die Verwaltungs- und Herrschaftsformen in den Kolonien waren, so unterschiedlich stellte sich auch die Lage der Kolonialvölker dar. Diese waren nicht immer nur passive Opfer der Eroberer, sondern hatten auch ihrerseits ein Interesse daran, mit

Literaturtipp:
Gregor Schöllgen und Friedrich Kießling, Das Zeitalter des Imperialismus, München [5]2009

Filmtipp:
Weiße Geister. Der Kolonialkrieg gegen die Herero, Regie: Martin Baer, 2004

So kolonisiert der Engländer,

▲ **„So kolonisiert der Engländer, ..."**
Karikaturserie aus dem „Simplicissimus" von Thomas Theodor Heine, 1904 (Ausschnitt).

▲ **Gefangene Herero.**
Foto nach 1904 (Ausschnitt). Die Überlebenden des Aufstandes wurden zur Zwangsarbeit herangezogen und in weit entfernte Konzentrationslager deportiert, wo Hunderte von Gefangenen – darunter vor allem Frauen und Kinder – umkamen. Die Bezeichnung wurde von den Engländern geprägt, die zuvor während des Burenkrieges (1899-1902) derartige Lager in Südafrika errichtet hatten.

▲ **Passmarke aus Deutsch-Südwestafrika.**
Alle Eingeborenen über sieben Jahre mussten ab 1907 Passmarken tragen, um Siedlern und Staat eine möglichst umfassende Kontrolle und schnelle Zugriffsmöglichkeiten auf billige Arbeitskräfte zu ermöglichen.

den Kolonialmächten zusammenzuarbeiten. Dies zeigt sich daran, dass die Übernahme der Territorien weniger durch Überfälle und Eroberungskriege, sondern meist durch den freiwilligen oder erzwungenen Abschluss von „Schutzverträgen“ über die Abtretung von Land und Rechten erfolgte. Die Einheimischen interpretierten sie oftmals fälschlicherweise als Handels- und Bündnisverträge. Vor allem die Errichtung und Aufrechterhaltung der indirekten Herrschaft wäre ohne die Kollaboration einheimischer Führungsschichten in Asien und Afrika nicht möglich gewesen. Denn der Bevölkerung stand lediglich eine verschwindend kleine Anzahl Europäer gegenüber.

Die Phase des Hochimperialismus bedeutete jedoch für die Kolonialvölker eine Zäsur: Die Errichtung der Kolonien erfolgte nun flächendeckend. Eisenbahnen und Straßen machten auch das Hinterland zugänglich. Die von militärischen Einheiten unterstützten Kolonialverwaltungen nahmen Eingriffe in die Besitzverhältnisse, das Rechtssystem, die Gesellschaftsstrukturen sowie die einheimischen Kulturen vor. Enteignungen und eine gesteuerte Preispolitik entzogen den Menschen die Lebensgrundlage. Diese wurden zudem gezwungen, die Sprache der Kolonialmacht zu lernen, sich europäischen Gesetzen und Normen zu beugen und ihre traditionellen Handels- und Wirtschaftsformen aufzugeben. Immer wieder kam es zu lokalen Aufständen gegen die Fremdherrschaft oder kriegerischen Auseinandersetzungen. Die waffentechnisch weit überlegenen Kolonialmächte setzten sich dabei mit immer aggressiveren Methoden durch. Danach wurden die Repressionen meist verschärft, was zu neuen Konflikten führte.

Ein in mancher Hinsicht typisches, jedoch besonders folgenschweres Beispiel ist der *Aufstand der Herero* in der deutschen Kolonie Deutsch-Südwestafrika (heute Namibia) im Jahre 1904. Seine Niederwerfung hatte die beabsichtigte und fast vollständige Vernichtung des Volksstammes zur Folge (▸ M5). Das Gebiet war 1884 unter den „Schutz des Deutschen Reiches“ gestellt, in Absprache mit Großbritannien ausgeweitet und schließlich zu einer Kolonie erhoben worden. Die Herero waren durch Händler und Kolonialgesellschaften in wirtschaftliche Abhängigkeit gebracht worden und verloren durch Verschuldung Land und Vieh. Neben wirtschaftlicher Ausbeutung, Diskriminierung und Unterdrückung sah sich das Volk einer parteiischen Gerichtsbarkeit der Kolonialherren ausgeliefert, die Raub, Mord und Vergewaltigung ihrer Landsleute nicht ahndete.

Im Januar 1904 überfielen die Herero einzelne Farmen, Handelsniederlassungen und Militärstützpunkte. 123 Europäer kamen um. Mithilfe massiver Truppenverstärkung besiegte der von der Reichsregierung beauftragte General *Lothar von Trotha* die Herero schließlich im August in der *Schlacht am Waterberg*. Von dort trieb Trotha das flüchtende Volk in die abgeriegelte wasserlose Wüste, um es verdursten zu lassen. Durch Krieg und Gefangenschaft kamen möglicherweise 80 Prozent der Herero um. Das Vorgehen gegen die Herero wird vielfach als *Völkermord* (*Genozid*) betrachtet.

■ *Teilen Sie den Kurs in Arbeitsgruppen. Jede Arbeitsgruppe entscheidet sich für eine soziale Gruppe innerhalb des Deutschen Reiches: Arbeiter – Einzelhändler – Kleinbauern – Großbauern – Fabrikanten in den modernen Industriezweigen – Schwerindustrielle. Entwickeln Sie Vorstellungen davon, welche Erwartungen die jeweilige soziale Gruppe an koloniale Eroberungen hat, welche Probleme sie sieht und wie sie insgesamt zur imperialistischen Politik steht.*

M1 Was ist Imperialismus?

Der Historiker Jürgen Osterhammel analysiert die Begriffe Imperialismus und Kolonialismus:

„*Imperialismus*" ist der Begriff, unter dem alle Kräfte und Aktivitäten zusammengefasst werden, die zum Aufbau und zur Erhaltung [...] *transkolonialer Imperien* beitrugen. Zum Imperialismus gehört auch der Wille und das Vermögen eines imperialen Zentrums, die eigenen nationalstaatlichen Interessen immer wieder als imperiale zu *definieren* und sie in der Anarchie des internationalen Systems weltweit geltend zu machen. Imperialismus impliziert also nicht bloß Kolonialpolitik, sondern „*Weltpolitik*", für welche Kolonien nicht allein Zwecke in sich selbst, sondern auch Pfänder in globalen Machtspielen sind. Die seit dem letzten Drittel des 19. Jahrhunderts bei den Großmächten beliebte Idee, Kolonien kompensatorisch – durch Tausch (z. B. Helgoland gegen Sansibar 1890), Anerkennung geopolitischer Ansprüche dritter Mächte, eigene „nachholende" Kolonialforderungen usw. – zum Austarieren der internationalen, vornehmlich der innereuropäischen, Machtbalance einzusetzen, ist typisch „imperialistisch" und einem „kolonialistischen" Denken fremd, das Kolonien als dauerhaft „erworben" oder „anvertraut" betrachtet. Imperialismus wird von den Staatskanzleien, Außen- und Kriegsministerien geplant und ausgeführt, Kolonialismus von Kolonialbehörden und „men on the spot". Solche ereignisgeschichtlich fassbare Weltpolitik muss jedoch immer (a) vor dem Hintergrund der Herausbildung eines Weltstaaten*systems* und (b) im Rahmen langsam sich entwickelnder Strukturen der Ungleichheit im wirtschaftlichen Verkehr zwischen den Räumen der Erde gesehen werden. „Imperialismus" und „Kolonialismus" sind also nicht dasselbe. „Imperialismus" ist in mancher Hinsicht der Begriff mit der umfassenderen Bedeutung, sodass „Kolonialismus" geradezu als sein Spezialfall erscheint. [...] Da jedoch „Imperialismus" die Möglichkeit weltweiter Interessenwahrnehmung und informell abgestützter kapitalistischer Durchdringung großer Wirtschaftsräume einschließt, wird man den Begriff für die frühneuzeitlichen Kolonialreiche [...] zögernd verwenden und nur mit Vorbehalt von „spanischem Imperialismus" sprechen.

Jürgen Osterhammel, Kolonialismus. Geschichte – Formen – Folgen, München [5]2006, S. 27 f.

1. *Benennen Sie die Unterschiede zwischen Imperialismus und Kolonialismus und stellen Sie sie einander gegenüber.*

2. *Arbeiten Sie heraus, welche Voraussetzungen und Triebkräfte dem Imperialismus zugrunde liegen.*

M2 Kolonien als Wirtschaftsfaktor

1906 wird Bernhard Dernburg, Direktor der Bank für Handel und Industrie, zum stellvertretenden Direktor der Kolonialabteilung des Auswärtigen Amtes ernannt. Am 11. Januar 1907 hält er vor dem Deutschen Handelstag einen Vortrag:

Die Entwicklung unseres deutschen Kolonialbesitzes ist, vom handelspolitischen Standpunkt aus gesehen, nach folgenden vier Richtungen zu beurteilen:
1. Sie sichert der stetig wachsenden Bevölkerung unseres Vaterlandes, die mit Rücksicht auf das zur Verfügung stehende limitierte innerdeutsche Areal mehr und mehr sich der Industrie zuwenden muss und auf den Export angewiesen bleibt, zunächst große und sich steigernde Aufträge, also: Arbeit. Daneben ermöglicht sie eine bessere Lebenshaltung dieser unserer deutschen Bevölkerung durch billige Produktion von Nahrungsstoffen der verschiedensten Art und ermöglicht es, diese Ernährung unabhängiger zu gestalten vom Ausland.
2. Kolonien, die richtig und zielbewusst geleitet sind, sichern der deutschen Produktion einen großen Teil derjenigen Rohstoffe, welche zum eigenen Verbrauch innerhalb der Nation und zum Zwecke der Veredelung des Arbeitsmaterials vieler Millionen deutscher Arbeiter dienen.
3. Sie sichert dem deutschen Fabrikanten, dem deutschen Arbeiter einen Einfluss auf die Preisgestaltung dieser Rohmaterialien gegenüber monopolistischen Tendenzen des Auslandes [...].
4. [...] Schließlich bildet sie ein kräftiges strategisches und taktisches Mittel in all denjenigen Fällen, wo für die deutsche nationale Wirtschaft Verträge oder Vereinbarungen mit anderen Weltnationen geschlossen werden müssen zur Sicherung des gegenseitigen Absatzes und Austausches von Roh- und Fertigprodukten. Das ist die Bedeutung einer deutschen kolonialen Wirtschaft im Lichte der gegenwärtigen handelspolitischen Weltlage. Ihre Ausführung bedeutet demnach nicht mehr und nicht weniger als die Frage der Zukunft der nationalen Arbeit, die Frage des Brotes vieler Millionen Industriearbeiter, die Frage der Beschäftigung der heimischen Kapitalien im Handel, im Gewerbe, in der Schifffahrt.

Zitiert nach: Walter Steitz (Hrsg.), Quellen zur deutschen Wirtschafts- und Sozialgeschichte von der Reichsgründung bis zum Ersten Weltkrieg, Darmstadt 1985, S. 445 ff.

1. *Erläutern Sie die Bedeutung der Kolonien für die Volkswirtschaft aus Dernburgs Sicht.*

2. *Diskutieren Sie Dernburgs Vortrag unter Berücksichtigung der Herkunft des Redners und des Kontextes, in dem die Ausführungen gemacht wurden.*

M3 Der Imperialismus als politisches Prinzip

Über den Imperialismus schreibt der englische Ökonom und Publizist John Atkinson Hobson im Jahr 1902:

[In den] letzten 30 Jahre[n] [...] haben mehrere europäische Länder, allen voran Großbritannien, weite Teile Afrikas und Asiens sowie zahlreiche Inseln im Pazifik und anderswo annektiert oder auf andere Weise unter ihre politische Gewalt gebracht. [...]

Die Besetzung dieser neuen Territorien geht in Gegenwart einer kleinen Minderheit von Weißen, Beamten, Händlern und industriellen Organisatoren vor sich. Diese besitzen die politische und wirtschaftliche Macht über eine als inferior angesehene Bevölkerung, von der man annimmt, sie sei unfähig, in der Politik oder in der Wirtschaft irgendwelche ins Gewicht fallenden Selbstregierungsrechte zu übernehmen.

Das gesamte Volumen unseres Exporthandels mit unseren neuen Protektoraten in Afrika, Asien und dem Pazifik beläuft sich auf nicht mehr als etwas über 9 Millionen Pfund Sterling [...]. Das Gesamtvolumen des Importhandels beträgt etwa 8 Millionen Pfund Sterling [...]. Wie hoch wir immer die Gewinne in diesem Handel beziffern mögen, sie bilden einen gänzlich unbedeutenden Teil unseres Nationaleinkommens, während die direkt und indirekt mit der Erwerbung, Verwaltung und Verteidigung der Besitzungen verbundenen Ausgaben eine unendlich umfangreichere Summe verschlingen müssen. [...]

Aggressiver Imperialismus, der den Steuerzahler so teuer zu stehen kommt, der für den Händler von so geringem Wert ist, der den Staatsbürger einer so schweren, unberechenbaren Gefahr aussetzt, ist eine Quelle fetten Gewinns für den Investierenden, welcher daheim für seine Gelder die von ihm erstrebte profitable Verwendung nicht finden kann und darauf besteht, dass seine Regierung ihm zu einträglichen und gesicherten Kapitaleinlagen im Ausland verhelfe.

Diese ökonomische Sachlage bildet die Hauptwurzel des Imperialismus. Doch wenn das konsumierende Publikum in unserem Land seinen Konsumstandard derartig steigern würde, dass er mit jeder Steigerung der Produktivkräfte Schritt hielte, dann könnte es gar keinen Überschuss an Waren, könnte es gar keinen Überschuss an Kapital geben, das laut nach dem Imperialismus ruft, damit er ihm Absatzgebiete verschaffe. [...]

Nicht der industrielle Fortschritt erfordert die Erschließung neuer Märkte und Investitionsgebiete, sondern die mangelnde Verteilung der Konsumkraft. [...]

Der Imperialismus ist die Folge [...] [einer] verkehrten Wirtschaft. Sozialreform ist ihr Heilmittel. Der oberste Zweck der Sozialreform ist die Hebung des angemessenen privaten und öffentlichen Normalverbrauchs einer Nation, sodass diese in die Lage versetzt wird, ihrem höchsten Produktionsstande gemäß zu leben. [...]

Die Gewerkschaftsbewegung und der Sozialismus sind demnach die natürlichen Feinde des Imperialismus, nehmen sie doch den imperialistischen Schichten die überschüssigen Einkommen fort, die den ökonomischen Antrieb des Imperialismus bilden.

Bis hierher habe ich das Problem nur von seiner wirtschaftlichen Seite betrachtet. Weit wichtiger sind die politischen Folgen des Militarismus. Diese treffen geradezu die Wurzel der Freiheiten unseres Volkes und der einfachen Bürgertugenden. [...] Es gibt einen absoluten Gegensatz zwischen der Tätigkeit des guten Bürgers und der des Soldaten. Die Bestimmung eines Soldaten ist nicht, wie zumeist fälschlich gesagt wird, für sein Land zu sterben. Sie besteht darin, für sein Land zu töten. [...] [D]iese militante Gesinnung, die der Imperialismus zur Voraussetzung hat, wird dem ganzen Volk ständig und nachhaltig suggeriert.

Der Gegensatz zur Demokratie führt uns zu den Wurzeln des Imperialismus als politisches Prinzip. [...] Wie ein großes heterogenes Gemisch „niederer Rassen“ von Beamten in einem Londoner Ministerium und seinen Emissären regiert wird, entzieht sich der Kenntnis und Kontrolle des Volkes.

Die tatsächlichen und unausbleiblichen politischen Auswirkungen des neuen Imperialismus [...] mögen so zusammengefasst werden: Er ist eine konstante Bedrohung des Friedens, weil er uns dauernd in Versuchung führt, von niederen Rassen bevölkerte Länder anzugreifen, und weil er unsere Nation in Streitigkeiten mit anderen Nationen verwickelt, die rivalisierende imperialistische Ambitionen haben. Er zehrt in einem unbegrenzten und unübersehbaren Maß an den Mitteln des Landes, indem er sie für militärische Vorbereitungen aufbraucht, wodurch die Verwendung der laufenden Staatseinkünfte für produktive öffentliche Projekte unterbunden und die Nachwelt mit schweren Schulden belastet wird. Schließlich sind Geist, Politik und Methoden des Imperialismus den Institutionen der Selbstregierung des Volkes feindlich. Er begünstigt Formen der politischen Tyrannei und der gesellschaftlichen Autorität, die Todfeinde echter Freiheit und Gleichheit sind.

John A. Hobson, Der Imperialismus. Deutsche Übersetzung von H. Hirsch, Köln 1968, S. 37 ff.

1. *Erschließen Sie den Textinhalt mit der Interview-Methode. Führen Sie ein fiktives Interview mit Hobson, in dem dieser auf geeignete Fragen antwortet.*
2. *Überprüfen Sie Hobsons Thesen anhand Ihrer Kenntnisse.*
3. *Gestalten Sie eine Karikatur, die Hobsons Kritik veranschaulicht.*

M4 Britische und französische Herrschaft im Vergleich

Der Historiker Michael Crowder vergleicht 1964 die Herrschaftssysteme in den verschiedenen afrikanischen Kolonien:

In Nordnigeria, das zum Modell für indirekte Herrschaft wurde, hielten es die Briten für ihre Aufgabe, das zu bewahren, was an den Institutionen der Eingeborenen gut war, und ihnen zu helfen, sich auf eigene Art zu entwickeln. Der britische Regierungsbeamte galt allgemein als Berater des Chiefs[1] und griff nur in Ausnahmefällen in die Arbeit des Chiefs und seiner Eingeborenen-Autorität ein. Wo jedoch Chiefs nur über kleine politische Einheiten herrschten und besonders dort, wo ihre traditionelle Exekutivgewalt umstritten war, musste der Regierungsbeamte häufiger als vorgesehen in die Angelegenheiten der Eingeborenen-Autorität eingreifen. So war es in vielen Teilen Ostafrikas [...], wo es keine genaue Trennlinie zwischen einer „beratenden" und einer „überwachenden" Tätigkeit des Regierungsbeamten gab [...].
Dieses System indirekter Herrschaft wurde mit Modifikationen, soweit möglich, in allen britischen Kolonien Westafrikas und in den meisten anderen britischen Territorien Afrikas praktiziert. Es gab wichtige Ausnahmen – insbesondere Ostnigeria, wo das Fehlen erkennbarer Exekutivgewalt in den meisten Gemeinwesen eine indirekte Herrschaft nach dem Muster Nordnigerias unmöglich machte [...].
Das französische System verwies den Chief gegenüber dem Regierungsbeamten in eine völlig untergeordnete Rolle. [...] Er stand nicht an der Spitze einer lokalen Regierung, und auch das Gebiet, welches er im Auftrage verwaltete, entsprach nicht unbedingt einer präkolonialen Einheit. Der Einfachheit wegen teilten die Franzosen das Land administrativ und häufig ohne Rücksicht auf präkoloniale politische Grenzen in Kantone ein. Während die Briten größte Rücksicht auf traditionelle Auswahlmethoden nahmen, kam es den Franzosen mehr auf die potenzielle Effizienz der Chiefs als auf deren Legitimität an, da sie als Beauftragte der Administration galten. [...] Es steht also außer Frage, dass die Franzosen bewusst die Machtbefugnisse des Chiefs abänderten: Seine Funktionen wurden reduziert auf die eines Sprachrohrs für Befehle, die andere erteilten.

Michael Crowder, Indirect Rule – French and British Style, in: Africa XXXIV, 3, 1964, S. 197-205, übersetzt von Klaus Figge, in: Rudolf von Albertini (Hrsg.), Moderne Kolonialgeschichte, Köln/Berlin 1970, S. 220-229

[1] **Chief**: Oberhaupt bzw. Herrscher eines Personenverbandes. Die Bezeichnung „Häuptling" wird heute vermieden, da sie zu sehr mit der alten Sichtweise von den „Wilden" verbunden ist.

1. *Schildern Sie die Unterschiede zwischen dem britischen und dem französischen kolonialen Herrschaftssystem und suchen Sie nach Gründen für das jeweilige Vorgehen der Mächte.*
2. *Vergleichen Sie die von Crowder skizzierten Herrschaftsmethoden mit jenen, die die Deutschen in Südwestafrika (vgl. M5) anwandten. Ziehen Sie die Karikatur auf S. 53 hinzu: Welche Aspekte decken sich, welche nicht?*
3. *Stellen Sie Überlegungen zu den Auswirkungen der unterschiedlichen Herrschaftsformen auf die Bevölkerung der jeweiligen unterworfenen Gebiete an und bewerten Sie diese.*

M5 Der Herero-Aufstand und seine Folgen

a) Am 2. Oktober 1904 erlässt der Kommandeur der deutschen Schutztruppe, General Lothar von Trotha, in Deutsch-Südwestafrika einen Schießbefehl gegen das aufständische Volk der Herero:

Die Herero sind nicht mehr deutsche Untertanen. Sie haben gemordet und gestohlen, haben verwundeten Soldaten Ohren und Nasen und andere Körperteile abgeschnitten und wollen jetzt aus Feigheit nicht mehr kämpfen. Ich sage dem Volk: Jeder, der einen der Kapitäne an eine meiner Stationen als Gefangenen abliefert, erhält tausend Mark, wer Samuel Maherero[1] bringt, erhält fünftausend Mark. Das Volk der Herero muss jedoch das Land verlassen. Wenn das Volk dies nicht tut, so werde ich es mit dem Groot Rohr[2] dazu zwingen. Innerhalb der deutschen Grenze wird jeder Herero, mit oder ohne Gewehr, mit oder ohne Vieh erschossen, ich nehme keine Weiber und keine Kinder mehr auf, treibe sie zu ihrem Volke zurück oder lasse auf sie schießen. Dies sind meine Worte an das Volk der Herero. Der große General des mächtigen deutschen Kaisers.

b) Zwei Tage später berichtet er in einem Schreiben an Generaloberst Graf von Schlieffen über seine Strategie der Kriegführung:

Es fragte sich nun für mich nur, wie ist der Krieg mit den Herero zu beendigen. Die Ansichten darüber bei dem Gouverneur und einigen „alten Afrikanern" einerseits und mir andererseits gehen gänzlich auseinander. Erstere wollten schon lange verhandeln und bezeichnen die Nation der Herero als notwendiges Arbeitsmaterial für die zukünftige

[1] **Samuel Maherero**: Anführer der aufständischen Herero
[2] **Groot Rohr**: kapholländisch für Geschütz, Kanone

Verwendung des Landes. Ich bin gänzlich anderer Ansicht. Ich glaube, dass die Nation als solche vernichtet werden muss oder, wenn dies durch taktische Schläge nicht möglich war, operativ und durch die weitere Detail-Behandlung aus dem Lande gewiesen wird. Es wird möglich sein, durch die erfolgte Besetzung der Wasserstellen von Grootfontein bis Gobabis und durch eine rege Beweglichkeit der Kolonnen die kleinen nach Westen zurückströmenden Teile des Volkes zu finden und sie allmählich aufzureiben. [...] Sie müssen jetzt im Sandfeld untergehen oder über die Betschuanagrenze überzugehen trachten. Dieser Aufstand ist und bleibt der Anfang eines Rassenkampfes, den ich schon 1897 in meinen Berichten an den Reichskanzler für Ostafrika ausgesagt habe.

c) Nach der grausamen Niederschlagung des Aufstandes durch die deutschen Truppen äußert sich 1907 ein Herero über die Ursachen für den afrikanischen Widerstand:

Der Krieg ist von ganz kleinen Dingen gekommen und hätte nicht [zu] kommen brauchen. Einmal waren es die „Stuurmann“ [Kaufleute] mit ihrem schrecklichen Wucher und eigenmächtigem, gewaltsamen Eintreiben. [...] [W]er nicht zahlen wollte oder konnte, den verfolgten und plagten sie. Dann ist es der Branntwein gewesen, der die Leute schlecht und gewissenlos gemacht hat. Wenn jemand trinkt, dann ist es ihm gleich, was er tut. Aber das schlimmste Übel ist, was viel böses Blut und Streit hervorgerufen hat, die Vergewaltigung unserer Frauen durch Weiße. Manche Männer sind totgeschossen [worden] wie Hunde, wenn sie sich weigerten, ihre Frauen und Töchter preiszugeben, und drohten, sie mit der Waffe in der Hand zu verteidigen. Wären solche Dinge nicht geschehen, wäre kein Krieg gekommen, aber er ist bei solchen Vergewaltigungen ausgebrochen. Er war mit einem Male da, und da war kein Halten mehr, jeder rächte sich, und es war, als sei kein Verstand mehr unter den Massen.

d) Am 18. August 1907 trifft der Gouverneur von Deutsch-Südwestafrika folgende Maßregeln zur Kontrolle der Eingeborenen:

Aufgrund des § 15 des Schutzgebietsgesetzes [...] sowie des § 5 der Verfügung des Reichskanzlers vom 27. September 1903 [...] wird hiermit für den Bereich des südwestafrikanischen Schutzgebietes verordnet, was folgt:

§ 1. Eingeborene können nur mit Genehmigung des Gouverneurs Rechte oder Berechtigungen an Grundstücken erwerben.

§ 2. Den Eingeborenen ist das Halten von Reittieren oder Großvieh nur mit Genehmigung des Gouverneurs gestattet. [...]

§ 4. Eingeborene, die herumstreichen, können, wenn sie ohne nachweisbaren Unterhalt sind, als Landstreicher bestraft werden.

§ 5. Namens des Gouverneurs wird bis zur Ernennung besonderer Eingeborenen-Kommissare die Oberaufsicht über die Werften[1] und die Lebensverhältnisse der Eingeborenen von dem zuständigen Bezirksamtmann geführt [...].

§ 8. Bezüglich der außerhalb bewohnter und bewirtschafteter Grundstücke lebenden Eingeborenen bestimmt die Aufsichtsbehörde den Ort der Niederlassung und die Zahl der Familien, die dort zusammen wohnen dürfen. Es bleibt der Aufsichtsbehörde überlassen, für größere Ortschaften ihres Bezirks oder Distrikts Bestimmungen zu treffen, wonach sich die dort wohnhaften Eingeborenen in der Zeit zwischen 9 Uhr abends und 4 Uhr morgens auf ihrer Werft zu befinden haben. [...]

§ 10. Die örtliche Aufsicht über Eingeborenen-Werften, die sich auf Regierungsland oder solchem Land befinden, das noch nicht vom Eigentümer oder sonst Berechtigten bewohnt oder unter Bewirtschaftung genommen ist, wird von den Organen der Aufsichtsbehörde ausgeübt.

§ 11. Die örtliche Aufsicht über andere Werften (Privatwerften) ist Sache des auf dem Grundstücke ansässigen Dienstherrn der Eingeborenen oder dessen Stellvertreters.

§ 12. Derjenige, dem die öffentliche Aufsicht über eine Privatwirtschaft obliegt, hat für den Gesundheitszustand und für die Aufrechterhaltung der Ordnung auf der Werft sowie für die Beachtung der Vorschriften dieser Verordnung durch die Eingeborenen Sorge zu tragen. Er hat ein genaues Verzeichnis der seiner Aufsicht unterstellten Eingeborenen-Behausungen zu führen und darin die Namen und Beschäftigungen der Bewohner und die Nummern ihrer Passmarken anzugeben.

Erster Text zitiert nach: www.bundesarchiv.de/oeffentlichkeitsarbeit/bilder_dokumente/00663/index-14.html.de [Zugriff vom 20. Juli 2015] (gekürzt)
Zweiter Text zitiert nach: Michael Behnen, Quellen zur deutschen Außenpolitik im Zeitalter des Imperialismus 1890 - 1911, Darmstadt 1977, S. 292 f.
Dritter und vierter Text zitiert nach: Horst Gründer (Hrsg.), „... da und dort ein junges Deutschland gründen“. Rassismus, Kolonien und kolonialer Gedanke vom 16. bis zum 20. Jahrhundert, München 1999, S. 152 - 155

1. *Erläutern Sie, welche Denkweisen sich hier auf die Kolonialpolitik auswirkten.*
2. *Arbeiten Sie die Lebensverhältnisse der afrikanischen Bevölkerung unter der deutschen Herrschaft heraus.*
3. *Ausgehend von Trothas Schießbefehl, der einen Monat später vom Kaiser zurückgenommen wurde, wird diskutiert, ob die Deutschen in Südwestafrika einen Genozid (Völkermord) begangen haben. Informieren Sie sich über diesen Begriff und entwickeln Sie Argumente für eine Erörterung.*

[1] **Werften**: allgemein für die Siedlungen der schwarzen Bevölkerung

Imperialistische Politik: nationale und internationale Auseinandersetzungen

Europäische Machtstrukturen und koloniale Rivalitäten Bis in die 1880er-Jahre blieben Frankreich und Großbritannien neben Russland die einzigen europäischen Mächte, die ihren Kolonialbesitz weiter ausdehnten. Russland expandierte seit den 1850er-Jahren verstärkt nach Asien. Da sich die Interessen- und Machtsphären der Kolonialmächte in Übersee kaum berührten, kam es nicht zu Konflikten.

Seit den 1880er-Jahren wandelte sich die Situation grundlegend, als neben den „alten" Kolonialmächten nun weitere europäische Staaten Anspruch auf Kolonien erhoben. Angesichts der nur begrenzt zur Verfügung stehenden „freien" Räume musste es zwangsläufig zu Interessenkonflikten zwischen den Kolonialmächten kommen.

Gemeinsame Interessen besaßen Frankreich und Großbritannien in Afrika, vor allem in Ägypten. Für Großbritannien war das Land seit Eröffnung des *Suezkanals* 1869 von großer strategischer Bedeutung, da dieser den Seeweg nach Indien, der wichtigsten britischen Kolonie, erheblich verkürzte. Frankreich unterhielt schon seit Beginn des Jahrhunderts enge Kontakte nach Ägypten, hatte mithilfe vor allem französischer Geldgeber den Suezkanal gebaut und den Betrieb anschließend über die Suez-Gesellschaft verwaltet. Angesichts der katastrophalen Staatsverschuldung richteten Großbritannien und Frankreich 1879 zur Sicherung der in das Land investierten europäischen Kapitalanlagen eine gemeinsame Staatsschuldenverwaltung ein, über die sie das Land kontrollierten. Als sich aufgrund nationalistischer Widerstände die indirekte Herrschaft und damit auch die Kontrolle über den Suezkanal nicht mehr aufrechterhalten ließ, griff die britische Flotte Alexandria an. Truppen besetzten das Land. Die freie Passage nach Indien wurde gesichert und zugleich die französische Konkurrenz ausgeschaltet, die mit scharfem Protest reagierte. 1881 hatte Frankreich bereits ein Protektorat über Tunesien errichtet; nach dem britischen Affront dehnte es seinen Einfluss kurzerhand auf Madagaskar, den Senegal, die Westküste und den unteren Kongo aus.

Der „Wettlauf nach Afrika" („Scramble for Africa") war eröffnet. Innerhalb von weniger als zwei Jahrzehnten teilten „alte" und „neue" Kolonialmächte nahezu den gesamten afrikanischen Kontinent unter sich auf (Karte, ▸ M1). Angesichts des steigenden Konkurrenzdrucks entstanden zahlreiche Konflikte um Einflusszonen, Grenzziehungen und neue Märkte, die oft nur mit Mühe beigelegt werden konnten und schließlich sogar auf den europäischen Kontinent überzugreifen drohten.

▲ **„Verachtet sei, wer Schlechtes dabei denkt."**
Französische Zeichnung von 1899.
Der Titel ist die Übersetzung des Schriftzuges. Er ist das Motto der höchsten englischen Auszeichnung, des „Hosenbandordens", und der Wahlspruch auf dem Wappen der englischen Monarchen.
- *Bestimmen Sie die Aussage der Zeichnung.*
- *Formulieren Sie eine andere Bildunterschrift.*

Die „Kongo-Konferenz" Die Eroberung Afrikas war bereits in vollem Gange, als sich vom 15. November 1884 bis zum 26. Februar 1885 Vertreter der führenden europäischen Mächte sowie der USA und des Osmanischen Reiches zu einer Konferenz in Berlin trafen, um die Einflussgebiete aller Mächte auf dem afrikanischen Kontinent zu ordnen. Auf dieser *Berliner Westafrika-Konferenz* – aufgrund der konkurrierenden Besitzansprüche im Kongogebiet auch als *Kongo-Konferenz* bezeichnet – wurde Afrika zur *terra nullius* erklärt und das „herrenlose Land" auf dem Papier aufgeteilt. Ohne Rücksicht auf Besitzansprüche und Souveränitätsrechte der afrikanischen Bevölkerung, ihre Sprachen und Kultur, wurden willkürliche Grenzen durch den Kontinent gezogen, Völker auseinandergerissen und fremde oder gar feindliche Stämme in einem Territorium vereinigt.

Am Ende der Konferenz, deren Verlauf mehr an ein Strategiespiel erinnert, hatten die Teilnehmer ihre Einflusszonen abgegrenzt, sich auf die Bekämpfung des einheimischen Sklavenhandels geeinigt und vertragliche Richtlinien für freien Handel und

▲ **Die Westafrika-Konferenz in Berlin.**
Holzschnitt nach einer Zeichnung Hermann Lüders von 1884. „Ich kann nicht darüber hinwegsehen, dass in unserem Kreis keine Eingeborenen vertreten sind, und dass die Beschlüsse dennoch von größter Wichtigkeit für sie sein werden.“ Mit diesen Worten eröffnete der britische Vertreter und Botschafter in Berlin, Sir Edward Malet, am 15. November 1884 die Westafrika-Konferenz. Auf der fünf Meter hohen Afrikakarte im großen Festsaal des Kanzleramtes wurde der Kontinent mit dem Lineal aufgeteilt.

Mission festgelegt. Das Kongogebiet, auf das neben dem belgischen König auch Großbritannien, Frankreich und Portugal Ansprüche erhoben hatten, erklärten die Mächte zur neutralen Freihandelszone. Sie unterstellten es als *Kongo-Freistaat* der privaten Verwaltung des belgischen Königs. Zudem wurden allgemeine „Spielregeln“ für die Inbesitznahme neuer Gebiete vereinbart, um koloniale Rivalitäten künftig auszuschließen. Die internationale Anerkennung von Territorien sollte von nun an durch das Prinzip der „effektiven Kontrolle“ gewährleistet werden: Bei Annexionen reichten das Hissen einer Fahne oder Vertragsschlüsse mit den lokalen Machthabern nicht mehr aus; vielmehr musste die Übernahme eines Gebietes den anderen Mächten rechtzeitig bekannt und durch eine erkennbare Präsenz vor Ort mit festen Stützpunkten und einer entsprechenden Infrastruktur (z. B. Handelsstationen, Polizeitruppen, Missionsposten) kenntlich gemacht werden. Diese Vereinbarung beschleunigte den „Wettlauf“ der europäischen Staaten und die formelle Besitznahme von Territorien.

Von der Faschoda-Krise zur Entente cordiale Auf der „Kongo-Konferenz“ hatten die Kolonialmächte zwar Regelungen für die formale Einnahme weiterer Gebiete getroffen. Der Fall, dass zwei Kolonialmächte gleichzeitig Anspruch auf ein und dasselbe Gebiet erhoben, wurde jedoch nicht berücksichtigt.

Zu Konflikten kam es erneut zwischen den beiden größten Kolonialmächten Frankreich und Großbritannien, die sich mit der weiteren Ausdehnung ihrer afrikanischen Besitzungen – die Franzosen von West nach Ost und die Briten von Nord nach Süd (*Kap-Kairo-Linie*) – aufeinander zu bewegten.

Im Sudan bei dem kleinen Ort *Faschoda* (*Kodok*) am oberen Nil stießen die beiden Mächte schließlich 1898 aufeinander. Formell zählten die Engländer den Sudan zu ihrem Einflussbereich. Gleichzeitig rückte ein kleines französisches Expeditionskorps von Westen in das Land ein, um einen Stützpunkt am Roten Meer zu errichten. Da zunächst keine Seite auf ihre Ansprüche verzichten wollte und groß angelegte Pressekampagnen die nationalen Emotionen in beiden Staaten aufheizten, drohte sich die Situation zu einer gefährlichen internationalen Krise auszuweiten. Längst ging es nicht mehr nur um kolonialen Gebietsgewinn, sondern um die Demonstration des eigenen Großmachtstatus. Angesichts der Kriegsgefahr und seiner eindeutig schwächeren Position zog sich Frankreich schließlich zurück und traf im Frühjahr 1899 mit Großbritannien einen Interessenausgleich, bei dem das Niltal als britische und der westliche Sudan als französische Einflusszone festgelegt wurde.

Bis 1904 gelang es den beiden Mächten, weitere kolonialpolitische Gegensätze zu bereinigen und im selben Jahr ihr „herzliches Einvernehmen“ in einem danach benannten beiderseitigen Abkommen (*Entente cordiale*) zu besiegeln. Hierin erkannte Frankreich Ägypten endgültig als rein britisches Interessengebiet an, während England bereit war, den von Frankreich angestrebten verstärkten Einfluss in Marokko zu billigen.

Die Entente cordiale bewirkte in der Folge nicht nur eine politische Annäherung der kolonialen Erzrivalen Großbritannien und Frankreich in Übersee, sondern zunehmend auch eine Kooperation der beiden Staaten innerhalb des europäischen Mächtesystems.

Die außenpolitische Konzeption Bismarcks Angesichts der Furcht, bei der Aufteilung der Erde leer auszugehen, setzte seit den 1870er-Jahren auch im Deutschen Reich eine verstärkte Diskussion um die Notwendigkeit einer Kolonialpolitik ein. Eine Vielzahl kleinerer und größerer Kolonialvereine sowie mächtige Interessenverbände propagierten den kolonialen Gedanken im ganzen Land und begannen damit, Druck auf die Regierung auszuüben, um die territoriale Expansion voranzutreiben.

Wie in den anderen europäischen Staaten und den USA gab es aber auch im Deutschen Reich entschiedene Gegner der Kolonialpolitik. Dazu gehörten vor allem die Sozialdemokraten, die mit staatlichen Geldern geförderte Unternehmungen ablehnten, die das System des „ausbeuterischen Kapitalismus“ in wirtschaftlich unterlegene Länder exportierten und die Kolonialvölker unterdrückten. Außerdem verwiesen sie immer wieder auf die wachsende Kriegsgefahr, die eine offensive Außenpolitik auslösen würde.

Auch Reichskanzler Otto von Bismarck stand dem Erwerb von Kolonien ablehnend gegenüber. Er scheute die finanziellen Belastungen und möglichen Konflikte mit den anderen Mächten. Bismarcks Politik beruhte auf einer doppelten Voraussetzung:

1. Der Kanzler verzichtete auf alle Expansionsbestrebungen, durch die andere Großmächte sich gefährdet fühlen konnten. Er erklärte das Reich für „saturiert“ und wies nationalistische Forderungen nach Gebietsgewinnen stets entschieden zurück. In der Bewahrung des Status quo und der Erhaltung des Friedens in Mitteleuropa sah er die deutschen Interessen am besten gesichert.
2. Aus Gegensätzen zwischen anderen Großmächten versuchte Bismarck stets Nutzen zu ziehen, indem er diese Staaten für gute Beziehungen zu Deutschland gewinnen wollte.

Um die Beziehungen zu Österreich-Ungarn und Russland zu festigen, förderte Bismarck eine Annäherung zwischen Österreich und Russland (*Dreikaiserabkommen*, 1873). Dabei wurden die gemeinsamen Interessen der drei konservativen Monarchien gegenüber republikanischen und sozialistisch-revolutionären Kräften betont. Auf dem **Berliner Kongress** 1878 konnte Bismarck schließlich als „ehrlicher Makler“ ohne eigene Gewinnabsichten auftreten und den Konflikt zwischen Großbritannien und Österreich auf der einen und Russland auf der anderen Seite beilegen.

Aus Angst vor einer russisch-französischen Annäherung vollzog Bismarck 1879 jedoch eine bisher bewusst vermiedene Entscheidung zugunsten einer Seite: Der *Zweibund* mit der Habsburgermonarchie verpflichtete beide Länder zu gegenseitiger Hilfe bei einem russischen Angriff. Beim Angriff einer anderen Macht – etwa Frankreichs auf Deutschland – sollte wohlwollende Neutralität gewahrt werden. Der Zweibund mit Österreich-Ungarn wurde 1882/83 durch den *Dreibundvertrag* mit Italien sowie einen Defensivvertrag mit Rumänien ergänzt. Bismarck betrachtete das Bündnis mit Österreich-Ungarn nur als äußerste Rückzugslinie. Das Gegenüberstehen eines deutsch-österreichischen und eines russisch-französischen Blocks auf dem Kontinent konnte nicht Ziel seiner Außenpolitik sein.

Erste Kolonien und weitere Verträge Dass Bismarck schließlich seine Haltung änderte und das Deutsche Reich unter ihm in den Jahren 1884/85 seine ersten Kolonien erwarb, ist auf den zunehmenden innenpolitischen Druck und die günstige außenpolitische Lage zurückzuführen.

1884 gab er den Forderungen hanseatischer Kaufleute nach der Sicherung ihrer Erwerbungen und Handelsinteressen nach: In Südwestafrika (heute Namibia) unterstellte er zunächst die von dem Bremer Kaufmann *Adolf Lüderitz* erworbenen Gebiete

Berliner Kongress: Auf ihm wurde eine neue Ordnung in Südosteuropa festgelegt. Dadurch wurde ein Friedensvertrag zwischen Russland und dem Osmanischen Reich außer Kraft gesetzt, der einen größeren Einfluss des Zarenreiches bedeutet hätte. Russland hatte sich wegen seiner neutralen Haltung in den Kriegen von 1866 und 1870 jedoch eine deutliche Unterstützung von deutscher Seite erhofft. Nach dem ungünstigen Verhandlungsergebnis fühlte sich das Zarenreich verraten: Bulgarien, geschaffen als von Russland abhängiger Staat, verlor drei Fünftel des vorgesehenen Gebietes und den Zugang zum Mittelmeer. Die eigenen bescheidenen Landgewinne wurden zudem dadurch entwertet, dass auch Österreich-Ungarn seine Position auf Kosten des Osmanischen Reiches stärken konnte: Als Ausgleich für die russischen Erwerbungen erhielt es auf dem Kongress das Besatzungsrecht in Bosnien und der Herzegowina zugesprochen.

an der Südwestküste Afrikas unter deutschen Reichsschutz. In Westafrika (Togo und Kamerun) wurde der Reichskommissar *Gustav Nachtigal* in diesem Sinne für die Gebiete weiterer Handelshäuser und Gesellschaften tätig. Es folgten Ostafrika (heute Tansania, Burundi und Ruanda) sowie einige Südseeinseln (u. a. „Deutsch-Samoa"). Zu diesem Zeitpunkt rückte auch bereits die günstig gelegene chinesische Bucht *Jiaozhou* (*Kiautschou*) in den Blick, die aber erst 1897 unter deutsche Herrschaft geriet.

Im Jahr 1887 gelang Bismarck – trotz des angespannten Verhältnisses mit Russland – der Abschluss des *Rückversicherungsvertrages*. Nach neuerlichen Spannungen auf dem Balkan wollte Bismarck dem Zarenreich die Angst vor einem deutsch-österreichischen Angriff nehmen und seine Annäherung an Frankreich verhindern, die von der russischen Presse gefordert wurde. Nicht den Buchstaben, aber ihrem Geist nach standen Zweibund und Rückversicherungsvertrag in einem gewissen Spannungsverhältnis. Bismarck ermutigte Russland zu einer Politik, den Status quo im Südosten Europas zu verändern. Österreich-Ungarn dagegen wollte keine Veränderung, um die slawischen Völker in seinem Staatsverband zu halten. Doch die im November 1887 getroffene Entscheidung, Russland dringend benötigte Kredite von deutschen Banken nicht mehr gewähren zu lassen („Lombardverbot"), bereitete die spätere Annäherung zwischen Russland und Frankreich mit vor, da Frankreich die benötigten Anleihen anbot.

Die gewünschte Intensivierung der Beziehungen zu Großbritannien gelang Deutschland schließlich durch den Abschluss der sogenannten *Mittelmeerentente* 1887: Das Deutsche Reich unterstützte den Geheimvertrag, durch den sich Großbritannien, Österreich-Ungarn und Italien auf die Aufrechterhaltung des Status quo im Mittelmeerraum und den Erhalt eines unabhängigen Osmanischen Reiches verpflichteten. Ein Bündnis mit Großbritannien scheiterte jedoch, unter anderem am Protektionismus des Deutschen Reiches und an der deutschen Kolonialpolitik.

Wilhelm II. (1859 - 1941): 1888 - 1918 König von Preußen und Deutscher Kaiser. Er setzte den Rücktritt Bismarcks durch. Seine Vorstellungen von Gottesgnadentum und Weltmacht sowie seine Einstellung zum Militär (Militarismus) prägten die „Wilhelminische Gesellschaft".

Alfred von Tirpitz (1849 - 1930): Admiral, ab 1897 Staatssekretär. Er entwickelte einen Plan zum massiven Ausbau der deutschen Kriegsflotte.

Ein „Platz an der Sonne": Deutschlands Einstieg in die Weltpolitik Unter Kaiser **Wilhelm II.** setzte eine grundsätzliche Umorientierung der deutschen Außenpolitik ein. Mit dem beeindruckenden Aufstieg des jungen Staates war auch das nationale Selbstbewusstsein gewachsen. Vielen Zeitgenossen genügte die von Bismarck geprägte defensive und hauptsächlich auf europäischen Ausgleich bedachte „Kontinentalpolitik" nicht mehr. Deutschland müsse seinen Anspruch als „Weltmacht" durchsetzen, der dem deutschen Großmachtstatus angemessen sei (▸ M2). 1897 brachte der Staatssekretär des Auswärtigen Amtes, *Bernhard von Bülow*, diese von vagen Stimmungen und Interessen geprägte neue Weltpolitik in einer Reichstagsrede programmatisch auf den Punkt: „Wir wollen niemand in den Schatten stellen, aber wir verlangen einen Platz an der Sonne." Das Resultat war eine sprunghafte und aggressive deutsche Politik, die im Ausland als unberechenbar empfunden wurde.

Flottenwettrüsten und veränderte Bündniskonstellationen Programmatischer Bestandteil der energisch verfolgten deutschen „Weltpolitik" war die Entscheidung zum Aufbau einer großen Schlachtflotte. Admiral **Alfred von Tirpitz**, der seit 1897 als Staatssekretär das Reichsmarineamt leitete, setzte dies in einem *Flottenbauprogramm* um, dessen Notwendigkeit er mit großem Agitationsaufwand propagierte. Umfassende Werbeaktionen einflussreicher nationalistischer Verbände, wie des *Alldeutschen Verbandes* oder des *Deutschen Flottenvereins*, verschafften dem Flottengedanken in weiten Teilen der Bevölkerung große Popularität. Für die Durchsetzung seiner Pläne konnte sich Tirpitz nicht zuletzt auf die Zustimmung Kaiser Wilhelms II. stützen, der sich nachdrücklich für das Flottenbauprogramm einsetzte, sodass schließlich gegen den Widerstand der Sozialdemokraten eine ausreichende Reichstagsmehrheit für die von Tirpitz konzipierten Flottengesetze (1898/1900) gewonnen wurde.

Kern des Flottenbauprogramms war der gegen England gerichtete „Risikogedanke": Für Großbritannien – den Hauptgegner einer deutschen Weltmachtstellung – sollte das Risiko eines Krieges gegen Deutschland so hoch werden, dass es angesichts des drohenden Verlustes seiner Seemachtstellung zu einer Annäherung an Deutschland oder zumindest zu kolonialen Konzessionen gezwungen werden konnte.

Das Gegenteil trat ein: Der Flottenbau verschlechterte das Verhältnis zu Großbritannien, das sich zu einem angestrengten Rüstungswettkampf von bislang ungekanntem Ausmaß herausgefordert sah (▸ M3). Während der Argwohn gegen die deutsche Politik wuchs, bemühte sich England, an anderer Stelle Konflikte zu entschärfen, um sich ganz auf den neuen Konkurrenten zu konzentrieren. 1904 wurden die kolonialen Auseinandersetzungen mit Frankreich in der Entente cordiale begraben und im Jahre 1907 gelang sogar eine Verständigung zwischen Großbritannien und Russland über offene Fragen in Asien – ein Umsturz der bisherigen außenpolitischen Konstellationen, der von deutscher Seite bis dahin für unmöglich gehalten worden war. Während sich Deutschland durch diese veränderten Beziehungen der europäischen Mächte zunehmend „eingekreist" und isoliert fühlte, wuchs die Sorge der anderen Mächte vor einer deutschen Hegemonie in Europa und führte zu immer stärkeren Rüstungsanstrengungen.

Internationale Spannungen und Konfliktherde zu Beginn des 20. Jahrhunderts

Alle Regierungen dachten vor 1914 in „Freund-Feind-Bildern" und suchten Sicherheit in erster Linie durch engere Bindungen an den Bündnispartner. Zudem engten militärstrategische Planungen die Handlungsfreiheit der Politiker immer mehr ein. In einer solchen Lage drohten begrenzte Krisenherde schnell zu umfassenden Konflikten zu werden.
Die Spannungen zwischen dem Deutschen Reich und den Westmächten Frankreich und England spitzten sich in den beiden *Marokko-Krisen* von 1905 und 1911 weiter zu, in denen das Deutsche Reich den Einfluss Frankreichs in dem nordafrikanischen Königreich zu begrenzen versuchte (▸ M4). In der zweiten Krise wurden auf beiden Seiten Vorbereitungen für einen Präventivschlag getroffen, sodass Europa im September 1911 für einige Tage an der Schwelle eines Krieges stand. Nur mit äußerster Mühe konnte ein Kompromiss gefunden werden, mit dem beide Seiten das Gesicht wahren konnten: Frankreich erhielt endgültig Marokko, trat als Gegenleistung aber einige unbedeutende Gebiete in Zentralafrika an das Deutsche Reich ab.

▲ **Die Teilung Marokkos.**
Karikatur aus „Der wahre Jacob" von 1905.
Edward [VII. von England]: „Guten Appetit, reizende Marianne!"
Bülow: „Halt, nur ansehen – du verdirbst dir sonst den Magen!"
- *Bestimmen Sie den Hintergrund der Szene und erläutern Sie, auf welche Weise die Figuren dargestellt sind. Welche politische Haltung des Zeichners lässt sich aus der Karikatur ablesen?*

1. *Stellen Sie die im Kapitel beschriebenen Krisen zusammen und bewerten Sie ihr Gefahrenpotenzial für eine kriegerische Auseinandersetzung.*
2. *Erarbeiten Sie eine zweite Liste für die dargestellten Möglichkeiten des Interessenausgleichs.*
3. *Erläutern Sie, warum keine der Krisen zu einem Krieg zwischen europäischen Mächten führte.*
4. *Charakterisieren Sie die Rolle des Deutschen Reiches nach 1890 im internationalen Kräfteverhältnis.*

▲ **Europäisches Vordringen nach Afrika.**

M1 Englisch-französische Konkurrenz in Afrika

Der französische Unterstaatssekretär Eugène Etienne äußert sich am 7. Juni 1894 über den Kolonialgegensatz:

Schon seit Jahrhunderten hat England alle Wege gequert, die Frankreich einzuschlagen versuchte. Vorwiegend Kolonialmacht, hat Frankreich als einer der ersten Staaten Niederlassungen an der West- und der Ostküste Afrikas und an den Küsten Asiens gegründet. Aber sogleich versuchte England, durch seine gewöhnlichen Kunstgriffe mit den großen Mitteln, über die es verfügt, unsere Entwicklung zu hemmen. [...] Seit 1830, wo wir in Algerien Fuß gefasst haben, sind wir eine mohammedanische Macht; wir mussten unser Ansehen im Norden Afrikas befestigen und unsere Interessen entsprechend weiter zu entwickeln suchen. Vom Senegal aus drangen wir deshalb in den Sudan vor, und sofort trafen wir dort auf englische Kaufleute, die in Sierra Leone unsern Feinden Waffen zum Kampf gegen uns verkauften. In Guinea gründeten wir wichtige Handelsniederlassungen; sogleich bemühten sich unsere britischen Nachbarn, uns den Weg nach dem Innern zu verlegen. [...]

Meine Herren, das kann so nicht weitergehen. [...] Es darf nicht vorkommen, dass ein Vertrag, den Frankreich unterschrieben hat, ungestraft verletzt wird und dass wir uns außerstande sehen, ihm Achtung zu verschaffen.

Zitiert nach: Geschichtliche Quellenhefte, Heft 10: Das Zeitalter des Imperialismus 1890-1918, Frankfurt am Main [6]1965, S. 13

1. *Zeigen Sie anhand der Karte, auf welche historischen Entwicklungen sich Etienne bezieht.*
2. *Analysieren Sie das Bild, das Etienne von Frankreich und von Großbritannien zeichnet, und weisen Sie am Text nach, mit welchen sprachlichen Mitteln er seine Interpretation unterstützt.*
3. *Arbeiten Sie heraus, welche Konsequenzen vom Redner im letzten Satz angedeutet werden.*

F *Entwerfen Sie die Gegenrede eines britischen Politikers.*

M2 Anspruch auf Weltgeltung

In einer Rede vor dem Reichstag am 11. Dezember 1899 bekräftigt der Staatssekretär des Auswärtigen Amtes und spätere Reichskanzler Bernhard von Bülow seine Forderung nach einer expansiven Außenpolitik:

▲ **„Theilung der Erde."**
„Zeus zu Germania: Wo warst du denn, als man die Welt getheilet?"
Karikatur aus der satirischen Zeitschrift „Kladderadatsch" vom 11. August 1878.
■ *Erläutern Sie anhand der Bildunterschrift die Aussage der Karikatur.*

Der englische Premierminister hatte schon vor längerer Zeit gesagt, dass die starken Staaten immer stärker und die schwachen immer schwächer werden würden. [...] Wir wollen keiner fremden Macht zu nahe treten, wir wollen uns aber auch von keiner fremden Macht auf die Füße treten lassen (*Bravo!*), und wir wollen uns von keiner fremden Macht beiseite schieben lassen, weder in politischer noch in wirtschaftlicher Beziehung. (*Lebhafter Beifall.*) Es ist Zeit, es ist hohe Zeit, dass wir [...] uns klar werden über die Haltung, welche wir einzunehmen haben gegenüber den Vorgängen, die sich um uns herum abspielen und vorbereiten und welche die Keime in sich tragen für die künftige Gestaltung der Machtverhältnisse für vielleicht unabsehbare Zeit [...] träumend beiseite stehen, während andere Leute sich den Kuchen teilen, das können wir nicht und wollen wir nicht. (*Beifall.*) Wir können das nicht aus dem einfachen Grunde, weil wir jetzt Interessen haben in allen Weltteilen [...].
Die rapide Zunahme unserer Bevölkerung, der beispiellose Aufschwung unserer Industrie, die Tüchtigkeit unserer Kaufleute, kurz, die gewaltige Vitalität des deutschen Volkes haben uns in die Weltwirtschaft verflochten und in die Weltpolitik hineingezogen. Wenn die Engländer von einem Greater Britain reden, wenn die Franzosen sprechen von einer Nouvelle France, wenn die Russen sich Asien erschließen, haben auch wir Anspruch auf ein größeres Deutschland [...].
Es ist viel Neid gegen uns in der Welt vorhanden (*Zuruf links*), politischer Neid und wirtschaftlicher Neid. Es gibt Individuen, und es gibt Interessengruppen, und es gibt Strömungen, und es gibt vielleicht auch Völker, die finden, dass der Deutsche bequemer war und dass der Deutsche für seine Nachbarn angenehmer war in jenen früheren Tagen [...]. Diese Zeiten politischer Ohnmacht und wirtschaftlicher und politischer Demut sollen nicht wiederkehren. (*Lebhaftes Bravo.*) [...] Wir werden uns aber nur dann auf der Höhe erhalten, wenn wir einsehen, dass es für uns ohne Macht, ohne ein starkes Heer und eine starke Flotte keine Wohlfahrt gibt. (*Sehr richtig! rechts. Widerspruch links.*) Das Mittel, meine Herren, in dieser Welt den Kampf ums Dasein durchzufechten ohne starke Rüstung zu Lande und zu Wasser, ist für ein Volk von bald 60 Millionen, das die Mitte von Europa bewohnt und gleichzeitig seine wirtschaftlichen Fühlhörner ausstreckt nach allen Seiten, noch nicht gefunden worden. (*Sehr wahr! rechts.*) In dem kommenden Jahrhundert wird das deutsche Volk Hammer oder Amboss sein.

Zitiert nach: Michael Behnen (Hrsg.), Quellen zur deutschen Außenpolitik im Zeitalter des Imperialismus 1890-1911, Darmstadt 1977, S. 231ff.

1. *Zeigen Sie die Folgerungen auf, die Bülow für die deutsche Außenpolitik ableitet.*
2. *Erklären Sie die bildliche Formulierung, das „deutsche Volk" werde im 20. Jahrhundert „Hammer oder Amboss" sein. Erläutern Sie die Grundüberzeugungen, die Bülows Rede zugrunde liegen.*
3. *Vergleichen Sie die Forderungen und Ziele Bülows mit denen von Dernburg auf Seite 55. Nennen Sie Unterschiede und Gemeinsamkeiten.*
4. *Prüfen Sie, ob sich Bülows Forderung, dass die „Zeiten politischer Ohnmacht und wirtschaftlicher und politischer Demut" nicht wiederkehren sollen, zu Recht auf die zurückliegende Geschichte Deutschlands beziehen lässt.*

▲ **„Internationales Wettrüsten. Wem wohl zuerst die Puste ausgeht?“**
Karikatur aus der deutschen Satirezeitschrift „Der wahre Jacob“ vom 31. März 1908.

M3 Deutsche „Weltpolitik“ aus britischer Perspektive

Der englische Historiker Rolf Hobson befasst sich im Jahre 2002 mit den Auswirkungen der um 1896/97 einsetzenden neuen deutschen Außenpolitik:

Es gibt keinen Zweifel, dass der Tirpitz-Plan[1] eine Strategie des Rüstungswettlaufes war, die darauf abzielte, in der Zukunft politische Konzessionen zu erhalten, indem die balance of power[2] durch ein Aufrüstungsprogramm verändert wurde. Die langfristigen Kalkulationen der deutschen Seite rechneten mit einer ausdauernden britischen Anstrengung zur Erhaltung der nummerischen Überlegenheit bei den Schlachtschiffen und sogar mit der Möglichkeit eines [britischen] Präventivschlages, um den wachsenden Rivalen zu eliminieren. [...]

Die wachsende deutsche Flotte stellte [für die Engländer] dann eine potenzielle hegemonielle Drohung und einen Grund zur Sorge über die Absichten des Reiches dar, wenn man sie zusammen mit der machtvollen deutschen Armee betrachtet und vor dem Hintergrund eines lautstarken Nationalismus und einer unberechenbaren Außenpolitik sieht. In diesem Sinne trug der Tirpitz-Plan dazu bei, diejenige Konstellation unter den Großmächten herbeizuführen, die den Ersten Weltkrieg in erster Linie zu einem Kampf gegen eine deutsche Hegemonie in Europa machte. Der große Flottenwettlauf bedingte eine erhebliche Verschlechterung der englisch-deutschen Beziehungen und brachte die englische öffentliche Meinung in wachsendem Maße dazu, ein Engagement auf dem Kontinent zu akzeptieren. Er verstärkte das Gewicht der militärischen Faktoren in den Kalkulationen der Kabinette und engte den Raum für diplomatische Manöver ein. [...]

Die vier wichtigsten Gründe für den englisch-deutschen Antagonismus waren in chronologischer Reihenfolge die ökonomische Konkurrenz, koloniale Rivalität, der Rüstungswettlauf und die Aussicht, dass die deutsche Armee Frankreich besiegen könnte. Die meisten Historiker würden darin übereinstimmen, dass die Drohung einer kontinentalen Hegemonie durch die Ausschaltung Frankreichs aus der balance of power als die wichtigste Bedrohung der britischen nationalen Sicherheit betrachtet wurde. Sie selbst hätte automatisch eine Intervention gegen Deutschland in einem Krieg nach sich gezogen. Die deutschen Anhänger des Flottenbaus glaubten hingegen, dass die wirtschaftliche Konkurrenz [...] England dazu bewegen würde, einen präventiven Handelskrieg zu entfesseln. Gegen diese Bedrohung war es notwendig, eine starke Abschreckung zur Verfügung zu stellen, nämlich die „Risikoflotte“.

Rolf Hobson, Imperialism at Sea. Naval Strategic Thought, the Ideology of Sea Power and the Tirpitz Plan, 1875-1914, Boston 2002, S. 325-328, übersetzt von Boris Barth

[1] Zu **Admiral Alfred von Tirpitz** vgl. S. 62.
[2] **balance of power** (Gleichgewicht der Kräfte): Grundprinzip der englischen Außenpolitik seit dem 18. Jh. Großbritannien ist bemüht, die Vorherrschaft einer Macht in Europa (Festland) zu verhindern.

- *Gestalten Sie eine Grafik, mit der Sie Hobsons Interpretation der Voraussetzungen, Absichten und Folgen der deutschen und englischen Politik veranschaulichen können.*
- H *Wählen Sie zwischen verschiedenen Möglichkeiten der Gestaltung: Stellen Sie die deutsche Flotte in den Mittelpunkt des Schaubildes, wählen Sie eine Gegenüberstellung von Großbritannien und dem Deutschen Reich oder entwerfen Sie die Skizze einer Eskalation.*
- F *Weisen Sie an Hobsons Text nach, woran die britische Perspektive des Verfassers erkennbar wird.*

M4 Internationale Krisen um Marokko

a) Am 3. Juni 1904 nimmt Geheimrat Friedrich von Holstein zu den Bestimmungen in der Entente cordiale Stellung:

Bei der englisch-französischen Abmachung über Ägypten und Marokko ist England in Ägypten, Frankreich in Marokko der erwerbende Teil. England hat mit den Mächten, welche in

Ägypten berechtigte Interessen haben, eine Verständigung gesucht und erlangt, Frankreich hingegen schickt sich zur Aneignung Marokkos an unter vollständiger Ignorierung der berechtigten Interessen Dritter, mit Ausnahme Spaniens [...]. Marokko ist heute noch eines der wenigen Länder, wo Deutschland für seinen Verkehr freie Konkurrenz hat. Da Marokko jetzt im Begriff ist, mit den Anfängen seines Eisenbahnnetzes vorzugehen, so ist die Schädigung, welche Deutschland durch das französische Monopol erleiden würde, eine recht erhebliche. Noch bedenklicher wäre jedoch die Schädigung, welche das Ansehen Deutschlands erleiden würde, wenn wir uns stillschweigend gefallen ließen, dass über deutsche Interessen ohne deutsche Mitwirkung verfügt wird. Zu den Aufgaben einer Großmacht gehört nicht nur der Schutz ihrer Territorialgrenzen, sondern auch die Verteidigung der außerhalb dieser Grenzen gelegenen berechtigten Interessen [...].

b) Als Frankreich 1911 die marokkanische Stadt Fes besetzt, reagiert Deutschland mit der Entsendung seines Kanonenbootes „Panther" in den marokkanischen Hafen Agadir. Angesichts des deutschen „Panthersprungs" kommt das britische Außenministerium am 3. Juli 1911 zu folgendem Schluss:

Die Tatsache, dass Deutschland den Sprung gemacht hat, muss der Annahme Raum geben, dass es sich jetzt in der Lage glaubt, der Gefahr einer bewaffneten französisch-britischen Gegnerschaft zu trotzen. [...] Wenn sich [...] erweisen sollte, dass dem so ist, so stehen wir nun einer dringenden und unmittelbaren Gefahr gegenüber, für die gerüstet zu sein von vitaler Bedeutung ist.

c) Am 9. November 1911 findet eine Reichstagsdebatte zum deutschen Vorgehen in der Marokko-Krise statt. Insbesondere von den rechten Parteien wird das Nachgeben der deutschen Politik kritisiert. August Bebel, der Vorsitzende der SPD, äußert sich anders:

Es kann auch kommen, wie es zwischen Japan und Russland [1904/05] gekommen ist; eines Tages kann die eine Seite sagen: Das kann nicht so weitergehen. Sie kann auch sagen: Halt, wenn wir länger warten, dann geht es uns schlecht, dann sind wir der Schwächere statt der Stärkere. Dann kommt die Katastrophe. Alsdann wird in Europa der große Generalmarsch geschlagen, auf den hin 16 bis 18 Millionen Männer, die Männerblüten der verschiedenen Nationen, ausgerüstet mit den besten Mordwaffen, gegeneinander als Feinde ins Feld rücken.
Aber nach meiner Überzeugung steht hinter dem großen Generalmarsch der große Kladdera-datsch [...] er kommt, er ist nur vertagt [...] Hinter diesem Krieg steht der Massenbankrott, steht das Massenelend, steht die Massenarbeitslosigkeit, die große Hungersnot. (*Widerspruch rechts.*) Das wollen Sie bestreiten? (*Zuruf von rechts: Nach jedem Krieg wird es besser!*)

d) Im Jahre 1995 bewertet der deutsche Historiker Klaus Hildebrand die Folgen der zweiten Marokko-Krise von 1911:

Zeitweise schien der fatale Hang zum militärischen Schlag im Deutschen Reich geradezu übermächtig. Mitte August [1911], nach dem vorläufigen Abbruch der diplomatischen Beziehungen zu Frankreich, hatte Generalstabschef Moltke[1] seinen von düsterer Entschlossenheit geprägten Empfindungen über „die unglückselige Marokko-Geschichte" den nämlichen Ausdruck verliehen: „Wenn wir aus dieser Affäre wieder mit eingezogenem Schwanz herausschleichen, wenn wir uns nicht zu einer energischen Forderung aufraffen können, die wir bereit sind, mit dem Schwert zu erzwingen, dann verzweifle ich an der Zukunft des Deutschen Reiches [...]." [...] [B]estehen blieb [...] die spezifische Bereitschaft der Militärs zum Präventivkrieg, die das politische Geschehen bis in die Julikrise 1914 hinein prägte.
In allen Himmelsrichtungen Europas setzte nun ein verstärktes Wettrüsten ein, schlugen die Wogen des aufgepeitschten Nationalismus hoch; nahm die Bedeutung des Militärischen nochmals zu.

Erster Text zitiert nach: Günter Schönbrunn (Bearb.), Das bürgerliche Zeitalter 1815-1914. Geschichte in Quellen, München 1980, S. 689
Zweiter Text zitiert nach: George P. Gooch und Harold Temperley (Hrsg.), Die Britischen Amtlichen Dokumente über den Ursprung des Weltkrieges 1898-1914, dt. Ausgabe herausgegeben von Hermann Lutz, Bd. 7.1, Berlin 1932, S. 531
Dritter Text zitiert nach: George W. F. Hallgarten, Imperialismus vor 1914, Bd. II, München ²1969, S. 494 f.
Vierter Text: Klaus Hildebrand, Das vergangene Reich. Deutsche Außenpolitik von Bismarck bis Hitler 1871-1945, Stuttgart 1995, S. 267f.

1. *Zeigen Sie die Gründe für das Vorgehen des Deutschen Reiches in Marokko auf.*
2. *Erläutern Sie, wie der „Panthersprung nach Agadir" von den anderen europäischen Mächten aufgenommen wurde.*
3. *Stellen Sie die Wirkung der politischen Vorgänge um Marokko auf die Öffentlichkeit der beteiligten Länder dar.*
4. *Die zweite Marokko-Krise wird häufig als „Wasserscheide" auf dem Weg zum Ersten Weltkrieg bezeichnet. Erörtern Sie diese Aussage.*

[1] **Helmuth von Moltke** (1848-1916) war seit 1906 Chef des Großen Generalstabes in Berlin, der höchsten militärischen Planungsbehörde des Deutschen Reiches.

Geschichte kontrovers

Unterentwicklung – Folge imperialistischer Herrschaft oder selbstverschuldet?

Imperialismus bedeutete nicht nur politische Herrschaft der sogenannten „Mutterländer“ über ihre Kolonien, sondern auch einen weitreichenden Einschnitt in die sozialen und wirtschaftlichen Verhältnisse der Gesellschaften in Asien, Afrika und Lateinamerika. Vertreter der inzwischen unabhängigen Staaten führen die Unterentwicklung ihrer Länder häufig auf die Strukturen der Kolonialherrschaft zurück, die die Basis für Abhängigkeiten vom Weltmarkt bis zu Hungerkrisen gelegt hätten. Andere Wissenschaftler, vorwiegend aus Europa und den USA, sehen solche Erklärungen kritisch: Sie machen auch innere Faktoren als Ursache für Armut und Unterentwicklung verantwortlich. Daher stellt sich die Frage: Ist die Unterentwicklung eine Folge imperialistischer Herrschaft oder ist sie auf die interne Schwäche ehemaliger Kolonialländer und heutiger unabhängiger Staaten zurückzuführen?

M1 Auswirkungen des Kolonialismus?

Der aus Guyana in Südamerika stammende Historiker Walter Rodney, dessen Vorfahren als Sklaven aus Afrika verschleppt worden sind, lehrt von 1968 bis 1974 an der Universität Dar Es Salaam in Tansania Geschichte. Sein 1972 veröffentlichtes Buch „How Europe Underdeveloped Africa“ ist immer wieder neu gedruckt worden, zuletzt 2012 in Senegal:

Politisch gesehen waren die negativen Auswirkungen des Kolonialismus katastrophal. Mit einem Schlage verloren die afrikanischen politischen Staaten ihre Macht, Unabhängigkeit und Bedeutung – wobei es keinen Unterschied machte, ob sie große Weltreiche oder kleine politische Einheiten waren. [...] Afrika wurde jede Möglichkeit verweigert, Wirtschaftsverbindungen mit anderen Teilen der Erde, außer mit Europa und Nord-Amerika, zu entwickeln. Über den Indischen Ozean hinweg wurde zwar weiterhin in geringem Ausmaß gehandelt, aber im Ganzen gesehen führten die afrikanischen Straßen zu den Seehäfen und die Seewege führten nach Westeuropa und Nordamerika. Diese Art Einseitigkeit ist noch heute ein Teil der Unterentwicklung und Abhängigkeit.

Zu Beginn der Kolonialzeit besaßen die meisten afrikanischen Gewerbe trotz des Sklavenhandels und des Imports europäischer Waren noch eine gewisse Lebenskraft. [...] Die Mengenproduktion der jüngsten kapitalistischen Zeit aber vernichtete die Tuch- und Seifenherstellung, Salzgewinnung, Eisenverarbeitung und Töpferei.

In Nordafrika hatte das Handwerk vor der Kolonialzeit die größten Fortschritte gemacht und umfasste Bereiche von der Messingverarbeitung bis zur Herstellung von Wollwaren. [...] Aber der französische Kolonialismus zerstörte das Handwerk und brachte Tausende um ihre Arbeit. [...]

Die Nicht-Industrialisierung Afrikas wurde keineswegs dem Zufall überlassen. Sie wurde bewusst erzwungen: Afrika wurden eben genau die Maschinen und technischen Fertigkeiten vorenthalten, die in dieser Zeit eine Konkurrenz mit Europa ermöglicht hätten. [...]

Die Struktur des kolonialen bzw. des nach-kolonialen Afrika wird oft als „Wachstum ohne Entwicklung“ bezeichnet. Dies bedeutet, dass bestimmte Güter und Dienstleistungen in zunehmendem Maße angeboten werden. Vielleicht werden mehr Kautschuk und Kaffee exportiert und vom Erlös mehr Autos importiert, und vielleicht werden mehr Tankstellen für die Autos gebaut. Der Profit aber fließt ins Ausland, und die einheimische Wirtschaft wird mehr und mehr zu einer Kolonie der Metropolen.

In keiner afrikanischen Kolonie gab es eine wirtschaftliche Integration oder Maßnahmen für den Aufbau einer Selbstversorgungswirtschaft [...].

Ein weiteres Beispiel für dieses Wachstum ohne Entwicklung während der Kolonialzeit war die überwiegende Abhängigkeit von einem oder zwei Exportgütern. Der Begriff der „Monokultur“ bezeichnet die kolonialen Wirtschaftsgebiete, die sich mit einem einzigen Erzeugnis befassten. [...] Die Monokultur war ein Charakteristikum von Regionen, die unter imperialistische Herrschaft fielen. [...]

Wenn dann die Ernte auch noch von Seuchen betroffen war, kam das einer Katastrophe gleich, wie 1940 im Fall der Goldküste, als die Sprösslinge der Kakaobäume eingingen. [...]

Darüber hinaus stand der afrikanische Produzent jederzeit den von außen gesteuerten Preisschwankungen und den Machenschaften der Kapitalisten völlig hilflos gegenüber. [...]

Der Kolonialismus schuf Bedingungen, die nicht nur zu periodischen Hungersnöten führten, sondern auch zu chronischer Unterernährung, Fehlernährung und physischem Verfall der Afrikaner. [...]

Bei der Abwägung der Vor- und Nachteile der Kolonialherrschaft sind noch die europäischen Neuerungen in Afrika wie moderne Medizin, klinische Chirurgie und Impfungen zu berücksichtigen. Ihre positiven Wirkungen können nicht geleugnet werden. Aber diese Wirkungen blieben speziell in Afrika recht gering.

Walter Rodney, Afrika. Geschichte einer Unterentwicklung, Berlin 1975, S. 190-202

M2 Hausgemachte Abhängigkeit?

Andreas Eckert lehrt die Geschichte Afrikas an der Humboldt-Universität zu Berlin. 2006 nimmt er in seinem Überblickswerk zum Kolonialismus zu Rodneys Argumentation (M1) Stellung:

Walter Rodneys 1972 publizierter Bestseller [...] bezog sich auf die in Lateinamerika entwickelte Dependenztheorie, die er zum Ausgangspunkt für seine historische Analyse von Afrikas wirtschaftlichen Beziehungen zum europäischen Kapitalismus nahm. Obwohl Rodney sich intensiv mit der Kolonialperiode auseinandersetzte, bezog sich sein zentrales Argument auf die frühere Phase des Sklavenhandels und die Einbeziehung Afrikas in eine ungleiche und ausbeuterische Weltwirtschaft. [...]
Inzwischen werden jedoch große Zweifel an der mechanistischen Vorstellung angemeldet, dass [...] Afrika arm ist, weil der Kapitalismus es notwendig macht, dass Afrika arm ist. In diesem Zusammenhang ließe sich argumentieren, dass sich die große Mehrheit der afrikanischen Gesellschaften und ihrer Herrschaftseliten schon früh durch ihre Außenorientierung auszeichnete. Bereits seit dem 18. Jahrhundert entstand im Zuge dieser Außenorientierung eine Abhängigkeit von importierten Handelsgütern, die einherging mit der Notwendigkeit, Exportartikel wie Gold, Elfenbein, Sklaven und später Agrarprodukte bereitzustellen. [...] Demnach ist die Abhängigkeit von externen Kräften nicht selten durch Afrikaner selbst geschaffen worden, die durch die Verbindung nach außen ihre Stellung nach außen verbessern wollten und dabei beträchtliche Profite erzielten. Beispiele dafür, externe Zwänge in Instrumente der politischen und ökonomischen Kontrolle nach innen umzuwandeln, sind die Beteiligung am Sklavenhandel, die Zusammenarbeit mit den Kolonialmächten, diplomatische und militärische Allianzen während des Kalten Krieges und zuletzt die Adoption der Demokratisierungsrhetorik.
In gewisser Weise setzten dann die Kolonialherren in Afrika nur ältere Formen der Exportökonomie fort, wobei sie mit den Instrumenten des kolonialen Staates die Spielräume der Afrikaner nun verstärkt einzuschränken suchten. Nicht nur das Beispiel Afrika zeigt, dass Kontinuitäten auch über die Dekolonisation hinaus existierten. Das seit Beginn des 19. Jahrhunderts unabhängige Lateinamerika etwa blieb weiterhin wirtschaftlich von Europa – und verstärkt von den USA – abhängig. [...]
Ob die Europäer in ihren Kolonien Industrialisierung bewusst verhindert haben, wie viele Kolonialkritiker meinen, ist oft schwer zu belegen. In jedem Fall haben sie entsprechende Entwicklungen höchst selten gefördert. [...] Ironischerweise war die später erfolgreiche industrielle Entwicklung einiger sogenannter „Tigerstaaten“[1] in Asien wie Südkorea oder Taiwan nicht zuletzt das Resultat des äußerst repressiven japanischen Kolonialregimes, das in seinen Besitzungen systematisch eine industrielle Kolonialwirtschaft aufzubauen suchte.

Andreas Eckert, Kolonialismus, Frankfurt am Main 2006, S. 101 f. und 104

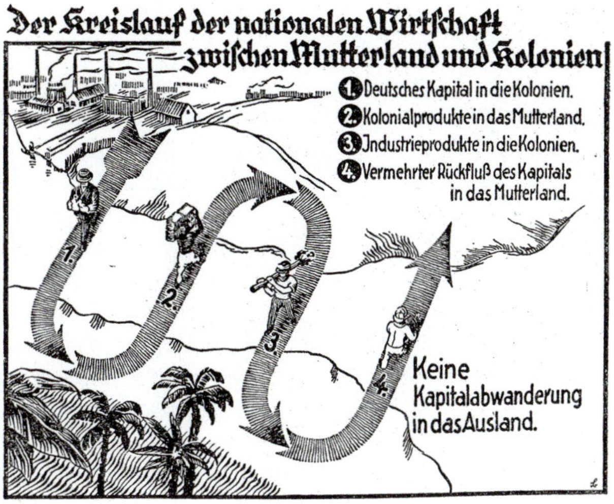

▲ **Der Kreislauf der nationalen Wirtschaft zwischen Mutterland und Kolonien.**
Schaubild, um 1938.
- *Ordnen Sie die Aussage des Schaubildes in den historischen Kontext ein.*

1. *Arbeiten Sie die Kernthesen beider Autoren heraus und stellen Sie diese in einer Tabelle gegenüber.*
2. *Überprüfen Sie die Stellungnahmen von Rodney und Eckert anhand der Informationen in diesem Kapitel.*
3. *Unterentwicklung – Folge imperialistischer Herrschaft oder selbstverschuldet? Nehmen Sie Stellung zu dieser Kontroverse.*

[1] **Tigerstaaten**: Dazu zählen Südkorea, Taiwan und Singapur sowie die chinesische Sonderverwaltungszone Hongkong, die sich von „Entwicklungsländern“ in Industriestaaten entwickeln („Schwellenländer“).

Vorgeschichte und Ausbruch des Ersten Weltkrieges

Machtvakuum auf dem Balkan Drei Jahrhunderte hatte der Balkan unter osmanischer Herrschaft gestanden, nun waren dort selbstständige oder teilselbstständige Staaten entstanden. Das zerfallende Osmanische Reich wurde im 19. Jahrhundert von vielen Europäern als „Kranker Mann am Bosporus“ verspottet.

Die europäischen Mächte hatten auf dem Balkan unterschiedliche Interessen: *Russland* wollte seinen Einfluss in Europa stärken und den Bosporus und die Dardanellen (die Meerengen zwischen Mittelmeer und Schwarzem Meer) unter Kontrolle bekommen. *Großbritannien* und *Frankreich* sperrten sich gegen solche Expansionspläne. Sie wollten verhindern, dass eine so wichtige Seestraße in russische Hände fiel. Den Briten ging es außerdem darum, die Verbindungswege nach Indien zu kontrollieren und die Ausdehnung Russlands in Asien zu stoppen.

▲ **„Die Politik der Insektenstiche. Wenn es einen da unten am Balkan juckt, kratzt sich ganz Europa.“**
Titelblatt der Zeitschrift „Simplicissimus“ vom 9. November 1908; die Zeichnung stammt von Thomas Theodor Heine.

Besonders in *Serbien* träumten viele von der Errichtung eines großen slawischen Einheitsstaates mit Zugang zur Adria. Russland, ebenfalls slawisch und orthodox, betrachtete sich als Schutzmacht der Völker auf dem Balkan. Dagegen mussten *Österreich-Ungarn* die nationalen Unabhängigkeitsbewegungen beunruhigen, denn der Vielvölkerstaat sah die Gefahr einer „Ansteckung“ seiner eigenen Minderheiten.

Das *Deutsche Reich* schließlich pflegte gute Beziehungen zum Osmanischen Reich, 1898 hatte sich Kaiser Wilhelm II. zum „Freund aller Muslime“ erklärt. Ab 1903 wurde mit deutscher Unterstützung die Bagdadbahn gebaut, die von der europäischen Türkei bis zum Persischen Golf führen sollte. Großbritannien, Frankreich und Russland beobachteten die Beziehungen zwischen dem Deutschen und dem Osmanischen Reich mit Misstrauen.

Imperialistischer Vorstoß Österreich-Ungarns Solche gegensätzlichen Interessen machten den Balkan in den Jahren vor dem Ersten Weltkrieg zu einem „Pulverfass“. Eine große Krise löste Österreich-Ungarn aus, als es 1908 die ehemals osmanischen Provinzen Bosnien und Herzegowina dem eigenen Staatsgebiet vollständig einverleibte. Mit dieser Aneignung verletzte Österreich-Ungarn vor allem die Interessen Serbiens, das sich selbst auf dem Gebiet der schwachen Türkei ausdehnen wollte.

Zwei Balkan-Kriege 1912 nutzten Bulgarien, Serbien, Montenegro und Griechenland die Gunst der Stunde und eroberten in wenigen Wochen fast das gesamte von ihren slawischen Landsleuten besiedelte Gebiet. Die Türkei war fortan keine europäische Macht mehr.

Der Krieg flammte 1913 noch einmal auf, denn Bulgarien konnte sich mit den übrigen Balkanstaaten nicht über die Verteilung des in Makedonien eroberten Gebietes einigen. In der Folge wurde es von seinen bisherigen Verbündeten sowie von Rumänien und der Türkei geschlagen. Es musste sich mit bescheideneren Gebietsgewinnen zufriedengeben.

Die Kriegsereignisse 1912/13 stärkten die russische Position auf dem Balkan. Serbien konnte sein Staatsgebiet fast verdoppeln. Trotzdem fühlte es sich um den Sieg betrogen, weil es nicht den ersehnten Zugang zur Adria gewann. Denn um Serbiens künftige Machtstellung zu begrenzen, hatte Österreich-Ungarn die Bildung des selbstständigen Staates Albanien durchgesetzt. Russland unterstützte Serbien, um das weitere Vordringen Österreich-Ungarns aufzuhalten und seinen eigenen Einfluss zu erweitern.

Internettipp:
Für eine Einführung zu den Balkankriegen 1912/13 siehe Code 4677-02

Mordanschlag auf den Kronprinzen In dieser hochsensiblen Situation stürzte ein Ereignis auf dem Balkan Europa völlig überraschend in eine Krise. Am 28. Juni 1914 verbreiteten die Nachrichtenagenturen die Blitzmeldung aus Sarajewo: Mitglieder eines serbischen Geheimbundes hatten in Sarajewo ein Attentat auf den österreichisch-ungarischen Thronfolger, Erzherzog Franz Ferdinand, und seine Frau Sophie verübt. Beide starben an den Folgen des Anschlages. Der Frieden in Europa war erneut gefährdet, zumal der Rüstungswettlauf inzwischen ein beängstigendes Tempo angenommen hatte und alle Versuche, den Frieden sicherer zu machen, erfolglos geblieben waren (▸ M1).

▲ Der Balkan 1913.

Reaktionen in Wien und Berlin Das Attentat eröffnete Österreich-Ungarn eine willkommene Möglichkeit, gegen Serbien vorzugehen, denn das Land war offenbar in den Mordanschlag verwickelt (▸ M2). Der deutsche Kaiser Wilhelm II. und Reichskanzler *Theobald von Bethmann Hollweg* sagten dem österreichischen Zweibundpartner bereits am 5. Juli uneingeschränkte Rückendeckung für eine militärische Aktion gegen Serbien zu. Die Regierung sah auch deutsche Interessen verteidigt, wenn der Partner Österreich-Ungarn den aufstrebenden Balkanstaat Serbien nicht mehr zu fürchten habe und die Gefahr einer nationalen Sammlung aller Südslawen gebannt wäre. Die Rückendeckung durch den deutschen Kaiser wird oft als „Blankoscheck" bezeichnet (▸ M3).

Die Julikrise Vier Wochen nach dem Attentat, am 23. Juli, legte die österreichische Regierung Serbien ein Ultimatum vor (▸ M4), das international als überzogen betrachtet wurde. Österreich forderte unter anderem die Beteiligung österreichischer Beamter an der Verfolgung der serbischen Verschwörer. Dies sollte Serbien als unfähig zur Aufklärung des Verbrechens hinstellen. Dass Serbien dieses Ultimatum, das seine Souveränitätsrechte infrage stellte, gänzlich annehmen könne, wurde von niemandem ernsthaft erwartet. Vielmehr sollte seine Ablehnung den Vorwand für einen bereits beschlossenen Krieg liefern.

Literaturtipp:
Annika Mombauer, Die Julikrise. Europas Weg in den Ersten Weltkrieg, München ²2014

Internettipp:
Für Dokumente und Fotos zum Ersten Weltkrieg siehe Code 4677-03

Doch Serbien machte überraschend weitgehende Zugeständnisse. Nur eine direkte Einmischung in seine inneren Verhältnisse lehnte es ab. Trotz mehrerer Vermittlungsversuche Englands brach Wien die diplomatischen Beziehungen zu Serbien ab und erklärte am 28. Juli 1914 den Krieg. Schon am nächsten Tag wurde Serbiens Hauptstadt Belgrad beschossen. Wien hatte damit einen neuen Balkan-Krieg begonnen.

Russland beantwortete den österreichischen Angriff auf Serbien am 30. Juli mit der *Generalmobilmachung* seiner Truppen. Die deutsche Reichsspitze sah die Mobilmachung Russlands als Bedrohung, denn die militärische Strategie hatte sich bereits seit einem Jahrzehnt auf eine Handhabung des drohenden Zweifrontenkrieges festgelegt: Im Kriegsfall wollte Deutschland sich die Schwierigkeiten des riesigen Russland zunutze machen, seine Truppen zu mobilisieren und zur Front zu schaffen. In einem schnellen Feldzug durch Belgien sollte Frankreich bezwungen werden, solange Russland noch nicht voll gefechtsfähig war, um dann den Rücken für den Krieg im Osten

▲ **„Ich kenne keine Parteien mehr, kenne nur noch Deutsche."**
Postkarte von 1914 mit einem Zitat von Kaiser Wilhelm II., das dieser am 4. August vor dem Reichstag ausrief. Im „Großen Hauptquartier" in Koblenz schrieb er am 26. August eine leicht abgeänderte Fassung des Ausrufes und unterzeichnete sie mit „Wilhelm IR" (= Imperator Rex: Kaiser und König).
- *Erläutern Sie den Zweck der Postkarte.*

Mittelmächte: Deutsches Reich und Österreich-Ungarn, denen sich das Osmanische Reich und Bulgarien anschlossen

Entente (frz. „Bündnis, Eintracht"): Frankreich, Großbritannien und das Russische Reich mit ihren Verbündeten

frei zu haben. Der *Schlieffen-Plan** engte Deutschlands politischen Spielraum ein, denn jedes Zögern liefe dieser Planung entgegen.

Am 31. Juli richtete Deutschland zwei Ultimaten an Russland und Frankreich: Russland wurde zur Rücknahme der Mobilmachung, Frankreich zur Neutralität im Fall eines deutschen Krieges mit Russland und zur Übergabe von Festungen als Sicherheit aufgefordert. Die Würfel waren zu diesem Zeitpunkt bereits gefallen, denn ein Eingehen auf derartige Forderungen war den Regierungen unmöglich. Deutschland hatte sich für die Ausweitung des Balkan-Krieges zu einem europäischen Krieg entschieden.

Der Krieg beginnt ■ Da ein weiteres Warten die begonnene Aufstellung deutscher Truppen gefährdet hätte, erklärte das Deutsche Reich am 1. August dem Russischen Reich den Krieg. Zwei Tage später folgte die Kriegserklärung an Frankreich, das inzwischen ebenfalls seine Truppen zu den Waffen gerufen hatte.

Am 2. August wurde in Brüssel ein deutsches Ultimatum überreicht, in dem das neutrale Belgien aufgefordert wurde, einem Durchmarsch deutscher Truppen zuzustimmen. Als die belgische Regierung ablehnte, begannen deutsche Truppen unter Bruch des Völkerrechts mit dem Einmarsch. Dies veranlasste am 4. August auch Großbritannien, in den Krieg einzutreten. Mitte August befanden sich schließlich alle europäischen Großmächte im Krieg; dabei kämpften die **Mittelmächte** gegen die Mächte der **Entente**.

Mit dem Krieg sollte jeder politische Streit im Innern ruhen. Der Kaiser drückte das am 4. August 1914 so aus: „Ich kenne keine Parteien mehr, Ich kenne nur Deutsche." Die Sozialdemokraten ließen sich auf diesen „Burgfrieden" ein. Sie stimmten im Reichstag für die Kriegskredite und stellten ihre Forderungen nach mehr Demokratie zurück.

Nach ersten militärischen Erfolgen besprach die Regierung im September 1914 die Kriegsziele (▸ M5 und M6). Deutschland sollte wirtschaftlich, politisch und militärisch dauerhaft gesichert werden. Die Wirtschaft und nationale Verbände drängten darauf, Belgien zu besetzen und Frankreich so zu schwächen, „dass es als Großmacht nicht neu erstehen kann". Russland sollte „von der deutschen Grenze" abgedrängt und „seine Herrschaft über die nichtrussischen Vasallenvölker" gebrochen werden. Außerdem wollte man die deutschen Kolonien auf Kosten anderer Mächte erheblich vergrößern.

1. *In einer neueren Darstellung der Julikrise werden die beteiligten Mächte von dem australischen Historiker Christopher Clark als „Schlafwandler" bezeichnet; er betont die gesamteuropäische Verantwortung für den Krieg. Der deutsche Historiker Gerd Krumeich deutete in einer Diskussion mit Clark diesen Begriff sinngemäß so, dass die einzelnen Mächte wie Schlafwandler ihrem Weg folgten und unfähig waren, Lage und Interessen der anderen Mächte zu berücksichtigen. Krumeich sieht die Hauptverantwortung beim Deutschen Reich. Diskutieren Sie die Angemessenheit des Begriffes „Schlafwandler".*

2. *Entwickeln Sie Thesen zu der Frage, warum weder die vorherigen Balkan-Krisen noch die Marokko-Krisen zu einem Krieg der europäischen Mächte führten, die Ermordung des österreichischen Thronfolgers aber durchaus.*

* Plan des preußischen Generalfeldmarschalls Alfred Graf von Schlieffen (1833-1912) von 1905, vgl. dazu S. 76

M1 Rüstungsanstrengungen

Ein Historiker stellt die militärische Aufrüstung der Staaten am Vorabend des Weltkrieges gegenüber:

Trotz der räumlichen Begrenzung des Balkan-Krieges und der Erhaltung des allgemeinen Friedens verstärken alle Mächte ihre Rüstungsanstrengungen. Vor allem Österreich muss seine personell wie technisch zurückgebliebenen Streitkräfte auf eine neue Grundlage stellen. Bis 1914 wird die Friedensstärke von 385 000 Mann auf 470 000 gebracht. Die Artillerie-Kraft wird um 60 Prozent angehoben. Russland erhöht die Friedensstärke von 1,2 auf 1,42 Millionen Mann, ergänzt sein Militärabkommen mit Frankreich durch ein Marineabkommen und erhält französische Finanzhilfen. Während England nur unwesentliche Heeresverstärkungen vornimmt, aber [...] Teile der Mittelmeerflotte in die Nordsee verlegt, führt Frankreich die 3-jährige Dienstzeit ein, verlegt das Einberufungsalter vom 21. auf das 20. Lebensjahr und verstärkt das Landheer auf 750 000 Mann. [...]
Am 30. Juni 1913 stimmen die bürgerlich-konservativen Parteien im Reichstag der Wehrvorlage zu. Sie sieht eine Erhöhung der Friedensstärke des Heeres von 666 000 Mann auf 748 000 im Frühjahr 1914, auf 800 000 im Herbst 1914 und auf rund 900 000 Ende 1915 vor. Zur Finanzierung wird eine einmalige Abgabe von fast 1 Milliarde Mark sowie eine neue laufende Steuer („Reichsbesitzsteuer") erhoben.

Zitiert nach: Jochen Schmidt-Liebich, Deutsche Geschichte in Daten, Bd. 2: 1770-1918, München 1981, S. 321

1. *Geben Sie die Rüstungsanstrengungen der europäischen Mächte in einer grafischen Darstellung wieder.*
2. *Bei vielen Menschen wuchs angesichts der hohen Rüstungsanstrengungen der europäischen Staaten das Gefühl, dass ein Krieg auf die Dauer unvermeidbar ist. Beurteilen Sie die Berechtigung und die Gefahr einer solchen Schlussfolgerung.*

▲ **„Wie sollen wir uns da die Hand geben?"**
Zeichnung aus dem „Simplicissimus" von 1912.

M2 Österreich plant einen Schlag gegen Serbien

In einem Brief an den deutschen Kaiser Wilhelm II. erklärt der österreichische Kaiser Franz Joseph I. am 2. Juli 1914, vier Tage nach dem Attentat von Sarajewo, die Ziele seiner Regierung:

Das gegen meinen armen Neffen verübte Attentat ist die direkte Folge der von den russischen und serbischen Panslawisten (= Anhänger eines slawischen Großreiches) betriebenen Politik, deren einziges Ziel die Schwächung des Dreibundes und die Zertrümmerung meines Reiches ist.
Nach allen bisherigen Erhebungen hat es sich in Sarajewo nicht um die Bluttat eines Einzelnen, sondern um eine wohlorganisierte Verschwörung gehandelt, deren Fäden nach Belgrad reichen. Wenn es auch vermutlich unmöglich sein wird, die Mitwisserschaft der serbischen Regierung nachzuweisen, so kann man wohl nicht im Zweifel darüber sein, dass ihre auf die Vereinigung aller Südslawen unter serbischer Flagge gerichtete Politik solche Verbrechen fördert. Die Andauer dieses Zustandes bildet eine dauernde Gefahr für mein Haus und für meine Länder. [...]
Das Bestreben meiner Regierung muss in Zukunft auf die Vereinzelung und Verkleinerung Serbiens gerichtet sein. [...] Auch Du wirst nach dem jüngsten furchtbaren Geschehen in Bosnien die Überzeugung haben, dass an eine Versöhnung des Gegensatzes, der Serbien von uns trennt, nicht mehr zu denken ist. Die erhaltende Friedenspolitik aller europäischen Monarchen wird bedroht sein, solange dieser Herd von verbrecherischer Agitation in Belgrad ungestraft fortlebt.

Zitiert nach: Günter Schönbrunn, Weltkriege und Revolutionen 1914-1945. Geschichte in Quellen, München 1961, S. 13

1. *Arbeiten Sie heraus, was der österreichische Kaiser zu diesem Zeitpunkt über das Attentat zu wissen glaubt und welche Schlussfolgerungen er für die Politik zieht.*
2. *Untersuchen Sie den Text auf Hinweise darauf, dass die Einschätzung Franz Josephs zu Serbien nicht erst in den Tagen nach dem Attentat entstanden ist.*

M3 Der deutsche „Blankoscheck"

Der Botschafter Österreich-Ungarns in Berlin berichtet am 5. Juli dem Wiener Außenminister Berchtold über seine Unterredung mit dem deutschen Kaiser anlässlich der Überreichung des Briefes von Kaiser Franz Joseph (vgl. M2):

Das Allerhöchste Handschreiben und das beigeschlossene Memorandum habe ich Seiner Majestät überreicht. In meiner Gegenwart las Kaiser mit größter Aufmerksamkeit beide Schriftstücke. Zuerst versicherte mir Höchstderselbe, dass er eine ernste Aktion unserseits gegenüber Serbien erwartet habe, doch müsse er gestehen, dass er infolge der Auseinandersetzungen unseres Allergnädigsten Herrn eine ernste europäische Komplikation im Auge behalten müsse und daher vor einer Beratung mit Reichskanzler keine definitive Antwort erteilen wolle. Nach dem Déjeuner[1], als ich nochmals Ernst der Situation mit großem Nachdruck betonte, ermächtigte mich Seine Majestät, unserem Allergnädigsten Herrn zu melden, dass wir auch in diesem Falle auf die volle Unterstützung Deutschlands rechnen können. Wie gesagt, müsse er vorerst Meinung des Reichskanzlers anhören, doch zweifle er nicht im Geringsten daran, dass Herr von Bethmann Hollweg vollkommen seiner Meinung zustimmen werde. Insbesonders gelte dies betreffend eine Aktion unsererseits gegenüber Serbien. Nach seiner[2] Meinung muss aber mit dieser Aktion nicht zugewartet werden. Russlands Haltung werde jedenfalls feindselig sein, doch sei er hierauf schon seit Jahren vorbereitet, und sollte es sogar zu einem Krieg zwischen Österreich-Ungarn und Russland kommen, so könnten wir davon überzeugt sein, dass Deutschland in gewohnter Bundestreue an unserer Seite stehen werde.

Russland sei übrigens, wie die Dinge heute stünden, noch keineswegs kriegsbereit und werde es sich gewiss noch sehr überlegen, an die Waffen zu appellieren. Doch werde es bei den anderen Mächten der Tripelentente[3] gegen uns hetzen und am Balkan das Feuer schüren. Er begreife sehr gut, dass es Seiner k. und k. Apostolischen Majestät[4] bei seiner bekannten Friedensliebe schwerfallen würde, in Serbien einzumarschieren; wenn wir aber wirklich die Notwendigkeit einer kriegerischen Aktion gegen Serbien erkannt hätten, so würde er es bedauern, wenn wir den jetzigen, für uns so günstigen Moment unbenützt ließen.

Zitiert nach: Winfried Baumgart (Hrsg.), Die Julikrise und der Ausbruch des Ersten Weltkrieges 1914, Darmstadt 1983, S. 50 f.

[1] **Déjeuner**: Mittagessen
[2] Gemeint ist Kaiser Wilhelm II.
[3] **Tripelentente**: Russland, Frankreich und Großbritannien
[4] Gemeint ist der österreichische Kaiser.

1. *Erklären Sie, warum die hier wiedergegebene Haltung des deutschen Kaisers als „Blankoscheck" zugunsten Österreich-Ungarns bezeichnet worden ist.*
2. *Entwickeln Sie Thesen zu der Frage, welche Gründe Deutschland zu so weitgehenden Zusagen an seinen Bündnispartner Österreich-Ungarn veranlasst haben könnten.*

F *Entwickeln Sie die Begründung einer möglichen ablehnenden Antwort Deutschlands auf das Handschreiben des österreichischen Kaisers (M2).*

M4 Ein Ultimatum, das abgelehnt werden soll

Am 14. Juli 1914 berichtet der deutsche Botschafter in Wien dem Reichskanzler über ein Gespräch mit dem Ministerpräsidenten Ungarns, Graf Tisza. Dieser hat zu Beginn der Krise noch starke Bedenken gegen einen Krieg gegen Serbien vorgetragen, tritt inzwischen aber dafür ein:

Glücklicherweise herrsche jetzt unter den hier maßgebenden Persönlichkeiten volles Einvernehmen und Entschlossenheit. [...] Graf Tisza fügte hinzu, die bedingungslose Stellungnahme Deutschlands an der Seite der Monarchie sei entschieden für die feste Haltung des Kaisers von großem Einfluss gewesen. [...]

Die Note werde so abgefasst sein, dass deren Annahme so gut wie ausgeschlossen sei. Es komme besonders darauf an, nicht nur Versicherungen und Versprechungen zu fordern, sondern Taten. Bei der Abfassung der Note müsse [...] auch darauf Rücksicht genommen werden, dass sie für das große Publikum – besonders in England – verständlich sei und das Unrecht klar und deutlich Serbien zuschiebe.

Zitiert nach: Günter Schönbrunn, a. a. O., S. 16 f.

Das am 23. Juli 1914 überreichte Ultimatum verlangte nicht nur die Auflösung großserbischer Organisationen, die Unterdrückung der gegen Österreich-Ungarn gerichteten Propaganda und Maßnahmen gegen Waffenschmuggel. Die serbische Regierung sollte auch erlauben, dass österreichisch-ungarische Behörden die Aufspürung, Verhaftung und Aburteilung der Terroristen übernehmen. Der russische Außenminister nannte diese Forderungen eine „Herabdrückung Serbiens zum Vasallenstaat Österreichs". Nehmen Sie zu dieser Einschätzung Stellung.

M5 Vorstellungen über die Zukunft Deutschlands

Der Historiker Michael Salewski erklärt 2003:

Das französische Kriegsziel war ganz einfach: [...] – die Zerstörung des Deutschen Reiches. Falls das nicht gelingen sollte [...], sollte es wenigstens verkleinert werden: selbstverständlich Rückgabe von Elsass und Lothringen, Abtretung des Saargebietes, die Rheingrenze für Frankreich, Russland, dem Verbündeten, wollte man territoriale Freiheit im Osten gestatten [...].
Es liegt auf der Hand, dass Englands Kriegsziele viel moderater erschienen [...]. Aber von Pappe waren sie keineswegs. Natürlich mussten Belgien voll wiederhergestellt, Elsass und Lothringen an Frankreich zurückgegeben werden. [...] Viel wichtiger erschienen England andere Forderungen: Deutschland sollte fortan keine Flotte mehr besitzen, keine Kolonien, es sollte die Meistbegünstigung[1] für alle gewähren – ohne Gegenseitigkeit –, die Nordseeinseln waren abzurüsten, der Kaiser-Wilhelm-Kanal[2] zu internationalisieren. [...] Aber schon 1914 war England sich darüber im Klaren, dass die Schwächung Deutschlands über ein gewisses Maß hinaus nicht opportun sein würde – hier schlug das Denken in den Kategorien der „balance of power" durch, und das permanente Misstrauen Englands Russland gegenüber. [...]
Die Diskussion [im Deutschen Reich] vollzog sich auf drei übereinanderliegenden Ebenen. Auf der untersten ging es um die „Gleichberechtigung" des Reiches, also um den schon lange vor dem Krieg geforderten „Platz an der Sonne". Auf der zweiten um die „Hegemonie in Europa", auf der dritten um den „Griff nach der Weltmacht".

Michael Salewski, Der Erste Weltkrieg, Paderborn 2003, S. 144 f.

M6 Unterschiedliche Begehrlichkeiten

Wolfgang J. Mommsen äußert sich in einem 2003 erstmals veröffentlichten Beitrag über die „Kriegsziele":

Keine der europäischen Mächte verfocht vor Kriegsbeginn konkrete territoriale Annexionsziele, welche ihre Entscheidung, zu den Waffen zu greifen, maßgeblich beeinflusst haben. Doch schon bald nach Kriegsbeginn setzte in allen Ländern eine zunächst überwiegend intern geführte Debatte über die Kriegsziele ein. Großbritannien forderte mit einigem Nachdruck die Wiederherstellung der Selbstständigkeit der kleineren europäischen Nationen, die durch den Angriff der Mittelmächte widerrechtlich zerstört worden sei, insbesondere die Wiederherstellung Belgiens. Auch in Frankreich [...] stand die Rückgewinnung des Elsass und Lothringens im Vordergrund. Erst im weiteren Verlauf des Weltkrieges wurde dann die Forderung der Annexion des Saarbeckens und der Rheingrenze laut [...].
Im Deutschen Reich kam es hingegen bereits unmittelbar nach Kriegsausbruch zu einer massiven Kampagne für weitreichende Annexionen in Ost und West. [...]
Der deutschen Reichsleitung kam diese [...] Agitation [...] höchst ungelegen. [...] Dennoch wurden, ungeachtet des öffentlichen Bekenntnisses zu einem Verteidigungskrieg, unverändert umfangreiche Planungen für territoriale Erwerbungen in Ost und West, insbesondere für die dauernde Kontrolle Belgiens, fortgeführt. Diese nahmen in der Folge immer uferlosere Formen an. [...] Im Übrigen verhandelten die alliierten Mächte auf der Interalliierten Wirtschaftskonferenz in Paris vom 14.-17. Juni 1917 über eine Nachkriegsordnung, durch welche die deutsche Stellung im Welthandel auf Dauer niedergehalten werden sollte. [...]
Seit 1917 verhärteten sich in allen Lagern, insbesondere aber im Deutschen Reich, die Forderungen der Kriegsziele immer stärker [...]. [...] Bedeutsamer war, dass mehr und mehr rassistische, insbesondere antisemitische, Gesichtspunkte in die Kriegszieldebatte eingebracht wurden. Auch die Idee ethnischer Säuberungen [...] tauchte nun vielfach in den Denkschriften auf, auch wenn sie einstweilen keinen Eingang in die offiziellen Planungen fand.

Wolfgang J. Mommsen, Artikel „Kriegsziele", in: Enzyklopädie Erster Weltkrieg, herausgegeben von Gerhard Hirschfeld u. a., Paderborn, aktualisierte und erweiterte Studienausgabe 2014, S. 666 ff.

1. *Fassen Sie alle Informationen aus beiden Texten über die Kriegsziele der europäischen Mächte zusammen (M5 und M6).*
2. *Salewski und Mommsen deuten die Kriegszieldiskussionen unterschiedlich. Stellen Sie die unterschiedlichen Urteile einander tabellarisch gegenüber.*
3. *Die publizistisch und vehement geführten Kriegszieldebatten weckten Hoffnungen und Befürchtungen und erzeugten Zwänge. Entwickeln Sie Vorstellungen von der Reaktion der Bevölkerung, der Soldaten, der Regierung sowie des jeweiligen Gegners.*

F *Formulieren Sie eine Stellungnahme zu den beiden Texten, in der Sie begründen, wessen Argumentation Sie eher nachvollziehen können.*

[1] **Meistbegünstigung**: liegt vor, wenn Handelsvorteile allen Vertragspartnern gewährt werden; wem die Meistbegünstigung verweigert wird, der ist benachteiligt
[2] **Kaiser-Wilhelm-Kanal**: der heutige Nord-Ostsee-Kanal

Kriegsverlauf – Kriegsalltag – Kriegsende

Literaturtipp:
Hedley P. Willmot, Der Erste Weltkrieg, Hildesheim 2004

Internettipps:
Für Literatur und Quellen zum Ersten Weltkrieg sowie zum Rheinland im Ersten Weltkrieg siehe Code 4677-04

Ausgangslage Die Mittelmächte hatten 118 Millionen Einwohner (Deutschland 67 Mio., Österreich-Ungarn 51 Mio.), die Ententestaaten zusammen 258 Millionen Einwohner. Bei Kriegsbeginn umfasste das Feldheer in Deutschland 2,3 Millionen, in Österreich-Ungarn 1,4 Millionen. Diesen 3,7 Millionen Soldaten konnte die Entente 5,8 Millionen gegenüberstellen.

Die Mittelmächte hatten allerdings den Vorteil der zentralen Lage. Das gut ausgebaute deutsche Eisenbahnsystem ermöglichte eine rasche Verschiebung der Truppen. Deutschland und Österreich-Ungarn konnten damit rechnen, dass die russischen und englischen Heere ihre Kräfte nur langsamer entfalten würden.

Die beiden Verbündeten wollten daher den Krieg schnell entscheiden, bevor die Ententemächte ihre Überlegenheit voll zur Geltung bringen konnten. Bei einem längeren Krieg würde vor allem die Macht Englands zur See gefährlich werden. Tatsächlich wurden die Mittelmächte zu einer belagerten Festung, als Großbritannien am 2. November 1914 die gesamte Nordsee zum Kriegsgebiet erklärte und eine *Seeblockade* verhängte. Dadurch wurde Deutschland vom Nachschub wichtiger Güter abgeschnitten, während Großbritannien mehrere Hunderttausend Soldaten auf die europäischen Kriegsschauplätze entsenden konnte.

Der Krieg im Westen Deutschland wollte Frankreich in einem schnellen Feldzug besiegen und sich dann gegen Russland wenden. Es nahm keine Rücksicht auf die Neutralität Belgiens und Luxemburgs (**Schlieffen-Plan**). Der Vormarsch der deutschen Truppen in Belgien und Nordfrankreich schien 1914 tatsächlich unaufhaltsam (▸ M1). Die Militärs glaubten, dass ihr Plan aufginge. Schon wurden im Stadtgebiet von Paris Gräben für den erwarteten Verteidigungskampf ausgehoben, die Regierung war bereits aus Paris geflohen. Da kam es zu einer überraschenden Wende: Der deutsche Generalstabschef *Helmuth von Moltke* befürchtete einen Durchbruch der Gegner und gab den Befehl zum Rückzug nach Norden. Der Schlieffen-Plan, der eine weiträumige Umfassung der französischen Armeen vorgesehen hatte, war gescheitert.

Schlieffen-Plan: Er ist benannt nach dem ehemaligen Chef des deutschen Generalstabs, Alfred Graf von Schlieffen. Der bereits 1905 von ihm für einen Zweifrontenkrieg entwickelte Plan sah vor, dass die deutsche Armee mithilfe moderner Transportmittel durch die neutralen Staaten Belgien und Luxemburg vorstößt. Nach einem schnellen Sieg über Frankreich sollten die Armeen dann gegen Russland im Osten marschieren.

Krieg in den Schützengräben Nach furchtbaren Schlachten in Flandern endete im November 1914 der *Bewegungskrieg* an der gesamten Westfront. Von der Küste bis zur Schweizer Grenze entstanden Grabensysteme, Drahtverhaue und Unterstände – zuletzt insgesamt 24 000 Kilometer. In ihnen gruben sich die Armeen regelrecht ein. Alle Durchbruchsversuche blieben, von winzigen Geländegewinnen abgesehen, bis zum Frühjahr 1918 erfolglos. Die Angriffe und Gegenangriffe an der Westfront waren zu „Schlächtereien mit immer wirksameren Mitteln der Massenvernichtung“ (Golo Mann) geworden (▸ M2).

Vom Februar bis Dezember 1916 dauerten die Kämpfe vor der französischen Festung *Verdun*. An dieser Stelle, die aus psychologischen Gründen unaufgebbar war, sollte Frankreich nach den Vorstellungen des deutschen Generalstabschefs *von Falkenhayn* „verbluten“. In monatelanger Zermürbung standen sich auf engstem Raum anderthalb Millionen Soldaten gegenüber. Über 700 000 Männer beider Seiten ließen ihr Leben, bevor der sinnlose Kampf endete. Hier veränderte der Krieg sein Gesicht: Die großen Materialschlachten des Ersten Weltkrieges hatten begonnen. In ihnen wurde versucht, durch den massenhaften Einsatz von Kriegsgerät, Muniton und Menschen den Sieg zu erzwingen.

Kämpfe im Osten Die Hoffnungen der Entente, die Mittelmächte nach Kriegsbeginn durch „russische Massenheere" in Bedrängnis zu bringen, erfüllten sich nicht. Zwei in Ostpreußen eingedrungene russische Armeen wurden – trotz ihrer zahlenmäßigen Überlegenheit – im August und September 1914 unter der Führung des Generals **Paul von Hindenburg** und seines Stabschefs **Erich Ludendorff** geschlagen. Die Siege von Tannenberg und den Masurischen Seen verhalfen beiden Offizieren zu riesiger Popularität. Ab 1916 führten diese beiden Generäle die Oberste Heeresleitung (OHL) an und übten eine gewaltige Macht über die Armee und das ganze Land aus.

Die Kämpfe an der Ostfront verliefen wechselvoller als im Westen. Teile Galiziens mussten 1914 der russischen Armee überlassen werden. Die österreichisch-ungarische Armee verlor in diesen Kämpfen etwa ein Drittel ihrer Feldstärke. Jedoch konnte die gefürchtete „russische Dampfwalze" gestoppt werden. 1915 musste Russland sich aus Galizien zurückziehen und auch Teile des Baltikums und Polen räumen. Dann erstarrte auch dieser Kampf im Grabenkrieg. Das Jahr 1916 brachte nochmals russische Erfolge, aber die Angriffskraft der überanstrengten russischen Armeen war damit erschöpft.

Paul von Hindenburg (1847-1934): 1914-1916 Oberbefehlshaber der Truppen an der Ostfront, 1916-1918 Chef des Generalstabs, 1925-1934 Reichspräsident

Der Seekrieg Die deutschen Schlachtschiffe wurden in den Häfen zurückgehalten, da man ihre Vernichtung durch die überlegene englische Flotte nicht riskieren wollte. Die *Seeschlacht im Skagerrak* (1916), bei der den Engländern großer Schaden zugefügt wurde, blieb eine Ausnahme. Dank britischer Überlegenheit bestand die Seeblockade fort.

Militärisch und politisch folgenreicher wurde der Einsatz der neuen *Unterseeboote*. Als Reaktion auf die Blockade hatte Deutschland die Gewässer um England im Februar 1915 zum Sperrgebiet erklärt. Man wollte im Gegenzug auch England aushungern. U-Boote versenkten Schiffe, auch neutrale und zivile, und dies zur eigenen Sicherheit oft ohne Vorwarnung (*„uneingeschränkter U-Boot-Krieg"*). Die neutralen Staaten waren empört. Im Mai 1915 wurde der britische Passagierdampfer *Lusitania* torpediert und 1200 Menschen kamen um. Darunter waren über 100 amerikanische Staatsbürger. Deshalb drohte der Bruch mit den USA. Nach scharfen Drohungen der USA wurde der uneingeschränkte U-Boot-Krieg vorerst (bis 1917) eingestellt.

Zur selben Zeit wurden in Deutschland die Folgen der englischen Seeblockade immer spürbarer: Die Lebensmittelnot der Zivilbevölkerung verschärfte sich. Im „Steckrübenwinter" 1916/17 gab es bereits Hungertote. Trotz der ungeheuren Opfer auf beiden Seiten war aber auch Ende 1916 ein baldiges Ende des Krieges nicht in Sicht.

Erich Ludendorff (1865-1937): 1914 Generalstabschef im Ersten Weltkrieg und gemeinsam mit Hindenburg Oberbefehlshaber der deutschen Truppen an der Ostfront; 1924-1928 Abgeordneter im Reichstag

Technik des Todes Der Erste Weltkrieg unterschied sich von früheren Kriegen vor allem durch die Masse an Soldaten und Kriegsmitteln sowie die Größe des Kriegsgebietes. Etwa 64 Millionen Soldaten wurden weltweit mobilisiert, mehr als in jedem Krieg zuvor. Wissenschaftliche Fortschritte und technische Neuerungen wurden umfassend genutzt. Zu Beginn der Kämpfe verfügten die Mittelmächte und die Entente-Staaten zusammen über knapp 600 Flugzeuge. Am Ende des Krieges sollte das Deutsche Reich 48000, Frankreich 52000 und Großbritannien 55000 Flugzeuge gebaut haben. Das Fluggerät wurde zur spezialisierten Waffe, etwa zum Bomber, zum Aufklärer oder zum Jagdflugzeug. Jagdflieger wurden von der Propaganda zu „Rittern der Lüfte" verklärt und sammelten als „Fliegerasse" gegnerische Abschüsse. 28 deutsche Unterseeboote waren zu Beginn des Krieges fertiggestellt; 1918 hatte Deutschland fast 400 Stück gebaut. Um die erstarrten Fronten zu durchbrechen und wieder zum Bewegungskrieg zu kommen, setzte die britische Armee ab 1916 Panzer („tanks") ein.

▲ **Rettungsring der „Lusitania".**

▲ **Massenherstellung von Granaten.**
Foto aus der Munitionsfabrik Chilwell (Großbritannien), um 1916.

Internettipp:
Für Materialien zur Kriegseuphorie im August 1914 in Westphalen siehe Code 4677-05

Die Suche nach immer wirkungsvolleren Waffen führte zur Entwicklung chemischer Kampfstoffe. Frankreich hatte 1914 erstmals Tränengas verschossen. Deutschland setzte im April 1915 bereits tödliches Chlorgas ein, das aus Tausenden Gasflaschen abgelassen wurde (▸ M3). Nach diesem Tabubruch verwendeten alle großen Mächte spezielle Kampfstoffe, die mit Granaten verschossen wurden. Chemische Waffen töteten nicht nur, sondern hinterließen vor allem Verwundete, darunter zahlreiche Kriegsblinde, deren Pflege Kräfte binden sollte. Giftgas wird als die schrecklichste Waffe des Ersten Weltkrieges angesehen.

Der Krieg war bereits 1914 zum Weltkrieg geworden, als Großbritannien die deutschen Kolonien in Afrika und im Pazifik angriff. Mit dem Eingreifen der Vereinigten Staaten von Amerika aufseiten der Entente war 1917 auch die letzte bislang neutrale Großmacht am Krieg beteiligt.

Das „Fronterlebnis" Viele junge Männer waren 1914 in den Krieg gezogen, um „deutsche Kultur" gegen die „dekadente Demokratie" im Westen und die „asiatische Gefahr" im Osten zu verteidigen. Die Propaganda nutzte viele Mittel, um den Kriegsausbruch als ein alle Schichten verbindendes, nationales Erwachen darzustellen.

Was folgte, war jedoch ein jahrelanger Stellungskampf, der riesige Verluste forderte, ohne erkennbar zu einem Kriegsende zu führen. Dies hinterließ tiefe seelische Spuren bei den Soldaten, die sich immer drängender die Frage nach dem Sinn des Kampfes stellten. Besonders die an vorderster Front in den Schützengräben kämpfenden Soldaten entwickelten ihre eigene Sicht auf den Krieg. Sie lagen in Erde und Schlamm eingegraben, bewegten sich meist gebückt und waren Tag und Nacht den Bildern und Geräuschen des Krieges ausgesetzt. Ihre Aufgabe bestand darin, nach Artilleriebeschuss der feindlichen Stellungen vorwärtszustürmen, um den gegenüberliegenden Graben einzunehmen. Beim Ansturm starben Tausende durch Maschinengewehrsalven, Handgranaten oder Flammenwerfer. Viele Soldaten begannen, sich als Teil einer großen Kriegsmaschine zu fühlen. Um dennoch stolz auf ihr Leben als Soldat zu sein, mussten sie eine Abstumpfung gegenüber den Leiden des Krieges entwickeln. Der Tod konnte jederzeit über sie hereinbrechen und selbst noch ihren Leichnam zerstören. Werte des zivilen Lebens und Maßstäbe der Friedenszeit verblassten, und eine kriegerische Moral entwickelte sich. Vielen dieser Männer fiel es schwer, sich nach dem Krieg wieder in die bürgerliche Gesellschaft einzugliedern. Sie wurden als „verlorene Generation" angesehen.

Kriegswirtschaft Der Krieg wurde auch hinter den Fronten geführt. Da die Alliierten die Zufuhr von Rohstoffen in das Deutsche Reich blockierten, herrschte bald eine spürbare Knappheit, etwa an Edelmetallen, Kautschuk, Erdöl und Salpeter, alles wichtige Rohstoffe für die Rüstungsindustrie. Deutsche Unternehmen versuchten schnell, Ersatzstoffe zu entwickeln. Die BASF und die neu gebauten Leunawerke stellten Ammoniak her, der zu Salpeter weiterverarbeitet wurde. Die Firma Bayer erzeugte künstlichen Kautschuk für Reifen und Schiffsbatterien. Darüber hinaus zog die Regierung alle kriegswichtigen Rohstoffe ein. Glocken wurden von den Kirchtürmen geholt,

Eisengitter abmontiert und eingeschmolzen. Die Industrie wurde unter staatliche Aufsicht gestellt und weitgehend auf die Produktion von Kriegsgütern umgestellt.

	Vorkriegsschnitt	1914/15	1915/16	1916/17
Krupp	31,6	33,9	86,5	79,7
DWM	5,5	8,2	11,5	12,7
Rheinmetall	4,3	6,5	14,5	14,7
Skoda-Werke	5,6	6,4	9,4	8,2
Steyr-Werke	2,7	6,7	17,7	18,3
Schneider-Creusot	6,9	9,2	10,8	11,2
Hotchkiss	–	–	2,0	14,0

▲ **Reingewinne verschiedener Rüstungsfirmen in jeweiliger Landeswährung (in Millionen).**
Nach: Gerd Hardach, Der Erste Weltkrieg 1914-1918 [Wolfram Fischer (Hrsg.), Geschichte der Weltwirtschaft im 20. Jahrhundert, Bd. 2], München 1973, S. 117

- *Finden Sie heraus, in welchem Land die Firmen arbeiteten, was sie hauptsächlich herstellten und welche Entwicklung sie nach dem Ersten Weltkrieg nahmen.*
- *Diskutieren Sie die Entwicklung der Gewinne vor dem Hintergrund des Kriegsverlaufes und der erzeugten Güter.*

Epochenjahr 1917: Eintritt der USA ... Trotz formaler Neutralität bevorzugten die USA die Entente-Staaten durch Sachlieferungen und Anleihen. Der deutsche U-Boot-Krieg hatte wiederholt das Leben von US-Bürgern gekostet, außerdem entsprach die parlamentarische Regierungsform den amerikanischen Demokratievorstellungen. Die deutsche Admiralität hoffte 1917, durch die Wiederaufnahme des uneingeschränkten U-Boot-Krieges das importabhängige England zu einer Beendigung des Krieges zu zwingen. Dies führte dazu, dass die USA am 6. April Deutschland den Krieg erklärten.

Der Krieg wurde in den USA als Kreuzzug für Frieden und Gerechtigkeit gegen autokratische Macht verstanden.* Er sollte nicht der eigenen machtpolitischen Expansion dienen, sondern der Verhinderung weiterer Kriege („*war to end all wars*"). US-Präsident Woodrow Wilson war der Meinung, eine künftige Friedensordnung könne auf Dauer nur zwischen „wirklich freien und sich selbst regierenden Völkern" Bestand haben. Seine idealistischen Ziele fasste er in einem 14-Punkte-Programm zusammen.** Ein weiteres programmatisches Ziel der USA war dabei auch, die Ideen der Demokratie durchzusetzen. Bei Amerikas Kriegseintritt war die Zarenherrschaft bereits beseitigt (s. u.), daher galten nur noch Deutschland und Österreich-Ungarn als autokratisch regierte Großmächte.

... und Ausscheiden Russlands Die Mittelmächte schöpften Hoffnung aus Vorgängen in Russland, das unter den Kriegslasten und enormen sozialen Gegensätzen litt. 1917 brachen Streiks und Aufstände unter Arbeitern und Bauern aus, denen sich auch meuternde Soldaten anschlossen. Die *Februarrevolution* führte zum Rücktritt des Zaren und zur Bildung einer bürgerlichen „Provisorischen Regierung". Sie hatte in den Arbeiter- und Bauernräten (*Sowjets*), die sich in Fabriken und Kasernen bildeten, eine entschieden radikalere Konkurrenz. Während die Regierung eine Fortsetzung des Krieges an der Seite der Entente beabsichtigte, forderten viele Sowjets ein schnelles Ende.

Um die auf Kriegsende drängenden Kräfte zu stärken, verhalfen deutsche Behörden dem im Schweizer Exil lebenden Revolutionär **Wladimir Iljitsch Uljanow**, genannt **Lenin**, zur Rückkehr nach Russland. Mitte April kam er nach Petersburg und arbeitete mit Entschlossenheit auf den Sturz der bisherigen Ordnung und den Aufbau einer sozialistischen Gesellschaft hin. Lenins Parteigänger, die *„Bolschewiki"*, erlangten im September in wichtigen Sowjets die Mehrheit, da sie mit dem Ruf nach unverzüglicher Beendigung der Kämpfe ein entscheidendes Anliegen vieler Russen vertraten.

Wladimir Iljitsch Uljanow, genannt Lenin (1870-1924): russischer Revolutionär, 1917 Anführer der Oktoberrevolution, 1922-1924 Gründer und erster Staatschef der Sowjetunion

Am 7. November (25. Oktober russ. Zeitrechnung, daher *Oktoberrevolution*) wurden in der Hauptstadt alle strategisch wichtigen Punkte besetzt und der Sitz der Provisorischen Regierung gestürmt. Ein „Rat der Volkskommissare" unter Vorsitz Lenins erklärte sich zur neuen Regierung. Wie angekündigt schloss sie einen Waffenstillstandsvertrag und trat in Friedensverhandlungen ein. Im März 1918 unterzeichneten die Machthaber den *Friedensvertrag von Brest-Litowsk****. Russland musste darin die Unabhängigkeit

* Siehe dazu auch S. 84.
** Siehe dazu und zu Woodrow Wilson S. 454 und M1, S. 457.
*** Zum Friedensvertrag von Brest-Litowsk siehe auch S. 455.

der Ukraine und Finnlands anerkennen sowie auf seine westlichen Randgebiete verzichten. Große deutsche Truppenmassen blieben trotz des Friedensvertrages zur politischen und militärischen Sicherung im Osten gebunden.

Der militärische Zusammenbruch An einen deutschen Sieg war dennoch nicht mehr zu denken, zumal das Kräfteverhältnis immer ungleicher wurde. Bei Beginn der Frühjahrsoffensive waren 300 000 amerikanische Soldaten in Frankreich gelandet, ihre Zahl erhöhte sich bis Oktober auf 1,8 Millionen.

Aus Furcht, gegnerischen Kräften könne ein Durchbruch an der Westfront gelingen, drängten Ludendorff und Hindenburg nach Wochen des Schwankens seit dem 29. September nachdrücklich und nervös auf das sofortige Angebot eines Waffenstillstandes. Die Erkenntnis, dass die Oberste Heeresleitung jetzt offenbar fest mit einer drohenden Niederlage rechnete, traf Politiker und Öffentlichkeit wie ein Schock. Am 4. Oktober beugte sich der neue Reichskanzler Prinz **Max von Baden** dem Drängen der Militärs und richtete an den amerikanischen Präsidenten ein Waffenstillstandsangebot. Verhandlungen aufgrund der 14 Punkte Wilsons schienen die beste Chance für einen Frieden zu bieten, der trotz der sich abzeichnenden Niederlage die Besiegten nicht zur totalen Kapitulation zwang.

Max von Baden (1867-1929): Großherzog von Baden, preußischer General und 1918 Reichskanzler

Mit Unterzeichnung des Waffenstillstandes am 11. November 1918 in einem Eisenbahnwaggon im Wald von Compiègne musste das Deutsche Reich dann allerdings die bedingungslose Kapitulation akzeptieren. Die Ablieferung großer Mengen von Kriegsmaterial und Transportmitteln machte die Wiederaufnahme der Kämpfe unmöglich.

Die Doppelmonarchie Österreich-Ungarn war schon seit Oktober von innen her aufgelöst worden. Nach den Tschechen trennten sich auch Polen, Ukrainer, Rumänen und Südslawen vom Reich, Ungarn erklärte seine Selbstständigkeit. Während Österreich-Ungarn sich in „Nachfolgestaaten“ auflöste, konnte die Türkei zumindest ihre staatliche Existenz bewahren.

Körperlich und seelisch Versehrte In 52 Monaten hat der Erste Weltkrieg insgesamt etwa 17 Millionen Menschenleben gekostet, darunter sechs Millionen Soldaten der Entente, vier Millionen der Mittelmächte und sieben Millionen Zivilisten. Etwa 20 Millionen Menschen wurden im Krieg verwundet.

Allein in Deutschland gab es bei Kriegsende rund 2,7 Millionen physisch und psychisch versehrte Kriegsteilnehmer. Kein Körperteil war von Waffeneinwirkungen verschont geblieben; die meisten Verwundungen gingen auf die wahllos einschlagenden Artilleriegeschosse zurück. Sie waren aber auch für seelische Verheerungen verantwortlich (▸ M4). Soldaten, die verschüttet wurden oder in ein Sperrfeuer gerieten, brachen oftmals nervlich zusammen und stellten nach dem Krieg ein Heer von sogenannten „Kriegsneurotikern“. Der Anblick von Entstellten und Verstümmelten mit Prothesen gehörte zum Alltag der Nachkriegszeit. Er erinnerte die Öffentlichkeit ständig daran, dass dieser Krieg kein edles, heldenhaftes Kräftemessen, sondern ein vierjähriges „Menschenschlachthaus“ war.

▲ **Künstliche Gliedmaßen.** *Für die zahlreichen Kriegsverletzten wurden neue Prothesen entwickelt, z. B. die „Sauerbruch-Hand“.*

1. *Fassen Sie die Gründe zusammen, die zur Niederlage des Deutschen Reiches führten.*
2. *Erläutern Sie den Einfluss der Industrialisierung auf die Kriegsführung.*

M1 Die Schrecken des Bewegungskrieges ...

a) Der 20-jährige Leutnant Leopold von Sutterheim schreibt im August 1914 an seine Mutter:

Mutter, wir siegen. Das weiß ich jetzt, wo ich diesen heiligen Ernst, diese einmütige Ruhe sehe. Auch für Euch, wenn es anders kommen sollte, gilt das Wort: Lieber ein Ende mit Schrecken, als ein Schrecken ohne Ende. Denn der Tod ist der Übel größtes nicht. Es kann der Tod neues Leben erwecken, und erst recht kann er das in diesen Zeiten. Aber wir wollen nicht sterben, denn noch mehr Nutzen hat das Vaterland von uns, wenn wir leben bleiben und danach wieder einen schönen, herrlichen Frieden genießen. Doch wenn es mich trifft, so ist es auch gut. Für Eure Sicherheit, dass Ihr ein ruhiges Leben führt, würde ich gern bleiben. Aber daran denke ich nicht, ich will leben bleiben, um möglichst viel meinem Vaterland dienen zu können. Also als Sieger werde ich wieder Euch umarmen. Tut Eure Pflicht, seid ruhig, ernst! Und wenn dies nicht so kommt, so seid glücklich in ernster, stiller, einsamer Arbeit an unserem Volk. Und nun noch eine Fabel. Als eine Äffin, die viele Kinder hatte, einer Löwin sagte voll Hohn, die nur einen Sohn hatte: „Wie viel Kinder hast Du?" Da sagte die Löwin: „Eins, aber einen Löwen."
Der Löwe will ich sein.
Und nun mit Gott für Euch, für mein Volk!

b) Am 30. August, keine vier Wochen später, schreibt Hauptmann von Frobel, Kompanie-Chef im Braunschweiger Infanterie-Regiment 92, an Sutterheims Mutter:

In der Nacht vom 21. auf den 22. August waren wir für wenige Stunden in dem Dorfe Bouillet untergebracht. Morgens um 2 Uhr am 22. 8. traten wir den Vormarsch an, um bald die Sombre zu überschreiten. Nicht lange nachdem wir den Fluss überschritten hatten, kamen wir in ein Dorf, wie wir später erfuhren, Roselies. Als die Kompanien des Bataillons in Marschkolonnen im Dorfe waren – die Spitze hatte das Dorf schon fast durchschritten – erhielten wir plötzlich rasendes Feuer aus allen Häusern, Gärten, Hecken und wo sonst sich eine Gelegenheit für den Feind bot. Es herrschte vollkommene Dunkelheit, sodass man immer nur das Aufblitzen der feindlichen Schüsse sah. Ich ordnete an, dass sich die Kompanie in dem freien Raum zwischen den Häusern hinlegen sollte. Hier lagen wir etwa eineinhalb Stunden, immerfort vom Feind beschossen. [...] Als es endlich langsam hell wurde, erhielt die Kompanie Feuer aus einem einsam gelegenen weißen Hause und bekam den Befehl vorzugehen. Ich schickte den 3. Zug dagegen vor. Inzwischen hatten sich auf dem auf der Höhe halbrechts vor uns liegenden Walde Franzosen entwickelt und nahmen das Feuer gegen den Ort auf. Ich entwickelte den Zug Ihres Herrn Sohnes, der [...] das Feuer erwiderte. Im Verein mit anderen Kompanien und dem gegen das weiße Haus angesetzten Zug wurde nun der Angriff gegen die auf der Höhe liegenden Franzosen angesetzt. Unter Benutzung der zahllosen Hecken, die das Gelände durchzogen, arbeiteten sich die Schützen bis an einen kleinen, vor uns liegenden Steilabfall heran. Hier fanden sie vollkommene Deckung, konnten aber selbst im Augenblicke nicht schießen. Ihr Herr Sohn, der inmitten seiner Leute in voller Deckung lag, richtete sich einen Augenblick etwas auf, um [...] nach dem Feinde Ausschau zu halten. In dem Augenblick, den er dazu benötigte, traf in das feindliche Geschoss. Die Kugel traf ihn in den Hals und gewiss die Schlagader. Ihr Herr Sohn sagte in dem Augenblick: „Grüßen Sie meine guten Eltern." Dann sank er in sich zusammen und war sofort tot.

Erster und zweiter Text zitiert nach: Tagebuchaufzeichnungen und Brief von Leutnant Leopold von Sutterheim (1894-1914): Bestand des Deutschen Historischen Museums, Berlin; www.dhm.de/lemo/forum/kollektives_gedaechtnis/042 [Zugriff vom 19. Januar 2012]

1. *Bereits seit den ersten Kriegsmonaten durften Soldaten oft nur offene Briefe abschicken, die von ihren Vorgesetzten gelesen und teilweise zensiert wurden. Erläutern Sie die Gründe und die Wirkung dieser Zensur.*
2. *Analysieren Sie die Intention, die der Kompanie-Chef mit seinem Brief verfolgt.*
3. *Erörtern Sie die Wirkung des Briefes von Leutnant Leopold von Sutterheim auf seine Familie. Sie können für diese Erörterung ein Schreibgespräch nutzen.*

M2 ... und die Schrecken des Stellungskrieges

Vizefeldwebel Arthur Goldstein, der am 7. April 1916 umkam, berichtet in einem Brief:

Allmähliches Durchsickern von Nachrichten über die Kriegslage. Franzosen auf einer Front von 15 km Breite in Tiefe von 3 km durchgebrochen. [...] Die Grabenbesatzung, die alles eingebüßt hatte, was sie nicht auf dem Leib trug, kaum noch menschenähnlich. [...] Gräben. Keine Unterstände. Eifriges Auswühlen von Erdlöchern. Vor Morgen aufwachen, vor Nässe und Frösteln. Bei Tagesanbruch setzt das Grauenhafte ein: „Trommelfeuer!" Ich halte mit Unteroffizier Schulte in einem Erdloch. Unaufhörlich erzittert die Erde. Unaufhörlich klingen Abschüsse und Einschläge zusammen, wie zu einem ungeheuren Trommelwirbel. Was 20 bis 30 Meter weiter vor sich geht, kümmert uns bald nicht mehr. Immer wieder platzen die Granaten der Batterien, die unser kurzes Graben-

◂ **„Gassed.“**
Gemälde (230 x 610 cm) von John Singer Sargent, 1918/19 (Ausschnitt).

stückchen zum Ziel genommen hatten, in nächster Nähe mit entsetzlichem Dröhnen. Dabei bröckelt jedes Mal der Dreck von der Decke unserer Höhle. [...] Gegen Mittag steigert sich das Feuer zu wahrer Raserei; höchstens dem Tosen des aufgewühlten Meeres zu vergleichen. Wir harren, auf dem Bauche liegend, dem Boden und der Wand angeschmiegt, in Ergebung der Dinge, die da kommen müssen. Endlich um 5 Uhr legt sich der Sturm. [...]
Unsere Ruhe bedeutet keine Untätigkeit des Feindes. Er versucht jetzt, durch wildes Feuer die Artillerie niederzukämpfen und das Herankommen von Reserven zu verhindern. Endlich ruht die Artillerie ganz. Jetzt heißt's scharf beobachten. [...] Dichte Kolonnen stürmen über das braune Feld in und hinter den Tannenstreifen. Mit Erbitterung schießen meine Leute. [...] Jetzt erwacht auch die Artillerie. Ganze Scharen der Gegner werden von den platzenden Granaten [...] der Mörser begraben. [...] Sie fluten unter Verlusten zurück. Die Nacht war ruhig. Am folgenden Morgen strahlte der Himmel wolkenlos. Aber die feindlichen Fesselballons und ebenso die Flieger, die uns in früher Stunde umkreisten, kündeten nichts Gutes an. Bald setzte das Trommelfeuer ein, aber heute war der Beschuss durch die Flieger vorzüglich geleitet. Schlag auf Schlag platzen Granaten in nächster Nähe. Ein Schrapnellhagel geht über dem Graben nieder. [...] Verwundete stürzen in mein Loch, um sich verbinden zu lassen. Es waren grauenhafte Stunden. [...] Alles deutet auf einen großen Angriff.

Zitiert nach: Kriegsbriefe gefallener deutscher Juden, Stuttgart 1961, S. 50 ff.

- *Charakterisieren Sie die Merkmale der Kriegsführung und die Auswirkungen auf das Erleben der Soldaten.*
- F *Diskutieren Sie, wie die Familie auf einen solchen Brief antworten könnte.*

M3 Der erste deutsche Gasangriff bei Ypern 1915

In der zweiten Schlacht vor Ypern setzt die Deutsche Armee erstmals Chlorgas gegen französische Truppen ein. Ein Augenzeuge dieses Angriffes am 22. April 1915 berichtet:

Völlig unvorbereitet auf das, was noch kommen sollte, blickten die (französischen) Divisionen für eine kurze Weile wie verhext auf das seltsame Phänomen, das sie langsam auf sich zukommen sahen. Wie eine Flüssigkeit ergoss sich der schwere, intensiv gefärbte Nebel unerbittlich in die Gräben, füllte sie und zog weiter. Für ein paar Sekunden passierte nichts. Das süßlich duftende Zeug kitzelte nur in der Nase. Sie erkannten nicht die Gefahr, in der sie schwebten. Dann, mit unbegreiflicher Schnelligkeit, begann das Gas zu wirken, und blinde Panik breitete sich aus. Nach einem schrecklichen Kampf um Luft wurden Hunderte bewusstlos und starben, wo sie gerade lagen – ein Tod in abscheulichen Qualen, mit gurgelndem Schaum in ihren Kehlen und übler Flüssigkeit in ihren Lungen. Mit geschwärzten Gesichtern und verdrehten Gliedmaßen ertranken sie einer nach dem anderen – nur kam das, was sie ertränkte, von innen und nicht von außerhalb.

Zitiert nach: Charles Francis Horne, Source Records of the Great War, Bd. 3, Washington 1923, S. 116 (übersetzt von Markus Sanke)

1. *Diskutieren Sie, welche Erwartungen die Erfinder der Giftgase an deren Einsatz geknüpft haben könnten.*
2. *Giftgas wurde 1914 von manchen Militärs und Soldaten als menschlicher Fortschritt in der Kriegführung angesehen. Nehmen Sie Stellung zu dieser These.*

▸ **Die Schrecken des Krieges.**
Verwundeter (Herbst 1916, Bapaume). Radierung von Otto Dix, 1924. „Ich habe den Krieg genau studiert, man muss ihn realistisch darstellen, damit er auch verstanden wird.“ So äußerte sich der Künstler Dix rückblickend selbst über sein grafisches Hauptwerk „Der Krieg“, das 1924 in einem Berliner Verlag veröffentlicht wurde. Der aus 50 Blättern bestehende Zyklus verweist nicht nur auf die grauenhaften Grabenkämpfe, die in den Materialschlachten des Ersten Weltkrieges ausgetragen wurden, sondern mit seinen Bildern demaskiert Dix in abschreckender Weise auch den Moloch Krieg als solchen.
- *Informieren Sie sich über Leben und Werk von Otto Dix und erklären Sie, was den Künstler zum „Kriegsberichterstatter“ werden ließ.*

M4 Körperliche und seelische Verheerungen

a) Erich Kuttner ist während des Krieges Soldat. Später wird er SPD-Reichstagsabgeordneter und gründet den „Reichsbund der Kriegsbeschädigten“. 1920 schildert er einen Besuch in einer Berliner Spezialklinik für Gesichtsverletzte:

Wie viele Berliner ahnen eigentlich, dass es noch ca. 20 Lazarette in Berlin mit über 20 000 Insassen gibt, gefüllt mit Opfern des nun schon seit fast zwei Jahren beendeten Krieges? Und wie viele von denen, die es wissen, haben sich jemals die Frage vorgelegt, wie der Körper eines Menschen aussehen muss, der nach zwei-, nach drei-, nach fünf- und sechsjähriger Behandlung noch immer nicht entlassen werden kann, obwohl bei der Entlassung der Kriegsbeschädigten alles andere als zimperlich verfahren wird. Das sind keine Kriegsbeschädigten mehr, das sind die Kriegszermalmten! [...] Die Lazarettkommission, die von den Berliner Lazarettinsassen als ihre Vertretung gewählt worden ist, hatte mich zu einem Besuch mehrerer Lazarette eingeladen. [...] Die Studienreise begann in dem Versorgungslazarett Thüringer Allee, das in einsamer Verlassenheit weit draußen in Westend liegt. Dort liegen die Menschen, denen der Krieg das edelste und schönste des menschlichen Aussehens genommen hat – so schaurig es sich ausspricht: Menschen ohne Gesicht.
Auf die Bitte der Lazarettkommission tritt in das kleine Geschäftszimmer [...] ein Mann, der quer über die Mitte des Gesichts eine Binde trägt. Er nimmt sie ab und ich starre in ein kreisförmiges Loch von der Größe eines Handtellers, das von der Nasenwurzel bis zum Unterkiefer reicht. Das rechte Auge ist zerstört, das linke halb geschlossen. Während ich mit dem Mann rede, sehe ich das ganze Innere seiner Mundhöhle offen vor mir liegen: Kehlkopf, Speiseröhre, Luftröhre wie bei einem anatomischen Präparat. [...]
[Seine Behandlung] wird noch fünf Jahre dauern. Einstweilen hat der Mann seine achtzehnte Operation überstanden. Bald darauf lerne ich Leute mit 30 und 36 Operationen kennen. Man hat die unbequeme Existenz dieser Kriegsopfer vergessen. Im Westend zeigt man mir eine Sammlung von Gipsmasken, die von den Kieferverletzten bei ihrer Einlieferung angefertigt wurden. Das zusammengeflickte Gesicht wird dann später ebenfalls abgegipst und zum Vergleich aufgehoben. Warum versteckt man diese Denkmäler des Schreckens?

b) Im Weltkrieg nehmen seelische Erkrankungen in erschreckendem Maße zu. Die Psychiatrie hat kaum Erfahrung mit schwer traumatisierten Personen. Auszug aus einer Krankenakte:

Fall 421. 25-jähriger Offizier. 1915 Oberarmdurchschuss. Unterstand durch Volltreffer verschüttet (1917). Versucht sich mit seinen Kameraden auszugraben. Letztere verlässt allmählich die Kraft. Sie starben wohl an Erstickung; der Kranke kann nichts darüber angeben. Auch er fühlt zunehmenden Luftmangel. Eine zweite Granate öffnet den verschütteten Unterstand. Dadurch gerettet. Seither nervöse Angstzustände, Schlaflosigkeit, Schreckträume, Erregbarkeit. „Fühlt immer wieder Atemnot, glaubt ersticken zu müssen“, dreimonatige Behandlung bringt keinen Erfolg, daher Verlegung in das Nervenlazarett. Starker, früher stets gesunder, intelligenter, strebsamer Mann.

Erster Text: Erich Kuttner, Vergessen! Die Kriegszermalmten in Berliner Lazaretten, in: Vorwärts vom 8. September 1920, zitiert nach: Bernd Ulrich und Benjamin Ziemann (Hrsg.), Frontalltag im Ersten Weltkrieg. Quellen und Dokumente, Essen 2008, Dok. 20 i, S. 92 f.
Zweiter Text zitiert nach: ebda., Dok. 21 d, S. 103

1. *Informieren Sie sich über die körperlichen und seelischen Folgen von Kriegen nach dem Ersten Weltkrieg bis in unsere heutige Zeit.*
2. *Erörtern Sie mögliche Antworten auf die Frage am Ende des Zeitungsberichtes.*
3. *Diskutieren Sie mögliche Folgen für eine Gesellschaft, die solche Kranke integrieren muss. Beziehen Sie das Männerbild der Zeit in Ihre Überlegungen ein.*

Kriegspropaganda

Die kriegführenden Regierungen prägten die Haltung ihrer Bürger zum Krieg und zu den jeweiligen Gegnern durch Propagandaaktionen. Sie warben für die Zeichnung von Kriegsanleihen, ohne die der Krieg nicht finanzierbar gewesen wäre, und in den USA, wo es keine Wehrpflicht gab, auch für den Eintritt in die Armee zum Kampf gegen das Deutsche Reich.

M1 Plakate aus den USA

▲ **„Destroy this mad brute. Enlist.“**
Plakat (106 x 71 cm) von Harry Ryle Hopps von 1917.

▲ **„The Navy Needs You! ...“**
Plakat (70 x 48 cm) von James Montgomery Flagg, um 1917.

M2 Krieg und Propaganda

Gert Raeithel, Professor für amerikanische Geschichte, beschreibt, mit welchen Mitteln die amerikanische Bevölkerung auf den Eintritt in den Ersten Weltkrieg „eingestimmt“ wird:

Zuständig für Propaganda und Zensur war das *Committee on Public Information*. [...] Im Jahr 1914 war nicht einmal jeder tausendste für den Kriegsbeitritt. Noch 1917 ergab eine Stichprobe aus dem Staat Minnesota, dass dort 90 Prozent der Einwohner gegen den Krieg waren. Creel[1] und seiner Behörde oblag die Aufgabe, einen gewaltigen Meinungsumschwung herbeizuführen. Dass es dabei auf die Wahrheit nicht so genau ankam und man auch mit Fälschungen arbeitete, hat Creel nachträglich in seinem Bericht *How We Advertised America* (1924) eingestanden.

Das *Committee on Public Information* belieferte Fabriken mit patriotischen Plakaten, verteilte über 75 Millionen Broschüren und schickte über 75 000 Redner durch die Lande, um für den Krieg zu werben. Die nach der Dauer ihrer Vorträge „Four-Minute-Men“ genannten Redner hielten über 750 000 Ansprachen ans Volk. Ebenfalls vier Minuten dauerten die Gesangseinlagen, zu denen sich patriotische Amerikaner zusammenfanden. [...] Propagandafilme wie *Pershing's Crusaders, Our Coloured Fighters* oder *The Kaiser, the Beast of Berlin* wurden von der Regierung finanziert.

Die aggressiv betriebene Propaganda polte eine in der Mehrheit kriegsunwillige Bevölkerung zu Patrioten um. Kriegshysterie löste binnen weniger Monate die isolationistische Grundhaltung ab. Wer sich der Kriegsstimmung zu entziehen trachtete, musste mit Repressalien rechnen. [...]

Jetzt entstand der Ausdruck vom hundertprozentigen Amerikanismus, und der nahm bis übers Kriegsende hinaus immer gewalttätigere Formen an. [...] Sanktionen musste jedermann erwarten, der irgendeine mit dem Krieg in Verbindung stehende Sache missachtete, kritisierte oder auch nur gelinde verspottete, sei es die Flagge, die Regierung oder die dreizehn Knöpfe an den Hosen amerikanischer Matrosen.

Gert Raeithel, Geschichte der nordamerikanischen Kultur, Bd. 2: Vom Bürgerkrieg bis zum New Deal 1860-1930, Weinheim 1992, S. 304-306

[1] Der Journalist George Creel war Leiter des Committee on Public Information.

1. *Erläutern Sie Formen und Folgen der staatlichen Propaganda (M1 und M2).*
2. *Analysieren Sie eines der Plakate in Arbeitsgruppen. Beachten Sie dafür folgende Aspekte: Aufbau der Zeichnung, Farbgestaltung, Verhältnis Bild – Text, grafische Gestaltung der Textteile, Selbstdarstellung und Darstellung des Feindes. Finden Sie einen Begriff, mit dem Sie die Wirkungsabsicht des Plakates charakterisieren können.*
3. *Stellen Sie Ihre Arbeitsergebnisse vor und diskutieren Sie, welches Plakat Sie für das wirksamere halten.*

Karten ermöglichen eine Orientierung im Raum. Während *topografische Karten* ein möglichst wirklichkeitsgetreues Abbild der Erdoberfläche zeichnen wollen, geben *thematische Karten* die Lage und Verteilung von beliebigen Merkmalen im Raum an. Thematische Karten, die nicht aktuelle Zustände abbilden, sondern Daten aus der Vergangenheit, werden als *Geschichtskarten* bezeichnet. Alle Daten, die einen geografischen Bezug haben, können auch kartiert werden: Grenzen und Wege, Einwohnerzahlen und Wahlergebnisse, Klima und Verkehr, Ethnien und Religionen, Konkurse und Aufstände. Ein Kartenblatt kann *Gleichzeitiges* darstellen, es kann aber auch *Ungleichzeitiges* symbolisieren und damit Entwicklungen über längere Zeiträume veranschaulichen.

Mit Karten arbeiten

Mit Karten arbeiten

Als maßstäblich verkleinerte, auf das jeweils Wesentliche reduzierte und durch vielfältige Symbole kodierte „Raummodelle" stellen Karten Sachverhalte aus Politik, Wirtschaft, Kultur oder Gesellschaft zu einer bestimmten Zeit in einem ausgewählten Raum dar. Sie sind dennoch keine „neutralen" oder „objektiven" Medien – ganz im Gegenteil: Seit Karten angefertigt werden, sind sie das Ergebnis einer Weltinterpretation ihrer Erzeuger. Sie spiegeln nicht nur das Wissen und Denken ihrer Entstehungszeit wider, stets werden sie auch in einer bestimmten Absicht angefertigt. Karten können verschiedene Darstellungsabsichten verfolgen: Sie können Handels- oder Gewerbeinteressen dienen oder bestimmte kulturelle oder politische Wertschätzungen zum Ausdruck bringen. Sie können Herrschaftsansprüche legitimieren, indem sie strittige Grenzverläufe in bestimmter Weise fixieren oder durch Ausklammerung einem Volk oder Staat das Existenzrecht absprechen. Damit beeinflussen Karten das Geschichtsbild oder die aktuelle Weltsicht des Betrachters oft deutlich mit. Für die Arbeit mit Karten ist deshalb die Kenntnis des historischen und thematischen Hintergrundes genauso wichtig wie die Übersetzung der Legende und der Symbole.

Formale Kennzeichen

- Um welchen Kartentyp handelt es sich?
- Wer hat die Karte entworfen oder in Auftrag gegeben?
- Wann und wo ist die Karte entstanden oder publiziert worden?

Karteninhalt

- Auf welchen Raum, welche Zeit und welches Thema bezieht sich die Karte?
- Welche Bedeutung haben die Farbflächen (Länder, Glaubensrichtungen etc.), welche die Symbole (Orte, Bodenschätze, Güter, ihre Menge, Handelswege oder Ereignisse)?
- Lässt sich durch den Vergleich mit anderen Karten/weiteren Quellen feststellen, ob bestimmte Gegebenheiten oder Entwicklungen hervorgehoben oder ausgeklammert werden?

Historischer Kontext

- In welchen historischen oder politischen Zusammenhang lässt sich die Karte einordnen?
- Welche Ursachen, Entwicklungen und Folgen lassen sich aus der Karte ablesen?

Intention und Bewertung

- An welche Adressaten wendet sich die Karte?
- Welche Aussageabsicht verfolgt sie?
- Auf welche wissenschaftliche oder politische Diskussion geht sie ein?
- Ist eine bestimmte Sichtweise, eine politisch-ideologische Zielsetzung erkennbar?
- Welche Fragen kann die Karten beantworten, welche nicht?

Beispiel und Analyse

Flächenfärbung:
Volksgruppe nach Legende: Russen

„Inselgebiete“ (Enklaven):
überwiegend polnisch besiedelte Gebiete, umgeben von weißrussischen Mehrheiten

Ethnisch gemischte Gebiete:
Polen und Deutsche leben zusammen im selben Raum.

Grenzen 1918/23:
mit schwarzer, dünner, unterbrochener Linie eingetragen

Grenzen 1914:
mit kräftiger Farbe und dicker Linie angegeben

„Krisenherde“:
laut Legende „infolge der Pariser Vorortverträge“

Kartenlegende:
Anders als in der Überschrift angegeben, werden hier Völker, nicht Sprachen genannt („Polen“, nicht „Polnisch“).

Putzger. Atlas und Chronik zur Weltgeschichte, Berlin [2]2009, S. 234

Formale Kennzeichen ▀ Die thematische Karte entstammt einem Geschichtsatlas und ist darin auf einer Doppelseite mit der Überschrift „Krisenherde in Europa nach 1918“ abgebildet. Sie ist im Jahr 2009 erstellt worden und spiegelt somit den aktuellen Forschungsstand wider.

Karteninhalt ▀ Der abgebildete Raum umfasst Mittel- und Osteuropa und den Nordostteil der Mittelmeerwelt. Die Eintragungen der Karte kombinieren drei verschiedene Sachverhalte: Mit *Flächenfärbungen* werden die im Raum vertretenen Sprachen angegeben. Sie sind nach Herkunft und Verwandtschaft zu Sprachfamilien gruppiert, für die jeweils ähnliche Farbtöne verwendet werden, etwa grün und gelb für slawische, blau für germanische, rot für romanische Sprachen. Mit *Liniensymbolen* werden die Staatsgrenzen im Kartenraum angegeben. Dicke, rote Linien markieren die Grenzen im Jahr 1914, vor Ausbruch des Ersten Weltkrieges. Dünne, schwarze, unterbrochene Linien geben die staatsrechtlichen Ergebnisse der Friedenskonferenzen nach dem Ersten Weltkrieg wieder („Pariser Vorortverträge“). Mit roten *Kreissymbolen* sind Krisenherde eingetragen, die aus der europäischen Nachkriegsordnung resultierten. Die Konflikte sind mit einem Stichwort benannt, die Größe des Kreises scheint die geografische Ausdehnung und/oder die Intensität des Konfliktes anzugeben.

Historischer Kontext ▀ Die Niederlage der Mittelmächte im Weltkrieg hatte erhebliche territoriale Veränderungen zur Folge. Das Deutsche Reich sollte zu seiner Schwächung und zur Entschädigung seiner Gegner Gebiete verlieren. Das in Nationalstaaten zerfallende Österreich-Ungarn machte die Festlegung neuer Grenzen erforderlich. Schon während des Krieges hatte die Entente Staaten, die sich auf ihre Seite schlugen, Gebietsgewinne nach dem Krieg versprochen, ebenso war die Wiederherstellung eines polnischen Staates Ziel der Alliierten. Treibende politische Kraft im Darstellungszeitraum war der Nationalismus, der nach staatlicher Souveränität verlangte und eine machtpolitische Ausdehnung des eigenen Territoriums oder die Abwehr fremder Annexionen anstrebte.

Intention und Bewertung ▀ Die Karte knüpft einen Zusammenhang zwischen dem Ausbruch von Konflikten und den neuen Grenzen. Als Begründung bietet sie die Gemengelage der Nationalitäten in Ostmitteleuropa an. Krisen entstehen demnach dort, wo Angehörige ethnischer Minderheiten unter die politische Herrschaft einer Mehrheitsbevölkerung geraten.
Tatsächlich wurden – entgegen den Ankündigungen Wilsons – auf den Friedenskonferenzen Grenzen gezogen, die oft keine Rücksicht auf die betroffene Bevölkerung nahmen: Die Abtretung großer Gebiete an Polen hat die dortige deutsche Bevölkerung ebenso verbittert wie die österreichischen Südtiroler ihre Annektion durch Italien.
Die Kartierung der „Sprachverteilung“ vereinfacht jedoch die Verhältnisse. Die meisten Gebiete waren keineswegs ethnisch homogen besiedelt, abgebildet ist nur die jeweilige Mehrheit. Auch waren keineswegs alle Volksgruppen verfeindet oder verlangten nach Zugehörigkeit zu einem ethnisch einheitlichen Staat.
Unbeleuchtet bleibt die Art der Krisen und ihre Akteure: Die Rheinländer leisteten passiven Widerstand gegen Anordnungen der alliierten Verwaltung, die Übernahme Siebenbürgens durch Rumänien ging mit Entrechtung und Enteignungen einher, Fiume wurde von einer paramilitärischen Truppe besetzt, Griechenland und die Türkei führten regulären Krieg.
Die dargestellten Konflikte stehen in einem ursächlichen Zusammenhang mit den Pariser Vorortverträgen. Ob sie jedoch tiefere Wurzeln hatten, durch interessierte Kreise instrumentalisiert wurden oder durch andere Vertragsregelungen vermeidbar gewesen wären, muss für jeden Einzelfall entschieden werden.

Erinnern

Der Erste Weltkrieg – die Schuldfrage in internationalen Debatten von den 1950er-Jahren bis heute

Nach dem Ende des Ersten Weltkrieges bemühten sich deutsche Historiker um den Nachweis, Deutschland habe keine Schuld am Krieg. Eine objektivere Beschäftigung mit den Verantwortlichkeiten setzte erst nach dem Zweiten Weltkrieg ein. In diesem Prozess fanden bemerkenswerte Verschiebungen und heftige Kontroversen statt. Im folgenden dokumentieren wir Aussagen von Historikern aus der Zeit von 1951 bis 2014.

M Alte und neue Positionen

a) In einer gemeinsamen Erklärung deutscher und französischer Historiker vom Oktober 1951 heißt es:

Die Dokumente erlauben es nicht, im Jahre 1914 irgendeiner Regierung oder einem Volk den bewussten Willen zu einem europäischen Kriege zuzuschreiben. [...] Die deutsche Politik zielte 1914 nicht auf die Entfesselung eines europäischen Krieges; sie war in erster Linie bedingt durch die Bündnisverpflichtung gegenüber Österreich-Ungarn. Um der als gefährlich empfundenen Auflösung dieses Staates entgegenzuwirken, hat man der Wiener Regierung Zusicherungen gegeben, die einer Blankovollmacht gleichkamen. Die deutsche Regierung war von der Vorstellung beherrscht, eine Lokalisierung des Konfliktes mit Serbien würde wie 1908/09 möglich sein; gleichwohl war sie bereit, nötigenfalls die Gefahr eines europäischen Krieges auf sich zu nehmen. Infolgedessen hat sie es versäumt, rechtzeitig mäßigend auf die Politik Österreichs einzuwirken. Erst seit dem 28. Juli hat Bethmann Hollweg Schritte in dieser Richtung unternommen. Unter dem Eindruck, dass der europäische Konflikt unvermeidlich sei, hat Moltke dagegen als Chef des Generalstabes am 30. Juli aus rein militärischen Erwägungen auf beschleunigte Anordnung der allgemeinen Mobilmachung in Österreich-Ungarn gedrängt.

b) Fritz Fischer (1908-1999), dessen Buch „Griff nach der Weltmacht. Die Kriegszielpolitik des kaiserlichen Deutschland 1914/1918“ im Jahr 1961 einen Streit zwischen älteren und jüngeren Historikern ausgelöst hat, fasst seine Position 1965 in einem Zeitungsartikel so zusammen:

Ich selbst habe noch auf dem Historikertag in Berlin im Oktober 1964 die Ansicht vertreten, Deutschland habe im Juli 1914 bewusst das Risiko eines großen europäischen Krieges auf sich genommen, weil ihm die Situation so günstig wie nie zuvor schien. In Verschärfung meiner damaligen Ausführungen stelle ich heute fest, gestützt auf allgemein zugängliches wie auch auf unveröffentlichtes Material: Deutschland hat im Juli 1914 nicht nur das Risiko eines eventuell über den österreichisch-serbischen Krieg ausbrechenden großen Krieges bejaht, sondern die deutsche Reichsleitung hat diesen großen Krieg gewollt, dementsprechend vorbereitet und herbeigeführt.

c) Christopher Clark, geboren 1960, kommt aus Australien, lehrt Neuere Europäische Geschichte in Cambridge und hat über die Geschichte Preußens geforscht. In seinem 2012 in Großbritannien und 2013 in Deutschland veröffentlichten Werk schreibt er:

Der Kriegsausbruch von 1914 ist kein Agatha-Christie-Thriller, an dessen Ende wir den Schuldigen im Konservatorium über einen Leichnam gebeugt auf frischer Tat ertappen. In dieser Geschichte gibt es keine Tatwaffe als unwiderlegbaren Beweis, oder genauer: Es gibt sie in der Hand jedes einzelnen wichtigen Akteurs. So gesehen war der Kriegsausbruch eine Tragödie, kein Verbrechen. Wenn man dies anerkennt, so heißt es keineswegs, dass wir die kriegerische und imperialistische Paranoia der österreichischen und deutschen Politiker kleinreden sollten, die zu Recht die Aufmerksamkeit Fritz Fischers und seiner historischen Schule auf sich zog. Aber die Deutschen waren nicht die einzigen Imperialisten, geschweige denn die einzigen, die unter einer Art Paranoia litten. Die Krise, die im Jahr 1914 zum Krieg führte, war die Frucht einer gemeinsamen politischen Kultur. Aber sie war darüber hinaus multipolar und wahrhaft interaktiv – genau das macht sie zu dem komplexesten Ereignis der Moderne, und eben deshalb geht die Diskussion um den Ursprung des Ersten Weltkrieges weiter, selbst ein Jahrhundert nach den tödlichen Schüssen Gavrilo Princips an der Franz-Joseph-Straße.

d) Jörn Leonhard, Jahrgang 1967, ist Professor für Westeuropäische Geschichte an der Universität Freiburg und erläutert in seiner 2014 veröffentlichten „Geschichte des Ersten Weltkriegs“:

Entscheidend für die Frage der Verantwortung in der Julikrise ist aber nicht allein die Frage der Eskalation – zu ihr trugen alle Beteiligten bei: in Belgrad, Wien und Berlin genauso wie in St. Petersburg, Paris und London. Von mindestens ebenso großer Bedeutung ist die Frage, wo der Schlüssel zur Deeskalation lag. Gerade hier aber kam Deutschland und auch Großbritannien eine ganz besondere Verantwortung zu: Beide hatten 1912/13 bewiesen, wie eine erfolgreiche Lösung aussehen konnte. Aber mit dem deutschen Blankoscheck für Österreich-Ungarn zu einem frühen Zeitpunkt ging man in Berlin bewusst ein enormes Risiko ein. Man wollte den Konflikt zwischen Österreich-Ungarn und Serbien zum Testfall machen – im klaren Bewusstsein dafür, dass sich diese Krise zum Weltkrieg auswachsen konnte. Die deutsche Risikostrategie, es darauf ankommen zu lassen, wie weit Russland gehen würde und ob es zum Krieg letztlich bereit war oder nicht, traf zugleich auf die russisch-französische Bereitschaft die Balkankrise zum Anlass für einen großen Konflikt zu machen. Die britische Position schließlich blieb zu lange zu unklar und nährte immer wieder widerstreitende Hoffnungen: auf eine britische Neutralität bei den Regierungen in Berlin und Wien oder eine Intervention in Paris und St. Petersburg. Diese Konstellation schränkte den Spielraum für eine Deeskalation im Gegensatz zu 1912/13 massiv ein.
Aber es gab weitere Faktoren, die über die unterschiedlichen Motivlagen der Akteure hinausgingen.

e) Annika Mombauer, geboren 1967, lehrt Geschichte an der Open University in Milton Keynes, Großbritannien. Sie fasst ihre Forschungen zum Thema so zusammen:

Historiker sprechen [...] heute nur noch selten von Kriegsschuld. Es wird auch kaum noch die Verantwortung einer einzigen Regierung hervorgehoben. Stattdessen wissen wir heute, dass in allen Hauptstädten der Großmächte wichtige und zum Teil verhängnisvolle Entscheidungen getroffen wurden. Wir wissen auch, dass vor allem den Militärs überall ein Krieg nicht ungelegen kam und es dem militärischen Denken der Zeit entsprach, einen solchen führen zu wollen. Dennoch muss der Hauptteil der Verantwortung für den Kriegsausbruch nach wie vor in den Entscheidungen Österreich-Ungarns und Deutschlands verortet werden. Die Dokumente, auf die wir uns stützen können, beweisen eindeutig, dass diese beiden Großmächte es auf einen Krieg abgesehen hatten, bevor die Regierungen der anderen Großmächte überhaupt wussten, dass ein europäischer Konflikt bevorstand. [...]
Der Krieg war kein „Unfall“, er war nicht das Resultat von Fehlern oder Versäumnissen, und die Verantwortlichen von 1914 waren keine „Schlafwandler“ (Christopher Clark), sondern sie wussten im Gegenteil ganz genau, was sie taten. Der Krieg brach aus, weil einflussreiche Kreise in Wien und Berlin ihn herbeiführen wollten und ihn absichtlich riskierten und weil man in Paris und Petersburg bereit war, diesen Krieg zu führen, wenn er denn käme. Gewiss, es gab auch in Paris und Petersburg und zu einem viel geringeren Teil sogar in London im Juli 1914 Befürworter des Krieges, vor allem unter den Militärs. Aber die Entscheidung, im Sommer 1914 einen Krieg zu führen, war in Wien und Berlin getroffen worden. Hier übten die kriegslustigen Militärs den größten Einfluss auf ihre politischen und diplomatischen Kollegen aus.

Erster Text zitiert nach: Karl Dietrich Erdmann, Die Zeit der Weltkriege. in: Bruno Gebhardt, Handbuch der deutschen Geschichte, Bd. 4, Stuttgart ^{8}1959, S. 25
Zweiter Text zitiert nach: Fritz Fischer, Vom Zaun gebrochen – nicht hineingeschlittert. Deutschlands Schuld am Ausbruch des Ersten Weltkriegs, in: Die Zeit vom 3. September 1965, Nr. 36, S. 30
Dritter Text zitiert nach: Christopher Clark, Die Schlafwandler. Wie Europa in den Ersten Weltkrieg zog, übersetzt von Norbert Juraschitz, München ^{14}2013, S. 716 f.
Vierter Text zitiert nach: Jörn Leonhard, Die Büchse der Pandora. Geschichte des Ersten Weltkriegs, München ^{2}2014, S. 119 f.
Fünfter Text zitiert nach: Annika Mombauer, Die Julikrise. Europas Weg in den ersten Weltkrieg, München ^{2}2014, S. 117-119

1. *Arbeiten Sie die zentralen Aussagen der Historiker heraus.*
2. *Erklären Sie den Unterschied zwischen „Hauptverantwortung“ und „Schuld“.*
3. *Vergleichen Sie die Aussagen und erläutern Sie die kontroversen Positionen.*
4. *Nehmen Sie zu den Aussagen begründet Stellung. Geben Sie auch an, welche Fragen ggf. offen bleiben und worin Schwierigkeiten für die Urteilsbildung liegen.*

Ursachen und Folgen der Weltwirtschaftskrise 1929

▲ **Die Wall Street außer Kontrolle.**
Karikatur von Rollin Kirby aus „The New York World", Anfang Oktober 1929.
Während der Bulle an der Börse steigende Kurse und Optimismus symbolisiert, steht der Bär für fallende Kurse und Pessimismus.

Orientierung 1929 wurde die Weltwirtschaft durch eine Krise von bis dahin nicht gekanntem Ausmaß erschüttert. In der vorindustriellen Welt wurden wirtschaftliche Krisen oft durch Missernten, Produktionsausfälle, Katastrophen ausgelöst. In einer kapitalistisch organisierten Industriegesellschaft ist eine Wirtschaftskrise in der Regel durch ein Missverhältnis von Produktion und Konsumtion, von Angebot und Nachfrage charakterisiert. Tatsächlich schwanken Produktion, Verkauf und Vertrieb von Gütern ständig; diese Schwankungen werden als Konjunktur bezeichnet. Unabhängig von den Entscheidungen der Unternehmer und dem Verhalten der Käufer beeinflussen Kriege und staatliche Eingriffe wie z. B. Inflation und Deflation die Konjunkturverläufe.

Bis in die 1930er-Jahre hinein gingen die meisten Wirtschaftswissenschaftler davon aus, dass die Marktwirtschaft sich selbst reguliert, langfristig sorge der Markt dafür, dass das Angebot der Nachfrage angepasst werde. Karl Marx und Friedrich Engels hingegen erklärten Konjunkturkrisen mit der Überproduktion von Gütern, die zu Produktionsrückgängen, Konkursen, Arbeitslosigkeit führe. Sie prophezeiten, dass Überproduktionskrisen immer gewaltigere Ausmaße annehmen und letztlich zum Ende der Marktwirtschaft führen würden. Der deutsche Nationalökonom Joseph A. Schumpeter betonte, dass die wirtschaftliche Entwicklung nicht planbar sei und vor allem von wirtschaftlichen und technischen Erneuerungen bestimmt werde.

Geprägt von den Erfahrungen der Weltwirtschaftskrise entwickelte der englische Nationalökonom John Maynard Keynes Ende der 1920er-Jahre die Theorie, dass es Aufgabe des Staates sei, in einer Krise die Nachfrage nach Waren und Dienstleistungen anzuregen, um so einen Aufschwung einzuleiten.

März 1928 – Oktober 1929
USA: Spekulationsfieber in den USA, sog. Big Bull Market

7.6.1929
Regelung der deutschen Reparationszahlungen im Young-Plan: 112 Milliarden Goldmark, verteilt auf 58 Jahre

Juli 1929
Deutsches Reich: Reichsausschuss für ein Gesetz gegen den Young-Plan: Propagandatribüne für die NSDAP

23. – 29.10.1929
USA: Zusammenbruch der Börse

Dezember 1929
Deutsches Reich: erste Beteiligung der NSDAP an einer Landesregierung (Thüringen)

März 1930
Deutsches Reich: Rücktritt der Regierung Müller wege[n] Uneinigkeit über die Finanzierung der Arbeitslosenver[-]sicherung / erstes Präsidialkabinett Brüning

Juni 1930
USA: Smoot-Hawley-Tariff: US-Einfuhrzölle auf Rekordniveau

14.9.1930
Deutsches Reich: Durchbruch der NSDAP bei den Reichstagswahlen: 18,2 %

Apr. | Juni | Aug. | Okt. | Dez. | Feb. | Apr. | Juni | Aug. | Okt. | Dez. | Feb. | Apr. | Juni | Aug.

1929 1930

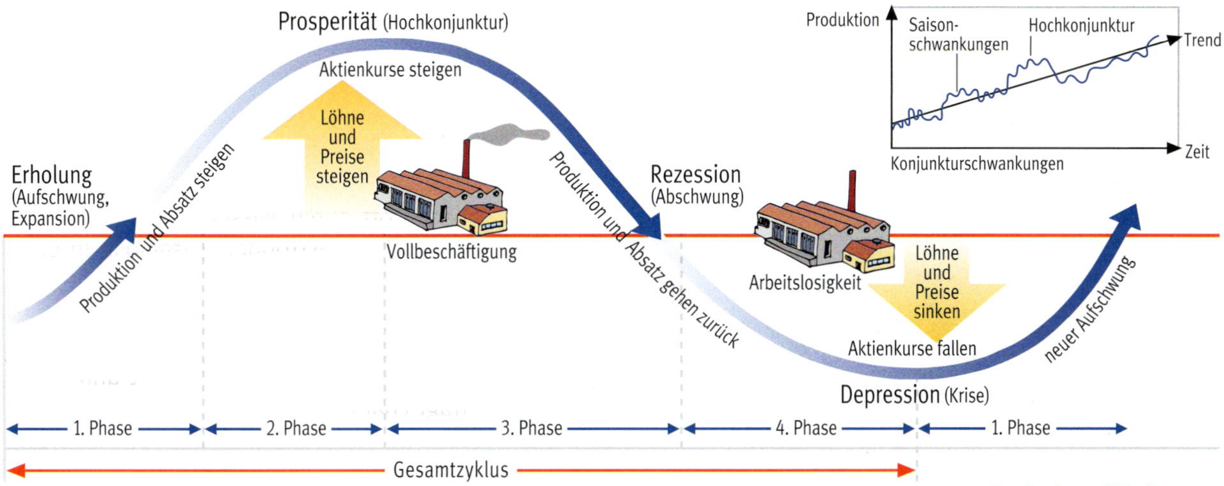

▲ **Konjunkturabläufe.**
Die Konjunkturtheorie geht in der freien Marktwirtschaft von einem mehr oder weniger regelmäßigen Ablauf (Zyklus) der wirtschaftlichen Entwicklung aus. Joseph A. Schumpeter hat in den 1930er-Jahren neben anderen Ökonomen eine Konjunkturtheorie ausgearbeitet, die bis heute zur Erklärung der Konjunkturzyklen verwendet wird. Er unterscheidet vier Phasen: 1. Erholung (heute: Aufschwung, Wiederbelebung, Expansion), 2. Prosperität (heute: Hochkonjunktur, Boom), 3. Rezession (heute: Abschwung) und 4. Depression (heute: Krise, Kontraktion).
- *Erläutern Sie mithilfe der Grafik die vier Phasen eines Konjunkturzyklus.*

Das folgende Kapitel behandelt die 1929 einsetzende Weltwirtschaftskrise. Sie werden sich mit Ursachen und Anlass beschäftigen und die wirtschaftlichen, sozialen und politischen Folgen sowie die Bedeutung internationaler Verflechtungen für den Verlauf der Krise untersuchen. Ein Schwerpunkt des Kapitels liegt auf der Frage nach den Handlungsmöglichkeiten und Krisenbewältigungsstrategien der politischen Akteure. Das Kapitel konzentriert sich auf die Vorgänge in den USA und in Deutschland von 1929 bis 1933. Außerdem wird die Bankenkrise von 2008 in Bezug gesetzt zur Krise von 1929. Sie werden sich mit Möglichkeiten der strukturierten Darstellung von Entwicklungen in Diagrammen oder Strukturbildern beschäftigen, und Sie lernen die Analyse von zeitgenössischen literarischen Texten als Chance zum vertieften Verständnis des historischen Geschehens kennen.

Das Kapitel erörtert folgende Leitfragen:
- *Welche Ursachen führten zur Wirtschaftskrise von 1929?*
- *Wie unterschiedlich gestaltete sich die Krise in Deutschland und in den USA?*
- *Welche nationalen Entscheidungen und welche internationalen Entwicklungen wirkten sich auf den Verlauf der Krise verschärfend aus?*
- *Welche politischen Folgen hatte die Krise?*

2.1930
utsches Reich: tverordnung zur cherung der rtschafts- und anzlage" als ushaltsplan für 31

Mai 1931
Beginn der europäischen Bankenkrise

5.6.1931
Deutsches Reich: Notverordnung „Zur Sicherung von Wirtschaft und Finanzen": weitere Sparmaßnahmen im Deutschen Reich

16.6.–9.7.1931
Konferenz in Lausanne zur Regelung der deutschen Reparationen: Restzahlung 3 Milliarden Reichsmark

Juni 1931
Hoover-Moratorium: Stundung aller Kriegsschulden der europäischen Regierungen für ein Jahr

September 1931
Großbritannien: Aufhebung des Goldstandards

8.11.1931
USA: Franklin D. Roosevelt Sieger im Präsidentschaftswahlkampf der USA

30.1.1933
Deutsches Reich: Ernennung Adolf Hitlers zum Reichskanzler

4.3.1933
USA: Amtseinführung Präsident Roosevelts

23.3.1933
Deutsches Reich: „Ermächtigungsgesetz": Aufhebung der Gewaltenteilung im Deutschen Reich

März – Juni 1933
USA: Roosevelts Reformen der 100 Tage

Feb. | Apr. | Juni | Aug. | Okt. | Dez. | Feb. | Apr. | Juni | Aug. | Okt. | Dez. | Feb. | Apr. | Juni

31 | 1932 | 1933

Das amerikanische Wirtschaftswunder und „The Great Crash"

▲ **Mr. X. aus den USA.**
Ätzung nach einer Pinselzeichnung von Frans Masereel, 1926.
▪ *Analysieren Sie die Zeichnung und erläutern Sie ihre Aussage.*

Hochkonjunktur ▪ Die Vereinigten Staaten waren aus dem Ersten Weltkrieg gestärkt hervorgegangen. Kein Staat hatte so viele Kredite nach Europa vergeben wie die USA, keine Macht konnte 1918 mit den USA konkurrieren.

Die Umstellung auf die Friedenswirtschaft nach 1918 ließ zwar das Wirtschaftswachstum 1920/21 kurzfristig schrumpfen, doch danach setzte eine Hochkonjunktur ein. Die Wirtschaft wuchs jährlich um fünf bis 15 Prozent.

Der Aufschwung der Wirtschaft basierte auf dem gestiegenen Absatz von Verbrauchsgütern wie Kühlschränken, Radios, Kaffeemaschinen, Telefonen und Autos. Dank Fließbandproduktion mit großen Fertigungszahlen und Akkordarbeit kostete 1926 ein *Ford T* nur noch 320 Dollar; 1909 hatte man für das Modell noch 950 Dollar zahlen müssen (▸ M1, M2). Hinzu kam ein Bauboom. Immer mehr Menschen erfüllten sich den Traum von einem eigenen Heim. Zahlreiche raffinierte Werbekampagnen regten die Konsumbedürfnisse an. Der seit 1918 zugelassene Ratenkauf erleichterte Anschaffungen. Etwa 60 Prozent aller Kraftfahrzeuge wurden Ende der 1920er-Jahre auf Abzahlung gekauft.

„Prosperity" – für wen? ▪ Im Präsidentschaftswahlkampf von 1928 verkündete *Herbert Hoover* voller Optimismus, dass man „dem endgültigen Sieg über die Armut näher" sei als „jemals zuvor in der Geschichte" (▸ M3). Dabei bestanden seit den 1920er-Jahren große wirtschaftliche Probleme auf dem Lande – und in einzelnen Bereichen wie dem Textil- und Baugewerbe hatte bereits ein Abschwung eingesetzt. Ab 1928 gab es erste Anzeichen dafür, dass die Industrie mehr Güter produzierte, als sie verkaufen konnte.

Während fast 80 Prozent der Familien in den Vereinigten Staaten – das waren 21,5 Millionen Haushalte – über keine finanziellen Rücklagen verfügten, besaßen 2,3 Prozent der Familien über zwei Drittel aller Ersparnisse. Auch die Einkommen der Arbeiter blieben hinter der Wirtschaftsentwicklung zurück. Obwohl zwischen 1923 und 1929 die Arbeitsleistungen in der Industrie je Arbeitsstunde um 32 Prozent wuchsen, stiegen die Löhne nur um acht Prozent. Dagegen nahmen die Gewinne der Unternehmer in dieser Zeit um rund 60 Prozent zu.

Jahr	Bruttosozialprodukt (in Mrd. $)	Exporte (in Mio. $)	Importe (in Mio. $)
1910	35,3	1919	1646
1920	91,5	8664	5784
1930	90,7	4013	3500

▲ **Bruttosozialprodukt und Außenhandel (1910-1930).**
Nach: Udo Sautter, Die Vereinigten Staaten. Daten, Fakten, Dokumente, Tübingen/Basel 2000, S. 122

▪ *Analysieren Sie die Statistik. Klären Sie vorab den Begriff „Bruttosozialprodukt".*

◂ **Die Wall Street in New York während des Börsenkrachs.** *Foto vom Oktober 1929 aus der ungarischen Zeitung „Pesti Napló".*

Der Börsencrash Zwischen dem 24. („Schwarzer Donnerstag") und dem 29. Oktober 1929 („Schwarzer Dienstag") brachen an der New Yorker Börse die Kurse dramatisch ein (▸ M4). Mit den Kapitalverlusten sank das Vertrauen in den Aktienmarkt immer mehr. Da die Verkäufe weiter zu- und die Käufe abnahmen, blieben die Kursverluste hoch und verschärften den *Crash*. Bis zum Juli 1932 verlor der **Dow Jones Index** 90 Prozent seines Wertes – das bedeutete 75 Milliarden Dollar Verlust.

Dow Jones Index: gibt den Durchschnittswert der 30 wichtigsten amerikanischen Aktien in einer Punkteskala an

Die meisten Anleger waren davon ausgegangen, dass der Wirtschaftsboom der 1920er-Jahre sich unbegrenzt fortsetzen würde. Da das Aktienrecht kaum gesetzlich geregelt war, konnten Firmen zudem weit überteuerte Aktien ausgeben. Spätestens seit 1928 hatten sich die Aktienkurse durch Spekulationen vollständig von der realen Ökonomie abgekoppelt.

1920 gab es in den USA etwa vier Millionen Aktienbesitzer, ihre Zahl stieg bis 1929 auf 20 Millionen. Dabei gab es letztlich nur 1,5 Millionen Großaktionäre. Ein Drittel aller Aktien waren auf Kredit gekauft worden. Noch 1929 vergaben US-Banken Kredite in Höhe von neun Milliarden Dollar für Aktienkäufe. Als die Aktionäre das Vertrauen in die Wirtschaftsentwicklung verloren, brachen die Kurse dramatisch ein. Besonders schlimm traf es die Aktionäre, die sich verschuldet hatten. Sie mussten ihre Kredite trotz Wertverlust der Aktien in voller Höhe zurückzahlen.

Börsenkrisen hat es zuvor und auch danach häufig gegeben, doch dieser Crash war einzigartig. Er führte zu einer lang anhaltenden Kettenreaktion. Fachleute streiten bis heute über seine Bedeutung für die schwerste globale Wirtschaftskrise seit Bestehen des kapitalistischen Wirtschaftssystems.

Jahr	Industrieaktien	Eisenbahnaktien	Aktien der Versorgungsunternehmen	Aktien insg.
1926	100,0	100,0	100,0	100,0
1927	118,4	119,1	116,0	118,3
1928	154,3	128,5	148,9	149,9
1929	189,4	147,3	234,6	190,3
1930	140,6	124,9	214,6	149,8
1931	86,9	72,1	147,9	94,2
1932	46,3	26,2	78,8	48,4
1933	66,2	38,0	78,0	63,4

▴ **Aktienkurse an der New Yorker Börse.**
Friedrich-Wilhelm Henning, Deutsche Wirtschafts- und Sozialgeschichte in der ersten Hälfte des 20. Jahrhunderts, Teil I: Deutsche Wirtschafts- und Sozialgeschichte im Ersten Weltkrieg und in der Weimarer Republik 1914 bis 1932, Paderborn/München/Wien/Zürich 2003, S. 453

▪ *Veranschaulichen Sie die Unterschiede der Aktienverläufe in einem Diagramm.*

Nationale Ursachen Während der 1920er-Jahre war die Produktivität der Industrie und vor allem die der Landwirtschaft viel schneller gestiegen als die Kaufkraft der Bevölkerung. Die Durchschnittslöhne der Arbeiter wuchsen von 1923 bis 1929 um acht Prozent, die Gewinne der Unternehmen hingegen um rund 60 Prozent. Das Familieneinkommen von 71 Prozent der Haushalte lag unter 2 500 Dollar. Um den Konsum dennoch weiter anzukurbeln und am Wirt-

▸ **Geschichte In Clips:**
Zum US-Börsencrash von 1929 siehe Clip-Code 4677-06

Literaturtipp:
John Kenneth Galbraith, Der große Crash 1929. Ursachen, Verlauf, Folgen, München [4]2009

schaftswachstum mitzuverdienen, gewährten Banken sehr großzügig Kredite an Privatpersonen und Firmen. Der Konsum wurde bis 1929 sozusagen „auf Pump" künstlich hochgehalten. Als die Börse zusammenbrach, gerieten Schuldner und Gläubiger in einen verhängnisvollen Kreislauf: Käufer konnten ihre Ratenkredite nicht mehr bezahlen, wodurch die Geldinstitute ihr verliehenes Geld verloren. Daraufhin mussten sie die Vergabe von neuen Krediten stark einschränken. Die Folge war, dass Investitionen ausblieben, Betriebe Konkurs anmelden mussten und Arbeitsplätze verloren gingen. Die nun Arbeitslosen konnten ebenfalls ihre Raten nicht mehr zahlen.

Die seit 1921 bestehende Krise der Landwirtschaft vergrößerte die wirtschaftlichen Probleme noch. Bedingt durch die starke Verstädterung seit dem Ende des 19. Jahrhunderts, durch die extreme Nahrungsmittelknappheit in Europa während des Ersten Weltkrieges sowie durch die Bedürfnisse der Armee hatten die amerikanischen Farmer ihre Produktion erheblich ausgeweitet und zusätzliches Land kultiviert. In der Erwartung, dass dieser Boom sich fortsetzen würde, nahmen sie Kredite auf, um weiteres Land oder Maschinen erwerben zu können. Als sich dann die landwirtschaftliche Produktion nach dem Ende des Krieges in Europa schneller als gedacht erholte, gingen die Exporte trotz fallender Preise zurück. Die Folge war, dass die Einkünfte ausblieben, viele Farmer zahlungsunfähig wurden und Hypotheken nicht mehr bezahlen konnten (▸ M5). Dies wirkte direkt auf die Banken zurück. Sie bekamen weder Zinsen noch ihr verliehenes Kapital zurück. Aufgrund mangelnder Zahlungsmittel mussten daraufhin viele kleine Finanzinstitute Bankrott anmelden.

Goldstandard: Damit wird der Wert der Währung eines Landes durch eine festgelegte Menge an Gold gesichert. Die jeweiligen Zentralbanken deponieren Goldvorräte und sind zum An- und Verkauf von Gold gegen ihre Banknoten verpflichtet.

Globale Ursachen Viele Ökonomen machen heute die Wiedereinführung des **Goldstandards** in mehreren europäischen Ländern für die verheerenden Krisenfolgen mitverantwortlich. Vor dem Ersten Weltkrieg hatte eine robuste, konstant wachsende Weltwirtschaft bestanden. Durch den Goldstandard blieben die Wechselkurse stabil, sodass die Währungen der Industriestaaten ohne Wechselkursrisiko gegeneinander ausgetauscht werden konnten.

Während des Krieges lösten sich die Volkswirtschaften der USA, Großbritanniens, Frankreichs, Deutschlands und anderer Staaten vom Goldstandard. Sie kehrten erst in den 1920er-Jahren wieder zu ihm zurück. Dies gilt aus heutiger Sicht als der falsche Schritt zum falschen Zeitpunkt, da der Erste Weltkrieg und seine Folgen die bisherigen Grundlagen der Weltwirtschaft zerstört hatten. Als die Börsen dann 1929 zusammenbrachen, verschärfte der Goldstandard die bereits bestehende Krise, da die Notenbanken die Leitzinsen erhöhten, um den Goldstandard zu erhalten und eine Inflation zu vermeiden. Dies konnte zu einer *Deflation* führen – einem starken Verfall der Verbraucherpreise für Waren und Dienstleistungen. Die Folge der Preissenkungen waren geringere Gewinnerwartungen der Unternehmen, die wiederum Investitionen einstellten, weil sie hofften, diese würden in der Zukunft noch billiger werden.

■ *Entwickeln Sie eine Grafik, mit der Sie aufzeigen, wie die amerikanische Krise verlief und welche Faktoren auf sie einwirkten.*

H *Für die grafische Veranschaulichung einer Entwicklung benötigen Sie ein ausdrucksstarkes Grundkonzept, z. B. eine Treppe, eine Sonne (Strahlen nach außen), eine Explosion oder eine Spirale. Überprüfen Sie, welches Grundkonzept Sie für angemessen halten. Beachten Sie auch den Unterschied zwischen Pfeilen und Linien und bedenken Sie, dass Sie Linien in unterschiedlichen Farben und Gestaltungen, z. B. doppelt oder einfach, verwenden können.*

M1 Am Fließband bei Ford

Der Journalist Egon Erwin Kisch besucht 1928 das Ford-Werk in Dearborn im US-Bundesstaat Michigan. In einer seiner Reportagen schreibt er:

Entfernung ist Zeitverlust. Und Zeit ist Arbeitslohn. Dies ist der Grund für das Gedränge, der Grund dafür, dass keine Bänke oder Tische fürs Mittagessen da sind, keine Kammern, wo man Kleider wechseln könnte, wenig Aborte und Waschräume, der Grund fürs Rauchverbot.

Nicht eine Sekunde vom Arbeitslohn geht verloren, Tag und Nacht rollt das Band, an das Menschen geflochten sind. [...]

Ein Griff nach der Kette, Auflegen der Schraubenmutter, ein Griff nach der Kette, Einstecken der Schraube, ein Griff nach der Kette, zwei Hammerschläge, ein Griff nach der Kette, Ansetzen des automatischen Bohrers, Funken stieben, ein Griff nach der Kette, Befestigung der Bleilamellen, Paraffinpappe, eine Hülse, ein Bündel Kerzen, eine Kurbelwelle, und immer dazwischen ein Griff nach der Kette, ein Griff nach der Kette, Handbewegung und Ergebnis, Körperhaltung und Einsatz, Mensch und Maschine, immerfort gleich. Die Motoren, fertig, rattern an Probeständen.

„Final Assembly Line“, das letzte der laufenden Bänder, ist kein Bach mehr, sondern ein Strom, 268 Meter lang, mit vielen Nebenflüssen. Aus dem Bottich mit Emaillack taucht die Hinterachse empor und rollt heran, die Räder, schon bereift, münden, Kotflügel schwingen sich über sie, das Chassis kommt, dem Rahmen aufmontiert wird der Motor, Kühler spannen sich vor, die Lackierer spritzen Farbe auf, die Karosserie mit Ledersitzen und Fensterscheiben und Laternen stülpt sich als Ganzes übers Ganze, nur festzuschrauben ist sie noch.

Jetzt zeigt sich, dass das Fließband das Tempo der Arbeit bestimmt, nicht aber die Arbeit das Tempo des Bandes. [...]

Mehr und mehr nähert sich die Summe der Bestandteile dem Begriff Automobil. Und plötzlich schwingt sich ein Mann auf den Chauffeursitz, drückt auf die Hupe, Schrei eines Neugeborenen, und auf dem stark geneigten Band, das läuft, läuft schneller ein lebendes Wesen, reißt sich los von der rollenden Nabelschnur, läuft in eine Halle, die A-A heißt.

Acht Inspektoren befühlen und begucken das Auto, Türklinken werden geprüft, Fensterscheiben, Kühler, Räderwerk. 550 Autos kommen hier täglich zur Welt. Händler und ihre Angestellten, die Autonummer in der Hand, warten, lassen Benzin einpumpen und fahren auf neugeborenen Wagen heimwärts.

Egon Erwin Kisch, Reportagen. Auswahl und Nachwort von Erhard Schütz, Stuttgart 1978, S. 104-106

▲ **Fließbandmontage bei Ford.**
Foto von 1913.
Zwischen 1910 und 1914 wurde in der 1903 in Detroit gegründeten „Ford Motor Company“ die Fließbandarbeit eingeführt. Zuvor brauchten die Arbeiter für das Zusammenschrauben der rund 5 000 nummerierten Einzelteile eines Fahrgestells 728 Minuten. Am gut zwei Kilometer langen Fließband benötigten sie dafür in den 1920er-Jahren nur noch 93 Minuten. Von dem „Modell T“ – auch „Tin Lizzy“: „Blechliese“ genannt – produzierte man in allen Ford-Werken zeitweise über 9 000 Stück an einem Tag. Zwischen 1908 und 1927 wurden von dem Modell mehr als 15 Millionen Exemplare verkauft.

1. *Faszination – Bewunderung – Erstaunen – Erschrecken – Ablehnung. Mit diesen Begriffen könnte man beschreiben, welche Wirkung Egon Erwin Kisch bei seinen Lesern erzeugen wollte. Bilden Sie Arbeitsgruppen, die jeweils aus fünf Mitgliedern bestehen. Jedes Gruppenmitglied wählt einen dieser Begriffe und untersucht, welche Textstellen und welche sprachlichen Mittel die jeweilige Wirkung erzielen. Stellen Sie einander Ihre Ergebnisse vor und entscheiden Sie sich für eine zentrale Wirkungsabsicht Kischs.*
2. *Erörtern Sie die Vor- und Nachteile der Fließbandarbeit aus der Sicht der Unternehmer sowie der Arbeiter (M1 und Bildlegende).*

M2 Zugelassene Kraftfahrzeuge und Telefonanschlüsse 1900 bis 1930

Jahr	Automobile in Tsd.	Autobusse in Tsd.	Lastwagen in Tsd.	Gesamtzahl der Telefone in Tsd.	Telefone auf 1000 Einwohner
1900	8	–	–	1356	17,6
1905	77	–	1	4127	48,8
1910	458	–	10	7635	82,0
1915	2332	–	159	10524	103,9
1920	8132	–	1108	13273	123,4
1925	17481	18	2570	16875	144,6
1930	23035	41	3675	20103	162,6

Nach: Günter Moltmann, Die Vereinigten Staaten von Amerika von 1917 bis zur Gegenwart, Paderborn 1987, S. 18 (übersetzt von Per N. Döhler und Günter Moltmann)

Arbeiten Sie die Tabelle in ein Diagramm um. Begründen Sie die von Ihnen gewählte Form des Diagramms.

M3 Über den Fortschritt der Nation

„Ein Huhn in jedem Topf, ein Auto in jeder Garage", so lautet ein Wahlslogan der „Republikaner" 1928. Ihr Präsidentschaftskandidat, der ehemalige Handelsminister Herbert Hoover, zeichnet folgendes Bild von der Lage der USA:

Wir in Amerika sind heute dem endgültigen Sieg über die Armut näher, als dies jemals zuvor in der Geschichte irgendeines Landes der Fall gewesen ist. Das Armenhaus verschwindet aus unserer Gesellschaft. Wir haben das Endziel zwar noch nicht erreicht, aber wenn wir Gelegenheit bekommen, die Politik der letzten acht Jahre fortzuführen, dann wird mit Gottes Hilfe bald der Tag nahen, an dem die Armut aus unserer Nation verbannt ist. Es gibt keine bessere Versicherung gegen die Armut als einen Arbeitsplatz für jedermann. Dies ist das vordringlichste Ziel der Wirtschaftspolitik, die wir befürworten.

Besonders froh bin ich über die Auswirkungen, die unsere gewachsene nationale Kraft auf die Verbesserung der häuslichen Verhältnisse der Amerikaner hat. Das amerikanische Heim ist die Pflegestätte unserer höchsten Ideale, die Quelle der geistigen Energie unseres Volkes. Die gestiegene Wohnqualität, die vergrößerten Schulen und Spielplätze und die ausgedehntere Freizeit, die sich aus unserem wirtschaftlichen Fortschritt herleiten, haben der Durchschnittsfamilie ein erfüllteres Leben, einen weiteren Horizont, eine Belebung geistiger Kräfte und Auftrieb im Streben nach Höherem gebracht.

Wirtschaftlicher Fortschritt ist kein Selbstzweck. Der Erfolg der Demokratie hängt ganz von den moralischen und geistigen Qualitäten des Volkes ab. Das Anwachsen unserer geistigen Leistungen muss mit dem Wachstum unserer materiellen Errungenschaften Schritt halten. Materieller Wohlstand und moralischer Fortschritt müssen Hand in Hand gehen, wenn wir die Vereinigten Staaten zu dem Staatswesen machen wollen, das die Gründerväter so großartig konzipiert haben. [...] Spontane Großzügigkeit, kultivierte Sinnesart, Opferbereitschaft, Weite des geistigen Horizonts – dies sind die Vorzüge, durch die ein größer, reicher und mächtiger werdendes Amerika erst ein großartiges und vortreffliches Amerika werden kann.

Zitiert nach: Günter Moltmann, a. a.O., S. 16 f.

Entwickeln Sie einen Zeitungskommentar zu Hoovers Rede. Entscheiden Sie sich für eine affirmative oder eine kritische Position zu Hoover.

H *Beurteilen Sie in Ihrem Kommentar die Bedeutung der wirtschaftlichen Entwicklung für Gesellschaft und Politik. Berücksichtigen Sie auch die Tabelle M2.*

M4 Bericht über den „Börsencrash"

Am Mittwoch, dem 30. Oktober 1929, finden die Zeitungsleser der landesweit verbreiteten „New York Times" folgenden Artikel auf der Titelseite:

Die Aktienkurse brachen gestern praktisch in sich zusammen, sackten rapide ab und bewirkten gigantische Verluste. Es war der katastrophalste Geschäftstag in der Geschichte der Börse. Marktwerte in Milliarden Dollar wurden vernichtet, als die Kurse unter dem Druck des panischen Wertpapierverkaufs abrutschten. [...]

Der Tag war in jeder Hinsicht – gemessen an der Höhe der erlittenen Verluste, am Gesamtumsatz, an der Zahl der ruinierten Spekulanten[1] – der schlimmste in der Geschichte der Wall Street. Hysterie ergriff das ganze Land, und die Aktien

[1] **Spekulation**: kurzfristiges Kaufen und Verkaufen von Aktien und anderen an der Börse gehandelten Papieren. Spekulanten leihen sich oft Geld, um Aktien zu kaufen, und verkaufen diese wieder, sobald der Kurs gestiegen ist. Sie bezahlen dann ihre Darlehen zurück und streichen ihren schnellen Gewinn ein.

wurden zu Preisen abgestoßen, als ginge es um Zwangsverkäufe.

Man schätzt [...], dass gestern an der New Yorker Börse 880 marktgängige Aktien zwischen 8 und 9 Milliarden Dollar an Wert verloren haben. Dazu muss man noch den Wertverlust rechnen, den die Aktien im geregelten und ungeregelten Freiverkehr[2] sowie an anderen Börsen erfahren haben.

Stützungskäufe vonseiten der Banken, die unter normalen Umständen eindrucksvoll und erfolgreich gewesen wären, blieben völlig wirkungslos, als Aktienpakete über Aktienpakete in unvorstellbarem Ausmaß den Markt überschwemmten. [...]

Ein Markt, der außer Rand und Band geraten ist, kennt keinen Respekt vor Menschen. Gestern spülte er ein Vermögen nach dem anderen hinweg und machte Tausende von Individuen in allen Teilen der Welt zu finanziellen Krüppeln. [...] Gestern war Wall Street eine Straße verlorener Hoffnungen, einer seltsam lautlos um sich greifenden Besorgnis und einer Art von lähmender Hypnose. In den Büros der Börsenmakler drängten sich Männer und Frauen, auch die, die längst alles verloren hatten, und verfolgten die Zahlen auf dem Lochstreifen[3].

Hier und dort bildeten sich kleine Gruppen, die den Kurssturz in gedämpftem und erschrockenem Ton diskutierten. Finanzgeschichte wurde gemacht, und sie nahmen daran teil.

Zitiert nach: Günter Moltmann, a. a. O., S. 17f.

1. *Formulieren Sie für den Zeitungsartikel eine geeignete Überschrift mit einem Untertitel.*
2. *Analysieren Sie den Bericht der „New York Times“, indem Sie unterscheiden zwischen journalistischen Formulierungen und Informationsübermittlung.*

[2] **Geregelter Freiverkehr**: Aktienhandel außerhalb der Börse, jedoch mit amtlicher Notierung

[3] **Lochstreifen**: Börsenschreiber („Ticker“) druckten die telegrafisch übermittelten Kurse von anderen Börsenplätzen aus.

M5 Probleme der Farmer

Der aus Deutschland stammende Journalist Oscar Ameringer beschreibt 1932 seine Erfahrungen, nachdem er etwa 20 Bundesstaaten der USA bereist hat:

Einige Bürger von Montana erzählten mir, dass Tausende von bushels[1] von Weizen ungeerntet auf den Feldern stünden, da der Preis so niedrig sei, dass sich die Ernte nicht lohne. In Oregon sah ich Tausende von bushels von Äpfeln, die in den Gärten verrotteten. Nur absolut einwandfreie Äpfel könnten noch verkauft werden, eine Kiste von 200 Äpfeln für 40 bis 50 Cent. Zugleich gibt es Millionen von Kindern, die wegen der Armut ihrer Eltern in diesem Winter nicht einen einzigen Apfel essen werden.

Als ich in Oregon war, beklagte die Portland Oregonian die Tatsache, dass Tausende von Schafen von den Schafzüchtern getötet würden, weil sie auf den Märkten nicht einmal die Frachtkosten bringen würden. Und während die Schafzüchter Oregons Fleisch an die Raubvögel verfüttern, sah ich Männer in den Mülltonnen von New York und Chicago nach Fleischresten wühlen. Ich sprach in einem Restaurant in Chicago mit einem Mann. Er erzählte mir von seinen Erfahrungen als Schafzüchter. Er sagte, dass er in diesem Herbst 3 000 Schafe getötet und in eine Schlucht geworfen habe, da es 1,10 Dollar[2] gekostet hätte sie zu verschiffen und dann hätte er weniger als einen Dollar dafür bekommen. Er sagte, dass er es sich nicht habe leisten können, die Schafe weiter zu füttern, er habe sie aber auch nicht verhungern lassen wollen, deshalb habe er ihnen die Kehle durchgeschnitten und sie in die Schlucht geworfen. [...]

Als Resultat dieser entsetzlichen Überproduktion auf der einen Seite und der atemberaubenden Unterkonsumption[3] auf der anderen waren 70 Prozent der Farmer in Oklahoma nicht mehr in der Lage, die Zinsen für ihre Hypotheken[4] zu zahlen. [...] Die Farmer werden pauperisiert[5] durch die Armut der industriellen Bevölkerung und die industrielle Bevölkerung wird pauperisiert durch die Armut der Farmer. Keiner hat das Geld, das Produkt des anderen zu kaufen, dadurch haben wir Überproduktion und Unterkonsumption zur gleichen Zeit und in dem gleichen Land.

Zitiert nach: Colin Gordon, Major Problems in American History, 1920-1945, Boston 1999, S. 243f. (übersetzt von Boris Barth)

1. *Vergleichen Sie den Text des Journalisten mit der Erläuterung im Darstellungsteil (S. 94).*

H *Achten sie auf den Aufbau des Textes, auf Satzbau und Wortwahl, auf die Art der Belege und auf die Anschaulichkeit der Darstellung.*

2. *Formulieren Sie den journalistischen Text um in eine historische Darstellung.*

[1] **bushel** (engl. für Scheffel): Raummaß; ein „bushel“ Weizen entspricht rund 27 kg, ein „bushel“ Äpfel wiegt dagegen etwa 22 kg.

[2] 1 US-Dollar = 4,24 Reichsmark (1932)

[3] **Unterkonsumption**: mangelnde Kaufkraft

[4] **Hypothek**: Geldmittel, die Banken ihren Kunden zum Kauf eines Grundstückes oder Hauses zur Verfügung stellen. Sie werden im Grundbuch eingetragen und sichern damit dem Gläubiger im Fall der Nichtrückzahlung der Schulden ein Recht auf das Grundstück bzw. Haus.

[5] **pauperisieren** (von lat. pauper: arm): verarmen, verelenden

Von der Rezession zur „Großen Depression“

▸ **„Hooverville.“**
Foto aus Chicago, 1930er-Jahre. Tausende von Arbeits- und Obdachlosen hausten am Rande der Großstädte in kleinen Hütten, die sie aus Kartons, Kisten, Blechstücken oder Dachpappe gebaut hatten. Ihre Siedlungen wurden zynisch als „Hooverville“ und die Zeitungen, mit denen sie sich zudeckten, als „Hoover-Decken“ bezeichnet, da man Präsident Hoover dafür verantwortlich machte, nichts gegen das Elend zu tun.

Die Krise Der Börsencrash machte deutlich, dass die US-Wirtschaft sich in einer tiefen Krise befand. Aus der Rezession wurde eine „Große Depression“ mit Auswirkungen auf die nationale und internationale Wirtschaft. Bis 1932 gingen über 100 000 US-Unternehmen in Konkurs. Die Industrieproduktion fiel auf das Niveau von 1913 und die Arbeitslosigkeit stieg von 1929 bis 1933 auf etwa das Achtfache an. Die meisten Aktien hatten im Sommer 1932 nur noch zehn Prozent ihres Wertes von 1929. Das **reale Volkseinkommen** ging von rund 104 Milliarden Dollar (1929) auf 74 Milliarden Dollar (1933) zurück. Nicht alle Industriebranchen waren von der Krise gleichmäßig betroffen. Die innovative Elektro- und Chemieindustrie litt weniger unter der Krise als der Bergbau und das Textil- und Holzgewerbe. Insgesamt aber war das Vertrauen in die amerikanische Wirtschaftskraft zerstört.

reales Volkseinkommen: Summe aller Löhne, Gehälter, Mieten, Pachten, Zinsen oder Unternehmensgewinne, die in einer Volkswirtschaft aus dem In- und Ausland zufließen

Probleme des US-Bankensystems In der Weltwirtschaftskrise zeigten sich die Schwächen des US-Bankensystems. Das 1913 eingeführte Zentralbanksystem, das *Federal Reserve System* (auch Fed genannt), bestand aus zwölf regionalen *Federal Reserve Banks* und einer Vielzahl von Mitgliedsbanken und anderen Institutionen.

Die Zentralbanken hatten das Monopol für die Ausgabe der Banknoten erhalten. Darüber hinaus sollten sie das Währungs- und Kreditsystem zentral regeln. Während der Krise zeigte sich, dass sie damit überfordert waren. Erstens, weil von den etwa 25 000 Banken und Sparkassen nur ein Drittel Mitglied des Systems waren, zweitens, weil zu wenig kontrolliert wurde, und drittens, weil die Rücklagen der einzelnen Banken nicht wirkungsvoll abgesichert waren. Das hatte schon vor der Krise zum Zusammenbruch von jährlich etwa 500 kleineren Banken beigetragen.

Mit dem Börsencrash verschärfte sich die Lage vor allem für die Geldinstitute, die risikoreiche Kredite vergeben hatten und nun durch die Rückzahlungsunfähigkeit ihrer Kunden selbst in Not geraten waren. 1929/30 sah die Zentralbank aber noch keine Notwendigkeit, diese gefährdeten Banken mit staatlichen Mitteln zu unterstützen. Sie ging von einer normalen Wirtschaftskrise aus, die irgendwann von selbst wieder auf-

1929	659
1930	1352
1931	1456
1932	2294
1933	5190

▴ **Bankenzusammenbrüche in den USA.**
Nach: Robert A. Divine et al., America, Past and Present, Glenview (Ill.) 1986, S. 810

hören würde. Der Zusammenbruch der New Yorker *Bank of United States*, der von der Bankenaufsicht eine Unterstützung verweigert worden war, führte zu einem weiteren Vertrauensverlust in Banken und Wertpapiere und zu erneuten Kursverlusten. Die Regierung Hoover versuchte, die Probleme mit einem Hilfsfond für in Not geratene Banken sowie mit der gezielten Vergabe von Darlehen an in Not geratene Unternehmen zu stoppen. Aber der Erfolg dieser Maßnahmen blieb gering, zumal die Bankenkrise durch die Entwicklung in Europa verschärft wurde.

Soziale Folgen Da kein staatliches Sozialsystem existierte, waren die Auswirkungen der Wirtschaftskrise besonders stark (▸ M1, M2). Der familiäre und private Zusammenhalt reichte nicht aus, um die Not zu lindern. Auch ethnische Netzwerke verloren an Bedeutung. Diese polnischen, slowenischen oder jüdischen Hilfsorganisationen hatten notleidenden Mitgliedern Nahrung und Notunterkünfte bereitgestellt und Arbeitsplätze verschafft. Als auch sie durch die Krise ihr Vermögen verloren, konnten sie nicht mehr helfen.

Auch die Suppenküchen, Wohltätigkeitsbasare oder Kleidersammlungen der Kirchen reichten trotz des Einsatzes vieler Geistlicher und freiwilliger Helfer nicht aus, um die Armut aufzuhalten. Insgesamt trug die Entwicklung zu einer Entsolidarisierung der Gesellschaft bei.

Konflikte Anfang der 1930er-Jahre äußerte sich die wachsende Unzufriedenheit der Bevölkerung in gewalttätigen Demonstrationen der Farmer, in Übergriffen von Arbeitslosen und in „Hungermärschen". Ferner nahmen Kriminalität, Diebstahl, Überfälle und Armutsprostitution drastisch zu.

Im Sommer 1932 zogen rund 20 000 Veteranen des Ersten Weltkrieges mit ihren Angehörigen aus allen Teilen des Landes nach Washington und verlangten vergeblich die vorzeitige Auszahlung eines versprochenen „Bonus", da sie das Geld dringend brauchten. Präsident Hoover setzte die Armee ein, die die Unterkünfte der Demonstranten am Rande der Hauptstadt niederbrannte und sie mit Tränengas vertrieb.

Dust Bowl Große Gebiete des mittleren Westens wurden in den 1930er-Jahren nicht nur von einer ökonomischen, sondern auch von einer ökologischen Katastrophe heimgesucht. Seit Ende des 19. Jahrhunderts war die natürliche Vegetation beseitigt worden, um neues fruchtbares Farmland zu gewinnen. Da aber die Neubauern keine Erfahrung mit der Bewirtschaftung trockener Böden hatten, zerstörten Überweidung und einseitige Anbaumethoden das ökologische Gleichgewicht. Ackerboden wurde in Staub verwandelt. Als 1930 eine Dürreperiode begann, machten Staubstürme ganze Landstriche in großen Teilen von Colorado, New Mexico, Oklahoma, Texas und Kansas unbewohnbar. Zwischen 1932 und 1939 entstanden jährlich durchschnittlich

Detroit, 9. Juli 1931. Ein Aufstand von 500 arbeitslosen Männern, die wegen unzureichender Finanzmittel aus der städtischen Unterkunft hinausgeworfen worden waren, wurde heute Abend auf dem Cadillac Square von Polizeireservisten im Keim erstickt.

Indiana Harbor, Indiana, 5. August 1931. Fünfzehnhundert arbeitslose Männer stürmten die örtliche Filiale der Fruit Growers Express Company und verlangten Arbeit, damit sie nicht verhungern müssten. Die Antwort der Firma war, die städtische Polizei zu rufen, welche die Arbeitslosen mit drohenden Knüppeln verjagte.

Boston, 10. November 1931. Zwanzig verletzte Personen wurden behandelt, drei sind so schwer verwundet, dass sie vielleicht sterben, und Dutzende andere verarztesten Wunden von fliegenden Flaschen, Bleirohren und Steinen, nachdem streikende Hafenarbeiter und schwarze Streikbrecher am Ufer in Charlestown-East Boston aneinandergeraten waren.

Aus: Mauritz Hallgren, Seeds of Revolt, 1933; zitiert nach: Howard Zinn, Eine Geschichte des amerikanischen Volkes, Berlin 2007, S. 379 f.

▲ **Nach einem Staubsturm.**
Foto von Roger Viollet aus Dallas (South Dakota) vom 13. Mai 1936.

Literaturtipps:
- *Willi Paul Adams, Die USA im 20. Jahrhundert, München ²2007*
- *Jürgen Heideking und Christof Mauch, Geschichte der USA, Tübingen ⁶2008*

50 solcher Stürme; einer dieser Stürme blies am 11. Mai 1934 300 Millionen Tonnen Erdreich in die Luft und ließ den Tag zur Nacht werden. Allein in Oklahoma brachen etwa 350 000 Menschen, die alles verloren hatten, zur Arbeitssuche nach Westen auf. Insgesamt flohen etwa 800 000 Menschen. Der *Dust Bowl Refugee* („Staubsturmvertriebener"), der zu Fuß oder mit primitiven Gefährten Richtung Kalifornien wanderte, wurde in den USA zu einem feststehenden Begriff.

Einen Auszug aus John Steinbecks Roman „Früchte des Zorns", in dem sich der Autor mit den Auswirkungen der Staubstürme auf die betroffenen Menschen beschäftigt, finden Sie in dem Methoden-Baustein „Literarische Texte als Quellen verwenden" auf den Seiten 103 bis 105.

Was tun? US-Präsident Herbert Hoover vertrat die Meinung, der Staat solle sich bei der Bekämpfung der Krise zurückhalten (▸ M3). Dies war auch die Auffassung der meisten zeitgenössischen Ökonomen in den USA, die glaubten, dass es sich um eine normale Überproduktionskrise handelte, die von selbst aufhören und durch staatliches Eingreifen nur verlängert würde. Das wachsende soziale Elend ließ Hoover keineswegs unberührt, aber er bevorzugte private Initiativen und Wohlfahrtsprogramme.

Um die einheimische Wirtschaft zu unterstützen, erließ seine Regierung Mitte 1930 ein stark umstrittenes Zoll-Einfuhrgesetz, den „*Smoot-Hawley-Tariff*", der ausländische Produkte mit hohen Einfuhrzöllen belegte, um sie vom US-Markt zu verdrängen.*

Positive Effekte für den Arbeitsmarkt versprach sich Hoover auch von einer drastischen Beschränkung der Einwanderung, die ebenfalls 1930 gesetzlich bestimmt wurde.

Hoover bemühte sich auch während der Krise, einen ausgeglichenen Staatshaushalt vorzulegen. Sogar 1929 und 1930 wurden Überschüsse erwirtschaftet. Die *Deflation* führte zu einer anhaltenden Unterversorgung der Wirtschaft mit Geld, da die Verbraucher trotz fallender Preise bei sinkenden Einkommen weniger konsumierten. Als 1931 die Steuereinnahmen des Staates zurückgingen, entstand ein Haushaltsdefizit.

Franklin Delano Roosevelt (1882-1945): Rechtsanwalt und Politiker, Neffe Theodore Roosevelts, 1933-1945 US-Präsident (Demokrat). Er setzte sich für soziale Reformen ein, führte die USA in den Zweiten Weltkrieg und engagierte sich für die Gründung der Vereinten Nationen.

Zu spät Erst im Präsidentschaftswahlkampf 1932 ergriff Hoover zusätzliche staatliche Maßnahmen. Anfang des Jahres wurde die *Reconstruction Finance Corporation* eingerichtet. Diese Bundesbehörde stellte den Einzelstaaten 500 Millionen Dollar für Hilfs- und Unterstützungszahlungen zur Verfügung. Ab Juli wurden dann sogar zwei Milliarden Dollar für staatliche Anleihen bereitgestellt. Damit sollten Unternehmen, Eisenbahngesellschaften, Banken und Versicherungsunternehmen unterstützt und öffentliche Arbeitsbeschaffungsmaßnahmen mit Krediten finanziert werden. Weitere vom Kongress gewünschte Reformen wie die Einführung einer nationalen Arbeitslosenunterstützung verhinderte der Präsident 1932 durch seinen Einspruch.

Die von Hoover begonnenen Programme konnten gegen die wachsende Zahl der Arbeitslosen nicht helfen. Im November 1932 entzog die Mehrheit der Wähler ihm und seiner Partei der *Republikaner* das Vertrauen. Sie wandten sich mit großer Mehrheit dem Kandidaten der *Demokratischen Partei*, dem New Yorker Gouverneur **Franklin D. Roosevelt**, zu.

■ *Entwerfen Sie Plakate für die Demonstrationen Anfang der 1930er-Jahre.*
(H) *Sie können sich dafür an ein einfaches Schema halten: „Für ...", „Gegen ..."*

* Zum Smoot-Hawley-Tariff siehe S. 107.

▸ **„Bread Line – No One Has Starved. “**
Stich von Reginald Marsh, 1932.
- *Erklären Sie, weshalb die „Brotschlange“ zum Sinnbild der Großen Depression bzw. des Versagens des Staates werden konnte.*

M1 „Was tust du?“

Im September 1932 veröffentlicht die Zeitschrift „Fortune“ folgenden Artikel:

Du bist Zimmermann. Dein letzter Cent ist weg. Sie haben das Gas abgestellt. Bisher hast du immer deinen Lebensunterhalt verdient, aber jetzt kannst du weder für Geld noch für gute Worte einen Job bekommen. Was tust du?
In einigen, keineswegs allen Städten kannst du bei der Heilsarmee oder im Stadtasyl eine Mahlzeit bekommen, aber nur, wenn du ein paar Stunden Schlange stehst. Aber das ist jetzt zwecklos. Also gehst du zum Cop. Der zückt sein Adressbuch und schickt dich zu einem der aufgeführten Wohltätigkeitsvereine. Der Verein notiert deinen Namen und gibt dir Nothilfe, wenn du sie brauchst. Er stellt dir eine ganze Latte Fragen hinsichtlich deines Alters, deiner Nationalität, deiner Religion und deiner Bedürftigkeit. Deine diesbezüglichen Antworten entscheiden darüber, zu welcher wohltätigen Stelle – für Juden, Katholiken, Protestanten, ausgesetzte Babys, obdachlose Jungen, kranke Kinder, schwangere Frauen, dienstunfähige Veteranen und so weiter – du geschickt werden sollst. Du kriegst die Bischöfliche Familienhilfsgesellschaft. Die Hilfsgesellschaft prüft, ob dein Name in der Zentralagentur auftaucht, ob du nicht irgendwo anders schon Unterstützung bekommst, und schickt in den nächsten Tagen jemanden, der deine Familie besucht, ein Budget vorbereitet [...] und dir eventuell 2-8 Dollar die Woche anweist, das hängt von den Örtlichkeiten und den verfügbaren Fonds ab. Wenn die Fonds erschöpft sind, wirst du gebeten zu warten. Währenddessen trägst du dich als Arbeitssuchender ein. Auf jeden Fall musst du warten.

Zitiert nach: Amerika. Traum und Depression 1920/40, Berlin 1980, S. 481

1. *Analysieren Sie den Text im Hinblick auf seine sprachliche Gestaltung.*
(H) *Beachten Sie insbesondere den Stil und die Bedeutung der direkten Ansprache an einen Leser.*
2. *Entwerfen Sie zu diesem Text eine passende Karikatur.*
3. *Entwickeln Sie eigene Vorstellungen von möglichen Reaktionen der Arbeitslosen auf ihr Schicksal und stellen Sie Ihre Überlegungen in Ihrem Kurs zur Diskussion.*

M2 Selbstachtung behalten

Am 26. März 1933 erscheint in der „New York Times“ ein Beitrag über die etwa 2 000 Arbeitslosen, die in der City New Yorks in Hüttensiedlung leben:

Hartnäckige Selbstachtung herrscht überall in den Hüttensiedlungen vor. Ein kräftiger polnischstämmiger Amerikaner in „Hardluckville“, am Fuße der 10. Straße Ostseite, ist Experte als Maschinist, seine Papiere beweisen es. Während seines Armeedienstes vertrat er seine Division bei den Boxmeisterschaften in Frankreich. [...] Er berichtete mir, dass die Arbeitslosen ihre eigenen Ansichten über „Hungerlöhne“ haben. Ein Mann bot ihm 3 $ Monatslohn und Verpflegung, um als Chauffeur, Gärtner, Tellerwäscher, Heizer, Maler, Teppichklopfer und Motorboot-Mechaniker zu arbeiten. Ein anderer möglicher Arbeitgeber antwortete auf seine Frage nach dem Lohn: „Was? Du bist nur am Geld interessiert. Ich will dich nicht.“ Aber der Boxer-Maschinist erzählte das in heiterem Ton. „Ich werde hart arbeiten. Ich habe nichts dagegen, wenn mein Boss viermal mehr an meiner Arbeit verdient als er mir gibt, solange er fair ist; aber ich werde kein Sklave sein. Ich werde ein freier Mann bleiben und irgendwie durchkommen.“

L. H. R., Shacktown pulls through the winter, in: New York Times, March 26, 1933, p. SM12 (übersetzt von Friedrich Huneke)

1. *Charakterisieren Sie mithilfe der kurzen Zeitungsberichte auf Seite 99 sowie mit Blick auf M2, wie betroffene Menschen auf die Folgen der Krise reagierten.*
2. *Entwickeln Sie eine Typologie der Verhaltensweisen. Arbeiten Sie dazu die verschiedenen Motive der Krisenopfer heraus und berücksichtigen Sie dabei die Situationen, in denen es zu Spannungen kommt. Ordnen Sie die von Ihnen gefundenen Verhaltensweisen sinnvoll an und entwickeln Sie anschließend eine geeignete Form, Ihre Ergebnisse im Kurs zu präsentieren.*

M3 Wer ist verantwortlich?

In dem 1952 veröffentlichten dritten Band seiner Erinnerungen versucht der ehemalige US-Präsident Herbert Hoover die Haltung seiner Regierung zu Beginn der Weltwirtschaftskrise zu erklären; er schreibt:

Beim Zusammenbruch des Aktienmarktes im Oktober und November [1929] erhob sich sofort die grundsätzliche Frage, ob der Präsident und die staatlichen Organe es unternehmen sollten, die sich daraus ergebenden üblen Folgen zu mildern und Gegenmaßnahmen zu treffen. Kein Präsident war bis dahin auf den Gedanken gekommen, dass in solchen Fällen dem Staat irgendeine Verantwortlichkeit zufalle. Ganz gleich, wie dringend es bei früheren Gelegenheiten auch gewesen sein mochte, immer standen die Präsidenten unerschütterlich auf dem Standpunkt, die Bundesregierung habe mit solchen Ausbrüchen nichts zu tun; man hatte es solchen Eruptionen[1] stets überlassen, sich auszutoben. [...]

Da es aufseiten der Regierung also an Erfahrungen fehlte, handelte es sich für uns um ein völliges Neuland. [...] Ich möchte hier ausdrücklich noch einmal feststellen, dass es selbst Präsidenten nicht gegeben ist, in die Zukunft zu sehen. Wirtschaftsstürme entstehen nicht ganz plötzlich, aber sie ändern sich ohne Vorwarnung. In den drei Jahren der wirtschaftlichen Rückschläge und der Depression, mit denen ich zu tun hatte, änderten sie sich wiederholt zum Schlimmeren – und dies mit der Schnelligkeit eines Blitzes. Wir hätten manches besser machen können – wenn man es von heute her sieht. [...]

Wir von der Regierung betrachteten jedoch die nächste Zukunft mit größerer Sorge, teils weil wir die entsetzliche Kreditinflation am Aktienmarkt kannten und teils weil wir die zukünftige Entwicklung der europäischen Wirtschaft fürchteten. Vielleicht kannte ich aufgrund meiner Erfahrungen in Europa während des Jahres 1919 und meiner Kenntnisse der wirtschaftlichen Folgen des Versailler Vertrages die dortige Lage besser als viele andere.

Bei der Besprechung innerhalb der Regierung entwickelten sich bald zwei gedankliche Hauptrichtungen.

Zunächst gab es die Leute, die ihre Hände aus allem heraushalten wollten, unter Führung des Finanzministers Mellon[2], der die Ansicht vertrat, man solle sich nicht einmischen und es dem Zusammenbruch überlassen, sich selber zu liquidieren[3]. Mr. Mellon verfügte nur über eine Formel: „Die Arbeiterschaft liquidieren, die Aktien liquidieren, die Farmer liquidieren, Immobilien liquidieren.“ Er behauptete, wenn die Menschen eine Inflation als fixe Idee in ihrem Hirn hätten, dann gäbe es nur eine Möglichkeit, sie ihnen auszutreiben: den Zusammenbruch. Er vertrat die Ansicht, dass selbst eine Panik alles in allem durchaus nichts Schlimmes sei, und sagte: „Sie vertreibt die Giftstoffe aus dem Organismus. Die hohen Lebenshaltungskosten fallen, und dem luxuriösen Leben wird ein Ende gesetzt. Die Menschen werden schwer arbeiten und ein moralischeres Leben führen. Die Werte werden einander wieder angeglichen, und tatkräftige Menschen nehmen den weniger Befähigteren die Trümmer aus der Hand.“ [...]

Die eigentliche Schwierigkeit bei ihm lag daran, dass er sich nicht davon abbringen ließ, man habe es hier mit einem der üblichen Rückschläge bei einer Hausse[4] zu tun, und dass er die Lage in Europa nicht ernst nehmen wollte. Auch unterschätzte er, ebenso wie wir übrigen, die Schwäche unseres Banksystems.

Herbert Hoover, Memoiren, Bd. 3: Die große Wirtschaftskrise 1929-1941, übersetzt v. Werner von Grünau, Mainz 1952, S. 33-35

1. *Hoover schildert die politischen Überzeugungen des Finanzministers Mellon. Geben Sie dessen Position mit eigenen Worten wieder und finden Sie eine Bezeichnung für diese Art von Politik.*
2. *Memoiren dienen oft der Rechtfertigung. Arbeiten Sie die unterschiedlichen Strategien Hoovers heraus, mit der er seine Politik in der Wirtschaftskrise begründet.*
3. *Verfassen Sie einen Kommentar zu Hoovers Memoiren. Wählen Sie dafür die Sicht eines Farmers, der sein Land verloren hat, die Sicht eines damals arbeitslosen Industriearbeiters oder die Sicht eines Angehörigen einer der damals tätigen Hilfsorganisation.*

[1] **Eruption**: Ausbruch
[2] **Andrew W. Mellon** (1855-1937): Bankier und von 1921 bis 1932 US-Finanzminister
[3] **liquidieren**: auflösen
[4] **Hausse**: starker, anhaltender Anstieg von Kursen für Wertpapiere und Waren; das Gegenteil einer Baisse

Literarische Texte als Quellen verwenden

Jeder Text, der entsteht, ist der Zeit verhaftet, in der er verfasst wird. Das gilt ebenso für jeden literarischen Text. Mit Satiren, Glossen, Kommentaren greifen Schriftsteller in die politischen Diskussionen ihrer Zeit ein. In Erzählungen werden aktuelle Entwicklungen und Probleme fiktional dargestellt. Diese Texte sind von der Persönlichkeit des Schreibenden geprägt, die ein besonderes Anliegen verfolgen, auch mit Blick auf ein Publikum, das informiert, ggf. beeinflusst werden soll. Wenn Schriftsteller zeitgenössische Themen behandeln, deuten sie ihre Gegenwart, gestalten sie diese in ihrem Sinn.

Literarische Texte als Quellen verwenden

Dass literarische Texte Quellen für ihre Entstehungszeit sind, gilt auch für historische Romane, die aber keine belastbaren Informationen über die Zeit liefern, in der sie spielen.*
Dramen werden verfasst, um unmittelbar auf die Zuschauer zu wirken. Die Intention vieler Schauspieler ist Aufklärung, vielleicht auch Aktivierung des Publikums.
Auch lyrische Texte können für den Historiker wichtige Informationen enthalten. Das gilt insbesondere für politische Lyrik, sei sie nun kritisch oder affirmativ. Lieder, deren Verfasser oft unbekannt bleiben, und ihre Verbreitung können Aufschluss über die Mentalität einer Zeit geben. Andere Lieder wurden geschrieben, damit Text und Musik propagandistische Wirkung entfalten.
Da viele Gedichte die Haltung der Verfasser gegenüber ihrer Umwelt nachzeichnen (siehe S. 43), können auch solche Texte Informationen über eine historische Zeit liefern; es muss aber immer bedacht werden, dass hier ein Einzelner schreibt.
Auch nichtfiktionale Texte wie Reportagen können von literarischem Wert sein (siehe S. 95). Sie sind ebenso geprägt von der Weltsicht und Schreibintention ihrer Verfasser.

Formale Kennzeichen

- Um welche Textart handelt es sich?
- Handelt es sich um einen fiktionalen Text?
- Liegt ein Textauszug vor, ein gekürzter Text oder ein vollständiger Text?

Inhalt und Form

- Was wird in dem Text thematisiert?
- Wie werden Geschehen, Figuren, Situationen dargestellt?
- Wie ist der Text aufgebaut?
- Welche besonderen sprachlichen Mittel fallen auf?
- Werden die Leser direkt angesprochen?

Kontext

- Handelt der Text von einer konkreten, historisch fassbaren Situation?
- Welche Zeitbezüge können erschlossen werden?

Intention und Wirkung

- Welche Haltung zu den beschriebenen Situationen und Entwicklungen ist erkennbar?
- In welcher Beziehung stehen Autor einerseits und Sprecher oder Erzähler andererseits?
- Ist eine Wirkungsabsicht zu erschließen?
- Wirkt der Text neutral, objektiv, parteiisch, aufrüttelnd, suggestiv etc.?

Einordnung und Bewertung

- Wofür können die Erkenntnisse aus der Textanalyse verwendet werden?
- Gibt es alternative oder ergänzende Texte?

* Beispielsweise schrieb Heinrich Mann in den 1930er-Jahren im Exil einen Roman über das Frankreich des 16. Jahrhunderts bzw. über das Leben Heinrichs IV., in dem er zeigte, wie eine propagandamächtige und skrupellose politische Gruppierung Frankreich destabilisiert. Parallelen zu den Aktionen der Faschisten in Europa sind deutlich erkennbar. Heinrich Mann spiegelte also mittels einen Romans, der eine historische Entwicklung nachzeichnet und in dem bekannte historische Persönlichkeiten auftreten, seine Gegenwart in der Vergangenheit. Der Leser kann Heinrich Manns Haltung zur faschistischen Bewegung herausarbeiten.

Beispiel und Analyse

gestalterische Mittel

- Wiederholungen
- Anaphern
- Antithesen
- Bilder
- Schlüsselbegriffe
- Steigerungen
- **Personalpronomen** zur Kennzeichnung der Erzählperspektive und -situation
- Innerer Monolog

M Auszug aus John Steinbecks 1939 veröffentlichtem Roman „The Grapes of Wrath" („Früchte des Zorns")

Protagonisten des Romans sind diejenigen, die in den großen Staubstürmen der 1930er-Jahre ihre Farmen verloren haben und während der Großen Depression zu Hunderttausenden nach Kalifornien ziehen, um Arbeit und ein neues Zuhause zu finden.

Und dann kamen die Vertriebenen nach Westen – aus Kansas, Oklahoma, Texas, New Mexico, aus Nevada und Arkansas, Familien und Stämme, vom Staub vertrieben, von Traktoren verjagt. Wagenladungen und Karawanen voll Heimatloser und Hungriger – zwanzigtausend und fünfzigtausend und hunderttausend und zweihunderttausend. Sie fluteten über die Berge ins Land herein, hungrig und ruhelos – ruhelos wie Ameisen, hungrig nach Arbeit [...].

Wir sind keine Ausländer. Seit sieben Generationen Amerikaner und vorher Iren, Schotten, Engländer, Deutsche. Einer von unsern Vorfahren hat die Revolution mitgemacht und viele den Bürgerkrieg, auf beiden Seiten. Ja, Amerikaner.

Sie waren hungrig, und sie waren wild. Und sie hatten gehofft, ein Heim zu finden, und fanden nur Hass. Okies* – die Landbesitzer hassten sie, weil die Landbesitzer wussten, dass sie verweichlicht waren und die Okies stark, dass sie satt waren und die Okies hungrig. ... Und die Kaufleute in den Städten hassten sie, weil sie kein Geld hatten. [...] Die Leute in den Städten, die kleinen Bankiers, hassten die Okies, weil an ihnen nichts zu gewinnen war. **Sie** hatten nichts. Und die Arbeiter hassten die Okies, weil ein hungriger Mensch arbeiten muss, und wenn er arbeiten muss, wenn er keine Arbeit hat, gibt ihm der Lohnzahler automatisch weniger für seine Arbeit, und dann kann keiner wieder mehr kriegen. [...]

Und **ein** heimatloser hungriger Mann, der mit seiner Frau neben sich und seinen mageren Kindern im Rücksitz über die Straßen fuhr, konnte auf die brachliegenden Felder blicken, die zwar keine Profite abwerfen mochten, aber doch Nahrung hervorbringen konnten, und dann wusste **dieser** Mann, dass ein brachliegendes Feld eine Sünde ist und unbearbeitetes Land ein Verbrechen gegen die mageren Kinder. [...]

Und im Süden sah er die goldenen Orangen an den Bäumen hängen, die kleinen goldenen Orangen an den dunkelgrünen Bäumen, und sah Wachen mit Gewehren davor auf und ab patrouillieren, damit nur ja keiner eine Orange abpflücke für sein mageres Kind, eine Orange von den vielen Orangen, die ans Ausland verkauft wurden, wenn im Inland die Preise allzusehr sanken.

Er fuhr mit seinem alten Wagen in eine Stadt. Er graste die Farmen ab nach Arbeit. Wo sollen **wir** denn heute Nacht schlafen?

John Steinbeck, Früchte des Zorns. Roman. Aus dem Amerikanischen von Klaus Lambrecht, Düsseldorf/Zürich 1996, S. 304 f. und 307

* **Okies**: Steinbeck erklärt diesen Begriff im Roman folgendermaßen: „Okie hat früher mal bedeutet, dass einer aus Oklahoma kommt. Jetzt heißt's so viel wie verdammtes Schwein. Okie heißt, ihr seid nichts wie Dreck. Das Wort selber bedeutet nichts. Das Schlimme ist, wie sie's sagen."

Formale Kennzeichen Der Text wurde dem 1939 erschienenen Roman „Früchte des Zorns“ von John Steinbeck (1902-1968) entnommen, die Übersetzung stammt von Klaus Lambrecht. Steinbeck verfasste diesen Roman auf der Grundlage seiner Recherche zu einer Artikelserie über die Wanderarbeiter, die aus dem Mittleren Westen nach Kalifornien zogen. Der Roman wurde ein großer Erfolg, er wurde allerdings auch angefeindet und in Kalifornien zeitweise verboten. Die Romanfiguren sind fiktiv, die Schilderung ihrer Lebensumstände ist realistisch.
Steinbeck, der 1940 den Pulitzerpreis und 1962 den Nobelpreis erhielt, gilt als einer der wichtigsten amerikanischen Schriftsteller.

▲ **„The Grapes of Wrath“**
Umschlag des Romans einer Ausgabe von 1940.

Inhalt und Form Der Textauszug beschreibt den Treck der Vertriebenen nach Kalifornien und die Anfeindungen, denen sie sich ausgesetzt sehen; die erste Hälfte des Textes handelt von den vielen Entwurzelten, die zweite Hälfte von den Erfahrungen und Gedanken eines Mannes. Sowohl die Gruppe der Vertriebenen wie auch der hier namenlose Mann äußern sich im inneren Monolog.
Steinbeck arbeitet insbesondere mit den Mitteln der Wiederholung und der Antithese. Der Satzbau ist eher einfach, was dem erklärenden Charakter des Textes entspricht: Der Text beschreibt, wie aus amerikanischen Bürgern „Okies“ werden, wie der Gegensatz von Besitz und Armut eine Gesellschaft charakterisiert und spaltet und wie Profitgier Unmenschlichkeit erzeugt. Dafür stehen die Gegensatzpaare „stark“ und „verweichlicht“ sowie „hungrig“ und „satt“. Besitz erscheint wie ein Makel; er ist die Grundlage von Hass, Anfeindung, Ablehnung. Die Schlüsselwörter „Sünde“ und „Verbrechen“ verdeutlichen die Haltung des Erzählers zum Geschehen.

Kontext Der Roman beschreibt das Schicksal der *Dust Bowl Refugees* (siehe S. 99 f.), die aufgrund der ökologischen Katastrophe in den 1930er-Jahren ihre Heimat verließen und nach Kalifornien zogen, um dort Arbeit zu finden, und die teilweise in Auffanglagern unter schwierigen Bedingungen unterkamen. Er ist von persönlich gewonnenem Wissen des Autors geprägt.

Intention und Wirkung Es handelt sich um einen Auszug aus einem sozialkritischen Text. Der Erzähler ergreift Partei für die Entwurzelten und erzeugt eine Identifikation des Lesers mit der in diesem Textausschnitt beschriebenen Familie. Die Gruppe derjenigen, denen der Treck der Wanderarbeiter begegnet, erhält kein individuelles Profil. Indem diese anderen als Hassende charakterisiert werden, trifft sie Kritik. Die Bankiers, Kaufleute, Landbesitzer hassen, weil sie besitzen, die Arbeiter hassen, weil sie um Arbeitsstelle und Verdienst fürchten. Dieser Hass schließt die Wanderarbeiter aus der Gesellschaft aus und lässt sie chancenlos werden. Der *American Dream* ist ihnen nicht möglich.
Der Roman wendet sich an die amerikanische Öffentlichkeit. Die Schreibintention ist sowohl Information über die Zustände auf dem Treck der Wanderarbeiter und in den Auffanglagern als auch eine Parteinahme des Lesers.

Einordnung und Bewertung Angesichts der realistischen Beschreibungen auf Grundlage von journalistischen Recherchen ist der Text als Geschichtsquelle nutzbar. Dem Leser wird Wissen über ökonomische und soziale Probleme vermittelt.
Wichtiger ist, dass die Haltung des Erzählers, der Erfolg des Romans (Pulitzerpreis) und die kontroversen Diskussionen bis hin zum zeitweiligen Verbot des Romans einen Einblick gewähren in die politischen Auseinandersetzungen der 1930er-Jahre. Steinbeck kann als typischer Schriftsteller des New Deal bezeichnet werden.
Der Roman, der das Bild der Wanderarbeiter in der amerikanischen Öffentlichkeit prägte, zählt zu den kanonischen Texten der amerikanischen Literatur. Dazu trug auch die Verfilmung bei. Der schon 1940 uraufgeführte Film „Früchte des Zorns“ zählt zu den wichtigsten amerikanischen Filmen, er wurde mit zwei Oscars ausgezeichnet.

Internationale Verflechtungen von Wirtschaft und Finanzen

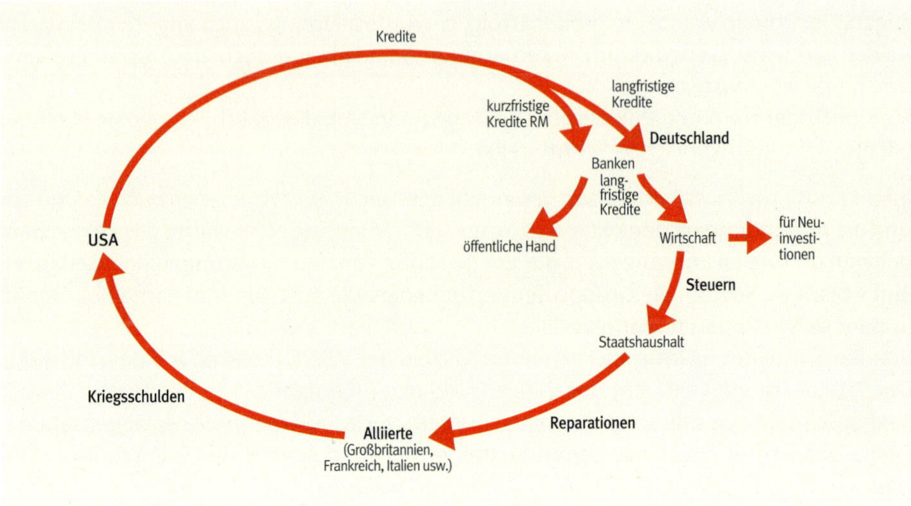

▸ **Internationaler Finanzkreislauf 1924 bis 1931/32.**
Nach: Karlheinz Dederke, Reich und Republik. Deutschland 1917-1933, Stuttgart [8]1996, S. 274 (vereinfacht)

- *Beschreiben Sie den Finanzkreislauf.*
- *Erklären Sie, was passiert, wenn der Finanzkreislauf an einer beliebigen Stelle unterbrochen wird.*

Von der Konjunkturkrise zur Weltwirtschaftskrise Der Wirtschaftshistoriker *Harold Underwood Faulkner* nannte 1960 vier Faktoren, die einander negativ verstärkten, als Ursache dafür, dass aus der amerikanischen Konjunkturkrise eine Weltwirtschaftskrise wurde:

- Der Rückgang der Kaufkraft nicht nur in den USA, sondern auch in vielen anderen Ländern.
- Die Einstellung der amerikanischen Kredite an ausländische Mächte.
- Der hohe Preis des Dollars gegenüber anderen Währungen (der vom Kauf amerikanischer Produkte abschreckte).
- Die amerikanischen Schutzzölle, auf die weitere Länder mit Einfuhrzöllen reagierten.

Kriegsschulden und Reparationen Die Vereinigten Staaten waren mit dem Ersten Weltkrieg zur beherrschenden Wirtschaftsmacht aufgestiegen und Europa hatte an Bedeutung verloren. Nach der Überwindung der unmittelbaren Kriegsfolgen in Europa blieben langfristige Probleme. Dazu zählten die Rückzahlungen der Kriegsschulden der Entente-Mächte* an die USA ebenso wie die Wiedergutmachungsleistungen (*Reparationen*) der Verlierer an die Siegermächte. Um ihre Kriegsschulden gegenüber den USA begleichen zu können, forderten Großbritannien und Frankreich von der deutschen Regierung die Zahlung der Reparationen, die im Versailler Friedensvertrag von 1919 und in darauffolgenden Vereinbarungen festgelegt worden waren. Um ihren Verpflichtungen nachzukommen, nahm die deutsche Regierung Kredite aus den USA in Anspruch. Darüber hinaus strömten vor 1928 viele US-Dollar nach Europa, weil dort der Investitionsbedarf für die Modernisierung der Industrie und Landwirtschaft groß war.

Der internationale Finanzkreislauf brach zusammen, als diese Kapitalien nach 1929 ausblieben und die Amerikaner darauf bestanden, dass die Kredite zurückgezahlt werden, wozu aber die europäischen Länder immer weniger in der Lage waren. Vor allem für die deutsche Wirtschaft und Politik bedeutete das einen schweren Schlag.

* **Entente-Mächte**: Vgl. dazu S. 72.

„Beggar-my-Neighbour-Politik" Alle Staaten reagierten auf die Krise mit dem Bemühen, zunächst ihre eigene Wirtschaft zu schützen, Exporte zu fördern und Importe zu beschränken. Die Regierung Hoover hob 1930 mit dem Smoot-Hawley-Tariff* die Einfuhrzölle für landwirtschaftliche Rohprodukte von 38 auf 49 Prozent und für andere Güter von 31 auf 34 Prozent an, um sie vom US-Markt zu verdrängen (*„Beggar-my-Neighbour-Politik"*) – eine Maßnahme, die von Historikern später unterschiedlich bewertet wurde (▸ M1). Kanada, der wichtigste Handelspartner der USA, sowie die europäischen Staaten handelten ähnlich. Auch sie erhoben Schutzzölle und schlossen damit ausländische Konkurrenz vom eigenen Markt aus. So wurde der ohnehin schrumpfende Welthandel weiter geschädigt und die exportabhängigen Staaten bekamen auf dem Wirtschaftssektor ernsthafte innenpolitische Probleme (▸ M2, M3). Zu den Leidtragenden dieses Zerfalls der Weltwirtschaft zählten auch die Agrar- und Rohstoffländer in Lateinamerika und Asien sowie die Kolonien der Europäer, die ihre Absatzmärkte und damit auch ihre Einkommensgrundlagen verloren.

Internationale Reaktionen auf die Wirtschafts- und Bankenkrise Nachdem im Frühjahr 1931 der Zusammenbruch der Österreichischen *Credit-Anstalt für Handel und Gewerbe*, der größten Bank Österreichs, die auch Vermögenswerte anderer Banken besaß, in einer Kettenreaktion eine europäische Bankenkrise ausgelöst hatte, wurde der freie internationale Kapitalverkehr stark eingeschränkt bzw. von staatlichen Stellen beaufsichtigt. Die meisten Länder versuchten ferner, durch die Abwertung ihrer Währungen der eigenen Industrie Vorteile im Export zu verschaffen: 1931 gab Großbritannien den Goldstandard** auf, weil das britische Pfund erheblich unter Druck geraten war. Durch diese Abwertung des Pfundes wurden britische Exporte billiger. Dem Beispiel folgten weitere 30 Länder, was eine allgemeine Abwertungsspirale in Gang setzte, die den Welthandel noch weiter einengte. Denn alle Staaten werteten nun ihre Währungen ab, um auf dem Weltmarkt bestehen zu können. Doch da alle das Gleiche taten, profitierte letztlich keiner davon.

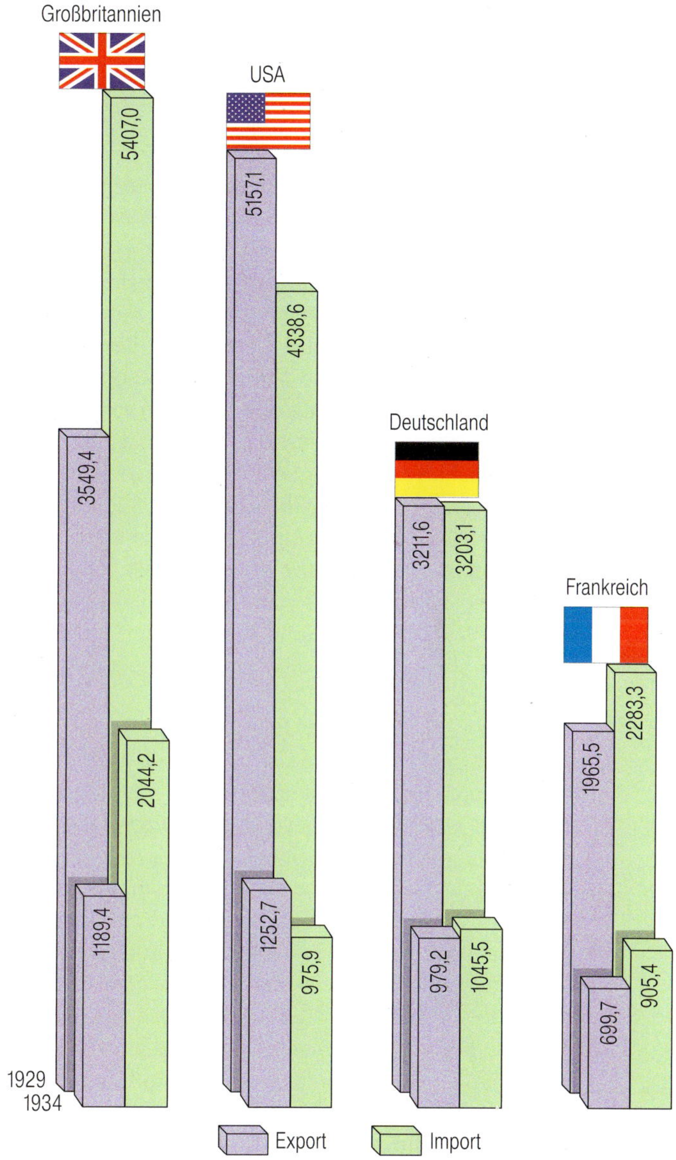

▲ Der internationale Handel 1929-1934.
(in Millionen Dollar).
Nach: Allen Palmer und Hugh Thomas (Hrsg.), Meilensteine der Geschichte, Bd. 3: Die moderne Welt im Aufbruch, Frankfurt am Main/ Berlin/ Wien 1972, S. 209

Verwenden Sie die vier Punkte, die Harold Underwood Faulkner als Ursachen der Weltwirtschaftskrise ermittelt hat, und erläutern Sie anhand eines Schaubildes die „negative Verstärkung".

* **Smoot-Hawley-Tariff**: Das Zollgesetz ging auf die Initiative des Abgeordneten Willis Chatmann Hawley und des Senators Reed Owen Smoot von der Republikanischen Partei zurück.
** Zum Goldstandard siehe S. 94.

M1 Schutzzölle – eine Ursache der „Großen Depression"?

a) Die Auswirkungen des Einfuhrzoll-Gesetzes („Smoot-Hawley-Tariff") vom 17. Juni 1930 auf die „Große Depression" sind umstritten. Der Wirtschaftshistoriker Charles Kindleberger argumentiert 1973 so:

Es gab 34 oder 38 formelle Proteste ausländischer Regierungen. [...] Frankreich und Italien erhöhten die Automobilzölle im März 1929. Indien setzte die Zölle auf Textilien im Februar 1929 herauf. Eine neuerliche generelle Zollerhöhung gab es im April 1930 in Australien. Kanada, betroffen von den Zöllen auf viele Ernährungsgüter, auf Roh- und Schnittholz, hat die Zölle dreimal bis August 1932 erhöht. [...] In der Schweiz, die sich gegen die erhöhten Abgaben auf Uhren, Stickereien und Schuhe wandte und einen Boykott amerikanischer Waren unternahm, in Italien, das sich gegen die Zölle auf Hüte [...] und Olivenöl wandte, ergriff man am 30. Juni 1930 Repressalien gegen amerikanische (und französische) Autos. Kuba, Mexiko, Frankreich, Australien und Neuseeland erließen ebenso neue Tarife. [...]
Zwar haben Zölle auch Auswirkungen auf Volkseinkommen und Zahlungsbilanz, welche sich verstärken, wenn die Zollmauern durch wechselseitige Vergeltungsmaßnahmen immer höher werden, doch besteht die Hauptwirkung einer Zollerhöhung durch ein einziges Land darin, die Allokation[1] der Produktionsfaktoren und die Einkommensverteilung zu verändern. Zudem wird der negative Effekt auf die Exporte des Auslands bis zu einem gewissen Grade durch die positive Wirkung auf das Inlandseinkommen ausgeglichen. Die Abnahme der Importe wird teilweise rückgängig gemacht durch die Einkommenszunahme aufgrund der Umlenkung der Nachfrage von Auslands- auf Inlandsgüter. Die Unterzeichnung des Gesetzes war „ein Wendepunkt in der Weltgeschichte"[2], nicht aus wirtschaftlichen Gründen im engen Sinn, sondern weil dadurch klar wurde, dass sich für die Weltwirtschaft niemand zuständig fühlte.

b) Der Wirtschaftshistoriker Peter Temin kommt 1994 zu folgender Einschätzung:

Die These, das Smoot-Hawley-Zollgesetz sei eine wichtige Ursache der Depression gewesen, hält sich dauerhaft. [...] Trotz ihrer Popularität irrt dieses Argument aus sowohl theoretischen als auch aus historischen Gründen.
Ein Zoll ist wie eine Abwertung eine expansionistische Maßnahme. Er leitet Nachfrage von ausländischen Herstellern zu einheimischen Produzenten um. Er kann dadurch ungewollt bei einheimischen Herstellern Ineffizienz schützen, aber das ist ein nachrangiger Effekt. Der Smoot-Hawley-Zoll mag auch Staaten verletzt haben, die in die USA exportierten. Das populäre Argument besagt aber, dass diese Zölle die amerikanische Depression verursacht hätten. Das Argument müsste genauer lauten, dass die Zölle die Nachfrage nach amerikanischen Exporten verminderte, indem es ausländische Vergeltungszölle hervorrief.
Die Exporte betrugen im Jahre 1929 sieben Prozent des Bruttosozialprodukts. Im Laufe der folgenden zwei Jahre fielen sie um 1,5 Prozentpunkte. Wenn man die sinkende Weltmarktnachfrage in diesen Jahren berücksichtigt, dann kann dieser Rückgang nicht vollständig auf Vergeltungsmaßnahmen gegen die Smoot-Hawley-Zölle zurückgeführt werden. Selbst wenn man dies tut – das reale BSP fiel in diesen Jahren um über 15 Prozent. Bei der Anwendung eines jeden vernünftigen Multiplikationsfaktors kann der Fall der Exportnachfrage nur einen kleinen Teil der Erklärung liefern. Und der Rückgang der Exportnachfrage wurde teilweise ausgeglichen durch den zollbedingten Anstieg der Inlandsnachfrage. Ein möglicher negativer Effekt der Zölle war gering.

Erster Text: Charles P. Kindleberger, Die Weltwirtschaftskrise 1929-1939, München 2010, S. 170-172 (übersetzt von Michael Ledig; stark gekürzt und vereinfacht)
Zweiter Text: Peter Temin, The Great Depression. Historical Paper 62, Cambridge (USA) 1994, S. 8 f. (übersetzt von Friedrich Huneke)

1. *Vergleichen Sie die Darstellung der Schutzzoll-Politik von Kindleberger und Temin.*
2. *Erörtern Sie folgende Behauptung: „Die Importzölle sind als eine wichtige Ursache der Depression zu betrachten."*

[1] **Allokation**: Verteilung
[2] Zitat aus einer Veröffentlichung von Sir Arthur Salter von 1932.

M2 Entwicklung der industriellen Produktion in vier Industrieländern von 1928 bis 1935

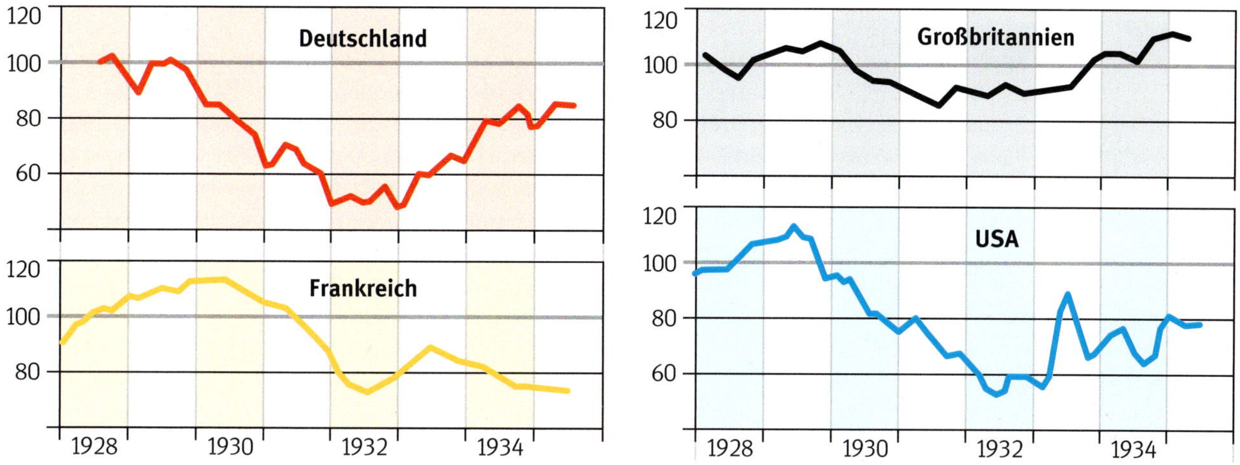

Nach: Friedrich-Wilhelm Henning, Deutsche Wirtschafts- und Sozialgeschichte in der ersten Hälfte des 20. Jahrhunderts, Teil I: Deutsche Wirtschafts- und Sozialgeschichte im Ersten Weltkrieg und in der Weimarer Republik 1914 bis 1932, Paderborn 2003, S. 459

M3 Vergleich der Arbeitslosenraten* im Industriesektor 1920-1939

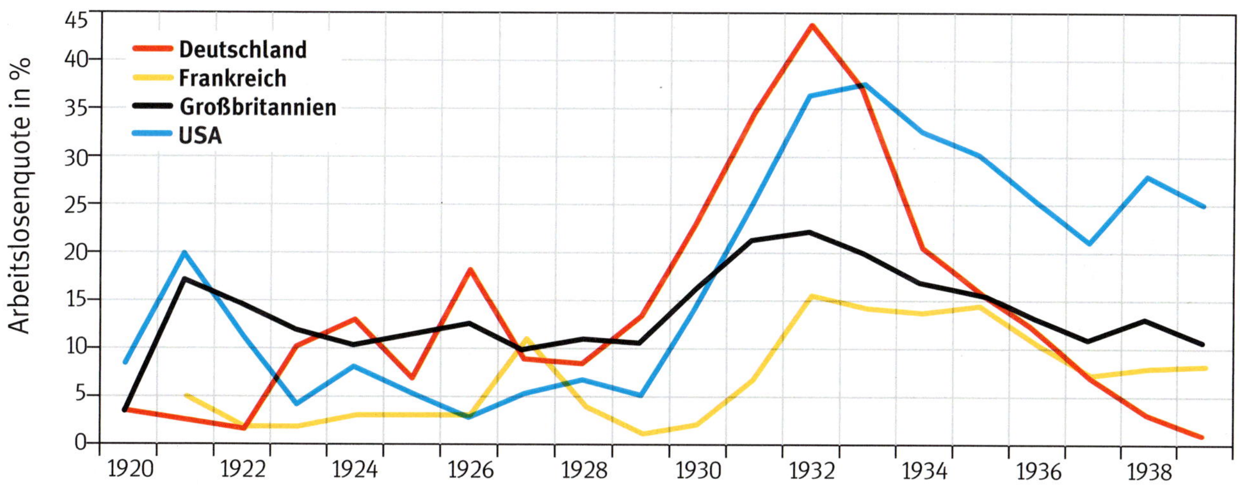

Nach: www.wiwi.uni-muenster.de/wisoge/studieren/Skripte/ DW0708/index.html (Folie 6) [Zugriff vom 17. März 2011]

1. *Analysieren Sie die Zusammenhänge zwischen Industrieproduktion und Arbeitslosigkeit für die angegebenen Länder. Achten Sie auf ähnliche und unterschiedliche Trends (M2 und M3).*

2. *Setzen Sie die Daten zur nationalen Industrieproduktion (M2) und zum internationalen Handel (siehe S. 107) in Beziehung.*

3. *Vergleichen Sie die Entwicklung der Industrieproduktion in den vier Ländern (M2).*

* **Arbeitslosenrate**: der Anteil der Arbeitslosen an der Gesamtzahl der zivilen Erwerbspersonen

Der New Deal und seine Folgen

▲ **„We demand a new deal!"**
Karikatur von John Baer, 1931. Das Zitat geht auf Äußerungen progressiver Politiker der 1920er-Jahre zurück. Der Präsidentschaftskandidat der Demokratischen Partei, Franklin D. Roosevelt, griff während des Wahlkampfes 1932 darauf zurück.

- *Beschreiben Sie die Karikatur.*
- *Erklären Sie die Aussage: „We demand a new deal!"*
- *Interpretieren Sie die Position des Zeichners.*

Roosevelt und der New Deal Den Kampf gegen die Große Depression hatte der Republikaner Herbert Hoover verloren. Bei den Präsidentschaftswahlen verlor er im November 1932 gegen den acht Jahre jüngeren Franklin D. Roosevelt von der Demokratischen Partei, der Zuversicht ausstrahlte und einen „New Deal for the American people" versprochen hatte (▸ M1).

Roosevelts New Deal-Politik orientierte sich an drei Zielen: Er wollte die sozialen Folgen der Krise beseitigen (*relief*), die Wirtschaft wieder in Gang bringen (*recovery*) und durch eine langfristige Umgestaltung des Sozial- und Wirtschaftssystems (*reform*) dafür sorgen, dass sich eine solche Katastrophe nicht wiederholen würde.

First New Deal In den „ersten 100 Tagen" seiner Regierungszeit bemühte sich Roosevelt, das tief erschütterte Vertrauen in die Wirtschaft und das Bankenwesen wieder zu festigen. Am Anfang stand die Bekämpfung der Ursachen und Folgen der Bankenkrise. Am 5. März, einen Tag nach seiner Amtseinführung (▸ M2), ordnete der Präsident viertägige „Bankfeiertage" an, sodass Sparer und Anleger ihre Guthaben nicht aus den Banken abziehen konnten. Das am 9. März erlassene Bankengesetz (*Emergency Banking Relief Act*) gab dem Präsidenten weitreichende Vollmachten im Kredit- und Währungsbereich und erlaubte den Banken ihre Geschäfte nur dann wieder aufzunehmen, wenn sie ihre Zahlungsfähigkeit nachgewiesen hatten. Damit war das Vertrauen der Bevölkerung in das Bankenwesen wiederhergestellt.

Der *Glass-Steagall Act* vom 16. Juni 1933 sicherte zum einen Bankeinlagen der Kunden gegen Zusammenbrüche ab, darüber hinaus trennte er Geschäfts- von Investmentbanken. Durch diese Trennung von Kreditvergabe auf der einen und Wertpapierhandel auf der anderen Seite sollte eine Wiederholung der Ereignisse der Jahre 1929 bis 1933 verhindert werden. Mit der Neuordnung des Bankenwesens gelang es Roosevelt, die Ursachen der Banken- und Finanzmarktkrise dauerhaft zu beseitigen.

Schwerpunkte Noch ganz dem Ideal eines ausgeglichenen Staatshaushalts verpflichtet, setzte Roosevelt zu Beginn des New Deal am 20. März 1933 den *Economy Act* in Kraft. Er kürzte die Pensionen der Kriegsveteranen und die Gehälter der Bundesbediensteten und senkte so die Kaufkraft. Das zwei Tage später erlassene Bier- und Weinsteuergesetz hob das seit 1920 währende Verbot von Herstellung, Verkauf und Konsum von alkoholischen Getränken (*Prohibition*) auf und lieferte neue Einnahmen.

Schließlich leitete die Regierung Roosevelt Arbeitsbeschaffungs- und Konjunkturprogramme ein, um den etwa 14 Millionen arbeitslosen Amerikanern wieder Zutrauen in die eigene Leistungsfähigkeit zu geben. Mit dem am 31. März 1933 beschlossenen *Civilian Conservation Corps* richtete man Arbeitslager für 18- bis 25-jährige Freiwillige ein, die für wenig Geld Natur- und Landschaftsschutzmaßnahmen ausführten. Finanzschwache Einzelstaaten und Gemeinden erhielten Bundesmittel für Notstandsprogramme zur Beschäftigung von Arbeitslosen (*Federal Emergence Relief Act* vom 12. Mai 1933).

Das am 12. Mai 1933 beschlossene Landwirtschaftsgesetz (*Agricultural Adjustment Act*) sah Anbaubeschränkungen durch staatliche Subventionen vor. Davon profitierten aber in erster Linie die selbstständigen Farmer, während die Pächter – vor allem farbige Kleinbauern – weiter verarmten oder ihr Land verloren.

Die im Mai 1933 durch den Kongress geschaffene *Tennessee Valley Authority* (TVA) sollte sowohl der Arbeitsbeschaffung als auch der infrastrukturellen Aufwertung der Region dienen, deren Bevölkerung in großer Armut lebte. Das kaum industrialisierte Gebiet umfasste sieben Bundesstaaten. Die Bundesbehörde hatte den Auftrag, mit öffentlichen Mitteln Staudämme und Kraftwerke zu errichten, den Fluss schiffbar zu machen und neue Industrien anzusiedeln. Das Großprojekt wurde öffentlichkeitswirksam inszeniert.

Im Zentrum aller Maßnahmen stand das Bundesgesetz zur Behebung der geschwächten Industrie- und Handelstätigkeit (*National Industrial Recovery Act*; NIRA) vom 16. Juni 1933, das zur Gründung der einflussreichen *National Recovery Administration* (NRA) führte. Unter Aufsicht dieser neuen Bundesbehörde durften Wirtschaftsverbände Produktion und Preise regulieren, um so den ruinösen Wettbewerb für die Dauer der Krise zu unterbinden. Erstmals in der Geschichte der USA sicherte das Gesetz den Arbeitern das Recht zu, sich in Gewerkschaften zu organisieren und Tarifverhandlungen zu führen. Diese Neuerungen sahen konservative Kritiker des New Deal als Angriffe auf traditionelle amerikanische Werte wie Freiheit, Individualismus und Eigeninitiative.

Kritik von Keynes Kritik kam auch von dem britische Nationalökonom *John M. Keynes,** der bereits 1933 in einem offenen Brief empfahl, in der Krise auf einen ausgeglichenen Staatshaushalt zu verzichten und die gesamtwirtschaftliche Kaufkraft durch kreditfinanzierte Staatsausgaben zu erhöhen (▸ M3). Zu diesem Schritt entschied sich Roosevelt aber erst nach dem erneuten Konjunktureinbruch 1937 und vor den Kongresswahlen von 1938.

Second New Deal Zu Beginn des Jahres 1935 verkündete Roosevelt die zweite Phase des New Deal. Im Mai des gleichen Jahres erklärte der Oberste Gerichtshof den NIRA für verfassungswidrig, weil der Gesetzgeber darin einen zu großen Teil seiner Kompetenzen an den Präsidenten abgegeben habe. Die häufige Verletzung des Rechts auf gewerkschaftliche Organisation und einen Mindestlohn führte zu Arbeiterunruhen.

Um die angespannte Lage zu beruhigen, verabschiedete der Kongress den *National Labor Relations Act*, der Tarifverhandlungen regelte und die Gewerkschaften stärkte; drei Jahre später wurden Mindestlohn und Höchstarbeitszeit sowie das Verbot von Kinderarbeit gesetzlich verankert.

Um die anhaltend hohe Arbeitslosigkeit zu senken, wurde 1935 die *Work Progress Administration* (WPA) eingerichtet. Diese Bundesbehörde beschäftigte schon 1936 über drei Millionen Menschen. Gefördert wurden insbesondere Baumaßnahmen zur Verbesserung der Infrastruktur, aber auch Künstler, Schriftsteller und Musiker wurden unterstützt (*Federal Art Project* und *Federal Writers Project*). So gingen aus dem Federal Writers Project über 1000 Veröffentlichungen und aus dem Federal Art Project über 2500 Wandgemälde in öffentlichen Einrichtungen hervor.

In der Geschichtswissenschaft haben Roosevelts Maßnahmen und der New Deal ganz unterschiedliche Bewertungen und Einschätzungen erfahren.

- *Ordnen Sie Roosevelts Maßnahmen in einer Grafik den unterschiedlichen Wirtschaftsbereichen zu und ergänzen Sie durch die jeweils beabsichtigte Wirkung.*
- F *Entwerfen Sie dafür das Konzept für ein mögliches „fireside chat".***

▸ **Geschichte In Clips:**
Zum New Deal siehe Clip-Code 4677-07

Internettipp:
Zu einer Darstellung der Weltwirtschaftskrise aus US-amerikanischer Perspektive siehe Code 4677-08

1930	$ 132
1935	$ 226
1940	$ 326

▲ **Staatsschuld pro Kopf der Bevölkerung.**
Nach: Udo Sautter, Die Vereinigten Staaten. Daten, Fakten, Dokumente, Tübingen/Basel 2000, S. 124

* Zu Keynes siehe auch S. 459.

** **„fireside chat"**: Roosevelt gilt gemeinhin als erster „Medienpräsident", weil er in der Presse und im Radio intensiv (und mit Strategie) für seine Politik warb. Beispielhaft dafür sind seine „Kaminplaudereien" („fireside chats"), die im Radio übertragen und von bis zu 60 Millionen Amerikanern verfolgt wurden.

M1 Roosevelt vor der Präsidentschaftswahl

Der 1882 geborene Roosevelt stammt aus einer wohlhabenden Familie, studiert Jura und arbeitet als Rechtsanwalt. Er engagiert sich in der Demokratischen Partei und wird Senator des Staates New York. 1921 erkrankt er an Kinderlähmung. Trotzdem behält er seinen Optimismus bei und vermittelt den Menschen Selbstvertrauen und Mut. 1928 wird er Gouverneur des Staates New York. 1931 erhöht er die Einkommensteuer in New York um 50 Prozent und schafft Hilfsprogramme für Arbeitslose. Am 23. September 1932 stellt Roosevelt im Commonwealth Club zu San Francisco seine politischen Grundüberzeugungen vor:

Jedermann hat ein Recht zu leben; und das bedeutet, dass er auch das Recht hat, einen auskömmlichen Lebensunterhalt zu verdienen. Er mag durch Trägheit oder Verbrechen der Ausübung dieses Rechts absagen; aber es darf ihm nicht verweigert werden. Wir haben keine wirkliche Hungersnot oder Teuerung; unser industrieller oder landwirtschaftlicher Apparat kann genug und übergenug produzieren. Unser formelles und formloses politisches und wirtschaftliches Regierungssystem ist jedem einen Weg schuldig, sich durch seine eigene Arbeit in den Besitz einer Portion von diesem Überfluss zu setzen, die für seine Bedürfnisse genügt.
Jedermann hat ein Recht auf sein eigenes Eigentum; was ein Recht bedeutet, so weit wie möglich der Sicherheit seiner Ersparnisse gewiss zu sein. Auf keine andere Weise können Menschen die Lasten jener Teile des Lebens tragen, die naturgemäß keine Möglichkeit zur Arbeit geben: Kindheit, Krankheit und Alter. In allem Denken über das Eigentum ist dieses Recht das höchste; alle anderen Eigentumsrechte müssen ihm nachstehen. Wenn wir im Einklang mit diesem Prinzip die Operationen des Spekulanten, des Manipulators, ja selbst des Finanziers einschränken müssen, so glaube ich, müssen wir die Restriktion als notwendig akzeptieren, nicht um den Individualismus zu beeinträchtigen, sondern um ihn zu schützen [...].
[Die] Forderung ist, in kurzen Worten, dass die Häupter von Finanz und Industrie, anstatt je für sich zu handeln, zusammenarbeiten müssen, um das gemeinsame Ziel zu verwirklichen. Sie müssen, wo nötig, diesen oder jenen privaten Vorteil opfern; und müssen in wechselseitiger Selbstverleugnung nach einem gemeinsamen Vorteil suchen. Hier ist es, wo die formelle Regierung – die politische Regierung, wenn Sie wollen – hereinkommt. [...]
Die Regierung sollte die Funktion wirtschaftlichen Regulierens nur als ein äußerstes Mittel übernehmen, das erst dann ausprobiert werden soll, wenn die Privatinitiative, angeregt durch hohe Verantwortlichkeit, mit aller Unterstützung und allem Ausgleich, die die Regierung zu geben vermag, am Ende doch versagt.

Zitiert nach: Erich Angermann, Die Vereinigten Staaten von Amerika als Weltmacht, Stuttgart 1987, S. 33-35

1. *Fassen Sie die Rede Roosevelts zusammen, indem Sie sie in Thesen formulieren.*
2. *Analysieren Sie für die einzelnen Thesen, welche Wählergruppen angesprochen werden und auf welche Grundüberzeugungen über Privateigentum, Individuum und Staat Roosevelt sich bezieht. Weisen Sie nach, inwiefern er auf Unabhängigkeitserklärung und Verfassung anspielt. Präsentieren Sie Ihre Ergebnisse auf Folie oder auf einem Plakat.*
3. *Beurteilen Sie in einem kurzen Fazit die Wirkung der Rede.*

M2 „Unsere Nation verlangt Taten ..."

In seiner Rede zum Amtsantritt als Präsident sagt Franklin D. Roosevelt am 4. März 1933:

Diese großartige Nation wird durchhalten, wie sie bisher durchgehalten hat, wird wieder aufblühen und gedeihen. Lassen Sie mich also vor Ihnen als Erstes meine feste Überzeugung aussprechen, dass das Einzige, was wir zu fürchten haben, die Furcht selbst ist [...].
Unsere Nation verlangt Taten, und zwar sofort. Unsere alles beherrschende Aufgabe ist es, den Menschen wieder Arbeit zu verschaffen. Dies ist keine unlösbare Aufgabe, wenn wir ihr klug und unerschrocken entgegentreten. Sie kann teilweise durch direkte Arbeitsbeschaffung[1] von der Regierung selbst gelöst werden, indem wir an die Aufgabe so großzügig herantreten, wie wir es in dem Notfall eines Krieges tun würden; aber gleichzeitig müssen wir bei der Arbeitsbeschaffung so vorgehen, dass dadurch dringend benötigte Projekte realisiert werden, um die Nutzung unserer natürlichen Ressourcen zu stimulieren und neu zu organisieren. [...]
Die Lösung dieser Aufgabe [die Schaffung von Arbeit] kann durch entschiedene Anstrengungen zur Erhöhung des Wertes der ländlichen Erzeugnisse unterstützt werden. Dadurch steigt die Kaufkraft, die Produkte aus unseren Städten zu erwerben. Sie kann unterstützt werden, indem die Tragödie der wachsenden Verluste durch Zwangsversteigerung unserer kleinen Wohnhäuser und Farmen mit wirksamen Mitteln verhindert wird.

[1] Der im englischen Originaltext verwendete Begriff „recruiting" kann zivile Einstellung oder militärische Rekrutierung bedeuten.

Sie kann unterstützt werden, indem die Bundes-, Staats- und Lokalregierungen ihre Kosten sofort ganz erheblich verringern. Sie kann unterstützt werden, indem die Hilfsmaßnahmen in einer Hand zusammengeführt werden, die heute oft versprengt, unwirtschaftlich und unausgewogen sind. Sie kann unterstützt werden durch eine nationale Planung und Überwachung aller Formen des Transportwesens und der Kommunikationsmittel und anderer Versorgungsbetriebe, die eindeutig öffentlichen Charakter haben. Es gibt viele Wege, durch welche sie [die Arbeitsbeschaffung] unterstützt werden kann, aber dies kann nicht nur durch Reden geschehen. Wir müssen handeln, schnell handeln.
Schließlich brauchen wir für unsere Fortschritte zur Wiederbelebung der Arbeit zwei Sicherheiten, um nicht die Fehler der alten Ordnung zu wiederholen: Es muss eine scharfe Beaufsichtigung des ganzen Bankwesens, der Kreditwirtschaft und der Kapitalanlagen geben; und der Spekulation mit anderer Leute Geld muss ein Ende bereitet werden; und es muss für eine angemessene, aber gesunde Währung gesorgt werden. Dies sind die Angriffslinien. [...] Machen wir uns dieses Aktionsprogramm zu eigen, so werden wir unser nationales Haus wieder in Ordnung bringen und das Gleichgewicht von Einnahmen und Ausgaben wiederherstellen. Unsere internationalen Handelsbeziehungen, von so weitreichender Bedeutung sie auch sein mögen, kommen erst an zweiter Stelle gegenüber der Aufgabe, eine gesunde nationale Wirtschaft zu schaffen. In der praktischen Politik ziehe ich vorrangige Aufgaben vor. Ich werde keine Mühe scheuen, den Welthandel durch Korrekturen an der internationalen Wirtschaft wiederherzustellen, aber die innenpolitische Notlage kann nicht darauf warten [...].
Wir hegen keinen Zweifel an der Zukunft der unentbehrlichen Demokratie. Die Menschen der Vereinigten Staaten haben nicht versagt. Aus ihrem Bedürfnis heraus haben sie die Vollmacht erteilt, dass sie direkte, kraftvolle Maßnahmen wünschen. [...] Sie haben mich zum Werkzeug ihrer Wünsche gewählt, und im Geiste dieses Auftrages trete ich mein Amt an.

Basil Rauch (Ed.), The Roosevelt Reader. Selected speeches, messages, press conferences, and letters of Franklin D. Roosevelt, New York [2]1960, S. 90-95 (stark gekürzt; übersetzt von Friedrich Huneke)

1. *Amtsantrittsreden haben die Funktion, Programm und Selbstverständnis einer neuen Regierung vorzustellen und die Zuhörerschaft zu überzeugen. Geben Sie das Programm Roosevelts in knappen Sätzen wieder und beschreiben Sie die Rangfolge seiner Programmpunkte.*
2. *Analysieren Sie Roosevelts Redestrategien.*

M3 Kritik von Keynes

Am 31. Dezember 1933 veröffentlicht die „New York Times" einen Offenen Brief des englischen Ökonomen John Maynard Keynes:

Sie sind mit einer doppelten Aufgabe beschäftigt, wirtschaftliche Erholung und Reform – Erholung von der Wirtschaftskrise und die Verabschiedung jener Wirtschafts- und Sozialreformen, die längst überfällig sind. [...]
Nun bin ich mir nicht klar, wenn ich auf die letzten neun Monate zurückblicke, ob die Reihenfolge der Dringlichkeit von Maßnahmen der Wirtschaftsbelebung einerseits und von Maßnahmen der Reform andererseits so eingehalten wurde, wie es nötig ist, oder ob letztere nicht manchmal mit ersteren verwechselt wurden. Insbesondere kann ich, wenngleich seine sozialen Vorzüge erheblich sind, im Gesetz über die Wiederbelebung der Nationalen Industrie [National Industrial Recovery Act, NIRA] keine greifbare Hilfe für den Aufschwung erkennen. [...] [Das Gesetz] verkörpert anscheinend eine falsche Wahl der Prioritäten. [...]
Das ist meine erste Überlegung – dass das NIRA, welches im Wesentlichen Reform bedeutet und wahrscheinlich die Wiederbelebung der Wirtschaft behindert, zu hastig durchgesetzt wurde, weil es fälschlich als Teil einer Politik der wirtschaftlichen Wiederbelebung gesehen wurde.
Meine zweite Überlegung bezieht sich auf die Maßnahmen der Wiederbelebung der Wirtschaft selbst. Ziel einer wirtschaftlichen Erholung ist es, die nationale Produktion zu erhöhen und mehr Menschen in Arbeit zu bringen. Im Wirtschaftssystem der modernen Welt wird die Produktion in erster Linie für den Verkauf hergestellt; und die produzierte Menge hängt vom Umfang der Kaufkraft im Vergleich zum Herstellungspreis der Produkte ab, deren Absatz man am Markt erwartet. [...]
Als wichtigsten Motor in der Anfangsphase einer Politik für einen Aufschwung betone ich somit ganz besonders die Erhöhung der gesamtwirtschaftlichen Kaufkraft durch Staatsausgaben, die durch Kredite finanziert sind und nicht nur einen Transfer aus der Besteuerung bestehender Einkommen darstellen. Im Vergleich dazu zählt nichts anderes.

www.keynes-gesellschaft.de/Hauptkategorien/GeneralTheory/ Brief-Keynes31.12.33.html (übersetzt von K. Rietzler) [Zugriff vom 2. Dezember 2010]

- *Verfassen Sie die Stellungnahme eines Anhängers Roosevelts zu Keynes' Offenem Brief. Berücksichtigen Sie für diesen Leserbrief die Informationen aus dem Darstellungsteil.*

Von der Wirtschaftskrise zur Staatskrise im Deutschen Reich

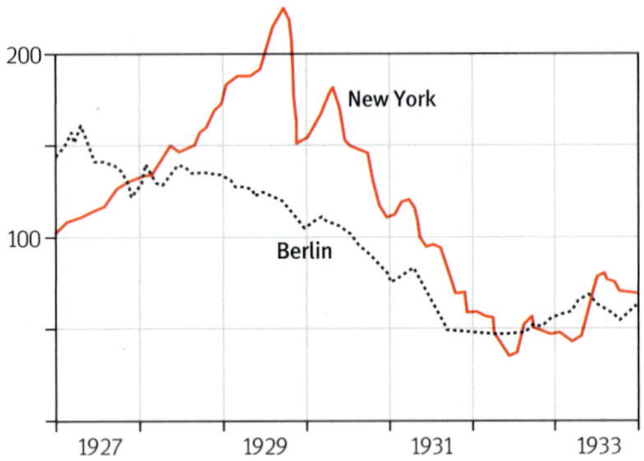

▲ **Aktienkurse an den Börsen von New York und Berlin 1927 bis 1933.**
Nach: Friedrich-Wilhelm Henning, Deutsche Wirtschafts- und Sozialgeschichte in der ersten Hälfte des 20. Jahrhunderts, Teil 1, Paderborn 2003, S. 454

Beschreiben und vergleichen Sie die beiden Kurven.
Ⓗ *Benutzen Sie passende Begriffe: Wendepunkt, Trend, Verschärfung, Abschwächung, Höhe- und Tiefpunkt, Stagnation, Parallelität, Gegenläufigkeit.*

Hermann Müller (1876-1931): 1919/20 Reichsaußenminister; 1920-1928 Vorsitzender der sozialdemokratischen Reichstagsfraktion; 1920 (März bis Juni) sowie 1928-1930 Reichskanzler

Vollmachten des Reichspräsidenten: Die Weimarer Verfassung von 1919 gab dem direkt gewählten Reichspräsidenten weitreichende Rechte. Er durfte den Reichskanzler ernennen und entlassen und den Reichstag auflösen. Nach Art. 48 hatte er ein „Notverordnungsrecht", mit dem er bei „erheblicher" Gefahr für die öffentliche Sicherheit viele Grundrechte außer Kraft setzen und bewaffnete Kräfte einsetzen konnte, solange der Reichstag keine Rücknahme seiner Maßnahmen verlangte.

Relative Stabilität Mit der Novemberrevolution von 1918 wurden alte Forderungen der Arbeiterbewegung wie die Anerkennung der Gewerkschaften als Tarifpartner durchgesetzt. Die Weimarer Verfassung von 1919 führte eine parlamentarische Demokratie ein. Nach dem Krisenjahr 1923 hatten sich die politischen Unruhen gelegt und die Wirtschaft etwas erholt. Die 1924 eingeführte *Rentenmark* zeigte sich relativ stabil. Der Sozialstaat wurde ausgebaut, die Krankenkassenleistungen wurden ausgedehnt und die Invaliden- und Altersversicherung erweitert.

Große US-Firmen wie Ford investierten in Deutschland. Zahlreiche Unternehmen rationalisierten nach amerikanischem Vorbild ihre Betriebe und steigerten so die Produktivität. Allerdings lag die Zahl der Arbeitslosen auch 1927, als die Arbeitslosenversicherung eingeführt wurde, bei über 1,3 Millionen.

Die Wirtschaftskrise beginnt Der wirtschaftliche Aufschwung Deutschlands basierte auf Krediten, die vor allem aus den USA stammten. Schon vor dem New Yorker Börsencrash im Oktober 1929 fielen an den deutschen Börsen die Aktienkurse, stiegen die Arbeitslosenzahlen und die Ausgaben für die Arbeitslosenversicherung, was zu Auseinandersetzungen zwischen Regierung und Unternehmerverbänden führte. Die 1929 einsetzende Weltwirtschaftskrise verschärfte die Probleme: Die Kapitalimporte und Exporte gingen zurück, die Industrieproduktion sank, und der Konsum ließ nach. Immer mehr Firmen machten Konkurs und die Zahl der Arbeitslosen stieg von 1,8 Millionen im Januar 1929 auf 2,8 Millionen im Januar 1930 an. Wegen des Rückgangs der Steuereinnahmen und der steigenden sozialen Ausgaben nahm die öffentliche Verschuldung des Staates und der Gemeinden stark zu. Die Reparationsverpflichtungen gegenüber den Siegermächten des Ersten Weltkrieges engten den finanziellen Handlungsspielraum der Regierenden ein.

Das Parlament verliert Die politischen Folgen der Krise zeigten sich bald: Am 27. März 1930 zerbrach die im Juni 1928 gebildete Große Koalition von *SPD, Zentrum, Bayerischer Volkspartei* (BVP), *Deutscher Demokratischer Partei* (DDP) und *Deutscher Volkspartei* (DVP) unter dem sozialdemokratischen Reichskanzler **Hermann Müller**. Als Vorwand für den Bruch diente die von der Regierung geforderte Erhöhung der Arbeitslosenversicherungsbeiträge von 3,5 auf vier Prozent, die auf den Widerstand der nationalliberalen DVP und der Unternehmer- und Arbeitgeberverbände gestoßen war. Dahinter stand aber der Wunsch dieses Lagers sowie des Reichspräsidenten, die Sozialdemokraten aus der Regierung zu drängen.

In den folgenden Jahren nutzte Reichspräsident Paul von Hindenburg* seine weitreichenden verfassungsrechtlichen **Vollmachten**, um eine bereits geplante außerparlamentarische Lösung durchzusetzen.

* Siehe S. 77.

Mit „Notverordnungen" ans Ziel? Am 29. März 1930 ernannte Hindenburg das erste Präsidialkabinett unter dem Fraktionsvorsitzenden des Zentrums, **Heinrich Brüning**. Ihm sicherte er zu, notwendige Gesetze wenn nötig auch am Parlament vorbei mithilfe von Notverordnungen durchzusetzen. Drei Ziele bestimmten Reichskanzler Brünings folgende Innen- und Außenpolitik: die Überwindung der Rezession, die Konsolidierung des Staatshaushalts sowie die Streichung der Reparationen.

Zur Bekämpfung der Krise entstand im Juni 1930 ein Arbeitsbeschaffungsprogramm, das aber keine Wirkung entfalten konnte, da die Regierung angesichts des wachsenden Haushaltsdefizits gleichzeitig begann, alle staatlichen Ausgaben und Leistungen zu kürzen. Brüning setzte sich für eine grundsätzliche Reform der Staatsfinanzen durch Steuererhöhungen und Einsparungen ein, die vom Reichstag blockiert wurde. Daraufhin wurde der Reichstag aufgelöst. In den „Septemberwahlen" (14. September 1930) erzielten die republikfeindliche Linke und Rechte hohe Gewinne: Die Zahl der Abgeordneten der *Nationalsozialistischen Deutschen Arbeiterpartei* (NSDAP) stieg von zwölf auf 107 und die der *Kommunistischen Partei Deutschlands* (KPD) von 54 auf 77.

Nach diesen Wahlen konnte keine regierungsfähige Koalition mehr zustande kommen. Angesichts der politischen Polarisierung von links und von rechts beschloss aber die sozialdemokratische Reichstagsfraktion, die vom Reichspräsidenten gestützte Minderheitsregierung Brünings zu tolerieren, und verhinderte so, dass Notverordnungen vom Parlament zurückgewiesen oder Misstrauensanträge gegen die Regierung angenommen werden konnten. Von Oktober 1930 bis zum Jahresende fanden nur noch 14 Sitzungen des Parlaments statt. 1931 traten die Abgeordneten nur noch 42 Mal und von Anfang 1932 bis zum Sturz Brünings Ende Mai lediglich acht Mal zusammen.

Heinrich Brüning
(1885-1970): 1930-1932 Reichskanzler; 1934 Emigration in die USA. Der 1885 in Münster geborene Brüning war Volkswirt und hatte als Frontoffizier am Ersten Weltkrieg teilgenommen. Seit 1924 war er Reichstagsabgeordneter des Zentrums und hatte sich als Steuer- und Finanzexperte einen Namen gemacht.

Internettipp:
Zu Fotografien von Werner Ballhause siehe Code 4677-09

Ohne Rücksicht auf Verluste? Bestimmt wurde Brünings Finanz- und Wirtschaftspolitik letztlich von außenpolitischen Zielen: Unter dem Siegel der absoluten Verschwiegenheit erklärte er im Dezember 1930 dem Reichsbankpräsidenten *Hans Luther*, es müsse „eine scheinbar planlose Deflationspolitik durchgeführt werden, um die Welt selbst zu einer Initiative für [die] Streichungen der Reparationen zu zwingen". Die strikte Sparpolitik sollte also der Weltöffentlichkeit demonstrieren, dass Deutschland trotz größter Anstrengungen nicht in der Lage war, die Reparationszahlungen zu leisten. Vorschläge zur staatlichen Konjunkturbelebung lehnte Brüning daher ab. Er nahm eine Verschärfung der wirtschaftlichen und sozialen Krise billigend in Kauf, um seine außenpolitischen Ziele zu erreichen.

Brüning begann mithilfe von Notverordnungen zur „Sicherung von Wirtschaft und Finanzen" eine rigorose Haushaltspolitik: Die Lohn- und Einkommen-, die Umsatz-, Kraftfahrzeug-, Zucker-, Tabak- und Biersteuer sowie zahlreiche Zölle wurden mehrfach erhöht, während gleichzeitig die Gehälter der Beamten und öffentlichen Angestellten gekürzt und die Pensionen, Renten und Sozialleistungen beschnitten wurden. Außerdem wurden viele Sachausgaben reduziert: Es durften weder Straßen gebaut noch öffentliche Neubauten errichtet werden. Selbst Reparaturen schloss man bis auf wenige Ausnahmen aus. Das alles sollte den durch die hohen Sozialausgaben belasteten Staatshaushalt ausgleichen. Gleichzeitig aber stellte Brüning große Summen für die Landwirtschaft bereit und klammerte den Wehretat von den Kürzungen aus.

Diese *Deflationspolitik* griff massiv in die Privatwirtschaft ein. Mittels Notverordnungen wurden Löhne und Preise gekürzt, um die Kosten der Gütererzeugung den gesunkenen Produktpreisen anzupassen. Durch die Preis- und Kostensenkung sollte auch die Exportfähigkeit der deutschen Wirtschaft gestärkt werden, ohne die Währung abwerten zu müssen.

▲ **„Arbeitsloser auf Parkbank in der Nähe des Arbeitsamtes Hannover."**
Foto von Walter Ballhause, 1932.

▲ Werbung für Sparbücher von 1929.

Hoover-Moratorium: Das nach dem amerikanischen Präsidenten benannte Moratorium stundete alle Kriegsschulden der europäischen Länder sowie die deutschen Reparationsleistungen für ein Jahr.

Bankenkrise und Schuldenerlass Der deutsche Staat und die deutsche Wirtschaft hatten in den 1920er-Jahren in großem Stil Kredite aufgenommen und damit sowohl die Reparationen als auch die Modernisierung und Rationalisierung der Industrie und Landwirtschaft sowie den Ausbau der öffentlichen Infrastruktur wie zum Beispiel den Straßen- und Wohnungsbau finanziert. Solange die Konjunktur anhielt und die Kredite stets durch neues Geld abgelöst werden konnten, war die Finanzierung langfristiger Investitionen mit kurzfristigen Krediten unproblematisch. In der Krise aber forderten die US-Banken nun mit Nachdruck ihre kurzfristigen Kredite zurück.

Auch der Ausgang der „Septemberwahlen" von 1930 führte dazu, dass Kapital aus Deutschland abgezogen wurde. Zahlreiche innere Unruhen und Streiks trübten das Investitionsklima. Weiteres Vertrauen in die deutsche Währung wurde verspielt, als Brüning am 5. Juni 1931 öffentlich erklärte, das deutsche Volk sei „an der Grenze seiner Belastbarkeit angelangt", und allein die Reparationsverpflichtungen für die Probleme verantwortlich machte. Das wurde im Ausland als ein Hinweis auf den bevorstehenden Staatsbankrott verstanden und trug zu einem weiteren Abzug ausländischer Gelder bei. Der rückläufige internationale Handel verschärfte die Lage noch.

Das **Hoover-Moratorium** vom Juni 1931 eröffnete der Reichsregierung zwar einen einjährigen Aufschub der Reparationsleistungen. Aber nun belastete die europäische Bankenkrise die deutsche Wirtschaft. Im Juli musste die zweitgrößte deutsche Bank, die *Darmstädter und Nationalbank* (Danat-Bank) ihre Zahlungsunfähigkeit erklären (▸ M1 bis M3).

Die Reichsregierung versuchte die Lage zu beruhigen, sicherte der Wirtschaft Hilfe zu und schloss ab dem 13. Juli die Börse, um weitere Kurseinbrüche aufzuhalten. Sie verhinderte aber nicht, dass an diesem Tag alle Sparer die noch geöffneten Geldinstitute stürmten, um ihre Einlagen abzuheben. Die Regierung ordnete daraufhin für den 14. und 15. Juli zwei „Bankfeiertage" an und gab auch danach den Zahlungsverkehr nur schrittweise frei, um weitere Bankenzusammenbrüche zu verhindern. Darüber hinaus führte sie eine Bankenaufsicht ein und beschloss, aus den knappen Steuermitteln den Banken hohe Beträge als Garantien zur Verfügung zu stellen. Letzteres rief den Protest der SPD hervor. Gleichzeitig wuchs die Angst der Bürger vor dem Staatsbankrott und einer weiteren politischen Radikalisierung.

Erst allmählich begriffen die führenden Politiker und Wirtschaftsfachleute die Zusammenhänge der Wirtschaftskrise und erkannten, dass man es mit der bisher schwersten Krise der kapitalistischen Weltwirtschaft zu tun hatte.

Kein Einlenken Die Stützung und Sanierung der Banken kostete die Reichsregierung fast eine Milliarde Reichsmark. Mit weiteren Maßnahmen versuchte sie, neue Kreditaufnahmen unattraktiv zu machen und eine weitere Kapitalflucht zu verhindern. Brüning hielt an seiner einschränkenden, deflationistischen Wirtschaftspolitik fest (▸ M4) und änderte seine Haltung auch nicht, als Großbritannien und etwa 30 weitere Staaten sich im September 1931 vom Goldstandard lösten, ihre Währungen damit abwerteten und somit die deutschen Waren auf dem internationalen Markt noch teurer wurden. Da es der Reichsregierung aufgrund der Reparationsbedingungen nicht ohne Verhandlungen möglich war, die Reichsmark abzuwerten, schrieb Brüning der Wirtschaft eine zwanzigprozentige Preissenkung vor. Damit sollten die deutschen Produkte international konkurrenzfähig bleiben. Außerdem kürzte er Sozialausgaben, Löhne und Gehälter und verschärfte die soziale Krise noch mehr.

Brüning erreichte zwar damit im Januar 1932 eine annähernd ausgeglichene Haushaltsbilanz, doch die staatlich gedrückten Preise trugen zu einem weiteren Investitionsrückgang und zur Zahlungsunfähigkeit vieler Betriebe bei. Betroffen waren vor allem viele Landwirte. Von ihnen erhielten die Nationalsozialisten dann auch in den folgenden Wahlen besonders viele Stimmen.

▸ **Geschichte In Clips:** Zur Wirtschaftskrise im Deutschen Reich siehe Clip-Code 4677-10

Brünings Erfolg Angesicht der deutschen Zahlungsschwierigkeiten erklärten Großbritannien und Frankreich auf der *Konferenz von Lausanne* (16. Juni bis 9. Juli 1932) das Ende der deutschen Reparationsverpflichtungen. Von den erst 1929 neu festgelegten Forderungen in Höhe von 112 Milliarden Reichsmark verabschiedete man sich und verlangte lediglich eine Abschlusszahlung von drei Milliarden, die aber nie getätigt wurde. Zu dieser Zeit war Brüning jedoch schon als Reichskanzler abgelöst.

Soziale Folgen Mitte 1932 erreichte die Krise ihren Höhepunkt. Die Industrieproduktion ging auf die Hälfte des Standes von 1928 zurück und das Volkseinkommen sank von 1928 bis 1932 um über 30 Milliarden Reichsmark. Im Februar 1932 erreichte die Arbeitslosenzahl mit 6,128 Millionen registrierten Personen ihren höchsten Stand. Die tatsächliche Zahl der Erwerbslosen betrug damals wohl 7,619 Millionen. Für die Betroffenen und die Familien bedeutete dies Not und Hunger. Die Dauer der Versicherungsleistungen war von ursprünglich 26 Wochen im Oktober 1931 auf 20 und im Mai 1932 auf 13 Wochen gekürzt worden. Im Dezember 1932 bezogen von annähernd 5,8 Millionen registrierten Arbeitslosen 22,4 Prozent überhaupt keine öffentliche Hilfe. Verheiratete Frauen wurden nun aufgefordert, auf ihre Erwerbstätigkeit zu verzichten.

Überdurchschnittlich von der Arbeitslosigkeit betroffen waren Jugendliche. Im Juli 1932 waren rund eine Million Jungen und Mädchen zwischen 15 und 25 ohne Arbeit – meist ohne Arbeitslosen- oder Krisenunterstützung. Der Mitte 1931 eingerichtete *Freiwillige Arbeitsdienst* (FAD) konnte nicht wirklich helfen. Anders als das im Frühjahr 1933 in den USA gegründete *Civilian Conservation Corps* (CCC) erhielt er nicht genug Mittel, um die Jugendarbeitslosigkeit zu reduzieren. Bis Mai 1932 unterstützte er nur 56 000 arbeitslose Männer unter 25 Jahre für sechs Monate.

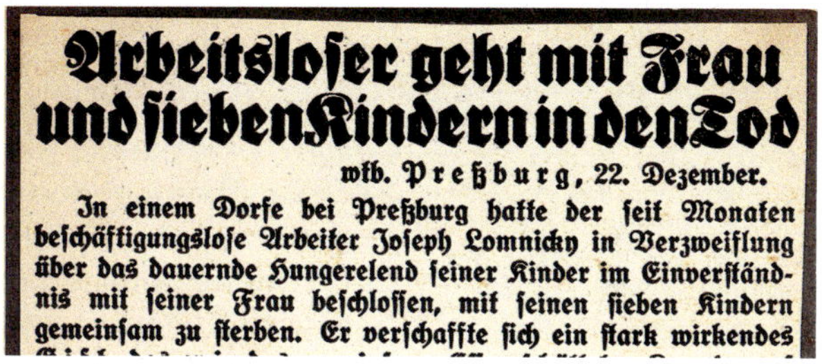
Arbeitsloser geht mit Frau und sieben Kindern in den Tod

wtb. Preßburg, 22. Dezember.

In einem Dorfe bei Preßburg hatte der seit Monaten beschäftigungslose Arbeiter Joseph Lomnicky in Verzweiflung über das dauernde Hungerelend seiner Kinder im Einverständnis mit seiner Frau beschlossen, mit seinen sieben Kindern gemeinsam zu sterben. Er verschaffte sich ein stark wirkendes

▲ **Zeitungsmeldung von 1931/32.**
Zur Einordnung: Die Selbstmordrate betrug 1932, berechnet auf eine Million Einwohner, in Deutschland 260 und in den USA 133 Menschen.

Jahr	Volkseinkommen	Arbeitnehmereinkommen	Unternehmereinkommen	Bruttoinvestitionen im Inland	Laufende Staatsausgaben	Reparationszahlungen
1927	66,2	42,1	21,0	16,8	8,7	1,6
1928	71,2	46,4	21,8	15,8	9,6	2,0
1929	70,9	46,9	21,6	12,2	10,0	2,3
1930	64,6	43,7	19,4	9,5	8,7	1,7
1931	52,1	37,0	16,2	4,4	7,8	1,0
1932	41,1	28,8	13,0	5,3	6,9	0,2
1933	42,6	29,1	13,6	6,5	7,0	0,1

Nach: Fritz Blaich, Der Schwarze Freitag. Inflation und Wirtschaftskrise, München [2]1990, S. 167

◂ **Das Volkseinkommen und wichtige gesamtwirtschaftliche Größen im Deutschen Reich 1927 bis 1933.**
Angaben in Milliarden RM. Der Posten „Unternehmenseinkommen" erfasst Einkommen privater Haushalte aus Unternehmertätigkeiten und Vermögen. Die „Bruttoinvestitionen" enthalten die Anlageinvestitionen und die Mengen- und Wertänderungen der Vorräte.

- *Der SPD-Politiker Friedrich Stampfer schreibt 1936: „Es gab in Deutschland keine Klasse und keinen Stand, die nicht von der Krise in Mitleidenschaft gezogen waren." Überprüfen Sie die Aussage mithilfe der Tabelle.*

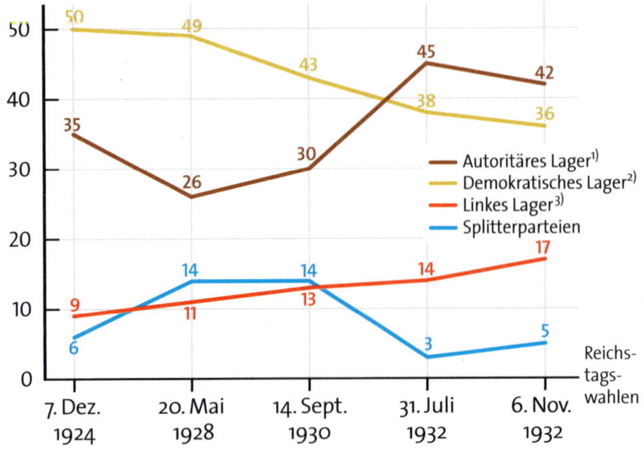

▲ **Politische Grundorientierungen im deutschen Parteienspektrum 1924 bis 1932.**
Nach: Hans-Ulrich Wehler, Deutsche Gesellschaftsgeschichte, Bd. 4: Vom Beginn des Ersten Weltkrieges bis zur Gründung der beiden deutschen Staaten, München 2003, S. 359

[1] Deutsche Nationale Volkspartei, Deutsche Volkspartei, Nationalsozialistische Deutsche Arbeiterpartei
[2] Sozialdemokratische Partei Deutschlands, Deutsche Demokratische Partei, Zentrum und Bayerische Volkspartei
[3] Kommunistische Partei

Viele Menschen waren gezwungen, ihre Wohnungen aufzugeben; sie hausten in provisorischen Hütten am Rande der Großstädte oder waren obdachlos. Hoffnungslosigkeit, Verbitterung und Unzufriedenheit machten sich breit. Die allgemeine Krisenstimmung vergrößerte die radikale Ablehnung der bestehenden Staats- und Wirtschaftsordnung (▸ M5).

Konjunkturprogramme Nach der Bankenkrise wurden verstärkt Arbeitsbeschaffungsprogramme gefordert. Durch öffentliche Aufträge sollte, ähnlich wie es der britische Nationalökonom John Maynard Keynes den Briten bereits empfohlen hatte, die Wirtschaft angekurbelt werden. Doch Reichsbankchef Luther und Reichskanzler Brüning lehnten die im Finanz- und Wirtschaftsministerium erarbeiteten Konjunkturprogramme ab. Als Gründe gaben sie an, dass vor allem Frankreich, der Hauptempfänger deutscher Reparationsleistungen, nicht den Eindruck gewinnen dürfe, die deutsche Wirtschaft verfüge doch noch über beträchtliche Reserven. Darüber hinaus wollten sie keine Haushaltsverschuldung in Kauf nehmen und befürchteten, dass solche Maßnahmen eine neue Inflation auslösen würden. Ihre Vorstellungen wurden damals von den meisten Ökonomen geteilt.

Angesichts der sozialen Not polarisierte das Festhalten an dem Sparkurs. Links- und Rechtsradikalismus nahmen weiter zu. Die Gefahr eines Bürgerkrieges stieg – und vor allem Republikanhänger forderten nun immer deutlicher ein Ende der Deflationspolitik (▸ M6). Allmählich meldeten auch immer mehr Ökonomen Bedenken an. Ende 1931 kritisierte der Bonner Nationalökonom Joseph A. Schumpeter Brünings Krisenpolitik scharf. Sie möge vielleicht für die Streichung der Reparationen nützlich sein, habe aber, „ganz abgesehen von den sozialen Konsequenzen, die völlige Lähmung der Wirtschaft zur Folge".

Brünings Ende Im Juni 1932 musste Brüning zurücktreten, weil er Hindenburg und seinen Beratern nicht weit genug nach rechts gegangen war. Seine Nachfolger *Franz von Papen* (bis Dezember 1932) und *Kurt von Schleicher* begannen mit einer aktiven Konjunkturpolitik. Aber auch sie verloren die Unterstützung Hindenburgs. Am 30. Januar 1933 wurde *Adolf Hitler** zum Reichskanzler ernannt.

Sie haben mit den Maßnahmen Hoovers, Roosevelts und Brünings drei unterschiedliche Versuche kennengelernt, die große Krise zu bewältigen. Bereiten Sie einen Vergleich vor, indem Sie tabellarisch die Maßnahmen der drei Politiker einander gegenüberstellen.

H *Beschränken Sie Ihren Vergleich auf folgende Bereiche: Banken, Landwirtschaft, Subventionierung der Industrie, Arbeitsbeschaffungsprogramme, Sozialleistungen.*

F *In Deutschland wurde die wirtschaftliche und soziale Krise politisch missbraucht, um die demokratische Ordnung zu zerstören, demgegenüber war die Demokratie in den USA zu keinem Zeitpunkt gefährdet.*
Überlegen Sie sich, welche Umstände für diesen wichtigen Unterschied verantwortlich sein könnten, und präsentieren Sie Ihre Überlegungen der Lerngruppe in einem Vortrag.

* Für ausführliche biografische Informationen zu Papen, Schleicher und Hitler siehe S. 191, 207 und 208.

M1 Die Nerven behalten

Am 13. Juli 1931 veröffentlicht die „Deutsche Allgemeine Zeitung" einen Aufruf der Reichsregierung:

Die Bestrebungen der Reichsbank [...] sind darauf gerichtet, möglichst langfristige Kredite des Auslandes zu erlangen, um der privaten Wirtschaft zu helfen, ihre Notstände zu überwinden. Trotz aller Bemühungen ist im Verlaufe dieser Vorgänge eines der größten Bankinstitute, die Darmstädter und Nationalbank, illiquid[1] geworden. Die Reichsregierung erachtet es für ihre Pflicht, [...] den großen Gefahren, die aus dieser Illiquidität drohen, zu begegnen. Es handelt sich nicht darum, das Vermögen der Bank zu retten, sondern es handelt sich darum, den Hunderttausenden von Kunden der Bank ihren Besitz zu erhalten und damit ihre Unternehmungen vor der Betriebseinstellung oder gar vor dem Untergang zu retten. Nur aus diesen Gesichtspunkten wird das Reich für etwaige Ausfälle, die eintreten können, aufkommen. Es ist eine Selbstverständlichkeit, dass die Geschäfte der Bank von Treuhändern der Reichsregierung überwacht werden. [...] Es kommt darauf an, dass das deutsche Volk in dieser schweren Lage die Nerven behält und nicht durch mangelndes Selbstvertrauen die Schwierigkeiten vermehrt.

Zitiert nach: Herbert Michaelis und Ernst Schraepler (Hrsg.), Ursachen und Folgen [...], Bd. 8: Die Weimarer Republik. Das Ende des parlamentarischen Systems [...], Berlin 1963, S. 193

M2 Wer sind die „wahren Schuldigen"?

Der Vorstand der Sozialdemokratischen Partei Deutschlands reagiert am 14. Juli 1931 mit folgendem Aufruf auf die Bankenkrise:

Die Krise hat sich verschärft, Zusammenbrüche großer Industrie- und Bankunternehmungen zeichnen ihren Weg. Mit ihnen bricht die Lüge von der „marxistischen Misswirtschaft" zusammen, die erfunden wurde, um von den wahren Schuldigen abzulenken: dem kapitalistischen System und seinen Vertretern.
[...] Jetzt verlangen die bankrotten Bekämpfer des Marxismus Rettung durch den Staat! Jetzt steht die Reichsregierung für zusammengebrochene Banken gut, jetzt übernimmt sie für sie die Aufsicht! [...]
In der Stunde höchster Gefahr fordern wir entschlossene Umkehr. Die Selbstherrschaft der Banken und der Schwerindustrie führt die Wirtschaft in den Abgrund. Ihr muss ein Ende bereitet werden. Staatliche Hilfe ist nur gerechtfertigt, wenn der staatliche Einfluss im Interesse der Allgemeinheit dauernd gesichert bleibt. Eine gründliche Bereinigung der Wirtschaft muss herbeigeführt werden, ohne Rücksicht auf kapitalistische Sonderinteressen. Arbeiter und Angestellte sind durch unbedingte Sicherung ihrer Ansprüche auf Lohn, Gehalt oder Unterstützung vor den verderblichen Folgen der Krise, deren unschuldige Opfer sie sind, zu schützen. [...]
Nicht kapitalistische Wirtschaftsanarchie, sondern geordnete Wirtschaftsführung zum Nutzen des Ganzen!
Nicht sinnlose Verzweiflungsakte, sondern planvolle Arbeit für das Volk und für den Sozialismus!
Nicht Uneinigkeit und Spaltung der Arbeiterklasse, sondern feste Einigkeit, stärkste Entschlossenheit im Kampf gegen alle feindlichen Gewalten! Das ist die Forderung der Stunde!

Zitiert nach: Herbert Michaelis und Ernst Schraepler (Hrsg.), a. a. O., S. 193f.

M3 „Verlieren wir noch einmal alles ...?"

Der 50-jährige Professor für Romanistik Victor Klemperer schreibt unter dem 16. Juli 1931 in sein Tagebuch:

Aber von Tag zu Tag wird die deutsche Gesamtlage verzweifelter und undurchsichtiger. Ich verstehe nicht, was vorgeht, niemand versteht es, die Zeitungen schwätzen oder lügen. Sind wir nun in Staatsbankrott und Inflation mitteninne (die Danatbank, die „Bankfeiertage" [...]) – oder nicht? Stürzt die Regierung? Folgt Hitler oder der Communismus? [...] Verlieren wir noch einmal alles wie 1923? – Vollkommen blind und hilflos lebt man jetzt hin, und hat keine Ahnung, was man durchlebt, was für Geschichte sich vollzieht und wer Geschichte macht.

Victor Klemperer, Leben sammeln, nicht fragen wozu und warum. Tagebücher 1925-1932, herausgegeben von Walter Nowojski, Berlin 1996, S. 721

M4 Brüning über Finanz- und Wirtschaftspolitik

In einem Referat vor den Vereinigten Ausschüssen des Reichsrates erläutert Reichskanzler Dr. Heinrich Brüning am 13. August 1931 einige Grundlinien seiner Finanz- und Wirtschaftspolitik:

Eine Erholung der Weltwirtschaft gibt es erst dann, wenn der Tiefpunkt der Preise erreicht wird, wenn die Menschen wissen, jetzt geht es mit den Preisen nicht mehr weiter herunter,

[1] **illiquid**: zahlungsunfähig; eine Bank ist illiquid, wenn sie nicht mehr in der Lage ist, Sparguthaben auszuzahlen oder Schulden zu begleichen.

sondern kann nur langsam wieder hinaufgehen. Dann erst können die gesamten Maßnahmen getroffen werden, die notwendig sind, dann erst kann das Preisniveau der Waren wieder in das richtige Verhältnis zum Volumen der Waren kommen. Bis dahin gibt es in der ganzen Welt nur ein Herumtappen, und jedes Volk kann sich nur darauf einrichten, dass es sehen muss, wie es aus dieser Situation kommt. [...]
Das Jammern macht in der Welt gar keinen Eindruck, ob von Kreisen der Industrie oder der Landwirtschaft. Die Welt ist sich heute darüber aber im Klaren, dass die Reparationszahlungen in der bisherigen Höhe nicht mehr fortgesetzt werden können, sei es offen oder wenigstens im Stillen. Sehr schwer ist es ja doch, den Völkern klarzumachen, nachdem der Young-Plan[1] nun ein Jahr in Kraft ist und als stabile Lösung angesehen wurde, dass es mit den Reparationen nichts ist. Man braucht Zeit für diese Erkenntnis, und die Politik der Reichsregierung, keine populäre Politik zu machen, hat absolute Bestätigung gefunden. Wir mussten die Initiative den anderen zuschieben; die letzten Ereignisse haben sicher den Gutwilligen klargemacht, dass wir bei eigener Initiative einen politischen Block bekommen hätten, der eine andere Reichsregierung zur Folge gehabt hätte. Es bleibt nichts anderes übrig, um wieder Kredit zu bekommen, als der Welt zu zeigen, was wir leisten können. Die Gefahr, dass daraus hinsichtlich der Reparationen in positiver Hinsicht Schlüsse gezogen werden können, ist nicht mehr groß. Es muss der letzte Schleier von Deutschland weggezogen werden und die Dinge ganz offen so dargestellt werden, wie sie sind.
[...] Es kommt ja heute darauf an, das zurückgezogene Kapital, das an sich im Laufe eines Jahres ersetzt werden kann, durch den Erlass der Reparationen für dieses Jahr nur für einige Monate auszugleichen, d. h. also einen Weg zu finden, der uns den Endeffekt am Ende des Jahres jetzt schon zur Verfügung stellt. Außer diesem Weg der Kreditierung ausländischer Rohstoffimporte[2] gibt es noch einen zweiten Weg, worüber ich aber jetzt noch nicht sprechen werde.
Es besteht eine sichere Notwendigkeit, überall zu erneuten Sparmaßnahmen zu kommen. [...] Eine kurzfristige Verschuldung von Ländern und Gemeinden im Tempo wie in den vergangenen Jahren muss aufhören. Es ist unmöglich, das Bankensystem noch einmal zu retten, wenn man plötzlich vor Tatsachen gestellt wird, die uns zum Teil erst in letzter Stunde bekannt geworden sind. Die Dinge liegen zwar in den Ländern verschieden. Aber die Tatsache, dass ein großer Teil der Illiquidität[3] auf diese enorme kurzfristige Verschuldung zurückzuführen ist, müsste jedem verantwortlichen Politiker in Reich, Ländern und Gemeinden die Augen öffnen, dass mit diesem System Schluss gemacht werden muss.

Walter Steitz (Hrsg.), Quellen zur deutschen Wirtschafts- und Sozialgeschichte. Vom Ersten Weltkrieg bis zum Ende der Weimarer Republik, Darmstadt 1993, S. 458-462

1. *Charakterisieren Sie, wie sich die Reichsregierung in ihrem Aufruf (M1) darstellt und welche Absichten sie mit diesem Aufruf verfolgt.*

2. *Der Vorwurf der „marxistischen Misswirtschaft“ (M2, Z. 3) traf die SPD während sie in der Regierungsverantwortung war. Weisen Sie anhand des Aufrufes der SPD nach, wie sich die Partei in der verschärften Krise 1931 positioniert.*

3. *Versetzen Sie sich in die Situation des Tagebuchschreibers (M3) und lesen Sie mit seinen Augen den Aufruf der Reichsregierung (M1) und die Stellungnahme der SPD (M2). Arbeiten Sie aus diesen beiden Texten die Hinweise heraus, die Victor Klemperer in die von ihm geschilderte Situation von Hilflosigkeit und Nichtwissen versetzt haben dürfte. Verwenden Sie für Ihre Ausarbeitung auch den Darstellungsteil (S. 116).*

F *Gestalten Sie eine Diskussionsrunde zwischen einem Vertreter der Reichsregierung, einem SPD-Politiker und einem Journalisten, der im Sinne von Victor Klemperer argumentiert.*

4. *Stellen Sie die Maßnahmen zusammen, die Brüning (M4) zur Bekämpfung der Krise plant.*

5. *An anderer Stelle dieser Rede vertritt Brüning die These, dass die Reichsregierung „sich in sozialer Gesinnung von keiner ihrer Vorgängerregierungen übertreffen lässt“. Entwerfen Sie einen sozialdemokratischen Zeitungskommentar zu dieser Aussage.*

H *Überprüfen Sie dafür die sozialpolitischen Maßnahmen der Regierung Brüning und ihre Wirkung.*

[1] **Young-Plan**: unter Vorsitz des US-Bankiers Owen D. Young überarbeiteter Reparationsplan; wurde am 7. Juni 1929 unterzeichnet. Die deutschen Gesamtleistungen wurden auf 112 Milliarden Reichsmark bis 1988 festgelegt.

[2] **Kreditierung ausländischer Rohstoffimporte**: Gewährung von Krediten zum Kauf von Rohstoffen

[3] **Illiquidität**: Zahlungsunfähigkeit; siehe auch Anm. zu M1

M5 Unzufriedenheit in Deutschland und Amerika – ein Vergleich

Der amerikanische Journalist H.R. Knickerbocker berichtet 1931/32 im Auftrag der in New York erscheinenden „Evening Post" aus Deutschland:

Arbeitslosigkeit gibt es überall in der Welt. Die Unzufriedenheit ist kein Monopol Deutschlands, und viele außerhalb des Reiches müssen sich fragen, warum die Gefahr einer radikalen Änderung von Regierung und Wirtschaftssystem für Deutschland größer ist als für andere Länder mit gleich hoher Arbeitslosenziffer. Dafür gibt es gute Gründe.
Erstens: Hier ist die Unzufriedenheit, die aus der Armut resultiert, politisch organisiert. Zweitens: Die Armut gewisser Bevölkerungsschichten ist ganz außerordentlich bitter. Drittens: Die politische und wirtschaftliche Unzufriedenheit herrscht bereits seit langer Zeit. [...] Die politische Organisation der Unzufriedenheit in Deutschland macht es unmöglich, die Konsequenzen, zu denen die Arbeitslosigkeit je nach ihrem Ausmaß führen kann, mit denselben Maßstäben zu messen, wie sie einem gleichen Umfang der Arbeitslosigkeit in anderen Ländern zukommen. [...]
Der Arbeitslose in Amerika drückt seine Unzufriedenheit im Allgemeinen dadurch aus, dass er seine Stimme gegen die Männer oder die Partei, die an der Macht ist, abgibt. Es kann aus einem Republikaner ein Demokrat werden oder umgekehrt. Die unbedeutende Größe, oder besser Kleinheit, der kommunistischen Partei in Amerika weist zur Genüge darauf hin, dass in den Staaten auch von den Arbeitslosen nicht viele die Absicht haben, in ihrem Protest weiter zu gehen. Aber selbst wenn sie diese Absicht hätten und ihrer Opposition nicht nur gegen die Partei am Ruder, sondern gegen die Regierung selbst und das kapitalistische System Ausdruck verleihen wollten, würden sie kein politisches Instrument finden, das sie befriedigen könnte. Das heißt etwa so viel: Die kommunistische Partei Amerikas ist klein, weil niemand für sie stimmt, und es stimmt niemand für sie, weil sie klein ist. [...]
In dieser Beziehung steht Deutschland einzig da. Es hat zwei Hauptventile für revolutionäres Fühlen; beide sehen Lösungen für die verschiedensten Arten der Unzufriedenheit vor und verheißen eine radikale Änderung sowohl der Regierung wie des Systems. Auf der einen Seite steht die kommunistische Partei, die alles dem Arbeiter verspricht; auf der anderen die nationalsozialistische Partei Adolf Hitlers, die allen alles verspricht. Und ganz abgesehen von diesen Gründen sind beide Parteien groß, weil viele für sie stimmen, und viele stimmen wiederum für sie, weil sie groß sind.

H. R. Knickerbocker, Deutschland so oder so?, übersetzt v. Franz Fein, Berlin 1932, S. 2-4

M6 Warnung

Der Gewerkschafter und Vorsitzende der Deutschen Demokratischen Partei, Anton Erkelenz, verlässt 1930 seine Partei und wechselt zur SPD. In einem am 14. Dezember 1931 in „Die Welt am Montag" veröffentlichten Zeitungskommentar schreibt er:

Die Republik und die republikanischen Parteien, die sich alle aufopfern, um Staat und Republik zu erhalten, werden durch die Deflationspolitik der Regierung gezwungen, im Grunde genommen für Hitler zu arbeiten. Es ist auf die Dauer keine Regierung möglich, die 95 Prozent der Bevölkerung gegen sich aufbringt, indem sie ihre tatsächlichen, manchmal auch ihre scheinbaren Interessen aufs Schwerste verletzt. [...] Wer Hitler bekämpfen will, muss den Deflationsprozess, diese gewaltige Zerstörung von Arbeit, Werten und Kapital, beenden. [...] Es liegt eine Blindheit über Deutschland. Sie ist am größten bei denjenigen, auf denen die meiste Verantwortung ruht, bei der Regierung, bei der deutschen Unternehmerschaft, beim größeren Teil der deutschen Presse.

Zitiert nach: Ursula Büttner, Politische Alternativen zum Brüningschen Deflationskurs. Ein Beitrag zur Diskussion über „ökonomische Zwangslagen" in der Endphase von Weimar, in: Vierteljahreshefte für Zeitgeschichte, 37. Jg (1989), H. 2, S. 251

1. *Entwerfen Sie eine Überschrift für den Bericht Knickerbockers und formulieren Sie eine Inhaltsangabe des Berichtes (M5).*
2. *Überprüfen Sie Knickerbockers Deutung anhand der Grafiken und Darstellungsteile in diesem Buch.*

F *Beginnen Sie Ihre Überprüfung, indem Sie die Textstellen markieren, die erläuterungsbedürftig sind, z. B. Z. 7f: „Hier ist die Unzufriedenheit ... politisch organisiert."*

3. *Verfassen Sie für Erkelenz' Kommentar (M6) eine geeignete historische Einführung.*

Geschichte kontrovers

Ohne Alternative? Die Finanzpolitik Brünings

◂ **Arbeitslose Zuschauer beim Straßenbau vor dem Arbeitsamt, Hannover 1930.** *Foto von Walter Ballhause.*

Die Finanz- und Wirtschaftspolitik des Reichskanzlers Brüning von 1930 bis 1932 war durch strikte Sparmaßnahmen gekennzeichnet. Schon prominente Zeitgenossen kritisierten diese Politik und warfen Brüning vor, die ökonomische Depression zu verschärfen.

Auch die Geschichtswissenschaft nach dem Zweiten Weltkrieg beurteilt die sogenannte „Deflationspolitik" Brünings nicht einheitlich. Die eine Seite betont die engen Gestaltungs- und Handlungsspielräume von Politik gerade in Deutschland, die Brüning keine Alternativen gelassen hätten. Die andere Seite argumentiert, dass eine aktive Konjunkturpolitik mit Arbeitsbeschaffungsmaßnahmen die hohe Arbeitslosigkeit hätten begrenzen und eine politische Radikalisierung zum Ende der Weimarer Republik hätte abwenden können. Gab es also keine Alternative zur Deflationspolitik Brünings oder gelang es ihm einfach nicht, den zur Verfügung stehenden Handlungsspielraum richtig zu nutzen?

M1 „Außen- und innenpolitische Zwangslagen"

Der Münchener Wirtschaftshistoriker Knut Borchardt argumentiert in einem Beitrag über „Zwangslagen und Handlungsspielräume in der großen Weltwirtschaftskrise der frühen dreißiger Jahre" von 1979 folgendermaßen:

Mit der nationalen und internationalen Finanzkrise des Sommers 1931 setzte eine neue Phase der Weltwirtschaftskrise ein. [...] Jetzt erst begann man verbreitet zu fürchten, dass diese Krise nicht aus sich heraus wieder zu einem Aufschwung führen würde. Und erst jetzt, erst im späten Frühjahr bzw. Sommer 1931, tauchten nach und nach aus den verschiedensten Ecken Pläne auf, dieser Krise durch eine aktive Politik zu begegnen [...]. So wurde jetzt der Vorschlag gemacht, der Staat sollte, auch wenn er nicht über hinreichende laufende Einnahmen verfügte, eine größere Nachfrage entfalten und diese im Wege der zusätzlichen Verschuldung finanzieren.

Damit liegt aber auch das Ergebnis für die erste Frage, für die Frage nach dem „Wann" für den Einsatz neuer Instrumente der Krisenbekämpfung vor. Wenn wir von Regierungen nicht eine prophetische Gabe verlangen, insbesondere kein Wissen, das erst die Nachlebenden haben können [...], dann konnte eine Änderung der konjunkturpolitischen Strategie nicht vor dem Sommer 1931 erwartet werden.
Wenn man aber dieses akzeptiert, dann muss auch hingenommen werden, dass eine „rechtzeitige" Gegensteuerung gegen den Abschwung schon zeitlich nicht mehr möglich gewesen ist. Denn im Sommer 1931 war es objektiv zu spät, um noch den Anstieg der Arbeitslosigkeit im Winter 1931/32 auf sechs Millionen Menschen zu verhindern. *So* schnell wirken wirtschaftspolitische Maßnahmen, selbst massiver Art, nie auf die konjunkturelle Bewegung. Allenfalls hätte der Tiefpunkt der Krise, der dann im Sommer 1932 erreicht worden ist, um einige Monate vorverlegt werden können, hätte der Aufschwung etwas früher und vielleicht auch etwas kräftiger einsetzen können. [...]

Damit kommen wir zur zweiten Frage: Welche Mittel hätte man einsetzen können? Als in der zweiten Jahreshälfte 1931 und im Verlauf des Jahres 1932 wirklich Pläne zu einer aktiven Überwindung der Krise in die Öffentlichkeit gelangten, hatten sie vielfach einen großen Mangel: Sie sahen Instrumente vor, die gar nicht zur Verfügung standen und die man auch nicht mit einem einfachen Akt der nationalen Gesetzgebung schaffen konnte. Das betrifft vor allem Pläne zur Finanzierung von Mehrausgaben des Staates durch die Reichsbank. Wegen der früheren Inflationserfahrungen war die Reichsbank nämlich 1922 bzw. 1924 Regierungseinflüssen weitgehend entzogen worden. Darüber hinaus war es ihr gesetzlich verboten, nennenswerte Kredite an den Staat zu geben. [...]

Aber ganz unabhängig davon [...] bleibt doch von allergrößter Bedeutung für den Historiker, dass für eine Politik reichsbankfinanzierter erhöhter Staatsausgaben Brüning bis zum Frühjahr 1932 nicht die geringste politische Unterstützung von irgendeiner der politisch relevanten Gruppen gehabt hätte. Was immer man gegen die tatsächliche Wirtschaftspolitik von Brüning als Wirtschaftstheoretiker vorbringen mag – es war diejenige Politik, die weder von einer der dieser Regierung nahe stehenden oder sie tolerierenden Parteien noch von irgendeinem Unternehmerverband oder von den Gewerkschaften prinzipiell durch eine Alternative infrage gestellt worden ist. Ausgerechnet in *dieser* Überzeugung trafen sich damals die im Übrigen inzwischen vielfach heftig verfeindeten gesellschaftlichen Kräfte noch. Insbesondere die Führung der SPD, von deren Toleranz das Kabinett Brüning seit den Septemberwahlen 1930 entscheidend abhing, war [...] gegen jedes Experiment mit der Währung und beschwor ständig die Inflationsgefahr, welche aus zusätzlichen Staatsausgaben notwendig erwachsen müsse. [...] Eine Alternative hätte eine politische Kraft sein müssen. Eine solche Kraft gab es bis Mitte 1932 nicht. Wer unter diesen Umständen von Brüning erwartet, er hätte eine andere Konjunkturpolitik betreiben können und sollen (für die es übrigens 1931/32 auch in keinem anderen Staat ein Vorbild gegeben hat), unterstellt ihm eine Macht über die Verhältnisse, die er wohl nicht besaß.

Nein, die konjunkturpolitischen Handlungsspielräume waren wegen der außen- und innenpolitischen Zwangslagen mindestens während der Regierungszeit Brüning, also bis zum Mai 1932, viel enger, als das eine spätere, allein auf die konjunkturtheoretische Frage konzentrierte Kritik gesehen hat.

Knut Borchardt, Zwangslagen und Handlungsspielräume in der großen Wirtschaftskrise, in: ders. Wachstum, Krisen, Handlungsspielräume der Wirtschaft. Studien zur Wirtschaftsgeschichte des 19. und 20. Jahrhunderts, Göttingen 1982, S. 169-172

M2 Ausnutzung der Krise zur Überwindung politischer Widerstände

Carl-Ludwig Holtfrerich, Professor für Volkswirtschaftslehre und Wirtschaftsgeschichte, geht auf Borchardts Ausführungen ein und stellt die Frage, ob sich Brüning tatsächlich in einer politischen Zwangslage befunden hat; er schreibt 1982:

Die Antwort liegt [...] in den politischen Zielsetzungen, die Brüning und über weite Strecken sicher auch die ihn politisch tragenden gesellschaftlichen Kräfte anstrebten, und zwar durch Ausnutzung der Krise zur Überwindung politischer Widerstände. Die Krise war Brüning – wie er selbst es formuliert – „nicht so unwillkommen". Die Ziele, zu deren Durchsetzung er die Krise brauchte, waren innenpolitischer und außenpolitischer Art. Innenpolitisch ging es ihm um die Konsolidierung der öffentlichen Finanzen und dabei vor allem um die Reform der Sozialversicherungen; d. h. um den Abbau der Sozialausgaben. [...]

Wenn Brüning seinen eigenen Handlungsspielraum eingeschränkt sah, dann aufgrund der von ihm selbst vertretenen politischen Prioritätenskala:

1. Revision von Versailles, vor allem Abbau der Reparationen mit Zustimmung der Alliierten.
2. Um den entscheidenden Durchbruch dieser Frage nicht zu blockieren, möglichst strikte Einhaltung internationaler Verpflichtungen [...].
3. Vermeidung der Inflation und
4. weit hinten das Ziel der Vollbeschäftigung oder gar des Wirtschaftswachstums.

Bei einer Umkehrung der Prioritätenskala hätten die Pläne zur Arbeitsbeschaffung von der Regierung [...] aufgegriffen werden können, also schon im Sommer 1931 [...].

Möglicherweise hätte eine ein Jahr früher einsetzende Arbeitsbeschaffungspolitik das politische Schicksal Deutschlands in andere Bahnen gelenkt, m. a. W. die Demokratie überleben lassen mit allen Konsequenzen, die das für eine Befriedung der Welt hätte haben können.

Carl-Ludwig Holtfrerich, Alternativen zu Brünings Wirtschaftspolitik in der Weltwirtschaftskrise?, in: Historische Zeitschrift, Bd. 235 (1982), S. 628 f.

1. *Fassen Sie die Argumente der Autoren über Brünings Politik zusammen.*
2. *Zeigen Sie anhand der Texte die Kontroverse mit ihren jeweiligen Begründungen auf und vergleichen Sie.*
3. *Überprüfen Sie die Stellungnahmen anhand der Informationen im Darstellungstext auf den Seiten 114 bis 118.*
4. *Keine Alternative oder nicht genutzter Handlungsspielraum zur Bekämpfung der Weltwirtschaftskrise in Deutschland? Nehmen Sie Stellung.*

Aus der Krise gelernt?

▲ **Besorgte Bankkunden vor einer Filiale der „Northern Rock Bank" in London.**
Foto von September 2007. Obwohl Experten mitgeteilt hatten, dass die Anlagen der Sparer sicher sind, ließen sich viele Kunden nicht davon abhalten, ihre Konten bei Northern Rock aufzulösen oder größere Geldbeträge abzuheben.

Krisen vergleichen 2008 brachen mehrere große Banken zusammen. Während die Medien bereits davon ausgingen, dass sich eine Weltwirtschaftskrise wie nach dem Börsencrash von 1929 wiederholen könnte, begannen die Regierungen überall, ihre Banken zu unterstützen. Sie verhinderten damit einen *bank run* sowie weitere Zusammenbrüche von Banken, Versicherungen und Investmentunternehmen (▸ M1). In der Tat gibt es einige Gemeinsamkeiten zwischen den beiden Krisen: Hierzu gehören die Spekulationsgeschäfte mit Aktien und Immobilien. Außerdem fehlte vor 1929 wie vor 2008 eine zeitgemäße staatliche Regulierung der Finanzmärkte.

Es lassen sich auch wesentliche Unterschiede im Zustandekommen und Verlauf der Krisen ausmachen (▸ M2). Zunächst einmal begann der weltweite Konjunktureinbruch mit dem Börsencrash von 1929 und mündete in die internationalen Bankenkrise von 1931. Die Bankenkrise von 2008 stand aber am Anfang des Wirtschaftsabschwungs. Mitverantwortlich für diese Krise waren neuartige Anlagepapiere, die es den Banken ermöglichten, Kredite zu vergeben, ohne dafür zu haften. Insgesamt schrumpften aber die Nationaleinkommen der Länder nach 2008 lange nicht so stark wie während der 1929 einsetzenden Weltwirtschaftskrise. Zurückzuführen ist dies darauf, dass die Zentralbanken die Leitzinsen heruntersetzten, um Kreditaufnahmen zu erleichtern. Darüber hinaus vermieden die Regierenden 2008 Fehler, die nach 1929 gemacht worden waren:

- Sie arbeiteten international zusammen und verzichteten auf neue Schutzzölle.
- Sie pumpten viel Geld in ihre Bankensysteme und stabilisierten sie dadurch.
- Sie machten zusätzliche Schulden, mit denen sie die Konjunktur ankurbelten.

Lehren Krisen sind feste Bestandteile von Konjunkturen. Ausmaß und Dauer sind aber nicht präzise vorherzusagen, da ihre Entstehungsfaktoren zu vielfältig sind. Dennoch konnten aus der Analyse der Weltwirtschaftskrise allgemeine Lehren zur Bekämpfung ihrer Ursachen und Folgen und zum Eingreifen des Staates gezogen werden:

- Eine anhaltende Deflationspolitik könne – wie dies 1930/31 in Deutschland der Fall war – den Arbeitsmarkt zu sehr belasten und zu einer politischen Destabilisierung führen.
- Der Staat müsse in einer Krise, die sich zu einer langfristigen Depression auszuweiten droht, ein breites Spektrum wirtschaftspolitischer Instrumente zur Verfügung stellen. Dazu zählen kreditfinanzierte Maßnahmen, wie sie Keynes empfahl, ebenso wie die staatliche Förderung des privaten Konsums – auch wenn dadurch vorübergehend die Staatsverschuldung zunimmt.

Vielen Menschen fiel es 2008 schwer zu akzeptieren, dass die ohnehin bereits hoch verschuldeten Staaten bankrotte Kreditinstitute mit immensen Summen aus Steuergeldern stützen. Zahlreiche Ökonomen vertraten damals aber die Ansicht, dass nur mit solchen kontrollierten Maßnahmen eine Weltwirtschaftskrise wie in den 1930er-Jahren abgewendet werden könne. Ob dies stimmt oder ob sich die stark angewachsenen Haushaltsdefizite doch noch langfristig als Fehler erweisen und zu einer beschleunigten Inflation beitragen, wird man erst in einigen Jahren beurteilen können.

Gestalten Sie – entsprechend den Grafiken zur Weltwirtschaftskrise – ein Schaubild, das den Verlauf der Krise von 2008 darstellt.

M1 Aus Fehlern lernen

Paul Krugman, Träger des Wirtschaftsnobelpreises 2008 und Professor für Volkswirtschaftslehre an der Universität Princeton (USA), vergleicht die Ursachen der Wirtschaftskrisen von 1929 und 2008:

Im Gegensatz zu der landläufigen Auffassung war der Börsencrash von 1929 nicht das zentrale Moment der Großen Depression. Das, was eine normale Rezession in einen die Zivilisation bedrohenden Wirtschaftseinbruch verwandelte, war eine Welle von *bank runs*, die 1930 und 1931 über Amerika rollte. Die Bankenkrise in den 1930ern hat gezeigt, dass nicht regulierte, unbeaufsichtigte Finanzmärkte für katastrophale Fehlentwicklungen allzu anfällig sind. Wie dem auch sei, im Verlauf der Jahre geriet diese Lektion in Vergessenheit – und nun lernen wir also auf die brutale Art erneut.
Um das Problem zu begreifen, muss man verstehen, was Banken eigentlich tun. Banken existieren, um die entgegengesetzten Interessen von Sparern und Kreditnehmern in Einklang zu bringen. Sparer wollen Freiheit – jederzeit Zugriff auf ihr Geld. Kreditnehmer wollen Verlässlichkeit: Sie wollen nicht riskieren, sich plötzlichen Zahlungsrückforderungen ausgesetzt zu sehen. Im Normalfall befriedigen Banken beide Bedürfnisse. [...]
Aber manchmal – oft ausgelöst durch nichts mehr als ein Gerücht – sehen sich Banken einem *bank run* ausgesetzt, bei dem viele Menschen gleichzeitig versuchen, ihr gesamtes Geld abzuheben. [...] Schlimmer noch, *bank runs* können ansteckend sein. Wenn Sparer der einen Bank ihr Geld verlieren, werden Sparer anderer Banken wahrscheinlich auch nervös und eine Kettenreaktion beginnt. [...] Das, in aller Kürze, passierte 1930-31 und ließ die Große Depression zu der Katastrophe werden, die sie war. [...].
Die derzeitige Finanzmarktkrise ist im Grund eine aktualisierte Version der *bank run*-Welle drei Generationen zuvor.

Paul Krugman, Partying Like It's 1929, in: New York Times, 21.03.2008 (übersetzt von Jana Bretschneider)

Vergleichen Sie die Aussagen Krugmans und Wageners zu Ursachen und Reaktionen auf die Krisen (M1 und M2).

M2 Kann sich die Große Depression wiederholen?

Hans-Jürgen Wagener, der an der Europa-Universität Viadrina in Frankfurt (Oder) Volkswirtschaft und Wirtschaftspolitik lehrt, gibt auf diese Frage 2010 folgende Antwort:

2008-09 waren sich Wissenschaft und Politik auf der ganzen Welt einig: Wir sind in eine tiefe Rezession geraten, die nur mit der Großen Depression von 1929-33 zu vergleichen ist. Allerdings werden wir nicht die Fehler von damals wiederholen [...]. In den USA stehen neben hemmungsloser Spekulation, Betrug, hochriskanter Kreditvergabe [...] vor allem der Staat und die Zentralbank als Hauptschuldige vor Gericht.
Das *Federal Reserve Board* der Zentralbank hat 1929 mit Zustimmung Präsident Hoovers das Steuer in der Geldpolitik herumgeworfen und das Geld drastisch verknappt. Beiden war die Spekulation auf Kredit ein Dorn im Auge. Das führte unmittelbar zum Börsenkrach vom Oktober 1929. Vor allem aber führte diese Politik zu einer Zinserhöhung und einer länger anhaltenden Deflation aller Preise und Löhne, womit der Weg in die Depression geebnet war. Zusätzlich dazu handelten die Regierungen vieler Länder nach dem Sankt-Florians-Prinzip (auch *beggar my neighbour policy* genannt): Sie versuchten, durch protektionistische Handelsbeschränkungen und Abwertungen der Währung die eigenen Probleme auf das Ausland zu verlagern. Wenn das alle tun, führt es nur zum Zusammenbruch des internationalen Handels und zu weiterer Deflation. Schließlich scheuten die Regierungen vor großen Haushaltsdefiziten zurück, und die sozialen Sicherungssysteme waren nicht so ausgebaut, dass sie als automatische Stabilisatoren hätten funktionieren können.
Damals wie heute spielte das Finanzsystem eine besondere Rolle: Es geriet in Turbulenzen und brach zusammen. Allerdings mit Unterschieden: Damals folgte die Bankenkrise dem Einbruch der Güterproduktion, heute ging sie ihm voraus. [...]
Aus all dem wurde gelernt. Bankenzusammenbrüche werden durch immense Bürgschaften und Kapitalspritzen des Staates so weit wie möglich vermieden. Das Geld der Sparer wird von obligatorischen Einlagesicherungsfonds und zusätzlichen Staatsgarantien gesichert. Arbeitslose geraten nicht in absolute Armut, sondern werden von sozialen Sicherungssystemen aufgefangen. Den natürlich sofort wieder aufkeimenden protektionistischen Versuchungen wird kollektiv eine Absage erteilt – leider nicht immer erfolgreich. Die Staatshaushalte verschulden sich tief, um die Nachfrage zu stabilisieren. Und die Zentralbanken stellen fast unbegrenzt Geld zur Verfügung, um eine Deflation zu vermeiden.

Hans-Jürgen Wagener, Die 101 wichtigsten Fragen: Konjunktur und Wirtschaftswachstum, München 2010, S. 53f.

Kompetenzen erweitern – vertiefen – anwenden

Die moderne Industriegesellschaft zwischen Fortschritt und Krise

Die „Zweite Industrielle Revolution“ und die Entstehung der modernen Massengesellschaft

Sachkompetenz

1. *Skizzieren Sie die wesentlichen wirtschaftlichen und gesellschaftlichen Veränderungen der Zweiten Industriellen Revolution im Deutschen Reich.*
2. *Erläutern Sie die Entwicklung der rechtlichen und sozialen Stellung der Frauen vom Kaiserreich bis heute.*

Urteilskompetenz

„Alles funkelt vor Neuheit“. Überprüfen Sie, inwiefern Sie die Aussage dieses Zitates aus einem Roman von Robert Musil (1880-1942) nutzen können, um die technischen Entwicklungen in der Zweiten Industriellen Revolution zu verstehen und zu erläutern.

F *Verwenden Sie dieses Zitat als Grundlage für eine essayistische Auseinandersetzung mit dem Thema.*

Vom Hochimperialismus zum ersten „modernen“ Krieg der Industriegesellschaft

Sachkompetenz

1. *Erläutern Sie das Sendungsbewusstsein, das mit der Kolonialisierung verbunden war.*
2. *Der Erste Weltkrieg wird als „Urkatastrophe des 20. Jahrhunderts“ bezeichnet. Weisen Sie nach, welche prägenden Entwicklungen in diesem Krieg ihren Anfang nahmen.*

Urteilskompetenz

Der britische Ökonom und Publizist John A. Hobson (1858-1940) urteilt 1902 über den britischen Imperialismus: „Der neue Imperialismus ist für die Nation ein schlechtes Geschäft; er ist aber ein gutes Geschäft für bestimmte Klassen und Gewerbe innerhalb der Nation.“ Setzen Sie sich mit dieser These auseinander.*

H *Sie können dafür die Placemat-Methode verwenden.*

Methodenkompetenz

Ernst Jünger (1895-1998) zieht 1914 als Freiwilliger in den Krieg und kämpft bis 1918 an der Westfront, seit 1915 als Stoßtruppführer. Sein Tagebuch dient ihm nach dem Krieg als Grundlage für sein sehr erfolgreiches Buch „In Stahlgewittern“ (1920). Über einen gegnerischen Angriff schreibt Jünger:

Ich habe immer erfahren, dass in solchen Augenblicken der gewöhnliche Mann, der vollauf mit seiner persönlichen Gefahr beschäftigt ist, die scheinbar unbeteiligte Sachlichkeit des Führers bewundert, der inmitten der tausend entnervenden Eindrücke des Gefechts die Ausführung seines Auftrages klar im Auge hat. Diese Bewunderung hebt jeden ritterlich Gesinnten über sich selbst hinaus und spornt ihn zu immer größeren Leistungen an, sodass Führer und Mannschaft sich aneinander zu gewaltiger Energieentfaltung entzünden. Der moralische Faktor ist eben alles.

Ernst Jünger, In Stahlgewittern, in: Ders., Sämtliche Werke, Bd. 1: Tagebücher 1. Der Erste Weltkrieg, Stuttgart 1978, S. 114-116 (gekürzt)

Tipp!
Für die Arbeit mit literarischen Texten als Quellen vgl. den Methoden-Baustein auf S. 103 bis 105.

* Zitiert nach: John A. Hobson, Der Imperialismus. Deutsche Übersetzung von H. Hirsch, Köln 1968, S. 37 ff.

Erich Maria Remarque (1898-1970) wird im November 1916 von der Schulbank weg eingezogen. Sein 1929 veröffentlichter Roman „Im Westen nichts Neues", der die Erlebnisse des einfachen Soldaten Paul Bäumer schildert, macht ihn berühmt; schon 1930 wird der Roman verfilmt. Remarque verarbeitet in diesem Roman nicht nur eigene Erlebnisse, sondern verwendet auch die Berichte von anderen Soldaten. 1933 muss Remarque emigrieren:

Wir schnellen mit einem Ruck in einem Teil unseres Seins beim ersten Dröhnen der Granaten um Tausende von Jahren zurück. Es ist der Instinkt des Tieres, der in uns erwacht, der uns leitet und beschützt. Er ist nicht bewusst, er ist viel schneller, viel sicherer, viel unfehlbarer als das Bewusstsein. Man kann es nicht erklären. Man geht und denkt an nichts – plötzlich liegt man in einer Bodenmulde und über einen spritzen die Splitter hinweg; – aber man kann sich nicht entsinnen, die Granate kommen gehört oder den Gedanken gehabt zu haben, sich hinzulegen. Hätte man sich darauf verlassen sollen, man wäre bereits ein Haufen verstreutes Fleisch. Es ist das andere gewesen, diese hellsichtige Witterung in uns, die uns niedergerissen und gerettet hat, ohne dass man weiß, wie. Wenn sie nicht wäre, gäbe es von Flandern bis zu den Vogesen schon längst keine Menschen mehr.
Wir fahren ab als mürrische oder gutgelaunte Soldaten, wir kommen in die Zone, wo die Front beginnt, und sind Menschentiere geworden.

Erich Maria Remarque, Im Westen nichts Neues, Berlin 1929, S. 59 f.

▲ Kriegerdenkmal in Duisburg-Mündelheim.
Foto (Ausschnitt) von Martin Dietzsch. Das Denkmal trägt die Gedichtzeile von Heinrich Lersch „Deutschland muss leben auch wenn wir sterben müssen". Links und rechts der Säule für die Gefallenen des Ersten Weltkrieges wird das Ensemble durch zwei Säulen für die Gefallenen des Zweiten Weltkrieges ergänzt (hier nicht im Bild).

Aufgabenart: Aufgabentyp A – Interpretation sprachlicher historischer Quellen

Interpretieren Sie die beiden literarischen Quellen, indem Sie

- *die Texte vorstellen und ihren Inhalt benennen;*
- *Intention und Wirkung analysieren und ihre Hauptaussage einander gegenüberstellen;*
- *die Inhalte mit Ihrem aus dem Darstellungs- und Materialienteil gewonnenen Wissen (siehe S. 76-84) vergleichen und den Aussagewert der beiden Texte erörtern.*

Handlungskompetenz

1. *Benennen Sie formale Kennzeichen des hier gezeigten Denkmals und analysieren Sie Inhalt und Gestaltung sowie Intention und Wirkung des Dargestellten.*
   H *Nehmen Sie dafür den Methoden-Baustein „Denkmäler analysieren" zu Hilfe.*
2. *Entwerfen Sie für eine begleitende zweite Inschrift einen Kommentar zu diesem Mahnmal.*

Ursachen und Folgen der Weltwirtschaftskrise 1929

Sachkompetenz

1. *Benennen Sie die verschiedenen Entwicklungen, die zur Weltwirtschaftskrise führten. Unterscheiden Sie zwischen Anlass und Ursache.*
2. *Erläutern Sie die unterschiedliche Ausprägung und die unterschiedlichen Folgen der Krise in den USA und in Deutschland.*

Urteilskompetenz

1. *Beurteilen Sie die Bedeutung der internationalen Verflechtungen für die Entwicklung der Weltwirtschaftskrise.*
2. *Der Historiker und Theologe Hans-Jürgen Goertz (geb. 1937) schreibt über Krisen: „Krisen gehen an Menschen nicht spurlos vorüber. Sie lösen Unsicherheit und Ängste aus. Sie lähmen das Handeln, gelegentlich beflügeln sie es auch."* Diskutieren Sie die Auswirkungen der Krise auf die damals betroffenen Menschen.*

* Zitiert nach: Hans-Jürgen Goertz, Deutschland 1500-1648. Eine zertrennte Welt, Paderborn 2004, S. 239

Kapitelübergreifende Themen für Referate und Präsentationen:

Stellen Sie einen der folgenden Romane in Ihrem Kurs vor. Berücksichtigen Sie nicht nur den Inhalt, sondern auch die Rezeptionsgeschichte:

- *Hans Fallada, Kleiner Mann – was nun?*
- *Heinrich Mann, Der Untertan*
- *Erich Maria Remarque, Im Westen nichts Neues*
- *Ernst von Salomon, Die Geächteten*
- *Upton Sinclair, Der Dschungel*
- *John Steinbeck, Früchte des Zorns*

Nation – Nationalismus – Nationalstaat

◂ **Erinnerung an die Völkerschlacht bei Leipzig.**
Foto von Oktober 2008.
Jährlich stellen Tausende Laienschauspieler die Völkerschlacht bei Leipzig von 1813 an der historischen Stätte nach. Das Gefecht galt als Entscheidungsschlacht gegen napoleonische Fremdherrschaft. Dabei kamen etwa 120 000 Menschen ums Leben.

▴ **Bismarck – „Held oder Hering?"**
Titelblatt vom April 2015.
Am 200. Geburtstag Otto von Bismarcks, dem 1. April 2015, debattieren deutsche Medien über die Leistungen und Fehlleistungen des ersten deutschen Reichskanzlers.

▴ **„1848. Die halbe Revolution."**
Titelblatt der Wochenzeitschrift „Der Spiegel", Nr. 7 vom 9. Februar 1998.

Seit der Französischen Revolution wurde die Nationalidee zum zentralen politischen Begriff in Europa. Nach dem Ende des Heiligen Römischen Reiches Deutscher Nation 1806 beriefen sich auch in den deutschen Staaten immer mehr Bürger auf diese Idee. Sie stellten drei zentrale Forderungen: die Einheit der deutschen Nation, die Freiheit der Bürger im Innern und die Freiheit der Nation nach außen. Ihren Höhepunkt erreichte die Nationalbewegung in der Revolution von 1848/49 – ihre Forderungen konnten die Revolutionäre nicht durchsetzen.

Nach drei „Einigungskriegen“ prokamierten die deutschen Fürsten 1871 ein geeintes Deutsches Reich unter der preußischen Kaiserkrone. Mittlerweile hatte sich die Gewichtung der drei Forderungen der Nationalbewegung verschoben: Mit dem Kaiserreich war in der Mitte Europas eine Großmacht entstanden, die bald zur größten europäischen Wirtschaftsmacht wurde. Die Freiheit der Nation nach außen war gesichert, doch von der politischen Freiheit seiner Bürger hielt dieser Obrigkeitsstaat wenig.

In diesem Kapitel können folgende Kompetenzen erworben werden:

▶ **Sach- und Urteilskompetenz**

- Sie erläutern Grundmodelle des Verständnisses von „Nation“, insbesondere die Entwicklung des deutschen Nationalismus bis ins Kaiserreich.
- Sie erörtern die Bedeutung nationaler Zugehörigkeit für die Bildung individueller und kollektiver Identität.
- Sie bewerten die Forderung nach nationaler Einheit im 19. Jahrhundert aus verschiedenen Perspektiven.
- Sie unterscheiden demokratische und nationale Konzepte in den Vorstellungen zur deutschen Einheit.
- Sie diskutieren die Folgen der gescheiterten Revolution von 1848/49.
- Sie erläutern den Prozess der deutschen Reichsgründung und bewerten die politischen Grundlagen des Kaiserreiches.
- Sie beurteilen die Funktion von Ausgrenzung und Integration in eine Gesellschaft insbesondere auf vor dem Hintergrund des veränderten Nationalismus im Kaiserreich.

▶ **Methodenkompetenz**

Zwei Methoden stehen in diesem Großkapitel im Fokus:

- die Interpretation von Historiengemälden
- die Interpretation von Denkmälern

▶ **Handlungskompetenz**

- Sie setzen sich mit der Erinnerung an die Revolution von 1848/49 auseinander und beziehen Position in der Frage, welcher Gedenktag als deutscher Nationalfeiertag geeignet wäre.
- Sie recherchieren die Wege zur Gründung verschiedener europäischer Staaten und debattieren im Kurs, durch welche Besonderheiten sich der deutsche Weg zur Nation auszeichnet.

Die „Deutsche Frage" im 19. Jahrhundert

▲ **„Verfassunggebende deutsche Nationalversammlung in der Paulskirche zu Frankfurt a. M."**
Farblithografie (29 x 40,5 cm) von C. A. Lill, 1848.
Die Paulskirche ist mit den Nationalfarben Schwarz-Rot-Gold und dem Reichsadler geschmückt. In der Mitte der Empore befindet sich ein Transparent mit der „Germania" von Philipp Veit (siehe auch Seite 182). Das Bild verdeckt die Orgel der Kirche, die zum Tagungsort gewählt wurde, weil kein Saal der Stadt groß genug war.

Orientierung Im April 1849 bieten Mitglieder der Frankfurter Nationalversammlung König Friedrich Wilhelm IV. von Preußen die Kaiserkrone des Deutschen Reiches an. Doch der Monarch lehnt brüskiert ab – die Krone könne er nur von anderen Fürsten, jedoch nie von gewählten Vertretern des Volkes annehmen. Der Plan scheitert. Doch wie kam es dazu, dass Abgeordnete aus den Staaten des Deutschen Bundes dem preußischen König die Kaiserwürde anboten?

Ausgangspunkt der Nationalstaatsbewegungen in Europa war die Französische Revolution und der Kampf gegen die Vorherrschaft Napoleons. Vom Volk gewählte Bürger sollten die Nation vertreten – und nicht nur die vom Monarchen ausgewählten Mitglieder des Adels, des Klerus und der Bürger. Darüber hinaus sollte Herrschaft nicht mehr wie im Absolutismus über dem Gesetz stehen, sondern an eine Verfassung (Konstitution) gebunden sein. Diese Vorstellungen prägten die nationalen Bewegungen in ganz Europa. Für die Fürsten stellten sie eine Gefahr dar. Sie mussten um ihre Macht bangen und – insofern sie wie Russland oder Österreich über Vielvölkerreiche regierten – den Zerfall ihrer Herrschaftsgebiete befürchten.

Der nach dem Sieg über Napoleon von den Fürsten auf dem Wiener Kongress gegründete Deutsche Bund galt nationalen und liberalen Kräften als unbefriedigend. Sie wollten einen freien deutschen Nationalstaat gründen. Dabei beriefen sie sich auf die gemeinsame Sprache, Kultur und Religion – und den gemeinsamen Kampf gegen Frankreich. Für die Regierungen des Deutschen Bundes war das revolutionär. Gemeinsam gingen sie mit Zensur, Versammlungsverboten und Verhaftungen dagegen vor.

Höhe- und vorläufiger Schlusspunkt der nationalen Bewegungen waren die revolutionären Erhebungen von 1848/49 in fast ganz Europa. Im Deutschen Bund gaben die Fürsten anfangs nach und akzeptierten die Wahl einer Nationalversammlung. Während das Parlament eine gemeinsame Verfassung erarbeitete, griff es auf die Macht der Fürsten zurück, um Ruhe und Ordnung zu sichern. Innen- und außenpolitisch ver-

1789
In der Französischen Revolution wird der moderne Nationalstaat in Form einer konstitutionellen Monarchie ausgerufen

1799
Nachdem Frankreich sich in eine Republik und schließlich in eine Diktatur wandelte, übernimmt Napoleon die Regierungsgewalt und beendet die Revolution

1806
Mehrere deutsche Staaten stellen sich unter Napoleons Schutzherrschaft; der Rheinbund wird gegründet und das Heilige Römische Reich aufgelöst

181
Nach dem Sieg ge
Napoleon wird Eur
auf dem Wiener K
gress neu geordn
die deutschen Sta
gründen den De
schen Bu

1780 | 1790 | 1800 | 1810

◂ **Aufstände in Europa im Jahre 1848.**

unsichert, bestimmten Vertreter des deutschen Volkes den preußischen Regenten als Oberhaupt eines kleindeutschen Nationalstaates. Der preußische König lehnte ab – und aus dem deutschen Nationalstaat wurde nichts. Doch die von der Nationalversammlung 1848 beschlossenen Grundrechte wurden zum Vorbild für die Grundrechtskataloge der demokratischen Verfassungen von 1919 und 1949.

Folgende Leitfragen werden in diesem Kapitel erörtert:

- *Welche verschiedenen Vorstellungen von Nation waren in Europa vorherrschend?*
- *Warum entstand eine Nationalbewegung in den deutschen Staaten?*
- *In welchem Zusammenhang stehen Nationalismus und Liberalismus in der Zeit des Vormärz und der Revolution von 1848/49?*
- *Wie sind die Forderungen nach nationaler Einheit in der ersten Hälfte des 19. Jahrhunderts zu bewerten?*

1817
Auf dem Wartburgfest erinnern deutsche Burschenschaften an die Reformation und den Sieg über die napoleonische Herrschaft

1819
Durch die Karlsbader Beschlüsse werden die Burschenschaften verboten und eine Vorzensur eingeführt; die nationale Bewegung wird stark geschwächt

1830
Eine Revolution in Frankreich stärkt die nationale und liberale Bewegung in den deutschen Staaten

1832
Das Hambacher Fest mit etwa 30 000 national gesinnten Teilnehmern findet statt

1845/46
Agrar- und Gewerbekrisen führen zu steigender Armut und der Zunahme von sozialen Unruhen

1848
Aufstände in ganz Europa; nach revolutionären Unruhen erlauben deutsche Monarchen eine Verfassunggebende Nationalversammlung

1849
Der preußische König Friedrich Wilhelm IV. lehnt die von der Nationalversammlung angebotene Kaiserwürde ab; die Verfassung setzt sich nicht durch

1820 | 1830 | 1840 | 1850

Die Idee der Nation in Europa seit der Französischen Revolution

Die Nation – ein Begriff, viele Vorstellungen Den Begriff „Nationen“ gab es schon lange vor der Entstehung moderner Nationalstaaten. In den mittelalterlichen Quellen bezeichnet er eine Gemeinschaft, zu der jemand durch Geburt gehört (lat. natus: gebürtig) und deren Sprache er spricht. Auch in politischer Bedeutung wurde der Begriff in der Vormoderne gebraucht. Dann bezeichnete er jedoch nicht das „Volk“, sondern die gegenüber dem Monarchen politisch handelnden Gruppen, also die Stände. Damit waren die früheren Staatsgebilde wie das seit dem späten 15. Jahrhundert so bezeichnete Heilige Römische Reich Deutscher Nation politische Organisationsformen der Ständegesellschaft. Solche Organisationsformen unterscheiden sich wesentlich von modernen Nationalstaaten, da diese überhaupt erst aus dem Gegensatz zur ständischen Gesellschaftsordnung entstanden. Die Verwendung des Begriffes „Nationalstaat“ für vormoderne Epochen ist daher in der Geschichtswissenschaft umstritten.

▲ **„Italia und Germania.“**
Gemälde (94,5 x 104,7 cm) von Friedrich Overbeck, 1828. Symbolhafte Darstellung von Italien und Deutschland. Beide Gebiete waren 1828 in mehrere Fürstentümer zersplittert.

Typen der europäischen Nationsbildung Moderne Nationen existieren, wenn ihre Angehörigen sich als Gemeinschaft verstehen können, obwohl sie sich untereinander nicht kennen. Der Politikwissenschaftler *Benedict Anderson* bezeichnet Nationen deshalb als „vorgestellte politische Gemeinschaften“.

Doch wie entstanden moderne Nationalstaaten? Ein Modell des Historikers *Theodor Schieder* versucht, diese Frage zu beantworten. Er benennt drei Grundtypen der Bildung europäischer Nationalstaaten.

- Vor dem 19. Jahrhundert entstand in England und Frankreich die moderne Nation aufgrund einer innerstaatlichen Revolution. Das Staatsgebiet sowie das Staatsvolk blieben gleich, doch die Staatsform wurde verändert.
- Der zweite Typ betrifft insbesondere Deutschland und Italien. Diese Nationen wurden durch Vereinigung getrennter Staaten im letzten Drittel des 19. Jahrhunderts gegründet. Die Nationalbewegungen beriefen sich dabei auf eine gemeinsame Kultur und Sprache.
- Drittens entstanden Nationen durch Absatzbewegungen (Sezession) innerhalb von Vielvölkerstaaten. Diese Sezessionen fanden vor allem in Mittel- und Osteuropa statt. Ethnische Minderheiten in Vielvölkerstaaten wie die Slawen im Habsburgerreich, die Polen im Russischen Reich oder die Griechen im Osmanischen Reich erkannten sich zunehmend als unterdrückt. Sie verstanden sich als Nation und forderten deshalb die Gründung unabhängiger Nationalstaaten.

Diese Grundtypen der Entstehung von Nationalstaaten überlagerten sich in der Realität jedoch vielfach. Ein Beispiel ist Polen. Es wurde Ende des 18. Jahrhunderts zwischen Österreich, Preußen und Russland fast vollständig aufgeteilt. Die polnische Nationalbewegung im 19. Jahrhundert wollte die polnischen Gebiete wieder zusammenführen und musste dazu die Aufteilung rückgängig machen. Dies gelang nach dem Ersten Weltkrieg. Im November 1918 wurde ein unabhängiger polnischer Nationalstaat gegründet.

Literaturtipp:
Hans-Ulrich Wehler, Nationalismus: Geschichte, Formen, Folgen, München [4]2011

Der Gedanke der Staatsnation Die Französische Revolution zeigt, dass erst die Ständegesellschaft überwunden werden musste, um der modernen Nation Platz zu machen. Die Ideen der Aufklärung wirkten dabei als geistige Wegbereiter einer vernunftgeleiteten und humanitären Ordnung von Staat und Gesellschaft, die die überkommenen Verhältnisse infrage stellten.

Als dem absolutistisch regierten französischen Staat der Bankrott drohte, weigerten sich Klerus und Adel, auf ihre Steuerprivilegien zu verzichten. Sie wollten die gesamte Last dem Dritten Stand – Bürgertum und Bauern – auferlegen. Damit lösten sie eine grundsätzliche Diskussion über die Legitimität der ständischen Gesellschaftsordnung aus. Deshalb musste der König die Generalstände einberufen.

Weil sich nach Zusammentreten der Generalstände die Verhandlungen wochenlang ergebnislos hinzogen, erklärten sich die Abgeordneten des Dritten Standes am 17. Juni 1789 zur „Nationalversammlung" (*Assemblèe nationale*) und forderten die Vertreter der beiden anderen Stände auf, sich ihnen anzuschließen. Die Ständeordnung sollte überwunden werden. Damit war die These des Aufklärers *Abbé* Sieyès* in die Tat umgesetzt: Er verstand Nation als Gemeinschaft aller Individuen, die unter einem gemeinsamen Gesetz stehen und durch dieselbe gesetzgebende Versammlung vertreten sind (▸ M1). Drei Tage später gelobte man im Ballhaus von Versailles, die Nationalversammlung erst zu beenden, wenn eine neue Verfassung für Frankreich geschaffen worden war (*„Ballhausschwur"*).

Rechtlich fand die Feudalgesellschaft in der Nachtsitzung vom 4. auf den 5. August 1789 ihr Ende: Die Feudalrechte – ständische Rechte und Privilegien, besonders Steuerprivilegien, persönliche Unfreiheit, grundherrliche Gerichtsbarkeit sowie der Anspruch auf Ämter und Positionen – wurden abgeschafft. Ihren vorläufigen Abschluss fand diese Entwicklung in der Erklärung der Menschen- und Bürgerrechte am 26. August 1789. Die „Ideen von 1789" lösten mit den Schlagworten Freiheit, Gleichheit und Brüderlichkeit (*liberté*, *égalité* und *fraternité*) den Absolutismus und die Ständegesellschaft ab und ersetzten sie durch die Vorstellung einer nationalen Gemeinschaft. Diese verstand sich als Staatsnation und sah als deren Hauptkennzeichen – neben der gemeinsamen Sprache, Kultur und Geschichte – das gemeinsame Staatsgebiet, die gemeinsame Staatsgewalt bzw. Regierung und die Tatsache an, dass für alle Bürger dieselben Gesetze gelten sollen.

▲ **„Unité, Indivisibilité, De La République. Liberté, Egalité, Fraternité Ou La Mort."**
Plakat (61,5 x 45 cm), Herbst 1793.
Der Anschlag zeigt einen Eichenkranz mit Trikolore, darüber die Jakobinermütze, die von den Jakobinern als Bekenntnis zu den revolutionären Idealen getragen wurde, sowie die Kokarde, eine als Gesinnungszeichen am Hut getragene Bandschleife. Die Trikolore entstand angeblich durch das Zusammenführen der Farben der Stadt Paris (rot und blau) mit dem königlichen Weiß. 1794 wurde sie durch Gesetz zur Nationalfahne erklärt und blieb es mit kurzen Unterbrechungen bis heute. In der Mitte prangt ein Rutenbündel. Das altrömische Abzeichen symbolisiert die staatliche Strafgewalt über Leben und Tod.
- *Interpretieren Sie die „Botschaft" des Plakates.*

Die Idee der Nation wirkt weiter Die Französische Revolution und das neue Staatsmodell der Nation setzten ungeheure Kräfte frei. Dabei kam es zu Radikalisierungsschüben und dem raschen Wechsel von Verfassungen. Die Revolutionskriege Frankreichs gegen die europäischen Mächte, für die breite Volksmassen mobilisiert werden mussten, förderten die allgemeinen Bürgerrechte, aber auch Terror gegen die vermeintlichen Feinde der Revolution. Sie zeigten, dass Nationen ein Sendungsbewusstsein entwickeln können, mit dem sie andere Völker an ihren „Errungenschaften" – notfalls gewaltsam – teilhaben lassen wollen.

* **Abbé**: Anrede für Priester

▲ **„Reden an die deutsche Nation“ von Johann Gottlieb Fichte und „Des Knaben Wunderhorn“ von Clemens Brentano und Achim von Arnim.**
Fichte war einer der bedeutendsten Propagandisten des deutschen Nationalbewusstseins. Mit seinen „Reden an die deutsche Nation“ von 1808 forderte er die Nationalerziehung als Grundlage eines aus gleichberechtigten Bürgern bestehenden deutschen Nationalstaates. Die von den bedeutendsten Dichtern der Romantik, Brentano und Arnim, zwischen 1806 und 1808 veröffentlichte dreibändige Volksliedsammlung „Des Knaben Wunderhorn“ gehört zu einer großen Reihe von in dieser Zeit verbreiteten Volksliedern, Märchen, Legenden und Sagen, die über die kulturelle Tradition eine politische und geistige Einheit der Deutschen stiften sollten.

Die revolutionäre Idee der Nation und die Vorstellungen von Gleichheit, Freiheit und Brüderlichkeit wirkten im 19. Jahrhundert weit über Frankreich hinaus. In ihrem Namen wurden absolute Monarchie und Ständegesellschaft infrage gestellt und insbesondere die Verwirklichung von Volkssouveränität, Menschenrechten und Gewaltenteilung sowie die Gleichheit vor dem Gesetz gefordert.

Der Gedanke der Kultur- und Sprachnation Die „Ideen von 1789“ erfassten auch die deutschen Staaten. *Napoleon** eroberte die linksrheinischen Gebiete des Heiligen Römischen Reiches. Darauf folgte eine gewaltige „Flurbereinigung“. Die Zahl der selbstständigen politischen Einheiten war von rund 1790 auf etwa vierzig reduziert worden. Kleine Ritterstände und geistlicher Grundbesitz gingen 1803 in größere Fürstentümer auf.

Viele deutsche Staaten und insbesondere Preußen modernisierten ihre staatliche und gesellschaftliche Ordnung nach französischem Vorbild und beendeten die Ständegesellschaft durch eine Revolution „von oben“. Eine Bildungs-, Verwaltungs- und Heeresreform diente Preußen dazu, bald wieder zum Kreis der Großmächte zu gehören. Diese Reformen schwächten die Stellung des Adels und stärkten das Bürgertum.

1806 ging aber auch das Heilige Römische Reich unter, nachdem sich einige süddeutsche Fürsten Napoleon anschlossen. Für die Schaffung eines deutschen Nationalstaates stand unter diesen Voraussetzungen nicht das Modell der Staatsnation Pate – anders als 1789 in Frankreich, wo sich die Nation innerhalb des Herrschaftsgebietes eines Monarchen bildete. Stattdessen griff man auf die Idee der Kulturnation zurück und knüpfte damit an Überzeugungen aus dem 18. Jahrhundert an. Damals hatte sich unter bürgerlichen Beamten, Kaufleuten und Literaten das Bewusstsein herausgebildet, über alle Grenzen der Reichsterritorien hinweg als Nation zusammenzugehören. In Literatur, Kunst und Musik wurde nach 1806 die deutsche Vergangenheit romantisch verklärt und gemeinsame Sprache und Kultur zur Grundlage der Nation und eines erhofften Nationalstaates erhoben.

Während der Kriege gegen die napoleonische Herrschaft und nach dem Sieg der *Völkerschlacht bei Leipzig* wurde der Vaterlandsgedanke unter Studenten und Professoren populär (▸ M2).

Kein deutscher Nationalstaat Nach dem Sieg gegen Napoleon unterdrückten die Regierungen der deutschen Einzelstaaten alle nationalen Bestrebungen. Angeführt wurden sie dabei vom österreichischen Fürsten *Klemens von Metternich*. Die Monarchen wollten ihre Macht weder mit einer Volksvertretung teilen, noch wollten sie Teile ihrer Souveränität an einen deutschen Gesamtstaat abgeben. Doch auch sie konnten nicht zurück zum Alten Reich. Stattdessen wurde auf dem *Wiener Kongress* 1815 der Deutsche Bund** gegründet (▸ M3). In diesem Staatenbund behielten die Mitgliedstaaten ihre Souveränität. Der Deutsche Bund besaß weder ein Staatsoberhaupt noch eine Regierung oder eine Volksvertretung. Die einzige gemeinsame Institution bildete der Bundestag – ein ständiger Gesandtenkongress der Einzelstaaten mit Sitz in Frankfurt am Main. Den Vorsitz hatte Österreich inne.

* Zu Napoleon siehe S. 426 ff.
** Zum Deutschen Bund siehe auch S. 439 - 441.

◂ **Deutscher Bund.**
Der Deutsche Bund war kein Nationalstaat sondern ein Zusammenschluss souveräner Fürsten und freier Städte. Mitglieder waren auch der englische König als König von Hannover, der niederländische König als Herzog von Luxemburg und der dänische König als Fürst von Holstein.

◂ **Wappen des Deutschen Bundes.**
Der 1815 gegründete Deutsche Bund bestand mit einer kurzen Unterbrechung während der Revolution 1848/49 bis 1866.

Verfassungsfrage Freiheitlich gesinnte Bürger forderten eine Verfassung, die den Bürgern politische Teilhabe zusicherte. Der preußische Monarch versprach vor dem Krieg gegen Frankreich auch, eine Verfassung zu erlassen. Die Gründungsakte des Deutschen Bundes sah deshalb „landständische Verfassungen" für die einzelnen Mitgliedstaaten vor.

Unklar war jedoch, wie diese Verfassungen beschaffen sein sollten. Einige Fürsten der Mittelstaaten, wie die von Sachsen-Weimar-Eisenach, Baden, Bayern, Hessen-Darmstadt und Württemberg, erließen daraufhin zwischen 1816 und 1820 Länderverfassungen. Sie waren aber weder demokratisch, noch schrieben sie eine Gewaltenteilung vor. Gesetzgeber und Oberbefehlshaber blieb allein der Monarch. Dafür enthielten sie Hinweise zur Steuergleichheit, den Dienstverpflichtungen aller und dem Schutz der Privatsphäre. Der Monarch war bei seiner Gesetzgebung an die Verfassung gebunden. In Österreich und Preußen, den beiden mächtigsten Mitgliedstaaten, blieb der Verfassungsauftrag unbeachtet. Die Forderung der nationalen und liberalen Kräfte nach einer freiheitlichen Verfassung für ganz Deutschland wurde von allen Regierenden unterdrückt. Für die Nationalbewegung war der Deutsche Bund unzureichend (▸ M4, M5).

▲ Sprachen und Staaten in Europa im 19. und beginnenden 20. Jahrhundert.

- *Nennen Sie mithilfe der Karte von Seite 425 alle Staaten, in denen um 1815 mehrere Sprachgruppen vorherrschen.*
- *Sprach- und Kulturnationen: Zeigen Sie anhand der Karte die Schwierigkeiten auf, die dabei bestanden, Nationalstaaten auf Grundlage einer gemeinsamen Sprache zu gründen.*

Kultur- und Staatsnation im europäischen Vergleich Nationalbewegungen in Mittel- und Osteuropa forderten einen eigenen souveränen Nationalstaat. Dabei stützten sich die nationalen Minderheiten auf die Verbindung der Nationalidee mit Forderungen nach Unabhängigkeit. Der Nationalgedanke führte vor allem in den Vielvölkerstaaten Mittel- und Osteuropas zu erheblichen Spannungen, die häufig in Aufständen und kriegerischen Auseinandersetzungen mündeten. Nationale Minderheiten sahen sich unterdrückt; dagegen wollten die Regierungen der Vielvölkerstaaten keinen Bevölkerungsteil aufgeben. Ein deutliches Beispiel ist die *Ungarische Revolution* von 1848/49. Sie eskalierte zu einem vom liberalen Adel getragenen Unabhängigkeitskrieg gegen die Herrschaft der Habsburgermonarchie, der jedoch von Österreich gewonnen wurde.

Mittel- und osteuropäische Nationalbewegungen griffen meist auf Idee der Kulturnation zurück. Dazu beriefen sie sich auf die religiös begründete Kultur. In westeuropäischen Ländern bestand dagegen häufig bereits ein eigener Staat, der durch Reformen oder Revolutionen in einen modernen Nationalstaat überführt werden konnte. Die verschiedenen Auffassungen von Nation spiegeln sich auch in den Begriffen für „Bevölkerung“ wieder (▸ M6).

1. *Stellen Sie die Begriffe „Kulturnation“ und „politische Nation“ einander gegenüber und erläutern Sie ihre jeweiligen Inhalte.*

2. *Erläutern Sie die besonderen Bedingungen, unter denen in Frankreich die Idee der politischen Nation entstehen konnte.*

M1 Nation

Die Flugschrift des Geistlichen (Abbé) Emmanuel Joseph Sieyès wird Anfang 1789 anonym veröffentlicht und bald darauf zur maßgeblichen Kampfschrift des Dritten Standes in der Französischen Revolution:

Der Dritte Stand ist eine vollständige Nation. [...] Was ist eine Nation? Eine Körperschaft von Gesellschaften, die unter einem gemeinschaftlichen Gesetz leben und durch dieselbe gesetzgebende Versammlung repräsentiert werden usw. Ist es nicht zu gewiss, dass der adlige Stand Vorrechte und Befreiungen genießt, die er sogar sein Recht zu nennen wagt und die von den Rechten der großen Körperschaft der Bürger gesondert sind? Dadurch stellt er sich außerhalb der gemeinschaftlichen Ordnung und des gemeinschaftlichen Gesetzes. [...] Was seine politischen Rechte betrifft, so übt er sie gleichfalls abgesondert aus. Er hat seine eigenen Repräsentanten, die in keiner Weise mit der Vollmacht der Bevölkerung betraut sind.

[...] Der Dritte Stand umfasst [...] alles, was zur Nation gehört; und alles, was nicht der Dritte Stand ist, kann sich nicht als Bestandteil der Nation ansehen. Was also ist der Dritte Stand? ALLES. Was ist der Dritte Stand bis jetzt gewesen? Nichts. [...]

Unter dem Dritten Stand muss man die Gesamtheit der Bürger verstehen, die dem Stand der gewöhnlichen Leute (l'ordre commun) angehören. Alles, was durch das Gesetz privilegiert ist, einerlei auf welche Weise, tritt aus der gemeinschaftlichen Ordnung heraus, macht eine Ausnahme für das gemeinschaftliche Gesetz und gehört folglich nicht zum Dritten Stand. [...] Was verlangt der Dritte Stand? [...]

1. echte Vertreter auf den Generalständen, das heißt Abgeordnete, die aus seinem Stand kommen und die fähig sind, die Interpreten seines Willens und die Verteidiger seiner Interessen zu sein. [...]

2. eine Zahl von Vertretern, die derjenigen ebenbürtig ist, welche die beiden anderen Stände zusammen besitzen. Diese Gleichheit der Vertretung wäre indessen völlig illusorisch, wenn jede Kammer eine eigene Stimme besäße. [...]

3., dass die Stimmen nach Köpfen und nicht nach Ständen gezählt werden.

Emmanuel Joseph Sieyès, Politische Schriften 1788-1790, übersetzt und herausgegeben von Eberhard Schmitt und Rolf Reichardt, München ^{2}1981, S. 119 ff.

M2 Vaterland

1814 schreibt der Jenaer Historiker Heinrich Luden, der vor und nach den „Befreiungskriegen" einen großen Einfluss auf die deutsche Nationalbewegung ausübt, in einem Aufsatz:

Überall, wo Menschen mit einiger Bildung zusammen leben, da leben sie in einem Staate; und überall zeigt sich bei jedem Menschen in Sprache, Geist und Art eine gewisse Eigentümlichkeit, die ihn von allen andern Menschen sondert, die er aber mit einer gewissen Anzahl gemein hat: Mit diesen macht er ein Volk aus. [...]

Staat und Volk nämlich fallen, im historischen Zusammenhange des Lebens, bald dergestalt zusammen, dass das Volk in einem bürgerlichen Vereine nach eigenen Gesetzen lebt oder einen besonderen Staat ausmacht; bald aber sind sie getrennt, und die Kreise schneiden sich auf mannigfache Weise, sei es, dass in einem Volke mehrere Staaten sind, sei es, dass ein Staat mehrere Völker umfasst, sei es endlich, dass Völkerteile, in bürgerlicher Rücksicht, hierhin geworfen sind und dorthin. Aber immer und überall streben Staat und Volk, man möchte sagen, mit liebevoller Sehnsucht zueinander, um sich einander zu halten oder zu gewinnen, wie wenn sie ohne einander nicht sein möchten, wie wenn sie beide nur in Einheit gedeihen könnten! Sind Staat und Volk eins: so ist der höchste Wunsch und das heiligste Streben der Menschen, diese Einheit zu bewahren; sind sie getrennt: so ist, wenn nicht immer der Wunsch, doch gewiss das Streben da, diese Einheit zu erringen: Die Volksgenossen suchen sich in einem Staat zu vereinen, die Bürger eines Staates suchen ein Volk zu werden [...].

Jenes Verhältnis nun, welches der menschlichen Natur Bedürfnis ist, wird dadurch gegeben [...], dass der Mensch selbst ein Vaterland erhält, als Einheit von Volk und Staat, und dass ihm das Menschengeschlecht, in der Geschichte wie im Leben, überall in Staaten und Völkern entgegentritt.

Zitiert nach: Hartwig Brandt und Werner Grütter (Bearb.), Nationalstaat und Nationalismus im 19. Jahrhundert, Paderborn 1981, S. 96 f.

1. *Ordnen Sie beide Texte in die jeweilige Entstehungszeit ein. Welche politischen Rahmenbedingungen werden in den Texten aufgegriffen?*

2. *Vergleichen Sie die Begriffe „Nation" und „Vaterland" miteinander. Gehen Sie dabei auf die unterschiedlichen Vorstellungen von Bevölkerung sowie auf die unterschiedlichen Forderungen ein.*

M3 Die Deutsche Bundesakte

Am 8. Juni 1815 wird auf dem Wiener Kongress der Rahmenvertrag zwischen den deutschen Staaten über die Gründung des „Deutschen Bundes“ verabschiedet und war seit dem 19. Juni verbindlich für alle Mitgliedstaaten. Folgende Artikel sollen das sicherheitspolitische Konzept der 34 Staaten und vier freien Städte bestimmen:

Art. 1. Die souveränen Fürsten und freien Städte Deutschlands, mit Einschluss Ihrer Majestäten des Kaisers von Österreich und der Könige von Preußen, von Dänemark und der Niederlande, und zwar
Der Kaiser von Österreich, der König von Preußen, beide für ihre gesamten vormals zum deutschen Reich gehörigen Besitzungen, der König von Dänemark für Holstein, der König der Niederlande für das Großherzogtum Luxemburg, vereinigen sich zu einem beständigen Bunde, welcher der *Deutsche Bund* heißen soll.

Art. 2. Der Zweck desselben ist Erhaltung der äußeren und inneren Sicherheit Deutschlands und der Unabhängigkeit und Unverletzbarkeit der einzelnen deutschen Staaten.

Art. 3. Alle Bundesglieder haben als solche gleiche Rechte; sie verpflichten sich alle gleichmäßig die Bundesakte unverbrüchlich zu halten. [...]

Art. 9. Die Bundesversammlung hat ihren Sitz zu Frankfurt am Main, die Eröffnung derselben ist auf den 1. September 1815 festgesetzt.

Art. 10. Das erste Geschäft der Bundesversammlung nach ihrer Eröffnung wird die Abfassung der Grundgesetze des Bundes und dessen organische Einrichtungen in Rücksicht auf seine auswärtigen, militärischen und inneren Verhältnisse sein. [...]

Art. 11. Alle Mitglieder des Bundes versprechen sowohl ganz Deutschland als jeden einzelnen Bundesstaat gegen jeden Angriff in Schutz zu nehmen und garantieren sich gegenseitig ihre sämtlichen unter dem Bunde begriffenen Besitzungen. Bei einmal erklärtem Bundeskrieg darf kein Mitglied einseitige Unterhandlungen mit dem Feind eingehen, noch einseitig Waffenstillstand oder Frieden schließen. Die Bundesglieder behalten zwar das Recht der Bündnisse aller Art; verpflichten sich jedoch, in keine Verbindungen einzugehen, welche gegen die Sicherheit des Bundes oder einzelner Bundesstaaten gerichtet wären.
Die Bundesglieder machen sich ebenfalls verbindlich, einander unter keinerlei Vorwand zu bekriegen, noch ihre Streitigkeiten mit Gewalt zu verfolgen, sondern sie bei der Bundesversammlung anzubringen. Dieser liegt alsdann ob, die Vermittlung durch einen Ausschuss zu versuchen [...].

Art. 13. In allen Bundesstaaten wird eine Landständische Verfassung stattfinden. [...]

Art. 18. Dass Eintracht und Friede unter den Bundesgliedern ungestört aufrechterhalten werden soll, so hat die Bundesversammlung, wenn die innere Ruhe und Sicherheit des Bundes auf irgendeine Weise bedroht oder gestört ist, über Erhaltung oder Wiederherstellung derselben Rat zu pflegen, und die dazu geeigneten Beschlüsse [...] zu fassen.

Zitiert nach: Wolfgang Hardtwig und Helmut Hinze (Hrsg.), Vom Deutschen Bund zum Kaiserreich 1815-1871, Stuttgart 1997, S. 37, 41f. und 49 (sprachlich modernisiert)

Nennen Sie den Zweck des Deutschen Bundes und zeigen Sie auf, wie sich dieser Zweck in den einzelnen Bestimmungen der Bundesakte widerspiegelt.

M4 Kritik an der „Bundes-Verfassung“

Der in Koblenz lebende katholische Gymnasiallehrer und Herausgeber des „Rheinischen Merkur“, Joseph Görres, kommentiert die Gründung des Deutschen Bundes im Mai 1815:

Das aber ist das Verderblichste an jener Bundes-Verfassung, dass der teutsche Gemeingeist durch sie notwendig gehemmt oder gar unterdrückt wird, indem sie alle Möglichkeiten eines öffentlichen Wirkens nimmt. [...] Man wird zur Vermuthung gezwungen, dass man Teutschland nicht als organisches Ganzes, als einen Staat betrachte, sondern nur als einen Staatenbund [...]. Aber man höre doch nur den Ruf aller deutschen Volksstämme. Einmüthig erklären sie: „Wir wollen nicht länger bloß Preußen, Hannoveraner, Hessen bleiben, wir wollen Deutsche werden!“ Der künstliche Bund aber, der nicht gestützt ist auf die Liebe und den Gemeingeist des deutschen Volkes, wird bald durch seine eigene Schwäche zusammenfallen! [...]
Anmerkung: Es könnte gut seyn, wenn die teutschen Vereine und Städte Unterschriften sammelten zu einer Bittschrift um Einführung teutscher Reichsstände. Die Stimme des Volkes dringt so schwer durch zu den Ohren der Fürsten: vielleicht war dies der Grund, dass so mancher billiger Wunsch der Teutschen unerfüllt blieb.

Joseph Görres, in: Rheinischer Merkur, Nr. 234 vom 7. Mai 1815, S. 1f.

1. *Fassen Sie die Kritik an der „Bundesverfassung“ zusammen.*
2. *Analysieren Sie die nationalen Vorstellungen des Verfassers.*

M5 „Nationalität und persönliche Freiheit“

Der Jurist Paul Pfizer veröffentlicht 1832, kurz vor seinem Antritt als Abgeordneter der Stadt Tübingen im württembergischen Landtag, seine Schrift über die Aufgaben des Liberalismus:

Es wäre Zeit, dass man sich endlich einmal gestände und klar darüber würde, dass die Franzosen die Führer und Leiter der Zivilisation, das tonangebende Volk in Europa nicht dadurch geworden sind, dass sie die Grundsätze der Freiheit bekennen und predigen, sondern dadurch, dass sie dieselben als Nation bekennen und mit dem ganzen Gewicht ihrer Nationalität unterstützen.

Will daher Deutschland in die Schule der Franzosen gehen, so darf die Nachahmung nicht auf halbem Wege stehen bleiben. Mit den bloßen Grundsätzen bürgerlicher Freiheit, so verdienstlich und notwendig ihre Verbreitung auch sein mag, ist Deutschland noch lange nicht geholfen. Mit allem Freiheitsdrang der einzelnen werden die Deutschen ewig eine armselige Rolle spielen und ein mitleidiges Belächeln ihrer schwachen Gutmütigkeit wird im Ausland der ganze Lohn für ihren Enthusiasmus sein, solange sie nicht als Nation die Freiheit wollen, oder gar zu glauben scheinen, dass Abhängigkeit vom Ausland zum Begriff der deutschen Freiheit gehöre. Es ist freilich eine Torheit zu verlangen, dass die Deutschen die innere Freiheit ganz vergessen sollen, bis sie die äußere Unabhängigkeit gesichert haben; es ist aber ebenso verkehrt oder noch verkehrter, die letztere der ersteren aufopfern zu wollen. [...]

Im Sinn und Geiste des Jahrhunderts kann aber dasjenige, was Deutschland organisch vereint und den Bund seiner Fürsten in einen Bund der Völker, das diplomatische Staatenbündnis in einen nationalen Bundesstaat verwandelt, nichts anderes als eine deutsche Nationalvertretung sein, und hiezu muss die Anregung und der Hauptanstoß durch den Liberalismus gegeben werden.

Zitiert nach: Günter Schönbrunn, Das bürgerliche Zeitalter. 1815-1914, München 1980, S. 849

1. *Skizzieren Sie den Zusammenhang von „Freiheit“ und „Nationalität“ aus Sicht Pfizers in einem Schaubild.*
2. *„In die Schule der Franzosen gehen“: Weisen Sie die Unterschiede in der Entwicklung von Frankreich und Deutschland nach, indem Sie Pfizers Ausführungen mit historischen Beispielen belegen.*

H *Tragen Sie Pfizers Thesen in der linken Spalte einer Tabelle ein, schreiben Sie in die rechte Spalte die entsprechenden historischen Verweise.*

M6 West-Ost-Vergleich

Die Historiker Ulrike von Hirschhausen und Jörn Leonhard erläutern 2011 die unterschiedlichen Vorstellungen von Nation in Europa im 19. Jahrhundert:

Die ganze Komplexität eines West-Ost-Vergleichs europäischer Nationalismen wird deutlich, wenn man sich die semantischen Differenzen der nationalsprachlichen Äquivalente von *nation / Nation / nacija und peuple / people / Volk / narod* innerhalb West- und Osteuropas vergegenwärtigt. Ausgehend vom antiken Bezugspunkt *populus*, das sowohl *Staatsvolk* als auch *Bevölkerung* meinen konnte, blieb im französischen und englischen *peuple* bzw. *people* nur die letzte Bedeutung erhalten. Im Deutschen wurde diese Bedeutung noch weiter auf *Pöbel* eingeengt. Dagegen wurde *Volk* hier seit etwa 1800 semantisch aufgewertet, indem es sowohl das *Staatsvolk* als *Nation* als auch die *Bevölkerung* erfassen konnte. In Westeuropa und in den Vereinigten Staaten war *nation* nach den Einschnitten von 1776 und 1789 eindeutig mit den Vorstellungen politischer Partizipation und Repräsentation verbunden [...]. Als politische Willensgemeinschaft erforderte sie nach Ernest Renans berühmter Definition von 1882 das täglich neue Bekenntnis zur Nation, das *plébiscite de tous les jours*.

In Deutschland dagegen orientierte sich die seit dem 18. Jahrhundert einflussreiche bildungsbürgerliche Vorstellung der Nation an der Idee einer *Kulturnation*. Vor dem Erfahrungshintergrund der partikularterritorialen Staatlichkeit des Heiligen Römischen Reiches standen dabei Sprache, Literatur und Volkstum als Bestimmungskriterien im Zentrum. Der in Ost- und Ostmitteleuropa sehr viel gebräuchlichere Begriff *narod* schließlich verwies in erster Linie auf ethnisch-kulturelle und religiöse Inhalte außerhalb einer distinkt[1] politischen Sphäre.

Ulrike von Hirschhausen und Jörn Leonhard, Europäische Nationalismen im West-Ost-Vergleich. Von der Typologie zur Differenzbestimmung, in: dies., Nationalismen in Europa. West- und Osteuropa im Vergleich, Göttingen 2001, S. 11-45, hier S. 12 f.

1. *Geben Sie wieder, wie Nation laut der beiden Historiker in West- und Osteuropa verstanden wurde.*
2. *Diskutieren Sie, ob das überwiegend in Osteuropa vorgekommene Verständnis von Nation unter dem Begriff „Staatsnation“ oder dem Begriff „Kulturnation“ zu fassen ist.*

[1] **distinkt**: abgesondert

Restauration und Revolution: der deutsche Nationalismus im Vormärz und in der Revolution

▲ **„Der Denker-Club. Auch eine neue deutsche Gesellschaft.“**
Anonyme Radierung (24,5 x 38,0 cm), um 1820.
An der Wand die Gesetze des Klubs; sie bestimmen u. a.: „Schweigen ist das erste Gesetz dieser gelehrten Gesellschaft.“ „Auf dass kein Mitglied in Versuchung geraten möge, seiner Zunge freien Lauf zu lassen, so werden beim Eintritt Maulkörbe ausgeteilt.“

- *Analysieren Sie die Radierung mit Blick auf die politische Einstellung des Künstlers.*

Die Ziele der liberalen und nationalen Bewegung Obwohl die deutsche Nationalbewegung zu Beginn des 19. Jahrhunderts zunächst nur wenige Anhänger zählte, stellte sie wirkungsmächtige Forderungen auf:

- An die Stelle der deutschen Einzelstaaten sollte nach dem Vorbild des französischen Zentralismus oder des amerikanischen Föderalismus die staatliche Einheit der Nation treten.
- Die Reste der ständischen Gesellschaftsordnung sollten durch eine Gesellschaft freier und gleicher Bürger ersetzt werden.
- Verfassungen sollten die Menschenrechte, die Gewaltenteilung und die politische Mitbestimmung der Bürger durch gewählte Vertreter gewähren.
- Die Wirtschaft sollte sich ohne Zunftschranken und innerhalb des Deutschen Bundes frei entfalten können.

Insofern war die deutsche Nationalbewegung anfangs eine „liberale Emanzipations- und Oppositionsideologie, die sich gegen die spätabsolutistischen Territorialstaaten, gegen die Vorrechte des Adels, gegen das Gottesgnadentum richtete, aber für die souveräne Nation, für die allgemeine Staatsbürgergesellschaft, auch für die harmonische Kooperation aller Nationalstaaten“ (*Hans-Ulrich Wehler*) stritt. Dies hinderte sie nicht, von Anfang an die eigene Herkunft (lat.: natio) überzubewerten, den Nationalgedanken zu einer Art religiösen Idee zu machen und feindselig gegen andere Nationen zu sein (▸ M1).

Erste Konflikte zwischen Staat und Opposition Erstes Aufsehen erregte die nationale und liberale Bewegung in den deutschen Staaten durch das *Wartburgfest* vom Oktober 1817. Organisiert hatten es national gesinnte Burschenschaften, die sich in Anlehnung an die 1815 in Jena gegründete Urburschenschaft entwickelten. Etwa 500 Teilnehmer gedachten der militärischen Befreiung von französischer Herrschaft und der religiösen Befreiung durch die Reformation. Aus diesem Blick zurück leiteten sie Forderungen nach nationaler Einheit und Freiheit für die Zukunft ab. Kurz nach dem Wartburgfest schrieben die Burschenschaften ein Grundsatzprogramm, das bis 1848 von national gesinnten Bürgern immer wieder aufgegriffen wurde (▸ M2).

Das Wartburgfest deutete die preußische Regierung als offene Aufforderung zum Aufstand. Teilnehmer wurden verhört und Burschenschaften zeitweise verboten. Vom Herbst 1818 an planten die Regierungen der deutschen Staaten bundesweite Maßnahmen gegen die Opposition. Als weiterer Anlass diente ein Attentat auf den populären Dichter und Berater des russischen Zaren, *Karl August von Kotzebue*, durch den Burschenschafter *Karl Ludwig Sand* im März 1819.

▲ **Verbrennungszene auf dem Wartburgfest.**
Kolorierter Stahlstich von 1817 (Ausschnitt).
Am Ende des Wartburgfestes verbrannten die Burschenschafter mehrere „undeutsche" Bücher und Symbole der alten Ordnung. Darunter befanden sich der napoleonische Code Civil, sowie österreichische und preußische Militärgegenstände.

Unter der Leitung Metternichs verfassten die Minister mehrerer Bundesstaaten im Sommer 1819 die *Karlsbader Beschlüsse*, die für den gesamten Deutschen Bund galten. Ziel war die Unterdrückung nationaler und liberaler Ideen. Universitäten wurden unter Staatsaufsicht gestellt und die Burschenschaften verboten. Veröffentlichungen wurden einer Zensur unterzogen und eine bundesweit arbeitende Ermittlungsbehörde sollte alle politischen Bewegungen kontrollieren. Dadurch kam die nationale und liberale Bewegung zunächst zum Erliegen.

Vormärz Erneuten Aufwind erhielt die Oppositionsbewegung jedoch durch die Julirevolution von 1830 in Frankreich. König *Karl IX.* hatte die Pressefreiheit faktisch aufgehoben und das Wahlrecht zugunsten der Großgrundbesitzer eingeschränkt. Daraufhin wurde er vertrieben und der „Bürgerkönig" **Louis Philippe** auf den Thron gehoben. In einer neuen Verfassung wurde die Wahl des Monarchen durch das Parlament festgeschrieben. Die Julirevolution wirkte sich auf die politische Entwicklung vieler europäischer Staaten aus. In einigen deutschen Ländern konnte die Opposition neue und verbesserte Verfassungen durchsetzen. In Baden erreichte sie ein liberaleres Presserecht. Nur in den verfassungslosen Großmächten Preußen und Österreich änderte sich nichts – dort wurden lokale Unruhen militärisch unterdrückt.

Louis Philippe (1773-1850): Er war ein Nachfahre Ludwigs XIV. und zählte zur bürgerfreundlichen Opposition; der „Bürgerkönig" regierte seit 1830 und förderte die Wirtschaft, vernachlässigte jedoch die sozialen Probleme.

Diese Phase vom erneuten Erstarken der liberalen Nationalbewegung bis zur Revolution von 1848/49 wird in der Rückschau als „Vormärz" bezeichnet. Die Opposition traute sich nun auch, politische Veranstaltungen zu organisieren. Von den etwa 30 liberalen Volksfesten im Jahr 1832 war das *Hambacher Fest* in der Pfalz das bedeutendste. Rund 30 000 Männer und Frauen folgten der Einladung zum „Nationalfest der Deutschen". Redner nutzten die Gelegenheit zum Protest gegen die Willkürherrschaft der Fürsten und forderten Pressefreiheit und einen konstitutionellen deutschen Einheitsstaat. Uneins waren sich die Teilnehmer jedoch darüber, wie der Nationalstaat konkret beschaffen sein sollte. Metternich sah in den Forderungen den Untergang jeder Staatsform aufziehen (▸ M3).

Internettipp:
Für weitere Informationen zum Hambacher Fest siehe Code 4677-11

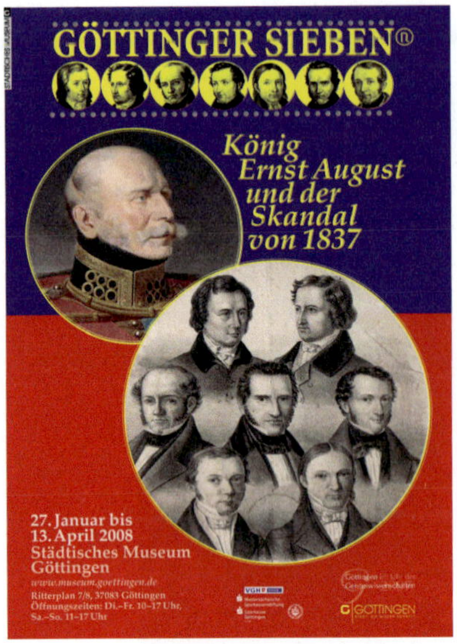

▲ **„Sieben gegen den König.“**
Plakat zur gleichnamigen Ausstellung, die 2007/08 im Historischen Museum Hannover und im Städtischen Museum in Göttingen zu sehen war. Im Kreis links ist König Ernst August von Hannover, im Kreis rechts sind die „Göttinger Sieben“ zu sehen.

Restauration: Wiederherstellung eines früheren politischen oder wirtschaftlichen Zustandes

Den Zulauf zur nationalen und liberalen Bewegung wollten die **restaurativen** Staaten weiterhin unterdrücken. Im Juli 1832 wurde die Presse- und Versammlungsfreiheit im Deutschen Bund weiter eingeschränkt. Als besonders gefährlich sah die Regierung junge Dichter und Autoren an, die sie als „Junges Deutschland“ bezeichneten und deren Schriften sie verboten. Doch den Behörden gelang keine vollständige Unterdrückung der Opposition mehr. Dies zeigen die Reaktionen auf die Entlassung von sieben Göttinger Professoren (unter ihnen auch die Brüder *Jacob* und *Wilhelm Grimm*), die 1837 gegen die Aufhebung der Verfassung durch den neuen König *Ernst August von Hannover* ein Protestschreiben aufsetzten. Drei Professoren gaben das Schreiben weiter, das rege Verbreitung im Bürgertum und bei Studenten fand. Sie mussten daraufhin das Land verlassen, was in allen deutschen Staaten Empörung auslöste. Die sogenannten *„Göttinger Sieben“* wurden dagegen als mutige Helden gefeiert. Auch die Gründung des Deutschen Zollvereins* 1834 ließ eine nationale Einigung realistischer erscheinen und förderte die deutsche Nationalbewegung.

Soziale Unruhen und politische Orientierungen Politische Brisanz erhielt die liberale und nationale Bewegung durch die zunehmenden sozialen Probleme der 1840er-Jahre. Bevölkerungswachstum, Bauernbefreiung und die beginnende Industrialisierung hatten zu Beschäftigungs- und Ernährungskrisen sowie Massenelend geführt. Die Berichterstattung über den Aufstand der schlesischen Weber von 1844 machte die Not der armen Bevölkerung erstmals überregional deutlich und klagte Unternehmer und Staat direkt oder indirekt an. Die Agrar- und Gewerbekrise von 1846/47 ließ die Zahl der sozial und politisch motivierten Unruhen steigen und verunsicherte die Regierungen.

Ende der 1840er-Jahre schlossen sich immer mehr Menschen trotz Zensur und Versammlungsverboten politisch zusammen, zum Teil über die Landesgrenzen hinweg. Dabei entwickelten sich vier politische Ausrichtungen mit fließenden Übergängen: *Konservatismus*, *Liberalismus*, *demokratischer Radikalismus* und *Sozialismus*. Abgesehen von den konservativen Kräften war allen ein Anliegen gemeinsam: die nationale Einheit. In anderen Fragen gingen die Meinungen schon vor 1848 weit auseinander. Während die Liberalen beispielsweise zwischen konstitutioneller Monarchie und Republik

▶ **Volksunruhen in Deutschland 1816-1847.**
Nach: Richard Tilly, Kapital, Staat und sozialer Protest in der deutschen Industrialisierung, Göttingen 1980, S. 154
Unter „Unruhen“ versteht der Historiker Richard Tilly „kollektive Ruhestörung mit physischer Gewaltanwendung“. Als Quelle benutzte er ausgewählte Zeitungen, insbesondere die „Augsburger Zeitung“.
■ *Skizzieren Sie die Entwicklung des Protestverhaltens.*

Konfliktfeld	1816-1829	1830-1839	1840-1847	Summe
universitär**	13	13	5	31
religiös***	9	20	17	46
politisch****	4	72	33	109
sozioökonomisch*****	3	28	103	134
Summe	**29**	**133**	**158**	**320**

* Zum Deutschen Zollverein siehe S. 14.
** Studenten waren entweder Hauptakteure oder Studenten- bzw. Universitätsangelegenheiten waren Hauptobjekte des Konfliktes.
*** Religion war, zumindest vorgeblich, Hauptobjekt des Konfliktes.
**** Der Protest war gegen den Staat mit seinen Organen gerichtet, um politische Änderungen durchzusetzen (Auswechseln eines bestimmten Staatsbeamten, Forderung nach einem neuen Gesetz).
***** gewalttätige Streiks, Brotkrawalle, Maschinenstürmerei, massenhaftes gesetzwidriges Betreten von Wäldern und Feldern, Steueraufruhr und Tumulte, die deutlich mit einer bestimmten sozioökonomischen Gruppe verbunden waren, z. B. Angriffe von Armen auf Reiche

schwankten und das Wahlrecht von Eigentum und Besitz abhängig machen wollten, plädierten die radikalen Demokraten und Sozialisten für eine Republik mit einem allgemeinen und gleichen Wahlrecht.

Internettipp:
Für einen virtuellen Rundgang durch die Erinnerungsstätte deutscher Freiheitsbewegungen siehe Code 4677-12

Literaturtipp:
Dieter Hein, Die Revolution von 1848/49, München [5]2014

Die Revolution von 1848/49 – ein europäisches Ereignis Auch in Frankreich nahmen die sozialen Unruhen zu. Nachdem der König Louis Philippe auch Forderungen zu einer Reform des Wahlrechts unterbunden hatte, kam es zu heftigen Straßen- und Barrikadenkämpfen. Daraufhin dankte der König ab und eine provisorische Regierung aus Sozialisten, radikalen Demokraten und Liberalen wurde am 4. März eingesetzt. Der Umsturz war ein Fanal für die oppositionellen Bewegungen in fast ganz Europa. Revolutionäre Bestrebungen im Königreich Dänemark ermöglichten 1849 eine neue Verfassung, in der die konstitutionelle Monarchie mit einem allgemeinen Wahlrecht und einem Zwei-Kammer-Parlament festgeschrieben wurde. In Italien und Ungarn eskalierten die Revolutionen in Unabhängigkeitskriege gegen Österreich, die jedoch scheiterten.

Die Märzrevolution in den deutschen Staaten In vielen deutschen Staaten feierten nationale und liberale Gruppen die revolutionären Ereignisse in Frankreich. Überall im Deutschen Bund stellten Tausende Bürger Forderungskataloge auf, laut denen die fürstliche Macht beschränkt werden, die Bürger mehr Mitbestimmung erhalten sowie ein Nationalstaat geschaffen werden sollte. Die meisten Petitionen griffen dabei den Forderungskatalog der Mannheimer Volksversammlung vom 27. Februar 1848 auf (▸ M4). Vielerorts wurde der Katalog jedoch erweitert und auch soziale Forderungen aufgenommen, wodurch die Unterstützung der sozialen Unterschichten und des aufkommenden Proletariats zunächst gesichert wurde. Diese litten am stärksten unter den Agrar- und Gewerbekrisen und dem Verlust zahlreicher Arbeitsplätze während des Vormärz.

Aktive Träger der Revolution wurden auch Handwerksgesellen, die durch die Industrialisierung einen Abstieg zu Lohnarbeitern befürchteten. In den südwestlichen Staaten, wo Bauern nach wie vor adligen Grundherren Dienste und Abgaben leisten mussten, erhoben sich auch Bauern.

▲ Berliner Barrikadenkämpfe vom 18. März 1848.
Kolorierte Lithografie, 1848 (Ausschnitt).
Der Druck gibt die Sicht eines aufständischen Augenzeugen wieder. Ein Arbeiter, der am Hut als radikaler Demokrat zu erkennen ist, verankert die schwarz-rot-goldene Fahne. Im Vordergrund werden Bleikugeln für den Nachschub an Munition gegossen.

Radikale oder gemäßigte Revolution? Angesichts der Bauernunruhen und der gewaltbereiten städtischen Massen gaben die meisten Fürsten überraschend schnell nach und setzten reformbereite Regierungen ein. In Wien und Berlin kam es zu Barrikadenkämpfen, aber auch hier konnte sich die Volksbewegung durchsetzen. Das Zurückweichen der alten Gewalten wurde begeistert gefeiert. Zugleich sorgten die neu aufgestellten Bürgerwehren dafür, dass die Unterschichten von einer sozialen Revolution abgehalten wurden. Die Sorge vor einer Gefährdung der bürgerlichen Gesellschaftsordnung durch die gewaltbereiten Massen war weit verbreitet. Genährt wurden solche Ängste durch das erste Auftreten einer Arbeiterbewegung, die tief greifende soziale Veränderungen forderte.

Die meisten Wortführer der Revolution begnügten sich mit Zugeständnissen im Sinne der Märzforderungen und wollten die revolutionäre Bewegung früh in legale, parlamentarische Bahnen lenken. Vor den Thronen selbst sollte die Revolution haltmachen. Die radikalen badischen Demokraten *Friedrich Karl Hecker* und *Gustav Struve* versuchten im April 1848 jedoch, die Entwicklung im Sinne einer grundsätzlichen Systemveränderung weiter voranzutreiben. Sie initiierten einen bewaffneten Volksaufstand für die republikanische Staatsform in Deutschland, der aber schon nach acht Tagen zerschlagen wurde.

Dagegen billigten die Regierungen der Einzelstaaten den Zusammentritt einer deutschen „Nationalversammlung“. Bei den Wahlen vom 1. Mai 1848 gab es noch keine Parteien, gewählt wurden vor allem Angehörige des Bildungsbürgertums. Die Abgeordneten formierten sich in Fraktionen, eine Wurzel des modernen Parteiwesens (▸ M5). Die Volksvertreter tagten im Gebäude der Frankfurter Paulskirche. Von ihnen fühlten sich die meisten der liberalen Mitte zugehörig, die linken Demokraten waren im Parlament zahlenmäßig geringer vertreten, ebenso die konservative Rechte.

▲ Kleindeutsche Lösung.

▲ Großdeutsche Lösung.

▲ Großösterreichische Lösung.

Friedrich Wilhelm IV. (1795-1861): preußischer König von 1840 bis 1858

Ringen um den Nationalstaat Es dauerte bis zum März 1849, bis in der Paulskirche nach langen kontroversen Debatten zum ersten Mal in der deutschen Geschichte ein vom Volk ausgehendes Verfassungswerk beschlossen wurde. Es regelte drei wesentliche Bereiche:

- Die Garantie der bereits am 27. Dezember 1848 beschlossenen **Grundrechte** sollte Einschränkungen der Freiheiten vorbeugen. Festgelegt wurden u. a. die Presse- und Meinungsfreiheit, die Freiheit von Forschung und Lehre, das Recht auf Versammlung und auf die Gründung politischer Vereinigungen sowie die volle Glaubens- und Gewissensfreiheit. Gleichheitsrechte sollten garantieren, dass öffentliche Ämter grundsätzlich nur nach Befähigung vergeben wurden. Die Schulaufsicht der Kirche war auf den Religionsunterricht beschränkt. Die Aufhebung der Stände und das Bekenntnis zur Freiheit der Person bedeuteten die Beseitigung aller Privilegien; damit waren auch die Gutsuntertänigkeit und die Hörigkeit der Bauern aufgehoben. Ein von Demokraten gefordertes Recht auf Arbeit wurde mehrheitlich abgelehnt.
- Die Entscheidung über die Grenzen des neuen **Nationalstaates** war zugleich eine Entscheidung über die Zukunft Österreichs. Die „großdeutsche Lösung“ hätte nur das deutschsprachige Österreich in das Deutsche Reich aufgenommen. Damit allerdings wären die übrigen Gebiete des Vielvölkerstaates nur noch in der Person des Herrschers (Personalunion) verbunden geblieben, was von Wien abgelehnt wurde. Umgekehrt erschien den Anhängern der Nationalstaatsidee die „großösterreichische Lösung“ als Widerspruch zum Konzept der Kulturnation. Daraufhin stimmte eine Mehrheit der Abgeordneten der „kleindeutschen Lösung“ zu und nahm damit die Trennung von den Deutsch-Österreichern hin (▸ M6).
- Die Mehrheit der Nationalversammlung wünschte sich eine **konstitutionelle Monarchie** als Staatsform für das künftige Reich. Die Kaiserwürde sollte erblich sein, um einen möglichen Wechsel im Herrscherhaus zu vermeiden. Der Vorrangstellung Preußens entsprechend wählten die Abgeordneten den Preußenkönig **Friedrich Wilhelm IV.** zum ersten „Kaiser der Deutschen“. Damit sollte das vorgesehene Erbkaisertum der preußischen Hohenzollern seine Legimitation einer Entscheidung der souveränen Nation verdanken.

Endlich eine Verfassung? Das Werk der Paulskirche war ein Kompromiss unterschiedlicher politischer Interessen. Es berücksichtigte unitarische und föderalistische, monarchische und demokratische Bestrebungen.

Wieso wurden die Verfassungsbestimmungen von 1849 nicht verwirklicht? Ein Jahr nach dem Schock der Märzereignisse hatten sich die alten Kräfte, vor allem die Großmächte Preußen und Österreich, wieder konsolidiert. Weil das Gros der Beamten in Verwaltung und Justiz sich loyal verhielt und die Armeen fast überall ein zuverlässiges

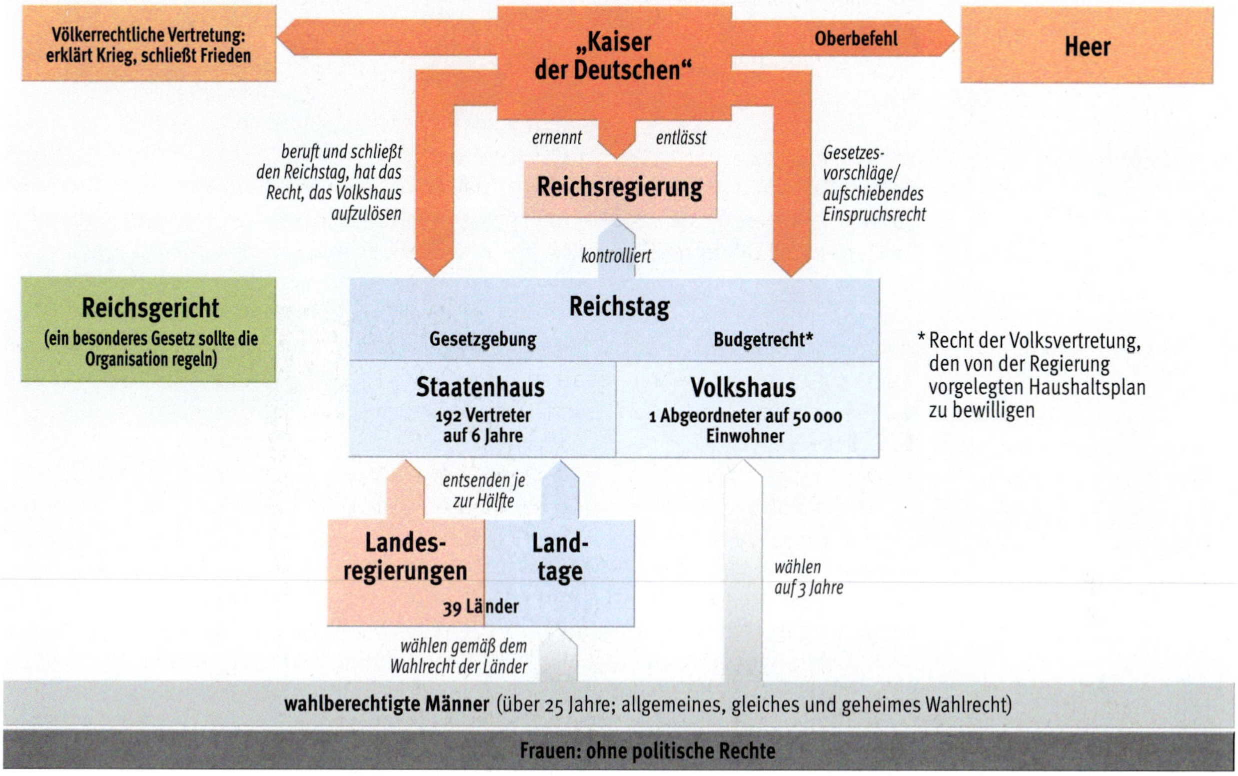

▲ **Die geplante Reichsverfassung der Paulskirche.**

- *Bestimmen Sie Rechte und Einflussmöglichkeiten von Kaiser, Landesregierungen und Volk.*

Internettipp:
Zur Reichsverfassung vom 28. März 1849 einschließlich der Grundrechte des deutschen Volkes siehe Code 4677-13

Instrument in den Händen ihrer Landesherren blieben, aber auch weil die fürstlichen Regierungen zu Reformen bereit waren, kam es zu keiner entscheidenden Schwächung der Dynastien in den Ländern. Zudem spalteten die unterschiedlichen Ziele der gemäßigten Liberalen und der Demokraten bald nach den ersten Erfolgen das Lager der Revolutionäre.

Zwar erkannten 28 deutsche Staaten im April 1849 die Reichsverfassung an, aber Wien und Berlin sowie die Königreiche Bayern, Hannover und Sachsen beharrten darauf, dass nur eine mit den fürstlichen Regierungen vereinbarte Verfassung Gültigkeit beanspruchen könne. So überraschte es nicht, dass der preußische König Friedrich Wilhelm IV. – überzeugt vom monarchischen Gottesgnadentum – am 3. April 1849 die Kaiserkrone aus den Händen des Volkes zurückwies (▸ M7). Der durch die gewählten Vertreter des deutschen Volkes vereinbarte und rechtlich konstruierte deutsche Nationalstaat wurde nicht verwirklicht.

Als sich die Niederlage der Revolutionsbewegung abzeichnete, kam noch einmal Empörung auf. In mehreren revolutionären Zentren (Sachsen, Pfalz, Baden) flammten letzte Volkserhebungen auf, in denen sich politische mit sozialen Zielen mischten. In Baden stellte sich in der sogenannten „Verfassungskampagne“ sogar fast die gesamte Armee und Verwaltung auf die Seite der Revolutionsregierung. Preußische Truppen schlugen den Aufstand jedoch nieder. Die Aufständischen fielen Massenerschießungen oder Standgerichten zum Opfer, mussten sich vor Gericht verantworten oder ins Exil gehen. Inzwischen hatte auch die Nationalversammlung zu bestehen aufgehört. Viele Regierungen hatten die Abgeordneten zurückbeordert, nur noch ein „Rumpfparlament“ linker Abgeordneter tagte zunächst in Stuttgart weiter, wurde aber am 18. Juni 1849 durch Militär auseinandergejagt.

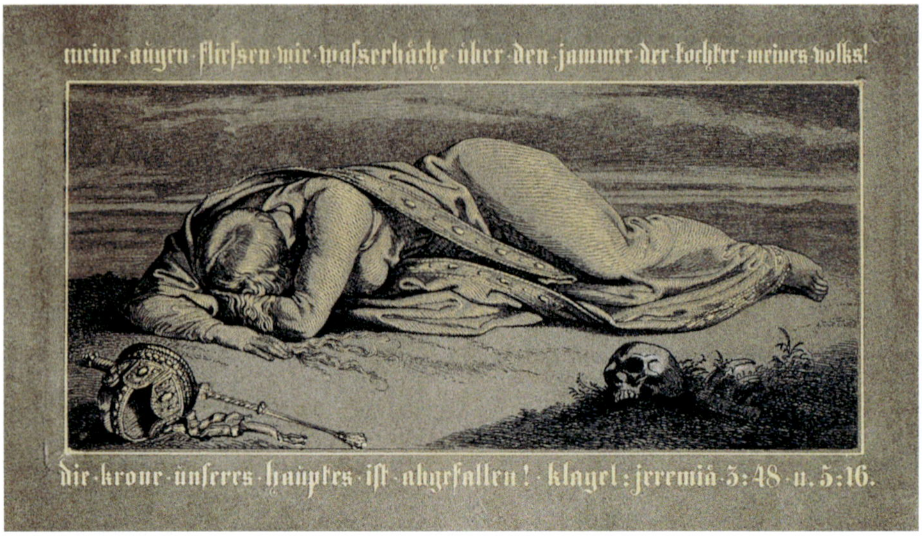

▸ **„Germania 1850.“**
Radierung (35 x 49 cm) von Julius Hübner, 1850 (Ausschnitt).
Das Zitat (ober- und unterhalb des Bildes) stammt aus den Klageliedern des Jeremia, die im Alten Testament stehen.
- *Charakterisieren Sie die Darstellung der Germania.*

Das Erbe der 1848er-Bewegung Als der Gesandtenkongress des Deutschen Bundes im September 1850 wieder zusammentrat, konnte es scheinen, als sei nichts geschehen. Es begann eine Zeit der *Reaktion*. In den Bundesstaaten wurden viele Zugeständnisse rückgängig gemacht, fast alle politischen Vereine wurden verboten. 1851 hob der Bundestag die von der Paulskirche verabschiedeten Grundrechte wieder auf.

Der überall durchgesetzte Verfassungsstaat wurde – abgesehen von Österreich – in keinem Staat des Deutschen Bundes wieder beseitigt. Die Vorzensur von Zeitungen und Büchern, die jede Veröffentlichung einer amtlichen Prüfung unterzog, blieb aufgehoben. In der Rechtspflege gab es wichtige Fortschritte und auch gesellschaftspolitisch wurden neue Weichen gestellt. Dazu gehörten die Befreiung der Bauern aus den grundherrlichen Abhängigkeiten, das Ende der adligen Patrimonialgerichtsbarkeit, überhaupt das Ende der rechtlichen Sonderstellung des Adels.

Die Ereignisse von 1848/49 weckten das politische Bewusstsein breiter Bevölkerungsschichten. Die Deutschen hatten sich als politisch Aktive erlebt. Vertreter des fortschrittlichen Bürgertums wandten sich allerdings nach dem Scheitern des Versuchs, Einheit und Freiheit aus eigener Kraft zu erreichen, resigniert von ihren politischen Idealen ab. Sie konzentrierten sich auf ihr wirtschaftliches Fortkommen und zogen sich ins Privatleben zurück. Viele Revolutionäre flüchteten in die USA. Der gelungene Verfassungsentwurf eines föderalistisch angelegten, nationalen Rechtsstaates mit einer starken Volksvertretung, wie ihn die Paulskirche 1849 vorgesehen hatte, blieb aber trotz seines Scheiterns im politischen Gedächtnis. Er beeinflusste die deutschen Verfassungen von 1919 und 1949.

1. *Stellen Sie die unterschiedlichen Forderungen zusammen, die bis 1848 gegenüber den deutschen Regierungen erhoben wurden.*
2. *Ordnen Sie die Forderungen nach ihrer Radikalität. Erörtern Sie, welchen dieser Forderungen die Fürsten ggf. hätten zustimmen können und welche Forderungen systemsprengend waren.*
3. *Bewerten Sie die Revolution von 1848/49 anhand ihrer kurz- und langfristigen Folgen.*

M1 „Germanomanie“

Der preußisch-jüdische Verleger und Schriftsteller Saul Ascher fasst seine Beobachtungen zur Nationalbewegung 1815 zusammen:

Man muss die Menge, um auch sie für eine Ansicht oder Lehre einzunehmen, zu begeistern suchen; um das Feuer der Begeisterung zu erhalten, muss Brennstoff gesammelt werden, und in dem Häuflein Juden wollten unsere *Germanomanen* das erste Bündel Reiser zur Verbreitung der Flamme des Fanatismus hinlegen. [...]
Wer wird und muss es nicht dem deutschen Gemüth für eine hohe Tugend anrechnen, seine Selbständigkeit und Eigenheit von der Willkühr einer ändern selbständig seyn wollenden Nation zu befreien? Wer wird es dem Deutschen verdenken, wenn er heute gegen die Tyrannei des Franzmanns, morgen gegen die des Engländers und endlich so gegen die Tyrannei einer jeden fremden Willkühr sich erhebt, und das mit der Kraft, die des deutschen Volkes Erbe ist? – Aber die Hebel, welche der intellektuelle Teil deutscher Nation seit kurzem aufbietet, um diese Kraft in Bewegung zu setzen, dies wird jeder Unbefangene einräumen, waren nicht von der Art, dass sie eine kräftige und biedere Nation ehren sollten.

Saul Ascher, Die Germanomanie. Skizze zu einem Zeitgemälde, Berlin 1815, S.15-17

1. *Fassen Sie Aschers Kritik an der Nationalbewegung zusammen.*
2. *Erläutern Sie, weshalb Ascher sein Buch „Die Germanomanie“ nannte.*

M2 Die Grundsätze der Burschenschaften von 1817

Die Grundsätze der Burschenschaften entsprechen in vielen Punkten den liberalen Forderungen, die bis zur Revolution von 1848/49 durchgängig erhoben worden sind:

12. Die Sehnsucht nach Kaiser und Reich ist ungeschwächt in der Brust jedes frommen und ehrlichen deutschen Mannes und Jünglings [...].
15. Die Fürstenwürde ist das Erhabenste auf Erden und darum für das Heiligste zu ehren und zu achten [...].
16. Der Wille des Fürsten ist nicht das Gesetz des Volkes, sondern das Gesetz des Volkes soll der Wille des Fürsten sein.
17. Ungerecht ist im bürgerlichen Leben nur das, was gegen das Gesetz ist. Gegen das Gesetz kann der Fürst niemals etwas tun wollen. Geschieht etwas gegen das Gesetz, so geschieht es von den Ministern und andern Beamteten: Diese sind dafür verantwortlich, wenn sie auch im Namen des Fürsten gehandelt haben. [...]
19. Freiheit und Gleichheit ist das Höchste, wonach wir zu streben haben, und wonach zu streben kein frommer und ehrlicher deutscher Mann jemals aufhören kann. [...] Wo kein Gesetz ist, da ist keine Freiheit, sondern Herrschaft, Willkür, Despotismus. Wo kein Gesetz ist, da ist keine Gleichheit, sondern Gewalt, Unterwerfung, Sklaverei.
20. [...] Gesetze müssen von denen ausgehen oder angenommen werden, welche nach denselben leben sollen, und wo ein Fürst ist, die Bestätigung des Fürsten erhalten. Alle Gesetze haben die Freiheit der Person und die Sicherheit des Eigentums zum Gegenstande. Ein freier Mann kann nur gerichtet werden nach Satzungen, die er selbst als richtig und notwendig anerkannt hat. [...]
24. [...] Der 13te Artikel[1] kann keinen andern Sinn haben, als dass das deutsche Volk durch frei gewählte, und aus seiner Mitte frei gewählte Vertreter unter der Sanktion der deutschen Fürsten seine Verhältnisse ordnen, die Gesetze beschließen, die Abgaben bewilligen soll.

Zitiert nach: Hermann Haupt (Hrsg.), Quellen und Darstellungen zur Geschichte der Burschenschaft und der deutschen Einheitsbewegung, Bd. IV, Heidelberg 1913, S. 119 ff.

1. *Arbeiten Sie die politischen Rahmenbedingungen aus dem Forderungskatalog heraus.*
2. *Erörtern Sie den Zusammenhang von Nationalismus, Liberalismus und Ausgrenzung (M1 und M2).*

M3 „So weit sind die Dinge in Deutschland gekommen!“

Der österreichische Staatskanzler Metternich schreibt über das Hambacher Fest in einem Brief vom 10. Juni 1832 an den konservativen Berater des preußischen Königs, Fürst Wilhelm Ludwig Georg von Wittgenstein:

Wir leben in einer Zeit, in der alles zur Umtriebs-Sache wird. [...] Parteien, welche bestimmte Zwecke verfolgen, erblinden über Pflicht und Klugheit. *Der Zweck heiligt die Mittel*, ist die deutsche Universitätslehre, und sie trägt heute ihre Früchte in den herangereiften Burschen der früheren Zeit. [...]
Sie haben sicher Bericht über die Hambacher Geschichte en détail erhalten. So weit sind die Dinge in Deutschland gekommen!
Ich gestehe aufrichtig, dass ich mir aus dem Ergebnisse nichts mache, oder vielmehr, dass mir dasselbe manche gute

[1] Gemeint ist die Deutsche Bundesakte. Sie war die Verfassung des 1815 gegründeten Deutschen Bundes.

▲ **„Deutschlands Wiedergeburt."**
Nachbildung einer Fahne (145 x 168 cm), die auf dem Hambacher Fest 1832 geschwenkt wurde.
▪ *Erläutern Sie, worauf die Inschrift der Fahne Bezug nimmt.*

Seite darbietet. Mir sind die Dinge, welche offen vorliegen, stets lieber als die verkappten. Was der Liberalismus will, was er ist, wohin er zielt und wohin er die Staaten, die sich ihm hingeben, unaufhaltbar stößt, hieran kann wohl heute keiner, der Augen, Ohren und einen Sinn hat, mehr zweifeln. Vor solchen Beweisen muss die *Doktrine*[1] *verstummen*.
Mit Volksrepräsentationen im modernen Sinne, mit der Pressefreiheit und politischen Vereinen muss jeder Staat zugrunde gehen, der monarchische wie die Republik. Nur Anarchie ist möglich; dagegen mögen die *Gelehrten* am Schreibtische protestieren, so viel sie auch immer wollen. Am Ende der Gelehrsamkeit steht das Zuschlagen, und kommt es einmal hierzu, so ist der, der in geschlossenen Reihen zuschlägt, der Gelehrteste.
Wir werden in Deutschland zum Zuschlagen kommen, das Böseste im lieben Vaterlande sind die Regierungen: vortrefflich zum Betrogenwerden, aber sehr schlecht, um sich und anderen zu helfen! Wenn man heute in Bayern noch glaubt, das Regieren zu verstehen, so sind die Leute incurabel[2].

Zitiert nach: Veit Valentin, Das Hambacher Nationalfest, Berlin 1932, S. 144 f.

1. *Charakterisieren Sie die Haltung des österreichischen Kanzlers.*

2. *Arbeiten Sie heraus, wie Metternich Parteien im Allgemeinen und Liberalismus sowie liberale Forderungen im Besonderen beurteilt.*

[1] **Doktrine**: Theorie, Lehre
[2] **incurabel**: unheilbar

M4 Die Mannheimer „Märzforderungen"

Am 27. Februar 1848, wenige Tage nach dem Sturz des französischen Königs, kommen ca. 2500 Menschen in Mannheim zu einer Volksversammlung zusammen. Folgende Petition wird verabschiedet, zur Unterschrift ausgelegt und am 1. März 1848 dem Präsidenten der badischen Abgeordnetenkammer überbracht.

Hohe Zweite Kammer!
Eine ungeheure Revolution hat Frankreich umgestaltet. Vielleicht in wenigen Tagen stehen französische Heere an unseren Grenzmarken, während Russland die seinigen im Norden zusammenzieht. Ein Gedanke durchzuckt Europa. Das alte System wankt und zerfällt in Trümmer. Allerorten haben die Völker mit kräftiger Hand die Rechte sich selbst genommen, welche ihre Machthaber ihnen vorenthielten. Deutschland darf nicht länger zusehen, wie es mit Füßen getreten wird.
Das deutsche Volk hat das Recht zu verlangen:
Wohlstand, Bildung und Freiheit für alle Klassen der Gesellschaft, ohne Unterschied der Geburt und des Standes.
Die Zeit ist vorüber, die Mittel zu diesen Zwecken lange zu beraten. Was das Volk will, hat es durch seine gesetzlichen Vertreter, durch die Presse und durch Petitionen deutlich genug ausgesprochen. Aus der großen Zahl von Maßregeln, durch deren Ergreifung allein das deutsche Volk gerettet werden kann, heben wir hervor:
1) Volksbewaffnung mit freien Wahlen der Offiziere
2) Unbedingte Pressefreiheit
3) Schwurgerichte nach dem Vorbilde Englands
4) Sofortige Herstellung eines deutschen Parlaments
Diese vier Forderungen sind so dringend, dass mit deren Erfüllung nicht länger gezögert werden kann und darf.
Vertreter des Volks! Wir verlangen von Euch, dass Ihr diese Forderungen zu ungesäumter Erfüllung bringet. Wir stehen für dieselben mit Gut und Blut ein und mit uns, davon sind wir durchdrungen, das ganze deutsche Volk.

Zitiert nach: Karl Obermann, Flugblätter der Revolution. Eine Flugblattsammlung zur Geschichte der Revolution von 1848/49 in Deutschland, Berlin 1970, S. 54 f.

1. *Erschließen Sie aus den Forderungen die politischen und sozialen Verhältnisse in Deutschland vor Ausbruch der Revolution von 1848.*

2. *Erklären Sie, warum die Petition die Volksbewaffnung fordert. Informieren Sie sich über den Zusammenhang von Volksbewaffnung und Befreiungskriegen (1813-1815).*

M5 Zusammensetzung der Paulskirche

Bei einer Gesamtzahl von 812 Abgeordneten (einschließlich der zeitweilig einberufenen Stellvertreter) beteiligen sich in der Regel zwischen 400 und 540 Volksvertreter an den Abstimmungen. Sie lassen sich den folgenden Berufsgruppen zuordnen:

Höhere Beamte, Landräte	115	**Geistliche**	**39**	**Landwirte (Großgrundbesitzer und 3 Bauern)**	**46**
Mittlere Beamte	37	Rechtsanwälte, Advokaten	106	**Handwerker insgesamt**	**4**
Bürgermeister, Kommunalbeamte	21	Ärzte	23	**Promovierte ohne Berufsangabe**	**35**
Richter, Staatsanwälte	110	Schriftsteller, Journalisten	20	**Sonstige Berufe**	**3**
Offiziere	18	**Freiberufliche Intelligenz insgesamt**	**149**	**Nicht ermittelt**	**44**
Diplomaten	11	Großkaufleute, Kaufleute	35		**812**
Hochschullehrer (49), Gymnasiallehrer	94	Fabrikanten	14		
Sonstige Lehrer	30	Verleger, Buchhändler	7		
Staatsdiener insgesamt	**436**	**Wirtschaftsbürgertum insgesamt**	**56**		

Die Anteile der Fraktionen in der Frankfurter Paulskirche im Oktober 1848:

Donnersberg	Deutscher Hof	Westendhall	Württemberger Hof	Augsburger Hof	Landsberg	Casino	Café Milani	bei keiner Fraktion
7 %	8 %	7 %	6 %	7 %	6 %	21 %	6 %	32 %
„Linke" demokratisch		„linkes Zentrum" parlamentarisch-liberal		„rechtes Zentrum" konstitutionell-liberal			„Rechte" konservativ	

Die Fraktionen wiesen in ihrer sozialen Zusammensetzung gewisse Regelmäßigkeiten auf, die – von rechts bis links besehen – eine wachsende Distanz zu den bestehenden Verfassungen in Deutschland und zum Staatsdienst anzeigten. Auf der Rechten und im rechten Zentrum [...] häuften sich höhere Staatsbeamte, Richter und Hochschullehrer; hinzu kamen adlige Grundbesitzer und Großkaufleute; freie Berufe fanden sich hier seltener, im „Casino" etwa nur zu 10 %. Im linken Zentrum („Württemberger Hof" bis „Westendhall") hielten sich freie Berufe und Angehörige der Mittelschichten einerseits, Grundbesitzer, Großkaufleute und höhere Beamte andererseits die Waage. Auf der Linken dominierte mit 40 % im „Deutschen Hof" und 50 % im „Donnersberg" die freiberufliche Intelligenz; zudem fand sich hier mit 30 % ein beträchtlicher Anteil von Abgeordneten der unteren Mittelklasse.

Wolfram Siemann, Die deutsche Revolution von 1848/49, Frankfurt am Main [5]1993, S. 126 und 130

Die Paulskirche wird gerne als „Professorenparlament" charakterisiert. Prüfen Sie, ob diese Bezeichnung angemessen ist.

M6 Ohne Österreich

Friedrich Christoph Dahlmann, einer der „Göttinger Sieben", gehört in der Nationalversammlung von 1848/49 dem rechten Zentrum an („Casino"-Fraktion) und ist Mitglied des Ausschusses für die Ausarbeitung der Reichsverfassung. Am 22. Januar 1849 nimmt er Stellung zur Frage, welche Grenzen das Reich haben soll:

Uns tut ein Herrscherhaus not, welches sich gänzlich unserm Deutschland widmet, gänzlich in Deutschland lebt und in nichts anderem. Ein solches Herrscherhaus kann Österreich uns nicht sein; es kann es nicht, denn es hangen diesem Österreich, bei all seinem verdienten Ruhme, zu viel außerdeutsche Sorgen an. Österreich krankt an seiner Stärke ebensosehr wie andere Staaten an ihrer Schwäche. Die schwersten Sorgen Österreichs werden erst dann beginnen, wenn es den langen Lauf seiner Siege vollendet hat. Österreich kann uns, wie die Dinge gegenwärtig stehen, nicht vollständig angehören.

An den Hohenzollern Preußens können wir ein solches Herrscherhaus nicht nur haben, sondern mit dem schlechtesten und dem besten Willen kann es kein Sterblicher dahin bringen, dass wir es nicht an ihm hätten. Es ist gar keine Zukunft für Deutschland möglich ohne Preußen [...]. Ich will meine Meinung unbekümmert sagen, wie übel sie auch von verschiedenen Seiten aufgenommen werde. Ihr dämpft das Feuer der Anarchie nicht, ihr dämpft dies zerstörende Feuer weder in den kleinen Staaten noch in den mittleren, noch in den großen endlich und in den größten der rein deutschen Staaten, als nur auf einem Wege, nur auf dem Wege, dass ihr eine kraftvolle Einheit einsetzet und durch diese Einheit die Bahn für die deutsche Volkskraft eröffnet, die zur Macht führt. Die Bahn der Macht ist die einzige, die den gärenden Freiheitstrieb befriedigen und sättigen wird, der sich bisher selbst nicht erkannt hat; denn es ist nicht bloß die Freiheit, die er meint, es ist zur größeren Hälfte die Macht, die ihm bisher versagte, nach der es ihn gelüstet. Deutschland muss als solches endlich in die Reihe der politischen Großmächte des Weltteils eintreten. Das kann nur durch Preußen geschehen, und weder Preußen kann ohne Deutschland, noch Deutschland ohne Preußen genesen.

Walter Wulf (Bearb.), Das Zeitalter der Restauration und des Liberalismus, Frankfurt am Main 1959, S. 35

1. *Fassen Sie zusammen, wie Dahlmann seine Entscheidung für die kleindeutsche Lösung begründet.*
2. *Bewerten Sie das Verhältnis von Freiheit und Macht, das in der Rede deutlich wird.*

F *Entwickeln Sie eine Gegenargumentation zu Dahlmann. Sprechen Sie sich entweder für die großdeutsche Lösung oder für eine Republik aus.*

M7 Die Ablehnung der Kaiserkrone

a) Am 3. April 1849 bietet eine Paulskirchenabordnung dem preußischen König Friedrich Wilhelm IV. die Kaiserwürde an. Der König hat sich mit dieser Frage bereits im Dezember 1848 in einem Brief an den preußischen Gesandten in London, Freiherrn von Bunsen, beschäftigt:

Ich will weder der Fürsten Zustimmung zu der Wahl noch die Krone. Verstehen Sie die markierten Worte? [...] Die Krone ist erstlich keine Krone. Die Krone, die ein Hohenzoller nehmen dürfte, wenn die Umstände es möglich machen könnten, ist keine, die eine, wenn auch mit fürstlicher Zustimmung eingesetzte, aber in die revolutionäre Saat geschossene Versammlung macht, [...] sondern eine, die den Stempel Gottes trägt, die den, dem sie aufgesetzt wird, nach der heiligen Ölung „von Gottes Gnaden“ macht, weil und wie sie mehr denn 34 Fürsten zu Königen der Deutschen von Gottes Gnaden gemacht und den letzten immer der alten Reihe gesellt. Die Krone, die die Ottonen, die Hohenstaufen, die Habsburger getragen, kann natürlich ein Hohenzoller tragen; sie ehrt ihn überschwänglich mit tausendjährigem Glanze. Die aber, die Sie – leider – meinen, verunehrt überschwänglich mit ihrem Ludergeruch der Revolution von 1848, der albernsten, dümmsten, schlechtesten, wenn auch gottlob nicht der bösesten dieses Jahrhunderts. Einen solchen imaginären Reif, aus Dreck und Letten[1] gebacken, soll ein legitimer König von Gottes Gnaden, und nun gar der König von Preußen sich geben lassen, der den Segen hat, wenn auch nicht die älteste, doch die edelste Krone, die niemand gestohlen ist, zu tragen.

b) Aus der Erwiderung Friedrich Wilhelms IV. an die Abordnung der Nationalversammlung vom 3. April 1849:

Ich bin bereit, durch die Tat zu beweisen, dass die Männer sich nicht geirrt haben, welche ihre Zuversicht auf Meine Hingebung, auf Meine Treue, auf Meine Liebe zum gemeinsamen deutschen Vaterlande stützen.
Aber, Meine Herren, Ich würde Ihr Vertrauen nicht rechtfertigen, [...], wollte Ich, mit Verletzung heiliger Rechte und Meiner früheren ausdrücklichen und feierlichen Versicherungen, ohne das freie Einverständnis der gekrönten Häupter, der Fürsten und freien Städte Deutschlands, eine Entschließung fassen, welche für sie und für die von ihnen regierten deutschen Stämme die entschiedensten Folgen haben muss.
An den Regierungen der einzelnen deutschen Staaten wird es daher jetzt sein, in gemeinsamer Beratung zu prüfen, ob die Verfassung dem Einzelnen wie dem Ganzen frommt, ob die Mir zugedachten Rechte Mich in den Stand setzen würden, mit starker Hand, wie ein solcher Beruf es von Mir fordert, die Geschicke des großen deutschen Vaterlandes zu leiten und die Hoffnungen seiner Völker zu erfüllen.
Dessen möge Deutschland aber gewiss sein [...]: Bedarf es des preußischen Schildes und Schwertes gegen äußere oder innere Feinde, so werde Ich auch ohne Ruf nicht fehlen. Ich werde dann getrost den Weg Meines Hauses und Meines Volkes gehen, den Weg der deutschen Ehre und Treue!

Ernst Rudolf Huber (Hrsg.), Dokumente zur deutschen Verfassungsgeschichte, Bd. 1: Deutsche Verfassungsdokumente 1803-1850, Stuttgart [3]1978, S. 402 f. und 405 f.

1. *Vergleichen Sie beide Äußerungen und erläutern Sie vor dem Hintergrund des Briefes an Bunsen doppeldeutige Formulierungen in der offiziellen Ablehnung.*
2. *Formulieren Sie für eine demokratisch ausgerichtete Zeitung einen Kommentar zu Friedrich Wilhelms Ablehnung.*

[1] **Letten**: anderes Wort für „Lehm“

Historien-
gemälde
interpretieren

Historiengemälde „erzählen" Geschichte. Es gibt sie seit der Antike. Die Gattung beschränkt sich nicht auf Malerei, sondern umfasst auch Mosaike, Kupferstiche oder Reliefs. Besonders beliebt waren Historienbilder im 19. Jahrhundert, als sie auf bedeutende Ereignisse, Personen, Leistungen und Traditionen der nationalen Geschichte aufmerksam machten. Sie trugen so zur Identifikation der Öffentlichkeit mit dem eigenen Volk bei.

Historiengemälde interpretieren

Historienbilder sind Kunstwerke. Die Künstler bemühen sich, historische Sachverhalte darzustellen und zu deuten – die „historische Realität" bilden sie nicht ab. Das gilt unabhängig vom zeitlichen Abstand zum dargestellten Geschehen. Sie verherrlichen, rechtfertigen oder kritisieren vergangene Ereignisse. Oft sind Historienbilder öffentliche oder private Auftragsarbeiten. Sie sagen dann immer auch etwas über die Vorstellungen der Auftraggeber aus.
Die Analyse und Interpretation erfordert daher nicht nur Kenntnisse über die dargestellte Zeit, sondern auch über die Entstehungszeit des Bildes, den Künstler und seinen Auftraggeber.

Formale Kennzeichen

- Wer ist der Künstler / die Künstlerin?
- Wann und wo ist das Kunstwerk entstanden?
- Stammt der „Bildtitel" vom Künstler oder wurde er von anderer Seite zugefügt?
- Um welche Kunstgattung (Gemälde, Holzstich, Kupferstich, Fresko, Relief etc.) und welches Format (z. B. Monumentalgemälde) handelt es sich?

Bildinhalt

- Wen oder was zeigt das Kunstwerk?
- Welche Komposition (Bildaufbau, Figuren etc.) liegt dem Bild zugrunde?
- Welche Perspektive (Vogel-, Zentralperspektive etc.) hat der Künstler gewählt?
- Wie ist die Farbgebung (hell, dunkel, kontrastreich etc.) und die Lichtführung (konzentriert oder gleichmäßig)?
- Welche Symbole und Sinnbilder (Allegorien) werden verwendet?

Historischer Kontext

- Aus welchem Anlass ist das Bild entstanden?
- An welches Ereignis, an welchen Sachverhalt oder an welche Person wird erinnert?
- Handelt es sich um eine realistische und/oder allegorische (sinnbildliche) Darstellung?
- Inwiefern haben die politischen, religiösen oder sozialen Verhältnisse der Entstehungszeit das Kunstwerk beeinflusst?

Intention und Wirkung

- Was ist über die Haltung des Künstlers und der Auftraggeber bekannt?
- An wen richtet sich das Kunstwerk?
- Welche Absichten verfolgten Künstler bzw. Auftraggeber?
- Welche Wirkungen erzielte das Bild bei zeitgenössischen, welche bei heutigen Betrachtern?

Bewertung und Fazit

- Wie lassen sich Aussage und Wirkung des Gemäldes bewerten?
- Gibt es weitere Quellen zum Bildthema, mit denen sich das Kunstwerk vergleichen lässt?

Beispiel und Analyse

Nicht identifizierbare Porträts

Deutschlandfahne: Zeichen für die Einheit Deutschlands

Aufgebrachte Menschenmenge auf einem Marktplatz: Teilnehmer der Reichsverfassungskampagne (Mai 1849)

Brunnenfigur St. Georg mit Lanze und Deutschlandfahne: der Drachentöter St. Georg als Sinnbild für den Kampf gegen das Böse

Männer, einer davon mit Deutschlandfahne: Fürsprecher und Anführer der Reichsverfassungskampagne

„Arbeiter vor dem Magistrat."
Ölgemälde (154,5 x 224,5 cm) von Johann Peter Hasenclever, 1848/50.

Gruppe von sechs Arbeitern: überbringen dem Magistrat eine Petition mit Forderung nach Arbeit, selbstbewusstes Auftreten, einer der Arbeiter versucht, den Forderungen mit einem Fingerzeig auf den Aufstand draußen Nachdruck zu verleihen

Stufe: Hindernis, trennt beide Gruppen (Arbeiter und Bürgertum) voneinander

Magistrat: größere und mächtigere Gruppe, die Ratsherren wirken angestrengt, verlegen, verängstigt und beinahe hilflos

Magistratsmitglied: versucht, das Fenster zu schließen, um das „Draußen" auszuschließen und die angespannte Atmosphäre im Raum zu beruhigen

Lichteinfall: verteilt sich auf Arbeiter und Magistrat, ist besonders stark auf die Petition, auf den Tisch und die Arbeit des Magistrats gerichtet – der erhellende Blick auf die realen Nöte der Arbeiter soll die Stadträte zu Erkenntnissen führen

Büste und Porträt: zeigen den noch immer absolutistisch regierenden Monarchen Wilhelm IV. (oben) und den liberalen Reichsverweser Erzherzog Johann von Österreich (unten)

Ritterrüstung: Zeichen für das veraltete, feudale System

Formale Kennzeichen Das großformatige Gemälde entstand in den Jahren 1848 bis 1850 und ist heute in Besitz der Stiftung *museum kunst palast* in Düsseldorf. Geschaffen hat es Johann Peter Hasenclever (1810-1853), einer der herausragenden Künstler der Düsseldorfer Malschule. Geboren in Remscheid, ging Hasenclever 1828 an die Düsseldorfer Kunstakademie. Als im März 1848 die Revolution ausbrach, wurde Hasenclever Zugführer in der 8. Kompanie der Düsseldorfer Bürgerwehr. Im August 1848 begründete er mit anderen Künstlern den Verein „Malkasten". In diesen Tagen entstanden erste Skizzen seines Hauptwerkes „Arbeiter vor dem Magistrat".

Bildinhalt Die Szene spielt in einem altehrwürdigen Ratssaal im Rokoko-Stil. Eine Gruppe von sechs Arbeitern wendet sich dort mit einer Petition an den Magistrat, der sich gerade in einer Sitzung befindet. Der Anführer der Arbeiter hält den Ratsherren die Petition herausfordernd entgegen. Eine Stufe trennt die beiden Gruppen voneinander. Vor dem Fenster tobt die Revolution. Einer der Arbeiter zeigt nach draußen, ein Magistratsmitglied versucht, das Fenster zu schließen. Das Licht fällt zum Teil auf die Arbeiter in der zweiten Reihe, aber auch auf den Tisch und vor allem auf die Petition und auf die Ratsherren im Vordergrund. An bzw. vor der Wand befinden sich einige Porträts, die Deutschlandfahne, eine Ritterrüstung sowie ein Bild und eine Büste.

Historischer Kontext Das Gemälde ist die letzte Version eines Bildes, das in unterschiedlichen Fassungen (und unter unterschiedlichen Titeln) existiert. Vermutlich greift der Künstler in „Arbeiter vor dem Magistrat" zwei konkrete historische Ereignisse auf: Einerseits die mit der „Reichsverfassungskampagne" verbundenen Aufstände im Frühjahr 1849 und andererseits den Protest von 600 Düsseldorfer Arbeitern, die im Oktober 1849 aus Sparzwang aus einem öffentlich finanzierten Arbeitsprogramm entlassen worden waren. Daraufhin kam es in Düsseldorf zu Kundgebungen und Demonstrationen. Am 9. Oktober 1849 zogen schließlich 200 Arbeiter vor das Rathaus und entsandten eine Deputation an den Gemeindevorstand. In Vertretung für alle Betroffenen überbrachten einige Arbeiter dem Magistrat eine Petition mit ihrer „Bitte um Arbeit", die die Entlassung der 600 Arbeiter rückgängig machen sollte. Hasenclever hat diesen sozialen Konflikt in seinem Gemälde verarbeitet.

Intention und Wirkung Da er ein politisch interessierter Künstler war, hinterließen die Ereignisse des Revolutionsjahres 1848 auch bei Hasenclever einen bleibenden Eindruck. Es ist umstritten, ob es ihm bei diesem Bild allein um die Darstellung eines historischen Ereignisses ging oder ob er auch die Klassengegensätze der Zeit zeigen und sich damit auf die Seite der Arbeiter stellen wollte. Zweifellos erhält „Arbeiter vor dem Magistrat" eine politische Botschaft. Allein die Gegenüberstellung der Gruppen „Arbeiter", die als selbstbewusst und aktiv handelnde Personen präsentiert werden, und einer eher zögerlichen und verängstigten „bürgerlichen Obrigkeit" in revolutionärer Zeit war hochbrisant. Hasenclever wurde dafür von seinen Zeitgenossen hohe Anerkennung und Bewunderung zuteil. Mit seinem Gemälde hatte er nicht zuletzt das Proletariat als entscheidende politische Kraft in die Kunst eingeführt.

Bewertung und Fazit Hasenclever beendete das Gemälde „Arbeiter vor dem Magistrat" erst 1850, also nach der Revolution und in der Zeit der Reaktion. Es gehörte viel Mut dazu, das Bild 1850 in einer Ausstellung in Berlin zu zeigen, waren doch dort kurz zuvor einige Männer für ihre Beteiligung an der Revolution von Gerichten hart bestraft worden. Denn das Gemälde scheint die Geschichte der Revolution selbst zu erzählen: So wie Arbeiterschaft und Bürgertum diesem Ereignis eher unvorbereitet gegenüberstanden und keinen gemeinsamen Weg finden konnten, sich gegen die Träger der absoluten Monarchie durchzusetzen, so zeigt der Künstler das Versagen beider Gruppen, die Ratlosigkeit, mit der Situation umzugehen, und letztendlich auch ihr Scheitern.

Geschichte kontrovers

1848/49 – ein Scheitern der Revolution?

Den Trägern der Revolution von 1848/49 gelang es nicht, die Macht der Fürsten in den deutschen Staaten zu brechen. Die Durchsetzung der Demokratie schlug fehl. Doch ist diese Revolution deshalb auch gescheitert? Hatte dieser Misserfolg weitreichende Folgen auf die politische Entwicklung in Deutschland bis zu den Katastrophen des 20. Jahrhunderts, weil sich demokratische Traditionen nur eingeschränkt entwickeln konnten? Oder leitete die Revolution von 1848/49 trotz Misserfolgs einen demokratischen Wandel ein und ist daher eine erfolgreiche Episode in der deutschen Geschichte? In der deutschen Öffentlichkeit wie in der Geschichtswissenschaft wird diese Frage kontrovers diskutiert.

M1 Weg in die Isolierung

Der von 1947 bis 1967 in Hamburg lehrende Historiker Egmont Zechlin schreibt zur Revolution von 1848 in seinem Buch über „Die deutsche Einheitsbewegung" von 1967:

Die Revolution von 1848 war das bedeutendste Ereignis in der Geschichte der deutschen Einheitsbewegung; jedoch zugleich wurde sie zur Epochenscheide der deutschen Geschichte im 19. Jahrhundert. Damals – so resümiert etwa der englische Historiker Trevelyan[1] die Bedeutung des Jahres 1848 – habe sich das Rad der deutschen Geschichte nicht gedreht. Und diese versäumte Drehung erscheint als die entscheidende Weichenstellung für Deutschlands Weg in die Isolierung gegenüber dem Westen. So sehr man sich auch hier davor hüten sollte, einsträngige Entwicklungslinien aus der Kenntnis des Späteren zu konstruieren und etwa alle Fehlentwicklungen der deutschen Geschichte auf 1848 zurückzuführen, so scheint doch das Urteil begründet, dass mit dem Scheitern der Paulskirche zugleich die Chance vertan wurde, den Abstand der deutschen Verfassungswirklichkeit und des deutschen Staatsdenkens gegenüber den westlichen Nachbarstaaten zu verringern.

Egmont Zechlin, Deutsche Geschichte, Teil 3: Die deutsche Einheitsbewegung, Frankfurt am Main/Berlin/Wien 1967, 177f.

M2 Tragische Entwicklungen

Der Historiker Heinrich August Winkler hat von 1991 bis 2007 an der Berliner Humboldt-Universität gelehrt. Im seinem umfangreichen Werk „Der lange Weg nach Westen" von 2000 geht er auch auf die Revolution von 1848 ein und schreibt:

Gescheitert war die Revolution vor allem an einer politischen Überforderung des deutschen Liberalismus: Es erwies sich als unmöglich, Einheit und Freiheit zur gleichen Zeit zu verwirklichen. In den alten Nationalstaaten des europäischen Westens, in Frankreich und England zumal, war die nationale Vereinheitlichung über Jahrhunderte hinweg das Werk von Königen und Ständeversammlungen gewesen; wer mehr Freiheit wollte, fand den staatlichen Rahmen schon vor, in dem die Veränderungen erfolgen sollten. In Deutschland musste der staatliche Rahmen für das Vorhaben der Liberalen und Demokraten erst noch hergestellt werden. Die Liberalen im engeren Sinn waren sich durchaus bewusst, dass sie, während sie am staatlichen Rahmen des neuen Deutschland arbeiteten, die Machtmittel der größeren deutschen Staaten mit Preußen an der Spitze benötigten, um das Werk der nationalen Einigung nach außen, gegen andere Mächte, abzusichern. Schon deswegen (und nicht nur, weil sie die soziale Revolution fürchteten) verbot sich aus ihrer Sicht eine Politik der Konfrontation mit den alten Gewalten – eine Politik, wie die Linke sie befürwortete und betrieb. Die Linke hatte recht mit ihrer Behauptung, dass die Kräfte des alten Regimes dank der Verständigungsbereitschaft der gemäßigten Liberalen von den Erschütterungen des März 1848 sich rasch wieder hatten erholen können. Aber eine Lösung des Problems, wie Deutschland zur selben Zeit frei und ein Staat werden sollte, hatten die Demokraten und Sozialisten nicht anzubieten. Der linke Ruf nach dem ganz Europa erfassenden Befreiungskrieg der Völker war ein Ausdruck deutschen intellektuellen Wunschdenkens, bar jeder Rücksicht auf die tatsächlichen Kräfteverhältnisse in den einzelnen Gesellschaften wie zwischen den Staaten und folglich blind für die menschlichen Kosten der eigenen Desperadopolitik. Wäre der Krieg ausgebrochen, den die äußerste Linke forderte, hätte die Gegenrevolution wohl in viel größerem Umfang und auf sehr viel blutigere Weise gesiegt, als es zwischen dem Herbst 1848 und dem Spätjahr 1850 geschah.

Heinrich August Winkler, Der lange Weg nach Westen, Bd. 1: Deutsche Geschichte vom Ende des Alten Reiches bis zum Untergang der Weimarer Republik, München 2000, S. 108f.

[1] **George M. Trevelyan** (1876-1962) lehrte Geschichte in Cambridge (Großbritannien).

M3 Auf den zweiten Blick erfolgreich

Die an der Universität Innsbruck tätige Historikerin Eva Maria Werner widerspricht 2009 einer lange vertretenen Ansicht zu den Ergebnissen der Revolution von 1848/49:

Mit dem Sieg der reaktionären Kräfte schien die deutsche Revolution von 1848/49 gescheitert. [...] Eine traurige Bilanz also? Nicht mehr als eine Episode in der deutschen Geschichte? War nach der Revolution alles wie vor der Revolution: So scheint es allenfalls auf den ersten Blick. Der zweite Blick hingegen offenbart die Errungenschaften der Revolution, die von Dauer waren, auch in der Epoche der Reaktion und darüber hinaus. Hierunter fällt zunächst einmal die sogenannte „Bauernbefreiung". Durch die Beseitigung von Feudallasten und ständischen Vorrechten wurde ein entscheidender Schritt in Richtung einer Gesellschaft gleicher Staatsbürger gemacht. Für einige Staaten, darunter vor allem Preußen, endete mit der Revolution zudem für immer das absolutistische Zeitalter. Insgesamt lässt sich festhalten, dass der Reformstau, der bis 1848 die wirtschaftliche und politische Entwicklung in den Staaten des Deutschen Bundes massiv behindert hatte, beseitigt worden war. [...]

Schließlich blieb auch die Arbeit der Paulskirche nicht folgenlos: Sie diente der Konturierung des künftigen deutschen Nationalstaates. Auch wenn jener aus der Perspektive von 1848/49 keineswegs eine eindeutige Form hatte, wurde 1870/71 das kleindeutsche Modell als konstitutionelle Monarchie unter preußischer Führung tatsächlich verwirklicht. Vor allem jedoch hatte die Nationalversammlung ein Verfassungswerk geschaffen, das durch seinen Grundrechtskatalog für spätere Generationen – sei es am Anfang der Weimarer Republik oder auch noch der Bundesrepublik Deutschland – Vorbildcharakter hatte.

Langfristig gesehen vielleicht am bedeutendsten waren die Folgen der Kommunikationsrevolution: Nicht nur ein neues Informationsniveau war erreicht worden, das nie wieder auf den vormärzlichen Stand zurückfiel, sondern es war auch eine breite politische Öffentlichkeit entstanden. Die öffentliche Meinung hatte damit an Gewicht gewonnen, und Politik war nicht mehr nur eine Sache bessergestellter gesellschaftlicher Schichten. [...]

Dies alles macht deutlich, dass es problematisch ist, die Revolution von 1848/49 aus der Perspektive des Scheiterns zu betrachten, wie es die Forschung lange getan hat. Der Kampf der Revolutionäre hatte tief greifende politische und gesellschaftliche Umwälzungen zur Folge, welche über dem kläglichen Ende der Nationalversammlung oder der Niederschlagung der Aufstände in den Einzelstaaten nicht übersehen werden sollten. Die Revolution von 1848/49 wirkte in den Staaten des Deutschen Bundes auf vielfältige Weise fort.

Eva Maria Werner, Kleine Geschichte der deutschen Revolution von 1848/49, Wien/Köln/Weimar 2009, S. 150-153

▲ Die Niederschlagung der Revolution.
Allegorisches Gemälde (52,2 x 37,0 cm) von Friedrich Rethel, 1849. Die römische Göttin Flora (oben) garantiert mit ihrem Füllhorn Wohlstand, während Erzengel Michael mit Schild und Flammenschwert den Teufel der Revolution samt roter Fahne verjagt (unten). Die Mutter des Landes umarmt ihre Kinder, von denen eines verstarb.

1. *Zeigen Sie anhand von M1 bis M3 die Kontroverse mit ihren jeweiligen Begründungen, aber auch Gemeinsamkeiten in der Einschätzung auf.*
2. *1848/49 – ein Scheitern der Revolution? Nehmen Sie Stellung.*

Erinnern

Die Revolution von 1848/49 im Spiegel der Geschichtskultur

Feier- und Gedenktage sind ein fester Bestandteil im Jahresablauf. Sie verdeutlichen das kulturelle und politische Selbstverständnis eines Landes, denn sie zeigen, wie ein Land und seine Bürger mit ihrer Geschichte umgehen. Nach dem Zweiten Weltkrieg wurde in der Bundesrepublik der 18. Mai genutzt, um der Revolution von 1848/49 zu gedenken. An diesem Tag im Jahr 1848 wurde die Nationalversammlung in der Paulskirche eröffnet – so stellt sich die Bundesrepublik bewusst in eine parlamentarische Tradition. In der DDR und West-Berlin wurde dagegen der 18. März – der Tag der Barrikadenkämpfe 1848 – zum Gedenktag und so der revolutionäre Aspekt der Ereignisse von 1848/49 hervorgehoben. Zwar konzentrieren sich Gedenktage im vereinigten Deutschland auf die mahnende Erinnerung an das nationalsozialistische Unrechtsregime und die deutsch-deutsche Geschichte, doch 1998, zum 150. Jubiläum, rückte auch die Revolution von 1848/49 wieder in das Blickfeld des öffentlichen und staatlichen Interesses .

M1 „Aber bitte nicht Preußen ..."

Der Historiker Dieter Langewiesche lehnt in einem Interview den Vorschlag eines nationalen Gedenktages am 18. März ab:

„Ich halte nichts von dem Vorschlag. Man kann nicht ein vor allem preußisches Datum zu einem Gedenktag für ganz Deutschland machen." Zwar sei der Gedanke, den Geburtstag der deutschen Demokratie auf das Jahr 1848 zu legen, nicht falsch. „Damals wurde erstmals versucht, einen gesamtdeutschen Nationalstaat mit einer liberaldemokratischen Verfassung zu schaffen." Aber die Berliner Ereignisse vom 18. März seien für einen gesamtdeutschen Gedenktag – wenn man einen solchen denn wolle – nicht geeignet. [...] Für Langewiesche wären dagegen zwei andere 48er-Tage als Gedenkdatum vorstellbar: zum einen der 18. Mai, als die Frankfurter Nationalversammlung in der Frankfurter Paulskirche zusammentrat, zum anderen der 27. Dezember, als dieses Parlament die Grundrechte verabschiedete. Für den 18. Mai spricht nach Ansicht des Geschichtsprofessors, dass er „das Hoffnungsdatum der Liberalen und Demokraten" gewesen sei. Für den Dezembertag spreche, dass mit dem in der Paulskirche verabschiedeten Grundrechtskatalog „etwas Markantes geschaffen wurde, auf das man bei späteren Staatsgründungen zurückgriff. Sowohl die Weimarer Verfassung als auch das Grundgesetz der Bundesrepublik sind diesen Grundrechten von 1848 verpflichtet."

Albert Funk, Aber bitte nicht Preußen ... Berlin will den 18. März zum Demokratie-Tag erklären. Die Länder blockieren, in: Der Tagesspiegel, 15. Juli 2008

1. *Geben Sie die Position und die Argumente des Historikers Dieter Langewiesche wieder.*
2. *Nehmen Sie Stellung zu dessen Position.*

M2 „Am Grundstein der Demokratie"

In seinen einleitenden Worten zur 15. Bundesversammlung am 18. März 2012 macht Bundestagspräsident Norbert Lammert folgenden Vorschlag:

Wenn wir uns in Deutschland auf die revolutionären Ursprünge unserer Demokratie berufen, reicht der historische Blick meist kaum weiter zurück als bis zur verfassunggebenden Nationalversammlung, die erstmals am 18. Mai 1848 in Frankfurt zusammentrat. Dabei gibt es natürlich eine Vorgeschichte: Der Barrikadenkampf, der am 18. März 1848 in Berlin begann, war ein gewaltiger, auch gewalttätiger Schritt auf dem Weg zur Demokratie in Deutschland.

Die deutsche Geschichte weckt bis heute noch häufig mehr ein Bedürfnis nach Distanz denn dem Wunsch nach Identifikation. Die deutsche Geschichte hat aber weder 1933 begonnen, noch war sie 1945 zu Ende. Ein angemessenes und würdiges Gedenken an die deutschen Freiheitstraditionen ist nicht nur für einen ehrlichen Umgang mit der eigenen Geschichte unverzichtbar, sondern auch konstitutiv für das Selbstverständnis der Nation und ihre demokratische Traditionsbildung. Das nationale Gedächtnis lässt sich in einer demokratisch und damit pluralistisch verfassten Gesellschaft natürlich weder amtlich formulieren noch durch eine Behörde regeln; die Erinnerungskultur eines Landes muss wachsen.

Der Staat kann aber Zeichen setzen. Deshalb spricht manches dafür, den 18. März zu einem nationalen Gedenktag in unserem Land zu machen. Der 18. März zählt zu den deutschen Schicksalstagen, an denen sich die deutsche Geschichte verdichtet hat. Mit diesem Datum verbinden sich außerdem die ersten freien Wahlen zur DDR-Volkskammer. Diese friedliche Revolution führte unter gänzlich veränderten Bedingungen zu Ende, was auf den Berliner Barrikaden am 18. März 1848 begonnen hatte: das über ein Jahrhundert andauernde Ringen um Einigkeit und Recht und Freiheit.

Norbert Lammert, Am Grundstein der Demokratie, in: Frankfurter Allgemeine Sonntagszeitung vom 4. März 2012, Nr. 9, S. 11

1. *Benennen Sie Norbert Lammerts Vorschlag und fassen Sie seine Argumente zusammen.*
2. *Analysieren Sie die Interpretation der deutschen Geschichte durch den Bundestagspräsidenten.*
3. *Nehmen Sie Stellung zu der Frage, ob der Staat Interpretationen der Geschichte vorgeben soll oder ob die Interpretation der Vergangenheit Sache eines jeden Einzelnen sein sollte.*

▲ **Umbenennung des Platzes vor dem Brandenburger Tor in Berlin.**
Foto vom 19. Juni 2000.
Angeregt von der Bürgerinitiative „Aktion 18. März" wurde die Umbenennung nach jahrelangen Debatten schließlich von den Bürgermeistern des Bezirks Mitte, Joachim Zeller (CDU, re.), und des Bezirks Tiergarten, Jörn Jensen (Bündnis 90/Die Grünen) vorgenommen.

M3 Tradition

Im März 2013 wird ein Antrag im Bundestag, den 18. März zum nationalen Gedenktag zu ernennen, abgelehnt. Der Antrag löst jedoch eine Debatte um einen geeigneten Gedenktag für Deutschland aus:

Wer [...] die Einigkeit feiern möchte, der stoße auf den 9. November 1989 an, den Tag, an dem in Berlin die Mauer fiel. Wer die Freiheit hochleben lassen will, der gedenke des 17. Juni 1953, als Zigtausende in der DDR auf die Straße gingen, bis die sowjetischen Panzer rollten. Wer das Recht würdigen möchte, der erhebe sein Glas auf den 23. Mai 1949, als in Bonn die Verfassung unterzeichnet und verkündet wurde, das Grundgesetz des freien Deutschlands. Das sind Ereignisse, Bilder, die sich ins kollektive Gedächtnis eingebrannt haben, das sind Meilensteine, Jahrestage.
Und dann gibt es da noch den 18. März. Den 18. März 1990, an dem die Bürger der DDR zum ersten Mal frei wählen konnten und eine große Mehrheit mit ihrer Wahl indirekt für alle drei Forderungen des Deutschlandlieds stimmte: für Einigkeit und Recht und Freiheit. Zugleich aber reicht der 18. März weit in die deutsche Geschichte zurück. Da ist der 18. März 1793, als in Mainz der Präsident des ersten frei gewählten Parlaments auf deutschem Boden die erste Republik auf deutschem Boden ausrief, als unter dem Schutz der französischen Revolutionstruppen mutige Bürger am Rhein darangingen, es den Franzosen nachzutun und die Demokratie zu wagen. Und da ist der 18. März 1848, als in Berlin das Volk aufstand, Bürger *und* Arbeiter, um das verhasste Hohenzollernregime in die Schranken zu weisen. Es gibt keinen historischen Erinnerungstag, der einen solch weiten Bogen in die Vergangenheit schlägt wie der 18. März – allenfalls noch der von Schmerz und Hoffnung gleichermaßen gezeichnete 9. November.
[...]. Doch unser Bundestag kann sich nicht auf einen interfraktionellen Antrag einigen, den 18. März zum Gedenktag zu erheben. [...] Ein Tag, der an die Freiheitsbewegungen in der deutschen Geschichte erinnere, der erinnere ja fast nur an Niederlagen. Als ob es darauf ankommt! [...] Allein dem Kampf für die Freiheit in Deutschland gilt das Gedenken am 18. März: Dass Menschen aufbrachen, um für die Demokratie in diesem Land zu streiten, vor zwei Jahrzehnten oder zwei Jahrhunderten, das ist das Ereignis, um das es geht. Geschichte kann man nicht verändern, Tradition aber lässt sich wählen. Unsere Tradition ist die Freiheit. Die Republik sollte den Mut dazu haben – zum 18. März als nationalem Gedenktag, als Nationalfeiertag.

Benedikt Franz, Der wahre Tag der Deutschen. Warum der 18. März ein nationaler Gedenktag, ja Nationalfeiertag werden muss, in: Die Zeit 21. März 2013

1. *Arbeiten Sie die Bedeutung von Gedenktagen für das individuelle wie nationale Selbstverständnis heraus.*
2. *Recherchieren Sie zu den historischen Ereignissen des 18. März, des 3. Oktober und des 9. November. Führen Sie in Ihrem Kurs eine Debatte zur Frage, welcher dieser Tage der geeignetste nationale Gedenktag wäre.*

„Volk“ und „Nation“ im Deutschen Kaiserreich

▲ **Kaiserproklamation im Spiegelsaal des Versailler Schlosses.**
Ölgemälde (270 x 270 cm mit Rahmen) von Anton von Werner, 1885 (Ausschnitt). Dieses Bild entstand im Auftrag des Kaisers zum 70. Geburtstag Bismarcks. Im linken Teil des Gemäldes stehen Kaiser Wilhelm I. und der Großherzog von Baden (den Arm zur Ausrufung des Kaisers erhoben), der Kronprinz, die deutschen Fürsten und die Vertreter der Hansestädte. Vor den Stufen sind Bismarck in weißer Uniform, der die Proklamation des Kaisers verliest, und Generalstabschef Helmuth von Moltke zu sehen. Bismarck trug tatsächlich eine blaue Uniform.

Orientierung 1871 erfüllte sich eine zentrale Forderung der Nationalversammlung von 1848/49: Der kleindeutsche Nationalstaat wurde mit dem preußischen König als Kaiser des Deutschen Reiches gegründet. Doch das Kaiserreich war nicht das Resultat einer bürgerlichen Revolution, sondern Folge einer Proklamation der deutschen Fürsten, der drei Kriege vorausgegangen waren. Das Selbstverständnis des ersten deutschen Nationalstaates richtete sich folglich am Gedanken des Obrigkeitsstaates aus. Zwar erhielt das Deutsche Kaiserreich im europäischen Vergleich eine liberale und fortschrittliche Verfassung, doch die Bürgerrechte galten nicht als „von unten“ erstritten. Stattdessen wurden sie von der Monarchie geschenkt und konnten deshalb vom Kaiser auch wieder entzogen werden. Das Militär wurde ausgebaut und militärischer

1866
Im Deutsch-Deutschen Krieg besiegt Preußen Österreich; der Deutsche Bund wird aufgelöst

1867
Der Norddeutsche Bund wird gegründet

1870/71
Im Deutsch-Französischen Krieg besiegen die deutschen Staaten Frankreich

8.1.1871
In Versailles wird der preußische König Wilhelm I. zum Kaiser des neu gegründeten Deutschen Reiches proklamiert

1871
Mit dem „Kanzelparagrafen“ beginnt der „Kulturkampf“; bis etwa 1880 wird erfolglos versucht, den Einfluss des politischen Katholizismus zu beschränken

1878
Das „Sozialistengesetz“, das sich gegen sozialdemokratische Verei und Verbände richtet, tritt in Kraf es wird bis 1890 mehrmals verlän

1879/80
Im Kaiserreich entbrennt der sog. „Antisemitismusstreit“ um die Zugehörigkeit der jüdischen Bevölkerung zur Nation

1855 1860 1865 1870 1875 1880 1885

Drill und Strenge fanden zunehmend Begeisterung in der Bevölkerung.

Außerdem übernahmen die konservativen, staatlichen Eliten durch den Gründungsakt die ursprünglich liberale Idee der Kulturnation. Das Kaiserreich sollte aus ihrer Sicht ein rein deutscher Staat sein. Wer sich der deutschen Kultur nicht angleiche, müsse ausgewiesen werden. Auf Minderheiten, die sich nicht in die nationalen Vorstellungen einfügen ließen – wie die Dänen in Schleswig oder die Polen in Ostpreußen – übte der Staat unter dem Begriff der „Germanisierungspolitik“ einen zunehmenden Assimilationsdruck aus. Auch Juden, die seit der Reichsgründung rechtlich gleichgestellt waren, wurden diskriminiert. Bald wurden antisemitische Einstellungen salonfähig und antisemitische Parteien zogen in den Reichstag ein.

Dagegen gab es im Kaiserreich auch viele Bürger, die dem Obrigkeitsstaat liberale oder sozialdemokratische Prinzipien entgegenstellten. Doch mit dem Ausbruch des Ersten Weltkrieges gingen auch diese Stimmen im nationalen Freudentaumel unter.

▲ **Der Weg zur Reichseinigung 1866-1871.**

Im folgenden Kapitel befassen Sie sich vor allem mit diesen Fragen:

- *Wie wurde das Deutsche Kaiserreich gegründet?*
- *Auf welchen politischen Grundlagen fußt der erste deutsche Nationalstaat?*
- *Wie veränderte sich der Nationalgedanke im Kaiserreich?*
- *Welche Folgen hatte der gesteigerte Nationalismus für ethnische und nationale Minderheiten?*

8
…er Wilhelm II. wird Kaiser
Deutschen Reiches

1890
Bismarck tritt als Reichskanzler zurück

1893
Erstmals ziehen Abgeordnete antisemitischer Parteien in den Reichstag ein

Januar 1912
Die SPD wird in der letzten Reichstagswahl im Kaiserreich mit 110 Abgeordneten die stärkste Fraktion

1918
Kurz nach dem Ende des Ersten Weltkrieges wird die Republik ausgerufen; das Deutsche Kaiserreich endet

1890 | 1895 | 1900 | 1905 | 1910 | 1915 | 1920

Auf dem Weg zum Nationalstaat – die Reichsgründung von 1871

Filmtipp:
Deutschland auf dem Weg zum Nationalstaat 1815-1871. Ein Film von Carola Haffmann und Anne Roerkohl, 2010

Restauration Österreich übernahm im wiederhergestellten Deutschen Bund 1850 wieder die Führungsrolle und lehnte den Wunsch Preußens nach einem regelmäßigen Wechsel im Vorsitz der Bundesversammlung ab. Einigkeit herrschte zwischen den beiden Großmächten vor allem beim Kampf gegen das Erbe der Revolution. Eine repressive Gesetzgebung behinderte die Bildung und Betätigung politischer Parteien sowie die Pressefreiheit. Auf gemeinsamen Antrag hin wurden die von der Paulskirche erarbeiteten und beschlossenen Grundrechte noch 1851 aufgehoben. Ein „Reaktionsausschuss“ des Deutschen Bundes überwachte die Rücknahme fortschrittlicher Verfassungsbestimmungen in den Einzelstaaten. Österreich setzte seine Verfassung außer Kraft und hielt bis 1867 am **Neoabsolutismus** fest. Die preußische Verfassung wurde zugunsten der monarchischen Gewalt geändert: Die Regierung war allein vom Vertrauen des Monarchen abhängig, das Militär war jeglicher Kontrolle durch Parlament und Regierung entzogen.

Neoabsolutismus: Regierungsform ohne Verfassung und Parlament, die sich am Aufgeklärten Absolutismus des 18. Jh. orientiert und liberale Bestrebungen des Bürgertums sowie Anliegen nationaler Minderheiten unterdrückt.

Heeres- und Verfassungskonflikt Dennoch herrschte nicht völlige politische Stille, auch nicht in Preußen. Die Auseinandersetzung zwischen Liberalen und Obrigkeitsstaat entzündete sich am Verfassungskonflikt um die Heeresreform. **Wilhelm I.**, seit 1861 preußischer König, stimmte mit den Adligen im Herrenhaus und der liberalen Mehrheit im Abgeordnetenhaus zwar darin überein, zur Wiederherstellung des Kräftegleichgewichts zwischen Preußen und den anderen Großmächten die Friedensstärke der Armee von 150 000 auf 210 000 Mann zu erhöhen. Jedoch stießen die Pläne des Königs und des Kriegsministers **Albrecht von Roon** auf Widerstand. Sie wollten die Dienstzeit von zwei auf drei Jahre verlängern sowie drei Jahrgänge der von bürgerlichen Reserveoffizieren geführten **Landwehr** dem Kommando adliger Berufsoffiziere unterstellen und diese zu einer Reservearmee machen. Die liberalen Abgeordneten erkannten die antibürgerliche Stoßrichtung und befürchteten eine Militarisierung der Gesellschaft.

Der Streit weitete sich zum Verfassungskonflikt aus, als das – wiederholt aufgelöste – Abgeordnetenhaus auf sein Budgetrecht pochte und erstmals eine genaue Auflistung der einzelnen Etatposten verlangte. Damit hätte sich die Möglichkeit ergeben, einzelne Positionen abzulehnen. Bisher waren die Militärhaushalte immer pauschal vorgelegt worden.

In der sich über Jahre hinziehenden Auseinandersetzung ging es letztlich um die Forderung der Volksvertretung nach einem Mitspracherecht auch in Militärangelegenheiten, während sich der König auf seine Kommandogewalt berief und daraus das Recht ableitete, allein zu entscheiden.

Wilhelm I. (1797-1888): preußischer König (1861-1888) und Deutscher Kaiser ab 1871

Albrecht Graf von Roon (1803-1879): preußischer Generalfeldmarschall, Kriegsminister (1859-1871)

Landwehr: Bestandteil des preußischen Heeres. Sie umfasste alle Männer bis zum 40. Lebensjahr, die nicht dem stehenden Heer angehörten.

Entscheidung in Hoffnung auf den Nationalstaat Im Kampf für die verfassungsmäßigen Rechte der Volksvertretung hatte sich 1861 in Preußen aus Liberalen, die eine nachgiebige Haltung gegenüber Monarch und Regierung ablehnten, aus Linksliberalen und Demokraten die *Deutsche Fortschrittspartei* gebildet. Bereits ein Jahr später stellte sie die stärkste Fraktion. *Otto von Bismarck**, der 1862 preußischer Ministerpräsident wurde, beharrte auf der alleinigen Entscheidungsbefugnis bei der Heeresreform und

* Zu Otto von Bismarck siehe S. 29.

wollte sie auch ohne parlamentarische Zustimmung durchsetzen (▸ M1). Dabei wurde er von den konservativen Parteien unterstützt.

Nach der preußischen Verfassung konnte ein Gesetz nur bei Übereinstimmung zwischen dem König und den beiden Kammern zustande kommen. Für den Fall einer Unvereinbarkeit der Standpunkte sah die Verfassung keine ausdrückliche Regelung vor. Bismarck entwickelte für diesen Fall die sogenannte Lückentheorie, nach der in dieser Situation dem König als Souverän die letzte Entscheidung zufalle.

Nach dem Sieg Preußens über Österreich 1866 suchte Bismarck im Verfassungskonflikt eine Verständigung mit den Liberalen. Diese spalteten sich an der von Bismarck vorgelegten **Indemnitäts**frage, die den Verfassungskonflikt beenden sollte. Ergebnis des Streits der Liberalen war die Gründung der *Nationalliberalen Partei* im Jahr 1867. Diese setzte darauf, dass die baldige Schaffung eines Nationalstaates eine liberalere Gesellschaftsordnung und eine Stärkung des Parlaments nach sich ziehen würde (▸ M2).

Literaturtipp:
Eberhard Kolb, Otto von Bismarck, München ²2014

Indemnität: nachträgliche Billigung einer Regierungsmaßnahme

Nationalbewegungen Auch nach der gescheiterten Reichseinigung 1849 lebte die Nationalbewegung fort. König Wilhelm I. tolerierte das Wirken des 1858 gegründeten, „kleindeutsch" gesinnten, liberalen *Nationalvereins* und weigerte sich, auf ihn die beschränkende Bundesvereinsgesetzgebung anzuwenden. Auch das konservative Lager nahm immer stärker eine positive Haltung gegenüber der kleindeutschen Einigung ein. Österreich behielt gegenüber der Nationalbewegung einen ablehnenden Kurs. Dennoch nahmen an den zahlreichen Nationalfesten, die vor allem Sänger-, Turner- und Schützenvereine ausrichteten, immer mehr Deutschösterreicher teil. Anlässe boten *Friedrich Schillers* hundertster Geburtstag am 10. November 1859 oder das Gedenken an die erfolgreichen Befreiungskriege gegen Napoleon.

▲ **„Das Einzige und der Einzige."**
Holzschnitt von Wilhelm Scholz aus dem „Kladderadatsch" vom 13. November 1859.
Zum 100. Geburtstag Friedrich Schillers am 10. November 1859 fanden in 440 deutschen Orten Festakte statt. Das Bild spielt auf die Grundsteinlegung eines Schiller-Denkmals in Berlin an.
- *Charakterisieren Sie die dargestellten Personen und erklären Sie den Titel.*

Preußisch-österreichischer Dualismus Die Gegensätzlichkeit der beiden führenden deutschen Mächte zeigte sich insbesondere in der Wirtschaftspolitik. Im Zollverein* fürchtete Preußen um seine Vormachtstellung und verweigerte sich einer Aufnahme Österreichs. Die Rückständigkeit seiner Industrie zwang Österreich zu einer Schutzzollpolitik – im Gegensatz zur Freihandelspolitik Preußens. Dessen fortschrittliche Handels- und Wirtschaftspolitik nahmen sich andere deutsche Staaten für eigene Reformen zum Vorbild, um die Leistungsfähigkeit der heimischen Wirtschaft zu steigern.

Auch in Fragen einer Reform des Deutschen Bundes bezog Preußen eigene Positionen. So lehnte es eine von Österreich betriebene Reformakte von 1863 ab, um einer Stärkung des Bundes unter österreichischer Führung entgegenzuwirken. Mit der Befürwortung einer direkt gewählten Volksvertretung für den Deutschen Bund machte es sich eine liberale Forderung zu eigen.

Im *Deutsch-Dänischen Krieg* 1864 waren die beiden deutschen Großmächte noch Verbündete. Sie besiegten Dänemark, das versucht hatte, Schleswig zu annektieren, und setzten sich gemeinsam über den Wunsch der Nationalbewegung hinweg, die beiden Herzogtümer Schleswig und Holstein von einem deutschen Fürsten regieren zu lassen.

* Zum Zollverein siehe S. 14.

▲ **„Unter einen Hut.“**
Karikatur aus dem „Berliner Punsch“ vom 25. August 1866. Das Bild kommentiert die Wahlen zum Preußischen Abgeordnetenhaus am Tag vor der Schlacht von Königgrätz. Der Zeichner hat der Karikatur folgende Zeichen hinzugefügt: „Gewandheit, Thatkraft, hoher Muth, / Von starkem Einheitssinn getragen, / Die brachten unter einen Hut / Ein großes Volk in dreißig Tagen.“
- *Erläutern Sie die Gestaltungselemente der Karikatur.*
- *Interpretieren Sie ihre Aussage.*

Sie teilten sich die Verwaltung der beiden Herzogtümer. Doch schon bald wurde deutlich, dass Bismarck Schleswig-Holstein preußischem Einfluss unterwerfen wollte. Österreich schaltete am 1. Juni 1866 den Bundestag ein. Das sah Preußen als Bruch der bestehenden zweiseitigen Vereinbarungen an und marschierte in Holstein ein.

Daraus entwickelte sich der Deutsch-Deutsche Krieg von 1866. Ihn gewann Preußen mit seinen Verbündeten gegen Österreich und dessen Verbündete Hannover, Sachsen, Bayern, Württemberg, Baden, Kurhessen und Nassau. Am 3. Juli 1866 fiel die Entscheidung in der *Schlacht bei Königgrätz* (Böhmen). Die norddeutschen Verbündeten Österreichs, Hannover, Kurhessen und Nassau annektierte Preußen. Österreich blieb zwar territorial unangetastet, musste jedoch die Auflösung des Deutschen Bundes (*Frieden von Prag*, 1866) und damit seine Herausdrängung aus Deutschland hinnehmen.

Im Sommer 1867 schlossen sich alle 22 nördlich der „Mainlinie“ selbstständig verbliebenen Staaten zum *Norddeutschen Bund* zusammen (▸ M3). Die süddeutschen Staaten blieben zunächst politisch völlig selbstständig. Sie waren jedoch durch ihre Mitgliedschaft im Zollverein mit dem Norden verbunden.

Deutsch-Französischer Krieg und Reichsgründung Frankreich registrierte die zunehmende Stärke Preußen-Deutschlands mit Unbehagen. Bismarck nutzte den massiven politischen Druck des französischen Kaisers, *Napoleon III.*, um die süddeutschen Regierungen zum Abschluss geheimer Schutz- und Trutzbündnisse zu bewegen. Sie verpflichteten sich, ihre Streitkräfte im Kriegsfall dem preußischen König zu unterstellen. Dadurch konnte er diese Staaten fester an sich binden.

Vergeblich suchte der französische Kaiser zur Stärkung seiner nachlassenden Autorität im Innern nach außenpolitischen Erfolgen. Als Gegenleistung für seine Neutralität im Deutsch-Deutschen Krieg erhob er Anspruch auf die bayerische Pfalz und Rheinhessen. Mit Rücksicht auf die öffentliche Meinung lehnte Bismarck dies ebenso ab wie den Plan Frankreichs, Luxemburg zu erwerben, das vom niederländischen König in Personalunion regiert wurde und Mitglied des Deutschen Bundes war. Von den europäischen Großmächten konnte Frankreich nur Österreich als Bündnispartner gewinnen. Großbritannien verzichtete auf eine Einmischung in die Verhältnisse auf dem Kontinent. Russland kam in Konflikt mit Frankreich wegen dessen Unterstützung für den polnischen Aufstand 1863 und verbündete sich mit Preußen gegen die französisch-österreichische Allianz.

Den Anlass zu einer militärischen Auseinandersetzung bildete schließlich der Streit um die spanische Thronfolge. Für sie hatte die spanische Regierung *Leopold von Hohenzollern-Sigmaringen*, einen katholischen Vetter von Wilhelm I., vorgesehen. Mit dem Verzicht Leopolds jedoch gab sich Frankreich nicht zufrieden. Es fürchtete die Umklammerung durch ein deutsch-spanisches Haus Hohenzollern und forderte die Zusage

Preußens, in Zukunft keiner neuen Kandidatur eines Hohenzollern zuzustimmen. Über die Forderung wurde Bismarck in einem Telegramm (= Depesche) aus Bad Ems unterrichtet. Bismarck kürzte das Telegramm und veröffentlichte die nun verschärfte *Emser Depesche*. Dadurch provozierte er Frankreich, das am 19. Juli 1870 den Krieg erklärte. Die Bedrohung Preußens half, die deutsche Einigung weiter voranzutreiben. Dank der Bündnisverträge stellten sich die süddeutschen Staaten auf die Seite Preußens und des Norddeutschen Bundes.

Internettipp:
Zur Emser Depesche siehe Code 4677-14

Mit der Kapitulation der französischen Truppen nach der *Schlacht von Sedan* am 2. September 1870 war der Krieg, der sich bis Ende Januar 1871 hinzog, entschieden. In dem am 10. Mai 1871 in Frankfurt am Main unterzeichneten Friedensvertrag musste Frankreich Elsass und Lothringen abtreten und zudem fünf Milliarden Goldfrancs Entschädigung zahlen.

▲ **„Deutschlands Zukunft."**
Österreichische Karikatur aus dem „Kikeriki", 1870. Der Untertitel lautet: „Kommt es unter einen Hut?" „Ich glaube, 's kommt eher unter eine Pickelhaube!"
- *Vergleichen Sie die Karikatur mit der Zeichnung auf Seite 162.*

Die Reichsgründung „von oben" Noch während des Feldzuges bemühte sich Bismarck intensiv um die Zustimmung der süddeutschen Staaten zur Vollendung des kleindeutschen Nationalstaates, die auch in der Öffentlichkeit unter dem Eindruck des gemeinsamen Kriegserlebnisses gefordert wurde. Gegen die Gewährung von Sonderrechten waren Hessen-Darmstadt, Baden, Württemberg und Bayern bereit, dem Norddeutschen Bund beizutreten. Denn die süddeutschen Regierungen unterstützten Bismarck weniger aus nationaler Begeisterung als aus politischer Berechnung. In einem Bundesstaat hofften sie, ihre Eigenständigkeit am besten erhalten zu können. Bayerns König *Ludwig II.* als bedeutendster Bundesfürst war es, der dem preußischen König im Namen der Fürsten und Freien Städte die Kaiserwürde anbot und damit – im Sinne des monarchischen Prinzips – einer entsprechenden Bitte des Norddeutschen Bundes zuvorkam.

Nach der *Kaiserproklamation* in Versailles am 18. Januar 1871 war der preußische König zugleich „Deutscher Kaiser". Die nationale Idee, deren Träger anfangs das liberale Bürgertum war, hatte sich zu einem verbindenden Element der konservativen Kräfte entwickelt. Das Kaiserreich wurde „von oben", also durch die Fürsten, gegründet. Eine Folge davon war, dass die Gewährung demokratischer Mitspracherechte und Freiheitsrechte nachgeordnet oder sogar für schädlich angesehen wurde. Sie mussten nicht wie in der Revolution von 1848/49 erkämpft werden, sondern wurden vom Kaiser dem Volk überlassen – konnten also jederzeit wieder zurückgenommen werden.

1. *Stellen Sie die Etappen der deutschen Einigung in einem Schaubild zusammen.*
   H *Wählen Sie dafür die Grundform einer Treppe oder eines Verlaufsdiagramms. Begründen Sie Ihre Entscheidung*
2. *Formulieren Sie eine Stellungnahme zur Karikatur „Deutschlands Zukunft" auf dieser Seite.*

▲ **„Les génies de la mort.“**
Einblattdruck von Edmont Guillaume, Brüssel, um 1871.
▪ *Erklären Sie die Überschrift sowie die Bildbestandteile und ordnen Sie das Bild in den historischen Kontext ein.*

M1 Das „Eisen und Blut“-Konzept

In seinen „Gedanken und Erinnerungen“ schildert Otto von Bismarck die Grundgedanken seiner Rede als neu ernannter preußischer Ministerpräsident vor der Budgetkommission des preußischen Abgeordnetenhauses vom 30. September 1862:

Der Konflikt drehe sich bei uns um die Grenze zwischen Krongewalt und Parlamentsgewalt. Die Krone habe noch andere Rechte, als die in der Verfassung ständen. [...]
Nicht auf Preußens Liberalismus sieht Deutschland, sondern auf seine Macht; Bayern, Württemberg, Baden mögen dem Liberalismus indulgieren[1], darum wird ihnen doch keiner Preußens Rolle anweisen; Preußen muss seine Kraft zusammenfassen und zusammenhalten auf den günstigen Augenblick, der schon einige Male verpasst ist; Preußens Grenzen nach den Wiener Verträgen sind zu einem gesunden Staatsleben nicht günstig; nicht durch Reden und Majoritätsbeschlüsse werden die großen Fragen der Zeit entschieden – das ist der große Fehler von 1848 und 1849 gewesen – sondern durch Eisen und Blut.

Otto von Bismarck, Die gesammelten Werke, Bd. 10, Berlin 1928, S. 138 f.

▪ *Erklären Sie das Politik- und Verfassungsverständnis Bismarcks anhand dieser Rede.*

[1] **indulgieren**: Nachsicht üben

M2 „Selbstkritik“

Während des Deutsch-Deutschen Krieges lebt der liberale Historiker und Publizist Hermann Baumgarten in Karlsruhe. Dort veröffentlicht er noch im Herbst 1866 seine Selbstkritik am deutschen Liberalismus:

Der Frühling dieses Jahres [1866] brachte endlich die lange drohende Katastrophe zum Ausbruch. [...]
Preußen hatte nur zwei Wege vor sich: entweder zusammen mit Österreich die deutschen Dinge zu leiten oder sich trotz Österreich der deutschen Macht allein zu bemächtigen. [...] Graf Bismarck hatte den Mut, das große Spiel zu wagen, und er bewies die Kraft und die Klugheit, welche dem Staatsmann erlaubt zu wagen. Fast alles war gegen ihn. Die Konservativen hielten ihre Opposition stiller, um desto mehr unter der Hand zu tun, die Liberalen erhoben ein Friedensgeschrei, das über die Gesinnung des Volkes keinen Zweifel ließ. [...] Ich bin weit davon entfernt, meine liberalen Parteigenossen deshalb tadeln zu wollen, dass sie nicht gleich von vornherein entschieden Partei nahmen für die Bismarck'sche Politik. Es gehörte dazu vielleicht eine Unbefangenheit des Urteils und eine Kenntnis der Sachlage, die man nicht von der Masse einer Partei verlangen darf.
Dass sie aber noch im Mai, ja noch im Juni mit wenigen Ausnahmen daran festhielten, gegen Bismarck Chorus zu machen mit allem, was in Deutschland reaktionär und antinational war, [...] als es längst auf der Hand lag, dass der Sieg Preußens der Sieg einer liberalen und einer nationalen Politik werden müsse, der Sieg Österreichs die Vernichtung aller liberalen und nationalen Hoffnungen, das, ich gestehe es, war das Traurigste, was ein aufrichtig liberaler Mann erleben konnte. Es sprach über die bisher in Deutschland übliche Art von Liberalismus ein Todesurteil, von dem es keine Appellation[1] mehr gab. Es bewies, dass die Partei, an welche sich bisher die Hoffnungen der Nation geknüpft hatten, weder die politische Einsicht noch die Kraft besaß, durch die allein ein großes Volk zu seinem Heil geführt werden kann. [....]

[1] **Appelation**: im jur. Sinne: Anfechten eines Urteils, Berufung

Wer sehen wollte, musste jetzt sehen, [...] dass Preußen, indem es diese Entscheidung herbeiführe, durch die unwiderstehliche Macht der Verhältnisse gezwungen werde, die Kraft der Nation für sich aufzurufen gegen die engverbundene Phalanx[2] aller auf der Zerrissenheit und Unfreiheit der Nation ruhenden Interessen. Wenn aber die preußische Politik diese Wendung nahm trotz der heftigen Opposition des Liberalismus und der darin gelegenen Nötigung, sich so viel als möglich in Preußen auf die konservative Richtung zu stützen, so war es doch eine Sache der einfachsten politischen Berechnung zu erkennen, dass diese Politik frank und frei auf den Boden eines liberalen Programms sich stellen werde, sobald nur die Liberalen aufhörten, ihr das unmöglich zu machen.

Ich bin der festen Überzeugung, dass eine befriedigende Lösung unserer politischen Aufgaben nur dann gelingen wird, wenn der Liberalismus aufhört, vorwiegend Opposition zu sein, wenn er dazu gelangt, gewisse unendlich wichtige Anliegen der Nation, für die nur er ein volles und aufrichtiges Verständnis hat, in eigener gouvernementaler Tätigkeit[3] zu befriedigen, wenn wir einen wohltätigen erfrischenden Wechsel liberaler und konservativer Regierungen bekommen. *Der Liberalismus muss regierungsfähig werden.* Wer darin eine Verkümmerung der liberalen Größe findet, dass er, statt als Opposition ein Unbegrenztes zu fordern, als Regierung ein Geringes tun soll, dem kann ich freilich nicht helfen. Aber einen Abfall vom Liberalismus wird doch wohl niemand die Forderung zu nennen wagen, dass der Liberalismus endlich eine seine Gedanken selbst realisierende Macht werde.

Hermann Baumgarten, Der deutsche Liberalismus. Eine Selbstkritik, herausgegeben v. Adolf Birke, Frankfurt am Main 1974, S. 132-149 (stark gekürzt)

1. *Fassen Sie Baumgartens Vorwurf an die „liberalen Parteigenossen" zusammen. Formulieren Sie die Vorwürfe als Slogan.*
2. *Zeigen Sie, welche Hoffnungen Baumgarten mit dem Sieg Preußens über Österreich verbindet und wie er die Zukunft seiner liberalen Partei sieht.*
3. *Prüfen Sie, inwiefern Baumgartens Hoffnungen zur Zeit der Entstehung des Textes gerechtfertigt waren.*

H *Durchsuchen Sie die preußisch-deutsche Geschichte bis 1866 auf entsprechende Hinweise.*

4. *Verfassen Sie die Entgegnung eines liberalen Bismarck-Gegners.*

[2] **Phalanx**: bildungssprachlich für eine geschlossene, widerständige Front (ursprünglich eine besondere Schlachtaufstellung im antiken Griechenland)

[3] **gouvernementale Tätigkeit**: Regierungsarbeit

M3 „Groß-Preußen mit Vasallenstaaten"

August Bebel hält am 10. April 1867 seine erste Rede vor dem sich konstituierenden Norddeutschen Reichstag. Er ist zu diesem Zeitpunkt Vertreter der „Sächsischen Volkspartei". Bebel wird später einer der profiliertesten Politiker der deutschen Sozialdemokratie werden. Seine Ausführungen beziehen sich auf die Verabschiedung der Verfassung des Norddeutschen Bundes:

[M]eine Herren, ich behaupte, dass mit der Gründung dieses Norddeutschen Bundes ein spezifisch preußisches Interesse (*Widerspruch rechts*), dass die Stärkung der Hohenzollern'schen Hausmacht damit bezweckt worden ist. (*Lebhafter Widerspruch rechts.*) [...]

In dem gegenwärtigen Norddeutschen Bundesrat wird Preußen mit 17 Stimmen [...] nach Belieben Verfassungsänderungen durchführen, eine jede Verfassungsänderung gegen seinen Willen aber verhüten können. Dies würde indessen bei dem Zutritt Süddeutschlands zum Norddeutschen Bunde nicht der Fall sein, dann wären die 17 Stimmen Preußens ungenügend an sich, eine derartige Zweidrittelmehrheit zu erzielen. [...] Das sind meines Erachtens die Gründe, welche die preußische Regierung von ihrem spezifisch preußischen Standpunkte aus nicht nur heute, sondern auch späterhin stets veranlassen werden, gegen den Eintritt Süddeutschlands aufzutreten, gegen denselben zu stimmen. Man wird sich eben einfach damit begnügen, [...] dass man lediglich die Militärgewalt in die Hände bekommt, im Falle eines Krieges, und im Übrigen wird man sich damit begnügen, durch Zollverträge usw. wenigstens einigermaßen die Kluft, die hervorgebracht ist, zu überbrücken, wohlverstanden, zu überbrücken, aber auszufüllen, dazu wird man sich nicht herbeilassen. Meine Herren, eine solche Politik zu unterstützen, dazu habe ich keine Lust, ich muss entschieden dagegen protestieren, dass man eine solche Politik eine deutsche nennt, ich muss entschieden protestieren gegen einen Bund, der nicht die Einheit, sondern die Zerreißung Deutschlands proklamiert, einen Bund, der dazu bestimmt ist, Deutschland zu einer großen Kaserne zu machen (*lebhafter Widerspruch*), um den letzten Rest von Freiheit und Volksrecht zu vernichten.

August Bebel, Sein Leben in Dokumenten, Reden und Schriften, herausgegeben von Helmut Hirsch, Köln 1968, S. 153 ff.

1. *Erläutern Sie Bebels Bewertung des Norddeutschen Bundes.*
2. *Entwerfen Sie die Entgegnung eines nationalliberalen Politikers.*

Wer gehört zur Nation? Politische Kultur im Kaiserreich

Reichsverfassung Das Deutsche Kaiserreich war ein Bundesstaat, gebildet aus 25 Einzelstaaten, denen noch das annektierte „Reichsland“ Elsass-Lothringen angegliedert war. Die Einzelstaaten behielten ihre eigenen Verfassungen, besaßen ihr eigenes (Landtags-)Wahlrecht und regelten Angelegenheiten der Justiz, Verwaltung, Finanzen und Bildung in eigener Verantwortung. Da in Württemberg und Bayern die antipreußische Grundstimmung sehr ausgeprägt war, wurden diesen Staaten besondere Reservatrechte zugestanden (u. a. Post, Eisenbahn, Oberbefehl über eigenes Heer in Friedenszeiten). In die Zuständigkeiten des Reiches fielen dagegen zentrale politische Aufgaben wie die Außenpolitik, das Militär sowie die Wirtschafts- und Sozialpolitik. Die Reichsverfassung entsprach im Wesentlichen der des Norddeutschen Bundes. Sie enthielt keinen Grundrechtskatalog, der das Verhältnis der Bürger zum Staat beschrieb. Schon dadurch wurde deutlich gemacht, dass nicht eine mündige Nation das neue Reich ins Leben gerufen hatte, sondern die Verfassung vor allem das Ergebnis von Verhandlungen zwischen souveränen Fürsten war. In ihr wurde das Zusammenwirken der vier Verfassungsorgane genau geregelt:

▸ Die Verfassung des Deutschen Reiches vom April 1871.

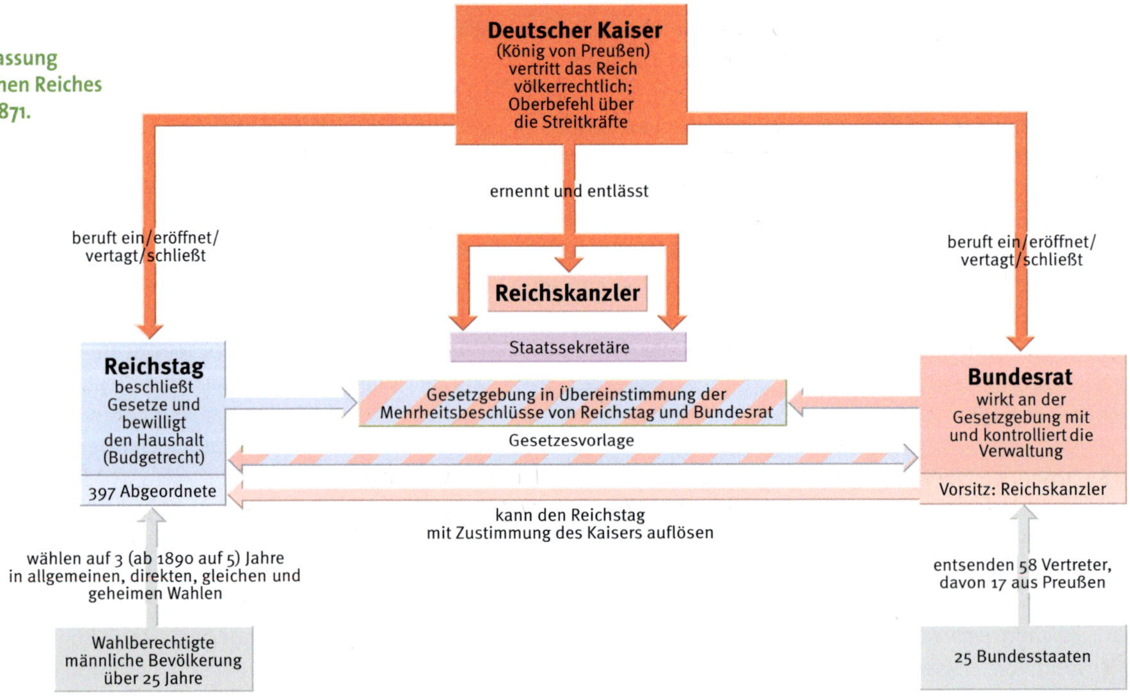

Literaturtipps:
- *Beate Althammer, Das Bismarckreich 1871-1890, Paderborn 2009*
- *Christopher Clark, Preußen. Aufstieg und Niedergang 1600-1947, München [7]2008*
- *Das Deutsche Kaiserreich. 1871-1914: Der Weg in die Moderne, Spiegel Geschichte, Heft 3/2013*

Der *Bundesrat* repräsentierte die „verbündeten Regierungen“ der Einzelstaaten und war somit der Souverän des Reiches. Jeder der 25 Bundesstaaten entsandte mindestens einen weisungsgebundenen Vertreter. Hessen und Baden besaßen drei, Sachsen und Württemberg vier und Bayern besaß sechs Stimmen. Gegen die 17 Stimmen Preußens, die über der Sperrminorität von 14 lagen, konnten keine Gesetze und Verfassungsänderungen durchgesetzt werden. Jeder Bundesstaat konnte seine Stimmen nur einheitlich abgeben, wie dies auch heute noch im Bundesrat der Bundesrepublik Deutschland der Fall ist.

Der König von Preußen hatte als *Deutscher Kaiser* das Präsidium des Reiches inne. Er berief Bundesrat und Reichstag ein. Reichskanzler und Staatssekretäre waren nur ihm verantwortlich. Er übte die Kommandogewalt über Armee und Marine aus und entschied über Krieg und Frieden.

Der *Reichskanzler* war meist zugleich Ministerpräsident in Preußen. Auch diese – verfassungsmäßig nicht fixierte – Personalunion begünstigte das Bemühen, die Politik des Reiches und seines mächtigsten Bundesstaates miteinander in Einklang zu bringen. Im Einverständnis mit dem Kaiser bestimmte der Reichskanzler die Richtlinien der Politik. Als Vorsitzender des Bundesrates konnte er mit Zustimmung des Kaisers den Reichstag auflösen und besaß so ein Kampfinstrument gegen Reichstagsmehrheiten, die ihn in wichtigen Anliegen nicht unterstützten.

Der *Reichstag* als frei gewählte Volksvertretung bildete das demokratische Element in der Reichsverfassung. Im Vergleich zu den Verfassungen einzelner Länder war die Reichsverfassung fortschrittlich. Die einzelnen Abgeordneten haben je einen Wahlkreis vertreten. Sie wurden in allgemeiner, direkter, gleicher und geheimer Wahl nach dem Mehrheitswahlrecht gewählt. Wahlberechtigt waren alle männlichen Deutschen über 25 Jahre. Durch Petitionen und parlamentarische Anfragen konnte der Reichstag Einfluss auf die mächtige Exekutive nehmen. In Preußen hingegen bestand für die Zweite Kammer das Dreiklassenwahlrecht. Dort entschied die Höhe der aufgebrachten direkten Steuern über das Gewicht der einzelnen Stimme.*

Die Aufteilung der Gesetzgebungskompetenz auf Kaiser, Bundesrat und Reichstag machte das Aushandeln von Kompromissen notwendig. Ohne Zustimmung des Reichstages konnte kein Gesetz verabschiedet werden. Darüber hinaus musste das Parlament jährlich den Staatshaushalt genehmigen. Wesentliche Bereiche in der Militärgesetzgebung und der Außenpolitik waren ihm jedoch entzogen. Im Bereich von Verwaltung, Justiz und Wirtschaft nutzte das Parlament seine zentrale Stellung und gestaltete die Schaffung einer Reichsgesetzgebung (*Bürgerliches Gesetzbuch* 1900) und der Reichsinstitutionen mit.

▲ Die Erstausgabe des Bürgerlichen Gesetzbuches.
Dieser erste Entwurf von 1896 wurde 1899 ratifiziert und trat am 1. Januar 1900 in Kraft.

Parteien Im Kaiserreich bildete sich ein System von sechs Parteien bzw. politischen Richtungen heraus: Im Reichstag dominierte zunächst die *Nationalliberale Partei*, die sich zur nationalen Einigung bekannte. Sie war eine typische **Honoratiorenpartei** und repräsentierte das Besitz- und Bildungsbürgertum. Nach der Reichsgründung half sie Bismarck, das Zusammenwachsen des jungen Nationalstaates voranzutreiben.

Honoratiorenparteien stützten sich auf lokale Wahlvereine, hatten aber keine straffe landesweite Organisation.

Die *Konservativen* (Deutschkonservative, Freikonservative) waren monarchistisch ausgerichtet und vertraten die Interessen der Großagrarier sowie der Industriellen.

Meist regierungskritisch waren die *Linksliberalen*, deren Wahlergebnisse allerdings vergleichsweise bescheiden blieben. Sie pochten auf eine Stärkung des Parlaments und lehnten im Gegensatz zu den Nationalliberalen eine Schutzzollpolitik ab.

Die *Deutsche Volkspartei*, die nahezu vollständig auf Baden, Württemberg und Bayern beschränkt blieb, trat für die Rechte der Einzelstaaten ein und war ein entschiedener Gegner von Bismarcks Politik.

Das *Zentrum* – so benannt nach den mittleren, zentralen Sitzplätzen seiner Abgeordneten im Parlament – war die Partei der überzeugt katholischen Wählerschaft. Diese reichte vom Adel bis zur Arbeiterschaft, sodass das Zentrum den Charakter einer katholischen Milieupartei ausbildete.

Als Gegner der bestehenden Staats- und Gesellschaftsordnung war die *Sozialdemokratie* die Interessenvertretung der Arbeiterschaft. Bis zum Ersten Weltkrieg stieg sie zur stärksten Reichstagsfraktion auf.

* Zum Dreiklassenwahlrecht siehe S. 28.

▲ **Rückseite einer Bronzemedaille zum „Kulturkampf“.**
Durchmesser: 4,25 cm; gestaltet von Johann Jacob Lorenz, 1872. Auf der Vorderseite ist ein Porträt Bismarcks. Auf der Rückseite steht: „Nicht nach Canossa.“ Angesichts von Differenzen mit dem Vatikan verkündete der Reichskanzler am 14. Mai 1872 im Reichstag: „Nach Canossa gehen wir nicht.“ Die Medaille spielt auf diese sogenannte „Canossa-Rede“ an. Sie zeigt eine mit Schwert und Bibel gerüstete Germania, die den Papst und dessen Einflussnahme auf innerdeutsche Angelegenheiten zurückweist.

Syllabus errorum: 1864 listete Papst Pius IX. 80 „Irrtümer“ auf. Sie betrafen vor allem die anderen christlichen Konfessionen sowie liberale Grundsätze wie die Trennung von Kirche und Staat.

Unfehlbarkeitsdogma: Das erste Vatikanische Konzil legte 1870 fest, dass der Papst in Fragen der Glaubens- und Sittenlehre unfehlbar sei.

Die Regierung war nur dem Kaiser verantwortlich, nicht dem Reichstag, also der Volksvertretung. Deshalb musste Bismarck nicht feste Regierungskoalitionen bilden, sondern konnte Gesetze auch mit wechselnden Mehrheiten durchsetzen. Politische Parteien waren allenfalls „Verbündete auf Zeit“. Der Anspruch der Regierenden, das Allgemeinwohl bestimmen zu können, prägte noch in der Weimarer Republik das politische Denken vieler und verhinderte eine Akzeptanz der Parteiendemokratie. Die Parteien ihrerseits waren wegen der fehlenden Möglichkeiten zur direkten Regierungsbeteiligung kaum zu Kompromissen gezwungen und neigten dazu, doktrinär an ihren Programmen festzuhalten.

„Kulturkampf“ Die Siege über die katholischen Mächte Österreich und Frankreich deuteten zahlreiche evangelische Theologen und Politiker als gottgewollte Überlegenheit des Protestantismus. Die deutsche Nation wurde als protestantisch wahrgenommen. Noch nach seinem Rücktritt als Reichskanzler erklärte Bismarck 1892: „Ich bin eingeschworen auf die weltliche Leitung eines evangelischen Kaisertums, und diesem hänge ich treu an.“

Da die staatliche Kirchen- und Schulpolitik Ländersache war, spielten sich die konfessionellen Auseinandersetzungen weitgehend auf Länderebene ab. In Baden, wo zwei Drittel der Bevölkerung katholisch waren, kam es zu Auseinandersetzungen mit der liberalen Regierung und zur Gründung der Katholischen Volkspartei. Konfliktpunkte waren unter anderem Eingriffe in die Schulaufsicht, die obligatorische Zivilehe und die Frage von gemischt-konfessionellen Ehen, bei denen die katholische Kirche darauf bestand, dass die Kinder katholisch erzogen wurden.

Bismarck betrachtete das Zentrum als verlängerten Arm der römischen Kurie und als wichtigstes Sprachrohr der oppositionellen Kräfte des Reiches. Eine ähnliche Auffassung vertraten die Liberalen. Sie forderten einen konfessionell neutralen Staat und kämpften gegen ein in ihren Augen überholtes Welt- und Menschenbild sowie ein Bildungs- und Schulsystem unter kirchlicher Aufsicht. Besondere Herausforderungen waren für sie der **Syllabus errorum** (1864) und das sogenannte **Unfehlbarkeitsdogma** (1870).

In einer Reihe von Maßnahmen versuchte Bismarck, die katholische Kirche und deren Amtsträger im Deutschen Reich der staatlichen Kontrolle zu unterwerfen und ihren Einfluss zurückzudrängen. Der „Kanzelparagraf“ unterband seit 1871 die politische Öffentlichkeitsarbeit der katholischen Kirche, ein Schulaufsichtsgesetz von 1872 unterwarf Geistliche der staatlichen Kontrolle, der Jesuitenorden wurde verboten und politisch unzuverlässige Geistliche mit der Ausweisung bedroht. Bismarcks Unterdrückungspolitik blieb aber erfolglos. Die Gläubigen stellten sich nicht nur auf die Seite ihrer Kirche, sondern festigten ihren Zusammenhalt. Das Zentrum konnte seine Wählerzahlen deutlich steigern. Da Bismarck zur Unterstützung seiner geänderten Wirtschafts- und Finanzpolitik das Zentrum benötigte, nahm er die meisten Kampfgesetze wieder zurück. Die staatliche Schulaufsicht und die Einrichtung der Zivilehe (seit 1874/75) blieben aber weiterhin bestehen.

Angst vor der „roten Gefahr“ Zur Gruppe der „Reichsfeinde“, die eine Änderung der politischen und gesellschaftlichen Verhältnisse anstrebten, zählte der konservative Bismarck auch die Parteien der Arbeiterbewegung.

Das umstrittene „Gesetz gegen die gemeingefährlichen Bestrebungen der Sozialdemokratie“ („*Sozialistengesetz*“) von 1878, das bis 1890 mehrfach verlängert wurde, richtete sich gegen Vereine, Versammlungen, Druckschriften und Beitragssammlungen, „welche durch sozialdemokratische, sozialistische und kommunistische Bestrebungen den Umsturz der bestehenden Staats- und Gesellschaftsordnung bezwecken“. Betroffen waren auch die der Partei nahe stehenden Gewerkschaften. Führende „Agitatoren“ konnten aus ihren Wohnorten ausgewiesen werden. Viele in die Illegalität gedrängte Sozialdemokraten wurden verhaftet und verurteilt. Allerdings behielt die Reichstagsfraktion ihre parlamentarischen Rechte; sozialdemokratisch gesinnte Kandidaten konnten weiterhin gewählt werden.

Wie schon beim „Kulturkampf“ blieb Bismarck mit dem „Sozialistengesetz“ der angestrebte Erfolg versagt. Die Partei organisierte sich im Ausland und ließ Druckschriften ins Deutsche Reich schleusen. Ihr Anteil der Wählerstimmen stieg bis 1912 sogar auf 34,8 Prozent an.*

▲ **„Der Kampf des Riesen gegen den Zwerg.“**
Karikatur aus „Der wahre Jacob“ von 1890. Bismarck hatte dem Reichstag Ende 1889 ein neues „Sozialistengesetz“ vorgelegt. Es sollte unbefristet gelten. Der Reichstag lehnte diesen Gesetzesentwurf ab.

Nationalismus – eine „politische Religion“ Der nach dem Deutsch-Französischen Krieg 1870/71 errungene Sieg über das als „Erzfeind“ empfundene Frankreich wurde auch als Sieg über dessen liberale politische Ordnung gedeutet. Daraus entwickelten Publizisten, Politiker und Historiker die Vorstellung eines überlegenen „deutschen Sonderwegs“ zum Nationalstaat. Damit wurde die Ablehnung der „westlichen“, als „undeutsch“ empfundenen politischen Prinzipien verbunden, zu denen revolutionäre Bewegungen, der Gedanke der Volkssouveränität, Parteien und ihr Einfluss auf die Regierung zählten. In der deutschen Nation sollten der starke Monarch und seine Regierung, nicht das vom Volk gewählte Parlament und die Parteien, das Allgemein- oder Nationalinteresse im Auge behalten.

Gerade konservative Kreise bemächtigten sich der obrigkeitsstaatlichen Nationalidee. Trotz der zunehmenden Akzeptanz des Reiches blieben die Sozialdemokraten auf Distanz zum monarchisch-autoritären Nationalismus. Vor Hochrufen auf den Kaiser verließen Abgeordnete der SPD stets das Parlament, an Sedanfeiern (zum Jahrestag der Schlacht von Sedan 1870) nahmen überzeugte Sozialdemokraten demonstrativ nicht teil. Dies änderte sich erst während des Ersten Weltkrieges. Auch die katholische Bevölkerung wurde erst zu Beginn des 20. Jahrhunderts für den Nationalstaat gewonnen.

Der Erfolg des Nationalismus gründet wesentlich darin, dass er den Charakter einer „politischen Religion“ annahm. Die Nation wurde zum höchsten Wert der Gemeinschaft erhoben, man sprach von „heiligsten“ Gütern, von „unbedingter Hingabe“ an die „Nation“ und „nationalen Pflichten“. Die eigene Nation galt als „auserwähltes Volk“, das von einer „höheren Macht“ oder von der Geschichte dazu ausersehen sei, Heil bringende Ideen zu verbreiten und Freiheit zu bringen, und berechtigt sei, Gewalt anzuwenden gegenüber jenen, die sich widersetzen oder diese Auffassungen nicht teilen.

* Zur Sozialdemokratie und den Gewerkschaften siehe S. 29 f.

Konfessionen	Anzahl
Protestanten	35 231 104
Katholiken	20 327 913
Juden	586 833
Andere	221 328

▲ **Konfessionen im Deutschen Reich.**
Stand: 1. Dezember 1900.
Kaiserliches Statistisches Amt, (Hrsg.) Statistisches Jahrbuch für das Deutsche Reich, Berlin 1906, S. 4

Antisemitismus Die Reichsverfassung von 1871 hatte den Juden die völlige persönliche und rechtliche Gleichstellung zugestanden. Trotz dieses obrigkeitsstaatlichen Aktes wurden die Juden im öffentlichen Leben zunehmend diskriminiert. Der Begriff Antisemitismus wurde erstmals 1879 während des „Berliner Antisemitismusstreites“ geprägt.* Anders als die herkömmliche, vorwiegend religiös oder wirtschaftlich motivierte Judenfeindschaft präsentierte sich der moderne politische Antisemitismus als „Missgeburt des nationalen Gefühls“ (*Theodor Mommsen*, 1880). Das Judentum wurde als internationale und „undeutsche“ Macht angesehen. Da Juden zu einem großen Teil im Handel tätig waren, wurden sie zu Symbolfiguren der modernen Industriegesellschaft erklärt und für deren negative Begleiterscheinungen verantwortlich gemacht.

Dabei waren Juden mittlerweile sehr gut an die Mehrheitsgesellschaft angepasst und legten keinen Wert auf die Betonung einer religiösen Sonderrolle. Die deutsch-jüdische Bevölkerung zeigte einen hohen Bildungswillen. Entsprechend hoch war ihr Anteil bei Berufen des Bildungsbürgertums wie Ärzten, Anwälten, aber auch Künstlern. Allerdings blieb deutschen Juden die hoch angesehene Offiziers- und Richterlaufbahn verwehrt. Auch bei vielen Vereinen und Burschenschaften war die Mitgliedschaft für Juden nicht möglich. Der Austausch zwischen Juden und der deutschen Mehrheitsgesellschaft, der den Abbau von Vorurteilen gegen Juden hätte befördern können, wurde so erschwert.

Die judenfeindlichen Angriffe und die Fülle antisemitischer Literatur blieben nicht folgenlos. 1893 zogen bereits 16 antisemitische Abgeordnete in den Reichstag ein. Auch in die Parteiprogramme der Konservativen gelangten antijüdische Ressentiments. Der parteipolitisch organisierte Antisemitismus fand bevorzugt in Phasen wirtschaftlicher Krisen Zulauf, vor allem bei städtischen Mittelschichten und der Landbevölkerung. Aber auch im Offizierskorps und unter der akademischen Jugend wurde die Ablehnung der Juden salonfähig.

Muttersprache	Gesamt	in Prozent
Deutsch	51 883 131	92
Holländisch	80 361	0,14
Dänisch	141 061	0,25
Französisch	211 679	0,38
Italienisch	65 591	0,12
Polnisch	3 086 489	5,48
Masurisch[1]	142 049	0,26
Kassubisch[2]	100 213	0,18
Sorbisch[3]	93 032	0,17
Mährisch[4]	64 382	0,11
Litauisch	106 305	0,19
Andere	139 597	0,25

▲ **Bevölkerung nach Muttersprachen.**
Stand: 1. Dezember 1900. Differenzen zu 100 Prozent sind rundungsbedingt.
Kaiserlich Statistisches Amt, a. a. O., S. 5

1 **Masuren**: slawische Volksgruppe im südlichen Ostpreußen
2 **Kassuben**: slawische Volksgruppe in Pommern und Westpreußen
3 **Sorben**: slawische Volksgruppe an der Elbe, Niederlausitz (Sachsen)
4 **Mähren**: aus dem heutigen Tschechien stammende Sprachgruppe

Ausgrenzung von Minderheiten Die Behandlung der ethnischen Minderheiten folgte einer konsequenten Assimilierungspolitik. Von einer strikten „Germanisierungspolitik“ waren die Minderheiten an den Reichsgrenzen betroffen: Polen, Dänen und Litauer. Vertreter dieser Bevölkerungsgruppen im Reichstag wurden als „Reichsfeinde“ bezeichnet. In Schulen und in der Verwaltung musste ausschließlich deutsch gesprochen werden. Ausweisungen und Benachteiligungen beim Landerwerb waren weitere Maßnahmen. Die Politik der Zurückdrängung löste einen Dauerkonflikt zwischen der Regierung und der deutschen Mehrheitsgesellschaft, sowie den ethnischen Minderheiten aus (▸ M1). Am besten organisierte sich die große und vergleichsweise geschlossene Gruppe der polnischen Bevölkerung gegenüber dieser Politik. Eigene Vereine und eine eigene Bank sollten den Landerwerb unterstützen. Im Reichsprotektorat Elsass-Lothringen wurde immerhin Französisch als Sprache in der Verwaltung und bei Gericht geduldet. Eine eigene Verfassung und ein Parlament gab es aber erst 1911. Zuvor konnte ein Landesausschuss mit Honoratioren lediglich den Statthalter der Reichsregierung beraten und Gesetze vorschlagen.

* Zum „Berliner Antisemitismusstreit“ siehe M1 bis M3 auf S. 178 f.

▲ **Berliner Straßenszene.**
Foto von 1914.

Der preußisch-deutsche Militarismus Als ein wichtiger gesellschaftlicher Integrationsfaktor kristallisierte sich das Militär heraus. Seine Hochschätzung offenbarte die militante Seite des zeitgenössischen Nationalismus. Publikumswirksam stellten die Streitkräfte in Manövern, bei Paraden, Wachwechseln, Fahnenweihen und Darbietungen von Militärmusik ihre Stärke und ihr Können öffentlich vor. Das Ansehen des Militärs war seit den Freiheitskriegen gegen Napoleon bis zum Sieg 1870/71 ständig gewachsen. Seine Anerkennung als vorbildhafter „Erster Stand" über den gesellschaftlichen Gruppen war ein prägendes Charakteristikum des Kaiserreiches. Der alleinigen Befehlsgewalt des Kaisers unterstellt, fühlte sich das Militär als „Staat im Staate". Vor allem die Offiziere pflegten einen aristokratischen, demokratiefeindlichen, mitunter antisemitischen Kastengeist. Für bürgerliche Reserveoffiziere konnte sich der Dienst im Militär förderlich auf die Karriere auswirken.

Die Uniform verlieh im Kaiserreich Autorität und verschaffte Privilegien wie z. B. ermäßigte Eintrittsgelder oder die Zuweisung der besten Plätze im Restaurant. Bismarck und andere Politiker traten mit Vorliebe in Uniform auf die Rednerbühne. Militärische Werte und Verhaltensweisen spiegelten sich ebenso in den Erziehungsidealen und Riten studentischer Verbindungen. Und in so manche Amtsstuben führten die nach zwölf Dienstjahren entlassenen ehemaligen Unteroffiziere den barschen Ton auch als zivile Beamte ein. Respekt vor Autoritäten und Unterordnung wurden den Kindern bereits im Elternhaus und in der Schule beigebracht (▸ M2).

Der militaristische Geist, der die Gesellschaft erfasst hatte, wurde besonders durch mitgliederstarke Organisationen ehemaliger Kriegsteilnehmer, „vaterländische" Agitationsvereine (Deutsche Kolonialgesellschaft, Deutscher Flottenverein) oder den 1912 gegründeten „Wehrverein" gefördert. Vor allem der radikalnationalistische *Alldeutsche Verband** pflegte seit den 1890er-Jahren eine aggressive Agitation gegen das „revanchelüsterne" Frankreich, gegen die slawischen Völker, gegen das „perfide Albion" (England) und nicht zuletzt auch gegen Juden. Ob die Wilhelminische Gesellschaft allerdings nur als „Untertanengesellschaft" charakterisiert werden kann, bleibt mit guten Gründen zu bezweifeln (▸ M3). In starker Konkurrenz zu einer national-konservativen Ausrichtung waren die Anliegen des Liberalismus in der Öffentlichkeit weithin präsent (▸ M4). Als aber 1914 der Erste Weltkrieg begann, waren viele Deutsche davon überzeugt, von einer „Welt von Feinden" umgeben zu sein.

1. *Stellen Sie alle Bevölkerungsgruppen zusammen, die – ganz oder teilweise – der politischen Kultur des Kaiserreiches skeptisch oder ablehnend gegenüberstanden.*
2. *Nationalismus, Militarismus, Antisemitismus, Kolonialismus: Wählen Sie eines dieser Beispiele und erläutern Sie, wie eine Ideologie Bevölkerungsschichten zur Identifikation mit dem Staat bewegen kann und welche Folgen dies für Gesellschaft und Staat haben kann.*

* Zum Alldeutschen Verband siehe S. 197.

▲ **Ausweisung.**
Gemälde (105 x 75 cm) von Wojciech Kossak, 1909.
Ein preußischer Landpolizist verliest polnischen Bauern ihre Ausweisungsbefehle. 1885/86 wurden 35 000 Personen polnischer Herkunft aus Preußen ausgewiesen, darunter auch 10 000 Juden. Seitdem wurden immer wieder verschuldete Polen des Landes verwiesen. Die Ausweisungen dienten nach Kaiser Wilhelm I. und Bismarck dem „Schutz des Deutschtums“.

M1 „Germanisierungspolitik“

Ludwik Jazdzewski, Abgeordneter der polnischen Partei, kritisiert 1901 die Politik der preußischen Regierung gegen die polnische Bevölkerung:

Meine Herren, wenn man einer Bevölkerung, welche dem preußischen Staate aufgrund von internationalen Staatsverträgen[1] einverleibt worden ist mit der Zusage, mit dem feierlich abgegebenen königlichen Versprechen, dass ihre Nationalität geschützt und gepflegt werden soll im preußischen Staat, dass ihre Sprache im amtlichen und im Privatleben eine Schonung und einen sicheren Schutz erhalten soll, – wenn man dieser Bevölkerung, die schon unglücklich genug gewesen ist, dass sie ihre staatliche Unabhängigkeit verloren hat, alle diese Versprechen und Zusagen vorenthält und ins Gegenteil verkehrt, so kann man sich nicht wundern, dass diese unsere Bevölkerung, die eine tausendjährige Geschichte und Kultur hinter sich hat, über die geradezu feindlichen Maßnahmen der Regierung unzufrieden, ja geradezu empört ist, und bei ihrem lebhaften Naturell dieser Unzufriedenheit und tiefem Missbehagen einen entsprechend lebhaften Ausdruck gibt.
Ich will ihnen nur kursorisch eine kurze, lange nicht erschöpfende Zusammenstellung dessen vorlegen, was alles dieser unserer Bevölkerung in den letzten Zeiten widerfahren ist, um sie aufzureizen und zu schädigen. [...] Familiennamen werden vielfach durch Behörden verfälscht; jede fachmännische Versammlung wird polizeilich überwacht; jede Versammlung unter freiem Himmel wird untersagt; Aufzüge mit Musik werden verboten; polnische Theateraufführungen werden meistens verboten oder verhindert. Was tut nicht alles die Ansiedlungskommission[2], um die Bevölkerung zu kränken? [...] Und worauf zielt sie hin? Auf das Verdrängen der polnischen Besitzer und Arbeiter von der väterlichen Scholle mit dem Vorbehalt, dass eine Parzelle aus Staatsfonds von den angekauften Gütern an einen Polen, der doch auch ein gleichberechtigter Staatsbürger sein soll wie jeder andere, nie und nimmer verkauft werden darf. Die verschiedenen Ankäufe und Verkäufe dieser Kommission regen tagtäglich die Bevölkerung auf, und nachdem das geschieht, klagt man darüber, dass die Bevölkerung sich beunruhigt fühlt, und dass eine gewisse Agitation im Lande sich zeigt, die solchen Maßnahmen entgegenarbeitet. [...]
Meine Herren, vor Gericht darf kein Pole seine Sache in eigener Sprache vertreten: Vor den Verwaltungsbehörden findet er kein Gehör in seiner Muttersprache. Kurz und gut, auf jedem Gebiet wird der Pole zurückgedrängt, auf jedem Schritt und Tritt wird er gekränkt; und nachdem das tagtäglich geschieht, klagt man über Agitation, über Unruhe und über eine polnische Gefahr und spricht von der Bedrängung des Deutschtums! Meine Herren, nun die Schule! Ist denn bei uns die Volksschule ein Bildungsinstitut, eine Bildungsanstalt im erhabenen Sinne des Wortes? Nein, sie ist geradezu eine Verbildungsanstalt, sie ist nichts weiter wie ein Abrichtungsinstitut. Den Vorwurf muss ich der Schulverwaltung in der schärfsten Weise entgegenhalten, dass sie nicht dafür Sorge trägt, was ihre Pflicht und Schuldigkeit ist, dass der Bevölkerung ihre Muttersprache, die Sprache der Familie und der Kirche, in der Schule nicht gehörig beigebracht wird, dass das polnische Kind in der Volksschule meistens nicht einmal leidlich polnisch lesen und schreiben lernen kann.

[1] Jazdzewski spielt auf die polnischen Teilungen und den Wiener Kongress von 1815 an; siehe hierzu S. 433.

[2] Die Ansiedlungskommission wurde von Bismarck 1886 mit Stimmen der Konservativen und der Nationalliberalen gegründet. Sie sollte Land von verschuldeten polnischen Bewohnern aufkaufen und günstig an deutsche Zuwanderer abgeben.

Meine Herren, das sind alles Zustände, die die polnische Bevölkerung tagtäglich vor Augen hat, und mit welchen sie tagtäglich in Berührung kommt; und da spricht nun das angezogene Ministerialorgan von einer durch Agitation gezeitigten polnischen Gefahr! Diese polnische Gefahr haben Sie sich, meine Herren am Ministertische, selbst heraufbeschworen und großgezogen. Sie ist ihr eigenstes Werk.

Zitiert nach: Willibald Gutsche (Hrsg.), Herrschaftsmethoden des deutschen Imperialismus 1897/98 bis 1917. Dokumente zur Innen- und Außenpolitik, Berlin (Ost) 1977, S. 74-76

▲ **Kinder exerzieren am Strand von Swinemünde.**
Foto von 1913.
Aus erzieherischen Gründen stiftete Kunstmaler Georg Schmitt ein Schiffsmodell, an dem Kinder und Jugendliche in Marineuniformen Soldat spielen konnten.

1. *Fassen Sie die Maßnahmen der preußischen Regierung gegen die polnische Bevölkerung zusammen und erläutern Sie die Folgen dieser Politik für die polnische Bevölkerung damals und für die späteren deutsch-polnischen Beziehungen.*

2. *Erklären Sie, weshalb die Maßnahmen der preußischen Regierung von Zeitgenossen unter dem Schlagwort „Germanisierungspolitik" zusammengefasst wurden.*

M2 Erziehung im Kaiserreich

1984 fragt der brasilianische Soziologe Emilio Willems in seiner Monografie „Der preußisch-deutsche Militarismus" nach der Rolle der Erziehung im kaiserlichen Deutschland:

Familie und Schule zusammen bemühten sich, der aufwachsenden Generation die militärischen Tugenden der Disziplin und des unbegrenzten Respekts vor Autorität einzuschärfen. Die Rolle der Eltern und Lehrer war in erster Linie auf die Aufrechterhaltung von Zucht und Ordnung gerichtet. Aber die Autorität der Eltern, Strafen aufzuerlegen, erstreckte sich auf alle Erwachsenen der Gemeinde. Es herrschte eine stillschweigende Übereinkunft, dass alle Erwachsenen – und nicht nur die Eltern – bereit sein sollten, zur Aufrechterhaltung der Disziplin aller Jugendlichen beizutragen. Zweifellos trug diese Einheitsfront von Lehrern, Eltern und allen Erwachsenen der Gemeinde mehr zur Entwicklung der disziplinarischen Grundlagen des Militarismus bei als die jährliche Runde patriotischer Veranstaltungen mit Paraden und Marschmusik oder der Geschichtsunterricht und der militärische Drill in den Turnstunden. Natürlich waren körperliche Strafen institutionalisiert, nicht nur in der Volksschule, sondern bis in die unteren und mittleren Stufen des Gymnasiums hinein. Wie bekannt bestand bis Ende des [19.] Jahrhunderts die Einrichtung des sogenannten „Karzers" in Schulen und Universitäten, ein Gefängnisraum, in dem pflichtvergessene Schüler bzw. Studenten eingesperrt wurden.

[...] Auf den ersten Blick scheint die im Gymnasium gepflegte humanistische Tradition mit ihrer einseitigen Betonung der klassischen Sprachen kaum vereinbar zu sein mit den pragmatischen Implikationen einer paramilitärischen Erziehung. Die Auswahl der Originaltexte bevorzugte indes deutlich Schriftsteller, die griechische und römische Variationen des Militarismus vertraten. Die Werke von Cäsar, Livius, Sallust, Virgil, Xenophon, Homer und Herodot lieferten die Daten zur Konstruktion einer Geschichte, die aus einer Serie von Kriegen zu bestehen schien und sich besonders zur Apotheose des heldenhaften Kriegers eignete, der sein Leben für das Vaterland opferte. Besonders betont wurde das römische Motto *dulce et decorum est pro patria mori*[1].

Emilio Willems, Der preußisch-deutsche Militarismus. Ein Kulturkomplex im sozialen Wandel, Köln 1984, S. 86 f.

1. *Vergleichen Sie die Rolle von Eltern, Lehrern und der übrigen Erwachsenenwelt in Ihrem Wohnort bei der Erziehung von Jugendlichen mit den geschilderten Verhältnissen im Kaiserreich.*

2. *Diskutieren Sie, welche (unterschiedlichen) Erziehungsziele ein späterer Historiker einmal bei der Beschreibung Ihrer Schulzeit und Jugendjahre aufführen könnte.*

[1] lat.: „Süß und ehrenvoll ist es, für das Vaterland zu sterben."

M3 Eine Untertanengesellschaft?

In dem Essay „War die Wilhelminische Gesellschaft eine Untertanengesellschaft?“ fragt der Historiker Thomas Nipperdey 1986 nach der Berechtigung dieses Begriffes:

Die deutsche Gesellschaft ist auch Untertanengesellschaft gewesen, an Autorität und Gehorsam orientiert; der Komplex des Militarismus ist keinesfalls zu verharmlosen. Weniger Repression und Korruption, wohl aber Imperialismus und Antisozialismus der Bürger selbst haben die Herrschaftsposition der alten Eliten und das alte System noch aufrechterhalten oder wenigstens bestehen lassen. Der Mangel an politisch-bürgerlicher Kultur ist eine der großen Belastungen der Weimarer Zeit gewesen. Aber: Die deutsche Gesellschaft vor 1914 war auch eine Gesellschaft des Rechts, der relativen Liberalität und der Arbeit; sie war altmodisch segmentiert und zugleich auf dem Wege zum modernen Pluralismus; sie war eine Gesellschaft der Reformen, des Abschieds vom 19. Jahrhundert und der Sozialreformen vor allem, sie war eine Gesellschaft der Kritik; sie hat sich verbürgerlicht und liberalisiert, und sie entwickelte aus sich auch das wachsende Potenzial einer kommenden Demokratie. Wenn das alles so ist, dann scheint es mir heute viel wichtiger, als gebannt [...] auf das Phänomen der Untertanen zu starren, die Krise des Obrigkeits-Untertanensystems und auch das Erneuerungspotenzial zu analysieren. Dann erst werden wir das eigentliche historische Charakteristikum der Wilhelminischen Gesellschaft und Epoche erfassen.

Thomas Nipperdey, Nachdenken über die deutsche Geschichte, München [2]1986, S. 184 f.

1. *Stellen Sie die Grundzüge der „Untertanengesellschaft“ (Z. 1) und die Grundzüge der „Gesellschaft des Rechts“ (Z. 10) einander gegenüber und überprüfen Sie beide Urteile anhand Ihrer Kenntnisse.*
2. *Erläutern Sie die Folgen dieser beiden Charakteristika der Wilhelminischen Gesellschaft für die deutsche Geschichte.*

M4 National und international

Der evangelische Pfarrer und spätere Abgeordnete der linksliberalen „Fortschrittlichen Volkspartei“ Friedrich Naumann erläutert 1899, warum aus seiner Sicht nicht alle Völker Anspruch auf Selbstbestimmung haben:

Wir müssen das „Nationalitätsprinzip“ in seinem geschichtlichen Werdegang erfassen, wenn wir es nicht töricht anwenden wollen. Es existiert keineswegs ein Recht auf Souveränität aller vorhandenen Nationen. Seit dem Römerstaat ist ein freies, unabhängiges Nebeneinander aller etwa möglichen Völker ein Unding, denn immer arbeitet seitdem der Begriff des Großstaats mit am Werden der Geschichte. Europa ist voll von Nationalitäten, die niemals wieder souverän werden: Serben, Bulgaren, Tschechen, Polen, Finnen, Slovanier[1], Griechen u. s. w. Wenn sie einmal den Schein der Unabhängigkeit gewinnen, so ist das nur auf Zeit oder eben nur Schein. Man darf deshalb auch den Zerfall Österreichs in Nationalitäten sich keineswegs als Zerfall in wirklich selbstständige Souveränitäten denken. Es hat nämlich nicht das Nationalitätsprinzip als Prinzip gesiegt, sondern einige Nationen als Mächte haben sich ein gewaltiges Übergewicht verschafft. Wenn man kleinen Nationen „Freiheit“ verspricht, so ist es, damit sie ihren Herrn wechseln. Um der Freiheit der kleinen Nationen an sich rührt keine Macht einen Finger. Die Kleinen haben das Recht, sich beschützen und verteilen zu lassen; das ist alles. [...]

Es gibt heute nur wenige Stellen auf der Erde, wo weltgeschichtliche Politik gemacht werden kann: London, Petersburg, Berlin, Paris, New York, Rom. Die Zahl dieser Zentralpunkte der Weltgeschichte wird sich schwerlich vermehren, es sei denn, dass einmal das großbritannische Reich große Verluste erleidet. Eher ist es denkbar, dass die Zahl sich noch vermindert. Schon daraus folgt, dass die Weltgeschichte nicht eine Wiederherstellung aller Nationen sein kann. Sie muss fortfahren, Nationen zu zerstören. Es fragt sich nur, welche Nationen sich erhalten können. Der politische Großbetrieb siegt. Der politische Großbetrieb ist im Allgemeinen nach der Art des alten Römerreiches konstruiert: nationaler Kern und überwundene fremde Masse. Das ist die Grundform von Großbritannien, Russland, Frankreich und Deutschland. Unsere nationale Politik bedeutet also: politischer Großbetrieb aufgrund und zu Nutzen des deutschen Volkes.

Hans Fenske (Hrsg.), Quellen zum politischen Denken der Deutschen im 19. und 20. Jh., Bd. VII: Unter Wilhelm II. 1890-1918, Darmstadt 1982, S. 178 f.

1. *Benennen Sie die Kriterien, die es laut Naumann für eigenständige Nationen gibt.*
2. *Prüfen Sie, welche Gebiete und Völker Naumann im Jahr 1899 als von Deutschland „überwundene fremde Masse“ (Z. 34) bezeichnen konnte.*
3. *Diskutieren Sie Naumanns Theorie, indem Sie die Konsequenzen seiner Theorie – falls sie stimmig wäre – entwickeln.*

[1] **Slovanier**: Gemeint sind Slowenen.

Denkmäler untersuchen

Denkmäler sind eine besondere Form von Bauwerken. Sie haben das Ziel, an ein Ereignis, Zeiträume oder Personen zu erinnern, die dem Auftraggeber oder Künstler wichtig sind. Kaum eine andere Quellengattung ist so gut geeignet für historisch-entdeckendes Lernen wie Denkmäler. Sie ermöglichen nicht nur die Beschäftigung mit der Vergangenheit. Darüber hinaus sind sie ein sichtbarer Bestandteil des kulturellen und kollektiven Gedächtnisses eines Landes. Sie führen vor Augen, dass historische Erinnerung der ständigen Veränderung unterworfen ist, und sie drücken das Geschichtsbewusstsein ihrer Entstehungszeit aus. Jeden Betrachter zwingt ein Denkmal zu einer ganz persönlichen Einschätzung. Je besser er die Entstehungsgeschichte kennt und die einzelnen Teile deuten kann, desto mehr geht die Bewertung eines Denkmals über rein subjektive Eindrücke hinaus.

Denkmäler untersuchen

Die Anlässe für die Errichtung eines Denkmals haben sich im Laufe der Jahrhunderte ebenso verändert wie die Art der Gestaltung. Je nachdem welches Kriterium zugrunde gelegt wird, lassen sich Kategorien von Denkmälern unterscheiden. Eine rein äußerliche Einteilung ist die in Denkmäler mit naturalistisch gestalteten Figuren, Baudenkmäler, Industriedenkmäler, Naturdenkmäler und abstrakt gestaltete Denkmäler. Eine andere Unterscheidungsmöglichkeit bietet die Intention eines Denkmals. Mahnmale und Erinnerungsstätten richten zum Beispiel an die Nachwelt den Auftrag, aus der Vergangenheit für die Zukunft zu lernen.

Formale Kennzeichen
- Wann wurde das Denkmal errichtet?
- An welchem Ort wurde das Denkmal errichtet?
- Welche Bedeutung haben die Umgebung und die Perspektive des Betrachters für die Wirkung des Denkmals?

Entstehungsgeschichte
- Welche Initiativgruppen haben die Errichtung des Denkmals angeregt?
- Welche Beweggründe und Ziele hatten die Initiatoren?
- Vor welchem historischen Hintergrund wurde das Denkmal errichtet?
- Welche alternativen Entwürfe wurden konzipiert?

Inhalt und Gestaltung
- An welche Persönlichkeit, an welches Ereignis, an welchen Sachverhalt soll das Denkmal erinnern?
- Wie sind die dargestellten Symbole, Formeln und Allegorien zu deuten?

Intention und Wirkung
- An welche Adressaten richtete sich das Denkmal?
- Welche Selbstaussagen von Betrachtern liegen vor?
- Welche emotionale, kognitive (den Verstand ansprechende) und politische Absicht verfolgt das Denkmal?
- In welchem Zusammenhang stehen Ort, Umgebung und Thematik des Denkmals?
- Wurde das Denkmal später verändert oder an einen anderen Platz versetzt? Wenn ja, was waren die Gründe, wer war dafür verantwortlich?

Bewertung und Fazit
- Wie lassen sich Form und Gestaltung des Denkmals einordnen und bewerten?
- Ist die beabsichtigte Wirkung des Denkmals durch die Gestaltung umgesetzt?
- Welche Funktion hatte das Denkmal in seiner Entstehungszeit? Welche Wirkung hat das Denkmal auf heutige Betrachter?

Beispiel und Analyse

Standbild der Germania
Personifikation Deutschlands mit neuer Reichskrone und Reichsschwert

Denkmalsockel mit Widmungsinschrift
„Zum Andenken an die einmuethige siegreiche Erhebung des deutschen Volkes und an die Wiederaufrichtung des Deutschen Reiches 1870-1871"

Allegorie des Friedens
Figur mit einem Lorbeerzweig in der rechten und einem Füllhorn mit Früchten in der linken Hand

Reichsadler
Symbol des Deutschen Reiches

Wappen der 25 Bundesstaaten
Das Deutsche Reich bestand seit 1870/71 aus 25 Bundesstaaten

Allegorie des Krieges
Sie trägt ein flammendes Schwert und eine Kriegsfanfare

Hauptrelief
Es zeigt über 100 fast lebensgroße Soldaten mit Kaiser Wilhelm I. in der Mitte

Liedtext „Die Wacht am Rhein"
*Das 1840 verfasste Lied galt lange Zeit als nationaler Kampfgesang; die sechste Strophe fehlt**

Rhein-Mosel-Gruppe
Mit der Übergabe des Signalhorns von Vater Rhein an seine Tochter Mosel wird die Wächterrolle vom Rhein auf die Mosel und damit die Vogesen übertragen

▲ **Das Niederwald-Denkmal bei Rüdesheim am Rhein.**
Schulwandbild von 1890.

* Zu Liedern als historische Quellen siehe S. 447ff.

Formale Kennzeichen Das Niederwald-Denkmal bei Rüdesheim wurde nach insgesamt sechsjähriger Bauzeit 1883 in Anwesenheit von Kaiser Wilhelm I. eingeweiht. Auf einem Bergvorsprung 230 Meter über dem Rhein gelegen, ist das Denkmal weithin sichtbar. Mit einer Gesamthöhe von 38 Metern wirkt es aus der Nähe monumental.

Entstehungsgeschichte Schon im November 1871 hatte sich ein Komitee zur Errichtung eines Nationaldenkmals gebildet. Nach einem Wettbewerb für das Denkmal 1872, an dem insgesamt 40 Künstler teilnahmen, erhielt der Dresdener Bildhauer Johannes Schilling den Auftrag. Mit dem Denkmal sollte an die erfolgreiche Gründung des Deutschen Reiches im Jahr 1871 erinnert werden. Zugleich sollte es die innere Reichseinigung und die Identifikation der Bevölkerung mit dem Reich fördern.

Inhalt und Gestaltung Die Widmungsinschrift verdeutlicht den Versuch, das neue Deutsche Reich an das 1806 untergegangene Heilige Römische Reich Deutscher Nation anzubinden („Wiederaufrichtung"). Dadurch soll es in einen Traditionszusammenhang gestellt und historisch legitimiert werden. Die Reichsgründung wird als Ergebnis einer Volkserhebung „von unten" dargestellt. Tatsächlich hat es keine Erhebung gegeben, sondern Preußen einte die deutschen Länder „von oben".
Auf einer horizontalen Verbindungslinie wird der Deutsch-Französische Krieg von 1870/71 beschrieben: Abschied der Krieger auf dem kleinen Seitenrelief, Allegorie des Krieges, Vereinigung des Heeres um seinen Oberbefehlshaber Wilhelm auf dem großen Hauptrelief, Allegorie des Friedens (Beendigung des Krieges), Heimkehr der Krieger auf dem zweiten Seitenrelief. Der schmerzliche Beginn der Abfolge liegt im Westen (Frankreich), das glückliche und ruhmreiche Ende dagegen im Osten (Deutschland).
Die Ergebnisse des Krieges sind auf einer vertikalen Verbindungslinie angeordnet. Von unten nach oben: die Wachablösung von Rhein und Mosel, die die Einverleibung Elsass-Lothringens, den wichtigsten Gebietsgewinn des Krieges von 1870/71, andeutet, der neue Deutsche Kaiser zu Pferd, der auffliegende Reichsadler mit preußischem Wappenschild, die Widmungsinschrift; die sich selbst krönende Germania personifiziert den Nationalstaat. Den Schnittpunkt der beiden Linien bildet Wilhelm I.

Intention und Wirkung Das Niederwald-Denkmal sollte für die Verbindung des neuen Nationalstaates mit der Dynastie der Hohenzollern werben und die innere Reichseinigung fördern. Denn in den 1880er-Jahren identifizierte man sich noch in erster Linie mit den Einzelstaaten.
Eine nachträgliche Demütigung des geschlagenen Kriegsgegners Frankreich war 1883 aber nicht mehr gewollt. So verzichteten die Schöpfer des Denkmals ganz bewusst auf eingeschmolzene französische Kanonenrohre für die Herstellung der Germania. Der Blick der Germania ist aber nach Westen, vermutlich Frankreich, gerichtet. In politischen Schriften und der Kunst des 19. Jahrhunderts wurde die Bedeutung des Rheins immer stärker mythisch aufgeladen.

Bewertung und Fazit Die Gestaltung des Denkmals schwankt zwischen einem Sieges- und einem Friedensdenkmal. Seine Absicht, im Reich einheitsstiftend zu wirken, hat das Denkmal damals nur zum Teil erreicht. Nicht zuletzt wegen der furchtbaren Folgen des Nationalismus, wie sie sich besonders in den Jahren 1933 - 1945 zeigten, und dem Streben, sich mit anderen Ländern in Europa und der Welt zu verständigen, wirkt die monumentale Darstellung der Germania heute befremdlich.

Der „Berliner Antisemitismusstreit"

Der konservative Historiker Heinrich von Treitschke löste im November 1879 mit seinem Aufsatz „Unsere Aussichten" eine rassistisch und nationalistisch aufgeladene Kontroverse über die Stellung von Juden im Deutschen Kaiserreich aus. Sie erreichte ihren Höhepunkt, als ihm der liberale Historiker Theodor Mommsen im Dezember 1880 öffentlich widersprach.

Neben Mommsen wiesen unter den Akademikern kaum Nichtjuden öffentlich Treitschkes antisemitische Aussagen zurück. Stattdessen sprachen viele Bürger Juden die kulturelle Zugehörigkeit zur deutschen Nation ab. Durch die Debatte wurden antisemitische Ideen in bildungsbürgerlichen Kreisen salonfähig.

M1 „Judenfrage"

Der Professor für Geschichte in Berlin, Heinrich von Treitschke (1834-1896), ist ein bekannter Historiker seiner Zeit. Er gehört dem Reichstag bis 1878 als Abgeordneter der nationalliberalen Partei, später als parteiloses Mitglied an. Mit seinem Aufsatz „Unsere Aussichten" eröffnet er im November 1879 den „Berliner Antisemitismusstreit":

[D]er Instinkt der Massen hat in der Tat eine schwere Gefahr, einen hochbedenklichen Schaden des neuen deutschen Lebens richtig erkannt; es ist keine leere Redensart, wenn man heute von einer deutschen Judenfrage spricht [...]. Was wir von unseren israelitischen Mitbürgern zu fordern haben, ist einfach: sie sollen Deutsche werden, sich schlicht und recht als Deutsche fühlen – unbeschadet ihres Glaubens und ihrer alten heiligen Erinnerungen, die uns Alten ehrwürdig sind; denn wir wollen nicht, dass auf Jahrtausende germanischer Gesittung ein Zeitalter deutsch-jüdischer Mischkultur folge. Es wäre sündlich zu vergessen, dass sehr viele Juden, getaufte und ungetaufte [...], deutsche Männer waren im besten Sinne, Männer, in denen wir die edlen und guten Züge deutschen Geistes verehren; es bleibt aber ebenso unleugbar, dass zahlreiche und mächtige Kreise unseres Judentums den guten Willen, schlechtweg Deutsche zu werden, nicht hegen [...].

Kaum war die Emanzipation[1] errungen, so bestand man dreist auf seinem „Schein", man forderte die buchstäbliche Parität[2] in Allem und Jedem und wollte nicht mehr sehen, dass wir Deutschen denn doch ein christliches Volk sind und die Juden nur eine Minderheit unter uns [...]. Bis in die Kreise der höchsten Bildung hinauf, unter Männern, die jeden Gedanken kirchlicher Unduldsamkeit oder nationalen Hochmuts mit Abscheu von sich weisen würden, ertönt es heute wie aus einem Munde: Die Juden sind unser Unglück!

Die harten deutschen Köpfe jüdisch zu machen, ist doch unmöglich; so bleibt nur übrig, dass unsere jüdischen Mitbürger sich rückhaltlos entschließen, Deutsche zu sein, wie es ihrer Viele zu ihrem und unserem Glück schon längst geworden sind. Die Aufgabe kann niemals ganz gelöst werden. Eine Kluft zwischen abendländischem und semitischem Wesen hat von jeher bestanden; [...] es wird immer Juden geben, die nichts sind als deutsch redende Orientalen [...]. Aber der Gegensatz lässt sich mildern, wenn die Juden, die so viel von Toleranz reden, wirklich tolerant werden und einige Pietät[3] zeigen gegen den Glauben, die Sitten und Gefühle des deutschen Volks, das alte Unbill längst gesühnt und ihnen die Rechte des Menschen und des Bürgers geschenkt hat. Dass die Pietät einem Teile unseres kaufmännischen und literarischen Judentums vollständig fehlt, das ist der letzte Grund der leidenschaftlichen Erbitterung von heute [...]. Gebe Gott, dass wir aus der Gärung und dem Unmut dieser ruhelosen Jahre eine strengere Auffassung vom Staate und seinen Pflichten, ein gekräftigtes Nationalgefühl davontragen.

Zitiert nach: Karsten Krieger (Bearb.): Der „Berliner Antisemitismusstreit" 1879-1881. Eine Kontroverse um die Zugehörigkeit der deutschen Juden zur Nation. Kommentierte Quellenedition, Bd. 1, München 2004, S. 6-16 (stark gekürzt)

[1] **Emanzipation**: bezeichnet die Befreiung aus gesellschaftlicher Abhängigkeit; hier die rechtliche Gleichstellung von jüdischen zu christlichen Bürgern, die mit der Gründung des Deutschen Kaiserreiches für alle deutschen Länder galt

[2] **Parität**: Gleichberechtigung

[3] **Pietät**: Rücksichtnahme

M2 „Glücklicherweise stehen die Sachen anders"

Der in Breslau lehrende jüdische Historiker Heinrich Graetz antwortet Treitschke am 7. Dezember 1879 in der „Schlesischen Presse":

Sie haben im Novemberheft der Preußischen Jahrbücher in einem politischen Artikel auch eine nur wenig in Baumwolle gewickelte Angriffswaffe gegen die Juden in Deutschland geschwungen. Ihr Artikel ist im Grunde nach gewissen nicht missverständlichen Wendungen eine Anklage gegen die

▶ **„Ungemüthlich.“**
Karikatur im „Kladderadatsch“ vom 28. November 1880.
Unter der Zeichnung steht „Die Antisemiten und Antiantisemiten, in Lösung der Semitenfrage begriffen.“

- *Beschreiben Sie die abgebildete Kariktaur.*
- *Untersuchen Sie, wie der Karikaturist den „Antisemitismusstreit“ wahrnahm.*
- *Beurteilen Sie, ob die Karikatur antisemitische Vorurteile kritisiert oder befördert.*

Gesamtjudenheit. [...] Der Genius des deutschen Volkes möge Ihnen verzeihen, dass sie das unüberlegte Wort ausgesprochen haben: Die Juden seien ein Unglück für das deutsche Volk. Sie stellen damit diesem Volke ein wenig schmeichelhaftes Zeugnis aus, das dieses in seiner Kernhaftigkeit mit Unwillen zurückweisen wird. Wie? 40 Millionen Deutsche sollen in Gefahr sein, von einer Handvoll Juden korrumpiert und entsittlicht zu werden? Es ist ein Schimpf, den Sie ihnen antun, wie Sie überhaupt dieses Heldenvolk beleidigen, indem Sie ihm volles Nationalgefühl absprechen. [...]

Glücklicherweise stehen die Sachen anders. Die Bewegung gegen die Juden ist keinesfalls tief und groß. Zählen oder wägen Sie die judenfeindlichen Stimmen, denen Sie sich zugesellen – auch ohne Vergleich mit den judenfreundlichen – und Sie müssen finden, dass sie ebenso vereinzelt wie wenig bedeutend sind.

Zitiert nach: Karsten Krieger (Bearb.), a. a. O., S. 96 f.

M3 Zum Kulturbegriff

Der nationalliberale jüdische Politiker und ehemalige Berater Bismarcks, Ludwig Bamberger, entgegnet Treitschkes Ausführungen 1880 mit dem Aufsatz „Deutschtum und Judentum“:

Wäre Reinheit eine besonders auszeichnende Eigenschaft in Verbindung mit dem Begriff Kultur, so müsste man allerdings der deutschen Kultur gegenüber misstrauisch werden. Denn was sollte man von einer Kultur denken, in welche die biblische Religion und Moral, die klassische Weltanschauung, die römisch-rechtlichen und römisch-staatlichen Begriffe und Institutionen, hellenische, romanische und englische Poesie und Literatur, italienische Kunst und Musik, französischer Geschmack und Gesellschaftston in so breiten Strömen sich ergossen haben; was von der Kultur einer Nation, welche unter der Weltherrschaft der Karolinger, der Hohenstaufen, der spanischen Habsburger von dem Geiste aller Nationen getränkt und unter der Verwüstung des Dreißigjährigen Krieges von den Fersen aller Nationen zertreten worden ist; was von einer Kultur, die von den italianisierten, polonisierten, französierten Höfen so stark beeinflusst worden und diesem Einfluss noch heute das barbarische Gemisch deutsch-französischer Etikettensprache verdankt?

Wäre Kultur etwas, das aus dem eigenen Urwaldboden allein gezogen wird, das Stichwort von der mehrtausendjährigen reinen deutschen Kultur enthielte eine Fiktion [...]. Zum Glück aber ist Kultur genau das Gegenteil der geradlinigen Fortzeugung eines einzigen Volksgeistes, und deutsche Kultur steht so hoch, weil sie so viel in sich aufzunehmen und zu verarbeiten vermochte. Goethe sagt einmal, dass er das meiste Shakespeare und Spinoza[1] verdanke. „Reine Kultur" hat kein Volk, selbst nicht das chinesische, und die kultiviertesten Völker haben sie am wenigsten.

Zitiert nach: Karsten Krieger (Bearb.), a. a. O., S. 235 f.

1. *Arbeiten Sie die judenfeindlichen Aussagen Treitschkes (M1) heraus.*
2. *Vergleichen Sie die unterschiedlichen Vorstellungen von „Nation“ und „Volk“ in den Texten (M1 bis M3).*
3. *Verfassen Sie eine Stellungnahme zu Treitschkes Position aus sozialdemokratischer Perspektive in Form eines Leserbriefes für eine Tageszeitung.*

[1] **Baruch de Spinoza**: niederländischer, jüdischer Philosoph des 17. Jahrhunderts

Geschichte kontrovers

Gibt es einen „deutschen Sonderweg"?

Das national eingestellte Bürgertum des Deutschen Kaiserreiches war von der Überlegenheit seiner Kultur gegenüber den liberaleren Staaten des „Westens" fest überzeugt. Es verurteilte die „Ideen von 1789" und lehnte Verfassungen des „Erbfeindes" Frankreich ebenso ab wie die der Vereinigten Staaten von Amerika.

Noch während des „Dritten Reiches" und vor allem nach dem Zweiten Weltkrieg stellten erstmals emigrierte deutsche Historiker und Sozialwissenschaftler die Frage, wie der Nationalsozialismus möglich war. In dem Zusammenhang machten sie auf die besondere Entwicklung der deutschen Nation im Vergleich zu anderen Staaten aufmerksam. Daraus entwickelte sich eine Kontroverse, die ihren Höhepunkt in den 1980er-Jahren erreichte.

M1 „Sonderwege" oder „Normalwege"?

Horst Möller vom Institut für Zeitgeschichte gibt im November 1981 auf einer Tagung Folgendes zu bedenken:

Grundsätzlich ist festzustellen: Die Diskussion über den „deutschen Sonderweg" ist immer geprägt worden durch fundamentale Erschütterungen, seien es nun Revolutionen oder Kriege. Und diese Erschütterungen haben jeweils zu spezifischen Wertungen mit politischer Pointe geführt. Solche auslösenden Erschütterungen waren die Revolutionen von 1848/49, der Erste Weltkrieg, die Revolution von 1918/19, die NS-Machtergreifung 1933 und auch das Kriegsende 1945. Ein Blick auf die Sonderwegsvorstellungen nach diesen Daten lässt jedes Mal eine Veränderung in der Bewertung erkennen. [...] Die Rede vom deutschen Sonderweg impliziert zweierlei: Einmal impliziert sie die Annahme, dass es in der Geschichte Normalwege gibt, und zweitens impliziert sie – zumindest der Intention nach – einen Vergleich, denn sonst könnte man nicht sinnvoll vom Sonderweg sprechen.

Hört der Historiker den Begriff Sonderweg einer Nation, dann antwortet er normalerweise: In der Geschichte gibt es, streng genommen, nur Sonderwege. Insofern ist es nichts Besonderes, vom „deutschen Sonderweg" zu sprechen: Jeder europäische Staat – und natürlich auch die außereuropäischen Staaten – hat gewissermaßen einen Sonderweg in die Moderne beschritten. Gerade eine tiefere historische Betrachtung demonstriert schnell: Die Prämisse eines Normalwegs ist nicht verifizierbar und außerordentlich fragwürdig. Dies umso mehr, als sie meist eine Idealisierung des vermeintlichen Normalwegs impliziert.

So etwa die Annahme, England – der Staat, in dem die moderne parlamentarische Demokratie am frühesten verwirklicht worden ist – habe den historischen Normalweg beschritten. Nun stellen die Historiker immer wieder fest: Gerade die historische Entwicklung Englands kann – verglichen mit der anderer europäischer Staaten – als Sonderweg par excellence gelten. Auch erweist sich jede Idealisierung schnell als unbegründet, wenn man sich die englische „Demokratie" des 19. Jahrhunderts vorurteilsfreier ansieht: Bis zu den letzten Wahlrechtsreformen der Achtziger Jahre war England keineswegs eine moderne Demokratie.[1] Man kann sogar sagen, das Wahlrecht des Deutschen Kaiserreichs von 1871 war während des ersten Jahrzehnts moderner als das englische. [...]

Schließlich: Es muss bei einem komparatistischen[2] Vorgehen dieser Art begründet werden, warum England und Frankreich, und nicht auch andere Staaten – beispielsweise: Spanien, Italien oder auch osteuropäische Länder – die Vergleichskriterien liefern. Ausschließliche politische Orientierung des Vergleichs an der heutigen Demokratie mittel- und westeuropäischen Zuschnitts ist zwar politisch begründbar, aber geschichtswissenschaftlich fragwürdig. Mit diesem Plädoyer für den Vergleich und der Forderung nach kritischer Reflexion über die historische Kategorie eines deutschen Sonderwegs soll nicht die Berechtigung dieser Fragestellung bestritten werden, soll keineswegs einer unangemessenen Beruhigung gegenüber der Problematik der deutschen Geschichte des 20. Jahrhunderts das Wort geredet werden. Die Frage ist unabweisbar: Warum kam es unter den west- und mitteleuropäischen Staaten einzig in Deutschland zu einer Diktatur von solch singulärer Radikalität?

Horst Möller, in: Deutscher Sonderweg – Mythos oder Realität? Ein Colloquium im Institut für Zeitgeschichte, München 1982, S. 10-12 (gekürzt)

[1] Das Wahlrecht war in England bis 1884 an Haus- und Grundbesitz gebunden, erst danach durften auch Mieter und Untermieter wählen. Bis zur Einführung des allgemeinen Männerwahlrechts 1918 blieb über ein Drittel der erwachsenen Männer von Wahlen ausgeschlossen.

[2] **komparatistisch**: vergleichend

M2 „Sonderbedingungen"

In einem Essay aus dem Jahr 1998 schreibt der 2014 verstorbene Historiker Hans-Ulrich Wehler:

1933 – das bleibt eine national- und universalhistorisch legitimierbare und weiterhin erklärungs-bedürftige Zäsur. [...] So sehr manche Vorstellung von deutschen „Eigentümlichkeiten" inzwischen infrage gestellt worden ist, bleibt doch ein Geflecht von soziostrukturellen und vor allem politischen Sonderbedingungen bestehen, die freilich ihre dramatische Wirkung erst seit der zweiten Hälfte des 19. Jahrhunderts entfaltet haben.

Der deutsche Nationalstaat wurde vergleichsweise sehr spät durch drei riskante Einigungskriege geschaffen. Die Nationsbildung konnte, genau genommen, erst seit 1871 vorankommen und erzeugte einen aggressiven, expansionistischen Nationalismus. Mit der Niederlage der 48er-Revolution und dem Erfolg in den Integrationskriegen 1864 und 1871 verband sich eine immense Aufwertung des Militärs [...]. Das Bürgertum dagegen konnte seine Zielutopie von einer „Bürgerlichen Gesellschaft" unter bürgerlicher Herrschaft nicht verwirklichen; es blieb vielmehr im Reich und in den Bundesstaaten von der Regierungsgewalt ausgeschlossen [...]. [...]

Letztlich entscheidend für den deutschen „Sonderweg" wurde aber das politische Herrschaftssystem. Denn nur in Deutschland, als einzigem westlichen Land, setzte sich mit der Reichsgründung zwanzig Jahre lang eine charismatische[1] Herrschaft in der Gestalt des Bismarckregimes durch. Die Sonderstellung der Kanzlerpersönlichkeit hat nicht nur in der formativen Phase eines soeben erst geschaffenen Staates die Grundelemente der Politischen Kultur geprägt und das kulturelle Gedächtnis besetzt. Vielmehr hat sie auch auf lange Sicht eine verhängnisvolle Anfälligkeit für überdimensionierte Führungsfiguren geschaffen [...].

All diese Phänomene waren mit wirtschaftlichen und wissenschaftlichen Spitzenleistungen durchaus vereinbar. Sie haben aber die politische Kollektivmentalität verformt und die Chancen liberaler und demokratischer Politik [..] rigoros reduziert, dagegen die plebiszitäre Akklamation und Loyalität gegenüber dem „Führer" strukturell ermöglicht. Die wenigen glücklichen Jahre der Weimarer Republik können das „Sonderweg-Argument" nicht entkräften.

Hans-Ulrich Wehler, Umbruch und Kontinuität: Essays zum 20. Jahrhundert, München 2000, S. 84-89, hier S. 87-89.

M3 Deutschlands sonderbarer Weg

Heinrich August Winkler, bis 2007 Professor für Neuere Geschichte in Berlin, geht in einem Interview von 2010 auf das Thema ein und sagt:

Bemerkenswert an der deutschen Geschichte ist, dass Deutschland die Entwicklung des Westens über viele Jahrhunderte nicht nur mitgemacht, sondern entscheidend geprägt hat, von den vormodernen Formen der Gewaltenteilung im Mittelalter – der Trennung von geistlicher und weltlicher sowie von fürstlicher und ständischer Gewalt – über die Reformation bis hin zur Aufklärung. Dann aber verweigerte sich Deutschland den politischen Konsequenzen der Aufklärung, und das ist das Spezifische des deutschen Weges. Natürlich hat es auch in anderen Ländern Abweichungen von den verschiedenen Formen der westlichen Demokratie gegeben, wie sie sich in Großbritannien, in Frankreich und den USA herausgebildet haben. In Spanien, Portugal und Italien etwa gab es starke Kräfte, die sich gegen eine Annäherung an die politischen Ideen des Westens, die Ideen der Amerikanischen Revolution von 1776 und der Französischen Revolution, aussprachen. Diese Länder aber waren nur schwach industrialisiert und ganz überwiegend agrarisch und klerikal geprägt. Deutschland dagegen zählte von der Mitte des 19. Jahrhunderts an zu den führenden Industrienationen. Dennoch hat es sich der Forderung nach einer parlamentarischen Verfassung lange entgegengestellt und seinen Bürgern den entscheidenden Anteil an der Staatsmacht verweigert.

ZEITGeschichte: 1789-1871. Die Deutschen und die Nation, Nr. 3/2010, S. 22-28; Zitat von S. 25f.

1. *Geben Sie in eigenen Worten wieder, was unter dem „deutschen Sonderweg" verstanden wird (M1 bis M3).*
2. *Erläutern Sie Wehlers Position (M2). Welche „überdimensionierten Führungsfiguren" (Zeile 31) meint er?*
3. *Vergleichen Sie die Aussagen der Historiker (M1 bis M3). Welche überzeugt Sie? Begründen Sie Ihr Urteil.*

[1] **Charisma**: besondere Ausstrahlungskraft einer Person

Kompetenzen erweitern – vertiefen – anwenden

Nation – Nationalismus – Nationalstaat

Die „Deutsche Frage“ im 19. Jahrhundert

Sachkompetenz

1. *„Freiheit – Gleichheit – Brüderlichkeit“! Weisen Sie nach, dass diese zentralen Begriffe die Auffassung von einer politischen Nation charakterisieren.*
2. *Der Historiker Hagen Schulze beschreibt die Haltung der europäischen Staatsmänner während und nach dem Wiener Kongress folgendermaßen:*
   Man hatte in Abgründe geblickt, man war mit dem Schrecken davongekommen und sich in einem [...] einig: Eine Revolution durfte es in Europa nie wieder geben – und die Idee des durch die Nation legitimierten Staates war das revolutionäre Prinzip *par excellence*[1].
   Erläutern Sie, inwiefern die „Idee des durch die Nation legitimierten Staates“ für die Monarchen eine Bedrohung darstellt, und überprüfen Sie die Durchsetzbarkeit dieses Vorhabens, eine Revolution zu verhindern.
3. *Die Kokarde wurde auch auf dem Hambacher Fest getragen. Erläutern Sie, weshalb Träger dieses Symbol wählten.*

▲ **Kokarde, um 1832.**
Als Abzeichen politischer Zugehörigkeit verbreitete sich die Kokarde seit der Französischen Revolution rasch.

Einigkeit und Recht und Freiheit
Für das deutsche Vaterland!
Danach lasst uns alle streben
Brüderlich mit Herz und Hand!
Einigkeit und Recht und Freiheit
Sind des Glückes Unterpfand –
Blüh' im Glanze dieses Glückes,
Blühe, deutsches Vaterland!

August Heinrich Hoffmann von Fallersleben, „Das Lied der Deutschen“, 1841, dritte Strophe

4. *Ordnen Sie das 1841 von August Heinrich Hoffmann von Fallersleben auf Helgoland verfasste „Lied der Deutschen“, dessen dritte Strophe heute unsere Nationalhymne bildet, in seine Entstehungszeit ein.*
5. *Erläutern Sie, wie das Lied die politische Situation im Deutschen Bund beschreibt.*

Urteilskompetenz

In der Debatte um die Grenzen des Deutschen Reiches lehnte die Mehrheit der Abgeordneten in der Paulskirche 1848 die großdeutsche Lösung ab und entschied sich für ein kleindeutsches Reich. Beurteilen Sie diese Entscheidung mit Blick auf die Nationalidee.

„Volk“ und „Nation“ im Deutschen Kaiserreich

Sachkompetenz

1. *Nationale Einheit – Freiheit im Innern – Freiheit nach außen! Erläutern Sie, wie diese Forderungen im Laufe des 19. Jahrhunderts ihre Bedeutung und Gewichtung änderten.*
2. *Vergleichen Sie die Verfassungen von 1849 und 1871 und erläutern Sie die entscheidenden Unterschiede (siehe Seite 145 und 166).*

◄ **„Germania.“**
Malerei auf einem Transparent (482 x 320 cm) von Philipp Veit aus der Frankfurter Paulskirche, 1848 (siehe auch S. 130).

[1] **par excellence**: in höchster Vollendung, beispielhaft; das Zitat stammt aus Hagen Schulze, Staat und Nation in der europäischen Geschichte, München 1994, S. 210

Urteilskompetenz

Das folgende Gedicht – hier die erste und die letzte Strophe – schrieb Georg Herwegh, der 1848 aktiv an der Revolution teilgenommen hatte, zum 25. Jahrestag des 18. März:

Achtzehnhundert vierzig und acht,
Als im Lenze das Eis gekracht,
Tage des Februar, Tage des Märzen,
Waren es nicht Proletarierherzen,
Die voll Hoffnung zuerst erwacht
Achtzehnhundert vierzig und acht?

Achtzehnhundert siebzig und drei,
Reich der Reichen, da stehst du, juchhei!
Aber wir Armen, verkauft und verraten,
Denken der Proletariertaten.
Noch sind nicht alle Märze vorbei,
Achtzehnhundert siebzig und drei.[1]

1. *Verwenden Sie Herweghs Text für eine Stellungnahme zur Reichsgründung, in der Sie die Perspektive der unteren Bevölkerungsschichten in den Mittelpunkt stellen.*
2. *Der Historiker Heinrich August Winkler schreibt:*
   „Die Nationsbildung begann nicht mit der Gründung des deutschen Nationalstaates, und sie hörte mit ihr nicht auf. Sie trat vielmehr in ein neues Stadium."[2]
   Erörtern Sie diese These.
3. *Stellen Sie am Beispiel der als „Reichsfeinde" proklamierten Gruppen dar, welche Bedeutung die Segregation von Minderheiten für eine Gesellschaft haben kann.*
4. *Der Soziologe Max Weber urteilt 1917:*
   „Was war [...] Bismarcks politisches Erbe? Er hinterließ eine Nation ohne alle und jede politische Erziehung [...]. Und vor allem eine Nation ohne allen und jeden politischen Willen, gewohnt, dass der große Staatsmann an ihrer Spitze für sie die Politik schon besorgen werde."[3]
   Erörtern Sie dieses Urteil.

H *Beziehen Sie sich für Ihre Erörterung auch auf die Verfassung des Kaiserreiches.*

Tipp!
Für die Analyse von Historiengemälden vgl. den Methoden-Baustein *auf S. 151-153.*

Methodenkompetenz

1. *Analysieren Sie, aus wessen Sicht das Historiengemälde auf Seite 158 die Kaiserproklamation darstellt.*
2. *Formulieren Sie einen alternativen Titel für dieses Gemälde.*

Handlungskompetenz

Vergleichen Sie Veits „Germania" mit der von Kaulbauch und entwerfen Sie eine moderne Germania-Darstellung, in der sich ihre Assoziationen zur deutschen Geschichte widerspiegeln.

▸ **„Deutschland – August 1914."**
Gemälde (192 x 147 cm) von Friedrich August von Kaulbach, 1914.

[1] Zitiert nach: http://gutenberg.spiegel.de/buch/georg-herwegh-gedichte-1197/79 [Zugriff am 20. April 2015]
[2] Heinrich August Winkler, Der lange Weg nach Westen, Bd. 1: Deutsche Geschichte vom Ende des Alten Reiches bis zum Untergang der Weimarer Republik, München 2000, S. 215
[3] Zitiert nach: Gerhard A. Ritter (Hrsg.), Das Deutsche Kaiserreich 1871 - 1914. Ein historisches Lesebuch, Göttingen 1975, S. 262

Die Zeit des Nationalsozialismus – Voraussetzungen, Herrschaftsstrukturen, Nachwirkungen und Deutungen

▼ **Jüdisches Museum Westfalen, Dorsten.**
Foto von 2014.
Das 1992 eröffnete Museum informiert über die Jahrhunderte alte Geschichte jüdischer Gemeinden in Westfalen.

▲ **Mahnmal der KZ-Gedenkstätte Niederhagen/Wewelsburg.**
Foto von 2003.
Zwischen 1939 und 1945 gab es im Konzentrationslager Niederhagen/Wewelsburg etwa 3 900 Häftlinge, nachweislich starben davon 1 285. Für die Opfer der Gewaltherrschaft wurde im Jahr 2000 dieses Mahnmal in Form eines Häftlingswinkels aus Natursteinen auf dem ehemaligen Appellplatz des KZ eingeweiht.

▲ **Wandbeschriftungen in einer Zelle für Gestapo-Häftlinge im NS-Dokumentationszentrum in Köln.**
Foto von 2007.
In dem 1988 von der Stadt eingerichteten Museum wird die Geschichte des Nationalsozialismus in Köln erforscht und präsentiert.

▼ **„Unsere Väter, unsere Mütter"**
Szene aus der dreiteiligen Serie „Unsere Mütter, unsere Väter", die 2013 vom ZDF ausgestrahlt wurde und den Zweiten Weltkrieg aus der Sicht von fünf um 1920 geborenen Freunden aus Berlin erzählt.

Mit der „Machtergreifung" der Nationalsozialisten 1933 wurde die erste deutsche Demokratie zerstört und ein Weg beschritten, der als Vernichtungskrieg eine neue furchtbare Qualität erreichte und im industriellen Massenmord an den europäischen Juden gipfelte. Die NSDAP wurde in der Weimarer Republik während einer Phase wirtschaftlicher Krisen populär und baute auf verbreitete antirepublikanische und antisemitische Ressentiments, gelangte aber dennoch ohne eine politische Mehrheit an die Macht. Erst durch eine Kombination aus Terror, sozialpolitischen Maßnahmen, politischen Erfolgen und Propaganda fand der Nationalsozialismus fast uneingeschränkten Rückhalt in der deutschen Bevölkerung.
Die zwölf Jahre der nationalsozialistischen Gewaltherrschaft prägen nachhaltig die deutsche Geschichte des 20. Jahrhunderts. Auch siebzig Jahre nach dem Ende des Zweiten Weltkrieges ist die Auseinandersetzung mit dem Nationalsozialismus, mit seinen historischen Bedingungen und Ausprägungen lebendig. Dabei verlief die Erinnerung an den Nationalsozialismus und der Frage nach Verantwortung für Gewaltherrschaft, Terror und Massenmord in Etappen und in beiden deutschen Staaten mit unterschiedlicher Gewichtung. Die Erinnerung wird die Deutschen auch in Zukunft beschäftigen, denn erst in der Distanz erhält das „Gebirge an Schuld, das die Deutschen in den Jahren 1933 bis 1945 aufgehäuft haben [...] klarere Konturen", so der Historiker Norbert Frei.

In diesem Kapitel können folgende Kompetenzen erworben werden:

▶ Sach- und Urteilskompetenz

- Sie erarbeiten die Gründe für das *Scheitern der Weimarer Demokratie* im Zusammenhang mit dem *Aufstieg des Nationalsozialismus*.
- Sie charakterisieren den Weg in die *totalitäre Herrschaft*.
- Sie setzen sich mit der *nationalsozialistischen Ideologie und ihrer Funktion im Herrschaftssystem* auseinander.
- Sie erklären das Verhältnis von realer Politik und öffentlicher Darstellung anhand der *NS-Wirtschafts- und Außenpolitik*.
- Sie erläutern den Zusammenhang von *Vernichtungskrieg und Völkermord*.
- Sie erarbeiten unterschiedliche *Formen des Widerstands*.
- Sie beschäftigen sich mit der Frage nach *Handlungsspielräumen* sowie der Frage nach *Schuld und Verantwortung*.
- Sie beurteilen die *Vergangenheitspolitik der beiden deutschen Staaten* und differenzieren die unterschiedlichen *Formen der Erinnerung an die NS-Gewaltherrschaft*.

▶ Methodenkompetenz

Drei Methoden stehen in diesem Großkapitel im Fokus:

- Politische Plakate analysieren
- mit Sekundärliteratur umgehen
- einen Essay verfassen

▶ Handlungskompetenz

- Sie beziehen differenziert Position zu Debatten über *Erklärungsansätze zum Nationalsozialismus*.
- Sie entwickeln eigene Beiträge zur *Erinnerung an die NS-Herrschaft*.

Politische und ideologische Voraussetzungen des Nationalsozialismus

▲ **Wahlkampfveranstaltung der SPD im Berliner Lustgarten.**
Foto von 1930.

Orientierung ■ Das Weimar-Bild im „Dritten Reich" war geprägt von der Rhetorik der nationalsozialistischen Propaganda, in der die Republik als Produkt der „Novemberverbrecher", als ein national entehrtes und durch die Herrschaft von Juden und Marxisten korrumpiertes Staatsgebilde bezeichnet wurde. Auch nach dem Zweiten Weltkrieg sah sich der erste demokratische Verfassungsstaat auf deutschem Boden mit vielen Vorurteilen konfrontiert. Er wurde überwiegend als Wegbereiter der Hitlerdiktatur wahrgenommen.

Dies führte in der deutschen Geschichtswissenschaft der 1950er-Jahre zu einer vorrangigen Behandlung der Endphase der Weimarer Republik. Die Frage nach den entscheidenden Gründen für die „Machtergreifung" durch die Nationalsozialisten stand im Vordergrund. Die spätere Forschung sah darin eine unzulässige Verengung der historischen Perspektive und untersuchte verstärkt, welche strukturellen Schwächen die Republik von ihrer Gründung an belasteten: Weltanschauungs- und Interessenparteien, die sich selten zu konstruktiver Regierungsarbeit bereit erklärten; ein Offizierskorps ohne demokratische Gesinnung; eine Justiz, die sich, wie die Universitäten und Gymnasien, weiterhin an den konservativen und nationalistischen Wertvorstellungen der Kaiserzeit orientierte; schließlich wirtschaftliche Herausforderungen, die die Existenz weiter Bevölkerungsschichten bedrohten und das Vertrauen in den Staat zerstörten. Zu den größten Belastungen gehörte zweifellos auch die Weigerung, den Ausgang des Ersten Weltkrieges und den verhassten Versailler Vertrag zu akzeptieren.

Man darf jedoch auch nicht übersehen, dass die erste deutsche Demokratie schwierige innen- und außenpolitische Probleme erfolgreich meisterte. Dazu gehörte die Wiedereingliederung von Millionen Soldaten in Gesellschaft und Beruf, die Überwindung der außenpolitischen Isolation durch den Vertrag von Locarno und die Aufnahme Deutschlands in den Völkerbund.

9.11.1918
Ausrufung der Republik durch Philipp Scheidemann

30.12.1918
Gründung der Kommunistischen Partei Deutschlands (KPD)

18.1.1919 - 21.1.1920
Beginn der Pariser Friedenskonferenz

11.2.1919
Die Nationalversammlung wählt Friedrich Ebert in Weimar zum ersten Reichspräsidenten

28.6.1919
Unterzeichnung des Versailler Friedensvertrages

1920
Die NSDAP gibt sich ihr erstes Parteiprogramm

13.-17.3.1920
Kapp-Putsch

26.8.1921
Die Organisation Consul ermordet Matthias Erzberger

24.6.1922
Mord an Walther Rathenau

11.1.1923
Frankreich und Belgien besetzen das Ruhrgebiet als Pfand für unerfüllte Reparationszahlungen („Ruhrkampf")

Oktober 1923
Separatistische Bewegu gen im Rheinland und i der Pfalz scheitern

8./9.11.1923
Der Hitler-Putsch in München wird von d Polizei niedergeschla

1925
Eingliederung der SA in die NSDAP; Gründung der SS

1918 | 1919 | 1920 | 1921 | 1922 | 1923 | 1924 | 19

◂ **Das Deutsche Reich zur Zeit der Weimarer Republik.**

Der Wechsel zwischen Fortschritt und Stagnation, das erbitterte Ringen um die Demokratie, die Blütezeit in Kunst und Kultur auf der einen und das wirtschaftliche, politische und soziale Chaos auf der anderen Seite – dies sind die Faktoren, die die Epoche der Weimarer Republik als Epoche der Gegensätze kennzeichnen. Dabei war das Scheitern der ersten deutschen Demokratie eine historische Erfahrung, aus der schon die Gründerväter der Bundesrepublik wegweisende Lehren zogen.

Das nächste Kapitel behandelt vor allem folgende Fragen:
- *Mit welchen Schwierigkeiten sah sich die Republik zum Zeitpunkt ihrer Entstehung konfrontiert?*
- *Wie trugen innen- und außenpolitische Faktoren in den Folgejahren zur Stabilisierung und zur Destabilisierung der Weimarer Republik bei?*
- *Wo sind die Gründe für das Scheitern der ersten deutschen Demokratie zu suchen?*

1928
SPD, Zentrum und bürgerlich-liberale Parteien bilden die Große Koalition

1930
Die Große Koalition, die letzte Regierung mit einer Mehrheit im Parlament, zerbricht

ab 29.3.1930
Heinrich Brüning regiert als Kanzler des ersten Präsidialkabinetts mit Notverordnungen, ohne Mehrheit im Parlament

14.9.1930
Reichstagswahl mit deutlichem Stimmenzuwachs der republikfeindlichen Parteien

31.7.1932
Die NSDAP wird bei den Reichstagswahlen zur stärksten Partei

30.1.1933
Adolf Hitler wird Reichskanzler einer Koalitionsregierung

1926 1927 1928 1929 1930 1931 1932 1933

Belastungen und Herausforderungen, Träger und Gegner der Weimarer Republik

Literaturtipp:
Gunther Mai, Die Weimarer Republik, München ²2014

Belastete Friedensordnung: „Versailles" als Diffamierungsparole Am 18. Januar 1919 wurde in Versailles bei Paris die Friedenskonferenz ohne Beteiligung der Besiegten eröffnet. Auf ihr sollte die Nachkriegsordnung in Europa festgelegt werden. Am 7. Mai 1919 wurde der deutschen Delegation der fertige Vertrag mit 440 Artikeln, darunter die Völkerbundsatzung, vorgelegt: Deutschland verlor im Westen, Osten und Norden des Reiches 13 Prozent des Staatsgebietes sowie rund zehn Prozent der Bevölkerung. Es musste alle seine Kolonien aufgeben und weitgehende militärische Beschränkungen akzeptieren. Ferner sollten für die Kriegsschäden der anderen Mächte Ausgleichszahlungen (Reparationen) in noch festzulegender Höhe erbracht werden.

Die Bestimmungen des Friedensvertrages lösten in der deutschen Öffentlichkeit Empörung und Proteststürme aus. Vor allem der Artikel 231 des Vertrages, der sogenannte *Kriegsschuldartikel*, wurde in Deutschland als moralische Ächtung des ganzen Volkes empfunden.*

Als die deutschen Einsprüche erfolglos blieben, trat die Regierung um **Philipp Scheidemann** im Juni 1919 zurück. Um das Ultimatum der Alliierten zu erfüllen, wurde die neue Regierung von der *Nationalversammlung* beauftragt, den Vertrag zu unterschreiben. Den Politikern, die sich unter dem Druck der Verhältnisse dazu bereit erklärt hatten, gestanden anfänglich alle Parteien ehrenhafte Motive zu. Doch schon bald wurde der Versailler Vertrag von der äußersten Rechten bis hin zur Sozialdemokratie wegen des Kriegsschuldartikels und der umfangreichen Reparationen als ein „Diktat"- und „Schandfriede" abgelehnt. Republikfeindliche Kräfte nutzten die Vorbehalte der Bevölkerung aus, um mit Kampfparolen wie „Heerlos! Wehrlos! Ehrlos!" gegen die Republik zu hetzen und die „Erfüllungspolitiker" zu beschimpfen. „Versailles" wurde zur Diffamierungsparole schlechthin, die Republik für die Belastungen des Friedensvertrages verantwortlich gemacht.

Der Vorwurf der „Erfüllungspolitik" wurde von den Rechten in den folgenden Jahren gegen alle außenpolitischen Schritte der Regierung erhoben, die auf die Einhaltung oder Neuregelung der Vertragsbestimmungen zielten.

Philipp Scheidemann (1865-1939): SPD-Politiker; unter Max von Baden 1918 Staatssekretär; 1919 Reichskanzler

Republikaner ohne Mehrheit? Innenpolitisch sah sich die Republik weiteren Belastungen und Herausforderungen ausgesetzt. Von Anfang an waren im Reichstag nicht nur staatstragende, demokratisch gesinnte Politiker vertreten. Nur drei der zahlreichen Parteien bekannten sich ausdrücklich zur parlamentarisch-demokratischen Republik und hatten maßgeblich an der Weimarer Verfassung mitgearbeitet: die SPD, die DDP und das Zentrum – die Parteien der *Weimarer Koalition*.

Die SPD ging bei den Wahlen zur Nationalversammlung 1919 und bei den Reichstagswahlen bis 1930 jeweils als stärkste Kraft hervor, erreichte jedoch nie die absolute Mehrheit. Bis zum Ende der Republik war sie auf Reichsebene mit wenigen Ausnahmen in der Opposition.

Die linksliberale DDP vertrat vor allem das Bildungsbürgertum, Kaufleute, Beamte und Angestellte. Neben der SPD war sie die Partei, die sich am entschiedensten zur Weimarer Republik bekannte. Mit **Walther Rathenau** stellte die DDP 1922 den Außen-

Walther Rathenau (1867-1922, ermordet): Großindustrieller und liberaler Politiker, 1918 Mitbegründer der DDP, 1921 Reichsminister für Wiederaufbau, 1922 Reichsaußenminister

* Vgl. dazu S. 461.

minister. Schon ab 1920 verlor sie jedoch in großem Maß Stimmen und sank zur Splitterpartei ab. Das Zentrum war die Partei des politischen Katholizismus. Ihr kam eine bedeutende Stellung zu, da sie sich für alle sozialen Schichten einsetzte und sie mit fast allen Parteien koalitionsfähig war. Von 1919 bis 1932 war sie in nahezu jeder Reichsregierung vertreten. 1920 entstand mit der Bayerischen Volkspartei (BVP) die bayerische Variante des Zentrums.

Bereits bei den ersten Reichstagswahlen am 6. Juni 1920 verlor die Weimarer Koalition jedoch ihre Mehrheit und erreichte sie danach auf Reichsebene nicht mehr.

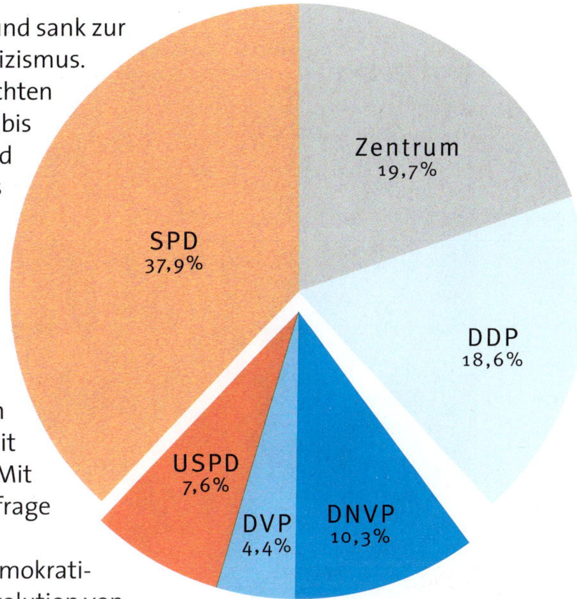

▲ **Ergebnis der Wahlen zur Nationalversammlung 1919.** *SPD, Zentrum und DDP bildeten die sogenannte „Weimarer Koalition". Die KPD trat nicht zur Wahl an.*

Gegner der Republik Die links- und rechtsradikalen Gruppierungen und Parteien bekämpften den Parlamentarismus von Anfang an mit allen Mitteln – wenn auch mit unterschiedlichen Zielvorstellungen. Mit ihrer Kompromisslosigkeit stellten sie die Arbeit des Parlaments infrage und gefährdeten die politische Stabilität der Republik (▸ M1).

Die KPD und die linkssozialistische *USPD* (Unabhängige Sozialdemokratische Partei Deutschlands) lehnten die Republik ab, weil ihnen die Revolution von 1918/19 nicht weit genug gegangen war. Sie betrachteten alle Gegner der **Räterepublik**, besonders die SPD, als „Handlanger des Kapitalismus", da deren Zusammenarbeit mit den alten Eliten die notwendige revolutionäre Umgestaltung Deutschlands verhindert habe.

Die rechtskonservative *DNVP* (Deutschnationale Volkspartei) war ein Sammelbecken völkisch-nationalistischer, konservativer Kreise. Nach 1928 rückte die Partei stark nach rechts und kooperierte mit der NSDAP, an die sie seit 1930 viele Wähler verlor. Als verbindendes Element für die unterschiedlichen Interessen ihrer Wählerschaft diente der DNVP bereits früh der *Antisemitismus*. Zu den Sympathisanten der radikalen Rechten zählten die Anhänger des Kaiserreiches, vor allem Offiziere, Professoren, Richter, Unternehmer und Landwirte. Die einen fürchteten um Einfluss und Vorteile, die sie im Kaiserreich hatten geltend machen können, die anderen sahen in der Demokratie nur eine verachtenswerte Herrschaft der Masse (▸ M2).

Räterepublik: Herrschaftsform, die eine direkte Demokratie mithilfe von Räten verwirklichen will. Die Räte werden auf verschiedenen Ebenen gewählt bis hin zum Zentralrat. Sie sind an die Weisungen der Wähler gebunden und vereinen gesetzgebende, ausführende und rechtsprechende Gewalt auf sich.

Angriffe von links und rechts Zu den „Kampfmitteln" der Links- und Rechtsradikalen gehörten Verleumdungen führender Politiker, Streiks und Straßenkämpfe, aber auch politische Morde (▸ M3). Nach der Unterzeichnung des Versailler Friedensvertrages und dem Beginn der Reparationszahlungen häuften sich Attentate radikaler Rechter auf die „Erfüllungspolitiker" und „Novemberverbrecher".

Illegale Nachfolgeorganisationen der seit 1920 verbotenen **Freikorps** agierten als Kampfbünde unter Tarnnamen weiter. Am berüchtigtsten war die *„Organisation Consul"* (OC). Am 26. August 1921 ermordeten Angehörige der OC *Matthias Erzberger*, den ehemaligen Reichsfinanzminister und Unterzeichner des Waffenstillstandsabkommens von 1918. Als am 24. Juni 1922 Außenminister Walther Rathenau Opfer eines Anschlages wurde, sollte mit einem „Gesetz zum Schutz der Republik" den Terrorgruppen Einhalt geboten werden. Die erhoffte Wirkung blieb jedoch aus, da die Justizbehörden Mordanschläge von links und rechts nicht gleichermaßen verfolgten. Das national gesinnte Bürgertum brachte den brutalen Ausschreitungen häufig sogar Verständnis entgegen und verhalf Attentätern zur Flucht.

Freikorps: überwiegend extrem antirepublikanische und antikommunistische paramilitärische Verbände. Sie gehörten nicht zu den regulären Truppen und bestanden aus ehemaligen Berufssoldaten, Abenteurern, Studenten oder Schülern, meist Männer, die nach dem Krieg kein Zuhause und keine Arbeit hatten und nicht in ein ziviles Leben zurückgefunden hatten.

▲ **„Hochverrat vor dem Reichsgericht."**
Karikatur von Gerhard Holler aus der Beilage zum Berliner Tageblatt „Ulk", 1927. Die Bildunterschrift zu den linksgerichteten Angeklagten lautet: „Ich werde die Republik vor Ihnen zu schützen wissen!" Die rechten Uniformierten werden angesprochen mit: „Ich werde Sie vor der Republik zu schützen wissen!"

Neue Staatsform, alte Eliten Selbst Gesetze konnten den rechten Terror nicht stoppen. Nahezu alle Richter aus dem Kaiserreich blieben in ihren Ämtern. Viele Urteile zeigten ihre Abneigung gegen die Republik. Attentäter von rechts konnten vor Gericht mit weitgehendem Entgegenkommen und milden Strafen für ihre „nationale Tat" rechnen, während Terroranschläge von links mit der vollen Härte des Gesetzes geahndet wurden.

Wie in der Justiz konnten sich auch in der Reichswehr die alten Eliten an der Macht halten. Sie blieb ein „Staat im Staate". Bei Putschversuchen von links ging sie mit aller Konsequenz vor, wie etwa beim **Spartakus-Aufstand** im Januar 1919. Bei Angriffen von rechts hielt sie sich weitgehend zurück. Dies zeigte sich bei dem Putsch einer Gruppe um die führenden Vertreter der rechtsextremen antirepublikanischen Bewegung, General Erich Ludendorff* und *Wolfgang Kapp*. Sie unternahmen mit der Unterstützung von Freikorps vom 13. bis 17. März 1920 einen Umsturzversuch (*Kapp-Putsch*), der jedoch scheiterte. Die meisten Reichswehrkommandeure standen zwar dem Putsch ablehnend gegenüber, setzten aber die Reichswehr nicht zum Schutze des Staates ein. Angeblich wollten sie verhindern, dass Reichswehreinheiten aufeinander schießen müssten.

In der überwiegend monarchistisch-konservativ geprägten Beamtenschaft, bei den Führungskräften der Wirtschaft sowie an den Universitäten herrschten antidemokratische und antirepublikanische Ressentiments vor. 1934 schrieb die SPD rückblickend: „Dass sie den alten Staatsapparat fast unverändert übernahm, war der schwere historische Fehler, den die deutsche Arbeiterbewegung beging."

Haltung des Bürgertums Nicht nur die alten Eliten, auch große Teile des Besitz- und Bildungsbürgertums wollten die Weimarer Republik nicht akzeptieren. Ein Großteil der Deutschen, die sich in den ersten Jahren und der relativ stabilen Phase von 1924 bis 1929 zur parlamentarischen Demokratie bekannten, waren sogenannte „Vernunftrepublikaner" – Bürger, die eigentlich loyal zur Monarchie gestanden hatten, nach der erfolgreichen Revolution aber bereit waren, die junge Demokratie zu unterstützen. In den Krisenjahren der Republik ab 1929 wandelte sich die latente Republikfeindschaft in offene Ablehnung. Viele wandten sich den radikalen rechten Parteien zu.

Typisch für diese Haltung war die DVP – neben DDP, DNVP und dem Zentrum eine der sogenannten „bürgerlichen" Parteien. Sie war in den Anfangsjahren noch monarchistisch und republikfeindlich geprägt. **Gustav Stresemann** brachte sie auf einen demokratischen und republikanischen Kurs. Nach seinem Tod tendierte die DVP immer stärker nach rechts, blieb jedoch im Vergleich zur DNVP und der ab 1924 kandidierenden rechtsradikalen NSDAP gemäßigt und sank 1932 zur Bedeutungslosigkeit herab.

Separatistische Bewegungen im Reich Innenpolitische und wirtschaftliche Schwierigkeiten ließen die schon seit 1919 schwelenden separatistischen Bewegungen erneut aufflammen. Die Parole „Los vom Reich" war in vielen Teilen der Republik zu hören. Von

Spartakus-Aufstand: initiiert vom Spartakusbund, einer Gruppe radikaler Sozialisten, die den Kern der Ende Dezember 1918 gegründeten KPD bildete. Der Aufstand wurde von Freikorps und Regierungstruppen blutig niedergeschlagen. Die Wortführer Rosa Luxemburg und Karl Liebknecht wurden nach ihrer Verhaftung von Offizieren ermordet.

Gustav Stresemann (1878-1929): 1918 Mitbegründer der DVP, 1919/20 Mitglied der Nationalversammlung, 1923 Reichskanzler, 1923-1929 Außenminister, erhielt 1926 den Friedensnobelpreis

* Siehe zu General Erich Ludendorff S. 77.

den französischen Besatzungstruppen wurden diese Aktivitäten unterstützt, weil sich die Regierung in Paris davon den schon lange gewünschten rheinischen Pufferstaat erhoffte. In den Monaten August bis November 1923 besetzten bewaffnete separatistische Gruppen die Rathäuser der meisten großen Städte im Rheinland und in der Pfalz. Im Oktober wurden die Rheinische Republik und die Autonome Pfalz ausgerufen. Die Mehrheit der Bevölkerung stand diesen Bewegungen jedoch ablehnend gegenüber und bereitete ihnen bald ein Ende.

▲ Satirische Bronzemedaille zum Hitler-Putsch.
Die Medaille hat der radikal-nationalistisch eingestellte Münchner Medailleur Karl Xaver Goetz 1923 gestaltet.
- *Mit der Prägung macht sich Goetz über das „Münchener Theater" lustig. Erklären Sie seine Haltung.*

Eine deutsche Oktoberrevolution In Sachsen und Thüringen traten im Oktober 1923 kommunistische Minister in die SPD-Landesregierungen ein. Auf Weisung der sowjetischen Regierung in Moskau rüstete die KPD ihren Kampfbund, die „Proletarischen Hundertschaften", militärisch auf und bereitete ihn auf eine deutsche Oktoberrevolution vor. Die Reichsregierung forderte die Regierungen von Sachsen und Thüringen ultimativ auf, die „Proletarischen Hundertschaften" aufzulösen und die kommunistischen Minister zu entlassen, da sie zum bewaffneten Aufruhr aufgerufen hatten. Als sich der sächsische Ministerpräsident *Erich Zeigner* weigerte, verhängte Berlin unter Anwendung des Artikels 48 die Reichsexekution und ließ Reichswehreinheiten einmarschieren. Zeigner wurde seines Amtes enthoben. In Thüringen traten daraufhin die kommunistischen Minister zurück.

Der Hitler-Putsch in München In Bayern erfreute sich die Republik von Weimar von Anfang an keiner großen Beliebtheit. Ehemalige Freikorps-Führer und rechtsradikale Prominenz, wie Ludendorff und weitere Akteure des gescheiterten Kapp-Putsches, fanden dort ein neues Betätigungsfeld. Unter dem Einfluss rechtskonservativer und republikfeindlicher Kräfte betrieb die bayerische Regierung eine gegen Berlin gerichtete Politik. So wurde das Freikorps-Verbot nicht oder nur nachlässig umgesetzt und die noch unbedeutende NSDAP unter ihrem Vorsitzenden **Adolf Hitler** geduldet, obwohl sie aufgrund des Republikschutzgesetzes hätte verboten werden müssen.

1919 war Adolf Hitler der kurz zuvor in München gegründeten *Deutschen Arbeiterpartei* (DAP) beigetreten, die sich 1920 in NSDAP umbenannte. Mit gehässigen Reden gegen die Republik und maßloser Hetze gegen die Juden machte Hitler die Partei bald zum Tagesgespräch in München (▸ M4). Im Herbst 1923 wollte Hitler nach dem Vorbild des italienischen Faschisten *Benito Mussolini* einen „Marsch auf Berlin" durchführen. Am 8. November 1923 erklärte er auf einer republikfeindlichen Veranstaltung im Münchener Bürgerbräukeller den Ausbruch der „nationalen Revolution" und die Absetzung der Reichsregierung. Am folgenden Tag unternahm er mit General Ludendorff einen Demonstrationszug zur Feldherrnhalle, um die Bevölkerung für seine Umsturzpläne zu gewinnen (*Hitler-Putsch*). Doch die Landespolizei stoppte den Zug mit Waffengewalt. Hitler erhielt fünf Jahre Festungshaft, wurde jedoch bereits nach neun Monaten wieder entlassen. Ludendorff wurde freigesprochen.

Nach seiner Haftzeit änderte Hitler nicht sein Ziel, sondern nur die Taktik: 1925 gründete er die NSDAP unter seiner uneingeschränkten Führerschaft neu und versuchte nun, durch die Schaffung einer Massenbasis die Regierung auf legalem Wege zu übernehmen.

▸ **Geschichte In Clips:**
Zum Hitler-Putsch siehe Clip-Code 4677-15

Adolf Hitler (1889-1945, Selbstmord): nach frühem Scheitern als Künstler 1914 freiwillige Teilnahme am Ersten Weltkrieg in bayerischem Regiment, Verwundung und Auszeichnung, 1919 Propagandist der DAP, seit 1920 NSDAP; 1921 Vorsitzender der Partei, 1923 Hitler-Putsch und Festungshaft, 1925 Neugründung der NSDAP und Aufstieg zur Massenpartei, 1933 Ernennung zum Reichskanzler, ab 1934 „Führer und Reichskanzler"

◂ **„Unser tägliches Brot.“**
Karikatur (19 x 20 cm) von Erich Schilling aus dem „Simplicissimus“ vom 17. Januar 1923.
- *Erläutern Sie, wie der Karikaturist die Folgen der Inflation kommentiert.*

Weitere Hypotheken ▪ Die Kriegskosten hatten zu einer hohen Verschuldung des Reiches und einer *Inflation* geführt. Die Versorgung der Kriegsinvaliden, Witwen und Waisen und die Reparationen belasteten die Staatsfinanzen. Die Industrie war infolge des Krieges geschwächt. Das Deutsche Reich hatte wichtige Wirtschaftszentren und Rohstoffquellen verloren.

Die Lage spitzte sich Anfang 1923 dramatisch zu, nachdem französische Truppen das Ruhrgebiet besetzt hatten. Sie sollten die deutsche Kohle- und Stahlproduktion kontrollieren und die Einhaltung der Reparationslieferungen überwachen.* Da die Reichsregierung den passiven Widerstand finanzierte, erreichten Staatsverschuldung und Inflation eine neue Rekordhöhe. Unter dem Einfluss der Inflation und dem Druck der Alliierten brach die Regierung den „Ruhrkampf“ ab und führte eine **Währungsreform** durch. Bereits Anfang 1924 war die Inflation zwar weitgehend überwunden. Die Hyperinflation und die Währungsreform von 1923 blieben vielen als traumatisches Erlebnis aber in Erinnerung. Weite Teile des Mittelstandes, kleine Unternehmer, Handwerker, Händler, Beamte, Angestellte und Rentner hatten ihre Ersparnisse verloren. Sie fühlten sich von der Republik betrogen und waren deswegen anfällig für radikale Parolen, die ihnen Rettung vor dem befürchteten Absinken ins Proletariat versprachen.

Dass viele auf Distanz zu Demokratie und Republik gingen, zeigt auch die Tatsache, dass nach dem Tod des Reichspräsidenten **Friedrich Ebert** im Jahr 1925 der greise Generalfeldmarschall Paul von Hindenburg zu dessen Nachfolger gewählt wurde, der als ehemaliger Chef der Obersten Heeresleitung für Monarchie, Obrigkeitsstaat und Militarismus des untergegangenen Kaiserreiches stand und zu den „Erfindern“ der **„Dolchstoßlegende“** zählte.**

Währungsreform: Umstellung im Deutschen Reich von der „Mark“ (M) auf die „Rentenmark“ (später „Reichsmark“, RM), bei der der Wechselkurs neu festgelegt (1 Dollar = 4,20 Mark) und die Währung statt durch Goldreserven durch eine Hypothek auf Grundbesitz und individuelle Sachwerte gedeckt wurde

Friedrich Ebert (1871-1925): ab 1913 SPD-Vorsitzender, 1919 bis zu seinem Tod erster Reichspräsident der Weimarer Republik

„Dolchstoßlegende“: Verschwörungstheorie, die ab Ende 1919 verbreitet wurde und die die Schuld an der militärischen Niederlage im Ersten Weltkrieg von Hindenburg und Ludendorff ablenken und vor allem auf die Sozialdemokratie abwälzen sollte. Sie besagte, das deutsche Heer sei im Weltkrieg „im Felde unbesiegt“ geblieben und habe erst durch oppositionelle „vaterlandslose“ Zivilisten aus der Heimat einen „Dolchstoß von hinten“ erhalten.

1. *Veranschaulichen Sie die Gefährdung der Weimarer Republik im Jahr 1923 durch ein Schaubild.*
2. *Der englische Botschafter in Berlin schrieb in seinem Jahresrückblick 1923, dass „jeder einzelne dieser Faktoren [...] eine grundlegende Veränderung entweder der inneren Struktur des Landes oder in seinen Beziehungen nach außen herbeigeführt“ hätte. Erläutern Sie diese Überlegungen, indem Sie anhand einer dieser Faktoren die möglichen Veränderungen skizzieren.*

* Zum „Ruhrkampf“ vgl. auch S. 478-479.
** Zur Dolchstoßlegende siehe auch S. 471 und M1, S. 477.

M1 Von deutscher Republik

Im Oktober 1922 schreibt der spätere Literatur-Nobelpreisträger Thomas Mann im „Berliner Tageblatt" über die Akzeptanz der Republik in Deutschland:

Die Republik ist ein Schicksal [...]. Man hat Grund zu bezweifeln, dass alle, die nach ihr riefen oder selbst schrien, bevor sie unser Schicksal wurde, sich hinlänglich geprüft hatten, ob sie ihr denn gewachsen seien; denn das ist bestimmt nicht durchweg der Fall, und was Republik und sogenannte Freiheit an innerer Tragik mit sich bringen, wird sich erst zeigen. [...] Jedoch haben wir sie nun. Die „Mächte" sind fort, der Staat ist unser aller Angelegenheit geworden, wir sind der Staat, und dieser Zustand ist wichtigen Teilen der Jugend und des Bürgertums in tiefster Seele verhasst, sie wollen nichts von ihm wissen, sie leugnen ihn nach Möglichkeit, und zwar hauptsächlich, weil er sich nicht auf dem Wege des Sieges, des freien Willens, der nationalen Erhebung, sondern auf dem der Niederlage und des Kollapses hergestellt hat und mit Ohnmacht, Fremdherrschaft, Schande unlöslich verbunden scheint. „Wir sind nicht die Republik", sagen mir diese abgewandten Patrioten. „Die Republik ist Fremdherrschaft" [...]. Es ist [...] keineswegs und durchaus nicht wahr, dass die Republik als innere Tatsache [...] ein Geschöpf der Niederlage und der Schande ist. Sie ist eines der Erhebung und der Ehre. [...] Hat es Vernunft und Ehre, innere Wahrheiten zu leugnen? Die Republik ist eine solche noch in ihrem gehässigsten Opponenten, in wütenden Tätlichkeiten noch, die ihr Ende bezwecken, offenbart sie sich, und die unseligen Burschen, die eben jetzt das zarte, kluge Haupt ihres urbansten Dieners zertrümmerten[1], bedachten wohl nicht, dass Minister zu erschießen eine hervorragend republikanische Handlungsweise ist. [...]

Die Republik – als ob das nicht immer noch Deutschland wäre! Die Demokratie – als ob das nicht heimlichere Heimat sein könnte als irgendein strahlendes, rasselndes, fuchtelndes Empire! [...]

Fasst endlich Vertrauen – ein allgemeines Vertrauen, das für den Anfang nur im Fahrenlassen des Vorurteils zu bestehen braucht, als sei Deutsche Republik ein Popanz[2] und Widersinn [...]; und sollte jenes Pergament von Weimar nicht völlig das sein, was man eine ideale und vollkommene Verfassung nennt, das heißt die restlos-wirkliche Bestimmung des Staatskörpers, der Staatsseele, des Staatsgeistes – wo wäre denn auch eine Konstitution das jemals gewesen! Man sollte Geschriebenes nicht allzu wichtig nehmen. Das wirkliche nationale Leben ragt, immer und überall, nach allen Seiten weit darüber hinaus.

Thomas Mann, Von deutscher Republik, in: ders., Aufsätze, Reden, Essays, Bd. 3 (1919-1925), Berlin / Weimar 1986, S. 247-251

▲ **„Sie tragen die Buchstaben der Firma – aber wer trägt den Geist?!"**

Karikatur von Thomas Theodor Heine auf der Titelseite des „Simplicissimus" vom 21. März 1927.

- *Benennen Sie die gezeigten gesellschaftlichen Gruppen. Halten Sie die Auswahl für repräsentativ?*
- *Erörtern Sie, inwieweit eine Demokratie nur funktionieren kann, wenn die Bürger ihren „Geist" tragen.*

1. *Erläutern Sie Thomas Manns Statement, indem Sie die Assoziationen zur Republik einerseits der Republikgegner, andererseits Manns in einer Tabelle gegenüberstellen.*

2. *„Fasst endlich Vertrauen", schreibt Thomas Mann. Verwenden Sie seinen Text, um eine Rede zu formulieren, die den Republikgegnern Kompromissfähigkeit nahelegt.*

H *Gehen Sie auch auf die möglichen Folgen einer dauerhaften Kompromissunfähigkeit ein.*

[1] Gemeint ist der gerade ermordete Walther Rathenau.
[2] **Popanz**: nicht ernst zu nehmende Schreckgestalt

M2 „So ist der deutsche Parlamentarismus"

Oswald Spengler, dessen pessimistische Kultur- und Geschichtsphilosophie nach dem verlorenen Krieg vom deutschen Bürgertum begeistert gelesen wird, ist ein entschiedener Gegner des Parlamentarismus und der Parteien. 1924 schreibt er:

Über den Trümmern der deutschen Weltmacht, über zwei Millionen Leichen umsonst gefallener Helden, über dem in Elend und Seelenqual vergehenden Volke wird nun in Weimar mit lächelndem Behagen die Diktatur des Parteiklüngels aufgerichtet, derselben Gemeinschaft beschränktester und schmutzigster Interessen, welche seit 1917 unsere Stellung untergraben und jede Art von Verrat begangen hatte, vom Sturz fähiger Leute ihrer Leistungen wegen bis zu eigenen Leistungen im Einverständnis mit Northcliffe[1], mit Trotzki[2], selbst mit Clemenceau[3]. [...] Nachdem sich die Helden der Koalition vor dem Einsturz in alle Winkel geflüchtet hatten, kamen sie mit plötzlichem Eifer wieder hervor, als sie die Spartakisten allein über der Beute sahen. Aus der Angst um den Beuteanteil entstand auf den großherzoglichen Samtsesseln und in den Kneipen von Weimar die deutsche Republik, keine Staatsform, sondern eine Firma. In ihren Satzungen ist nicht vom Volk die Rede, sondern von Parteien; nicht von Macht, von Ehre und Größe, sondern von Parteien. Wir haben kein Vaterland mehr, sondern Parteien; keine Rechte, sondern Parteien; kein Ziel, keine Zukunft mehr, sondern Interessen von Parteien. Und diese Parteien [...] entschlossen sich, dem Feinde alles, was er wünschte, auszuliefern, jede Forderung zu unterschreiben, den Mut zu immer weitergehenden Ansprüchen in ihm aufzuwecken, nur um im Inneren ihren eigenen Zielen nachgehen zu können. [...]
So ist der deutsche Parlamentarismus. Seit fünf Jahren keine Tat, kein Entschluss, kein Gedanke, nicht einmal eine Haltung, aber inzwischen bekamen diese Proletarier Landsitze und reiche Schwiegersöhne, und bürgerliche Hungerleider mit geschäftlicher Begabung wurden plötzlich stumm, wenn im Fraktionszimmer hinter einem eben bekämpften Gesetzantrag der Schatten eines Konzerns sichtbar wurde.

Oswald Spengler, Neubau des Deutschen Reiches, München 1924, S. 8 f.

[1] **Lord Alfred Northcliffe** (1865 - 1922): englischer Pressemagnat, der durch eine Pressekampagne die Reduzierung der deutschen Reparationslasten verhinderte
[2] **Leo Trotzki** (1879 - 1940): russischer Revolutionär. Er war einer der führenden Köpfe der russischen Revolution von 1917.
[3] **Georges Clemenceau** (1841 - 1929): französischer Ministerpräsident. Bei der Friedenskonferenz 1919 in Versailles trat er als entschiedener Gegner Deutschlands auf.

1. *„Diktatur des Parteiklüngels". Stellen Sie die Diffamierungen zusammen, mit denen Spengler die Weimarer Republik und ihre Politiker charakterisiert.*
2. *Rezensieren Sie Spenglers Darstellung für eine liberale oder sozialdemokratische Zeitung.*

H *Suchen Sie Argumente, die Spenglers Behauptung, die Weimarer Republik habe seit „fünf Jahren keine Tat, kein[en] Entschluss, kein[en] Gedanke[n], nicht einmal eine Haltung" (Zeile 26 f.) gezeigt, widerlegen können.*

M3 Die Sühne der politischen Morde 1918 - 1922

	Pol. Morde begangen von Linksstehenden	Pol. Morde begangen von Rechtsstehenden	Gesamtzahl
Gesamtzahl der Morde	22	354	376
Zahl der Verurteilten	38	24	62
Haftdauer pro Mord	15 Jahre	4 Monate	
Hinrichtungen	10	–	
Geständige Täter freigesprochen	–	23	23

Emil Julius Gumbel, Vier Jahre politischer Mord, Berlin 1922, S. 81 (Auszug)

1. *Arbeiten Sie die Informationen der Tabelle heraus.*
2. *Überprüfen Sie die Angemessenheit der Karikatur auf Seite 190 anhand der hier vorliegenden Zahlen.*

M4 „Gegen die verlogene Parole"

Aus einem Anschlagzettel für „Protestkundgebungen" der NSDAP am 13. Dezember 1922 in zehn Münchener Veranstaltungssälen. Laut Ankündigung spricht Adolf Hitler im fliegenden Wechsel auf allen Versammlungen:

Nationalsozialisten! Deutsche! Antisemiten!
Die Partei der Novemberverbrecher, der Dokumentenfälscher und Landesverräter wendet sich in einem Plakat an ihre „lieben Volksgenossen" mit dem Ziele, die gesunkene „revolutionäre Begeisterung" wieder etwas aufzupulvern.
So viele Sätze, so viele Lügen.

1. „Der ‚verlorene Krieg‘ ist schuld an unserer Not.“
Vor 4½ Jahren hat die gleiche Partei dem Volk verkündet, dass es sich ganz gleich bleibt für das Wohl des Volkes, ob der Krieg gewonnen oder verloren wird.
2. „Die Entente bedrückt uns.“
Vor 4½ Jahren hat noch die gleiche Partei erklärt, dass nur das „imperialistische Deutschland“ den Weltfrieden gefährde, Frankreich, England usw. aber immer humane Staaten wären. Die gleiche Partei forderte auf, denen den Schädel einzuschlagen, die an die schwindelhaften Phrasen des ihr verwandten Erzgauners Wilson[1] nicht glaubten. Heute gibt sie zu, dass das damals alles Betrug, Krampf war.
3. „Nationalistische Kreise missbrauchen heute die Not.“
Vor 4½ Jahren, als das deutsche Volk in der größten Not seiner ganzen Geschichte war, hat aber diese gleiche Partei diese gleiche Not in der ungeheuerlichsten Weise missbraucht, den Novemberputsch inszeniert und Deutschland dem internationalen Weltbörsenbanditentum wehrlos ausgeliefert. Also Schwindler und Heuchler zugleich.
4. „Das Großkapital fördert die nationalistische Bewegung.“
In Wirklichkeit hat die 4½-jährige marxistische Judenherrschaft Deutschland zur Kolonie des internationalen Kapitals gemacht. Es hat also gerade dieses Kapital alles Interesse, die Sozialdemokratie zu fördern. [...]
5. „Die Nationalisten wollen die ‚wenigen Sicherungen gegen Volksausbeutung‘ beseitigen.“
Eigentümlich! Im November 1918 erklärte man, dass die Ausbeutung des Volkes von jetzt ab überhaupt aufhören würde und siehe da, das Volk ist jetzt nur „wenig“ gesichert. Ein Schwindel, ihr Herren Bonzen! Das Volk ist heute gegen Ausbeutung überhaupt nicht nur nicht gesichert, nein es ist noch nie so infam bewuchert, begaunert und bestohlen worden als unter euerem Regiment!
6. „Die Nationalsozialisten stören die organische Entwicklung.“
Seit 4½ Jahren hat sich in Deutschland noch nichts organisch entwickelt, außer Schiebern und Wucherern, Preissteigerung und Armut. [...] In Ahnung einer kommenden Abrechnung, die das deutsche Volk an seinen Betrügern vornehmen wird, versucht das gesamte Schiebergesindel auf politischem und wirtschaftlichem Gebiet nun die Schuld von sich abzuwälzen. Dass dieser neue Volksbetrug nicht gelingt, soll nun unsere Aufgabe sein.
Als Gegenprotest gegen die verlogene Parole zu den fünf heutigen Massenversammlungen fordern wir nun alles das, was deutsch ist in dieser Stadt, auf: Kommt heute Mittwoch, den 13. Dezember 1922 abends 8:30 Uhr in unsere zehn Protestkundgebungen [...].
Thema: „Jüdisch-internationaler Marxismus und Freimaurerei als Totengräber Deutschlands, die Entente, ihr Nutznießer.“

Münchener Stadtmuseum (Hrsg.), München – „Hauptstadt der Bewegung“, Ausstellungskatalog, München 2005, S. 79

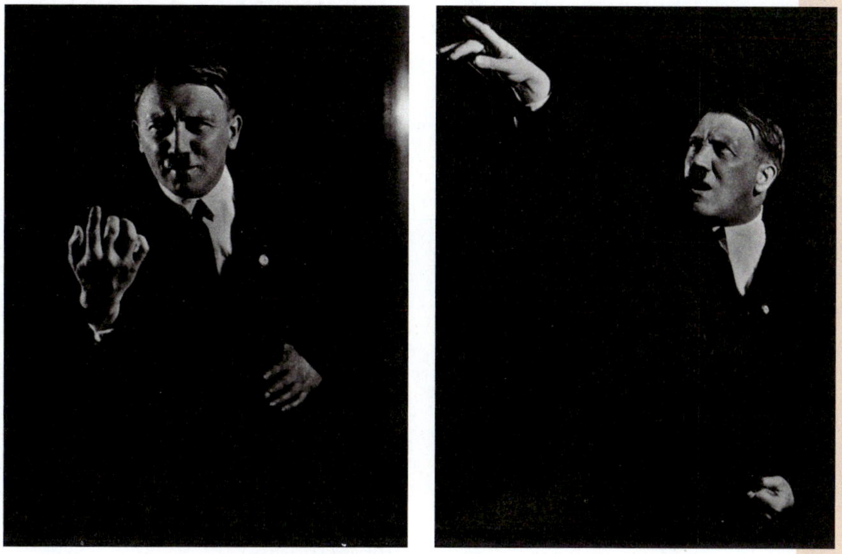

▲ **„Adolf Hitler als Redner.“**
Fotos von Heinrich Hoffmann, Hitlers „Hoffotograf“, um 1926. Hitler studierte seine Redner-Posen vor dem Spiegel ein. Die in Hoffmanns Atelier aufgenommenen Fotos erschienen als Bildpostkartenserie. Der Schriftsteller Carl Zuckmayer, der 1923 eine der Versammlungen Hitlers aus Neugier besuchte, beschreibt ihn als „heulenden Derwisch“, der es verstand, die „Menschen aufzuputschen und mitzureißen; nicht durch Argumente, die bei den Hetzreden ja nie kontrollierbar sind, sondern durch den Fanatismus seines Auftretens, das Brüllen und Kreischen, mit biedermännischen Brusttönen gepaart, vor allem aber: durch das betäubende Hämmern der Wiederholungen, in einem bestimmten, ansteckenden Rhythmus. Das war gelernt und gekonnt und hatte eine furchterregende, barbarisch-primitive Wirksamkeit.“

1. *Erläutern Sie, mit welchen Argumenten die NSDAP den Vorwürfen begegnet.*
2. *Arbeiten Sie die Ziele der NSDAP heraus. An wen und gegen wen wendet sie sich?*
3. *Bewerten Sie die Argumentation des Aufrufes.*

[1] Anspielung auf US-Präsident Woodrow Wilson und seinen „14-Punkte-Plan“ vom 18. Januar 1918 für eine Friedensordnung in Europa, vgl. dazu auch S. 464 und M1, S. 457.

Der Aufstieg der NSDAP – Ideologie und Propaganda

Gründe für den Aufstieg der NSDAP Als sich die NSDAP 1920 ihr Parteiprogramm gegeben hatte, war sie eine unter zahllosen radikalen Splitterparteien (▸ M1). Bis Januar 1933 wuchs die Zahl ihrer Mitglieder auf 849 000 an. Wer wählte Hitler? Was machte die Partei für so viele Menschen attraktiv?

Nährboden für die Entwicklung von einer Splitter- zu einer Massenpartei war nicht nur die Wirtschaftskrise, sondern eine deutsche Gesellschaft, die seit Beginn der Republik wirtschaftlich und mental gespalten war. Der Schock der Kriegsniederlage mit dem als nationale Demütigung empfundenen Versailler Vertrag, die Revolution mit ihren blutigen Auseinandersetzungen sowie die negativen psychologischen Folgen von Massenarbeitslosigkeit, Inflation und Währungsreform ließen die radikalnationalistischen Parolen eines Adolf Hitler auf fruchtbaren Boden fallen. Seine antisemitische, antiliberale und antimarxistische, die Bolschewismusangst schürende Agitation traf bei großen Teilen der Bevölkerung den Nerv der Zeit. Viele von der Republik enttäuschte Bürger erhofften sich einen starken Mann, einen Führer und „Erlöser", der die Nation vor dem drohenden Untergang retten und sie endlich wieder zu nationaler Größe führen würde.

Viele suchten die Geschlossenheit einer Gemeinschaft, die stark genug schien, durch Protest gegen die bestehende Ordnung die Welt nach ihrer Vorstellung neu zu gestalten. Die Furcht vor dem sozialen Abstieg einte Menschen ganz unterschiedlicher Herkunft. Viele waren auf der Suche nach einem „dritten Weg" zwischen Kapitalismus und Sozialismus. Dies gilt vor allem für Angehörige des Mittelstandes, die sich durch linke Bewegungen bedroht sahen. Außerdem zogen Tatkraft und Durchsetzungsvermögen der NSDAP Mitglieder und Wähler an. Emotionale Bezüge wie „Ehre, Größe, Heroismus, Opferbereitschaft, Hingabe", nicht wirtschaftliche Versprechungen, führten der „Bewegung" ihre Wähler und Sympathisanten zu. Viele von ihnen wollten mit ihrem Wahlverhalten nur ihre Unzufriedenheit mit den gegenwärtigen Verhältnissen ausdrücken. Dies erklärt auch die starken Schwankungen der NSDAP in der Gunst der Wähler.

Internettipp:
Zur Geschichte der NSDAP siehe Code 4677-16

Die „Eroberung der Straße" Der Aufstieg der NSDAP basierte dabei jedoch nicht allein auf Agitation und Propaganda. Die Ausübung und die Heroisierung von Gewalt gehörten von Anfang an dazu. 1920 war die **Sturmabteilung (SA)** für den Straßenkampf und den Schutz von Parteiversammlungen gegründet worden. Zunächst unabhängig, wurde sie 1925 in die NSDAP eingegliedert. Im gleichen Jahr schuf sich Hitler mit der **Schutzstaffel (SS)** seine persönliche Schutztruppe, die ab Ende der 1920er-Jahre zu einem Eliteorden ausgebaut wurde.

Sturmabteilung (SA): 1920 gebildete, militärisch organisierte und uniformierte Saalschutz- und Kampftruppe der NSDAP

Schutzstaffel (SS): 1925 gegründete Parteiformation zum persönlichen Schutz Hitlers, ab 1934 „selbstständige Organisation" der NSDAP mit polizeilicher Machtbefugnis

Doch nicht nur die NSDAP, sondern auch andere Parteien bildeten paramilitärische Kampfverbände, die die eigenen Veranstaltungen schützen und die des politischen Gegners massiv stören sollten. Die Kampfverbände waren meist in Parteiuniformen gekleidet, sodass ihr Aufeinandertreffen den Eindruck militärischer Konflikte erweckte, der die Bürgerkriegsängste in der Bevölkerung verstärkte. Die Mitglieder der SA trugen braune Uniformen mit Koppel und Schulterriemen, dazu Schaftstiefel und eine Armbinde mit Hakenkreuz.

Am aggressivsten und gewalttätigsten gegen die Republik ging neben der SA der zur KPD gehörige *Rote Frontkämpferbund* (RFB) vor; beide lieferten sich untereinander blutige Saal- und Straßenschlachten. Auch der *Stahlhelm*, der „bewaffnete Arm" der DNVP, radikalisierte den politischen Kampf. Das *Reichsbanner Schwarz-Rot-Gold*, hauptsächlich von der SPD gestützt, aber auch von DDP und Zentrum, sah sich als Verteidiger

Literaturtipp:
Bastian Hein, Die SS. Geschichte und Verbrechen, München 2015

der Republik. Die Mitgliederzahlen der Kampfverbände stiegen rasch. Der RFB hatte 1927 etwa 130 000, die SA im Jahre 1932 etwa 400 000 Mitglieder.

Bei der NSDAP-Führung stieß der „braune Terror" auf den Straßen von Anfang an auf hohe Akzeptanz; erreichte die Partei doch so ein großes Maß an Aufmerksamkeit und Außenwirkung. Weitere Aktionen, etwa groß angelegte Massenaufmärsche, sollten darüber hinaus die Geschlossenheit und Stärke der nationalsozialistischen „Bewegung" nach außen demonstrieren.

▲ **SA-Mann bei einer „Saalschlacht".**
Reproduktion einer Gouache von Felix Albrecht, 1930.

Mitglieder und Wähler der NSDAP Diejenigen, die in den Zwanzigerjahren der Partei beitraten, stammten vor allem aus der unteren Mittelschicht, waren Handwerker, Gewerbetreibende und Angestellte. Daneben wuchs der Anteil der Arbeiter, vor allem der Heim- und Landarbeiter, erheblich an. Seit 1930 traten Angehörige der oberen Mittelschicht der „Bewegung" bei. Agrarkrise und Depression trieben selbstständige Bauern und kleine Geschäftsleute sowie die Beamten und Angestellten der neuen Mittelschicht in die Reihen der NSDAP (▸ M2). Die alten Eliten und Kreise der Großindustrie blieben meist reserviert. Sie neigten eher zu einer autoritären Regierung im Stile der letzten Weimarer Präsidialkabinette.

Das Mitgliederprofil der NSDAP entsprach weitgehend dem anderer faschistischer Parteien in Europa. Der Anteil der Frauen war gering, denn die Partei, militaristisch, wie sie sich gab, glich eher einem „Männerbund". Auffallend war die Dominanz der jungen Generation (▸ M3). Viele Mitglieder hatten noch keine feste Anstellung. Jugendlichkeit und Dynamik zählten zu den Charakteristika der NSDAP, auf die sie großen Wert legte.

Erst als die NSDAP ihre Macht im Staat gefestigt hatte, setzte der große Ansturm all derer auf die Hitlerpartei ein, die sich in Politik, Verwaltung und Gesellschaft eine angesehene oder zumindest gesicherte Position versprachen, wenn sie ihre Zugehörigkeit zum neuen Regime dokumentierten. Auch Industrie und Großfinanz waren darauf bedacht, sich schnell mit dem Regime zu arrangieren, zumal ein starker Staat und die Beseitigung einer selbstständigen Gewerkschaftsbewegung der Wirtschaft günstige Rahmenbedingungen verhießen. Die NSDAP wurde eine „Integrationspartei" für alle sozialen Schichten, eine Bewegung mit „Volksparteicharakter", die das ganze Volk vertreten wollte. Nicht umsonst bezeichnete sie sich selbst als „Bewegung"; einmal, um sich gegenüber den von ihr verachteten Parteien der Weimarer Republik abzugrenzen; zum anderen, um sich als dynamische und verändernde Kraft darzustellen.

Elemente der NS-Ideologie: Nationalismus und Rassismus Die in der ersten Hälfte des 19. Jahrhunderts in Deutschland populär gewordene Idee des Nationalismus hatte hohe Erwartungen für die Zukunft geschaffen, die von der Politik nicht eingelöst werden konnten. 1871 war der deutsche Nationalstaat als kleindeutsches Reich entstanden, das viele Deutsche ausschloss. Durch die demografische und industrielle Entwicklung gewann das Deutsche Reich an Stärke und betrieb nach der Thronbesteigung Kaiser Wilhelms II. 1888 verstärkt Weltmachtpolitik. Nationalistische Forderungen wurden immer aggressiver vorgetragen und waren mit rassistischen Vorstellungen gepaart. Unter anderem der **Alldeutsche Verband** vertrat eine rücksichtslose Verfolgung deutscher Interessen. Der Verband griff antijüdische Ressentiments in Deutschland und Österreich auf und propagierte sie in den „Alldeutschen Blättern" (1894-1939). Im Ersten Weltkrieg setzte er sich vehement für überzogene Kriegsziele, vor allem für mehr „Lebensraum" für das „Herrenvolk" ein; diese Forderungen übernahm die NS-Bewegung.

Alldeutscher Verband: 1891 gegründet, setzte sich die nationalistische Organisation für eine Stärkung und Verbreitung des Deutschtums ein und befürwortete eine imperialistische Politik.

Europäische und koloniale Großmachtpläne waren nach 1918/19 durch die Gebietsabtretungen Deutschlands und die Auflösung der Donaumonarchie zerronnen. In den Nachbarstaaten der Weimarer Republik lebten nun deutschsprachige Minderheiten, die sich auch durch Zwangsmaßnahmen nicht integrieren ließen. Der Kriegsschuldartikel im Versailler Vertrag, die vermeintliche Härte der Friedensbedingungen und der Sturz der Monarchie gaben extrem nationalistischen Tendenzen zusätzlich Nahrung. An die Spitze der Republikgegner stellten sich die Nationalsozialisten. Ihrer Meinung nach sollten nicht so sehr gemeinsame Kultur und Geschichte das Band einer Nation sein, sondern die Rassengleichheit. Die biologische Substanz bestimme Menschen und Völker nicht nur körperlich, sondern auch geistig-seelisch. Von allen Rassen sei die „nordische“ oder **„arische“** die wertvollste. Sie allein sei im eigentlichen Sinne kulturfähig (▸ M4).

Adolf Hitler und seine Anhänger griffen dabei auch auf die Lehre des Sozialdarwinismus* zurück. Unter Missachtung geistiger, sittlicher und religiöser Werte diente die Verfälschung der Darwin'schen Ideen einer menschenverachtenden Ideologie, die bald zur praktischen Politik wurde. Demnach sollte es Aufgabe des Nationalsozialismus sein, der „arischen Herrenrasse“ in Mitteleuropa ein Machtzentrum zu schaffen. Ihr gebühre, so Hitler, wegen ihrer Bedeutung für die Weltgeschichte ein angemessener „Lebensraum“. Da dieser zurzeit nicht vorhanden sei, müsse er durch Krieg erobert und langfristig gesichert werden. Der angestrebte Lebensraum müsse zudem genügend Ressourcen umfassen, denn die Nation der Zukunft solle wirtschaftlich unabhängig sein und sich an einer bäuerlichen Lebensweise orientieren (**Blut-und-Boden-Ideologie**). Auch eine strategische Erwägung spielte eine wichtige Rolle: Eine Weltmacht der Zukunft brauchte in seinen Augen ein entsprechend großes Gebiet als Basis für Angriff und Verteidigung.

Das Streben nach einem Großreich im Osten und die bedingungslose Befürwortung von Gewalt und Krieg unterschieden den Nationalismus Hitlers von den herkömmlichen nationalen Ideen des Bürgertums.

„Arier“: im ethnologisch-sprachwissenschaftlichen Sinne Völker der indogermanischen Sprachfamilie. Im 19. Jh. wurde der Begriff in eine Überlegenheit der „weißen“, dann der germanischen Rasse umgedeutet. In der NS-Rassenideologie bezeichnete „Arier“ die überlegene „Herrenrasse“.

Blut-und-Boden-Ideologie: basierte auf der Vorstellung, „dass ein gesunder Staat im eigenen Volk (Blut) und im eigenen Boden seinen Schwerpunkt haben muss“ (Meyers Lexikon von 1936). Dabei sollte das Bauerntum (die germanisch-nordische Rasse) für die Lebensgrundlagen des Volkes sorgen und einen Gegenpol zur urbanen Moderne und zum „Nomadentum“ der Juden bilden.

▲ Veranstaltung der NSDAP im Zirkus Krone in München. *Plakat von 1923.*

„Volksgemeinschaft“ Für die Nationalsozialisten bildete die Volksgemeinschaftsideologie ein Kernstück ihrer Weltanschauung. „Volksgemeinschaft“ war für sie in erster Linie durch gemeinsames „deutsches Blut“ und einen einheitlichen „Rassekern“ bestimmt. Diese zum Mythos erhobene deutsche „Bluts- und Schicksalsgemeinschaft“ führten die Nationalsozialisten bis auf die Germanen zurück, in deren Stammesgesellschaften es keine Klassen und sozialen Schranken gegeben habe. Seither sei die Geschichte des deutschen Volkes durch innere Kämpfe und Spaltungen geprägt gewesen. Daher galt es, alle Klassen-, Gruppen- und Parteieninteressen zu beseitigen und die Einheit der Volksgenossen in einem „sozialen Volksstaat“ herzustellen. In ihm sollten alle Unterschiede zum Wohl der Gemeinschaft eingeebnet werden.

Damit war jedoch keine soziale Gleichheit gemeint. Im Gegenteil: Die Nationalsozialisten traten für eine klare Schichtung des Volkes in oben und unten, für politische, gesellschaftliche und geschlechtsspezifische Hierarchien ein. Vor allem aber stützten sich die Nationalsozialisten auf die Lehre von der angeblichen Ungleichheit der Rassen. Nur ein von „Minderwertigen“, „Fremdrassigen“ und „Gemeinschaftsfremden“ gereinigtes Volk könne „Volksgemeinschaft“ sein. Rassismus und Antisemitismus wurden damit zum Instrument der Ausgrenzung und Verfolgung von Minderheiten, zu denen besonders die Juden sowie die Sinti und Roma zählten.

* Siehe S. 52.

Damit die NSDAP ihre Ziele überhaupt erreichen konnte, sollte die nationalsozialistische „Volksgemeinschaft" auch eine Gesinnungsgemeinschaft sein, in der sich jeder Einzelne widerspruchslos zur nationalsozialistischen Weltanschauung bekannte. Wer sich abwartend verhielt, sollte durch Propaganda erzogen werden. Wer sich widersetzte, wer also den „rassischen", politischen oder moralischen Werten und Normen und den Leistungsanforderungen der Partei nicht genügte, wurde als „Volksschädling" oder „Gemeinschaftsfremder" ausgeschlossen und bekämpft. „Rassereinheit" und politisches Wohlverhalten bestimmten darüber, wer zur „Volksgemeinschaft" gehörte und wer nicht.

„Führer" und Volk Die „Volksgemeinschaft" bestand nicht aus freien Individuen, sondern war durch das Verhältnis von „Führer" und „Gefolgschaft" bestimmt. Der Einzelne hatte seine Interessen dem Gemeinwohl unterzuordnen. Was dem Gemeinwohl diente, darüber entschied allein Hitler. Herausragende Persönlichkeiten sollten, so Hitler, eine führende Rolle innerhalb der „Volksgemeinschaft" einnehmen. Die Auswahl wurde nicht auf demokratische Weise, sondern durch Berufung von oben vorgenommen. „Autorität jedes Führers nach unten und Verantwortung nach oben" lautete die von Hitler aufgestellte Maxime. Das System gipfelte in dem „Führer" Adolf Hitler. Er sollte nur der von ihm häufig zitierten „Vorsehung" verantwortlich sein.

Emotional untermauerte die NSDAP das Ganze durch die Inszenierung eines Führerkultes, der das italienische Vorbild nachahmte. Ein Führerbild hing später in allen Amts- und Schulräumen und sollte in jeder Wohnung einen Ehrenplatz erhalten. „Heil Hitler" war der offiziell geforderte „Deutsche Gruß" für jeden. Die Person Adolf Hitlers wurde zum Bindeglied zwischen Führerstaat und „Volksgemeinschaft" und zum Idealbild stilisiert. Hier flossen Ideen der obrigkeitsstaatlichen Ordnung des 18. und 19. Jahrhunderts ein, die Hitler zum verehrungswürdigen Ersatzmonarchen emporhoben und den Einzelnen in widerspruchslose Unterordnung zwangen.

Statt Parteienkonflikt und Klassenkampf propagierte die NSDAP eine „Volksgemeinschaft der Arbeiter der Faust und Stirn". Auch der Interessengegensatz zwischen Arbeitgeber und Arbeitnehmer, die sich als Glieder desselben Volkes fühlen sollten, wurde für aufgehoben erklärt.

▲ **„Unsere letzte Hoffnung: Hitler."**
Plakat (122 x 87 cm) von Hans Herbert Schweitzer, 1932.
- *Analysieren Sie das Plakat. Berücksichtigen Sie dazu den Methoden-Baustein auf S. 213 - 215.*

Gegen Liberale und Marxisten Liberalismus und Marxismus bezeichnete Hitler als „jüdische Erfindungen" zum Verderben der „Herrenrasse". Für den Liberalismus sind individuelle Freiheit und Selbstverwirklichung grundlegende Werte. Demgegenüber forderte die NS-Regierung unter Missbrauch und Verfälschung alter preußisch-deutscher Traditionen den totalen Einsatz des Volksgenossen. „Treue", Dienstbereitschaft und absoluter Gehorsam standen über den durch die Weimarer Verfassung garantierten Grundrechten. Die allgegenwärtige Ordnungsmacht des Staates dürfe nicht durch liberale Verfassungsgrundsätze eingeschränkt werden. Das politische System der Weimarer Republik, das sich um die Verwirklichung des liberalen Rechts- und Verfassungsstaates bemüht hatte, wurde als Epoche undeutscher westlicher Überfremdung interpretiert.

Darüber hinaus nahm Hitler für sich in Anspruch, der Zerstörer des Marxismus zu sein. Die Propaganda einer Klassenversöhnung, bei der alte Sozialstrukturen und Klassenschranken überwunden wurden, hatte großen Erfolg. „Volksgemeinschaft“ und „Sozialismus der Tat“ waren Prinzipien, die auch weite Kreise der Arbeiterschaft an den Nationalsozialismus banden.

Julius Streicher (1885-1946, hingerichtet): 1921 Beitritt zur NSDAP, 1923 Gründung des antisemitischen Hetzblattes „Der Stürmer“, seit 1928 Gauleiter in Franken, 1933-1945 Mitglied des Reichstages, seit 1933 Leitung des „Zentralkomitees zur Abwehr der jüdischen Gräuel- und Boykotthetze“, 1940 wegen Korruption und Parteizwist aller Ämter enthoben

Antisemitismus: vom Vorurteil zur Ideologie Der Antisemitismus in der Weimarer Republik war nicht neu, jedoch radikalisierte sich sein Inhalt (▸ M5). Er lehnte den im 19. Jahrhundert erreichten wirtschaftlichen und sozialen Status der Juden ab und wollte ihn rückgängig machen.* Eine pseudowissenschaftliche Rassentheorie unterstellte die Überlegenheit „arischen Blutes“ und die Minderwertigkeit der „Semiten“ und baute alte Vorurteile und Sündenbocktheorien aus. Bücher, Broschüren und weit über 500 antisemitische Zeitungen verbreiteten eine zunehmend radikalere Propaganda. Seit 1923 tat sich der von **Julius Streicher** gegründete „Stürmer“ mit judenfeindlichen Hetzkampagnen hervor. Zu den erfolgreichsten und am weitesten verbreiteten Schriften zählten die „Protokolle der Weisen von Zion“. Mit diesen Fälschungen sollte eine angebliche jüdische Weltverschwörung bewiesen werden.

Zu Beginn der Weimarer Republik gab es rund 400 völkische Organisationen. Ein Zentrum für antisemitische Kampagnen war der „Deutschvölkische Schutz- und Trutzbund“. In seinem Gründungsjahr 1919 zählte er etwa 5 000 Mitglieder, 1922 waren es bereits fast 200 000, darunter Angestellte, Beamte, Lehrer und Akademiker, Ärzte und Anwälte sowie Handwerker und Händler. Unter dem Motto „Deutschland den Deutschen“ agierte der Bund gegen die Demokratie, gegen linke Bewegungen und gegen Juden. Nach der Ermordung Rathenaus im Jahre 1922 wurde zwar seine Tätigkeit in den meisten Ländern des Deutschen Reiches verboten, jedoch unterstützte er weiterhin gewalttätige Aktionen, so die Attentate der „Organisation Consul“ auf Matthias Erzberger und Philipp Scheidemann.

Auch politische Parteien, allen voran die NSDAP, propagierten den Antisemitismus. Die Deutschnationale Volkspartei (DNVP) verpflichtete sich 1920 in ihrem Programm zum Kampf gegen die „Vorherrschaft des Judentums in Regierung und Öffentlichkeit“. Zwar konnten diese Parteien zwischen 1924 und 1929 nicht mehr als acht Prozent der Wähler gewinnen, doch die Zustimmung zu antisemitischen Anschauungen in der Bevölkerung wuchs. Der Antisemitismus war längst gesellschaftsfähig.

▲ Publikationen aus dem Parteiverlag der NSDAP.
In ihren Büchern verbreiteten der NS-Politiker Hermann Esser und der führende NS-Ideologe Alfred Rosenberg die rechtsextreme Theorie der „jüdischen Weltverschwörung“.

1. *Stellen Sie die Wurzeln der nationalsozialistischen Ideologie zusammen und zeigen Sie, welche Traditionen aus dem Kaiserreich von den Nationalsozialisten genutzt wurden.*

2. *Veranschaulichen Sie Ihre Ergebnisse in einem Schaubild.*

* Zum Antisemitismus im 19. Jahrhundert siehe S. 170 und 178 f.

M1 Was will die NSDAP?

Auf der ersten großen Massenversammlung der NSDAP am 24. Februar 1920 verkündet Adolf Hitler im Münchener Hofbräuhaus das Parteiprogramm:

1. Wir fordern den Zusammenschluss aller Deutschen aufgrund des Selbstbestimmungsrechtes der Völker zu einem Großdeutschland.
2. Wir fordern die Gleichberechtigung des deutschen Volkes gegenüber den anderen Nationen, Aufhebung der Friedensverträge von Versailles und St. Germain[1].
3. Wir fordern Land und Boden (Kolonien) zur Ernährung unseres Volkes und Ansiedlung unseres Bevölkerungsüberschusses.
4. Staatsbürger kann nur sein, wer Volksgenosse ist. Volksgenosse kann nur sein, wer deutschen Blutes ist, ohne Rücksichtnahme auf Konfession. Kein Jude kann daher Volksgenosse sein. [...]
6. Das Recht, über Führung und Gesetze des Staates zu bestimmen, darf nur dem Staatsbürger zustehen. Daher fordern wir, dass jedes öffentliche Amt, gleichgültig welcher Art, gleich ob im Reich, Land oder Gemeinde, nur durch Staatsbürger bekleidet werden darf.
Wir bekämpfen die korrumpierende Parlamentswirtschaft einer Stellenbesetzung nur nach Parteigesichtspunkten ohne Rücksicht auf Charakter und Fähigkeiten. [...]
8. Jede weitere Einwanderung Nichtdeutscher ist zu verhindern. Wir fordern, dass alle Nichtdeutschen, die seit dem 2. August 1914 in Deutschland eingewandert sind, sofort zum Verlassen des Deutschen Reiches gezwungen werden. [...]
13. Wir fordern die Verstaatlichung aller (bisher) bereits vergesellschafteten (Trusts) Betriebe.
14. Wir fordern Gewinnbeteiligung an Großbetrieben.
15. Wir fordern einen großzügigen Ausbau der Altersversorgung.
16. Wir fordern die Schaffung eines gesunden Mittelstandes und seine Erhaltung. Sofortige Kommunalisierung der Groß-Warenhäuser und ihre Vermietung zu billigen Preisen an kleine Gewerbetreibende, schärfste Berücksichtigung aller kleinen Gewerbetreibenden bei Lieferung an den Staat, die Länder oder Gemeinden. [...]
18. Wir fordern den rücksichtslosen Kampf gegen diejenigen, die durch ihre Tätigkeit das Gemeininteresse schädigen. Gemeine Volksverbrecher, Wucherer, Schieber usw. sind mit dem Tode zu bestrafen, ohne Rücksichtnahme auf Konfession und Rasse. [...]

[1] **Vertrag von St. Germain**: Friedensvertrag der Alliierten mit Österreich vom 10. September 1919.

▶ **Parteizeichen der NSDAP.**
Im Mai 1933 zählte die Nationalsozialistische Deutsche Arbeiterpartei 2,5 Millionen Parteimitglieder. Das Hakenkreuz war ab 1935 Hoheitszeichen des Deutschen Reiches.

23. Wir fordern den gesetzlichen Kampf gegen die bewusste politische Lüge und ihre Verbreitung durch die Presse. Um die Schaffung einer deutschen Presse zu ermöglichen, fordern wir, dass [...] sämtliche Schriftleiter und Mitarbeiter von Zeitungen, die in deutscher Sprache erscheinen, Volksgenossen sein müssen [...]. Zeitungen, die gegen das Gemeinwohl verstoßen, sind zu verbieten. Wir fordern den gesetzlichen Kampf gegen eine Kunst- und Literaturrichtung, die einen zersetzenden Einfluss auf unser Volksleben ausübt, und die Schließung von Veranstaltungen, die gegen vorstehende Forderungen verstoßen.
24. Wir fordern die Freiheit aller religiösen Bekenntnisse im Staat, soweit sie nicht dessen Bestand gefährden oder gegen das Sittlichkeits- und Moralgefühl der germanischen Rassen verstoßen. Die Partei [...] bekämpft den jüdisch-materialistischen Geist in und außer uns und ist überzeugt, dass eine dauernde Genesung unseres Volkes nur erfolgen kann von innen heraus auf der Grundlage: Gemeinnutz vor Eigennutz.
25. Zur Durchführung alles dessen fordern wir die Schaffung einer starken Zentralgewalt des Reiches. Unbedingte Autorität des politischen Zentralparlaments über das gesamte Reich und seine Organisationen im Allgemeinen.

Zitiert nach: Günter Wallstein (Hrsg.), Das „Dritte Reich" 1933-1945, Darmstadt 2013, S 69-71

1. *Das Programm nennt mehrere Ziele. Ordnen Sie diese bestimmten Politikfeldern zu.*
2. *Erläutern Sie, welche Programmpunkte sich direkt aus dem verlorenen Krieg erklären.*
3. *Arbeiten Sie heraus, welche Programmpunkte mit dem Vertrag von Versailles unvereinbar waren.*
4. *Zeigen Sie, welche Bevölkerungsgruppen mit diesem Programm angesprochen und welche ausgeschlossen werden.*

M2 Wer wählte Hitler?

a) Die soziale Zusammensetzung der NSDAP-Wähler nach Berufsgruppen in Prozent, unabhängig von einer tatsächlichen Erwerbstätigkeit:

	1928	1930	1932[1]	1932[2]	1933	Alle[3]
Selbstständige/ Mithelfende	26	27	31	30	31	24
Angestellte/ Beamte	12	13	11	12	12	15
Arbeiter	30	26	25	26	26	32
Berufslose[4]	13	17	17	17	16	13
Hausfrauen etc.	17	17	16	16	16	17
Alle[5]	98	100	100	100	101	101

Nach: Jürgen Falter, Hitlers Wähler, München 1991, S. 288

b) Die nationalsozialistischen Hochburgen (1932)[6]:

	NSDAP-Hochburgen	Reich
Katholiken	9	32
Stadtbewohner	22	54
in der Landwirtschaft tätig	51	31
in der Industrie tätig	31	41
Selbstständige, mithelfende Angehörige	41	28
Beamte	3	4
Angestellte	5	12
Arbeiter	26	27
arbeitslose Angestellte	1	2
arbeitslose Arbeiter	9	13

Nach: Jürgen Falter, a.a.O., S. 353

[1] Reichstagswahlen vom 31. Juli 1932
[2] Reichstagswahlen vom 6. November 1932
[3] Anteil der Berufsgruppe an allen Wahlberechtigten
[4] davon ca. 90 Prozent Rentner und Pensionäre (1933)
[5] Summe der NSDAP-Wähler in dem jeweiligen Jahr; Abweichungen von 100 sind die Folge von Rundungsfehlern
[6] Die Zahlen (Anteil der Wähler in Prozent) ermöglichen einen Vergleich der Sozialstruktur jener Kreise, in denen die NSDAP bei der Reichstagswahl im November 1932 überdurchschnittlich viele Stimmen bekommen hat, mit der Sozialstruktur des Deutschen Reiches insgesamt.

1. *Setzen Sie beide Tabellen in eine aussagekräftige Grafik um.*
2. *Erläutern Sie die Entwicklung der Wählerschaft der NSDAP zwischen 1928 und 1933.*

H *Berücksichtigen Sie die wirtschaftliche Entwicklung sowie die Wahlbeteiligung.*

3. *Interpretieren Sie die Abweichungen zwischen den NSDAP-Hochburgen und dem Reichsdurchschnitt in Tabelle b).*

M3 „Macht Platz, ihr Alten!"

Der Journalist Jan Friedmann beschreibt 2008 in einem Artikel Ursprung und Wesen der völkischen Jugendbewegung in der Weimarer Republik:

„Weil wir die echten, wahren und unerbittlichen Feinde des Bürgers sind, macht uns seine Verwesung Spaß", höhnte der Rebell und Jugendführer. Was wie eine Parole von 1968 anmutet, ist ein Satz von Ernst Jünger über sich selbst und seine Altersgenossen aus dem Jahr 1929.
„Wir sind Söhne von Kriegen und Bürgerkriegen", fuhr der Rechtsintellektuelle in seinem Generationenporträt fort. Eines Tages werde es gelingen, die bestehende „krustige, schmutzige Decke wegzusprengen" und darunter eine „stolzere, kühnere und noblere Jugend" zum Vorschein zu bringen, die „Aristokratie von morgen und übermorgen".
Dem Schriftsteller, Studienabbrecher und Freischärler war die bürgerliche Demokratie genauso verhasst wie vielen Menschen seiner Generation. Jünger, Jahrgang 1895, wurde eine der prominentesten Stimmen der völkischen Jugendbewegung, die während der Weimarer Republik maßgeblich den Weg in die Diktatur ebnete. [...]
In keinem anderen Jahrzehnt prallten die Generationen so heftig aufeinander wie in den Zwanzigerjahren. „Macht Platz, ihr Alten!", schleuderte der Reichspropagandaleiter der NSDAP, Gregor Straßer, im Jahr 1927 dem Establishment der Weimarer Republik entgegen. „Macht Platz, ihr Unfähigen und Schwachen, ihr Blinden und Tauben, ihr Ehrlosen und Gemeinen, ihr Verräter und Feiglinge, macht Platz, ihr seid gewogen und zu leicht befunden worden." Ihren ideologischen Fundus hatte sich die selbstbewusste Avantgarde in den Schützengräben des Ersten Weltkriegs angeeignet. Tatsächlich waren es zwei Generationen von Jugend, die dort geprägt wurden. Da waren zum einen die Jahrgänge der zwischen 1880 und 1900 Geborenen, die eigentliche Frontgeneration. Angetreten in rauschhafter Begeisterung, erlebten sie den Krieg als ungeheure Schlachtbank [...]. Jeder dritte der zwischen 1892 und 1895 geborenen deutschen Männer verlor hier sein Leben.

▲ **„Her zu uns! Hinein in die Hitler-Jugend."**
Plakat, um 1933.
Der NSDAP gelang es, in großer Zahl junge Unterstützer zu mobilisieren, indem sie sich als Verkörperung des „jungen" Deutschland und als unverbrauchte Kraft stilisierte.

So schlossen die Überlebenden: Nur wer in der Gemeinschaft funktioniert und sich im Gegenzug auf die unbedingte Kameradschaft seiner Mitkämpfer verlassen kann, hat eine Chance. Der Einzelmensch gilt nichts, erst im Kollektiv der feldgrauen Uniformen wird er zu einer Macht.
Doch die Heroisierung der Härte und des Opfers prägte auch die Jüngeren. Sie absorbierten die kaiserliche Kriegspropaganda, die Durchhalteparolen der Lehrer und Amtsleute, sie glaubten an die Dolchstoßlegende. [...]
Ihr Credo der Härte und Unerbittlichkeit übertrugen beide Generationen, die Frontkämpfer und ihre jüngeren Brüder, auf die Zivilgesellschaft von Weimar. Kompromisse galten ihnen als Zeichen von Schwäche. Heroisches Handeln musste stattdessen rein, radikal und sachlich sein. Anstelle des schalen Parlamentarismus wollten sie das Ideal einer klassenlosen Volksgemeinschaft setzen, frei von störenden Fremdkörpern. [...]
Ihre Ideale von Kameradschaft, soldatischer Männlichkeit und freiwilliger Unterordnung fand die Jugend in den zahlreichen paramilitärischen Verbänden und bündischen Organisationen. Alle politischen Parteien schufen sich solche Nebenorganisationen: die Kommunisten etwa den „Roten Frontkämpferbund" (1924), die Sozialdemokraten das „Reichsbanner Schwarz-Rot-Gold" (1924), die Katholiken die „Windthorstbünde" (1920), die DDP den „Jungdeutschen Orden" (1920), die DNVP ihren „Stahlhelm" (1918) – und die NSDAP warb mit der Parole „Jugend führt Jugend" für ihre Sturmabteilung SA (1921).
Alle Bünde boten Marschieren in Kolonnen und Wehrertüchtigung, das Reichsbanner zum Beispiel Geländelauf, Gepäckmarsch oder Kleinkaliberschießen. Sie hielten den Großen Krieg in Ehren und stählten ihre Mitglieder für künftige Schlachten. Ziel sei die „geistige und seelische Rüstung der wehrhaften Jugend", hieß es im Manifest des Jungdeutschen Ordens – und die äußerte sich am besten in jugendlich-viriler Gewalt.

Jan Friedmann, „Macht Platz, ihr Alten", in: Spiegel Special Geschichte 1/2008, S. 38-42

1. *Skizzieren Sie das von Friedmann vermittelte Bild der Weimarer Jugend.*
2. *Widerlegen Sie Friedmanns Darstellung, indem Sie Jugendgruppen aufzeigen, die dem vermittelten Bild widersprachen.*
3. *Erörtern Sie schriftlich, inwiefern Friedmanns Darstellung eine unausweichliche Entwicklung bezeichnet.*

M4 Die völkische Weltanschauung

Während seiner neunmonatigen Haftzeit in Landsberg verfasst Hitler 1924 den ersten Band seiner programmatischen Schrift „Mein Kampf". Er erscheint 1925 mit dem Untertitel „Eine Abrechnung" im parteieigenen Verlag. Der zweite Band folgt 1926. Das Werk wird in 16 Sprachen übersetzt und erreicht eine Gesamtauflage von zehn Millionen Exemplaren. Im Mittelpunkt seiner Ausführungen stehen Hitlers rassistische, antisemitische und völkische Anschauungen sowie die Forderungen nach „Lebensraum":

Die Sünde wider Blut und Rasse ist die Erbsünde dieser Welt und das Ende einer sich ihr ergebenden Menschheit. [...]
Es ist ein müßiges Beginnen, darüber zu streiten, welche Rasse oder Rassen die ursprünglichen Träger der menschlichen Kultur waren und damit die wirklichen Begründer dessen, was wir mit dem Worte Menschheit alles umfassen. Einfacher ist es, sich diese Frage für die Gegenwart zu stellen,

▲ **„Die Sünde wider das Blut."**
Roman von Artur Dinter von 1918.
Die Ausgrenzung und Diffamierung vermeintlich „Fremdrassiger" war schon vor den Nationalsozialisten in Deutschland populär. Der Roman, der gemeinsam mit „Die Sünde wider die Liebe" und „Die Sünde wider den Geist" eine Trilogie bildete, fand um 1920 über eine Million Leser im deutschsprachigen Raum.

- *Analysieren Sie die Bildelemente. Inwiefern werden hier antisemitische Stereotypen bemüht? Begründen Sie Ihre Aussage.*

und hier ergibt sich auch die Antwort leicht und deutlich. Was wir heute an menschlicher Kultur, an Ergebnissen von Kunst, Wissenschaft und Technik vor uns sehen, ist nahezu ausschließlich schöpferisches Produkt des Ariers. Gerade diese Tatsache aber lässt den nicht unbegründeten Rückschluss zu, dass er allein der Begründer höheren Menschentums überhaupt war, mithin den Urtyp dessen darstellt, was wir unter dem Worte „Mensch" verstehen. [...]
Der Arier ist nicht in seinen geistigen Eigenschaften an sich am größten, sondern im Ausmaße der Bereitwilligkeit, alle Fähigkeiten in den Dienst der Gemeinschaft zu stellen. Der Selbsterhaltungstrieb hat bei ihm die edelste Form erreicht, indem er das eigene Ich dem Leben der Gesamtheit willig unterordnet und, wenn die Stunde es erfordert, auch zum Opfer bringt. [...]
Den gewaltigsten Gegensatz zum Arier bildet der Jude. Bei kaum einem Volke der Welt ist der Selbsterhaltungstrieb stärker entwickelt als beim sogenannten auserwählten. [...] Da nun der Jude – aus Gründen, die sich sofort ergeben werden – niemals im Besitze einer eigenen Kultur war, sind die Grundlagen seines geistigen Arbeitens immer von anderen gegeben worden. Sein Intellekt hat sich zu allen Zeiten an der ihn umgebenden Kulturwelt entwickelt. Niemals fand der umgekehrte Vorgang statt. Denn wenn auch der Selbsterhaltungstrieb des jüdischen Volkes nicht kleiner, sondern eher noch größer ist als der anderer Völker, wenn auch seine geistigen Fähigkeiten sehr leicht den Eindruck zu erwecken vermögen, dass sie der intellektuellen Veranlagung der übrigen Rassen ebenbürtig wären, so fehlt doch vollständig die allerwesentlichste Voraussetzung für ein Kulturwerk, die idealistische Gesinnung. [...]
Demgegenüber erkennt die völkische Weltanschauung die Bedeutung der Menschheit in deren rassischen Urelementen. Sie sieht im Staat prinzipiell nur ein Mittel zum Zweck und fasst als seinen Zweck die Erhaltung des rassischen Daseins der Menschen auf. Sie glaubt somit keineswegs an eine Gleichheit der Rassen, sondern erkennt mit ihrer Verschiedenheit auch ihren höheren oder minderen Wert und fühlt sich durch diese Erkenntnis verpflichtet, gemäß dem ewigen Wollen, das dieses Universum beherrscht, den Sieg des Besseren, Stärkeren zu fördern, die Unterordnung des Schlechteren und Schwächeren zu verlangen. Sie huldigt damit prinzipiell dem aristokratischen Grundgedanken der Natur und glaubt an die Geltung dieses Gesetzes bis herab zum letzten Einzelwesen. Sie sieht nicht nur den verschiedenen Wert der Rassen, sondern auch den verschiedenen Wert des Einzelmenschen. [...] Nein, es gibt nur ein heiligstes Menschenrecht, und dieses Recht ist zugleich die heiligste Verpflichtung, nämlich: dafür zu sorgen, dass das Blut rein erhalten bleibt, um durch die Bewahrung des besten Menschentums die Möglichkeit einer edleren Entwicklung dieser Wesen zu geben. [...] Ein völkischer Staat wird damit in erster Linie die Ehe aus dem Niveau einer dauernden Rassenschande herauszuheben haben, um ihr die Weihe jener Institution zu geben, die berufen ist, Ebenbilder des Herrn zu zeugen und nicht Missgeburten zwischen Mensch und Affe.

Adolf Hitler, Mein Kampf. Zwei Bände in einem Band, München ^{51}1933, S. 272, 420 f. und 444 f.

1. *Untersuchen Sie, wie in diesem Text der Begriff „Rasse" verwendet wird und wie „Arier" und „Juden" definiert werden.*

2. *Analysieren Sie die Wendung „Ebenbilder des Herrn zu zeugen" und vergleichen Sie das Menschenbild Hitlers mit dem christlich-humanistischen Menschenbild.*

M5 „Fanfaren gegen das Judentum“

Der Historiker Christoph Jahr zeigt in einem Artikel, wie der Antisemitismus im Ersten Weltkrieg und in der Weimarer Republik politisch instrumentalisiert wird:

Seit Ende 1915 überschwemmten die Antisemiten das Preußische Kriegsministerium mit anonymen Eingaben. Am 11. Oktober 1916 ordnete der Preußische Kriegsminister Wild von Hohenborn schließlich unter dem aktenstaubtrockenen Titel „Nachweisung der beim Heere befindlichen wehrpflichtigen Juden“ eine von den Zeitgenossen schlicht „Judenzählung“ genannte Statistik an. Zwar lautete deren offizielle Begründung, man wolle den Vorwurf der „Drückebergerei“ lediglich nachprüfen, um ihm „gegebenenfalls entgegentreten zu können“. Doch alle gegenteiligen Beteuerungen halfen nichts: Mit diesem Erlass übernahm das Ministerium antisemitische Stereotypen. [...]
Die „Judenzählung“ kann nicht allein durch den Antisemitismus erklärt werden. Sie stand vielmehr im Zusammenhang mit der Ausbildung der „verdeckten Militärdiktatur“ unter Generalstabschef Paul von Hindenburg und seinem Adlatus[1] Erich Ludendorff, der totalen Mobilmachung aller menschlichen Ressourcen sowie der aggressiven Agitation gegen den Reichskanzler Theobald von Bethmann Hollweg. Der war gewiss kein Liberaler oder Demokrat. Aber er war doch Realist genug, um zu erkennen, dass innenpolitische Reformen notwendig waren und der Krieg notfalls auch ohne militärischen Sieg beendet werden musste.
Das genügte, um ihn als „Flaumacher“ zu diffamieren und das Schreckbild einer Regierung unter „alljüdischer“ Leitung zu malen. Angesichts der Niederlage rief Heinrich Claß, Führer des antisemitischen und ultranationalistischen „Alldeutschen Verbandes“, im Oktober 1918 dazu auf, die katastrophale Lage Deutschlands „zu Fanfaren gegen das Judentum und die Juden als Blitzableiter“ zu benutzen. Die „Dolchstoßlegende“[2] war geboren, der zufolge Deutschland nicht militärischer Überlegenheit, sondern einer internationalen Verschwörung von Sozialisten, Pazifisten und Juden erlegen war, obwohl beispielsweise Walther Rathenau[3] bis zuletzt zum „Durchhalten“ aufrief.
Seit der Oktoberrevolution[4] in Russland gewann auch die Behauptung der Identität von Revolution und Judentum durch den Hinweis auf führende Revolutionäre jüdischer Herkunft wie Leo Trotzki[5] eine scheinbare Plausibilität im verunsicherten Bürgertum. 1941 diente der „Kampf gegen den jüdischen Bolschewismus“ als Propagandafanfare für den Überfall auf die Sowjetunion und half, Hemmungen vor dem systematischen Judenmord abzubauen. [...]
So kamen im Krieg all jene Zutaten zusammen, aus denen die Antisemiten nach 1918 einen Giftcocktail mischten. Das uralte Motiv des „jüdischen Schmarotzers“ entstand in Gestalt des „Kriegsgewinnlers“ neu. Der vermeintlich „zersetzende“, liberal-individualistische Jude des 19. Jahrhunderts wandelte sich in den „bolschewistischen Revolutionär“. Und einmal mehr galten die Juden als national illoyale, „wurzellose Kosmopoliten“. Die deutsch-nationalen Kräfte verhöhnten die erste deutsche Demokratie daher als angeblich „undeutsch“ und als „Judenrepublik“. Viele Deutsche akzeptierten diesen Wahn als Realität. Der Schriftsteller Jakob Wassermann schrieb 1921 verbittert über seine Mitbürger: „Es ist vergeblich, in das tobsüchtige Geschrei Worte der Vernunft zu werfen ... Es ist vergeblich, für sie zu leben und für sie zu sterben. Sie sagen: Er ist ein Jude.“

Christoph Jahr, Sündenböcke der Niederlage. Warum der deutsche Antisemitismus im Ersten Weltrieg immer radikaler wurde, in: Spiegel Special 1/2004, S. 88 f.

1. *Analysieren Sie den Wandel des „Judenbildes“ nach dem Ersten Weltkrieg. Nennen Sie weitere gegen die Juden verwendete Stereotypen und Vorurteile. Erläutern Sie, wie diese eingesetzt wurden.*
2. *Erläutern Sie den Zusammenhang zwischen „Judenzählung“ und der Diffamierung der Weimarer Republik.*

[1] **Adlatus**: Gehilfe, Helfer
[2] Vgl. dazu S. 192.
[3] Siehe S. 188.
[4] Siehe S. 79 f.

[5] **Leo Trotzki** (1879 - 1940): russischer Revolutionär und Theoretiker, floh 1929 in die Türkei, später nach Frankreich, Norwegen und Mexiko, wo er von einem sowjetischen Agenten ermordet wurde

Das Scheitern der Republik und der Weg der Nationalsozialisten zur Macht

▲ **„Bis in die dritte Generation ...“**
Plakat (72 x 48 cm) von Herbert Rothgängel zum Volksbegehren gegen den Youngplan vom 16. Oktober 1929.

- *Interpretieren Sie das Plakat. Berücksichtigen Sie dazu den Methoden-Baustein auf S. 213-215.*

Young-Plan: unter dem Vorsitz des amerikanischen Finanzmanagers Owen D. Young ausgehandelte Neuregelung der deutschen Reparationsverpflichtungen, bei der erstmals die Gesamtsumme auf 112 Milliarden Goldmark über einen Zeitraum von 59 Jahren festgelegt wurde

Der Parlamentarismus auf dem Prüfstand Im Januar 1927 hatte sich unter Reichskanzler *Wilhelm Marx* (Zentrum) eine national-konservative Regierungskoalition („Bürgerblock“, bestehend aus Zentrum, DDP, DVP, BVP und DNVP) gebildet, die jedoch bereits im Frühjahr 1928 wieder auseinandergebrochen war. Nach den Wahlen vom 20. Mai 1928, bei denen die Parteien der bürgerlichen Mitte zum Teil erhebliche Stimmenanteile eingebüßt hatten, bildete die SPD als stärkste Fraktion mit Zentrum, DDP, DVP und Bayerischer Volkspartei (BVP) eine Große Koalition. Reichskanzler wurde der Sozialdemokrat Hermann Müller*. Die unterschiedlichen programmatischen Ziele dieser Parteien führten von Anfang an zu Spannungen. So wurde der **Young-Plan**, als er in Kraft treten sollte, von der rechten Opposition heftig bekämpft. DNVP, Stahlhelm und NSDAP bezeichneten ihn als „Versklavung des deutschen Volkes“ und initiierten ein Volksbegehren dagegen. Zwar scheiterten sie beim Volksentscheid Ende 1929, jedoch profitierten Hitler und die NSDAP von der monatelangen aggressiven Agitation und der Emotionalisierung der Bevölkerung, die damit einherging. Die bisherige Splitterpartei wurde dadurch einer breiten Öffentlichkeit bekannt.

Außenminister Stresemann, eine integrative Persönlichkeit, hatte die Regierungskoalition zusammengehalten. Als er im Oktober 1929 starb, war deren Auseinanderbrechen nur eine Frage der Zeit. Insbesondere auf dem Gebiet der Wirtschafts- und Sozialpolitik ließen sich die Unterschiede zwischen SPD und DVP kaum mehr überbrücken. Die Parteien glaubten, eine „Politik schädlicher Kompromisse“ vor den eigenen Anhängern nicht länger vertreten zu können. Die Große Koalition zerbrach letztlich an der Frage, wie die Arbeitslosenversicherung saniert werden könne. Eine Beitragserhöhung – wie von den Sozialdemokraten gefordert – lehnte die DVP ab, die den Unternehmern nahe stand. Als die SPD-Reichstagsfraktion einen Kompromissvorschlag zurückwies, trat Reichskanzler Hermann Müller am 27. März 1930 zurück. Damit war in jedem Fall die Koalition, nach der Meinung des Historikers Hans-Ulrich Wehler auch „die parlamentarische Republik gescheitert“.

Regieren ohne Mehrheit Für Reichspräsident Paul von Hindenburg, seinen antidemokratischen Beraterstab und die Reichsführung ergab sich nun die Gelegenheit, schon länger erwogene außerparlamentarische Lösungen zur Bewältigung der ständigen Krisen umzusetzen. Unterstützung fand dieser Plan in den rechten Kreisen des Bürgertums und bei den großen Interessenverbänden der Industrie und der Agrarwirtschaft. Das Parlament sollte entmachtet und die SPD, die mit Abstand stärkste Fraktion im Reichstag, aus den politischen Entscheidungsprozessen herausgehalten werden. Die Regierung sollte nur dem Reichspräsidenten verantwortlich sein (Präsidialkabinett).

* Zu Hermann Müller siehe S. 114.

Hindenburg wollte mit dieser Regierungsbildung neuen Stils die alten Eliten wieder an die Macht bringen; das waren die Repräsentanten der konservativ-bürgerlichen Parteien, der Reichswehr sowie der adligen Gutsherren und Industriellen. Einer der Repräsentanten dieses Kurses war General **Kurt von Schleicher**, Chef des Ministeramtes im Reichswehrministerium.

Ihre Handlungsfähigkeit garantierte der Präsident durch die Verfassungsartikel 48 (*Notverordnungsrecht**) und 25 (*Reichstagsauflösung*). Hindenburg stimmte zu und ernannte am 29. März 1930 den konservativ-nationalen Fraktionsvorsitzenden des Zentrums, Heinrich Brüning**, zum Reichskanzler. Dieser nahm mit einer rigiden Sparpolitik die anhaltend hohe Arbeitslosigkeit und das Elend verarmter Schichten in Kauf, um den Alliierten die Unerfüllbarkeit ihrer Reparationsforderungen vor Augen zu führen. Gehaltskürzungen im öffentlichen Dienst, Leistungsabbau im sozialen Bereich und Steuererhöhungen führten allerdings dazu, dass die Kaufkraft der Bevölkerung sank und die Einnahmen des Staates weiter zurückgingen.

Als sich der Reichstag im Juli 1930 weigerte, einem Bündel einschneidender sozialpolitischer Maßnahmen der Regierung zuzustimmen, löste der Reichspräsident das Parlament auf und setzte für den 14. September Neuwahlen fest. In der Zwischenzeit regierte Brüning mit Notverordnungen weiter.

Kurt von Schleicher
(1882-1934): 1932 Reichswehrminister, von Dezember 1932 bis Januar 1933 Reichskanzler einer Reichsregierung aus mehrheitlich parteilosen und drei DNVP-Ministern

Das Verhalten der Parteien in der Krise Die radikalen Parteien führten einen Wahlkampf, wie man ihn bisher in Deutschland noch nicht erlebt hatte. NSDAP und KPD schürten die Angst der Menschen vor einem sozialen Abstieg und versprachen „Arbeit und Brot". Die NSDAP verbreitete ihre nationalistisch-antisemitischen Parolen lautstark mit Wahlkampfmethoden wie organisierten Massenaufmärschen mit Uniformen, Marschmusik, Fahnen und Plakaten, Flugblättern und geschulten Rednern. Die Partei mobilisierte vor allem Bürger, die zwei Jahre zuvor noch nicht gewählt hatten. Ihre Stimmenzahl wuchs von 800 000 (1928) auf nun 6,4 Millionen, ein in der Geschichte des deutschen Parlamentarismus beispielloser Aufschwung, der die NSDAP hinter der SPD zur zweitstärksten Fraktion im Reichstag machte. Der Verfall der bürgerlichen Mitte setzte sich rapide fort. In den Augen der Öffentlichkeit hatten Demokratie und Parlamentarismus versagt.

Noch bedeutender für den Wahlerfolg war der Wählerzustrom von anderen Parteien. So wurden die Nationalsozialisten auch von Mitgliedern der Mittel- und Oberschicht gewählt, die bisher die DNVP oder die liberalen Parteien bevorzugt hatten. Die NSDAP konnte nun sogar gewerkschaftlich nicht organisierte SPD-Wähler für sich gewinnen.

▸ **„Schluss jetzt! Wählt Hitler."**
Plakat (84 x 58 cm) der NSDAP zur Reichspräsidentenwahl im Frühjahr 1932.

* Siehe S. 114.
** Zu Heinrich Brüning und seiner Regierungszeit (März 1930 bis Mai 1932) vgl. auch S. 115-118.

Von Brüning zu Papen Nach den „Erbitterungswahlen“ von 1930 war im Reichstag eine parlamentarische Mehrheitsbildung nahezu unmöglich geworden. Der Verfall des Parlamentarismus setzte sich rapide fort (▸ M1). Während der Reichstag 1930 immerhin noch 94 Sitzungen abhielt, sank die Zahl bis 1932 auf lediglich 13. Waren es 1930 noch 98 Gesetze, die der Reichstag verabschiedete, so blieben 1932 gerade fünf. Im Gegenzug steigerte sich die Anzahl der Notverordnungen von fünf (1930) auf 66 (1932). Der Reichstag musste tatenlos zusehen, wie die politische Macht in die Hände der Regierung und der Bürokratie überging. Trotz fehlender Mehrheit im Parlament konnte Reichskanzler Brüning nach der Wahl seine Notverordnungspraxis fortsetzen. Denn die SPD tolerierte seinen Kurs, aus Gründen der Staatsräson und aus Furcht vor einer weiteren Radikalisierung bei Neuwahlen, die zu einem Kabinett unter Beteiligung der Nationalsozialisten führen konnten.

Brüning hatte sich mehrfach bemüht, die Nationalsozialisten in die Regierungsverantwortung einzubinden, um sie zu „zähmen“ und ihre Unterstützung für die Wiederwahl Hindenburgs 1932 zu erlangen. Als die NSDAP jedoch mit Hitler einen eigenen Kandidaten für die Reichspräsidentenwahl stellte, war Hindenburg auf die Stimmen der Anhänger von SPD und Zentrum angewiesen. Er gab Brüning die Schuld dafür, dass sich die nationale Rechte nicht für ihn aussprach. Dies führte zwischen beiden Politikern zu einer Entfremdung. Brüning gelang es nicht mehr, Hindenburgs Vertrauen wiederzugewinnen. Als er Bauern auf überschuldeten landwirtschaftlichen Gütern ostpreußischer Großgrundbesitzer ansiedeln wollte, lief die ostelbische Agrarlobby bei Hindenburg Sturm gegen diesen „Agrarbolschewismus“. Hindenburg stoppte das Vorhaben. Am 30. Mai entließ er Brüning und sein Kabinett. Brünings Nachfolger wurde **Franz von Papen**. Er bildete ein neues Kabinett, in dem von elf Ministern sieben adlig waren („Kabinett der Barone“).

Franz von Papen (1879-1969): 1932 Reichskanzler; im Nürnberger Prozess gegen die Hauptkriegsverbrecher 1946 freigesprochen

▲ **Plakat für die Reichstagswahl vom 31. Juli 1932.**

Der Weg in die Diktatur Am 20. Juli 1932 ließ der Reichskanzler verfassungswidrig die sozialdemokratische Regierung Preußens durch Verordnung des Reichspräsidenten absetzen („*Preußenschlag*“). Für die Rechte war die SPD-geführte Regierung in Preußen seit jeher ein Ärgernis gewesen. Damit war die bisher stabilste Stütze der Demokratie in Deutschland gefallen. Papen übernahm zusammen mit weiteren Reichskommissaren die Regierungsgeschäfte in Preußen. Das Urteil des Reichsgerichts, nach dem der preußischen Regierung nur vorübergehend Befugnisse entzogen werden durften, blieb wirkungslos.

Während sich Brüning als Chef des ersten Präsidialkabinetts noch bemüht hatte, mit dem Reichstag zusammenzuarbeiten, suchte Papen, gestützt auf eine breite antiparlamentarische, republikfeindliche Allianz, die offene Auseinandersetzung mit dem Reichstag (▸ M2). Am 4. Juni 1932 wurde dieser aufgelöst, die zwischenzeitlich verbotene SA am 14. Juni wieder zugelassen und Neuwahlen für den 31. Juli ausgeschrieben. Hitler verweigerte auch dieser Regierung die Zusammenarbeit und attackierte sie schonungslos.

Die Neuwahlen am 31. Juli 1932 brachten der NSDAP einen sensationellen Erfolg. Sie verdoppelte ihre Mandatszahl auf mehr als 230 und wurde stärkste Fraktion. Nach diesem Wahlerfolg forderte Hitler für sich das Amt des Reichskanzlers. Hindenburg lehnte seine Forderung nach einer Neubildung des Kabinetts unter nationalsozialistischer Führung jedoch ab und beließ Papen im Amt. Er sah in Hitler den Anführer einer sektiererischen Partei.

Gleich in der ersten Sitzung des neu gewählten Reichstages am 30. August sprach eine deutliche Mehrheit Papen das Misstrauen aus (512 gegen 42). Trotz dieser vernichtenden parlamentarischen Niederlage blieb er im Amt und löste den Reichstag am 12. September auf. Am 6. November fanden abermals Neuwahlen statt. Die KPD konnte wiederum ihren Stimmenanteil steigern, während die NSDAP überraschend zwei Millionen Wähler verlor. Die Partei steckte seit Wochen in einer schweren finanziellen Krise. Hitler sah, dass ihm nicht mehr viel Zeit blieb, sein Ziel zu erreichen, zumal vieles auf eine Verbesserung der Wirtschaftslage hindeutete.

Papen beabsichtigte, zur Überwindung der parlamentarischen Blockade den Staatsnotstand auszurufen. Mit Zustimmung des Reichspräsidenten sollten dabei einige Bestimmungen der Verfassung, wie die sofortige Ausschreibung von Neuwahlen nach der Auflösung des Reichstages, außer Kraft gesetzt werden. Auf Druck der Reichswehrführung, die einen unkontrollierbaren Bürgerkrieg befürchtete, verweigerte Hindenburg diesen Plänen die Zustimmung und entließ Papen am 3. Dezember.

▲ **Der Reichstag wird eingesargt.**
Collage (38,3 x 28,4 cm) von John Heartfield (eigentlich Helmut Herzfelde) aus der „Arbeiter Illustrierten Zeitung (AIZ) vom 4. September 1932.
- *Erläutern Sie, wofür bei John Heartfield der Reichstag steht.*
- *Analysieren Sie, warum der Künstler die SPD ins Blickfeld rückt.*
- *Interpretieren Sie Heartfields Haltung gegenüber der politischen Entwicklung.*

Papens Nachfolger, General von Schleicher, scheiterte mit seinem Versuch, für seine Wirtschafts- und Beschäftigungspolitik einen Teil der NSDAP, die Gewerkschaften und die SPD zu gewinnen. Reichspräsident Hindenburg wurde nun von seinem engsten Beraterkreis, von führenden Unternehmern aus Wirtschaft und Industrie sowie vor allem durch Papen bedrängt, Hitler zum Reichskanzler zu ernennen (▸ M3, M4). Papen sollte Vizekanzler werden. Zusammen mit den anderen konservativen Ministern glaubte er, die nationalsozialistischen Minister ausreichend unter Kontrolle zu haben (▸ M5). Am 28. Januar 1933 trat Schleicher zurück, zwei Tage später ernannte der Reichspräsident Hitler zum Reichskanzler.

1. *Stellen Sie alle Gruppen zusammen, die am Untergang der Weimarer Republik arbeiteten, und erläutern Sie die jeweiligen Ziele.*
2. *Bewerten Sie die Bedeutung dieser Gruppen und ihrer Aktionen für den Untergang der Republik.*
3. *Manche Historiker sind der Ansicht, dass die Praxis der Präsidialkabinette die letzte Chance für die Demokratie gewesen sei, andere sehen darin den „Todesstoß" für die Weimarer Republik. Beurteilen Sie diese Auffassungen.*

M1 „Nicht unser Staat"

Der sozialdemokratische Reichstagspräsident Paul Löbe berichtet in seinen 1949 veröffentlichten Lebenserinnerungen von der parlamentarischen Arbeit nach 1930:

Einige Jahre konnte der Reichstag wieder ordnungsgemäß arbeiten. Als aber 1930 das deutsche Volk 107 Nationalsozialisten neben 77 Kommunisten [...] entsandte und 40 deutschnationale Hugenbergianer[1] ihre schützende Hand über die Nazis hielten, brach der Sturm aufs Neue los. Äußerste Rechte und äußerste Linke warfen sich die Bälle zu, unterstützten gegenseitig ihre Obstruktionsanträge[2], begleiteten die jeweiligen Schimpfkonzerte ihrer Antipoden mit tosendem Beifall und versuchten durch unsinnige und demagogische Anträge die Arbeit des Parlaments und der Regierung lahmzulegen. [...]

Bei einer Reichshaushaltsberatung stellten die Kommunisten eine Reihe von Anträgen, unsympathische Steuern und Abgaben aufzuheben oder herabzusetzen, sodass bei Annahme dieser Anträge die Reichseinnahmen von zehn Milliarden auf sechs vermindert worden wären. Bei dem Ausgabenetat kamen dann so viel populäre Anträge auf Rentenerhöhungen, Wohnhausbauten, Erweiterung des Kreises der Versorgungsberechtigten, dass die Ausgaben des Etats von zehn auf 14 Milliarden steigen mussten. Als ich den kommunistischen Wortführer fragte, woher die Mittel für eine solche Wirtschaft kommen, wie das Defizit von acht Milliarden gedeckt werden sollte, erwiderte er kaltschnäuzig, darüber könne sich ja die Regierung den Kopf zerbrechen, „es ist ja nicht unser Staat, sondern der eure". Genauso unehrlich war die Taktik der nationalsozialistischen Fraktion. Sie beantragte, dass niemand im Reich mehr als tausend Mark Monatseinkommen beziehen sollte, dachte aber gar nicht daran, selbst diesen Grundsatz zu befolgen, sondern wollte mit solch demagogischen Anträgen nur die anderen Parteien in Verlegenheit bringen [...].

Zitiert nach: Günter Schönbrunn (Bearb.), Weltkriege und Revolutionen, München ^{5}1995, S. 249

1. *Fassen Sie zusammen, wie Radikale von links und rechts die parlamentarische Arbeit beeinflussten.*
2. *Erörtern Sie, welche Wirkung diese Art der parlamentarischen Arbeit auf die Öffentlichkeit haben musste.*

[1] **Alfred Hugenberg** (1865-1951): Medienunternehmer, von 1928 bis 1933 Vorsitzender der DNVP
[2] **Obstruktion**: Verschleppung, Verhinderung

M2 Verfassungspläne

Noch als Reichskanzler stellt der ehemalige Zentrumspolitiker Franz von Papen am 12. Oktober 1932 bayerischen Industriellen folgende Pläne vor:

Wir wollen eine machtvolle und überparteiliche Staatsgewalt schaffen, die nicht als Spielball von den politischen und gesellschaftlichen Kräften hin- und hergetrieben wird, sondern über ihnen unerschütterlich steht [...]. Die Reform der Verfassung muss dafür sorgen, dass eine solche machtvolle und autoritäre Regierung in die richtige Verbindung mit dem Volke gebracht wird. An den großen Grundgesetzen [...] soll man nicht rütteln, aber die Formen des politischen Lebens gilt es zu erneuern. Die Reichsregierung muss unabhängiger von den Parteien gestellt werden. Ihr Bestand darf nicht Zufallsmehrheiten ausgesetzt sein. Das Verhältnis zwischen Regierung und Volksvertretung muss so geregelt werden, dass die Regierung und nicht das Parlament die Staatsgewalt handhabt.

Als Gegengewicht gegen einseitige, von Parteiinteressen herbeigeführte Beschlüsse des Reichstags bedarf Deutschland einer besonderen Ersten Kammer mit fest abgegrenzten Rechten und starker Beteiligung an der Gesetzgebung. Heute ist das einzige Korrektiv gegen das überspitzte parlamentarische System und gegen das Versagen des Reichstags die Verordnungsgewalt des Reichspräsidenten aufgrund des Artikels 48 der Reichsverfassung.* Sobald aber wieder stetige und normale Verhältnisse herrschen, wird auch kein Anlass mehr sein, den Artikel 48 in der bisherigen Weise anzuwenden. [...]

Nichts kann das Vertrauen in den Aufstieg der Nation mehr hindern als die Unstabilität der politischen Verhältnisse, als Regierungen, die nur Treibholz sind auf den Wellen der Partei und abhängig von jeder Strömung. Diese Art der Staatsführung der Parteiarithmetik ist im Urteil des Volkes erledigt.

Zitiert nach: Heinz Hürten (Hrsg.), Weimarer Republik und Drittes Reich 1918-1945, Stuttgart 1995, S. 132 ff.

1. *Skizzieren Sie das Regierungssystem, das Papen einführen will.*
2. *Der 1. Artikel der Weimarer Verfassung lautet: „Das Deutsche Reich ist eine Republik. Die Staatsgewalt geht vom Volke aus." Untersuchen Sie, in welchem Verhältnis die Überlegungen Papens zu den Bestimmungen der Weimarer Verfassung stehen.*

[1] Zu Artikel 48 der Reichsverfassung siehe S. 114.

M3 „Zu bejahender Kraft mitreißen“

Mitte November 1932 richten Persönlichkeiten aus Wirtschaft und Industrie sowie aus großagrarischen Kreisen an den Reichspräsidenten die Bitte, Hitler zum Kanzler zu ernennen:

Mit Eurer Exzellenz bejahen wir die Notwendigkeit einer vom parlamentarischen Parteiwesen unabhängigen Regierung, wie sie in dem von Eurer Exzellenz formulierten Gedanken eines Präsidialkabinetts zum Ausdruck kommt. Der Ausgang der Reichstagswahl vom 6. November d. J. hat gezeigt, dass das derzeitige Kabinett [...] für den von ihm eingeschlagenen Weg keine ausreichende Stütze im deutschen Volk gefunden hat.
[...] Gegen das bisherige parlamentarische Parteiregime sind nicht nur die Deutschnationale Volkspartei und die ihr nahe stehenden kleineren Gruppen, sondern auch die Nationalsozialistische Deutsche Arbeiterpartei grundsätzlich eingestellt und haben damit das Ziel Eurer Exzellenz bejaht. [...] Es ist klar, dass eine des Öfteren wiederholte Reichstagsauflösung mit sich häufenden, den Parteikampf immer wieder zuspitzenden Neuwahlen nicht nur einer politischen, sondern auch jeder wirtschaftlichen Beruhigung und Festigung entgegenwirken muss. Es ist aber auch klar, dass jede Verfassungsänderung, die nicht von breitester Volksströmung getragen ist, noch schlimmere wirtschaftliche, politische und seelische Wirkungen auslösen wird. [...]
Die Übertragung der verantwortlichen Leitung eines mit den besten sachlichen und persönlichen Kräften ausgestatteten Präsidialkabinetts an den Führer der größten nationalen Gruppe wird die Schlacken und Fehler, die jeder Massenbewegung notgedrungen anhaften, ausmerzen und Millionen Menschen, die heute abseits stehen, zu bejahender Kraft mitreißen.

Zitiert nach: Wolfgang Michalka und Gottfried Niedhart (Hrsg.), Deutsche Geschichte 1918-1933, Frankfurt am Main 2002, S. 224f.

1. *Skizzieren Sie die Argumente der Verfasser für eine Berufung Hitlers zum Reichskanzler sowie die Absichten und Hoffnungen, die sie mit dieser Berufung verbinden.*
2. *Diskutieren Sie anhand der Quellen M1 bis M3, wer die Verantwortung für die Ernennung Hitlers zum Reichskanzler trug.*

▲ **„Sylvester-Feier. Na dann Prost, Herr Generaldirektor. Auf ein glückliches neues Spiel!“**
Karikatur aus der SPD nahestehenden Zeitschrift „Der wahre Jacob“ vom 31. Dezember 1932 (Ausschnitt).
Hinweise: Links Reichskanzler Kurt von Schleicher, rechts ein Großindustrieller und in der Mitte Adolf Hitler.
- *Analysieren Sie die politische Rollenverteilung, die der Zeichner hier vornimmt.*

M4 Ein Blick in die Zukunft

In der Münchener Zeitung „Der gerade Weg“ schreibt der in der Jugendseelsorge tätige Pater Ingbert Naab im Juni 1932:

Hitler und sein bewusster Anhang plädieren für ein völlig neues Haus. Unsere bürgerlichen Politiker sehen das immer noch zu wenig. Sie haben das wahre Wesen der Hitlerbewegung noch gar nicht erfasst, auch die Herren in Berlin nicht. Hitler aber spricht immer von der nationalsozialistischen Weltanschauung und mit dem Blut dieser Weltanschauung will er alle Adern des zukünftigen Staates durchdringen. Er will nicht in der Reichsverfassung einige Änderungen durchdrücken, sondern erstrebt eine völlig neue Verfassung, die mit den Ideen Ernst macht, die er in seinem Buch „Mein Kampf“ niedergelegt hat [...].

Es dreht sich nicht darum, dass im zukünftigen Parlament die Hitlerleute in der Mehrzahl sind und die anderen, mit denen die Abgeordneten in langen Redeschlachten herumlaufen, überstimmen. Es dreht sich darum, dass überhaupt kein Parlament mehr da ist, dass kein Zentrum und keine Deutschnationalen und keine Sozialisten mehr existieren. Es dreht sich darum, dass keine Abstimmungen mehr stattfinden, sondern nur noch Beratungen des Ständestaates: Bestimmen wird überall ein Verantwortlicher, der nur nach oben Verantwortung trägt.

Vom obersten Führer bis herunter in die unterste Blockstelle ist alles durchorganisiert. Wahlen werden nicht mehr notwendig sein. Denn jede verantwortliche Stelle wählt sich in ihrem Verantwortungskreis ihre Leute selber aus.

Die jetzige Regierung mag mit derartigen Plänen einige gemeinschaftliche Linien haben, Hitler will trotzdem etwas ganz anderes als die Regierung. Die jetzige Regierung strebt mehr auf frühere Formen zurück, wie es der Tradition ihrer Zusammensetzung entspricht, Hitler hat mit den alten Formen gar nichts zu tun. Die beiden werden sich nur so lange vertragen, als die Regierung Hitler die Wege ebnen hilft und soweit sie ihm dazu hilft. Aber die Regierung hat gar nicht im Sinn abzutreten. Im Grunde genommen möchte sie doch Hitler völlig ausschalten, indem sie ihm den Wind aus den Segeln nimmt durch die Erfüllung seiner Forderungen. Hier freilich irrt sich der Herr von Papen. Das „Baronenkabinett" ist eben doch wesentlich etwas anderes, als sich die zu einem guten Teil revolutionären Anhänger Hitlers unter der künftigen Reichsregierung vorstellen. Und die in neuer Gestalt erscheinende SA wird für andere Ideale kämpfen und sich nicht damit zufriedengeben, den Rechtskurs und die Auffassung der Staatsaufgaben des Herrn von Papen mitzumachen [...].

Ingbert Naab, Der gerade Weg. Deutsche Zeitung für Wahrheit und Recht vom 19. Juni 1932; zitiert nach: Anton Grossmann und Alfred J. Gahlmann (Hrsg.), Nationalsozialismus. Arbeitsmaterial Sekundarbereich II, München 1983, S. 31 ff.

Arbeiten Sie die Intention des Verfassers heraus und fassen Sie dessen Argumente in knappen Thesen zusammen.

F *Veranschaulichen Sie Ingbert Naabs Blick in die Zukunft durch eine aussagekräftige Karikatur.*

M5 „Klare Lösung"

a) In den Aufzeichnungen von Annelies von Ribbentrop, der Ehefrau von Joachim von Ribbentrop, der 1932 einflussreicher Verbindungsmann zwischen konservativen Gruppen und den Nationalsozialisten gewesen ist, findet sich folgendes Diktat ihres Mannes vom 27. Januar 1933:

Ich habe Hitler noch nie in einem solchen Zustand gesehen; ich schlage ihm und Göring[1] vor, Papen abends allein zu sprechen und ihm die ganze Situation klarzulegen. Abends spreche ich mit Papen und überzeuge ihn schließlich, dass nur die Kanzlerschaft Hitlers, für die er sich ganz einsetzen müsse, einen Sinn hätte. Papen [...] erklärt, dass er sich jetzt voll und ganz zur Kanzlerschaft Hitlers bekenne, was den entscheidenden Wendepunkt in der Haltung Papens bedeutete. Papen wird sich seiner Verantwortung bewusst – drei Möglichkeiten: Entweder Präsidialkabinett [...] oder Rückkehr des Marxismus unter Schleicher[2] oder Rücktritt Hindenburgs. Dagegen die wirklich einzige klare Lösung: Kanzlerschaft Hitlers. Papen wird sich nun restlos klar, dass er jetzt unter allen Umständen Hitlers Kanzlerschaft durchsetzen muss und nicht wie bisher glauben darf, sich Hindenburgs auf jeden Fall zur Verfügung halten zu müssen. Diese Erkenntnis Papens ist meines Erachtens der Wendepunkt der ganzen Frage. Papen ist am Sonnabend Vormittag für 10 Uhr bei Hindenburg angesagt.

b) Und zwei Tage später, am 29. Januar 1933, ist notiert:

Um 11 Uhr lange Aussprache Hitler – Papen. Hitler erklärt, dass im großen Ganzen alles im Klaren sei. Es müssten aber Neuwahlen angesetzt werden und ein Ermächtigungsgesetz[3] müsse kommen. Papen begibt sich sofort zu Hindenburg. Ich frühstücke im Kaiserhof mit Hitler. Die Frage der Neuwahlen wird besprochen. Da Hindenburg nicht wählen lassen will, bittet er mich, Hindenburg zu sagen, dass dies die letzten Wahlen seien. Nachmittags gehen Göring und ich zu Papen. Papen erklärt, dass alle Hindernisse beseitigt seien und dass Hindenburg Hitler morgen um 11 Uhr erwartet.

Zitiert nach: Wolfgang Michalka und Gottfried Niedhart, a. a. O., S. 273 f.

1. *Diskutieren Sie Papens Bedeutung für die Ernennung Hitlers zum Reichskanzler. Inwiefern kam ihm diese Lösung entgegen (siehe auch M2)?*
2. *Erörtern Sie, wer die Verantwortung für die Ernennung Hitlers zum Reichskanzler trug.*

[1] **Hermann Göring**: Siehe S. 222.
[2] **Kurt von Schleicher**: Vgl. S. 207. Ribbentrop spielt auf Schleichers Beschäftigungspolitik an.
[3] Zum **Ermächtigungsgesetz** siehe S. 220 und M1, S. 225.

Politische Plakate analysieren

Plakate sind öffentliche Aushänge oder Anschläge, die informieren, werben oder zu Aktionen aufrufen. Um möglichst viele Menschen anzusprechen, werden sie überwiegend an stark frequentierten Standorten platziert. Ihr Ziel ist es, durch „plakative", also auffällige gestalterische Mittel und Schlagworte (Slogans) auf den ersten Blick zu wirken und durch eine meist suggestive, an das Unterbewusstsein gerichtete Botschaft in Erinnerung zu bleiben.

Politische Plakate analysieren

Politische Plakate gibt es – ob als Bekanntmachung der Regierung, als Protest gegen soziale Missstände oder zur Verteufelung des Kriegsgegners – in Deutschland seit Anfang des 19. Jahrhunderts. Bedeutung als Massenmedium erreichten sie jedoch erst in der Weimarer Republik. Da es nun zwar Pressefreiheit, aber noch kein Fernsehen und zunächst auch kein Radio gab, nutzten die Parteien Plakate als schlagkräftige Agitations- und Propagandamittel im Kampf um Wählerstimmen.
In dem Maß, in dem sich die politischen Auseinandersetzungen in der Anfangs- und Endphase der Republik zuspitzten, wurden auch die Texte und Bilder der Parteien radikaler. Die politischen Gegner wurden diffamiert, Feindbilder aufgebaut und Bedrohungsszenarien beschworen. Obwohl durch die unterschiedlichen künstlerischen Stilrichtungen der Epoche beeinflusst, bedienten sich die Parteien für ihre Plakate häufig gleicher Motive und Gestaltungsmittel: überdimensionale Figuren, etwa der politische Gegner als „Untermensch" oder der unbeugsame Arbeiter als Ideal des „Kämpfers"; Symbole wie der stolze Adler, die giftige Schlange, die Fahne oder Fackel in der Hand des Arbeiters.
Wahlplakate geben keine Auskunft über das Wählerverhalten. Sie spiegeln jedoch in Wort und Bild die politischen Auseinandersetzungen und Ziele der Parteien sowie den Alltag, die Probleme und Grundhaltungen der Zeit.

Formale Kennzeichen
- Um welche Art von Plakat handelt es sich?
- Wer hat das Plakat geschaffen oder in Auftrag gegeben?
- Wann und wo ist es entstanden und veröffentlicht worden?

Plakatinhalt
- Wen oder was zeigt das Plakat auf welche Weise?
- Was wird thematisiert?
- Wie ist das Plakat aufgebaut? Achten Sie auf folgende Gestaltungsmittel: Verhältnis von Text und Bild, Perspektive, Haltung der Figuren, Schriftgröße und -art, Farben, Symbole, Übertreibungen, Verwendung bestimmter Stilmittel.
- Was bedeuten die Gestaltungsmittel?

Historischer Kontext
- Auf welches Ereignis, welchen Sachverhalt oder welche Person bezieht sich das Plakat?
- Was ist der Anlass für die Veröffentlichung?

Intention und Wirkung
- An wen wendet sich das Plakat?
- Ist es gegen jemanden gerichtet? Werden Feindbilder dargestellt?
- Welche Aussageabsicht verfolgt der Künstler bzw. Auftraggeber?
- Welche Wirkung soll das Plakat beim zeitgenössischen Betrachter erzielen?

Beispiel und Analyse

SA-Mann mit Schirmmütze und Hakenkreuz: personifizierter „Feind der Demokratie“ von rechts

Farbgebung: Rot als Farbe der Sozialdemokratie, Schwarz-Rot-Gold als Nationalfarben Deutschlands während der Weimarer Republik; Symbol der republiktreuen Kräfte

Totenkopf mit Reichswehrhelm: Allegorie auf Gefahr des Militarismus oder die Toten des Ersten Weltkrieges

Schriftzug/Wahlslogan: Verweis auf politische Gegner („Feinde der Demokratie!“) und eigenes demokratisches Selbstverständnis

Kommunist mit rotem Stern auf der Kappe: personifizierter „Feind der Demokratie“ von links, symbolisiert Gefahr des Bolschewismus

Dolch: Symbol für Gewalt und Hinterhältigkeit, Verweis auf „Dolchstoßlegende“

Schriftzug/Wahlaufruf: nennt Wahlziel (politische Gegner durch Wahl ausschalten; Erhalt von Republik und Demokratie), Verweis auf Auftraggeber und Listenplatz

▲ **Wahlplakat von 1930.**
Grafiker: Karl Geiss.
Format: 112 x 79,4 cm.

Formale Kennzeichen ■ Das Wahlplakat wurde 1930 von der SPD in Auftrag gegeben. Der Grafiker ist Karl Geiss, der zu dieser Zeit vermutlich in München lebte und mehrere Plakate für die SPD gestaltete.

Plakatinhalt ■ Das Plakat zeigt die „Feinde der Demokratie" in dreifacher Personifizierung: Den Hauptteil füllt ein schwarz gezeichneter Mann; Schirmmütze und Hakenkreuz identifizieren ihn als Mitglied der SA. In seiner linken Faust hält er einen Dolch, der die Gewaltbereitschaft des politischen Gegners verdeutlichen soll und auf die „Dolchstoßlegende" anspielt. Die Oberste Heeresleitung hatte sie 1918 verbreitet, um die Schuld an der deutschen Niederlage im Ersten Weltkrieg auf die revolutionären Ereignisse in der Heimat und vor allem die Sozialdemokratie zu schieben. Die rechte Hand des Mannes ist nach dem Betrachter ausgestreckt, den er anzubrüllen scheint. Die schemenhaft umrissene Figur links hinten trägt eine Kappe mit rotem Stern, was sie als Kommunisten zu erkennen gibt. Rechts ragt ein Totenkopf mit Reichswehrhelm und Bajonett hervor, wohl eine Allegorie auf die Gefahr des nationalistischen Militarismus oder die Toten des Ersten Weltkrieges.
Die Schriftzüge bestehen aus Großbuchstaben und nennen das Motto: Die „Feinde der Demokratie" sollen beseitigt („Hinweg damit!") und die Republik gerettet werden. Die Farbgebung Schwarz-Rot-Gold steht für die Nationalfarben und für die demokratischen Kräfte; Rot ist zudem die Farbe der Sozialdemokratie.

Historischer Kontext ■ Anlass für die Veröffentlichung des Wahlplakates war die Reichstagswahl vom 14. September 1930. Es wendet sich gegen die politischen Gegner der SPD von rechts und links, die auch die Republik seit ihrer Gründung bekämpften. Vor allem die Parteien der extremen Rechten, DNVP und NSDAP, nutzten die „Dolchstoßlegende" zur hasserfüllten Agitation gegen die politischen Vertreter der Weimarer Republik. 1930 hatte sich durch Wirtschaftskrise und Arbeitslosigkeit die parteipolitische Landschaft geändert. Während die liberalen Parteien DDP und DVP immer mehr Anhänger verloren, gewannen NSDAP und KPD von der Republik enttäuschte Wähler hinzu. Mit dem Rücktritt der letzten sozialdemokratisch geführten Regierung im März 1930 entfiel die Hauptstütze der Weimarer Demokratie. Die SPD kämpfte daher für einen deutlichen Wahlsieg und gegen die extremen Flügelparteien, um wieder eine regierungsfähige Mehrheit im Parlament bilden zu können.

Intention und Wirkung ■ Die SPD will die von den links- und rechtsextremen Parteien ausgehende Gefahr für Demokratie und Republik veranschaulichen, indem sie die Bedrohung aus Gewalt, Terror, Angst und Tod beschwört. Die politischen Gegner sollen als Lügner und Geschichtsklitterer entlarvt werden. Der Appell „Hinweg damit!" verstärkt, was das Feindbild nahe legt. Zugleich wirbt das „Rettungsversprechen" für die eigene Partei: Die SPD will die „Feinde der Demokratie" nicht durch Gewalt, sondern mit demokratischen Mitteln beseitigen.

Bewertung und Fazit ■ Das Plakat war 1930 überall in Deutschland verbreitet. Die Bedrohung wird durch ideenreiche Gestaltung, starke Farben und markante Zeichnung, schlagkräftige Slogans, bekannte Symbole und Stereotypen eindrucksvoll und verständlich in Szene gesetzt. Seinen eigentlichen Zweck hat das Plakat jedoch verfehlt. Bei der Reichstagswahl von 1930 verlor die SPD über fünf Prozent der Stimmen, blieb aber stärkste Partei. Die KPD gewann 2,5 Prozent Stimmenanteil, die NSDAP stieg mit 18,2 Prozent sogar zur zweitstärksten Partei auf.

Geschichte kontrovers

Warum scheiterte Weimar?

Bei der Frage nach den Gründen für den Untergang der Weimarer Republik und den Machtantritt der Nationalsozialisten ist es nahezu einhellige Ansicht der Geschichtswissenschaft, dass nicht eine einzelne Ursache ausschlaggebend war. Für Zeitgenossen wie Otto Braun, den ehemaligen sozialdemokratischen Ministerpräsidenten von Preußen, waren der Vertrag von Versailles und die Radikalität der deutschen Kommunisten entscheidend. Amerikanische Historiker legten den Schwerpunkt auf die autoritären Traditionen der Deutschen. Andere sehen im Versagen führender Persönlichkeiten aus Politik, Wirtschaft und Militär zwischen 1930 und 1933 eine wesentliche Ursache des Zusammenbruchs, da die alten Eliten Hitler unterschätzten. Allerdings bleibt trotz der abwägenden Gewichtung einzelner Ursachen heute die Erkenntnis, dass beim Scheitern der Republik unterschiedliche Ereignisse und Prozesse zusammenspielten.

M1 „Die antirepublikanischen Tendenzen [...] waren grundsätzlich beherrschbar"

Der Historiker Hagen Schulze versucht die Frage zu beantworten, woran Weimar gescheitert ist; er schreibt 1982:

Woran ist also Weimar gescheitert? Die Antwort ist nicht mit letzter wissenschaftlicher Präzision zu geben, aber einiges lässt sich doch ausmachen: Die wichtigsten Gründe liegen auf dem Feld der Mentalitäten, der Einstellungen und des Denkens. In der Mitte des Ursachenbündels finden sich eine Bevölkerungsmehrheit, die das politische System von Weimar auf die Dauer nicht zu akzeptieren bereit war, sowie Parteien und Verbände, die sich den Anforderungen des Parlamentarismus nicht gewachsen zeigten. Die Ursachen für diese Defekte dürften überwiegend in langfristigen, aus den besonderen Bedingungen der preußisch-deutschen Geschichte zu erklärenden Zusammenhängen zu suchen sein, verstärkt durch die Entstehungsbedingungen des Weimarer Staatswesens und seiner außenpolitischen Belastungen. Die Übertragung dieser ungünstigen Gruppenmentalitäten auf das Weimarer Regierungssystem wurde durch den Wahlrechtsmodus erheblich begünstigt; andere Merkmale der formalen Verfassungsordnung, wie ihr mangelnder normativer Charakter oder der Föderalismus, wirkten nur in zweiter Linie destabilisierend, während das starke präsidiale Moment daneben auch stabilisierende Komponenten enthielt, die allerdings letzten Endes nicht zum Zuge kamen. Die antirepublikanischen Tendenzen in Armee, Bürokratie und Justiz waren grundsätzlich beherrschbar, eine Frage des Machtbewusstseins von Parteien und Regierung. Die gesellschaftlichen und wirtschaftlichen Rahmenbedingungen waren hauptsächlich langfristig wirksam, indem sie auf die Mentalitäten von Bevölkerung und einzelnen Gruppen einwirkten; aktuelle ökonomische Krisen verstärkten die destabilisierenden Momente, verursachten sie aber nicht.

Lapidar lässt sich also schließen: Bevölkerung, Gruppen, Parteien und einzelne Verantwortliche haben das Experiment Weimar scheitern lassen, weil sie falsch dachten und deshalb falsch handelten. Auch auf dem Umweg über die Strukturanalyse gelangt man so zu dem Schluss, dass Weimar nicht schicksalhaft oder bedingt durch anonyme Sachzwänge scheitern musste – die Chance der Gruppen wie der Einzelnen, sich für Weimar zu entscheiden und dem Gesetz der parlamentarischen Demokratie zu gehorchen, nach dem man angetreten war, hat immer bestanden.

Hagen Schulze, Weimar. Deutschland 1917-1933, Berlin 1994, S. 425

M2 Weder Zwang noch Zufall

Der Historiker Heinrich August Winkler äußert sich 2011 folgendermaßen über die Ursachen des Scheiterns der Weimarer Republik:

Die Ernennung Hitlers zum Reichskanzler war nicht der unausweichliche Ausgang der deutschen Staatskrise, die mit dem Bruch der Großen Koalition am 27. März 1930 begonnen und sich seit der Entlassung Brünings am 30. Mai 1932 dramatisch zugespitzt hatte. Hindenburg musste sich von Schleicher so wenig trennen, wie er genötigt gewesen war, Brüning durch Papen auszuwechseln. Er hätte Schleicher nach einem Misstrauensvotum des Reichstages als Chef einer geschäftsführenden Regierung im Amt halten oder durch einen nicht polarisierenden „überparteilichen" Kanzler ersetzen können. Die neuerliche Auflösung des Reichstages innerhalb der verfassungsmäßigen Frist von sechzig Tagen war ihm nicht verwehrt; der Aufschub von Neuwahlen bis in den Herbst 1933 war hingegen nach den entsprechenden Erklärungen aus der politischen Mitte und vonseiten der Sozialdemokratie kaum weniger riskant als im Jahr zuvor. Nichts zwang den Reichspräsidenten dazu,

Hitler zum Reichskanzler zu machen. Hitler war zwar immer noch, trotz seiner Niederlage in der Reichstagswahl vom 6. November 1932, der Führer der stärksten Partei, aber eine Mehrheit im Reichstag gab es für ihn nicht.
Bis in den Januar 1933 hinein hatte sich der Reichspräsident, um eine Parteidiktatur der Nationalsozialisten zu verhindern, der Kanzlerschaft Hitlers widersetzt. Hindenburg änderte seine Haltung, weil ihn nun auch seine engsten Berater dazu drängten und weil er das Risiko der Diktatur durch das Übergewicht konservativer Minister im Kabinett Hitler verringert, wenn nicht beseitigt sah. [...] Auf Schleichers Entlassung und Hitlers Ernennung arbeiteten einflussreiche Kreise der seit Bismarcks Zeiten vom Staat subventionierten ostelbischen Großlandwirtschaft hin, sowie, vorzugsweise auf dem Weg über Papen, der rechte Flügel der rheinisch-westfälischen Schwerindustrie. Entsprechenden Druck übten zuletzt fast alle Personen aus, die Zugang zum Reichspräsidenten hatten. Diesem Druck zu widerstehen, war der Greis nicht mehr stark genug. Das Machtzentrum um Hindenburg hatte sich im Januar 1933 für das Wagnis mit Hitler entschieden, und Hindenburg als Person war nur ein, wenn auch der wichtigste, Teil des Machtzentrums. Der 30. Januar war also weder ein zwangsläufiges Ereignis der vorangegangenen politischen Entwicklung noch ein Zufall. Hitlers Massenrückhalt machte seine Ernennung möglich, aber erst durch den Willen Hindenburgs und des Milieus, das er verkörperte, wurde er Kanzler. Die politische Stärke jener „alten Eliten“, die auf eine „Regierung der nationalen Konzentration“ unter Hitler drängten, war ebenso wie der Zulauf zu seiner Partei eine soziale Tatsache mit langer Vorgeschichte. Zu dieser Vorgeschichte gehörte auch die Erosion des Vertrauens in den demokratischen Staat. Dass der „Legitimitätsglaube“, Max Weber zufolge die wichtigste immaterielle Herrschaftsressource, in Weimar von Anfang an schwach war, hatte Gründe, die mit der Geburt der Republik aus der Niederlage im Ersten Weltkrieg zusammenhingen und zugleich weit hinter diesen Krieg zurückreichten. Wenn es eine Ursache „letzter Instanz“ für den Zusammenbruch der ersten deutschen Demokratie gibt, liegt sie in der historischen Verschleppung der Freiheitsfrage im 19. Jahrhundert – oder, anders gewendet, in der Ungleichzeitigkeit der politischen Modernisierung Deutschlands: der frühen Demokratisierung des Wahlrechts und der späten Parlamentarisierung des Regierungssystems.

Heinrich August Winkler, Geschichte des Westens. Die Zeit der Weltkriege 1914-1945, München 2011, S. 631-632

1. *Geben Sie die Kerngedanken der Historiker wieder (M1 und M2).*
2. *Vergleichen Sie die Auffassungen der Historiker hinsichtlich der Ursachen des Scheiterns der Weimarer Republik, in dem Sie auf die angesprochenen Konflikte und Probleme näher eingehen (M1 und M2).*
3. *Das Scheitern der Weimarer Republik: Zwang – Zufall – Schicksal? Nehmen Sie Stellung.*

▲ **„Stützen der Gesellschaft.“**
Ölgemälde (200 x 108 cm) von George Grosz, 1926.
■ *Das Gemälde wurde von dem Kunsthistoriker Hans Hess als eine „große Allegorie des deutschen Staates in der Weimarer Republik“ bezeichnet. Erläutern Sie diese Aussage.*

Die Herrschaft des Nationalsozialismus in Deutschland und Europa

▲ **Hitlers „Weg durchs Volk“.**
Foto von Heinrich Hoffmann vom „Erntedankfest“ auf dem Bückeberg bei Hameln am 30. September 1934.
Ab 1933 war der Bückeberg Ort nationalsozialistischer Masseninszenierungen. Der christliche Feiertag des „Erntedankfestes“ wurde missbraucht, um für die „Blut und Boden“-Ideologie der Nationalsozialisten zu werben. 1933 sollen 500 000, ein Jahr später 700 000 und 1937 sogar 1,2 Millionen Menschen daran teilgenommen haben.

Orientierung ■ Als Reichspräsident Paul von Hindenburg am 30. Januar 1933 den „Führer“ der NSDAP Adolf Hitler zum Reichskanzler ernannte, glaubten er und seine Berater noch, den „Emporkömmling“ und seine „Rabauken“-Partei „zähmen“ und ihren großen Wählerzulauf für eigene Ziele nutzen zu können. Ein Großteil der deutschen Bevölkerung erhoffte sich von der neuen Regierung Rettung aus der Wirtschaftskrise und eine neue Großmachtstellung des Deutschen Reiches. Sie alle übersahen, dass Hitler und die NSDAP die Regierungsübergabe nicht als autoritäre Herrschaft auf Zeit und erst recht nicht als demokratischen Regierungsauftrag verstanden.

Vom 30. Januar 1933 an baute Hitler die nationalsozialistische Herrschaft aus. Seinen Abschluss fand der Prozess der Machtsicherung und „Gleichschaltung“ nach dem Tod Hindenburgs im August 1934, als Hitler – fortan „Führer und Reichskanzler“ genannt – auch das Amt des Reichspräsidenten übernahm und die Reichswehr auf sich vereidigen ließ. Damit gehörten in der totalitären Einparteiendiktatur Rechtsstaat und Gewaltenteilung sowie die Beachtung demokratischer Prinzipien der Vergangenheit an. Ziel der „Gleichschaltung“ war es nicht nur, die Macht zu sichern, sondern auch die Menschen in allen Lebensbereichen in neu geschaffenen Organisationen zu „erfassen“, auf die Weltanschauung des Nationalsozialismus einzuschwören und einem auf der „Volksgemeinschaft“ aufbauenden Führerprinzip unterzuordnen.

Kennzeichen des Nationalsozialismus und seiner Ideologie waren der Antisemitismus und eine Rassenlehre, die sich mit der Vorstellung vom „notwendigen Kampf der Rasse um Lebensraum“ vermischten. Was mit einem radikaler werdenden Antisemitismus in den 1920er-Jahren begann, mündete in eine rücksichtslose und menschenverachtende Ausgrenzung und Vertreibung von Andersdenkenden und „Rassefeinden“. Ihren grausamen Höhepunkt erreichte die NS-Herrschaft mit dem Holocaust (Shoa): die systematische Verfolgung und Ermordung von Millionen europäischer Juden in den Konzentrations- und Vernichtungslagern. Der am 1. September 1939 begonnene Zweite

30.1.1933
Adolf Hitler wird Reichskanzler
28.2.1933
Außerkraftsetzung der Grundrechte
23.3.1933
„Ermächtigungsgesetz“: Die Regierung Hitler erhält diktatorische Vollmacht
31.3.-7.4.1933
„Gleichschaltung“ der Länder
1.4.1933
Boykott jüdischer Unternehmen, Geschäfte und Praxen
7.4.1933
„Gesetz zur Wiederherstellung des Berufsbeamtentums“
Mai 1933
Zerschlagung der Gewerkschaften und Gründung der DAF
Juni / Juli 1933
Verbot bzw. erzwungene Selbstauflösung aller übrigen Parteien
14.10.1933
Austritt Deutschlands aus dem Völkerbund
30.6.1934
Niederschlagung des „Röhm-Putsches“
15.9.1934
„Nürnberger Gesetze“
7.3.1936
Einmarsch der Wehrmacht in das entmilitarisierte Rheinland
22.10.1936
Ein Vierjahresplan tritt in Kraft, der Deutschland gezielt auf den Krieg vorbereitet
13.3.1938
„Anschluss“ Österreichs an das Deutsche Reich
29.9.1938
Konferenz von München; das Sudetenland wird an das Reich abgetreten
9./10.11.1938
„Novemberpogrome“

1933 | 1934 | 1935 | 1936 | 1937 | 1938 | 1939

◂ **Die Krise der europäischen Demokratie 1922-1938.**

Weltkrieg war die Konsequenz der auf dieser Ideologie basierenden NS-Außenpolitik, die von der Revision des Versailler Vertrages ausging und auf Eroberung und Unterwerfung anderer Völker zielte.

Gegen Krieg, NS-Herrschaft sowie die Judenverfolgung, die spätestens im Zweiten Weltkrieg zum „offenen Geheimnis" wurde, regte sich zwar kein breiter Widerstand; die „Weiße Rose", die Verantwortlichen des Attentats vom 20. Juli 1944, der Widerstand aus den Kirchen und der Arbeiterbewegung zeigen jedoch, dass nicht alle das Regime akzeptierten.

In diesem Kapitel werden folgende Fragen behandelt:

- *Welche Merkmale kennzeichneten Ideologie und Herrschaft der Nationalsozialisten?*
- *Welche Ursachen und Folgen hatten Terror und Gewalt gegen politische Gegner, Juden, Sinti und Roma sowie andere Minderheiten im Inland und wie wirkte sich die nationalsozialitische Eroberungs- und Vernichtungspolitik im Ausland aus?*
- *Welche Formen von Akzeptanz und Widerstand in der Bevölkerung für und gegen das NS-Regime gab es?*

3.8.1939
Nichtangriffspakt" mit der owjetunion („Hitler-Stalin-akt")

1.9.1939
Beginn des Zweiten Weltkrieges

22.6.1941
Mit dem Überfall auf die Sowjetunion beginnt die zentral organisierte, systematische Vernichtung der europäischen Juden

20.1.1942
„Wannsee-Konferenz"

Februar 1943
Hinrichtung der Geschwister Scholl („Weiße Rose")

April / Mai 1943
Die SS schlägt den Aufstand im Warschauer Ghetto nieder

20.7.1944
Ein Attentat des Militärs auf Hitler scheitert

27.1.1945
Befreiung von Auschwitz-Birkenau (Holocaust-gedenktag)

4.2.-11.2.1945
Konferenz von Jalta

8./9. Mai 1945
Die bedingungslose Kapitulation der deutschen Wehrmacht tritt in Kraft

1940 1941 1942 1943 1944 1945 1946

Beseitigung der Demokratie: „Machtergreifung“ und „Gleichschaltung“

▲ **Der „Tag von Potdam“.**
Foto von Theodor Eisenhart vom 21. März 1933.

▲ **„Tag von Potsdam.“**
Bildpostkarte von 1933.
- *Vergleichen Sie die Postkarte mit dem Foto.*

„Führer in ein neues Zeitalter“ ■ Als Adolf Hitler am 30. Januar 1933 von Reichspräsident Hindenburg zum Reichskanzler ernannt wurde, schien sich rein äußerlich nichts Wesentliches an der politischen Situation im Deutschen Reich geändert zu haben. Hitler war Chef eines Präsidialkabinetts wie seine drei unmittelbaren Amtsvorgänger. Der „Führer“ und seine Partei feierten die Berufung in die Regierungsverantwortung jedoch als „Machtergreifung“. Die Fackelzüge, die am Abend des 30. Januar in Berlin und vielen Städten Deutschlands von der NSDAP unter Beteiligung konservativer Kräfte inszeniert wurden, huldigten nicht einem weiteren Kanzler der Republik, sondern dem „Führer in ein neues Zeitalter“.

Die neue Regierung besaß keine Mehrheit im Reichstag. Hitler ließ dennoch Koalitionsverhandlungen, die ihm eine Majorität gesichert hätten, bewusst scheitern. Stattdessen wurden der Reichstag aufgelöst und Wahlen für den 5. März anberaumt. Die parlamentsfreie Atempause wollte Hitler nutzen, um mithilfe von Notverordnungen vollendete Tatsachen zu schaffen und die Wähler massiv zu beeinflussen, denn das Erreichen der absoluten Mehrheit schien für die NSDAP in greifbare Nähe gerückt.

Der Reichstagsbrand und seine Folgen ■ Am 27. Februar, eine Woche vor der Wahl, brannte der Reichstag in Berlin. Am Tatort wurde der Holländer *Marinus van der Lubbe* festgenommen. Wahrheitswidrig verkündeten die Nationalsozialisten, dass die Brandstiftung der Beginn eines kommunistischen Umsturzes sein sollte. Die genauen Hintergründe des Reichstagsbrandes sind bis heute nicht geklärt, aber die meisten Historiker gehen von einer Alleintäterschaft van der Lubbes aus.

Hitler veranlasste sofort die Verhaftung von 4 000 kommunistischen Abgeordneten und Funktionären, ferner das Verbot der kommunistischen und sozialdemokratischen Presse. Die von Hindenburg am 28. Februar 1933 erlassene *Verordnung „Zum Schutz von Volk und Staat“* schuf die rechtlichen Voraussetzungen, um die Grundrechte außer Kraft zu setzen (▸ M1).

Trotz massiver Behinderung der anderen Parteien und eines pausenlosen Propagandaaufwandes war das Wahlergebnis des 5. März für die NSDAP enttäuschend. Sie verfehlte mit 43,9 Prozent der abgegebenen Stimmen klar die erhoffte absolute Mehrheit. Am 21. März wurde der Reichstag in der Garnisonkirche zu Potsdam mit einem Staatsakt eröffnet. Zwei Tage nach dem *„Tag von Potsdam“* legte Hitler den Abgeordneten ein *Gesetz zur Behebung der Not von Volk und Reich*, das sogenannte *„Ermächtigungsgesetz“*, zur Abstimmung vor. Obwohl NSDAP und Deutschnationale Volkspartei (DNVP) eine handlungsfähige Mehrheit im Reichstag bildeten, sollte der Regierung – zunächst auf vier Jahre – das Recht eingeräumt werden, Gesetze ohne Mitwirkung von Reichstag und Reichsrat zu erlassen.

Die Vertreter der bürgerlichen Parteien gaben eingeschüchtert nach, in der Hoffnung, Schlimmeres zu verhüten und durch ihr Entgegenkommen später Einfluss auf die Durchführung des Gesetzes nehmen zu können. Nur die SPD verweigerte ihre Zustimmung. Sie konnte damit die notwendige Zweidrittelmehrheit allerdings nicht verhindern, zumal die Mandate der drittstärksten Reichstagsfraktion der KPD sofort nach der Wahl vom 5. März annulliert worden waren und die KPD-Abgeordneten dem „Ermächtigungsgesetz“ daher weder zustimmen noch es ablehnen konnten. Auch der Reichsrat ließ das Gesetz ohne Einwand passieren.

Literaturtipp:
Wolfgang Benz, Die 101 wichtigsten Fragen. Das Dritte Reich, München ³2013

Internettipp:
Für Informationen zum „Ermächtigungsgesetz“ sowie zur Rede von Otto Wels siehe Code 4677-17

„Gleichschaltung" von Ländern, Verwaltung und Parteien „Ein Volk, ein Reich, ein Führer" war die Parole, nach der ab 1933 der Rechtsstaat und die Gewaltenteilung abgeschafft, der Einparteienstaat errichtet sowie alle politischen und gesellschaftlichen Lebensbereiche „gleichgeschaltet" und durchdrungen wurden (▸ M2). Mit dem „Ermächtigungsgesetz" hatte Hitler formalrechtlich legal den Freibrief erhalten, Staat und Gesellschaft „gleichzuschalten". Partei und Regierung beseitigten in den ersten Monaten nach der Machtübernahme schrittweise das föderalistische Eigenleben von Ländern und Gemeinden: Landtage, Stadt- und Gemeinderäte wurde nach dem Ergebnis der Reichstagswahl vom 5. März 1933 umgebildet. Von missliebigen Parteien errungene Sitze verfielen, sodass die Nationalsozialisten fast überall ein Übergewicht erhielten. Darüber hinaus setzte Hitler in den Ländern *Reichsstatthalter* ein, die befugt waren, Regierungen zu bilden und zu entlassen. Jeder Reichsstatthalter war seinerseits an die Weisungen des „Führers" gebunden, die totale Kontrolle der Gebietskörperschaften damit gesichert.

Maßgeblich zur Festigung des neuen Regimes trug die „Gleichschaltung" des Verwaltungsapparates bei. Schon in den ersten Tagen nach der „Machtergreifung" waren in Säuberungsaktionen widerstrebende Beamte aus dem Dienst entfernt worden. Legalisiert wurden die Entlassungen erst nachträglich durch das *Gesetz zur Wiederherstellung des Berufsbeamtentums* vom 7. April 1933. Um die politische Opposition endgültig auszuschalten, wurde nach der Zerschlagung der KPD Ende Februar / Anfang März 1933 die SPD am 22. Juni 1933 verboten. Die anderen Parteien lösten sich unter massivem Druck selbst auf. Im Reichstag saßen fortan nur noch Mitglieder der NSDAP. Da das Parlament als Gegengewicht zur Exekutive praktisch ausgeschaltet war, konnte Hitler mit *Führererlassen* regieren, die an die Stelle von Gesetzen traten.

Nach dem Tod Hindenburgs am 2. August 1934 stand der Diktatur Hitlers endgültig nichts mehr im Weg (▸ M3). Ohne Wahl übernahm er das Amt des Reichspräsidenten und nannte sich nun „Führer und Reichskanzler". Die Reichswehr und alle Beamten mussten sich durch einen Eid persönlich auf Hitler verpflichten.

▲ Neues Straßenschild.
Foto vom März 1933 aus Essen. Fast überall wurden nach der „Machtergreifung" Adolf-Hitler-Straßen und -Plätze eingerichtet. Viele Stadtversammlungen ernannten Hitler und andere Nazi-Größen auch zu Ehrenbürgern ihrer Städte.

Literaturtipp:
Arno Klönne, Jugend im Dritten Reich. Die Hitlerjugend und ihre Gegner, Köln ³2008

Filmtipp:
Napola – Elite für den Führer; Deutschland 2004, Regie: Dennis Gansel

Totale Organisation Bereits mit dem Eintritt in die Grundschule sollten die Jugendorganisationen der NSDAP, *Hitler-Jugend* (HJ) und *Bund Deutscher Mädel* (BDM), möglichst alle Kinder eines Jahrganges erfassen. In beiden Organisationen – und ebenso in den Schulen – wurde die Jugend im Sinn der nationalsozialistischen Ideologie gedrillt. Nicht mehr die liberalen Bildungsziele der Weimarer Zeit zählten, sondern Gleichschritt und Wehrertüchtigung. Alle Jugendverbände wurden früher oder später in HJ und BDM überführt. Per Gesetz erhoben die Nationalsozialisten die Hitler-Jugend 1936 zur „Staatsjugend", wodurch diese zu einem wichtigen Kontroll- und Erziehungsinstrument wurde. Der für alle Jugendlichen verpflichtende *Reichsarbeitsdienst* sollte die in HJ und BDM angelegte ideologische Ausrichtung fortsetzen. Für viele Berufssparten bestanden zudem gesonderte, der NSDAP untergeordnete Vereinigungen, z. B. der *NS-Lehrerbund* oder der *NS-Ärztebund*.

Menschen in Beruf oder Freizeit, Gesunde und Invalide, Jugendliche und Greise, Frauen und Männer – sie alle sollte das parteigesteuerte Organisationsnetz des totalitären Staates erfassen. Dies gelang mithilfe von Unterorganisationen wie der *Deutschen Arbeitsfront* (DAF), dem *NS-Studentenbund*, der *NS-Frauenschaft* und anderen mehr. Das Netz war so eng geknüpft, dass der Einzelne kaum entschlüpfen konnte.

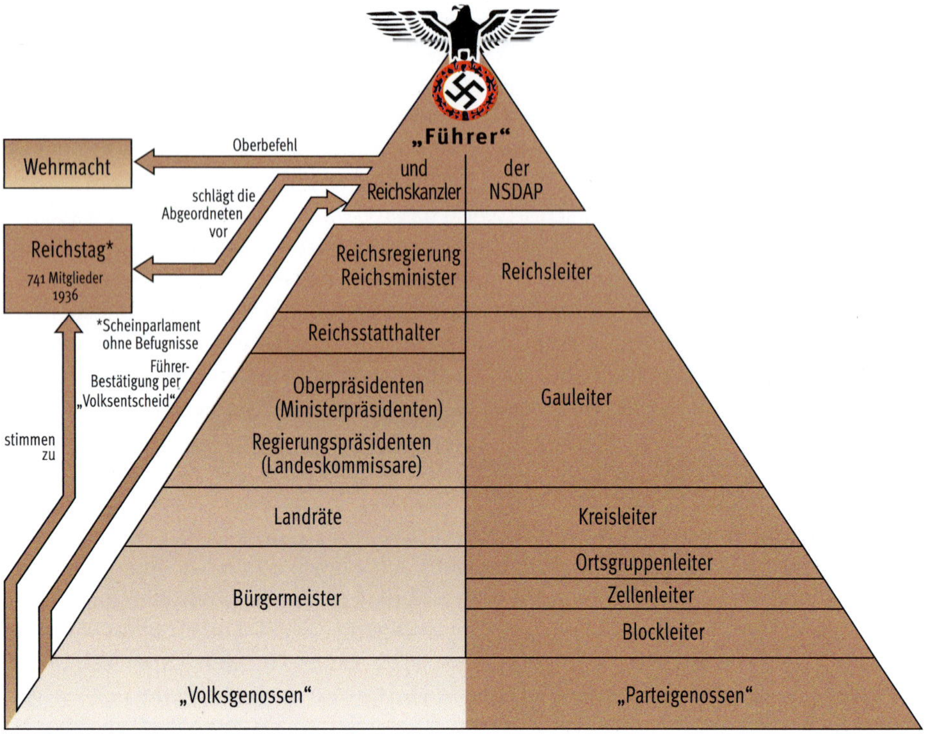

▸ **Staat und Partei im „Führerstaat“.**
Parteienhierarchie und Staatsämter überschnitten sich sowohl in ihren Kompetenzen als auch personell: Mit zwei Ausnahmen waren z. B. alle Reichsstatthalter zugleich auch Gauleiter in ihrem Amtsbereich.

Literaturtipp:
Norbert Frei, Der Führerstaat. Nationalsozialistische Herschaft 1933 bis 1945, München 1945

Führung oder Chaos? Die Ausschaltung oppositioneller Gruppen schien auf den ersten Blick die Staatsmacht zu stärken, die sich nicht länger im pluralistisch-liberalen Meinungsstreit behaupten musste. Es zeigte sich jedoch, dass sich neben den Staat nun die NSDAP als „Trägerin des deutschen Staatsgedankens“ stellte. Ihre Führung war seit der Ausschaltung der anderen Parteien unangefochten. Die Aufgabe der NSDAP bestand nun nicht länger in Opposition und Straßenkampf, sondern in der Erfassung aller Lebensbereiche, mit dem Ziel einer totalitären Herrschaftsübernahme. Die Partei durchdrang die Gesellschaft und trat damit in Konkurrenz zu den staatlichen oder kommunalen Institutionen.

Die Folge war ein undurchsichtiger Wirrwarr von Kompetenzen (▸ M4). Während der Staat üblicherweise das öffentliche Leben auf der Basis von Gesetzen reglementiert und gestaltet, trafen jetzt Parteiorganisationen oder deren Repräsentanten neben der staatlichen Bürokratie Einzelentscheidungen. Sie versuchten beständig, die Verwaltung in ihrem Sinn zu beeinflussen. Vielfach verschmolzen Partei- und Staatsorganisation miteinander. So hatten die Gauleiter der NSDAP häufig zugleich hohe Ämter in den „gleichgeschalteten“ Ländern inne, oder die Ortsgruppenleiter der Partei übernahmen gleichzeitig das Bürgermeisteramt. Die Kontrolle der öffentlichen Hand und des gesellschaftlichen Alltages ließ die Parteibürokratie ständig anwachsen. Gab es 1935 33 Gauleiter, 827 Kreisleiter, 21 000 Ortsgruppenleiter und 260 000 Zellen- und Blockleiter, so betrug die Zahl dieser Funktionäre zwei Jahre später bereits 700 000. Während des Krieges waren es zwei Millionen.

Charakteristisch für die **Polykratie** war das Entstehen zahlloser Sonderverwaltungen, die neben der staatlichen Bürokratie ein Eigenleben führten und dem „Führer“ direkt unterstellt waren. Einer solchen Behörde stand z. B. **Hermann Göring** ab 1936 als „Beauftragter für den Vierjahresplan“ vor. Er konnte in dieser Funktion an allen staatlichen Stellen vorbei unmittelbaren Einfluss auf die Wirtschaft nehmen.

Polykratie (von griech. poly: „viel“ und kratéin: „Macht“): Vielzahl konkurrierender Herrschaftsansprüche und Zuständigkeiten

Hermann Göring (1893 - 1946): seit 1933 preußischer Ministerpräsident; 1933 - 1945 Reichsminister für Luftfahrt; 1937/38 Reichswirtschaftsminister; 1939 von Hitler offiziell zu seinem Nachfolger ernannt; 1946 Selbstmord

„Volksaufklärung“ Die wirkungsvollste Form, die Gesellschaft nachhaltig zu beeinflussen, sah Hitler in der *Propaganda*. Der dafür zuständige Minister **Joseph Goebbels**, schaltete Presse, Film und Rundfunk weitgehend gleich. Er ließ zunehmend nur noch Informationen verbreiten, die sein Ministerium in Reichspressekonferenzen für die Veröffentlichung freigab. Unerwünschte Presseorgane wurden zeitweise oder auf Dauer verboten. Bücher, Illustrierte und Zeitschriften unterlagen der Zensur.

Vor allem den Rundfunk setzte Goebbels für seine Propaganda ein. *„Volksempfänger“* waren für jeden erschwinglich und wurden zum Kauf empfohlen. Das Hören ausländischer Sendestationen war hingegen verboten und gegen Ende des Krieges sogar mit der Todesstrafe bedroht. Die *„Wochenschau“*, die vor den viel besuchten Spielfilmen ablief, wurde genau redigiert. Wie Goebbels selbst erklärt hatte, galt nun ein „neuer Begriff der Meinungs- und Pressefreiheit“, der alle Berichterstattung an das „nationale und völkische Interesse“ band (▶ M5). Ein ausgeklügeltes Spitzelsystem, das ganz Deutschland überzog, diente nicht nur dem Aufspüren und der Ausschaltung von Regimegegnern, sondern auch der Erkundung der Volksstimmung. Dabei spielten die Blockwarte, zu deren Aufgaben die genaue Beobachtung der Bewohner der ihnen unterstellten Häuserblocks gehörte, eine wichtige Rolle. Gegenpropaganda sollte da einsetzen, wo sich Unzufriedenheit zeigte.

Joseph Goebbels (1897-1945): Chef-Ideologe des Nationalsozialismus und einer der führenden Politiker des „Dritten Reiches“; 1933-1945 Reichsminister für Volksaufklärung und Propaganda und Präsident der Reichskulturkammer; beging am Kriegsende Selbstmord

Massenmobilisierung Offizieller Höhepunkt aller Massenmobilisierung war der jährliche Reichsparteitag in Nürnberg: Auf einem nie ganz vollendeten Gelände wickelte die NS-Regierung beeindruckende Aufmärsche und sportliche Wettkämpfe ab. Sie sollten den Deutschen nationale Größe suggerieren und sie für den Einparteienstaat begeistern. Staatsbesuche, Empfänge, National- und Parteigedenktage oder neue pseudokultische Veranstaltungen glichen in ihrem Ablauf religiösen Festen. Auch die Olympischen Spiele, die 1936 in Berlin stattfanden, nutzte das Regime zu einer sorgfältig inszenierten Selbstdarstellung.

„Wider den undeutschen Geist“ Auch Kultur und Kirche wurden „gleichgeschaltet“. Christliche Feiertage wurden ihrer religiösen Bedeutung entkleidet und nach Belieben des Regimes umgedeutet. Weihnachten sollte sich aus einem Fest des Friedens zum Gedenktag der Wintersonnenwende, der Hoffnung des Wiedererstehens und der Freiheit Deutschlands entwickeln. Ein neuer Feierkultus entstand.

Was „echte Kulturgüter“ waren, legte die NSDAP fest: Rückbesinnung auf das germanische Erbe, die Verherrlichung der „arischen Rasse“ in allen Epochen der Geschichte. Schlichtheit und Monumentalität waren die Vorgaben eines zentral reglementierten Kunstverständnisses. 1933 wurde zur Kontrolle des gesamten Kulturbetriebes die **Reichskulturkammer** eingerichtet. Jüdische Mitbürger, Marxisten und Pazifisten verbannte die Partei als „Zerstörer arischen Erbes“ aus dem Kulturbetrieb.

Reichskulturkammer: diente der Organisation und Überwachung des gesamten Kulturbetriebes (Printmedien, Film, Theater usw.). Nur Mitglieder der Kammer durften ihren Beruf ausüben.

Am 10. Mai 1933 fanden in Berlin und anderen Universitätsstädten öffentliche *Bücherverbrennungen* statt. Studenten warfen die Werke der in Ungnade gefallenen Autoren ins Feuer. Damit sollte die Ausmerzung aller wissenschaftlichen und literarischen Werke, die als „undeutsch“ galten, eingeleitet werden.

Wertvolle Kunstwerke, die nicht nationalsozialistischen Vorstellungen entsprachen, wurden aus Museen und Galerien verbannt, beschlagnahmt, zerstört oder ins Ausland verkauft. Die betroffenen Künstler erhielten, soweit sie noch lebten und nicht emigriert waren, Ausstellungs- und Arbeitsverbot. 1937 wurde eine Auswahl eingezogener Kunstwerke zusammengestellt und als Wanderausstellung *„Entartete Kunst“* in

Innere Emigration: Viele Künstler, Dichter und Gelehrte, die nach 1933 ins benachbarte Ausland oder später nach Übersee flohen, mussten Deutschland verlassen, weil ihr Leben gefährdet war oder um Verhaftungen zu entgehen; Einzelne verließen ihr Heimatland auch aus Protest gegen das neue Regime. Wer zurückblieb, da er nicht unmittelbar gefährdet war, musste mit Publikations- und Ausstellungsverbot rechnen. Einige Schriftsteller hüllten ihre Vorbehalte gegenüber dem Regime in historische Beispielgeschichten, die nicht ohne Weiteres aufzuschlüsseln waren, oder sie schrieben für die Zeit nach dem erhofften Zusammenbruch des „Dritten Reiches“. Um diese Autoren zu charakterisieren, sprach man in den Nachkriegsjahren von der „Inneren Emigration“. Dieser Begriff soll ausdrücken, dass nicht alle, die nicht zur „Äußeren Emigration“ gezwungen worden waren, automatisch auf der Seite des nationalsozialistischen Regimes gestanden haben.

▲ **„Ehrenkreuze der Deutschen Mutter.“**
Ab 1938 wurde kinderreichen Müttern für ihre Verdienste im „Geburtenkrieg“ diese Auszeichnung verliehen: für die Geburt von vier oder fünf Kindern in Bronze, bei sechs oder sieben in Silber und ab acht Kindern in Gold.

München und anderen Städten Deutschlands bei freiem Eintritt zur „Abschreckung“ gezeigt. 1939 verbrannten die Nationalsozialisten in Berlin öffentlich 1000 verfemte Kunstwerke. Folge dieser Politik und der antijüdischen Gesetzgebung war, dass viele bedeutende Künstler und Gelehrte Deutschland verließen. Die kulturelle Blütezeit der Zwanzigerjahre fand ein jähes Ende. Mancher blieb und beugte sich dem Regime oder begab sich in die **„Innere Emigration“**.

Die „deutsche Frau“ ■ Ideologisch wie personell war die NSDAP immer eine Männerpartei, Frauen hatten in den höheren Hierarchie-Ebenen von Partei und Staat keine Chance. *Gertrud Scholtz-Klink*, die „Reichsfrauenführerin“, hatte sich im Sinne der Nationalsozialisten vor allem durch eines qualifiziert: Sie war Mutter von elf Kindern.

Natürlich brauchte die Partei auch Anhängerinnen, deshalb wurden die Frauen umworben. Das ideologische Konzept dazu war denkbar einfach: Die deutsche Frau sollte als treu sorgende Gattin und Mutter den „artgerechten“ Fortbestand des Volkes gewährleisten und dem Mann zu Hause den Rücken freihalten für seine Pflichten am Arbeitsplatz und im Krieg. Vielen Frauen erschien die klare Rolle, die die Nationalsozialisten ihnen zuwiesen, durchaus attraktiv. Wie den Männern wurden auch ihnen eine Gemeinschaft und ein Solidaritätsgefühl angeboten, deren negative Seiten, nämlich der Ausschluss von Kranken, Gebärunfähigen, jüdischen Frauen, Homosexuellen und anderen unerwünschten Minderheiten, nur wenigen zu Bewusstsein kam.

Die Frauen waren ebenso sorgsam organisiert wie die männliche Bevölkerung. Zusätzlich zum Bund Deutscher Mädel (BDM) und der *Nationalsozialistischen Frauenschaft* (NSF) entstand im Oktober 1933 das *Deutsche Frauenwerk* (DFW) als Sammelbecken für die „gleichgeschaltete“ bürgerliche Frauenbewegung. In diesen Organisationen trafen sich Millionen zum Meinungsaustausch, zu gemeinsamen häuslichen Arbeiten, zu ideologischer Schulung und zu karitativer Tätigkeit. Ehrungen wurden den Müttern zudem durch die Stiftung des „*Ehrenkreuzes der Deutschen Mutter*“ zuteil. Hilfswerke für Mutter und Kind, Mütterschulen und die Hervorhebung des Muttertages rundeten das Propagandabild von der erfolgreichen deutschen Frau ab.

Ehestandsdarlehen mit teilweisem oder vollem Schuldenerlass, je nach Kinderzahl, sollten verheiratete Frauen bewegen, die Berufswelt zu verlassen und sich ganz der Familie zu widmen. Freilich förderte das NS-Regime die Emanzipation durch Dauer und Folgen des Krieges auf das Wirtschaftsleben dann wider Willen doch. Denn Frauen mussten die Aufgaben von den Männern, die in den Krieg gezogen waren, übernehmen.

Darüber hinaus beteiligten sich Hunderttausende Frauen auch selbst am nationalsozialistischen Kriegseinsatz. Als Helferinnen der *Wehrmacht*, der SS, der *Gestapo**, des *Reichsluftschutzbundes* oder des Deutschen Roten Kreuzes waren sie nicht nur im Reich, sondern auch in den besetzten Gebieten tätig. Auch in den Konzentrationslagern versahen etwa 10000 Frauen als weibliches SS-Gefolge ihren Dienst.

1. *Veranschaulichen Sie die Stufen der „Machtergreifung“ in einem Schaubild.*
2. *Gliedern Sie die nationalsozialistische Propaganda in ihre unterschiedlichen Bereiche auf.*
3. *Diskutieren Sie die Wirkungsmacht der verschiedenen Propagandabereiche für unterschiedliche Bevölkerungsgruppen.*

* Siehe S. 230.

M1 Verordnung „Zum Schutz von Volk und Staat" und „Ermächtigungsgesetz"

a) Am 28. Februar 1933, einen Tag nach dem Reichstagsbrand, erlässt Reichspräsident Hindenburg eine Verordnung „Zum Schutz von Volk und Staat". Aufgrund des Artikels 48, Absatz 2 der Reichsverfassung wird „zur Abwehr kommunistischer staatsgefährdender Gewaltakte" Folgendes verordnet:

§ 1 Die Artikel 114, 115, 117, 118, 123, 124 und 153 der Verfassung des Deutschen Reichs werden bis auf Weiteres außer Kraft gesetzt. Es sind daher Beschränkungen der persönlichen Freiheit, des Rechts der freien Meinungsäußerung einschließlich der Pressefreiheit, des Vereins- und Versammlungsrechts, Eingriffe in das Brief-, Post-, Telegrafen- und Fernsprechgeheimnis, Anordnungen von Haussuchungen und von Beschlagnahmen sowie Beschränkungen des Eigentums auch außerhalb der sonst hierfür bestimmten gesetzlichen Grenze zulässig.
§ 2 Werden in einem Lande die zur Wiederherstellung der öffentlichen Sicherheit und Ordnung nötigen Maßnahmen nicht getroffen, so kann die Reichsregierung insoweit die Befugnisse der obersten Landesbehörde vorübergehend wahrnehmen. [...]

b) Das „Gesetz zur Behebung der Not von Volk und Reich" (das sogenannte „Ermächtigungsgesetz") vom 23. März 1933 stellt zusammen mit der Verordnung „Zum Schutz von Volk und Staat" die verfassungsrechtliche Grundlage des NS-Staates dar:

Art. 1: Reichsgesetze können außer in dem in der Reichsverfassung vorgesehenen Verfahren auch durch die Reichsregierung beschlossen werden. [...]
Art. 2: Die von der Reichsregierung beschlossenen Reichsgesetze können von der Reichsverfassung abweichen, soweit sie nicht die Einrichtung des Reichstages und des Reichsrates als solche zum Gegenstand haben. Die Rechte des Reichspräsidenten bleiben unberührt.
Art. 3: Die von der Reichsregierung beschlossenen Reichsgesetze werden vom Reichskanzler ausgefertigt und im Reichsgesetzblatt verkündet. Sie treten, soweit sie nichts anderes bestimmen, mit dem auf die Verkündung folgenden Tag in Kraft. Die Artikel 68-77 der Reichsverfassung finden auf die von der Reichsregierung beschlossenen Gesetze keine Anwendung.[1]
Art. 4: Verträge des Reichs mit fremden Staaten, die sich auf Gegenstände der Reichsgesetzgebung beziehen, bedürfen für die Dauer der Geltung dieses Gesetzes nicht der Zustimmung der an der Gesetzgebung beteiligten Körperschaften. Die Reichsregierung erlässt die zur Durchführung dieser Verträge erforderlichen Vorschriften. [...]

[1] Geregelt war hier das übliche Verfahren der Gesetzgebung.

Zitiert nach: Ingo von Münch (Hrsg.), Gesetze des NS-Staates. Dokumente eines Unrechtssystems. Zusammengestellt von Uwe Brodersen, Paderborn [3]1994, S. 23 und 63

1. *Erörtern Sie, welche Konsequenzen die Notverordnung „Zum Schutz von Volk und Staat" und das „Ermächtigungsgesetz" für den politischen Alltag haben mussten.*

2. *Diskutieren Sie, welche Möglichkeiten der Opposition zu diesem Zeitpunkt noch gegeben waren.*

M2 „Gleichschaltung"

In einem Wörterbuch zum Vokabular des Nationalsozialismus wird der Begriff „Gleichschaltung" wie folgt definiert:

(gleichschalten, sich gleichschalten; gleichgeschaltet)
a) Politische Gleichschaltung: Aufhebung des politischen und organisatorischen Pluralismus durch Anpassung der vorgefundenen Organisationsstrukturen bestehender Körperschaften und Institutionen an das nationalsozialistische Führerprinzip; b) innere Gleichschaltung: Anpassung des Denkens und Handelns an die nationalsozialistische Weltanschauung; c) äußere Gleichschaltung [...]: politische Gleichschaltung ohne gleichzeitige Anpassung des Denkens und Handelns an die nationalsozialistische Weltanschauung.

Cornelia Schmitz-Berning, Vokabular des Nationalsozialismus, Berlin/New York 1998, S. 277

Belegen Sie die Definitionen des Begriffes „Gleichschaltung" aus dem Wörterbuch mit Beispielen aus der Zeit des Nationalsozialismus.

M3 Bilanz der „Machtergreifung"

Der Historiker Hans-Ulrich Wehler zieht 2003 eine Bilanz der „Machtergreifung":

1. Die zentralistische Regierungsdiktatur Hitlers war an die Stelle der parlamentarischen Republik getreten. Ein schier omnipotenter charismatischer „Führer", eben noch als „böhmischer Gefreiter" verspottet, bündelte alle Herrschaftsfunktionen und -mittel in einer einzigen, in seiner Hand, sodass der Führerabsolutismus bereits zum eigentlichen Gravitationszentrum der Macht geworden war.
2. Der Reichstag war, völlig entmachtet, zur Akklamationsmaschine degradiert worden.

3. Alle Parteien waren verboten worden oder hatten sich in tiefer Ohnmacht selber aufgelöst; die meisten Verbände, wie etwa die Gewerkschaften, waren zerschlagen oder unterworfen worden.

4. Reichsrechtlich war der Einparteienstaat zugunsten der NSDAP legalisiert, der totale Lenkungsanspruch ihrer Führungsspitze befestigt worden. Wie schon diese Punkte zeigen, war die politische Landschaft in einem unglaublichen Tempo von Grund auf verändert worden.

5. Anstelle des traditionellen Föderalismus war ein rigoroser Zentralismus durchgesetzt worden, der alle Länder und ihre Landtage aufgelöst, den Berliner Direktiven freie Bahn geschaffen hatte.

6. Der Rechtsstaat lag zertrümmert da. Die Bürger waren der Willkür der Polizei, der SS, der Sondergerichtsbarkeit hilflos preisgegeben.

7. Die Verfolgung, Vertreibung und Ermordung politischer Gegner und jüdischer Deutscher hatte auf breiter Front eingesetzt. Ernsthafte Zweifel an der Zielstrebigkeit der neuen Machthaber waren auch in dieser Hinsicht nicht mehr erlaubt.

8. In der Erbgesundheitspolitik tauchten die Umrisse einer völkischen, eugenischen Rassenpolitik auf, welche die Gesundheit des arischen „Volkskörpers" über alles setzte und dieses Ziel durch „Ausmerze" aller Fremdkörper erreichen wollte.

9. Die alten Machteliten, die sich eben noch als geschickte Dompteure eines Volkstribuns plebejischer Herkunft gesehen hatten, waren in abhängige Funktionseliten umgewandelt, oft in NS-Sonderorganisationen überführt oder direkt zu Parteiorganen gemacht worden.

10. Überhaupt war ein zügiger Elitenwechsel eingeleitet worden. Dieser „stürmische Personalumbau ... verwandelte die Elitenstruktur der deutschen Gesellschaft", denn die kollektive Blitzkarriere der „alten Kämpfer", die zahlreichen neuen Verwaltungsstäbe mit Parteibuchpositionen und frühzeitig auch der Lenkungswille des SS-Ordens ließen die Umrisse einer neuen sozialen Machthierarchie erkennen.

11. Im öffentlichen Leben hatte sich der Nationalsozialismus zur monopolistischen Säkularreligion aufgeschwungen. [...]

12. Vor allem aber hatte sich die charismatische Position Hitlers in Staat und Gesellschaft enorm gefestigt. Ein breiter Konsens unterstützte den „Führer", der jede kollektive Entscheidungsbildung im Kabinett beseitigt und völlige Selbstständigkeit auch gegenüber der Koalition des 30. Januar errungen hatte.

Hans-Ulrich Wehler, Deutsche Gesellschaftsgeschichte, Bd. 4: Vom Beginn des Ersten Weltkriegs bis zur Gründung der beiden deutschen Staaten 1914-1949, München 2003, S. 617-619

1. *Erläutern Sie, was Wehler unter einem „omnipotenten charismatischen ‚Führer'" versteht.*
2. *Charakterisieren Sie den nationalsozialistischen Staat nach der „Machtergreifung" mithilfe geeigneter Adjektive.*
3. *Stellen Sie in einer Mindmap die verschiedenen Schritte und Ebenen der „Machtergreifung" dar.*

M4 Rivalität

Der britische Historiker Ian Kershaw beschreibt 1998 in seiner Hitler-Biografie, wie Hitler seine Machtposition festigt:

Zusammenstöße in Fragen der Strategie, Streitereien unterschiedlicher Fraktionen und persönliche Rivalitäten traten in der NSDAP beinahe endemisch[1] auf. Die endlosen Konflikte und Animositäten, die gewöhnlich persönliche oder taktische und keine ideologischen Ursachen hatten, machten notwendigerweise vor einem Angriff auf Hitler halt. Er griff so wenig wie möglich ein. Die Rivalität und der Wettstreit zeigten ihm nur, welcher unter seinen miteinander wetteifernden Untergebenen nach seinem eigenen sozialdarwinistischen Begriff der Stärkere sein würde. Auch unternahm er nichts, um die ideologischen Schattierungen innerhalb der Partei miteinander zu versöhnen, es sei denn, sie drohten kontraproduktive Wirkungen zu entfalten. Der Führerkult wurde akzeptiert, weil er allen Beteiligten als einziges Rezept galt. Die persönliche Treue gegenüber Hitler, ob nun aufrichtig empfunden oder einem Zwang folgend, war der Preis der Einheit. In manchen Fällen waren die NS-Führer ganz und gar von Hitlers „Größe" und „Mission" überzeugt. In anderen konnten sie den eigenen Ehrgeiz nur weiterhin befriedigen, indem sie dem obersten „Führer" nach dem Munde redeten. Auf diese Weise wuchs Hitlers Herrschaft über die „Bewegung" bis zu dem Punkt, wo er so gut wie unangreifbar geworden war.

Ian Kershaw, Hitler 1889-1936, übersetzt von Jürgen Peter Krause und Jörg W. Rademacher, Stuttgart 1998, S. 380 (Übersetzung hier durch Jörg W. Rademacher)

1. *Erläutern Sie, wie Hitler nach Meinung von Kershaw das „Führerprinzip" für sich nutzte.*
2. *Prüfen und verbessern Sie das Schaubild auf Seite 222.*

[1] **endemisch**: typisch für ein bestimmtes Umfeld

▲ **NS-Propaganda.**
Von links nach rechts: Sporttag des BDM, Plakat der Abteilung Presse und Propaganda Bielefeld, um 1936; Werbung für den „Volksempfänger“, 1936; Werbeplakat der NS-Organisation „Kraft durch Freude“ für den Volkswagen, 1938.

M5 Wie erfolgreich war die Propaganda?

Der Historiker Bernd Jürgen Wendt untersucht die Wirkung der nationalsozialistischen Propaganda auf die Bevölkerung:

Dringend muss davor gewarnt werden, unkritisch aus den oft eindrucksvollen Produkten der nationalsozialistischen Propaganda etwa durch die unkommentierte Vorführung von Wochenschauen oder Propagandafilmen bereits auf ihre tatsächliche Wirkung zu schließen.
Resistenz oder Anfälligkeit gegenüber nationalsozialistischer Propaganda und Indoktrination waren wesentlich abhängig von der politischen Einstellung, dem sozialen und politischen Milieu, in dem man aufgewachsen war und lebte, von Erziehung und Schulbildung, Wohnort und persönlichem Umfeld. Goebbels war stets bemüht, in einer taktischen „Variationstoleranz“ (Bracher) propagandistische Indoktrination differenziert nach den Adressaten und schichtenspezifisch einzusetzen, auch gewisse Rücksichten auf kulturelles Erbe und bürgerliche Traditionspflege zu nehmen, sterile Uniformität zu vermeiden und dort, wo er es für angebracht hielt, etwa bei der Darbietung eines deutschen (!) Jazz, in der Schlagerkultur oder bei Hollywoodfilmen selbst noch mit der emigrierten Marlene Dietrich[1] die Zügel zu lockern. [...]
Die Propagierung der Idee des Nationalsozialismus, so verschwommen und eklektisch[2] sie auch sein mochte, stieß dort auf eine zusätzliche Resonanz, wo sie offenkundig Erfolge aufweisen konnte. Denn das Leben damals verhieß vielen, die vorher davon nicht einmal zu träumen gewagt hatten, um den Preis der politischen Anpassung einen höheren Grad an Mobilität, freiere Lebensformen [...], materielle Vorteile wie einen Arbeitsplatz, die Chance individueller Bewährung, nichtakademische Karrieremuster, soziale Betreuung oder auch ein reiches Angebot für die Gestaltung der Freizeit mit KdF-Reisen[3], Kulturveranstaltungen usf.

Bernd Jürgen Wendt, Deutschland 1933-1945. Das Dritte Reich, Hannover 1995, S. 142-144

- *Verwenden Sie Wendts Überlegungen für eine Interpretation der drei Plakate. Unterscheiden Sie zwischen beabsichtigter und möglicher Wirkung.*
- F *Übertragen Sie Ihre Kenntnisse auf politische Werbung der Gegenwart.*

[1] **Marlene Dietrich** war nach ihrem Welterfolg mit „Der blaue Engel“ von 1930 die bekannteste deutsche Schauspielerin. Sie stellte sich gegen die Nationalsozialisten und ging in die USA.
[2] **eklektisch**: zusammengesucht, ohne eigenen Stil
[3] **Kraft durch Freude**: Unterorganisation der Deutschen Arbeitsfront (DAF); siehe dazu S. 239.

Geschichte regional

Der Erinnerungsort Vogelsang

Nach der Machtübernahme fehlte der NSDAP qualifiziertes Führungspersonal. Hitler forderte daher neue Parteischulen. Zuständig für die fachliche und weltanschauliche Schulung war der fanatische Antisemit *Robert Ley* aus dem oberbergischen Niederbreidenbach bei Nümbrecht. Er war seit 1932 Reichsorganisationsleiter der Partei und ab 1933 Chef der Pseudo-Gewerkschaft „Deutsche Arbeitsfront" (DAF). Ley veranlasste den Bau von drei Schulungslagern: am Ufer des Krössinsees in Pommern (heute Polen), in Sonthofen im Allgäu und in „Vogelsang" in der Eifel südöstlich von Aachen.

Wie auf der Marienburg in Ostpreußen (heute Polen), dem Zentrum des „Deutschen Ordens" im 14./15. Jahrhundert, wurden diese Schulungslager bald „Ordensburgen" genannt und die Kursteilnehmer als „Junker" bezeichnet.

Internettipp:
Für Infos und Bilder zur „NS-Ordensburg" Vogelsang siehe Code 4677-18

Die Grundkonzeption der „Schulungsburg Vogelsang" entwarf der Kölner Architekt Clemens Klotz. Am 22. September 1934 fand die feierliche Grundsteinlegung statt, und am 1. Mai 1936 zogen die ersten 500 „Junker" in die „Ordensburg" ein. Die in einer wunderschönen Landschaft für anfangs 500, ab 1936 dann für 1000 Schulungsteilnehmer geplante Anlage ist ein einmaliges Zeugnis für die Herrschafts- und Propaganda-Architektur der Nationalsozialisten. „Nirgendwo sonst gibt es eine derart große, authentisch erhaltene Landschaftsarchitektur des Dritten Reiches" (Franz Albert Heinen).

▲ Robert Ley (links) und Adolf Hitler beim Betrachten einer Publikation über die „Ordensburg" Vogelsang.
Foto von 1941.

Die auf vier Jahre angelegte Ausbildung bot Nationalsozialisten die Chance zum sozialen und gesellschaftlichen Aufstieg. Die Bewerber sollten etwa 25 Jahre alt und verheiratet sein. Ein Schulabschluss und eine Aufnahmeprüfung waren nicht notwendig. Was zählte, waren „arische" Herkunft, körperliche Gesundheit (Brillenträger wurden abgelehnt), abgeleisteter Arbeits- und Wehrdienst und der bisherige Einsatz für die Partei. Am Ende jeder Bewerbung stand die von Ley und seinen Beratern durchgeführte Musterung.

Im Zentrum der Erziehung zum „Junker" stand die menschenverachtende NS-Rassenlehre. Unterrichtet wurden daneben die Fächer Geschichte, Weltanschauung und Philosophie, Kunst und Kultur, Wirtschafts- und Soziallehre sowie „Wehrwissenschaft".

Eine herausragende Rolle spielte der Sportunterricht. Neben Leicht- und Schwerathletik standen Schwimmen, Boxen, Ringen, Fechten, Reiten und Fliegen auf dem Programm. Ziel der Ausbildung war es, mutige und absolut gehorsame Parteisoldaten zu erziehen. Sie sollten jederzeit und überall ihren Beitrag zur Schaffung des „neuen deutschen Menschen" und zur Verbreitung der NS-Ideologie leisten.

Mit Beginn des Zweiten Weltkrieges 1939 wurde die Ausbildung auf den Ordensburgen abgebrochen. In den von den Deutschen besetzten Gebieten im Osten übernahmen zahlreiche „Junker" wichtige Funktionen. Skrupel- und gewissenlos beteiligten sie sich an der Eroberung und Ausbeutung Osteuropas sowie an der Ermordung der europäischen Juden.

M1 „Führer für das Volk“

Robert Ley verkündet bei der Grundsteinlegung 1934:

Hier sollen Führer für das Volk erzogen werden, keine Theologen, aber Führer, Prediger und Werber, fanatische Menschen, die von dem Glauben an Deutschland beseelt sind, die glauben an das Volk, an die Deutsche Nation, an unser Vaterland und an unseren Führer. Hier soll die neue Idee Deutschlands gezüchtet werden.

Zitiert nach: Hans-Dieter Arntz, Vogelsang. Geschichte der ehemaligen NS-Ordensburg, Aachen 2008, S. 11

M2 Grundforderungen

In einer um 1937 veröffentlichten Schrift nennt Ley folgende Kriterien für die künftigen „Junker“

Wir stellen an den politischen Führer des Volkes folgende drei Grundforderungen:

1. Er muss einen sicheren Instinkt und damit einen gesunden Menschenverstand haben.
2. Er muss in jeder Beziehung ein ganzer Kerl sein.
3. Er muss den Willen haben, sein Wissen so weit wie möglich zu vervollkommnen.

Zitiert nach: Franz Albert Heinen, Gottlos, schamlos, gewissenlos. Zum Osteinsatz der Ordensburg-Mannschaften, Düsseldorf 2007, S. 18

M3 Alltag nach Norm

Der Historiker Kiran Klaus Patel interpretiert die Tagesordnung in NS-Erziehungsstätten so:

Der Erziehungskonzeption zufolge unterlag der Tagesablauf der Belegschaften einer rigiden Ordnung. Er sollte den Alltag der Insassen vereinheitlichen und ihre Gestaltungsmöglichkeiten auf ein Minimum verringern. Angesichts des Tagesablaufs und der kontinuierlichen Einbindung in Gruppen sollte es den Angehörigen nicht möglich sein, die Eindrücke des Lagerlebens individuell zu verarbeiten. Vielmehr galt es, ihr Handeln in statische, geplante und voraussehbare Bahnen zu lenken und festgesetzte Rhythmen, sich wiederholende Zyklen und den Zwang zu vielen Tätigkeiten aufzubauen. Die Zeitabläufe sollten normiert und bis ins Kleinste organisiert, synchronisiert und koordiniert sein [...].

Nach: Kiran Klaus Patel, „Sinnbild der nationalsozialistischen Weltanschauung?“ Die Gestaltung von Lagern und Ordensburgen im Nationalsozialismus, in: Paul Ciupke u. a. (Hrsg.), Weltanschauliche Erziehung in Ordensburgen des Nationalsozialismus, Essen 2006, S. 39 (leicht erweitert)

▲ **„Der Fackelträger.“**
Foto von 1938.
Die Figur ist fünf Meter hoch. Auf der Wand steht dazu: „Ihr seid die Fackelträger der Nation. Ihr tragt das Licht des Geistes voran im Kampfe für Adolf Hitler.“

M4 Gottlos – schamlos – gewissenlos

Im sechsten und letzten Flugblatt des studentischen Widerstandskreises „Weiße Rose“ (vgl. S. 268) vom Februar 1943 heißt es:

In einem Staat rücksichtsloser Knebelung jeder freien Meinungsäußerung sind wir aufgewachsen. HJ, SA und SS haben uns in den fruchtbarsten Bildungsjahren unseres Lebens zu uniformieren, zu revolutionieren, zu narkotisieren versucht. „Weltanschauliche Schulung“ hieß die verächtliche Methode, das aufkeimende Selbstdenken und Selbstwerten in einem Nebel leerer Phrasen zu ersticken. Eine Führerauslese, wie sie teuflischer und zugleich bornierter nicht gedacht werden kann, zieht ihre künftigen Parteibonzen auf Ordensburgen zu gottlosen, schamlosen und gewissenlosen Ausbeutern und Mordbuben heran, zur blinden, stupiden Führergefolgschaft.

Zitiert nach: www.bpb.de/themen/JOELCK,0,0,Flugblatt_VI.html [Zugriff vom 19. Januar 2015]

1. *Erarbeiten Sie eine Chronik und Beschreibung der NS-„Ordensburg“ Vogelsang.*
2. *Bewerten Sie die nationalsozialistischen Ziele (M1) und Anforderungen (M2) an die politischen Führer. Berücksichtigen Sie dabei auch die Kritik (M3, M4).*
3. *Ideal der Aufklärung war die Erziehung zur Mündigkeit. Beurteilen Sie die Vorwürfe der „Weißen Rose“ am NS-Regime auf dieser Grundlage.*

Ausgrenzung und Verfolgung

Internettipp:
Ende Januar 2013 hat der Bayerische Rundfunk eine „Dokumentarische Höredition" mit dem Titel „Die Quellen sprechen" gestartet. In 16 Folgen werden mehrere Hundert Briefe, Tagebucheinträge, Verordnungen und Befehle des NS-Regimes, aber auch Zeitungsberichte und andere Quellen vorgetragen, die die Verfolgung, Entrechtung und Ermordung der europäischen Juden zwischen 1933 und 1945 spiegeln. Siehe Code 4677-19.

Der Rechtsstaat wird ausgehöhlt Mit der Verordnung des Reichspräsidenten „Zum Schutz von Volk und Staat" vom 28. Februar 1933 war die erste Schranke des Rechtsstaates gefallen. Die Polizei konnte nun ohne Angabe des Grundes Personen bespitzeln oder verhaften, durfte sie ohne Verhör durch einen Richter festsetzen, konnte Wohnungen durchsuchen, Eigentum beschlagnahmen, Zeitungen zensieren und verbieten, Telefone überwachen, Parteien und Vereine auflösen.

Die Schaffung neuer Straftatbestände, so z. B. die Kritik an der Regierung, das Verbreiten ausländischer Nachrichten oder ganz generell der Verstoß gegen das „gesunde Volksempfinden", öffnete willkürlichen Urteilen Tür und Tor. Für Delikte wie Hochverrat legten die neuen Machthaber rückwirkend die Todesstrafe fest. Waren zwischen 1907 und 1932 in Deutschland 1400 Menschen zum Tode verurteilt und 345 hingerichtet worden, so sprachen die Strafgerichte unter nationalsozialistischer Herrschaft zwischen 1933 und 1944 13405 Todesurteile aus, von denen 11881 vollstreckt wurden.

Polizei und Justiz Im Rahmen der „Gleichschaltung" übernahmen die Nationalsozialisten in den Ländern die Polizeigewalt. Neben den regulären Polizeiapparat stellten sie eine Hilfspolizei. Deren Truppen bestanden überwiegend aus Männern der Sturmabteilung (SA) und der Schutzstaffel (SS). Den paramilitärischen Verbänden der nationalsozialistischen „Kampfzeit" wurden damit hoheitliche Polizeibefugnisse zugestanden. Die Folgen erlebte man anlässlich des *„Röhm-Putsches"* am 30. Juni 1934, als Hitler Meinungsverschiedenheiten mit dem SA-Führer **Ernst Röhm** zum Anlass nahm, gemeinsam mit Reichswehr und SS politische Gegner zu beseitigen. Das „Gesetz über Maßnahmen der Staatsnotwehr" vom 3. Juli 1934 sollte die Vorgänge nachträglich rechtfertigen.

Ernst Röhm (1887-1934): früher Förderer und Freund Adolf Hitlers; ab 1930 mit der Reorganisation der SA betraut; als Stabschef der SA einer der mächtigsten Männer der NS-Bewegung; wollte aus der SA ein Volksheer machen, in dem die Reichswehr aufgehen sollte, was Hitlers Plänen entgegenstand; im Juni 1934 gemeinsam mit ca. 100 weiteren SA-Führern und Regimegegnern ermordet

Sicherheitsdienst (SD): 1931 als Geheimdienst der SS zur Überwachung politischer Gegner und Parteimitglieder eingerichtet, ab 1934 parteiinterner Nachrichtendienst der NSDAP

1936 erging das Verbot, Maßnahmen der Geheimen Staatspolizei (Gestapo) gerichtlich überprüfen zu lassen. Die Gestapo verfolgte politische Gegner des NS-Staates. Ähnliche Aufgaben hatte der **Sicherheitsdienst (SD)**. Bei all diesen Vorgängen gab es kaum Proteste oder Rücktritte, denn viele Richter und Staatsanwälte waren eingeschüchtert, da das Gesetz zur Wiederherstellung des Berufsbeamtentums die Möglichkeit geschaffen hatte, missliebige Beamte aus dem Dienst zu entfernen. Seit der „Machtergreifung" liefen sie ohnehin Gefahr, dass ihre Urteile von den Nationalsozialisten „korrigiert" wurden (▸ M1).

Ergingen Freisprüche oder fielen die Strafen nach Meinung der Machthaber zu milde aus, nahm nicht selten die Gestapo die Angeklagten in „Schutzhaft". Um die Betroffenen davor zu bewahren, verhängten die Gerichte oftmals härtere Urteile, die dann im Rahmen des staatlichen Justizvollzugs vollstreckt wurden. Umgekehrt verschoben die Justizbehörden Verfahren gegen Mitglieder der SA und SS bis zur nächsten Amnestie.

Am *Volksgerichtshof*, seit 1936 als ordentliches Gericht für Hoch- und Landesverrat zuständig, waren die Rechte der Angeklagten beschränkt, das Urteil stand in aller Regel im Vorhinein fest. Dort wurden bis 1945 rund 5200 Todesurteile gefällt. Die meisten dieser Todesurteile gehen auf das Konto *Roland Freislers*, der seit 1942 den Vorsitz des Volksgerichtshofes führte und wegen seiner fanatischen und demütigenden „Schauprozesse" als berüchtigtster Strafrichter der NS-Zeit gilt. Es ist eine Ironie der Geschichte, dass Freisler im Februar 1945 gerade auf dem Weg ins Gericht war, als er starb: Ein Luftangriff auf Berlin setzte seinem Leben ein Ende.

Der Weg in den SS-Staat Die SS war 1925 als Sonderorganisation zum Schutz Hitlers und anderer Funktionäre der NSDAP entstanden. Formal zunächst der Leitung der SA unterstellt, betrachtete sich die SS unter **Heinrich Himmler** als eine Art Geheimorden in schwarzer Uniform, durch einen Schwur dem „Führer" zu ewiger Treue verpflichtet. Seit der Entmachtung der SA blieb die SS in ihrer elitären Rolle unangefochten. Nach der „Machtergreifung" war sie Hauptinformantin für die Gestapo. „Sicherheit" und Kontrolle gehörten zu den Hauptaufgaben der Organisation. Konsequenterweise wurde deshalb Himmler 1936 Chef der Polizei, die in der Folgezeit praktisch aus dem Staatsapparat aus- und drei Jahre später schließlich in die SS eingegliedert wurde. Die Polizei war damit nicht länger an Recht und Gesetz gebunden, sondern zum Handlanger des „Führerwillens" geworden.

SS-Angehörige saßen auf wichtigen Posten in den Massenorganisationen der Partei wie DAF oder HJ. Sie drangen in vielen Funktionen in die staatliche Verwaltung ein und stellten Dozenten für die Hochschulen. Eigene Forschungsabteilungen sollten die Ideen Hitlers vom „nordischen" Menschen experimentell beweisen. Nicht zuletzt in den *Konzentrationslagern* (KZ) führten SS-Ärzte entsprechende Experimente durch und quälten Menschen systematisch zu Tode.

Heinrich Himmler (1900-1945): „Reichsführer SS"; ab 1936 zudem Chef der Deutschen Polizei; einer der Hauptverantwortlichen für den Holocaust und die zahlreichen Verbrechen der Waffen-SS; 1945 Selbstmord

Literaturtipp:
Jan Erik Schulte (Hrsg.), Konzentrationslager im Rheinland und in Westfalen 1933-1945. Zentrale Steuerung und regionale Initiative, Paderborn 2005

Die Konzentrationslager Gegen Ende des Ersten Weltkrieges, ab 1916, verhängten Justizbehörden im Deutschen Reich in Ausnahmefällen die sogenannte „Schutzhaft" als streng begrenzte Vorbeugehaft. Im „Dritten Reich" entwickelte sie sich jedoch zu einem planmäßig eingesetzten Instrument politischen Terrors, das keiner richterlichen Kontrolle unterlag. Die ersten Konzentrationslager, die zur Aufnahme von „Schutzhäftlingen" gedacht waren, entstanden in Deutschland schon wenige Wochen nach der „Machtergreifung", zuerst in *Dachau* nahe München oder in *Oranienburg* bei Berlin. Seit Anfang März 1933 wurden vor allem Sympathisanten und Mitglieder der KPD und der SPD eingewiesen. Ende Juli verzeichnete die amtliche Statistik etwa 27000 Häftlinge. Ab 1935 dienten die Lager nicht mehr ausschließlich zur „Umerziehung" oder Ausschaltung von politischen Gegnern, sondern als Ort für Personengruppen, die generell zu „Volksschädlingen" erklärt worden waren. Dazu zählten „Gewohnheitsverbrecher", zunehmend auch religiöse Minderheiten wie die „Bibelforscher" (*Zeugen Jehovas*), in Deutschland lebende Ausländer, ferner sozial gebrandmarkte Menschen wie „Arbeitsscheue" oder Homosexuelle und vor allem seit 1938 jüdische Mitbürger (▸ M2).

◂ **Hilflos ausgeliefert.**
Foto vom 6. März 1933. Verhaftete Regimegegner in einem „wilden Konzentrationslager" der „Sturmabteilung" (SA). Das Lager – eine von mehr als 150 SA-Haftstätten in Berlin – befand sich in der SA-Kaserne in der Friedrichstraße.

▲ **Öffentliche Diskriminierung eines Paares.**
Foto aus Norddeutschland, 1933.
■ *Nehmen Sie Stellung zur öffentlichen Diskriminierung.*

Diskriminierung und Entrechtung Die Entrechtung und Ausgrenzung der Juden hatte schon bald nach der „Machtergreifung" begonnen und wurde schrittweise radikaler. Bereits ab Februar 1933 setzte die gewaltsame Vertreibung jüdischer Richter und Staatsanwälte aus den Gerichten, der Boykott gegen jüdische Arztpraxen, Anwaltskanzleien, Geschäfte und Warenhäuser ein. SA-Leute postierten sich vor jüdischen Läden, pöbelten deren Inhaber an, versperrten Kunden den Eingang und beschmierten die Schaufenster mit judenfeindlichen Parolen.

Das *Gesetz zur Wiederherstellung des Berufsbeamtentums* vom 7. April 1933 verlangte von allen Beamten den Nachweis „arischer" Abstammung. Wer als „arisch" gelten durfte, bestimmte der *„Arierparagraf"*. Ähnliche Gesetze traten später für andere Berufsgruppen in Kraft; so wurde jüdischen Ärzten ab Juli 1938 die Erlaubnis der Berufsausübung (Approbation) entzogen. Die *„Nürnberger Gesetze"* von 1935 machten die „arische" Abstammung zur Bedingung für die Anerkennung als Vollbürger (▸ M3). Das *„Gesetz gegen die Überfüllung der deutschen Schulen und Hochschulen"* begrenzte zudem die Zahl der Juden in den Bildungsanstalten. 1938 erfolgte der vollständige Ausschluss.

Mit den zunehmenden Repressionen, denen die deutschen Juden im gesamten Reich ausgesetzt waren, erhöhte sich auch der Verfolgungsdruck. Sie erhielten Ausgangsverbote, durften keine öffentlichen Schulen, Theater, Kinos oder Cafés mehr besuchen. Jüdischen Haushalten wurde Gas und Strom abgesperrt; ab 1938 wurden die Pässe mit einem „J" gestempelt. Die zunehmende Ausgrenzung aus dem sozialen und gesellschaftlichen Umfeld machte das Leben für die Betroffenen unerträglich.

Gewalt von Anfang an Nach dem 30. Januar 1933 nahmen auch die gewaltsamen Übergriffe auf Juden zu. Polizei und Behörden reagierten nicht.

Das Attentat des 17-jährigen Juden *Herschel Grynszpan* auf den Diplomaten *Ernst vom Rath* in der deutschen Botschaft in Paris lieferte Propagandaminister Joseph Goebbels den willkommenen Anlass für das als „spontanen Sühneakt" erklärte Pogrom vom 9. auf den 10. November 1938 (auch verharmlosend als „Reichskristallnacht" bezeichnet; ▸ M4). Reichsweit wurden Hunderte von Synagogen in Brand gesteckt, über 8 000 jüdische Geschäfte und zahllose Wohnungen zerstört, etwa 100 Juden getötet und rund 30 000 jüdische Männer in die Konzentrationslager Dachau, *Buchenwald* und *Sachsenhausen* verschleppt. Viele starben an den Folgen der Misshandlungen oder nahmen sich das Leben.

Literaturtipp:
Raphael Gross, November 1938. Die Katastrophe vor der Katastrophe, München 2013

Für den „öffentlichen Schaden" und die „Wiederherstellung des Straßenbildes" mussten die Juden auch noch zahlen: Eine Verordnung legte die „Sühneleistung der Juden" in Höhe von einer Milliarde Reichsmark fest. Versicherungsleistungen wurden zugunsten des Reiches eingezogen. Zusammen mit der Ausschaltung aus der Wirtschaft brachte dieses „Sühnegeld" vielen Familien den Ruin.

Enteignung und Vertreibung Nach dem „Novemberpogrom“ und nach Jahren der Diskriminierung und Entrechtung zielten die nun folgenden Maßnahmen darauf, den jüdischen Bürgern ihre Existenz zu rauben und ein Leben in Deutschland damit unmöglich zu machen. Bereits im April 1933 hatte mit dem Boykottaufruf gegen jüdische Geschäfte der Ausschluss der Juden aus dem Wirtschaftsleben begonnen. Der Entzug öffentlicher Aufträge, ausbleibende Kundschaft und bürokratische Schikanen zwangen die jüdischen Gewerbetreibenden, ihre Geschäfte zu schließen oder zu Spottpreisen zu verkaufen. Diese Aufkäufe durch „Arier“, die die Notlage ihrer jüdischen Mitbürger ausnutzten, wurden als *„Arisierung“* bezeichnet. Von 100 000 jüdischen Betrieben existierten im April 1938 noch knapp 40 000.

Wenig später machten weitere Berufsverbote und die „Zwangsarisierung“ jüdischen Immobilienbesitzes dem jüdischen Geschäftsleben ein Ende. Die *„Verordnung zur Ausschaltung der Juden aus dem deutschen Wirtschaftsleben“* vom 12. November 1938 vernichtete die noch verbliebenen Existenzen. Juden mussten Wertpapiere, Schmuck, Edelmetall und Kunstgegenstände weit unter Wert an den Staat verkaufen. Da für die Juden kein Mieterschutz mehr galt, wurde ab April 1939 die Einweisung in „Judenhäuser“ vorbereitet, auch um die Überwachung zu erleichtern.

▸ **Geschichte In Clips:** Zum „Novemberpogrom“ siehe Clip-Code 4677-20

Die Deportation der deutschen Juden Mit Beginn des Zweiten Weltkrieges im Jahr 1939 radikalisierte sich die „Judenpolitik“. Die deutschen Juden wurden nun offiziell als „Reichsfeinde“ behandelt. Das NS-Regime richtete Sperrstunden ein, in denen sie ihre Wohnungen nicht verlassen durften. Rundfunkempfänger und Telefone wurden eingezogen. Juden erhielten keine Kleiderkarten mehr. Ihre Lebensmittelkarten waren mit einem „J“ markiert, einkaufen durften sie täglich erst nach 15:30 Uhr, wenn die meisten Regale in den Läden bereits leer waren.

Seit dem 15. September 1941 mussten alle Juden vom sechsten Lebensjahr an einen gelben Stern auf der Kleidung tragen, der sie öffentlich stigmatisierte. Ab dem 1. Juli 1943 waren die Juden unter Polizeirecht gestellt und damit endgültig entrechtet. Zu diesem Zeitpunkt lebten jedoch nur noch wenige deutsche Juden in ihrem Heimatland. Wer es nicht geschafft hatte, das Reich zu verlassen oder in einem sicheren Versteck unterzutauchen, wurde ab Oktober 1941 mit Sammeltransporten in die besetzten Gebiete **deportiert**. Auch die Geschichte der jüdischen Gemeinden in Nordrhein-Westfalen fand so ein jähes Ende.

Ziel der Deportationen waren vor allem **Ghettos** in Polen (z. B. Litzmannstadt/Łodź im *Warthegau*; ▸ M5). Auch im *„Reichskommissariat Ostland“*, das waren die beim Angriff auf die UdSSR ab Juni 1941 eroberten Gebiete des Baltikums und Weißrusslands, wurden Ghettos eingerichtet, in denen Tausende einheimischer Juden unter Hunger und Krankheiten litten und ständig der Gefahr ausgeliefert waren, von dort in Todeslager (*Vernichtungslager**) deportiert zu werden. In Ghettos wie Minsk oder Riga wurden vor dem Eintreffen der Transporte aus dem Reich mehrere Tausend Juden erschossen, um Platz für die Neuankömmlinge zu schaffen.

Von der größten deutsch-jüdischen Gemeinde, den etwa 160 000 Juden, die 1933 in Berlin gelebt hatten (3,8 Prozent der Gesamtbevölkerung), war rund 80 000 bis September 1939 die Flucht gelungen. Am 18. Oktober 1941 begannen die Deportationen der Berliner Juden mit einem Transport in das Ghetto Łodź. Anschließend fanden auch Transporte nach Riga und Kaunas/Kowno (Litauen) statt, sodass im Januar 1942 nur noch etwa 58 000 und im November nur noch gut 35 000 Juden in Berlin lebten. Von

* **Vernichtungslager**: Siehe dazu auch S. 258-261.

Deportation: Zwangsverschickung bzw. Verbannung von Menschen aus ihrer Heimat; für die Zeit des „Dritten Reiches“ und des Zweiten Weltkrieges bezieht sich der Begriff auf die durch das nationalsozialistische Regime millionenfach verschleppten Menschen, die in die Konzentrations- und Vernichtungslager oder zur Zwangsarbeit deportiert wurden.

Ghetto: primär in Polen und den besetzten Gebieten der Sowjetunion eingerichtete abgesperrte Wohnbezirke, in denen die jüdische Bevölkerung unter unmenschlichen Bedingungen zusammengepfercht und häufig sich selbst überlassen wurde. Die Konzentrierung der Juden wurde gleichzeitig für die Ausbeutung ihrer Arbeitskraft genutzt. Katastrophale hygienische Verhältnisse, Unterversorgung und Epidemien führten zum Tod vieler Zehntausend Menschen. Nach Auflösung der Ghettos wurde die jüdische Bevölkerung fast ausnahmslos in Vernichtungslager deportiert.

Literaturtipp:
Markus Roth und Andrea Löw, Das Warschauer Ghetto. Alltag und Widerstand im Angesicht der Vernichtung, München 2013

den 80 000 Personen, die 1941 mit Deportation bedroht gewesen waren, nahmen sich im Jahr 1942 außerdem bis zu 1 000 aus Angst vor der „Evakuierung" das Leben. Bis März 1943 verringerte sich die Zahl der Berliner Juden durch fortlaufende Transporte, die nicht nur in den Osten, sondern auch in das KZ Sachsenhausen oder nach *Theresienstadt* gingen, auf etwa 18 500, sodass zu diesem Zeitpunkt offiziell nur noch Juden, die in „Mischehen" lebten, und sogenannte „Mischlinge" zurückgeblieben waren.

▲ **Rassistisches Verbotsschild.** *Foto aus dem Kreis Herford, 1930er-Jahre.*

Die Verfolgung der Sinti und Roma Wie die jüdische Bevölkerung wurden auch die etwa 30 000 auf Reichsgebiet lebenden *Sinti und Roma* nach 1933 durch die Gesetze des NS-Staates diskriminiert und entrechtet. Schon bald wurde Kindern der Zugang zu öffentlichen Schulen verweigert, Sinti und Roma erhielten Berufsverbote, bekamen gekürzte Lebensmittelkarten, ihnen wurde das Wahlrecht entzogen und sie waren der ständigen Kontrolle von Behörden wie der 1937 in Berlin gegründeten *„Rassenhygienischen Forschungsstelle"* und dem *Reichskriminalpolizeiamt* unterworfen. Außerdem wurden sie aus berufsständischen Organisationen wie der Handwerkskammer sowie aus der Wehrmacht ausgeschlossen. Die Diskriminierung dieser Volksgruppe, die bereits im Kaiserreich eingesetzt hatte, steigerte sich ab Mitte der 1930er-Jahre schließlich zur Verfolgung.

Nach der Vorstellung der Nationalsozialisten galten die Sinti und Roma, die abschätzig als „Zigeuner" betitelt wurden, als „Volksschädlinge" und „Artfremde". Richtlinien wie das *„Gesetz zur Verhütung erbkranken Nachwuchses"* (1933)* zielten daher nicht nur auf die jüdische Bevölkerung, sondern auch auf die Sinti und Roma im Reich; viele wurden zwangsweise sterilisiert. Ab Januar 1936 wurden sie dann ebenfalls den Bestimmungen der „Nürnberger Gesetze" unterworfen. Da sich diese wortwörtlich nur gegen die jüdische Minderheit gerichtet hatten, wurde eine *„Erste Verordnung zu den Rassengesetzen"* veröffentlicht, die auch für „Angehörige anderer Rassen, deren Blut dem deutschen Blut nicht artverwandt ist", wie „Zigeuner", angewendet werden sollte.

In zahlreichen deutschen Städten entstanden Mitte der 1930er-Jahre zudem spezielle KZ-ähnliche Sammellager für Sinti und Roma, die später – vor allem im Zuge der Massenverhaftungen der Jahre 1938/39 – zum Ausgangspunkt der Deportationen in die Konzentrations- und Vernichtungslager wurden. In Lagern wie Dachau, Buchenwald, Ravensbrück oder Sachsenhausen kategorisierte man Angehörige dieser Minderheit dann als sogenannte „Rassenschänder" oder „Asoziale". Ab März 1939 mussten die deutschen Sinti und Roma zudem besondere „Rasseausweise" bei sich tragen, ihre Pässe wurden eingezogen. Der sogenannte *„Festsetzungserlass"* vom Oktober 1939, der Sinti und Roma unter Androhung von KZ-Haft verbot, ihre Wohnorte zu verlassen, bildete schließlich die Grundlage für die massenhafte Deportation dieser Minderheit in das besetzte Polen ab Mai 1940.

Literaturtipp:
Oliver von Mengersen (Hrsg.), Sinti und Roma. Eine deutsche Minderheit zwischen Diskriminierung und Emanzipation, Bonn 2015

Internettipp:
Für Informationen zur Geschichte und Gegenwart der deutschen Sinti und Roma siehe 4677-21

Emigration Zwischen 1933 und 1945 ergriffen allein im deutschsprachigen Raum über eine halbe Millionen Menschen die Flucht ins Ausland, um dem wachsenden Terror des NS-Regimes zu entgehen. Über 90 Prozent waren jüdischer Herkunft; die übrigen Emigranten gehörten zu den politischen Gegnern des Nationalsozialismus, die von Verfolgung und KZ-Haft bedroht waren oder wie viele Künstler und Wissenschaftler keine Existenzmöglichkeiten mehr hatten.

* Siehe zu diesem Gesetz auch S. 258.

▸ **„Die geistige Emigration."**
Ölgemälde (211 x 343 cm) von Arthur Kaufmann, begonnen um 1938, vollendet um 1965 (Ausstellungsort: Städtisches Museum Mülheim/Ruhr).
Zu sehen sind jüdische und nichtjüdische Emigranten. Unter den Abgebildeten sind auf dem linken Flügel unten (von links): George Grosz und Arnold Schönberg. Mittlerer Flügel unten: Albert Einstein, Erika Mann, dahinter (von links) Arnold Zweig, Klaus Mann, Thomas Mann und Ludwig Renn. Rechter Flügel unten (von links): Kurt Weill, Max Reinhardt, Helene Thimig und Ernst Toller.

Die jüdische Emigration vollzog sich in Schüben und erreichte 1938 nach dem „Novemberpogrom" ihren Höhepunkt. Bis zu diesem Zeitpunkt hatten etwa 130 000 Juden das Land verlassen; in den folgenden zwei Jahren wanderten fast noch einmal so viele aus, obwohl die meisten ihre Heimat nicht verlassen wollten. Vielen raubte der NS-Staat durch die Beschlagnahme von Besitz und Vermögen die notwendigen Mittel für die Auswanderung. Zusätzlich waren die Ausreisewilligen von den NS-Behörden systematischen Schikanen und Demütigungen im Kampf um die notwendigen Ausreisepapiere ausgesetzt. Mit Unterstützung ausländischer Hilfsorganisationen bemühten sich jüdische Hilfsvereine, die Ausreisewilligen zu beraten, Kontakte in alle Welt herzustellen und Mittel für die Auswanderung ins Exil zu beschaffen.

Angesichts der wachsenden Flüchtlingsströme verschärften jedoch immer mehr Länder ihre Aufnahmebedingungen, da sie soziale und wirtschaftliche Belastungen befürchteten. Daneben sorgten in einigen Ländern Fremdenfeindlichkeit und Antisemitismus für die Durchsetzung strikterer Einwanderungsgesetze. Auch eine im Sommer 1938 im französischen Evian-les-Bains einberufene Flüchtlingskonferenz änderte an der Haltung des Auslandes nichts. Erst nach dem „Novemberpogrom" öffneten wieder Länder ihre Grenzen in größerem Umfang für Juden. Bis September 1939 retteten sich 75 000 Flüchtlinge – darunter 10 000 Kinder ohne ihre Eltern – nach Großbritannien.

Mit Beginn der systematischen Deportationen wurde Juden im Oktober 1941 offiziell die Ausreise verboten. Viele unternahmen verzweifelte Versuche, illegal über die Grenzen zu gelangen, die meisten aber blieben zurück.

▲ **Jüdische Emigranten protestieren in New York gegen die Abschiebung.**
Foto vom 12. Juni 1936.
Das jüdische Ehepaar Richter protestierte auf der amerikanischen Einwandererinsel Ellis Island gegen die drohende Abschiebung zurück nach Deutschland, weil es keine gültigen Einreisepapiere besaß.

1. *Erläutern Sie die sich steigernden Machtbefugnisse der SS.*
2. *Veranschaulichen Sie die Eskalation der Ausgrenzung der jüdischen Bevölkerung in einem Schaubild.*

H *Sie können die Grafik in Form einer Treppe gestalten.*

M1 „Recht ist, was dem Volke nützt"

Hans Frank, Sohn eines Rechtsanwalts aus Karlsruhe, ist bereits seit Anfang der 1920er-Jahre Unterstützer der NSDAP. Nach der Machtübernahme der Nationalsozialisten wird er von April 1933 bis Dezember 1934 als „Reichskommissar für die Gleichschaltung der Justiz in den Ländern und für die Erneuerung der Rechtsordnung" tätig. Von 1933 bis 1942 ist er Präsident der Akademie für deutsches Recht (1933 - 1942), ab Dezember 1934 bis zum Kriegsende hat er zudem den Posten eines Reichsministers ohne Geschäftsbereich inne. Nach seiner Ernennung zum Generalgouverneur der besetzten Gebiete von Polen (Generalgouvernement) im Oktober 1939 organisiert er u. a. die Deportation der polnischen Juden in die Ghettos. 1936 äußert sich Frank zur Funktion der Gerichte im Führerstaat:

1. Der Richter ist nicht als Hoheitsträger des Staates über den Staatsbürger gesetzt, sondern er steht als Glied in der lebendigen Gemeinschaft des deutschen Volkes. Es ist nicht seine Aufgabe, einer über der Volksgemeinschaft stehenden Rechtsordnung zur Anwendung zu verhelfen oder allgemeine Wertvorstellungen durchzusetzen, vielmehr hat er die konkrete völkische Gemeinschaftsordnung zu wahren, Schädlinge auszumerzen, gemeinschaftswidriges Verhalten zu ahnden und Streit unter Gemeinschaftsgliedern zu schlichten.
2. Grundlage der Auslegung aller Rechtsquellen ist die nationalsozialistische Weltanschauung, wie sie insbesondere in dem Parteiprogramm und den Äußerungen unseres Führers ihren Ausdruck findet.
3. Gegenüber Führerentscheidungen, die in die Form eines Gesetzes oder einer Verordnung gekleidet sind, steht dem Richter kein Prüfungsrecht zu. [...]
4. Gesetzliche Bestimmungen, die vor der nationalsozialistischen Revolution erlassen worden sind, dürfen nicht angewendet werden, wenn ihre Anwendung dem heutigen gesunden Volksempfinden ins Gesicht schlagen würde. [...]
5. Zur Erfüllung seiner Aufgaben in der Volksgemeinschaft muss der Richter unabhängig sein. Er ist nicht an Weisungen gebunden. Unabhängigkeit und Würde des Richters machen geeignete Sicherungen gegen Beeinflussungsversuche und ungerechtfertigte Angriffe erforderlich.

Deutsches Recht, 6. Jg. (1936), S. 10

1. *Veranschaulichen Sie die Begründung der nationalsozialistischen Rechtsauffassung in einer einem Verfassungsschema ähnelnden Grafik.*
2. *Erörtern Sie die Konsequenzen dieser Rechtsauffassung für die Rechtspraxis.*
3. *Vergleichen Sie die dargestellte Rechtsauffassung mit derjenigen in der Bundesrepublik Deutschland.*

M2 „Jugendverführer"

Herbert R., der in einem Vorort von Hamburg gelebt hat, erzählt, wie die Gestapo 1935 in seinem Bekanntenkreis aktiv geworden ist. Das erste Opfer ist sein Chef:

Als ich in die Firma kam, sah ich, wie er verhaftet und von zwei Kriminalbeamten abgeführt wurde. Jedermann wunderte sich über seine Verhaftung. Niemand wagte etwas zu sagen. Man wusste nicht weshalb, ob es politisch war, oder ob es möglicherweise wegen seiner Homosexualität war. Alle waren wie erstarrt von den Dingen, die einen überfielen, wo man nicht wusste, was für eine Gefahr auf einen zukam. Dieser Druck in den folgenden Tagen und Wochen war wahnsinnig. [...] Was in der Untersuchungshaft passiert ist, weiß ich nicht. Vierzehn Tage war er in Haft. Während dieser Zeit wurde er fast jeden Tag in seine Wohnung geführt, wo man alles zusammen mit ihm durchstöberte. Man ließ verlauten, dass er als „Jugendverführer" keinen Betrieb mehr leiten dürfe.
Diese Dinge, die da auf ihn eindrangen, sind wahrscheinlich so fürchterlich gewesen, dass er sich drei Wochen nach seiner Verhaftung im Gefängnis erhängt hat. Das war im Sommer 1935. Mit einem Schlage setzte eine Verfolgungswelle von Homosexuellen in unserem Orte ein. Als nächster wurde mein Freund verhaftet. [...] Eines Tages erschienen bei ihm Leute von der Gestapo und holten ihn ab. Sich zu erkundigen, wo er geblieben sein könnte, war zwecklos. Wenn das jemand von uns getan hätte, dann hätte die Gefahr bestanden, dass man ihn gleich dabehielt, weil er ein Bekannter war, der auch verdächtigt wurde.
An der Schule, wo er unterrichtet hatte, war man entsetzt. Man kannte zwar seine politische Einstellung, aber niemand wusste, dass er homosexuell war, und ich konnte es ihnen nicht sagen. Nach seiner Verhaftung wurde seine Wohnung von Gestapo-Beamten durchsucht. Bücher wurden mitgenommen und besonders Notizbücher und Adressbücher beschlagnahmt, in der Nachbarschaft herumgefragt, und da hieß es: Da kommen immer nur junge Leute hin.
Die Notiz- und Adressbücher waren das Schlimmste. Alle, die darin vorkamen und mit ihm zu tun hatten, wurden festgenommen oder zur Gestapo zitiert. [...]

Hans-Georg Stümke, Vom „unausgeglichenen Geschlechtshaushalt". Zur Verfolgung Homosexueller, in: Projektgruppe für die vergessenen Opfer des NS-Regimes in Hamburg e. V. (Hrsg.), Verachtet – verfolgt – vernichtet – zu den „vergessenen" Opfern des NS-Regimes, Hamburg 1986, S. 49

1. *Untersuchen Sie die Reaktionen der beteiligten Personen und nehmen Sie dazu Stellung.*
2. *Erläutern Sie die Arbeit der Gestapo und ihre Methoden der Machtausübung.*

M3 „Nürnberger Gesetze"

Aus dem „Reichsbürgergesetz" und dem „Blutschutzgesetz" („Nürnberger Gesetze") vom 15. September 1935:

3 a) „Reichsbürgergesetz", 15. September 1935:

§ 1 (1) Staatsangehöriger ist, wer dem Schutzverband des Deutschen Reiches angehört und ihm dafür besonders verpflichtet ist.
(2) Die Staatsangehörigkeit wird nach den Vorschriften des Reichs- und Staatsangehörigkeitsgesetzes erworben.

§ 2 (1) Reichsbürger ist nur der Staatsangehörige deutschen oder artverwandten Blutes, der durch sein Verhalten beweist, dass er gewillt und geeignet ist, in Treue dem deutschen Volk und Reich zu dienen. [...]

3 b) „Gesetz zum Schutze des deutschen Blutes und der deutschen Ehre", 15. September 1935:

Durchdrungen von der Erkenntnis, dass die Reinheit des deutschen Blutes die Voraussetzung für den Fortbestand des deutschen Volkes ist, und beseelt von dem unbeugsamen Willen, die deutsche Nation für alle Zukunft zu sichern, hat der Reichstag einstimmig das folgende Gesetz beschlossen, das hiermit verkündet wird: [...]

§ 1 (1) Eheschließungen zwischen Juden und Staatsangehörigen deutschen oder artverwandten Blutes sind verboten. Trotzdem geschlossene Ehen sind nichtig, auch wenn sie zur Umgehung dieses Gesetzes im Ausland geschlossen sind.
(2) Die Nichtigkeitsklage kann nur der Staatsanwalt erheben.

§ 2 Außerehelicher Verkehr zwischen Juden und Staatsangehörigen deutschen oder artverwandten Blutes ist verboten.

§ 3 Juden dürfen weibliche Staatsangehörige deutschen oder artverwandten Blutes unter 45 Jahren in ihrem Haushalt nicht beschäftigen.

§ 4 (1) Juden ist das Hissen der Reichs- und Nationalflagge und das Zeigen der Reichsfarben verboten.
(2) Dagegen ist ihnen das Zeigen der jüdischen Farben gestattet. Die Ausübung dieser Befugnis steht unter staatlichem Schutz.

§5 (1) Wer dem Verbot des § 1 zuwiderhandelt, wird mit Zuchthaus bestraft.
(2) Der Mann, der dem Verbot des § 2 zuwiderhandelt, wird mit Gefängnis oder Zuchthaus bestraft.
(3) Wer den Bestimmungen der §§ 3 oder 4 zuwiderhandelt, wird mit Gefängnis bis zu einem Jahr und mit Geldstrafe oder mit einer dieser Strafen bestraft.

Zitiert nach: Wolfgang Michalka (Hrsg.), Deutsche Geschichte 1933-1945, Frankfurt am Main 1993, S. 95 f.

1. *Erläutern Sie die Auswirkungen des „Reichsbürgergesetzes".*
2. *Arbeiten Sie die Folgen des Gesetzes „Zum Schutze des deutschen Blutes und der deutschen Ehre" für das Zusammenleben der jüdischen und nichtjüdischen Bevölkerung heraus.*

M4 Wo war die Polizei?

Im November 1938 geht die NS-Führung landesweit mit planmäßigen Gewaltaktionen gegen Juden und jüdische Einrichtungen vor („Reichskristallnacht"). Ein geschädigter Hausbesitzer schreibt danach anonym der Krefelder Polizei einen Brief:

Wo war die Polizei, als heute die Nachmittagsplünderungen, Demolierungen, zum Teil fremden arischen Eigentums, stattfanden!!!!!! Man muss sich wohl in die Psychose des Volkes hineinversetzen und man darf unter keinen Umständen die Empörung des deutschen Volkes über die feige Pariser Mordtat unterschätzen und man muss es verstehen, wenn im ganzen Reiche fast auf die Minute die jüdischen Tempel ausgeräuchert, die jüdischen Geschäfte und Wohnungen demoliert wurden. Dass es aber von der Aufsichtsbehörde, und das ist die Polizei, mit geschlossenen Augen zugegeben wurde, dass vom Mob der Straße, vom Plebs, vom Halbwüchsigen dann noch die Waren aus den jüdischen Geschäften geplündert wurden, das kann man als guter Deutscher nicht verstehen und das wird auch das Ausland nicht verstehen können. [...]
Wer ist in den meisten Fällen der Geschädigte? Der Hausbesitzer, denn die meisten Juden wohnten in gemieteten Räumen. – Zu Hunderten ist die Polizei auf der Straße, wenn irgendein Umzug ist, wenn irgendeine höhere Persönlichkeit sich auch mal bei uns in Krefeld blicken lässt; jeder von den Polizisten, von oben bis unten, blinzelt nach dem Orden, jeder war dann, soweit es sich um die alten Krefelder Stadtsoldaten handelt, ein alter Kämpfer, kein Einziger von ihnen hat in der Kampfzeit mit dem Knüppel auf die Nazis gehauen, alle waren sie mit dem Herzen schon dabei, nur durften sie es nicht offen zeigen.
Und heute, als es darum geht, die Juden auf vernünftigen Wegen aus unserem Reiche zu entfernen, da lässt es die Polizei, die doch sonst alles im Voraus weiß, die so klug ist, glattweg zu, dass auch noch geplündert wird und dass man deutsch-arisches Privateigentum entwertet. [...] Die Empörung weitester Kreise, auch solcher, die schon lange vor der Machtübernahme dem Führer angehörten, ist unaussprechlich groß darüber, dass man es amtlicherseits zugelassen hat, dass der Mob der Straße sich breitmachte. Was steht uns erst

▲ **Brennende Synagoge in Essen am 10. November 1938.**

■ *Recherchieren Sie, was mit der Synagoge an Ihrem Wohnort geschah.*

bevor, wenn einmal, was Gott verhüten möge, einer anderen Fahne die Hakenkreuzfahne weichen muss!!! Dann bleibt dieselbe Beamtenschaft auch wieder am Ruder, beziehungsweise Futterkrippe, und schreit laut den Jubelruf der Gegenseite, so wie sie 1933 auch den Deutschen Gruß von heute auf morgen lernte, Motto: Wer mir zu fressen gibt, den liebe ich.

Zitiert nach: Hans Mommsen und Susanne Willems (Hrsg.), Herrschaftsalltag im Dritten Reich, Düsseldorf 1988, S. 438 f.

1. *Bestimmen Sie den politischen Standort des Schreibers.*
2. *Erläutern Sie nach diesem Bericht die Position der „alten Ordnungsmacht“, der Polizei im NS-Staat.*
3. *Bewerten Sie die Aussagen des Hausbesitzers über die politische Mentalität der Beamtenschaft.*

M5 „Vollkommene Gleichgültigkeit“

Ursula von Kardorff ist in den Kriegsjahren Redakteurin bei der Berliner „Deutschen Allgemeinen Zeitung“. Am 3. März 1943 notiert sie in ihrem Tagebuch:

Frau Liebermann ist tot. Tatsächlich kamen sie noch mit einer Bahre, um die Fünfundachtzigjährige zum Transport nach Polen abzuholen. Sie nahm in dem Moment Veronal[1], starb einen Tag später im jüdischen Krankenhaus, ohne das Bewusstsein wiedererlangt zu haben. [...] Durch welche Veränderung ist es eigentlich möglich geworden, aus einem im Durchschnitt gutmütigen und herzlichen Menschenschlag solche Teufelsknechte zu formen? Das spielt sich in einem kaltbürokratischen Vorgang ab, bei dem der Einzelne schwer zu greifen ist, Zecken, die sich in den Volkskörper einsaugen und plötzlich ein Stück von ihm geworden sind.

Der Metteur[2] Büssy erzählt mir heute beim Umbruch, dass sich in seiner Gegend am Rosenthaler Platz die Arbeiterfrauen zusammengerottet und laut gegen die Judentransporte protestiert hätten. Bewaffnete SS mit aufgepflanztem Bajonett und Stahlhelm holte Elendsgestalten aus den Häusern heraus. Alte Frauen, Kinder, verängstigte Männer wurden auf Lastwagen geladen und fortgeschafft. [...] Schließlich kam ein neues Aufgebot SS und zerstreute die Protestierenden, denen sonst nichts weiter geschah.[3]

In unserem Viertel sieht man so etwas nie. Hier werden die Juden des Nachts geholt. [...] Wie schnell haben wir uns alle an den Anblick des Judensterns gewöhnt. Die meisten reagieren mit vollkommener Gleichgültigkeit, so wie ein Volontär, der neulich zu mir sagte: „Was interessieren mich die Juden, ich denke nur an meinen Bruder bei Rshew[4], alles andere ist mir völlig gleichgültig.“

Ich glaube, das Volk verhält sich anständiger als die sogenannten Gebildeten oder Halbgebildeten. Typisch dafür ist die Geschichte von dem Arbeiter, der in einer Trambahn einer Jüdin mit dem Stern Platz machte: „Setz dir hin, olle Sternschnuppe“, sagte er, und als ein PG[5] sich darüber beschwerte, fuhr er ihn an: „Üba meenen Arsch verfüge ick alleene.“

Ursula von Kardorff, Berliner Aufzeichnungen. Aus den Jahren 1942 bis 1945, München 1962, S. 36 f.

1. *Beschreiben Sie, wie die nichtjüdische Bevölkerung auf die Judenverfolgung reagierte.*
2. *Kardorff versucht, ein „Täterprofil“ zu erstellen. Erläutern Sie ihre Aussagen.*

[1] **Veronal**: starkes Schlafmittel
[2] **Metteur**: alte Bezeichnung für Schriftsetzer
[3] Zum Protest in der Berliner Rosenstraße vgl. S. 267.
[4] **Rshew**: russische Stadt, etwa 200 km westlich von Moskau
[5] **PG**: Parteigenosse; Mitglied der NSDAP

Arbeitswelt und Wirtschaftspolitik

Die Deutsche Arbeitsfront Arbeitnehmer- und Arbeitgeberverbände wurden im nationalsozialistischen Deutschland „gleichgeschaltet". Um das eigene Überleben zu sichern, distanzierten sich die Gewerkschaften im März 1933 von der SPD und gelobten, sich künftig auf die Erfüllung sozialer Aufgaben zu beschränken. Die Mitarbeit im neuen Staat schien gesichert, als die Regierung den 1. Mai, den Tag der internationalen Arbeiterbewegung, zum gesetzlichen Feiertag erklärte. Doch bereits weniger als 24 Stunden nach den gemeinsam begangenen Großveranstaltungen besetzten parteieigene Kommandotrupps, vorwiegend SA und SS, Büros und Häuser der Freien Gewerkschaften und nahmen die führenden Funktionäre in „Schutzhaft". Liberale und christliche Gewerkschaften unterstellten sich daraufhin der Hitlerpartei. Alle Arbeitnehmervereinigungen wurden in die am 10. Mai gegründete Deutsche Arbeitsfront (DAF) überführt.

1934 waren in dieser Einrichtung 21 Millionen Arbeiter und Angestellte organisiert. Aufgaben der DAF waren vor allem die allgemeine Betreuung und die weltanschauliche Schulung der Mitglieder. Auf Löhne und Arbeitszeit hatte die Organisation keinen Einfluss.

Nachdem auch die Unternehmerverbände unter nationalsozialistische Leitung gestellt worden waren, wurde die DAF im November 1933 in eine Vereinigung von Arbeitgebern und Arbeitnehmern umorganisiert (▸ M1, M2). Streik und Aussperrung waren verboten. Interessenkonflikte durften die Wirtschaftsverbände nicht mehr im Rahmen ihrer Tarifautonomie regeln – dies übernahm ein vom Regime bestellter „Treuhänder der Arbeit".

Ideologische Wendepunkte Zentrale Angriffsziele der NSDAP vor 1933 waren die Großindustrie, Großbanken, Warenhäuser und Handelsketten gewesen. Gegen diese „Erfindungen des Judentums und des Liberalismus" hatte die Partei für Kleinhändler, Gewerbetreibende und für Kleinbauern gekämpft.

Nach der „Machtergreifung" indessen stellten die Nationalsozialisten bald fest, dass sie die Modernisierung der Industriegesellschaft in Deutschland unterstützen mussten, wenn sie Großmachtpolitik betreiben wollten. Den dafür notwendigen Prozess beschleunigten sie durch die Förderung der Großindustrie und durch nachhaltige Mobilisierung der Gesellschaft. Den Machthabern war der „Verrat" an den eigenen Prinzipien sehr wohl bewusst. Deshalb sollte in einer fernen Zukunft, wenn der „Lebensraum im Osten" erst gewonnen war, die propagierte Wirtschafts- und Gesellschaftsutopie im neu zu besiedelnden Gebiet verwirklicht werden.

Die Überwindung der Wirtschaftskrise Hitler war mit dem Versprechen angetreten, innerhalb von vier Jahren die wirtschaftlichen und sozialen Probleme zu überwinden und allen Deutschen „Arbeit und Brot" zu verschaffen. Davon ausgeschlossen waren die Juden und andere Minderheiten, die ab 1933 aus dem deutschen Wirtschaftsleben verdrängt wurden. Tatsächlich konnte das Regime schneller Erfolge vorweisen, als Anhänger und Gegner im In- und Ausland dies für möglich gehalten hätten. Bis 1936 sank die Zahl der Arbeitslosen von über sechs auf unter zwei Millionen. Industrieproduktion und Sozialprodukt lagen über den Marken der „Goldenen Zwanzigerjahre". Wie hatte es zu diesem erstaunlichen Aufschwung kommen können?

▾ **„Deutsche Symphonie."**
Gemälde von Hans Toepper, ca. 1938.
- *Beschreiben Sie das Gemälde. Beachten Sie dabei Vorder- und Hintergrund-, Zentral- und Seitenposition, Alter und Geschlecht, Blickkontakt und Attribute der Abgebildeten.*
- *Interpretieren Sie das hier versinnbildlichte Gesellschaftsmodell und leiten Sie daraus die politischen Konsequenzen ab.*

Genauere Untersuchungen haben gezeigt, dass die Nationalsozialisten die Arbeitslosenzahlen schönten, indem sie nicht alle Arbeitssuchenden in der offiziellen Statistik aufführten. Unter anderem entzogen sie bestimmten Berufsgruppen ihren Anspruch auf Arbeitslosenunterstützung.

Obwohl arbeitslos, wurden diese dann ab 1933 von der offiziellen Zählung ausgeklammert. Bereits vor der „Machtergreifung" hatten viele Wirtschaftsdaten einen positiven Trend signalisiert. Als Hitler die Regierung übernahm, war der Tiefpunkt der Weltwirtschaftskrise schon überwunden. Die ersten Arbeitsbeschaffungsmaßnahmen der Nationalsozialisten führten nur fort, was bereits von den vorigen Regierungen eingeleitet worden war. Die Regierung Hitler schrieb den Rückgang der Arbeitslosigkeit in der Folge jedoch allein ihrer Politik zu und schlachtete die vermeintlich schnellen Erfolge propagandistisch aus.

▲ **Propagandaplakat von 1934.**
Die Nationalsozialistische Volkswohlfahrt (NSV) war eine der größten und populärsten NS-Massenorganisationen und neben der Arbeitsbeschaffung wichtigste Grundlage der nationalsozialistischen Arbeits- und Sozialpolitik. Die als Verein gegründete Einrichtung dehnte ihre Zuständigkeit auf nahezu alle freien, staatlichen und kirchlichen Bereiche der Wohlfahrtspflege aus. 1943 gehörten ihr 17 Millionen Mitglieder an.

- *Analysieren Sie, inwiefern das Plakat der nationalsozialistischen Gesellschaftsideologie entspricht. Nutzen Sie den Methoden-Baustein auf Seite 213-215.*
- *Erörtern Sie, warum die Nationalsozialisten in besonderem Maße sozialpolitische Maßnahmen propagierten.*

Soziale Errungenschaften? Hitler versprach den „Aufbau des sozialen Volksstaates", in dem „alle Staatsbürger die gleichen Rechte und Pflichten besitzen" sollten. Zwar waren die innerbetrieblichen Mitbestimmungsrechte durch die Zwangsvereinigung der Arbeitnehmerverbände in die Deutsche Arbeitsfront entfallen, auf der anderen Seite erhielt die „Gefolgschaft" durch eine moderne Absicherung mehr, als die Gewerkschaften bis 1933 erstritten hatten: Gewährung von Kündigungsschutz, Verlängerung des bezahlten Urlaubs (von drei auf sechs bis zwölf Tage), verbesserte Sozialleistungen der Unternehmen.

Als fortschrittlich empfundene Neuerungen verwirklichte die DAF auch aus den Geldern der enteigneten Gewerkschaften. Ihre Unterorganisation *Kraft durch Freude* (KdF) wollte das Arbeitsleben in vielerlei Hinsicht angenehmer gestalten. Belegschaftsräume in den Betrieben wurden verbessert, Kantinenessen, Filme und Theatervorstellungen konnten verbilligt angeboten werden. Für den Massentourismus bereitgestellte Erholungsmöglichkeiten, Sonderzug-, sogar Schiffsreisen verwirklichten lang gehegte Urlaubsträume – vor allem jedoch für verdiente Parteigenossen, zu einem geringen Teil auch für Arbeiter. Der von einem der DAF gehörenden Werk gebaute *Volkswagen** sollte zum Preis von 990 Reichsmark auch für den „kleinen Mann" erschwinglich sein.

Sozialpolitisch führte die NS-Regierung zum Teil Errungenschaften der Weimarer Zeit wie die Arbeitslosenversicherung weiter, setzte aber auch neue Schwerpunkte. Zu den wichtigsten Einrichtungen gehörte die Parteiorganisation *Nationalsozialistische Volkswohlfahrt* (NSV), die in der Armenfürsorge, der Jugendhilfe und der Mutter-und-Kind-Betreuung tätig war. Hinzu kam das im Herbst 1933 gegründete *Winterhilfswerk des Deutschen Volkes* (WHW), das sich durch Haus-, Straßen- und Betriebssammlungen sowie seit Herbst 1937 durch Zwangsabzüge von Löhnen und Gehältern finanzierte und Sachmittel an bedürftige Haushalte verteilte. Unterstützt wurden nur „rassisch wertvolle" und vorübergehend in Not geratene Menschen; „Nichtarier", „Asoziale" und andere „Gemeinschaftsfremde" blieben von vornherein ausgeschlossen. Die nationalsozialistische Sozial-

* Vgl. dazu das Werbeplakat auf S. 227.

politik und Wohlfahrtspflege verfolgte dabei klare politische Ziele: die akute Not zu lindern und damit soziale Unruhen zu vermeiden, die Fürsorge als breit angelegtes Kontroll- und Selektionsinstrument zu nutzen und die Bevölkerung für das Regime einzunehmen.

▲ **„Reichsautobahnen in Deutschland."**
Plakat (119 x 84 cm) von Robert Zinner, 1937.
Gezeigt wird die Saalebrücke bei Hirschberg in Thüringen.
- *Erläutern Sie die Einstellung gegenüber Raum, Technik und Umwelt, die das Plakat ausdrückt.*

Mythos oder Wirklichkeit? Ideologisch unterfütterte Arbeitsprogramme wie der Autobahnbau (▸ M3) halfen anfangs zwar, die Arbeitslosigkeit zu senken, doch ein höherer Lebensstandard wurde auch durch die sozialpolitischen Maßnahmen der Regierung für die Masse der Bevölkerung nicht erreicht. Den Preis für die wirtschaftlichen „Erfolge" mussten die Menschen vielmehr mit längeren Arbeitszeiten, niedrig gehaltenen Löhnen und Engpässen bei Konsumgütern bezahlen. Ein nationalsozialistisches „Wirtschaftswunder" oder Vollbeschäftigung hat es daher nie gegeben. Zu keinem Zeitpunkt ging es der nationalsozialistischen Führung wirklich darum, den Arbeitslosen zu helfen und die Wirtschaft wieder in Schwung zu bringen, sondern allein um die Aufrüstung für den nächsten Krieg. Dazu diente auch die Propagierung der „Volksgemeinschaft" (▸ M4).

War die von den Nationalsozialisten verkündete „Volksgemeinschaft" also ein Mythos, eine inszenierte Propagandaanstrengung oder ein erfahrbares, verbindendes Element und damit ein wirksames Instrument der Herrschaftsstabilisierung? Für die Forschung ist es nicht einfach, die Einstellungen der Bevölkerung zu verallgemeinern und zu quantifizieren. Die über 90 Prozent Ja-Stimmen in verschiedenen Volksabstimmungen können nicht als freie Meinungsäußerung gelten. Nachzuweisen ist aber, dass die Bindungs- und Integrationskraft während der Vorkriegszeit zunahm. Die „Volksgemeinschaft" wurde von vielen zumindest in Teilbereichen als alltäglich erfahrbar erlebt. Die zunächst eher labile NS-Herrschaft festigte sich auch dadurch, dass die Menschen durch persönliche Vorteile korrumpiert wurden. Sozialer Aufstieg durch Leistung war das Versprechen, mit dem Kleinbürgertum und Proletariat an das Regime gebunden wurden. Besonders die Parteizugehörigkeit wurde zum Schlüssel des Erfolges und ermöglichte einen Aufstieg aus einfachen Verhältnissen in politische oder wirtschaftliche Führungspositionen.

Meist geschah dies auf Kosten anderer, vor allem der jüdischen Bevölkerung, an deren Positionen und Besitz sich Privatleute, Unternehmen und Staat gleichermaßen bereicherten.

Schulden für die Aufrüstung Soweit man von einem spezifisch deutschen Wirtschaftsaufschwung ab 1933 sprechen kann, stand dieser auf zwei Säulen: auf der langfristigen Planung, Deutschland wieder kriegsbereit zu machen, und auf einer höchst riskanten *Schuldenpolitik*.

Nachdem die Nationalsozialisten eine wirtschaftsfreundliche Politik, die Beibehaltung von Privateigentum und Gewinnorientierung in Aussicht gestellt hatten, fanden sie dafür auch Unterstützung von Unternehmerschaft und Banken. In der Folge för-

Literaturtipp:
Tim Schanetzky, Kanonen statt Butter, München 2015

▲ **„Und auf Hitlers Friedensangebote folgen ‚alsbald' seine Friedenstauben."**
Fotomontage von John Heartfield, die am 5. April 1936 in der „AIZ" (Arbeiter Illustrierte Zeitung) abgedruckt wurde. Die „AIZ" war 1921 vom kommunistischen Verleger Willi Münzenberg gegründet worden. Nach 1933 durfte sie nicht mehr im Deutschen Reich erscheinen, bis 1938 wurde sie daher im Exil in Prag hergestellt.

derten sie durch Subventionen, Steuererleichterungen und Staatsaufträge vor allem die rüstungsrelevante Industrie. Die Produktion wurde dadurch erheblich gesteigert, insbesondere in der Schwerindustrie, im Fahrzeugbau, in der chemischen und Textilindustrie. Ab Ende 1934 begann die Umstellung der wirtschaftlichen Produktion auf die Bedürfnisse der „Wehrwirtschaft". Die Ausgaben im Bereich von Rüstung und Reichswehr stiegen explosionsartig an. Von 30 Milliarden ausgegebenen Reichsmark konnten jedoch lediglich 18 Milliarden aus Steuermitteln gedeckt werden. Die Staatsverschuldung wuchs dramatisch.

Die Ausgaben für die Rüstung wurden nicht über Banknoten, sondern über sogenannte *Mefo-Wechsel* finanziert. Dazu wurde die Scheinfirma Metallurgische Forschungsgesellschaft (Mefo) gegründet. Diese versah Wechsel von Rüstungslieferanten mit ihrer Unterschrift, sodass sie bei der Reichsbank gegen Bargeld eingereicht werden konnten. So ließ sich die Aufrüstung auf Pump verschleiern, denn die Wechsel galten nicht als Staatsschulden und wurden nicht im Reichshaushalt verzeichnet. Zur Tilgung der horrenden Fehlbeträge sollte einerseits das „Sühnegeld" der Juden dienen, das diese nach dem „Novemberpogrom" von 1938 zu entrichten hatten (das Pogrom war daher auch wirtschaftlich motiviert gewesen); andererseits sollten die Fehlbeträge später auch durch die Einnahmen aus besetzten Territorien beglichen werden. Insofern war der Eroberungskrieg von Anfang an in der Wirtschaftspolitik mit eingeplant.

Autarkiestreben Verbunden mit der Aufrüstung war das Ziel der deutschen Führung, die eigene Wirtschaft autark, also von ausländischen Gütern und Rohstoffen möglichst unabhängig zu machen. Damit sollten sowohl Devisen eingespart als auch die Auswirkungen eines Versiegens der Handelsströme im Kriegsfall gemildert werden.

1936 versuchte Hitler in einem *Vierjahresplan*, die wichtigsten Initiativen dafür zu bündeln. So mussten unter anderem jetzt einheimische Bodenschätze auch dann abgebaut werden, wenn sie qualitativ schlechter oder aufwändiger zu gewinnen waren als die auf dem Weltmarkt gehandelten Güter. Außerdem trieb man ohne Rücksicht auf Kosten die synthetische Erzeugung von Benzin und Gummi voran. Solche Strategien wurden nicht allein von den führenden Nationalsozialisten entwickelt, sondern trugen zum Teil deutlich die Handschrift derjenigen Großunternehmen, die ein massives Interesse an der Aufrüstung hatten.

Mit diesen Investitionen in den zukünftigen Krieg brachte sich Hitler-Deutschland am Ende der Dreißigerjahre selbst in Zugzwang, da die Schuldenpolitik ein bedrohlich steigendes Inflationsrisiko verursachte. Die Hypotheken auf die „Eroberung neuen Lebensraumes" mussten eingelöst werden.

1. *Veranschaulichen Sie in einer Grafik, wie die Aufrüstung die wirtschaftlichen Entscheidungen der Nationalsozialisten bestimmte.*
2. *Erläutern Sie, mit welchen Mitteln die nationalsozialistische Wirtschafts- und Sozialpolitik die Bürger beeinflusste.*
3. *Der Historiker Götz Aly bezeichnet das NS-Regime als „sozialen Volksstaat". Prüfen Sie die Tragfähigkeit des Begriffes.*

M1 „Hitlergläubige“ Arbeiter?

Führende Mitglieder der verbotenen SPD gehen ins Exil und versuchen, Kontakte zur deutschen Arbeiterschaft aufrechtzuerhalten. Ein illegaler Bericht erörtert die Stimmung im Ruhrgebiet im Sommer 1934:

Die indifferente[1] Arbeiterschaft – und sie stellt gerade im Ruhrgebiet die Mehrheit dar – ist noch immer größtenteils hitlergläubig. Der Umstand, dass durch die „Arbeitsbeschaffung“ Arbeitslose in wenn auch noch so schlecht bezahlte Arbeit gekommen sind, hat sie sehr beeindruckt. Sie trauen Hitlers „schneller Entschlusskraft“ zu, dass er, wenn er „richtig informiert“ wird, eines Tages das Steuer über Nacht zu ihren Gunsten herumwerfen wird. Als nach der „Abstimmung“ vom 19. August neue Gesetze, die aus Führermund angekündigt waren, nicht herausgegeben wurden – Gesetze, von denen sie, ohne eine Ahnung ihres vermutlichen Inhaltes zu haben, annahmen, sie besserten ihre Lage –, da war die Enttäuschung wieder groß. Merkwürdigerweise setzt man in diesen indifferenten Arbeiterkreisen auch Hoffnungen auf Dr. Ley[2], der wegen diesem und jenem Kraftwort als ein vorläufig leider durch böse Mächte verhinderter Arbeiterbeglücker gehalten wird. Dabei wissen die Leute durchaus, dass diese Arbeitsfrontorganisationen keine Gewerkschaften im alten Sinne mehr sind, dass die Organisationen kaum noch einen Überblick über ihre wahre Mitgliederzahl haben und dass die Vertrauensräte feige Hunde sind, von denen kaum einer wagt, den „Betriebsführer“ auch nur anzusprechen. Gewisse Auflehnungen kommen auch mal vor.

Zitiert nach: Hans Mommsen und Susanne Willems (Hrsg.), Herrschaftsalltag im Dritten Reich, Düsseldorf 1988, S. 165 f.

◂ **„Adel der Arbeit.“** *Holzschnitt des Grafikers, Malers und Liedermachers Georg Sluyterman von Langeweyde, 1935. Sluyterman von Langeweyde wurde in Essen geboren, trat 1928 der NSDAP bei und arbeitete für die Partei.*

- *Das Bild macht typische Merkmale der nationalsozialistischen Ideologie deutlich. Erläutern Sie diese Aussage.*

M2 Die DAF ist umstritten

Die Deutsche Arbeitsfront (DAF) tritt an die Stelle der zerschlagenen Gewerkschaften und Unternehmerverbände. Die Funktionäre in den Betrieben werden ausgetauscht. Ein Lagebericht der Staatspolizeistelle Bielefeld vom 4. August 1934 erörtert die Akzeptanz der neuen Arbeiterorganisation:

Die Arbeitsfront ist im Großen und Ganzen noch umstritten. Man kann zwar sagen, dass sich der Arbeiter ständig mehr und mehr der nationalsozialistischen Staatsführung zuwendet. Es wird aber vielfach über die Amtswalter der DAF geklagt und behauptet, dass sie ihren Aufgaben sachlich nicht gewachsen seien. Vielfach seien sie nicht in der Lage, einfache Auskünfte über Rechts- oder Versicherungsfragen zu geben, was im Gegensatz zu den früher im hiesigen Bezirk vorhandenen Gewerkschaftssekretären, die durchweg in dieser Hinsicht gute Leistungen aufzuweisen hatten, besonders unangenehm empfunden wird. [...] Auch werde im Allgemeinen in der DAF eine Abneigung gegen sogenannte Intellektuelle genährt, die schon heute wenig erfreuliche Formen zeitige. Immer wieder wird in Arbeiterkreisen die Frage nach der Verwendung der hohen Mitgliedsbeiträge in der DAF gestellt. Für Erhaltung des Vertrauens scheint es notwendig, über diese Gelder öffentlich Rechenschaft abzulegen, um endlich den Gerüchten über unzweckmäßige Verwendung der „Arbeitergroschen“ die Spitze abzubrechen. Kennzeichnend für die Stimmung in der DAF ist auch die Tatsache, dass Austritte sich mehren.

Zitiert nach: Hans Mommsen und Susanne Willems (Hrsg.), a. a. O., S. 165

1. *Weisen Sie die Haltung der Verfasser des Berichtes (M1) gegenüber dem NS-Regime nach und charakterisieren Sie die Art des Berichtes.*
2. *Charakterisieren Sie den Zweck des Lageberichtes der Gestapo (M2).*
3. *Sie haben zwei Texte vorliegen, in denen Berichterstatter mit unterschiedlicher politischer Haltung einen Sachverhalt darstellen. Formulieren Sie einen ausführlichen Vergleich, indem Sie Überschneidungen, Gemeinsamkeiten und Unterschiede herausstellen.*
4. *Überprüfen Sie die Glaubwürdigkeit der beiden Texte.*

[1] **indifferent**: gleichgültig
[2] **Robert Ley** (1890-1945) war Leiter der Deutschen Arbeitsfront; vgl. auch S. 228.

M3 Die Bedeutung der Autobahn

Der rheinische Schwerindustrielle Fritz Thyssen, ein wichtiger Finanzier der NSDAP, schreibt am 20. Juli 1933 an Fritz Todt, den Generalinspektor für das deutsche Straßenwesen:

Das rheinisch-westfälische Industriegebiet ist eines der bedeutendsten Wirtschaftsgebiete Deutschlands und Europas. Strategisch liegt es im Aufmarschgelände künftiger Auseinandersetzungen im Westen. Die Frage seines Anschlusses an das geplante Reichsautobahnnetz wird daher sehr bald an Sie herantreten. Man wird sich hier im Bezirk vor allem des Siedlungsverbandes Ruhrkohlenbezirk bedienen können, der auf dem Gebiet der Straßenplanung und des Straßenausbaus schon seit Jahren vorbildliche Arbeit nach großen Gesichtspunkten geleistet hat. Wie ich höre, ist demnächst eine Besprechung über die Frage der Fortführung der Autobahn Bonn-Köln in Düsseldorf beabsichtigt. Für meine Beteiligung an dieser Besprechung wäre ich Ihnen ergebenst dankbar.

Zitiert nach: Dietrich Eichholtz und Wolfgang Schumann (Hrsg.), Anatomie des Krieges, Berlin 1969, S. 117 f.

Analysieren Sie die Motive Thyssens und die Mittel, mit denen er seine Ziele zu erreichen sucht.

M4 Die nationalsozialistische „Volksgemeinschaft“

a) Aus der Rede Hitlers zum ersten „Reichserntedankfest“ im niedersächsischen Bückeberg am 1. Oktober 1933:

Der Nationalsozialismus hat weder im Individuum noch in der Menschheit den Ausgangspunkt seiner Betrachtungen, seiner Stellungnahmen und Entschlüsse. Er rückt bewusst in den Mittelpunkt seines ganzen Denkens das Volk. Dieses Volk ist für ihn eine blutmäßig bedingte Erscheinung, in der er einen von Gott geweihten Baustein der menschlichen Gesellschaft sieht.

Das einzelne Individuum ist vergänglich, das Volk ist bleibend. Wenn die liberale Weltanschauung in ihrer Vergötterung des einzelnen Individuums zur Zerstörung des Volkes führen muss, so wünscht dagegen der Nationalsozialismus das Volk zu schützen, wenn nötig, auf Kosten des Individuums. Es ist notwendig, dass der Einzelne sich langsam zur Erkenntnis durchringt, dass sein eigenes Ich unbedeutend ist, gemessen am Sein des ganzen Volkes [...], dass vor allem die Geistes- und Willenseinheit einer Nation höher zu schätzen sind als die Geistes- und Willenseinheit des Einzelnen.

b) In seiner Rede am Heldengedenktag am 10. März 1940 sagt Hitler über die „Volksgemeinschaft“:

Kein Volk hat mehr Recht zu feiern als das deutsche! [...] Wenn wir seit 2000 Jahren ein geschichtliches Dasein leben, dann nur, weil in diesen 2000 Jahren immer Männer bereit gewesen sind, für dieses Leben der Gesamtheit ihr eigenes einzusetzen und – wenn nötig – zu opfern. [...]

Für was sie einst kämpften, kämpfen nunmehr auch wir. Was ihnen hoch genug war, um – wenn notwendig – dafür zu sterben, soll uns in jeder Stunde zu gleicher Tat bereit finden. Der Glaube aber, der sie beseelte, hat sich in uns allen nur noch verstärkt. Wie immer auch das Leben und das Schicksal des Einzelnen sein mag, über jedem steht das Dasein und die Zukunft der Gesamtheit. Und hier hebt uns etwas noch über vergangene Zeiten empor: Uns allen ist das erschlossen worden, für was in früheren Zeiten so viele noch unbewusst kämpfen mussten: das deutsche Volk!

In seiner Gemeinschaft leben zu dürfen, ist unser höchstes irdisches Glück. Ihr anzugehören, ist unser Stolz. Sie in bedingungsloser Treue in den Zeiten der Not zu verteidigen, unser fanatischer Trotz. [...] Wenn die andere Welt der plutokratischen[1] Demokratien gerade gegen das nationalsozialistische Deutschland den wildesten Kampf ansagt und seine Vernichtung als oberstes Kriegsziel ausspricht, dann wird uns damit nur das bestätigt, was wir ohnedies wissen: dass nämlich der Gedanke der nationalsozialistischen Volksgemeinschaft das deutsche Volk auch in den Augen unserer Gegner besonders gefährlich, weil unüberwindlich macht. Über Klassen und Stände, Berufe, Konfessionen und alle übrige Wirrnis des Lebens hinweg erhebt sich die soziale Einheit der deutschen Menschen ohne Ansehen des Standes und der Herkunft, im Blute fundiert, durch ein tausendjähriges Leben zusammengefügt, durch das Schicksal auf Gedeih und Verderb verbunden.

Erster Text zitiert nach: Johannes Hampel, Der Nationalsozialismus, Bd. 2: 1935-1939. Friedenspropaganda und Kriegsvorbereitung, herausgegeben von der Bayerischen Landeszentrale für politische Bildung, München ²1993, S. 271
Zweiter Text zitiert nach: Max Domarus, Hitler. Reden und Proklamationen 1932-1945, kommentiert von einem deutschen Zeitgenossen, Bd. 2.1, Würzburg 1963, S. 1477 ff.

1. *Zeigen Sie auf, welches Geschichtsbild Hitler zeichnet und zu welchem Zweck er dies tut. Beachten Sie die historischen Kontexte.*
2. *Charakterisieren Sie Hitlers Vorstellung von der „Volksgemeinschaft“.*

[1] **Plutokratie**: Geldherrschaft bzw. Staatsform, in der allein der Besitz politische Macht garantiert

Sekundär- oder Fachliteratur ist der Sammelbegriff für jede Form der wissenschaftlichen Auseinandersetzung mit historischen Quellen oder Themen. Der Begriff umfasst Textsorten wie wissenschaftliche Bücher (Monografien), Aufsätze in (Fach-)Zeitschriften, gedruckte Vorträge, Lexikonartikel und Rezensionen (Buchbesprechungen).

Umgang mit Sekundärliteratur üben

Umgang mit Sekundärliteratur üben

Die Fachliteratur über den Nationalsozialismus, das „Dritte Reich“ und den Holocaust ist unüberschaubar. Eine Bibliografie aus dem Jahr 2000 nennt 17609 Monografien, 11857 Beiträge aus Sammelwerken und 7557 Zeitungs- und Zeitschriftenaufsätze aus dem Zeitraum von 1945 bis 2000. Seitdem sind zahlreiche weitere Veröffentlichungen hinzugekommen. Zu vielen Monografien sind Rezensionen erschienen, die die Veröffentlichung in die Forschung einordnen, bewerten und oft gegensätzliche Auffassungen vertreten.
Es gibt keine objektive, ein für alle Mal gültige oder richtige und verbindliche Geschichtsschreibung. Sie ist immer abhängig von der Person, die ein Thema mit einem bestimmten Erkenntnisinteresse subjektiv bearbeitet, von der Zeit, in der geforscht wird, von den ausgewählten oder zur Verfügung stehenden Quellen und der verwendeten Fachliteratur. Für das Verständnis eines Textes, seine Einordnung und Bewertung ist es daher notwendig, ihn mit anderen Darstellungen zu vergleichen und ihn nach bestimmten Kriterien zu untersuchen.

Formale Kennzeichen

- Wer ist der Autor oder Rezensent?
- Welche Funktion, welchen Beruf oder welche Stellung hat er?
- Um welche Textsorte handelt es sich (z. B. Lexikonartikel, Fachbuch oder Rezension)?
- Wann, wo und aus welchem Anlass ist der Text veröffentlicht worden?

Textinhalt

- Was wird thematisiert?
- Welche Behauptungen oder Thesen werden aufgestellt?
- Mit welchen Argumenten bzw. Belegen (Quellen, Sekundärliteratur) begründet der Autor seine Aussagen?
- Wie ist der Text aufgebaut? Welche besonderen Merkmale gibt es (Sprache, Stil)?

Historischer Kontext

- Welchen Zeitraum, welches Ereignis oder welche Person behandelt der Text?
- Auf welche wissenschaftliche oder politische Diskussion geht er ein?
- In welchem Bezug steht der Autor/der Rezensent zum behandelten Thema?

Intention

- An welche Adressaten wendet sich der Text?
- Welche Aussageabsicht hat er?
- Welchen Standpunkt nimmt der Autor/der Rezensent ein?

Bewertung

- Wie lässt sich der Text bzw. die Publikation insgesamt einordnen und bewerten?
- Wurde das Thema schlüssig und überzeugend bearbeitet oder ist die Argumentation lückenhaft? Wurden mehrere Perspektiven berücksichtigt?
- Nimmt der Autor Wertungen vor oder stellt er Vermutungen auf?

Beispiel und Analyse

Provokante Überschrift: Anspielung auf Daniel Jonah Goldhagen, Hitlers willige Vollstrecker. Ganz gewöhnliche Deutsche und der Holocaust, Berlin 1996

Knappe Vorstellung des besprochenen Autors/Buches: Götz Aly, Hitlers Volksstaat. Raub, Rassenkrieg und nationaler Sozialismus, Frankfurt am Main 2005

Beurteilung: keine Ein- und Abgrenzung zentraler Begriffe

Alys These: NS-Staat als „Wohlfühl-Diktatur"

Positive Bewertung von Alys Forschungsansatz

Alys These/Beispiel: NS-Sozialpolitik

Alys These/Beispiel: NS-Außen- und Judenpolitik

Beurteilung: Aly schärft den Blick für den „konsequentesten Massenraubmord der modernen Geschichte"; aber gemessen an seinem Anspruch ist das Buch „kein großer Wurf"

Begründung I: Rechenfehler, Berufung auf J. Adam Tooze

Begründung II: „plakative Neuauflage der Kollektivschuldthese"

Begründung III: Massenmord wird zu einseitig gesehen; Vergleich mit Goldhagen

Negatives Fazit: keine Auseinandersetzung mit kontroversen Positionen bzw. ideologischen Antriebskräften

Marcus Sander: Hitlers willige Räuber?

Götz Aly beleuchtet, wie die Nazis die Deutschen mit sozialen Wohltaten bei Laune hielten. [...] Am Anfang stehen zwei Fragen: „Wie konnte das geschehen? Wie konnten die Deutschen aus ihrer Mitte heraus beispiellose Massenverbrechen zulassen und begehen – insbesondere den Mord an den europäischen Juden?" Der 1947 in Heidelberg geborene Historiker vertritt eine spannende, aber im Kern alte These: Der NS-Staat, den Aly als „Gefälligkeitsdiktatur" begreift, habe sich mit Wohltaten die Loyalität gesichert. Die Nazis „erkauften sich den öffentlichen Zuspruch oder wenigstens die Gleichgültigkeit jeden Tag neu."

Götz Aly veranlasst uns zu einem Perspektivwechsel, indem er den Blick auf das Spannungsverhältnis zwischen Volk und Führung lenkt und das „sozialistische" Moment des Dritten Reiches beleuchtet. Leider verzichtet er darauf, den Begriff des „Sozialismus", den er praktisch mit „Sozialpolitik" gleichsetzt, nachvollziehbar ein- und abzugrenzen. Aly argumentiert wie folgt: Das NS-Regime war ein Räuberstaat, Hitler eine Art Räuberhäuptling, der sich auf Kosten Schwacher, insbesondere der europäischen Juden, finanzierte, bereicherte und der sein Volk an seiner Beute teilhaben ließ. Das Dritte Reich erscheint nicht als ein System des Terrors, sondern als Regime der sozialen Wärme, „als eine Art Wohlfühl-Diktatur" [...].

[...] Während die bisherige Forschung NS-Vokabeln wie „Volksgemeinschaft" und „Volkswohl" zu wenig ernst genommen hat, klopft Aly sie auf ihren sozialpolitischen Kern ab. Dabei wertet er erstmals eine Fülle von finanzpolitischen Akten aus. Hitler, der „klassische Stimmungspolitiker", führte das Kindergeld ein. Das Einkommensteuergesetz von 1934 entlastete Geringverdienende. Hitler betrieb laut Aly eine Politik der kleinen Leute, er forcierte sie mit Kriegsbeginn. [...]

Wer zahlte den Krieg? Alys Antwort ist eindeutig: die okkupierten Länder. Das Dritte Reich bürdete ihnen demnach horrende Besatzungskosten und Abgaben auf [...]. Die Erlöse aus dem Hab und Gut der verjagten und ermordeten Juden flossen in die Kriegskasse. Doch willige Räuber gab es, so Aly, auch im Reichsinneren. In Hamburg waren es allein mindestens 100 000 Bürger, die Gegenstände aus jüdischem Besitz ersteigerten.

Aly schärft den Blick für den „konsequentesten Massenraubmord der modernen Geschichte". Seine These: „Wer von den Vorteilen für die Millionen einfacher Deutscher nicht reden will, der sollte vom Nationalsozialismus und vom Holocaust schweigen."* Dennoch ist das Buch, gemessen an seinem Anspruch, eine Gesamtdeutung der Shoa zu geben, kein großer Wurf. Erstens hat der Wirtschaftshistoriker J. Adam Tooze in der „Tageszeitung" dem Buch Rechenfehler vorgeworfen. [...] Zweitens läuft Alys These auf eine plakative Neuauflage der Kollektivschuldthese hinaus. Seine Behauptung, dass „95 Prozent" der Deutschen von Hitlers „Wohltaten" profitiert hätten [...], belegt er mitnichten.

Vor allem mangelt es dem Buch an einer differenzierenden Analyse der Ursachen des Massenmords. Alys These, dass „die Sorge um das Volkswohl der Deutschen die entscheidende Triebkraft für die Politik des Terrorisierens, Versklavens und Ausrottens" gewesen sei, ist so nicht haltbar. Im Grunde ist sein Buch ein materialistisch argumentierender Goldhagen: Wo der den mörderischen Antisemitismus witterte, wittert Aly allerorten einen Drang zum Rauben. Besonders enttäuschend ist, dass der Autor Gegenpositionen der Forschung, die stärker von einem „Primat der Ideologie", also den ideologischen Antriebskräften für die Judenmorde, ansetzen, ausblendet.

Stuttgarter Zeitung, 24. März 2005, S. 42

* Anspielung auf eine Feststellung des Philosophen Max Horkheimer von 1939: „Wer aber vom Kapitalismus nicht reden will, sollte auch vom Faschismus schweigen."

Formale Kennzeichen Unter dem Titel „Hitlers willige Räuber?“ rezensierte Marcus Sander in der Stuttgarter Zeitung vom 24. März 2005 das kurz zuvor erschienene und kontrovers diskutierte Buch „Hitlers Volksstaat“ des Historikers Götz Aly (vgl. S. 246 f.). Der 1972 geborene Marcus Sander hat Germanistik, Geschichte und Philosophie studiert und ist Redakteur bei der Stuttgarter Zeitung.

Textinhalt In seiner Rezension stellt Sander das Buch von Götz Aly für den Leser vor, indem er dessen Argumentation erläutert und beurteilt. Die Überschrift ist eine Anspielung auf das 1996 erschienene Buch „Hitlers willige Vollstrecker“ des amerikanischen Historikers Daniel Goldhagen (vgl. S. 263, M3a). Dieser stellt darin die These auf, der Antisemitismus habe die gesamte deutsche Bevölkerung erfasst und sei der Grund für die massenhafte Zustimmung der Deutschen zu Nationalsozialismus und Holocaust gewesen. Das Buch rief eine heftige Kontroverse unter Geschichtswissenschaftlern und in den Medien hervor.
Im ersten Teil der Rezension fasst Sander Alys Thesen und Ergebnisse zusammen. Aly beantworte die Leitfrage des Buches, wie es zu erklären sei, dass die Deutschen zwischen 1933 und 1945 beispiellose Massenverbrechen zulassen und begehen konnten, mit der Feststellung, dass ihr Zuspruch oder ihre Gleichgültigkeit durch den NS-Staat mit materiellen Wohltaten erkauft worden sei. Das Ergebnis sei „eine Art Wohlfühl-Diktatur“ gewesen. Aly belege dies an sozialpolitischen Maßnahmen wie dem Kindergeld und der steuerlichen Entlastung der Geringverdienenden. Außenpolitisch sei diese „Politik der kleinen Leute“ auf Kosten der okkupierten Länder und der Juden in Form von Besatzungskosten, massenhaften Plünderungen und Enteignungen finanziert worden.

Historischer Kontext Mit seiner Rezension beteiligt sich Sander an der Debatte, die Alys Buch nach seinem Erscheinen im Frühjahr 2005 in Publizistik und Wissenschaft ausgelöst hat. Neben vielen positiven Besprechungen wurde Aly unter anderem vorgeworfen, er wiederhole nur Goldhagens Thesen, aber materialistisch-ökonomisch begründet. In seinen Gegendarstellungen bestritt Aly dies. Vor allem habe er entgegen mancher Kritik die überkommene „These von der Kollektivschuld“ nicht neu beleben wollen.

Intention Sander hat die Rezension für die Leser der Stuttgarter Zeitung verfasst. Er bewertet Alys Forschungsansatz grundsätzlich positiv, da er die „Begriffe ‚Volksgemeinschaft‘ und ‚Volkswohl‘“ ernst nehme und bisher unberücksichtigtes Quellenmaterial ausgewertet habe. Insgesamt schärfe Aly den Blick für den „konsequentesten Massenraubmord der Geschichte“. Im zweiten Teil seiner Rezension kritisiert Sander jedoch seine Thesen: 1. weil Aly von dem britischen Wirtschaftshistoriker Adam Tooze in der Tageszeitung (taz) vom 12. März 2005 Rechenfehler bei der Kriegskostenverteilung nachwiesen wurden, weil 2. sein Buch „auf eine plakative Neuauflage der Kollektivschuldthese“ hinauslaufe, und er 3. vor allem die NS-Gräuel zu undifferenziert auf eine „materialistisch[e]“ Ursache, das „Volkswohl der Deutschen“ zurückführe, und „Gegenpositionen der Forschung“ ausblende, die die NS-Ideologie als Ursachen von Holocaust und Lebensraumpolitik herausgearbeitet haben. Seinen eigenen hohen Anspruch, „eine Gesamtdeutung der Shoa“ (Holocaust) geben zu wollen, genüge Aly jedoch nicht.

Bewertung Sanders Argumentation ist sachlich, ausgewogen und berücksichtigt mehrere Perspektiven. Er würdigt Alys breite Quellenbasis und deren Auswertung, folgt in seiner Beurteilung jedoch den kritischen Stimmen in Wissenschaft und Publizistik, die Alys Thesen mit jenen Goldhagens vergleichen und sein Buch als einseitig und undifferenziert kritisieren.

Geschichte kontrovers

Nationalsozialismus: Staatsterror oder „Volksgemeinschaft“?

Der Nationalsozialismus war unbestritten eine Diktatur. Kontrovers diskutiert die Geschichtswissenschaft aktuell ein Kennzeichen dieser Periode: Wie hat sich der Nationalsozialismus der deutschen Gesellschaft bemächtigt, d. h. wie erklärt sich das Ausmaß der Zustimmung zu bzw. der Beteiligung der deutschen Bevölkerung an dieser Diktatur? Während die eine Seite den staatlichen Terror von oben betont, hebt die andere die Zustimmung zu einer nicht nur gedachten, sondern zu einer wirklichen NS-Volksgemeinschaft hervor und unterstreicht den inneren Konsens zahlreicher Deutscher mit vielen Maßnahmen der Nationalsozialisten. Zur Leitfrage „Staatsterror oder Volksgemeinschaft?“ äußern sich zwei international bekannte Historiker.

M1 „Verführung und Gewalt“?

Nach Hans-Ulrich Thamer, Professor für Geschichte an der Universität Münster, kennzeichnen vor allem zwei Maßnahmen das Regime des Nationalsozialismus:

Worauf gründete sich diese Macht, die sich im Ornament der marschierenden Gefolgschaft und im Nimbus[1] der strahlenden Führergestalt darstellte? Worauf beruhte die Stabilität des nationalsozialistischen Herrschaftssystems? War das Dritte Reich, wie es sich mit dem Anspruch auf Ewigkeit und Erlösung nannte, ein Führerstaat, in dem der Wille des „Führers“ alles bestimmte und der auf die blinde Gefolgschaft der breiten Massen rechnen konnte? [...]
Sicherlich waren es nicht allein Manipulation und Terror; die verschiedenen Formen von Zustimmung und Hinnahme hatten das während der Machtergreifungsphase gezeigt. Es war vielmehr die verwirrende Verbindung von Zustimmung und Gewalt, sie kennzeichnet die Wirkungsweise der nationalsozialistischen Herrschaft. Bezugspunkt des Konsenses wie der absoluten Macht war weiterhin der charismatische Führer Hitler, wie bereits in der „Kampfzeit“ und in der Machtergreifungsphase. Das Ansehen der nationalsozialistischen Partei schwand hingegen ebenso kontinuierlich wie die traditionelle Staatlichkeit. Das änderte freilich nichts an der Integrationsfähigkeit des Regimes, das bis zu seinem bitteren Ende ein hohes Maß an Stabilität und Loyalität vorfand und gleichzeitig eine ungeheure Vernichtungskraft entfaltete. [...]
Die Autorität des Diktators blieb in den Friedensjahren unbestritten und wuchs im Kriege immer weiter. Das lag an der Anpassungsbereitschaft der Bürokratie und an der blinden Gefolgschaft der Unterführer, aber ebenso an dem sich mit innen- und außenpolitischen Erfolgen fast überschlagenden Führerkult. Die Bereitschaft der bürokratischen Eliten zur Mitarbeit im „nationalen Staat“ war einzig an die Person Hitlers gebunden. Sie war einmal in deren obrigkeitsstaatlichem Denken begründet, aber genauso in der Unterschätzung Hitlers, der sich erfolgreich als gemäßigter Staatsmann zu stilisieren und damit den Radikalismus seines politischen Denkens und Handelns zu verbergen verstand. Wann immer Zweifel und Kritik an Hitlers Politik aufkamen, sie wurden durch die suggestive Überredungsgabe Hitlers selbst wie durch die Wirkung des Hitler-Mythos aufgefangen. Die Fähigkeit Hitlers, auch erfahrene Politiker und selbstsichere Militärs umzustimmen und an sich zu binden, ist zu häufig bezeugt, als dass sie als unglaubwürdige Schutzbehauptung abgetan werden könnte. Doch ohne schon vorhandene Anpassungsbereitschaft, Selbsttäuschung und den stabilisierenden Effekt des Hitler-Kultes wäre diese Ausstrahlungskraft nicht so wirkungsvoll gewesen. [...]
Es war die alte Verbindung von Verführung und Gewalt, die die Stabilität des Regimes bis in die Katastrophe hinein sicherte. Die Rücksichtnahme auf die materiellen und emotionalen Bedürfnisse der Menschen, verbunden mit Einschüchterung und Terror, die Atomisierung der Gesellschaft und der weitgehende Verzicht auf gesellschaftliche Verantwortung, eine sich verstärkende Realitätsflucht wie das Eingeständnis einer partiellen Komplizenschaft mit dem Regime, der sich nur langsam aufzehrende Führermythos wie patriotische Loyalitäten. Es war ein Bündel von Einstellungen, Motiven und Zwängen, die einen offenen Widerstand fast ganz ausschlossen, die auch jede Kraft schwächten, eine andere politische Wirklichkeit zu denken.

Hans-Ulrich Thamer, Verführung und Gewalt. Deutschland 1933-1945, Berlin 1994, S. 338 f., 347 f. und 725 f.

[1] **Nimbus**: hier: Ansehen, Glanz, der eine Person oder Sache umgibt

M2 Spiel des Anprangerns, Ausgrenzens und „Erledigens"

Der kanadische Historiker Robert Gellately lehrt und forscht an verschiedenen amerikanischen Universitäten, auch am Center for Holocaust Studies in den USA. In seinen Werken geht er immer wieder auf die Loyalität zahlreicher Deutscher zum System des Nationalsozialismus ein:

Zustimmung und Zwang (waren) während des gesamten Dritten Reiches aufs engste miteinander verknüpft, was zum Teil daran lag, dass Zwang und Terror meistens gegen bestimmte Individuen, Minderheiten und soziale Gruppen eingesetzt wurde, gegen die das Volk wenig Sympathie hegte. Zwang und Terror waren höchst selektiv und regneten jedenfalls nicht gleichmäßig auf die Köpfe der deutschen Bevölkerung herab. Anfang 1933 begannen Polizei und SA, Köpfe einzuschlagen, und es wurden neue Konzentrationslager errichtet, aber kaum mehr als eine Miniwelle des Terrors ging über Deutschland hinweg. Im Großen und Ganzen bedurfte es des Terrors nicht, um die Mehrheit – oder auch signifikante Minderheiten – in Reih und Glied zu zwingen. [...] Ich behaupte [...], dass ab 1933 die Zustimmung zu Hitler und immer mehr auch zum Nationalsozialismus praktisch niemals infrage stand. [...]

Man muss sich vor der Annahme hüten, ganz Deutschland habe einem militärischen Ausbildungslager geglichen, in dem die Menschen der Doppelbeeinflussung von Propaganda und Terror unterworfen sind. Man hat wenig von der nationalsozialistischen Propaganda begriffen, wenn man sie sich als Gehirnwäsche oder reine Manipulation der Gefühle vorstellt. [...] Die nationalsozialistische Propaganda sollte und konnte dem deutschen Volk nicht auf primitive Weise aufgezwungen werden. Im Gegenteil, sie sollte es ansprechen und deutschen Denkweisen gerecht werden. [...]

Noch bis vor Kurzem betonte die Geschichtswissenschaft die Passivität der deutschen Bürger im Dritten Reich und tat so, als sei der nationalsozialistische „Polizeistaat" dermaßen allgegenwärtig gewesen, dass er der Initiative der Bürger über Zeremonien und Rituale hinaus wenig Spielraum gelassen habe. Heute wissen wir, dass vielleicht nicht alle Bürger mit allem einverstanden waren, auch was bestimmte Aspekte der Verfolgung von Juden und Fremdarbeitern in Deutschland betraf, dass aber das Regime keine Mühe hatte, die Bevölkerung zur Denunziation von Verstößen gegen das rassistische System zu animieren. Das Liefern von Informationen an Polizei oder Partei gehörte zu den wichtigsten Beiträgen des staatsbürgerlichen Engagements im Dritten Reich. Immerhin war es eine Sache, neue Gesetze und Verordnungen zu erlassen und die Bestimmungen von oben her zu verkünden, aber eine ganz andere, sie in der Gesellschaft als Ganzer durchzusetzen. Es war ein charakteristisches Merkmal des Dritten Reiches (durch das es sich zum Beispiel vom faschistischen Italien unterschied), dass das Regime keine Mühe hatte, sich die Kollaboration normaler Bürger zu sichern. [...]

Die Nationalsozialisten beanspruchten, sich der Schaffung der „Volksgemeinschaft" verschrieben zu haben. In dem Bestreben, diese „Volksgemeinschaft" zu schmieden, deren Fundament eine irrwitzige Logik der Gleichheit, Reinheit und Homogenität war, verstrickten sich die Nationalsozialisten wie das deutsche Volk insgesamt in ein mörderisches Spiel des Anprangerns, Ausgrenzens und schließlich „Erledigens" von unerwünschten sozialen „Elementen" und „Volksfeinden". Das begann damit, dass viele normale Bürger (mitunter aus selbstsüchtigen Gründen) die Einteilung zu handhaben lernten, wer zur „Volksgemeinschaft" dazugehörte und wer nicht.

Robert Gellately, Hingeschaut und weggesehen. Hitler und sein Volk, Bonn [3]2005, S. 14, 15, 359 und 362 f.

▲ **Abweichendes Verhalten.**
Foto vom 13. Juni 1936 (Ausschnitt).
Die Aufnahme wurde während des Stapellaufes eines Schiffes auf einer Hamburger Werft gemacht.
Sammeln und diskutieren Sie, welche Möglichkeiten zur Ablehnung des nationalsozialistischen Regimes die Deutschen in den 1930er-Jahren hatten.

1. *Stellen Sie die unterschiedlichen Einschätzungen mit ihren jeweiligen Begründungen tabellarisch einander gegenüber, listen Sie auch die Gemeinsamkeiten auf.*
2. *Der Nationalsozialismus: Staatsterror oder Volksgemeinschaft? Nehmen Sie Stellung.*

NS-Außenpolitik in den 1930er-Jahren

▲ **„Spineless ‚Leaders' of Democracy".**
Zeichnung des britischen Karikaturisten David Low, 1936.
Auf den „Stufen" steht: Wiederbewaffnung, Militarisierung des Rheinlandes und Danzig.
An der Spitze steht „Boss of the Universe".

- *Interpretieren Sie die Haltung des Zeichners gegenüber der englischen Politik.*

Bruch mit Versailles Schon im Oktober 1933 trat das Deutsche Reich aus dem Völkerbund aus. Im Januar 1934 schloss es einen Nichtangriffspakt mit Polen. Die Sowjetunion war jetzt gewarnt und suchte den Schulterschluss mit den ehemaligen Alliierten. Im September 1934 trat sie dem Völkerbund bei.

Am 13. Januar 1935 fand die im Versailler Vertrag vorgesehene Volksabstimmung über die Zukunft des Saargebietes statt. Das Votum von 91 Prozent der Bevölkerung für die Rückkehr ins Deutsche Reich feierte das Naziregime als großen Erfolg. Kurz darauf erklärte Hitler alle Rüstungsbeschränkungen des Versailler Vertrages für nichtig und führte die allgemeine Wehrpflicht wieder ein.

Drei Monate später, am 18. Juni 1935, kam sogar ein deutsch-englisches Abkommen zustande, in dem die relative Stärke der Flotten beider Länder festgeschrieben wurde. Damit hatte sich ein Siegerstaat über das Verbot hinweggesetzt, militärische Abkommen mit Deutschland zu schließen. Im März 1936 besetzten deutsche Truppen in einer Blitzaktion das *entmilitarisierte Rheinland*. Die Westmächte reagierten auch auf diese Vertragsverletzung nur mit Protesten. Der Versailler Vertrag war bedeutungslos geworden.

Neue Bündnisse Als Hitler Ende 1935 Italien im Krieg gegen Äthiopien unterstützte, begann die Annäherung der beiden Diktaturen. Am 1. November 1936 verkündete **Mussolini** die „Achse Berlin – Rom". Ein Jahr später trat Italien auch dem *Antikomintern-Pakt* bei, in dem sich Deutschland und Japan 1936 dazu verpflichtet hatten, weltweit den Kommunismus zu bekämpfen und die Sowjetunion außenpolitisch zu isolieren. Im März 1939 schloss sich dem Pakt auch Spanien unter General Franco an, den die Nationalsozialisten und die italienischen Faschisten im Bürgerkrieg seit 1936 massiv unterstützt hatten. Wenn auch das von Hitler stets angestrebte Bündnis mit England nicht zustande gekommen war, so schien das „weltpolitische Dreieck" Berlin – Rom – Tokio eine Politik ohne – oder sogar gegen – das britische Weltreich zuzulassen.

Benito Mussolini (1883-1945): italienischer Politiker; 1922 zum Ministerpräsidenten ernannt; errichtete eine Diktatur; 1945 von Widerstandskämpfern erschossen

Die Annexion Österreichs Der amerikanische Präsident Franklin D. Roosevelt* signalisierte zwar die Abwendung von der Neutralitätspolitik, aber England, Frankreich und die meisten anderen westeuropäischen Länder hatten mit inneren Problemen und den Nachwirkungen der Weltwirtschaftskrise zu kämpfen. Sie wollten unbedingt am Frieden festhalten und setzten auf *Appeasement* („Beschwichtigung") als Maxime ihrer Außenpolitik. So ist es zu erklären, dass das Deutsche Reich keinen ernsthaften Widerstand fand und ab 1938 die Aggressivität seiner Außenpolitik noch steigern konnte.

Bereits im März 1938 marschierten deutsche Truppen in Österreich ein und wurden zum Teil mit triumphalem Jubel empfangen. Hitler verkündete auf dem Wiener Heldenplatz den begeisterten Menschenmassen „den Eintritt meiner Heimat in das Deutsche Reich". Die von der Frankfurter Nationalversammlung 1848/49 verworfene „großdeutsche Lösung" wurde von den Nationalsozialisten als vollendet gefeiert**.

* Siehe S. 100.
** Zur „großdeutschen Lösung" siehe S. 144.

Weitere Expansion Auch in Deutschland fand Hitlers Politik jetzt fast uneingeschränkte Zustimmung. Nun forderte Hitler die „Lösung des Sudetenproblems“, die für ihn darin bestand, die deutschsprachig dominierten Gebiete der Tschechoslowakei dem Reich einzugliedern. Er machte sich dabei bestehende Konflikte zunutze. Nicht nur die Deutschen, auch Polen, Ungarn und andere Volksgruppen erhoben Autonomieforderungen. Mit seiner Beteuerung, das sudetendeutsche Gebiet sei die letzte territoriale Forderung des Deutschen Reiches, konnte Hitler sich wiederum durchsetzen. Auf der *Konferenz von München* am 29. September 1938 legten Deutschland, Italien, Frankreich und England ohne Beteiligung von Vertretern der Tschechoslowakei die Modalitäten für die geforderten territorialen Veränderungen fest.

▲ Die Erweiterung des Deutschen Reiches zwischen 1933 und 1939.

Doch schon ein halbes Jahr später marschierten deutsche Truppen in der „Rest-Tschechei“ ein. Drei Tage später wurde das *Protektorat Böhmen und Mähren* de facto der Reichsverwaltung unterstellt. Diesmal konnte das Deutsche Reich seinen Schritt nicht mehr mit dem Hinweis auf das Selbstbestimmungsrecht der Völker begründen. Erneut griffen die anderen europäischen Mächte nicht ein, aber sie wussten nun, dass sie nicht länger zusehen konnten. Schon Ende März gaben Frankreich und England eine verbindliche Garantieerklärung für Polen ab, das zunehmend die Zielscheibe aggressiver deutscher Propaganda wurde. Der nächste Schritt der Machtausdehnung auf Kosten Polens musste den von Hitler längst einkalkulierten Krieg bedeuten.

In dieser Phase gelang der deutschen Diplomatie ein spektakulärer Erfolg: Die Nationalsozialisten, die sich immer als schärfste Feinde des „Bolschewismus“ verstanden und inszeniert hatten, schlossen einen *Nichtangriffspakt mit der Sowjetunion* („Hitler-Stalin-Pakt“; ▸ M1, M2). Diese hatte kurz zuvor noch Verhandlungen über einen britisch-französisch-sowjetischen Dreibund unter möglicher polnischer Beteiligung geführt, die aber gescheitert waren.

Der sowjetische Diktator **Josef W. Stalin** konnte sich nun bei einem zu erwartenden Angriff Deutschlands auf Polen aus allen Kampfhandlungen heraushalten und wusste seine Einflusssphäre in Osteuropa gesichert. In einem geheimen Zusatzprotokoll vereinbarten Deutschland und die Sowjetunion die Aufteilung Polens.

▲ **Stalin als Marschall der UdSSR.**
Ölgemälde von Nikolai Tomskij aus dem Jahr 1935.

Josef Wissarionowitsch Dschugaschwili, gen. Stalin (1878-1953): 1924-1953 Generalsekretär der KPdSU (Kommunistische Partei der Sowjetunion) und Staatschef der UdSSR, inszenierte als Diktator einen Personenkult

1. *Fassen Sie die Politik der europäischen Staaten gegenüber der nationalsozialistischen Außenpolitik zusammen.*
2. *Arbeiten Sie heraus, mit welchen Maßnahmen die Bestimmungen des Versailler Vertrages revidiert wurden.*

M1 Der Nichtangriffspakt mit der UdSSR

Im August 1939 wird der Öffentlichkeit ein Abkommen präsentiert, das der sowjetische Außenminister Wjatscheslaw M. Molotow mit dem deutschen Außenminister Joachim von Ribbentrop ausgehandelt hat:

Art. 1 Die beiden vertragschließenden Teile verpflichten sich, sich jeden Gewaltakts, jeder aggressiven Handlung und jedes Angriffs gegeneinander, und zwar sowohl einzeln als auch gemeinsam mit anderen Mächten, zu enthalten.
Art. 2 Falls einer der vertragschließenden Teile Gegenstand kriegerischer Handlungen seitens einer dritten Macht werden sollte, wird der andere vertragschließende Teil in keiner Form diese dritte Macht unterstützen. [...]
Art. 4 Keiner der beiden vertragschließenden Teile wird sich an irgendeiner Mächtegruppierung beteiligen, die sich mittelbar oder unmittelbar gegen den anderen Teil richtet.
Geheimes Zusatzprotokoll[1]: Für den Fall einer territorial-politischen Umgestaltung der zum polnischen Staate gehörenden Gebiete werden die Interessensphären Deutschlands und der UdSSR ungefähr durch die Linie der Flüsse Narew, Weichsel und San abgegrenzt.
Die Frage, ob die beiderseitigen Interessen die Erhaltung eines unabhängigen polnischen Staates erwünscht erscheinen lassen und wie dieser Staat abzugrenzen wäre, kann endgültig erst im Laufe der weiteren politischen Entwicklung geklärt werden. In jedem Falle werden beide Regierungen diese Frage im Wege einer freundschaftlichen Verständigung lösen.

OSTEUROPA. Zeitschrift für Gegenwartsfragen des Ostens, 39. Jg. (1989), S. 417-419

1. *Erläutern Sie, was der Nichtangriffspakt über die außenpolitischen Planungen beider Länder aussagt.*

2. *Diskutieren Sie die Bedeutung des geheimen Zusatzprotokolls.*

M2 Aus Todfeinden werden „Freunde"

Der sowjetische Beamte Victor A. Kravchenko aus der sibirischen Industriestadt Kemerowo erinnert sich an den „Hitler-Stalin-Pakt":

▲ **„En avant! Mar..."**
Stalinkarikatur aus der französischen Zeitschrift „Marianne" vom 13. September 1939.

Für uns galt es all die Jahre als ausgemacht, dass der einzige Feind der Nazis die Sowjetunion sei. [...] Wir hatten doch unsere führenden Armeegeneräle [...] erschossen, weil sie angeblich Verbündete von Hitlers Reichswehr waren. Die großen Verräterprozesse, in denen Lenins[1] vertrauteste Freunde liquidiert wurden, stützten sich auf die Voraussetzung, dass Nazideutschland und seine Achsenfreunde Italien und Japan sich gegen uns zum Kriege rüsteten. Diese Nationen waren angeblich nur die Exponenten einer Weltkoalition von Kapitalisten, die sich verschworen hatten, unser sozialistisches Vaterland zu vernichten. [...] Die Schurkerei Hitlers galt in unserem Land als fast ebenso geheiligter Glaubensartikel wie die Unfehlbarkeit Stalins. Unsere Sowjetkinder spielten Faschisten-gegen-Kommunisten-Spiele [...]. Erst als wir die Wochenschauen und Zeitungsbilder sahen, auf denen Stalin lächelnd Ribbentrop die Hand schüttelte, begannen wir das Unglaubliche zu glauben. Hakenkreuz und Hammer-und-Sichel flatterten Seite an Seite in Moskau! Bald darauf erklärte uns Molotow, der Faschismus sei schließlich „Geschmacksache"! Stalin begrüßte seinen diktatorischen Kollegen mit begeisterten Worten über die gemeinsame „mit Blut besiegelte Freundschaft"!

Victor A. Kravchenko, Ich wähle die Freiheit. Das private und politische Leben eines Sowjetbeamten, übersetzt von Albert Hess, Zürich 1947, S. 63 f.

Diskutieren Sie die Auswirkungen der außenpolitischen Kehrtwendung auf die sowjetische Bevölkerung.

[1] Das Zusatzprotokoll wurde im Westen 1948 bekannt. Die Sowjetunion bestritt bis 1989 die Existenz dieser Abmachung.

[1] **Wladimir I. Lenin** (1870-1924): Führungsfigur der russischen Oktoberrevolution, erster Regierungschef der Sowjetunion

Der Zweite Weltkrieg

Hitlers Anfangserfolge 1939/40 Am 1. September 1939 griffen deutsche Truppen ohne Kriegserklärung Polen an. Nach Ablauf ihrer Ultimaten erklärten Frankreich und Großbritannien Deutschland am 3. September den Krieg. Allerdings hielten sich die Westmächte vorläufig in der Defensive, weil sie sich militärisch noch zu schwach fühlten. Daher konnte die deutsche Wehrmacht Polen so schnell besiegen, dass sie später von einem *„Blitzkrieg“* sprach. Bereits Ende September wurde Polen – wie im Zusatzprotokoll des „Hitler-Stalin-Paktes“ vereinbart – zwischen Deutschland und der Sowjetunion aufgeteilt.

Als die englische Regierung auf deutsche Friedensangebote nicht reagierte, ließ Hitler im April 1940 Dänemark und Norwegen besetzen. Einen Monat später griff die Wehrmacht Belgien, die Niederlande, Luxemburg und Frankreich an. Durch schnelle Panzervorstöße gelang der riskante Feldzug gegen den westlichen Gegner. Am 14. Juni zogen die Deutschen in Paris ein. Hitler hielt das Reich nun für unbesiegbar.

Die Briten – seit Mai 1940 unter dem konservativen Premierminister **Winston Churchill** – waren entschlossen, den Krieg gegen das Deutsche Reich unter allen Umständen durchzustehen (▸ M1). Daher strebten Hitler und sein Generalstab eine Invasion auf den Britischen Inseln an und forcierten ab Juli 1940 den Luft- und U-Boot-Krieg, um eine Landung vorzubereiten. Der Plan erwies sich aber als grobe Fehleinschätzung. Zum ersten Mal erreichte Hitler sein militärisches Ziel nicht. Im Gegenteil, die strategische Lage verschlechterte sich durch die immer deutlichere Parteinahme der USA für die Engländer.

▲ **Europa im Zweiten Weltkrieg.**

Winston Churchill (1874-1965): britischer Journalist, Offizier und Politiker; 1940-1945 und 1951-1955 Premierminister, 1940-1955 Führer der Konservativen. 1953 erhielt er den Nobelpreis für Literatur.

Die Wende in Russland Inzwischen hatte das Deutsche Reich den Krieg gegen die Sowjetunion begonnen, weil Hitler glaubte, nicht länger mit dem Krieg gegen „Bolschewiken und Juden“ um „Lebensraum“ warten zu können. Seit Sommer 1940 hatte Hitler Pläne für den Angriff gegen die Sowjetunion ausarbeiten lassen, ohne den Gegner im Westen – Großbritannien – besiegt zu haben. Mit einem Überraschungsangriff, der von der Ostsee bis zu den Karpaten auf breiter Front von über drei Millionen Soldaten geführt wurde, eröffnete Hitler am 22. Juni 1941 ohne Kriegserklärung den Kampf gegen die Sowjetunion (*„Unternehmen Barbarossa“*). Unterstützt wurde die deutsche Offensive von verbündeten finnischen, slowakischen, ungarischen, rumänischen und italienischen Truppen. Stalin hatte britische und amerikanische Warnungen vor einem deutschen Angriff als Propaganda abgetan und nicht ernst genommen.

Die deutsche Führung hoffte, die zahlenmäßig überlegene Rote Armee in einem „Blitzfeldzug“ überrumpeln zu können. Panzereinheiten sollten die Rote Armee mit

Völkermord (Genozid): Auslöschung willkürlich definierter Gruppen von Menschen unter zumeist extrem brutalen Begleitumständen; der englische Begriff für Völkermord, *genocide*, geht auf Raffael Lemkin, einen Juristen polnisch-jüdischer Herkunft, zurück, der ihn im Jahr 1944 prägte. Das Wort „Genozid" setzt sich aus dem griechischen *genos* (Stamm, Rasse, Volk) und dem lateinischen *cadere* (töten) und dem Suffix *-cide* zusammen. Beispiele für Genozide in der Geschichte sind der Holocaust sowie der Völkermord an den Armeniern während des Ersten Weltkrieges.

Einsatzgruppen: Sondereinheiten, die nach dem Einmarsch in besetzte und eroberte Gebiete, so etwa in Polen und in der Sowjetunion, die „Bekämpfung der Reichsfeinde" übernehmen sollten. Bereits in Polen sowie dann vor allem in der Sowjetunion geschah dies primär durch Erschießungen – auf sowjetischem Gebiet ermordeten die Einsatzgruppen, die mit der Wehrmacht ins Land kamen, vermutlich über eine Million Menschen, vor allem jüdische Männer, Frauen und Kinder.

Literaturtipp:
Felix Römer, Kameraden: Die Wehrmacht von innen, München 2012

Luftwaffenunterstützung in Kesselschlachten besiegen. Bis zum Herbst hatte die Wehrmacht die Ukraine erobert und war bis Leningrad und bis kurz vor Moskau vorgedrungen. Auf Anordnung der Führung waren Richtlinien und Befehle erlassen worden, die internationale Regeln der Kriegsführung missachteten: Gefangene genossen keinen Schutz, Kommunisten, Kommissare (Politoffiziere der Roten Armee) und Juden konnten ohne Einschränkung getötet werden (▸ M2). In dieser Phase des Krieges begann der **Völkermord (Genozid)**.* Vollstrecker der Verbrechen waren vor allem spezielle **Einsatzgruppen** der Sicherheitspolizei und des SD, Einheiten aus SS, Gestapo und Polizei, aber auch reguläre Einheiten der Wehrmacht beteiligten sich.** Bis zum Frühjahr 1942 hatte die Sowjetunion 1,5 bis 2,5 Millionen Kriegstote zu beklagen. Darunter waren auch etwa 1,8 von insgesamt 3,7 Millionen sowjetischen Kriegsgefangenen, die allein während des Russlandfeldzuges im Jahr 1941 in deutsche Hände gefallen und entweder sofort durch systematische Erschießungen ermordet oder unter elenden Bedingungen in Kriegsgefangenenlagern vor Erschöpfung und Hunger gestorben waren. Die Zahl der Toten sollte sich bis Kriegsende auf drei Millionen erhöhen; damit starben über 50 Prozent der insgesamt 5,7 Millionen sowjetischen Kriegsgefangenen in der „Obhut" der deutschen Armee (Christian Hartmann).

Der „Blitzfeldzug" erwies sich aber als völlig unrealistisch. Nachschubprobleme, die Weite des Landes und das raue Klima, auf das die Wehrmacht nur unzureichend vorbereitet war, stoppten den deutschen Vormarsch. Darüber hinaus war die Rote Armee unerwartet gut organisiert. Im Dezember 1941 konnte sie eine Gegenoffensive einleiten, der die Deutschen auf Dauer nicht gewachsen waren. In einer *Kesselschlacht bei Stalingrad* gelang der sowjetischen Armee Anfang 1943 ein überwältigender Sieg, dessen psychologische Wirkung für beide Seiten von großer Bedeutung war. Nachdem die Wehrmacht die Stadt ab August 1942 belagert hatte, war es der Roten Armee bei Wintereinbruch gelungen, die deutschen Linien zu durchbrechen und 200 000 Soldaten einzuschließen. Hitler verbot jeden Ausbruchsversuch, worauf Tausende verhungerten und über 100 000 Soldaten in sowjetische Kriegsgefangenschaft gerieten. Davon sollten nach dem Krieg nur etwa 5 000 Mann nach Deutschland zurückkehren. Gegen die tiefe Niedergeschlagenheit in der Bevölkerung versuchte Propagandaminister Goebbels anzukämpfen, indem er zum „totalen Krieg" aufrief. Doch der Mythos, der den „Führer" umgeben hatte, bröckelte (▸ M3).

Die deutsche Wirtschaft im Krieg ■ Die NS-Machthaber waren bemüht, die Belastungen für die deutsche Bevölkerung in möglichst engen Grenzen zu halten und alle Kräfte für den Krieg zu bündeln. Niemand sollte Hunger leiden, denn Hitler fürchtete Streiks und innere Unruhen, wie er sie am Ende des Ersten Weltkrieges erlebt hatte. Nicht zuletzt infolge der enormen Gebietsgewinne gelang es, die Zufuhr an Rohstoffen und Lebensmitteln ins Deutsche Reich zu steigern. Rücksichtslos wurden Produktion und Ressourcen aller besetzten Länder für die deutschen Bedürfnisse ausgebeutet. Der private Besitz sollte möglichst nicht angetastet werden. Im Gegenteil, zum Urlaub heimkehrende Soldaten durften, teils unter Umgehung der Zollvorschriften, große Mengen an Lebensmitteln und Verbrauchsgütern in die Heimat mitnehmen.

Die Währungen der besetzten Länder wurden an den Rand des Ruins getrieben, Goldreserven, Devisen, Aktien und viele Depositen von der Reichsbank beschlagnahmt. Nur mit knapper Not konnte in einigen Staaten der Bankrott vermieden werden.

* Vgl. dazu auch S. 258-261.
** Zu den Besatzungsverbrechen siehe S. 258 f.

Zu den Maßnahmen, mit denen die Leistung der deutschen Kriegswirtschaft gesteigert werden sollte, zählte auch der Einsatz ausländischer Gefangener und *Zwangsarbeiter*. Da die Millionen Kriegsgefangenen den Ausfall der in die Wehrmacht eingezogenen Männer nicht ausgleichen konnten, wurden in den besetzten Gebieten systematisch arbeitsfähige Menschen gefangen genommen und nach Deutschland geschickt – rund sieben Millionen Frauen und Männer insgesamt. Fast drei Millionen „Fremdarbeiter" stammten aus der Sowjetunion, eine Million aus Polen. Massentransporte in Güterwaggons, schlechte Behandlung und Unterbringung, mangelhafte Ernährung sowie schwerste körperliche Arbeit gehörten zu den unmenschlichen Bedingungen, denen die Opfer in der Regel ausgesetzt waren. Sie wurden nicht nur wesentlich geringer entlohnt, sondern auch mit einem höheren Steuersatz belegt. Den Lohnanteil, der für die Angehörigen in der Heimat bestimmt war, kassierte die deutsche Finanzverwaltung.

Literaturtipp:
Volkhard Knigge u. a. (Hrsg.), Zwangsarbeit. Die Deutschen, die Zwangsarbeiter und der Krieg, Weimar 2010 (Ausstellungskatalog)

Internettipps:
Für Informationen und Dokumente zur Zwangsarbeit siehe Code 4677-22

Der europäische Krieg wird zum Weltkrieg Der deutsche Angriff auf die Sowjetunion veränderte die Außenpolitik der USA. Anfang August 1941 veröffentlichten der US-Präsident Roosevelt und der britische Premierminister Churchill die *Atlantic Charta*. Sie wurde zur Grundlage der **Anti-Hitler-Koalition** und des gemeinsamen Kampfes gegen die „Nazityrannei". Zu dieser Charta bekannten sich später auch die Sowjetunion, China und weitere Staaten.

Am 7. Dezember 1941 eröffnete Japan mit einem Luftangriff auf die amerikanische Pazifikflotte in *Pearl Harbor* die Kampfhandlungen gegen die USA. Deutschland und Italien erklärten daraufhin den Vereinigten Staaten den Krieg.

Die großen Materialreserven, das Industriepotenzial und die frischen Truppen der USA verhalfen den Alliierten zu einer deutlichen Überlegenheit. Als den Amerikanern und Engländern am 6. Juni 1944 die Landung an der Küste der Normandie gelang, war die deutsche Niederlage nur noch eine Frage der Zeit. Auch die Lufthoheit lag jetzt bei den Westmächten. Auf der *Konferenz von Jalta* (4. 2. - 11. 2. 1945) einigten sich die Regierungschefs von Großbritannien, der UdSSR und der USA – Churchill, Stalin und Roosevelt – auf Regelungen für die künftige Besetzung Deutschlands, vor allem die Aufteilung in vier Besatzungszonen. Da die nationalsozialistische Führung verbissen den Widerstand aufrechterhielt, sanken die meisten deutschen Großstädte unter den alliierten Luftangriffen in Schutt und Asche. Erst als die Rote Armee vor Berlin stand, begingen Hitler und mehrere seiner Mitarbeiter Selbstmord. Im Mai 1945 unterzeichneten die Generäle Jodl und Keitel die deutsche Gesamtkapitulation.

Der Zweite Weltkrieg endete drei Monate später mit der bedingungslosen Kapitulation Japans, nachdem die USA über Hiroshima und Nagasaki erstmals Atombomben abgeworfen hatten. Diese Waffen waren mit einem riesigen Forschungsaufwand in den USA entwickelt worden. Der amerikanische Präsident **Harry S. Truman**, der nach dem Tode Roosevelts im April 1945 die Macht übernommen hatte, schob Bedenken gegen die gewaltige Zerstörungskraft der Atomwaffen u. a. mit dem Hinweis beiseite, dass man die Japaner nur auf diese Weise zur bedingungslosen Kapitulation zwingen könne. Über 200 000 Menschen starben bei den Bombenabwürfen sofort. Die Langzeitfolgen der radioaktiven Verseuchung wurden erst später deutlich: Zahllose Menschen starben an Leukämie und an anderen Folgekrankheiten.

Anti-Hitler-Koalition: die Gegner des nationalsozialistischen Deutschland mit den USA, Großbritannien und der Sowjetunion an der Spitze. Die „Großen Drei" legten auf der Konferenz von Casablanca Anfang 1943 die bedingungslose Kapitulation Deutschlands, Japans und Italiens als Kriegsziel fest.

Harry S. Truman (1884 - 1972): Als Vizepräsident wurde er nach dem Tod von Franklin D. Roosevelt im April 1945 US-Präsident. Seine Amtszeit dauerte bis 1953.

Vom Blitzkrieg zum Weltkrieg zur deutschen Niederlage: Skizzieren Sie den Verlauf des Krieges in einer möglichst knappen Übersicht.

M1 „Englands Pflicht“

Als die Niederlage Frankreichs offenbar wird, betont Englands Premierminister Winston Churchill in einer Rede am 18. Juni 1940, dass Großbritannien nicht aufgeben werde:

Die Schlacht, die General Weygand[1] die Schlacht um Frankreich nannte, ist vorbei. Ich erwarte, dass jetzt die Schlacht um England beginnen wird. Von ihrem Ausgang hängt der Fortbestand der christlichen Kultur ab. Von ihr hängt unsere eigene nationale Existenz, die lange währende Stetigkeit unserer Einrichtungen und unseres Weltreiches ab. Die ganze Wut und Macht des Feindes muss sich sehr bald gegen uns wenden, Hitler weiß sehr wohl, dass er entweder uns auf unserer Insel zerschmettern oder den Krieg verlieren muss. Vermögen wir ihm standzuhalten, so kann ganz Europa befreit werden, und die Menschheit kann zu weiten, sonnenhellen Höhen aufwärtsschreiten. Versagen wir aber, dann wird die ganze Welt, samt den Vereinigten Staaten und samt all dem, was wir gekannt und geliebt haben, in den Abgrund eines neuen dunklen Zeitalters versinken, dem die Lichter einer missbrauchten Wissenschaft noch tiefere Finsternis und vielleicht auch längere Dauer verleihen. Rüsten wir uns daher zur Erfüllung unserer Pflicht; handeln wir so, dass, wenn das Britische Reich und seine Völkergemeinschaft noch tausend Jahre bestehen, die Menschen immer noch sagen werden: „Das war ihre größte Stunde.“

Winston S. Churchill, Der Zweite Weltkrieg. Memoiren, Bd. II, 1, Stuttgart 1954, S. 272

1. *Arbeiten Sie heraus, wie Churchill die Situation Europas nach der Niederlage Frankreichs beurteilt.*
2. *Analysieren Sie die Rede im Hinblick auf die von Churchill verwendeten rhetorischen Mittel und arbeiten Sie die Wirkungsabsicht Churchills heraus.*
3. *Trotz der Neutralität der USA verkauften die Vereinigten Staaten Kriegsmaterial nach England und Frankreich, ab 1941 auch auf Kredit. Interpretieren Sie die besonderen Beziehungen zwischen England und den USA und ihre Bedeutung für den Verlauf des Zweiten Weltkrieges.*

[1] **Maxime Weygand** (1867-1965): General im Ersten und Zweiten Weltkrieg, 1940 Oberbefehlshaber der französischen Truppen

M2 „Völlige Vernichtung“

Der Oberbefehlshaber der 6. Armee, General von Reichenau, gibt am 10. Oktober 1941 einen Befehl aus, der das „Verhalten der Truppen im Ostraum“ betrifft. Hitler bezeichnet diesen Befehl als vorbildlich, sodass er auch von anderen Truppenteilen übernommen wird:

Hinsichtlich des Verhaltens der Truppe gegenüber dem bolschewistischen System bestehen vielfach noch unklare Vorstellungen. Das wesentlichste Ziel des Feldzuges gegen das jüdisch-bolschewistische System ist die völlige Zerschlagung der Machtmittel und die Ausrottung des asiatischen Einflusses im europäischen Kulturkreis. Hierdurch entstehen auch für die Truppe Aufgaben, die über das hergebrachte einseitige Soldatentum hinausgehen. Der Soldat ist im Ostraum nicht nur ein Kämpfer nach den Regeln der Kriegskunst, sondern auch Träger einer unerbittlichen völkischen Idee und der Rächer für alle Bestialitäten, die deutschem und anverwandtem Volkstum zugefügt wurden. Deshalb muss der Soldat für die Notwendigkeit der harten, aber gerechten Sühne am jüdischen Untermenschentum volles Verständnis haben. Sie hat den weiteren Zweck, Erhebungen im Rücken der Wehrmacht, die erfahrungsgemäß stets von Juden angezettelt wurden, im Keime zu ersticken. Der Kampf gegen den Feind hinter der Front wird noch nicht ernst genug genommen. Immer noch werden heimtückische, grausame Partisanen und entartete Weiber zu Kriegsgefangenen gemacht, immer noch werden halb uniformierte oder in Zivil gekleidete Heckenschützen und Herumtreiber wie anständige Soldaten behandelt und in die Gefangenenlager abgeführt. [...] Fern von allen politischen Erwägungen der Zukunft hat der Soldat zweierlei zu erfüllen: 1.) die völlige Vernichtung der bolschewistischen Irrlehre, des Sowjetstaates und seiner Wehrmacht. 2.) die erbarmungslose Ausrottung artfremder Heimtücke und Grausamkeit und damit die Sicherung des Lebens der deutschen Wehrmacht in Russland. Nur so werden wir unserer geschichtlichen Aufgabe gerecht, das deutsche Volk von der asiatisch-jüdischen Gefahr ein für allemal zu befreien.

Zitiert nach: Reinhard Rürup (Hrsg.), Der Krieg gegen die Sowjetunion 1941-1945. Eine Dokumentation, Berlin 1991, S. 122

1. *Erläutern Sie die angeblich „unklaren Vorstellungen“ der Soldaten über die Kriegsführung.*
2. *Informieren Sie sich über damalige und heutige Völkerrechtsvereinbarungen, die auch im Krieg gültig bleiben. Inwiefern haben die Deutschen dagegen verstoßen?*
3. *Erörtern Sie, inwiefern die deutsche Kriegsführung eine Umsetzung der NS-Rassenpolitik war (vgl. S. 237f., M3 und M4).*

M3 Frauen in der Heimat

Während die Front im Osten zurückweicht, zeichnet ein geheimer Bericht der SS vom 18. November 1943 die Stimmung bei der weiblichen Bevölkerung auf:

Am Kriegsgeschehen im Einzelnen nehmen die Frauen weniger Interesse. Besonders die weibliche Jugend zeige sich recht teilnahmslos. Häufig trete bei den Frauen eine ausgesprochene Kriegsmüdigkeit zutage. Sie sind bestrebt, allem aus dem Wege zu gehen, was die Gedanken zum Kriegsgeschehen hinlenke, so vermeiden sie z. B. entsprechende Radio- oder Filmdarbietungen und lassen den politischen Teil der Zeitung unbeachtet. Im Allgemeinen zeigten nur diejenigen Frauen, die nahe Angehörige an den Fronten haben, und Frauen der Intelligenzkreise wesentliches Interesse am politischen Geschehen. [...]
Mit Sorge sähen auch viele Frauen, dass der Zusammenhalt und das gegenseitige Verständnis in ihrer Ehe unter der langen Kriegsdauer zu leiden beginne. Die mit kurzen Unterbrechungen nun schon Jahre andauernde Trennung, die Umgestaltung der Lebensverhältnisse durch den totalen Krieg, dazu die hohen Anforderungen, die jetzt an jeden Einzelnen gestellt werden, formten den Menschen um und erfüllten sein Leben. Der Frontsoldat zeige im Urlaub oft kein Verständnis mehr für die kriegsbedingten häuslichen Dinge und bleibe interesselos gegenüber vielen täglichen Sorgen der Heimat. [...] So wiesen Ehefrauen bekümmert darauf hin, dass das sehnlichst erwartete Zusammensein in der schnell vorübergehenden Urlaubszeit getrübt worden sei durch häufige Zusammenstöße, die durch gegenseitige Nervosität hervorgerufen wurde. [...]
Auffallend sei, dass viele Maßnahmen der Partei und führender Persönlichkeiten von den Frauen in stärkerem Maße als von den Männern kritisiert würden, jedoch stellten sich die meisten Frauen stets hinter die Person des Führers. Allgemein werde von den Frauen immer der Standpunkt vertreten, dass der Führer bestimmt Abhilfe schaffen würde, wenn er alles wüsste. Die meisten Frauen richteten jedoch ihre Gedanken vorwiegend auf ihre gegenwärtigen praktischen Aufgaben. Von den drängenden Tagesanforderungen bereiteten derzeit die Kartoffelnot und der Gemüsemangel den Frauen große Sorge. Viele Mütter von heranwachsenden Kindern hätten schlaflose Nächte, denn „sie wüssten oft nicht, was sie auf den Tisch bringen sollten". [...]
Mit lebhafter Freude sei von den Frauen die wesentlich erhöhte Mehlzuteilung und die Ankündigung der Weihnachtssonderzuteilungen begrüßt worden, da sie mit diesen Mengen nicht gerechnet hatten. Bedauert werde jedoch, dass kein Fleischzuschuss vorgesehen sei, ferner werde häufig die Erwartung ausgesprochen, dass die Zuwendungen später nicht wieder durch entsprechende Kürzungen eingespart werden müssten.

Zitiert nach: Wolfgang Michalka (Hrsg.), Deutsche Geschichte 1933-1945. Dokumente zur Innen- und Außenpolitik, Frankfurt am Main 1993, S. 298 f.

▲ **„Der Einsatz der deutschen Frau im Krieg."**
Plakatwerbung für die freiwillige Meldung zum Arbeitseinsatz in der Industrie, um 1941.

- *Vergleichen Sie a) das Frauenbild, das in beiden Abbildungen zum Ausdruck kommt und b) die Abbildungen mit dem Inhalt von M3. Welche Gemeinsamkeiten und welche Unterschiede fallen Ihnen hinsichtlich der Rollenbilder auf, die hier jeweils gezeichnet werden?*

1. *Arbeiten Sie heraus, wie sich der Krieg nach dem vorliegenden Bericht auf die Frauen in der Heimat auswirkt.*
2. *Untersuchen Sie, inwiefern die in diesem Bericht beschriebene Haltung der Frauen dem nationalsozialistischen Frauenbild entspricht (vgl. S. 224). Beurteilen Sie die Glaubwürdigkeit des Berichtes.*
3. *Die nationalsozialistische Propaganda hat das Leben der Zivilbevölkerung während des Krieges zur „Heimatfront" stilisiert. Erläutern Sie, welche Absicht mit dieser Maßnahme verbunden war.*

Massenmord und Holocaust

„Asoziale“: in der NS-Zeit als minderwertig geltende, „arbeitsscheue“ oder unangepasst lebende Menschen u. a. aus sozialen Unterschichten, wie Bettler, Landstreicher, Prostituierte, Fürsorgeempfänger oder Alkoholiker

„Euthanasie“: Sterbehilfe, abgeleitet von griech. „guter“ oder „leichter Tod“

„Aktion T4“: nach dem Verwaltungssitz der Vernichtungsaktion in der Tiergartenstraße 4 in Berlin bezeichneter Code

Literaturtipp:
Götz Aly, Die Belasteten. „Euthanasie 1933-1945“, Eine Gesellschaftsgeschichte, Frankfurt am Main 2013

Vernichtungslager: Im Gegensatz zu den Konzentrationslagern wurden die Menschen nach ihrer Ankunft in den Vernichtungslagern fast ausnahmslos sofort getötet.

Reinhard Heydrich (1904-1942, bei einem Attentat in Prag ermordet): Leiter des Reichssicherheitshauptamtes (RSHA), „rechte Hand“ Himmlers, seit 1941 stellvertretender Reichsprotektor von Böhmen und Mähren und mit der „Endlösung der Judenfrage“ beauftragt, 1942 Leiter der „Wannsee-Konferenz“

Vorstufe zum Völkermord: das „Euthanasie“-Programm Nach den pseudobiologischen Lehren von „Rassenhygiene“ und „Erbgesundheit“ galten alle „sozial oder rassisch Unerwünschten“ wie die Sinti und Roma und alle slawischen Völker, darunter vor allem Russen und Polen, die Zeugen Jehovas, Homosexuelle oder **„Asoziale“**, als „minderwertig“ und „lebensunwert“. Dazu zählten auch „erbkranke“, geistig und körperlich behinderte Menschen. Das „Gesetz zur Verhütung erbkranken Nachwuchses“ vom 14. Juli 1933 ordnete die Zwangssterilisation von Menschen mit vermeintlich verändertem Erbgut an. Ab 1935 wurden schwangere Frauen, bei denen eine „Erbkrankheit“ diagnostiziert wurde, zur Abtreibung gezwungen.

Im Herbst 1939 setzte die verharmlosend als **„Euthanasie“** bezeichnete Ermordung von als krank diagnostizierten Menschen ein. Tarngesellschaften organisierten die als **„Aktion T4“** benannte „Vernichtung unwerten Lebens“. Ab 1940 wurden etwa 70 000 Menschen in sechs zu Tötungsanstalten umgerüsteten „Heil- und Pflegeanstalten“ mit dem Giftgas Kohlenmonoxid ermordet. Doch die Morde wurden spätestens im Frühjahr 1941 in weiten Teilen des Reiches bekannt. In der Bevölkerung regte sich öffentlicher Protest, vor allem vonseiten der Angehörigen der Opfer und auch einiger Bischöfe. Ende August 1941 ließ Hitler das „Euthanasie“-Programm offiziell einstellen. Im Geheimen jedoch wurde die Mordaktion bis zum Kriegsende fortgesetzt. Viele tausend Kranke ließ man verhungern oder tötete sie durch Injektionen überdosierter Medikamente. Die Ermordung angeblich „unwerten Lebens“ mit Giftgasen bildete die Vorstufe zum Massenmord in den **Vernichtungslagern**.

Besatzungsverbrechen Bereits im Herbst 1939 zeigte sich, welch neuartige Dimension der von Hitler vom Zaun gebrochene Krieg erreichen sollte, der im Osten als „Kampf um Lebensraum“ geführt wurde. Ein Großteil des eroberten Landes, vor allem das annektierte Westpolen und Teile des Generalgouvernements, sollte ins Deutsche Reich eingegliedert und mithilfe von umgesiedelten Deutschen aus den baltischen Staaten und anderen osteuropäischen Gebieten gewaltsam „germanisiert“ werden („*Generalplan Ost*“). Über eine Million Polen wurden aus ihrer Heimat vertrieben oder zur Zwangsarbeit ins Reich verschleppt. Wer nicht „germanisiert“ werden konnte – nach deutschen Schätzungen über 95 Prozent der polnischen Bevölkerung – sollte zu harter Zwangsarbeit herangezogen werden. Repräsentanten der polnischen Oberschicht, Intellektuelle, Geistliche, aber auch Arbeiter und Gewerkschafter wurden zu Tausenden ermordet oder in Konzentrationslager deportiert. Die jüdische Bevölkerung wurde ins überbevölkerte Generalgouvernement vertrieben, in Ghettos zusammengepfercht oder sofort erschossen. Unter der Leitung des von Heinrich Himmler neu geschaffenen und von **Reinhard Heydrich** geführten *Reichssicherheitshauptamtes* (RSHA) rückten eigens für den Angriff auf Polen aufgestellte Einsatzgruppen der Sicherheitspolizei und des SD hinter der Wehrmacht vor, um Hitlers rassenideologisches Vernichtungskonzept in die Tat umzusetzen.

Auch in anderen besetzten Staaten kam es zu massenhaften Vertreibungen und zur „Germanisierung“ bestimmter Gebiete, so wurden etwa Teile Sloweniens annektiert und Zehntausende von Einwohnern vertrieben. Zum Teil wurde diese Politik der Vertreibung mit Blick auf eine gewünschte Herstellung ethnisch homogener Räume auch von Staaten praktiziert, die mit dem Deutschen Reich kollaborierten, so etwa von Italien oder Ungarn, die ihrerseits Gebiete z. B. in Jugoslawien besetzt hielten bzw. annektiert hatten. Auch aus Elsass-Lothringen, das 1940 wieder an das Reich angeschlossen worden war, wurde ein Großteil der französischsprachigen Bevölkerung ins unbesetzte Frankreich abgeschoben. Vor allem in Gebieten in Süd- und Osteuropa, die von der Wehrmacht erobert und besetzt worden waren, wurde auch in Kauf genommen, die einheimische Bevölkerung auszuhungern, um die deutschen Truppen versorgen zu können. So hungerten viele Tausend Menschen in Polen, in Griechenland oder gegen Kriegsende auch in Nordholland. Die Mangelversorgung traf vor allem Kinder, Alte, Kranke oder Menschen, die in Heimen untergebracht waren.

In den west- und nordeuropäischen Staaten bemühten sich die deutschen Besatzer dagegen um Zusammenarbeit mit den einheimischen Führungsschichten. Zum Teil ließen sie einheimische Verwaltungen bestehen oder setzten Marionettenregierungen ein. In einigen besetzten Ländern wie Belgien, Frankreich oder Norwegen und in kollaborierenden Staaten wie z. B. Ungarn machten faschistisch orientierte Gruppen auch gemeinsame Sache mit den Besatzern.

Vorgehen in der Sowjetunion In den besetzten sowjetischen Gebieten nahm der Feldzug von Anfang Formen eines Raub- und Vernichtungskrieges an, der ohne Rücksicht auf die einheimische Bevölkerung durchgeführt wurde. Neben der gezielten Unterversorgung und massenhaften Tötung der sowjetischen Kriegsgefangenen und der Verfolgung und Vernichtung der jüdischen Bevölkerung (s. u.) kam es dabei auch zur gezielten Entrechtung der Zivilbevölkerung. Der sogenannte „*Kriegsgerichtsbarkeitserlass*“ der Wehrmacht vom 13. Mai 1941 stellte einen „Freibrief für Gewalt“ (Dieter Pohl) gegen die einheimische Bevölkerung dar. Sowjetische Zivilisten durften ohne Verfahren hingerichtet und jede Form aktiven und passiven Widerstandes sollte von der Wehrmacht bekämpft werden. Dazu kam, dass Straftaten, die deutsche Soldaten gegen die einheimische Bevölkerung begangen hatten, nicht mehr verfolgt werden sollten. Damit verwandelten sich die besetzten Gebiete in einen nahezu rechtsfreien Raum. Insgesamt fielen rund 13 Millionen sowjetische Zivilisten nichtjüdischer Herkunft der mörderischen deutschen Kriegsführung zum Opfer.

▲ **Erschießung russischer Zivilisten durch ein Kommando der Wehrmacht.**
Foto von 1942 (Ausschnitt).

Auch in der Sowjetunion war von Anfang eingeplant, die kämpfende Truppe aus den vorhandenen Ressourcen vor Ort zu verpflegen. Bei der Ausbeutung der besetzten Gebiete und der damit verbundenen „Hungerpolitik“, an der allein in der belagerten Stadt Leningrad innerhalb von drei Jahren nach Schätzungen nahezu eine Million Einwohner starben, wurde der Tod von Millionen Menschen von Anfang an billigend in Kauf genommen. Darüber hinaus kam es zur Verschleppung vieler Zehntausend Menschen innerhalb der besetzten Gebiete, etwa zu Ernteeinsätzen, zu Zwangsevakuierungen und zur Deportation von mehreren Millionen Zwangsarbeitern in das Reich.*

Die „Endlösung“ Zwischen 1939 und 1941 wurden in den verschiedenen Ressorts des Auswärtigen Amtes und des RSHA Pläne für eine „territoriale Endlösung der Judenfrage“ ausgearbeitet. Diese sahen vor, alle Juden aus dem deutschen Machtbereich in große Judenreservate in Osteuropa, auf die Insel Madagaskar („Madagaskar-Plan“) oder andere entfernte Orte zu deportieren. Während diese Pläne wieder fallen gelassen wurden, begann sich ein Programm für eine „Endlösung“ herauszubilden, die von Anfang an auf einen Völkermord (*Genozid*) zielte.

* Siehe S. 254 f.

Adolf Eichmann (1906-1962, hingerichtet): SS-Obersturmbannführer; seit 1939 Leiter beim RSHA, Amt IV, Referat IV D 4 „Auswanderung und Räumung", dann Referat IV B 4 „Judenangelegenheiten"; zentraler Organisator der Deportation von drei Millionen Juden.

Literaturtipp:
Harald Welzer, Täter. Wie aus ganz normalen Menschen Massenmörder werden, Frankfurt am Main [5]2011

Auschwitz:
Das Lager Auschwitz wurde nah der polnischen Stadt Oświęcim im Jahr 1939 für politische Häftlinge aus Polen eingerichtet. Ab September 1941 begann der Ausbau zum größten Vernichtungslager im deutschen Machtbereich. Dort wurden ab Mai 1942 vornehmlich jüdische Häftlinge systematisch ermordet. Außerdem entstanden mehrere große Industriebetriebe (z. B. IG Farben in Monowitz), für die die Häftlinge Zwangsarbeit leisten mussten. Bis zur Befreiung von Auschwitz am 27. Januar 1945 starben dort etwa eine Million Menschen.

Bis heute sind sich die Wissenschaftler uneinig, wann im engsten Führungszirkel des Regimes die Entscheidung für den Völkermord an den europäischen Juden fiel. Planung und Verwirklichung galten als „Geheime Reichssache". Die meisten Historiker datieren diesen Entschluss auf Oktober 1941. Der letzte Schritt war eine Generalermächtigung zur vollständigen Ermordung der europäischen Juden durch Hitler im Dezember 1941. Die Verwaltung der „Endlösung der Judenfrage" übernahm Heydrich, die Organisation der Deportationen, vor allem außerhalb des Generalgouvernements und der Sowjetunion, wurde **Adolf Eichmann** übertragen.

Noch vor dem Überfall auf die Sowjetunion erhielten die Einsatzgruppen und Polizeieinheiten Sondervollmachten, „in eigener Verantwortung gegenüber der Zivilbevölkerung Exekutivmaßnahmen zu treffen". Auch die Gestapo, Bataillone der Ordnungspolizei, Brigaden der Waffen-SS und Angehörige der Wehrmacht, der Zivilverwaltung sowie Freiwilligenverbände aus den besetzten Gebieten beteiligten sich an den Massakern.

Ab Juni 1941 ermordeten die Einsatzgruppen in den besetzten Gebieten der Sowjetunion mindestens 900 000 Menschen (▸ M1). Nahezu die ganze jüdische Bevölkerung der eroberten Gebiete, Sinti und Roma, Kriegsgefangene und Kommunisten wurden durch Massenerschießungen und durch Autoabgase in LKWs getötet (▸ M2, M3). Bei der größten dieser Mordaktionen in der Schlucht von Babi Jar bei Kiew im September 1941 starben innerhalb von zwei Tagen mehr als 33 000 Juden. Insgesamt wurden rund 2,4 Millionen sowjetische Juden ermordet.

Am 20. Januar 1942 trafen sich hohe Verwaltungsbeamte, SS-Offiziere und Staatssekretäre aus dem Innen-, Justiz- und Außenministerium unter der Leitung von Heydrich in einer Villa am Berliner Wannsee, um die „praktische Durchführung" der bereits begonnenen „Endlösung der Judenfrage" zu koordinieren. Laut Konferenzprotokoll der nach ihrem Tagungsort benannten „*Wannsee-Konferenz*" sollten über elf Millionen europäische Juden ermordet werden.

Im Osten mündeten die Massaker und Exekutionen schon zu diesem Zeitpunkt in einen industriell betriebenen Massenmord. Bereits 1939 war auf polnischem Boden das größte Konzentrations- und spätere Vernichtungslager **Auschwitz** errichtet worden. Die Planungen für die Vernichtungslager gehen auf das Jahr 1941 zurück. Das erste dieser Lager wurde im Warthegau mitten im Dorf Kulmhof (Chelmno) auf Initiative des Gauleiters *Arthur Greiser* im Dezember 1941 eingerichtet. Mit *Belzec*, Sobibor und Treblinka entstanden im Jahr 1942 weitere Vernichtungslager im Generalgouvernement. Die polnischen Juden wurden nach ihrer Ankunft in Chelmno und den Vernichtungslagern fast ausnahmslos sofort getötet. Nur wenige, die man für Hilfsarbeiten benötigte, ließ man zunächst am Leben. Noch „arbeitsfähige" Personen hatte man bereits vorher in den Ghettos für die Zwangsarbeit ausgewählt. In Belzec wurde der Massenmord im Dezember 1942 eingestellt, Sobibor und Treblinka wurden Ende 1943 geschlossen.

Die Deportationszüge aus allen Teilen Europas rollten bereits seit Mitte des Jahres 1942 nach Auschwitz, ab Sommer 1943 fuhren nahezu alle Züge dorthin (▸ M4). Neben dem massenhaften Mord in den Gaskammern durch das Blausäurepräparat *Zyklon B* starben die Häftlinge dort von Beginn an auch durch extrem harte und gefährliche Zwangsarbeit, Folter, medizinische Versuche und unmenschliche Lebensbedingungen.

Nahezu eine Million jüdische Opfer sind für Auschwitz dokumentiert, zwischen 870 000 und 925 000 wurden zwischen Juli 1942 und August 1943 in Treblinka ermordet, ca. 435 000 zwischen März und Dezember 1942 in Belzec, etwa 160 000 bis 200 000 von April bis Juni 1942 und von Oktober 1942 bis Oktober 1943 in Sobibor, 152 000 in Kulmhof, zwischen 80 000 und 110 000 in *Lublin-Majdanek*, vermutlich 65 000 in *Maly Trostinez*. Als seit 1944 die Ostfront näher rückte und die Lager im Osten auf Befehl

▲ Orte des Terrors.
Die Karte verzeichnet alle Vernichtungs- und Hauptlager, aber nur eine Auswahl der Außen- und Zwangsarbeitslager.

Himmlers geräumt wurden, kamen zudem unzählige KZ-Insassen auf den grausamen „Todesmärschen" in den Westen durch Hunger, Kälte oder die Schüsse von SS-Männen ums Leben. Insgesamt fielen dem **Holocaust** mindestens 5,29 Millionen, wahrscheinlich aber knapp über sechs Millionen Juden aus ganz Europa zum Opfer, darunter mindestens 1,5 Millionen jüdische Kinder unter 14 Jahren.

Die Zahl der ermordeten Sinti und Roma ist schwer zu bestimmen. Hochrechnungen gehen von 120 000, zeitweise von 200 000 bis zu 500 000 Opfern aus, die von den Einsatzgruppen hinter den Fronten in Osteuropa und in den Lagern getötet wurden. Allein in Auschwitz starben etwa 23 000 Sinti und Roma aus elf Staaten.

Darüber hinaus kostete der Vernichtungskrieg im Osten zehntausende Angehörige der slawischen Bevölkerungsgruppen, vor allem Polen und Russen, sowie der Sorben in der Lausitz, der Masuren in Ostpreußen und der Kaschuben in Westpreußen das Leben.

Holocaust (griech. holócaustos: „völlig verbrannt" bzw. „Brandopfer"): wurde zunächst als Lehnwort ins Englische übernommen, gilt heute weltweit als Synonym für die systematische Ermordung von mindestens sechs Millionen europäischen Juden und anderen Opfergruppen. In der jüdischen Tradition wird für diesen Genozid der Begriff „Shoa" (hebr. „Großes Unheil, Katastrophe") verwendet, der sich ausschließlich auf die Judenvernichtung bezieht.

Literaturtipps:
- *Hermann Langbein, Die Stärkeren. Bericht aus Auschwitz und anderen Konzentrationslagern, Wien 2008*
- *Primo Levi, Ist das ein Mensch? Ein autobiographischer Bericht, München 2010*
- *Elie Wiesel, Die Nacht. Erinnerung und Zeugnis, Freiburg ⁵2013*

1. *Stellen Sie den Zusammenhang von Vernichtungskrieg und Völkermord dar.*
2. *„Holocaust" – „Shoa" – „Genozid" – „Zivilisationsbruch". Untersuchen Sie die Bedeutung der vier Begriffe und erörtern Sie ihre Angemessenheit.*

▲ **Wenige Minuten vor der Exekution.**
Foto (Ausschnitt) aus Litauen, Sommer 1941.
Eine Gruppe jüdischer Frauen aus Panevezys (ca. 100 km nördlich von Vilnius) wird von litauischen Hilfstruppen gezwungen, sich zu entkleiden. Anschließend wurden die Frauen im Wald von Pajuoste erschossen. Karl Jäger erwähnt in seinem Bericht fünf Erschießungsaktionen in der Nähe von Panevezys, an denen nicht nur deutsche Soldaten, sondern auch Litauer beteiligt waren. Schon kurz nach dem Angriff auf die Sowjetunion im Juni 1941, aber noch vor Einmarsch der Deutschen, war es in Litauen mehrfach zu schweren Pogromen gegen die jüdische Bevölkerung gekommen, die von einheimischen Milizen organisiert und durchgeführt wurden. Später arbeiteten diese mit den deutschen Einsatzgruppen und den Bataillonen der Ordnungspolizei zusammen und erschossen bis 1944 mehrere Zehntausend jüdische Litauer.

M1 „In Litauen gibt es keine Juden mehr"

Der Leiter des EK (Einsatzkommando) 3, SS-Standartenführer Karl Jäger, fasst am 1. Dezember 1941 für die Dienststelle der Sicherheitspolizei einen Bericht vom Einsatz seines Kommandos von Juli bis November 1941 in Litauen ab:

Ich kann heute feststellen, dass das Ziel, das Judenproblem für Litauen zu lösen, vom EK 3 erreicht worden ist. In Litauen gibt es keine Juden mehr, außer den Arbeitsjuden incl. ihrer Familien. [...] Diese Arbeitsjuden incl. ihrer Familien wollte ich ebenfalls umlegen, was mir jedoch scharfe Kampfansage der Zivilverwaltung (dem Reichskommissar) und der Wehrmacht eintrug und das Verbot auslöste: Diese Juden und ihre Familien dürfen nicht erschossen werden! Die Durchführung solcher Aktionen ist in erster Linie eine Organisationsfrage. Der Entschluss, jeden Kreis systematisch judenfrei zu machen, erforderte eine gründliche Vorbereitung jeder einzelnen Aktion und Erkundung der herrschenden Verhältnisse in dem betreffenden Kreis. Die Juden mussten an einem Ort oder an mehreren Orten gesammelt werden. Anhand der Anzahl musste der Platz für die erforderlichen Gruben ausgesucht und ausgehoben werden. Der Anmarschweg von der Sammelstelle zu den Gruben betrug durchschnittlich 4 bis 5 km. Die Juden wurden in Abteilungen zu 500, in Abständen von mindestens 2 km, an den Exekutionsplatz transportiert. [...] Nur durch geschickte Ausnutzung der Zeit ist es gelungen, bis zu 5 Aktionen in einer Woche durchzuführen und dabei doch die [...] anfallende Arbeit so zu bewältigen, dass keine Stockung im Dienstbereich eingetreten ist. [...] Ich bin der Ansicht, dass sofort mit der Sterilisation der männlichen Arbeitsjuden begonnen wird, um eine Fortpflanzung zu verhindern. Wird trotzdem eine Jüdin schwanger, so ist sie zu liquidieren.

Zitiert nach: Reinhard Rürup (Hrsg.), Der Krieg gegen die Sowjetunion 1941-1945. Eine Dokumentation, Berlin 1991, S. 119 f.

1. *Erläutern Sie die internen Querelen um die „Arbeitsjuden", die der Verfasser andeutet.*
2. *Analysieren Sie die Sprache, in der hier über Massenmorde gesprochen wird.*

M2 „Posener Rede"

Am 4. Oktober 1943 hält Heinrich Himmler (siehe S. 231) bei der SS-Gruppenführertagung in Posen folgende Rede:

Ich will hier vor Ihnen in aller Offenheit auch ein ganz schweres Kapitel erwähnen. Unter uns soll es einmal ganz offen ausgesprochen sein, und trotzdem werden wir in der Öffentlichkeit nie darüber reden. Genauso wenig, wie wir am 30. Juni 1934[1] gezögert haben, die befohlene Pflicht zu tun und Kameraden, die sich verfehlt hatten, an die Wand zu stellen und zu erschießen, genau so wenig haben wir darüber jemals gesprochen und werden je darüber sprechen. Es war eine, Gottseidank in uns wohnende Selbstverständlichkeit des Taktes, dass wir uns untereinander nie darüber unterhalten haben, nie darüber sprachen. Es hat jeden geschaudert und doch war sich jeder klar darüber, dass er es das nächste Mal wieder tun würde, wenn es befohlen wird und wenn es notwendig ist. [...]
Ich meine jetzt die Judenevakuierung, die Ausrottung des jüdischen Volkes. Es gehört zu den Dingen, die man leicht ausspricht. – „Das jüdische Volk wird ausgerottet", sagt ein jeder Parteigenosse, „ganz klar, steht in unserem Programm, Ausschaltung der Juden, Ausrottung, machen wir." Und dann kommen sie alle an, die braven 80 Millionen Deutschen, und jeder hat seinen anständigen Juden. Es ist ja klar, die anderen sind Schweine, aber dieser eine ist ein prima Jude. Von allen,

[1] Himmler bezieht sich hier auf den „Röhm-Putsch", bei dem 1934 ca. 100 SA-Führer und Regimegegner starben; siehe S. 230.

die so reden, hat keiner zugesehen, keiner hat es durchgestanden. Von Euch werden die meisten wissen, was es heißt, wenn 100 Leichen beisammen liegen, wenn 500 daliegen oder wenn 1000 daliegen. Dies durchgehalten zu haben, und dabei – abgesehen von Ausnahmen menschlicher Schwächen – anständig geblieben zu sein, das hat uns hart gemacht. Dies ist ein niemals geschriebenes und niemals zu schreibendes Ruhmesblatt unserer Geschichte, denn wir wissen, wie schwer wir uns täten, wenn wir heute noch in jeder Stadt – bei den Bombenangriffen, bei den Lasten und bei den Entbehrungen des Krieges – noch die Juden als Geheimsaboteure, Agitatoren und Hetzer hätten. [...] Die Reichtümer, die sie hatten, haben wir ihnen abgenommen. Ich habe einen strikten Befehl gegeben, den SS-Obergruppenführer Pohl[2] durchgeführt hat, dass diese Reichtümer selbstverständlich restlos an das Reich abgeführt wurden. Wir haben uns nichts davon genommen. Einzelne, die sich verfehlt haben, werden gemäß einem von mir zu Anfang gegebenen Befehl bestraft, der androhte: Wer sich auch nur eine Mark davon nimmt, der ist des Todes. [...]
Wir hatten das moralische Recht, wir hatten die Pflicht gegenüber unserem Volk, dieses Volk, das uns umbringen wollte, umzubringen. Wir haben aber nicht das Recht, uns auch nur mit einem Pelz, mit einer Uhr, mit einer Mark oder mit einer Zigarette oder mit sonst etwas zu bereichern. Wir wollen nicht am Schluss, weil wir einen Bazillus ausrotteten, an dem Bazillus krank werden und sterben. Ich werde niemals zusehen, dass hier auch nur eine kleine Fäulnisstelle entsteht [...]. Insgesamt aber können wir sagen, dass wir diese schwerste Aufgabe in Liebe zu unserem Volk erfüllt haben. Und wir haben keinen Schaden in unserem Inneren, in unserer Seele, in unserem Charakter daran genommen.
[...] Im Großen und Ganzen war unsere Haltung gut. Manches ist auch in unseren Reihen noch zu bessern. Dieses auszusprechen, ist mit der Sinn dieses Appells der Kommandeure und der Gruppenführer. Ich möchte dieses Kapitel überschreiben mit der Überschrift „Wir selbst".

Rede des Reichsführers SS bei der SS-Gruppenführertagung in Posen am 4. Oktober 1943; zitiert nach: www.1000dokumente.de/pdf/dok_0008_pos_de.pdf [Zugriff vom 29. April 2013]

1. *Analysieren Sie Himmlers Menschenbild und seine moralischen Vorstellungen, die aus der Rede deutlich werden.*
2. *Überprüfen Sie, inwiefern die Rede als „Schlüsseldokument" für die „Endlösung der Judenfrage" und den Holocaust angesehen werden kann.*

[2] **Oswald Pohl** (1892-1951) war Chef des SS-Wirtschaftsverwaltungshauptamtes.

M3 „Ganz normale Männer"?

a) Der amerikanische Politikwissenschaftler Daniel Jonah Goldhagen 1996 über die Hauptursache der Judenmorde:

Der unumstößliche Glaube an die Existenz einer „Judenfrage" führte mehr oder weniger selbstverständlich zu der Annahme, die einzige „Lösung" bestehe darin, alles „Jüdische" in Deutschland zu „eliminieren": auszugrenzen und zu beseitigen. [...]
Hätten die ganz gewöhnlichen Deutschen die eliminatorischen Ideale ihrer Führung nicht geteilt, dann hätten sie dem sich stetig verschärfenden Angriff auf ihre jüdischen Landsleute und Brüder mindestens ebenso viel Widerstand und Verweigerung entgegengesetzt wie den Angriffen ihrer Regierung gegen die Kirchen oder dem sogenannten Euthanasieprogramm. [...] Hitler und die Nationalsozialisten taten also nichts anderes, als den bestehenden und angestauten Antisemitismus freizusetzen und zu aktivieren.

b) Der Jurist Claus Arndt, der in den 1960-Jahren an Untersuchungen über die belasteten Polizeieinheiten beteiligt ist, schreibt in einem 1998 veröffentlichten Brief an Goldhagen:

Ich muss jedoch erhebliche Zweifel anmelden gegen die Richtigkeit jener These von Ihnen, dass die Mordtaten der Polizeiangehörigen in Polen und anderswo [...] antisemitisch begründet waren. Bei aller Würdigung der Abscheulichkeit des Antisemitismus halte ich diese Ursachenfeststellung für eine Verharmlosung der Motivierung der Täter.
Leider war deren Motivation viel schlimmer: Sie bestand in ihrem ethisch-moralischen Unvermögen, von menschlichen Werten getragen zu handeln. Ihr Motto war: „Befehl ist Befehl". Es war die Weigerung und totale Unfähigkeit, nach menschlichen und moralischen Grundsätzen zu handeln. Dies wurde nicht zuletzt dadurch bewiesen, dass die Betroffenen sich nicht nur Juden gegenüber so verhielten, sondern auch jeder Menschengruppe gegenüber, die von den ihnen erteilten Befehlen betroffen war. Die gleichen Polizisten sind bei der Vernichtung und Ermordung zum Beispiel der polnischen Intelligenz gegen die Frauen und Kinder dieser Gruppe mit ebenderselben Grausamkeit, Gefühllosigkeit und Brutalität vorgegangen wie gegen Juden.

c) Der amerikanische Historiker Christopher R. Browning untersucht am Beispiel des Reserve-Polizeibataillons 101, das in Polen 1942 während einer „Aktion" etwa 1200 Juden erschossen hat (insgesamt tötete diese Einheit ca. 38 000 Juden), die Motive der ausführenden Männer:

Im Bataillon kristallisierten sich einige ungeschriebene „Grundregeln" heraus. Für kleinere Erschießungsaktionen wurden Freiwillige gesucht beziehungsweise die Schützen aus den Reihen derjenigen genommen, die bekanntermaßen zum Töten bereit waren [...]. Bei großen Einsätzen wurden die, die nicht töten wollten, auch nicht dazu gezwungen. [...] Neben der ideologischen Indoktrinierung war ein weiterer entscheidender Aspekt [...] das gruppenkonforme Verhalten. Den Befehl, Juden zu töten, erhielt das Bataillon, nicht aber jeder einzelne Polizist. Dennoch machten sich 80 bis 90 Prozent der Bataillonsangehörigen ans Töten, obwohl es fast alle von ihnen – zumindest anfangs – entsetzte und anwiderte. Die meisten schafften es einfach nicht, aus dem Glied zu treten und offen nonkonformes Verhalten zu zeigen. Zu schießen fiel ihnen leichter. Warum? Zunächst einmal hätten alle, die nicht mitgemacht hätten, die „Drecksarbeit" einfach den Kameraden überlassen. Da das Bataillon die Erschießungen auch dann durchführen musste, wenn einzelne Männer ausscherten, bedeutete die Ablehnung der eigenen Beteiligung die Verweigerung des eigenen Beitrags bei einer unangenehmen kollektiven Pflicht. Gegenüber den Kameraden war das ein unsozialer Akt. [...]
Es gibt auf der Welt viele Gesellschaften, die durch rassistische Traditionen belastet und aufgrund von Krieg oder Kriegsdrohung in einer Art Belagerungsmentalität befangen sind. Überall erzieht die Gesellschaft ihre Mitglieder dazu, sich der Autorität respektvoll zu fügen, und sie dürfte ohne diese Form der Konditionierung wohl auch kaum funktionieren. [...] In praktisch jedem sozialen Kollektiv übt die Gruppe, der eine Person angehört, gewaltigen Druck auf deren Verhalten aus und legt moralische Wertmaßstäbe fest. Wenn die Männer des Reserve-Polizeibataillons 101 unter solchen Umständen zu Mördern werden konnten, für welche Gruppe von Menschen ließe sich dann noch Ähnliches ausschließen?

Erster Text: Daniel Jonah Goldhagen, Hitlers willige Vollstrecker. Ganz gewöhnliche Deutsche und der Holocaust, übers. v. Klaus Kochmann, Berlin 1996, S. 107 f., 489 und 518
Zweiter Text: Claus Arndt, in: „Die Zeit" vom 15.01.1998
Dritter Text: Christopher R. Browning, Ganz normale Männer. Das Reserve-Polizeibataillon 101 und die „Endlösung" in Polen, übers. v. Jürgen Peter Krause, Reinbek [4]2007, S. 224, 241 und 246 f.

1. *Stellen Sie die Erklärungsansätze einander gegenüber.*
2. *Überprüfen und vergleichen Sie die Stichhaltigkeit der Erklärungen.*

M4 „Innerhalb einer Sekunde war ich allein"

Die Fotos des „Auschwitz-Albums" sind die einzigen bekannten fotografischen Zeugnisse, die den Prozess der Ankunft und der „Selektion" in Birkenau zeigen. Sie sind im Frühsommer 1944 von zwei SS-Männern gemacht und danach unter dem Titel „Die Umsiedlung der Juden aus Ungarn" zu einem Album zusammengestellt worden. Viele ungarische Überlebende haben die Erfahrung der Ankunft in Auschwitz-Birkenau später in Erinnerungsberichten und Interviews geschildert. Éva Fahidi aus der ungarischen Stadt Debrecen, die am 1. Juli 1944 nach mehrtägiger Fahrt in einem überfüllten Viehwaggon im Lager eintrifft, schreibt:

Wir kommen früh am Morgen an, es wird gerade hell. Am Bahnhof ist keine Aufschrift. Wir haben keine Ahnung, wohin man uns gebracht hat. Die Waggontüren werden aufgerissen, und unter entsetzlichem Brüllen und Fluchen zerrt man uns aus dem Waggon. Wer nicht aussteigen kann, wird hinausgeworfen. Endlich haben wir Boden unter den Füßen. Wir können uns ausstrecken, die frische Morgenluft tut gut. Undefinierbare Gestalten nehmen uns in Empfang, ich kann sie nicht einordnen. Sie tragen hässliche grau-schwarz gestreifte Pyjamas, auf dem Kopf eine eigenartige Seemannskappe aus demselben gestreiften Stoff. Sie schreien in einer seltsamen Sprache, die ans Deutsche erinnert, aber doch keines ist. Deutsche sehe ich gar nicht. Es scheint, als ob diese gestreiften Wesen hier die Herren wären. Jedenfalls treten sie so auf.
Die Gestreiften sagen, wir sollen uns nicht um unser Gepäck kümmern, das würde uns hinterher gebracht. Die kleinen Kinder nimmt man den Müttern weg und übergibt sie den Großmüttern. Sie sagen, wir sollen zu Fuß gehen. Wer zu schwach ist, der würde mit dem Bus nachkommen. Wir freuen uns, dass wir uns endlich bewegen, unsere versteiften Gliedmaßen strecken können. Diejenigen unter uns, die sehr jung wirken, werden gefragt, wie alt sie sind. Wenn jemand angibt, jünger als sechzehn zu sein, schreien sie ihn wütend an: „Du bist sechzehn, vergiss das nicht, wer immer Dich auch fragt, sag sechzehn, verstehst Du, sechzehn, merk Dir das gut, Du bist sechzehn Jahre alt!!!"
Wir bemerken nicht, dass wir in zwei Gruppen aufgeteilt worden sind, eine Frauen- und eine Männergruppe. [...] Ich passe auf, neben meiner Mutter und Gilike zu bleiben, ich sehe nicht, wohin die Männer verschwinden. Wir sind mit Ferike beschäftigt, meine Mutter und Boci legen ihn auch jetzt oben auf den Korb und tragen jede einen Henkel, wie beim Einsteigen. Ein Gestreifter sagt ihnen, sie sollten Ferike meiner Tante Margit geben, aber sie antworten, er sei nicht schwer und sie trügen ihn gern. [...]

▸ **„Aussortierung“.**
Foto vom Mai 1944.
Die sogenannte „Judenrampe“, ein Gleis, das vom Bahnhof außerhalb direkt in das Lager führte, kam nach knapp einjähriger Bauzeit erst ab Mai 1944 zum Einsatz. Zu diesem Zeitpunkt erreichte die Massenvernichtung in Birkenau ihren Höhepunkt: Innerhalb von drei Monaten wurden etwa 450 000 Juden aus Ungarn nach Auschwitz deportiert. Auf der Rampe wurden die „noch einsatzfähigen“ Männer und Frauen zunächst ins Lager aufgenommen und später zur Zwangsarbeit vornehmlich auf Reichsgebiet überstellt. Ein Teil, vor allem Zwillingskinder, fiel den KZ-Ärzten um Dr. Josef Mengele für „medizinische“ Experimente zum Opfer. Die große Mehrzahl der Ankommenden, vor allem Alte, Kranke, schwangere Frauen und Mütter mit Kindern, wurde jedoch als „arbeitsunfähig“ eingestuft und – unter dem Vorwand, sie duschen und desinfizieren zu müssen – unverzüglich in die Gaskammern geschickt.

Schließlich sehen wir auch die Deutschen, es sind wenige, Männer und Frauen durcheinander, sie stehen vor uns, wir müssen an ihnen vorbei. Als die Reihen bei ihnen ankommen, sprechen sie den einen oder anderen an, leise, fast könnte man sagen freundlich. Daraufhin geht der eine in diese, der andere in die andere Richtung. Wenn jemand mit dem, den man in die andere Richtung geschickt hat, zusammenbleiben will, beruhigen sie ihn freundlich, die Kräftigen gingen zu Fuß, die etwas Erschöpfteren bringe man im Bus hinterher. In kurzer Zeit würden sie wieder zusammen sein. So beruhigt sich jeder. Natürlich.
Auch wir kommen zu der Gruppe der Deutschen.
Boci ist, da sie stillt, etwas fülliger als sonst. Dass sie acht Jahre älter ist als ich, sieht man nicht, und wir haben viel Ähnlichkeit miteinander. Freundlich spricht uns ein deutscher Herr an und fragt:
– Seid ihr Zwillinge?
– Nein – antworten wir, und seine Handbewegung befolgend gehe *ich in die eine Richtung.*
Boci, der Korb, im Korb Ferike, auf der anderen Seite des Korbes meine Mutter, an der Hand meiner Mutter Gilike und Tante Margit
... gehen in die andere Richtung.
Schon ist die nächste Reihe vor die Deutschen gekommen, und die setzen ihre freundlichen Einweisungen fort – hierhin, dorthin.
Die größte Tragödie meines Lebens geschah so, dass ich sie nicht einmal bemerkte. Innerhalb einer Sekunde war ich allein, hatte meinen Vater, meine Mutter, meine Schwester, meine nächsten Verwandten verloren (Tanti überlebte). Mit einem Schlag war meine Kindheit vorbei, ich war erwachsen und völlig auf mich alleine gestellt. Das war mir damals noch nicht bewusst.

Éva Fahidi, Die Seele der Dinge, aus dem Ungarischen von Doris Fischer, Berlin 2011, S. 161-163

1. *Analysieren Sie, wie Éva Fahidi die Ankunft im Lager beschreibt. Welchen Menschen begegnet sie auf der „Rampe“ und welche Funktion weist sie diesen Personen zu?*
2. *Vergleichen Sie die Beschreibung der Überlebenden mit der hier gezeigten Abbildung zur „Selektion“ der ungarischen Juden in Birkenau. Welche Gemeinsamkeiten und welche Unterschiede zwischen Text und Bild fallen auf? Erläutern Sie dabei auch, welche Vorgänge des „Selektionsprozesses“ auf dem Foto nicht zu sehen sind.*
3. *Erörtern Sie anschließend, welche Absicht die SS-Männer vermutlich mit den Aufnahmen verbanden. Welche Bedeutung haben die Fotos dagegen heute vor allem für die ungarischen Überlebenden von Auschwitz-Birkenau und für die Erinnerung an den Holocaust weltweit?*

Widerstand

▲ **Blick in die Dauerausstellung der Gedenkstätte Deutscher Widerstand in Berlin.**
Foto von 2012.
Die Gedenkstätte befindet sich am historischen Ort des Umsturzversuches vom 20. Juli 1944 (vgl. Seite 268 f.), im „Bendler-Block" in Berlin-Mitte. Darüber hinaus gibt es in Berlin weitere Gedenkstätten, die den Widerstand verschiedener Menschen und Gruppen gegen das NS-Regime thematisieren. So erinnert etwa die „Gedenkstätte Stille Helden" in der Rosenthaler Straße an jene Menschen, die während der NS-Diktatur verfolgten Juden beistanden.

Internettipp:
Für weiterführende Informationen zum deutschen Widerstand siehe Code 4677-23

Literaturtipps:
- *Wolfgang Benz und Walther H. Pehle (Hrsg.), Lexikon des deutschen Widerstandes, Frankfurt am Main ³2008*
- *Arno Lustiger, Rettungswiderstand. Über die Judenretter in Europa während der NS-Zeit, Göttingen 2011*
- *Gerd R. Ueberschär, Für ein anderes Deutschland. Der deutsche Widerstand gegen den NS Staat 1933-1945, Frankfurt am Main ²2006*
- *Lina Haag, Eine Hand voll Staub. Widerstand einer Frau 1933-1945, München 2005*

Internettipp:
Der Kleinfabrikant Otto Weidt beschäftigte während des Zweiten Weltkrieges hauptsächlich blinde und gehörlose Juden und rettete vielen dadurch das Leben. Für mehr Informationen siehe Code 4677-24.

Motive Eine breite Widerstandsbewegung gegen das NS-Regime hat es nicht gegeben. Hitlers Herrschaft wurde über viele Jahre von einer großen Mehrheit des deutschen Volkes akzeptiert. Selbst in Kreisen, die keine enge Identifikation mit den Zielen und Wertmaßstäben der Nationalsozialisten aufbrachten, verließen sich die meisten auf die politische Führung, wie sie es schon immer getan hatten.

Seit den 1980er-Jahren bemühen sich Historiker um eine genauere Definition von Widerstand. So werden verschiedene Stufen zwischen *nonkonformem Verhalten* und *aktivem Widerstand* unterschieden. Zwischen privaten Unmutsäußerungen im Freundeskreis, dem freiwilligen Rücktritt aus einem Amt oder der Planung und Durchführung eines Umsturzes gab es eine Vielzahl von Abstufungen. So differenziert die Motive des Widerstandes auch waren, gemeinsam war allen Gruppierungen der feste Glaube an ethische Grundnormen, der ihnen die Kraft zu einem eigenverantwortlichen Denken gab.

Kommunisten und Sozialdemokraten hatten schon frühzeitig vor Hitler gewarnt und wurden unter anderem deshalb von Anfang an verfolgt. Revolutionärer oder demokratischer Sozialismus, Klassenkampf und Weltrevolution standen im Widerspruch zu Hitlers nationalistischem und imperialistischem Konzept. Aus der Überzeugung, dass nur die Überwindung der reaktionären NS-Diktatur den Fortschritt der Menschheit sichern könne, entschlossen sich viele zum aktiven Widerstand. Der UdSSR sollte nach Auffassung der Kommunisten in diesem Kampf eine bedeutende Rolle zufallen.

Aber auch Liberale und Konservative stellten sich gegen Hitler. Die brutale Missachtung fundamentaler Grund- und Menschenrechte sowie demokratischer Spielregeln verletzte die freiheitlichen Prinzipien der einen; der Missbrauch tradierter Werte wie Ehre, Treue, Deutschtum, Volk und Vaterland zeigte den anderen, dass sie lange Zeit die wahre Gesinnung Hitlers nicht erkannt hatten. Selbst manche Mitglieder der Partei und ihrer Organisationen konnten auf Dauer ihre moralischen Bedenken gegen die welt- und menschenverachtende Ideologie der NSDAP nicht zurückstellen.

Ziele und Formen Die letzte Übersteigerung des NS-Regimes seit Beginn des Zweiten Weltkrieges hatte zwar viele von der Notwendigkeit der Gewalt gegen die Diktatur überzeugt, aber auf die Frage „Was dann?" gab es keine eindeutige Antwort. Die Errichtung eines christlich-konservativen Nationalstaates, eine übernationale Ordnung Europas oder die Einführung der Diktatur des Proletariats als Übergang zur Weltrevolution waren Visionen der politischen Zukunft. Einzelpersonen, lose Gesprächskreise oder Verschwörergruppen arbeiteten auf sehr verschiedene Weise, meist ohne gegenseitige Kontakte wegen des hohen Risikos eines Verrates.

Es wurden Flugblätter verteilt, Gegenparolen an die Hauswände belebter Straßen geschrieben, ausländische Sender abgehört und regimefeindliche Nachrichten verbreitet. In Rüstungsbetrieben kam es zu Arbeitsniederlegungen und Sabotageakten. In der Berliner Rosenstraße wagten „arische" Frauen im Februar 1943, sich für die Befreiung ihrer verhafteten jüdischen Ehegatten einzusetzen. Über mehrere Tage versammelten sie sich vor dem Gebäude Rosenstraße 2-4, das als provisorisches Gefängnis genutzt wurde, und riefen nach ihren Männern, um deren Freilassung zu erreichen. Umfang und Zahl der Beteiligten wie der Erfolg der Aktion sind unter Historikern umstritten, nicht hingegen die Achtung vor der Tatkraft und dem Mut der Protestierenden.

Literaturtipp:
Eine gut zu lesende Zusammenfassung der Ereignisse in der Rosenstraße bietet der Band des Historikers Wolf Gruner, Gedenkort Rosenstraße 2-4. Internierung und Protest im NS-Staat, Berlin 2013

Trotz umfangreicher Sicherheitsvorkehrungen sind mehrere Attentate auf Hitler zur Ausführung gekommen. *Georg Elser*, ein Tischler aus Württemberg, scheiterte aber am 8. November 1939 in München mit einem Bombenanschlag ebenso wie alle anderen, die Hitler mit Gewalt zu beseitigen versuchten. Vermutlich wurden über 10 000 Angehörige des Widerstandes von NS-Schergen getötet oder vom Volksgerichtshof zum Tode verurteilt. Dass die Erfolge des Widerstandes bescheiden blieben, lag an der Heterogenität der Widerstandsgruppen und vor allem an der Brutalität, mit der die Nationalsozialisten jede Opposition im Keim zu ersticken suchten.

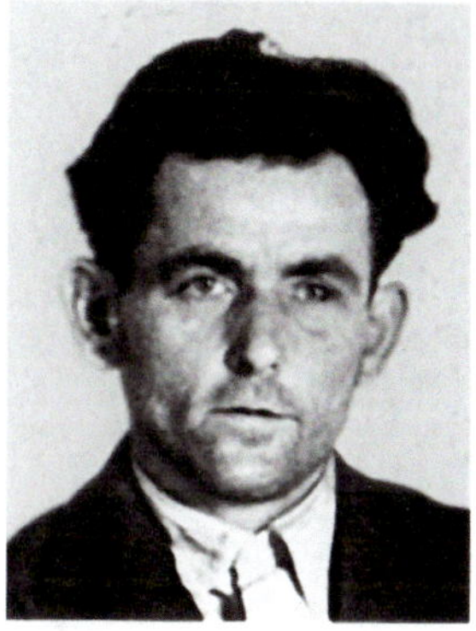

▲ **Georg Elser.**
Der 42-jährige Hitler-Attentäter wurde im April 1945 im KZ Dachau umgebracht.

Widerstand aus der Arbeiterbewegung Schon vor 1933 hatten Kommunisten und Sozialdemokraten gegen die Nationalsozialisten gekämpft. Sie wurden deshalb nach der Machtübernahme Hitlers sofort massiv verfolgt. Partei- und Gewerkschaftsmitglieder wurden verhaftet, zur Flucht ins Ausland gezwungen oder ermordet. Ein gemeinsames Vorgehen kam allerdings nicht zustande, da die politischen Gegensätze zwischen KPD und SPD zu groß waren. Bis 1937 gelang es den Nationalsozialisten, deren Widerstand vollständig zu unterdrücken (▸ M1).

Nach Kriegsbeginn und vor allem nach dem Angriff auf die Sowjetunion 1941 lebte der Widerstand wieder auf. Die ins Exil geflohenen und im Lande verbliebenen Kommunisten und Sozialdemokraten operierten aus dem Untergrund und versuchten, die Kontakte – auch zu anderen Widerstandsbewegungen – aufrechtzuerhalten. Sie verbreiteten Flugblätter, organisierten Hilfe für Verfolgte und entwarfen Pläne für die Zeit nach dem „Dritten Reich". Um der Verfolgung zu entgehen, bildeten sie dabei möglichst kleine lokale oder nur locker verbundene größere Netzwerke.

▸ **Geschichte In Clips:**
Zum Attentat Georg Elsers auf Adolf Hitler siehe Clip-Code 4677-25

Filmtipp:
Elser – Er hätte die Welt verändert; Regie: Oliver Hirschbiegel, 2015

Eine dieser Widerstandsgruppen war die *„Rote Kapelle"*. Die Bezeichnung stammte von der Gestapo und galt einer seit 1939 bestehenden, vorwiegend kommunistisch orientierten Gruppe, die die UdSSR über Funk mit Berichten zur politischen, wirtschaftlichen und militärischen Lage versorgte. Wichtige Personen dieses Kreises waren *Harro Schulze-Boysen*, Oberleutnant im Luftwaffenministerium, und der im Wirtschaftsministerium tätige *Dr. Arvid Harnack*. In einer Geheimdruckerei erstellten Helfer Zeitschriften und Flugblätter mit Reden von Bischof *Clemens August Graf von Galen*, *Thomas Mann*, Winston Churchill und Josef Stalin. Nach der Enttarnung einer Spionageaktion wurde die Organisation 1942/43 zerschlagen und viele Mitglieder hingerichtet.

Filmtipps:
- *Sophie Scholl – Die letzten Tage, Deutschland 2005; Regie: Marc Rothemund*
- *Die Widerständigen – Zeugen der Weißen Rose, Deutschland 2008; Regie: Katrin Seybold*

Die „Weiße Rose" Die Angehörigen der „Weißen Rose" waren fast ausschließlich Studenten bis zum Alter von 25 Jahren. In bürgerlichen Elternhäusern mit vorwiegend christlichen Traditionen aufgewachsen, hatten sie zum Teil begeistert der Hitler-Jugend angehört, aber bald die moralische Verwerflichkeit der NS-Bewegung durchschaut. Durch ihren Fronteinsatz wurden einige Zeugen der Unmenschlichkeit von Kriegsführung und Besatzungspolitik und hegten bald Zweifel am „Endsieg". In München, wo die meisten Angehörigen der „Weißen Rose" studierten, bildete sich um die Geschwister *Hans* und *Sophie Scholl*, *Willi Graf*, *Alexander Schmorell* und ihren Universitätslehrer, den Musikwissenschaftler *Kurt Huber*, ein Freundeskreis.

Im Sommer 1942 erschien das erste Flugblatt der „Weißen Rose". 100 Exemplare verschickte man an ausgesuchte Adressen. Mitte Februar 1943 wurde das letzte Flugblatt in einer Auflage von 3000 Exemplaren erstellt und wieder teilweise per Post versandt (▸ M2). Bei der Verteilung des Restes im Lichthof der Universität hielt ein Hörsaaldiener die Geschwister Scholl fest und übergab sie der Polizei. In mehreren Prozessen wurden Angehörige des Freundeskreises, darunter auch das Geschwisterpaar, zum Tode verurteilt und hingerichtet, andere erhielten Gefängnisstrafen.

Die Rolle der Kirchen Hitler bemühte sich von Anfang an um die Zustimmung der kirchlichen Amtsträger und Gemeindemitglieder. Die Haltung der Kirchen gegenüber den Nationalsozialisten dagegen war ambivalent. Obwohl sie vor der „Machtergreifung" die Unvereinbarkeit von Weltanschauung und Politik mit der christlichen Lehre betonten, änderten sie ihre ablehnende Haltung gegenüber dem neuen Regime.

Konkordat: völkerrechtlicher Vertrag zwischen der katholischen Kirche und einer weltlichen Regierung

Das am 20. Juli 1933 mit dem Heiligen Stuhl geschlossene **Reichskonkordat** garantierte der katholischen Kirche ihre Unabhängigkeit und die Nichteinmischung des Staates in kirchliche Institutionen. Im Gegenzug war Geistlichen jegliche politische Betätigung untersagt. Als die Nationalsozialisten jedoch dazu übergingen, Bekenntnisschulen und katholische Verbände aufzulösen oder „gleichzuschalten", Klöster und kirchliche Heime zu enteignen, forderte dies wiederholt scharfen Protest heraus. Gegen die Verdrängung des Christentums und die „Vergötzung" des Nationalsozialismus wandte sich Papst *Pius XI.* in seiner 1937 veröffentlichten *Enzyklika „Mit brennender Sorge"*. Jedoch kritisierte die Kirchenführung die Verbrechen der Nationalsozialisten, insbesondere die Verfolgung der Juden, nicht öffentlich. Lediglich einzelne Priester, Ordensgeistliche und Laien verurteilten offen die Judendiskriminierung und die Tötung behinderter Menschen („Euthanasie"; ▸ M3).

Die evangelische Kirche war gespalten. Die *Deutschen Christen* setzten sich für die „Gleichschaltung" der evangelischen Landeskirchen ein und waren für eine regimetreue Reichskirche und für die Entlassung „nichtarischer" Geistlicher und Kirchenbeamten. Dagegen formierte sich im Mai 1934 auf Initiative des Pfarrers *Martin Niemöller* die *Bekennende Kirche*, der sich mehr als die Hälfte der evangelischen Pfarrer anschloss. In Schriften und Predigten protestierten sie gegen die staatliche Vereinnahmung der Kirche, die nationalsozialistische Rassenpolitik und die Konzentrationslager.

Filmtipp:
Der neunte Tag; Deutschland/Luxemburg/Tschechien 2004; Regie: Volker Schlöndorff

Militärischer Widerstand – der 20. Juli 1944 Der einzige Machtfaktor im Hitlerstaat, der zur Organisation und Durchführung eines Umsturzes in der Lage schien, war das Militär. Außerdem waren die Generäle die ersten Befehlsempfänger für Hitlers maßlose Eroberungspläne, und da dieser sprunghaft und ohne strategischen Sachverstand befehligte, wuchs aufseiten der militärischen Führung die Skepsis. Selbst moralische Einwände kamen zum Tragen, denn der rassistische Vernichtungskrieg Hitlers ging für viele weit über das hinaus, was Berufssoldaten zu tun bereit waren (▸ M4).

Generaloberst *Ludwig Beck*, der 1938 wegen Hitlers Einmarsch in die Tschechoslowakei als Generalstabschef zurückgetreten war, versuchte seitdem, den Widerstand gegen das Regime zu organisieren. Gemeinsam mit dem ehemaligen Oberbürgermeister von Leipzig, *Carl Friedrich Goerdeler*, plante er schon eine neue deutsche Regierung und knüpfte Kontakte mit dem Ausland. Doch erst nach der militärischen Wende Anfang 1943 erhielt die Verschwörung größeren Rückhalt und mehr Teilnehmer, so Oberst *Claus Schenk Graf von Stauffenberg*, der als Mitglied des Generalstabs direkten Zugang zu Hitler hatte. Die Ausweitung des Kreises der Verschwörer erhöhte aber auch die unmittelbare Gefahr. So waren ihnen die Sicherheitskräfte auf der Spur und hatten bereits einige Mitwisser verhaftet. Am 20. Juli 1944 nutzte Stauffenberg eine günstige Gelegenheit und deponierte eine Aktentasche voll Sprengstoff in Hitlers Nähe. Die Bombe verfehlte ihren Zweck. Hitler entkam verletzt und das Regime nahm grausam Rache. Graf Stauffenberg und seine engsten Mitarbeiter wurden noch in derselben Nacht erschossen. Die Geheime Staatspolizei verhaftete 7000 Personen, auch solche, die mit der Verschwörung nichts zu tun hatten. Himmlers Anordnung der „absoluten Sippenhaftung“ bedeutete, dass Verwandte für die Tat mitverantwortlich waren und gleichfalls bestraft wurden.

▲ **Sonderbriefmarken der Deutschen Bundespost von 1964 anlässlich des Jahrestages des Attentates auf Hitler am 20. Juli 1944.**

Der Kreisauer Kreis Auf dem schlesischen Gut Kreisau, das dem Sachverständigen für Kriegs- und Völkerrecht im Oberkommando der Wehrmacht, *Helmuth James Graf von Moltke*, gehörte, trafen sich seit Ende 1938 Männer und Frauen verschiedener Anschauungen und Herkunft: Konservative, Sozialisten, ehemalige Gewerkschaftsvertreter, Großgrundbesitzer, protestantische und katholische Geistliche. Der *Kreisauer Kreis* erarbeitete Grundsätze für einen Staats- und Gesellschaftsaufbau nach dem Sturz Hitlers, der vom Europagedanken geprägt war. Staatsstreichpläne wurden zwar nicht konkret ausgearbeitet, aber es bestanden Kontakte zu Widerstandsgruppen im In- und Ausland, so auch zu den Attentätern vom 20. Juli 1944. Viele Mitglieder des Kreisauer Kreises, wie Moltke, *Peter Graf Yorck von Wartenburg*, *Adam von Trott zu Solz*, Pater *Alfred Delp* oder der Gewerkschaftsführer *Julius Leber*, wurden hingerichtet.

Widerstandsbewegungen in den besetzten Ländern In allen eroberten Gebieten rief die deutsche Besatzungspolitik Widerstand hervor. Angesichts des von den Deutschen im Osten grausam geführten Vernichtungskrieges wuchs er sich in der Sowjetunion, in Polen und auf dem Balkan zum **Partisanen**krieg aus. In Polen entstand bereits 1939 eine eigene „Heimatarmee“, die Aufstände organisierte und Partisanen mobilisierte. Die sowjetische Widerstandsbewegung hielt engen Kontakt zur politischen Führung und zur Roten Armee. Die zunehmenden Überfälle der Partisanen auf deutsche Soldaten sowie Anschläge auf Eisenbahnlinien und Lastwagen schwächten die deutsche Wehrmacht erheblich. Nirgends jedoch entwickelte der Widerstand eine solche Stärke

Partisanen: bewaffnete Widerstandskämpfer im Hinterland

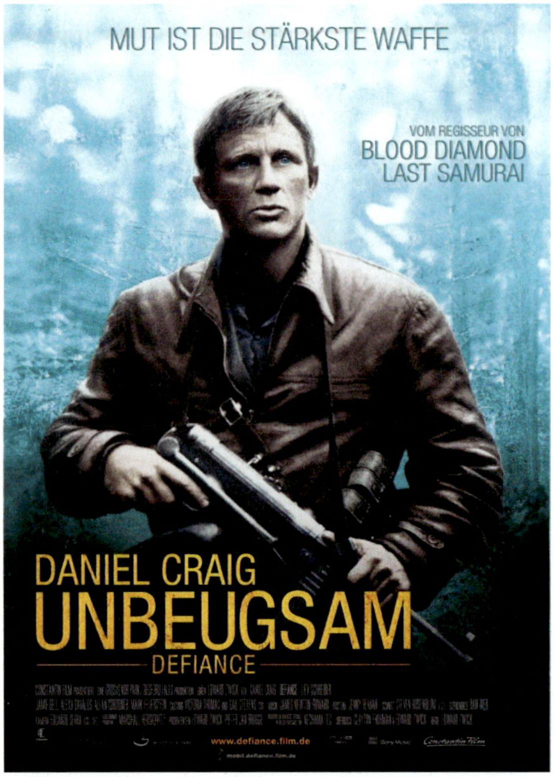

Filmtipp:
Im Kino wird das Thema Widerstand gegen das NS-Regime immer wieder aufgegriffen. „Unbeugsam" (Regie: Edward Zwick) aus dem Jahr 2008 erzählt die Geschichte der jüdischen Partisanengruppe um die Brüder Tuvia, Zus und Asael Bielski.

Internettipp:
Für ein didaktisch aufbereitetes Dossier zu Filmmaterial vom Warschauer Ghetto siehe Code 4677-26

wie auf dem Balkan, wo unter dem späteren jugoslawischen Staatspräsidenten *Josip Broz*, genannt *Tito*, eine riesige Partisanenarmee von anfangs 80 000 und später 400 000 Mann (im Winter 1944/45) gegen die Besatzer kämpfte.

In West- und Nordeuropa bestand der aktive Widerstand hauptsächlich in der Übermittlung von Nachrichten an Spione, der Verbreitung von Flugblättern und illegalen Zeitungen sowie der Hilfe für Kriegsgefangene, Juden und andere Verfolgungsopfer. In Frankreich verübte die aus verschiedenen Widerstandsgruppen bestehende *Résistance* gezielte Sabotageakte und Attentate. Von General *Charles de Gaulle* aus dem Londoner Exil organisiert, beteiligte sich der französische Widerstand nach der Landung der Alliierten in der Normandie an der Befreiung Frankreichs. In Großbritannien und den USA unterstützten zudem seit 1940 bzw. seit 1943 eigene staatliche Institutionen die Partisanen mit Waffenlieferungen, Informationen und Spezialagenten.

Jüdischer Widerstand Auch Juden wehrten sich auf verschiedene Art und Weise gegen das Vorgehen ihrer Verfolger. In ganz Europa versteckten sich Juden bei nichtjüdischen Helfern oder auf eigene Faust (das bekannteste Beispiel dafür ist *Anne Frank*) und halfen anderen, vor allem jüdischen Kindern, den Nationalsozialisten zu entkommen. Darüber hinaus gab es bewaffnete Aufstände in Ghettos und Lagern und über 1,5 Millionen Juden beteiligten sich in den alliierten Armeen oder als Partisanen am Kampf gegen den NS-Staat. So waren sie etwa in Belgien und Frankreich im Untergrund und in Einheiten der Résistance aktiv, schlossen sich den Partisanen unter Tito an und auch in den Wäldern Weißrusslands und der Ukraine kämpften Zehntausende in jüdischen Partisaneneinheiten.

Eindrucksvollster Beweis für den jüdischen Widerstand ist der *Aufstand im Warschauer Ghetto*, wo die Nazis Hunderttausende Juden in einem kleinen abgeriegelten Stadtbezirk unter unmenschlichen Bedingungen eingepfercht hatten. Nachdem im Jahr 1942 über 240 000 Juden aus Warschau nach Treblinka deportiert worden waren, bildete sich unter den verbleibenden 55 000 bis 60 000 Ghettobewohnern die „Jüdische Kampforganisation", die im April 1943 einen bewaffneten Aufstand organisierte. Etwa vier Wochen lang führten sie unter ihrem erst 23-jährigen Anführer *Mordechai Anielewicz* einen erbitterten Häuserkampf gegen die übermächtigen deutschen Kommandos. Der Aufstand scheiterte zwar, jedoch wirkte er wie eine Aufforderung. Danach gab es selbst in Vernichtungslagern wie Treblinka und Sobibor Aufstände, einigen Häftlingen gelang dabei die Flucht aus Sobibor. Auch in Auschwitz organisierten die Häftlinge des *„Sonderkommandos"*, die in den Krematorien von Birkenau für die Verbrennung der zuvor vergasten Menschen zuständig waren, einen Aufstand. Ihnen gelang es im Oktober 1944, eines der Krematorien mit Sprengsätzen zu zerstören.

1. *Skizzieren Sie die unterschiedlichen Formen des in diesem Kapitel beschriebenen Widerstandes. Unterscheiden Sie nach Aktionsformen und Zielen.*

2. *Entwickeln Sie eine Stufung zwischen abweichendem Verhalten und aktivem Widerstand.*

M1 Kommunistischer Widerstand

Dagobert Biermann (1904-1943) ist Kommunist und hat im Hamburger Hafen gearbeitet. Nach dem Krieg erzählt seine Frau Emmi vom Schicksal ihres Mannes:

1936 war ich schwanger, und grad da begann wieder die illegale Arbeit. Hitler ließ Kriegsmaterial nach Spanien liefern. Da wollten die Faschisten die Republik kaputthauen, und die Nazis halfen denen dabei. Mein Bruder war Ewerführer[1] im Hamburger Hafen. Er hatte Wind davon bekommen, dass Schiffe mit Munition nach Spanien rausgehen. Getarnt waren die als Handelsschiffe. Wir mussten die Arbeiter in Spanien doch warnen! Die sollten die gleich übern Schnabel nehmen[2], wenn die da ankommen. Mein Bruder spionierte aus, wo die Schiffe lagen, und notierte sie. Unter Lebensgefahr! Aber er war ja roter Betriebsrat gewesen und hatte eine gute Nummer im Hafen. Die Kollegen verpfiffen ihn nicht. Die Unterlagen wurden nach Spanien geschmuggelt. Wenn ein Waffenschiff im Hafen lag, rief mein Mann den Herbert Michaelis, unsern Kurier, an, und der nahm die neuesten Nachrichten mit. [...]

Mein Mann kam in „Schutzhaft". So hieß das damals. Ich wollte genau wissen, wo er sitzt, aber ich wurde immer abgewiesen. Eines Tages hab ich dann doch erfahren, dass er in Fuhlsbüttel ist. Und man erlaubte mir, seine Wäsche zu holen und ihm neue zu bringen. Aber ich hab ihn nicht gesehen, nur das Blut, das an der Wäsche klebte. Die Wäsche wurde von der SS in Empfang genommen, und die haben die Wäsche gegen das Licht gehalten, ob auch nichts darin versteckt ist. Einmal machte ich eine Entdeckung. Da, wo die kleinen Stäbe in den Hemdkragen kamen, die Stelle war zugenäht. Darin war ein Kassiber[3], auf dünnem Papier geschrieben. Da stand drauf: „Michaelis packt aus." Das war das Zeichen, jetzt sollte der Prozess beginnen. Zwei Jahre hatte das gedauert. Solange hatten die gebraucht, bis sie was zusammengestoppelt hatten gegen meinen Mann. [...] Für den Prozess kam extra der Volksgerichtshof nach Hamburg. [...] Mein Mann und mein Bruder hatten zuerst immer geleugnet, etwas mit der Sache zu tun zu haben, mit den Waffen und den Informationen für die Spanier. Aber dann wurden Geschosse auf den Tisch gepackt, die mein Bruder aus dem Hafen mitgebracht hatte. Sogar Dumdumgeschosse hatte er von den Schiffen geklaut, die reißen große Wunden. Die hatten wir Michaelis mitgegeben, damit die Spanier wussten, was ihnen blühte.

Mein Bruder hat mir später erzählt, wie er sich verteidigt hat. Er hat auf doof gemacht. Im Hafen klauen alle mal, hat er gesagt, nur so aus Spaß wird geklaut. Und dann hat er immer Platt gesprochen, das war für die Richter was Neues. Die Richter wollten darauf hinaus, mein Mann hätte meinen Bruder beauftragt, die Sache auszubaldowern. Das hätte gereicht, dann hätten sie ihn gleich umgebracht. Der Pflichtverteidiger meines Bruders war aber ausnahmsweise ein guter Mann. Er wollte meinen Bruder direkt fragen: „Hat Biermann Sie beauftragt?" Wenn er dann mit Nein antwortet, musste der Anklagepunkt fallengelassen werden. Aber die Anwälte mussten alle Fragen vorlegen. Die Frage wurde natürlich nicht zugelassen, die wollten meinem Mann an den Kragen. Da hat der Anwalt alles auf eine Karte gesetzt und die Frage einfach dazwischengerufen. Und mein Bruder sagte natürlich sofort: „Nee, mein Schwager hat mich nicht dazu beauftragt." Damit entfiel der Punkt.

Mein Bruder wurde freigesprochen. Ein „irregeleiteter Arbeiter", meinten die Richter. Mein Mann kriegte sechs Jahre. Ich war bei der Urteilsverkündung dabei, bin am Schluss schnell durch die Barriere gelaufen und hab ihm die Hand gedrückt. Wir wurden sofort auseinandergerissen. Er konnte mich noch trösten: „Die sechs Jahre sitz ich auf einer Arschbacke ab." Das war 1937. Er ist nie wieder rausgekommen.

Zitiert nach: Harald Focke und Uwe Reimer, Alltag der Entrechteten, Reinbek 1980, S. 27-29

[1] **Ewer**: kleines Küstenschiff
[2] umgangssprachlich: etwas übernehmen, in Empfang nehmen
[3] **Kassiber**: geheimer Brief von einem oder an einen Gefangenen

1. *Beschreiben Sie die politische Arbeit, die hier von Kommunisten geleistet wurde.*
2. *Analysieren Sie die Motive der Beteiligten.*
3. *Arbeiten Sie aus dem Text die speziellen Merkmale der verwendeten Quellengattung heraus.*

M2 „Unterstützt die Widerstandsbewegung"

Das fünfte von sechs Flugblättern der Münchner Gruppe „Weiße Rose" hatte eine Auflage von 6 000 bis 9 000 Stück. Es wurde im Januar 1943 in mehreren Städten Süddeutschlands und Österreichs per Post verschickt und in der Münchner Universität ausgelegt:

Mit mathematischer Sicherheit führt Hitler das deutsche Volk in den Abgrund. Hitler kann den Krieg nicht gewinnen, nur noch verlängern! Seine und seiner Helfer Schuld hat jedes Maß unendlich überschritten. Die gerechte Strafe rückt näher und näher! Was aber tut das deutsche Volk? Es sieht nicht und es hört nicht. Blindlings folgt es seinen Verführern ins Verderben. Sieg um jeden Preis! haben sie auf ihre Fahne geschrieben. [...]

Deutsche! [...] Beweist durch die Tat, dass Ihr anders denkt! Ein neuer Befreiungskrieg bricht an. Der bessere Teil des

Volkes kämpft auf unserer Seite. Zerreißt den Mantel der Gleichgültigkeit, den Ihr um Euer Herz gelegt! Entscheidet Euch, ehe es zu spät ist!

Was lehrt uns der Ausgang dieses Krieges, der nie ein nationaler war?

Der imperialistische Machtgedanke muss, von welcher Seite er auch kommen möge, für alle Zeit unschädlich gemacht werden. Ein einseitiger preußischer Militarismus darf nie mehr zur Macht gelangen. Nur in großzügiger Zusammenarbeit der europäischen Völker kann der Boden geschaffen werden, auf welchem ein neuer Aufbau möglich sein wird. Jede zentralistische Gewalt, wie sie der preußische Staat in Deutschland und Europa auszuüben versucht hat, muss im Keime erstickt werden. Das kommende Deutschland kann nur föderalistisch sein. Nur eine gesunde föderalistische Staatenordnung vermag heute noch das geschwächte Europa mit neuem Leben zu erfüllen. Die Arbeiterschaft muss durch einen vernünftigen Sozialismus aus ihrem Zustand niedrigster Sklaverei befreit werden. Das Truggebilde der autarken Wirtschaft muss in Europa verschwinden. Jedes Volk, jeder einzelne hat ein Recht auf die Güter der Welt!

Freiheit der Rede, Freiheit des Bekenntnisses, Schutz des einzelnen Bürgers vor der Willkür verbrecherischer Gewaltstaaten, das sind die Grundlagen des neuen Europa.

Unterstützt die Widerstandsbewegung, verbreitet die Flugblätter!

Zitiert nach: www.bpb.de/geschichte/nationalsozialismus/weisse-rose/61025/flugblatt-v [Zugriff vom 14. April 2015]

1. *Geben Sie die Aussagen des Flugblattes wieder.*
2. *Zeigen Sie auf, welche Positionen der „Weißen Rose" sich auf die Ideen der Aufklärung stützen.*
3. *Nehmen Sie zur Kritik der „Weißen Rose" am NS-Regime Stellung.*

M3 „Wir fordern Gerechtigkeit"

Um den Einfluss der katholischen Kirche einzudämmen, löst die Gestapo Klöster auf, nimmt Ordenshäuser in Beschlag und weist Geistliche aus. Der Bischof von Münster, Clemens August Graf von Galen, am 13. Juli 1941 in einer Predigt:

Bei den Anordnungen und Strafverfügungen der Geheimen Staatspolizei ist die Verwaltungsgerichtsbarkeit ausgeschlossen. Da wir alle keinen Weg kennen, der für eine unparteiische Kontrolle der Maßnahmen der Geheimen Staatspolizei, ihrer Freiheitsbeschränkungen, ihrer Aufenthaltsverbote, ihrer Verhaftungen, ihres Gefangenhaltens deutscher Volksgenossen in Konzentrationslagern gegeben wäre, so hat bereits in weitesten Kreisen des deutschen Volkes ein Gefühl der Rechtlosigkeit, ja feiger Ängstlichkeit Platz gegriffen, das die deutsche Volksgemeinschaft schwer schädigt. – Die Pflicht meines bischöflichen Amtes, für die sittliche Ordnung einzutreten, die Pflicht meines Eides, in dem ich vor Gott und vor dem Vertreter der Reichsregierung gelobt habe, nach Kräften „jeden Schaden zu verhüten, der das deutsche Volk bedrohen könnte", drängen mich, angesichts der Taten der Geheimen Staatspolizei diese Tatsache öffentlich warnend auszusprechen.

Meine Christen! Man wird mir vielleicht den Vorwurf machen, mit dieser offenen Sprache schwäche ich jetzt im Kriege die innere Front des deutschen Volkes. Demgegenüber stelle ich fest: Nicht ich bin die Ursache einer etwaigen Schwächung der inneren Front, sondern jene, die ungeachtet der Kriegszeit, ungeachtet der augenblicklichen Not, ja, jetzt hier in Münster zum Abschluss einer Schreckenswoche schauriger Feindesangriffe, schuldlose Volksgenossen ohne Gerichtsurteil und Verteidigungsmöglichkeit in harte Strafe nehmen, unsere Ordensleute, unsere Brüder und Schwestern, ihres Eigentums berauben, auf die Straße setzen, aus dem Lande jagen! Sie zerstören die Rechtssicherheit, sie untergraben das Rechtsbewusstsein, sie vernichten das Vertrauen auf unsere Staatsführung. Und darum erhebe ich im Namen des rechtschaffenen deutschen Volkes, im Namen der Majestät der Gerechtigkeit und im Interesse des Friedens und der Geschlossenheit der inneren Front meine Stimme, darum rufe ich laut als deutscher Mann, als ehrenhafter Staatsbürger, als Vertreter der christlichen Religion, als katholischer Bischof: „Wir fordern Gerechtigkeit!"

Bleibt dieser Ruf ungehört und unerhört, wird die Herrschaft der Königin Gerechtigkeit nicht wiederhergestellt, so wird unser deutsches Volk und Vaterland trotz des Heldentums unserer Soldaten und ihrer ruhmreichen Siege an innerer Fäulnis und Verrottung zugrunde gehen!

Lasset uns beten für alle, die in Not sind, besonders für unsere Ordensleute, für unsere Stadt Münster, dass Gott weitere Prüfungen von uns fernhalte, für unser deutsches Volk und Vaterland und seinen Führer: Vater unser ...

Zitiert nach: Peter Löffler (Bearb.), Bischof Clemens August Graf von Galen. Akten, Briefe und Predigten 1933-1946, Bd. 2: 1939-1946 (Veröffentlichungen der Kommission für Zeitgeschichte, Reihe A: Quellen, Bd. 42), Paderborn ²1996, S. 850 f.

1. *Analysieren Sie Beweggründe und Ziele für Galens Predigt.*
2. *Überprüfen Sie, inwiefern es sich bei dieser Predigt um eine Form von Widerstand handelt.*

M4 Widerstand im Militär

a) Die Offiziere Henning von Tresckow (1901-1944, Selbstmord) und Claus Schenk Graf von Stauffenberg (1907-1944, hingerichtet) sind maßgeblich an einem Bombenanschlag auf Hitler am 20. Juli 1944 beteiligt. Tresckow hat sich seit 1934 innerlich vom Regime distanziert und sich an mehreren Attentaten auf Hitler beteiligt. Ein Weggefährte erinnert sich an ein Treffen mit ihm am 17. November 1942 beim Oberkommando der Heeresgruppe Mitte in Smolensk:

Hier griff Henning ein. Er müsse mir etwas Entscheidendes sagen. Unser Generalstab verdiene diesen Namen nicht mehr. Nur noch die Kragenspiegel und die karmesinroten Streifen an den Hosen ließen ihn noch als solchen erscheinen. Clausewitz und der alte Moltke seien nicht mehr gefragt. Hitler habe – mit seinen eigenen Worten – gefordert, der Generalstabsoffizier müsse sein wie ein „Bluthund, der gierig an der Leine zerre, um, losgelassen, sich auf den Feind zu stürzen und ihn zu zerfleischen". Eine Beleidigung des Generalstabs seien diese Worte des Führers gewesen. Hitler wolle nur noch „subalterne Erfüllungsgehilfen" im Generalstab haben. „Erfüllungsgehilfen im Dienste eines Kapitalverbrechers", rief er. Und er wiederholte die Worte. [...] Nach einer Pause fragte ich ihn, was an den Gerüchten von Übergriffen der SS gegen die Zivilbevölkerung in den rückwärtigen Gebieten sei. Diese Gerüchte träfen zu, antwortete er, allerdings mit der Ergänzung, dass es sich nicht um einzelne Übergriffe handele, sondern um planmäßige Ausrottungen von Menschen. Man habe bei der Heeresgruppe zuverlässige Informationen, dass der SD und die SS Spezialeinheiten gebildet hätten, die das sorgfältig organisiert betrieben, und zwar in einem Umfang, der jede Fantasie übersteige. Während wir, die Soldaten an der Front, uns vorne totschießen lassen dürften, betreibe die SS in unserem Rücken ein grauenvolles Geschäft. Er, Henning, sehe darin eine Schändung der Opferbereitschaft des Soldaten an der Front. Fassungslos hatte ich ihm zugehört. Es war ungeheuerlich, was er gesagt hatte. Dann sprach er davon, dass er auf den Tag hinarbeite, an dem dies alles zu Ende sei. Niemand könne heute sagen, wann dieser Tag komme, aber kommen werde er mit Sicherheit, und er werde schrecklich sein.

b) Im Juni 1944 soll Tresckow gegenüber Freunden erklärt haben:

Das Attentat auf Hitler muss erfolgen, um jeden Preis. Sollte es nicht gelingen, so muss trotzdem der Staatsstreich versucht werden. Denn es kommt nicht mehr auf den praktischen Zweck an, sondern darauf, dass die deutsche Widerstandsbewegung vor der Welt und vor der Geschichte unter Einsatz des Lebens den entscheidenden Wurf gewagt hat. Alles andere ist daneben gleichgültig.

▶ Ehrenmal im Innenhof des Bendlerblocks/Gedenkstätte Deutscher Widerstand in Berlin.
Bronzefigur von Richard Scheibe, 1953.
An diesem Ort waren nach dem Umsturzversuch vom 20. Juli 1944 fünf Offiziere, darunter Oberst Claus Schenk Graf von Stauffenberg, hingerichtet worden.

c) Kurz vor dem Attentat vom 20. Juli 1944, das Hitler überleben wird, sagt Stauffenberg zu einer Bekannten:

Es ist Zeit, dass jetzt etwas getan wird. Derjenige allerdings, der etwas zu tun wagt, muss sich bewusst sein, dass er wohl als Verräter in die deutsche Geschichte eingehen wird. Unterlässt er jedoch die Tat, dann wäre er ein Verräter vor seinem eigenen Gewissen.

Erster Text zitiert nach: Reinhard Rürup (Hrsg.), Der Krieg gegen die Sowjetunion. Eine Dokumentation, Berlin 1991, S. 193
Zweiter Text zitiert nach: Peter Steinbach und Johannes Tuchel (Hrsg.), Widerstand in Deutschland 1933-1945. Ein historisches Lesebuch, München [3]2000, S. 326
Dritter Text zitiert nach: Peter Hoffmann, Claus Schenk Graf von Stauffenberg und seine Brüder, Stuttgart 1992, S. 395

1. *Beurteilen Sie die Motive des Widerstandes im Militär. Beachten Sie hierbei, dass Tresckow vom Judenmord im Bereich der Heeresgruppe Mitte dienstlich Kenntnis hatte.*
2. *Im Grundgesetz ist das Widerstandsrecht in Artikel 20 verankert. Erörtern Sie, inwiefern das Widerstandsrecht notwendiger Bestandteil einer demokratischen Ordnung ist.*

Erscheinungsformen des nationalsozialistischen Nationalismus

Gesellschaftlicher und politischer Umbruch? Die NS-Propaganda stilisierte Hitler zum Retter der von Bismarck gegründeten Nation und stellte damit eine Kontinuität zum Kaiserreich her. Sie bediente sich der Ideologie einer besonderen deutschen Kulturnation und knüpfte an nationalistische und antisemitische Vorstellungen aus dem 19. Jahrhundert an. „Volk" und „Nation" wurden nun zu rassistischen Begriffen. Wer kein „deutsches Blut" besaß, wurde aus der „Volksgemeinschaft" ausgeschlossen. Die „Blut-und-Boden-Ideologie" lieferte eine Fortsetzung der „Germanisierungs-" und Kolonialpolitik des 19. Jahrhunderts mit noch brutaleren Mitteln: nationale, soziale, religiöse und politische Minderheiten wurden ausgegrenzt, verfolgt und vernichtet und der Krieg als Mittel zur Vergrößerung des „Lebensraumes" gerechtfertigt.

Hilfreich erwies sich das aus dem Kaiserreich stammende Obrigkeitsdenken. Es ebnete mental den Weg zum totalitären „Führerstaat". Im „Dritten Reich" wurden die öffentlichen Gewalten sowie die Medien systematisch „gleichgeschaltet". Eine parlamentarische Kontrolle der Regierung sowie unabhängige Gerichte gab es nicht mehr. Kritik an Partei und Regierung wurde zum Verbrechen erklärt.

Die NS-Propaganda stellte ideologische Kontinuitäten zum Kaiserreich her und grenzte sich deutlich von den sozialen und demokratischen Vorstellungen der Weimarer Republik ab. Trotzdem: Der Weg vom Wilhelminischen Obrigkeitsstaat zu Hitlers „Führerstaat" besteht aus vielen Umbrüchen.*

▲ **„LTI – Notizbuch eines Philologen."**
*Titel der Ausgabe von 2015. Autor des 1947 erstmals veröffentlichten Buches über die Sprache des „Dritten Reiches" (lat. **L**ingua **T**ertii **I**mperii) ist der Romanist Victor Klemperer (1881-1960). Als Jude hatte er 1935 seine Professur an der Technischen Universität Dresden verloren. Er überlebte das „Dritte Reich" nur, weil seine christliche Frau sich nicht von ihm scheiden ließ.*

Sprache im Nationalsozialismus Die NS-Ideologie schlug sich auch in der Sprache nieder. Sie wurde von der NS-Propaganda gelenkt und manipuliert, um Einfluss auf Wahrnehmung und Gefühle der Bevölkerung zu nehmen. Der offizielle Sprachgebrauch sollte alle erreichen. Er war daher bewusst einfach gestaltet. Schematische Begriffe und kurze, parataktische Sätze stellten ein leichtes Verständnis sicher. Um ein schlichtes Freund-Feind-Denken zu vermitteln, wurden ideologische Gegensatzpaare wie „Arier" und „Juden" ständig wiederholt. Entlehnungen aus den Naturwissenschaften dienten dabei der Entmenschlichung der angeblichen „Volksfeinde" zu „Parasiten" oder „Krebsgeschwüren" am „gesunden Volkskörper".

Die NS-Sprache versuchte Terror und Krieg zu verbergen oder zu rechtfertigen. Zugleich verwies sie immer auf die Stärke und Dynamik der „Volksgemeinschaft". In öffentlichen Reden benutzte man immer wieder Superlative und absolute Adjektive**. Zugleich verharmlosten Euphemismen wie „Euthanasie" und „Endlösung" die grausamen Verbrechen der Nationalsozialisten (▸ M).

Doch die Sprachpolitik des NS-Regimes erreichte nicht alle. Widerstandsgruppen erinnerten mit ihren Aktionen und Flugblättern an aufklärerische, christliche und demokratische Werte. Auch nichtkonforme Intellektuelle distanzierten sich mittels Parabeln oder Klassikerzitaten vom „Zeitgeist". Ihre Anspielungen setzten jedoch ein hohes Bildungsniveau bei den Lesern voraus.

Tradition oder Umbruch? Diskutieren Sie die Beziehung zwischen Kaiserreich und NS-Regime in Gesellschaft und Politik.

* Zur Frage nach der Kontinuität vom Kaiserreich zum NS-Regime vgl. auch S. 180 f.
** **absolute Adjektive**: Adjektive, die sich nicht steigern lassen, z. B. tot, einzig, optimal

M Sprachpolitik und Sprachgebrauch im Nationalsozialismus

Waltraud Sennebogen schildert 2008 die Mittel der nationalsozialistischen Sprachpolitik:

Betrachtet man den offiziellen Sprachgebrauch im Nationalsozialismus – also das, was lange Jahre als die „Sprache des Nationalsozialismus" galt –, so sticht ihr ideologisierter und polarisierender Charakter ins Auge. Offizielle Äußerungen des Regimes waren durchdrungen von Propaganda. Die Sprache sollte „volkstümlich" sein und sich auf das „geistige Niveau" der Masse einstellen, hatte Hitler in seiner Programmschrift „Mein Kampf" gefordert. Ihre Inhalte waren auf einfache Aussagen zu reduzieren, die sich durch ständige Wiederholung auch den schlichtesten Gemütern einprägen würden. Anstelle einer rationalen und sachlichen Argumentation setzte Hitler auf den emotionalen Appell [...]. Dementsprechend einfach ließ sich die Welt [...] erklären – erst recht nachdem der entscheidende Schritt zur nationalsozialistischen Herrschaft getan worden war: Der 30. Januar 1933 galt als Tag der „Machtübernahme" und des revolutionären Neubeginns nach der „liberalistischen Systemzeit" der Weimarer Republik. Damit ist zugleich eine wichtige Funktion der Sprache im Nationalsozialismus benannt: Die Abgrenzung des Eigenen vom Fremden; die sprachliche Inklusion, die zugleich Exklusion bedeutete, weil sie viele Gruppen aus der Sprachgemeinschaft ausschloss, und die grundsätzliche Aufteilung der Gesellschaft in unvereinbare Gegensätze, wie zum Beispiel „Arier" und „Juden" oder auch „Volksgenossen" und „Gemeinschaftsfremde". [...]

An der Spitze der „Volksgemeinschaf" stand der „Führer" [...]. Diese Bezeichnung für Adolf Hitler, der in der ersten Zeit noch „Führer und Reichskanzler" genannt wurde, grub sich durch permanente Wiederholung so tief ins Bewusstsein der Bevölkerung ein, dass sie schließlich zum Synonym für eine einzige Person und das von ihr getragene politische System wurde. Damit ist ein wichtiges Instrument der Sprachpolitik benannt: Die Beschränkung des Bezeichnungsgehalts von Wörtern und Wortgruppen. [...] Ein zweites Instrument der Sprachpolitik war die gezielte Eliminierung einzelner Wörter aus dem Sprachgebrauch. Dabei ging es nur vordergründig um eine Eindeutschung der Begriffe, meist verband sich damit eine entscheidende Akzentveränderung. So wurde [...] der Partisan zum „Banditen", der feindliche Pilot zum „Mordbrenner". Ein weiteres wichtiges Instrument der nationalsozialistischen Sprachpolitik bestand darin, den Bedeutungsgehalt von Begriffen zu verändern. Ausgehend von Hitlers Selbstbeschreibung als „fanatischer Antisemit" erfuhren zum Beispiel die negativ konnotierten Ausdrücke „fanatisch", „Fanatismus" und „Fanatiker" eine tiefgreifende Umwertung ins Positive [...].

Zeitgenossen schien die Sprache des Nationalsozialismus oftmals einfach und deutlich. Sie war lexikalisch und stilistisch ohne große Schnörkel, ihr Satzbau basierte vor allem auf Hauptsätzen. Auch die Tendenz zur Dopplungen und zur häufigen Verwendung des Superlativs erschien vielen eher attraktiv als abschreckend. [...] Doch neu war die nationalsozialistische Sprache kaum. Denn der vorherrschende Nominalstil war ebenso zeittypisch wie viele ihrer biologistischen und nationalistischen Begriffe, die auf den zeitgenössischen Sprachgebrauch zurückgriffen. Die Gegensatzpaare „arteigen" und „artfremd", die „Aufartung" und die „Ausmerze", die „Erbgesundheit" und der „Rassegedanke" finden sich in vielen Fällen schon vor der Wende vom 19. zum 20. Jahrhundert, spätestens jedoch seit dem Ende des Ersten Weltkrieges im Schrifttum der Zeit.

Sprache hatte eine wichtige Funktion bei der Manipulation der Wahrnehmung. Während die nationalsozialistischen Machthaber die Schauseite des „Dritten Reiches" vor allem durch imposante Bilder aufpolierten, diente ihnen Sprache auch als Mittel der Tarnung, Täuschung und Verschleierung unerwünschter Informationen. [...] Eine Tarnsprache mit beschönigenden Formulierungen prägte auch den Umgang mit dem Massenmord an der jüdischen Bevölkerung. [...] Dessen Durchführung sollte durch einen Tarnschleier aus euphemistischen Bezeichnungen verborgen werden, wurde aber dennoch bald zum mehr oder weniger offenen Geheimnis. Die „Evakuierung" bezeichnete von der Reichsbahn nach Fahrplan betriebene Transporte in den Tod, das Codewort „Sonderbehandlung" tarnte den industriemäßig betriebenen Massenmord, der „Arbeitseinsatz" bedeutete für Millionen europäischer Juden einen grausamen Tod in den Vernichtungslagern.

Waltraud Sennebogen, Die Gleichschaltung der Wörter. Sprache im Nationalsozialismus, in: Das „Dritte Reich". Eine Einführung, herausgegeben von Dietmar Süß und Winfried Süß, München 2008, S. 165-181 (stark gekürzt)

1. *Fassen Sie die verschiedenen Mittel der nationalsozialistischen Sprachpolitik zusammen.*
2. *Prüfen Sie, inwiefern Hitlers Rede zum „Heldengedenktag" von März 1940 (M4b, Seite 244) die Mittel der NS-Sprache nutzt.*

Vergangenheitspolitik und „Vergangenheitsbewältigung"

▲ **„Bewältigte Vergangenheit."**
Die Collage auf dem Titelblatt des „Spiegels" vom 8. Mai 1995 zeigt in der Bildmitte einen Ausschnitt aus Caspar David Friedrichs Landschaftsgemälde „Der Wanderer über dem Nebelmeer" (um 1818).

- *Untersuchen Sie die Bildelemente und erläutern Sie, auf welche Themen und Probleme der deutschen Geschichte diese hinweisen. Deuten Sie die Aussage des Titelbildes.*

Orientierung Siebzig Jahre nach dem Ende des Zweiten Weltkrieges ist die Erinnerung an die nationalsozialistische Vergangenheit präsent wie kein anderer Abschnitt deutscher Geschichte. Gedenktage, Bücher, Filmprojekte und andere Formen des Erinnerns halten die öffentliche Auseinandersetzung über die NS-Diktatur lebendig.

Das war nicht immer so: In der unmittelbaren Nachkriegszeit herrschte der Wunsch nach Vergessen und Verdrängen vor. Während auf der einen Seite die Hauptschuldigen sowie die beteiligten nationalsozialistischen Organisationen 1946 vor dem internationalen Militärgerichtshof in Nürnberg angeklagt wurden, Nachfolgeprozesse sich anschlossen und die Alliierten in unterschiedlicher Weise Entnazifizierung und Re-Education betrieben, glaubten viele unmittelbar Betroffene, nach Tod, Krieg, Flüchtlings- und Vertriebenenelend sei es nun Zeit, die Vergangenheit zu vergessen oder durch den Verweis auf die Kriegsverbrechen anderer Nationen eigene Vergehen zu relativieren. So formierte sich in der Bundesrepublik in der zweiten Hälfte der Fünfzigerjahre eine kritische Minderheit, die sich mit der „unbewältigten Vergangenheit" auseinandersetzen wollte. Während in der DDR nach 1945 vor allem der Gegner des Faschismus gedacht wurde.

Seit Mitte der 80er-Jahre lässt sich eine weitere Zäsur im Umgang mit der NS-Zeit beobachten: Eine neue Form der Auseinandersetzung entwickelte sich, indem immer häufiger Zeitzeugen mit ihren individuellen Lebenserinnerungen zu Wort kamen. Dabei wurden jedoch nicht nur Opfer, sondern auch Täter und Mitläufer des NS-Regimes befragt. In ihren Geschichten trat deutlich zutage, dass ohne aktive Mittäterschaft oder zumindest Duldung einer großen Mehrheit und Mithilfe der beteiligten staatlichen und gesellschaftlichen Institutionen die nationalsozialistische Führungsgruppe die Macht weder erlangen noch erhalten hätte können.

8./9. Mai 1945
Die bedingungslose Kapitulation der deutschen Wehrmacht tritt in Kraft

17. Juli - 2. August 1945
Potsdamer Konferenz der Siegermächte

20. 11. 1945 - 1. 10. 1946
Nürnberger Prozess gegen die Hauptkriegsverbrecher vor dem Internationalen Militärgerichtshof

1945 - 1950
Die „Entnazifizierung" soll die Bevölkerung von den Einflüssen des Nationalsozialismus „säubern"

seit 1950
In der DDR ist der 8. Mai bis 1966 gesetzlicher Feiertag; in ganz Deutschland wird das Datum bis heute mit Gedenkveranstaltungen begangen

10. 9. 1952
Im „Luxemburger Abkommen" verpflichtet sich die Bundesregierung zu einer „Globalentschädigung" für Überlebende des Holocaust

1958
Gründung der Zentralen Stelle der Landesjustizverwaltungen zur Aufklärung nationalsozialistischer Verbrechen in Ludwigsburg

April - Dezember 1961
Prozess gegen den ehemaligen SS-Obersturmbannführer Adolf Eichmann in Jerusalem

1963 - 1965
In Frankfurt am Main findet der erste der drei Auschwitz-Prozesse statt

1968
„Kalte Amnestie" in der Bundesrepublik – Proze und Ermittlungsverfah gegen NS-Täter werden eingestellt

1940 1945 1950 1955 1960 1965 1970 197

▲ **„Schindlers Liste" – „Sophie Scholl – Die letzten Tage" – „Am Ende kommen Touristen"**
Filmplakate aus den Jahren 1993, 2005 und 2007.

Die Gewichtung deutscher Schuld und Verantwortung blieb lange Zeit umstritten. Der Ruf, dieses Kapitel deutscher Geschichte „zu den Akten" zu legen, kommt auch heute noch quer durch alle Gesellschaftsschichten auf. Zwar steht der Holocaust nach wie vor im Fokus publizistischer und wissenschaftlicher Debatten. Jedoch wurde in den letzten Jahren deutlich, dass sich das Interesse zunehmend auch auf die Deutschen als Opfer verlagert hat. Der Historiker Norbert Frei warnt, damit würden die Opfer des NS-Regimes zwangsläufig zurückgedrängt. Zudem bestehen die gegenwärtigen Chancen im Umgang mit der NS-Vergangenheit gerade in der zeitlichen Distanz und den immer neuen Fragen.

In diesem Kapitel werden folgende Fragen thematisiert:

- *Welche Maßnahmen ergriffen die Besatzungsmächte und die deutschen Behörden nach 1945 zur Aufarbeitung der Verbrechen des Nationalsozialismus?*
- *Welche Haltung nahmen Politik und Öffentlichkeit in der DDR und in der Bundesrepublik von 1949 bis 1989 zum Thema „Vergangenheitsbewältigung" ein?*
- *Wie haben sich die historischen Formen der kollektiven Erinnerung an die NS-Herrschaft, den Holocaust sowie die Verfolgung und Vernichtung von Minderheiten und Andersdenkenden nach 1990 verändert, institutionalisiert und internationalisiert?*

Januar 1979
Ausstrahlung der vierteiligen US-Serie „Holocaust" im westdeutschen Fernsehen

1986/87
In der deutschen Presse wird ein „Historikerstreit" um die Bewertung des Holocaust geführt

3.1.1996
Der 27. Januar, der Tag der Befreiung von Auschwitz-Birkenau, wird zum nationalen Gedenktag erklärt; 2005 erhebt ihn die UNO zum Internationalen Holocaustgedenktag

2000
Gründung der Stiftung „Erinnerung, Verantwortung und Zukunft", die bis 2007 ehemalige Zwangsarbeiter des NS-Regimes finanziell entschädigt

Mai 2005
In Berlin wird das „Denkmal für die ermordeten Juden Europas" eröffnet

Oktober 2012
Eröffnung des „Denkmals für die im Nationalsozialismus ermordeten Sinti und Roma Europas" in Berlin

980 | 1985 | 1990 | 1995 | 2000 | 2005 | 2010 | 2015

▲ **„Diese Schandtaten: Eure Schuld!“**
Foto aus Bad Mergentheim (Bayern), Juli 1945 (Ausschnitt).

Bergen-Belsen-Prozess: Als erster Prozess gegen jene, die die eigentliche „Tötungsarbeit“ in den KZ und Vernichtungslagern verrichtet hatten, wurde am 17. September 1945 in Lüneburg der „First Belsen Trial“ gegen den KZ-Kommandanten, 20 weitere SS-Männer, 16 Aufseherinnen des Lagers und elf Funktionshäftlinge von einem britischen Militärgericht eröffnet. Der Kommandant, weitere sieben Männer und drei Frauen wurden zum Tode verurteilt. 19 Personen, darunter acht Funktionshäftlinge, erhielten Haftstrafen, die übrigen Freisprüche.

Literaturtipp:
Annette Weinke, Die Nürnberger Prozesse, München ²2015

Besatzungszeit 1945-1949: „Umerziehung“ und „Entnazifizierung“

„Vergangenheitsbewältigung“ in der Besatzungszeit Nach dem Ende des „Dritten Reiches“ hätten sich Millionen Deutsche die bittere Frage stellen können, welchen Anteil sie selbst an der jüngsten Vergangenheit hatten. In den ersten Nachkriegsjahren schien sich in der deutschen Bevölkerung jedoch eine Verweigerungshaltung durchzusetzen. Nur eine Minderheit war dazu bereit, über die persönliche oder kollektive Mitverantwortung nachzudenken (▸ M1). Für Scham und Trauer über das schuldhafte Verhalten und die Massenverbrechen fehlte es vielfach an Einsicht, aber auch an Kraft. Nach Krieg, Flucht und Vertreibung waren die Menschen bemüht, das eigene Schicksal und den Alltag zu bewältigen. Zudem war der zeitliche Abstand für eine selbstkritische Betrachtung zu gering. Viele Menschen täuschten Unkenntnis vor. Sie hätten nichts von den Verbrechen in den Konzentrationslagern gewusst. Die meisten sahen sich selbst als Opfer der nationalsozialistischen Ideologie und der bis zuletzt funktionierenden Propaganda. Andererseits gab es aber auch einige Intellektuelle und Politiker, die ein Eingeständnis der Schuld und eine „Wiedergutmachung“ forderten. Im August und Oktober 1945 bekannten sich die beiden großen Kirchen in offenen Briefen zu ihrer Verantwortung (▸ M2).

Zu einem Großteil wurde die Auseinandersetzung mit der nationalsozialistischen Vergangenheit 1945 daher zunächst von den Alliierten angestoßen. Unmittelbar nach ihrem Einmarsch zwangen sie die Deutschen, die nationalsozialistischen Verbrechen wahrzunehmen. Das geschah beispielsweise im vormaligen Konzentrationslager Buchenwald oder in Lüneburg, wo die britische Besatzungsmacht die Bewohner der weiteren Umgebung nötigte, dem **Bergen-Belsen-Prozess** als Zuschauer beizuwohnen. In vielen Orten wurden die deutschen Verbrechen auch auf großen Foto-Schautafeln dokumentiert.

In dieser ersten „Phase der politischen Säuberung“ (*Norbert Frei*), wurden Kriegsverbrecher, frühere nationalsozialistische Funktionäre, aber auch Mitläufer zur Rechenschaft gezogen.

Der Nürnberger Prozess Die Alliierten hatten sich nicht zuletzt auf die Verfolgung und Verurteilung der deutschen Kriegsverbrecher geeinigt. Am 20. November 1945 eröffnete der *Internationale Militärgerichtshof*, zusammengesetzt aus Vertretern der Siegermächte, das Strafverfahren gegen die noch lebenden inhaftierten Vertreter der NS-Führung. Als Ort des Verfahrens wählte man Nürnberg, die Stadt der NS-Reichsparteitage.

Angeklagt waren insgesamt 22 Einzelpersonen, ferner die Organisationen NSDAP, Gestapo und SD, SS, SA, die Reichsregierung und das Oberkommando der Wehrmacht. Die vier Anklagepunkte lauteten:

1. *Verschwörung gegen den Frieden* (Vorbereitung eines Angriffskrieges),
2. *Verbrechen gegen den Frieden* (Führen eines Angriffskrieges),
3. *Kriegsverbrechen* (Verstoß gegen die Haager Landkriegsordnung von 1907 durch Tötung und Misshandlung von Kriegsgefangenen, Hinrichtung von Geiseln, Misshandlung der Zivilbevölkerung, Verschleppung zur Zwangsarbeit),
4. *Verbrechen gegen die Menschlichkeit* (Völkermord).

Nach einjähriger Verhandlung wurden zwölf Angeklagte zum Tode verurteilt, sieben erhielten lange Haftstrafen, drei wurden freigesprochen. Von den angeklagten Organisationen wurden die NSDAP, die SS, die Gestapo und der SD zu verbrecherischen Einrichtungen erklärt; die Strafverfolgung ihrer Mitglieder wurde jedoch von einer nachweislichen persönlichen Schuld abhängig gemacht.

Der Nürnberger Prozess war ein wichtiger Schritt zur Aufhellung der Geschichte des NS-Regimes. Ein nachträgliches Bemänteln und Beschönigen der nationalsozialistischen Verbrechen ist angesichts der Beweiskraft der vielen tausend Dokumente und Zeugenaussagen seitdem unmöglich. Dass der Einzelne für seine nachgewiesenen Straftaten haftet und sich nicht hinter seinem Amt oder seiner Funktion verstecken kann, ist eines der wichtigsten Ergebnisse dieses Prozesses. Allerdings diente der Nürnberger Prozess auch vielen Deutschen als Entlastung: Während die noch lebenden, vormals führenden Kräfte des NS-Regimes vor Gericht standen, glaubte sich die Bevölkerung von der Frage einer Mitverantwortung entbunden.

▲ **„Er hat mir's doch befohlen!"**
Karikatur von 1946.
▪ *Erörtern Sie die Aussage der Zeichnung.*

Nachfolgeprozesse In allen vier Besatzungszonen fanden zwischen 1945 und 1949 zahlreiche weitere Prozesse gegen mutmaßliche NS-Täter statt. Von besonderer Bedeutung waren die zwölf großen Verfahren vor amerikanischen Militärgerichten in Nürnberg gegen SS-Ärzte, Juristen, Leiter von Einsatzgruppen der Sicherheitspolizei, Industrielle, hohe Offiziere der Wehrmacht, SS-Führer, leitende Beamte des Auswärtigen Amtes und KZ-Wächter. Insgesamt verurteilten die westlichen Besatzungsmächte 5025 Angeklagte, 486 wurden hingerichtet.

Für die Bevölkerung waren die Nachkriegsprozesse dabei eine erste wichtige Informationsquelle. So gaben im November 1945 65 Prozent und im Sommer 1946 sogar 87 Prozent der befragten Deutschen an, dass sie durch die Berichterstattung über das Internationale Militärtribunal der Alliierten in Nürnberg etwas erfahren hatten, was ihnen bislang nicht bekannt gewesen sei. Ein weiteres Beispiel hierfür ist der *Dresdener Euthanasie-Prozess* von 1947, der durch eine umfangreiche Presseberichterstattung begleitet wurde und erstmals über die Dimensionen des nationalsozialistischen Krankenmordes informierte. Im Westen waren die Prozesse der Alliierten größtenteils und die der deutschen Gerichtsbarkeit immer öffentlich; sie trugen so zur Aufklärung und zur Aufarbeitung bei. Die **Sowjetischen Militärtribunale** in der Sowjetischen Besatzungszone hingegen tagten der stalinistischen Rechtspraxis folgend nicht öffentlich. Gegen Ende der Besatzungszeit wandelte sich die Bewertung der justiziellen Aufarbeitung in der Bevölkerung. 1949 hielt nur noch jeder dritte Deutsche die Nürnberger Prozesse für gerecht. Ein Großteil sah sich als „Opfer Hitlers" und – nach Jahren der *Entnazifizierung* und Umerziehung – auch als „Opfer der Alliierten" und ihrer „Siegerjustiz". Von westdeutschen Gerichten wurden von 1948 bis 1951 weitere 5487 Personen wegen NS-Verbrechen verurteilt. Danach fanden nur noch wenige Prozesse gegen NS-Täter statt.*

Sowjetische Militärtribunale (SMT): Ihre Rechtsnorm war das sowjetische Kriegsrecht und die sowjetische Strafprozessordnung. Etwa 35000 deutsche Zivilisten wurden durch SMT verurteilt, ebenso viele Kriegsgefangene, hiervon 70 Prozent der Generäle, zehn Prozent der Offiziere sowie ein Prozent der Mannschaften.

Entnazifizierung Neben der Aburteilung der Kriegsverbrecher gehörte zum Entnazifizierungskonzept der Alliierten auch eine umfassende politische Säuberung im besetzten Deutschland. Anders als Briten und Franzosen betrieben die Amerikaner die Entnazifizierung mit großer Strenge und einem gewaltigen bürokratischen Aufwand. Von 18 000 Volksschullehrern in Bayern verloren 10 000 ihre Stellen. In Hessen wurde jeder zweite Beamte und jeder dritte Angestellte entlassen. Ausnahmen wurden jedoch immer gemacht, wenn es um Experten ging, die für den Wiederaufbau benötigt

Literaturtipp:
Irmtrud Wojak, Entnazifizierung. Geschichte und Interessen, München 2015

* Siehe zu den weiteren Prozessen S. 290 f.

▲ **„Ohne Worte.“**
Karikatur aus der Zeitschrift „Wespennest“ von 1948.
▪ *Erläutern Sie die Aussage der Zeichnung.*

„Persilschein“: im Volksmund Bestätigung, wonach jemand Gegner oder zumindest nicht Anhänger des Nationalsozialismus war

wurden. In allen drei Westzonen wurden mehr als 170 000 NS-Aktivisten in *Internierungslager* gebracht („automatischer Arrest“), die meisten von ihnen aber bald wieder entlassen – die letzten 1948.

Im März 1946 übergaben die Amerikaner die Entnazifizierung in deutsche Hände. Jeder Deutsche über 18 Jahren musste einen Fragebogen mit 131 Fragen über seine berufliche und politische Vergangenheit ausfüllen. *Spruchkammern* stuften in einem prozessähnlichen Verfahren die erfassten Personen in fünf Kategorien – Hauptschuldige, Belastete, Minderbelastete, Mitläufer und Entlastete – ein und verhängten die vorgesehenen Strafen.

Bei mehr als 13 Millionen Fragebögen in der US-Zone fielen 3,4 Millionen Personen unter die Entnazifizierung, zehn Prozent von ihnen wurden verurteilt, aber nur knapp ein Prozent tatsächlich bestraft. Es war die Zeit der **„Persilscheine“**, die man sich wechselseitig ausstellte, aber auch der Denunziation und der Korruption. Viele empfanden es als ungerecht, dass die harmloseren Fälle zuerst und mit Strenge, die verantwortlichen Nazis aber erst später und dann oft milde behandelt wurden. Außerdem gelang es zahlreichen schwer belasteten NS-Tätern, durch Tarnung und geschickte Anpassung an die neuen Verhältnisse durch die Maschen der Justiz zu schlüpfen – eine Hypothek, die später noch schwer auf der jungen Bundesrepublik lasten sollte (▸ M3).

Die Sowjets führten die Entnazifizierung sehr viel konsequenter als die Westalliierten durch. Aber auch in der Sowjetischen Besatzungszone (SBZ) wurden bereits frühzeitig ehemalige NS-Parteigenossen von einer Bestrafung ausgenommen, um ihnen eine Brücke in den neuen sozialistischen Staat zu bauen.*

Mit Beginn des *Kalten Krieges*** wurde die Entnazifizierung 1948 in der SBZ und um 1950 in den westlichen Besatzungszonen schließlich eingestellt. „Die schwungvoll gestartete Entnazifizierung endet im Westen als Farce und im Osten als Selbstbeweihräucherung“, urteilte die Journalistin Irmgard Hochreither im März 2005.

Viel nachhaltiger als die Entnazifizierung erwies sich die Umerziehung der Bevölkerung zu Rechtsstaat und Demokratie. Auch hier waren die US-Amerikaner vorbildlich. Sie gestalteten das Erziehungswesen, Lehrpläne, Presse und Rundfunk um, hielten politische Kurse ab und richteten Amerikahäuser als kulturelle Begegnungsstätten ein. Auch in der SBZ gab es Umerziehungsmaßnahmen. Sie dienten jedoch vorrangig der Verbreitung von Kenntnissen über die Sowjetunion.

1. *Beschreiben Sie die Intentionen der Besatzungsmächte bei ihrer Vorgehensweise gegen Nationalsozialisten und Kriegsverbrecher.*
2. *Erläutern Sie die Bedeutung der Nürnberger Prozesse sowie der Nachfolgeprozesse für die Auseinandersetzung mit dem Nationalsozialismus in der Bundesrepublik.*

* Vgl. dazu S. 283.
** Zum Beginn des Kalten Krieges siehe S. 488-490.

M1 „Es ist zum Übelwerden"

Der Schriftsteller und Nobelpreisträger Hermann Hesse lebt seit 1919 in der Schweiz im Tessin. Während der Zeit des Nationalsozialismus ist sein Haus eine Anlaufstelle für etliche Emigranten aus Deutschland auf ihrem Weg ins Exil. Hesse schreibt einen „Offenen Brief" an die Schriftstellerin Luise Rinser, der am 26. April 1946 unter dem Titel „Ein Brief nach Deutschland" in der National-Zeitung (Basel) veröffentlicht wird. Darin heißt es:

◂ **Der Schriftsteller Hermann Hesse.**
Porträtfoto aus den 1950er-Jahren.

Merkwürdig ist das mit den Briefen aus Ihrem Lande! Viele Monate bedeutete für mich ein Brief aus Deutschland ein überaus seltenes und beinahe immer ein freudiges Ereignis. [...]
Dann wurden die Briefe häufiger und länger und unter diesen Briefen waren schon viele, die mir keine Freude machten und die zu beantworten mir bald die Lust verging [...].
Ein Gefangener in Frankreich, kein Kind mehr, sondern ein Industrieller und Familienvater, mit Doktortitel und guter Bildung, stellte mir die Frage, was denn nach meiner Meinung ein gut gesinnter anständiger Deutscher in den Hitlerjahren hätte tun sollen? Nichts habe er verhindern, nichts gegen Hitler tun können, denn das wäre Wahnsinn gewesen, es hätte ihn Brot und Freiheit gekostet, und am Ende noch das Leben. [...]
Da sind nun zum Beispiel alle jene alten Bekannten, die mir früher jahrelang geschrieben, damit aber in dem Augenblick aufgehört haben, als sie merkten, daß man sich durch Briefwechsel mit mir, dem Wohlüberwachten, recht Unangenehmes zuziehen könne. Jetzt teilten sie mir mit, daß sie noch leben, daß sie stets warm an mich gedacht und mich um mein Glück, im Paradies der Schweiz zu leben, beneidet hätten, und daß sie, wie ich mir ja denken könne, niemals mit diesen verfluchten Nazis sympathisiert hätten. Es sind aber viele dieser Bekenner jahrelang Mitglieder der Partei gewesen. Jetzt erzählen sie ausführlich, daß sie in all diesen Jahren stets mit einem Fuß im Konzentrationslager gewesen seien, und ich muß ihnen antworten, daß ich nur jene Hitlergegner ganz ernst nehmen könne, die mit beiden Füßen in jenen Lagern waren, nicht mit dem einen im Lager, mit dem anderen in der Partei [...].
Dann gibt es treuherzige alte Wandervögel, die schreiben mir, sie seien damals, so etwa um 1934, nach schwerem inneren Ringen in die Partei eingetreten, einzig, um dort ein heilsames Gegengewicht gegen die allzu wilden und brutalen Elemente zu bilden und so weiter.
Andere wieder haben mehr private Komplexe und finden, während sie im tiefen Elend leben und von wichtigeren Sorgen umgeben sind, Papier und Tinte und Zeit und Temperament im Überfluß, um mir in sehr langen Briefen ihre tiefe Verachtung für Thomas Mann[1] auszusprechen und ihr Bedauern oder ihre Entrüstung darüber, daß ich mit einem solchen Mann befreundet sei.
Und wieder eine Gruppe bilden jene, die offen und eindeutig all die Jahre mit an Hitlers Triumphwagen gezogen haben, einige Kollegen und Freunde aus früheren Zeiten her. Sie schreiben mir jetzt rührende und freundliche Briefe, erzählen mir eingehend von ihrem Alltag, ihren Bombenschäden und häuslichen Sorgen, ihren Kindern und Enkeln, als wäre nichts gewesen, als wäre nichts zwischen uns, als hätten sie nicht mitgeholfen, die Angehörigen und Freunde meiner Frau, die Jüdin ist, umzubringen und mein Lebenswerk zu diskreditieren und schließlich zu vernichten. Nicht einer von ihnen schreibt, er bereue, er sehe die Dinge jetzt anders, er sei verblendet gewesen. Und auch nicht einer schreibt, er sei Nazi gewesen und werde es bleiben, er bereue nichts, er stehe zu seiner Sache. Wo wäre je ein Nazi zu seiner Sache gestanden, wenn diese Sache schief ging? Ach, es ist zum Übelwerden.

Zitiert nach: Christoph Kleßmann, Die doppelte Staatsgründung. Deutsche Geschichte 1945-1955, Bonn 1991, S. 443f.

1. *Beschreiben Sie, wie sich die Deutschen in ihren Briefen an Hermann Hesse darstellen.*
2. *Erläutern Sie, welche Gründe es für die Einstellung der Deutschen und ihren Umgang mit dem Nationalsozialismus geben könnte.*
3. *Erörtern Sie die Haltung Hesses, die hier zum Ausdruck kommt. Nehmen Sie selbst Stellung zu den Briefschreibern und verfassen Sie Antworten.*

[1] **Thomas Mann** (1875-1955): deutscher Schriftsteller und Nobelpreisträger, der 1933 in die Schweiz und 1938 in die USA emigrierte. Als Gegner der Nationalsozialisten wandte er sich regelmäßig in einer eigenen Radiosendung, gesendet von der BBC, an die deutsche Bevölkerung.

M2 Schuldbekenntnisse der Kirchen

a) Am 23. August 1945 veröffentlicht die Fuldaer Bischofskonferenz eine Erklärung, die über den deutschen Katholizismus im „Dritten Reich“ Bilanz zieht. Dort heißt es:

Wir beklagen es zutiefst: Viele Deutsche, auch aus unseren Reihen, haben sich von den falschen Lehren des Nationalsozialismus betören lassen, sind bei den Verbrechen gegen die menschliche Freiheit und menschliche Würde gleichgültig geblieben; viele leisteten durch ihre Haltung dem Verbrechen Vorschub, viele sind selber Verbrecher geworden. Schwere Verantwortung trifft jene, die aufgrund ihrer Stellung wissen konnten, was hier bei uns vorging, die durch ihren Einfluss solche Verbrechen hätten verhindern können und es nicht getan haben, ja diese Verbrechen ermöglicht haben und sich dadurch mit den Verbrechern solidarisch erklärt haben. [...] Es ist eine Forderung der Gerechtigkeit, dass immer und überall die Schuld von Fall zu Fall geprüft wird, damit nicht Unschuldige mit den Schuldigen leiden müssen.

b) Die evangelische Kirche bekennt sich in der „Stuttgarter Erklärung“ vom 19. Oktober 1945 mit folgenden Worten zu ihrer Verantwortung:

Durch uns ist unendliches Leid über viele Völker und Länder gebracht worden. Was wir unseren Gemeinden oft bezeugt haben, das sprechen wir jetzt im Namen der ganzen Kirche aus: Wohl haben wir lange Jahre hindurch im Namen Jesu Christi gegen den Geist gekämpft, der im nationalsozialistischen Gewaltregime seinen furchtbaren Ausdruck gefunden hat, aber wir klagen uns an, dass wir nicht mutiger bekannt, nicht treuer gebetet, nicht fröhlicher geglaubt und nicht brennender geliebt haben. Nun soll in unseren Kirchen ein neuer Anfang gemacht werden.

Erster und zweiter Text zitiert nach: Keesing's Archiv der Gegenwart XV. Jg. (1945), S. 114 und 487

1. *Zeigen Sie Übereinstimmungen und Unterschiede zwischen den beiden Bekenntnissen auf.*
2. *Erläutern Sie, ob der christliche Begriff von Schuld und Verantwortung noch über den juristischen hinausgeht.*

M3 Schwarz wird weiß

1946 erscheint im Münchener Satireblatt „Simplicissimus“ die Karikatur „Schwarz wird weiß oder Mechanische Entnazifizierung“ von Max Radler mit einem Gedicht von J. Menter:

Springt immer rein! Was kann euch schon passieren,
Ihr schwarzen Böcke aus dem braunen Haus!
Man wird euch schmerzlos rehabilitieren.
Als weiße Lämmer kommt ihr unten raus.

Zitiert nach: Jürgen Kniep, Wiederaufbau und Wirtschaftswunder, Augsburg 2009, S. 68

1. *Beschreiben Sie die einzelnen Bildelemente und erläutern Sie die Aussage der Karikatur. Gegen wen richtet sich die Kritik?*
2. *Stellen Sie dar, welche Haltung das Gedicht von J. Menter zur damaligen Entnazifizierung einnimmt.*

Antifaschismus und Antitotalitarismus als Integrationsideologien

Zwei Staaten – zwei Haltungen Mit der doppelten Staatsgründung im Jahr 1949 zeigten sich bereits grundsätzliche Unterschiede in der Auseinandersetzung der Bundesrepublik und der *Deutschen Demokratischen Republik* (DDR) mit der NS-Zeit.

Die Bundesrepublik Deutschland verstand sich als Gegenmodell zum nationalsozialistischen Regime. Die freiheitlich-demokratischen und rechtsstaatlichen Prinzipien des Grundgesetzes untermauerten dies. Andererseits sah sich der westdeutsche Teilstaat aber auch als Rechtsnachfolger des Deutschen Reiches, dessen Erblast er nun tragen musste.

Von Anfang an grenzte sich die DDR gegenüber der Bundesrepublik ab und begriff sich als der „bessere" der beiden deutschen Staaten. Die herrschende Staatspartei – die *Sozialistische Einheitspartei Deutschlands* (SED) – verstand die DDR als „antifaschistisches Bollwerk", als Friedensstaat und als sozialistischen Staat, der damit in besonderem Maße als Wohlfahrtsstaat den Menschen diente. Den gerade niedergeworfenen „Faschismus" verstand man als letztes Stadium in der finalen Krise des Kapitalismus. Der Sozialismus würde demnach den Kapitalismus und somit auch den Faschismus überwinden.

Amnestie und Integration Der Wunsch nach einem „Schlussstrich" blieb in beiden deutschen Staaten auch nach 1949 weit verbreitet. In der freien Presse der Bundesrepublik oder im Wahlkampf zum ersten Bundestag konnte das auch öffentlich gemacht werden. Schon vom ersten „Straffreiheitsgesetz" des Bundestages vom 31. Dezember 1949 profitierten Zehntausende von Nazi-Tätern. In dieser zweiten „Phase der Vergangenheitspolitik" (*Norbert Frei*) ermöglichten weitere Amnestie- und Integrationsangebote – wie beispielsweise die zum **Artikel 131 GG** – den Aufstieg der Eliten und Trägergruppen des „Dritten Reiches" in maßgebliche Positionen in Staat, Gesellschaft und Politik. Allerdings gab es auch Politiker, die gegen diesen Hang zur Schuldabwehr auftraten (▸ M1).

In der DDR rehabilitierte das am 9. November 1949 verabschiedete „Gleichberechtigungsgesetz" der Volkskammer alle, die einzig und allein wegen der Mitgliedschaft in der NSDAP ihre Beschäftigungsmöglichkeiten und ihre Rechte verloren hatten. 1952 wurden auch geringfügig Belastete integriert, der Bereich der Justiz und der Exekutive blieb ihnen jedoch weiter verschlossen. Mit dem Abschluss der „antifaschistisch-demokratischen Umwälzung" und der Gründung der DDR sah man die strukturellen und ideologischen Wurzeln des Nationalsozialismus „ein für alle Mal ausgerissen". Die Existenz sowjetischer Internierungslager stand dem symbolischen Abschluss der Entnazifizierung jedoch entgegen, was die SED-Führung seit 1949 zu ändern suchte. Schließlich wurden die Lager Anfang 1950 aufgelöst. 10000 Internierte kamen frei, 10500 bereits von den SMT Verurteilte wurden zur weiteren Strafverbüßung und weitere 3400 „zur Feststellung der Schuld und zur Aburteilung" an die DDR übergeben, was in den **Waldheimer Prozessen** geschah. Danach wurde der „Abschluss der Entnazifizierung entsprechend der Potsdamer Beschlüsse" verkündet.

In der Bundesrepublik wurden die von der NATO* herangetragenen Erwartungen an einen westdeutschen „Wehrbeitrag" mit Forderungen nach Freilassung der „Kriegs-

* Zur NATO siehe S. 490.

Artikel 131 GG: Das Gesetz zu diesem Artikel des Grundgesetzes vom 11. Mai 1951 erlegte dem öffentlichen Dienst auf, mindestens 20 Prozent des Besoldungsaufwandes für jene Beamten und Berufssoldaten zu verwenden, die derzeit noch „ausgeschieden sind und bisher nicht oder nicht ihrer früheren Stellung entsprechend verwendet werden". Aus diesem Grund stellten die Behörden schon aus Budget-Gründen bevorzugt wieder diese Belasteten (Juristen, Gestapo-Leute, Berufssoldaten und Schreibtischtäter) ein.

Waldheimer Prozesse: Von April bis Juni 1950 wurden in Waldheim (Sachsen) 3324 Insassen ehemaliger sowjetischer Speziallager in der DDR in dreißigminütigen „Prozessen" zu Strafen von 15 bis 25 Jahren Haft verurteilt. Als Informationen zu den Geheimverfahren durchsickerten, eröffnete man gegen zehn offenkundige Nazi-Verbrecher Schauprozesse, in denen auch lebenslängliche Haftstrafen oder Todesurteile verhängt wurden. In den Medien suggerierte man danach, dass die vorangegangenen Verfahren ebenfalls öffentlich gewesen seien.

▸ **Kriegsverbrecher kommen frei.**
Karikatur aus der britischen Zeitung „Sunday Express" vom 4. Februar 1951.
Die Zeichnung ist eine Reaktion auf die am 31. Januar 1951 bekanntgegebene Amnestie der US-Besatzungsmacht von 89 in Landsberg (Bayern) inhaftierte Kriegsverbrecher.
In der Bildunterschrift meint der türöffnende US-Soldat: „Nun werden sie wohl Klage gegen uns einreichen wegen Freiheitsberaubung."
- *Ordnen Sie die Zeichnung in den politischen Zusammenhang der 1950er-Jahre ein.*

Konrad Adenauer (1876-1967): 1917-1933 Oberbürgermeister von Köln, 1948 Vorsitzender des Parlamentarischen Rates, 1950-1966 Mitbegründer und Bundesvorsitzender der CDU, 1949-1963 Bundeskanzler, 1951-1955 zugleich Bundesaußenminister

verurteilten" und der Rehabilitation der Waffenträger des „Dritten Reiches" beantwortet. Viele von den Alliierten verurteilte Kriegsverbrecher kamen frei. Auf Drängen der Deutschen erklärte NATO-Oberbefehlshaber *Dwight D. Eisenhower* am 22. Januar 1951: „Ich für meinen Teil glaube nicht, dass der deutsche Soldat seine Ehre verloren hat." Eine Ehrenerklärung von Bundeskanzler **Konrad Adenauer** vor dem Bundestag gemäß der die Gruppe der Kriegsverbrecher „außerordentlich gering und außerordentlich klein" gewesen sei, folgte am 5. April 1951. Unter dem Eindruck des Kalten Krieges „konnte der Zweite Weltkrieg", resümiert der Historiker *Edgar Wolfrum* 2012 daher, „zuweilen sogar als deutscher Beitrag zu einer antikommunistisch-westeuropäischen Einigung interpretiert werden".

Antitotalitärer Basiskonsens in der Bundesrepublik ■ Seit der Staatsgründung fühlten sich Politik und Bürger von „rechts", aber vor allem von „links" bedroht, vom Kommunismus der DDR und der Sowjetunion. Der Kalte Krieg verschaffte dem Antikommunismus immer neue Nahrung. Eine Neigung zur Schwarz-Weiß-Malerei in der bundesdeutschen Gesellschaft – hier die heile Welt des Westens, dort die böse kommunistische Welt des Ostens – war weit verbreitet. In der Bundesrepublik etablierte sich ein „antitotalitärer" Basiskonsens, in den frühere nationalsozialistische, antibolschewistische Kräfte integriert werden konnten (▸ M2). In der immer wieder verwendeten Formel von der „Verteidigung der Freiheit gegen den Bolschewismus" trafen sich Konservative, Liberale und Sozialdemokraten ungeachtet ihrer sonstigen parteipolitischen Gegensätze. So wurde der Antikommunismus zur tragfähigen Integrationsideologie für die noch ungefestigte Demokratie in Westdeutschland.

In der frühen Nachkriegszeit galt in Westdeutschland die Formel „Rechtsradikalismus = Linksradikalismus". Auf diese Weise konnte nicht nur die DDR-Diktatur mit der NS-Diktatur gleichgesetzt, sondern auch manche kritische Frage zur eigenen Geschichte abgewehrt werden. So blieben in der westdeutschen Öffentlichkeit lange Zeit die Verbrechen der Wehrmacht in Polen oder in der Sowjetunion ebenso unbeachtet wie das Schicksal der Millionen ausgebeuteten osteuropäischen Zwangs- oder Fremdarbeiter.

Erst knapp 50 Jahre später, in den Jahren 1995 bis 1999 und 2001 bis 2004, sollte es schließlich möglich sein, die Dimensionen des Vernichtungskrieges im Osten, den die – so die Vorstellung der bundesdeutschen Öffentlichkeit – im Wesentlichen „sauber gebliebene" Wehrmacht 1941 bis 1944 geführt hatte, in zwei kontrovers diskutierten Wechselausstellungen zu präsentieren und damit ein weiteres Kapitel deutscher Schuld zu beleuchten.

Internettipp:
Zur Online-Ausstellung „Verbrechen der Wehrmacht" siehe Code 4677-27

Antifaschismus als Integrationsideologie und Legitimationsquelle In der DDR war der Verweis auf die „Nazi- und Kriegsverbrechen" von Beginn an ein zentraler Pfeiler der Identitätspolitik. Da die Macht- und Kulturelite des Landes größtenteils aus einst Verfolgten und aus Kämpfern gegen den Nationalsozialismus bestand, konnte sie erstens der ostdeutschen Bevölkerung gegenüber mit einer gewissen moralischen Überlegenheit auftreten. Die von ihnen verordnete antifaschistische Geschichtsdeutung besagte, dass „der Aufbau des Sozialismus die einzig richtige Konsequenz aus dem Faschismus" sei, denn nur mit der Abschaffung des Kapitalismus sei auch die Grundlage für den Faschismus für immer beseitigt. Somit konnten sich alle, die sich mit dem Sozialismus identifizieren, auch als „Sieger der Geschichte" verstehen. Zweitens versuchte sich die DDR mit ihrer antifaschistischen Staatsdoktrin auch außenpolitisch zu legitimieren.

Beide Funktionen des Antifaschismus illustrierte der Staatsakt, mit dem 1958 gemeinsam mit Gästen und ehemaligen Häftlingen aus vielen Ländern die Gedenkstätte Buchenwald eingeweiht wurde (▸ M3). Drittens nutzte die DDR den Verweis auf die nationalsozialistische Vergangenheit aus, um den Konkurrenten im Westen, dessen Elite und Beamtenschaft eine kaum gebrochene personelle Kontinuität zum „Dritten Reich" aufwies, als „braunes System" darzustellen.

▲ **„Das Braune Haus von Bonn."**
Schautafel, herausgegeben von der SED-Abteilung Agitation, Presse, Rundfunk, Berlin-Ost, 1956.
Als „Braunes Haus" wurde die NS-Parteizentrale in München von 1930 bis 1945 bezeichnet. „Das Braune Haus von Bonn" zeigt führende Politiker der Bundesrepublik, die im NS-Regime aktiv waren. Dazu gehört etwa der spätere Bundeskanzler Kurt Georg Kiesinger (unten Mitte).
- *Erläutern Sie, warum die SED-Führung an der Aufdeckung der „braunen" Vergangenheit westdeutscher Politiker interessiert war.*
- *Informieren Sie sich zu Kurt Georg Kiesinger und nehmen Sie Stellung zu seiner politischen Karriere.*

Die aufwändigste und folgenreichste Kampagne hierzu startete am 23. Mai 1957 in Ost-Berlin. Während der internationalen Pressekonferenz „Gestern Hitlers Blutrichter – Heute Bonner Justizelite" wurden die früheren Positionen von 118 bundesdeutschen Richtern und Staatsanwälten enthüllt. Im Laufe der folgenden drei Jahre identifizierte die DDR ungefähr alle sechs Monate weitere 200 Juristen des „Dritten Reiches". Das erregte auch im Ausland Aufmerksamkeit – beispielsweise debattierten im Juli 1957 die britische Presse und das Unterhaus über die Zustände in der bundesdeutschen Justiz –, sodass die Politik unter Handlungsdruck geriet. Letztlich beschloss die Ende 1958 tagende Konferenz der Justizminister, die „Zentrale Stelle der Landesjustizverwaltungen zur Aufklärung nationalsozialistischer Verbrechen“* zu gründen.

▸ **Leistungen der Bundesrepublik für Opfer des Nationalsozialismus.**
- *Recherchieren Sie, wer Ansprüche nach dem Bundesentschädigungsgesetz hatte.*
- *Halten Sie es für gerechtfertigt, dass die Bundesrepublik heute noch Entschädigungsleistungen aufbringt? Diskutieren Sie.*

* **Jewish Claims Conference**: Zusammenschluss mehrerer jüdischer Organisationen, die seit ihrer Gründung 1951 die Entschädigungsansprüche jüdischer Überlebender und Opfer des Holocausts vertritt.

Leistungen der Bundesrepublik für NS-Opfer bis Ende 2010 (in Mrd. Euro)	
Bundesentschädigungsgesetz (BEG)	46,42
Weitere gesetzliche Regelungen	2,63
Härtefallregelungen	4,16
Leistungen an den Staat Israel	1,76
Globalverträge mit Staaten u. a. (z. B. Jewish Claims Conference*)	1,46
Rückerstattung geraubten Vermögens	2,02
Sonderfonds der Bundesländer außerhalb des BEG	1,72
Sonstige Leistungen	5,35
Stiftung „Erinnerung, Verantwortung und Zukunft“	2,56
Gesamt	*68,08*

Nach: Bundesministerium der Finanzen, August 2011

Entschädigung für NS-Opfer Als Rechtsnachfolger des Deutschen Reiches verpflichtete sich die Bundesrepublik zur Wiedergutmachung. Ende September 1951 bot die Bundesregierung dem 1948 in Palästina gegründeten Staat Israel Wiedergutmachungsverhandlungen an. Am 10. September 1952 wurde in Luxemburg mit Israel und jüdischen Organisationen ein Wiedergutmachungsabkommen geschlossen (*Luxemburger Abkommen*). Es stellte unter anderem drei Milliarden DM (1,53 Mrd. Euro) für die Eingliederung von etwa einer halben Million Holocaust-Überlebender in Aussicht. Im Bundestag konnte Adenauer die Ratifizierung des Vertrages nur mithilfe der Opposition durchsetzen, da er in den eigenen Reihen keine Mehrheit für das Abkommen fand.

Auch anderen NS-Opfern stellte die Bundesrepublik Entschädigungen in Aussicht. Über zwei Millionen Anträge zur Wiedergutmachung wurden anerkannt. Allerdings waren die Leistungen für den Einzelnen eher bescheiden: Für einen Monat KZ-Haft gab es einen einmaligen Betrag von 150 DM, für nachgewiesene Gesundheitsschäden waren Renten vorgesehen. Andere Opfergruppen gingen lange Zeit leer aus, etwa die Zwangsarbeiter aus Osteuropa, die erst ab dem Jahr 2000 durch die Stiftung „Erinnerung, Verantwortung und Zukunft“ entschädigt wurden.

Vergleichbare Wiedergutmachungen leistete die DDR nicht. Entsprechende Forderungen Israels wies die SED-Führung rigoros zurück, zumal sie den jungen Staat Israel als Teil des kapitalistischen Weltsystems begriff.

1. *Erläutern Sie die Bedeutung von Antifaschismus und Antitotalitarismus für das jeweilige Selbstverständnis der beiden deutschen Staaten.*

2. *Diskutieren Sie Möglichkeiten und Ausmaß einer Wiedergutmachung.*

* Siehe dazu S. 290.

M1 „Schamreiche Jahre“

Auszüge aus der Rede von Bundespräsident Theodor Heuss zur Einweihung der Gedenkstätte Bergen-Belsen am 30. November 1952:

Als ich gefragt wurde, ob ich heute, hier, aus diesem Anlass ein Wort zu sagen bereit sei, habe ich ohne lange Überlegung mit ja geantwortet. Denn ein Nein der Ablehnung, der Ausrede, wäre mir als eine Feigheit erschienen, und wir Deutschen wollen, sollen und müssen, will mir scheinen, tapfer zu sein lernen gegenüber der Wahrheit, zumal auf einem Boden, der von den Exzessen menschlicher Feigheit gedüngt und verwüstet wurde. [...] Wer hier als Deutscher spricht, muss sich die innere Freiheit zutrauen, die volle Grausamkeit der Verbrechen, die hier von Deutschen begangen wurden, zu erkennen. Wer sie beschönigen oder bagatellisieren wollte oder gar mit der Berufung auf den irregegangenen Gebrauch der sogenannten „Staatsraison“ begründen wollte, der würde nur frech sein. [...]

Dieses Belsen und dieses Mal [Mahnmal der Gedenkstätte] sind stellvertretend für ein Geschichtsschicksal. Es gilt den Söhnen und Töchtern fremder Nationen, es gilt den deutschen und ausländischen Juden, es gilt auch dem deutschen Volke und nicht bloß den Deutschen, die auch in diesem Boden verscharrt wurden.

Ich weiß, manche meinen: War dieses Mal notwendig? Wäre es nicht besser gewesen, wenn Ackerfurchen hier liefen und die Gnade der sich ewig verjüngenden Fruchtbarkeit der Erde verzeihe das Geschehene? Nach Jahrhunderten mag sich eine vage Legende vom unheimlichen Geschehen an diesen Ort heften, darüber mag man meditieren; und Argumente fehlen nicht, Argumente der Sorge, dass dieser Obelisk ein Stachel sein könne, der Wunden, die der Zeiten Lauf heilen solle, das Ziel der Genesung zu erreichen nicht gestatte.

Wir wollen davon in allem Freimut sprechen. Die Völker, die hier die Glieder ihres Volkes in Massengräbern wissen, gedenken ihrer, zumal die durch Hitler zu einem volkhaften Eigenbewusstsein schier gezwungenen Juden. Sie werden nie, sie können nie vergessen, was ihnen angetan wurde; die Deutschen dürfen nie vergessen, was von Menschen ihrer Volkszugehörigkeit in diesen schamreichen Jahren geschah.

Nun höre ich den Einwand: Und die anderen? Weißt du nichts von den Internierungslagern 1945/46 und ihren Rohheiten, ihrem Unrecht? Weißt du nichts von den Opfern in fremdem Gewahrsam, von dem Leid der formalistisch-grausamen Justiz, der heute noch deutsche Menschen unterworfen sind? Weißt du nichts von dem Fortbestehen der Lagermisshandlung, des Lagersterbens in der Sowjetzone, Waldheim, Torgau, Bautzen? Nur die Embleme haben sich dort gewandelt. Ich weiß davon und habe nie gezögert, davon zu sprechen. Aber Unrecht und Brutalität der anderen zu nennen, um sich darauf zu berufen, das ist das Verfahren der moralisch Anspruchslosen, die es in allen Völkern gibt [...].

Sicher ist das, was zwischen 1933 und 1945 geschah, das Furchtbarste, was die Juden der Geschichte gewordenen Diaspora erfuhren. Dabei war etwas Neues geschehen. [...] Judenverfolgungen kennt die Vergangenheit in mancherlei Art. Sie waren ehedem teils Kinder des religiösen Fanatismus, teils sozial-ökonomische Konkurrenzgefühle. Von religiösem Fanatismus konnte nach 1933 nicht die Rede sein. [...] Der Durchbruch des biologischen Naturalismus der Halbbildung führte zur Pedanterie des Mordens als schier automatischer Vorgang, ohne das bescheidene Bedürfnis nach einem bescheidenen quasi-moralischen Maß. Dies gerade ist die tiefste Verderbnis dieser Zeit. Und dies ist unsere Scham, dass sich solches im Raum der Volksgeschichte vollzog, aus der Lessing und Kant, Goethe und Schiller in das Weltbewusstsein traten. Diese Scham nimmt uns niemand, niemand ab. [...]

Der Mensch, die Menschheit ist eine abstrakte Annahme, eine statistische Feststellung, oft nur eine unverbindliche Phrase; aber die Menschlichkeit ist ein individuelles Sich-Verhalten, ein ganz einfaches Sich-Bewähren gegenüber dem anderen, welcher Religion, welcher Rasse, welchen Standes, welchen Berufes er auch sei. Das mag ein Trost sein.

Da steht der Obelisk, da steht die Wand mit den vielsprachigen Inschriften. Sie sind Stein, kalter Stein. Saxa loquuntur, Steine können sprechen. Es kommt auf den Einzelnen, es kommt auf dich an, dass du ihre Sprache, dass du diese ihre besondere Sprache verstehst, um deinetwillen, um unser aller willen!

Zitiert nach: Bulletin des Presse- und Informationsamtes der Bundesregierung, Nr. 189 vom 2. Dezember 1952, S. 1655 f.

1. *Arbeiten Sie zentrale Elemente der Rede heraus.*
2. *Analysieren Sie, mit welchen sprachlichen Mitteln und mit welcher damit verbundenen Intention Heuss Opfer und Täter sowie die Ursachen des Nationalsozialismus beschreibt.*
3. *Erörtern Sie den von Heuss verwendeten Begriff der „Scham“.*
4. *Recherchieren Sie eine jüngere Rede eines Bundespräsidenten zum Thema Aufarbeitung der nationalsozialistischen Vergangenheit und untersuchen Sie, welche der zentralen Themen, die Heuss 1952 anspricht, auch in heutigen Gedenkreden zum Holocaust noch immer eine Rolle spielen.*

M2 Antikommunismus als Deckmantel?

Der Politikwissenschaftler Dietrich Thränhardt analysiert 1996 die Integration ehemaliger Nationalsozialisten in der Bundesrepublik folgendermaßen:

Als Übergangsideologie für die Bundesrepublik, die in die westliche Gesellschaft hineinwuchs, war der Antikommunismus hervorragend geeignet. In ihm konnte man sich mit den ehemaligen Kriegsgegnern, mit der Demokratie, den „westlichen Werten“, dem Christentum, dem „Abendland“ identifizieren, die als positives Gegenbild fungierten. Auch wenn man während des „Dritten Reiches“ unterschiedlichen politischen Lagern angehört hatte, war auf dieser ideologischen Grundlage eine Versöhnung möglich. Die große Menge der ehemaligen Nationalsozialisten und die noch größere Zahl der ehemaligen Antidemokraten konnte auf diese Weise allmählich eine neue positive Identifikation gewinnen, die aber häufig sehr partiell blieb. Nach dem Urteil der Frankfurter Allgemeinen Zeitung war es 1954 bei Bewerbungen eher eine Empfehlung, „PG“ [Parteigenosse, also Mitglied der NSDAP] gewesen zu sein.

Zur Stabilisierung nach innen trug diese neue Dichotomisierung[1] [...] zweifellos bei. Die politische Eingliederung breiter Schichten mit bisher nicht-demokratischer Orientierung gelang in bemerkenswertem Umfang. Die Eingliederung einer so großen Anzahl ehemaliger Nichtdemokraten, vorwiegend in bürgerlichen Kreisen und gesellschaftlich angesehenen Berufsgruppen (Ärzte, Lehrer, Verwaltungsbeamte, Richter), barg andererseits die Gefahr des Eindringens von undemokratischen Einflüssen. [...]

Als die neuen Bundesministerien aufgebaut wurden, waren die Überprüfungen durch die Alliierten aufgegeben worden. Sozialdemokraten wurden wegen der harten innenpolitischen Frontstellung kaum eingestellt. Andererseits erhielten aber alle ehemaligen Beamten des „Dritten Reiches“, mit Ausnahme der schwer belasteten, einen Rechtsanspruch auf Beschäftigung (Ausführungsgesetz zu Art. 131 GG). Alle Behörden hatten 20 % der Stellen für diesen Zweck zu reservieren. Da die meisten früheren Spitzenbeamten von den Alliierten entlassen und sogar vorübergehend verhaftet worden waren, standen sie 1949/50 zur Verfügung. Innerhalb der Gruppe der Beamten hatten alte Verbindungen Bestand gehabt: Ein ehemaliger Beamter „zog“ den anderen nach. Im Ergebnis kam es zur Wiederherstellung der alten Bürokratie, einschließlich ihrer NSDAP-Mitglieder. Im Auswärtigen Amt waren 1951 66 % der leitenden Beamten ehemalige NSDAP-Mitglieder. Kritik daran wies Adenauer mit dem Appell zurück, „jetzt mit der Naziriecherei Schluss zu machen“. Für das Bundesjustizministerium ergab eine amerikanische Untersuchung noch höhere Werte. In anderen Ministerien, für die keine Unterlagen vorliegen, dürfte die Entwicklung ähnlich gewesen sein.

Immer wieder wurden diese Besetzungen mit dem Mangel an „Fachleuten“ erklärt. Die Besetzung der Bundesministerien war dabei der spektakulärste und auch greifbarste Fall. Denn es bestand ein Unterschied zwischen einer allgemeinen beruflichen Wiedereingliederung ehemaliger Nationalsozialisten und der Besetzung zentraler Entscheidungspositionen. Insbesondere die Justiz, in der sich der Korpsgeist ihrer Angehörigen bemerkbar machte, wurde weithin restituiert. Erst seit Ende der Sechzigerjahre, als breite öffentliche Kritik einsetzte, wurde den schwer belasteten „Blutrichtern“ die Möglichkeit gegeben, sich unter Wahrung ihrer Versorgungsansprüche pensionieren zu lassen. Bestraft wurde keiner.

Dietrich Thränhardt, Geschichte der Bundesrepublik Deutschland, Frankfurt am Main 1996, S. 112 ff.

[1] **Dichotomisierung**: Zerlegung einer Gesamtheit in zwei Teilgesamtheiten, die mithilfe eines Merkmals unterschieden werden (z. B. in der Statistik nach Geschlecht: männlich und weiblich)

1. *Fassen Sie Thränhardts Aussagen mit eigenen Worten zusammen.*
2. *Erläutern Sie, inwiefern der Antikommunismus als „Integrationsideologie“ wirkte.*
3. *Erörtern Sie, ob es in unserer heutigen Gesellschaft auch „Integrationsideologien“ gibt.*

M3 Zum Sieg über den „Hitlerfaschismus“

Otto Grotewohl, Ministerpräsident der DDR, spricht am 14. September 1958 zur Einweihung der „Nationalen Mahn- und Gedenkstätte Buchenwald“:

Liebe Kameraden! Verehrte Gäste und Freunde! In Liebe und Verehrung verneigen wir uns vor den toten Helden des antifaschistischen Widerstandskampfes, vor den Millionen Opfern faschistischer Barbarei. Mutig haben sie ihr Leben eingesetzt gegen ein grauenvolles, menschenfeindliches Mordsystem, für den Frieden und für das Glück der Völker. Wir gedenken der tapferen Söhne und Töchter aus allen Ländern Europas, die sich dem Terror und der brutalen Gewalt nicht beugten, deren tapferes Sterben eine furchtbare Anklage gegenüber ihren Mördern und ein stummes Werben für die Freiheit und das Recht der Völker war. Standhaft kämpften sie, und standhaft sind sie gefallen. Man hat sie zerbrochen, vergast, erschlagen und zu Tode gequält, doch sie beugten

sich nicht. Aufrecht und treu ihrer großen Idee ergeben gingen sie in den Tod. Aufrecht und mutig gingen sie ihren letzten Gang wie der Kommunist Thälmann, der Sozialdemokrat Breitscheid, der Pfarrer Schneider, die ungezählten sowjetischen Kriegsgefangenen, die gequälten Zwangsarbeiter aus allen Nationen und die namenlosen Tausende. [...]
Der antifaschistische Widerstand war und ist ein Volkskampf. Er kann nur dort zu Ende geführt werden, wo sich die Völker entschlossen unter der Führung der Arbeiterklasse zum Kampf gegen die faschistische Reaktion erheben. Auch der Widerstandskampf gegen den Hitlerfaschismus wurde neu organisiert und geleitet von der Arbeiterklasse und ihren Parteien. Die faschistische Diktatur ist immer unmenschlich, grausam und verbrecherisch. Ihre Methoden der Völkerhetze, des Terrors und des organisierten Massenmordens sind Ausdruck eines untergehenden, sterbenden Systems. Die Naziherrschaft in Deutschland war eine faschistische Diktatur der reaktionärsten Kreise des deutschen Imperialismus. Ihr Ziel war die Errichtung der faschistischen Weltherrschaft unter deutscher Führung. Ihr Weg war zügelloser Terror und blutiges Massenmorden. [...] Mehr als 18 Millionen Menschen wurden in die Menschenvernichtungsfabriken, die Konzentrationslager, verschleppt. Davon wurden über elf Millionen auf bestialische Weise ermordet. Allein im Konzentrationslager Buchenwald, hier an dieser Stelle, fanden über 56 000 Menschen ihren Tod.
Den Sieg über dieses abscheuliche System danken wir in erster Linie der heldenhaften Sowjetunion, den tapferen Söhnen und Töchtern des Sozialismus und den Millionen namenlosen Helden der antifaschistischen Widerstandsbewegung aus vielen Ländern Europas. Sie haben ihr Blut und ihr Leben für die Zerschmetterung des Hitlerfaschismus eingesetzt. [...]
Der Hitlerfaschismus wurde 1945 militärisch zerschlagen, aber er wurde nur in einem Teil Deutschlands, in der Deutschen Demokratischen Republik, mit der Wurzel ausgerottet. [...] In Westdeutschland wurde das Abkommen von Potsdam[1] über die Ausrottung des Faschismus verraten und zerstört. Die alten Verderber Deutschlands und Europas tauchten unter im Strom der Namenlosen, um beim ersten gedämpften Trommelklang wieder hervorzutreten und im alten faschistischen Geist weiterzumarschieren. [...]

▲ **Einweihung der KZ-Gedenkstätte Buchenwald.**
Foto vom 14. September 1958.

Wir müssen eine einheitliche gesamtdeutsche Volksbewegung gegen Atomkriegsvorbereitungen bilden [...]. Diese Volksbewegung würde auch die friedliche, demokratische Wiedervereinigung auf dem Wege einer Konföderation der beiden deutschen Staaten erleichtern. Damit würde zugleich der Hauptgefahrenherd eines Krieges in Europa beseitigt. Die Einheit der fortschrittlichen und friedliebenden Menschen in Deutschland und in der ganzen Welt ist die Garantie für eine friedliche und glückliche Zukunft der Menschen. Diesem Ziel dient auch unser Treffen zur Einweihung der Mahn- und Gedenkstätte. Es ist eine Demonstration gegen den Krieg, für Abrüstung und Atomwaffenverbot, für die Schaffung einer atomwaffenfreien Zone in Europa und für die Freundschaft und Verständigung zwischen allen Völkern.

Zitiert nach: Buchenwald mahnt, Weimar 1961, S. 7, 9 f., 12 und 15

1. *Analysieren Sie, wie Grotewohl das nationalsozialistische Regime und in Abgrenzug dazu den antifaschistischen Widerstand bschreibt.*
2. *Vergleichen Sie den Text (M3) mit der Rede von Heuss (M1) im Hinblick auf die Rolle, die Opfer und Täter im NS-Regime in den Augen der Autoren jeweils einnahmen.*
3. *Stellen Sie dar, welche Handlungsempfehlungen Heuss und Grotewohl ihren Zuhörern geben.*

[1] **Potsdamer Abkommen**, siehe S. 485 und M2, S. 486.

Umgang mit der NS-Zeit von den 1950er- bis 1970er-Jahren

▸ **Ortsbesichtigung im KZ Auschwitz.**
Foto vom 14. Dezember 1964. Die Mitglieder des Frankfurter Schwurgerichts und zahlreiche Journalisten passieren das Lagertor des Konzentrationslagers Auschwitz im Rahmen des Auschwitz-Prozesses. Am 20. Dezember 1963 wurde in Frankfurt am Main der Prozess gegen 22 ehemalige Bewacher des Lagers eröffnet.

Zentrale Stelle der Landesjustizverwaltungen zur Aufklärung nationalsozialistischer Verbrechen: Sie nahm ihre Arbeit am 1. Dezember 1958 auf und ermittelte systematisch zu nationalsozialistischen Verbrechen, die jenseits der alten Reichsgrenzen an Zivilisten und in den KZ begangen wurden, da die bundesdeutschen Staatsanwaltschaften und Gerichte für In ihrem Bezirk begangene Straftaten oder dort lebende Täter zuständig waren. Ab 1964 wurde ihre Zuständigkeit auf das Bundesgebiet erweitert. Schon 1959 leitete die „Zentrale Stelle" den Staatsanwaltschaften 400 Vorermittlungen, teilweise mit hunderten Beschuldigten, zu.

Internettipp:
Für Informationen zum Frankfurter Auschwitz-Prozess siehe Code 4677-28

Wandel in der Bundesrepublik Die dritte „Phase der Vergangenheitsbewältigung" (*Norbert Frei*), dauerte vom Ende der 1950er- bis zum Ende der 1970er-Jahre und setzte sich in der Bundesrepublik deutlich von den vorherigen Phasen ab. Langsam setzte ein Umdenken ein. Orte des NS-Terrors, etwa frühere Konzentrationslager wie Dachau, wurden zu Gedenkstätten, auch gewann der Nationalsozialismus in westdeutschen Lehrplänen, in der politischen Bildung, aber auch in der justiziellen Aufarbeitung zunehmend an Bedeutung. Die systematische Erforschung und Verfolgung von NS-Gewaltverbrechen begann erst seit 1958 mit der Gründung der **Zentralen Stelle der Landesjustizverwaltungen zur Aufklärung nationalsozialistischer Verbrechen** in Ludwigsburg (▸ M1). Eine breite Öffentlichkeit nahm Anteil an Großverfahren wie dem ersten *Auschwitz-Prozess* in Frankfurt am Main (1963-1965) und dem *Majdanek-Prozess** in Düsseldorf (1975-1981). Erst diese Prozesse machten den Deutschen das ganze Ausmaß des Holocaust deutlich.

Die Gerichtsverhandlungen der 1960er-Jahre stellten das in der westdeutschen Gesellschaft gängige Täterbild infrage und präzisierten die Vorstellungen von der Funktionsweise des nationalsozialistischen Regimes. Der *Eichmann-Prozess* 1961 in Jerusalem zeigte, dass nicht nur „eine kleine Clique um Hitler und Himmler" und einzelne brutale „Exzesstäter" oder „menschliche Randexistenzen" für den Massenmord an den Juden Europas verantwortlich waren, sondern auch ein Heer unscheinbarer Bürokraten in einem breit gefächerten Institutionennetz, welches Eichmann koordinierte – ein „Verwalter, dessen Ressort das Morden" war, wie „Die Zeit" damals schrieb.

Während sich in der DDR der ritualisierte antifaschistische Bezug auf den Nationalsozialismus nur in Nuancen wandelte und öffentliche Kontroversen ohnehin nicht möglich waren, spitzte sich in der Bundesrepublik in den 1960er-Jahren die Auseinandersetzung um die Vergangenheit zu. Dem Verschwiegenheitskomplott einer Gesellschaft, deren tragende Stützen immer noch Sechzigjährige waren, welche häufig im Nationalsozialismus ihre Karriere begonnen hatten, trat eine neue Generation von Historikern, Journalisten, Juristen oder politisierter Bürger entgegen. Vieles wurde skandalisiert.

* **Majdanek**: Vorort von Lublin (Polen), bei dem die Nationalsozialisten ein Vernichtungslager einrichteten. Es existierte von Herbst 1941 bis Juli 1944; etwa 200 000 Menschen kamen in Majdanek zu Tode, vgl. S. 261.

Im Mai 1968 wurden dem Bundestag einige wenig spektakulär wirkende Gesetzesvorlagen, die sich mit Ordnungswidrigkeiten befassten, zur Abstimmung zugeleitet. Zusätzlich ging es auch um die Neuformulierung des Paragrafen 50, Absatz 2 des Strafgesetzbuches. Für die Strafverfolgung nationalsozialistischer Verbrecher war die Novellierung des Beihilfe-Paragrafen ein Desaster: Da im bundesdeutschen Rechtsverständnis als Haupttäter immer Hitler, Himmler, Heydrich u. a. galten, wurde die Masse der Schreibtischtäter stets nur wegen Beihilfe zum Mord angeklagt. Aufgrund der Novelle mussten viele Prozesse und Ermittlungsverfahren eingestellt werden – unter anderem auch die schon seit sechs Jahren andauernden Ermittlungen gegen etwa 300 Täter des Reichssicherheitshauptamtes. Was in der offiziellen Sprachregelung als „Panne des Gesetzgebers“ galt, nannte die kritische Öffentlichkeit *„kalte Amnestie“*. Im gleichen Jahr wurde mit *Hans-Joachim Rehse* einer der am schwersten belasteten Richter des Volksgerichtshofes freigesprochen. Seine Todesurteile hätten damals der legitimen Selbstbehauptung des Staates gedient, so die Begründung des Freispruchs von 1968. Einen Sturm der Entrüstung entfachte der Hinweis des Gerichtes, dass sich der Staat auch heute mit härteren Strafen gegen Demonstranten wehren müsse. Die gingen daraufhin wieder auf die Straße und verglichen den Freispruch mit der einjährigen Gefängnisstrafe, die **Beate Klarsfeld** bekommen hatte, nachdem sie Bundeskanzler Kurt Georg Kiesinger aufgrund seiner früheren NSDAP-Mitgliedschaft mit den Rufen „Nazi, Nazi!“ geohrfeigt hatte.

Die oft sehr persönlich geführte Auseinandersetzung der Jugend von 1968 mit der Vergangenheit ihrer Eltern, Lehrer und Professoren ging mit einem politisierten, abstrakten, inflationären Gebrauch des Faschismus-Vorwurfes einher. So wurde die NS-Vergangenheit auch für den Kampf gegen das „Establishment“ instrumentalisiert, bisweilen prangerte man sogar Fahrscheinkontrollen als „tendenziell faschistisch“ an.*

Beate Klarsfeld: geb. 1939 in Berlin, lebt in Paris. Die Journalistin provozierte Skandale um etablierte Ex-Nazis und half, Massenmörder wie Kurt Lischka und Klaus Barby vor Gericht zu bringen.

* Erst seit 2011 bewertet die deutsche Justiz die Verbrechen in den Vernichtungslagern neu. Seitdem muss Angeklagten keine direkte Beteiligung an den Mordtaten mehr nachgewiesen werden, um sie zu verurteilen. Nun können auch Personen wegen Beihilfe zum Mord belangt werden, die als Wachmann, medizinisches Personal oder Buchhalter in den Lagern gearbeitet haben.

■ *„Warum nicht schon früher?“ Setzen Sie sich mit dieser Frage auseinander.*

Ritualisierung in der DDR In der DDR blieb eine solche auf den Nationalsozialismus zentrierte Auseinandersetzung der jungen Generation mit der älteren aus. Neben der diktatorischen Verfasstheit des Staates war das einerseits durch die „antifaschistische Herkunft“ der Herrschenden bedingt. „Wir fühlten eine starke Hemmung, gegen Menschen Widerstand zu leisten, die in der Nazi-Zeit im KZ gesessen hatten“, kommentierte die Schriftstellerin *Christa Wolf* rückblickend (▸ M2). Andere Widerstandsgruppen, etwa aus den Kirchen, dem Bürgertum oder dem Militär, fanden in der DDR ebenso wenig Beachtung wie die vielen Millionen Menschen, die der NS-Rassenideologie zum Opfer gefallen waren. Nicht Antisemitismus und Rassismus, sondern der Kampf gegen „die Arbeiterklasse“ und gegen die Sowjetunion sei das wesentliche Element des „Hitler-Faschismus“ gewesen, lautete die immer wieder propagierte Doktrin der SED-Führung (▸ M3). Die Antifaschismus-Ideologie verlieh den kommunistischen Widerstandskämpfern Heldenstatus, darunter vor allem dem ehemaligen KPD-Vorsitzenden *Ernst Thälmann*, den die Nationalsozialisten im KZ Buchenwald ermordet hatten.

▲ **„Die Bilder des Zeugen Schattmann.“**
1972 strahlt das DDR-Fernsehen diese vierteilige Serie über die Verfolgung, KZ-Haft und Ermordung der Juden aus. Der Streifen ist die Verfilmung des drei Jahre zuvor erschienenen gleichnamigen autobiografischen Romans von Peter Edel.

Andererseits war in der DDR die Auseinandersetzung mit dem „Hitler-Faschismus“ ein Dauerthema in Politik, Bildung und Medien. Seit Gründung des Landes war die Bevölkerung durch dutzende Romane, Fernseh- und Kinoproduktionen, die zum Teil auch zum zentral vorgegebenen Schulstoff gehörten, „antifaschistisch“ beeinflusst.

▸ **Gedenkrituale in der DDR.** *Foto aus Ost-Berlin vom 9. Mai 1987. Auch wenn ab 1967 der „Tag der Befreiung“ als arbeitsfreier Tag abgeschafft worden war, fanden bis zum Ende der DDR überall im Lande am 8./9. Mai offizielle Gedenkveranstaltungen zum „Tag der Befreiung des deutschen Volkes vom Hitlerfaschismus“ und zum „Tag des Sieges über das Deutsche Reich im Zweiten Weltkrieg“ statt. Hier lassen „Junge Pioniere“, die der einzigen staatlich anerkannten Jugendorganisation der DDR, der Freien Deutschen Jugend“, angehörten, am Ehrenmal für gefallene sowjetische Soldaten im Treptower Park Friedenstauben aufsteigen. In früheren Jahren fanden an dem Tag auch große Militärparaden statt.*

Geschichts- und Gedenkkultur Die große Bedeutung der geschichtskulturellen Beglaubigung im Staats- und Gesellschaftssystem der DDR zeigt sich auch in der „gründungsmythischen Dreieinigkeit“ der DDR-Gedenk- und Feiertage: So wurde am 15. Januar der Ermordung von Karl Liebknecht und Rosa Luxemburg gedacht,* 1950 wurde der 8. Mai als arbeitsfreier Feiertag (*„Tag der Befreiung des deutschen Volkes vom Hitlerfaschismus“*, ab 1967 nicht mehr arbeitsfrei) und der 7. Oktober, der Gründungstag der DDR (*„Tag der Republik“*), als Staatsfeiertag eingeführt. Der 8. Mai galt auch als *„Tag des Dankes an die Sowjetunion“* und der 7. Oktober als *„Tag des Stolzes auf die eigene Leistung“*. Damit fügten sich die Feiertage zu einer Erzählung, in der auf den Kampf und die Opfer, die Erlösung und der Dank an die Befreier sowie schließlich die stolze Feier des Bestehenden folgte.

Völlig anders ging die Bundesrepublik mit ihrer symbolischen Repräsentation und geschichtskulturellen Selbstdeutung um. Hier herrschte nach 1945 in dieser Hinsicht eine große Verunsicherung. In erster Linie wollte sich die Bundesrepublik sowohl gegen das „Dritte Reich“ als auch gegen die DDR abgrenzen. In der westdeutschen Bevölkerung fand der 8. Mai erst nach 1985 Eingang in die offizielle Gedenkkultur.**

▲ **DDR-Briefmarke, die anlässlich des 25. Jahrestages der Befreiung vom Faschismus veröffentlicht wurde.** *Entwurf von Gerhard Stauf; Erstausgabetag: 5. Mai 1970.*

1. *In der Bundesrepublik wurde 1953 der 17. Juni als „Tag der deutschen Einheit“ zum ersten und einzigen Staatsfeiertag erklärt. Das Datum bezog sich auf den ostdeutschen Volksaufstand von 1953. Dieser Aufstand habe laut der Bundesregierung bewiesen, „dass das deutsche Volk die innere Kraft aufbringe, sich gegen Diktatur und Willkür zur Wehr zu setzen“. Erläutern Sie die mehrfache Bedeutung dieses Feiertages für die Bundesrepublik.*

2. *Erörtern Sie in Form eines Essays die Notwendigkeit von Gedenktagen für eine demokratische Gesellschaft.*

* Zu Luxemburg und Liebknecht vgl. S. 190.
** Lesen Sie dazu auch S. 298-300.

M1 Die Ludwigsburger Zentralstelle

Adalbert Rückerl, seit 1961 als Staatsanwalt bei der Zentralen Stelle der Landesjustizverwaltung zur Aufklärung nationalsozialistischer Verbrechen in Ludwigsburg tätig, die er von 1966 bis 1984 geleitet hat, schreibt über die Anfänge der Behörde:

Der entscheidende Impuls für die Intensivierung und Konzentration der Strafverfolgung nationalsozialistischer Verbrechen ging [...] von einem Verfahren aus, das mehr oder weniger zufällig in Gang gekommen war. Ein ehemaliger SS-Oberführer, im Jahre 1941 Polizeidirektor in Memel, der nach dem Kriege unter falschem Namen ein Flüchtlingslager in der Nähe von Ulm geleitet hatte – aus dem Entnazifizierungsverfahren als „nicht betroffen" hervorgegangen – und nach Aufdeckung seiner Identität entlassen worden war, hatte gerichtlich auf Wiedereinstellung in den Staatsdienst geklagt. Als über diesen Prozess in der Presse berichtet wurde, erinnerte sich ein Leser daran, dass dieser Mann zu Beginn des Russland-Feldzuges im Juni 1941 in maßgebender Position an Massenerschießungen von Juden im deutsch-litauischen Grenzgebiet beteiligt gewesen war. Er wurde 1956 verhaftet.

Die in diesem Verfahren breit angelegten, mit Sorgfalt und großem Nachdruck betriebenen Ermittlungen, die dann zu dem sogenannten „Ulmer Einsatzkommando-Prozess" führten, brachten schließlich die Gewissheit, dass zahlreiche vor allem im Osten begangene schwerste NS-Verbrechen bis dahin gerichtlich nicht geahndet worden waren. [...]

Man erkannte, dass der Ahndung der bisher offensichtlich strafrechtlich nicht erfassten NS-Verbrechen Ermittlungen vorauszugehen hatten, die jedes bisher bekannte Ausmaß staatsanwaltschaftlicher Aufklärungsarbeit bei Weitem übersteigen musste. Auf Anregung des baden-württembergischen Justizministeriums [...] beschlossen Justizminister und Senatoren der deutschen Bundesländer einschließlich Berlin auf ihrer Konferenz am 3. Oktober 1958 in Bad Harzburg die Errichtung einer „Zentralen Stelle der Landesjustizverwaltungen zur Aufklärung nationalsozialistischer Verbrechen" (kurz: Zentrale Stelle). [...]

Die Aufgabenstellung der Zentralen Stelle bewirkte praktisch eine Umkehrung der bei der Strafverfolgung von NS-Verbrechen bis dahin geübten Verfahrensweise. Die Untersuchungen setzten nun nicht mehr erst auf eine Anzeige gegen einen Tatverdächtigen hin ein, wie es bisher die Regel war; vielmehr lösen wie auch immer geartete Hinweise auf eine strafrechtlich noch verfolgbare Tat die Ermittlungen nach den noch unbekannten oder noch nicht ausfindig gemachten Tatbeteiligten aus.

[...] Wohl wurde die Zentrale Stelle alsbald von einem Teil der Presse und gelegentlich auch von Politikern in einer der täglichen Arbeit und dem kollegialen Verhältnis zu den nach wie vor die Hauptlast tragenden Staatsanwaltschaften eher abträglichen Weise zu einer Art Aushängeschild der Justiz und zu einem Symbol des Rechtswillens der Bundesrepublik Deutschland hochstilisiert. Dies sollte jedoch nicht den Blick auf die Tatsache verstellen, dass die damals nach Ludwigsburg abgeordneten, von ihren Heimatbehörden in der Regel überdurchschnittlich gut beurteilten Kräfte ihre Aufgabe von Anfang an durchaus ernst nahmen.

Im Jahre 1959, praktisch im ersten vollen Jahr ihres Bestehens, leitete die Zentrale Stelle 400 Vorermittlungsverfahren ein. Die wichtigsten davon betrafen unter anderem die von den Einsatzgruppen und Einsatzkommandos der Sicherheitspolizei und des SD in der Sowjetunion, die von Sicherheits- und Ordnungspolizei sowie vom Volksdeutschen Selbstschutz in Polen und die in den Vernichtungslagern Auschwitz, Belzec, Sobibor, Treblinka und Chelmno begangenen Verbrechen.

Adalbert Rückerl, NS-Verbrechen vor Gericht. Versuch einer Vergangenheitsbewältigung, Heidelberg 1982, S. 140, 142, 145 und 147

1. *Geben Sie die Umstände wieder, die zum „Ulmer-Einsatzkommando-Prozess" geführt haben. Welche Rückschlüsse lassen sich daraus auf die Praxis der Entnazifizierung ziehen?*
2. *Charakterisieren Sie Aufgaben und Ziele der Ludwigsburger Zentralstelle.*
3. *Erörtern Sie im historischen Kontext, warum die Zentralstelle auch als „Aushängeschild" angesehen wurde.*
4. *Überprüfen Sie in Lexika, Fachbüchern oder im Internet, wie die Arbeit der Ludwigsburger Zentralstelle heute rückblickend bewertet wird.*

M2 Schuldgefühle und Loyalität

Christa Wolf gehört zu den bekanntesten Schriftstellerinnen der DDR. Im Juni 1987 nennt sie folgende Gründe für den Erfolg der Antifaschismus-Ideologie:

Als wir fünfzehn, sechzehn waren, mußten wir uns unter dem niederschmetternden Eindruck der ganzen Wahrheit über den deutschen Faschismus von denen abstoßen, die in diesen zwölf Jahren nach unserer Meinung durch Dabeisein, Mitmachen, Schweigen schuldig geworden waren. Wir mußten diejenigen entdecken, die Opfer geworden waren, diejenigen, die Widerstand geleistet hatten. [...] Das heißt, als wir sechzehn waren, konnten wir uns mit niemandem identifizieren. Dies ist eine wesentliche Aussage für meine Generation. Es ist ein nachwirkendes Defizit für junge Menschen, wenn sie sich mit niemandem identifizieren können. Uns wurde dann ein verlockendes Angebot gemacht: Ihr könnt, hieß es, eure mögliche, noch nicht verwirklichte Teilhabe an dieser nationalen Schuld loswerden oder abtragen, indem ihr aktiv am Aufbau der neuen Gesellschaft teilnehmt, die das genaue Gegenteil, die einzig radikale Alternative zum verbrecherischen System des Nationalsozialismus darstellt. An die Stelle des monströsen Wahnsystems, mit dem man unser Denken vergiftet hatte, trat ein Denkmodell mit dem Anspruch, die Widersprüche der Realität nicht zu verleugnen und zu verzerren, sondern adäquat widerzuspiegeln. Dies waren aktivierende, auch verändernde Angebote. Die Auseinandersetzung, die unausweichlich war, hat uns tief aufgewühlt. Dazu kam, speziell bei mir, aber nicht nur bei mir, die enge Beziehung zu Kommunisten, Antifaschisten durch meine Arbeit damals im Schriftstellerverband [...]. Beeindruckendere Leute als sie konnte es für mich damals nicht geben [...]. Natürlich übernahmen sie eine Vorbildrolle, es bildete sich ein Lehrer-Schüler-Verhältnis heraus, sie waren die absolut und in jeder Hinsicht Vorbildlichen, wir diejenigen, die in jeder Hinsicht zu hören und zu lernen hatten. [...] Für mich ist ein Beweis dafür, daß dieser Zustand weitgehend aus der deutschen Geschichte erwächst, daß Angehörige der gleichen Generation in den anderen sozialistischen Ländern früher kritisch, kühner, weniger brav und zähmbar waren als bei uns. Es lastete nicht die Schuld aus der Zeit des Nationalsozialismus auf ihnen und die Hemmung, sich offen kritisch gegenüber denen zu äußern, die ihre Lehrer und Vorbilder gewesen waren.

Zitiert nach: Matthias Judt (Hrsg.), DDR-Geschichte in Dokumenten, Bonn 1998, S. 59 f.

1. *„Uns wurde dann ein verlockendes Angebot gemacht“ (Zeile 11 f.). Erläutern Sie, was Christa Wolf damit meint.*

2. *Erörtern Sie, welche Auswirkungen dies auf ihre Generation und deren Selbstverständnis hatte.*

M3 Antifaschismus als Herrschaftstechnik?

Der Historiker Christoph Classen beschreibt 2004, wie der Antifaschismus in der DDR eingesetzt worden ist:

Dass „der Faschismus“ und sein vermeintliches Gegenteil, „der Antifaschismus“, oft in viel stärkerem Maße gegenwartsbezogene als historische Kategorien waren, zeigt schließlich der Fall eines Juden und Widerstandskämpfers, dem man – mangels Bereitschaft, Parteimitglied zu werden – den Status des Verfolgten des Naziregimes noch in den Siebzigerjahren verweigerte. Als er diese Ungerechtigkeit monierte, erklärte man ihm mit entwaffnender Offenheit: „Es kommt nicht darauf an, was du damals gemacht hast, sondern was du heute machst.“ Deutlicher lässt sich der Sieg des Gegenwartshorizontes über die Vergangenheit schwerlich zum Ausdruck bringen. [...]

Es läge also nahe, auch das Faschismus-Paradigma in der DDR, das ja mit dem antifaschistischen Selbstverständnis untrennbar verbunden war, analog als vorwiegend taktisch motiviert zu beschreiben. Ohne Zweifel verschmolzen in dieser Kategorie zeitweise nahezu alle gesellschaftlichen Widerstände zu einem „kompakten“ Feindbild, das eine Art Sündenbockfunktion für die anhaltenden Schwierigkeiten bei der Umsetzung des revolutionär-utopischen Projekts eines sozialistischen Deutschlands bekam. Ob westliche Bündnis- und Sicherheitspolitik, innerparteiliche Opposition, landesweiter Protest gegen die Zumutungen revolutionär-bürokratischer Umgestaltungspolitik wie im Jahr 1953 oder die bis zum Mauerbau anhaltende Fluchtbewegung: Stets sah man „Faschisten“ oder wenigstens ihre Verbündeten am Werk, stets schien die Apokalypse eines neuen, nun atomar geführten Weltkriegs nicht fern. Zugleich ließ sich gegen einen solchen Gegner angesichts der monströsen Verbrechen des Nationalsozialismus buchstäblich jedes Mittel rechtfertigen. Und doch verfehlt jede Interpretation, die [...] den Antifaschismus allein oder in erster Linie als Herrschaftstechnik deutet, einen wesentlichen Aspekt des Phänomens. [...] Der manichäische[1] Charakter solcher Feindbilder stieß offenkundig keineswegs durchgängig auf Ablehnung. Nur so ist zu erklären – was zumeist gleichzeitig unterstellt wird –, dass der DDR-Antifaschismus als Herrschaftslegitimation vergleichsweise erfolgreich gewesen sei. Wenn es sich lediglich um durchschaubare propagandistische Manöver der politischen Elite gehandelt hätte, wie ist es dann möglich gewesen, eine breite und relativ dauerhafte gesellschaftliche Resonanz dafür zu finden?

Christoph Classen, Feindbild Faschismus. Zum Doppelcharakter einer Gegnerkategorie in der frühen DDR, in: Silke Satjukow und Rainer Gries (Hrsg.), Unsere Feinde. Konstruktion des Anderen im Sozialismus, Leipzig 2004, S. 127-148, hier S. 129 f.

1. *Analysieren Sie Funktion und Zielsetzung des von Classen beschriebenen „Antifaschismus-Paradigmas“.*

2. *Nehmen Sie Stellung zu Classens abschließender Frage. Ziehen Sie die Aussagen von Christa Wolf in M2 hinzu.*

[1] **Manichäismus**: Religion der Spätantike und des frühen Mittelalters, die für die angestrebte Erlösung Askese und Reinheit verlangt; hier wohl eher: Schwarz-Weiß-Malerei

Einen Essay verfassen

Wenn wir ein Thema knapp, kenntnisreich, kritisch, klar und sprachlich ausgefeilt auf wissenschaftlichem Niveau erörtern, ist uns ein Essay gelungen. Ein historischer Essay ist der Versuch, eine Antwort auf ein Problem oder eine zentrale Frage zu geben.
Anders als das systematisch angelegte Referat erhebt der Essay weder Anspruch auf eine ausgearbeitete Darstellung von Sachverhalten noch referiert er differenziert den aktuellen Forschungsstand. Ziel ist es, das Thema in einem größeren Zusammenhang aus verschiedenen Perspektiven verständlich zu diskutieren, eigene Positionen zu entwickeln und dem Leser zur weiteren Auseinandersetzung anregende Antworten zu geben.

Einen Essay verfassen

Vorarbeit

- Grundlage ist zunächst eine Idee für ein Thema. Als Anregungen können aktuelle Ereignisse oder Anlässe wie Jubiläen sowie historische Jahrestage dienen, die in der Öffentlichkeit kontrovers diskutiert werden.
- Anschließend ist eine gründliche Recherche und intensive Auseinandersetzung mit dem Thema notwendig, um ein Konzept mit einer tragfähigen Leitfrage entwickeln zu können. Sammeln Sie Argumente für und gegen bestimmte Thesen und ordnen Sie diese Ihrem Konzept zu. Konzentrieren Sie sich auf wesentliche Aspekte.
- Entwerfen Sie einen Zeitplan für die Bearbeitungsschritte Recherche, Konzept, Schreiben und Überarbeitung.

Aufbau

- Ausgangspunkt ist ein Problem, eine offene Frage oder eine provokante These. Die Überschrift sollte bereits die Kernaussage wiedergeben und den Leser neugierig machen, etwa als Zitat, Metapher, Frage.
- Ein motivierender Einstieg („Aufhänger“) führt anschaulich in das Thema ein und kann die Gründe für die Wahl des Themas sowie seine Relevanz erklären.
- Das Problem wird genannt, in den historischen Kontext eingeordnet und seine Bedeutung erläutert, indem etwa kontroverse Positionen argumentativ gegenübergestellt werden.
- Die These/Stellungnahme gibt die Argumentationslinie vor.
- Der Hauptteil enthält die Argumentation, die den eigenen Standpunkt plausibel erläutert, mit Beispielen, eigenen und fremden Thesen (Sekundärliteratur, Zeitungsartikel) oder Belegen (Statistiken, Daten, Fakten) untermauert und Gegenpositionen widerlegt. Der Essay ist frei von Quellennachweisen und Fußnoten, fremde Positionen und Zitate werden jedoch im Text kenntlich gemacht („Wie Autor A belegt ...“ oder „Autor B meint dazu ...“).
- Das Fazit fasst das Ergebnis der Erörterung knapp zusammen, spitzt sie auf eine abschließende Stellungnahme zu und nennt offene oder weiterführende Aspekte.

Überarbeitung

- Bevor Sie an die Überarbeitung gehen, sollten Sie den Essay einige Zeit ruhen lassen, um innere Distanz zu ihm zu gewinnen. Prüfen Sie dann die Argumentation noch einmal gründlich. Stimmt der Bezug zum Thema? Ist der Aufbau logisch? Weicht die Darstellung vom „roten Faden“ ab? Wurden nur Fakten aneinandergereiht statt argumentiert? Ist das Fazit schlüssig?
- Feilen Sie abschließend an der Sprache, denn sprachliche und inhaltliche Klarheit sind nicht zu trennen. Formulieren Sie präzise, allgemeinverständlich und anschaulich.

Beispiel und Analyse

Antifaschismus und Antitotalitarismus

Der Historiker und Politikwissenschaftler Martin Sabrow (geb. 1954) vergleicht, wie nach 1945/49 in der Bundesrepublik und in der DDR „Vergangenheitspolitik" betrieben worden ist:

Ausgangspunkt: Frage, ob sich die Aufarbeitung der NS-Geschichte in beiden deutschen Staaten integrativ betrachten lässt

Problem: Sehr unterschiedliche Verarbeitungsweisen der Verbrechen des Nationalsozialismus in der Bundesrepublik und in der DDR

Der Kampf um und gegen die nationalsozialistische Vergangenheit zählt zu den großen Gemeinsamkeiten der im doppelten Sinne geteilten deutsch-deutschen Nachkriegsgeschichte. Dennoch stößt eine deutende Zusammenschau des ost-westlichen Umgangs mit der NS-Zeit zwischen 1945 und 1989/90 auf erhebliche Schwierigkeiten: Zu unterschiedlich erscheinen die beiderseitigen Anstrengungen, die nahe Vergangenheit des nationalsozialistischen Zivilisationsbruchs für die Gegenwart handhabbar zu machen [...]. [...]

These zur Aufarbeitung in der DDR: Heroisierung des kommunistischen Widerstandes und Verdrängung der breiten Zustimmung zum NS-System

Nach 1945 waren beide deutsche Nachfolgestaaten des „Dritten Reiches" vor die Aufgabe gestellt, eine Vergangenheit zu bewältigen, die der deutschen Gesellschaft nicht von außen oktroyiert[1] worden, sondern aus ihrer Mitte erwachsen war. Der ostdeutsche Staat reagierte mit einer bis zum Untergang des SED-Staates offiziösen Kultur der Heroisierung, die über dem aktiven Kampf gegen das NS-Regime das passive Leiden an ihm ebenso überging wie den Massenkonsens mit ihm. [...] Schon 1948 war das Schicksal von Verfolgten außerhalb des kommunistischen Widerstandes und besonders Opfer der nationalsozialistischen Rassenpolitik im Rundfunk der Sowjetischen Besatzungszone kein Thema mehr. [...]

These zur Aufarbeitung in der jungen Bundesrepublik: Verdrängung und Selbstviktimisierung

Grundsätzlich anders reagierten Staat und Gesellschaft in der Bundesrepublik. Hier herrschte über viele Jahre eine Verdrängungshaltung vor, die sich als „Selbstviktimisierung"[2] bezeichnen lässt und die die eigene Täterschaft hinter der Selbstwahrnehmung als Opfer brauner Verführung, angloamerikanischer Bombardierung und sowjetischer Siegerwillkür zurücktreten ließ. In den Westzonen und der frühen Bundesrepublik wurde die Abwehr der von den westlichen Besatzungsmächten in Gang gesetzten und schnell als oktroyiert empfundenen Reinigung zum Ausgangspunkt einer Vergangenheitsbewältigung, die die Monstrosität des nationalsozialistischen Regimes und seiner Verbrechen weitgehend verdrängte. [...]

Erste Schlussfolgerung: Unterschiedliche Verarbeitungs- und Verdrängungsweisen in der Bundesrepublik und der DDR

Der Kontrast zwischen den beiden Geschichtskulturen in der Zeit der deutschen Teilung ist also denkbar grell. In Ost und West schied sich die Erinnerung an die „zwölf Jahre des Tausendjährigen Reiches" nach den Grenzlinien des Kalten Krieges und diente der wechselseitigen Systemintegration mithilfe der spiegelbildlichen geschichtspolitischen Interpretationsmuster, die einmal den kommunistischen Widerstand und zum anderen den nationalkonservativen und christlichen Widerstand akzentuierten, einmal die verhängnisvolle Macht des Monopolkapitals beschworen und zum anderen die Verführungskraft von Umsturzideologien. Doch selbst diese Polarität macht einen integrativen Blick auf die doppelte deutsche Vergangenheitsverarbeitung keineswegs sinnlos. [...]

Argumentation: Integrative Betrachtungsweise der „Vergangenheitsbewältigung" in Ost und West ist dennoch möglich

Kernthese: Die Erinnerung an die NS-Geschichte diente in Ost und West als Integrationskonzept sowie zur Entlastung

Befördert durch die politischen Entwicklungen der Zeit [...] entwickelten beide Gesellschaften ein kohärentes[3] Konsensmodell der Vergangenheitsaneignung, das die Erinnerung an die NS-Geschichte in politischer Absicht nutzte und das in beiden Fällen als Integrationskonzept sehr erfolgreich war. Im Osten trat es als Antifaschismus, im Westen als Antitotalitarismus in Erscheinung und besaß auf beiden Seiten einerseits hohe politische Instrumentalität, trug andererseits starke tabuisierende Züge und konnte deswegen trotz seiner inhaltlichen Gegensätzlichkeit eine in West und Ost gleichermaßen ausgeprägte Entlastungsfunktion wahrnehmen.

Thesen: Wie funktionierte die Aufarbeitung in der DDR?

Der „Legitimationsantifaschismus" in der DDR trug politisch instrumentelle Züge, die ihn zu einem wirkungsmächtigen Mittel der kommunistischen Herrschaftsetablierung im Osten Deutschlands machten [...] und zu einem schlagkräftigen Argument im propagandistischen Kampf gegen die demokratische Ordnung im Westen Deutschlands. [...]

[1] **oktroyieren**: jemanden etwas aufdrängen oder auferlegen
[2] **Selbstviktimisierung**: Selbstinszenierung als „Opfer"
[3] **kohärent**: zusammenhängend

Der ostdeutsche Antifaschismus war zugleich verordneter Antifaschismus, insofern er das parteioffizielle Geschichtsdenken gegen konkurrierende und zuwiderlaufende Deutungsmuster der Vergangenheitsmuster durchsetzte. [...]
Der ostdeutsche Legitimationsantifaschismus wies schließlich tabuisierende Züge auf, indem er wesentliche Aspekte des Nationalsozialismus aus dem kollektiven Gedächtnis wie aus der wissenschaftlichen Forschung verbannte, darunter so zentrale Fragen wie die Massenattraktivität des Hitler-Regimes und die Teilhabe der Bevölkerung an Verfolgung und Vernichtung. [...] Die erste Überblicksdarstellung der DDR-Geschichtswissenschaft zur NS-Zeit widmete der Shoa[4] kein Kapitel und keinen Unterabschnitt, sondern konzentrierte sich in den vier von 260 der „faschistische[n] Barbarei in den okkupierten Gebieten" gewidmeten Seiten auf die deutschen Gräueltaten in den besetzten Teilen der Sowjetunion. Juden wurden als Opfergruppe in diesem Zusammenhang nur ein einziges Mal und zwar als Teil der sowjetischen Bevölkerung erwähnt [...].
Eine vergleichbare politische Instrumentalität und Tabuisierungskraft besaß auf der anderen Seite der Grenze der bundesdeutsche Antitotalitarismus. Sie zeigte sich im Umgang etwa mit dem kommunistischen Widerstand, der in der Bundesrepublik aus der symbolischen wie der materiellen Integration ausgeschlossen blieb. Sie zeigte sich ebenso in der Wiedergutmachungspolitik gegenüber den Opfern der nationalsozialistischen Gewaltherrschaft: Der zur westlichen Hemisphäre zählende Staat Israel erhielt Entschädigungsleistungen, osteuropäische Staaten erhielten sie bis 1989 nicht. [...] Seine tabuisierende Kraft bewies der bundesdeutsche Antitotalitarismus, indem er das Bild des christlichen und konservativen Widerstands ebenso von unwillkommenen Zügen zu reinigen erlaubte, wie es der Antifaschismus in Bezug auf den kommunistischen Widerstand vermochte. Die antidemokratischen und teils sogar antisemitischen Grundüberzeugungen vieler Männer des 20. Juli 1944, die in den Anfangsjahren der NS-Herrschaft oft überzeugte Hitler-Anhänger gewesen waren, blieben ebenso im Verborgenen wie die erst jüngst näher beleuchtete Frage der Verstrickung des militärischen Widerstandsflügels in den nationalsozialistischen Genozid. Diese [...] Haltung belastete die frühe Bundesrepublik mit einer unheilvollen und bis zum Anschein der Komplizenschaft reichenden Symbiose von Amnesie[5] und Amnestie, die aus heutiger Sicht als ein empörender „Triumph des ‚Beschweigens'" vor uns steht, sie erlaubte aber zugleich analog zur staatlich verfolgten und gesellschaftlich verlangten Wiedereingliederungspolitik die unzweideutige Verurteilung des NS-Systems, ohne seine ehemaligen Träger und Anhänger auszugrenzen. [...]
Wie sich gezeigt hat, sollten die inhaltlichen Kontraste im Umgang mit der Last der NS-Vergangenheit in der DDR und in der Bundesrepublik nicht über die wechselseitige Verflochtenheit der vergangenheitspolitischen Bewältigungsmuster [...] hinwegtäuschen. Ein nicht von der Hand zu weisendes Plädoyer für die Zusammenschau der deutschen Teilgeschichten liefert der Verlauf der Geschichte selbst, die mit der deutschen Vereinigung von 1990 dafür gesorgt hat, dass die mit wachsendem Abstand immer stärker von der Last des nationalsozialistischen Zivilisationsbruchs geprägte Geschichtskultur der Bundesrepublik sich heute aus den teils gemeinsamen, teils unterschiedlichen Traditionen einer vierzigjährigen Teilungszeit speist und in ihrer gegenwärtigen Entwicklung nur aus dieser Gemengelage heraus sich erklären lässt. [...]

Ausführungen zur DDR: Konkretisierung und nähere Begründung (u. a. Ausblendung der Judenverfolgung; besondere Akzentuierung der sowjetischen Opfer)

Thesen: Wie funktionierte die Aufarbeitung in der Bundesrepublik?

Konkretisierung der westdeutschen Deutung und deren politische Folgen in der Nachkriegspolitik

Beispiel: Ausklammerung des kommunistischen Widerstandes im Westen

Beispiel: Idealisierung konservativer Widerstandskämpfer, deren Nähe zum NS wird ausgeblendet – außerdem Vergleich zur entlastenden Funktion des Antifaschismus in der DDR

Fazit als knappe Zusammenfassung: „Wechselseitige Verflochtenheit" der Vergangenheitsbewältigung in Ost und West

Beleg: Geschichtskultur der heutigen Bundesrepublik ist vom Erbe des Antifaschismus und des Antitotalitarismus geprägt

Martin Sabrow, Die NS-Vergangenheit in der geteilten deutschen Geschichtskultur, in: Christoph Kleßmann und Peter Lautzas (Hrsg.), Teilung und Integration. Die doppelte deutsche Nachkriegsgeschichte als wissenschaftliches und didaktisches Problem, Bonn 2005, S. 132-151, hier S. 131 f., 134 f. und 140-145

[4] **Shoa**: Für eine Begriffserklärung zu „Shoa" (Holocaust) vgl. S. 261.
[5] **Amnesie**: Erinnerungslosigkeit, bewusste Verdrängung

Geschichte kontrovers

Der 8. Mai 1945: „Befreiung“ oder „Niederlage“?

Am 7. Mai 1945 unterschrieb der Chef des Wehrmachtsführungsstabes, Generaloberst Alfred Jodl, im Hauptquartier der alliierten Streitkräfte in Reims (Westfrankreich) die bedingungslose Kapitulation. Sie wurde einen Tag später durch den Chef des Oberkommandos der Wehrmacht, Generalfeldmarschall Wilhelm Keitel, im Beisein des sowjetischen Marschalls Georgi K. Schukow im sowjetischen Hauptquartier in Berlin-Karlshorst wiederholt und trat danach in Kraft. „Nun wehen die Flaggen der Freiheit über ganz Europa“, erklärte der damalige US-Präsident Harry S. Truman in seiner Rundfunkansprache am 8. Mai 1945 zur Kapitulation Deutschlands. Europa, ja die Welt, sei durch die Alliierten von der NS-Diktatur befreit worden.

In der Bundesrepublik Deutschland – anders als in der DDR – stritt man dagegen lange Zeit, ob der 8. Mai 1945 für die Deutschen ein Tag der Befreiung oder ein Tag der Niederlage gewesen sei.* Die Auseinandersetzung mit dieser Frage ist nicht nur historisch bedeutsam, sie zeigt auch die Normen auf, nach denen wir heute leben wollen.

* Zur Rede des Historikers Heinrich August Winklers am 8. Mai 2015 siehe S. 537.

M1 „Der Sozialismus ist nicht zu besiegen“

Der Präsident der Volkskammer der DDR, Horst Sindermann, äußert sich in einer Festrede am 8. Mai 1985 in Ost-Berlin zum „40. Jahrestag des Sieges über den Hitlerfaschismus und der Befreiung des deutschen Volkes“:

[Die] Würdigung des historischen Sieges über den Faschismus ist ein Ausdruck des Dankes an alle Völker, die sich der Vernichtungspolitik des deutschen Faschismus entgegenstemmten. In tiefer Ehrfurcht verneigt sich unser Volk vor den 50 Millionen Gefallenen und Ermordeten, den Opfern dieser furchtbarsten Tyrannei in der Geschichte der Menschheit. [...]
Vor allem hatten es die Faschisten auf die Vernichtung des Sozialismus abgesehen und fielen deshalb mit aller Grausamkeit und einer unbeschreiblichen Zerstörungswut über die Sowjetunion her.
Aber hier wurde allen Antikommunisten und berufsmäßigen Verleumdern des Sowjetstaates die historische Lehre erteilt, dass der Sozialismus nicht zu besiegen ist, weil er den geschichtlichen Fortschritt der Menschheit verkörpert, das Leben und die Zukunft der Völker ist. [...]
Die Erhaltung des Friedens ist zur Lebensfrage der Völker geworden, deren Lösung über die Gestaltung der Zukunft entscheidet. Mögen deswegen die Massen in Ost und West, in Nord und Süd geschlossen zum Kampf aufstehen für die Beseitigung der atomaren Waffenarsenale, die heute schon ausreichen, um den Erdball mehrfach zu vernichten. [...]
Wir treten als Repräsentanten des sozialistischen deutschen Staates vor die Völker mit dem Schwur, dass von deutschem Boden nie wieder Krieg ausgehen darf. Dieses Vermächtnis des antifaschistischen Kampfes ist heute, da es um die Verhinderung eines atomaren Infernos geht, aktueller denn je. [...]
40 Jahre nach dem Sieg über den Faschismus durch die Rote Armee und die anderen Armeen der Anti-Hitler-Koalition halten wir das Banner des Friedens fest in unseren Händen und schützen es mit der Kraft der Arbeiterklasse und den Waffen, die sie in ihren Händen trägt. [...] Die Deutsche Demokratische Republik wird stets ihre Verpflichtungen im Rahmen des Verteidigungsbündnisses erfüllen.

Horst Sindermann, Im Kampf für den Frieden als treuer Verbündeter an der Seite der Sowjetunion, in: Ders., Alles für das Volk – alles mit dem Volk! Ausgewählte Reden und Aufsätze, Berlin 1985, S. 421-435 (gekürzt)

M2 „Wir dürfen den 8. Mai 1945 nicht vom 30. Januar 1933 trennen“

Bundespräsident Richard von Weizsäcker (CDU) spricht am 8. Mai 1985 in einer Gedenkstunde im Plenarsaal des Deutschen Bundestages zum 40. Jahrestag der Beendigung des Krieges in Europa und der nationalsozialistischen Gewaltherrschaft:

Viele Völker gedenken heute des Tages, an dem der Zweite Weltkrieg in Europa zu Ende ging. Seinem Schicksal gemäß hat jedes Volk dabei seine eigenen Gefühle. Sieg oder Niederlage, Befreiung von Unrecht und Fremdherrschaft oder Übergang zu neuer Abhängigkeit, Teilung, neue Bündnisse, gewaltige Machtverschiebungen – der 8. Mai 1945 ist ein Datum von entscheidender historischer Bedeutung in Europa.
Wir Deutsche begehen den Tag unter uns, und das ist notwendig. Wir müssen die Maßstäbe allein finden. Schonung unserer Gefühle durch uns selbst oder durch andere hilft

nicht weiter. Wir brauchen und wir haben die Kraft, der Wahrheit, so gut wir es können, ins Auge zu sehen, ohne Beschönigung und ohne Einseitigkeit.

Der 8. Mai ist für uns vor allem ein Tag der Erinnerung an das, was Menschen erleiden mußten. Er ist zugleich ein Tag des Nachdenkens über den Gang unserer Geschichte. Je ehrlicher wir ihn begehen, desto freier sind wir, uns seinen Folgen verantwortlich zu stellen.

Der 8. Mai ist für uns Deutsche kein Tag zum Feiern. Die Menschen, die ihn bewußt erlebt haben, denken an ganz persönliche und damit ganz unterschiedliche Erfahrungen zurück. Der eine kehrte heim, der andere wurde heimatlos. Dieser wurde befreit, für jenen begann die Gefangenschaft. Viele waren einfach nur dafür dankbar, daß Bombennächte und Angst vorüber und sie mit dem Leben davongekommen waren. Andere empfanden Schmerz über die vollständige Niederlage des eigenen Vaterlandes. Verbittert standen Deutsche vor zerrissenen Illusionen, dankbar andere Deutsche für den geschenkten neuen Anfang.

Es war schwer, sich alsbald klar zu orientieren. Ungewißheit erfüllte das Land. Die militärische Kapitulation war bedingungslos. Unser Schicksal lag in der Hand der Feinde. Die Vergangenheit war furchtbar gewesen, zumal auch für viele dieser Feinde. Würden sie uns nun nicht vielfach entgelten lassen, was wir ihnen angetan hatten?

Die meisten Deutschen hatten geglaubt, für die gute Sache des eigenen Landes zu kämpfen und zu leiden. Und nun sollte sich herausstellen: Das alles war nicht nur vergeblich und sinnlos, sondern es hatte den unmenschlichen Zielen einer verbrecherischen Führung gedient. Erschöpfung, Ratlosigkeit und neue Sorgen kennzeichneten die Gefühle der meisten. Würde man noch eigene Angehörige finden? Hatte ein Neuaufbau in diesen Ruinen überhaupt Sinn?

Der Blick ging zurück in einen dunklen Abgrund der Vergangenheit und nach vorn in eine ungewisse, dunkle Zukunft. Und dennoch wurde von Tag zu Tag klarer, was es heute für uns alle gemeinsam zu sagen gilt: Der 8. Mai war ein Tag der Befreiung. Er hat uns alle befreit von dem menschenverachtenden System der nationalsozialistischen Gewaltherrschaft. Niemand wird um dieser Befreiung willen vergessen, welche schweren Leiden für viele Menschen mit dem 8. Mai erst begannen und danach folgten. Aber wir dürfen nicht im Ende des Krieges die Ursache für Flucht, Vertreibung und Unfreiheit sehen. Sie liegt vielmehr in seinem Anfang und im Beginn jener Gewaltherrschaft, die zum Krieg führte.

Wir dürfen den 8. Mai 1945 nicht vom 30. Januar 1933 trennen. Wir haben wahrlich keinen Grund, uns am heutigen Tag an Siegesfesten zu beteiligen. Aber wir haben allen Grund, den 8. Mai 1945 als das Ende eines Irrweges deutscher Geschichte zu erkennen, das den Keim der Hoffnung auf eine bessere Zukunft barg. [...]

▲ **Bundespräsident Richard von Weizsäcker im Bonner Bundestag.** *Foto vom 8. Mai 1985.*

Wir leben seit vierzig Jahren in Frieden und Freiheit, und wir haben durch unsere Politik unter den freien Völkern des Atlantischen Bündnisses und der Europäischen Gemeinschaft dazu selbst einen großen Beitrag geleistet. [...]

Wir haben wahrlich keinen Grund zu Überheblichkeit und Selbstgerechtigkeit. Aber wir dürfen uns der Entwicklung dieser vierzig Jahre dankbar erinnern, wenn wir das eigene historische Gedächtnis als Leitlinie für unser Verhalten in der Gegenwart und für die ungelösten Aufgaben, die auf uns warten, nutzen.

- Wenn wir uns daran erinnern, daß Geisteskranke im Dritten Reich getötet wurden, werden wir die Zuwendung zu psychisch kranken Bürgern als unsere eigene Aufgabe verstehen.
- Wenn wir uns erinnern, wie rassisch, religiös und politisch Verfolgte, die vom sicheren Tod bedroht waren, oft vor geschlossenen Grenzen anderer Staaten standen, werden wir vor denen, die heute wirklich verfolgt sind und bei uns Schutz suchen, die Tür nicht verschließen.

- Wenn wir uns der Verfolgung des freien Geistes während der Diktatur besinnen, werden wir die Freiheit jedes Gedankens und jeder Kritik schützen, so sehr sie sich auch gegen uns selbst richten mag. [...]
- Wenn wir daran denken, was unsere östlichen Nachbarn im Kriege erleiden mußten, werden wir besser verstehen, daß der Ausgleich, die Entspannung und die friedliche Nachbarschaft mit diesen Ländern zentrale Aufgabe der deutschen Außenpolitik bleiben.

Presse- und Informationsamt der Bundesregierung, Bulletin Nr. 52 vom 9. Mai 1985; S. 441-448; hier S. 441 f. Zitiert nach: www.bundespraesident.de/SharedDocs/Reden/DE/Richard-von-Weizsaecker/Reden/1985/05/19850508_Rede.html [Zugriff vom 20. Januar 2015]

M3 „Der 8. Mai 1945 war und ist im Erleben unseres Volkes ... ein Tag der tiefsten Demütigung“

Der Bundestagsabgeordnete Lorenz Niegel von der CSU begründet seine Abwesenheit zur Gedenkfeier im Bundestag am 8. Mai 1985 folgendermaßen:

Der 8. Mai ist zweifellos der Tag, an dem der entsetzlichste Krieg zu Ende ging, den Deutschland je bestehen musste, der Tag auch, an dem ein Regime zu existieren aufhörte, das über unzählige unschuldige Mitmenschen Not und Tod gebracht hatte. Wir wissen aber auch, dass der 8. Mai 1945 der Ausgangspunkt neuen Unrechts war, das mit den Kriegsereignissen in keinerlei rechtlich oder moralisch vertretbarem Zusammenhang stand. Der Tag der bedingungslosen Kapitulation der Wehrmacht war für Millionen deutscher Menschen, die so unschuldig waren wie irgendeiner, der unter der nationalsozialistischen Herrschaft gelitten hatte, der Beginn von Gefangenschaft und Internierung, von Ausplünderung und Vergewaltigung, von Entrechtung und Vertreibung, von Hunger und Tod. Für Soldaten und Zivilisten, für Frauen und Kinder, für die überwältigende Mehrheit unseres Volkes konnte dieser Tag kein Tag der Befreiung sein. Der 8. Mai 1945 war und ist im Erleben unseres Volkes einer der traurigsten Tage, ein Tag der tiefsten Demütigung, zumal er dem persönlichen Elend unsere Ächtung als Nation und die Verweigerung unserer staatlichen Einheit hinzufügte. Der 8. Mai 1945 ist der traurige Jahrestag des Beginns der deutschen Spaltung und der weiteren Unterdrückung vieler deutscher Landsleute unter das kommunistische Regime. Der 8. Mai ist deshalb kein Grund für eine besondere Gedenkstunde.

Lorenz Niegel (Hrsg.), Der 8. Mai 1985 im Meinungsbild, o.O., o. J., Anlage 1

M4 „Verdeckung historischer Widersprüche“?

Egbert Jahn, Professor für Politikwissenschaft an der Universität Frankfurt, geht in einer Vorlesung 2013 auf das Thema wie folgt ein:

Die Rede von Weizsäckers hinterließ bei mir vor fünfundzwanzig Jahren einen unguten Beigeschmack trotz des gleichzeitigen Empfindens und der Anerkennung [...]. Wurden da nicht historische Widersprüche und Gegensätze lediglich mit wohltuenden Worten verdeckt? [...]
Diese Fragen werden an dieser Stelle aufgeworfen, weil die Befreiungsthese Richard von Weizsäckers zwar die wohltuende, befreiende und entlastende Wirkung für die Deutschen hat, sich auf die Seite der Opfer, der Verführten und Verstrickten, sowie der befreienden Siegermächte stellen zu können und die Täterschaft allein dem allmächtigen Verführer Adolf Hitler und seinen wenigen verbrecherischen Helfershelfern zuzumessen. Die Befreiungsthese verführt aber allzu leicht dazu, den fundamentalen Unterschied zwischen der Befreiung von unerwünschter, gefürchteter, verhasster und bekämpfter nationaler Fremdherrschaft und der Befreiung als langsame Ablösung von nationalsozialistischen Einstellungen zu verwischen. Es ist sinnvoll, von einer Befreiung Deutschlands vom Nationalsozialismus als Herrschaftssystem und als Denkweise zu sprechen, es ist aber zugleich erforderlich, den fundamentalen Unterschied zwischen beiden Arten der Befreiung deutlich zu machen.

Egbert Jahn, Politische Streitfragen in zeitgeschichtlicher Perspektive. Nochmals: Niederlage oder Befreiung am 8. Mai 1945, 6. Mai 2013, S. 2-17, hier S. 11 und 16 [Zitiert nach: www.fb03.uni-frankfurt.de/.../ZSFraMoV15-NET-AchterMai-08.pdf; Zugriff vom 4. August 2014]

1. *Geben Sie die Kernthesen der Texte M1 bis M4 wieder.*
2. *Zeigen Sie die Kontroverse mit ihren jeweiligen Begründungen, aber auch Gemeinsamkeiten in der Einschätzung auf, indem Sie die Argumente der Autoren tabellarisch gegenüberstellen (M1 bis M3).*
3. *Erläutern Sie die Geschichtsbilder, die in den ersten drei Quellen zum Ausdruck kommen, und arbeiten Sie die Konsequenzen für Politik und Gesellschaft heraus.*
4. *Bewerten Sie die Positionen der Autoren zum Gedenken an den 8. Mai 1945.*

Der Holocaust im Fokus der Aufmerksamkeit

Perspektivenwechsel in der Bundesrepublik ... Ende der 1970er-Jahre begann die *„Phase der Vergangenheitsbewahrung"*, in der sich die Beschäftigung mit dem Nationalsozialismus, vor allem aber auch mit dem Holocaust, auf wissenschaftlichem, publizistischem und politischem Gebiet deutlich intensivierte und in zahlreichen Diskussionen um Gedenktage, Gedenkreden oder Museen ihren Ausdruck fand.

Im Januar 1979 hatte die bundesdeutsche Öffentlichkeit die Ausstrahlung der vierteiligen US-Fernsehserie „Holocaust" erschüttert. Sie zeigte am Schicksal einer Berliner Arztfamilie die Ausgrenzung und schließlich die Ermordung der Juden, die Karriere eines Obersturmbannführers im Nationalsozialismus und illustrierte detailliert die verschiedenen Formen des Massenmordes. In der wissenschaftlichen Forschung, aber auch in der publizistischen Öffentlichkeit war bis zu diesem Zeitpunkt viel von einem „Selbstläufertum" der Institutionen die Rede gewesen, von einer seelenlosen Maschinerie des Tötens, die, einmal in Gang gesetzt, kaum noch zu stoppen gewesen sei. Dass für diese Maschinerie aber der bereitwillige Ausführende eine ebenso tragende Rolle spielte wie eine verbreitete Volksmentalität, in der sich seit dem 19. Jahrhundert ein aggressiver Antisemitismus kontinuierlich entwickeln konnte, drang erst nach und nach an die Oberfläche. Die Beschäftigung mit dem Holocaust war bis zu diesem Zeitpunkt sogar so weit zurückgegangen, dass der Historiker *Ulrich Herbert* rückblickend von einer „zweiten Verdrängung" spricht. Erst Mitte der Achtzigerjahre wandten sich Historiker dem Thema verstärkt zu. Neben den Juden kamen nun auch andere Opfergruppen in den Blick: „Zigeuner", Behinderte, „Asoziale", Homosexuelle, Kriegsgefangene, Zwangsarbeiter und Deserteure. Im Unterschied zu den 1960er-Jahren, als engagierte Wissenschaftler und Juristen im Rahmen von Strafprozessen die Verbrechenskontexte erhellten und damit zwangsläufig den Fokus auf die Nazi-Täter legten, kam nun viel stärker die Perspektive der Opfer und Überlebenden ins Bewusstsein der Öffentlichkeit. Kontroversen um die Vergangenheit und den Holocaust gab es nach wie vor. Einen der Höhepunkte stellte zweifelsohne der Mitte der 1980er-Jahre geführte **Historikerstreit** dar (▸ M1, M2). Wenige Jahre später löste dann die Rede von Bundestagspräsident *Philipp Jenninger* (CDU) einen Skandal aus, die er zum Gedenken an die „Reichspogromnacht" gehalten hatte. Wegen seiner missverständlichen Worte über die NS-Zeit erfuhr er heftige Kritik und trat von seinem Amt zurück. Das Thema der „Vergangenheitsbewältigung" blieb auch über 40 Jahre nach Kriegsende ein viel diskutiertes in der publizistischen Öffentlichkeit.

... und später auch in der DDR In der DDR hatte das Thema Holocaust eine geringere Bedeutung; die jüdischen Verfolgten erfuhren daher auch keine besondere Anerkennung als Opfer. Erst Ende der 1980er-Jahre rückte die politische Führung der DDR den Holocaust und die Opfer des Antisemitismus stärker in den Fokus. Den Feierlichkeiten zum Gedenken an den 50. Jahrestag der „Reichspogromnacht" 1988 kam daher eine nie zuvor dagewesene Bedeutung zu. So stieg die DDR, wie der Journalist und Historiker *Peter Bender* 2007 resümiert, erst kurz vor ihrem Ende „vom hohen Ross des ‚Siegers der Geschichte' [herunter] und wurde, was die Bundesrepublik war: ein Nachfolgestaat des Nazi-Reiches".

„Vergangenheitsbewältigung" (S. 290-292) und „Vergangenheitsbewahrung". Erklären Sie wodurch beide Phasen sich unterscheiden.

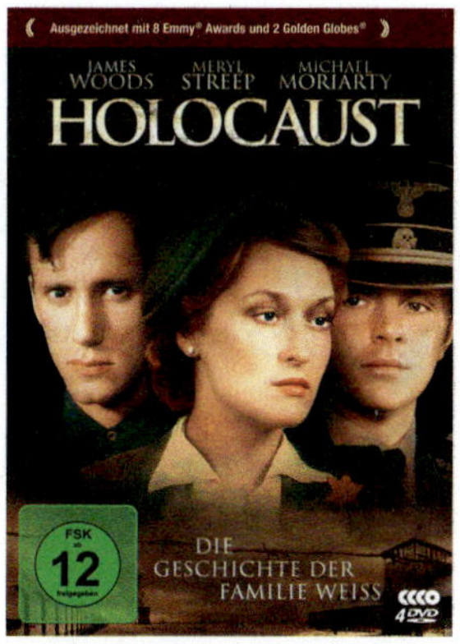

▲ **„Holocaust."**
DVD-Cover zur TV-Serie von 1979.

Literaturtipp:
Martin Sabrow, Ralph Jessen und Klaus Große Kracht (Hrsg.), Zeitgeschichte als Streitgeschichte. Große Kontroversen seit 1945, München 2003

Historikerstreit: Debatte der Jahre 1986/87, in der Wissenschaftler die Frage nach der historischen Einzigartigkeit des Holocaust diskutierten sowie über die Funktion und Rolle der „Vergangenheitsbewältigung", d. h., wie in der Bundesrepublik künftig in Politik und Gesellschaft mit dem Nationalsozialismus umzugehen sei

M1 Schlussstrich?

In den Achtzigerjahren findet in der westdeutschen Geschichtswissenschaft und Presse eine heftige Debatte um die „Einmaligkeit" des nationalsozialistischen Judenmordes statt („Historikerstreit"). Dabei geht es auch um die Frage, wie „normal" die nationalsozialistische Zeit jemals in der deutschen Geschichte werden könne. Der Historiker Ernst Nolte bezieht in der „Frankfurter Allgemeinen Zeitung" vom 6. Juni 1986 dazu Stellung:

Mit der „Vergangenheit, die nicht vergehen will", kann nur die nationalsozialistische Vergangenheit der Deutschen oder Deutschlands gemeint sein. Das Thema impliziert die These, dass normalerweise jede Vergangenheit vergeht und dass es sich bei diesem Nicht-Vergehen um etwas ganz Exzeptionelles handelt. [...]

Gerade diejenigen, die am meisten und mit dem negativsten Akzent von „Interessen" sprechen, lassen die Frage nicht zu, ob bei jenem Nicht-Vergehen der Vergangenheit auch Interessen im Spiel waren oder sind, etwa die Interessen einer neuen Generation im uralten Kampf gegen „die Väter" oder auch die Interessen der Verfolgten und ihrer Nachfahren an einem permanenten Status des Herausgehoben- und Privilegiertseins.

Die Rede von der „Schuld der Deutschen" übersieht allzu geflissentlich die Ähnlichkeit mit der Rede von der „Schuld der Juden", die ein Hauptargument der Nationalsozialisten war. Alle Schuldvorwürfe gegen „die Deutschen", die von Deutschen kommen, sind unaufrichtig, da die Ankläger sich selbst oder die Gruppe, die sie vertreten, nicht einbeziehen und im Grunde bloß den alten Gegnern einen entscheidenden Schlag versetzen wollen. [...]

Es ist ein auffallender Mangel der Literatur über den Nationalsozialismus, dass sie nicht weiß oder nicht wahrhaben will, in welchem Ausmaß all dasjenige, was die Nationalsozialisten später taten, mit alleiniger Ausnahme des technischen Vorgangs der Vergasung, in einer umfangreichen Literatur der frühen Zwanzigerjahre bereits beschrieben war: Massendeportationen und -erschießungen, Folterungen, Todeslager, Ausrottungen ganzer Gruppen nach bloß objektiven Kriterien, öffentliche Forderungen nach Vernichtung von Millionen schuldloser, aber als „feindlich" erachteter Menschen. [...] Vollbrachten die Nationalsozialisten, vollbrachte Hitler eine „asiatische" Tat vielleicht nur deshalb, weil sie sich und ihresgleichen als potenzielle oder wirkliche Opfer einer „asiatischen" Tat betrachteten? War nicht der „Archipel GULag"[1] ursprünglicher als Auschwitz? War nicht der „Klassenmord" der Bolschewiki das logische und faktische Prius[2] des „Rassenmords" der Nationalsozialisten? [...] Rührte Auschwitz vielleicht in seinen Ursprüngen aus einer Vergangenheit, die nicht vergehen wollte? [...]

Wenn sie [die Geschichte des „Dritten Reichs"] in all ihrer Dunkelheit und in all ihren Schrecknissen, aber auch in der verwirrenden Neuartigkeit, die man den Handelnden zugute halten muss, einen Sinn für die Nachfahren gehabt hat, dann muss er im Freiwerden von der Tyrannei des kollektivistischen Denkens bestehen. Das sollte zugleich die entschiedene Hinwendung zu allen Regeln einer freiheitlichen Ordnung bedeuten, einer Ordnung, welche die Kritik zulässt und ermutigt, soweit sie sich auf Handlungen, Denkweisen und Traditionen bezieht, also auch auf Regierungen und Organisationen aller Art, die aber die Kritik an Gegebenheiten mit dem Stigma des Unzulässigen versehen muss, von denen die Individuen sich nicht oder nur unter größten Anstrengungen lösen können, also die Kritik an „den" Juden, „den" Russen, „den" Deutschen oder „den" Kleinbürgern. Sofern die Auseinandersetzung mit dem Nationalsozialismus gerade von diesem kollektivistischen Denken geprägt ist, sollte endlich ein Schlussstrich gezogen werden. Es ist nicht zu leugnen, dass dann Gedankenlosigkeit und Selbstzufriedenheit um sich greifen könnten.

Aber das muss nicht so sein, und Wahrheit darf jedenfalls nicht von Nützlichkeit abhängig gemacht werden. Eine umfassendere Auseinandersetzung, die vor allem im Nachdenken über die Geschichte der letzten zwei Jahrhunderte bestehen müsste, würde die Vergangenheit, von der im Thema die Rede ist, zwar ebenso zum „Vergehen" bringen, wie es jeder Vergangenheit zukommt, aber sie würde sie sich gerade dadurch zu Eigen machen.

Ernst Nolte, Vergangenheit, die nicht vergehen will, in: „Historikerstreit". Die Dokumentation der Kontroverse um die Einzigartigkeit der nationalsozialistischen Judenvernichtung, München 1987, S. 39ff.

1. *Arbeiten Sie Noltes Kritik am Umgang mit der nationalsozialistischen Vergangenheit heraus.*
2. *Erläutern Sie, für welchen Umgang mit der Geschichte des „Dritten Reiches" Nolte plädiert.*

[1] **Archipel GULag**: Sammelbegriff für die sibirischen Zwangslager, in denen zwischen 1928 und 1952 ca. fünf Millionen Menschen zu Tode kamen

[2] lat. **prius**: „vorher"

M2 Wie lange haften die Nachgeborenen?

Am 11. Juli 1986 greift der Philosoph Jürgen Habermas mit seinem in der Wochenzeitung „Die Zeit" veröffentlichten Essay führende Historiker der Bundesrepublik an, vor allem Ernst Nolte. Dieser hat die Ursachen des Holocaust in Zusammenhang mit den stalinistischen Terrorakten in der Sowjetunion gebracht (M1). Daraus entstand eine heftige Debatte um die „Einmaligkeit" des nationalsozialistischen Völkermordes („Historikerstreit"). Dazu schreibt Habermas:

Unsere Situation hat sich, im Vergleich zu der vor vierzig Jahren [...], gründlich verändert. Damals ging es um die Unterscheidung zwischen der persönlichen Schuld der Täter und der kollektiven Haftung derer, die es – aus wie immer verständlichen Gründen – unterlassen hatten, etwas zu tun. Diese Unterscheidung trifft nicht mehr das Problem von Nachgeborenen, denen das Unterlassungshandeln ihrer Eltern und Großeltern nicht zur Last gelegt werden kann. Gibt es für diese überhaupt noch ein Problem der Mithaftung? [...] Nach wie vor gibt es die einfache Tatsache, dass auch die Nachgeborenen in einer Lebensform aufgewachsen sind, in der das möglich war. Mit jenem Lebenszusammenhang, in dem Auschwitz möglich war, ist unser eigenes Leben [...] innerlich verknüpft. Unsere Lebensform ist mit der Lebensform unserer Eltern und Großeltern verbunden durch ein schwer entwirrbares Geflecht von familialen, örtlichen, politischen, auch intellektuellen Überlieferungen – durch ein geschichtliches Milieu also, das uns erst zu dem gemacht hat, was und wer wir heute sind. Niemand von uns kann sich aus diesem Milieu herausstehlen, weil mit ihm unsere Identität, sowohl als Individuen wie als Deutsche, unauflöslich verwoben ist. [...] Wir müssen also zu unseren Traditionen stehen, wenn wir uns nicht selber verleugnen wollen. [...] Aber was folgt aus dieser existenziellen Verknüpfung mit Traditionen und Lebensformen, die durch unaussprechliche Verbrechen vergiftet worden sind? [...] Überträgt sich etwas von dieser Haftung auch noch auf die nächste und die übernächste Generation? Aus zwei Gründen, denke ich, sollten wir die Frage bejahen.

Da ist zunächst die Verpflichtung, dass wir in Deutschland – selbst wenn es niemand sonst mehr auf sich nähme – unverstellt, und nicht nur mit dem Kopf, die Erinnerung an das Leiden der von deutschen Händen Hingemordeten wachhalten müssen. [...] Wenn wir uns über dieses Benjamin'sche Vermächtnis[1] hinwegsetzten, würden jüdische Mitbürger, würden überhaupt die Söhne, die Töchter und die Enkel der Ermordeten in unserem Lande nicht mehr atmen können. Das hat auch politische Implikationen. Jedenfalls sehe ich nicht, wie sich das Verhältnis der Bundesrepublik beispielsweise zu Israel auf absehbare Zeit „normalisieren" könnte. [...] Nach Auschwitz können wir nationales Selbstbewusstsein allein aus den besseren Traditionen unserer nicht unbesehen, sondern kritisch angeeigneten Geschichte schöpfen. Wir können einen nationalen Lebenszusammenhang, der einmal eine unvergleichliche Versehrung der Substanz menschlicher Zusammengehörigkeit zugelassen hat, einzig im Lichte von solchen Traditionen fortbilden, die einem durch die moralische Katastrophe belehrten, ja argwöhnischen Blick standhalten. Sonst können wir uns selbst nicht achten und von anderen nicht Achtung erwarten.

Diese Prämisse hat bisher das offizielle Selbstverständnis der Bundesrepublik getragen. Der Konsens wird heute von rechts aufgekündigt. Man fürchtet nämlich eine Konsequenz: Eine kritisch sichtende Traditionsaneignung fördert in der Tat nicht das naive Vertrauen in die Sittlichkeit bloß eingewöhnter Verhältnisse; sie verhilft nicht zur Identifikation mit ungeprüften Vorbildern.

Jürgen Habermas, Vom öffentlichen Gebrauch der Historie, in: „Historikerstreit". a. a. O., S. 246 ff.

1. *Erläutern Sie, was Habermas mit einer „kritisch angeeigneten Geschichte" (Zeile 43) meint.*
2. *Analysieren Sie, welche „Erkenntnisinteressen" in der Interpretation des „Dritten Reiches" Habermas bestimmten Gruppen von Zeitgenossen vorwirft.*
3. *Nehmen Sie Stellung zur Frage der „Mithaftung der Nachgeborenen" und des „richtigen Umgangs" mit der Geschichte des „Dritten Reiches". Wie wirkt sich dies auf das deutsche Selbstverständnis aus?*

[1] Der Literaturwissenschaftler Walter Benjamin (1892-1940) war jüdischer Herkunft und nahm sich auf der Flucht vor der Gestapo das Leben. In seinen Aufzeichnungen fand sich die dringende Mahnung, dass die immerwährende Erinnerung an die grausamen Verbrechen der Deutschen die einzig mögliche Sühne wäre.

Nach 1989: Ein neuer Typ von Geschichtskultur entsteht

▶ **Das „Denkmal für die ermordeten Juden Europas“ in Berlin – Gedenkort oder urbaner Abenteuerspielplatz?**
Foto von 2011.
Seit Mai 2005 befindet sich das von dem amerikanischen Architekten Peter Eisenman entworfene Stelenfeld in der Mitte Berlins.

- *Recherchieren Sie die der Entstehungsgeschichte dieses zentralen Erinnerungsortes an die Ermordung der europäischen Juden und setzen Sie sich dabei auch mit der touristischen Nutzung des Mahnmals auseinander. Bearbeiten Sie dabei folgende Fragen: Ist das „gedankenlose Gedenken“ der Menschen (u. a. der „Stelenspringer“) mit der Würde des Ortes vereinbar? Oder zeigt sich in dem unbekümmerten Umgang vieler Besucher die erhoffte Offenheit der Erinnerungsarchitektur? Ist das „Holocaust-Mahnmal“ also ein Ort, zu dem man, wie der damalige Bundeskanzler Gerhard Schröder (SPD) erklärte, „gern hingehen“ sollte?*

Umstrittenes Gedenken In der Bundesrepublik waren bürgergesellschaftliche Initiativen Ende der 1970er-Jahre zur Normalität geworden. Das beeinflusste auch die Geschichtskultur. Die (Um-)Benennung von Straßen, Plätzen, Institutionen und Kasernen, die Errichtung, Entfernung oder Umwidmung von Gedenkorten verstand man nun nicht mehr als alleinige Angelegenheit des Staates, sondern als Resultat eines bürgerlichen Engagements. Wie schwierig es jedoch sein kann, eine öffentliche Gedenkstätte zu gestalten, in der sich der Umgang mit der NS-Zeit angemessen ausdrückt, zeigen die Diskussionen um das *Denkmal für die ermordeten Juden Europas* im Zentrum Berlins. Schon 1988 gründeten die Journalistin und Publizistin *Lea Rosh* und der Historiker *Eberhard Jäckel* eine Bürgerinitiative zur Errichtung einer Gedenkstätte. Bei den heftigen, in der Öffentlichkeit ausgetragenen Diskussionen war die Konzeption des Mahnmals besonders umstritten (▶ M1). Nachdem ein erster Entwurf abgelehnt wurde, entschied sich eine Bundestagsmehrheit mehr als zehn Jahre später, im Juni 1999, für eine überarbeitete Fassung des amerikanischen Architekten *Peter Eisenman*.

Literaturtipps:

- *Leah Rosh (Hrsg.), „Die Juden, das sind doch die anderen“. Der Streit um ein deutsches Denkmal, Berlin 1999*
- *Hans-Georg Stavginski, Das „Holocaust-Denkmal“. Der Streit um das „Denkmal für die ermordeten Juden Europas“ in Berlin 1988-1999, Paderborn/München 2002*

Eine neue „Gedenkkultur“ In wenigen Jahren werden die letzten Zeitzeugen des NS-Regimes verstorben sein. Daher gewinnen Formen des öffentlichen Gedenkens immer mehr an Bedeutung, welche die individuelle durch eine gemeinsame Erinnerung – ein *kollektives Gedächtnis** – ersetzen (▶ M2).

Heute gibt es in Deutschland eine Vielzahl von Gedenkstätten für Opfer und Widerstandskämpfer aus der Zeit des Nationalsozialismus, die vom Bund, den Ländern, Kommunen oder von bürgergesellschaftlichen Akteuren errichtet wurden und betrieben werden. Das Spektrum reicht von den KZ-Gedenkstätten bis hin zu jüngeren Gedenkorten wie etwa das *Denkmal für die im Nationalsozialismus ermordeten Sinti und Roma Europas* in der Nähe des Reichstages in Berlin. Etwa seit dem Jahr 2000 hat das

* Siehe S. 308.

Thema Nationalsozialismus und Zweiter Weltkrieg auch in Kino- und TV-Produktionen Konjunktur. Eine neue Generation von Autoren und Regisseuren entwickelt hier eine eigene Sichtweise auf die Vergangenheit, welche in der Geschichtswissenschaft, aber auch in den Medien immer wieder kontrovers diskutiert wird.

Kritisch wird, vor allem auch im Ausland, die 1999 vom „Bund der Vertriebenen" initiierte Gründung eines „Zentrums gegen Vertreibungen" gesehen, das in Berlin entstehen sollte. Zu einer Einrichtung des „Zentrums gegen Vertreibungen" kam es nicht; seit 2008 existiert jedoch die Bundesstiftung „Flucht, Vertreibung, Versöhnung".

▲ **Denkmal für die im Nationalsozialismus ermordeten Sinti und Roma Europas.**
Foto von 2012.
Das Denkmal des Künstlers Dani Karavan wurde im Oktober 2012 eingeweiht, 20 Jahre nachdem die Bundesregierung die Errichtung beschlossen hatte. Es befindet sich im Zentrum Berlins – zwischen Brandenburger Tor und Reichstagsgebäude.

Transnationale Erinnerungskultur ■ Seit 1995 wurde mit der „Stolperstein"-Initiative des Künstlers *Gunter Demnig*, Jahrgang 1949, eine neue geschichtskulturelle Qualität erreicht. Die Aktion liefert den Rahmen für das Engagement bürgergesellschaftlicher Akteure, die in ihrem lokalen Umfeld an das Schicksal von Opfern des Nationalsozialismus erinnern wollen, indem sie die Patenschaft für die Verlegung eines „Stolpersteins" beantragen. Der „Stolperstein" wird vor dem letzten selbstgewählten Wohnsitz des Opfers ins Pflaster eingelassen und enthält knapp gehaltene Angaben zur Person. Bis 2014 dienten rund 50 000 Steine in Deutschland und in 17 weiteren europäischen Ländern dazu, das Gedenken an die Opfer im lokalen Kontext wachzuhalten und die Beschäftigung mit dem Nationalsozialismus anzuregen. Gleichzeitig steht diese länderübergreifende Initiative exemplarisch für die zunehmend internationaler werdende Gedenk- und Erinnerungskultur an Nationalsozialismus und Holocaust, die sich heute vor allem in Museen wie dem *United States Holocaust Memorial Museum* in Washington, D. C., in der Gedenkstätte *Yad Vashem* in Jerusalem oder im *Jüdischen Museum* in Berlin zeigt.

Auch die Entwicklung des 27. Januar **(„Tag der Befreiung")** von einem nationalen Gedenktag der Deutschen zum „Internationalen Tag des Gedenkens an die Opfer des Holocaust" verweist auf die Tatsache, dass der Holocaust heute Teil einer *transnationalen Erinnerungskultur* geworden ist.

Tag der Befreiung: Am 27. Januar wird alljährlich der Befreiung des Vernichtungslagers Auschwitz-Birkenau durch die Rote Armee 1945 gedacht. Seit 1996 ist der 27. Januar in Deutschland ein gesetzlicher Gedenktag („Tag des Gedenkens an die Opfer des Nationalsozialismus"). 2005 erklärten die Vereinten Nationen den 27. Januar zum „Internationalen Tag des Gedenkens an die Opfer des Holocaust".

1. *Die Stolpersteine (siehe Abb. auf S. 307) sehen mehrere jüdische Bürger kritisch. Auch die Holocaustüberlebende und ehemalige Präsidentin des Zentralrates der Juden, Charlotte Knobloch, äußert in einem Interview für die Süddeutsche Zeitung eine „unbeirrbare Abwehrhaltung" gegen diese „Gedenkform auf dem Boden". Sie habe noch immer Bilder vor Augen „von den getretenen, gedemütigten, geschundenen Menschen und den am Boden kauernden Verletzten, Sterbenden oder bereits Toten".*
Nehmen Sie angesichts dieser Bedenken in Form eines Leserbriefes Stellung zu den zahlreichen Stolpersteinen in unseren Städten.

2. *Setzen Sie sich in einer kritischen Rezension mit einer aktuellen Verfilmung eines Themas aus der Zeit des Nationalsozialismus auseinander.*

H *Konzentrieren Sie Ihre Analyse auf die Darstellung von Opfern und Tätern.*

Internettipp:
Für Informationen zu den „Stolpersteinen" siehe Code 4677-29

M1 „Wer darf vergessen werden?“

Der Einweihung des staatlichen Denkmals für die ermordeten Juden Europas („Holocaust-Mahnmal“) im Mai 2005 geht eine über 15 Jahre dauernde Planungs- und Vorbereitungsphase voraus, die in Politik und Presse kontrovers diskutiert wird. Der Historiker Reinhart Koselleck greift 1998 mit einem in der „Zeit“ veröffentlichten Artikel in die Überlegungen des Deutschen Bundestages für einen Konzeptentwurf ein:

Die erste Möglichkeit ist [...] ein Denkmal nur für die ermordeten Juden zu schaffen, unter striktem Ausschluss jeder anderen Opfergruppe [...]. Dann müssen wir räumlich, ikonografisch[1], zeitlich und finanziell die jüdischen Wünsche einlösen: ein Opfermal. Oder wir errichten ein Mahnmal beziehungsweise ein Schandmal, jedenfalls ein Denkmal, das primär an die Tat und die Täter erinnert, die die Juden erschlagen, erschossen, vergast, beseitigt und in Asche, Luft und Wasser aufgelöst haben. Also ein Täterdenkmal? Nur scheinbar sind diese beiden Projekte identisch. Errichten wir ein Mahnmal, das die unsäglichen Taten der Deutschen erinnert, dann können wir nicht haltmachen vor den Millionen Toten anderer Gruppen, die von uns als Täter ebenso ermordet worden sind wie die Juden. Oder sollen wir als Erben der Täter eine Grenze ziehen zwischen den mit Gas Ermordeten, zum Beispiel in Sonnenstein, und jenen mit Gas Umgebrachten in Chelmno oder Sobibor? Die Vernichtungskategorien wurden von den Rasseideologen der SS entwickelt, sortiert und exekutiert – der Tod war der gleiche, so einmalig und so verschieden die Menschen auch waren, die unschuldig in diese Mordmaschine eingeschleust wurden. [...]
Aus einem Denkmal nur für die Juden allein folgt zwingend, dass wir für alle anderen Opfergruppen entsprechende Denkmäler errichten müssen. Dies ist die zweite Möglichkeit, die verwirklicht zu werden fordert. Jede Lösung unterhalb dieser Vielfalt von Denkmälern wäre verlogen. Doch bisher ist es nur bei Lippenbekenntnissen zur Toleranz geblieben. Für keine der anderen Opfergruppen gibt es eine staatliche Initiative oder private Pressure-groups, als seien ihre Toten Tote minderen Ranges, die eher der Vergessenheit anheimgegeben werden dürfen. Es ist die makabre Ironie dieser zweiten Lösung, dass wir uns weiterhin an die Häftlingskategorien der SS halten, die in den Konzentrationslagern alle so oder so definierten Gruppen gegeneinander ausspielte. Akzeptieren wir einmal das Denkmal nur für die Juden, dann erhebt sich daraus unentrinnbar jene oft zitierte Denkmalshierarchie, die je nach Zahl der Ermordeten und je nach Einfluss der Überlebenden die nazistischen Tötungskategorien festschreibt und in unterschiedlichen Größenordnungen versteinert. Es stellt sich die Frage, ob wir als Nation der Täter diese Folgelasten gutheißen können. [...]
Weder moralisch noch politisch gibt es irgendeinen Grund, diese Millionen Toten, die demselben Terrorsystem zum Opfer gefallen sind wie die Juden, aus unserem Denkmal auszusparen. Daraus folgt die dritte Möglichkeit: dass wir nur ein einziges Denkmal errichten dürfen, ein Mal, das an alle Ermordeten und Beseitigten gemeinsam erinnert. Dann bleibt keiner der von uns ermordeten unschuldigen Menschen aus der mahnenden Erinnerung des Täter-Mals ausgeschlossen. Dies ist die wirkliche geschichtliche Folgelast, die wir als Deutsche auf uns zu nehmen haben.

Die Zeit, Nr. 13/1998, 19. März 1998 [www.zeit.de/1998/13/holocaust.txt.19980319.xml; Zugriff vom 10. Januar 2013]

1. *Geben Sie Kosellecks Argumente wieder.*
2. *Erläutern Sie, was er unter „Opfer“ und „Täter“ versteht.*
3. *Entwickeln Sie eigene Vorstellungen, wie auf die „geschichtliche Folgelast“ reagiert werden sollte.*

F *Bearbeiten Sie die drei Aufgaben in Form einer Rezension von Kosellecks Aufsatz.*

[1] **Ikonografie**: Bestimmung, Beschreibung oder Erklärung von Bildinhalten

M2 „Erinnerungskultur“ statt Geschichtsbewusstsein?

Der Historiker Norbert Frei schreibt 2005 über die moderne Gedenk- und Erinnerungskultur:

Im Wissen um die Mechanismen schnüren Film und Fernsehen, Magazine und Museen, aber natürlich auch Historiker und politische Bildungseinrichtungen seit Monaten, zum Teil sogar seit Jahren, am Gedenkpaket 1939 – 1949 – 1989. Selbstredend bedürfen dabei die Produktionen zum 70. Jahrestag des deutschen Überfalls auf Polen, zum 60. Geburtstag der Bundesrepublik und zur 20. Wiederkehr des Mauerfalls unterschiedlicher Intonation. In einer Hinsicht aber werden sich die meisten ähneln: im Rekurs auf den Zeitzeugen und das durch ihn verkörperte Authentizitätsversprechen.
Der Vorstellung, dass es die Stimme des Dabeigewesenen ist, die historisches Verstehen garantiert, ist kaum mehr wirkungsvoll entgegenzutreten in einer Gesellschaft, in der „Erinnerungskultur“ an die Stelle von Geschichtsbewusstsein getreten ist. [...]
Unter dem Tugendgebot der Erinnerung scheint weiten Teilen der politischen Klasse, freilich nicht allein in der Bundesrepublik, jeder Begriff von Geschichte und von den Vor-

▲ **Stolpersteine erinnern in Köln an deportierte jüdische Bewohner.**
Foto von 2008.

- *Begeben Sie sich in Ihrem Heimatort/Ihrem Landkreis auf Spurensuche und recherchieren Sie, ob auch dort Stolpersteine verlegt worden sind. Zeigen Sie anhand der von Ihnen gefundenen Exemplare auf, welche Verfolgungswege das Schicksal der deutschen Juden kennzeichnete.*

zügen einer Geschichtsschreibung, die sich unabhängig von politischen Identitätsstiftungsversuchen und Nützlichkeitserwägungen entfaltet, abhanden gekommen zu sein. Wem als Politiker oder als Bürger jedoch daran liegt, dass nicht nur „gedacht und erinnert", sondern gewusst und verstanden wird, der kann sich nicht auf die Frage beschränken, wie viele seiner Zeitgenossen ein historisch gewordenes Ereignis noch erlebt oder nicht mehr erlebt haben. Und dem muss es am Ende nicht darum gehen, Vergangenheit „lebendig zu halten" – wohl aber um Chancen, sie sich begreifend anzueignen. [...]

Im Unterschied zur Zeitgenossenschaft, die nun ihren Abschluss findet, ist die „Arena der Erinnerungen" gerade erst eröffnet. Denn das „Zeitalter des Gedenkens", für dessen Entstehen „Auschwitz" die erste und entscheidende Ursache war, kommt nicht zu Ende, aber es geht nicht mehr in diesem Ursprung auf. In einer Welt vernetzter Gedächtnisse und globaler Imagologien[1] ist der Holocaust zu einer Metapher geworden, die für vieles stehen kann, und Hitler – auch – zur Gruselgröße einer multimedialen Populärkultur.

Eine angemessene – und das heißt nicht zuletzt: auf sich verändernde Fragen Auskunft gebende – Vergegenwärtigung der nationalsozialistischen Vergangenheit bleibt auch im 21. Jahrhundert politisch-moralisches Gebot und intellektuelle Herausforderung. Nötig allerdings ist dazu Wissen, nicht nur die Bereitschaft zur Erinnerung. Mit Blick auf eine Gegenwart, die kein persönliches Erinnern an die NS-Zeit mehr kennen wird, sind deshalb neue Anstrengungen gefragt. Das ist im Übrigen nicht allein eine Frage unseres kulturellen Selbstverständnisses, sondern von praktischem Sinn und politischem Nutzen: Denn nur dort, wo aufgeklärtes Geschichtsbewusstsein entsteht, wird der Abbau kollektiver Mythen möglich, die Europa auch sechs Jahrzehnte nach dem Ende des Zweiten Weltkriegs noch beschweren.

Norbert Frei, 1945 und wir. Das Dritte Reich im Bewusstsein der Deutschen. Erweiterte Taschenbuchausgabe, München 2009, S. 17 f. und 36 f.

[1] **Imagologie** (heute: interkulturelle Hermeneutik): vergleichende Wissenschaft, die sich mit dem „Bild vom anderen Land" in Bezug auf Sprache, Kultur, Ansichten und Werte beschäftigt

1. *Fassen Sie zusammen, wie Frei die moderne Gedenk- und Erinnerungskultur bewertet.*
2. *Erläutern Sie die Aussage, die „Erinnerungskultur" sei an die Stelle von Geschichtsbewusstsein getreten.*
3. *Entwickeln Sie Vorschläge, wie eine von Frei geforderte „angemessene Vergegenwärtigung der nationalsozialistischen Vergangenheit" aussehen könnte.*

Erinnern

Der 27. Januar als Gedenktag

Vom nationalen Erinnern ... Am 27. Januar 1945 wurden die Überlebenden des Konzentrationslagers Auschwitz durch Truppen der sowjetischen Armee befreit. Bis vor wenigen Jahren spielte der 27. Januar als Tag der Befreiung von Auschwitz im **kulturellen** und **kommunikativen Gedächtnis** der Deutschen keine nennenswerte Rolle. In den Nachkriegsjahrzehnten wurde das Datum in der Bundesrepublik hin und wieder mit öffentlichen Gedenkveranstaltungen, in der DDR im Zuge der alljährlichen Befreiungsfeierlichkeiten zum Ende des Zweiten Weltkrieges gewürdigt. Den Status eines nationalen Gedenk- und Feiertages erhielt der 27. Januar jedoch nicht. Durch die vielen offiziellen Gedenkveranstaltungen, die 1995 zum 50. Jahrestag des Kriegsendes in ganz Europa begangen wurden, stieß die Idee eines Gedenktages für die Opfer des NS-Regimes auf internationale Resonanz.

Das Ende des *Ost-West-Konfliktes* 1989/91 hatte die Voraussetzungen für eine gemeinsame europäische Erinnerung geschaffen. In Deutschland setzte sich besonders der Vorsitzende des Zentralrates der Juden, *Ignatz Bubis*, für die Einführung eines solchen Gedenktages ein und schlug das „europäische" Datum des 27. Januar vor. So wie Auschwitz symbolhaft für die Massenvernichtung des europäischen Judentums steht, sollte der Tag der Befreiung dieses Lagers als Symbol für die nationalsozialistische Schreckensherrschaft über Europa gelten. Im Juni 1995 beschlossen die Bundestagsfraktionen, den 27. Januar zum nationalen Gedenktag, nicht aber zum arbeitsfreien Feiertag zu erheben. Am 3. Januar 1996 proklamierte Bundespräsident *Roman Herzog* den 27. Januar offiziell als Tag des Gedenkens an die Opfer des Nationalsozialismus (▸ M1). Das Gedenken bezog er ausdrücklich auf alle, die der nationalsozialistischen Ideologie und Rassepolitik zum Opfer gefallen sind. Alljährlich wird seither im Bundestag mit der Rede des Bundespräsidenten und eines prominenten Zeitzeugen, in den Landtagen mit Sondersitzungen und in vielen Städten mit Gedenkveranstaltungen an das historische Geschehen gedacht.

... zum globalen Gedenken Mit der Holocaust-Konferenz in Stockholm, an der Vertreter von 47 Staaten teilnahmen, setzte im Jahr 2000 die internationale Karriere des 27. Januar ein. An die Forderung des Forums, einen jährlichen Gedenktag zur Erinnerung an den NS-Völkermord einzuführen, schloss sich wenig später das *Europäische Parlament* an. 2005 wurde der 27. Januar von der EU zum europäischen Gedenktag und im selben Jahr von den *Vereinten Nationen* (*United Nations Organization*, UNO) zum globalen Gedenktag („International Day of Commemoration in Memory of the Victims of the Holocaust") erklärt. Bis 2008 wurde in 34 Staaten ein Holocaust-Gedenktag eingeführt, davon in 21 Staaten am 27. Januar. Auch wenn sich Status und Gedenkpraxis von Land zu Land unterscheiden, ist es der am weitesten verbreitete Gedenktag der Welt. Die Geschichte des 27. Januar ist ein Beispiel für Geschichtspolitik „von oben". Einführung und globale Ausweitung sind nicht unumstritten, zumal die verordnete Erinnerung oft auch dazu dient, aktuelle politische Entscheidungen zu legitimieren. Daher wird über die Wahl des Datums und die Art der Einführung diskutiert, darüber, für was der Gedenktag steht, an wen erinnert werden soll, welche Funktion ihm zukommt, wie das Gedenken gestaltet und für die Zukunft bewahrt werden kann (▸ M2). Geschichts- und Erinnerungskultur hat deshalb stets gegenwärtige und künftige Interessen und politischen Ziele zu reflektieren.

Kulturelles/kommunikatives Gedächtnis: Theorie, die in den 1980er-Jahren von den Kulturwissenschaftlern Jan und Aleida Assmann weiterentwickelt wurde. Kulturelles und kommunikatives Gedächtnis sind Teil des kollektiven Gedächtnisses, das die Gedächtnisleistung einer Gruppe von Menschen beschreibt. Während das kommunikative Gedächtnis etwa 80 Jahre zurückreicht und durch mündliche Erzählung, Erfahrung und Hörensagen geprägt wird, reicht das kulturelle Gedächtnis weit in die Vergangenheit zurück. Das kulturelle Gedächtnis ist nicht an Zeitzeugen gebunden, sondern benötigt „Expertenwissen" – Lehrer, Priester, Schamanen usw. geben Mythen und Traditionen weiter, die als kultureller Besitz der Gemeinschaft verstanden werden.

M1 „Die Erinnerung darf nicht enden“

In einer Ansprache im Deutschen Bundestag vom 19. Januar 1996 führt Bundespräsident Roman Herzog aus:

Ich wünsche mir, dass der 27. Januar zu einem Gedenktag des deutschen Volkes, zu einem wirklichen Tag des Gedenkens, ja des Nachdenkens wird. Nur so vermeiden wir, dass er Alibi-Wirkungen entfaltet, um die es uns am allerwenigsten gehen darf. Eine Kollektivschuld des deutschen Volkes an den Verbrechen des Nationalsozialismus können wir [...] nicht anerkennen; ein solches Eingeständnis würde zumindest denen nicht gerecht, die Leben, Freiheit und Gesundheit im Kampf gegen den Nationalsozialismus und im Einsatz für seine Opfer aufs Spiel gesetzt haben und deren Vermächtnis der Staat ist, in dem wir heute leben.

Aber eine kollektive Verantwortung gibt es, und wir haben sie stets bejaht. Sie geht in zwei Richtungen:

- Zunächst darf das Erinnern nicht aufhören; denn ohne Erinnerung gibt es weder Überwindung des Bösen noch Lehren für die Zukunft.
- Und zum andern zielt die kollektive Verantwortung genau auf die Verwirklichung dieser Lehren, die immer wieder auf dasselbe hinauslaufen: Demokratie, Rechtsstaat, Menschenrechte, Würde des Menschen. [...]

Deshalb meine Mahnung zum Erinnern und zur Weitergabe der Erinnerung. Nicht nur am 27. Januar. Aber vielleicht kann dieser Gedenktag uns dabei helfen.

Ansprache von Bundespräsident Roman Herzog zum Gedenktag für die Opfer des Nationalsozialismus im Deutschen Bundestag am 19. Januar 1996, zitiert nach: www.bundespraesident.de/SharedDocs/Reden/DE/Roman-Herzog/Reden/1996/01/19960119_Rede.html [Zugriff vom 15. Mai 2012]

Beurteilen Sie, ob die Ziele, die Herzog mit der Einführung des Gedenktages verfolgte, erreicht worden sind. Erklären Sie seine Absicht, damit „Alibi-Wirkungen“ vermeiden zu wollen.

M2 „Schafft diesen Gedenktag wieder ab!“

Der Soziologe Y. Michal Bodemann verfasst am 26. Januar 1999 folgenden Kommentar in der Berliner Tageszeitung (taz):

Der 27. Januar, der Tag der Befreiung von Auschwitz, ist seit 1995 der offizielle deutsche Gedenktag. Und niemand merkt es. Es könnte alles so schön werden: erst ein ordentlicher Gedenktag für die Opfer, dazu das für den ausländischen Besucher eindrucksvolle Eisenman-Mahnmal[1]. [...]

[1] Gemeint ist das von Peter Eisenman entworfene Denkmal für die ermordeten Juden Europas in Berlin, S. 304.

Er scheint als Gedenktag für alle Nazi-Opfer weniger kontrovers: Der 27. Januar erinnert an die Befreiung von Auschwitz durch die Rote Armee 1945. Doch zu diesem Zeitpunkt war das KZ nur noch ein Schatten. In den Wochen zuvor hatte sich die Mordmaschinerie verlangsamt, zehn Tage zuvor wurde Auschwitz evakuiert, über 130 000 Häftlinge wurden auf Transporte und Todesmärsche geschickt, und nur ein elendes Überbleibsel von knapp 8 000 Insassen wurde am 27. Januar befreit. [...] Der 27. Januar ist ein fernes, konstruiertes Datum, ohne deutsche Erinnerung, in einem anderen Land und ohne deutsche Akteure, denn selbst die SS-Wachmannschaften waren damals bereits verschwunden.

Für die Verfolgtenseite mag dieser Tag ein Symbol der Befreiung sein, es waren ihre Angehörigen, die nun das Ende dieses Schreckens vor sich sahen. In Deutschland stand hinter der Entscheidung für diesen Tag offenbar die wohlmeinende, doch naive und beschönigende Idee, in Solidarität mit der Opferseite an das Ende des Mordens zu erinnern. Dadurch, dass der Befreiung von Auschwitz statt seiner Errichtung gedacht wird, stellt sich Deutschland an die Seite der Opfer und der Siegermächte – ein Anspruch, der Deutschen nicht zusteht. Der 27. Januar suggeriert darüber hinaus ein „Ende gut, alles gut“. Ein Tag der Erinnerung für Deutsche soll er sein, doch tatsächlich ist es ein Tag der Zubetonierung von Erinnerung, ein Tag, der den historischen Schlussstrich signalisiert.

Wir könnten nun pragmatisch argumentieren: Solange dieser Tag engagiert begangen wird, wäre es ja gut; zumindest besser als gar nichts. Doch der 27. Januar ist eben gerade nicht angenommen worden, er ist ein Tag ohne deutsche Erinnerung geblieben. Die obligatorischen Reden werden zwar gehalten, doch schon bei seiner Einführung 1996 wurden die Feiern im Bundestag um einige Tage vorverlegt, weil es den Abgeordneten so wegen der Urlaubszeit besser passte. Auch 1998 waren die Gedenkfeierlichkeiten Pflichtübungen, die in der Mahnmaldebatte untergingen: Über diesen Tag gab es wenig zu sagen, da kam die Mahnmaldebatte gerade recht.

Y. Michal Bodemann, 27. Januar: Schafft diesen Gedenktag wieder ab!, in: taz vom 26. Januar 1999

1. *Geben Sie zentrale Aussagen Bodemanns mit eigenen Worten wieder.*
2. *Verfassen Sie eine Rede zum 27. Januar, in der Sie auch Stellung zu den im Text genannten Vorbehalten gegen diesen Gedenktag nehmen.*
3. *Der Politikwissenschaftler Harald Schmid bezeichnet die Etablierungsgeschichte des 27. Januar als ein Beispiel für etatistische, also vom Staat verordnete, Geschichtspolitik. Beurteilen Sie diese Aussage.*

Kompetenzen erweitern – vertiefen – anwenden

Die Zeit des Nationalsozialismus – Voraussetzungen, Herrschaftsstrukturen, Nachwirkungen und Deutungen

Politische und ideologische Voraussetzungen des Nationalsozialismus

Sachkompetenz

1. *Stellen Sie die Belastungsfaktoren der Weimarer Republik zusammen. Ordnen Sie in Faktoren, die die Republik von Beginn an belasteten, und Faktoren, die erst mit der Weltwirtschaftskrise wirksam wurden.*
2. *Erläutern Sie die Stellung, das Selbstverständnis und die Rolle der Sozialdemokratischen Partei in der Weimarer Republik.*

Urteilskompetenz

Beurteilen Sie die Bedeutung der Weltwirtschaftskrise für den Aufstieg der NSDAP.

Methodenkompetenz

1. *Analysieren Sie das Wahlplakat von 1934.*
2. *Erörtern Sie die Intention des Plakates. Berücksichtigen Sie dabei den Charakter der Wahlen seit 1933.*

▲ **„Führer wir folgen Dir! Alle sagen Ja!“**
Das Plakat (84 x 61 cm) wurde von der Reichspropagandaleitung der NSDAP zur Volksabstimmung vom 19. August 1934 über die Zusammenlegung des Reichspräsidenten- und Reichskanzleramtes herausgegeben.

Tipp!
Für die Analyse von politischen Plakaten vgl. den Methoden-Baustein auf S. 213 - 215.

Die Herrschaft des Nationalsozialismus in Deutschland und Europa

Sachkompetenz

1. *Die sogenannte „Reichstagsbrandverordnung“ und das „Ermächtigungsgesetz“ werden in ihrer Kombination auch als „Grundgesetz“ des NS-Staates bezeichnet. Erläutern Sie diese Bezeichnung.*
2. *Im nationalsozialistischen Sprachgebrauch wurden die Vorgänge des Jahres 1933 auch als „Revolution“ bezeichnet. Erläutern Sie, die mit diesem Begriff verbundenen Assoziationen und die Absichten, die mit der Verwendung dieses Begriffes verfolgt wurden.*
3. *Weisen Sie nach, inwiefern der Prozess der „Gleichschaltung“ die Bezeichnung des nationalsozialistischen Staates als totalitäre Diktatur erklären kann.*
4. *Erklären Sie die Bedeutung der außenpolitischen Erfolge vor 1939 für die Akzeptanz der nationalsozialistischen Herrschaft.*
5. *Nationalsozialistische „Volksgemeinschaft“: Diskutieren Sie, ob die sozialpolitischen Maßnahmen überwiegend propagandistischen Zielen dienten.*

Urteilskompetenz

In der Präambel zur Weimarer Verfassung ist Folgendes als Staatsziel festgelegt:

Das Deutsche Volk, einig in seinen Stämmen und von dem Willen beseelt, sein Reich in Freiheit und Gerechtigkeit zu erneuern und zu festigen, dem inneren und dem äußeren Frieden zu dienen und den gesellschaftlichen Fortschritt zu fördern, hat sich diese Verfassung gegeben.

Zitiert nach: www.verfassungen.de/de/de19-33/verf19-i.htm [Zugriff vom 23. März 2015]

Weisen Sie nach, dass die Verfassung in der Tradition der Aufklärung steht, und beurteilen Sie die nationalsozialistische Herrschaft vor diesem Hintergrund.

Methodenkompetenz

1. *„Machtergreifung" oder „Machtübertragung". Sammeln Sie Argumente für die Verwendung beider Begriffe.*
2. *Gewichten Sie die Argumente und entwickeln Sie ein eigenes Sachurteil zu dieser Frage.*
3. *Verfassen Sie auf Grundlage der Ergebnisse einen Essay.*

Tipp!
Für das Verfassen eines Essays vgl. den Methoden-Baustein auf S. 295 - 297.

Vergangenheitspolitik und „Vergangenheitsbewältigung"

Sachkompetenz

1. *Skizzieren und benennen Sie die Stufen der Auseinandersetzung mit dem Nationalsozialismus in der Bundesrepublik.*
2. *Stellen Sie die Bedeutung der Auseinandersetzung mit dem Faschismus in den beiden deutschen Staaten gegenüber.*

Urteilskompetenz

Der Historiker und Publizist Götz Aly, Jahrgang 1947, schreibt 2009:

Materieller Ausgleich und soziale Aufwärtsmobilisierung im Inneren, kollektiver und schnell spürbarer Wohlstand für das Herrenvolk auf Kosten sogenannter Minderwertiger, so lautete die wenig komplizierte, in Deutschland populäre Zauberformel des NS-Staats.
Sie erklärt zwanglos, warum sich nach 1945 die meisten Deutschen noch lange mit positiven Gefühlen an die NS-Zeit erinnerten, aber die Verbrechen nicht in das lebensgeschichtliche Selbstbild integrieren konnten. Sie isolierten das ihrer Meinung nach Gute, das auch weiterhin für gut gehalten wurde, von dem konstitutiv damit verbundenen Bösen. Von diesem Bösen aber wollten sie schon während der NS-Zeit möglichst wenig wissen, weil sie fühlten, dass es zu ihrem Vorteil geschah. So konnten sie nach 1945 behaupten und selbst glauben, sie hätten nichts gewusst.

Götz Aly, Die Wohlfühldiktatur, in: Der Spiegel 10/2005

Analysieren und erörtern Sie Alys Thesen.

Handlungskompetenz

Die Neue Wache wurde 1818 als Wachhaus und als Gedenkstätte für die Gefallenen der Befreiungskriege fertiggestellt. In der DDR diente sie – neu gestaltet – als Mahnmal für die Opfer des Faschismus und Militarismus. Nach der Wende ließ Bundeskanzler Helmut Kohl die Neue Wache zur zentralen deutschen Gedenkstätte umbauen.
Die Entscheidung für Gestaltung und Text wurde stark kritisiert. Der Historiker Reinhart Koselleck bezeichnet die Skulptur in der Wochenzeitung DIE ZEIT 1998 als *„aufgeplusterte Pieta"* und kritisiert, dass Opfer wie Täter *„als Opfer ein und derselben, der sogenannten Gewaltherrschaft"* gesehen werden, außerdem würden ganze Opfergruppen ausgeschlossen.[1]

Schalten Sie sich in die Debatte ein und formulieren Sie eine eigene Stellungnahme zu diesem Mahnmal.

▼ Pietá in der Neuen Wache, Berlin.
1993 erstellte, vierfach vergrößerte Kopie der Gedenkskulptur „Mutter mit totem Sohn" von Käthe Kollwitz. Vor der Skulptur ist zu lesen: „Den Opfern von Krieg und Gewaltherrschaft."

[1] Reinhart Koselleck, Wer darf vergessen werden? Das Holocaust-Mahnmal hierarchisiert die Opfer, in: Die Zeit vom 19. März 1998

Von der getrennten zur vereinten Nation

◂ **Souvenirstand an der Gedenkstätte „Checkpoint Charlie" in Berlin.**
Foto von 2011.
Nach der Wiedervereinigung Deutschlands und dem Ende des Kalten Krieges dienen die Hoheitssymbole und Militaria der DDR und der Sowjetunion als Souvenir für Touristen.

▴ **Am „Platz des 9. November" in Berlin.**
Foto vom 8. November 2014.
Der 25. Jahrestag des Mauerfalls wurde in Berlin aufwendig gefeiert. Zum Gedenken sind am „Platz des 9. November 1989" Fotos zur innerdeutschen Grenze und zu Ereignissen rund um den Fall der Mauer auf großen Tafeln angebracht. Überreste der Mauer gibt es fast keine mehr.

▴ **„Immer bunter ..."**
Plakat zu einer Sonderausstellung des Haues der Geschichte in Bonn, 2014/15.
Jeder fünfte Bewohner Deutschlands hat familiäre Wurzeln im Ausland. Die größte Gruppe stellen die Nachkommen ehemaliger „Gastarbeiter", die seit 1955 von der Bundesrepublik angeworben wurden.

Die bedingungslose Kapitulation der deutschen Wehrmacht am 8./9. Mai bedeutete das Ende der deutschen Souveränität. Entsprechend den Vorstellungen der vier Siegermächte entwickelte sich in den Besatzungszonen eine neue politische Kultur. Demokratisierung wurde unterschiedlich aufgefasst und unter den Bedingungen des Kalten Krieges entstanden zwei deutsche Staaten, die sich politisch, gesellschaftlich und wirtschaftlich gegensätzlich entwickelten. Jeder dieser beiden Staaten beanspruchte, das bessere Deutschland zu sein, insofern standen sie in einem dauerhaften Wettbewerb.

Während in der Bundesrepublik „Wirtschaftswunder" und Westorientierung eine wohlhabende, freiheitliche Gesellschaft hervorbrachten, näherte sich die DDR – eingebunden in das politische und wirtschaftliche System des Ostblocks – etappenweise dem Sozialismus. Die Probleme dieser Entwicklung sowie die Attraktivität der Bundesrepublik führten zu wachsenden Flüchtlingszahlen und 1961 zum Bau der Berliner Mauer, hinter der sich eine beobachtete, eng kontrollierte Bevölkerung um individuelle Freiräume bemühte.

Als die Widersprüche des sozialistischen Staates immer deutlicher hervortraten und sich in der UdSSR ab 1985 Reformen abzeichneten, entstand in der DDR eine Oppositionsbewegung, die schließlich mit dem Fall der Mauer erfolgreich war. Was vierzig Jahre lang unvorstellbar schien, wurde innerhalb eines knappen Jahres Wirklichkeit: die Wiedervereinigung. Aber mit der politischen Einheit der beiden Staaten war die Wiedervereinigung der Gesellschaften noch nicht erreicht.

In diesem Kapitel können folgende Kompetenzen erreicht werden:

▶ **Sach- und Urteilskompetenz**
- Sie erläutern die Entstehung der beiden deutschen Staaten im Kontext des Ost-West-Konfliktes.
- Sie beschäftigen sich mit der Integration von Flüchtlingen und Vertriebenen sowie von Zuwanderern.
- Sie setzen sich mit dem staatlichen und nationalen Selbstverständnis der DDR und der Bundesrepublik auseinander, erläutern die jeweiligen Grundlagen und die Entwicklung.
- Sie erklären die „friedliche Revolution" von 1989 und die Entwicklung bis zur Wiedervereinigung im Kontext nationaler und internationaler Bedingungsfaktoren.
- Sie beurteilen die langfristige Bedeutung von Zweistaatlichkeit und Vereinigungsprozess für das nationale Selbstverständnis der Bundesrepublik Deutschland.

▶ **Methodenkompetenz**

Zwei Methoden stehen in diesem Großkapitel im Fokus:
- die Interpretation von Fotografien
- die Interpretation von Spielfilmen unter der Fragestellung, welche Bedeutung Inhalt und Botschaft des Films für das Verständnis der Geschichte haben können

▶ **Handlungskompetenz**
- Sie setzen sich mit dem Begriff „Unrechtsstaat" für die DDR auseinander.
- Sie entwickeln anhand der Debatte um die Bewertung der Ereignisse von 1989 als „Revolution", „Wende" oder „Zusammenbruch" eine eigene Position.

Nationale Identität unter den Bedingungen der Zweistaatlichkeit in Deutschland

Orientierung Nach der bedingungslosen Kapitulation Deutschlands am 8. Mai 1945 und dem Ende des Zweiten Weltkrieges in Europa erschien es fraglich, ob auf deutschem Boden eine stabile freiheitlich-parlamentarische Demokratie mit einer pluralistischen Gesellschaft entstehen konnte. Die Bedingungen für den Neubeginn gaben die Alliierten und deren Interessen vor, wie sie während der Konferenz von Potsdam 1945 diskutiert und formuliert wurden. Ein Friedensvertrag der Siegermächte mit Deutschland wurde nicht verfasst.

Deutschland stand zu diesem Zeitpunkt vor enormen Problemen. Zu den zu bewältigenden Aufgaben gehörten die Auseinandersetzung mit dem Nationalsozialismus und die als Entnazifizierung bezeichneten Maßnahmen der politischen Säuberung, die Beseitigung der Kriegsschäden, der Neuaufbau der Wirtschaft sowie die Integration der Millionen durch Flucht und Vertreibung entwurzelten Menschen.

Durch die Gründung der Bundesrepublik Deutschland und der Deutschen Demokratischen Republik im Jahr 1949 wurde eine schnelle Lösung der deutschen Frage verhindert. Das bundesdeutsche „Wirtschaftswunder" schuf die finanzielle Basis für

1945
Potsdamer Konferenz der alliierten Siegermächte über Deutschland

1945-1948
Vertreibung von rund 14 Millionen Deutschen aus den ehemaligen Ostgebieten des Deutschen Reiches sowie aus Ost- und Südosteuropa

1948/49
Berlin-Blockade und Zweiteilung der Stadt mit getrennten Verwaltungen

1949
Gründung der Bundesrepublik Deutschland und der DDR

17. Juni 1953
Landesweiter Arbeiteraufstand gegen das SED-Regime

1955
Beginn der Anwerbung ausländischer Arbeitskräfte in der Bundesrepublik

13. August 1961
Die DDR-Regierung beginnt mit dem Bau der Berliner Mauer

1940 1945 1950 1955 1960

◄▲ „Die deutsche Eiche" (1945 und 1955).
Karikatur aus der „Hannoverschen Allgemeinen Zeitung" vom 7. Mai 1955.

die Integration der Geflüchteten und Vertriebenen. Während die Bürger bald aktiv an der politischen Gestaltung der Bundesrepublik teilnahmen, wurden oppositionelle Bestrebungen in der DDR unterdrückt.

Die Regierung in Bonn bekräftigte die Wiedervereinigung als Ziel. Es sollte 20 Jahre dauern, bis sie im Rahmen der globalen Entspannungspolitik in den 1970er-Jahren ihren Alleinvertretungsanspruch fallen ließ und es zu einer Normalisierung der Beziehungen zwischen den beiden deutschen Staaten kam. Eine Lösung der deutschen Frage blieb aber bis 1989 offen.

Das folgende Kapitel behandelt insbesondere diese Fragen:
- *Weshalb entstanden nach dem Zweiten Weltkrieg zwei deutsche Staaten?*
- *Wie wurden die Flüchtlinge und Vertriebenen in die deutschen Nachkriegsgesellschaften integriert?*
- *Auf welchen Grundlagen entwickelte sich das Selbstverständnis der beiden deutschen Staaten?*
- *In welchem Verhältnis standen Bundesrepublik Deutschland und DDR zueinander?*

1968
Höhepunkt der Proteste von Studenten und Arbeitern in der Bundesrepublik Deutschland

1972/73
Grundlagenvertrag zwischen Bundesrepublik und DDR

1975
Die DDR unterzeichnet die KSZE-Schlussakte, in der Menschen- und Bürgerrechte nach westlichem Maßstab festgelegt sind

1983
Erstmaliger Einzug der Partei „Die Grünen" in den Bundestag

1970 1975 1980 1985 1990

Die Entstehung zweier deutscher Staaten im Kontext des Ost-West-Konfliktes

Kriegsende 1945 Nach dem von Deutschland begonnenen und bis zum Schluss grausam geführten Weltkrieg war das Deutsche Reich im Mai 1945 vollständig zusammengebrochen. Nach der bedingungslosen Kapitulation der Wehrmacht am 8./9. Mai ging die Regierungsgewalt in Deutschland auf die alliierten Siegermächte USA, Großbritannien und die Sowjetunion über. Im Juli 1945 kam auch Frankreich dazu.

▲ „Fringsen."
Foto aus Köln, Winter 1945. Im Volksmund wurde der Diebstahl von Nahrungsmitteln und Briketts nach dem Kölner Erzbischof Josef Frings auch „fringsen" genannt. In der Silvesterpredigt 1946 billigte er den Mundraub in der Not.

Menschen ohne Versorgung Der Zweite Weltkrieg hatte weite Teile Europas in ein Trümmerfeld verwandelt. Hunger und Not bestimmten den Alltag. Das besiegte Deutschland stand vor dem Nichts. Städte, Straßen und Schienen waren zerstört und die Gas-, Wasser- und Stromversorgung war zusammengebrochen.

Die Lebensmittelversorgung in den Städten war besonders kritisch. Für eine Person gab es im Durchschnitt 1000 Kalorien pro Tag: ein paar Scheiben Brot, etwas Margarine, ein Löffel Milchsuppe, zwei Kartoffeln. Viele Menschen stahlen Nahrungs- und Heizmittel, um zu überleben. Nordamerikanische Organisationen wie CARE halfen, die größte Not zu lindern, indem sie zwischen 1946 und 1960 fast zehn Millionen Hilfspakete im Gesamtwert von 177 Millionen Euro finanzierten. Erst Mitte 1946 besserte sich die Lage etwas. Statt einer geordneten Wirtschaft blühte der *Schwarzmarkt*: Geld war nichts wert, Waren wurden getauscht.

CARE: Abkürzung für *Cooperative for American Remittances to Europe* (später *to Everywhere*); in den USA gegründete Organisation für Hilfssendungen nach Europa und später auch weltweit

▸ **Geschichte In Clips:**
Zu Flucht, Vertreibung und Umsiedlung siehe Clip-Code 4677-30

Flucht und Vertreibung Während des Zweiten Weltkrieges deportierten die Nationalsozialisten etwa neun Millionen Polen und Tschechoslowaken aus den besetzen Gebieten im Osten des Deutschen Reiches und siedelten deutsche Minderheiten aus Süd-, Zentral- und Osteuropa an. Bereits 1944 hatten die Umsiedlungen der deutschen Minderheiten den Charakter einer Fluchtbewegung vor der anrückenden Roten Armee. In den von der Sowjetunion eroberten Gebieten begannen die „wilden Vertreibungen" von noch verbliebenen Deutschen (▸ M1). Sie waren häufig an Vergeltungsaktionen gekoppelt. Die Siegermächte des Zweiten Weltkrieges legten auf der *Potsdamer Konferenz** im August 1945 fest, dass die deutsche Bevölkerung „ordnungsgemäß und human" überführt werden sollte, doch Plünderungen, überfüllte Abschiebelager und katastrophale Versorgungsbedingungen führten zu vielen Opfern. Von den 14 Millionen Flüchtlingen und Vertriebenen erreichten 12,5 Millionen das besetzte Deutschland und mussten von der Bevölkerung aufgenommen werden.

Außerdem befanden sich in Deutschland zahllose Opfer des nationalsozialistischen Regimes: Etwa neun bis zehn Millionen ausländische Kriegsgefangene, zivile Zwangsarbeiter sowie befreite Häftlinge der Konzentrationslager (Displaced Persons, „DPs"). Die meisten von ihnen wollten Deutschland schnell verlassen.

* Ausführlich zur Potsdamer Konferenz siehe S. 485 und M2, S. 486.

Unterschiedliche Ziele der Alliierten Auf der Potsdamer Konferenz im Sommer 1945 berieten die Siegermächte über die Neuordnung Deutschlands. Sie legten fünf gemeinsame Ziele für das besetzte Deutschland fest:

- Entwaffnung und Entmilitarisierung
- Demontage (Abbau) kriegswichtiger Industrieanlagen
- politische Säuberung (Entnazifizierung)*
- Demokratisierung des politischen Lebens und Wiederaufbau der örtlichen Selbstverwaltung „nach demokratischen Grundsätzen"
- Dezentralisierung der staatlichen Ordnung und der Wirtschaft

Die Umsetzung dieser Ziele nahm jede Siegermacht selbst vor. Dazu richteten die Alliierten vier Besatzungszonen in Deutschland ein. Die ehemalige Hauptstadt Berlin wurde ebenfalls in vier Sektoren getrennt. Sie lag wie eine Insel inmitten der Sowjetischen Besatzungszone (SBZ).** Die Alliierten waren zunächst bemüht, die Verwaltung ihrer Gebiete in Gang zu bringen, damit die lebensnotwendigen Einrichtungen funktionieren konnten. Doch sie verfolgten unterschiedliche langfristige Ziele:

Die Westmächte wollten die deutsche Bevölkerung zu Demokraten umerziehen und förderten den demokratischen und kapitalistischen Aufbau „von unten". Ein wirtschaftlich starkes Deutschland sollte den Einfluss der Sowjetunion auf Westeuropa verhindern und wirtschaftlich unabhängig werden. Da Frankreich in Deutschland noch eine Bedrohung sah, blockierte die französische Regierung zunächst alle Versuche, gemeinsam die wirtschaftliche und politische Krise in Deutschland zu steuern. Doch 1947/48 übernahm Frankreich den Kurs der beiden anderen westlichen Alliierten. In der SBZ zielte die Sowjetunion auf eine „antifaschistisch-demokratische Umwälzung" der Gesellschaft sowie auf eine „Revolution der politischen Zustände".

Die Solidarität der Anti-Hitler-Koalition war bald aufgekündigt und die ehemaligen Alliierten gingen getrennte Wege. Der Alliierte Kontrollrat, der zur Abstimmung zwischen den vier Mächten diente, tagte aufgrund der Differenzen zuletzt im März 1948.

Neugründung politischer Parteien in den Westzonen Demokratisierung setzt Parteien voraus. Die Nationalsozialisten hatten alle anderen Parteien verboten, nun wurden sie von den westlichen Besatzungsmächten wieder zugelassen. Im August 1945 genehmigten die USA und Großbritannien die „Sozialdemokratische Partei Deutschlands" (SPD). Sie knüpfte in Programm und Organisation an die Zeit vor 1933 an und war die erste Massenpartei nach dem Krieg, Ende 1947 zählte sie schon 875 000 Mitglieder.

Im Herbst 1945 wurde auch die neu gegründete „Christlich-Demokratische Union" (CDU) zugelassen. Sie war eine bürgerlich-konservative Partei, die alle christlichen Konfessionen vertrat. Vorsitzender der CDU in der britischen Zone wurde im März 1946 Konrad Adenauer.*** 1950 schlossen sich die CDU-Verbände mit Ausnahme Bayerns bundesweit zusammen.

Ende 1948 gründeten liberale und demokratische Politiker die „Freie Demokratische Partei" (FDP). **Theodor Heuss** wurde ihr erster Vorsitzender. Auch die „Kommunistische Partei Deutschlands" (KPD) ließ man in den Westzonen wieder zu, wo sie jedoch ohne größere Wahlerfolge blieb.

Theodor Heuss (1884-1963): Politiker, 1945-1946 Kultusminister von Württemberg-Baden, 1947 Mitbegründer der FDP und deren erster Vorsitzender, 1949-1959 erster Bundespräsident

* Zur Entnazifizierung siehe S. 278 bis 282.
** Siehe Karte auf S. 485.
*** Zu Adenauer siehe S. 284.

▲ **Fotomontage zum Vereinigungsparteitag von KPD und SPD am 21./22. April 1946.**
Abgebildet sind Wilhelm Pieck (KPD, links) und Otto Grotewohl (SPD, rechts).
- *Beschreiben Sie die verschiedenen Bildelemente und ihre jeweilige Funktion.*

Im Osten: „Einheit der Arbeiterklasse" Die Sowjets gestatteten in ihrem Machtbereich bereits im Juni 1945 die Gründung politischer Parteien. Von Anfang an förderte die *Sowjetische Militäradministration in Deutschland* (SMAD) die Kommunistische Partei. Anfang Mai 1945 war eine Gruppe deutscher Exilkommunisten aus Moskau in die SBZ eingeflogen worden. An ihrer Spitze stand **Walter Ulbricht**. Er und andere Spitzenfunktionäre der KPD verfolgten eine Umgestaltung des Landes nach sozialistischen Prinzipien. Dazu sollte die Vereinigung der Arbeiterklasse durch einen Zusammenschluss der SPD und der KPD zu einer „Einheitspartei" dienen.

Trotz heftiger parteiinterner Kontroversen stimmten *Otto Grotewohl* und die Spitze der Ost-SPD auf dem „Vereinigungsparteitag" in Berlin am 21./22. April 1946 für die Vereinigung mit der KPD zur „Sozialistischen Einheitspartei Deutschlands" (SED) (▸ M2).

Doch auch nach dieser Maßnahme blieb die SED von einer politischen Mehrheit weit entfernt. Die Sowjets benachteiligten daraufhin die übrigen Parteien massiv. Die SED wurde 1949 zur einer „Partei neuen Typus" nach sowjetischem Modell umgebildet und von Kritikern und Abweichlern im Innern „gesäubert". Etwa 6 000 Sozialdemokraten wurden von sowjetischen Militärgerichten als „Agenten" verurteilt und in Arbeitslager gebracht. Rund 100 000 Sozialdemokraten flohen in den Westen. Die SED verstand sich nun als „Vorhut der Arbeiterklasse", die alle Vorgänge in Staat, Wirtschaft und Kultur kontrolliert.

Walter Ulbricht (1893-1973): deutscher Kommunist, 1938 Emigration nach Moskau, kam 1945 mit der Roten Armee nach Berlin zurück, 1950-1971 Generalsekretär der SED, 1960-1971 DDR-Staatsratsvorsitzender, 1971 abgesetzt

▸ **Geschichte In Clips:**
Zur Gründung der SED siehe Clip-Code 4677-31

Umgestaltung der ostdeutschen Wirtschaft Da die Sowjetunion von allen Siegermächten die größten Kriegsschäden erlitten hatte, war sie stärker an den Reparationsleistungen und den Demontagen kriegswichtiger Industrie interessiert als die westlichen Alliierten. Um den sowjetischen Bedarf an industriellen Gütern zu decken, gingen ganze Industriezweige in das Eigentum der Siegermacht über und fielen damit für den wirtschaftlichen Wiederaufbau in der SBZ aus.

Auf Befehl der sowjetischen Besatzungsmacht wurde von 1945 an eine Industriereform umgesetzt, durch die das Eigentum von Staat, Wehrmacht, NSDAP und als Kriegsverbrecher beschuldigter Personen beschlagnahmt und verstaatlicht wurde. Insgesamt 75 Prozent des Industrievermögens, etwa 9 000 Firmen einschließlich aller Banken und Versicherungen, wurden entschädigungslos enteignet und verstaatlicht (*„Volkseigene Betriebe"*, VEB). Die Enteignungen begannen in Sachsen, wo in einer Volksabstimmung 1946 über 67 Prozent der befragten Bürger zustimmten. Das sächsische Modell wurde anschließend in der gesamten SBZ ohne weitere Volksabstimmungen angewandt.

Außerdem wurde auf sowjetischen Befehl eine Bodenreform in der SBZ durchgeführt. Sie betraf 35 Prozent der Agrarfläche. Unter der Parole „Junkerland in Bauernhand" wurden 7 000 Großgrundbesitzer (ab einem Eigentum von 100 ha) entschädigungslos enteignet und ihr Land zum größten Teil an 500 000 Landarbeiter, landlose Bauern, Flüchtlinge und Vertriebene verteilt. Ein Drittel blieb in öffentlichem Besitz (*„Volkseigene Güter"*). Die Maßnahme fand bei allen Parteien Beifall, wobei die Ost-CDU eine Entschädigung für die Enteignungen forderte.

Auf die Umverteilung folgte die Kollektivierung: Die Bauern schlossen sich auf staatlichen Druck hin seit 1952 in *„Landwirtschaftlichen Produktionsgenossenschaften“* (LPG) zusammen, wobei die meisten Höfe so wenig Land zugewiesen bekamen, dass keine funktionsfähigen Betriebe entstehen konnten.

▲ **„Junkerland wird Bauernland.“**
Plakat (83,1 x 57,5 cm) von 1945. In der SBZ sollte eine Bodenreform die ehemaligen Nationalsozialisten bestrafen und die Versorgung der Bürger sicherstellen.

- *Erklären Sie, wer Junker sind und weshalb sich die Parole der Bodenreform gerade gegen sie richtete.*

Staatlicher und wirtschaftlicher Neuaufbau in den Westzonen Wenige Wochen nach Kriegsende begannen die Westmächte mit dem Aufbau von Kommunalverwaltungen, also Behörden für die Regelung des Lebens in den Gemeinden und Städten. Sie beriefen dazu deutsche Bürgermeister und Landräte. In ihren Zonen setzten die Alliierten auch vorläufige Länderregierungen ein, die für größere Teile Deutschlands zuständig sein sollten.

Die US-amerikanische Militärregierung ließ Anfang 1946 Wahlen in den Gemeinden und Landkreisen stattfinden und erlaubte den neu geschaffenen Ländern der US-Zone, in Verfassunggebenden Versammlungen die künftigen Länderverfassungen auszuarbeiten. Großbritannien und Frankreich folgten dem Beispiel der Amerikaner.

Seit Sommer 1946 drängten die USA auf die Zusammenlegung aller Besatzungszonen zur wirtschaftlichen Kooperation. Allerdings stimmte zunächst nur Großbritannien zu. Im September kündigte der US-Außenminister *James F. Byrnes* die Errichtung einer vereinten amerikanisch-britischen Zone an. In dieser „Rede der Hoffnung“ sprach er von Wiederaufbau und stellte einen demokratischen, nichtkommunistischen deutschen Staat in Aussicht (▸ M3). Am 1. Januar 1947 wurde die sogenannte *Bizone* geschaffen, die Basis für einen späteren westdeutschen Staat. Die zugehörigen deutschen Länderregierungen konnten 1946 und 1947 von der deutschen Bevölkerung gewählt werden. Sie bildeten u. a. einen gemeinsamen Wirtschaftsrat in Frankfurt am Main.

Im April 1949 schloss Frankreich seine Zone an, die *Trizone* wurde gegründet. Bereits 1948 einigten sich die Vertreter der elf westdeutschen Länder darauf, dass aus dem Wirtschaftsgebiet ein Bundesstaat entstehen sollte. Eine Verfassunggebende Versammlung (*Parlamentarischer Rat*) sollte eine demokratische Verfassung (*Grundgesetz*) für einen föderalistischen Staat erarbeiten, der die Grund- und Menschenrechte garantierte. Nach einer Volksabstimmung würde dann das Grundgesetz in Kraft treten. Die Begriffe „Parlamentarischer Rat“ und „Grundgesetz“ wiesen auf den vorläufigen Charakter hin, denn der neue Staat sollte die Chance zur Wiedervereinigung offenhalten.

Ausgangspunkt dieses Vorgehens waren die Londoner Empfehlungen, die im Anschluss an eine mehrmonatige Konferenz im Juni 1948 verabschiedet wurden. An der Konferenz nahmen die westlichen Alliierten sowie Belgien, die Niederlande und Luxemburg teil. Obwohl die westlichen Siegermächte auf einen raschen Aufbau der staatlichen und wirtschaftlichen Ordnung zielten und der deutschen Bevölkerung frühzeitig politische Befugnisse zurückgaben, fühlten sich viele Deutsche von den Besatzungsmächten gegängelt. Im Volksmund wurden die drei westlichen Zonen auch spöttelnd „Trizonesien“ genannt (▸ M4).

Hilfe aus den USA: der Marshall-Plan Die Westzonen wurden in ein umfassendes Wiederaufbauprogramm der US-Regierung einbezogen. Es kam nicht nur den Deutschen zugute, sondern Menschen in weiten Teilen Europas. Seit Kriegsende benötigten viele Länder, auch Großbritannien und Frankreich, dringend finanzielle und wirtschaftliche Hilfe. Die USA fürchteten um die Stabilität der europäischen Staaten als wirt-

Ludwig Erhard (1897-1977): 1949-1963 Bundesminister für Wirtschaft, 1963-1966 Bundeskanzler, 1966/67 Vorsitzender der CDU

Soziale Marktwirtschaft: Wirtschaftsordnung, die soziale Gerechtigkeit auf der Grundlage einer leistungsfähigen Wettbewerbswirtschaft vorsieht

schaftliche und politische Partner. Außerdem sollte der Einfluss der Sowjetunion eingedämmt werden.

Der neue US-Außenminister *George C. Marshall** entwickelte einen Hilfsplan, den die USA im April 1948 als *European Recovery Program* (ERP, Europäisches Wiederaufbauprogramm) beschlossen. Er bot den kriegszerstörten Ländern Europas günstige Kredite, Rohstoffe, Waren und Lebensmittel. Von 1948 bis 1952 wurden knapp 14 Milliarden Dollar an Hilfen gewährt. Die 16 Empfängerstaaten gründeten 1948 die OEEC (*Organization for European Economic Cooperation*), um die Verteilung der Mittel zu überwachen. Daraus entstand ein neuartiges System wirtschaftlicher Zusammenarbeit in Europa.

Westdeutschland erhielt seit 1948 1,4 Milliarden Dollar an Unterstützung. Damit konnte der Wiederaufbau erheblich beschleunigt werden. Außerdem fiel eine Vorentscheidung für die Einbindung in die westliche Staatengemeinschaft.

Der Marshall-Plan förderte jedoch auch die Teilung zwischen Ost- und Westdeutschland. Die Sowjetunion unter Stalin lehnte den Marshall-Plan ab und verbot allen Ländern des eigenen Machtbereiches, die US-Hilfen anzunehmen. Stattdessen sollte der von der UdSSR entwickelte Molotow-Plan vom 11. Juni 1947 die Staaten Osteuropas und die SBZ durch bilaterale Verträge stärker an die Wirtschaft der Sowjetunion binden. Daraus entwickelte sich im Januar 1949 der *Rat für Gegenseitige Wirtschaftshilfe* (RWG).

Wirtschafts- und Währungsreform Anfang 1948 beschlossen in Frankfurt am Main Vertreter aller Landtage der Westzonen eine Neuorientierung der westdeutschen Wirtschaft. Die Initiative ging von **Ludwig Erhard** aus, der für eine **Soziale Marktwirtschaft** warb. Ziel war es, die Kräfte des Marktes (Angebot und Nachfrage) in Gang zu setzen, wozu es einer Reform des zerrütteten Geldwesens bedurfte. Denn wegen der Wirtschaftspolitik des Nationalsozialismus, der sich und den Weltkrieg durch das Drucken von Banknoten finanziert hatte, war deutsches Geld wertlos.

Während die *Wirtschafts*reform von den Deutschen ausging, war die *Währungs*reform ein Anliegen der Westmächte, v. a. der Amerikaner. Die Umstellung des Geldes trat am 20. Juni 1948 in Kraft. Löhne, Gehälter, Renten und Mieten wurden im Verhältnis 1:1 umgestellt, Schulden auf ein Zehntel in DM-Beträge abgewertet. Angespartes Guthaben wurde nur zu einem Bruchteil in DM umgewandelt.

▼ **„Rosinenbomber“ im Anflug auf den Flughafen Berlin-Tempelhof.**
Foto von 1948.
Durch die Hilfsaktion verstanden sich Deutsche und Westalliierte erstmals als Verbündete. Amerikanische und britische Flugzeuge über Deutschland bedeuteten nicht mehr Schrecken und Zerstörung wie während des Bombenkrieges, sondern sorgten für Beistand und Hilfe.

Die Währungsreform von 1948 war einer der radikalsten Einschnitte der Nachkriegszeit. Sie war aber auch ein Startsignal: Buchstäblich über Nacht waren die Läden mit den Waren gefüllt, die wegen der Geldentwertung bis dahin zurückgehalten wurden. Die dauerhafte Belebung der westdeutschen Wirtschaft begann in den 1950er-Jahren.

Die Berlin-Blockade 1948/49 Die Wirtschafts- und Währungsreform war ein wesentlicher Schritt auf dem Weg zu einem westdeutschen Staat. Als Antwort führte die Sowjetunion in ihrer Zone im Juni 1948 ebenfalls eine neue Währung ein. Außerdem verhängte Stalin eine Blockade über Berlin: Ab dem 24. Juni 1948 unterbrach die UdSSR die Stromversorgung für die Berliner Westsektoren und

* Zu George C. Marshall siehe S. 489.

sperrte den gesamten Personen- und Güterverkehr und damit auch die Lieferung von Lebensmitteln. Durch die Blockade sollten die Westmächte ihre Pläne für einen westdeutschen Staat aufgeben. Diesen blieb zur Versorgung der eigenen Truppen und der Zivilbevölkerung nur der Luftweg. Die von den USA und Großbritannien errichtete „Berliner Luftbrücke" konnte die Blockade überwinden. In rund 280 000 Einsätzen wurden insgesamt 2,3 Millionen Tonnen Lebensmittel, Kohle und Maschinen nach West-Berlin transportiert, wodurch die Versorgung der Stadt sichergestellt wurde. Die Sowjetunion erreichte keines ihrer Ziele. Sie lenkte zuletzt ein und hob die Sperre nach 322 Tagen im Mai 1949 auf.

Während der Blockade war Berlin zu einer gespaltenen Stadt geworden. Der Ost- und Westteil erhielten eigene Bürgermeister und getrennte Verwaltungen.

◂ **Mütter des Grundgesetzes.** *Foto von 1949. Vor allem dem Einsatz dieser vier Frauen ist es zu verdanken, dass die Gleichberechtigung von Mann und Frau (Art. 3) in das Grundgesetz aufgenommen wurde. Im Parlamentarischen Rat war dies vorher mehrheitlich abgelehnt worden. Das Bild zeigt (v. li.) Helene Wessel (Zentrum), Helene Weber (CDU), Friederike Nadig (SPD) und Elisabeth Selbert (SPD).*

Die Entwicklung des Grundgesetzes Der Parlamentarische Rat tagte in Bonn seit September 1948. Bei der Formulierung des Grundgesetzes zog man Lehren aus dem Scheitern der Weimarer Republik und versuchte, die Rechtsgrundlage für eine streitbare und handlungsfähige Demokratie herzustellen. Dazu gehörten die unbedingte Geltung der Grundrechte, die starke Stellung des Regierungschefs (Bundeskanzler), das konstruktive Misstrauensvotum, die Machtbeschränkung des Staatsoberhauptes (Bundespräsident) und die Errichtung eines rein parlamentarisch-repräsentativen Regierungssystems.

Heftig wurde um die bundesstaatliche Ordnung gerungen, die Gewichtsverteilung zwischen Bund und Ländern. Das Ergebnis war ein Kompromiss. Einerseits erhielten die Länder Mitsprache bei der Gesetzgebung; hierzu entstand ein Bundesrat als Ländervertretung, der eigene Gesetze einbringen konnte und solche des Parlaments (Bundestag) bestätigte. Andererseits sah das Grundgesetz eine starke Bundesfinanzverwaltung, umfassende Kompetenzen zur Steuererhebung des Bundes und einen Finanzausgleich zwischen wirtschaftsstarken und schwächeren Ländern vor.

Die Gründung der Bundesrepublik Deutschland Am 8. Mai 1949, genau vier Jahre nach der deutschen Kapitulation, verabschiedete der Parlamentarische Rat das Grundgesetz. Vier Tage später billigten die Militärregierungen der Westalliierten den Beschluss. Daraufhin wurde das Grundgesetz in zehn von elf Ländern angenommen. Am 23. Mai 1949 unterzeichneten die Ministerpräsidenten der Länder und die Landtagspräsidenten in Bonn das Grundgesetz. Aus den westlichen Besatzungszonen war ein Staat unter alliierter Aufsicht entstanden. Er trug den Namen „Bundesrepublik Deutschland".

Das Grundgesetz formulierte auch ein Gebot zur Herstellung der deutschen Einheit. In der Präambel (Vorrede) hieß es: „Das gesamte Deutsche Volk bleibt aufgefordert, in freier Selbstbestimmung die Einheit und Freiheit Deutschlands zu vollenden."

Am 14. August 1949 fanden die ersten Wahlen zum Deutschen Bundestag statt. Der CDU-Vorsitzende Adenauer bildete eine Koalition aus CDU/CSU, FDP und „Deutscher Partei" (DP). Am 7. September 1949 trat der Bundestag in Bonn erstmals zusammen. Er wählte am 15. September Konrad Adenauer mit einer Stimme Mehrheit zum Bundeskanzler. *Kurt Schumacher* (SPD) wurde Oppositionsführer. Theodor Heuss (FDP) war bereits am 12. September von der **Bundesversammlung** zum Bundespräsidenten gewählt worden.

Bundesversammlung: Gremium zur Wahl des Bundespräsidenten, das sich aus den Mitgliedern des Bundestages und einer gleichen Anzahl von Vertretern der Landtage zusammensetzt

Die Gründung der DDR Seit Ende 1947 propagiert die SED mit Rückendeckung Stalins die Einheit Deutschlands auf Grundlage der **Volkskongresse**. Bei den Wahlen zu diesem Kongress im Mai 1949 sicherte sich die SED die Mehrheit der Mandate. Sie dominierte auch den daraus hervorgehenden *Deutschen Volksrat*.

Die sowjetische Regierung wartete ab, bis sich die westdeutsche Bundesregierung gebildet hatte. Ende September 1949 stimmte Stalin einem ostdeutschen Staat zu. Am 7. Oktober 1949 nahm der Deutsche Volksrat einen 1948 ausgearbeiteten Verfassungsentwurf an und erklärte sich selbst zur *Provisorischen Volkskammer*. Damit war die „Deutsche Demokratische Republik" (DDR) gegründet worden. Wenige Tage später wurde Otto Grotewohl (SED) zum Regierungschef, **Wilhelm Pieck** (SED) zum Präsidenten der DDR gewählt. Die SED übernahm auch die wichtigsten Ministerien, wenn auch in der neuen Regierung alle Parteien vertreten waren.

Volkskongresse 1947/48 sollten ein „gesamtdeutsches Vorparlament" sein. Auf Einladung der SED nahmen ausgewählte gesellschaftliche Vertreter aller Besatzungszonen teil. Aus dem zweiten Volkskongress ging 1948 der „Deutsche Volksrat" hervor.

Wilhelm Pieck (1876-1960): Kommunist, 1933 vor den Nazis geflohen, kam 1945 mit der Roten Armee nach Berlin zurück, 1946-1960 Vorsitzender der SED (neben Otto Grotewohl), 1949-1960 Präsident der DDR

Die Spaltung Deutschlands und Europas Die doppelte Staatsgründung war das Ergebnis eines wachsenden Gegensatzes der Siegermächte, vor allem der USA und der Sowjetunion, mit ihren unterschiedlichen Interessen und Weltanschauungen. Diese Konfrontation spaltete die ganze Welt, aber in Deutschland verlief die Spaltung mitten durch das Land.*

Die Hoheit der Alliierten blieb auch nach der Gründung von Bundesrepublik und DDR bestehen. Über die deutsche Frage entschieden weiterhin die Siegermächte und ihre Beziehungen zueinander. Doch innerhalb dieses Rahmens bestimmten nun auch die Regierungen in Bonn und Ost-Berlin das Verhältnis beider Teile Deutschlands. Dabei überwogen zunächst Misstrauen und Feindschaft (▸ M5).

1. *Erläutern Sie die unterschiedlichen Interessen der Besatzungsmächte und die Gründe für ihre Veränderung.*
2. *Erörtern Sie die These, die Währungsreform habe die deutsche Teilung beschleunigt.*

* Zur Spaltung der Welt siehe S. 488-490.

M1 Befehl zur Vertreibung der Deutschen

In einem Befehl des Kommandos der 2. Armee der polnischen Streitkräfte über die Fortsetzung der raschen Aussiedlung der Deutschen vom 24. Juni 1945 heißt es:

Mit den Deutschen verfahren wir, wie sie es mit uns getan haben. Viele haben schon vergessen, wie sie unsere Kinder, Frauen und Alten behandelt haben. Die Tschechen wussten so zu handeln, dass die Deutschen von selbst aus ihrem Gebiet flohen.

Man muss seine Aufgaben auf so harte und entschiedene Weise ausführen, dass sich das germanische Ungeziefer nicht in den Häusern versteckt, sondern von selbst vor uns fliehen wird und dann im eigenen Land Gott für die glückliche Rettung seines Kopfes danken wird. Wir vergessen nicht, dass Deutsche immer Deutsche bleiben werden. Bei der Ausführung unserer Aufgabe dürfen wir nicht bitten, sondern müssen befehlen.

Der Chef des Stabes der 7. Infanteriedivision hat berichtet, dass die Division im Laufe von zwei Tagen über 40 000 Deutsche ausgesiedelt hat – wofür ich dem Befehlshaber der Division meine Anerkennung ausspreche. Ich befehle allen Kommandierenden der Division, mit der Aussiedlung der Deutschen in ihren Regionen rücksichtslos und schnell fortzufahren.

Zitiert nach: Włodzimierz Borodziej und Hans Lemberg (Hrsg.), „Unsere Heimat ist uns ein fremdes Land geworden ...". Die Deutschen östlich von Oder und Neiße 1945-1990. Dokumente aus polnischen Archiven, Bd. 1, Marburg 2000, S. 160 f. (Dokument Nr. 35)

1. *Ordnen Sie den Befehl in den historischen Kontext ein.*
2. *Erörtern Sie die Rechtfertigung der Aussiedlung.*
3. *Vergleichen Sie die Sprache dieses Textes mit der nationalsozialistischen Sprache.*

▲ **Flucht aus Danzig.**
Foto vom 30. März 1945.
Danzig/Gdańsk wurde am 30. März 1945 von der Roten Armee erobert.

- *Schreiben Sie aus der Sicht einer der auf dem Foto dargestellten Frauen einen Tagebucheintrag zum 30. März 1945.*

M2 Mit Zwang zur SED

Am 21./22. April 1946 schließen sich KPD und SPD auf einem „Vereinigungsparteitag" zur Sozialistischen Einheitspartei Deutschlands (SED) zusammen. Das britische Außenministerium analysiert die politische Situation in der SBZ unmittelbar zuvor:

Die SPD-Zeitungen wurden rigoroser Zensur unterworfen, SPD-Organisationen in den Provinzen nur noch dann Zusammenkünfte gestattet, wenn diese gemeinsam mit der KPD abgehalten wurden. Betriebsgruppen wurden vorgeladen, um Resolutionen zu einer sofortigen Vereinigung zu verabschieden. Die russischen Militärkommandeure begannen darauf zu bestehen, nur noch solche SPD-Mitglieder für führende Parteiposten auf Orts-, Bezirks- und Landesebene zu nominieren, die für die Vereinigung waren [...]. [Der SPD-Vorstand informierte am 15. Januar alle Landes- und Bezirksvorstände,] dass gemäß den gemeinsamen Beschlüssen von KPD und SPD vom 20. und 21. Dezember eine Vereinigung auf lokaler Ebene nicht erlaubt sei und die Parteienvereinigung lediglich von einer Parteiversammlung auf Reichsebene beschlossen werden könne. Die russische Militärbehörde verbot die Veröffentlichung dieser Instruktion. Verstöße gegen das Verbot resultierten in Redeverboten für Sprecher auf Versammlungen und in Festnahmen. Parteisekretäre, die der Vereinigung widerstrebend gegenüberstanden, [...] wurden entfernt, andere mit Arrest bedroht oder verhaftet und nach Oranienburg und Sachsenhausen verbracht [...].

Reiner Pommerin, Die Zwangsvereinigung von KPD und SPD zur SED. Eine britische Analyse vom April 1946, in: Vierteljahreshefte für Zeitgeschichte, 36. Jg. 1988, Heft 2, S. 328 f.

1. *Erläutern Sie die Rolle der sowjetischen Besatzungsbehörden laut dieser Einschätzung.*
2. *Bewerten Sie die demokratische Legitimation der Parteienvereinigung.*

M3 Kurswechsel

Am 6. September 1946 hält US-Außenminister James F. Byrnes vor den Ministerpräsidenten der süddeutschen Länder eine Rede, die unter der Bezeichnung „Rede der Hoffnung" populär geworden ist:

Es liegt weder im Interesse des deutschen Volkes noch im Interesse des Weltfriedens, dass Deutschland eine Schachfigur oder ein Teilnehmer in einem militärischen Machtkampf zwischen dem Osten und dem Westen wird. [...]
Die Vereinigten Staaten sind der festen Überzeugung, dass Deutschland als Wirtschaftseinheit verwaltet werden muss und dass die Zonenschranken, soweit sie das Wirtschaftsleben und die wirtschaftliche Betätigung in Deutschland betreffen, vollständig fallen müssen. [...]
Wir treten für die wirtschaftliche Vereinigung Deutschlands ein. Wenn eine völlige Vereinigung nicht erreicht werden kann, werden wir alles tun, was in unseren Kräften steht, um eine größtmögliche Vereinigung zu sichern. [...]
Der Hauptzweck der militärischen Besetzung war und ist, Deutschland zu entmilitarisieren und entnazifizieren, nicht aber den Bestrebungen des deutschen Volkes hinsichtlich einer Wiederaufnahme seiner Friedenswirtschaft künstliche Schranken zu setzen. [...]
Die Potsdamer Beschlüsse sahen nicht vor, dass Deutschland niemals eine zentrale Regierung haben sollte. Sie bestimmten lediglich, dass es einstweilen noch keine zentrale deutsche Regierung geben sollte. Dies war nur so zu verstehen, dass keine deutsche Regierung gebildet werden sollte, ehe eine gewisse Form von Demokratie in Deutschland Wurzeln gefasst und sich ein örtliches Verantwortungsbewusstsein entwickelt hätte. [...]
Die Vereinigten Staaten treten für die baldige Bildung einer vorläufigen deutschen Regierung ein. [...]
Während wir darauf bestehen werden, dass Deutschland die Grundsätze des Friedens, der gutnachbarlichen Beziehungen und der Menschlichkeit befolgt, wollen wir nicht, dass es der Vasall irgendeiner Macht oder irgendwelcher Mächte wird oder unter einer in- oder ausländischen Diktatur lebt. Das amerikanische Volk hofft, ein friedliches und demokratisches Deutschland zu sehen, das seine Freiheit und seine Unabhängigkeit erlangt und behält. [...]
Die Vereinigten Staaten können Deutschland die Leiden nicht abnehmen, die ihm der von seinen Führern angefangene Krieg zugefügt hat. Aber die Vereinigten Staaten haben nicht den Wunsch, diese Leiden zu vermehren oder dem deutschen Volk die Gelegenheit zu verweigern, sich aus diesen Nöten herauszuarbeiten, solange es menschliche Freiheit achtet und vom Wege des Friedens nicht abweicht.
Das amerikanische Volk wünscht, dem deutschen Volk die Regierung Deutschlands zurückzugeben. Das amerikanische Volk will dem deutschen Volk helfen, seinen Weg zurückzufinden zu einem ehrenvollen Platz unter den freien und friedliebenden Nationen der Welt.

Klaus Hohlfeld (Bearbeitung), Dokumente der Deutschen Politik und Geschichte von 1848 bis zur Gegenwart, Bd. VI: Deutschland nach dem Zusammenbruch 1946, S. 130 ff.

1. *Arbeiten Sie heraus, warum die Westdeutschen die Rede des amerikanischen Außenministers als eine Wende empfinden konnten.*
2. *Beurteilen Sie, inwiefern in dem Text machtpolitische Interessen der USA zum Ausdruck kommen.*
3. *Entwerfen Sie einen Kommentar aus Sicht der französischen oder der sowjetischen Position und erörtern Sie die Handlungsoptionen des gewählten Staates.*

M4 „Trizonesien"

Im Dezember 1948 schreibt der Kölner Karl Berbuer mit dem Lied „Wir sind die Eingeborenen von Trizonesien" einen Hit. Es wird nicht nur 1949 beim ersten Karneval nach dem Zweiten Weltkrieg gespielt, sondern stellenweise sogar als Ersatz für eine Nationalhymne bei internationalen Sportwettkämpfen in Köln:

Erste Strophe
Mein lieber Freund, mein lieber Freund, / die alten Zeiten sind vorbei, / ob man da lacht, ob man da weint, / die Welt geht weiter, eins, zwei, drei. / Ein kleines Häuflein Diplomaten / macht heut die große Politik, / sie schaffen Zonen, ändern Staaten. / Und was ist hier mit uns im Augenblick? [...]
Dritte Strophe
Doch fremder Mann, damit du's weißt, / ein Trizonesier hat Humor, er hat Kultur, er hat auch Geist, / darin macht keiner ihm was vor. / Selbst Goethe stammt aus Trizonesien, / Beethovens Wiege ist bekannt. / Nein, sowas gibt's nicht in Chinesien, / darum sind wir auch stolz auf unser Land.

Refrain
Wir sind die Eingeborenen von Trizonesien, / Hei-di-tschimmela-tschimmela-tschimmela-tschimmela-bumm! / Wir haben Mägdelein mit feurig wildem Wesien, / Hei-di-tschimmela-tschimmela-tschimmela-tschimmela-bumm! / Wir sind zwar keine Menschenfresser, / doch wir küssen umso besser. / Wir sind die Eingeborenen von Trizonesien, / Hei-di-tschimmela-tschimmela-tschimmela-tschimmela-bumm!

Karl Berbuer, Wir sind die Eingeborenen von Trizonesien, 1948 © Karl Berbuer Musikverlag, Frankfurt

1. *Geben Sie wieder, welche Aussagen über westdeutsche Bürger und die Besatzungsmacht in diesem Lied getroffen werden.*
2. *Ordnen Sie das Lied in den Entstehungskontext ein.*
3. *Beurteilen Sie die Aussagen des Liedes.*

H *Handelt es sich um Verdrängung oder um eine kritische Auseinandersetzung mit dem Nationalsozialismus?*

M5 Gegenseitige Vorwürfe

a) Zur Gründung der DDR hält Ministerpräsident Otto Grotewohl am 12. Oktober 1949 eine Ansprache:

Der westdeutsche Sonderstaat ist nicht in Bonn, sondern in London entstanden. Bonn hat nur die Londoner Empfehlungen, die in Wahrheit Befehle der westlichen Alliierten waren, ausgeführt. [...]
Statt der im Potsdamer Abkommen vorgesehenen Demokratisierung, Entmilitarisierung und Entnazifizierung Deutschlands sind sie [die Westmächte] bestrebt, die von ihnen besetzten Teile Deutschlands in eine Kolonie zu verwandeln, die mit den traditionellen Methoden imperialistischer Kolonialherrschaft regiert und ausgebeutet wird. Von Demokratisierung, Entmilitarisierung und Entnazifizierung ist keine Rede. Die von Anfang an sorgfältig konservierten Kräfte der deutschen Reaktion [...] haben mit aktiver Unterstützung der Besatzungsmächte die alten Machtpositionen wieder eingenommen. [...]
Wir wissen, dass wir in unserem Kampf um die Einheit Deutschlands, der ein Bestandteil des Kampfes um den Frieden ist, nicht allein stehen. Wir haben das Glück, uns in diesem Kampf auf das große Lager des Friedens in der Welt stützen zu können, dessen ständig zunehmende Stärke die imperialistischen Kriegsinteressenten Schritt um Schritt zurückdrängt. Diese Kräfte des Friedens in der ganzen Welt werden geführt von der Sowjetunion, die eine andere Politik als die Politik des Friedens weder kennt noch kennen kann.

b) Wenige Tage später, am 15. Oktober 1949, antwortet der SPD-Vorsitzende Kurt Schumacher im Deutschen Bundestag auf die Rede Grotewohls:

Man kann erfolgreich bestreiten, dass der neue Oststaat überhaupt ein Staat ist. Dazu fehlt ihm auch der Ansatz zur Bildung einer eigenen Souveränität, er ist eine Äußerungsform der russischen Außenpolitik. [...]
Jetzt ist der Oststaat ein Versuch, die magnetischen Kräfte des Westens mithilfe staatlicher Machtmittel und eines scheinbaren Willens der deutschen Bevölkerung dieser Zone abzuwehren. Er bedeutet die Anerkennung der Tatsache, dass bis auf Weiteres das große russische Unternehmen, ganz Deutschland in die politischen, gesellschaftlichen, wirtschaftlichen und kulturellen Formen der Sowjets hineinzuzwingen, gescheitert ist. Die Loslösung der Ostzone durch die Russen, wie sie 1945 radikal und erfolgreich eingeleitet wurde, bedeutet das Hinausdrängen der westalliierten Einflüsse und der internationalen Kritik. Es war aber zur gleichen Zeit das Ende jeder demokratischen Freiheit der Deutschen in dieser Zone. Die westlichen Alliierten tragen an dieser Entwicklung viel Schuld. [...]
Das darf nicht darüber hinwegtäuschen, dass die Etablierung dieses sogenannten Oststaates eine Erschwerung der deutschen Einheit ist. Die Verhinderung dieser Einheit aber kann dieses Provisorium im Osten nicht bedeuten, weil das deutsche Volk und besonders die Bevölkerung der Ostzone Gebilde russischer Machtpolitik auf deutschem Boden ablehnt.

Erster Text: Otto Grotewohl, Im Kampf um die einige Deutsche Demokratische Republik. Reden und Aufsätze, Bd. 1, Berlin 1954, S. 516 ff.
Zweiter Text: zitiert nach: Wolfgang Benz, Die Gründung der Bundesrepublik. Von der Bizone bis zum souveränen Staat, München 1984, S. 160 f.

1. *Weisen Sie nach, wie bestimmte Begriffe unterschiedliche inhaltliche Bedeutung gewinnen, je nachdem, ob sie im Osten oder im Westen verwendet werden.*
2. *Arbeiten Sie heraus, mit welchen Argumenten Grotewohl den deutschen Weststaat zu diskreditieren versucht.*
3. *Erläutern Sie, was Schumacher unter den „magnetischen Kräften des Westens“ (Zeile 29 f.) versteht.*
4. *Erörtern Sie Schumachers Aussage über die „Schuld der Westmächte“.*

Geschichte regional

Flüchtlinge und Vertriebene in Nordrhein-Westfalen

Von den etwa 12,5 Millionen Flüchtlingen und Vertriebenen erreichten bis 1950 rund 1,3 Millionen Nordrhein-Westfalen. Der Zuzug in die linksrheinischen Gebiete wurde von britischen Behörden bis zum Potsdamer Abkommen unterbunden, weswegen zunächst nur Auffanglager in Westfalen und Lippe eingerichtet wurden. Die hygienischen Verhältnisse in diesen überbelegten Lagern waren katastrophal.

Da die Städte zerstört waren, sollten die Ankommenden vor allem auf den Dörfern in den umliegenden Gemeinden weitergeleitet werden. Die britische Militärregierung bestimmte einen maximalen Wohnraumbedarf von vier Quadratmetern pro Person. Wer über mehr Wohnraum verfügte, wurde oft gezwungen, Vertriebene aufzunehmen. Auch der Bau von Siedlungen und Vertriebenenstädten (z. B. Espelkamp) sollte die Raumnot beseitigen. Wegen der Kohlezechen konnten im Vergleich zu anderen Bundesländern viele Vertriebene zügig Arbeit finden: 1949 war jeder neunte Bergmann Vertriebener. Dennoch mussten viele auf Jahre in den Auffanglagern leben und waren zudem häufig Diskriminierungen vonseiten der Einheimischen ausgesetzt.

M1 Flüchtlinge und Vertriebene in Deutschland 1945 bis 1950

Karte nach: Haus der Heimat des Landes Baden-Württemberg (Hrsg.), Umsiedlung, Flucht und Vertreibung der Deutschen als internationales Problem. Zur Geschichte eines europäischen Irrwegs, Stuttgart [3]2009, S. 73

◂ Schulkinder vor Nissenhütten in Selm (Westfalen). *Foto von November 1950. Nissenhüttenlager teilten sich in Funktions- und Wohnhütten auf. Die Wellblechhütten hatten eine Wohnfläche von 40 qm. Darin gab es weder Wasseranschlüsse noch Toiletten. In einer Hütte wohnten durchschnittlich zehn Personen; manchmal auch mehrere Jahre, bis neuer erschwinglicher Wohnraum gebaut werden konnte.*

M2 Ankunft in Soest

Rosemarie März wurde 1946 vertrieben. Sie berichtet:

Am 26.04.1946 traf ich mit meiner Freundin nach unserer Vertreibung aus Krummhübel (Riesengebirge) mit einem Vertriebenentransport aus Niederschlesien am Bahnhof in Soest ein. Die Fahrt in einem Viehwaggon von Krummhübel bis Soest dauerte vier Tage. Ziel dieses Transports war das Oflag [= Offiziersgefangenenlager] in Soest.
Die Behörden in der Stadt Soest waren von der Ankunft des ersten Vertriebenentransports völlig überrascht und nicht begeistert. Nach langer Wartezeit auf dem Bahnhof wurden wir dann auf LKWs verladen und zum Lager gefahren. Ich kann mich noch gut daran erinnern, dass der damalige Lagerleiter [...] auf uns zukam und uns sagte, dass im Lager nichts für einen Flüchtlingstransport vorbereitet sei. Irgendwann kam dann aber das Rote Kreuz mit einer Gulaschkanone. Doch wir hatten weder Geschirr noch sonst etwas, womit man Suppe essen konnte. Ich erinnere mich noch, dass ich mit meiner Freundin zu einem Schuttberg [...] gegangen bin, dort lagen noch alte Kochgeschirre, wahrscheinlich von den ehemaligen französischen Kriegsgefangenen. Die haben wir dann mit Sand und Wasser geputzt.

Zitiert nach: Wolfgang Maron, Vertriebenenalltag in Westfalen 1946-1951. Fallstudie O-Lager Soest, in: Geschichte lernen, Heft 105, 2005, S. 46f.

M3 Appell

In der „Westfalenpost" erschien am 21. Februar 1949 folgender „Appell an den guten Willen" vom Soester Flüchtlingsausschuss:

Ostvertriebene sind keine „Ausländer", keine zufälligen „Hergelaufenen", keine Menschen „zweiter Klasse", sondern deine deutschen Brüder, die der katastrophale Ausgang des Krieges wesentlich härter dadurch getroffen hat, dass sie aus ihrer Heimat, ihrem Besitz und ihrem Beruf vertrieben sind. Hüte dich davor, sie in ihrem Elend durch abfällige Bemerkungen, taktloses Betragen und Benachteiligung zu kränken und zu verbittern. [...]
Umgekehrt: Ostvertriebene, vergesst nicht, dass man euch mit Opfern und eigenen harten Einschränkungen hier als Gäste aufgenommen hat. Dankbarkeit verbindet und öffnet neue Türen. Unzufriedenheit entzweit und stößt ab. Nehmt es als euern Stolz, das härtere Los zu ertragen, und seht zu, dass ihr nicht durch Neid und Hass innerlich zerstört werdet.

Zitiert nach: Wolfgang Maron, a.a.O., S. 49

1. *Analysieren Sie die Karte (M1). Nutzen Sie dazu den Methoden-Baustein von Seite 85-87.*
2. *Erläutern Sie die Situation der Vertriebenen bei ihrer Ankunft in den Lagern (M2).*
3. *Charakterisieren Sie die Argumentation des Appels (M3).*
4. *Entwerfen Sie einen Aufsatz über die ersten Jahre in Nordrhein-Westfalen aus Sicht eines Schulkindes.*

Langsame Abkehr von der Nation? Selbstverständnis und Entwicklung der Bundesrepublik Deutschland

▲ **„NATO – seine Kameraden, unsere Verbündeten."**
Plakat (119 x 83,6 cm), um 1956. Herausgegeben vom Presse- und Informationsdienst der Bundesregierung.

Eintritt in das westliche Verteidigungsbündnis Die Bundesrepublik Deutschland besaß bei ihrer Gründung 1949 keine Streitkräfte und eine Wiederbewaffnung hing von der Billigung der Westmächte ab. Während des *Korea-Krieges* (1950-1953) machte die USA ihren Verbleib in Europa als militärische Schutzmacht von der Bereitschaft der Europäer abhängig, ihre eigenen Rüstungsanstrengungen zu verstärken, weshalb auch die Bundesrepublik eine eigene Streitkraft erhalten sollte. Bundeskanzler Adenauer sah in der Wiederbewaffnung die Chance, schneller als erwartet das Besatzungsregime zu beenden und eine militärische Sicherheitsgarantie der USA für die Bundesrepublik zu erwirken.

Zwischen März und April 1952 brachte Stalin in mehreren Noten den Vorschlag ein, ein blockfreies und geeintes Deutschland zu gründen. Doch die *Stalin-Noten* wurden von den Westmächten und von Adenauer abgelehnt, da eine demokratische Verfassung nicht garantiert war und auch über Stalins Motive Unklarheit herrschte. Am 26. Mai 1952 wurde das Ende der Besatzungszeit von den drei ehemaligen Westalliierten im *Deutschlandvertrag* vertraglich festgehalten. Nach dem Verzicht der Bundesrepublik auf atomare, biologische und chemische Waffen einigte man sich 1954 mit der Unterzeichnung die *Pariser Verträge* zudem darauf, dass der westdeutsche Staat im Mai 1955 in das Verteidigungsbündnis des Westblocks, die NATO*, aufgenommen wird (▸ M1). Im gleichen Jahr wurde die Bundewehr gegründet. Außerdem billigte Frankreich den Beitritt des Saarlandes zur Bundesrepublik nach einer Volksabstimmung am 1. Januar 1957. Mit dem Ende der Besatzung versicherten die Westmächte schließlich in einem zweiten Deutschlandvertrag, mit friedlichen Mitteln die Wiedervereinigung eines freiheitlich-demokratischen Deutschland, das in die europäische Gemeinschaft integriert ist, verwirklichen zu wollen.

Literaturtipp:
Marie-Luise Recker, Geschichte der Bundesrepublik Deutschland, München [3]2009

Das bundesdeutsche „Wirtschaftswunder" Die Grundlage aller staatlichen Sozialleistungen war der unerwartet rasche wirtschaftliche Aufstieg. Das reale Bruttosozialprodukt nahm in den Fünfzigerjahren jährlich um acht Prozent zu, zwischen 1950 und 1970 verdreifachte es sich nahezu. Entsprechend wuchs das verfügbare Einkommen der Arbeitnehmer. Als geistiger Vater und Repräsentant des „Wirtschaftswunders" galt Wirtschaftsminister *Ludwig Erhard*. Der Erfolg seines Konzepts der „Sozialen Marktwirtschaft" war spätestens 1952 unübersehbar.
Der Aufschwung führte zu anhaltender Vollbeschäftigung und wachsendem Wohlstand. Die Entwicklung profitierte von mehreren Faktoren:

- Es gab genügend qualifizierte und motivierte Arbeitskräfte.
- Die Kriegsschäden waren geringer als befürchtet. Die Industrie konnte von einer gut ausgebauten Infrastruktur (Maschinen und Fabrikanlagen) ausgehen, die sich rasch modernisieren ließ.
- Dabei half auch eine zunächst bewusst zurückhaltende Tarifpolitik** der Gewerkschaften: Sie versetzte die Unternehmen in die Lage, ihre Gewinne für Investitionen zu verwenden (Selbstfinanzierung).

* Zur NATO siehe S. 490.
** Löhne und Arbeitsbedingungen werden von Arbeitgeber- und Arbeitnehmerverbänden vereinbart, ohne dass sich der Staat einmischt (Tarifautonomie).

- Wegen des Wiederaufbaus gab es eine gewaltige Nachfrage nach Konsum- und Investitionsgütern aller Art sowie nach Wohnungen.
- In Engpasssektoren (Wohnungen, Grundnahrungsmittel und Energie) wurde die staatliche Verwaltungswirtschaft noch eine Zeitlang beibehalten, bis sich die Märkte normalisiert hatten.
- Der Güteraustausch mit Amerika erlaubte die Einfuhr moderner Technologie.
- Durch den Krieg in Korea 1950-1953 verlagerte die Schwerindustrie in den USA und anderen westlichen Industrienationen ihren Schwerpunkt auf die Produktion von Rüstungsgütern. Auf dem Weltmarkt entstand eine „Angebotslücke", die die bundesdeutsche Wirtschaft ausfüllte. Maschinen, Fahrzeuge, elektrische und chemische Erzeugnisse „made in Western Germany" fanden großen Absatz und machten die Bundesrepublik seither zur *Exportnation*.
- Seit 1957 sorgte die von Weisungen der Bundesregierung unabhängige Deutsche Bundesbank für die Stabilität einer „harten" D-Mark.
- Ab 1958 erfuhr der deutsche Außenhandel einen weiteren Impuls durch die Europäische Wirtschaftsgemeinschaft.*
- Nicht zu unterschätzen ist die damalige Grundstimmung in der Bevölkerung, bei der Zukunftsvertrauen, Überlebenswille und die Sehnsucht nach Normalität vorherrschten.

▲ **„Erhard hält, was er verspricht ..."**
Plakat von 1957.
Im Bundestagswahlkampf 1957 setzt die CDU auf die Erfolge des Wirtschaftsministers Ludwig Erhard, „Vater des Wirtschaftswunders".

Geglückte Integration Die rasche wirtschaftliche Aufwärtsentwicklung der Bundesrepublik ermöglichte im Laufe der Zeit die soziale Integration der Flüchtlinge und der Vertriebenen. Die wichtigsten Instrumente der Eingliederungspolitik waren der staatlich geförderte Wohnungsbau und der seit 1952 gesetzlich festgeschriebene „Lastenausgleich", eine Vermögensabgabe der Besitzenden für die besonders von Krieg und Vertreibung betroffenen Bevölkerungsgruppen, die Kriegsinvaliden, Ausgebombten und Flüchtlinge. Dieser Solidaritätsbeitrag (bis 2001: 74,3 Milliarden Euro) half, das Vertrauen der Vertriebenen in die demokratischen Institutionen zu stärken und systemfeindliche Strömungen innerhalb der Vertriebenenverbände einzudämmen.

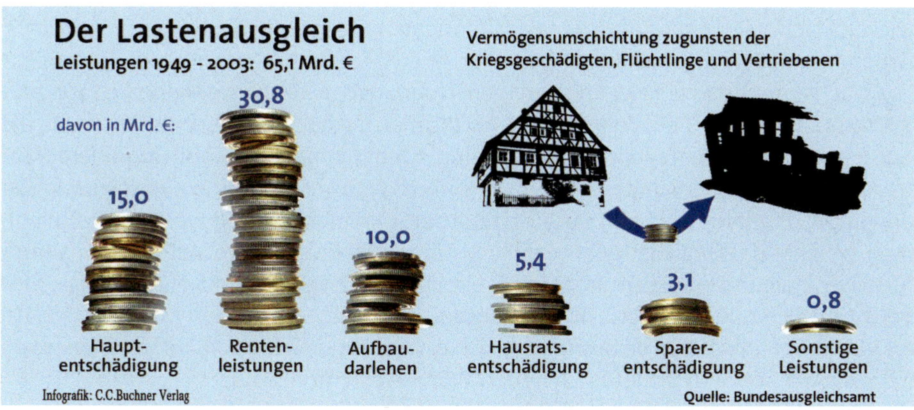

◄ **Lastenausgleich.**
Die Betroffenen erhielten einen Rechtsanspruch auf staatliche Hilfe zum Aufbau einer neuen Existenz. Die Leistungen setzten sich aus Vermögensabgaben der Bundesbürger und Geldern der öffentlichen Haushalte zusammen. Ausgleichsämter entschieden über die Anträge und wiesen die Mittel zu.

Die enorme Verbesserung der Beschäftigungssituation seit Beginn der 1960er-Jahre war ein zweiter Grund für die gelungene Integration. Ein Indiz für die weitgehende Eingliederung der Vertriebenen in die westdeutsche Gesellschaft ist der zunehmende Bedeutungsverlust der Flüchtlings- und Vertriebenenpartei „Block der Heimatvertriebenen und Entrechteten" (BHE) seit Ende der Fünfzigerjahre.

* Zur Europäischen Wirtschaftsgemeinschaft siehe S. 514.

▲ **„Samstags gehört Vati mir."**
Plakat (59 x 42 cm) des DGB zum 1. Mai 1956.

Von der Arbeits- zur Konsumgesellschaft Insgesamt wurde die Verbesserung der Lebensverhältnisse für die Masse der Bundesbürger erst gegen Ende der 1950er-Jahre spürbar. Der Aufschwung führte zunächst zu einem Anstieg der Arbeitszeiten. Bis Mitte des Jahrzehnts lag die durchschnittliche Wochenarbeitszeit in der Industrie bei über 49 Stunden an sechs Werktagen. Der Samstag wurde erstmals 1956 für die Metallarbeiter zum arbeitsfreien Tag, der Jahresurlaub betrug zwei bis drei Wochen. Bis Ende der 1950er-Jahre sank die Wochenarbeitszeit für Arbeiter wie Angestellte auf rund 44 Stunden.

Unternehmer und Freiberufler konnten den Wohlstand wesentlich früher genießen als Arbeiter und Angestellte. Die Not der Kriegs- und unmittelbaren Nachkriegszeit blieb zwar noch in Erinnerung, wurde aber von einem grundsätzlichen Optimismus und Fortschrittsglauben abgelöst. Immer mehr Bedürfnisse konnten durch den Aufschwung befriedigt werden. Auf die „Fresswelle" der Anfangsjahre (Lebensmittel waren seit Beginn der 1950er-Jahre ausreichend vorhanden) folgte die „Kaufwelle" (deutsche Haushalte statteten sich mit langlebigen Gebrauchsgütern und Möbeln aus), die „Reisewelle" (Italien wurde zum Traumland der Deutschen) und schließlich die „Motorisierungswelle" (▸ M2).

Bei den Einkommen und Vermögen kam es freilich nicht zu einer Angleichung zwischen den gesellschaftlichen Gruppen. Selbstständige verdienten durchschnittlich das Dreifache eines Arbeitnehmers. Mitte der 1960er-Jahre besaßen 1,7 Prozent der Bundesbürger 74 Prozent des Produktivvermögens (Unternehmen, Aktien). Dagegen glichen sich die Lebensstile immer weiter an: Angehörige aller Schichten nahmen am allgemeinen Massenkonsum teil, besaßen ein eigenes Auto und unternahmen Urlaubsreisen.

Die wirtschaftliche Blüte hielt bis zur Mitte der 1960er-Jahre unverändert an. In der Bevölkerung war man stolz auf den erreichten materiellen Status. Das Ziel eines „Wohlstandes für alle" schien Realität zu werden.

Willy Brandt (vormals Ernst Karl Frahm) (1913-1992): Sozialdemokrat, 1933-1945 emigriert. 1957-1966 Regierender Bürgermeister von Berlin (West). 1964-1987 Vorsitzender der SPD. 1969-1974 Bundeskanzler. Erhielt 1971 den Friedensnobelpreis.

Herbert Wehner (1906-1990): Mitglied der KPD in der Weimarer Republik, 1935 emigriert. 1969-1983 Vorsitzender der SPD-Fraktion im Bundestag.

Herausbildung der Volksparteien Mit den Wahlerfolgen Adenauers bildete sich ein neuer Parteientypus heraus – die Volkspartei. Die CDU (und in Bayern die CSU) entwickelte sich zu einer bürgerlichen Sammlungsbewegung, die für alle großen sozialen Gruppen und Schichten wählbar war.

Nach empfindlichen Wahlniederlagen in den 1950er-Jahren wandelte sich auch die SPD zu einer modernen Volkspartei. Die Wähler hatten ihre Opposition gegen die Außen- und Wirtschaftspolitik der Regierung Adenauer nicht belohnt. Sozialdemokratische Reformer wie **Willy Brandt** und **Herbert Wehner** setzten einen Kurswechsel durch. Das Ergebnis war ein neues Parteiprogramm, das *Godesberger Programm* von 1959, welches das Heidelberger Programm von 1925 ablöste. An die Stelle klassenkämpferischer Ziele traten die Grundwerte Freiheit, Gerechtigkeit und Solidarität. Die SPD bekannte sich nun zur Politik der Westintegration und zur Sozialen Marktwirtschaft. Als gemäßigt linke reformistische Volkspartei vertrat sie nicht mehr nur die Interessen der Arbeiter, sondern öffnete sich neuen Wählerschichten.

Der scharfe Gegensatz zwischen Unionsparteien und SPD verschwand, Koalitionen zwischen ihnen wurden denkbar. Allein die FDP konnte sich zwischen beiden Großparteien als „dritte Kraft" behaupten, getragen von ihrer Klientel aus Akademikern und Selbstständigen. In den Jahren 1949 bis 1956 und 1961 bis 1966 war die FDP als Partner der Union an der Regierung beteiligt.

Die akzeptierte Demokratie Anders als die Weimarer Republik entwickelte sich die Bundesrepublik zu einem politisch stabilen Staat. Vor allem das „Wirtschaftswunder", der Aufbau des Sozialstaates und die Handlungsfähigkeit der Regierungen festigten die Bonner Demokratie.

1949 war die Gefahr einer politischen Radikalisierung der Bevölkerung angesichts ungesicherter wirtschaftlicher Verhältnisse, Arbeitslosigkeit, sozialer Not und eines nicht geringen Potenzials politisch Unbelehrbarer noch durchaus gegeben. Als die Besatzungsmächte Anfang 1950 den Lizenzzwang für politische Parteien aufhoben, entstanden in kurzer Zeit rund 30 neue, zumeist nationale und rechtsextremistische Parteien, deren Bestand nicht von Dauer war und die alle in Wahlen erfolglos blieben.

Nach der zweiten Bundestagswahl 1953 setzte eine Entwicklung ein, die bis Anfang der Achtzigerjahre kennzeichnend für das Parteiensystem der Bundesrepublik und die Mehrheitsverhältnisse im Bundestag blieb: Die Zahl der im Bundestag vertretenen Parteien sank stark ab, und die Stimmen für die beiden großen Gruppierungen – Unionsparteien und Sozialdemokratie – nahmen zu. CDU/CSU, SPD und FDP waren und blieben die bestimmenden politischen Parteien.

Außerparlamentarische Opposition Im Oktober 1963 trat der mittlerweile 87-jährige Gründungskanzler Konrad Adenauer zurück. Der populäre Wirtschaftsminister Ludwig Erhard wurde sein Nachfolger. Dessen Amtszeit endete jedoch bereits im November 1966, als eine relativ harmlose Wirtschaftsrezession eintrat und die Arbeitslosigkeit kurzfristig anstieg. Die Bürger wählten die neu gegründete rechtsradikale „Nationaldemokratische Partei Deutschlands" (NPD) in sieben von elf Landesparlamente.

Um der Wirtschaftskrise Herr zu werden, bildeten die Unionsparteien und die SPD eine Große Koalition unter Bundeskanzler **Kurt Georg Kiesinger** (CDU). Der Regierungskoalition stand lediglich die FDP mit nicht einmal zehn Prozent der Abgeordnetensitze im Bundestag gegenüber. Die staatlichen Konjunkturprogramme fruchteten. 1969 herrschte wieder Vollbeschäftigung bei sinkender Inflationsrate. In der Bevölkerung verbreitete sich Zuversicht.

Aus studentischen Kreisen, Intellektuellen und Teilen der Gewerkschaften bildete sich in dieser Zeit eine Bewegung, die sich als *Außerparlamentarische Opposition* (APO) zur Großen Koalition verstand. Aus ihrer Sicht bot die Opposition im Bundestag keine ausreichende demokratische Kontrolle der Regierung. Die Proteste der APO standen im engen Zusammenhang mit der zeitgleichen Zunahme an Studentenunruhen. Leitbild dieser „Neuen Linken"* waren die Politisierung und Demokratisierung aller Lebensbereiche und die Utopie von der herrschaftsfreien Gesellschaft, in der es keine Klassengegensätze und keine Ausbeutung mehr geben würde. Sie forderten eine sofortige Beendigung des Vietnam-Krieges**, eine Reform der akademischen Ausbildung hin zu mehr Mitsprache der Studenten und einer „Öffnung" der Universität für alle Bevölkerungsschichten. Denn nur wenige Studenten entstammten einem Arbeiterhaushalt.

Auch die Frauenbewegung wuchs in den 1960er-Jahren an. Sie forderte eine Gleichberechtigung von Männern und Frauen in Beruf, Familie und Bildung. In der Arbeitswelt, an Universitäten und in der Politik waren Frauen stark unterrepräsentiert.

▲ **Demonstration in West-Berlin.**
Foto vom 18. Februar 1968 (Ausschnitt).
Mit Plakaten und Postern ihrer Vorbilder protestierten die Studenten 1968 gegen den Krieg in Vietnam. Die Porträts zeigen (von links nach rechts) den nordvietnamesischen Revolutionsführer Ho Chi Minh, die sozialistische Politikerin und Theoretikerin Rosa Luxemburg, den kubanischen Revolutionär Che Guevara und den Begründer des Sowjetkommunismus Lenin.

Kurt Georg Kiesinger (1904-1988): im „Dritten Reich" Mitarbeiter des Auswärtigen Amtes und NSDAP-Mitglied; 1958-1966 Ministerpräsident von Baden-Württemberg, 1966-1969 Bundeskanzler

* Zur Auseinandersetzung der „Neuen Linken" mit dem Nationalsozialismus siehe auch S. 291.
** Zum Vietnam-Krieg siehe S. 494 f.

In der Öffentlichkeit wurde die Forderung, das Abtreibungsverbot aufzuheben, besonders kontrovers diskutiert.

Ihren Höhepunkt erreichte die APO im Jahr 1968. In diesem Jahr verabschiedete der Bundestag nach mehrjähriger Debatte die **Notstandsgesetze**. Befürworter sahen darin eine Regelung für den Krisenfall, für den sonst die Kontrollrechte der Alliierten greifen müssten. Die Gegner sahen darin jedoch eine Aushöhlung bürgerlicher Freiheiten.

Notstandsgesetze: Sie sollten im Falle eines inneren und äußeren Notstandes die Handlungsfähigkeit der Regierung sichern, indem sie die Einschränkung von Grundrechten erlaubten, darunter das Brief-, Post- und Fernmeldegeheimnis sowie die Unverletzbarkeit der Wohnung.

Spaltung und Folgen der 68er-Bewegung Unter dem Schlagwort „Mehr Demokratie wagen" startete die Regierungskoalition aus SPD und FDP unter Bundeskanzler Willy Brandt am 21. Oktober 1969 eine Politik umfassender Reformen. Die betriebliche Mitbestimmung wurde verbessert und der Sozialstaat ausgebaut, das Ehe- und Familienrecht wurde unter dem Gesichtspunkt der Gleichberechtigung der Geschlechter reformiert. Die Abtreibung wurde bis zum dritten Schwangerschaftsmonat straffrei, bei vorheriger medizinischer Beratung. Auch das Bildungswesen wurde ausgebaut. Bis 1980 wurden 24 neue Universitäten und Technische Hochschulen eröffnet. Studenten und Auszubildende mit einem geringen Einkommen der Eltern erhielten seit 1971 staatliche Unterstützung.

Mit dem Ende der Großen Koalition nach den Bundestagswahlen 1969 zerfiel auch die APO. Ein großer Teil ihrer Anhänger war mit den Maßnahmen der sozialliberalen Koalition zufrieden und fand eine politische Heimat in der SPD. Was blieb, war die Hoffnung, in einem „langen Marsch durch die Institutionen" in ferner Zukunft „das System zu überwinden". Der harte Kern der Aktivisten spaltete sich in verschiedene linksradikale Gruppen und einen terroristischen Flügel, die **Rote Armee Fraktion** (RAF).

Rote Armee Fraktion (RAF): Die RAF verstand sich als bewaffneter Arm einer sozialistischen Bewegung, die im „Städtekampf" die Abschaffung des Kapitalismus vorantreiben wollte. Die Terrorgruppe verübte eine Serie von bewaffneten Banküberfällen und politischen Attentaten, bei denen sie bis 1994 34 Menschen töteten und über 200 zum Teil schwer verletzten.

Die „68er-Bewegung", wie sie später genannt wurde, politisierte die bundesdeutsche Gesellschaft und prägte die Einstellungen und Überzeugungen einer ganzen Generation. Neue Lebensformen, die den bürgerlichen Moralvorstellungen widersprachen, wurden erprobt; Wohngemeinschaften entstanden, und der „repressiven Sexualmoral" wurde eine freizügige Sexualität gegenübergestellt. Eine Revolution des Lebensstils unter den Gesichtspunkten der Selbstbestimmung und Selbstverwirklichung hatte stattgefunden, freilich auf der Grundlage gesicherter wirtschaftlicher und sozialer Verhältnisse.

Die Bundesrepublik wird Zuwanderungsland Der enorme wirtschaftliche Aufschwung der 1950er-Jahre führte bald zu Arbeitskräftemangel, weshalb ab 1955 ausländische Arbeitnehmer angeworben wurden. Diese Anwerbung wurde allein unter arbeitsmarktpolitischen Erwägungen verfolgt. Weder die Bundesregierung noch die Einwanderer planten, dauerhaft in der Bundesrepublik zu bleiben. Das „Rotationsprinzip" ging davon aus, dass Arbeiter nach wenigen Jahren wieder ins Heimatland gehen sollten. Deshalb wurden ausländische Arbeitnehmer „Gastarbeiter" genannt.

Sie waren als ungelernte Arbeitskräfte vor allem in der Industrie oder im Bergbau tätig und mussten dort in der Regel Akkord- und Schichtarbeit verrichten. Die Entlohnung war deutlich geringer als bei deutschen Arbeitnehmern, weshalb Unternehmen mit finanziellen Vorteilen bei der Beschäftigung ausländischer Arbeitskräfte rechneten. Die deutsche Bevölkerung begegnete den neuen Kollegen größtenteils mit Skepsis. Sprachbarrieren, kulturelle Unterschiede, eine schlechte Berufsausbildung, geringes Einkommen und die Absicht der deutschen Regierung, Ausländer nicht zu integrieren, drückten „Gastarbeiter" häufig an den Rand der Gesellschaft.

Internettipp:
Zur Immigration von „Gastarbeitern" in NRW siehe Code 4677-32

Als die wirtschaftliche Leistung während der Ölkrise 1973 sank, erwirkte die damalige sozialliberale Bundesregierung unter Bundeskanzler Willy Brandt einen Anwerbestopp. Zu dieser Zeit waren etwa 2,6 Millionen ausländische Arbeitnehmer in der Bundesrepublik beschäftigt. Weiterhin sah die Bundesregierung keine Integration der „Gastarbeiter" vor. Um die Zuwanderer zum Rückzug in die Herkunftsländer zu bewegen, wurde u. a. das Kindergeld für im Ausland lebende Kinder gekürzt. Da die genehmigten Aufenthaltszeiten immer länger wurden, holten viele Arbeitnehmer ihre Familien, die bis dahin meist in den Herkunftsländern blieben, nach. Dies war seit dem Anwerbestopp die einzige zugelassene Form der Zuwanderung.

Zudem suchten auch vermehrt Asylbewerber in der Bundesrepublik Zuflucht, die so faktisch zum Zuwanderungsland wurde.

Helmut Schmidt (geb. 1918): 1961 - 1965 Polizei- bzw. Innensenator von Hamburg, 1967 - 1969 Vorsitzender der SPD-Bundestagsfraktion, 1969 - 1972 Verteidigungsminister, 1972 - 1974 Bundesfinanzminister, 1974 - 1982 Bundeskanzler

Erste Integrationsdebatte Die langen Aufenthaltszeiten und der erhöhte Zuzug von Kindern lenkte die Debatte zur Arbeitsmigration in den 1970er-Jahren erstmals auf Fragen zur Integration (▸M3). Um eine tragfähige Integrationspolitik zu entwickeln, schuf die sozialliberale Bundesregierung des Bundeskanzlers **Helmut Schmidt** (SPD) das Amt des „Ausländerbeauftragen" (heute: Integrationsbeauftragter). Dieses Amt hatte der ehemalige nordrhein-westfälische Ministerpräsident *Heinz Kühn* (SPD) inne, der 1979 eine umfassende Stellungnahme zur Integration der Zuwanderer vorlegte. Die politische Teilhabe sollte durch die Einführung des kommunalen Wahlrechts und den Erhalt der Staatsbürgerschaft für in der Bundesrepublik geborene Nachkommen unterstützt werden. Zudem sollte die Gleichberechtigung von Ausländern in den Bereichen Bildung, Arbeit und Wohnen gefördert werden.

Den Forderungskatalog des „Ausländerbeauftragten" erfüllte die sozialliberale Koalition jedoch nicht. Die Politik war weiterhin nicht auf eine dauerhafte Integration von Ausländern ausgerichtet.

◂ **„Wir wollen auch wählen."**
Foto vom 18. März 1979 (Ausschnitt).
Am Wahltag zum Berliner Abgeordnetenhaus demonstrierten viele „Gastarbeiter" vor den Wahllokalen der Stadt für das Kommunalwahlrecht.

„Ausländergesetz" Mit dem Regierungsantritt **Helmut Kohls** (CDU) 1982 in einer Koalition aus FDP und CDU/CSU zielte die Migrationspolitik auf eine Abwehr der Einwanderungstendenzen. Dazu sollte die Rückkehrbereitschaft gefördert, der Anwerbestopp aufrechterhalten und der Familiennachzug eingeschränkt werden.

Ein „Ausländergesetz" wurde zwar angekündigt, doch es trat erst 1991 in Kraft. Zuwanderer mit einem ausländischen Pass erhielten damit erstmals eine Art Einwanderungsstatus. Ausländer, die bereits seit acht Jahren in der Bundesrepublik lebten, hatten die Möglichkeit, eine unbefristete Aufenthaltsgenehmigung zu erhalten. In

Helmut Kohl (geb. 1930): 1969 - 1976 Ministerpräsident von Rheinland-Pfalz, 1973 - 1998 Bundesvorsitzender der CDU, 1982 - 1998 Bundeskanzler

Ausnahmefällen konnten auch wieder Arbeitskräfte angeworben werden. Gleichzeitig widersprach die Regierung jedoch der Behauptung, dass die Bundesrepublik ein Einwanderungsland sei. Kritiker sahen in dem neuen Gesetz die Aufgabe der Integration nicht erfüllt, da Ausländern kein Wahlrecht zugesprochen wurde und sie sich vermehrt staatlichen Kontrollen unterziehen mussten.

▲ **Ein Bundestagsabgeordneter der Grünen auf seinem „Dienstfahrrad“.**
Foto von 1983.
Der Partei Die Grünen gelingt 1983 erstmals der Sprung in den Deutschen Bundestag. Durch ihren unkonventionellen Stil setzt sie sich bewusst von den etablierten Parteien ab.

Ökologie und Frieden 1973 verknappten die arabischen ölproduzierenden Länder ihren Ölexport, was zu schlagartigen Steigerungen der Energiekosten führte. Wegen des sogenannten „Ölpreisschocks“ wurden die Grenzen des Wachstums und die Ressourcenknappheit vermehrt diskutiert. Nach einer weiteren Rezession 1980 schlug die Reformeuphorie und Fortschrittsgläubigkeit in der westlichen Öffentlichkeit bald in Skepsis, Zivilisationskritik und Krisenbewusstsein um. Vor allem Angehörige der jüngeren Generation engagierten sich in der aufkommenden alternativ-ökologischen Bewegung. Gegen die fortschreitende Industrialisierung wurde eine Lebens- und Gesellschaftsform gestellt, die sich am Erhalt der Umwelt ausrichtet (▶ M4).

In der Bundesrepublik geriet Bundeskanzler Helmut Schmidt wegen des von ihm angeregten *NATO-Doppelbeschlusses** vom 12. Dezember 1970 zunehmend unter Druck in Partei und Öffentlichkeit. Die Notwendigkeit des Nachrüstens wurde bestritten. Die sich neu etablierende Friedensbewegung gewann mit Demonstrationen und Appellen Teile der verunsicherten Öffentlichkeit für sich. Die hohen Kosten des Rüstungswettlaufes und die Angst vor einem Atomkrieg, der die gesamte Menschheit vernichten könnte, bestimmten das Denken und Handeln der ansonsten sehr heterogenen Gruppe innerhalb der Friedensbewegung, die zudem auch die Skepsis gegenüber der zivilen Atomkraft verstärkte.

Die Ökologie- und Friedensbewegung mündete schließlich in die Gründung einer völlig neuen Partei: *Die Grünen*. Sie schaffte bereits 1983 mit 5,6 Prozent der Stimmen den Sprung in den Bundestag. Im Gegensatz zu den etablierten Parteien verstand sie sich anfangs noch als basisdemokratische Alternative.

Abkehr vom Nationalismus? Nach der Gründung der Bunderepublik und der Teilung Deutschlands nahm das deutsche Nationalbewusstsein an Relevanz ab. Zum einen wirkten die nationalsozialistischen Verbrechen als Einspruch gegen nationale Bestrebungen. Zum anderen führten die Jahre des „Wirtschaftswunders“ zu der Einstellung, dass wirtschaftliche Leistungsfähigkeit und staatliche Wohlfahrt nicht an den Nationalstaat gebunden waren. Für die Mehrheit der Bürger besaß die Nation seit den späten 1960er-Jahren keine Priorität mehr. Dementsprechend nahmen auch die Stimmen ab, die eine Vereinigung der Bundesrepublik und der DDR zu einem Nationalstaat forderten.

An die Stelle des Nationalismus, der als verbindende Kraft ein Zusammengehörigkeitsgefühl gestiftet hatte, trat Europa: Als attraktive Vorstellung wurde der Gedanke

* Zum NATO-Doppelbeschluss siehe S. 503.

einer politischen Zusammenarbeit und schließlich einer politischen Einheit Europas in der Bundesrepublik populär. Die wirtschaftliche Leistungsfähigkeit sahen viele ihrer Bürger auch darin begründet, dass die Bundesrepublik im europäischen Wirtschaftsraum eingebunden wurde.* Die Bundesrepublik wurde zunehmend als „postnationale Demokratie“ verstanden.

Zwar wollte bis in die 1980er-Jahre keine politische Kraft in Westdeutschland explizit auf die Einheit der Nation verzichten. Allerdings ging der ernsthafte Versuch einer Erneuerung des Nationalismus nicht mehr vonseiten der Politiker aus. In den Parteien hatte man die Teilung Deutschlands akzeptiert. Mitte der 1980er-Jaher traten schließlich einzelne Stimmen in der SPD und bei den Grünen auf, die eine Abkehr von dem Fernziel „Nationalstaat“ forderten.

Lediglich Vertriebenen- und Veteranenverbände versuchten noch, die Erinnerung an den Nationalstaat wachzuhalten und den Nationalismus in der Bonner Republik zu reaktivieren. Vertriebene verbanden den Nationalstaat mit der Hoffnung auf Rückkehr in die ehemaligen deutschen Gebiete, doch das Führungspersonal der Verbände wurde wegen seiner Agitation während des Nationalsozialismus von der liberalen Öffentlichkeit meist mit Skepsis betrachtet.

	erfolgt	erfolgt nicht
1960	58	32
1980	17	82
1987	3	97

▲ **Wer erwartete die Wiedervereinigung?**
Angaben (in Prozent) von Bundesbürgern nach Umfragen von Meinungsforschungsinstituten.
Nach: Deutschland Archiv 22. Jg. (1989), H. 10, S. 1139 f.

Verfassungspatriotismus Die Bonner Republik setzte anders als das Kaiserreich an der Leistungsfähigkeit des modernen Verfassungsstaates an. Statt Volkszugehörigkeit und Abstammung als Basis der politischen Teilhabe anzusehen, entwickelte sich ein republikanisches Nationsverständnis. Dieses Konzept sah das Bekenntnis zu gemeinsam geteilten politischen Werten wie Demokratie, Menschenrechte, Gewaltverzicht und Meinungsfreiheit als Grundlage staatlichen wie politischen Handelns an, welche vom Bundesverfassungsgericht 1952 als *freiheitlich-demokratische Grundordnung* definiert wurden.

Diese neue Haltung bezeichnete der einflussreiche Politikwissenschaftler *Dolf Sternberger* 1979 als *Verfassungspatriotismus*. Sternberger plädierte dafür, die nationale Einheit zu verwerfen, sofern sie auf Kosten der von der Verfassung garantierten Freiheiten entstünde (▸ M5). Der Begriff verbreitete sich schnell und wurde seitdem immer wieder bei Debatten zum nationalen Selbstverständnis herangezogen. Viele Publizisten und Politiker, darunter auch der Bundespräsident *Richard von Weizsäcker*, übernahmen ihn. Kritiker sahen dieses neue Nationalstaatskonzept dagegen als geschichtslos an und plädierten dafür, dass das Bekenntnis zur Nation auch ein emotionaler Vorgang sei, der mitunter an die Abstammung gebunden sei.

1. *Entwerfen Sie einen Brief eines „Gastarbeiters“ in seine Heimat, in dem er begründet, warum er – entgegen seiner ursprünglichen Absichten – das Leben in der Bundesrepublik einer Heimkehr vorzieht.*

H *Berücksichtigen Sie auch die möglichen negativen Erfahrungen des „Gastarbeiters“ und erläutern Sie seine Hoffnungen.*

2. *Überprüfen Sie, inwieweit Ihre Gegenwart von den Veränderungen seit der sozialliberalen Koalition geprägt ist.*

* Zur Europapolitik der Bundesrepublik und dem Zusammenwachsen Europas nach 1945 siehe S. 512-517.

M1 Würdigung der Pariser Verträge

a) In der ersten Lesung der Pariser Verträge im Bundestag gibt Bundeskanzler Konrad Adenauer am 15. Dezember 1954 eine Regierungserklärung ab:

Das Vertragswerk macht die Bundesrepublik erst fähig, die Spaltung Deutschlands zu beseitigen und die sich mit der Wiedervereinigung stellenden Aufgaben zu bewältigen. [...] Die großen Mächte werden sich entsprechend ihren vertraglichen Verpflichtungen bei kommenden Verhandlungen für unsere Wiedervereinigung solidarisch einsetzen. [...] Ich sehe nicht, meine Damen und Herren, wie heute eine bessere Basis für die Wiedervereinigung Deutschlands gewonnen werden könnte.

b) Der Politiker Erich Ollenhauer, seit 1952 Vorsitzender der SPD, antwortet folgendermaßen:

In Paris ist zwar nicht schriftlich, aber tatsächlich festgelegt worden, dass neue Verhandlungen mit der Sowjetunion über das Problem der deutschen Einheit erst nach der Ratifizierung der Verträge ins Auge gefasst werden sollen. Der Herr Bundeskanzler hat sich diese These wiederholt und ausdrücklich zu eigen gemacht, auch in seiner heutigen Rede. Damit ist eindeutig der Aufrüstung der Bundesrepublik der Vorrang vor der Wiedervereinigung gegeben worden. [...] Diese Politik basiert auf der Annahme, dass ohne die Einheit des Westens erfolgreiche Verhandlungen mit der Sowjetunion nicht möglich seien und dass die Sowjetunion nach der Ratifizierung der Pariser Verträge eine größere Bereitwilligkeit zu Verhandlungen über eine für den Westen und für das deutsche Volk tragbare Lösung der europäischen und deutschen Probleme zeigen werde. [...]
Aber vergessen wir nie, die Sowjetunion ist eine der vier Besatzungsmächte, und ohne ihre Zustimmung und ohne ihre Mitwirkung ist eine Wiedervereinigung Deutschlands ebenso unmöglich wie ohne die Zustimmung und die Mitwirkung der Westmächte. (*Lebhafte Zustimmung bei der SPD.*) Es kann und darf uns daher nicht gleichgültig sein, welche Konsequenzen die Sowjetunion aus einer Einbeziehung der Bundesrepublik in die NATO im Hinblick auf ihre Deutschlandpolitik ziehen wird.

Zitiert nach: Verhandlungen des Deutschen Bundestages, 2. Wahlperiode 1953-1957, Bd. 22, S. 3135 ff.

1. *Zeigen Sie auf welche Bedeutung den Pariser Verträgen hinsichtlich einer möglichen Wiedervereinigung Deutschlands in den beiden Reden zugewiesen wird.*
2. *Bewerten Sie die Unterschiede in den außenpolitischen Positionen.*

M2 Chancen und Grenzen der Konsumgesellschaft

Der Wirtschaftshistoriker Werner Abelshauser referiert 2004 Merkmale der bundesdeutschen Konsumgesellschaft:

Überraschenderweise konnte die Konsumgesellschaft Bundesrepublik in vielem, was für sie charakteristisch geworden ist, an die Entwicklung der Dreißigerjahre anknüpfen [...].
Neu für die Fünfzigerjahre war hingegen, dass der Konsum langlebiger Gebrauchsgüter nicht mehr auf mittlere und gehobene Einkommensklassen begrenzt war, sondern mit wachsendem Realeinkommen in nahezu allen Schichten der Bevölkerung einsickerte. Für den Besitz mancher Konsumgüter wie zum Beispiel für Fernsehgeräte, Musiktruhen oder Kühlschränke spielte in der zweiten Hälfte der Fünfzigerjahre die soziale Stellung kaum noch eine bestimmende Rolle. Die „Demokratisierung des Konsums" [...] setzte sich [...] durch. Kennzeichnend für diese Entwicklung ist das Scheitern schichtspezifisch konzipierter Automobile (z. B. die „Kabinenroller" von Gutbrod, Maico oder Messerschmidt) [...] und der Siegeszug des auf technische Funktionalität und ein (käufer-) schichtübergreifendes Image angelegten Volkswagen-Käfers [...].
Das private Automobil wurde in den Fünfzigerjahren zum Schlüsselbegriff für soziales Wohlbefinden, bürgerliches Freiheitsgefühl, wirtschaftliche Erwerbschancen und gesellschaftliches Prestige. Die Konsequenzen, die sich daraus für Städtebau, Siedlungspolitik, Freizeitgestaltung, Kommunikationsverhalten, Wirtschaftsstruktur, Umwelt, ja nahezu für alle Bereiche des menschlichen Lebens ergaben, revolutionierten das Alltagsleben. [...]
In dieselbe Richtung zeigten die Herausbildung des Tourismus als Kollektivphänomen und die Expansion des neuen Massenmediums „Fernsehen". Beide ebenfalls epochemachenden Entwicklungen haben in Deutschland ihren Ursprung in den Dreißigerjahren, sodass auch hier auf eigene Erfahrungen zurückgegriffen werden konnte. [...]
Vor der generellen Verbesserung der wirtschaftlichen Lage traten andere Probleme der „Wirtschaftswunderzeit" zurück. [...] Je weiter die Motorisierung voranschritt und die Freiheit des Einzelnen zu erweitern versprach, desto mehr stiegen die sozialen Kosten einer „autogerechten" Welt, in der die Mehrheit der Bundesbürger nunmehr wohnen wollte, und verringerten sich in den Verdichtungsräumen des Straßenverkehrs die Entfaltungsmöglichkeiten des einzelnen Autofahrers. Ursprüngliche Lebensqualität schlug um in Umweltbelastung. Ähnliches gilt für den Massentourismus, dessen Reiz gerade durch die Folgen seiner steigenden Popularität und der Erschwinglichkeit von Pauschalreisen zwangsläufig Schaden nehmen musste, und für die elektronischen Medien,

deren kulturelle Problematik im vollen Maße erst in den Siebzigerjahren erkannt worden ist.

Schließlich: In dem Maße, wie die Bundesrepublik in den Fünfzigerjahren zur Industriegesellschaft par excellence geworden ist, hat sie auch deren außerordentliche Probleme in Kauf nehmen müssen. Hohe Abhängigkeit vom Weltmarkt, von Energieimporten und knappen Rohstoffen, starke Umweltbelastungen durch industrielle Emissionen und Abfälle, Zersiedelung der Landschaft durch dezentrale Industrieansiedlung oder Beschäftigungskrisen durch wirtschaftlichen Strukturwandel waren noch keine dringenden Fragen der Sechzigerjahre. Aber all diese Probleme, die die Bundesrepublik jenseits der „Grenzen des Wachstums" besonders hart trafen, sind in den Langen Fünfzigerjahren entstanden.

Werner Abelshauser, Deutsche Wirtschaftsgeschichte seit 1945, München 2004, S. 336-341

▲ **Urlaubende Bundesbürger vor Souvenirläden in Südtirol.**
Foto von 1958.

- *Verfassen Sie einen Eintrag für ein Reisetagebuch aus Sicht eines Urlaubers.*

1. *Geben Sie die Kennzeichen der Konsumgesellschaft in der Zeit des „Wirtschaftswunders" wieder.*
2. *Erläutern Sie die Konsequenzen der Motorisierung in einer anschaulichen Grafik.*
3. *Erklären Sie Folgen der „Demokratisierung des Konsums".*
4. *Beurteilen Sie aus heutiger Sicht das damalige Konsumverhalten.*

M3 Gekommen und geblieben

Im Wochenmagazin „Spiegel" erscheint 1970 ein Report über die Lebensbedingungen und die Integration der „Gastarbeiter" in der Bundesrepublik:

Der Grieche Theodoros Soulidis, 32, aus Didymóteichon in Thrakien, einem kleinen Ort nahe der türkischen Grenze, [...] verließ seine Heimat bereits 1958 [...]. Heute, zwölf Jahre später, steht er an einer Imprägniermaschine der Hamburger Firma Beiersdorf und produziert, im Drei-Schicht-Turnus, Tesakrepp – für einen monatlichen Lohn von immerhin 1100 Mark. Soulidis ist inzwischen verheiratet und hat zwei Kinder. Er wohnt in einer feuchten Kellerstube im Hamburger Stadtteil Eimsbüttel, Monatsmiete 110 Mark. Seine Frau arbeitet mit; ebenfalls bei Beiersdorf, für 800 Mark. Soulidis hat einen deutschen Fremdenpass, seine Kinder spielen mit denen der spanischen und türkischen Nachbarn. Soulidis ist in Deutschland sesshaft geworden. Um welchen Preis? Die Rückkehr nach Griechenland ist ihm versperrt („Kann ich nicht, politisch"). Soziale Aufstiegschancen in der Bundesrepublik sieht er nicht („Hab ich keine"). Beziehungen zu deutschen Kollegen hat er nicht („Die sind immer für sich"). Zu bescheidenem Wohlstand hat es bei ihm, der 3000 Mark für Wohnungsreparaturen ausgeben musste, nicht gereicht („Ich habe hier gar nichts gespart, gar nichts gemacht"). [...]

[A]ls nicht-integrierter, nicht-assimilierter Gastarbeiter, dessen Existenz die Vokabel „Gastarbeiter" Lügen straft, ist er ein Normalfall. Gastarbeiter sind in Deutschland keine Gäste. Sie bekommen nichts geschenkt, sie genießen keine Vorrechte, eingeladen sind sie nur zum Produktionsprozess. [...]

Trotz Sack und Asche, die sie aus deutschen Müllkippen zu entleeren schon gewohnt sind, bleiben immer mehr Gastarbeiter in ihrem unwirtlichen Gastland, um daheim politischen Verfolgungen, Arbeitslosigkeit, Analphabetentum ihrer Kinder zu entgehen. Insbesondere diejenigen Gastarbeiter-Familien, deren Nachwuchs bereits – wenn auch in den letzten Reihen – deutsche Schulbänke drückt, neigen zum Sesshaftwerden. Nach der letzten Repräsentativ-Erhebung der Nürnberger Bundesanstalt für Arbeit vom Herbst 1968 hielt sich jeder fünfte Gastarbeiter sieben Jahre und länger in der Bundesrepublik auf. [...]

Das wirft Probleme auf, die nur durch eine Politik mit der Zielrichtung auf soziale Integration zu lösen sind [...]. Eine sinnvolle Integrationspolitik kann nicht außer Acht lassen, dass Gastarbeiter-Neuankömmlinge Novizen der Industriegesellschaft sind: mit anderen Gewohnheiten (die landläufig als primitiv gelten mögen) und mit anderen Fähigkeiten (die in der Leistungsgesellschaft nicht viel einbringen). Dass jemand, der beispielsweise der deutschen Sprache nicht mächtig ist und keinen Beruf gelernt hat, am unteren Ende der Sozialskala rangiert, ist so verwunderlich nicht. Nur: Dass er eine Chance bekommt, diesem Kuli-Dasein zu entrinnen – das erscheint politisch wie humanitär erforderlich angesichts der sich verstärkenden Tendenz, dass aus Gastarbeitern Dauergäste werden, Staatsbürger also vielleicht. Darauf zu warten, dass Integration irgendwie und irgendwann passiert, statt sie bewusst mit Partnern zu vollziehen, ist freilich nicht nur unsozial, sondern auch ökonomisch inkonsequent: Da die bundesdeutsche Geburtenquote rückläufig tendiert [...] und die unselbstständige Erwerbsbevölkerung stagniert, fehlen heute schon qualifizierte Gastarbeiter. Qualifizieren können sie sich nur mit deutscher Hilfe – an Arbeitsplätzen mit Weiterbildungs- und Aufstiegschancen. Diese Art von Entwicklungshilfe, auf deutschem Boden gewährt, käme nicht nur den integrationswilligen, sondern auch den zurückkehrenden Gastarbeitern – und damit ihren Heimatländern – zugute. Da aber offenbar nicht sein kann, was nicht sein darf, erhalten Staat und Gesellschaft mühsam die Fiktion aufrecht, die Beschäftigung von Nicht-Deutschen sei nur ein vorübergehendes Phänomen: Sie verhalten sich wie ein Wirt, der seinen Gästen Umsatz und Wohlstand verdankt, insgeheim aber den Tag herbeiwünscht, da er soviel vereinnahmt hat, dass er ihnen den Stuhl vor die Tür setzen kann.

„Komm, komm, komm – geh, geh, geh." Spiegel-Report über sozial benachteiligte Gruppen in der Bundesrepublik (II): Gastarbeiter, in: Der Spiegel 43/1970, S. 51-74 (stark gekürzt)

1. *Veranschaulichen Sie die Lebensbedingungen der „Gastarbeiter" in einer Karikatur.*
2. *Arbeiten Sie die Haltung der Bundesrepublik zur Integration von Ausländern aus dem Report heraus.*
3. *„Entwicklungshilfe auf deutschem Boden". Erläutern Sie die Argumentation des Verfassers zu Integration von „Gastarbeitern" in der Bundesrepublik.*

F *Gehen Sie auch auf die Frage ein, ob der Verfasser selbst Vorurteile gegenüber „Gastarbeitern" artikuliert.*

M4 Was ist Umweltpolitik?

Die seit 1969 regierende SPD/FDP-Koalition ist die erste deutsche Regierung, die sich ausdrücklich dem Umweltschutz verpflichtet. In ihrem Umweltprogramm von 1971 heißt es:

1. Umweltpolitik ist die Gesamtheit aller Maßnahmen, die notwendig sind,
   - um dem Menschen eine Umwelt zu sichern, wie er sie für seine Gesundheit und für ein menschenwürdiges Dasein braucht, und
   - um Boden, Luft und Wasser, Pflanzen- und Tierwelt vor nachhaltigen Wirkungen menschlicher Eingriffe zu schützen und
   - um Schäden oder Nachteile aus menschlichen Eingriffen zu beseitigen.
2. Die Kosten der Umweltbelastungen hat grundsätzlich der Verursacher zu tragen (Verursacherprinzip).
3. Die Leistungsfähigkeit der Volkswirtschaft wird bei Verwirklichung des Umweltprogramms nicht überfordert werden. Der Umweltschutz soll durch finanz- und steuerpolitische Maßnahmen sowie durch Infrastrukturmaßnahmen unterstützt werden.
4. Der Zustand der Umwelt wird entscheidend bestimmt durch die Technik. Technischer Fortschritt muss umweltschonend verwirklicht werden. [...]
5. Umweltschutz ist Sache jedes Bürgers. Die Bundesregierung sieht in der Förderung des Umweltbewusstseins einen wesentlichen Bestandteil ihrer Umweltpolitik.
6. Die Bundesregierung wird sich für ihre Entscheidungen in Fragen des Umweltschutzes verstärkt der wissenschaftlichen Beratung bedienen. Sie wird hierfür u. a. einen Rat von Sachverständigen für die Umwelt berufen.
7. Alle Umweltbelastungen und ihre Wirkungen müssen systematisch erforscht werden. Die notwendigen Forschungs- und Entwicklungskapazitäten für den Umweltschutz werden ausgebaut [...].
8. Die Möglichkeiten der Ausbildung für die Spezialgebiete des Umweltschutzes sollen, unter anderem durch interdisziplinäre und praxisbezogene Aufbaustudien an Hoch- und Fachhochschulen, vermehrt und verbessert werden.
9. Wirksamer Umweltschutz bedarf enger Zusammenarbeit zwischen Bund, Ländern und Gemeinden untereinander und mit Wissenschaft und Wirtschaft.
10. DerUmweltschutzverlangtinternationaleZusammenarbeit. Die Bundesregierung ist hierzu in allen Bereichen bereit und setzt sich für internationale Vereinbarungen ein.

Drucksache VI/2710 des Deutschen Bundestages vom 14. Oktober 1971

1. *Skizzieren Sie, wie das Umweltprogramm den Zusammenhang von Natur und Technik auffasst.*
2. *Ordnen Sie die Punkte des Umweltprogramms verschiedenen Verantwortungsbereichen zu.*
H *Verantwortungsbereiche können Bürger, Wissenschaft, Staat oder Internationales sein.*
F *Veranschaulichen Sie in einem Schaubild, wie diese Verantwortungsbereiche miteinander verknüpft sind.*
3. *Vergleichen Sie das Umweltprogramm der Bundesregierung mit den Ausführungen des Wissenschaftlers Pettenkofer von 1881 (S. 43, M4) und zeigen Sie die veränderte Einstellung zu Umweltproblemen auf.*

M5 „Verfassungspatriotismus"

Der Politikwissenschaftler und Publizist Dolf Sternberger veröffentlicht 1979 erneut sein bereits 1959 vorgestelltes Konzept des „Verfassungspatriotismus". Diesmal finden seine Ausführungen innerhalb der Bundesrepublik breiten Anklang:

Patriotismus – vaterländische Gesinnung – war in aller unserer deutschen Erinnerung vorwiegend mit der Nation verbunden, ja geradezu verschmolzen, mit dem heimatlichen Land und Volk oder den heimatlichen Ländern und Völkern insgesamt [...]. Nun erhebt sich die Frage, [...] worauf sich denn der Patriotismus im deutschen Fall beziehen sollte oder beziehen könne, da doch das Deutsche Reich untergegangen ist, das deutsche Volk – oder jedenfalls das Staatsvolk dieses vormaligen Deutschen Reiches – in zwei Staaten lebt, ihre Wiedervereinigung wegen der Teilung Europas, der Teilung der Welt in eine schmerzliche und mehrdeutige Ferne gerückt ist. [...]
Da ist nun [...] die Verfassung, welche dem Patriotismus den Halt und den Gehalt verleiht oder doch verleihen soll. Es ist wohl deutlich, dass ich mit der Verfassung nicht das juristische Dokument als solches, etwa das Bonner Grundgesetz mit allen seinen 146 Artikeln, meine, welchem eine patriotische Anhänglichkeit zu widmen wäre [...]. Eher schon könnte jene „freiheitlich demokratische Grundordnung" eine solche Anhänglichkeit wecken oder erwarten lassen, welche das Bundesverfassungsgericht seinerzeit definiert hat [...]: „eine Ordnung, die unter Ausschluss jeglicher Gewalt- und Willkürherrschaft eine rechtsstaatliche Herrschaftsordnung auf der Grundlage der Selbstbestimmung des Volkes nach dem Willen der jeweiligen Mehrheit und der Freiheit und Gleichheit darstellt."
[...] Kann ein solches Gebilde Loyalität, Anhänglichkeit, Zuneigung, kann es Patriotismus erwecken und bewahren? Eigentlich ist es eine rhetorische Frage. Die Geschichte hat sie längst beantwortet, jedenfalls in anderen Gegenden als der unsrigen. Die Schweiz mit ihren vier verschiedenen Sprachgemeinschaften hält nicht zusammen als eine Nation; sie ist keine Nation; sie ist geeinigt durch ihre Verfassung. [...] Die Vereinigten Staaten von Amerika mit einer Bevölkerung, die aus den Ländern Europas, Asiens und Afrikas so bunt gemischt ist wie kein anderes Gemeinwesen der Welt, werden durch nichts anderes geeinigt als durch ihre Verfassung und durch die patriotischen Gefühle, die ihr, der Verfassung entgegengebracht werden.
[...] Anderwärts mag der patriotische Zusammenhang nicht ebenso entscheidend von dieser Kraft der gemeinsamen Verfassung und des gemeinsamen Lebens und Handelns in der Verfassung [...] bestimmt sein; andere Faktoren mögen mitwirken, geschichtliche Überlieferung, ausgebildete Sprachkultur, dichtere ethnische Zusammengehörigkeit [...]. Aber ich wünschte umso mehr und gerade deswegen, dass wir unseren Platz in dieser unserer Verfassung einnehmen, dass wir mit Krallen und Zähnen daran festhalten, dass wir nicht leichtsinnig und weichmütig etwa die Sicherung wegwerfen oder auch nur wegschieben, in der Erwartung, die Freiheit selber in der Hand behalten zu können. [....] Dass wir uns auch nicht versuchen lassen, auszuziehen aus der Verfassung um der Nation und ihrer Vollständigkeit willen. Ich wünschte zudem, dass wir der Verfassung unsere Anhänglichkeit auch bezeugten. Verfassungsfeinde haben wir kennengelernt. Kennen wir auch die Verfassungsfreunde? Ich wünschte, die Gelegenheit und der Wille fänden sich, dass auch die Verfassungsfreunde einmal auf die Straße gingen und die Demonstrierdemokraten beschämten durch die Macht ihres Patriotismus.

Zitiert nach: Dorothea Weidinger (Hrsg.), Nation – Nationalismus – Nationale Identität, Bonn 2002, S. 86-87

1. *Geben Sie in eigenen Worten wieder, was Sternberger unter „Verfassungspatriotismus" versteht.*
2. *Stellen Sie den Patriotismus Sternbergers dem Patriotismus Ludens (S. 137, M2) gegenüber und erläutern Sie die Unterschiede.*
3. *Viele Journalisten, Intellektuelle und Politiker beriefen sich auf Sternbergers Konzept. Beurteilen Sie, ob die Bekenntnis zum „Verfassungspatriotismus" dem politischen Ziel der Deutschen Einheit entgegen- oder zuwiderläuft.*

Sozialistischer Gegenentwurf zur Bundesrepublik – Selbstverständnis und Entwicklung der DDR

Literaturtipp:
Ilko-Sascha Kowalczuk, Die 101 wichtigsten Fragen – DDR, München 2009

Die Suche nach Legitimität Von der Gründung an grenzte sich die DDR gegenüber der Bundesrepublik ab. Die herrschende Staatspartei – die SED – verstand die DDR als „antifaschistisches Bollwerk", als Friedensstaat und als sozialistischen Staat, der damit in besonderem Maße als Wohlfahrtsstaat den Menschen diente. Die Parteiführung der SED stellte sich in die Nachfolge des kommunistischen Widerstandes gegen den Nationalsozialismus und machte diesen zum „Gründungsmythos" der DDR.*

Zudem grenzte die von Politik und Presse hervorgehobene Friedensliebe der DDR den jungen Staat sowohl von der deutschen Vergangenheit als auch von den als **imperialistisch** verstandenen Nachbarn in der Bundesrepublik ab (▸ M1). Doch ließ die SED nur ihre eigene Vorstellung von Friedenspolitik gelten. Sie bekämpfte die Mitglieder der Friedensbewegung im eigenen Land als Staatsfeinde. Das Verweigern des Wehrdienstes war nicht gestattet.

Imperialismus: aus sozialistischer Sicht das höchste Stadium des Kapitalismus; gewaltsame Aufteilung der Erde und des Weltmarktes unter kapitalistische Großmächte

▸ **„10 Jahre in Volkes Hand."** *Plakat (59,5 x 84 cm) von 1956.*
- *Beschreiben Sie das Plakat.*
- *Analysieren Sie das staatliche Selbstverständnis der DDR anhand des Plakates.*

▸ **Geschichte In Clips:** Zur Wirtschaft in der Frühphase der DDR siehe Clip-Code 4677-33

„Soziale Revolution" von oben Im Rahmen einer Bodenreform schlossen sich Bauern seit 1952 unter staatlichem Druck in Landwirtschaftlichen Produktionsgenossenschaften (LPGs) zusammen. Zum „planmäßigen Aufbau des Sozialismus" gehörte auch der Ausbau der **Volkseigenen Betriebe**, die bereits rund 80 Prozent zur industriellen Produktion beisteuerten. Damit einher ging die Enteignung und politische Verfolgung der bürgerlichen Mittelschichten, die als private Unternehmer, kleine Handels- und Gewerbetreibende eigentlich eine wichtige Stütze für die ostdeutsche Wirtschaft bildeten. Durch eine extrem hohe Besteuerung und bürokratische Gängeleien wurde ihre berufliche Existenz vielfach vernichtet. Ohne Rücksicht auf die wachsenden Versorgungsengpässe für die Bevölkerung erfolgte eine einseitige Förderung der Schwerindustrie

Volkseigener Betrieb (VEB): Industrie- oder Dienstleistungsbetrieb, der aus Enteignung oder Verstaatlichung hervorging und formal im Besitz des Volkes war. VEBs wurden im Rahmen der Planwirtschaft von der Staats- und Parteiführung zentral gesteuert.

* Zum antifaschistischen Selbstbild der DDR siehe S. 285 f.

und der für Militär und Rüstung produzierenden Betriebe, verbunden mit einer Erhöhung der geforderten Arbeitsleistung. Der Ausbau von „nationalen Streitkräften" wurde wiederum durch Steuererhöhungen und Einsparungen im sozialen Bereich finanziert.

Die weitgehende Abschaffung des Privateigentums an den Produktionsmitteln und die Einrichtung eines Wirtschaftssystems, das nicht Marktgesetzen, sondern dem von der Partei vorgegebenen Plan folgte, empfanden die Führer der SED als ihre historische Mission.

Der „Wohlfahrtsstaat DDR" hatte durchaus Erfolge aufzuweisen: Es gelang unter schwierigsten Startbedingungen, die Lebensverhältnisse der Menschen allmählich zu verbessern. Gleichzeitig wurden Einkommensunterschiede eingeebnet. Trotzdem fiel der Lebensstandard gerade im Vergleich zur Bundesrepublik immer weiter zurück.

▲ **Erfolge des ersten Fünfjahresplans.**
Plakat (84 x 59,5 cm) von 1952. Mit dem ersten Fünfjahresplan von 1951 bis 1955 sollten die Industrieproduktion verdoppelt und die Folgen von Kriegszerstörung, Demontage und Reparationen beseitigt werden. Die Planziele wurden – anders als bei späteren Plänen – im Wesentlichen erreicht und zur Propaganda genutzt.

Herrschaft ohne demokratische Legitimität ■ Der antikapitalistische Staat sei demokratischer als die westlichen, sogenannten „bürgerlichen" Verfassungsstaaten, denn er garantiere, so erklärte es SED-Chef Walter Ulbricht, die Bedingungen realer Freiheit, weil „die politische Herrschaft fest in den Händen der Arbeiterklasse und ihrer Verbündeten" liege.

Gemäß der **marxistisch-leninistischen** Staatslehre galt das Herrschaftsmonopol der Partei. In freien Wahlen hatte die SED allerdings nie eine Mehrheit erhalten. Über eine demokratische Legitimität verfügte sie zu keinem Zeitpunkt. Und auch eine Abwahl war nicht möglich: Die „bürgerlichen" Parteien Ost-CDU und Liberal-Demokratische Partei Deutschlands (LDPD) mussten in ihren Satzungen „die führende Rolle der SED als der Partei der Arbeiterklasse" anerkennen. Außerdem gehörten der Volkskammer auch Vertreter der Massenorganisationen an, z.B. des Freien Deutschen Gewerkschaftsbundes, die ebenfalls SED-Mitglieder waren. Zusammen mit dem System der „Einheitsliste" war die dauerhafte Herrschaft der SED damit garantiert, das Wahlrecht der DDR war demokratisch unglaubwürdig.

Marxismus-Leninismus: Gesellschaftstheorie nach den Lehren von Karl Marx (1818-1883) und Wladimir I. Lenin (1870-1924). Ihr zufolge soll eine revolutionäre Partei die fortschrittlichen Kräfte eines Landes vereinen und der Arbeiterklasse zur Herrschaft verhelfen, notfalls mit Gewalt.

Machtsicherung nach sowjetischem Vorbild ■ Neben der Beseitigung eines freien Wahlrechts beschritt die SED zur Durchsetzung ihres Machtmonopols mehrere Wege in Etappen:

- Innere Umgestaltung der SED zu einer „Partei neuen Typus": Nach dem Vorbild der KPdSU galt der „demokratische Zentralismus", also die strikte Herrschaftsausübung von oben nach unten ohne innerparteiliche Demokratie. Abweichler wurden ihrer Parteifunktionen enthoben oder verhaftet.
- Unterordnung der Justiz unter die Partei: Im Justizapparat platzierte die SED zuverlässige Parteigänger und nutzte das Strafrecht zur Bekämpfung ihrer Gegner. Inszenierte (Schau-)Prozesse liefen nach Anweisungen der SED-Führung ab. Die Zahl der politisch Verfolgten in 40 Jahren DDR wird auf 150 000 bis 200 000 geschätzt.
- Missbrauch des Zivil-, Familien- und Arbeitsrechts: Um Andersdenkende, Kritiker oder Systemgegner einzuschüchtern, wurden Schulabschlüsse, die Berufsausbildung, der berufliche Aufstieg von Menschen verhindert, die unliebsam aufgefallen waren. Ihnen wurden die Wohnungszuteilung oder die Reiseerlaubnis versagt, der Personalausweis entzogen oder der Arbeitsplatz gekündigt. Wer sich nicht öffentlich zur Partei bekannte, verlor seine Karrierechancen, blieb aber in aller Regel unbehelligt. Wer aber als Dissident oder Regimegegner aufgefallen war, dem drohten Be-

▸ **Geschichte In Clips:**
Zum Volksaufstand vom 17. Juni 1953 siehe Clip-Code 4677-34

Literaturtipp:
Ilko-Sascha Kowalczuk, 17. Juni 1953, München 2013

rufsverbot, Ausbürgerung oder Haft unter menschenrechtswidrigen Bedingungen.
- Allgegenwart der Geheimpolizei: Das *Ministerium für Staatssicherheit* (MfS; umgangssprachlich *Stasi*) baute einen gigantischen Überwachungsapparat auf. Am Ende der SED-Diktatur verfügte das MfS über 91 000 hauptamtliche Mitarbeiter und rund 189 000 Zuträger (Spitzel) in der Bevölkerung. Ein Inoffizieller Mitarbeiter (IM) kontrollierte im Durchschnitt 89 Einwohner. Genutzt wurden alle Mittel: Beschattung, Festnahmen und psychische „Zersetzung" von Zielpersonen (▸ M2).

▲ **Aufstand.**
Foto vom 17. Juni 1953 (Ausschnitt).
Am 17. Juni 1953 versammelten sich in der ganzen DDR Arbeiter zu Protesten gegen das Regime. Hier zerstören einige ein Grenzschild zum Westsektor Berlins vor dem „Haus der Ministerien" – ein monumentales Gebäude, in dem die DDR 1949 offiziell gegründet wurde.

Vom Arbeiterprotest zum Volksaufstand Die Wirtschaft der DDR rutschte 1952 in eine Krise. Immer mehr Menschen flüchteten nach West-Berlin und in die Bundesrepublik, worauf die SED-Führung mit verstärkten Repressionen gegen Selbstständige und Privateigentümer reagierte und kleinste „Wirtschaftsvergehen" wie „Bummeln am Arbeitsplatz" streng ahndete. Die Zahl der Gefängnisinsassen stieg zwischen Juli 1952 und Mai 1953 von 31 000 auf 66 000 an.

Als im Mai 1953 auch die Arbeitsnormen um 10,3 Prozent angehoben wurden, kam es in mehreren Städten zu Warnstreiks, Bauern traten aus den LPGs aus und vielerorts wurde vor Gefängnissen demonstriert. Auch die sowjetische Führung war beunruhigt von der ökonomischen Situation sowie der Stimmungslage in der DDR und versuchte – Stalin war am 5. März 1953 gestorben –, die Lage zu entschärfen.

Nach Absprache mit der UdSSR verkündete die SED-Führung am 11. Juni 1953 den sogenannten „Neuen Kurs": private Produzenten sollten gefördert, geflüchtete Bauern und Selbstständige zurückgerufen und verhaftete „Wirtschaftsverbrecher" entlassen werden. Doch die Erhöhung der Arbeitsnormen wurde nicht zurückgenommen, was Empörung in der Arbeiterschaft und weiten Teilen der Bevölkerung auslöste. Am 16. Juni protestierten Ost-Berliner Bauarbeiter gegen die Normenerhöhung. Fast alle Betriebe in Berlin schlossen sich an. Die Demonstranten verlangten freie Wahlen, den Sturz der Regierung und kündigten einen Generalstreik an. Jetzt nahm die SED-Führung die Normenerhöhung zurück, doch innerhalb weniger Stunden weitete sich am 17. Juni die Streikwelle zu einem landesweiten Aufstand der Bevölkerung gegen die SED aus. In über 700 Städten und Ortschaften beteiligten sich rund eine halbe Million Menschen an Demonstrationen, besetzten öffentliche Gebäude, Parteibüros und Dienststellen der Staatssicherheit, stürmten Gefängnisse und befreiten über 1300 Häftlinge. Mehr als 1 000 Betriebe streikten.

Die sowjetische Besatzungsmacht verhängte das Kriegsrecht und walzte mit Panzern den Aufstand nieder. Über 13 000 Menschen wurden festgenommen, 1 800 von DDR-Gerichten verurteilt und 20 Todesurteile wurden verhängt. Hunderte wurden in Lager nach Sibirien verbracht oder mussten hohe Zuchthausstrafen absitzen. Auch zahlreiche Parteifunktionäre verloren ihre Ämter. Eine zweite Säuberungswelle verordnete Ulbricht nach dem gescheiterten Aufstand gegen die sowjetische Unterdrückung in Ungarn im Oktober 1956. Obwohl die SED ihre Macht retten und weiter festigen konnte, blieb der angeblich vom Westen gesteuerte „faschistische Putsch" das Trauma der Parteiführung. Auf der anderen Seite hatte die Bevölkerung die bittere Erfahrung machen müssen, dass Widerstand gegen das eigene Regime aussichtslos war, solange die Sowjetunion dessen Existenz garantierte.

Konsumfreundliche Wirtschaftspolitik Seit 1954 verbesserten sich die Lebensverhältnisse in der DDR spürbar. Die Sowjetunion verzichtete auf weitere Reparationen und ließ viele Wissenschaftler und Techniker nach Ostdeutschland heimkehren, die bis dahin in der UdSSR hatten arbeiten müssen. Die SED nahm Korrekturen in der Wirtschaftspolitik vor. So konnte die Industrie in die Produktion von chemischen Grundstoffen, Kunststoff- und Aluminiumerzeugnissen investieren („Plaste und Elaste"). Metallverarbeitung und Hochseeschiffbau wurden zu neuen Industriezweigen. Die Versorgung der Bevölkerung mit Konsumgütern machte erkennbare Fortschritte und Lohnerhöhungen wurden gewährt.

Mit einer konsumfreundlicheren Planwirtschaft als bislang erreichte die SED eine Konsolidierung des Regimes. Als unmittelbares Indiz ging die Zahl der Flüchtlinge in den Westen 1959 auf unter 150 000 zurück, den niedrigsten Stand seit Gründung der DDR. Verdiente Arbeitskräfte wurden als „Helden der Arbeit" ausgezeichnet, erhiel-ten Vergünstigungen und konnten die vom Staat kontrollierten Ferienanlagen an der Ostsee nutzen. Für die überwiegende Mehrheit gab es indes noch keine Möglichkeit für Reisen und Tourismus.

▲ **Staatsflagge der DDR.**
Foto von 1987.
Ährenkranz, Hammer und Zirkel als Symbole des „Arbeiter- und Bauernstaates" wurden erst 1959 offiziell eingeführt. Bis dahin waren die Flaggen der Bundesrepublik und der DDR identisch.

Massenflucht Die SED gab auf dem V. Parteitag 1957 das Ziel aus, Lebensstandard und Konsum in der DDR sollten bis 1961 das Niveau Westdeutschlands erreichen und übertreffen. Die Bundesrepublik „überholen ohne einzuholen", lautete Ulbrichts Formel. Um den „Aufbau des Sozialismus" zu beschleunigen, wurden seit 1959 alle restlichen bäuerlichen Betriebe in LPGs gezwungen. Bei der Kollektivierung von Handels- und Handwerksbetrieben blieb ein geringer Teil in privater Hand.

Als Folge der Kollektivierungen traten 1960 erneut Versorgungsprobleme auf und die Wirtschaft stagnierte. Kritik der Beschäftigten nahm die Regierung nicht zur Kenntnis. Die Unzufriedenheit in der Bevölkerung wuchs, was sich in der Zunahme an Arbeitsniederlegungen und Flüchtlingen zeigte.

Eine zweite Ursache der gestiegenen Flüchtlingszahlen war die seit 1958 schwelende zweite Berlin-Krise.* Wegen der internationalen Spannungen befürchteten viele

Jahr	Sozialistischer Betrieb	Privatbetrieb
1949	38,5	61,5
1950	47,2	52,8
1955	68,0	32,0
1960	77,2	22,8
1970	80,5	19,5
1980	88,5	11,7

▲ **Eigentumsformen im Einzelhandelsumsatz in Prozent.**
Nach: Matthias Judt, Aufstieg und Niedergang der „Trabi-Wirtschaft", in: Ders. (Hrsg.), DDR-Geschichte in Dokumenten, Berlin 1997, S. 123

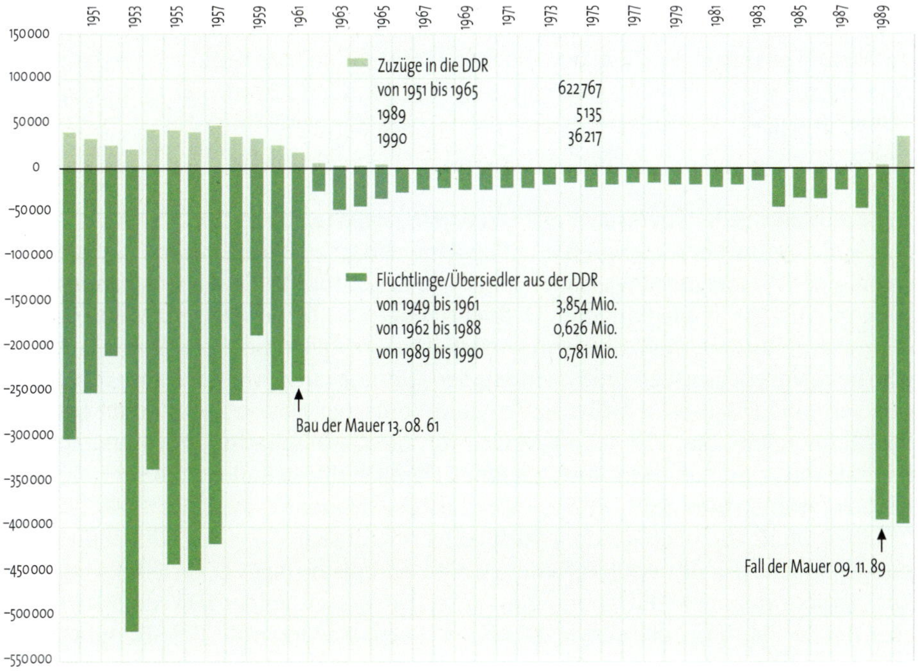

◄ **Übersiedler und Flüchtlinge zwischen DDR und Bundesrepublik.**
- *Erläutern Sie die Folgen der Abwanderung für Staat, Gesellschaft und Wirtschaft der DDR.*

Angaben nach: Hartmut Wendt, Wanderungen in Deutschland zwischen Ost und West [...], in: Paul Ganz und Franz-Josef Kemper (Hrsg.), Mobilität und Migration in Deutschland, Erfurt 1995, S. 6-8, und Matthias Judt (Hrsg.), DDR-Geschichte in Dokumenten. Beschlüsse, Berichte, interne Materialien und Alltagszeugnisse, Berlin 1997, S. 545 f.

* Zur Berlin-Krise siehe S. 493.

unzufriedene, zumeist jüngere und gut qualifizierte DDR-Bürger die baldige Schließung des Fluchtweges über West-Berlin, weshalb seit Juni 1961 täglich etwa tausend DDR-Bürger flohen.

▸ **Geschichte In Clips:** Zum Mauerbau siehe Clip-Code 4677-35

* Zu Chruschtschow siehe S. 490.

Mauerbau Ulbricht fürchtete einen neuerlichen Volksaufstand sowie einen wirtschaftlichen Kollaps. Nach Abstimmung mit dem sowjetischen Parteichef *Nikita Chruschtschow** ließ er deshalb am 13. August 1961 eine Mauer entlang der Berliner Sektorengrenze errichten; Sperranlagen an der innerdeutschen Grenze wurden mit Beton, Stacheldraht, Minen und Selbstschussanlagen zu einem todbringenden Sicherheitssystem ausgebaut. Beim Versuch, trotz des „antifaschistischen Schutzwalls" zu fliehen, verloren bis 1989 über 700 Menschen ihr Leben, Tausende wurden schwer verletzt. Im selben Zeitraum wurden 71 000 Bürger als „Staatsfeinde" oder wegen „versuchter Republikflucht" zu langen Haftstrafen verurteilt.

Entstalinisierung: Abkehr der sowjetischen Führung von der Politik Stalins seit dessen Tod 1953. Unter dem neuen Parteichef Chruschtschow distanzierte sich die UdSSR von der Person Stalins, seiner Alleinherrschaft und seiner Wirtschaftspolitik. Kritiker kamen zu Wort, die Gefangenenlager (GULag) wurden aufgelöst, die Bevormundung der Ostblockstaaten ließ nach („Tauwetter"). Die Verbrechen der Stalin-Ära (1927-1953) durften erwähnt werden, wurden aber nicht aufgearbeitet.

„Nischengesellschaft" Vordergründig stabilisierten sich für annähernd 30 Jahre die inneren Verhältnisse. Dennoch behielt die große Mehrheit der Bevölkerung innere Distanz zur Regierung. Da eine Flucht nahezu ausgeschlossen war, mussten sich die DDR-Bürger mit dem Regime arrangieren. Die meisten versuchten, das Beste aus ihrer Lage zu machen, arbeiteten hart und suchten nach persönlichen Freiräumen und Nischen. Die „Nischengesellschaft" stiftete Solidarität zwischen den gegängelten Bürgern; vielfach bestimmten aber auch Neid, Unaufrichtigkeit und Misstrauen ihre Beziehungen untereinander als Folge von Bespitzelung und Überwachung.

Im Gegenzug zu dem erzwungenen Arrangement der Bevölkerung mit der DDR seit dem Bau der Mauer lockerte das Regime seine Haltung. Die 1962 eingeführte Wehrpflicht konnte nach Forderungen der evangelischen Kirche auch ohne Waffe („Bausoldaten") abgeleistet werden, West-Berliner durften nun ihre Angehörigen im Ostteil der Stadt besuchen und seit 1964 wurde Rentnern der Besuch von Verwandten im Westen gestattet. Im Zuge der in der Sowjetunion seit Mitte der 1950er-Jahre eingeleiteten **Entstalinisierung** rehabilitierte die DDR auch Abweichler in den eigenen Reihen und gewährte für etwa 15 000 politische Gefangene Amnestie.

Erich Honecker (1912-1994): kommunistischer Politiker, baute nach 1946 die Jugendorganisation der SED, die „Freie Deutsche Jugend", auf. 1961 organisierte er den Bau der Berliner Mauer. Ab 1971 Nachfolger Ulbrichts als SED-Chef; 1976-1989 Staatsratsvorsitzender der DDR.

Sozialistisches Selbstbewusstsein Die wirtschaftliche Stärke der DDR und die geografische Lage an der Außengrenze der beiden politischen Blöcke machte die DDR zum wichtigsten Partner der Sowjetunion innerhalb des Ostblocks. Der Lebensstandard war zudem höher als in allen anderen Ostblockländern. Selbstbewusst platzierte das Regime sich selbst innerhalb der zehn wirtschaftsstärksten Industrienationen der Welt. Eine neue Verfassung hielt 1968 nicht nur den Führungsanspruch der SED fest, sondern definierte die DDR als „sozialistischen Staat deutscher Nation". Walter Ulbricht behauptete zudem, die DDR sei als Modell für alle Gesellschaften im Übergang vom Kapitalismus zum Kommunismus geeignet. Damit stellte er indirekt die Führungsrolle der Sowjetunion infrage.

Weil Ulbricht schließlich ohne Absprache mit Moskau die wirtschaftlichen Beziehungen mit der Bundesrepublik fördern wollte, enthob ihn die SED-Parteiführung nach Rücksprache mit der KPdSU 1971 seiner Ämter. Der neue Chef der SED war **Erich Honecker**, der die Führungsrolle der UdSSR ohne Vorbehalt anerkannte. Die SED sprach nun vom „real existierenden Sozialismus", der in allen Staaten unter kommunistischer Führung erreicht sei. Damit beanspruchte die DDR keine Sonderrolle mehr.

Die „Einheit von Wirtschafts- und Sozialpolitik" Erich Honecker prägte als neues Leitmotiv die „Einheit von Wirtschafts- und Sozialpolitik". In der DDR sollte eine sozialistische Wohlstandsgesellschaft entstehen, in der bessere Lebensverhältnisse des Normalbürgers hohe politische Priorität genossen.

Tatsächlich verbesserte sich der Lebensstandard. In der ersten Hälfte des Jahrzehntes stieg die Industriegüterproduktion, die jetzt mehr den Konsum befriedigte, um etwa 30 Prozent. Der Durchschnittslohn der Arbeiter und Angestellten erhöhte sich bis 1980 von 755 auf 1030 DDR-Mark. Mit sozialen Vergünstigungen versuchte die SED-Führung, die Bevölkerung positiv zu stimmen: Die Mindestlöhne und Renten wurden erhöht, Leistungslöhne gezahlt, mehr Urlaubstage gewährt und die 40-Stunden-Woche eingeführt. Subventionen garantierten zudem stabile und niedrige Preise für Mietwohnungen, Strom und Wasser, Grundnahrungsmittel, Bus- und Bahntarife.

Zahlreiche sozialpolitische Maßnahmen machten es Frauen möglich, Familie und Beruf miteinander zu vereinbaren: Ausbau des Schwangerschaftsurlaubes für berufstätige Mütter auf 26 Wochen bei voller Lohnfortzahlung, Schaffung eines „Babyjahres" – der anfangs unbezahlte, später bezahlte Urlaub für Mütter im ersten Jahr –, Ausbau der Kinderbetreuung in Krippen und Kindergärten, Zahlung von Geburtenprämien. Allerdings brachte dies den Frauen keine wirkliche Gleichberechtigung. Sie versorgten trotz voller Berufstätigkeit meist überwiegend allein Haushalt und Kinder, ihr durchschnittliches Einkommen lag unter dem der Männer und Führungspositionen blieben ihnen weitgehend verschlossen.

▲ **Kinderkrippe in Vetschau bei Cottbus.**
Foto um 1970 (Ausschnitt). Um beiden Elternteilen die Berufstätigkeit zu ermöglichen, wurden Krippen- und Kindergartenplätze systematisch ausgebaut. Die Kinderkrippe auf dem Bild liegt in unmittelbarer Nähe des Braunkohlekraftwerkes Vetschau, das zum größten Schadstoffemittenten der DDR wurde.

Im kulturellen Bereich zeigte sich die SED-Führung großzügiger und den Wünschen der jungen Generation gegenüber offener. Westliche Beat-Musik durfte gespielt werden, die begehrten Blue-Jeans wurden importiert oder in volkseigener Produktion angeboten. Ihren Kampf gegen lange Haare und kurze Röcke stellte die SED ein. Die kulturpolitische Öffnung führte zu einer Blüte in Literatur, Musik und Kunst. 1972 sorgte die Premiere von *Ulrich Plenzdorfs* „Die neuen Leiden des jungen W." für Aufsehen, da sich viele Jugendliche mit dem rebellischen Protagonisten, dem 17-Jährigen DDR-Bürger Edgar Wibeau, identifizierten, dessen alltägliche Probleme sie nachempfinden konnten (▸ M3). Die Liberalisierung der Kulturpolitik endete 1976 mit der Ausbürgerung des kritischen sozialistischen Liedermachers *Wolf Biermann*. Wer es jetzt noch wagte, die DDR offen zu kritisieren, wurde mit Auftrittsverboten belegt, was eine stetige Auswanderung von Künstlern und Schriftstellern in die Bundesrepublik nach sich zog. Dennoch griff das Regime insgesamt weniger in die Privatangelegenheiten der Menschen ein und duldete beispielsweise, dass die Bürger regelmäßig das verbotene Westfernsehen einschalteten.

Durch den gestiegenen Lebensstandard und die gewährten Freiheiten sicherte sich die SED-Führung ein gewisses Maß an Zustimmung der Bevölkerung. Doch für viele Bürger der DDR blieb die Bundesrepublik der einzig akzeptierte Maßstab. Dieses Niveau konnte das Regime nicht erreichen (▸ M4).

Internettipp:
Für eine Inhaltsangabe zu „Die neuen Leiden des jungen W." siehe Code 4677-36

▸ **Geschichte In Clips:**
Zur Jugend in der DDR siehe Clip-Code 4677-37

1. *Stellen Sie die Chancen zusammen, die die „Nischengesellschaft" den einzelnen Bürgern in der DDR bot.*
2. *Setzen Sie die wirtschaftliche Entwicklung und die Fluchtbewegungen in Beziehung.*

M1 Aus dem Lexikon

a) Unter dem Stichwort „Bundesrepublik Deutschland" liest man in einem Nachschlagewerk der DDR Folgendes:

Bundesrepublik Deutschland (BRD): imperialistischer Staat; Hauptverbündeter der USA in Europa, Mitglied der Nordatlantikpaktorganisation und der Europäischen Wirtschaftsgemeinschaft. Die BRD entstand im Ergebnis imperialistischer Spaltungspolitik aus den ehemaligen westlichen Besatzungszonen Deutschlands (7.9.1949) unter Bruch des Postdamer Abkommens, gegen den Willen des Volkes, um die Herrschaft der Monopolbourgeoisie[1] in einem Teil des ehemaligen Machtbereiches des deutschen Imperialismus zu erhalten und als antikommunistischen Stoßkeil gegen die UdSSR und die anderen sozialistischen Staaten Europas auszunutzen. Mithilfe amerikanischer Kredite und durch die Unterstützung des internationalen Finanzkapitals wurde die Macht des Imperialismus wiederhergestellt.

[...] Die BRD ist ein hochindustrialisiertes Land [...]. Die Wirtschaft wird von westdeutschen und ausländischen Monopolen beherrscht. [...] Die Klassenstruktur ist durch eine ausgeprägte Polarisierung gekennzeichnet: Der unversöhnliche Widerspruch zwischen Bourgeoisie und Arbeiterklasse hat sich zu einem Antagonismus[2] zwischen der kleinen Schicht der Monopolbourgeoisie und allen nichtmonopolistischen Klassen und Schichten ausgeweitet.

[...] Der Macht des Monopolkapitals in der BRD ist das Streben nach Beseitigung des Sozialismus in der DDR und in anderen sozialistischen Ländern Europas immanent[3].

b) Unter dem Stichwort „Deutsche Demokratische Republik" heißt es dagegen:

Deutsche Demokratische Republik (DDR): sozialistischer deutscher Staat, in dem die von der marxistisch-leninistischen Partei, der Sozialistischen Einheitspartei Deutschlands, geführte Arbeiterklasse im Bündnis mit der Klasse der Genossenschaftsbauern, der Intelligenz und den anderen werktätigen Schichten die Macht ausübt. Sie wurde am 7.10.1949 gegründet. [...]

Die Gründung der DDR bedeutete die Erfüllung des Vermächtnisses der revolutionären deutschen Arbeiterbewegung und der antifaschistischen Kämpfer gegen die faschistische Diktatur. Mit der Gründung der DDR entstand erstmals ein deutscher Staat, dessen Weg voll und ganz von den Gesetzmäßigkeiten des gesellschaftlichen Fortschritts bestimmt wird. Sie wurde vorbereitet durch die antifaschistisch-demokratische Umgestaltung [...] in der damaligen sowjetischen Besatzungszone Deutschlands. Die Schaffung der DDR und ihre Entwicklung zum souveränen sozialistischen deutschen Staat bedeutet eine schwere Niederlage des Imperialismus, weil ihm hier mit der Machtübernahme durch die Arbeiterklasse für immer seine Machtpositionen entzogen wurden. Mit dem Sieg der sozialistischen Produktionsverhältnisse in allen Bereichen der Volkswirtschaft wurden die Ausbeutung des Menschen durch den Menschen und die Quellen für eine Restauration des Kapitalismus beseitigt. Außerdem ist infolge der Existenz und Stärke der Sowjetunion und der festen Verankerung der DDR in der sozialistischen Staatengemeinschaft die Möglichkeit ausgeschaltet, durch äußere Gewalt die Macht der Arbeiterklasse zu stürzen und die Herrschaft der imperialistischen Bourgeoisie wiederherzustellen.

Erster Text: Kleines Politisches Wörterbuch, herausgegeben von Gertrud Schütz u. a., Berlin [5]1986, S. 147-149
Zweiter Text: Kleines Politisches Wörterbuch, a. a. O., S. 176 f.

1. *Ordnen Sie den beiden deutschen Staaten die Schlüsselwörter zu, die das Lexikon verwendet, und kennzeichnen Sie Auf- und Abwertungen.*

2. *Prüfen Sie die Aussagen zur Gründung der Bundesrepublik im ersten Text auf ihre Stichhaltigkeit.*

3. *Diskutieren Sie die im zweiten Lexikonartikel beschriebene Legitimation der DDR.*

[1] **Bourgeoisie**: Besitzbürgertum
[2] **Antagonismus**: Widerstreit, Gegensatz
[3] **immanent**: innewohnend, charakteristisch

M2 Richtlinien für „Operative Vorgänge"

1976 werden im Ministerium für Staatssicherheit (MfS) folgende Richtlinien in Umlauf gebracht:

2.3.4 Das Herausbrechen von Personen [...]
Das Herausbrechen ist darauf zu richten, Personen aus feindlichen Gruppen für eine inoffizielle Zusammenarbeit zu werben, um dadurch in die Konspiration der Gruppe einzudringen und Informationen und Beweise über geplante, vorbereitete oder durchgeführte Handlungen sowie Mittel und Methoden ihres Vorgehens zu erarbeiten, Anknüpfungspunkte und Voraussetzungen für eine notwendige Paralysierung[1] und Einschränkung der feindlichen Handlungen bzw. zur Auflösung der Gruppen zu schaffen. [...]
2.6.1 Zielstellung und Anwendungsbereiche [...]
Maßnahmen der Zersetzung sind auf das Hervorrufen sowie

[1] **Paralysierung**: Lähmung

die Ausnutzung und Verstärkung solcher Widersprüche bzw. Differenzen zwischen feindlich-negativen Kräften zu richten, durch die sie zersplittert, gelähmt, desorganisiert und isoliert und ihre Handlungen einschließlich deren Auswirkungen vorbeugend verhindert, wesentlich eingeschränkt oder gänzlich unterbunden werden. [...]
2.6.2 Formen, Mittel und Methoden [...]
Bewährte Formen sind:

- systematische Diskreditierung des öffentlichen Rufes, des Ansehens und des Prestiges [...];
- systematische Organisierung beruflicher und gesellschaftlicher Misserfolge zur Untergrabung des Selbstvertrauens einzelner Personen;
- zielstrebige Untergrabung von Überzeugungen [...];
- Erzeugen von Misstrauen und gegenseitigen Verdächtigungen innerhalb von Gruppen [...].

Matthias Judt (Hrsg.), DDR-Geschichte in Dokumenten, Berlin 1997, S. 471

1. *„Herausbrechen“ und „Zersetzen“: Erläutern Sie die eigentliche Bedeutung dieser Begriffe und ihre Verwendung durch das MfS.*

2. *Erklären Sie, wie die Maßnahmen des MfS das Leben einzelner DDR-Bürger verändern konnte.*

H *Nehmen Sie als Beispiel eine Medizinstudentin, die in einer Friedensgruppe aktiv ist, und nennen Sie konkrete Beispiele für einzelne Maßnahmen.*

M3 „Nicht immer alles nach Plan“

Im Mai 1972 in Halle (Saale) uraufgeführt, erreicht das von Ulrich Plenzdorf verfasste Bühnenstück „Die neuen Leiden des jungen W.“ bald Kultstatus. Der Titel ist an Goethes „Die Leiden des jungen Werther“ angelehnt – das auch vom Protagonisten gelesen wird. Im Sprachstil von Jugendlichen verfasst, erzählt das Stück die Geschichte des 17-Jährigen Edgar Wibeau. Das DDR-Magazin „neue deutsche literatur“ interviewt 1972 jugendliche Besucher des Theaterstückes:

Hans-Peter: [...] Ich bekam sofort Lust, mich mit dem Jugendlichen, der da auf der Bühne stand, dem Edgar Wibeau, zu vergleichen, Parallelen zu ziehen zwischen seinem und meinem eigenen Leben [...].
Monika: Es war eine großartige Stimmung, alle klatschten wie verrückt, es wurde auch mit den Füßen getrampelt und gerufen, einfach aus Begeisterung. [...] Ich fand es einfach schau[1], man konnte sogar herzlich lachen zwischendurch. Und dann noch so viele echte Probleme von Jugendlichen!
E.K.: Zum Beispiel?
Monika: Na, das ist jetzt schwer, es waren so viele. Zum Beispiel, dass dieser Edgar Wibeau nicht so langweilig leben will, dass ihm alles zu langweilig ist. Er hat den Drang nach was Besonderem, und das ist meiner Meinung nach eine ganz allgemeine Eigenschaft von Jugendlichen. [...] Und das kam in vielen Sachen zum Ausdruck, auch dass er nicht einverstanden ist mit dem ganzen Trott, mit dem alltäglichen Trott. Da bricht er eben aus [...].
E.K.: Du hattest also ein bisschen das Gefühl, er hat es für dich mitgetan?
Monika: Er hat es fertiggebracht, unsereiner kann es nicht. Das muss eine ganz große Rolle gespielt haben bei dem Edgar, dass er [...] rauswollte aus seinem vorbestimmten Weg. Er will eben nicht immer alles nach Plan machen.

Zitiert nach: Geschichte der DDR (= Informationen zur politischen Bildung 312), Bonn 3/2011, S. 56

[1] **schau**: Jugendsprache, gleichbedeutend mit gut, außerordentlich

1. *Recherchieren Sie den Inhalt des Dramas. Erläutern Sie, warum das Stück das Lebensgefühl vieler Jugendlicher ansprach und warum die DDR die Kritik zuließ.*

2. *„Eine ganz allgemeine Eigenschaft von Jugendlichen“? Wählen Sie einen aktuell unter Jugendlichen beliebten Film und vergleichen Sie die Ziele des Protagonisten mit den Wünschen der interviewten Jugendlichen.*

M4 Sozialpolitik und Legitimation der SED-Herrschaft

In einer Untersuchung von 1999 über die Wirkung der Sozialpolitik für die Akzeptanz des DDR-Regimes durch die Bürger heißt es:

Von der Sozialpolitik hatten sich die SED und die Staatsführung der DDR großen ökonomischen und politischen Nutzen erhofft. Voraussetzung und Ansporn wirtschaftlicher Leistung und Produktivitätssteigerung sollte sie sein und als Quelle von Legitimität dienen, um den grundlegenden Mangel an Anerkennung des SED-Regimes zu kompensieren. Ist dies erreicht worden?
Die sozialwissenschaftliche Forschung neigt zu der These, die Politik der sozialen Sicherung habe zur Stabilisierung des SED-Regimes beigetragen. Der paternalistische[1] Herrschaftsmechanismus der Sozialpolitik habe Wohlverhalten und konsumorientierte Anpassung hervorgerufen oder verstärkt, so wird die Stabilisierungsthese begründet. Zumindest zeitweise sei es gelungen, mit der Sozialpolitik eine Brücke zwischen den Herrschenden und den Beherrschten zu schlagen, so

[1] **paternalistisch**: väterlich bevormundend

◄ **„Die Ausgezeichnete."**
Gemälde (124,5 x 100,0 cm) von Wolfgang Mattheuer, 1973/74.
Die Ausgezeichnete – eine „Heldin der Arbeit"? Beschreiben Sie das Gemälde und interpretieren Sie es mit Blick auf die gesellschaftliche und wirtschaftliche Entwicklung der 1970er-Jahre in der DDR.

pflichten manche dieser Auffassung bei, meist unter Berufung auf die Aufwertung der Sozialpolitik in den 70er-Jahren.

Allerdings betonen alle seriösen Untersuchungen die Grenzen der Legitimierung der DDR-Sozialpolitik und deren widersprüchlichen, teils Anerkennung stiftenden, teils Protest hervorrufenden Wirkungen. [...]

Hockerts[1] zufolge sind die „sozialistischen Errungenschaften" wie Vollbeschäftigung und Grundversorgung von der Bevölkerung insgesamt angenommen und genutzt worden. Aber als Herrschaftsstützen seien sie viel zu schwach, wenn nicht gar morsch gewesen. [...]

Die Sozialpolitik fand nicht nur Zustimmung, sie rief auch Widerspruch hervor, zum Beispiel aufgrund offenkundiger Leistungsmängel, wie im Falle der mangelhaften Altenpflege, der verfallenden Bausubstanz in den Städten, der Ausstattungsmängel des Gesundheitswesens, und Unzufriedenheit ob der Vernachlässigung produktionsferner Lebenslagen und Risiken, wie bei vielen Rentnern. [...]

Damit sind Kehrseiten der DDR-Sozialpolitik angesprochen, die kaum legitimierend wirken. Zu den Legitimierungsgrenzen ist ein Weiteres zu zählen: Die DDR-Sozialpolitik legte ihre Bürger viel stärker als die Sozialpolitik westlicher Prägung auf eine Politiknehmerrolle fest. Soweit dies den Politiknehmer der unbotmäßigen Eigeninitiative beraubte, konnte man darin eine system- und ideologiegerechte Konsequenz sehen. Doch der Politiknehmerstatus förderte Anspruchshaltung und Passivität. Überdies verhinderte er, was die DDR-Sozialpolitik der parteioffiziellen Ideologie zufolge eigentlich bewirken sollte: die Entwicklung von Qualifikation und Staatsbürgertugenden einer loyalen, produktiven und konstruktiv mitwirkenden „sozialistischen Persönlichkeit". Doch von der war ebenso wenig zu sehen wie von der Steigerung der Produktivität, die man sich von der „Einheit von Wirtschafts- und Sozialpolitik" erhoffte.

Eine noch gefährlichere Legitimierungsgrenze bestand für die Sozialpolitik der DDR in dem Ost-West-Vergleich, vor allem dem Vergleich mit der Bundesrepublik Deutschland. Hier stößt man auf die Achillesferse des DDR-Sozialismus. Im Ost-West-Vergleich erwiesen sich seine „sozialen Errungenschaften" einschließlich der Sozialleistungen als mittelmäßig, nicht selten als unzulänglich, oft als unattraktiv. Das ergab sich aus den repressiven Strukturen des Staatswesens und dem niedrigeren Entwicklungsstand der DDR-Wirtschaft, der rückständigen Technologie, der geringen Qualität der Dienstleistungen, der niedrigeren Kaufkraft der Sozialeinkommen und Löhne und dem unzureichenden Angebot an Konsumgütern des gehobenen Bedarfs. Die nur mäßige Produktivität der DDR-Wirtschaft bedeutete einen großen Rückstand an volkswirtschaftlichem Wohlstand sowie an privatem und öffentlichem Konsumniveau gegenüber den fortgeschrittenen westlichen Industrieländern wie der Bundesrepublik Deutschland. Vor diesem Rückschritt schrumpften die „sozialen Errungenschaften" des SED-Staates zu Wohltaten, welche die überwältigende Mehrheit der DDR-Bürger bei erster Gelegenheit gegen die volle Teilhabe an den Gütern der Sozialen Marktwirtschaft und des Sozialstaats der Bundesrepublik Deutschland eintauschte.

Zitiert nach: Manfred G. Schmidt, Grundzüge der Sozialpolitik in der DDR, in: Eberhard Kuhrt, Hannsjörg F. Buck und Gunter Holzweißig (Hrsg.), Die Endzeit der DDR-Wirtschaft – Analysen zur Wirtschafts-, Sozial- und Umweltpolitik, Opladen 1999, S. 297 ff.

[1] **Hans Günter Hockerts**: Professor für Neueste Geschichte (Zeitgeschichte) an der Ludwig-Maximilians-Universität München

1. *Listen Sie Vor- und Nachteile der „Einheit von Wirtschafts- und Sozialpolitik" auf. Diskutieren Sie, ob man tatsächlich von einer „Einheit" sprechen kann.*

2. *Erläutern Sie den Einfluss des permanenten Vergleichs mit der Bundesrepublik auf die Mentalität der DDR-Bevölkerung.*

Ikonen der Fotografie prüfen

Bilder prägen unsere Vorstellung von der jüngeren Vergangenheit mehr als jedes andere Medium. Dies gilt besonders für Fotografien, die über einen langen Zeitraum in Büchern, Zeitungen und Zeitschriften, auf Plakaten, in Filmen oder im Internet als Motiv verwendet werden. Diese kanonisierten Aufnahmen gelten als Symbole für historische Ereignisse und werden Ikonen oder auch Schlüsselbilder genannt. So symbolisiert das Bild vom Atompilz den Atombombenabwurf 1945 in Japan, das Bild vom Lagertor in Auschwitz-Birkenau den Holocaust oder die brennenden „Türme" des World Trade Centers in New York am 11. September 2001 den internationalen Terrorismus.

Ikonen der Fotografie prüfen

Fotografien zeigen immer nur einen Bruchteil einer Sekunde und nie das, was vor und nach diesem Moment geschehen ist. Sie erzählen also keine Geschichte, sondern zeigen nur einen Ausschnitt aus der Vergangenheit. Schlüsselbilder erinnern als Symbol nicht nur an ein historisches Ereignis, sondern verbinden dieses Ereignis zugleich häufig mit einer kollektiv geteilten Interpretation.
Um die symbolische Bedeutung der Fotoikone kritisch zu prüfen, muss die Fotografie erstens in den historischen Zusammenhang ihrer Entstehung gestellt werden. Was geschah unmittelbar vor dem gezeigten Moment, was unmittelbar danach? Dann muss zweitens auch das Bild selbst analysiert werden. Denn mit dem Fotoapparat wird kein objektives Abbild der Wirklichkeit hergestellt, sondern eine subjektive Interpretation des Fotografen. Er wählt ein Motiv, einen Bildausschnitt, ein Bildformat, eine Perspektive oder ein bestimmtes Objektiv. Insbesondere digitale Fotografien können auch bearbeitet werden. Außerdem muss die weitere Verwendung des Fotos recherchiert werden.

Prüfen Sie, welche der folgenden Fragen Sie beantworten können und zu welchen Recherchen nötig wären.

Beschreiben (Was kann man sehen?)
- Was ist auf dem Foto wo abgebildet?
- Welche Darstellungsmittel werden verwendet (Perspektive, Komposition, Zoom ...)?
- Liegt eine Bildbearbeitung vor?

Analysieren (Wie interpretiert die Fotografie das Dargestellte?)
- Wie wirkt das Bild auf den Betrachter?
- Wie interpretiert die Fotografie den dargestellten Moment?
- Welche Botschaft vermittelt das Bildmotiv?

Erzählen (Was passierte davor, danach? Eine Geschichte erzählen ...)
- Wann und wo wurde das Foto gemacht?
- In welchem (engen/weiten) historischen Zusammenhang steht das Bild?
- In welcher Beziehung steht der Bildinhalt mit der Bildlegende, dem Begleittext?

Recherchieren (Welchen Verwendungszweck hat die Aufnahme?)
- Wer hat das Foto in wessen Auftrag zu welchem Zweck gemacht?
- Wann und wo wurde die Aufnahme veröffentlicht?

Beurteilen (Für was ist die Aufnahme warum ein Symbol?)
- Welche „Geschichte", welche „Botschaft" wird mit dem Bild kollektiv verbunden?
- Weshalb wird gerade dieses Bild mit dieser Botschaft verbunden? Kann das Bildmotiv auch mit anderen Botschaften verbunden werden?
- Wie lässt sich die Botschaft der Fotografie bewerten?

Beispiel und Analyse

Hauptmann Schäfer

Peter Fechter

Oberfeldwebel Wursel

Bildgeschichte: Die Bergung eines leblosen Körpers ist ein Symbol in der christlichen Ikonografie: Kreuzabnahme oder Grablegung von Jesus Christus

Stacheldraht: Symbol für Grenzen, (KZ-)Lager

▲ **Der Tod von Peter Fechter.**
Fotografie vom 17. August 1962.

Ort / Zeitpunkt: Berlin-Kreuzberg, Zimmerstraße, nahe Kontrollpunkt Checkpoint Charlie am 17. 8. 1962

Volkspolizeimeister Mularczyk

Gefreiter Lindenlaub

Bildgestaltung: Zentrale Diagonale als Fluchtlinie von der Schirmmütze des Hauptmanns links oben bis zur Umhängetasche des Gefreiten Lindenlaub
Perspektive: Leichte Obersicht; halb-nahe Einstellung / Zoom Empfinden der räumlichen Nähe und Dichte

Lead-Text: „Vopo-Mörder ließen niedergeschossenen Flüchtling an der KZ-Mauer verbluten"

Wertende Wörter: „Vopo-Mörder" „KZ-Mauer" „KZ-Schergen"

Der Marktanteil der Berliner Morgenpost betrug in Berlin 1962 ca. 38 Prozent. Verlegt wurde die Zeitung vom Axel C. Springer Verlag.

BERLINER MORGENPOST

„Helft mir doch, helft mir doch!"

Vopo-Mörder ließen niedergeschossenen Flüchtling an der KZ-Mauer verbluten

Berlin, 18. August

… KZ-Schergen haben einen neuen Mord auf ihr Gewissen geladen. Mit ihren Maschinenpistolen beschossen sie gestern nachmittag einen 18jährigen Ostberliner, als er die fast zwei Meter hohe Schandmauer … überwunden hatte. Schwer verwundet fiel der Flüchtling auf die östliche Seite der Mauer zurück. Dort blieb er 50 Minuten lang liegen, ohne daß ihm eine Hilfe zuteil wurde. Auf westlicher Seite hörte man seine Schreie: „Helft mir doch!" immer wieder ertönen, bis er verstummte. Vopos trugen ihn schließlich weg. Kurze Zeit später war er tot.

Ohnmächtige Erbitterung

So schleppten die Vopos ihr Opfer weg: Ohnmächtig, blutverschmiert, sterbend …

Brandt: Autobahnkontrolle kommt
Der „Regierende" sprach mit Adenauer und Clay

Zurück an den Absender

Immer wieder Fluchtversuche

„Aktion Adler" beendet

Kursstürze

▲ **Berliner Morgenpost vom 18. August 1962.**

Titel:
a) direkte Rede Peter Fechters
b) Perspektive des Opfers
c) (Handlungs-)Aufforderung an den Leser
d) Appell an sein (Mit-) Gefühl / emotionalisierende Sprache
e) Anklage der Täter
f) Aufforderung an die Politik zu handeln
g) (indirekte) Kritik an den US-Alliierten

Bildlegende: „So schleppten die Vopos ihr Opfer weg: Ohnmächtig, blutverschmiert, sterbend …"

Beschreibung und Analyse Die Fotografie ist eine Schwarzweiß-Aufnahme. Sie zeigt vier zum Teil bewaffnete Männer in drei unterschiedlichen Uniformen, die einen leblosen Männerkörper bergen und ihn aus dem Bildvordergrund in Richtung des Bildhintergrundes tragen. Der Uniformierte mit der Schirmmütze oben links scheint der Vorgesetzte zu sein, der Uniformierte rechts vorne sieht in ängstlicher Erwartung auf etwas außerhalb des Bildes. Im Hintergrund ist eine Häuserwand mit einem geschlossenen Fenster zu sehen, im mittleren Bereich der Szene eine Mauer, Stacheldraht und ein Strauch.
Die Szene ist aus einer leichten Obersicht aufgenommen worden. Der Betrachter kann sie aus einer vermeintlichen Nähe verfolgen, er scheint räumlich und emotional unmittelbar am Geschehen beteiligt zu sein. Der Moment der Aufnahme zeigt eine Situation, die von Dramatik und Gefahr geprägt ist. Der Fotograf muss das Bild jedoch aus einem sicheren Abstand geschossen haben – er hat also ein Teleobjektiv verwendet. Eine Bildbearbeitung ist nicht erkennbar. Das Bildmotiv der Bergung eines leblosen Männerkörpers hat in der Geschichte der Bildbedeutung (Ikonografie) eine lange Tradition: Es steht meist für Jesus Christus, der vom Kreuz abgenommen wird.

Recherchieren – historischer Kontext Das Foto zeigt eine gescheiterte Flucht an der Mauer in der Berliner Zimmerstraße nahe dem Grenzkontrollpunkt Checkpoint Charlie zwischen den Bezirken Mitte und Kreuzberg am 17. August 1962. Gegen 14 Uhr hatte der 18-jährige Peter Fechter versucht, die Grenzanlagen zu überwinden, und wurde dabei von DDR-Grenzsoldaten angeschossen. Nahezu 45 Minuten blieb der schwer Verwundete im Grenzstreifen liegen und verblutete, ohne dass ihm jemand half. Ohne den Befehl eines Offiziers durften DDR-Soldaten den Grenzstreifen nicht betreten, zudem sahen sie sich selbst durch die aufgebrachte Menschenmenge im Westteil der Stadt in Gefahr. Die Schützen selbst sind nicht abgebildet. Angehörige der US-Alliierten hätten den Grenzraum im sowjetischen Sektor aufgrund des Rechts auf alliierte Bewegungsfreiheit in ganz Berlin (Viermächte-Status Berlins) zwar betreten können, sie leisteten aber aus Vorsicht gegenüber möglichen machtpolitischen Verwicklungen ebenfalls keine Erste Hilfe. In West-Berlin kam es aufgrund des Todes von Peter Fechter und der Tatenlosigkeit der US-Alliierten in den Tagen danach zu Demonstrationen und schweren Tumulten.
Die Aufnahme des Fotografen Wolfgang Bera wurde am 18. August 1962 großformatig auf der Titelseite der Tageszeitung Berliner Morgenpost (Axel Springer Verlag) abgedruckt, also in unmittelbarer zeitlicher Nähe zum ersten Jahrestag des Mauerbaus. Der Titel, die Bildlegende und die Berichterstattung nutzen eine emotionalisierende Sprache und sind Ausdruck moralischer Empörung. Das Verhalten der DDR-Verantwortlichen wird mit dem der Nationalsozialisten verglichen. Die DDR wird mit einem Konzentrationslager gleichgesetzt – das Bildmotiv des Stacheldrahtes spielt auf diese Assoziation an.

Beurteilen und bewerten – symbolische Bedeutung Unter den mindestens 136 Todesopfern an der Berliner Mauer ragt der Tod Peter Fechters deswegen heraus, weil es von seinem Sterben eine Fotografie gibt, die eine dramatische Situation in einer besonderen visuellen Gestaltung zeigt. Das Schlüsselbild hat sich als Symbol für die Unmenschlichkeit der Teilung Berlins etabliert.
Die Bedeutung des unschuldigen Opfers wird verstärkt durch die visuellen Anspielungen an den Nationalsozialismus wie an die christliche Ikonografie. In der Berichterstattung des Axel Springer Verlages wurde das Bild propagandistisch gegen die SED-Diktatur und die Teilung der Stadt genutzt und seit 1962 immer wieder abgedruckt. Eine Stahlstele (Aufschrift: „... er wollte nur die Freiheit“) nahe dem ehemaligen Grenzkontrollpunkt Checkpoint Charlie erinnert heute an den Tod Peter Fechters. Jedes Jahr wird dort am 18. August in einer Feierstunde an ihn und die Berliner Mauer gedacht.

Zwei Staaten – eine Nation? Standpunkte und Ziele der deutsch-deutschen Beziehungen

Hallstein-Doktrin: benannt nach Walter Hallstein (1901-1982), 1951-1957 Staatssekretar im Auswärtigen Amt, 1958-1967 Präsident der Kommission der Europäischen Wirtschaftsgemeinschaft (EWG) in Brüssel

Nur ein Staat vertritt das deutsche Volk? Aus der Tatsache der vom Ost-West-Konflikt beherrschten Teilung Europas und der Welt zog Bundeskanzler Adenauer die Konsequenz einer politischen, wirtschaftlichen und kulturellen Westorientierung der jungen Bundesrepublik. Der freie und ökonomisch attraktive westliche Teilstaat sollte aus einer Position der Stärke eine unwiderstehliche Anziehungskraft auf die Deutschen im sowjetischen Herrschaftsbereich ausüben (*Magnettheorie*). Die eigene Überlegenheit würde langfristig eine Wiedervereinigung „in Frieden und Freiheit" ermöglichen, wobei ein künftiges demokratisches Gesamtdeutschland unwiderruflich mit dem Westen verbunden bleiben sollte. Die Bundesrepublik verstand sich als „Limes des Abendlandes" gegenüber einer als gefährlich eingeschätzten Sowjetunion.

Bereits im Oktober 1949 hatte Bundeskanzler Adenauer das Prinzip formuliert, das der Deutschlandpolitik aller Bundesregierungen bis 1969 zugrunde lag: „Die Bundesrepublik Deutschland ist allein befugt, für das deutsche Volk zu sprechen." Dieser von sämtlichen demokratischen Parteien geteilte *Alleinvertretungsanspruch* und die strikte Nichtanerkennung des nicht frei gewählten DDR-Regimes bestimmten und begrenzten die Beziehungen Bonns zu Ost-Berlin zwei Jahrzehnte lang (▸ M1).

Ihre Haltung fasste die Bundesregierung 1955 in den Grundsatz, die Bundesrepublik unterhalte keine Beziehungen zu Staaten, die die DDR durch Aufnahme diplomatischer Beziehungen anerkannten (**Hallstein-Doktrin**). Bis zum Ende der 1960er-Jahre konnte die Bundesregierung damit die internationale Anerkennung der DDR verhindern, zumal in den Ländern der „Dritten Welt", denen die Bundesrepublik andernfalls ihre Wirtschaftshilfe aufkündigte. Die Sowjetunion und Polen musste die Bundesrepublik allerdings von dieser Vorgehensweise ausnehmen.

▲ **„5 Jahre antifaschistischer Schutzwall."**
Foto aus Berlin vom 13. August 1966 (Ausschnitt). Betriebskampftruppen stehen vor einem Plakat mit einer Karikatur Ludwig Erhards Parade. Im Jargon der SED wurde die Berliner Mauer „antifaschistischer Schutzwall" genannt.

Sozialistisches Gesamtdeutschland oder Abgrenzung? Umgekehrt nahm die SED für sich in Anspruch, mit der DDR „die Grundlage eines neuen, unabhängigen und freien gesamtdeutschen Staates geschaffen" zu haben. Die DDR galt als das Modell für ein künftiges sozialistisches Gesamtdeutschland. In der Praxis überwog allerdings das Ziel der Absicherung der eigenen Herrschaft durch Abgrenzung gegenüber der Bundesrepublik. Mit der Einführung einer DDR-Staatsbürgerschaft 1967 und der ein Jahr später in Kraft gesetzten neuen „sozialistischen Verfassung" betonte Ulbricht seine Abgrenzungspolitik. Die DDR-Hymne von 1949 durfte wegen des Passus „Deutschland, einig Vaterland" in der ersten Strophe nicht mehr gesungen werden.

Bis weit in die 1960er-Jahre gab es keine offiziellen Kontakte zwischen der Bundesrepublik und der DDR. Seit 1952 intensivierte die SED Sperrmaßnahmen und schikanierende Personenkontrollen an der innerdeutschen Grenze. 1961 kam der Sportverkehr zum Erliegen. Nur der innerdeutsche Handel überstand den Kalten Krieg. Der Warenverkehr zwischen beiden Ländern verneunfachte sich von 1950 bis 1974. Für die Bundesregierung war der Handel lange eine der letzten Klammern zwischen beiden Teilen Deutschlands. Er verbesserte die Versorgung der DDR-Bevölkerung und bewahrte Reste der Verflechtung beider Volkswirtschaften. Wirtschaftlich von geringer Bedeutung, sicherte er den freien Zugang nach Berlin. Für die DDR war der innerdeutsche Handel hingegen ökonomisch unverzichtbar.

Die Neue Ostpolitik der Regierung Brandt Anfang der Sechzigerjahre verlor die Deutschlandfrage ihre weltpolitische Bedeutung. Beide Supermächte legten sich nach einer letzten gefährlichen Konfrontation in der Kuba-Krise* 1962 auf den Status quo in Europa und damit auch in Deutschland fest. Die von Bundeskanzler *Willy Brandt* (SPD) und Außenminister *Walter Scheel* (FDP) ab 1969 geführte sozialliberale Koalition wollte zur Überwindung der deutschen und europäischen Teilung eine neue Ost- und Deutschlandpolitik nach der Formel „Wandel durch Annäherung" betreiben (▸ M2, M3).

Die Neue Ostpolitik war Teil einer Entspannungspolitik. Sie sollte über intensive politische, wirtschaftliche und kulturelle Beziehungen und Vereinbarungen zu einer Verständigung über Rüstungskontrolle und Gewaltverzicht führen. Die sogenannten *Ostverträge* mit der Sowjetunion (*Moskauer Vertrag*, 1970), Polen (1970) und der Tschechoslowakei (1973) schrieben den gegenseitigen Gewaltverzicht und die Anerkennung der Unverletzlichkeit – nicht Unveränderbarkeit – aller Grenzen in Europa einschließlich der innerdeutschen Grenze fest. Gemäß dem Wiedervereinigungsgebot des Grundgesetzes betonte die Bundesregierung in einem „Brief zur deutschen Einheit" an die Sowjetregierung das Recht des deutschen Volkes, „in freier Selbstbestimmung seine Einheit wiederzuerlangen". Im Berliner Viermächte-Abkommen entschärften die Siegermächte 1971 die krisenanfällige Situation West-Berlins. Sie einigten sich darauf, dass West-Berlin zwar nicht Bestandteil der Bundesrepublik war, aber enge „Bindungen" mit Westdeutschland pflegen durfte und von Bonn diplomatisch vertreten wurde.

▲ **„Willy, Willy!"**
Foto vom 19. März 1970 (Ausschnitt).
Willy Brandt blickt aus einem Fenster des Hotels „Erfurter Hof" auf die versammelte Menschenmenge.
Zum ersten deutsch-deutschen Gipfeltreffen reiste der Bundeskanzler nach Erfurt und wurde dort von einer begeisterten Menge mit „Willy, Willy!"-Rufen empfangen.

Anerkennung der DDR im Rahmen besonderer Beziehungen Die Voraussetzungen für eine Neugestaltung der innerdeutschen Beziehungen waren damit hergestellt. Zuerst einigte sich die Bundesregierung mit der SED-Führung nach zähen Verhandlungen 1972 auf einen Verkehrsvertrag, der den Austausch von Personen und Gütern erleichterte. In dringenden Familienangelegenheiten durften nun auch DDR-Bürger unterhalb des Rentenalters in die Bundesrepublik reisen. Umgekehrt wurden Touristenreisen in die DDR erleichtert. Bundesbürger konnten Aufenthaltsgenehmigungen für die gesamte DDR erhalten und nicht mehr nur Verwandte, sondern auch Freunde und Bekannte besuchen. Mit dem noch im selben Jahr abgeschlossenen Grundlagenvertrag gab die Bundesregierung ihren Alleinvertretungsanspruch auf und erkannte die DDR als gleichberechtigten deutschen Staat an, der seinerseits zusagte, „praktische und humanitäre Fragen zu regeln".

Die DDR-Führung hatte ihr jahrelang verfolgtes Ziel mit einigen Einschränkungen erreicht. Sie versprach sich davon eine bessere Legitimationsbasis ihrer Herrschaft. Bundeskanzler Brandt stellte jedoch klar, dass seine Regierung an der „Einheit der deutschen Nation" und damit am Ziel der Wiedervereinigung unverändert festhalte, die Bundesrepublik und die DDR „füreinander nicht Ausland" seien und es daher bei der mit den USA abgesprochenen Formel von den „zwei Staaten in Deutschland" bleiben werde. Die Einrichtung von „Ständigen Vertretungen" anstelle von Botschaften sollte die „besonderen Beziehungen" zwischen ihnen sowie die Ablehnung einer eigenen DDR-Staatsbürgerschaft deutlich machen.

Für die damit eingeräumte staatliche, aber nicht völkerrechtliche Anerkennung der DDR verlangte die Bundesregierung humanitäre Erleichterungen im deutsch-deutschen Verhältnis. Im Sinne ihres Konzeptes des „Wandels durch Annäherung" hoffte

* Zur Kuba-Krise siehe S. 493 f.

◂ **Verkehrsverbindungen zwischen Westdeutschland und West-Berlin.** *1972 willigte die DDR ein, den Straßenverkehr von und nach West-Berlin reibungsloser und schneller abzuwickeln. Sie erhielt dafür jährlich anfangs 230 Millionen DM, bis 1989 gesteigert auf 525 Millionen DM. Dieses „Transitabkommen" war die erste vertragliche Regelung zwischen der Bundesrepublik Deutschland und der DDR auf Regierungsebene.*

sie langfristig auf eine Liberalisierung der Verhältnisse in der DDR. Die SED-Führung profitierte sofort und unwiderruflich von den getroffenen Vereinbarungen: Der Grundlagenvertrag brachte ihr nach der Aufnahme beider deutschen Staaten in die Vereinten Nationen (UNO)* 1973 die internationale Anerkennung – bis 1978 bereits von 131 Staaten. Die Welt ging davon aus, dass die deutsche Teilung damit endgültig war.

In der Bundesrepublik lösten die Ostverträge heftige Auseinandersetzungen in Öffentlichkeit und Parlament aus. Die Mehrheit der Wähler bestätigte bei vorgezogenen Neuwahlen im November 1972 den Kurs der Regierung Brandt/Scheel. Den Antrag Bayerns, den Grundlagenvertrag als verfassungswidrig aufzuheben, lehnte das Bundesverfassungsgericht im Juli 1973 ab. Es betonte dabei aber die Gültigkeit des Wiedervereinigungsgebotes des Grundgesetzes, die „Besonderheit" in den Beziehungen zwischen den beiden deutschen Staaten und die eine Staatsangehörigkeit aller Deutschen.

Der innenpolitische Druck nimmt zu Trotz seiner internationalen Anerkennung fühlte sich das SED-Regime im Innern mehr und mehr bedroht. Die Erwartungen der Bürger, die DDR würde ihnen mehr Freiheit einräumen, erfüllten sich nicht. Um Hoffnungen im eigenen Land gar nicht erst aufkommen zu lassen, baute die SED-Führung den Überwachungsapparat der Stasi weiter aus und verschärfte die Sicherungsmaßnahmen an den Grenzen. Die erzwungene Ausweitung der Begegnungs- und Kommunikationsmöglichkeiten zwischen den Deutschen in Ost und West durch die Aufnahme in die UN sowie die Teilnahme an der KSZE-Konferenz** wurde abgeblockt – zum Beispiel durch die Erhöhung des Mindestumtausches*** für DDR-Besucher oder das Verbot für SED-Mitglieder, Schulleiter, Polizisten und Wehrpflichtige, mit Bundesbürgern Kontakte zu pflegen. Westdeutsche Journalisten wurden von der Stasi beschattet, häufig in ihrer Arbeit behindert oder ausgewiesen. Die SED strich 1974 alle gesamtdeutschen Bezüge aus der Verfassung. Die Verheißung, den Sozialismus eines Tages auf die Bundesrepublik zu übertragen, wich einer Politik, die eine strikte Zweistaatlichkeit sichern sollte.

Durch die Ostverträge und die Beschlüsse der KSZE fühlten sich viele Bürger ermutigt, Reiseerleichterungen und andere Freiheitsrechte in der DDR einzufordern. Die SED reagierte mit Gegendruck und vor allem mit dem massiven Einsatz von Inoffiziellen Mitarbeitern der Staatssicherheit.

* Zu den Vereinten Nationen siehe S. 526-533.
** Zur KSZE-Konferenz siehe S. 502.
*** Zum Mindestumtausch siehe S. 365.

▲ **Protestplakat vor der Dresdener Kreuzkirche am 13. Februar 1982.**
Das eingekreiste „A" steht für „Ausreise".

Bilanz der Deutschlandpolitik in Ost und West In seiner Deutschlandpolitik verfolgte SED-Chef Honecker bis zum Ende der 1980er-Jahre zwei Ziele: Zum einen sollten die letzten Anerkennungsvorbehalte der Bundesrepublik zurückgenommen werden, zum anderen sollten Fortschritte in den innerdeutschen Beziehungen von den jeweiligen Bundesregierungen so teuer wie möglich bezahlt werden. Kanzler *Helmut Schmidt*, der 1974 Brandts Nachfolger geworden war, brachte dies auf die Formel „Mehr Menschlichkeit gegen Kasse". Schmidt und nach ihm Bundeskanzler *Helmut Kohl* ging es darum, bei Aufrechterhaltung des Status quo in der Anerkennungsfrage menschliche Erleichterungen durchzusetzen und durch direkte Begegnungen der Menschen das Bewusstsein der Zusammengehörigkeit der Deutschen nicht verloren gehen zu lassen.

Da Honecker aus wirtschaftlichen Gründen auf eine Zusammenarbeit mit der Bundesrepublik angewiesen war, ging er auf Wünsche der Bundesregierung ein, zeigte im humanitären Bereich Entgegenkommen, etwa bei der Herabsetzung der Altersgrenze bei Ost-West-Reisen, der Familienzusammenführung oder beim Freikauf politischer Gefangener (▸ M4). Die Verschuldungskrise der DDR offenbarte die Abhängigkeit von westlicher finanzieller Hilfe und Krediten. Bei all dem konnte Honecker sich immer nur in Absprache mit der Führung der Sowjetunion bewegen. Seine Politik gegenüber der Bundesrepublik glich daher einem Zickzackkurs zwischen Abgrenzung und Annäherung.

▸ **Geschichte In Clips:**
Zur Ära Honecker siehe Clip-Code 4677-38

Aufseiten der Bundesrepublik wahrten die Regierungen Schmidt und Kohl die Balance zwischen unvermeidlicher Anerkennung der DDR und einem Offenhalten der Wiedervereinigung (▸ M5). Mit den bis 1989 abgeschlossenen 70 bilateralen Abkommen auf den Gebieten der Familienzusammenführung, der Reiseerleichterungen im grenznahen Verkehr, der Sport- und Jugendreisen, der Städtepartnerschaften, des Austauschs von Kultur, Kunst und Wissenschaft sowie vor allem der wirtschaftlichen Kooperation eröffneten sie den DDR-Bürgern Freiräume. Sie sorgten dafür, dass Bindungen über die Grenze hinweg nicht verloren gingen, sondern neu entstanden.

1. *Entwerfen Sie eine tabellarisch organisierte Zeitleiste, in die Sie die Veränderungen der deutsch-deutschen Beziehungen sowie die jeweiligen Positionen der beiden Regierungen eintragen.*
2. *Erläutern Sie, warum eine Mehrheit der Bundesbürger der Neuen Ostpolitik der Regierung Brandt/Scheel zustimmte.*
3. *Prüfen Sie, inwiefern die Bonner Deutschlandpolitik erfolgreich war.*

M1 „Die Bundesrepublik ist allein befugt ..."

Nach der Gründung der DDR erklärt Bundeskanzler Adenauer am 21. Oktober 1949 vor dem Deutschen Bundestag:

Ich stelle Folgendes fest: In der Sowjetzone gibt es keinen freien Willen der deutschen Bevölkerung. Das, was jetzt dort geschieht, wird nicht von der Bevölkerung getragen und damit legitimiert. Die Bundesrepublik Deutschland stützt sich dagegen auf die Anerkennung durch den frei bekundeten Willen von rund 23 Millionen stimmberechtigter Deutscher. Die Bundesrepublik Deutschland ist somit bis zur Erreichung der deutschen Einheit insgesamt die alleinige legitimierte staatliche Organisation des deutschen Volkes. [...] Die Bundesrepublik Deutschland fühlt sich auch verantwortlich für das Schicksal der 18 Millionen Deutschen, die in der Sowjetzone leben. Sie versichert sich ihrer Treue und ihrer Sorge. Die Bundesrepublik Deutschland ist allein befugt, für das deutsche Volk zu sprechen. Sie erkennt Erklärungen der Sowjetzone nicht als verbindlich für das deutsche Volk an.

Zitiert nach: Merith Niehuss und Ulrike Lindner, Besatzungszeit, Bundesrepublik und DDR 1945-1969 (Deutsche Geschichte in Quellen, Bd. 10), Stuttgart 2007, S. 202-205

1. *Zeigen Sie auf, wie Adenauer die höhere Legitimität der Bundesrepublik im Vergleich zur DDR begründet.*
2. *Erörtern Sie die Probleme, die damit auf künftige Bundesregierungen zukamen.*

▲ „1945 – 1955 – 1965."
Karikatur von Hanns Erich Köhler, 1949.

■ *Prüfen Sie, inwieweit der Karikaturist die Entwicklung der deutsch-deutschen Beziehungen richtig vorhersagt.*

M2 Wandel durch Annäherung

Egon Bahr, SPD-Politiker und enger Mitarbeiter Willy Brandts, hält am 15. Juli 1963 eine Rede über die Politik der Entspannung zwischen den beiden Supermächten:

Heute ist klar, dass die Wiedervereinigung nicht ein einmaliger Akt ist, der durch einen historischen Beschluss an einem historischen Tag auf einer historischen Konferenz ins Werk gesetzt wird, sondern ein Prozess mit vielen Schritten und vielen Stationen. Wenn es richtig ist, was Kennedy sagte, dass man auch die Interessen der anderen Seite anerkennen und berücksichtigen müsse, so ist es sicher für die Sowjetunion unmöglich, sich die Zone zum Zwecke einer Verstärkung des westlichen Potenzials entreißen zu lassen. Die Zone muss mit Zustimmung der Sowjets transformiert werden. Wenn wir soweit wären, hätten wir einen großen Schritt zur Wiedervereinigung getan. [...]
Uns hat es zunächst um die Menschen zu gehen und um die Ausschöpfung jedes denkbaren und verantwortbaren Versuchs, ihre Situation zu erleichtern. Eine materielle Verbesserung müsste eine entspannende Wirkung in der Zone haben. [...] Ich sehe nur den schmalen Weg der Erleichterung für die Menschen in so homöopathischen Dosen, dass sich daraus nicht die Gefahr eines revolutionären Umschlags ergibt, die das sowjetische Eingreifen aus sowjetischem Interesse zwangsläufig auslösen würde. [...] Überlegungen der Menschlichkeit spielen hier für uns eine größere Rolle als nationale Überlegungen. [...] Wir haben gesagt, dass die Mauer ein Zeichen der Schwäche ist. Man könnte auch sagen, sie war ein Zeichen der Angst und des Selbsterhaltungstriebes des kommunistischen

Regimes. Die Frage ist, ob es nicht Möglichkeiten gibt, diese durchaus berechtigten Sorgen dem Regime graduell soweit zu nehmen, dass auch die Auflockerung der Grenzen und der Mauer praktikabel wird, weil das Risiko erträglich ist. Das ist eine Politik, die man auf die Formel bringen könnte: Wandel durch Annäherung.

Zitiert nach: Archiv der Gegenwart, 15. Juli 1963, S. 10700

1. *Klären Sie den internationalen Kontext, aus dem heraus Bahr die Formel „Wandel durch Annäherung" entwirft.*
2. *Arbeiten Sie die entscheidenden Unterschiede zwischen der bisherigen Haltung der Bundesregierung und Bahrs Vorschlag heraus.*

▲ **Warteschlange vor der Antragstelle für Passierscheine in West-Berlin.**
Foto vom 19. Dezember 1963.
Mit dem Passierscheinabkommen zwischen Bundesrepublik und DDR vom 17. Dezember 1963 konnten erstmals nach dem Mauerbau über 1,2 Millionen West-Berliner ihre Verwandten in Ost-Berlin besuchen. Dieses erste Passierscheinabkommen war Ausgangspunkt einer neuen Deutschlandpolitik. Grundlegende Verbesserungen für Reisemöglichkeiten brachte allerdings erst das Berlin-Abkommen von 1971.

M3 Neue Ostpolitik und die Reaktion der DDR

a) In seiner Regierungserklärung vom 28. Oktober 1969 legt der neue Kanzler der sozialliberalen Koalition, Willy Brandt, seine deutschlandpolitischen Ziele dar:

Aufgabe der praktischen Politik in den jetzt vor uns liegenden Jahren ist es, die Einheit der Nation dadurch zu wahren, dass das Verhältnis zwischen den Teilen Deutschlands aus der gegenwärtigen Verkrampfung gelöst wird. Die Deutschen sind nicht nur durch ihre Sprache und ihre Geschichte – mit ihrem Glanz und ihrem Elend – verbunden; wir sind alle in Deutschland zu Haus. Wir haben auch noch gemeinsame Aufgaben und gemeinsame Verantwortung: für den Frieden unter uns und in Europa.
20 Jahre nach Gründung der Bundesrepublik Deutschland und der DDR müssen wir ein weiteres Auseinanderleben der deutschen Nation verhindern, also versuchen, über ein geregeltes Nebeneinander zu einem Miteinander zu kommen. Dies ist nicht nur ein deutsches Interesse, denn es hat seine Bedeutung auch für den Frieden in Europa und für das Ost-West-Verhältnis. [...]
Die Bundesregierung setzt die im Dezember 1966 durch Bundeskanzler Kiesinger und seine Regierung eingeleitete Politik fort und bietet dem Ministerrat der DDR erneut Verhandlungen beiderseits ohne Diskriminierung auf der Ebene der Regierungen an, die zu vertraglich vereinbarter Zusammenarbeit führen sollen. Eine völkerrechtliche Anerkennung der DDR durch die Bundesregierung kann nicht in Betracht kommen. Auch wenn zwei deutsche Staaten in Deutschland existieren, sind sie doch füreinander nicht Ausland; ihre Beziehungen zueinander können nur von besonderer Art sein.

b) SED-Parteichef Walter Ulbricht reagiert darauf in seiner Rede vor dem 12. Plenum des Zentralkomitees der SED am 12. Dezember 1969:

Der neue westdeutsche Bundeskanzler, Herr Brandt, hat [...] in seiner Regierungserklärung und in anderen öffentlichen Verlautbarungen von der Tatsache der staatlichen Existenz der DDR Kenntnis genommen. Über die 20-jährige Verspätung wollen wir hier nicht reden. Zur Genugtuung ist noch kein Anlass. Schließlich müssen wir noch die Taten abwarten. Dabei dürfte Klarheit darüber herrschen, dass der Verzicht auf jegliche Art von Alleinvertretungsanmaßung die Voraussetzung für die Normalisierung der Beziehungen Westdeutschlands zur DDR ist. Herr Brandt hat weiterhin Verhandlungen über vertraglich geregelte Beziehungen zwischen der westdeutschen Bundesrepublik und der DDR auf der Grundlage der Gleichberechtigung und unter Ausschluss jeglicher Diskriminierung angeboten. Er sprach von der Notwendigkeit eines Versuchs, über ein geregeltes Nebeneinander zu einem Miteinander zu kommen. Gleichzeitig erklärte er jedoch – ich zitiere aus der Regierungserklärung: „Eine völkerrechtliche Anerkennung der DDR durch die Bundesrepublik kann nicht in Betracht kommen. Auch wenn zwei Staaten in Deutschland existieren, sind sie doch füreinander nicht Ausland. Ihre Beziehungen zueinander können nur besonderer Art sein." Schade, wirklich sehr schade! Diese Sätze – sollten sie wirklich zur Regierungsdoktrin der neuen westdeutschen Koalitionsregierung werden – würden alles wieder kaputtmachen, was in dem vorher Gesagten an Positivem enthalten sein könnte. [...] Die Beziehungen zwischen den beiden deutschen Staaten und Verträge zwischen ihnen haben der Natur der Sache nach völkerrechtlichen Charakter. Bonn aber möchte als vollberechtigter Staat sozusagen mit einer minderberechtigten, unter seiner Vormundschaft stehenden und Bonn gegenüber zu besonderem Wohlverhalten verpflichteten DDR verhandeln. Mit dem Grundsatz der Gleichberechtigung und der Nichtdiskriminierung ist das absolut unvereinbar.

Erster Text zitiert nach: Bulletin des Presse- und Informationsamtes der Bundesregierung, Nr. 132, 29. Oktober 1969, S. 1121-1128
Zweiter Text zitiert nach: Archiv der Gegenwart, 27. Dezember 1969, S. 15160

1. *Weisen Sie nach, inwieweit Bundeskanzler Brandt Bahrs Position (M2) in praktische Politik ummünzen will.*
2. *Bewerten Sie Ulbrichts Antwort im Hinblick auf mögliche Verhandlungsspielräume.*

F *Vorschlag für ein Referat: Die Regierung Brandt – neue Deutschlandpolitik trotz Ost-West-Gegensatz?*

M4 Handel und Reiseverkehr zwischen Ost- und Westdeutschland

a) Entwicklung des innerdeutschen Handels 1950-1989:

Lieferungen und Bezüge der Bundesrepublik Deutschland				
Jahr	Lieferungen	Bezüge	Umsatz	Veränderung der Umsätze in % zum Vorjahr
	in Millionen VE[1]			
1950	329	342	671	
1960	960	1122	2082	
1970	2416	1996	4412	+ 12,3
1980	5293	5580	10873	+ 16,8
1985	7901	7636	15537	+ 9,8
1987	7367	6647	14014	+ 2,0
1989	8101	7205	15306	+ 9,1

b) Innerdeutscher Reiseverkehr:

	Reisen aus der DDR in die BRD (in 1000)		Reisen aus der BRD in die DDR und nach Ost-Berlin (in 1000)	
	Rentner	Personen unter dem Rentenalter	gesamt	davon West-Berliner
1957	2720	–	2700	–
1962	27	–	ca. 2000	–
1972	1079	11	6260	3320
1975	1370	40	7734	3210
1980	1594	40	6746	2600
1985	1666	66	5620	ca. 1900
1987	3800	1290	55006	ca. 1900
1988	6750	–	55529	1972

Nach: Dieter Grosser, Stephan Bierling und Beate Neuss (Hrsg.), Bundesrepublik und DDR 1969-1990, Stuttgart 1996, S. 282f.

1. *Wandeln Sie die Tabellen jeweils in eine geeignete Diagrammform um.*
2. *Erläutern Sie, inwiefern sich in der Statistik wichtige Ereignisse in der DDR ablesen lassen.*

[1] Als Währung galt nicht die DM, sondern der innerdeutsche Handel wurde in „Verrechnungseinheiten" (VE) abgewickelt.

M5 Die Einheit Deutschlands im Widerstreit

1987 gelingt Erich Honecker, was die SED-Führung seit Ulbricht gefordert hat: in Bonn offiziell empfangen zu werden.

a) Anlässlich des Empfangs der DDR-Führung nimmt Bundeskanzler Kohl am 7. September zur Frage der deutschen Einheit Stellung:

Das Bewußtsein für die Einheit der Nation ist wach wie eh und je, und ungebrochen ist der Wille, sie zu bewahren. Diese Einheit findet Ausdruck in gemeinsamer Sprache, im gemeinsamen kulturellen Erbe, in einer langen, fortdauernden gemeinsamen Geschichte. [...] Unser Zusammentreffen in Bonn ist aber weder Schlußstrich noch Neubeginn. Es ist ein Schritt auf dem Weg einer schon lange währenden Entwicklung. Sie ist gekennzeichnet durch das Bemühen um ein geregeltes Miteinander.

Vor fast fünfzehn Jahren haben die Bundesrepublik Deutschland und die Deutsche Demokratische Republik den Vertrag über die Grundlagen ihrer Beziehungen unterzeichnet. Dieser Vertrag zeigt Grenzen und Möglichkeiten auf. Möglichkeiten eröffnen sich dort, wo praktische Fragen zum Wohle der Menschen in beiden Staaten gelöst werden können, damit es zu einem Verhältnis guter Nachbarschaft kommt. [...]

An den unterschiedlichen Auffassungen der beiden Staaten zu grundsätzlichen Fragen, darunter zur nationalen Frage, kann und wird dieser Besuch nichts ändern. [...]

Wir achten die bestehenden Grenzen, doch die Teilung wollen wir überwinden: auf dem Weg friedlicher Verständigung und in Freiheit. Die deutsche Frage bleibt offen, doch ihre Lösung steht zur Zeit nicht auf der Tagesordnung der Weltgeschichte, und wir werden dazu auch das Einverständnis unserer Nachbarn brauchen. [...]

Die Menschen in Deutschland leiden unter der Trennung. Sie leiden an einer Mauer, die ihnen buchstäblich im Wege steht und die sie abstößt. Wenn wir abbauen, was Menschen trennt, tragen wir dem unüberhörbaren Verlangen der Deutschen Rechnung: Sie wollen zueinander kommen können, weil sie zusammengehören.

b) Generalsekretär Honecker entgegnet in seiner Tischrede:

Die Entwicklung unserer Beziehungen, der Beziehungen zwischen der Deutschen Demokratischen Republik und der Bundesrepublik Deutschland, dessen sind wir bewusst, ist von den Realitäten dieser Welt gekennzeichnet, und sie bedeuten, dass Sozialismus und Kapitalismus sich ebenso wenig vereinigen lassen wie Feuer und Wasser.

Bei alledem gehen wir davon aus, dass beiden deutschen Staaten, fest eingefügt in die mächtigsten Militärkoalitionen dieser Zeit, die Verpflichtung zukommt, besonders aktiv zu Frieden, Abrüstung und Entspannung beizutragen. [...]

Angesichts der unverändert komplizierten internationalen Lage ist die Deutsche Demokratische Republik bestrebt, dazu beizutragen, dass Vernunft und guter Wille zu bestimmenden Faktoren der Weltpolitik werden, Kooperation an die Stelle von Konfrontation tritt und mehr Vertrauen in den internationalen Beziehungen geschaffen wird. [...]

Dabei messen wir den humanitären Fragen und den Menschenrechten, die in ihrer Gesamtheit von politischen, zivilen, ökonomischen und sozialen Rechten in der Deutschen Demokratischen Republik im praktischen Leben ihre tägliche Verwirklichung finden, keine geringe Bedeutung bei. [...]

Ausgangspunkt für eine konstruktive, nicht nur beiden Staaten nützliche Politik können nur die Realitäten sein, die Existenz von zwei voneinander unabhängigen souveränen deutschen Staaten mit unterschiedlicher sozialer Ordnung und Bündniszugehörigkeit.

Zitiert nach: Bundesministerium für innerdeutsche Beziehungen (Hrsg.), Texte zur Deutschlandpolitik, Reihe III/Bd. 5-1987, Coburg 1988, S. 194 ff. (Auszug)

▲ **Staatsbesuch Erich Honeckers in der Bundeshauptstadt Bonn.** *Foto vom 7. September 1987.*
Mit Bundeskanzler Helmut Kohl schreitet Erich Honecker eine Ehrenformation der Bundeswehr ab. Honecker wurde wie ein ausländischer Staatsgast behandelt. Die DDR sah dies als weiteren Schritt zur vollständigen Anerkennung durch die Bundesrepublik.

1. *Zeigen Sie auf, wie Honecker sich auf Kohls Ausführungen bezieht.*
2. *Entwerfen Sie den Bericht eines westdeutschen Journalisten über die beiden Reden. Arbeiten Sie insbesondere die Positionen zur deutschen Einheit heraus.*
3. *Beurteilen Sie beide Reden aus heutiger Sicht.*

Geschichte kontrovers

Die DDR – ein Unrechtsstaat?

Seit der deutschen Wiedervereinigung flammt immer wieder die Diskussion auf, ob die DDR eindeutig als Unrechtsstaat zu bezeichnen sei. Der Einigungsvertrag 1990 charakterisierte sie klar als „SED-Unrechts-Regime". Doch diese Auffassung wurde seitdem quer durch die Parteienlandschaft der Bundesrepublik und durch die politischen Grundeinstellungen von Juristen, Politikwissenschaftlern und Vertretern der Bundesregierung wie der politischen Opposition kontrovers diskutiert. Während die einen die zahlreichen Verstöße gegen die Menschenrechte betonen, argumentieren die anderen, dass alles, was in der der DDR im Namen des Rechts angeordnet wurde, nicht als Unrecht zu bezeichnen sei.

M1 „Moralischer Generalverdacht"

Gesine Schwan, Politikwissenschaftlerin und Präsidentin der Europa-Universität Viadrina in Frankfurt (Oder) von 1999 bis 2008, nimmt Stellung:

Wer die DDR einen „Unrechtsstaat" nennt, stellt ihre ehemaligen Bürger unter einen moralischen Generalverdacht. [...] Deshalb wende ich mich gegen eine monopolistische Deutung der DDR als „Unrechtsstaat". Dabei verstehe ich die Gründe, warum andere sie so bezeichnen, durchaus: fehlende Menschen- und Bürgerrechte, keine Gewaltenteilung, keine unabhängige Justiz, keine freien Wahlen. Ich habe das Regime der DDR selbst unzählige Male so oder ganz ähnlich kritisiert, die DDR als Diktatur bezeichnet und öffentlich hinzugefügt, dass deswegen zum Beispiel auch die „Errungenschaften" im Kindergarten- oder Schulsystem immer unter diesem fundamental einschränkenden Vorzeichen gesehen werden müssen.

Dabei folge ich der berühmten Analyse, die der Politikwissenschaftler Ernst Fraenkel aus eigener Erfahrung über den NS-Staat vorgelegt hat. Er unterscheidet in seinem Buch über den Doppelstaat zwischen dem „Normenstaat" und dem „Maßnahmenstaat", dessen Dualität das „Dritte Reich" geprägt hat. Während der „Normenstaat" um des möglichst reibungslosen Funktionierens von Wirtschaft und Gesellschaft willen in vielen Bereichen die rechtsstaatliche Tradition der Weimarer Republik fortsetzte, konnte die NSDAP im „Maßnahmenstaat" den „Normenstaat" jederzeit willkürlich außer Kraft setzen. Auch die SED konnte jederzeit die rechtsförmigen Verfahren aussetzen und hat das mit ihrer marxistisch-leninistisch „legitimierten" Avantgarderolle gerechtfertigt. Daher war und blieb die DDR nicht nur eine Diktatur, sondern auch ein Ort, an dem aus Mangel an Rechtsstaatlichkeit und Gewaltenteilung Willkür jederzeit praktiziert werden konnte und von der SED auch praktiziert wurde.

Wer nun über diese Qualifizierungen hinaus auf der totalisierenden Bezeichnung „Unrechtsstaat" besteht, muss mehr wollen und schließt de facto auch mehr ein. Denn das totalisierende Wort „Unrechtsstaat" verweist auf die Gestalt der gesamten ostdeutschen Lebenswirklichkeit. Während man sich der Mitgliedschaft in der herrschenden Einheitspartei SED, erst recht in der Stasi entziehen konnte, blieb der Staat der DDR das unvermeidbar umfassende politische Gehäuse aller Ostdeutschen. Der Staat ist keine separate Organisation innerhalb oder neben der Gesellschaft, sondern die Gesellschaft in ihrer politischen Verfasstheit. Wird der Staat pauschal zum „Unrechtsstaat" gemacht, folgen daraus auch Wertungen für die Lebenswirklichkeit der Menschen. [...] Es macht also einen Unterschied aus, ob man den Menschen in der DDR, die seit dem Mauerbau Gefangene dieses Staates waren, pauschal unterstellt, dass sie sich als Staatsbürger in ihrem beruflichen wie privaten Leben an diesem Unrecht beteiligt haben, weil sie unvermeidbar involviert waren, oder ob man ihnen innerhalb des Staates der DDR die Möglichkeit rechtlichen Handelns einräumt. Entweder der DDR-Staat hat als „Unrechtsstaat" 40 Jahre lang jede Schule, jeden Kindergarten, jedes Bauamt geprägt und die Menschen jederzeit in sein Unrecht gleichsam hineingezogen. Dann verliert die gegenwärtig gängige und „politisch korrekte" Unterscheidung zwischen den Menschen und dem politischen System, unter dem sie leben mussten, jeden Sinn. Denn dann mussten sich alle kompromittieren. Oder man konzediert, dass es analog zu Fraenkels „Normenstaat" Bereiche im Staat der DDR gab, in denen es trotz des Damoklesschwerts der SED-Willkür faktisch, wenn auch nie gesichert, auch rechtlich zuging. In denen die Menschen sich auch um Rechtlichkeit bemühten. Um diese Unterscheidung geht es mir in der Abwehr der totalisierenden Deutung des „Unrechtsstaats". [...]

Die Diktatur wurde den Ostdeutschen auferlegt. Der totalisierende „Unrechtsstaat" stellt sie flächendeckend moralisch unter Verdacht. In der rechtsstaatlichen Demokratie des vereinigten Deutschland gilt aber zunächst die Unschuldsvermutung für alle Bürger – nicht nur für die westdeutschen.

Gesine Schwan, In der Falle des Totalitarismus, in: DIE ZEIT, Nr. 27 vom 25. Juni 2009 (gekürzt)

M2 Der Staat als Räuber der Volksgewalt

Marianne Birthler, Bundesbeauftragte für die Unterlagen des Staatssicherheitsdienstes der ehemaligen DDR von 2000 bis 2011, die die Akten und Dokumente des Staatssicherheitsdienstes („Stasi") verwaltet und erforscht, entgegnet:

▲ **Protest gegen Wahlbetrug in der DDR.**
Foto vom 7. Juni 1989 (Ausschnitt).
Im Zusammenhang mit den gefälschten Wahlergebnissen der Kommunalwahlen vom 7. Mai 1989 in der DDR protestierten Bürgerrechtler seit dem 7. Juni 1989 an jedem 7. des Monats für die Offenlegung des Wahlbetruges.

Es wäre abwegig, Gesine Schwan vorzuwerfen, sie verharmlose die SED-Diktatur. Die streitbare Antikommunistin hat das politische System der DDR öffentlich und schonungslos bereits zu einer Zeit kritisiert, als dies vielen, auch in der SPD, noch sauer aufstieß. [...] So weit, so einig. Aber warum dann dieser Streit um den Begriff „Unrechtsstaat"? [...] Die DDR war eine Diktatur – und deren Wesen besteht ja gerade darin, dass die politische Macht des Staates nicht demokratisch durch das Volk legitimiert ist. Der Staat war allein das Instrument der Herrschaft der führenden Partei – ihr vollständig unterworfen. Das Volk hatte weder theoretisch noch praktisch die Möglichkeit, an diesem Machtverhältnis vorbei Einfluss auf staatliches Handeln zu nehmen. [...]
Doch nur dort, wo das Volk als Souverän seine Macht in freier Entscheidung und auf Zeit auf den Staat übertragen hat, ist es auch mitverantwortlich für staatliches Handeln. In der DDR war der Staat kein Treuhänder der Volksgewalt, sondern ihr Räuber. Er stand nicht für die Gesamtheit seiner Staatsbürger ein, sondern er fürchtete sie. Deswegen hat er für seine Sicherheit einen Apparat aufgebaut, dessen Dimension – gemessen an der Bevölkerungszahl – größer war als die jeder anderen Geheimpolizei. Der Daseinszweck des Ministeriums für Staatssicherheit bestand darin, den Staat vor den eigenen Bürgern zu schützen. Dass sich die Staatssicherheit stolz „Schild und Schwert der Partei" nannte, entlarvt die eigentlichen Verhältnisse: Statt der proklamierten Einheit von Volk und Staat gab es in Wahrheit nur die Einheit von Staat und SED. [...]
Doch die Rechtschaffenheit und die Selbstbehauptung vieler Menschen gegen SED und Staat, die wenigen Inseln der Angstfreiheit in den Kirchen, die immer stärker werdende Opposition – all das stellt nicht infrage, dass der Herrschaftsanspruch des SED-Staats totalitär war. Es beweist vielmehr, dass der Anspruch der SED, etwa ihr Ideal der „sozialistischen Persönlichkeit", nicht durchsetzbar war und durch den Eigen-Sinn der Menschen begrenzt wurde. [...]
Bleibt die Frage, was genau der Begriff Unrechtsstaat meint. Deutschland ist nicht deshalb ein Rechtsstaat, weil es hierzulande nur Recht und kein Unrecht gäbe, sondern weil die Existenz des Staates, weil Regierung und Gesetzgeber an verbindliche Werte und Rechtsnormen gebunden sind und diese Bindung durch unabhängige Gerichte gesichert wird. Analog dazu ist auch die Bezeichnung Unrechtsstaat nicht davon abhängig, dass nur Unrecht geschieht. Zum einen meint der Begriff, dass die Prinzipien des Rechtsstaats keine Geltung haben und staatliche Macht nicht rechtmäßig begründet ist. In diesem Sinne war die DDR zweifellos ein Nicht-Rechtsstaat, ein Un-Rechtsstaat. Sie war aber auch ein Unrechts-Staat. Ein Staat, dessen Existenz schon auf Unrecht und auf der Verletzung von Menschenrechten beruhte, der seine Bürger staatlicher Willkür unterwarf und ihrer Rechte beraubte, der allein festlegte, was falsch und richtig war, der Schulen, Universitäten, Medien und Gewerkschaften gleichschaltete, der Menschen mit abweichendem Verhalten zu Feinden erklärte und verfolgte, der das eigene Volk einmauerte und Menschen, die vor ihm flüchten wollten, erschoss – und all dies, um die Macht der SED zu sichern. Die DDR ist ein Unrechtsstaat, und zwar nach allen denkbaren Definitionen.

Marianne Birthler, Liebe Ossiversteher! Die DDR keinen Unrechtsstaat nennen zu dürfen beleidigt den wachen Verstand, in: DIE ZEIT, Nr. 28 vom 2. Juli 2009 (gekürzt)

1. *Zeigen Sie anhand von M1 und M2 die Kontroverse auf.*
2. *Arbeiten Sie die Kriterien heraus, nach denen die Kontrahentinnen in M1 und M2 urteilen.*
3. *Die DDR – ein Unrechtsstaat? Nehmen Sie Stellung.*

Die Überwindung der deutschen Teilung in der „friedlichen Revolution" von 1989

▲ **„… und alles wird wieder gut. Der 3. Oktober '90 vor der Neuen Wache."**
Gemälde (120 x 160) von Matthias Koeppel, 1991. Das Gemälde zeigt die feiernde Menschenmenge auf der Berliner Straße „Unter den Linden" am Tag der deutschen Einheit. Die unter dem preußischen König Friedrich Wilhelm III. 1818 fertiggestellte Neue Wache diente der DDR-Regierung als „Mahnmal für die Opfer des Faschismus und Militarismus".

Orientierung Ein schnelles Ende der deutschen Teilung hatte zu Beginn der 1980er-Jahre kaum jemand erwartet. Doch schon 1985 bröckelte der Ostblock. Hunderttausende Bürger demonstrierten und die wirtschaftlichen Reserven der DDR waren fast völlig aufgezehrt. Die Wiedervereinigung Deutschlands wurde 1989 plötzlich möglich.

Erstmals deutlich wurde der wirtschaftliche Niedergang zu Beginn der 1980er-Jahre. Eine ausufernde Subventionspolitik, Devisenmangel, Exportschwäche und Verschuldung ließen der DDR-Regierung kaum Handlungsspielraum für die Modernisierung der Industriebetriebe. Wirtschaftlich wurde die DDR von den westlichen Industrienationen zunehmend abgehängt. Statt auf strukturelle Reformen setzte die SED auf Propaganda, die in immer stärkeren Widerspruch zur Wirklichkeit geriet. Verkündet wurde, der Sozialismus verkörpere die menschlichere und erfolgreichere Alternative zum westlichen Kapitalismus. Dabei wurde die Lage im „real existierenden" Sozialismus immer trostloser. 1982 organisierte sich erstmals eine Bürgerrechtsgruppe in der DDR.

Die DDR-Führung verkannte, dass mit der ab 1985 in der UdSSR betriebenen Reformpolitik Michail Gorbatschows (Glasnost und Perestroika) der militärische Bestandsschutz ihrer Diktatur wegbrach. Den Aufstieg der Bürgerrechtsbewegung, die auf Gorbatschows Reformen setzte, konnte sie trotz Ausbaus der Repressionsmittel nicht verhindern. Während sie sich und ihren Staat anlässlich des 40. Jubiläums der Staatsgründung im Herbst 1989 feiern ließen, formierte sich eine „friedliche Revolution".

Massendemonstrationen führten zum Sturz kommunistischer Regierungen in Osteuropa und am 9. November 1989 in Berlin zum Mauerfall. Er machte die innerdeutsche Grenze zunächst

1981/82
Die DDR gerät an den Rand der Zahlungsunfähigkeit

1982/83
Eine von Kirchen getragene, oppositionelle Friedensbewegung in der DDR formiert sich

März 1985
Michail Gorbatschow wird Regierungschef der Sowjetunion; durch seine Reformen leitet er das Ende der Sowjetunion ein

4. Sept. 198
In Leipzig findet die erste „Montags demonstration" sta

Sept. 198
Die ungarische Regierung erlaubt DDR-Bürgern di Ausreise über ihre Grenzen; DDR-Bürger, die in bun desdeutsche Botschaften in Prag und Warscha geflüchtet sind, dürfen in den Westen ausreise

9. Okt. 198
Bei der ersten Großdemonstration mit über 70 00 Menschen für demokratische Reformen in Leipzi greifen Sicherheitskräfte nicht ei

9. Nov. 198
Die Grenzübergänge nach West-Berli und in die Bundesrepublik werden geöffne

1980 1985 1

nur durchlässig, war aber schließlich der Auftakt für die Wiedervereinigung Deutschlands. In den „Zwei-plus-Vier-Gesprächen" zwischen der Bundesrepublik und der DDR sowie den vier Siegermächten des Zweiten Weltkrieges wurden die internationalen Bedingungen einer deutschen Wiedervereinigung ausgehandelt und beschlossen. Voraussetzung war die Integration des wiedervereinten Deutschland in die europäische Gemeinschaft sowie die endgültige Anerkennung der Oder-Neiße-Line als deutsch-polnische Grenze.

Mit dem Beitritt der fünf neuen Bundesländer zur Bundesrepublik am 3. Oktober 1990 wurde die Wiedervereinigung staats- und völkerrechtlich vollzogen. Damit war die deutsche Frage nach dem Ende des Zweiten Weltkrieges beantwortet. Zur neuen Herausforderung für die junge „Berliner Republik" wurde die Angleichung des ostdeutschen an den westdeutschen Lebensstandard. Die anfängliche Euphorie über die Wiedervereinigung schlug bei vielen in Resignation um.

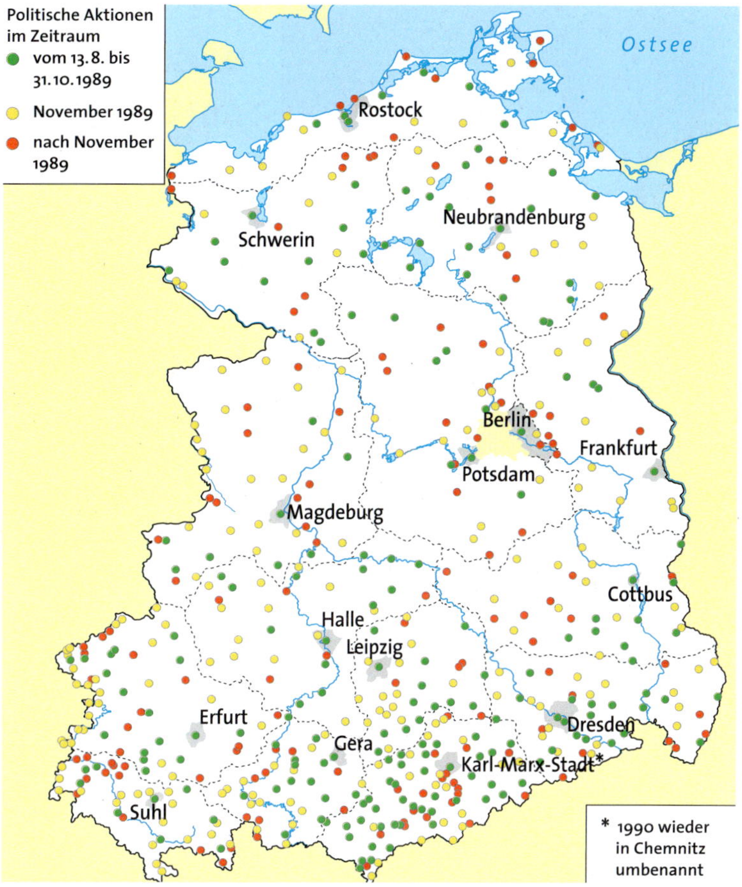

▲ Orte der friedlichen Revolution in der DDR.
Vom 13. August 1989 bis zum 30. April 1990 fanden über 3 300 Mahnwachen, Kundgebungen, Besetzungen, Demonstrationen und Warnstreiks in 549 Gemeinden und Städten der DDR statt.

Die zentralen Fragen des folgenden Kapitels sind:

- ▶ *Welche nationalen und internationalen Entwicklungen führten zu den Ereignissen von 1989 und wie verlief der Wiedervereinigungsprozess?*
- ▶ *Welche Interessen hatten die nationalen und internationalen Akteure im Prozess von 1989/90?*
- ▶ *Wie wirken sich Teilung und Vereinigung auf das Selbstverständnis Deutschlands in der Gegenwart aus?*
- ▶ *Welche Bedeutung haben die Veränderungen von 1989/90 für die Gegenwart?*

'eb. 1990
)ie Sowjetunion stimmt der Schaffung ·ines gemeinsamen deutschen Staates zu

Aärz 1990
'reie Wahlen zur DDR-Volkskammer

·ept. 1990
)urch den Zwei-plus-Vier-Vertrag erhält das ·ereinigte Deutschland seine volle staatliche ·ouveränität zurück; die Grenze zu Polen ·vird als endgültig anerkannt

. Okt. 1990
Ait dem Beitritt der fünf ostdeutschen Län-·er und Ost-Berlins zur Bundesrepublik wird ·ie deutsche Einheit vollzogen

1991 - 1993
Gewaltsame Ausschreitungen gegen Asylunterkünfte und Ausländer nehmen deutlich zu

9. Nov. 2014
Über eine Million Besucher wohnen den Berliner Feierlichkeiten zum 25. Jahrestag des Mauerfalls bei

0 | 1995 | 2015

▲ **„Ich kenne keine Produkte, ich kenne nur Produktion.“**
Karikatur von Heinz Behling, 1978.

▪ *Analysieren Sie die Karikatur. Auf welche Probleme der DDR-Wirtschaft weist der Karikaturist hin?*

Die 1980er-Jahre in der DDR: wirtschaftlicher Niedergang und Aufstieg der Oppositionsbewegung

Niedergang der DDR-Wirtschaft Gegen Ende der 1970er-Jahre brach die Konjunktur der DDR-Wirtschaft ein. Das entsprach zwar einer weltweiten Entwicklung, doch während sich die westlichen Industrieländer davon wieder erholten, gelang das der DDR und den übrigen Ostblockstaaten nicht. 1982 hatten Polen und Rumänien, zu deren Gläubigern die DDR gehörte, ihre Zahlungsunfähigkeit erklärt. Der DDR drohte der Staatsbankrott.

Die Krise der DDR-Wirtschaft war das Ergebnis kurz- und langfristiger Ursachen:

- *Rohstoffknappheit:* Die DDR war zur Produktion von Exportwaren (Treibstoffe, Heizmittel, Chemiefasern) auf Erdöl angewiesen, das vorwiegend aus der UdSSR stammte. Da die Sowjetunion die Ölzufuhr seit den Erdölkrisen der 1970er-Jahren drosselte, musste die DDR für den übrigen Energiebedarf auf die heimische Braunkohle ausweichen. Die Umstellung war kostspielig und belastete die Wirtschaft schwer. Als sich der Ölpreis Ende 1985 plötzlich halbierte, ging zudem der Absatz der Exportprodukte drastisch zurück.
- *Unzureichende Modernisierung:* In den Industriebetrieben mangelte es an Rationalisierung und Investitionen. Um Arbeitslosigkeit zu vermeiden, waren viele Stellen überbelegt, Arbeitskräfte wurden nicht sinnvoll eingesetzt und mussten veraltete Geräte bedienen. Für neue Ausstattungen fehlte das Kapital (▸ M1). Um 1989 waren weniger als die Hälfte aller Industrieanlagen jünger als zehn Jahre (in der Bundesrepublik betrug die Quote damals rund 70 Prozent). In Schlüsseltechnologien wie der Mikroelektronik verpasste die DDR den internationalen Anschluss (▸ M2).
- *Exportschwäche, Devisenmangel und Verschuldung:* Die zahlreichen Produkte, die auf dem Weltmarkt nicht konkurrenzfähig waren, mussten, um sie dennoch zu exportieren, mit enormen staatlichen Zuschüssen verbilligt werden. Denn ohne den Export fehlten die Devisen, mit denen Rohstoffe und Westwaren eingekauft werden konnten. Die DDR importierte weit mehr als sie ausführte, und nahm dafür immer höhere Kredite auf.
- *Krise des Binnenmarktes:* Die schlecht ausgerüsteten Wirtschaftsbetriebe konnten auch nicht den Bedarf an Konsumgütern im Inland (z. B. Kfz, Baumaterial) decken (▸ M3). Daher nahm der Verbrauch weiter ab, obwohl die Nettolöhne stiegen. Die Menschen sparten das Geld, das nicht mehr in die Wirtschaft zurückfloss.
- *Verlangsamter Strukturwandel:* Der Wandel der DDR-Wirtschaft verlor immer mehr an Tempo. Im Zeitraum von 1950 bis 1989 sank der Anteil der Land- und Forstwirtschaft von 26 auf elf Prozent. Industrie- und Handwerk waren bis Anfang der 1980er-Jahre von 40 auf 51,5 Prozent angewachsen, machten aber bis 1989 weiterhin 50 Prozent der Gesamtwirtschaft aus. Dagegen erreichte der Handels- und Dienstleistungssektor bis Ende der 1980er-Jahre nur einen Anteil von knapp 40 Prozent. Dieses Zahlenverhältnis entsprach der Situation in der Bundesrepublik von 1965.
- *Planwirtschaft und Einbindung in den RGW:* Die DDR hielt an der staatlichen zentralen Lenkung der Wirtschaft fest. Die Betriebe konnten ohne die Zustimmung der Staates nichts unternehmen und nicht unmittelbar auf die Bedarfslage reagieren. Die Versorgung der Bevölkerung mit Gebrauchsgütern verschlechterte sich deshalb

Literaturtipp:
André Steiner, Von Plan zu Plan. Eine Wirtschaftsgeschichte der DDR, Berlin 2007

stetig. Ziel der Wirtschaft war die Erfüllung von langfristigen Plänen, nicht die flexible Orientierung an Angebot und Nachfrage. Hinzu kam die internationale Dimension der Planwirtschaft in Gestalt des Rates für Gegenseitige Wirtschaftshilfe (RGW). Dieses Gremium unter Leitung der UdSSR regelte, welches Mitgliedsland welche Produkte herstellte und wohin ausführte. Anstatt sich an den Weltmarkt anzupassen, blieb die DDR-Wirtschaft von den übrigen Volkswirtschaften des Ostblocks abhängig.

- *Personalmangel und Überalterung:* Seit Bestehen der DDR schrumpfte ihre Bevölkerung. Von 1946 bis 1964 nahm die Einwohnerzahl in Ostdeutschland von 18,4 auf 17 Millionen ab, sank bis 1981 auf 16,7 Millionen und fiel weiter. Vor allem in der jüngeren Generation war der Arbeits- und Fachkräftemangel dramatisch, da die DDR-Führung auch keine Fachkräfte aus dem Ausland anwarb.

1983 und 1984 gewährte die Bundesrepublik zinslose Milliardenkredite zur Stützung der DDR. Im Gegenzug wurden die Minenfelder und Selbstschussanlagen an der innerdeutschen Grenze entfernt, ließ die DDR politische Häftlinge frei und gewährte Reiseerleichterungen. Aber diese Transferleistungen reichten ebenso wenig wie der **Mindestumtausch** aus, um die rasante Verschuldung der DDR aufzuhalten.

Mindestumtausch („Zwangsumtausch"): Besucher der DDR und Ost-Berlins mussten täglich einen bestimmten Betrag in DDR-Mark umtauschen. Dies trug der Regierung Devisen ein.

Propaganda statt Reformen Schon 1976 hatte sich die DDR mit umgerechnet 2,6 Milliarden Euro verschuldet, damals ein Staatsgeheimnis, das nur Honecker und einigen Vertrauten bekannt war. 1989 entsprach die Auslandsverschuldung von 25 Milliarden Euro bereits dem volkswirtschaftlichen Nettoprodukt eines Jahres. Der wirtschaftliche Zusammenbruch war nur eine Frage der Zeit.

Das Honecker-Regime war mit seiner „Einheit von Wirtschafts- und Sozialpolitik" gescheitert, änderte jedoch nichts an den viel zu hohen Ausgaben für den Sozialstaat. Die Regierung rührte weder an den subventionierten Mietpreisen noch an der Höhe der Löhne oder an den Arbeitsplätzen. Künstlich wurden damit Vollbeschäftigung und eine gute Versorgung aufrechterhalten. „Künstlich" bedeutete: „auf Pump" und unter Verschweigen der tatsächlichen Situation.

Die oberste Staats- und Parteispitze wiegte die breite Bevölkerung mit gefälschten Bilanzen und Durchhalteparolen in Sicherheit. So verkündete die SED-Führung im Oktober 1988 feierlich das Erreichen ihres Zieles, drei Millionen neue Wohnungen seit 1976 gebaut zu haben. Tatsächlich waren erst 1,9 Millionen Wohnungen fertiggestellt (mitgezählt wurden dabei auch Wohnheimplätze für Senioren und Studenten).

Die Propaganda übertönte jede Kritik, selbst innerhalb der SED. Sie wirkte nicht zuletzt im westlichen Ausland, wo man die Missstände kaum wahrnahm. Dabei halfen populäre Maßnahmen und Inszenierungen wie die Einweihung des modernen Sport- und Erholungszentrums in Ost-Berlin (1981) oder der Wiederaufbau der Semper-Oper in Dresden. Das Bild von der erfolgreichen DDR überlagerte damit die Wirklichkeit, vor allem in den Köpfen der Machthaber. Das DDR-Regime zeigte sich unfähig zu Reformen und wurde zum Opfer seiner eigenen Selbsttäuschung.

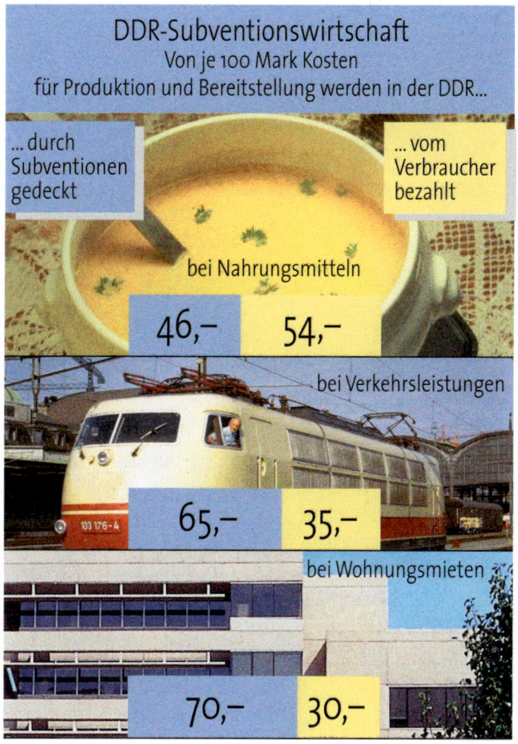

▲ **DDR-Subventionswirtschaft.**
Die Angaben in dem Schaubild stammen von 1989.

- *Erläutern Sie anhand eines konkreten Beispieles die Folgen der Wirtschaftspolitik für die Bürger und den Staat.*

▲ **„Schwerter zu Pflugscharen."**
Unter diesem Motto forderte die christliche Friedensbewegung zur Abrüstung auf. Trotz Betonung ihrer Friedensliebe verbot die SED-Führung jegliche Friedenssymbole und forderte die Bischöfe auf, die Friedensaktivisten zu bremsen. Sie erreichte damit das Gegenteil: Auf dem Kirchentag in Wittenberg 1983 wurde ein Schwert zur Pflugschar umgeschmiedet.

Wachsende Kritik von Friedens- und Umweltgruppen in der DDR Die Krise der kommunistischen Herrschaft entzündete sich nicht nur am Versagen der Ökonomie. Den Boden für den Massenprotest des Jahres 1989 bereiteten oppositionelle Gruppierungen, die seit den frühen 1980er-Jahren mit wachsendem Selbstbewusstsein das Regime herausforderten, aber auch viele einzelne Bürger, die unter Berufung auf die von der DDR 1975 unterschriebene KSZE-Schlussakte* ihre Menschenrechte einforderten.

Anfangs waren es vor allem Friedens- und Umweltgruppen, die unter dem Schutz der Kirchen einen Freiraum von staatlicher Erziehung schufen und dort ihre Kritik veröffentlichten. Zunächst entstanden diese informellen Zusammenschlüsse von aufbegehrenden DDR-Bürgern aus der Empörung über konkrete Maßnahmen des SED-Staates. Der kritische Blick auf die Einführung des „Wehrunterrichts" an allen Schulen 1978, die staatlich verordnete Militarisierung der Gesellschaft sowie die Aufrüstung in Ost und West entwickelte sich in Richtung auf eine umfassendere Kritik. Eine wichtige Rolle spielte etwa der von Pfarrer **Rainer Eppelmann** und **Robert Havemann** gemeinsam formulierte „Berliner Appell – Frieden schaffen ohne Waffen" (1982). Die Forderungen nach Toleranz und Anerkennung des Rechts auf freie Meinungsäußerung unterschrieben innerhalb weniger Monate Tausende (▸ M4). In Friedensseminaren und Friedenswerkstätten fanden sich zumeist jugendliche Teilnehmer aus der ganzen DDR zusammen. Ihr gemeinsames Protestsymbol war ein Aufnäher mit der Aufschrift „Schwerter zu Pflugscharen".

Die Staatsmacht versuchte, die Friedensbewegung in ihrem Sinne zu vereinnahmen (▸ M5), reagierte aber auch mit Berufsverboten (▸ M6), Verhaftungen und Ausbürgerungen prominenter Oppositioneller und vor allem mit dem massiven Einsatz von Inoffiziellen Mitarbeitern der Staatssicherheit. Die beabsichtigte „Zersetzung" oppositioneller Gruppierungen ging so weit, dass manche Friedenskreise von Stasi-Spitzeln regelrecht unterwandert wurden.

Rainer Eppelmann (geb. 1943): evangelischer Pfarrer, 1989 Mitbegründer der Partei „Demokratischer Aufbruch" (DA), seit 1990 Mitglied der CDU, 1990 Minister für Verteidigung und Abrüstung in der letzten DDR-Regierung

Robert Havemann (1910-1982): kommunistischer Widerstandskämpfer gegen das „Dritte Reich", 1950-1964 Professor für Physikalische Chemie in Ost-Berlin. Er erhielt nach kritischen Äußerungen Berufsverbot und wurde bis zu seinem Tod überwacht.

Eine Bürgerrechtsbewegung entsteht 1985 gründeten mehrere Bürgerrechtler in Ost-Berlin die „Initiative Frieden und Menschenrechte" (IFM). Die stark christlich-pazifistisch ausgerichtete Protestbewegung gewann eine neue Qualität: Erstmals erhob sie Forderungen nach einer freiheitlichen Demokratie. Immer mehr Menschen solidarisierten sich mit jenen, die verhaftet, ausgebürgert oder auf andere Weise eingeschüchtert werden sollten. Zu den dauerhaft aktiven Regimegegnern zählten aber nur wenige hundert Personen, die jedoch viele tausend Sympathisanten gewinnen konnten. Allmählich entstand ein landesweites Netzwerk durch im Untergrund gedruckte Zeitschriften und Flugblätter, Treffen und Protestaktionen.

* Siehe S. 354, S. 502 und S. 506.

▲ **Transparent bei einer Demonstration in Leipzig.**
Foto vom 30. Oktober 1989.
▪ *Charakterisieren Sie die Einstellung der Demonstranten zum Sozialismus.*

Reformen in Osteuropa Ermutigt wurde die Protestbewegung in der DDR auch von internationalen Vorbildern. In Polen hatte sich seit 1980 die Gewerkschaft „Solidarność“ (Solidarität) unter **Lech Walesa** gegen das Verbot durch die Staatsmacht behauptet und erreichte im Juni 1989 halbwegs freie Wahlen. In Ungarn leitete die kommunistische Regierung seit 1988 selbst Reformen ein. In der Tschechoslowakei hatten Regimekritiker wie **Václav Havel** 1977 eine Erklärung zugunsten der Menschenrechte unterzeichnet („Charta 77“). Daraus ging eine Bewegung hervor, die die Regierung zu politischen Veränderungen aufrief. Entgegen den Vorgaben der Breschnew-Doktrin* verweigerte die wirtschaftlich stark angeschlagene Sowjetunion eine militärische Intervention, um die Protestbewegung zu zerschlagen. Besonders der Reformkurs in der Sowjetunion unter Michail Gorbatschow** machte Hoffnung auf mehr Freiheit und Gerechtigkeit. Unter den Schlagworten *Perestroika* (Umgestaltung) und *Glasnost* (Offenheit) ordnete er erstmals seit 1917 wieder freie Wahlen an und ermöglichte offene Regimekritik. Der wichtigste außenpolitische Schritt war die Anerkennung der nationalen Unabhängigkeit der Ostblockstaaten (▸ M7). Gorbatschows Reformen sollten den Sozialismus keineswegs abschaffen, sondern ihn menschlicher und leistungsfähiger machen. Das SED-Regime geriet damit in eine Zwangslage. Denn die DDR war kein Nationalstaat, und eine Öffnung gegenüber dem Westen warf auch die Frage nach der deutschen Einheit auf.

Lech Walesa (geb. 1943): polnischer Arbeiterführer und Bürgerrechtler, erhielt 1983 den Friedensnobelpreis, 1990-1995 Staatspräsident Polens

Václav Havel (1936-2011): tschechischer Schriftsteller und Bürgerrechtler, 1993-2003 Präsident der Tschechischen Republik

1. *Gorbatschow mahnte Honecker bei einem Treffen in Ost-Berlin 1989: „Wer zu spät kommt, den bestraft das Leben.“ Erläutern Sie eingehend, in welchen Bereichen die DDR „zu spät“ kam.*

2. *Erörtern Sie die Reformfähigkeit der DDR von 1989.*

* Siehe S. 495 und M2, S. 497.
** Zu Gorbatschow siehe S. 504.

M1 Bauindustrie

Im Mai 1988 verhandelt das Politbüro der SED über die Modernisierung der Bauindustrie. Den Vorschlägen liegen folgende Anlagen bei:

Das jährliche Investitionsvolumen für das Bauwesen verringerte sich in den 80er-Jahren auf etwa die Hälfte des im Zeitraum 1975/76 realisierten Umfangs, wobei vor allem 1981/83 rund [...] ein Jahresinvestitionsvolumen für Aufgaben der Energieumstellung [von Heizöl auf Braunkohlenstaub] eingesetzt worden sind. Demzufolge wurden Erweiterungsinvestitionen nur noch für solche Erzeugnisse vorgenommen, wo der Bedarf nicht gedeckt werden konnte. [...] Ein beträchtlicher Teil der Kapazitäten [etwa ein Drittel] des Rationalisierungsmittelbaus[1] des Bauwesens muss für die Eigenfertigung von Ersatzteilen und die Regenerierung von Verschleißteilen eingesetzt werden. [In] den vergangenen 7 Jahren [ist] die Bereitstellung neuer Baumaschinen und Fahrzeuge wesentlich reduziert worden. Damit stieg der Anteil von vollständig abgeschriebenen und nur noch bedingt reparaturfähigen Ausrüstungen erheblich an.

Maschinen	Bestand	nicht mehr modernisierungsfähig (in Prozent)		Auslastung (in Prozent)
	insgesamt	1979	1987	1987
Turmdrehkrane	907	35,2	36,0	105,9
Autodrehkrane	1980	39,8	92,3	106,2
Planierraupen	1349	41,0	90,5	105,6
LKW-Kipper	7280	30,0	65,1	107,1

Zitiert nach: Matthias Judt, Aufstieg und Niedergang der „Trabi-Wirtschaft“, in: Ders., DDR-Geschichte in Dokumenten. Beschlüsse Berichte, interne Materialien und Alltagszeugnisse, Berlin 1997, S. 159

1. *Skizzieren Sie die Lage der Bauindustrie der DDR um 1987.*
2. *Begründen Sie den Anstieg nicht mehr modernisierungsfähiger Maschinen in der Baubranche.*
3. *Diskutieren Sie, welche wahrscheinlichen Folgen sich aus dem Zustand der Bauindustrie für die Bevölkerung der DDR ergaben.*

[1] **Rationalisierungsmittelbau**: Herstellung von (technischen) Geräten, die den Arbeitsprozess effizienter gestalten sollen

M2 Mikroelektronikprogramm

In den späten 1970er-Jahren entwickelt sich die Mikroelektronik zur weltweiten Schlüsseltechnologie. Die DDR investiert insbesondere währender 1980er-Jahre in diese Branche. Der Wirtschaftshistoriker André Steiner bewertet das Mikroelektronikprogramm der DDR:

Als man immer öfter Schwierigkeiten hatte, seine Exportprodukte auf den Weltmärkten abzusetzen, wurde nach einem Weg gesucht, die technologische Lücke zum Weltstand wieder zu verringern. [...] Daher wollte man mit einem Politbürobeschluss von 1977 die Kräfte auf die Entwicklung der Mikroelektronik konzentrieren, die sich international immer mehr als die neue Basisinnovation herauskristallisiert hatte. Das entsprechende Programm verschlang allein von 1986 bis 1989, als die Anstrengungen noch einmal vervielfacht wurden, rund 14 Milliarden Mark [...]. Dieses Programm war aber für die DDR unter den gegebenen Bedingungen gewissermaßen eine Notwendigkeit. Zum einen bezahlte man damit den Preis für die Fehlentscheidung am Anfang der Siebzigerjahre, die auf diesem Gebiet bis dahin geleisteten Entwicklungsarbeiten abzubrechen. Zum anderen erforderte ein leistungsfähiger und moderner Maschinenbau immer dringender mikroelektronische Bauelemente. [...] Dabei setzte man im hohen Maße darauf, [...] die westlichen Embargobestimmungen[1] zu unterlaufen und sich das notwendige Know-how sowie erforderliche Produktionsanlagen als Prototypen illegal aus dem Westen zu beschaffen und dann nachzubauen. Jedoch konnten auf diese Weise die grundsätzlichen Probleme des Technologietransfers nicht beseitigt werden.
Schon wegen seiner enormen Kosten, die der Bevölkerung nicht verborgen bleiben konnten, musste das Mikroelektronikprogramm propagandistisch zu einem Musterbeispiel vorausschauender Wirtschafts- und Strukturpolitik hochstilisiert werden. Allerdings war vorauszusehen, dass unter den DDR-Bedingungen der Aufwand in einem kolossalen Missverhältnis zum wirtschaftlichen Nutzen stehen würde. So betrugen die Kosten für die Produktion eines 256 Kbit Speicherschaltkreises 534 Mark, dagegen war das gleiche Bauelement auf dem Weltmarkt für vier bis fünf Valutamark[2] zu haben. Damit musste jeder Schaltkreis mit 517 Mark aus dem Staatshaushalt gestützt werden.[3] An ökonomischen Kriterien war diese Anstrengung nicht zu messen. So wurden immer wie-

[1] **Embargo**: Unterbindung der Ein- und Ausfuhr von Waren und Rohstoffen. Die Staaten des Westblocks wollten den Verkauf moderner Technologien in den Ostblock verhindern.
[2] **Valutamark**: Westmark
[3] Das Ziel war es, Speicherschaltkreise für max. 16 Mark auf dem Weltmarkt anzubieten.

der wissenschaftlich-technische Leistungen gefeiert, ohne dass diese bereits produktionswirksam werden konnten. [...] Um die erforderlichen Finanzmittel für derartige Schwerpunktprogramme bereit zu stellen, wurden allein in den Achtzigerjahren eigentlich der Erhaltung vorhandener Anlagen und Maschinen dienende Mittel in Höhe der durchschnittlichen Investitionsmittel eines Jahres auf derartige Großvorhaben umgeleitet. Dies war bei der bereits überstrapazierten Zahlungsbilanz die einzige Umverteilungsmöglichkeit, wenn die SED-Spitze nicht den Konsum einschränken wollte. Dazu konnte sie sich im Interesse der Erhaltung ihrer Macht nicht bereit finden.

André Steiner, Zwischen Konsumversprechen und Innovationszwang. Zum wirtschaftlichen Niedergang der DDR, in: Konrad H. Jarausch und Martin Sabrow (Hrsg.), Weg in den Untergang. Der innere Zerfall der DDR, Göttingen 1999, S. 153-192, hier S. 171-173

1. *Erläutern Sie die Geschichte der Mikroelektronik in der DDR in einem Schaubild. Veranschaulichen Sie darin auch den Zusammenhang von Propaganda und Produktion.*

2. *Erörtern Sie die Ursachen der schlechten wirtschaftlichen Situation der DDR in den 1980er-Jahren. Nutzen Sie dazu auch M1 sowie das Schaubild auf Seite 365.*

▲ **Alltag in der Mangelwirtschaft.**
Foto aus Leipzig vom März 1989.
Die DDR-Bürger mussten immer improvisieren, besonders wenn sie Ersatzteile für die Wartungsarbeiten ihres Pkw brauchten wie dieser Leipziger Bürger.

M3 „Wenn man da nicht Leute kannte ..."

Ein Betroffener berichtet nach 1989 darüber, wie man sich mit der Versorgung in der DDR arrangiert hat:

Wenn man in einen Gemüseladen reinkommt und Schwein hat, dann liegen dort ein paar deutsche Zwiebeln. Die nimmt man raus aus der Steige, dann hat man schon die Pfoten voll Schmiere. Die Möhren sehen aus, wie man sie vom Acker runterholt. Die Radieschen auch. Die waren nicht gewaschen und nichts. Ich meine, das liegt auch ein bisschen an der Schlamperei der Leute. Wenn ich so einen Laden hätte, ich hätte sie wahrscheinlich in einem Eimer abgewaschen. Aber es ist nicht ihr Laden, es geht sie nichts an. Und da die Leute die Sachen brauchen, kaufen sie das eben. Also, das stimmt, Kraut gab es in den letzten Jahren in Hülle und Fülle. Anderes Gemüse aber nur zu der Jahreszeit. Und dann kriegt man das aber auch nicht jeden Tag. Da muss man Anfang der Woche Blumenkohl kaufen, wenn man den am Freitag essen will. Aber das ist nicht so schlimm. Der Blumenkohl hier hat doch schon meistens Flecken. Obst hat man kaum gesehen. Äpfel gab es, aber Kirschen oder Erdbeeren nur ganz selten. Wenn man da nicht Leute kannte, die einen Garten haben und verkauft haben, da hätte man so was nie gekriegt. [...] Einmal im Jahr, vor Weihnachten, gab es Apfelsinen. [...]

Manche Lebensmittel bekommt man nicht: Tomatenmark, Ketch-up, solches Zeug. Ganz Seltenes kriegt man nur durch Beziehungen. Man muss in der DDR Beziehungen haben. Man muss viele Leute kennen, dann kriegt man mal was. [...] Aber auf der anderen Seite wird das Geld zum Fenster rausgeschmissen. In den Neubaugebieten zum Beispiel, wo Fernheizung ist, die können das gar nicht regeln. Da ist kein Thermostat. Die machen die Fenster auf, damit die Wärme hinaus kann. Die rennen drinnen nur im Turnhemd rum. Die baden und versauen das Wasser. Die Kosten sind alle in der Miete enthalten. Die haben noch nicht einmal eine Wasseruhr. Es ist gleich, wie viel Wasser man verbraucht. [...]
Wer Grundeigentum hat, der darf nicht so ohne Weiteres drauf bauen. Da hat erst einmal der Staat das Vorrecht zum Bauen. Wenn jetzt auf den Dörfern oder auch hier in Saalfeld jemand bauen möchte, kriegt er in der Regel seine 500 Quadratmeter zugeteilt. Dann hat man so ein kleines bisschen Garten. Das Haus wird vorgeschrieben, der Typ, den man bauen darf. Aber das macht man erst seit den letzten Jahren. Das Haus wird Eigentum, aber der Grund und Boden nicht. [...] Wenn man so ein Haus baut, muss man sich eine Feierabendbrigade suchen, die einem das hochzieht. Das sind Bauarbeiter, die so was nach Feierabend machen oder im Urlaub oder auch sonnabends und sonntags. Es gibt auch keine Baufirmen. Hier baut man alles in Eigeninitiative. [...] Manches Material haben die auch nicht so gekriegt, wie die wollten. Oder sie mussten es irgendwie teuer bezahlen, weil sie auf normalem Weg nicht drangekommen sind. Da gibt es

manchmal nur ein Halbzoll-Rohr oder mal nur ein Viertelzoll-Rohr. Dann gibt es keine Winkel oder keinen Wasserhahn. Sie müssen da schon rennen.

Mike Dennis und Johannes-Dieter Steinert, Deutschland 1945-1990. Von der bedingungslosen Kapitulation zur Vereinigung, Schwalbach 2005, S. 213 f.

1. *Ordnen Sie die im Text dargelegten Probleme in Oberbegriffe.*
2. *Charakterisieren Sie die Haltung des Berichterstatters und weisen Sie seine Schreibabsicht anhand des Textes nach.*

M4 „Frieden schaffen ohne Waffen"

Am 25. Januar 1982 verfassen der kommunistische Dissident Robert Havemann und der evangelische Pfarrer Rainer Eppelmann den „Berliner Appell – Frieden schaffen ohne Waffen", der von westdeutschen Medien veröffentlicht und binnen weniger Monate von Tausenden unterschrieben wird. Erstmals erreicht eine oppositionelle Gruppe breite Bekanntheit:

1. Es kann in Europa nur noch einen Krieg geben, den Atomkrieg. Die in Ost und West angehäuften Waffen werden uns nicht schützen, sondern vernichten. [...]

2. Darum: Wenn wir leben wollen, fort mit den Waffen! [...] Ganz Europa muss zur atomwaffenfreien Zone werden. Wir schlagen vor: Verhandlungen zwischen den Regierungen der beiden deutschen Staaten über die Entfernung aller Atomwaffen aus Deutschland.

3. Das geteilte Deutschland ist zur Aufmarschbasis der beiden großen Atommächte geworden. Wir schlagen vor, diese lebensgefährliche Konfrontation zu beenden. Die Siegermächte des 2. Weltkrieges müssen endlich die Friedensverträge mit den deutschen Staaten schließen, wie es im Potsdamer Abkommen von 1945 beschlossen worden ist. Danach sollten die ehemaligen Alliierten ihre Besatzungstruppen aus Deutschland abziehen und Garantien über die Nichteinmischung in die inneren Angelegenheiten der beiden deutschen Staaten vereinbaren.

4. Wir schlagen vor, in einer Atmosphäre der Toleranz und der Anerkennung des Rechts auf freie Meinungsäußerung die große Aussprache über die Fragen des Friedens zu führen und jede spontane Bekundung des Friedenswillens in der Öffentlichkeit zu billigen und zu fördern. [...]

a) Sollten wir nicht auf Produktion, Verkauf und Einfuhr von sogenanntem Kriegsspielzeug verzichten?

b) Sollten wir nicht anstelle des Wehrkundeunterrichts an unseren Schulen einen Unterricht über Fragen des Friedens einführen?

c) Sollten wir nicht anstelle des jetzigen Wehrersatzdienstes für Kriegsdienstverweigerer auch einen sozialen Friedensdienst zulassen?

d) Sollten wir nicht auf alle Demonstrationen militärischer Machtmittel in der Öffentlichkeit verzichten und unsere staatlichen Feiern stattdessen dazu nutzen, den Friedenswillen des Volkes kundzutun?

e) Sollten wir nicht auf die Übungen zur sogenannten Zivil-Verteidigung verzichten? Da es im Atomkrieg keine Möglichkeit einer sinnvollen Zivil-Verteidigung gibt, wird durch diese Übungen nur der Atomkrieg verharmlost. Ist das nicht womöglich eine Art psychologischer Kriegsvorbereitung?

5. Frieden schaffen ohne Waffen – das bedeutet nicht nur: Sicherheit zu schaffen für unser eigenes Überleben. Es bedeutet auch das Ende der sinnlosen Verschwendung von Arbeitskraft und Reichtum unseres Volkes für die Produktion von Kriegswerkzeug und die Aufrüstung riesiger Armeen junger Menschen, die dadurch der produktiven Arbeit entzogen werden. Sollten wir nicht lieber den Hungernden in aller Welt helfen, statt fortzufahren, unseren Tod vorzubereiten?
Selig sind die Sanftmütigen, denn sie werden das Erdreich besitzen (Jesus von Nazareth in der Bergpredigt).
Das Gleichgewicht des Schreckens hat den Atomkrieg bisher nur dadurch verhindert, dass es ihn immer wieder auf morgen vertagt hat. Vor diesem herannahenden Morgen des Schreckens fürchten sich die Völker. Sie suchen nach neuen Wegen, dem Frieden eine bessere Grundlage zu geben. Auch der „Berliner Appell" ist ein Ausdruck dieses Suchens. Denkt über ihn nach, macht unseren Politikern Vorschläge und diskutiert überall die Frage: Was führt zum Frieden, was zum Kriege?
Bekräftigt Eure Zustimmung zum „Berliner Appell" durch Eure Unterschrift.

Zitiert nach: Berliner Appell vom 25. Januar 1982, in: www.bildungsserver.berlin-brandenburg.de/fileadmin/havemann/docs/material/1982_berliner_appell.pdf [Zugriff vom 21. Januar 2015]

1. *Fassen Sie die Forderungen des „Berliner Appells" tabellarisch zusammen. Unterscheiden Sie zwischen Forderungen, die die internationale Politik, und anderen Forderungen, die die DDR-Gesellschaft betreffen.*
2. *Charakterisieren Sie die Sprache des Appells.*
3. *Begründen Sie die sofortige Unterdrückung dieses Appells durch die SED-Führung.*

H *Erläutern Sie dafür die Widersprüche des Appells zu den Grundüberzeugungen der SED-Führung.*

M5 Gegen NATO-Waffen

Werbeplakat der FDJ, dem Jugendverband der SED, zum Pfingsttreffen 1982. Die Pfingsttreffen der FDJ sind mehrtägige Großveranstaltungen in Berlin, die unter wechselnden Themen stehen:

Beschreiben und interpretieren Sie das Plakat – auch im Zusammenhang mit dem „Berliner Appell" (M4).

M6 Berufsverbot

Im September 1978 wird „Wehrkundeunterricht" in der 9. und 10. Klasse als Pflichtfach eingeführt. Dadurch soll laut Lehrplan die Wehrbereitschaft und Wehrfähigkeit der Schüler gefördert werden. Daran wird bis zum Ende der DDR Kritik geübt. 1987 erreicht die Abteilung für Kirchenfragen der SED folgender Brief:

Wir haben uns aus Glaubensgründen entschlossen, unsere Tochter Michaela nicht am Wehrkundeunterricht teilnehmen zu lassen, was uns auch nach längeren Diskussionen genehmigt wurde. Nun stellte sich für uns die Frage einer Lehrstelle für Michaela und diese hatten wir auch, aber das Zustandekommen eines Lehrvertrags scheiterte an unserer Weigerung, an ZV[1] oder anderen Kursen Michaela teilnehmen zu lassen. Michaela möchte auch von sich aus nicht teilnehmen. Für uns steht das Gebot der Nächstenliebe im Vordergrund und wir wollen uns und unsere Kinder nicht teilnehmen lassen an irgendwelchen „Schulungen" zum Aufbau eines Feindbildes. Wir glaubten nur, Berufsverbote gebe es hier nicht, aber das ist nicht so. Andersdenkende werden behandelt, wie es ihnen zusteht, für Hilfsarbeiten ist uns unser Kind zu schade. Auch haben wir bereits 1984 die Ausreise beantragt, hier kann man ja nicht leben, und schon gar nicht als Christ. Wir fordern eine Lehrstelle für unsere Tochter oder endlich unsere Ausreise.

Zitiert nach: Saskia Handro, Alltagsgeschichte. Alltag, Arbeit, Politik und Kultur in SBZ und DDR, Schwalbach 2004, S. 267 (offensichtliche Rechtschreibfehler bereinigt)

1. *Untersuchen Sie den Brief im Hinblick auf die Argumentationsweise, mit der Michaelas Eltern ihre Meinung vertreten und ihr Ziel zu erreichen versuchen.*

   H *Begründen Sie auch die Wahl des Begriffes „Berufsverbot".*
2. *Erläutern Sie den Zusammenhang von Religion und Opposition. Nutzen Sie hierzu auch M4.*

[1] ZV: Übungen zur Zivilverteidigung

M7 „Jedes sozialistische Land hat seine Spezifik"

Im Rahmen eines ČSSR-Besuches erklärt der Generalsekretär der KPdSU, Michail Gorbatschow, am 10. April 1987 auf einer Kundgebung in Prag:

Wir meinen nicht, dass wir die endgültigen Antworten auf alle Fragen gefunden haben, vor die uns das Leben gestellt hat. Wir sind auch weit davon entfernt, irgendjemand dazu aufzurufen zu wollen, uns zu kopieren. Jedes sozialistische Land hat seine Spezifik. Die Bruderparteien legen den politischen Kurs unter Berücksichtigung der nationalen Bedingungen fest. [...] Wir gehen vor allem davon aus, dass das gesamte System der politischen Beziehungen zwischen den Ländern des Sozialismus konsequent auf Gleichberechtigung und gegenseitiger Verantwortlichkeit beruhen kann und muss. Niemand hat das Recht, Anspruch auf eine Sonderstellung in der sozialistischen Welt zu erheben. Die Selbstständigkeit jeder Partei, ihre Verantwortung vor dem eigenen Volk und das Recht, souverän die Fragen der Entwicklungen des Landes zu lösen, sind für uns selbstverständliche Prinzipien.

Michail Gorbatschow, Ausgewählte Reden und Aufsätze, Bd. 4, Berlin 1988, S. 530 f.

1. *Erläutern Sie die Bedeutung dieser Haltung für die Beziehungen zwischen der Sowjetunion und den verbündeten Blockstaaten.*

   H *Stellen Sie die Position Gorbatschows der Breschnews (M2, S. 497) gegenüber.*
2. *Diskutieren Sie, welche Konsequenzen diese Position für die Bürgerrechtsbewegungen in den sozialistischen Staaten hatte.*

Historische Spielfilme beurteilen

Historische Spielfilme legen für ihre Handlung historische Personen, Ereignisse oder Epochen zugrunde. Wie andere Spielfilme auch gehorchen sie den Regeln der Filmdramaturgie. Sie haben immer das Ziel, den Zuschauer zu unterhalten und Spannung zu erzeugen.
Im Gegensatz dazu erheben historische Dokumentationen nicht in erster Linie den Anspruch zu unterhalten. Sie wollen vielmehr den Zuschauern Wissen über die Vergangenheit vermitteln. Sie verwenden historische Quellen und versuchen, die Zusammenhänge herzustellen.

Historische Spielfilme beurteilen

Manche Spielfilme verwenden Historisches nur als Kulisse für ihre Erzählungen und berücksichtigen die historische Wahrheit nur wenig. Andere versuchen, die Geschichte mit filmischen Mitteln auf der Grundlage von Quellen möglichst exakt zu rekonstruieren. Bei Spielfilmen über historische Persönlichkeiten, den sogenannten „Biopics", bilden die gesicherten biografischen Erkenntnisse die Basis für den Film. Lücken in der Überlieferung werden in der Regel frei ergänzt, Dialoge oder Situationen erfunden, um durch die zusammenhängende Handlung die Person näher zu charakterisieren.
Als Informationsquelle für reale historische Ereignisse sind deshalb historische Spielfilme niemals uneingeschränkt zu nutzen. Die folgenden Hinweise ermöglichen die Analyse von historischen Spielfilmen wie dem gewählten Beispiel: „Das Leben der Anderen".

Formale Kennzeichen

- Wer hat den Film in Auftrag gegeben und produziert?
- Wo wurde der Film gezeigt?

Inhalt

- Was ist das Thema des Films?
- Welche Ereignisse und Personen werden dargestellt?
- Welche filmsprachlichen Mittel werden verwendet?

Historischer Hintergrund

- Welche Fakten über das thematisierte historische Geschehen lassen sich ermitteln?
- Wo stimmen historische Tatsachen und Film nicht überein?
- Wo fügt der Film den historischen Ereignissen etwas hinzu?
- Bei Spielfilmen, die sich nicht auf konkrete historische Personen und Ereignisse beziehen: Erfasst die Darstellung des vergangenen Geschehens das Wesentliche?

Intention und Wirkung

- Welches Bild von der dargestellten Zeit und von den Personen wird vermittelt?
- Welche Zielgruppen will der Film erreichen?
- Welche Denkanstöße vermittelt der Film?
- Welche Bedeutung hat die Musik?

Bewertung und Fazit

- Wie werden die historischen Ereignisse filmisch umgesetzt? Sind Tendenzen erkennbar?
- Wo müssten andere Informationen ergänzt werden? Wo müsste korrigiert werden?
- Welche Rezensionen zu dem Film gibt es?

Allgemeine Hinweise zur Filmanalyse

Struktureinheiten von Filmen

Die beiden wichtigsten filmischen Einheiten (Abschnitte) sind:

1. *Einstellung (shot)*: Bei ihr handelt es sich um die kleinste Einheit des Films. Sie umfasst den Zeitraum von der Aufblende bis zur Abblende der Kamera. Meist ist sie nur wenige Sekunden lang, sie kann aber auch einige Minuten dauern.
2. *Sequenz*: Sie besteht meist aus mehreren Einstellungen und bildet eine inhaltlich zusammenhängende Einheit des Filmes.

Kameraperspektiven

Unterschieden werden muss zwischen „Vogelperspektive" (Kamera von oben), „Froschperspektive" (Kamera von unten) oder „Normalsicht" (Kamera auf Augenhöhe).
Mit der „Froschperspektive" können Personen erhöht und bedrohlich dargestellt werden, die Vogelperspektive lässt die Zuschauer auf Personen herabblicken und vermindert sie in der Bedeutung.

Einstellungsgrößen

Je nach dem, was ins Bild gerückt ist, spricht man von „Panoramaeinstellung"/„Supertotale" (Landschaft, bei der Menschen nur klein zu erkennen sind), „Totale" (Personen werden in ihrer Umgebung gezeigt), „Naher Einstellung" (Personen vom Kopf bis zur Körpermitte), „Großaufnahme" (Kopf und Teile der Schultern) oder „Detail". Die Übergänge zwischen den Einstellungsgrößen sind dabei fließend.
Die Totale ordnet eine Person in ihr Umfeld ein, lässt sie unter Umständen verloren und „einsam" wirken, Großaufnahmen erhöhen die Bedeutung einer Person, betonen ihre Individualität.

Hell-Dunkel-Kontraste/Farben

Ein weiteres Gestaltungsmittel sind Farben. Sie haben auf den Betrachter unterschiedliche Wirkungen. So gelten blaue Farben in der Regel als kalt, rote und braune Töne hingegen als warm und emotional.

Das *Sequenzprotokoll* ist der Ausgangspunkt für jede Filmanalyse. In ihm werden die Dauer der einzelnen Abschnitte und Besonderheiten in der Filmsprache notiert.

Unter Besonderheiten können u. a. aufgeführt werden:
Wo gibt es auffällige Großaufnahmen und Kamerapositionen?
Wie bewegt sich die Kamera?
Wie ist das Verhältnis von kurzen und langen Einstellungen?
Wo gibt es auffällige „Schnittstellen"?

Welche Wirkung erzielen Geräusche bzw. Musik?
Wie sind die Dialoge ausgestaltet?
Wie spricht die Gedankenstimme?
Wie umfangreich ist der Kommentar?
Was sind die Kernsätze?

Muster für ein Sequenzprotokoll. ▸

Sequenz	Dauer (in min.)	Zahl der Einstellungen	Besonderheiten
S 4	00:16 bis 00:18	Grubitz fährt Wiesler nach Hause. Wiesler sieht in seiner Plattenbauwohnung fern.	Musik
		Wiesler beobachtet morgens, wie Dreymann mit Kindern Fußball spielt. Abends sieht er Christa-Maria aus einem Auto steigen.	Musik

Inhalt

Die Handlung spielt in Ost-Berlin im Zeitraum vom November 1984 bis 1991. Der linientreue Stasi-Hauptmann Gerd Wiesler wird beauftragt, dem bekannten Bühnenautor Georg Dreymann Fehlverhalten nachzuweisen. Denn dessen Freundin, die Schauspielerin Christa-Maria Sieland, wird auch vom Kulturminister Bruno Hempf begehrt.
Dadurch erfährt Wiesler, dass Dreymann für ein westdeutsches Nachrichtenmagazin einen regimekritischen Artikel über die hohe Selbstmordrate in der DDR schreibt. Stasi-Offizier Wiesler entwickelt jedoch Sympathien für Dreymann und deckt ihn schließlich. Nach dem Ende der DDR verfasst Dreymann einen Roman, der diesem Stasi-Offizier unter seinem Decknamen gewidmet ist.

Beispielsequenzen

Handlung: Christa-Maria fühlt sich als Verräterin, stürmt auf die Straße und wirft sich vor einen herannahenden Transporter.
Bildsprache: Nahaufnahme, Überblendung. Die schnelle Bildfolge zeigt, wie Christa-Maria vom Fahrzeug erfasst und auf die Fahrbahn geschleudert wird.

Handlung: Dreymann und Wiesler eilen auf die Schwerverletzte zu. Wiesler trägt eine Polyesterjacke, wie sie von vielen hauptamtlichen Stasi-Mitarbeitern getragen wurde.
Bildsprache: Totale. Dreymann und Christa-Maria Sieland sind weiß gekleidet und heben sich deutlich von der tristen, regennassen Umgebung ab.

Handlung: Wiesler, der sich nach der Wiedervereinigung als Zeitungsausträger durchschlägt, passiert eine Buchhandlung.
Bildsprache: Totale. Eine Einblendung klärt die Zeit. Die Jacke, der stramme Schritt und der zielgerichtete Blick knüpfen an sein früheres Leben bei der Stasi an.

Formale Kennzeichen

Das Drehbuch von „Das Leben der Anderen" wurde von Florian Henckel von Donnersmarck geschrieben, der auch Regie führte. Der Film wurde 2005 mit Beteiligung des Bayerischen Rundfunks und des Fernsehsenders „arte" gedreht. Im Jahr 2006 kam er in die deutschen Kinos. 2007 wurde er als „bester ausländischer Film" mit einem Oscar ausgezeichnet. Die „Deutsche Film- und Medienbewertung", eine von den deutschen Bundesländern gegründete Institution, verlieh ihm das Prädikat „besonders wertvoll".

▲ **Filmplakat von „Das Leben der Anderen".**
Das Plakat zeigt den Schauspieler Ulrich Mühe (1953-2007) in der Rolle des Stasi-Hauptmanns Gerd Wiesler. „HGW XX/7" ist sein Aktenkürzel.
Die „Hauptabteilung XX" der Stasi war zuständig für die Überwachung von „Staatsapparat, Kultur, Kirche und Untergrund".

Historischer Hintergrund

1975 hatte die DDR durch die Unterzeichnung der KSZE-Schlussakte von Helsinki formal Meinungsfreiheit zugestanden. Um den Bruch des Vertrages zu verschleiern, unterdrückte das Ministerium für Staatssicherheit Kritik mit einem abgestuften System von Belohnung und Bestrafung. Diese reichte vom Ausschluss aus der Partei über psychischen Druck bis hin zur Ausbürgerung, wie im Fall Wolf Biermanns 1976. Nachdem sich das gesellschaftliche Klima in der DDR nicht geändert hatte, wuchs unter Künstlern und Intellektuellen die Unzufriedenheit. Die Staatssicherheit verstärkte die Überwachung gerade der Kulturszene. Die DDR, die von allen Staaten des Ostblocks nach Ungarn die höchste Selbstmordrate hatte, veröffentlichte nach 1977 dazu kein statistisches Material mehr.

Einige Handlungen in dem Film sind jedoch unwahrscheinlich oder widersprechen historischen Erkenntnissen. So wären beispielsweise Vereinbarungen, wie die zwischen Wiesler und seinem direkten Vorgesetzten, die den offiziellen Dienstweg umgehen, innerhalb der strikt gegliederten Staatssicherheit unwahrscheinlich. Auch wurde kein Fall bekannt, in dem ein Spitzel die Bespitzelten derart konsequent vor dem Zugriff des Staates geschützt hätte.

Intention und Wirkung

Der Film versucht, ein realistisches Bild der DDR zu vermitteln. Durch die Ausstattung (Kleidung, Inneneinrichtungen) wird das damalige Umfeld glaubwürdig nachgebildet. Der Film zeigt die Wechselwirkung zwischen Überwachenden und Überwachten und schildert Methoden der Stasi und ihre Folgen auf einer persönlichen Ebene. Dementsprechend sind Nahaufnahmen ein wichtiges filmisches Mittel. Bewusste Gestaltungsmittel unterstützen die Dramaturgie, z. B. optische Kontraste oder die Musik („Sonate vom guten Menschen").

Bewertung und Fazit

Der Film weckt nicht nur Abscheu gegenüber den Methoden der Staatssicherheit bzw. Mitleid mit den Opfern. Er verdeutlicht auch, wie schwierig und uneindeutig die moralische Bewertung von Mitarbeitern der Stasi und deren Zielpersonen sein konnte. So entziehen sich zumindest zwei Hauptfiguren einer eindeutigen moralischen Bewertung: Die psychisch labile Schauspielerin Sieland ist hin- und hergerissen zwischen der Liebe zu ihrem Lebensgefährten und der Leidenschaft für ihren Beruf. Im Falle des Stasi-Offiziers Wiesler bleibt offen, ob er die Personen, die er nach seiner inneren Kehrtwende eigentlich schützen will, durch seine Eingriffe nicht letztlich manipuliert.

▲ **DDR-Flüchtlinge in der bundesdeutschen Botschaft in Prag, September/Oktober 1989.**
Im Sommer 1989 flohen 4 000 DDR-Bürger in die Prager Botschaft, um in die Bundesrepublik auszureisen. Doch die Verhandlungen mit dem DDR-Regime zogen sich bis Ende September. Erst ab dem 1. Oktober durften die Flüchtlinge ausreisen, mussten aber mit dem Zug durch die DDR fahren.

Von der „friedlichen Revolution" bis zur Wiedervereinigung

Flucht vor der Staatsmacht Immer mehr Bürger stellten einen Antrag auf Ausreise aus der DDR, obwohl sie in vielen Fällen deswegen jahrelang benachteiligt und schikaniert wurden. Im ersten Halbjahr 1989 gestattete die Regierung 46 343 Personen die Übersiedlung in die Bundesrepublik. Doch die Hoffnung der SED, auf diese Weise wieder Ruhe herstellen zu können, erfüllte sich nicht. Im Gegenteil: Im Sommer 1989 lagen bereits eine Viertelmillion weiterer Ausreiseanträge vor.

Am 10./11. September erlaubte die reformkommunistische Regierung Ungarns, die bereits seit Mai ihre Grenzsperren nach Österreich abbaute, fluchtwilligen Urlaubern aus der DDR die Ausreise. Über 25 000 Menschen nutzten das neue Schlupfloch im bislang undurchlässigen „Eisernen Vorhang". Andere fanden Einlass in den diplomatischen Vertretungen der Bundesrepublik in Prag, Warschau und Ost-Berlin. Nach langwierigen Verhandlungen zwischen beiden deutschen Regierungen durften sie Anfang Oktober in den Westen übersiedeln.

Massenprotest und „friedliche Revolution" In mehreren Städten der DDR beobachteten Bürgerrechtsgruppen die Auszählung der Stimmen zu den Kommunalwahlen vom 7. Mai 1989 und protestierten anschließend gegen die festgestellten Wahlfälschungen. Dadurch erhielten sie landesweite Aufmerksamkeit und Anerkennung. Da die Sowjetunion eine militärische Intervention verweigerte, verloren die Drohgebärden der Machthaber in der DDR nach und nach ihre Wirkung. Immerhin wagten es die Bürgerrechtler im August/September 1989, sich in vier erstmals öffentlich auftretenden Vereinigungen (Neues Forum, Demokratie Jetzt, Demokratischer Aufbruch, Sozialdemokratische Partei) zusammenzuschließen und eine Reform der DDR an Haupt und Gliedern zu fordern. Seit Anfang September 1989 demonstrierten in Leipzig an jedem Montag nach Friedensgebeten in der Nikolaikirche immer mehr Menschen für Reisefreiheit statt Massenflucht. Rief die Menge anfangs noch „Wir wollen raus!", so hieß es bald „Wir bleiben hier!". In Ost-Berlin, Leipzig und Potsdam hielten Bürgerrechtler Mahnwachen für politische Gefangene. Das alles geschah unter den Augen der Stasi (▸ M1), die die Protestwelle mit Verhaftungen auflösen wollte. In den ersten Oktobertagen spitzte sich in vielen Städten die Situation gefährlich zu. Während die Machthaber den 40. Jahrestag der DDR am 6. und 7. Oktober vor den Kameras des In- und Auslandes und im Beisein des sowjetischen Staats- und Parteichefs Gorbatschow mit Pomp, Militärparaden und Aufmärschen begingen, versuchten sie gleichzeitig, mit einem Riesenaufgebot bewaffneter Sicherheitskräfte die Demonstranten einzuschüchtern. Niemand wusste vorherzusagen, wie die SED auf die wachsende Unruhe im Land reagieren könnte.

Honecker weigerte sich, Reformen einzuleiten, zu denen ihm Gorbatschow dringend geraten hatte („Wer zu spät kommt, den bestraft das Leben"). Die große Montagsdemonstration am 9. Oktober in Leipzig brachte den Umschwung. 70 000 Menschen demonstrierten friedlich, im klaren Bewusstsein, dass es dabei zu einem Blutbad

Literaturtipp:
PM Hoffmann und Bernd Lindner, Herbst der Entscheidung. Eine Geschichte der Friedlichen Revolution 1989, Berlin 2014 (Comic)

kommen könnte (▸ M2). Ähnliches geschah in Ost-Berlin, wo am 4. November 1989 fast 500 000 Menschen für Meinungs-, Presse- und Versammlungsfreiheit demonstrierten. Obgleich die bewaffneten Kräfte in höchste Alarmbereitschaft versetzt waren, blieb der Befehl zur Zerschlagung der Demonstrationen aus. Honecker wurde am 18. Oktober 1989 von einer Gruppe im Politbüro um **Egon Krenz** abgesetzt. Krenz übernahm Honeckers Ämter. Die politische Führung versuchte jetzt, durch Gesprächsangebote an die Bevölkerung die Situation wieder in den Griff zu bekommen. Doch die Menschen wollten sich nicht mehr mit kleinen Korrekturen der bisherigen Politik zufriedengeben. „Wir sind das Volk!“, riefen sie selbstbewusst den Machthabern zu, und im November mischte sich darunter immer häufiger der Ruf „Wir sind ein Volk!“.

Egon Krenz (geb. 1937): deutscher Politiker, 1989 DDR-Staatsratsvorsitzender und Generalsekretär der SED; 1997 wegen Totschlags im Zusammenhang mit den Todesfällen an der innerdeutschen Grenze zu mehrjähriger Freiheitsstrafe verurteilt

Das Ende der SED-Diktatur Die anhaltende Massenflucht und der zunehmende Massenprotest im ganzen Land untergruben innerhalb weniger Wochen das brüchige Machtfundament der SED. Die Öffnung der Mauer und der Grenzübergänge nach West-Berlin und in die Bundesrepublik am 9. November 1989 beschleunigte das Ende ihrer Herrschaft. Die Annahme der SED-Führung, mit der von den Demonstranten geforderten Reisefreiheit das Regime noch in letzter Minute stabilisieren zu können, erwies sich als Illusion. Nach dem Fall der Mauer besuchten Millionen den anderen Teil Deutschlands und entschieden sich gegen die DDR.

Unter dem Druck der Bevölkerung gab die SED ihre Vormachtstellung schrittweise auf. Im Dezember 1989 wurde ihre „führende Rolle“ aus der Verfassung gestrichen, das Ministerium für Staatssicherheit aufgelöst, Politbüro und Zentralkomitee traten geschlossen zurück, Staats- und Parteichef Krenz legte seine Ämter nieder. Die „friedliche Revolution“ in der DDR hatte gesiegt, die SED-Diktatur war zusammengebrochen.

Seit Mitte November 1989 amtierte eine SED-Regierung unter Ministerpräsident **Hans Modrow**. Sie stand von Beginn an unter Erfolgszwang. Die Probleme der Wirtschaft, über die jetzt in aller Öffentlichkeit berichtet und diskutiert wurde, ließen sich von der DDR allein nicht mehr bewältigen. Zugleich hielt die Ausreisewelle an. Im November und Dezember 1989 kehrten 176 650 Menschen der DDR den Rücken. Anfang Dezember wurde ein *Runder Tisch* eingeführt, wie ihn vorher die Reformer in Polen durchgesetzt hatten. Die Vertreter der SED und die wichtigsten Bürgerrechtsgruppen traten zu diesem Gesprächsforum zusammen. Somit bekamen Oppositionsgruppierungen erstmals Einfluss auf die Regierungspolitik.

Unter öffentlichem Druck stimmten die Regierung Modrow und die inzwischen neu formierte SED/PDS* den Forderungen des Runden Tisches nach baldigen Neuwahlen zu. Am 18. März 1990 fanden die ersten freien Wahlen zur DDR-Volkskammer statt. Während des Wahlkampfes war die Frage einer Vereinigung mit der Bundesrepublik eines der Hauptthemen. Bei den Wahlen wurde das Parteienbündnis „Allianz für Deutschland“ aus CDU (Ost), Demokratischem Aufbruch (DA) und der Deut-

Hans Modrow (geb. 1928): SED-Politiker, 1989/90 Regierungschef der DDR (Vorsitzender des Ministerrates); 1990-1994 Abgeordneter der PDS im Bundestag; seit 2007 Mitglied der Partei „Die Linke“

▸ **Umjubelter Grenzübertritt.**
Foto vom 9./10. November 1989.
In Berlin nutzten mehr als eine halbe Million Menschen die Grenzöffnung zu einem Kurzbesuch im Westteil der Stadt.

* **PDS**: Partei des Demokratischen Sozialismus, seit Dezember 1989 Rechtsnachfolgerin der SED; 2007 umbenannt in Die Linke

◄ **Der Zentrale Runde Tisch der DDR in Berlin-Niederschönhausen.**
Foto von 1989.
Am Zentralen Runden Tisch vereinbarten SED-Regierung und Bürgerrechtler freie Volkskammerwahlen für den 18. März 1990 und arbeiteten einen Verfassungsentwurf sowie ein neues Wahlgesetz für die demokratische Umgestaltung der DDR aus. Währenddessen nahm die in der Bevölkerung geforderte Einheit Deutschlands immer mehr Gestalt an. Nach den Volkskammerwahlen im März 1990 und dem hohen Wahlsieg der Ost-CDU wurden die Bürgerrechtler schließlich von der politischen Bühne gedrängt und von den Ereignissen, die sie selbst angestoßen hatten, überrollt.

schen Sozialen Union (DSU) eindeutiger Sieger. Eine Mehrheit der Bürger hatte sich damit für eine schnelle deutsche Einheit ausgesprochen. Am 12. April 1990 wählte die Volkskammer **Lothar de Maizière** (Ost-CDU) zum Ministerpräsidenten und bestätigte sein Kabinett der Großen Koalition aus CDU, SPD, Liberalen, DA und DSU.

Lothar de Maizière (geb. 1940): Mitglied der CDU (Ost), von April bis Oktober 1990 letzter Regierungschef (ab August auch Außenminister) der DDR; trat kurz nach der Wiedervereinigung als Bundesminister wegen Stasi-Vorwürfen zurück

Auf dem Weg zur Einheit Bundeskanzler Helmut Kohl hatte Ende November 1989 mit einem „Zehn-Punkte-Programm zur Überwindung der Teilung Deutschlands und Europas" die Initiative ergriffen. Der Plan basierte auf der Überlegung, dass die Bundesregierung mit einer demokratisch legitimierten DDR-Regierung in einer „Vertragsgemeinschaft" behutsam die Vereinigung der beiden Staaten vorantreiben sollte, um den Menschen in der DDR eine Perspektive zu geben. Zwischen beiden Staaten sollten zunächst konföderative Strukturen geschaffen werden, mit dem Ziel einer gemeinsamen staatlichen Ordnung. Gleichzeitig sollte die deutsche Wiedervereinigung in die Europäische Gemeinschaft eingebettet sein. Einen Zeitplan gab es nicht, denn noch wusste niemand, wie die Sowjetunion auf den Zerfall des SED-Regimes reagieren würde.

Im Bundestag standen Kohls Programm alle Parteien mit Ausnahme der Grünen jedoch grundsätzlich positiv gegenüber. Kritisiert wurde der Bundeskanzler in den USA dafür, dass er sich nicht im Vorfeld mit den westlichen Bündnispartnern beraten hatte.

Der internationale Rahmen der Deutschen Einheit Die politische und wirtschaftliche Situation der DDR setzte die Regierenden in Ost und West unter Zugzwang: Die Übersiedlerwelle der zumeist jungen und beruflich gut qualifizierten DDR-Bürger stieg im Januar 1990 auf 73729 Personen an. Aber ohne die Zustimmung der vier Siegermächte des Zweiten Weltkrieges, die sich im Potsdamer Abkommen 1945 ihre Zuständigkeit für „Deutschland als Ganzes" vorbehalten hatten, konnte es keine Wiedervereinigung geben.* Zwar begrüßte die Regierung der USA grundsätzlich eine Wiedervereinigung Deutschlands, da so der Niedergang des Ostblocks besiegelt wurde und der Einfluss-

▸ **Geschichte In Clips:** Zum Mauerfall und zur Wiedervereinigung siehe Clip-Code 4677-39

* Zum Potsdamer Abkommen siehe S. 317, S. 485 und M2, S. 486.

raum westlicher Bündnisse ausgebaut werden konnte. Allerdings sorgten sich viele europäische Staaten darum, dass ein vereinigtes Deutschland wirtschaftlich und militärisch zu stark sei und folglich die mühsam aufgebaute Stabilität nach dem Zweiten Weltkrieg gefährde. Die französische Regierung wollte deshalb ein wiedervereinigtes Deutschland in die Europäische Gemeinschaft integrieren und pochte auf die Anerkennung der Oder-Neiße-Linie als polnische Westgrenze. Dagegen forderte die britische Premierministerin einen langsameren Vereinigungsprozess (▸ M3). In Reaktion auf diese Positionen entwickelte die Bundesregierung eine Strategie, die fünf Ziele umfasste:

- Einhegung der wirtschaftlichen und politischen Macht Deutschlands – gewährleistet durch eine verstärkte europäische Integration mit einer Wirtschafts- und Währungsunion
- Beschränkung der deutschen Streitkräfte, nuklearwaffenfreier Status Deutschlands, besondere Zusicherungen an die Sowjetunion
- grundlegende Erneuerung des Verhältnisses zwischen Deutschland und der Sowjetunion
- endgültige Anerkennung der Oder-Neiße-Linie als Westgrenze Polens
- Mitwirkung bei der Schaffung von neuen Formen und Mechanismen einer gesamteuropäischen Zusammenarbeit

Der Bundesrepublik kam dabei das große Vertrauen zugute, das sie sich durch die jahrzehntelange Zusammenarbeit mit den USA, im westlichen Bündnissystem und in der Europäischen Gemeinschaft, aber auch im Verhältnis zu den östlichen Staaten erworben hatte.

▲ **„March of the Fourth Reich.“**
Karikatur von Bill Caldwell aus der britischen Zeitung „Daily Star“ vom Februar 1990.
- *Erläutern Sie, was mit der Zeichnung ausgesagt werden soll.*

Weil der wirtschaftliche Zusammenbruch der DDR offenkundig nicht mehr aufzuhalten war und gute Beziehungen zu Deutschland im sowjetischen Interesse lagen, bestätigte Michail Gorbatschow im Februar 1990, keine Einwände gegen die Wiedervereinigung Deutschlands zu haben (▸ M4). Daraufhin begannen die sogenannten „Zwei-plus-Vier-Gespräche“. Dabei verhandelten die Regierungen Frankreichs, Großbritanniens, der Sowjetunion, der USA sowie der DDR und der Bundesrepublik Deutschland über die endgültigen Grenzen, die Bündniszugehörigkeit Deutschlands, die Höchststärke einer gesamtdeutschen Armee und die deutsche Souveränität. Moskau gestand im Juni 1990 Gesamtdeutschland die Mitgliedschaft in der NATO zu. Dafür versprach der Bundeskanzler, Deutschland werde seine Streitkräfte reduzieren und auf ABC-Waffen* verzichten. Darüber hinaus sagte er der Sowjetunion umfangreiche wirtschaftliche Unterstützung zu.

Mit dem *Vertrag über die abschließende Regelung in Bezug auf Deutschland* vom 12. September 1990 (*Zwei-plus-Vier-Vertrag*), der die Funktion eines Friedensvertrages hatte, erhielt das wiedervereinigte Deutschland die volle staatliche Souveränität zuerkannt und damit auch das Recht, seine Bündniszugehörigkeit frei zu wählen (▸ M5).** In einem weiteren Vertrag zwischen Deutschland und der Sowjetunion vom 9. November 1990 vereinbarten beide Staaten ihre umfassende Zusammenarbeit. Den Abschluss bildete der deutsch-polnische Grenzvertrag vom 14. November 1990, worin das wiedervereinigte Deutschland die Grenze zu Polen definitiv anerkannte. 45 Jahre nach dem Ende des Zweiten Weltkrieges war damit die „Nachkriegszeit“ für Deutschland und Europa abgeschlossen.

* **ABC-Waffen**: Sammelbezeichnung für atomare, biologische und chemische Waffen
** Zur historischen Einordnung des Vertrages siehe auch M1, S. 521.

▲ **Montagsdemonstration vom 12. Februar 1990 in Leipzig.**
- *Erläutern Sie die Parole der Demonstranten.*
- *Arbeiten Sie die politische Einstellung der Demonstranten zur DDR heraus.*

Wirtschafts-, Währungs- und Sozialunion Um die Übersiedlerzahlen und den Einigungsprozess insgesamt unter Kontrolle zu bringen, beschloss die Bundesregierung schon im Februar 1990, die Wirtschafts- und Währungsunion so schnell wie möglich durchzuführen. Sie tat dies gegen die Empfehlung der meisten Wirtschaftsexperten und Politiker. So wurde, noch bevor die äußeren Voraussetzungen der staatlichen Vereinigung geklärt waren, durch die Einführung der D-Mark in der DDR die Einheit Deutschlands praktisch unumkehrbar. Um den Erwartungen der DDR-Bürger entgegenzukommen, einigte man sich auf für sie günstige Wechselkurse: Löhne, Renten und Mieten wurden im Verhältnis 1:1 umgestellt, ebenso Sparguthaben bis 6000 Mark, für Beträge darüber galt der Umtausch im Verhältnis 2:1.

Der *Staatsvertrag zur Wirtschafts-, Währungs- und Sozialunion* zwischen der Bundesrepublik und der DDR trat am 1. Juli 1990 in Kraft. Am Tag darauf wurde die D-Mark als offizielle Währung in der DDR eingeführt. Was die in der DDR lebenden Menschen seit Jahrzehnten ersehnt hatten, war Wirklichkeit geworden: Mit „richtigem" Geld konnten sie die begehrten Westwaren kaufen. Sozusagen über Nacht wurde aber auch die gesamte Wirtschaft der DDR dem internationalen Wettbewerb ausgesetzt, dem die meisten Betriebe nicht gewachsen waren. Ein gewaltiger Modernisierungsschock erfasste Wirtschaft und Gesellschaft.

Einigungsvertrag und Wiedervereinigung Anfang Juli 1990 begannen in Ost-Berlin die Verhandlungen der beiden deutschen Regierungen über den zweiten Staatsvertrag zur deutschen Einheit (*Einigungsvertrag*) unter der Leitung von Bundesinnenminister **Wolfgang Schäuble** und DDR-Staatssekretär *Günther Krause*.

Wolfgang Schäuble (geb. 1942): deutscher Politiker, 1989-1991 sowie 2005-2009 Bundesminister des Innern, 1991-2000 Vorsitzender der CDU-Fraktion im Bundestag, 1998-2000 CDU-Parteichef, seit 2009 Bundesminister der Finanzen

Die Übernahme der bundesdeutschen Rechtsordnung in Ostdeutschland erforderte komplizierte Regelungen. Probleme bereiteten besonders die Fragen, wie die Einheit finanziert und wie die Rechtsansprüche all derer, die in der DDR enteignet worden waren (Grundsatz „Rückgabe vor Entschädigung"), geregelt werden sollten. Darüber hinaus musste geklärt werden, welche Verfassung im wiedervereinigten Deutschland gelten sollte. Denn das Grundgesetz sah zwei Wege vor: Artikel 23 ermöglichte den Beitritt „weiterer Teile Deutschlands" zum Geltungsbereich des Grundgesetzes. Nach der (ursprünglichen) Präambel sowie laut Artikel 146 sollten die politischen Vertreter Deutschlands eine neue Verfassung erarbeiten, sobald die „Einheit und Freiheit Deutschlands" vollendet seien.

In einer Sondersitzung der DDR-Volkskammer wurde am 23. August 1990 der Beitritt nach Artikel 23 des Grundgesetzes beschlossen. Über zwei Drittel der Abgeordneten stimmten dafür, die PDS als Nachfolgerin der SED sowie Bündnis 90 stimmten für die Ausarbeitung einer neuen Verfassung. Der Runde Tisch der DDR hatte sich noch am 12. März 1990 gegen einen Beitritt der DDR zum Grundgesetz ausgesprochen.

Am 31. August 1990 wurde der Einigungsvertrag in Ost-Berlin unterzeichnet und am 20. September von beiden Parlamenten, Volkskammer und Bundestag, mit großer Mehrheit verabschiedet. Mit dem Beitritt der fünf von der Volkskammer geschaffenen ostdeutschen Bundesländern am 3. Oktober 1990 zur Bundesrepublik wurde die Wiedervereinigung Deutschlands vollzogen. Der Einigungsvertrag von 1990 erklärte Berlin zur Hauptstadt. Er ließ jedoch offen, welche Stadt das politische Zentrum des neuen Deutschland sein sollte, ob Parlament und Regierung in Bonn blieben oder nach Berlin

◂ **Feier der Deutschen Einheit in Berlin.**
Foto vom 3. Oktober 1990. Der Einigungsvertrag zwischen der Bundesrepublik Deutschland und der Deutschen Demokratischen Republik legte fest, dass die neuen Länder Ostdeutschlands zum 3. Oktober dem Geltungsbereich des Grundgesetzes beitraten. Dieser Tag wird seither als nationaler Feiertag („Tag der Deutschen Einheit“) begangen.

zogen. Das Thema wurde in der Öffentlichkeit breit diskutiert. In einer leidenschaftlichen Debatte am 20. Juni 1991 entschied der Bundestag mit knapper Mehrheit, dass Berlin nicht nur Hauptstadt, sondern auch Regierungs- und Parlamentssitz werden sollte.

Wiedervereinigung und gesamtdeutsche Wahlen Die vielen historischen Ereignisse des Jahres 1989/90 mündeten am 3. Oktober 1990, um Mitternacht, in die Wiedervereinigung Deutschlands durch den Beitritt der fünf ostdeutschen Länder zur Bundesrepublik Deutschland. Die DDR-Bürgerrechtler hatten sich mit ihrer Forderung nach einem eigenständigen Weg der DDR nicht durchsetzen können. Sowohl die ersten Landtagswahlen in den neuen Bundesländern am 14. Oktober als auch die erste gesamtdeutsche Bundestagswahl am 2. Dezember bestätigten die regierenden Parteien CDU/CSU und FDP und wurden von Bundeskanzler Kohl als Volksabstimmung über seine Politik der Deutschen Einheit gewertet. In vier von fünf ostdeutschen Ländern stellte die CDU den Ministerpräsidenten, in Brandenburg die SPD. In der herrschenden Euphorie honorierten die Wähler, dass Kohl und Genscher die Chance zur schnellen Herstellung der Einheit genutzt hatten. Insbesondere Kohls Versprechen einer raschen Angleichung der Lebensverhältnisse im Osten an den Standard des Westens überzeugte die neuen Bundesbürger. Die Haltung der Sozialdemokraten zur Wiedervereinigung war gespalten: Während ein Teil der SPD um Willy Brandt die Einheit vorbehaltlos befürwortete, warnte der SPD-Kanzlerkandidat **Oskar Lafontaine** im Wahlkampf vor den Kosten und Problemen einer raschen Vereinigung.

Oskar Lafontaine (geb. 1943): 1985 - 1998 Ministerpräsident des Saarlandes, 1995 - 1999 Vorsitzender der SPD, 2007 - 2010 Vorsitzender der Linkspartei

1. *Fassen Sie die wichtigsten Etappen auf dem Weg zur Deutschen Einheit zusammen.*
2. *Entwerfen Sie eine Rede, in der Sie für oder gegen die Wiedervereinigung Stellung beziehen. Wählen Sie dazu die Perspektive eines CDU-Politikers oder eines Mitgliedes des Neuen Forums.*

▲ **Montagsdemonstration in Leipzig.**
Foto vom 9. Oktober 1989.

M1 Unzufriedenheit in der Bevölkerung

Aus einem Bericht der Stasi-Bezirksverwaltung Magdeburg vom 9. August 1989:

In allen Bevölkerungsgruppen mehren sich Diskussionen, in denen eine gewisse Resignation und Unzufriedenheit zum Ausdruck kommt. Auch unter politisch aktiven Bürgern [...] sind folgende Auffassungen verbreitet:

- „Als Funktionär darf man treu und brav seine Pflicht erfüllen, ansonsten hat man nur Nachteile gegenüber anderen Bürgern."
- „Funktionäre müssen auf Reisen in die BRD verzichten, aber auch auf Kontakte in die BRD, also auf Geschenke wie hochwertige Gebrauchs- und Genussmittel."
- „Wer gesellschaftlich aktiv ist, muss trotzdem jahrelang auf Pkw, Telefon oder Führerschein warten. Mit Westverbindungen schafft man das über Genex[1] in Wochen."
- „Wer BRD-Währung besitzt, hat keine Sorgen mit Handwerkern und anderen Dienstleistungen."

[...] Ein immer wieder diskutiertes Thema ist die Informationsbereitstellung durch unsere Medien. Von Angehörigen der unterschiedlichsten Bevölkerungsgruppen werden häufig Widersprüche zwischen Wort und Tat der Parteiführung konstruiert. Starke Zweifel bestehen an den Meldungen über erfüllte bzw. überbotene Pläne, weil sich das nicht im Warenangebot widerspiegele. Gleichfalls bemängelt wird das Verschweigen „heißer Eisen" wie z.B. steigende Zahlen von ständigen Ausreisen und ungesetzlichen Grenzübertritten. Die Entwicklung könne – so u.a. Werktätige des Karl-Marx-Werkes, des G.-Dimitroff-Werkes und der Stahlgießerei Magdeburg – doch nur aus einer wachsenden Unzufriedenheit eines Teils der Bürger resultieren. [...]

Offenbar saisonbedingt konzentrieren sich Diskussionen zu Versorgungsfragen gegenwärtig auf

- die mangelnde Versorgung mit Frischfleisch (meist durch urlaubsbedingte Schließung der Geschäfte begründet),
- allgemein unzureichendes Gemüseangebot (zu wenig Sorten, schlechte Qualität, hoher Verschmutzungsgrad),
- immer kritischer werdende Bereitstellung von Kfz-Ersatzteilen (z.B. fehlen in Schönebeck Lada- und Wartburg-Ersatzteile völlig; Pkw-Besitzer führen Ersatzteile nach Möglichkeit aus anderen sozialistischen Ländern ein, um ihr Auto im Urlaub nutzen zu können).

Zitiert nach: http://home.snafu.de/bstu/1989/tage/08/0908dok1.htm [Zugriff vom 30. April 2000]

[1] **Genex**: ostdeutsches Versandunternehmen („Geschenkdienst und Kleinexporte GmbH"), bei dem Bundesbürger seit 1957 Produkte aller Art für ihre Angehörigen in der DDR bestellen konnten

1. *Ordnen Sie die Beschwerden der Bevölkerung nach bestimmten Kriterien, z.B. „Lebensstandard", „politische Rechte", „langfristige/kurzfristige Missstände" etc.*

2. *Analysieren Sie die Haltung des Verfassers gegenüber den Missständen. Hält er die Klagen für begründet?*

3. *Diskutieren Sie den Kenntnisstand der DDR-Führung über die Situation kurz vor der Wende.*

M2 Am Rande eines Bürgerkrieges

Ein Augenzeuge berichtet über die Montagsdemonstration vom 9. Oktober 1989 in Leipzig:

In Betrieben wurde davor gewarnt, nach 16 Uhr die Innenstadt zu betreten; Mütter sollten ihre Kinder bis 15 Uhr aus den Krippen und Kindergärten des Zentrums abholen; Schülern und Studenten wurde mit Relegation[1] für den Fall der Beteiligung an „Aktionen" gedroht. Gerüchte schwirrten durch die Stadt. Man munkelte von MG-Nestern auf zentralen Gebäuden, befürchtete den Einsatz von Fallschirmjägern [...]. In Krankenhäusern wurden Notbetten aufgestellt und vor allem die chirurgischen und Intensivstationen verstärkt besetzt. Tausende von zusätzlichen Blutkonserven standen bereit. [...] Leipzig glich an diesem Tag einem Heerlager. Nach späteren Aussagen von Bereitschaftspolizisten war ihnen vormittags mitgeteilt worden, dass ein friedlicher Ausgang der Demonstration wenig wahrscheinlich sei und sie vorbereitet sein

[1] **Relegation**: Verweis von der Schule bzw. Hochschule

müssten, möglichen Gewalttätigkeiten zu begegnen. Dementsprechend trugen sie Kampfausrüstung [...]. Auf dem Hof der VP-Bezirksbehörde[2] standen „aufmunitionierte" Schützenpanzerwagen bereit, die tonnenschweren Stahlkolosse ausgerüstet mit Räumschilden, die Fahrer mit MPi und je sechzig Schuss Munition. Die Polizeitruppe zählte insgesamt dreitausend Mann, davon zwölfhundert zur Verstärkung aus den Bezirken Halle und Neubrandenburg herbeibeordert. Hinzu kamen noch fünf Hundertschaften von Betriebskampfgruppen sowie eine sicher vierstellige Anzahl von Einsatzkräften des Ministeriums für Staatssicherheit, dessen Arsenale nicht nur Handfeuerwaffen bargen. [...]
In der Nikolaikirche und in drei weiteren Gotteshäusern wurde während der Friedensgebete ein von sechs Persönlichkeiten der Stadt getragener Aufruf zur Besonnenheit verlesen: „Unsere gemeinsame Sorge und Verantwortung haben uns heute zusammengeführt. Wir sind von der Entwicklung in unserer Stadt betroffen und suchen nach einer Lösung. Wir alle brauchen einen freien Meinungsaustausch über die Weiterführung des Sozialismus in unserem Land. Deshalb versprechen die Genannten heute allen Bürgern, ihre ganze Kraft und Autorität dafür einzusetzen, dass dieser Dialog nicht nur im Bezirk Leipzig, sondern auch mit unserer Regierung geführt wird. Wir bitten Sie dringend um Besonnenheit, damit der friedliche Dialog möglich wird."
Dieser gemeinsame Appell des Kabarettisten Bernd-Lutz Lange, des Gewandhauskapellmeisters Kurt Masur und des Theologen Peter Zimmermann sowie der Sekretäre der SED-Bezirksleitung Kurt Meyer, Jochen Pommert und Roland Wötzel wurde um 18 Uhr auch vom Sender Leipzig und etwa eine Stunde später vom Stadtfunk ausgestrahlt. Die engagierte wie couragierte Wortmeldung hat unzweifelhaft beigetragen zum friedlichen Verlauf dieses Tages, ohne jedoch die voreilig bescheinigte entscheidende Rolle gespielt zu haben. Einzig die geballte Kraft der siebzigtausend angsterfüllten und dennoch nicht weichenden Menschen in der Innenstadt und auf dem Ring erzwang um 18:25 Uhr den endgültigen Rückzug der bewaffneten Einheiten. Jene Namenlosen meinte wohl Christoph Hein, als er vorschlug, Leipzig zur „Heldenstadt der DDR" zu ernennen.

Wolfgang Schneider, Leipziger Demontagebuch, Leipzig 1990, S. 71 f.

1. *Analysieren Sie verschiedene Gefahrenmomente im Verlauf des Tages.*

2. *Weisen Sie nach, dass dieser Text kein Tagebucheintrag ist, und arbeiten Sie die Haltung des Verfassers heraus.*

3. *Vergleichen Sie die Situation am 9. Oktober 1989 in Leipzig mit der vom 17. Juni 1953 (siehe S. 342).*

[2] **VP**: Volkspolizei

M3 Einstellung der westlichen Siegermächte

Ohne die Zustimmung der vier Siegermächte des Zweiten Weltkrieges konnte die Deutsche Einheit nicht realisiert werden. Gleichzeitig hatten die drei westlichen Siegermächte verschiedene Positionen zur Wiedervereinigung.

a) Der französische Präsident François Mitterrand besucht vom 20. bis 22. Dezember 1989 als erster westlicher Staatschef die DDR nach dem Fall der Mauer. Von Gesprächen mit Leipziger Studenten berichtet er 1996 rückblickend:

Man sprach von Europa und ich bekräftigte noch einmal, dass das deutsche Volk am Vorabend, da es die Kontrolle über sein Schicksal zurückgewinnen würde, dem europäischen Gleichgewicht Rechnung tragen müsse, dass es sich nicht von dieser Realität abkehren dürfe [...] und dass es im Interesse aller liege, wenn die deutsche Einheit und die europäische Einheit in gleichem Schritt vorankommen würden.

Über die Pressekonferenz vom 22. Dezember in Berlin schreibt Mitterrand:

[G]efragt nach der Bedeutung des demokratischen Wegs, den ich als Bedingung der Möglichkeit der Einheit propagierte, fügte ich [...] hinzu: „[...] Ich gehöre nicht zu denen, die bremsen. Ich sage, dass der Wille des deutschen Volkes sich äußern und in Erfüllung gehen möge." [...]
Ließ man die Sowjetunion einmal beiseite, bedrohte die deutsche Einheit nicht den Frieden. Aber ich war besessen von den Beständigkeiten der Geschichte. An den äußeren Grenzen des wiedervereinigten Deutschlands zu rühren oder, einfacher, eine so gravierende Frage in diplomatischer Verschwommenheit zu belassen, hieß, die Zukunft Europas ernsthaft zu belasten. Deshalb mein fester Wille, dass die Deutschen für ihre Ostgrenze Garantien abgaben. Ich sagte es den Journalisten: „Sobald es sich um den Status Europas handelt, geht es uns an [...]."

b) Die damalige Premierministerin Großbritanniens, Margaret Thatcher, erläutert 1993 rückblickend ihre Haltung zur deutschen Wiedervereinigung:

Vielleicht sind [...] die ersten, die das „deutsche" Problem erkennen, die aufgeschlossenen Deutschen selbst, von denen die große Mehrheit überzeugt ist, dass Deutschland keine Großmacht werden darf [...]. Wie ich bereits erklärt habe, ist das einer der Gründe, warum so viele Deutsche aufrichtig – und wie ich meine, irrigerweise – Deutschland in ein föderatives Europa eingebettet wissen wollen. Es ist doch wahr-

▲ **Abzug sowjetischer Truppen.**
Foto vom 31. August 1994, Berlin.
Mit der Zustimmung zur Wiedervereinigung und der völligen Souveränität Deutschlands willigte Gorbatschow auch in den Abzug aller sowjetischen Truppen aus dem Gebiet der DDR ein. Im Gegenzug verpflichtete sich die Bundesrepublik, die Gesamtstärke ihrer Streitkräfte auf 370 000 Mann zu begrenzen. Der Abzug der Sowjetarmee zog sich über Jahre hin und wurde am 31. August 1994 schließlich mit einer Parade feierlich verabschiedet.

scheinlich, dass Deutschland in einem solchen Gefüge die Führungsrolle einnehmen würde, denn ein wiedervereinigtes Deutschland ist schlichtweg viel zu groß und zu mächtig, als dass es nur einer von vielen Mitstreitern auf dem europäischen Spielfeld wäre. Überdies hat Deutschland sich immer auch nach Osten hin orientiert, nicht nur in Richtung Westen, obwohl die moderne Version solcher Tendenzen eher auf wirtschaftliche denn auf kriegerische territoriale Expansion abzielt. Daher ist Deutschland vom Wesen her eher eine destabilisierende als eine stabilisierende Kraft im europäischen Gefüge. Nur das militärische und politische Engagement der USA in Europa und die engen Beziehungen zwischen den beiden anderen starken, souveränen Staaten Europas, nämlich Großbritannien und Frankreich, können ein Gegengewicht zur Stärke der Deutschen bilden. In einem europäischen Superstaat wäre dergleichen niemals möglich.

c) Am 25. Oktober 1990 erörtert der damalige Präsident der USA, George Bush, seine Position zur Wiedervereinigung Deutschlands:

Ich teile die Sorge mancher europäischer Länder über ein wiedervereinigtes Deutschland nicht, weil ich glaube, dass Deutschlands Bindung an und Verständnis für die Wichtigkeit des (atlantischen) Bündnisses unerschütterlich ist. Und ich sehe nicht, was einige befürchten, dass Deutschland, um die Wiedervereinigung zu erlangen, einen neutralistischen Weg einschlägt, der es in Widerspruch oder potenziellen Widerspruch zu seinen NATO-Partnern bringt.

Erster Text: François Mitterrand, Über Deutschland, Frankfurt am Main 1996, S. 101-103
Zweiter Text: Margaret Thatcher, Downing Street No. 10. Die Erinnerungen, Düsseldorf ^{2}1993, S. 1095 f.
Dritter Text: Zitiert nach: Manfred Görtemaker, Verhandlungen mit den Vier Mächten, in: Christine Hesse, Der Weg zu deutschen Einheit (Informationen zur politischen Bildung 250), Bonn 2009, S. 48

1. *Stellen Sie die Positionen der drei Staatschefs gegenüber und erläutern Sie deren Interessen.*
2. *Arbeiten Sie die Bedingungen für eine deutsche Wiedervereinigung aus den Positionen heraus.*

M4 Gorbatschow gibt grünes Licht

Bundeskanzler Helmut Kohl gibt am 10. Februar 1990 in Moskau eine Presseerklärung ab:

Meine Damen und Herren,
ich habe heute Abend an alle Deutschen eine einzige Botschaft zu übermitteln. Generalsekretär Gorbatschow und ich stimmen darin überein, daß es das alleinige Recht des deutschen Volkes ist, die Entscheidung zu treffen, ob es in einem Staat zusammenleben will. Generalsekretär Gorbatschow hat mir unmißverständlich zugesagt, daß die Sowjetunion die Entscheidung der Deutschen, in einem Staat zu leben, respektieren wird, und daß es Sache der Deutschen ist, den Zeitpunkt und den Weg der Einigung selbst zu bestimmen.
Generalsekretär Gorbatschow und ich waren uns ebenfalls einig, daß die deutsche Frage nur auf der Grundlage der Realitäten zu lösen ist: d. h. sie muß eingebettet sein in die gesamteuropäische Architektur und in den Gesamtprozeß der West-Ost-Beziehungen. Wir müssen die berechtigten Interessen unserer Nachbarn und unserer Freunde und Partner in Europa und in der Welt berücksichtigen. Es liegt jetzt an uns Deutschen in der Bundesrepublik und in der DDR, daß wir diesen gemeinsamen Weg mit Augenmaß und Entschlossenheit gehen.
Generalsekretär Gorbatschow und ich haben ausführlich darüber gesprochen, daß auf dem Wege zur deutschen Einheit die Fragen der Sicherheit in Europa herausragende Bedeutung haben. Wir wollen die Frage der unterschiedlichen Bündniszugehörigkeit in enger Abstimmung auch mit unseren Freunden in Washington, Paris und London sorgfältig beraten und gemeinsam eine Lösung finden. Ich danke Generalsekretär Gorbatschow, daß er dieses historische Ergeb-

nis ermöglicht hat. Wir haben vereinbart, im engsten persönlichen Kontakt zu bleiben.
Meine Damen und Herren, dies ist ein guter Tag für Deutschland und ein glücklicher Tag für mich persönlich.

Deutsche Einheit. Sonderedition aus den Akten des Bundeskanzleramtes 1989/90. Dokumente zur Deutschlandpolitik, herausgegeben von Hanns Jürgen Küsters und Daniel Hofmann, München 1998, S. 812 f.

1. *Charakterisieren Sie die Presseerklärung. Ordnen Sie die Aussagen in konkret und unspezifisch.*
2. *Arbeiten Sie die Zugeständnisse heraus, die die deutsche Bundesregierung der UdSSR macht.*

M5 Der Zwei-plus-Vier-Vertrag

Am 12. September 1990 unterzeichnen die vier Siegermächte des Zweiten Weltkrieges und die beiden deutschen Staaten in Moskau den „Vertrag über die abschließende Regelung in Bezug auf Deutschland". Am 15. März 1991 trat er in Kraft:

Artikel 1

(1) Das vereinte Deutschland wird die Gebiete der Deutschen Demokratischen Republik, der Bundesrepublik Deutschland und ganz Berlins umfassen. Seine Außengrenzen werden die Grenzen der Deutschen Demokratischen Republik und der Bundesrepublik Deutschland sein und werden am Tage des Inkrafttretens dieses Vertrages endgültig sein. Die Bestätigung des endgültigen Charakters der Grenzen des vereinten Deutschlands ist ein wesentlicher Bestandteil der Friedensordnung in Europa.
(2) Das vereinte Deutschland und die Republik Polen bestätigen die zwischen ihnen bestehende Grenze in einem völkerrechtlich verbindlichen Vertrag.
(3) Das vereinte Deutschland hat keinerlei Gebietsansprüche gegen andere Staaten und wird solche auch nicht in Zukunft erheben. [...]

Artikel 3

(1) Die Regierungen der Bundesrepublik Deutschland und der Deutschen Demokratischen Republik bekräftigen ihren Verzicht auf Herstellung und Besitz von und auf Verfügungsgewalt über atomare, biologische und chemische Waffen. [...]
(2) Die Regierung der Bundesrepublik Deutschland hat in vollem Einvernehmen mit der Regierung der Deutschen Demokratischen Republik [...] folgende Erklärung abgegeben: „Die Regierung der Bundesrepublik Deutschland verpflichtet sich, die Streitkräfte des vereinten Deutschlands innerhalb von drei bis vier Jahren auf eine Personalstärke von 370 000 Mann (Land-, Luft- und Seestreitkräfte) zu reduzieren. [...] Im Rahmen dieser Gesamtobergrenze werden nicht mehr als 345 000 Mann den Land- und Luftstreitkräften angehören, die gemäß vereinbartem Mandat allein Gegenstand der Verhandlungen über konventionelle Streitkräfte in Europa sind." [...]

Artikel 5

(3) Nach dem Abschluss des Abzugs der sowjetischen Streitkräfte vom Gebiet der heutigen Deutschen Demokratischen Republik und Berlins[1] können in diesem Teil Deutschlands auch deutsche Streitkräfte stationiert werden, die in gleicher Weise militärischen Bündnisstrukturen zugeordnet sind wie diejenigen auf dem übrigen deutschen Hoheitsgebiet, allerdings ohne Kernwaffenträger. [...]
Ausländische Streitkräfte und Atomwaffen und deren Träger werden in diesem Teil Deutschlands weder stationiert noch dorthin verlegt. [...]

Artikel 7

(1) Die Französische Republik, die Union der Sozialistischen Sowjetrepubliken, das Vereinigte Königreich von Großbritannien und Nordirland und die Vereinigten Staaten von Amerika beenden hiermit ihre Rechte und Verantwortlichkeit in Bezug auf Berlin und Deutschland als Ganzes. [...]
(2) Das vereinte Deutschland hat demgemäß volle Souveränität über seine inneren und äußeren Angelegenheiten.

Presse- und Informationsamt der Bundesregierung (Hrsg.), Bulletin Nr. 109, 14. September 1990, S. 1154 ff.

1. *Fassen sie die Bestimmungen des Vertrages unter folgenden Kategorien zusammen: deutsche Souveränitätsrechte, deutsche Verpflichtungen, Garantien der Siegerstaaten.*
2. *Bewerten Sie den Einfluss der einzelnen Staaten auf den „Zwei-plus-Vier-Vertrag" (M3 und M4).*
3. *Bundesaußenminister Hans-Dietrich Genscher nannte den Vertrag den „wichtigsten und chancenreichsten [...], den Deutschland je geschlossen" habe. Erörtern Sie diese Wertung.*

[1] Die Bundesrepublik unterstützte die „Überleitung" der sowjetischen Truppen finanziell mit 6,9 Milliarden Euro. In der DDR waren 390 000 Sowjets und 140 000 Soldaten der Nationalen Volksarmee stationiert, in der Bundesrepublik standen 490 000 Bundeswehrsoldaten und 340 000 Soldaten der alliierten Streitkräfte ständig unter Waffen.

Geschichte kontrovers

1989 – Revolution, Zusammenbruch oder Wende?

1989 demonstrierten Hunderttausende Bürger in der DDR, die Wirtschaftskraft war aufgezehrt und die sowjetische Schutzmacht stützte das Regime nicht länger. Eine gesamte Gesellschaft geriet in Bewegung, die Berliner Mauer fiel – und die Parteidiktatur in der DDR ebenfalls. Schließlich trat die DDR der Bundesrepublik 1990 bei. Warum scheiterte die DDR nach vierzig Jahren? Unter Historikern wird diese Frage kontrovers debattiert. Dabei wird um die richtige Gewichtung der verschiedenen Ursachen diskutiert, die zum Ende der DDR führten. Handelt es sich bei den historischen Prozessen von 1989 um eine Revolution, einen Zusammenbruch oder eine Wende?

M1 „Friedliche Revolution" oder Zusammenbruch?

Der Historiker Horst Möller (geb. 1943) äußert sich zur Kontroverse am 3. Mai 1994:

So erfreulich es für uns Deutsche ist, dass es diese breite Oppositionsbewegung, diese massenhafte Opposition am Ende der DDR gegeben hat und auch früher oppositionelle Ansätze existierten – der Machtverfall der DDR, ihre ökonomischen, politischen, ideologischen Probleme, ihr vollkommener Bankrott wäre durch die Massenopposition allein nicht herbeizuführen gewesen: Es ist zunächst einmal, so wichtig diese Massenopposition gewesen ist und so sehr wir ihr verpflichtet sind, eine Folge des Zusammenbruchs der Sowjetunion gewesen. Indem sozusagen der Anker all dieser Satellitenstaaten, gewissermaßen ihre ursprüngliche Verursachung wegfiel, sind alle anderen osteuropäischen Diktaturen und auch die DDR fragilisiert[1] worden, und zwar in einer Weise, dass ihr Ende absehbar war. Die oppositionelle Massenbewegung hat sicher dieses Ende beschleunigt, sie ist aber nie Ursache gewesen.

Zitiert nach: Materialien der Enquete-Kommission „Aufarbeitung von Geschichte und Folgen der SED-Diktatur in Deutschland" [...], herausgegeben vom Deutschen Bundestag, Bd. IX: Formen und Ziele der Auseinandersetzung mit den beiden Diktaturen in Deutschland, Frankfurt am Main/ Baden-Baden 1995, S. 588-597, hier S. 584 f.

M2 Was spricht gegen die Bezeichnung Revolution?

Ilko-Sascha Kowalczuk ist Historiker und wissenschaftlicher Mitarbeiter beim Bundesbeauftragten für die Unterlagen des Staatssicherheitsdienstes der ehemaligen DDR:

Stellten die Ereignisse wirklich eine Revolution dar? [...] Der [...] Frage kann man sich auf zwei Wegen nähern. Einerseits befragt man zeitgenössische Dokumente von 1989/90. Dann wird man feststellen, dass die Bezeichnung „Revolution" für die Vorgänge fast selbstverständlich war. Sie konkurrierte zwar stets mit „Umbruch", „Wende", „Zusammenbruch", „Erosion", „Scheitern", „Implosion" oder „Untergang", aber 1989/90 schlossen sich diese Begriffe noch nicht gegenseitig aus. Das erscheint logisch, weil Revolutionen die anderen Prozesse, die diese Begriffe umschreiben, mit einschließen. Von einer Revolution sprachen die Menschen aus unterschiedlichen Gründen und mit sehr unterschiedlichen Erwartungen, aber dass es sich um eine solche handelte, war 1989/90 weithin unumstritten. [...] Wenn sich nun zusammenfassen lässt: die alte Ordnung war handlungsunfähig, delegitimiert und moralisch kompromittiert; die von ihr vertretenen Werte und Überzeugungen zerschlissen; Bürger- und Massenbewegungen stellten sich ihr entgegen und forderten neue politische, gesellschaftliche, ökonomische und kulturelle Strukturen; eine neue Ordnung wurde errichtet; innerhalb weniger Monate beseitigte die Bewegung alte Strukturen, Werte, Ideen, Kulturen und Herrschaftseliten, fast nichts war im öffentlichen Raum mehr wie zuvor, was spricht dann gegen die Bezeichnung als Revolution? Eigentlich nichts [...]. Es dominiert nämlich bei der Betrachtung von „1989" noch immer die Annahme, mit Gorbatschow habe alles begonnen und ihm sei alles zu verdanken [...]
Gorbatschows Machtübernahme war bereits das Ergebnis einer tiefen Krise einerseits und der gesellschaftlichen Widerstandsbewegung andererseits, die ihren Ausgang in Polen nahm. Die DDR kam erst spät dazu [...]. Die DDR-Revolution ist ohne internationalen Zusammenhang nicht zu erklären, aber das schränkt auch wiederum, wie oft behauptet wird, die Möglichkeit, die Vorgänge als Revolution zu bezeichnen, nicht ein [...].

Ilko-Sascha Kowalczuk, Endspiel. Die Revolution von 1989 in der DDR, München 2009, S. 537-545 (stark gekürzt)

[1] **fragil**: zerbrechlich

M3 Problematischer Revolutionsbegriff

Manfred Hettling, Professor für Neuere und Neueste Geschichte an Universität Halle-Wittenberg, schreibt 2009 dazu:

Die Frage nach der passenden Begrifflichkeit für 1989 ist inzwischen weit mehr eine der politischen Interpretation als der historischen Analyse. Denn unstrittig ist sich die Forschung über das Zusammenspiel ganz unterschiedlicher und heterogener Faktoren, die diesen anderen deutschen Herbst ermöglicht haben. [...] Für 1989 bleibt der Revolutionsbegriff letztlich genauso problematisch wie der Begriff „Zusammenbruch". Dem letzteren fehlt die subjektive Perspektive der vielen, die auf die Straße gingen oder sich in den Bürgerrechtsgruppen organisierten, kurz derer, die den Herbst als Aufbruch erlebten. Doch umgekehrt ist der moderne Revolutionsbegriff seit 1789 eindeutig besetzt mit zwei Bestandteilen: erstens Gewalt und zweitens einem langfristigen Strukturwandel von innen – ohne massive Beeinflussung von außen. Beides trifft für das ostdeutsche 1989 kaum zu, deshalb auch stützt sich mancher auf ungenügende Neuschöpfungen wie „friedliche Revolution". Auch wenn der Begriff „Wende" gerade für viele Ostdeutsche diskreditiert ist, weil ihn Egon Krenz geprägt hat, scheint er mir bisher am passendsten zu sein. Er transportiert keine unpassenden historischen Analogien, er enthält in weit stärkerem Maße als Revolution das Moment des nicht intendierten Verlaufs [...]. Dies macht sowohl den dynamischen Wandel von 1989/90 plausibel als auch das zähe und andauernde Vergangenheitsgerangel seither.

Manfred Hettling, Die Epochenzäsur 1989/90 – eine deutsche Revolution?, in: Patrick Bahners und Alexander Cammann (Hrsg.), Bundesrepublik und DDR. Die Debatte um Hans-Ulrich Wehlers „Deutsche Gesellschaftsgeschichte", München 2009, S. 279-280

M4 „Revolution ohne Revolutionäre"?

Martin Sabrow, seit 2004 Direktor des Zentrums für Zeithistorische Forschung in Potsdam, hält 2009 eine Rede dazu, ob die Ereignisse von 1989 als „Wende" oder „Revolution" begriffen werden sollten:

Das nüchterne Wort „Wende" trägt dem Charakter des schleichenden Machtwechsels zwischen Mai 1989 und März 1990 deutlicher Rechnung. Und es bewegt sich auf Augenhöhe der den ersten Akt – bis zum 9. November 1989 – beherrschenden Akteure, die selbst höchstens auf eine Fundamentalreform zielten, nicht auf einen revolutionären Umsturz. Auf der anderen Seite stellt die weltgeschichtliche Wende von 1989/90 in Deutschland im Ergebnis sehr wohl eine Revolution im Wortsinn dar, insofern sie nämlich das Ende einer Epoche herbeiführte und die Gültigkeit der bisherigen Ordnung der Dinge aufhob. [...] Nicht an die Gewalthaftigkeit des Umsturzes ist die Zuschreibung des Revolutionsbegriffs für den Herbst 1989 zu knüpfen, sondern nur an die radikale Schroffheit des Umbruches, und hier überragt die Revolution von 1989/90 die von 1848 und 1918/19 bei Weitem. Eben dies vermag aber natürlich auch der Wende-Begriff zu fassen. [...] Der Terminus „Wende" zielt auf den Erfahrungs- und Handlungshorizont der ostdeutschen Mehrheitsgesellschaft, die den Umbruch im Ganzen mehr passiv erlebte als aktiv herbeiführte; das Wort „Revolution" rückt den Willen zum Aufbegehren in das Zentrum der Umbruchsgeschichte. [...]

Pointiert formuliert, vollzog sich der Umbruch des Herbstes 1989 als eine Revolution ohne Revolutionäre. Der Untergang des SED-Staates folgte nicht so sehr aus der Niederlage gegen einen erstarkten Gegner, sondern besiegelte mehr noch eine innere Auflösung aus eigener Machtlähmung. Die einzelnen Gegenbewegungen der Bürgerrechtler und der Massendemonstrationen, des Ausreiserstroms und der parteiinternen Reformkräfte agierten bis in den Herbst 1989 weitgehend unabhängig voneinander und hätten weder allein noch gemeinsam das Repressionsregime ernsthaft vor die Machtfrage stellen können.

Martin Sabrow, Wende oder Revolution?, in: www.neues-deutschland.de/artikel/159604.wende-oder-revolution.html vom 21. November 2009 [Zugriff vom 16. Januar 2015]

1. *Geben Sie die Positionen der vier Historiker wieder (M1 bis M4) und skizzieren Sie deren Argumentation.*
2. *Arbeiten Sie aus den verschiedenen Positionen die wichtigen Kriterien der Begriffe „Revolution", „Zusammenbruch" und „Wende" heraus. Grenzen Sie dazu die Begriffe voneinander ab.*
3. *Nehmen Sie begründet Stellung zur der Frage, ob die Entwicklungen von 1989 als „Revolution", „Zusammenbruch" oder „Wende" begriffen werden können.*

(H) *Gewichten Sie dazu folgende Faktoren: wirtschaftliche Situation der DDR; Zurückhaltung der UdSSR; Massenproteste in der DDR.*

(F) *Diskutieren Sie die Konsequenzen Ihres Urteils für die Einschätzung des Sozialismus als gesellschaftliches System.*

Zweistaatlichkeit und Wiedervereinigung: Folgen für die Gegenwart

Von der Euphorie … Den Beitritt der DDR zur Bundesrepublik 1990 feierten die meisten Ostdeutschen euphorisch. In Westdeutschland gab man sich einige Zeit der Illusion hin, mit Milliardentransfers aus öffentlichen Kassen und privaten Investitionen die neuen Bundesländer in wenigen Jahren in „blühende Landschaften“ (Helmut Kohl) verwandeln zu können. Nach der unerwarteten Überwindung der staatlichen Teilung Deutschlands freute man sich im Osten über die neu gewonnene Freiheit, die jedoch alsbald zur Selbstverständlichkeit wurde. Zugleich träumten viele von einem zweiten Wirtschaftswunder, dieses Mal in Ostdeutschland.

Doch der Systemwechsel von der zentralen Planwirtschaft zur Sozialen Marktwirtschaft erwies sich als kompliziert. Mit der Wirtschafts-, Währungs- und Sozialunion vom Juli 1990 erhielten die Ostdeutschen die sehnlich erwartete D-Mark einschließlich eines für die Bürger sehr günstigen Umtauschverhältnisses. So konnten sich die Menschen zwar die begehrten Artikel aus dem Westen kaufen, doch die eigenen Produkte verteuerten sich auf dem Weltmarkt erheblich und die Wirtschaftsbeziehungen zu den Ostblockstaaten brachen weg. Die meisten der ehemaligen Staatsbetriebe waren veraltet und unproduktiv, ihre Produkte international nicht konkurrenzfähig.

▲ **„Und zugenäht.“**
Zeichnung von Borislav Sajtinac im „Zeitmagazin“ vom 13. April 1990.
- *Zeigen Sie auf, mit welchen Mitteln der Zeichner die Probleme der Wiedervereinigung vorwegnimmt.*

… zur Ernüchterung Im Auftrag der letzten Volkskammer der DDR übernahm die *Treuhandanstalt* im Sommer 1990 rund 8500 Staatsunternehmen mit 45000 Einzelbetrieben und 4,1 Millionen Beschäftigten, um sie nach marktwirtschaftlichen Gesichtspunkten zu sanieren, zu privatisieren oder stillzulegen. Durch die Übernahme der Altschulden der früheren DDR-Betriebe und Finanzhilfen aller Art für private Investoren hinterließ die Treuhandanstalt Ende 1994 140 Milliarden Euro Schulden, die den Bundeshaushalt seither jährlich mit etwa 8,7 Milliarden Euro belasten.

An direkten Aufbauhilfen stellte zunächst der „Fonds Deutsche Einheit“ von 1990 bis 1994 umgerechnet rund 82 Milliarden Euro für die ostdeutschen Länder und Kommunen zur Verfügung. Der „Solidarpakt I“ von 1995 sorgte für die Aufnahme der neuen Bundesländer in den regulären **Länderfinanzausgleich**. Weiter erhielten die neuen Länder von 1995 bis 2001 Sonderleistungen des Bundes über umgerechnet 105 Milliarden Euro. Der „Solidarpakt II“ sieht bis 2019 nochmals Sonderzahlungen von 105 Milliarden Euro für Infrastruktur und Unternehmensförderung vor. Hinzu kommen 51 Milliarden Euro an Investitionshilfen des Bundes und der EU. Trotz aller Anstrengungen stieg die Arbeitslosigkeit dramatisch an – seit 1992 jeweils auf das Doppelte des westdeutschen Niveaus (▸ M1). Ernüchterung und Enttäuschung machten sich breit.

Die meisten Ostdeutschen mussten nicht nur ihr Alltagsleben neu ordnen und sich einer Fülle neuer gesetzlicher Regeln vom Kindergarten bis zur Altersvorsorge anpassen, vielen fehlte mit einem Mal die lenkende Hand des Staates, sie mussten lernen, sich selbst um ihr Fortkommen zu bemühen, sie fühlten sich deklassiert und von den „Wessis“ überrollt (▸ M2).

Literaturtipp:
Dirk Laabs, Der deutsche Goldrausch. Die wahre Geschichte der Treuhand, München ^{4}2012

Länderfinanzausgleich: im Grundgesetz verankerte Regelung. Danach leisten Bundesländer mit höheren Steuereinnahmen (Geberländer) Ausgleichszahlungen an Länder mit geringerem Steueraufkommen (Nehmerländer)

Anstieg des Rechtsextremismus Ein großes Problem des wiedervereinigten Deutschland war der bald einsetzende Anstieg rechtsextremistisch und rassistisch motivierter Straftaten. Traurige „Höhepunkte" waren die gewaltsamen Ausschreitungen von Hoyerswerda (September 1991) und Rostock-Lichtenhagen (August 1992), bei denen Rechtsradikale unter dem Applaus der Anwohner Asylbewerber und Arbeiter aus Mosambik, Vietnam und anderen Ländern angriffen. In Teilen Ostdeutschlands entstanden sogenannte „national befreite Zonen", in denen Ausländer bis heute massiv bedroht werden.

In dieser Zeit wurde auch die terroristische, rechtsextreme Gruppe „Nationalsozialistischer Untergrund" (NSU) gegründet. Ihr werden mehrere Sprengstoffanschläge sowie die rassistisch motivierte Ermordung von neun Menschen zur Last gelegt. Bis zum Bekanntwerden dieser Gruppe am 4. November 2011 durch den Suizid zweier Mitglieder verdächtigte die Polizei Personen aus dem Umfeld der Opfer. Ermittlungen zum NSU seit 2011 weisen Verstrickungen zwischen dem Verfassungsschutz und der rechtsextremen Szene in Deutschland auf.

Die Ursachen der gestiegenen Gewalttaten werden kontrovers diskutiert: Einige Kommentatoren wollten darin eine bereits zu DDR-Zeiten vorhandene allgemeine Ausländerfeindlichkeit sehen. Diese sei wegen der wirtschaftlichen und sozialen Probleme, die die Menschen in den neuen Bundesländern zu tragen haben und vor dem Hintergrund der Asyldebatte seit 1990 noch verstärkt worden. Im Dezember 1992 beschloss die Regierung aus CDU/CSU und FDP zusammen mit den Stimmen der SPD das Asylrecht einzuschränken. Tatsache ist aber, dass fremdenfeindliche Einstellungen nicht unmittelbar mit dem tatsächlichen Bevölkerungsanteil von Ausländern zusammenhängen: In Bundesländern mit sehr geringem Ausländeranteil (z. B. Sachsen-Anhalt und Mecklenburg-Vorpommern) kam es zwischen 1992 und 1994 viel häufiger zu fremdenfeindlichen Vergehen als etwa in Nordrhein-Westfalen, Baden-Württemberg oder Bayern, die den Großteil der damaligen Asylbewerber aufnahmen. Neuere Studien ergeben zudem, dass es keinen engen Zusammenhang zwischen Arbeitslosigkeit und rechtsextremer bzw. fremdenfeindlicher Gewalt gibt.

Der Rechtsextremismus ist kein ostdeutsches Phänomen. Jedoch trafen gerade hier rechtsextremistische und „völkische" Einstellungen auf breite Zustimmung in der Bevölkerung. Öffentliche Proteste gab es nur vereinzelt. Bei vergleichbaren Anschlägen in den alten Bundesländern, z. B. im Mai 1993 in Solingen, als bei einem Brandanschlag auf das Haus einer türkischen Familie zwei Frauen und drei Mädchen ums Leben kamen, verurteilte eine große Mehrheit der Bevölkerung die Tat scharf. Beim Vergleich zwischen Ost und West muss auch berücksichtigt werden, dass rechtsextreme und gewaltbereite Vereinigungen in den neuen Bundesländern meist mit dem Personal und dem Geld der bestehenden westdeutschen Organisationen aufgebaut wurden.

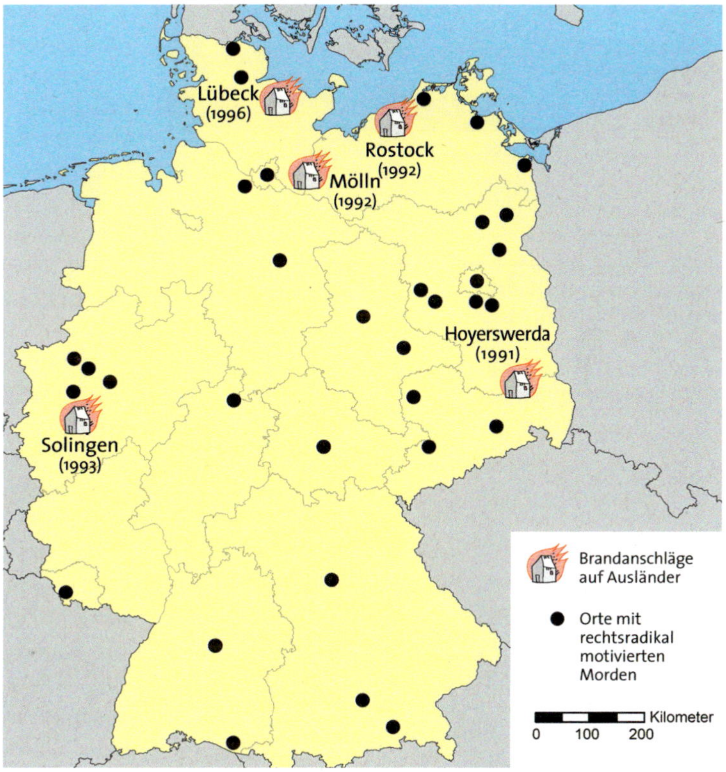

▲ **Orte rechtsradikaler Gewalttaten in Deutschland von 1990 bis 2012.**
Die Karte verzeichnet die Städte, in denen laut polizeilicher Statistik bis 2012 58 Menschen aus rechtsradikalen Motiven ermordet wurden.
Die nach dem ersten Todesopfer rechtsradikaler Gewalt seit 1990 benannte „Amadeu Antonio Stiftung" zählt für den gleichen Zeitraum 184 Tode.

▲ **Ende der DDR-Geschichtskultur.**
Foto von 1993.
Wenige Jahre nach der politischen „Wende" von 1989 wird im Osten Berlins ein Haus abgerissen, an dessen Fassade noch für das längst geschlossene Museum für deutsche Geschichte geworben wird.

Die Geschichtskultur des vereinigten Deutschland Mit dem Beitritt der DDR verschwanden auch deren Geschichtskultur und symbolische Repräsentationen. Die Staatsbezeichnung des vereinigten Deutschland, die Flagge und Hymne waren diejenigen der Bundesrepublik. Die materielle Folie der DDR-Geschichtskultur, d.h. die Namen der Straßen, Plätze und Institutionen, die Denkmäler und symbolträchtigen Gebäude, so beispielsweise der ehemalige „Palast der Republik", verschwanden, während sich Benennungen, die sich an der Geschichtskultur der alten Bundesländer orientieren, allmählich auch im Beitrittsgebiet verbreiteten.

Die Bundesrepublik wandte sich, anders als nach 1945, unverzüglich der Aufarbeitung der Vergangenheit zu. Die Verbrechen der DDR-Diktatur wurden öffentlich gemacht, den Opfern wurde materiell und symbolisch Genugtuung verschafft, die Täter wurden bestraft. Wenn in geschichtskulturell ausgerichteten Reden der Politik die DDR thematisiert wird, kommen fast ausschließlich die Facetten Repression und Mangel in der DDR zur Sprache. Dagegen führten Ohnmachtsgefühle und Anpassungsprobleme vieler Ostdeutscher während der ersten Jahre der Wiedervereinigung vielfach zu einer nostalgischen Verklärung des Sozialismus, der in der Zusammensetzung von „Osten" und „Nostalgie" teils humorvoll, teils kritisch „Ostalgie" genannt wird. Eine Mischung aus sentimentaler Rückbesinnung auf die DDR, Ablehnung westlicher Lebensart, Ausländerfeindlichkeit, Sehnsucht nach Gemeinschaft, Harmonie und Heimat machte es möglich, die DDR im Nachhinein positiv zu bewerten. Erinnerungen an die „Geborgenheit" im Kollektiv, die ruhige Gangart in den Betrieben, die solidarische Hilfe unter den Nachbarn und Freunden waren gegenwärtig und verwiesen auf einen aktuellen Verlust. Auch wenn solche und ähnliche Erinnerungen häufig nur teilweise mit der realen Vergangenheit übereinstimmten, bildeten sich doch die Maßstäbe für die Einschätzung der gegenwärtigen Lebenslagen.

Dennoch wollten nur wenige Bürger der neuen Bundesländer die DDR zurück haben. Allerdings nahmen die Skepsis gegenüber der Praxis der Demokratie und die Unzufriedenheit mit manchen Folgen der Marktwirtschaft und gesellschaftlichem Pluralismus im vereinigten Deutschland zu (▸ M3).

Literaturtipp:
Richard Schröder, Irrtümer über die deutsche Einheit, Freiburg im Breisgau [2]2014

Der Staatsfeiertag des vereinigten Deutschland Dass der 3. Oktober Nationalfeiertag des vereinigten Deutschland werden solle, war nie Gegenstand einer eigenständigen Bundestagsdebatte und wurde nach vorheriger Absprache von Bundeskanzler Helmut Kohl mit den Ministerpräsidenten während der Aussprache zum Einigungsvertrag am 5. September 1990 als vollendete Tatsache präsentiert. Die Praxis, die zentrale Feier zum „Tag der Deutschen Einheit" jährlich in einer anderen Landeshauptstadt auszurichten, ging auf einen Vorschlag von Innenminister Wolfgang Schäuble zurück.

Formal knüpft die Ausrichtung der Feier an die antirituellen Traditionen der Bundesrepublik an (▸ M4). „In der Vergangenheit hat deutsches Nationalbewusstsein bei den benachbarten Völkern nicht nur Sympathie geweckt. Solange wir aber den ‚Tag der Deutschen Einheit' auch als einen symbolischen Tag der gesellschaftlichen Solidarität, einen Tag der Freiheit und der Völkerfreundschaft verstehen, werden wir ihn noch oft zusammen mit unseren ausländischen Nachbarn feiern können", äußerte der saarländische Ministerpräsident Oskar Lafontaine 1993 in seiner Festrede.

Da der „Tag der Deutschen Einheit“ eine noch sehr junge Institution ist, scheinen immer noch Veränderungen möglich. Die meisten Kritiker des 3. Oktober sind unzufrieden, weil das Datum lediglich auf einen Verwaltungsakt verweist und sich nicht überhöhen lässt – anders als beispielsweise der 9. November, ein Datum, in dem sich wie in keinem anderen die deutsche Geschichte spiegelt. Als mehrere Politiker 1999 die Verlegung des „Tages der Deutschen Einheit“ auf dieses Datum vorschlugen, antwortete *Paul Spiegel*, Vorsitzender des Zentralrates der Juden, ihm sei „der Gedanke, sich zwischen Würstchenbuden und Volksfeststimmung an die Pogromnacht vom 9. November 1938 zu erinnern“, unvorstellbar.*

▲ **Neuer Straßenname?**
Foto aus Berlin vom 12. November 1989.

Alles neu in der „Berliner Republik“? Im politischen Sprachgebrauch ist seit der deutschen Einheit von der „Berliner Republik“ die Rede. Diese Bezeichnung bezieht sich nicht nur auf die neue, modernisierte Hauptstadt, sondern vielmehr auf ein verändertes deutsches Selbstverständnis im nationalen, europäischen und internationalen Kontext. Hat sich die deutsche Politik nach 1990 verändert? Dafür sprechen einige Indizien: Die Bundesrepublik beteiligte sich an internationalen militärischen Kriegseinsätzen im Rahmen der NATO und der UNO. Sie sprach sich vehement gegen den Kriegseinsatz im Irak 2003 und in Libyen 2011 aus. Sie richtet „Gipfelkonferenzen“ zur Klärung internationaler Konflikte aus. Und auch bei der Bewältigung der Euro- und Schuldenkrise seit dem Jahr 2008 spielt die Bundesrepublik eine dominierende Rolle.

Innenpolitisch wurde „Bündnis 90/Die Grünen“ zu einer festen Größe der Parteienlandschaft. In einer Koalition mit der SPD stellten sie von 1998 bis 2005 die Bundesregierung unter Kanzler **Gerhard Schröder** (SPD). Während dieser Zeit entwickelte sich die Vorstellung Deutschlands als Einwanderungsland zum staatlichen Selbstverständnis. Außer in Einzelfällen definierte das Grundgesetz bis 1999 Staatsbürger nach dem „Abstammungsprinzip“. Nur wenn ein Elternteil die deutsche Staatsbürgerschaft besaß, konnten auch die Kinder sie erhalten. Seit einer Reform des Grundgesetzes gilt auch das Prinzip des Geburtsortes, nach dem Kinder von Zuwanderern, sofern sie in Deutschland geboren sind, die deutsche Staatsbürgerschaft erhalten.

Gerhard Schröder (geb. 1944): 1990-1998 Ministerpräsident von Niedersachsen, 1998-2005 Bundeskanzler, 1999-2004 Vorsitzender der SPD

Mit **Angela Merkel** wurde im Jahr 2005 erstmals eine Frau Kanzlerin der Bundesrepublik. Sie regierte in einer Großen Koalition aus CDU/CSU und SPD.

Angela Merkel (geb. 1954): 1990 Mitglied des DA, dann der CDU, 1991-1994 Bundesministerin für Frauen und Jugend, 1994-1998 Bundesumweltministerin, 1998-2000 Generalsekretärin der CDU, seit 2000 CDU-Vorsitzende, seit 2005 Bundeskanzlerin

Im Winter 2014/15 gingen mehrere Tausend Bürger für eine schärfere Regulierung der Asylverfahren und gegen eine angebliche Islamisierung Deutschlands auf die Straße. Auch viele Rechtsextreme demonstrierten mit. Da diese Demonstrationen nur in Dresden hohen Zulauf fanden, wurden sie von vielen Kommentatoren als Erbe der DDR bewertet. Von den Forderungen grenzten sich die etablierten Parteien ab. Zwar suchten einzelne Abgeordnete den Dialog mit den Demonstranten, doch anders als in den Jahren nach der Wiedervereinigung sprachen sich alle Parteien im Bundestag klar für ein tolerantes und weltoffenes Deutschland aus (▸ M5).

1. *Beschreiben Sie die positiven und negativen Auswirkungen der Wiedervereinigung für die ehemaligen DDR-Bürger.*
2. *Erläutern Sie die symbolische Bedeutung des Fotos auf dieser Seite.*
(H) *Berücksichtigen Sie auch die Siegessäule als Nationaldenkmal der Einigungskriege.*

* Zur Debatte um Gedenk- und Feiertage in Deutschland siehe auch S. 156 f.

M1 „Arbeitslosenstatistik“

Arbeitslosenstatistik in Ost- und Westdeutschland (in Prozent):

Nach: www.destatis.de
[Zugriff vom 20. Dezember 2013]

Skizzieren Sie den Verlauf der Arbeitslosenquote.

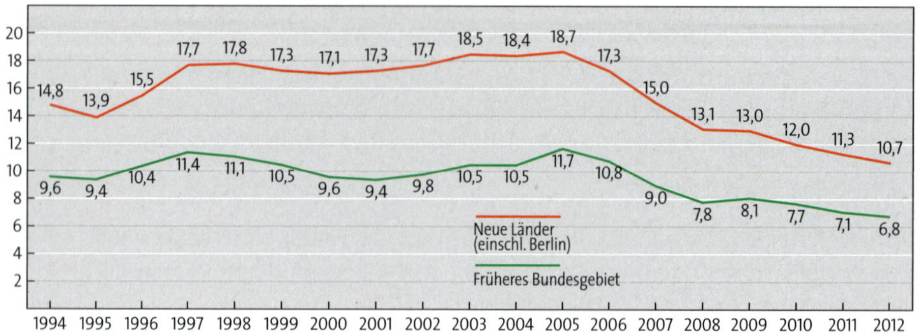

M2 Die DDR im Spiegel von Umfragen seit der Wiedervereinigung

Mit der Demoskopie versucht die Sozialwissenschaft, die Ansichten der Bevölkerung in Ost- und Westdeutschland über die Bewertung des früheren SED-Staates und den Prozess der Wiedervereinigung zu ermitteln. Die hier wiedergegebenen Ergebnisse von Langzeitbefragungen stammen – soweit nicht anders angegeben – vom Institut für Demoskopie Allensbach:

a) Mehr gute oder schlechte Seiten?
Antworten „stimme (eher) zu“ und „stimme voll und ganz zu“ auf die Aussage „Die DDR hatte mehr gute als schlechte Seiten“.

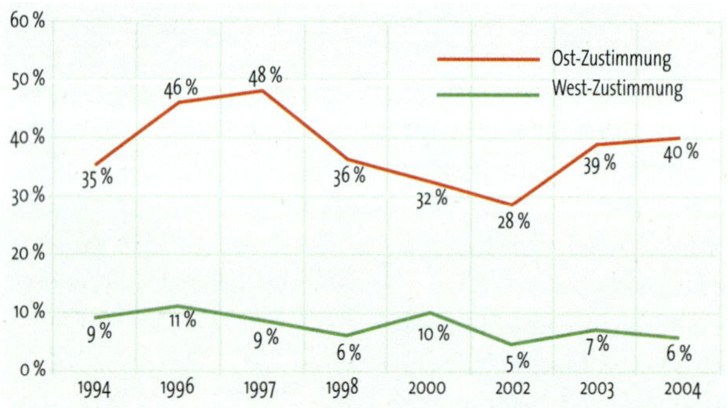

b) Sozialismus – eine gute Idee?
Bejahende Antworten auf das Statement: „Halten Sie den Sozialismus für eine gute Idee, die schlecht ausgeführt wurde?“

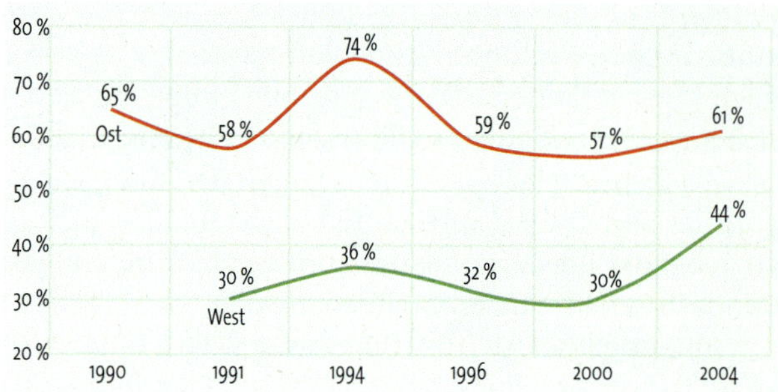

c) Beurteilung des Wirtschaftssystems in Ost- und Westdeutschland
Antworten auf die Frage: „Haben Sie eine gute oder keine gute Meinung zum Wirtschaftssystem in der Bundesrepublik?“ Für Westdeutschland keine Zahlen vor 1994 verfügbar.

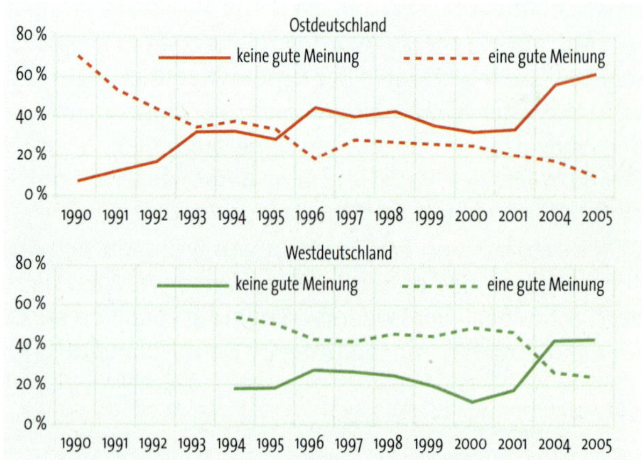

Datenbasis: Trafo-QuerschnittDatensatz, EMNID-Zusatzbefragung 2000, Konrad-Adenauer-Stiftung Herbststudien 1996 und 1997, Deutsche Teilstudien des European Social Survey 2003 und 2004

d) Neue Staatsform?
Antworten auf das Statement: „Kürzlich sagte uns jemand: ‚Bei der Wiedervereinigung wurde wirklich die Chance vergeben, eine neue Staatsform zu schaffen, in der Marktwirtschaft, Menschlichkeit und Sozialismus miteinander verbunden werden.‘ Hätten Sie auch lieber einen neuen Staat gehabt, oder sind Sie zufrieden, dass sich die Staatsform der Bundesrepublik durchgesetzt hat?“

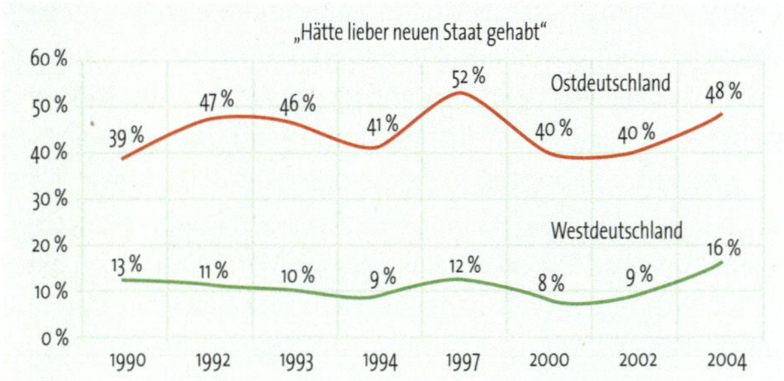

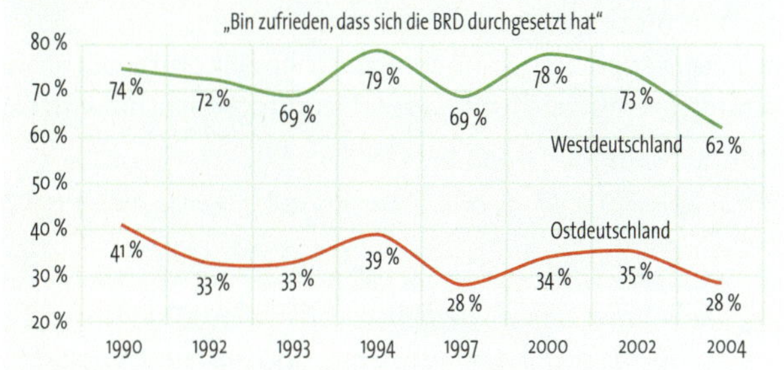

▲ **Demonstrant in Berlin.**
Foto vom Oktober 2004.

1. *Arbeiten Sie die wichtigsten Aussagen aus den Diagrammen heraus.*

2. *Führen Sie eine Umfrage zur Einstellung zur DDR in Ihrem Kurs durch. Vergleichen Sie das Ergebnis mit M2.*

M3 Drei Formen von Gedächtnis

Der Historiker Martin Sabrow stellt fest, dass heute auf ganz unterschiedliche Art und Weise an die DDR erinnert wird:

Im Zentrum vor allem des öffentlichen Gedenkens steht das *Diktaturgedächtnis*, das auf den Unterdrückungscharakter der SED-Herrschaft und ihre mutige Überwindung in der friedlich gebliebenen Revolution von 1989/90 abhebt. Die diktaturzentrierte Erinnerung widmet ihre Aufmerksamkeit vorrangig dem Macht- und Repressionsapparat des kommunistischen Regimes, und sie pocht darauf, dass zum Verständnis der DDR die Stasi wichtiger sei als die Kinderkrippe. In diesem Erinnerungsmodus wird den fundamentalen Unterschieden zwischen politischer Freiheit und politischer Unterwerfung ein entschieden höherer Wert für die Würde des menschlichen Lebens zugemessen als den sozialen und wirtschaftlichen Gratifikationen [...]. Stattdessen setzt sich die auf den Unrechtscharakter der SED-Herrschaft ausgerichtete Erinnerung dafür ein, in erster Linie die Schreckensorte der kommunistischen Herrschaft von den sowjetischen Internierungslagern und KGB-Gefängnissen bis zum Überwachungs- und Bespitzelungssystem der Staatssicherheit im Bewusstsein der Nachwelt präsent zu halten. Das Diktaturgedächtnis ist auf den Täter-Opfer-Gegensatz fokussiert. Es räumt Verbrechen, Verrat und Versagen unter der SED-Herrschaft hohen Stellenwert ein und sieht in der Erinnerung an Leid, Opfer und Widerstand die wichtigste Aufgabe einer Vergangenheitsbesinnung, die im Dienst der Gegenwart Lehren aus der Geschichte ermöglichen und so vor historischer Wiederholung schützen soll. Entsprechend ist das Diktaturgedächtnis normativ und teleologisch[1] strukturiert; es zeichnet die DDR als negatives Kontrastbild vor der Folie rechtsstaatlicher Normen und Freiheitstraditionen [...].

[1] **teleologisch** (griech. telos: „Ziel“, „Zweck“): auf Teleologie beruhend; **Teleologie**: Lehre, dass eine Entwicklung von vornherein zweckmäßig und zielgerichtet angelegt ist

▲ **Plakat zum „Tag der Deutschen Einheit" in Hannover 2014.**
Die offiziellen Feiern zum Tag der Deutschen Einheit werden als Bürgerfeste organisiert. Sie wechseln jährlich den Ort und werden von einer Landeshauptstadt ausgerichtet.
- *Erläutern Sie die Wirkungsabsicht des Plakates.*

Während dieses staatlich approbierte DDR-Bild den Raum der öffentlichen Erinnerung beherrscht, wirkt ein zweites Organisationsmuster der DDR-Erinnerung stärker in die gesellschaftliche Tiefe und pocht hier mit stillem Trotz und dort mit lauter Vehemenz auf sein Eigenrecht. Dies ist ein in Ostdeutschland bis heute vielfach dominantes *Arrangementgedächtnis*, das [...] die Mühe des Auskommens mit einer mehrheitlich vielleicht nicht gewollten, aber doch als unabänderlich anerkannten oder für selbstverständliche Normalität gehaltenen Parteiherrschaft in der Erinnerung hält. Das Arrangementgedächtnis verknüpft Machtsphäre und Lebenswelt. Es erzählt von alltäglicher Selbstbehauptung unter widrigen Umständen, aber auch von eingeforderter oder williger Mitmachbereitschaft und vom Stolz auf das in der DDR Erreichte – kurz, es verweigert sich der säuberlichen Trennung von Biografie und Herrschaftssystem, die das Diktaturgedächtnis anbietet, und pflegt eine erinnerungsgestützte Skepsis gegenüber dem neuen Wertehimmel des vereinigten Deutschland, die zwischen ironischer Anrufung und ostalgischer Verehrung der ostdeutschen Lebensvergangenheit oszilliert. [...]

Noch stärker im Schatten der öffentlichen Wahrnehmung existiert schließlich ein weiteres Erinnerungsmuster, das an der Idee einer legitimen Alternative zur kapitalistischen Gesellschaftsordnung festhält. Dieses *Fortschrittsgedächtnis* denkt die DDR vor allem von ihrem Anfang her. Es baut seine Erinnerungen auf der vermeintlichen moralischen und politischen Gleichrangigkeit der beiden deutschen Staaten auf, die zu friedlicher Koexistenz und gegenseitiger Anerkennung geführt hätten [...]. Die Rückbesinnung auf die vermeintlich zu Unrecht verkannten Vorzüge des DDR-Bildungssystems, die hässlichen Gesichtszüge eines aus den Fugen geratenen Weltfinanzsystems, die rückblickende Vorstellung von einer geordneten DDR-Welt, in der der Mensch keine Ware war und für die Gleichstellung der Frau gesorgt war – solcher Art sind die Anknüpfungspunkte, aus denen das Fortschrittsgedächtnis seine Stabilität gewinnt.

In diesem tripolaren Kräftefeld zwischen Diktaturgedächtnis, Arrangementgedächtnis und Fortschrittsgedächtnis wird die DDR-Vergangenheit täglich neu verhandelt.

Martin Sabrow, Die DDR erinnern, in: Ders. (Hrsg.), Erinnerungsorte der DDR, München 2009, S. 18-20

1. *Benennen Sie die Themen, welche für das Diktaturgedächtnis, das Arrangementgedächtnis und das Fortschrittsgedächtnis jeweils bedeutsam sind.*
2. *Charakterisieren Sie Vertreter der einen oder anderen Gedächtnisform.*
3. *Diskutieren Sie, welche der Gedächtnisformen am ehesten im kollektiven Gedächtnis der Deutschen überdauern wird.*

M4 „Zivil, locker und trotzdem festlich"

Die Historikerin Vera Caroline Simon äußert sich zum Stil der Einheitsfeiern im vereinigten Deutschland, die auch von ehemaligen DDR-Oppositionellen positiv bewertet werden:

In Anbetracht der im In- und Ausland gezeichneten Renationalisierungsszenarien war es nicht verwunderlich, dass die symbolische Ausgestaltung des neuen Nationalfeiertags so unprovokativ, ja so zurückhaltend wie möglich ausfiel. [...] Die nichtmilitärische Ausgestaltung entsprach jedoch nicht allein der außenpolitischen Signalfunktion einer sich der internationalen Vorbehalte bewussten Bundesrepublik. Sie etablierte sich auch in dezidierter Abgrenzung zu den militärischen Zeremonien der DDR, die bereits zu Zeiten der Zwei-

▸ Ausländerfeindliche Demonstration in Dresden.
25. Januar 2015. (Ausschnitt)
In Anlehnung an die Montagsdemonstrationen von 1989 in der DDR, demonstrierten im Winter 2014/15 Bürger immer montags gegen eine angebliche Islamisierung Deutschlands. Dabei sind nur 0,1 Prozent der in Sachsen lebenden Menschen Muslime.

staatlichkeit als Unterschied zwischen der säbelrasselnden, totalitären DDR und der demokratischen Bundesrepublik angeführt wurde. Bereits der Nationalfeiertag der alten Bundesrepublik, der 17. Juni, sollte [...] ein „geläutertes Nationalbewusstsein" präsentieren. Die DDR hingegen, die auf einen antifaschistischen Gründungsmythos aufbaute und somit ein positives militärisches Erbe für sich reklamierte, schöpfte aus dem Erinnerungsarsenal des preußischen Militarismus und führte die Tradition großer, staatlich implementierter Feiern fort. [...]
Der neue Tag der Deutschen Einheit führte damit die als symbolische Abgrenzung von totalitären Inszenierungen verstandene nichtmilitärische Darstellung fort. Diese Signalfunktion wurde von ostdeutschen Beobachtern bestätigt: Der oppositionelle Schriftsteller Lutz Rathenow wies in seiner Festrede in einer Feier des Thüringischen Landtages am 3. Oktober 2001 auf die zeitliche Nähe des alten Tags der Republik und des Tags der Deutschen Einheit hin und verglich beide Tage. Rathenow erinnerte an den Lärm der Panzer, die ab dem 3. oder 4. Oktober für die Militärparade anlässlich des Tags der Republik probten: „Sie werden verstehen, dass es mir leicht fällt, fast jede musikalische Alternative zu diesem Ton als eine unbestritten bessere anzunehmen." Etwas salopper stimmte ihm auch Richard Schröder in einem Fernsehinterview anlässlich des Festakts zum zehnten Jahrestag der Einheit in der Dresdner Semperoper zu, der die Festatmosphäre auf dem Dresdner Theaterplatz mit den Worten lobte: „Auch die Stimmung ist 1a. Wie ich es mir so vorstelle: zivil, locker und trotzdem festlich."

Vera Caroline Simon, Gefeierte Nation. Erinnerungskultur und Nationalfeiertag in Deutschland und Frankreich seit 1990, Frankfurt am Main u. a. 2010, S. 84 f.

1. *Stellen Sie Begriffe – auch Adjektive –, die die Nationalfeiertage der DDR und der Bundesrepublik charakterisieren, einander gegenüber.*
2. *Arbeiten Sie aus dem Stil der Einheitsfeiertage im vereinten Deutschland die Bedeutung von Zweistaatlichkeit und Vereinigungsprozess für das nationale Selbstverständnis heraus. Beziehen Sie auch das Plakat auf Seite 394 mit ein.*

M5 Neujahrsansprache

Im Winter 2014/15 gehen mehrere Tausend Bürger insbesondere in Dresden für ein strengeres Asylverfahren und gegen eine angebliche Islamisierung des Abendlandes auf die Straße. In ihrer Neujahrsansprache zum Jahr 2015 nimmt die Bundeskanzlerin Angela Merkel dazu Stellung:

Kürzlich erzählte mir jemand von einem Kurden, der heute Deutscher ist. Vor vielen Jahren sei er aus dem Irak geflohen – unter sehr schwierigen Bedingungen. Unter Lebensgefahr. Er habe gesagt, das Wichtigste sei für ihn in Deutschland, dass seine Kinder hier ohne Furcht aufwachsen könnten. Das ist vielleicht das größte Kompliment, das man unserem Land machen kann: dass die Kinder Verfolgter hier ohne Furcht groß werden können. Und das war auch ein Motiv der vielen Menschen, die vor 25 Jahren in der DDR jeden Montag auf die Straße gingen. Hunderttausende demonstrierten 1989 für Demokratie und Freiheit und gegen eine Diktatur, die Kinder in Furcht aufwachsen ließ.
Heute rufen manche montags wieder „Wir sind das Volk". Aber tatsächlich meinen Sie: Ihr gehört nicht dazu – wegen Eurer Hautfarbe oder Eurer Religion. Deshalb sage ich allen, die auf solche Demonstrationen gehen: Folgen Sie denen nicht, die dazu aufrufen! Denn zu oft sind Vorurteile, ist Kälte, ja, sogar Hass in deren Herzen!

Angela Merkel, Neujahrsansprache für 2015 vom 31. Dezember 2014, in: www.spiegel.de/politik/deutschland/neujahrsansprache-angela-merkel-2014-im-wortlaut-a-1010884.html [Zugriff vom 19. Januar 2015]

1. *Zeigen Sie auf, welches Selbstbild der Bundesrepublik Angela Merkel zeichnet und wie sie dies mit der Geschichte der DDR verknüpft.*
2. *Weisen Sie nach, dass sich die Dresdener Demonstranten von 2014/15 zu Unrecht auf die Montagsdemonstrationen beziehen.*
3. *Erörtern Sie die Bedeutung der „friedlichen Revolution" von 1989 für die Gegenwart. Gehen Sie dazu auf die wirtschaftlichen (M1), geschichtskulturellen (M3 und M4) sowie politischen Folgen (M5) ein.*

Kompetenzen erweitern – vertiefen – anwenden

Von der getrennten zur vereinten Nation

Nationale Identität unter den Bedingungen der Zweistaatlichkeit in Deutschland

Sachkompetenz

1. *Veranschaulichen Sie die Entwicklung der Zusammenarbeit der vier Besatzungszonen von 1945 bis 1949. Verwenden Sie hierzu das Bild von vier Gleisen, die für die vier Besatzungszonen stehen. Fügen Sie Weichenstellungen in diese Grafik ein und zeigen Sie, wie sich die Gleise aufeinander zu oder voneinander weg bewegen.*
2. *Im Grundgesetz der Bundesrepublik und der Verfassung der DDR von 1949 stehen folgende Aussagen:*

Grundgesetz der Bundesrepublik, 1949 (Präambel):
Das gesamte Deutsche Volk bleibt aufgefordert, in freier Selbstbestimmung die Einheit und Freiheit Deutschlands zu vollenden.

Verfassung der DDR, 1949 (Artikel 1 und 4):
Deutschland ist eine unteilbare demokratische Republik; sie baut sich auf den deutschen Ländern auf. [...] Es gibt nur eine deutsche Staatsangehörigkeit.

Ordnen Sie die Formulierung der beiden Texte in ihre Entstehungszeit ein und erläutern Sie die Folgen dieser Formulierungen für die Beziehungen der beiden Staaten.
3. *Die DDR bemühte sich um die Integration von Flüchtlingen und Vertriebenen nach 1945, die offiziell als „Umsiedler" bezeichnet wurden. Erläutern Sie, weshalb die SED diesen Begriff wählte.*
4. *Weisen Sie die wichtigsten Ereignisse und Entwicklungen der Regierungszeit der jeweiligen Kanzler seit Gründung der Bundesrepublik zu. Gewichten Sie die Vorgänge innerhalb jeder Kanzlerschaft.*
5. *Erläutern Sie die Bedeutung der KSZE-Schlussakte von 1975 für die Opposition in der DDR.*

Artikel VII der KSZE-Schlussakte:
Die Teilnehmerstaaten werden die Menschenrechte und Grundfreiheiten, einschließlich der Gedanken-, Gewissens-, Religions- und Überzeugungsfreiheit für alle ohne Unterschied der Rasse, des Geschlechts, der Sprache oder der Religion achten.

Urteilskompetenz

1. *„Wohlstand für alle"? Prüfen Sie, inwieweit das Versprechen der Sozialen Marktwirtschaft verwirklicht werden konnte. Berücksichtigen Sie auch die Situation der Zuwanderer.*
2. *Der spätere Bundespräsident Joachim Gauck bezeichnete die „Angst" der DDR-Bürger als ein „Signalsystem", als eine „fast pathologische Spaltung der Persönlichkeit" und als „ein Kennzeichen der Menschen in der sozialistischen Gesellschaft"[1]. Prüfen Sie, inwieweit dieses Urteil angemessen ist.*

Tipp! *Zur Bewertung von Fotoikonen vgl. den Methoden-Baustein auf* *S. 349-351.*

[1] Joachim Gauck, Die Stasi-Akten. Das unheimliche Erbe der DDR, Reinbek 1991, S. 45 ff.

Methodenkompetenz

1. *Analysieren Sie das Foto, erläutern Sie seinen historischen Kontext und interpretieren Sie seine Aussagen.*
2. *Prüfen Sie, inwiefern dieses Foto als „Ikone" gelten könnte.*

F *Entwerfen Sie einen Kommentar zu diesem Foto für einen Bildband.*

◂ Flüchtlinge schleppen sich bei Kriegsende über die Elbbrücke bei Tangermünde.
Foto vom 1. Mai 1945.
Ganze Trecks verließen den Osten Deutschlands, um der Verfolgung zu entkommen. Hunderttausende kamen auf der Flucht ums Leben.

Die Überwindung der deutschen Teilung in der „friedlichen Revolution" von 1989

Sachkompetenz

1. *Skizzieren Sie die Faktoren, die zum Zusammenbruch der DDR 1989 führten.*
2. *Ordnen Sie die Faktoren in langfristige und kurzfristige Entwicklungen sowie in innen- und außenpolitisch.*
3. *Von Bonn nach Berlin: Stellen Sie das Selbstverständnis der Bonner und der Berliner Republik gegenüber.*

Urteilskompetenz

1. *Beschreiben Sie die nebenstehende Karikatur und erläutern Sie ihre Aussage.*
2. *Überprüfen Sie, ob die Karikatur heute noch Gültigkeit haben könnte.*
3. *Der US-amerikanische Historiker Fritz Stern bezeichnete den Fall der Mauer als „Zweite Chance" für die Deutschen, „das seltenste aller historischen Geschenke". Erörtern Sie, inwieweit die Deutschen dieses Geschenk sinnvoll genutzt haben.*

Handlungskompetenz

Am 8. Mai 2015 hielt der Historiker Heinrich August Winkler vor dem Deutschen Bundestag eine Rede zum 70. Jahrestag des Endes des Zweiten Weltkrieges.[1] In dieser Rede sprach er u. a. von der „Verpflichtung, unter allen Umständen die Unantastbarkeit der Würde jedes einzelnen Menschen zu achten".

1. *Setzen Sie sich in einem Essay mit dieser Verpflichtung auseinander.*

   H *Unterscheiden Sie zwischen staatlichen und individuellen Verpflichtungen. Entwerfen Sie ggf. Regeln für das Zusammenleben der Menschen in Deutschland.*
2. *„Ostalgie" und „Unrechtsstaat": Erläutern Sie die unterschiedliche Wahrnehmung der DDR nach 1990 und erörtern Sie die Angemessenheit beider Begriffe anhand der historischen Fakten.*
3. *Verfassen Sie eine Diskussion aus Sicht eines ehemaligen DDR-Bürgerrechtlers und eines ehemaligen Mitarbeiters des MfS.*

▲ **„Daran müssen wir noch arbeiten."**
Karikatur von Rainer Schwalme, 1992.

Die DDR im Film (Beispiele)

Heiner Carow, Verfehlung, 1991
Herwig Kipping, Das Land hinter dem Regenborgen, 1991
Andreas Höntsch, Die Vergebung, 1994
Thomas Brussig und Leander Haußmann, Helden wie wir, 1999
Thomas Brussig und Leander Haußmann, Sonnenallee, 1999
Wolfgang Becker, Good bye, Lenin, 2002
Florian Henckel von Donnersmarck, Das Leben der Anderen, 2006

- *Wählen Sie einen Film aus, skizzieren Sie dessen Handlung und beschreiben Sie die wichtigsten Personen.*
- *Analysieren Sie die Darstellung der DDR im gewählten Film und ordnen Sie den Film in den Entstehungskontext ein.*
- *Prüfen Sie die Darstellung des Films auf historische Angemessenheit.*

[1] www.bundestag.de/dokumente/textarchiv/2015/kw19_gedenkstunde_wkii_rede_winkler/373858 [Zugriff vom 25. Mai 2015]

Friedensschlüsse und Ordnungen des Friedens in der Moderne

◂ **350 Jahre Westfälischer Friede.**
Gedenkmünze (ø 3,25 cm) von 1998. Die Medaille wurde in einer Auflage von 4,5 Millionen Exemplaren geprägt.

▸ **„Europa in Wien. Der Wiener Kongress 1814/15."**
Ausstellungsplakat von 2015.

◂ **„Der verschenkte Frieden."**
Titelseite der Wochenzeitung „Der Spiegel" vom 6. Juli 2009.

▴ **„25 Jahre Potsdamer Abkommen."**
DDR-Briefmarken (Dreierstreifen), die am 28. Juli 1970 in einer Auflage von vier Millionen ausgegeben wurde.
Links: Schloss Cecilienhof in Potsdam – Tagungsort der Potsdamer Konferenz; Mitte: Potsdamer Konferenztisch mit den Delegierten (siehe S. 485), rechts: Titelseite des Abkommens.

Starke UNO. Bessere Welt.

▴ **„70 Jahre UNO."**
Mit diesem Logo feiern die Vereinten Nationen am 24. Oktober („Tag der Vereinten Nationen") 2015 ihren 70. Geburtstag; am 24. Oktober 1945 trat die UN-Charta in Kraft.

◂ **„50 Jahre Römische Verträge."**
Briefmarke, die am 1. März 2007 in einer Auflage von 8,3 Millionen ausgegeben wurde.
Am 25. März 1957 unterzeichneten die Regierungen der sechs Gründerstaaten Frankreich, Deutschland, Italien, Belgien, die Niederlande und Luxemburg die Römischen Verträge. Sie gelten als „Geburtsurkunde" der Europäischen Union.

Wie kann Friede dauerhaft gesichert werden? Auf diese Frage gab es im Laufe der Jahrhunderte viele Antworten von Philosophen, Herrschern und Politikern. Keine brachte einen dauerhaften Frieden. Weder das nach dem Dreißigjährigen Krieg entstandene „Gleichgewicht der Mächte", noch die auf dem Wiener Kongress 1814/15 entstandene neue europäische Staatsordnung verhinderten weitere Kriege. Auch der nach dem Ersten Weltkrieg gegründete Völkerbund konnte das Zusammenleben der Menschen nicht friedlicher machen. Der umstrittene Versailler Vertrag, nationale Machtinteressen und politische Gegensätze ließen eine kollektive Friedenssicherung scheitern. Mit diesen und anderen Problemen hatten auch die nach dem Zweiten Weltkrieg gegründeten Vereinten Nationen zu tun. Ihre Friedensbemühungen scheiterten im Kalten Krieg oft an der Uneinigkeit des UN-Sicherheitsrates. Nach 1945 beschritten auch westeuropäische Staaten den Weg der übernationalen Integration: Wirtschaftliche und politische Verträge förderten die wechselseitige Anerkennung und trugen dazu bei, Westeuropa friedlich zu machen. Verantwortlich dafür zeichneten die Europäische Union und ihre Vorläuferorganisationen sowie die Konferenz für Sicherheit und Zusammenarbeit in Europa. Der Zusammenbruch und der Zerfall der Sowjetunion führten nach 1990 zwar zu einer neuen Weltordnung, aber nicht zu einer friedlicheren Welt.

Die folgenden vier Teilkapitel behandeln die großen Kriege, Friedensregelungen und -bemühungen der letzten vier Jahrhunderte. Sie alle betrafen die innere und äußere Ordnung Deutschlands.

In diesem Kapitel können folgende Kompetenzen erworben werden:

▶ **Sach- und Urteilskompetenz**

- Sie erläutern das europäische Ausmaß des Dreißigjährigen Krieges und der Napoleonischen Kriege sowie die globale Dimension des Ersten und Zweiten Weltkrieges.
- Sie erläutern und beurteilen die Voraussetzungen, Grundsätze, Ziele, Beschlüsse und Stabilität der Friedenschlüsse von 1648, 1815, 1919 und 1945.
- Sie setzen sich mit der Bedeutung des Kriegsschuldartikels im Versailler Vertrag auseinander.
- Sie erläutern Etappen der internationalen Beziehungen nach dem Zweiten Weltkrieg.
- Sie befassen sich mit der Entstehung des Völkerbundes und den Vereinten Nationen und beurteilen vergleichend ihre friedenspolitischen Bemühungen.
- Sie erläutern und beurteilen die Entwicklung der internationalen Beziehungen nach dem Zweiten Weltkrieg sowie den Prozess der europäischen Einigung bis zur Europäischen Union.

▶ **Methodenkompetenz**

Drei Methoden werden in diesem Großkapitel vorgestellt und erklärt:

- Illustrierte Flugblätter untersuchen
- Kontroverse Karikaturen interpretieren
- Politische Reden analysieren

▶ **Handlungskompetenz**

- Sie diskutieren die Frage, unter welchen Bedingungen Friede gesichert werden kann.

Multilateraler Interessenausgleich nach dem Dreißigjährigen Krieg

▶ **„Seuffzer nach dem Guldinen Friden / Allen Christlichen Potentaten / ja allen Christlichen Hertzen zu bedencken."**
Anonymer Kupferstich von 1636 ohne Angabe des Druckortes auf einem Flugblatt von 1647 mit einem Gedicht in fünf Spalten von 1645.
Der Papst, ein Jesuit und ein evangelischer Theologe sitzen an einem Tisch, auf den Bänken hinter ihnen der Kaiser, die Kurfürsten und die kriegführenden Fürsten Europas. Alle reden vom Frieden und tun nichts, um zum Frieden zu kommen. Links steht Christus, von einem Strafengel begleitet. Er fordert die Beendigung des Krieges und droht göttliche Strafen an.

- *Interpretieren Sie das Verhalten der Kinder („die unschuldigen Seelen der umgebrachten Kinder") im Vordergrund der Abbildung. Wen und worum bitten sie? Beachten Sie die Christusfigur, das Kreuz und den Abendmahlkelch.*

Tipp:
Zu illustrierten Flugblättern siehe den Methoden-Baustein *auf S. 417-419.*

Orientierung Das 16. und das 17. Jahrhundert waren in Europa geprägt von Aufständen, Religionskriegen, Machtkämpfen und Unabhängigkeitsbewegungen. Sie fanden zwischen einzelnen Herrschaftsgebieten und innerhalb von Herrschaftsgebilden wie dem Heiligen Römischen Reich Deutscher Nation statt. Ein besonderes Gewicht kam im Reich den konfessionell verschiedenen Reichsständen einerseits und dem katholischen Kaiser andererseits zu. Koalitionen wurden gebildet und zerfielen; Frieden wurde geschlossen und gebrochen. Die Religion spielte in diesen Auseinandersetzungen eine wichtige, aber nicht die entscheidende Rolle.

Der Dreißigjährige Krieg ist Teil dieser europäischen Auseinandersetzungen. Er bestand aus einem Bündel von Konflikten, in die der Kaiser und die Reichsstände des Heiligen Römischen Reiches, die Könige von Frankreich und Spanien sowie von Dänemark und Schweden aus unterschiedlichen Gründen einbezogen waren. Der nach mehrjährigen Verhandlungen 1648 in Münster und Osnabrück ausgehandelte Westfälische Friede wurde zur Grundlage eines Friedenskonzeptes, das in den folgenden Jahrhunderten in Europa immer wieder neu verhandelt wurde. Seine diplomatischen und völkerrechtlichen Lösungen wurden zum Vorbild späterer Friedensverhandlungen und -verträge.

1608 Zur Verteidigung der protestantischen Interessen gegenüber dem Kaiser wird die Union gegründet

1609 Die katholischen Reichsstände vereinigen sich zur Verteidigung ihres Glaubens zur Liga

1618 Prager Fenstersturz; der Konflikt zwischen den böhmischen Adligen und dem Kaiser beginnt

1619 Der Habsburger Ferdinand II. wird zum Kaiser gewählt

1618-1621 Böhmisch-Pfälzischer Krieg

1625-1629 Dänisch-Niedersächsischer Krieg

1630-1634 Die Schweden greifen in den „deutschen Krieg" ein: Schwedischer Krieg

1600 1605 1610 1615 1620 1625 1630

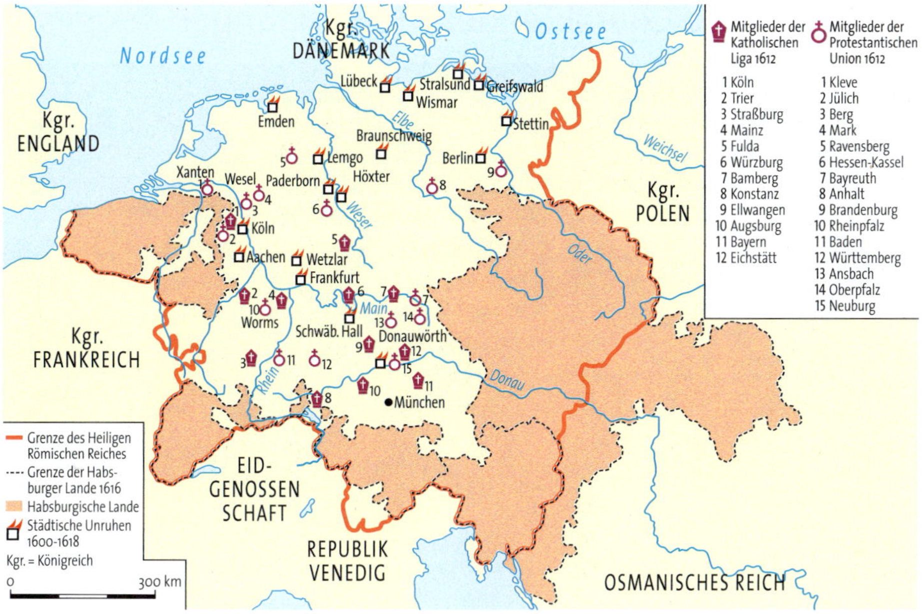

◂ **Das Heilige Römische Reich vor dem Dreißigjährigen Krieg.**
Nach: Geoffrey Parker, Der Dreißigjährige Krieg, Frankfurt/New York 1987, S. 17-18

Das folgende Kapitel behandelt die deutsche und die europäische Dimension des Westfälischen Friedens. Es beschäftigt sich mit den konfessionellen, politischen und völkerrechtlichen Zielen der Verhandlungspartner, den geschlossenen Kompromissen und der anhaltenden Wirkungsgeschichte des multilateralen Interessenausgleiches nach dem Dreißigjährigen Krieg.

Literaturtipps:
- *Helmut Lahrkamp, Dreißigjähriger Krieg – Westfälischer Frieden. Eine Darstellung der Jahre 1618-1648, Münster 1999*
- *Georg Schmidt, Der Dreißigjährige Krieg, München [8]2010*
- *Johannes Arndt, Der Dreißigjährige Krieg 1618-1648, Stuttgart 2009*

Auf den nächsten Seiten werden Sie Antworten auf folgende Fragen finden:
- ▶ *Wie konnte aus einem lokalen Konflikt in Böhmen ein Dreißigjähriger Krieg entstehen?*
- ▶ *Mit welchen Zielsetzungen führten die einzelnen Mächte den Krieg und was wollten sie beim Friedensschluss erreichen?*
- ▶ *Welche Rolle spielten die Konfessionen für das Kriegsgeschehen, für die Bündnisse und für den Frieden?*
- ▶ *Auf der Suche nach einer dauerhaften Friedensregelung: Welche Wirkung hatte der Westfälische Friede?*

1635
Prager Friede zwischen dem Kaiser und den protestantischen Reichsständen (30.5.)

1635-1648
Frankreich greift gegen Schweden in den „deutschen Krieg“ ein: Französisch-Schwedischer Krieg

1637
Ferdinand III. folgt Ferdinand II. als römisch-deutscher Kaiser

1641
Münster und Osnabrück werden als Kongressorte festgelegt

1645
Angriff der Türken auf die Insel Kreta, die zu Venedig gehört

1648
Westfälischer Friede: Die Unabhängigkeit der Niederlande wird von Spanien anerkannt (30.1.); Verträge von Münster und Osnabrück zwischen Kaiser, Reichsständen und Schweden bzw. Frankreich (24.10.)

1649-1650
Friedensexekutionskongress in Nürnberg

1659
Der Pyrenäenfriede beendet den seit 1635 geführten Krieg zwischen Spanien und Frankreich

1635 | 1640 | 1645 | 1650 | 1655 | 1660 | 1665

Ursachen und Charakter des Dreißigjährigen Krieges

▲ **Plünderung eines Dorfes.**
Gemälde (75 x 107 cm) des flämischen Malers Sebastian Vrancx, um 1620 (Ausschnitt).

Heiliges Römisches Reich Deutscher Nation: seit 1512 gebräuchliche Gesamtformel für den Herrschaftsbereich des von den Kurfürsten (seit 1356 sieben, ab 1648 acht) gewählten römisch-deutschen Kaisers und der in ihm verbundenen Reichsterritorien; es bestand bis 1806.

Reichsstände: reichsunmittelbare, d. h. dem Kaiser des Heiligen Römischen Reiches Deutscher Nation direkt unterstellte geistliche und weltliche Herrscher, die über eigene Territorien verfügten, sowie die freien Reichsstädte. Die Reichsstände hatten Sitz und Stimme im Reichstag und tagten in drei Kollegien (Kurien): dem Kurfürstenrat, dem Reichsfürstenrat und dem Rat der Reichsstädte.

Nach dem Augsburger Religionsfrieden Die religiös und politisch motivierten Auseinandersetzungen im **Heiligen Römischen Reich Deutscher Nation** zwischen dem Kaiser und den **Reichsständen** wurden 1555 im *Augsburger Religionsfrieden* beigelegt. Die Vereinbarung ließ zwei Konfessionen im Reich zu: die katholische und die evangelische. Die Reichsstände konnten in ihren Territorien die Konfession bestimmen. Untertanen mit einer anderen Konfession durften auswandern, tatsächlich wurden sie aber oft vertrieben. Etwa dreißig Jahre lang lebten die Konfessionen friedlich nebeneinander.

Seit 1590 jedoch kippte die Stimmung. Eine neue Generation, die in den Konfessionsschulen und -universitäten ausgebildet worden war, begann über die Auslegung des Religionsfriedens zu streiten. Zum Streitobjekt wurde vor allem das Kirchengut. Die katholischen Fürsten forderten die Güter zurück, die die evangelischen Reichsfürsten nach 1555 eingezogen hatten. 1608 schlossen sich einige evangelische und reformierte* Fürsten zu einem militärischen Schutzbündnis zusammen: der *Union*. Ein Jahr später verbündeten sich katholische Fürsten in der *Liga*.** Beide Bündnisse bemühten sich um Unterstützung: die Union in Frankreich, England und den Niederlanden, die Liga in Spanien und Polen.

* **Reformierte**: die Anhänger Calvins, siehe S. 414.
** Siehe die Karte auf S. 401.

Woran entzündete sich der Krieg? 1618 erhoben sich protestantische Adlige Böhmens gegen ihren erst seit einem Jahr regierenden katholischen König *Ferdinand*. Sie wollten sich von der Herrschaft des Habsburgers emanzipieren und warfen ihm vor, gegen das verbriefte Recht der freien Religionsausübung verstoßen zu haben. Auf dem Höhepunkt des Konfliktes warfen am 23. Mai 1618 Abgesandte der böhmischen Ständeversammlung zwei kaiserliche Räte aus einem Fenster der Prager Burg (*Hradschin*) und erklärten die Macht des Königs über sie für beendet. Ein Vierteljahr später wählten die Anführer der protestantischen Stände *Friedrich von der Pfalz* zum neuen König von Böhmen.

Trotz dieser Ereignisse wurde der abgesetzte König von Böhmen 1619 von den Kurfürsten in Frankfurt am Main zum neuen römisch-deutschen Kaiser gewählt. *Ferdinand II.* bekämpfte nun den Aufstand des protestantischen Adels in Böhmen mithilfe bayerischer und spanischer Truppen. In dem Zusammenhang versprach er dem Herzog von Bayern im Falle eines Sieges die Kurfürstenwürde. *Friedrich I. von Böhmen* konnte nur bis 1620 regieren, das trug ihm später den Namen „Winterkönig" ein. Er, der aufständische Adel und 150 000 böhmische Protestanten mussten fliehen. Kaiser Ferdinand II. beschlagnahmte ihren Besitz. Am Anfang des Krieges stand also ein religiöser und verfassungsrechtlicher Konflikt zwischen dem katholischen König und den protestantischen Großen Böhmens.

▲ **Gewalt der Söldner.**
Gemälde des niederländischen Malers Pieter Codde, 17. Jh.
Im Februar 1645 bestand beispielsweise eine bayerische Söldnereinheit unter anderem aus: 534 Deutschen, 218 Italienern, 15 Franzosen, 24 Lothringern, 43 Burgundern, 26 Griechen, 54 Polen, 5 Ungarn, 51 Tessinern, 2 Kroaten, 1 Iren, 11 Spaniern, 1 Sizilianer, 15 Türken und 18 Dalmatiern.
- *Erläutere, was die Zusammensetzung der Einheit über die Motive der Söldner sowie der Kriegsherren aussagt.*

Die Konfliktparteien auf deutscher und europäischer Ebene Aus dem Ständeaufstand in Böhmen entwickelte sich ein ganzes Bündel von verschiedenen Konflikten in Europa, die alle irgendwie miteinander verflochten waren. Das ebenfalls von Habsburgern regierte Spanien half dem Kaiser. Es brauchte ihn, um Oberitalien zu kontrollieren und um vom Reich aus gegen die niederländischen Provinzen vorgehen zu können, die seit 1568 um ihre Unabhängigkeit kämpften. Der gemeinsame Gegner des Kaisers und der spanischen Herrscher waren die französischen Könige. Das katholische Frankreich sah seine Grenzen durch das übermächtige Spanien bedroht, das zahlreiche Länder von Oberitalien bis hinauf in die Niederlande beherrschte. Im Innern geschwächt, schaltete sich Frankreich erst 1624 politisch und 1635 militärisch ein – im Wesentlichen um Spanien niederzuringen. Inzwischen hatten sich auch Dänemark (ab 1624) und Schweden (ab 1630) in den Krieg eingeschaltet, um den Ostseeraum für sich zu sichern.

▲ **Die Torwache.**
Gemälde (68 x 58 cm) des niederländischen Malers Carel Fabritius, 1654.

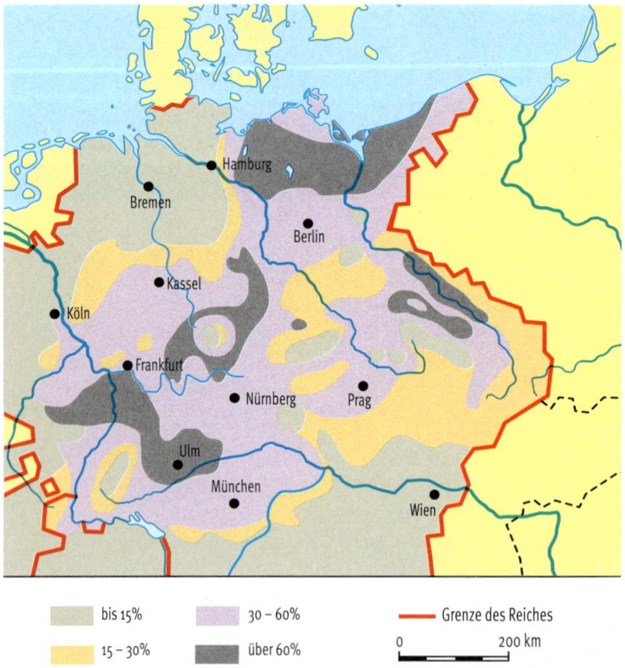

▲ **Bevölkerungsverluste im Dreißigjährigen Krieg.**

Als der Kaiser und der sächsische Kurfürst in die Defensive gerieten, vereinbarten sie 1635 den *Prager Frieden*, dem die meisten Reichsstände beitraten. Ein allgemeiner Friede, konnte aber nicht hergestellt werden, da Frankreich und Schweden weiter gegen den Kaiser kämpften. Zuletzt ging es den Mächten nur noch darum, Entschädigungen und Beute aus dem Reich zu holen. Die Konfession spielte dabei keine zentrale Rolle mehr. Das katholische Frankreich kämpfte mit dem protestantischen Schweden gegen die katholischen Habsburger und unterstützte nach Belieben entweder die protestantischen, katholischen oder calvinistischen Reichsstände.

Folgen und Charakter des Dreißigjährigen Krieges Der Dreißigjährige Krieg war eine Katastrophe. Die Zeitgenossen erlebten ihn als Abfolge von Kriegszügen, Einquartierungen, Belagerungen und Schlachten, unter denen manche Gegenden gar nicht, andere Jahr um Jahr zu leiden hatten. Im Winter schien der Krieg zu pausieren. Stets aber waren irgendwo schlecht bezahlte Söldner unter Waffen, die raubten, plünderten, brandschatzten und mordeten. Oft besetzten sie im Auftrag ihrer Kriegsherren weite Landstriche oder Städte, deren Bewohner ihren Peinigern Nahrung und Sold zu zahlen hatten, sodass ihnen kaum mehr das Notwendigste zum Leben blieb. Missernten vergrößerten den Hunger, Seuchen breiteten sich aus, denen mehr Menschen erlagen als den Waffen der Söldnerhaufen.

Als im Oktober 1648 Friede geschlossen wurde, waren ganze Landstriche in Mitteleuropa verwüstet, Städte und Dörfer niedergebrannt (▸ M1, M2). Der Dreißigjährige Krieg belastete das Reich noch lange und ließ es in Rückstand zu den anderen europäischen Großmächten geraten. Erst zu Beginn des 18. Jahrhunderts wurde annähernd wieder die Bevölkerungszahl der Vorkriegszeit erreicht.

1. *Entwickeln Sie eine Grafik, in der Sie die Kriegsparteien und ihre Bündnisse auf der europäischen Landkarte veranschaulichen.*
2. *An dem Dreißigjährigen Krieg waren schätzungsweise 1500 größere und kleinere Kriegsunternehmer beteiligt. Sie handelten nach dem Grundsatz „Der Krieg ernährt sich selbst". Nehmen Sie Stellung zu diesem Prinzip. Gibt es Ähnlichkeiten mit aktuellen Kriegen?*
3. *Die kriegführenden Parteien hatten zuletzt nicht auf einen militärischen Sieg in einer großen Schlacht, sondern auf die wirtschaftliche Erschöpfung des Gegners gesetzt. Erörtern Sie die Bedeutung dieses Sachverhaltes für den Frieden.*

M1 Kriegskatastrophen

Der Abt Maurus Friesenegger (1590 - 1655) zeichnet die wichtigen Ereignisse um sein Kloster Andechs am Ammersee Jahr um Jahr in einem Diarium (Tagebuch) auf. Im Mai/Juni 1632 berichtet er über die durch die Schweden hervorgerufenen Schäden:

Übrigens war im ganzen Kloster eine abscheuliche Verwüstung; keine ganze Tür, kein Schloss, kein Kasten, kein Schrank, kein Fenster, das nicht zerbrochen war; alle Gänge, alle Zimmer, das Refectorium, Dormitorium, Colloquium[1] waren mit Stroh, zerschlagenen Fenster- und Tür- und Kästensplittern, mit Pferd- und Menschenunrat, mit Gestank und Grausen, so angefüllet, dass fünf Mann zehn Tage genug zu tun gehabt, das Kloster nur vom größten Unrat zu reinigen. Vom ganzen Hausrat, von Küchen- und Tischgeräten war nichts mehr da oder zerbrochen. [...]
Zu Mühlfeld, allwo die kostbaren Congregations- und Komedi-Kleider[2], samt mehrerem anderen Kloster-Hausrat verborgen worden, wurde alles verraten und geraubet. Noch elender als im Kloster sah es im Dorf aus. Das obere Wirtshaus, das schöne Richterhaus, das neue Schulhaus, in allem 43 Häuser, fast das ganze obere Dorf lag in der Asche, wozu die Feinde am 24ten Mai Feuer angelegt haben. Und niemand durfte retten, alles Bitten, alles Heulen war fruchtlos. Einige sagen, dass es darum geschehen, weil die Erlinger die begehrte Brandschatzung[3] nicht bezahlen wollten oder konnten, andere wegen den zwei, die neulich von den einheimischen Reitern getötet worden, worunter einer von großem Adel war. Nebst den Häusern ist auch der Turm und die Dachung von der U(nser) L(ieben) Frauen-Kirch und viele Paramente[4] von dieser und der St. Veits-Kirchen mit verbrannt. Wie die Behausungen, so waren auch alle anderen Haus- und Baufahrnisse hin. Kein Wagen, kein Pflug im ganzen Dorf. Von 140 Pferden waren einzige drei, von 400 Stück Hornvieh nur vier mehr übrig. Schaf, Schwein und das gesamte Geflügel waren ganz und gar verloren. Und nun stund die Heu- und Feldarbeit bevor. In anderen umliegenden Ortschaften war das nämliche Elend, außer dass die meisten doch ihre leeren Häuser noch hatten. Und wer konnte helfen!

Willibald Mathäser (Hrsg.), Maurus Friesenegger. Tagebuch aus dem 30jährigen Krieg, München 2007, S. 18 f. (sprachlich vereinfacht)

[1] **Refectorium, Dormitorium, Colloquium**: Speisesaal, Schlafsaal, Gesprächsraum
[2] **Congregations- und Komedi-Kleider**: Kleider für Klöster und Theateraufführungen
[3] **Brandschatzung**: Zwangserhebung unter Androhung der Plünderung
[4] **Paramente**: Textilien für den Gottesdienst wie Priestergewänder und Altardecken

1. *Es wird unterschieden zwischen Textquellen, die mit Blick auf die Nachwelt erstellt worden sind, und Textquellen, die ohne diese Absicht für den privaten Gebrauch verfasst wurden. Benennen Sie die Quellengattung. Begründen Sie Ihre Festlegung.*
2. *Erörtern Sie die Glaubwürdigkeit des Tagebuches anhand der Informationen, die Ihnen vorliegen.*

M2 Im Dreißigjährigen Krieg zerstörte Ortschaften

	Schlösser	Städte	Dörfer
Pommern, Mecklenburg und Holstein	203	307	2041
Mark Brandenburg	48	60	5000
Meißen, Schlesien, Mähren	277	213	2744
Böhmen	215	80	813
Österreich	51	23	313
Pfalz	109	106	807
Franken und Stift Würzburg	59	36	393
Vogtland und Thüringen	68	41	409
Stift Merseburg, Halle, Magdeburg, Halberstadt, Hildesheim	217	103	1105
Braunschweig, Lüneburg und Stift Bremen	50	38	406
Stift Osnabrück, Minden, Paderborn, Fulda	213	304	1027
Westfalen	119	97	1019
Stift Köln, Metz, Trier	327	205	2033
Limburg	20	16	200

Nach: Der Große Ploetz, Die Enzyklopädie der Weltgeschichte, Freiburg ^{35}2008, S. 897

Erläutern Sie die kurz- und langfristigen Folgen der Schäden für die Bevölkerung (M1 und M2).

F *Recherchieren Sie, ob Ihre Heimatregion vom Dreißigjährigen Krieg betroffen war. Präsentieren Sie das Ergebnis in einem Kurzreferat.*

Geschichte kontrovers

Der Dreißigjährige Krieg – ein Religionskrieg?

Nach dem Anschlag radikal-islamistischer Terroristen in Washington und New York am 11. September 2001 nahm die Geschichtswissenschaft das Phänomen religiös legitimierter Gewalt erneut in den Blick: Der Fokus richtete sich auch auf die gewalttätigen Auseinandersetzungen zwischen Angehörigen verschiedener Konfessionen, die im Anschluss an die Reformation im Dreißigjährigen Krieg ihren Höhepunkt fanden. In welchem Maß sich die europäischen Staaten von einem solchen Konfessionsfundamentalismus leiten ließen, ist allerdings umstritten: Inwieweit war dieser Dreißigjährige Krieg tatsächlich ein Religionskrieg? Und weiter gefragt: Gibt es überhaupt reine Religionskriege oder sind derartige Konflikte nur Rechtfertigungen für verdeckt liegende andere Motive? Zwei Historiker nehmen zu dieser Frage Stellung.

M1 Konfessionskrieg?

Axel Gotthard, Professor für Geschichte an der Universität Erlangen-Nürnberg, untersucht Ursachen und Anlässe des Dreißigjährigen Krieges:

Der Augsburger Religionsfrieden besiegelte, dass ein politisches System – eben das Reich – fortan dauerhaft zwei divergierende Wege zum Seelenheil, zwei exklusive, einander erbittert bekämpfende Wahrheitsmonopole zu integrieren, politisch zu überwölben hatte. [...]
Jahrzehnte, ehe die Waffen sprachen, rangen die Theologen – sie ohnehin –, aber auch, in wachsender Erbitterung, die Rechtsgelehrten miteinander. Anstatt zu Söldnern griff man zu Juristen, die in professioneller Spitzfindigkeit das Beste für die je eigene Seite aus dem Religionsfrieden herauszuholen versuchten. [...]
Alle brisanten reichspolitischen Konflikte seit den 1580er-Jahren drehten sich um die rechte Auslegung des Religionsfriedens [...].
Vom alltäglichen Zusammenleben, beispielsweise in bikonfessionellen Kommunen, über die kaum mehr stattfindende face-to-face-Kommunikation der Entscheidungsträger bis hin zu einer hitzigen Kampfpublizistik, in der die Gelehrten ihren andersgläubigen Kollegen verbal die Scheiterhaufen aufrichteten: Die Kommunikationskreise waren nachhaltig und großflächig gestört. [...]
Ein Mordanschlag auf Mitglieder der kaiserlichen Regierung[1] – damit war das Tischtuch zerschnitten. Aber was hat das alles mit Deutschlands Protestanten und Katholiken, mit Union und Liga[2] zu tun? [...]
In der Tat: Aus Böhmen flog der sprichwörtliche Funke heran, der das Pulverfass zum Explodieren brachte.[3] Seriöse Kriegsursachenforschung muss aber, um im Bild zu bleiben, an der explosiven Mischung ansetzen, die das Reich zum entzündbaren Pulverfass gemacht hat, nicht die Lunte inspizieren. [...]
Anstatt alle Kraft auf die Einhegung der regionalen Krise und die Abschirmung des Reiches von ihr zu verwenden, ließen sich die konfessionspolitischen Lager des polarisierten Reichsverbands[4] sukzessive in die böhmischen Auseinandersetzungen hineinziehen. Die Unionsfürsten sympathisierten eben nicht mit einem von seinen Untertanen bedrängten hochadligen Standesgenossen, dem Habsburger. Sie sympathisierten vielmehr mit den aufbegehrenden Glaubensgenossen. Die darniederliegende Liga revitalisierte sich und kam Ferdinand von Habsburg zu Hilfe – was kriegsentscheidend war. [...]
Die Anlässe waren zwar böhmisch, aber weil sich die regionalen Querelen dieses Königreiches sehr rasch zu Kämpfen zwischen Deutschlands Katholiken und Protestanten ausweiteten, musste dieser Beitrag nach dem Zustand des Reiches vor 1618 fragen. Der Reichsverband war nach 1555 eine Zeit lang unterwegs zu integrativer Verdichtung über weltanschauliche Gräben hinweg; aber am Ende relativierten nicht die systemimmanenten[5] politischen Sachzwänge den konfessionellen Dissens, sondern das doppelte Wahrheitsmonopol schüttelte ihm nicht frommende Zwänge ab. [...] das politische System wurde blockiert und trudelte dann in den dreißigjährigen deutschen Konfessionskrieg.

Axel Gotthard, Die Vorgeschichte des Dreißigjährigen Kriegs. Ursachen, Anlässe und Zuspitzungen, in: Peter C. Hartmann und Florian Schuller (Hrsg.), Der Dreißigjährige Krieg. Facetten einer folgenreichen Epoche, Regensburg 2010, S. 24, 30, 38 und 42

[1] Damit ist der „Prager Fenstersturz" gemeint; vgl. die Abbildung rechts.
[2] Vgl. dazu S. 402.
[3] Auch hier ist der Prager Fenstersturz gemeint.
[4] die militärischen Schutzbündnisse der protestantischen und katholischen Fürsten, Union und Liga
[5] **systemimmanent**: zu einem System gehörend

▸ **Der „Prager Fenstersturz“.**
Titelholzschnitt aus einer Zeitung des Jahres 1618.
Unter Führung eines Calvinisten und eines Lutheraners warfen aufgebrachte Abgesandte der böhmischen Ständeversammlung am 23. Mai 1618 zwei kaiserliche Statthalter und ihren Sekretär aus einem Fenster der Prager Burg (Hradschin). Dieser protestantische Anschlag auf die katholischen Beamten wurde später zum Anlass für den Dreißigjährigen Krieg erklärt. Übrigens: Die drei kaiserlichen Beamten überlebten den Sturz.

M2 Staatsbildungskrieg?

Der Professor für Geschichte an der Universität Augsburg, Johannes Burkhardt, bewertet den Dreißigjährigen Krieg wie folgt:

Im Augsburger Religionsfrieden gelang es, das religiös nicht zu lösende Problem auf eine politisch-rechtliche Ebene zu verschieben. […]

Und doch ist dieses befriedete Reich in die Katastrophe des Dreißigjährigen Krieges gestürzt. Warum? Die Experten sind sich über Ursache und Charakter dieses Krieges nicht einig. Die einen sehen hier einen fast unausweichlichen Religionskrieg. Ihnen zufolge haben Unklarheiten des Augsburger Religionsfriedens, eine Serie aufgelaufener Konflikte, eine militante Fürstengeneration, die Errichtung konfessioneller Kampfbünde, einer protestantischen Union (1608) und katholischen Liga (1609), und eine konfliktbedingte „Lähmung“ der Reichsorgane, oder in neuer Wendung eine „interkonfessionelle Kommunikationsstörung“ der Reichsstände, zu dem Krieg geführt. Mit dem Prager Fenstersturz und dem Eingreifen des „Glaubenshelden“ Gustav Adolf[1] (1594-1632) gegen das kaiserliche Restitutionsedikt[2] sollten danach evangelische Freiheitsrechte vor der „Gegenreformation“ geschützt werden.

Tatsächlich hat keiner dieser Konflikte direkt in den Krieg geführt. […]

Der Dreißigjährige Krieg war nicht in erster Linie ein Religionskrieg. Aber in einer ganzen Reihe von Nebenkonflikten (Erbfolge-, Territorial- und Handelsinteressen) war die Religion der Hauptnebenkonflikt, der durch konfessionell agile römisch-jesuitische, westeuropäisch-calvinistische und schwedisch-lutherische Außenkräfte und eine propagandistische Eigendynamik[3] den im befriedeten Mitteleuropa eigentlich schon entschärften Konfliktstoff plötzlich wieder wirksam werden ließ.

Aus europäischer Perspektive war der Krieg hauptsächlich ein Staatsbildungskrieg, in dem einerseits die habsburgische Dynastie (Spanien und Kaiser) noch einmal nach der Universalmacht in Europa griff, in Konkurrenz zu Frankreich und nach der weitestgehenden Forschungsmeinung auch zu Schweden. Zugleich suchte die böhmische Föderation vergeblich, die Schweizer und die Niederländische Föderation erfolgreich, sich von Habsburg zu lösen und eigene Staaten zu gründen.

Johannes Burkhardt, Konfessionalisierung, in: Praxis Geschichte 6/2009, S. 4-9, hier S. 8f.

1. *Arbeiten Sie an M1 und M2 die Unterschiede, aber auch Gemeinsamkeiten in der Einschätzung heraus.*

2. *Der Dreißigjährige Krieg – ein Religionskrieg? Nehmen Sie Stellung.*

[1] **Gustav II. Adolf**, der König von Schweden, führte die protestantischen Fürsten im Norden des Reiches an.

[2] **Restitutionsedikt**: eine von Kaiser Ferdinand II. 1629 ohne Befragung des Reichstages und gegen die evangelischen Reichsstände erlassene Verordnung zur Wiederherstellung (lat. restitutio) der seit 1552 in protestantischen oder calvinistischen Besitz übergegangenen katholischen Kirchgüter

[3] Konfessionalisierung und Dreißigjähriger Krieg wurden durch eine große antiprotestantische und antikatholische Bildpropaganda, einen wahren „Flugblattkrieg“, begleitet.

Die Friedensverhandlungen in Münster und Osnabrück

▸ **„Groß Europisch Kriegs Balet / getantzet durch die Könige und Potentaten / Fürsten und Respublicken / auff dem Saal der betrübten Christenheit.“**
Anonymes Flugblatt (43,4 x 37,3 cm) mit einem Kupferstich und einem Klagelied über die endlosen Kriegswirren; ohne Ortsangabe, um 1643 (Ausschnitt).
Die kriegführenden Parteien führen einen Tanz auf. Links die protestantischen und rechts die katholischen Fürsten, unter ihnen der 1643 mit vier Jahren zum König ernannte Ludwig XIV. von Frankreich. Der Schwedenkönig Gustav Adolf, der 1632 in der Schlacht bei Lützen das Leben verlor, liegt tot auf dem Boden. Der auf Vermittlung bedachte sächsische Kurfürst sammelt „Zankäpfel“ auf, die Eris, die geflügelte Verkörperung der Zwietracht, verstreut. Ein bewaffneter Engel wirft Ölzweige als Zeichen des Friedens herab. Das beigefügte Gedicht beginnt mit folgenden Zeilen: „Kompt her ihr New-Zeitungs Leute …“

- *Interpretieren Sie den Kupferstich. Berücksichtigen Sie dabei auch die erste Zeile des Klageliedes.*
  Zu Flugblättern der Frühen Neuzeit siehe den Methoden-Baustein auf S. 417-419.

Ein „Universalkongress“ wird einberufen Es ist schwer zu erklären, warum der verheerende Krieg so lange dauerte. Offensichtlich war nicht der fehlende Friedenswille der kriegführenden Mächte der Hauptgrund dafür, sondern das unterschiedliche Verständnis des Friedens. Jede Partei hatte eigene Vorstellungen von einem „gerechten“ und „ehrenhaften“ Frieden – und beharrte kompromisslos darauf. Erst angesichts der umfassenden Zerstörungen und Not wuchs bei allen Beteiligten die Einsicht, den Konflikt durch Verhandlungen zu beenden. Das schloss nicht aus, dass die Parteien noch jede Gelegenheit nutzten, durch weitere Kriegszüge ihre Lage zu verbessern.

Während der Krieg weiterging, beschlossen Gesandte des römisch-deutschen Kaisers, der französischen und der schwedischen Krone am 25. Dezember 1641 in Hamburg, in einem Vierteljahr einen „Universalkongress“ aller am Krieg beteiligten Mächte einzuberufen. Angesichts der konfessionellen Gegensätze der Parteien einigte man sich auf zwei nicht weit voneinander entfernte Verhandlungsorte: Münster für die katholischen und Osnabrück für die protestantischen Mächte. Unter welchen Bedingungen ein Friedensschluss möglich werden sollte, ließ der Vorvertrag offen (▸ M1). Damit war erstmals zur Stiftung eines Friedens ein umfassender Gesandtenkongress aller beteiligten Mächte einberufen worden. Allein das machte ihn zum Vorbild für spätere Friedenskongresse.

Der Kongress beginnt Da der römisch-deutsche Kaiser und die französische Krone auch nach 1641 ihre militärische Lage zu verbessern hofften, verzögerte sich der Kongress. Er begann erst 1643, nachdem die Hauptverhandlungspartner ihre Bevollmächtigten nach Münster und Osnabrück geschickt hatten. Auf dem Friedenskongress waren neben den Gesandten des römisch-deutschen Kaisers, der Könige von Spanien, Schweden und Frankreich und den Vertretern der Niederlande, der Republik Venedig und des Heiligen Stuhls (Vatikan) auch sämtliche Reichsstände (Kurfürsten-, Fürsten- und Städterat) mit Abgesandten vertreten. Die Beteiligung der konfessionell verschiedenen Reichsstände hatten Frankreich und Schweden gegen den Willen des Kaisers durchgesetzt, der das Heilige Römische Reich lieber allein vertreten hätte. Erst nach einer verheerenden Niederlage seiner Truppen gegen die schwedischen im März 1645 in Böhmen hatte der Kaiser ihre Teilnahme akzeptiert – und damit das außenpolitische Mitspracherecht auch auf sie ausgedehnt. Zur selben Zeit ließ ein Angriff der Türken auf die Insel Kreta, die zur Republik Venedig gehörte, die Forderung nach einem christlichen Frieden weiter wachsen (▸ M2).

Bis 1648 reisten 109 unterschiedliche diplomatische Delegationen nach Münster und Osnabrück. Sie vertraten 16 europäische Staaten, 140 Reichsstände und 38 weitere Herrschaftsträger. Ganz im Stil der Zeit kamen sie mit prächtigen Kutschen und großem Gefolge, um ihre Macht demonstrativ zur Schau zu stellen. Allein die französische Delegation bestand aus rund 200 Männern, Frauen und Kindern.

Es kamen nicht nur Diplomaten, Juristen, Theologen und Schreiber mit ihrem Anhang, sondern auch Händler, Maler, Musiker, Seiltänzer, Komödianten und Dirnen, die an dem Kongress verdienen wollten. Und es wurde auch nicht ständig verhandelt. Vor allem in den Sommermonaten, wenn die Kriegsparteien ihre Lage auf den Schlachtfeldern zu verbessern versuchten, vergnügten sich die Gesandten bei Konzerten, Theater- und Ballettaufführungen und anderen Attraktionen.

▲ **Osnabrück um 1640.**
Das Modell (270 x 475 cm) aus dem Kulturgeschichtlichen Museum Osnabrück wurde auf der Grundlage von Plänen aus dem Jahre 1633 angefertigt.
Die überwiegend von Protestanten bewohnte Stadt Osnabrück war 1633 von den Schweden besetzt worden. Sie zählte um 1648 etwa 8 000 Einwohner. Wie das etwa 50 km südlich gelegene Münster, mussten auch in Osnabrück während des Kongresses über Jahre hinweg tausende Gäste zusätzlich untergebracht werden.

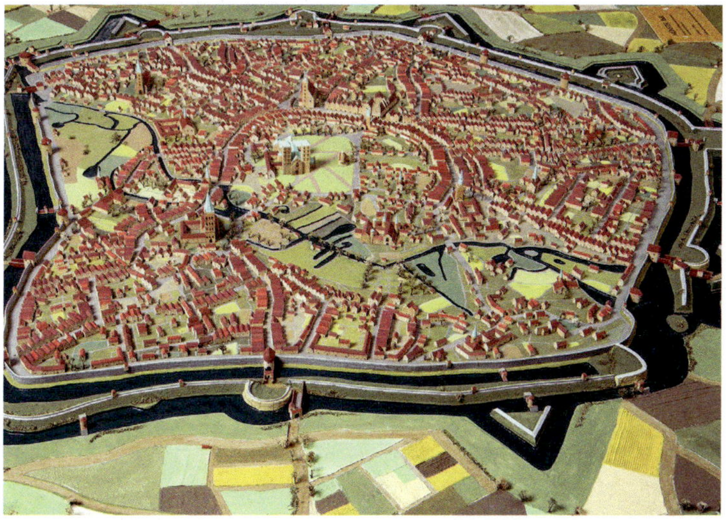

▲ **Münster im 17. Jahrhundert.**
Das Modell (164 x 185 cm) aus dem Stadtmuseum Münster zeigt den Zustand um 1661.
Münster war katholisch und zählte in der Mitte des 17. Jahrhunderts etwa 12 000 Einwohner. Während des Kongresses mussten über Jahre hinweg drei- bis viertausend Menschen zusätzlich untergebracht und versorgt werden.
- *Die Abbildungen von Münster und Osnabrück zeigen, warum diese beiden westfälischen Städte als Kongressorte gut geeignet waren. Nennen Sie die Gründe!*

Diplomaten: Zwischen den Herrschern (Regierungen) verschiedener Gemeinwesen (Staaten) verhandeln Diplomaten (Gesandte, Botschafter). Sie haben die Interessen ihrer Auftraggeber wahrzunehmen, deren Ansehen zu vergrößern, Informationen zu beschaffen und Streitigkeiten zu schlichten. Etwa seit Mitte des 17. Jh. besitzen sie in den gastgebenden Staaten bestimmte Vorrechte wie die Unverletzlichkeit ihrer Person.

Verhandlungstechnisches Neuland Einen Kongress in vergleichbarer Form hatte es noch nicht gegeben. Die **Diplomaten** betraten Neuland. Seinen Beginn verschleppten zeremonielle Fragen. Wer hatte den Vortritt bei Gesprächen – die Vertreter Frankreichs oder Spaniens? Durften Katholiken direkt mit Protestanten verhandeln? Für strenggläubige Katholiken waren sie ja Ketzer: Vertreter der falschen Glaubenslehre.

Während des Kongresses trafen nie alle Gesandten der Verhandlungsparteien zusammen. Plenarsitzungen, wie sie heute üblich sind, gab es noch nicht. In Osnabrück sprachen die Gesandten der verfeindeten Mächte direkt miteinander. Komplizierter war es anfangs in Münster. Dort verhandelten die Gesandten offiziell nur über neutrale Friedensvermittler, sogenannte „Mediatoren“, erfahrene und qualifizierte Gesandte der Republik Venedig und des Heiligen Stuhls.

Die Bevollmächtigten kamen mit Anweisungen (Instruktionen), doch ihr Handlungsspielraum war relativ groß, da ihre „Herren“ ja in Wien, Paris, Stockholm und anderen fernen Residenzstädten lebten. Das trug zu vielen pragmatischen Lösungen bei. Sehr viel Zeit nahm die Bewilligung der Konferenzergebnisse in Anspruch, da Kuriere sie erst zu den Regierungssitzen und dann zurück zu den Kongressorten bringen mussten.

Die Verhandlungen wurden schon damals von den Medien beeinflusst, von illustrierten Flugblättern und -schriften sowie von Zeitungen. Sie informierten, kommentierten und verbreiteten nicht selten gezielt irgendwelche Gerüchte, um den Verlauf der Verhandlungen zu beeinflussen.

▲ **„Ballet de la Paix.“**
Titelseite einer Ballettaufführung, die von französischen Gesandten 1645 in Münster veranstaltet worden waren.

Themen und Ziele der Verhandlungsparteien In Münster wurde über die Unabhängigkeit der niederländischen Provinzen von der spanischen Krone, den seit 1635 andauernden Krieg zwischen Frankreich und Spanien sowie den Frieden zwischen Frankreich, dem Reich und den Reichsständen verhandelt; in Osnabrück über die Friedensbedingungen zwischen Schweden, dem Reich und den Reichsständen.

Diese Verhandlungen betrafen völkerrechtliche, konfessionsrechtliche und verfassungspolitische Fragen und wurden von folgenden machtpolitischen Zielen der Hauptakteure überlagert:

- Die schwedische Krone strebte die Vorherrschaft im Ostseeraum an.
- Die französische Monarchie versuchte, die Habsburger, die ja im Heiligen Römischen Reich und in Spanien die Herrscher stellten, zu schwächen, um vorherrschende Macht auf dem europäischen Kontinent zu werden.
- Der römisch-deutsche Kaiser wollte seine Führungsrolle gegenüber den Reichsständen behalten und den französischen und schwedischen Einfluss auf das Reich verhindern.
- Die großen Reichsstände bemühten sich, mithilfe Frankreichs und Schwedens außenpolitisch und konfessionell unabhängiger vom Kaiser zu werden.
- Die Reichsstände suchten ein Lösung für die Konfessionsfragen.

Fassen Sie die Hauptprobleme des Friedenskongresses zusammen.

M1 Regeln für die Friedensverhandlungen

Auf Wunsch Frankreichs und Schwedens wird am 25. Dezember 1641 mit dem Kaiser des Heiligen Römischen Reiches in Hamburg ein vorläufiger Vertrag abgeschlossen, der die Friedensverhandlungen einleiten soll; er enthält folgende Bestimmungen:

Die Orte der allgemeinen Verhandlungen sollen Osnabrück und Münster in Westfalen sein, aus welchen beiden sofort nach Austausch der Geleitbriefe [...] die Besatzungen der kriegführenden Parteien abgezogen werden sollen. Für die Dauer der Kongresse werden die genannten Städte durch einen von beiden Parteien zu leistenden Eid zur Neutralität verpflichtet.
Den Magistraten bleibe während dieser Zeit der Schutz ihrer Städte durch ihre eigenen Milizen und Bürgerwehren überlassen. Sie sollen hinwiederum durch Revers verpflichtet werden, dem ganzen Kongress ihre Treue zu verbürgen und ihm Sicherheit zu gewährleisten, Güter, Personen und das Gefolge der Unterhändler als unverletzlich zu betrachten und zu beschützen. Und wenn von ihm etwas, zum allgemeinen Besten des Vertrages, gefordert werden wird, möge er sich willfährig erzeigen, jedoch nicht die Befehle einer Partei ausführen, sondern nur dann, wenn es von beiden Gesandtschaften gemeinsam verlangt worden ist.
Beide Kongresse sollen als ein einziger angesehen werden, und deshalb sollen nicht nur die Wege zwischen den beiden Städten für alle sicher sein, denen daran gelegen ist, frei und sicher von einer zur anderen verkehren zu können, sondern es soll auch jeder dazwischenliegende Ort, der für ein Sondertreffen der verhandelnden Parteien im gegenseitigen Einvernehmen als vorteilhaft erscheinen wird, Sicherheit genießen.
In den beiden genannten Orten seien auch die Ein- und Ausfuhr aller Schriften, Lebensmittel und aller Sachen, soweit sie für den so bedeutenden Kongress nötig sind, frei, und sie sollen von keinem, auf keinerlei Weise und unter keinem Vorwand irgendwo gestört, sondern vielmehr auf bestmögliche Weise gefördert werden. [...]
Geleitbriefe für beide Kongresse werden binnen zwei Monaten nach Abschluss dieser Konvention unter allen Beteiligten ausgetauscht. [*Es folgt eine Aufzählung derer, denen Geleitbriefe auszustellen sind.*]
Der Tag aber, an dem die beiden Kongresse, der Osnabrückische und der Münsterische, feierlich eröffnet werden sollen, sei genannt und festgelegt der 25. März des kommenden Jahres. Dass dies der Christenheit glücklich und günstig gerate, gebe Gott!

Zitiert nach: Bernd Roeck (Hrsg.), Gegenreformation und Dreißigjähriger Krieg 1555-1648 (Deutsche Geschichte in Quellen und Darstellung, Bd. 4), Stuttgart 1996, S. 366 f.

1. *Fassen Sie die Regularien für den Kongress zusammen und erläutern Sie ihren Vorbildcharakter.*
2. *Begründen Sie die Wahl zweier Kongressorte.*

M2 Ein Friedensappell an die Gesandten

Der humanistisch gebildete Ratsherr und Arzt Dr. Bernhard Rottendorff aus Münster, zu dessen Patienten auch einige Gesandte zählen, verfasst 1647 einen Friedensappell in deutscher und lateinischer Sprache, der sich an die Kongressteilnehmer richtet; darin heißt es:

Nunmehr ist des Menschen-Bluts genug vergossen, dem Kriegs-Abgott und seinem Anhang genug geopfert, genug offene Feldschlachten und Scharmützel verrichtet worden. Tut nun, was euch zu verrichten obliegt, richtet den gequetschten Reichs-Stand auf und legt hingegen allen Groll und Widerwillen ab. Was eurem löblichen Vorhaben hinderlich ist, räumet beizeiten hinweg. [...] Alle eure Ratschläge, Handlungen und Vorhaben seien auf beständige Eintracht der Christlichen Könige, Fürsten und Herren, auf Frieden und Ruhe der Untertanen und der ganzen Wohlfahrt Europas gerichtet. [...]
Zu Konstantinopel [Istanbul] und durch die ganze Türkei werden in allen Werkstätten Wehr und Waffen wider uns geschmiedet und verfertigt. Lasst uns dann endlich einander aufmuntern und mit tapferem Heldenmut zur Gegenwehr greifen! Zuerst aber [...] müssen wir uns einmütig zusammentun [...].

Zitiert nach: Herbert Langer, 1648. Der Westfälische Frieden. Pax Europaea und Neuordnung des Reiches (Das Tagebuch Europas), Berlin 1994, S. 90-96, hier S. 92 und 94 (sprachlich leicht modernisiert)

- *Arbeiten Sie die Motive des Appells heraus.*
- F *Beurteilen Sie die Motive.*

Der Westfälische Friede

▸ **Beschwörung des Spanisch-Niederländischen Friedens im Rathaus zu Münster am 15. Mai 1648.**
Ölgemälde (45,4 x 58,5 cm) von Gerard ter Borch, 1648.
Die Beteiligten stehen um einen runden Tisch, auf dem der Friedensvertrag liegt, der die Souveränität der Republik der Vereinigten Niederlande festlegt. Rechts stehen die katholischen Spanier, deren Chefdiplomat den Eid verliest, links sechs calvinistische Niederländer, deren Sprecher ebenfalls die Eidesformel verkündet.
- *Untersuchen Sie das Gemälde. Worin unterscheiden sich die Gesten der Gesandten?*

Grundlage der Friedensverträge ■ Erst zahlreiche Kompromisse der Akteure führten nach fast fünfjährigen Verhandlungen zu Friedensverträgen. Wo sie nicht zustande kamen, blieb der Friede aus. So scheiterten in Münster beispielsweise die spanisch-französischen Verhandlungen. Der seit 1635 andauernde Krieg zwischen Spanien und Frankreich wurde erst 1659 beendet. Erfolgreicher verliefen die Gespräche zwischen den Vertretern Spaniens und den niederländischen Provinzen. Am 15. Mai beschworen die Gesandten den Spanisch-Niederländischen Friedensvertrag. Sie beendeten damit einen rund 80 Jahre dauernden Krieg. Die „Vereinigten Niederlande" wurden vollständig unabhängig (souverän) von Spanien und dem Reich. Der Friede führte die erste bürgerliche Republik in Europa ein und eröffnete das „Goldene Zeitalter" der Niederlande.

Am 24. Oktober 1648 wurde in Münster zwischen dem Kaiser, den Reichsständen und Frankreich und in Osnabrück zwischen dem Kaiser, Schweden und den Reichsständen Friede geschlossen. Die Friedensverträge enthalten sowohl völker-, verfassungs- und konfessionsrechtliche Bestimmungen. Sie legten zwischen den ehemals verfeindeten Akteuren einen „christlichen, allgemeinen und immerwährenden Frieden" fest und sicherten den Unterzeichnern „wahre und aufrichtige Freundschaft" zu. Die kaum zu lösende Kriegsschuldfrage hatten die Akteure absichtlich offen gelassen. Stattdessen bestimmte der Vertrag eine allgemeine Amnestie (▸ M1). Sie bildete die Grundlage des Friedens und schloss nachträgliche Ansprüche aus.

Gewinner und Verlierer ■ Zu den Gewinnern des Westfälischen Friedens zählte neben den Niederlanden die Schweiz. Auch sie wurde völkerrechtlich unabhängig, obwohl sie es nach Lage der Dinge längst war. Das Reich gehörte zu den Verlierern. Frankreich erhielt einige Reichsgebiete am linken Oberrhein (Elsass) und Schweden unter anderem

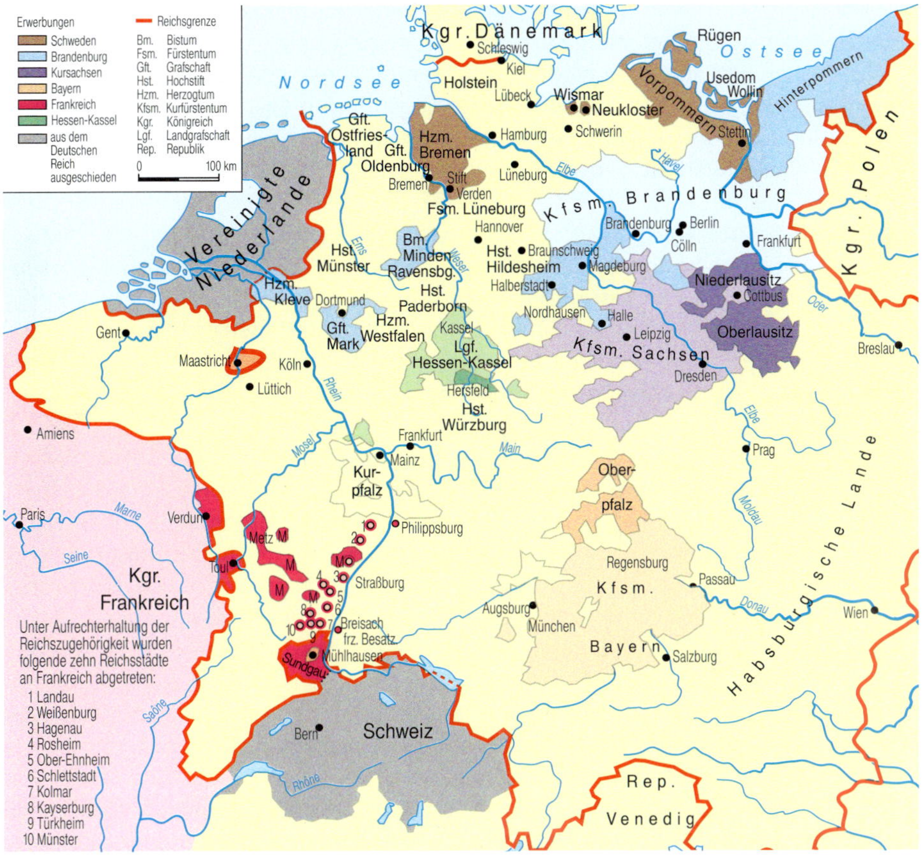

◂ **Das Heilige Römische Reich nach 1648.**

Vorpommern. Darüber hinaus musste der Kaiser ausdrücklich auf Distanz zu seinen spanischen Verwandten gehen, indem er zusicherte, diese nicht weiter in ihrem Kampf gegen Frankreich zu unterstützen. Im Reich profitierten Kurbrandenburg, Kursachsen und Kurbayern/Oberpfalz von den Verträgen. Sie hatten bereits während des Krieges wie souveräne Staaten eine eigene Außenpolitik betrieben.

Die verfassungsrechtlichen Bestimmungen Die Verträge mit Frankreich und Schweden waren für das Heilige Römische Reich verfassungsrechtlich bedeutsam. Beide Monarchien waren als Garantiemächte des Westfälischen Friedens eingesetzt worden. Ihnen wurde das Recht zugestanden, bei Verletzungen der Verträge im Reich eingreifen zu dürfen.

Mit den Friedensverträgen erhielt das Heilige Römische Reich ein neues *Reichsgrundgesetz*. Es hatte bis Anfang des 19. Jahrhunderts Bestand. Zu den wichtigsten Bestimmungen zählten:

- Maximilian von Bayern und seinen Nachfahren wurde endgültig die Kur übertragen; damit hatte das Reich statt sieben nun acht Kurfürsten.
- Den Reichsständen wurden die Eigenständigkeit ihrer Territorien (Landeshoheit) und das Zustimmungsrecht bei allen wichtigen Reichsangelegenheiten (einschließlich Krieg und Frieden) bestätigt.
- Darüber hinaus erhielten die Reichsstände auch das Recht, Bündnisse zu schließen, soweit sie nicht gegen Kaiser und Reich gerichtet waren.

Johannes Calvin (1509-1564): Genfer Reformator; seine Lehre war die Grundlage für eine reformierte Gottesdienstordnung. Calvins Lehre verbreitete sich in Varianten seit etwa 1550 über ganz Europa; in Frankreich wurden seine Anhänger Hugenotten genannt.

Das Heilige Römische Reich war eine Wahlmonarchie geblieben. Kaiser und Reichsstände blieben aufeinander angewiesen und regierten weiterhin nebeneinander. Den Reichsständen war aber eine größere Souveränität zugestanden worden. Sie ermöglichte ihnen eine eigene Außenpolitik bzw. Kriegsführung. Fast alle diese Bestimmungen wurden nach dem Regensburger Reichstag von 1654 Gegenstand der Reichsverfassung – ein Sachverhalt, der später kontrovers beurteilt wurde (▸ M2, M3).

Die konfessionellen Bestimmungen Der Westfälische Friede regelte auch das *Reichskonfessionsrecht* neu. Die Bestimmungen des Augsburger Religionsfriedens von 1555 wurden in strittigen Punkten verändert. So waren die Untertanen nicht mehr gezwungen, einen Religionswechsel ihres Herrschers mit zu vollziehen. Bekräftigt wurde aber der zwingende Amtsverzicht für geistliche Fürsten, die zum Protestantismus übertraten.

▲ **„PAX OPTIMA RERVM" („Der Friede ist das Beste aller Dinge").**
Rückseite einer von dem Münzmeister Engelbert Ketteler aus Münster geprägten Schaumünze (ø 40,4 mm) zum Gedächtnis des Friedens von 1648. Der Spruch „PAX OPTIMA RERVM" der Umschrift stammt aus einem Werk über den Punischen Krieg des römischen Dichters Silius Italicus, der im 1. Jh. n. Chr. lebte. Die drei Friedenstauben symbolisieren die drei Hauptvertragspartner des Westfälischen Friedens: den römisch-deutschen Kaiser, den König von Frankreich und die Königin von Schweden. Krone und Zepter auf dem Kissen stehen für ihre Landesherrschaft.

Neben Katholiken und Protestanten wurden die Reformierten, die Anhänger des Genfer Reformators **Calvin**, den beiden anderen Konfessionen gleichgestellt. Weitere christliche Konfessionsgemeinschaften wurden aber ausdrücklich verboten. Die obersten Reichsinstitutionen wie der Reichstag und das Reichskammergericht sollten fortan paritätisch besetzt werden, wobei Lutheraner und Reformierte als ein Teil gegenüber den Katholiken galten. Für den Besitz der Konfessionen (Kirchen, Klöster, Schulen usw.) wurde – mit zahlreichen Sonderregelungen – 1624 als Normaljahr festgelegt. Auch das war ein Kompromiss, da zunächst alle konfessionellen Veränderungen seit 1618 rückgängig gemacht werden sollten. Alle diese Regelungen trugen langfristig zur Entschärfung der konfessionellen Konflikte im Reich bei.

In kluger Voraussicht enthielten die Verträge von Münster und Osnabrück eine „Antiprotestklausel". Damit wurde das Vertragswerk vor schon erhobenen und künftigen Einsprüchen – wie der Verdammung durch den Papst im November 1648 – gesichert.

Endlich Friede Die Freude in der Bevölkerung über den Friedensschluss war riesengroß – verständlich nach dreißig Jahren Krieg und fast fünf Jahren Bangen, ob der Kongress vielleicht doch noch im letzten Moment scheitern würde. Überall läuteten die Glocken, wurden Dankgottesdienste und Prozessionen abgehalten sowie Feste gefeiert.

Zwar war der Friede nach dem 24. Oktober 1648 verkündet worden, doch damit waren die fremden Truppenverbände, darunter allein 60 000 Söldner der Schweden, noch nicht aufgelöst. Zu diesem Zweck fand zwischen April 1649 und Juli 1650 in Nürnberg ein „Exekutionstag" statt, auf dem über die Entwaffnung, den Abzug und die Ausbezahlung der Armeen verhandelt wurde. Auch der Abschluss dieser Verhandlungen wurde festlich begangen.

Insgesamt fanden allein im Reich zwischen 1648 und 1650 mindestens 174 Friedensfeste statt – vor allem in konfessionell gemischten süddeutschen Städten. Noch heute erinnert alljährlich am 8. August in Augsburg ein Friedensfest an das Ende des Dreißigjährigen Krieges. Mehr als die Hälfte der Feste galt dem Abzug der Söldner. Zugleich wurde der Friede zum Gegenstand von zahlreichen illustrierten Flugblättern*, Medaillen, Gemälden, literarischen Werken und Kirchenliedern.

* Siehe dazu den Methoden-Baustein S. 417-419.

M1 Dauerhafter Friede und immerwährendes Vergessen

Die am 24. Oktober 1648 in Osnabrück und Münster unterzeichneten Friedensverträge enthalten folgende übereinstimmenden Artikel; zitiert wird hier die Osnabrücker Fassung (Instrumentum Pacis Osnabrugensis):

Art. I: Es möge ein christlicher allgemeiner und immerwährender Friede [...] sowie wahre und aufrichtige Freundschaft herrschen [...] und es soll dieser Friede aufrichtig und ernstlich eingehalten und beachtet werden, auf dass jeder Teil Nutzen, Ehre und Vorteil des anderen fördere und dass sowohl aufseiten des gesamten Römischen Reiches mit dem Königreich Schweden als auch aufseiten des Königreiches Schweden mit dem Heiligen Römischen Reiche treue Nachbarschaft, wahrer Friede und echte Freundschaft neu erwachsen und erblühen möge.
Art. II: Beide Seiten gewähren einander immerwährendes Vergessen und Amnestie alles dessen, was seit Beginn der Kriegshandlungen an irgendeinem Ort und auf irgendeine Weise von dem einen oder anderen Teil, hüben wie drüben, in feindlicher Absicht begangen worden ist, und zwar in der Weise, dass einer dem anderen weder aus dem einen noch aus dem anderen Grund oder Vorwand künftig irgendwelche feindselige Handlungen, Streitigkeiten oder Belästigungen zufügt oder irgendwelche Hindernisse in Bezug auf die Person, den Stand, die Güter oder deren Sicherheit, selbst oder durch andere, heimlich oder öffentlich, unmittelbar oder mittelbar, unter dem Vorwand eines ihm zustehenden Rechts oder mit Gewalt, innerhalb oder außerhalb des Reiches, ungeachtet irgendwelcher früheren Verträge gegenteiligen Inhaltes in den Weg legen oder dies veranlassen oder gestatten darf; vielmehr sollen alle insgesamt und einzeln auf beiden Seiten – sowohl vor dem Kriege als auch im Kriege – mit Worten, Schriften oder Taten zugefügten Beleidigungen, Gewalttaten, feindselige Handlungen, Schäden und Unkosten ohne Ansehen der Person oder Sachen in der Weise gänzlich gegeneinander aufgehoben sein, auf dass alles, was dieserhalb die eine von der anderen Partei fordern könnte, immerwährendem Vergessen anheimgegeben sei.

Zitiert nach: www.pax-westphalica.de/ipmipo [Zugriff vom 7. November 2014; übersetzt von Arno Buschmann]

Erläutern Sie die Bedeutung der Artikel in einem Essay. Beziehen Sie sich dabei auf den Aspekt des Nutzens.

1.
INSTRVMENTVM
PACIS,
A
SACRÆ CÆSAREÆ,
ET
SACRÆ CHRISTIANISSIMÆ
MAIEST. MAIEST.
NEC NON
Sacri Rom. Imperij Deputatorum extraordinariorum & aliorum Electorum, Principum, & Statuum Legatis Plenipotentiariis MONASTERII Westphalorum, 24. Mensis Octobris, Anno 1648. subscriptum, eorundemq; Sigillis munitum.
MONASTERI WESTPHALIÆ,
Typis BERNARDI RAESFELDI.

▲ **„INSTRVMENTVM PACIS ..."**
Titelblatt des in Münster bei Bernhard Raesfeld gedruckten Friedensvertrages zwischen dem deutschen Kaiser und dem französischen König von 1648.
Das öffentliche Interesse an dem Vertragstext war sehr groß. Einer Schätzung nach erschienen etwa 40 000 Exemplare des Werkes. Die gedruckten Texte wichen aber an vielen Stellen von den Originaldokumenten ab.

M2 Die Souveränitätsrechte des Friedensvertrages

Folgende zentralen Artikel der Friedensverträge vom 24. Oktober 1648 betreffen die Reichsverfassung; zitiert wird hier die Osnabrücker Fassung (Instrumentum Pacis Osnabrugensis):

Art. VIII,1: Damit aber Vorsorge getroffen sei, dass künftig keine Streitigkeiten in Bezug auf die Verfassung entstehen, sollen sämtliche Kurfürsten, Fürsten und Stände des Römischen Reiches in ihren alten Rechten, Vorrechten, Freiheiten, Privilegien, der ungehinderten Ausübung der Landeshoheit sowohl in geistlichen als auch in weltlichen Angelegenheiten, Herrschaften, Regalien[1] sowie in deren Besitz kraft dieses Vertrages derart bestätigt und bekräftigt werden, dass sie

[1] **Regalien**: Rechte der Landesherren wie Gerichtsbarkeit, Münz-, Zoll-, Marktrechte oder Jagd- und Fischereirechte

von niemandem jemals unter irgendeinem Vorwand tatsächlich beeinträchtigt werden können oder dürfen.

Art. VIII,2: Ohne jede Einschränkung sollen sie das Stimmrecht bei allen Beratungen über Reichsgeschäfte haben, namentlich, wenn Gesetze zu erlassen oder auszulegen, Kriege zu beschließen, Abgaben vorzuschreiben, Werbungen oder Einquartierungen von Soldaten zu veranlassen, neue Befestigungen innerhalb des Herrschaftsgebietes der Stände im Namen des Reiches zu errichten oder alte mit Besatzungen zu versehen, Frieden oder Bündnisse zu schließen oder andere derartige Geschäfte zu erledigen sind; nichts von diesen Angelegenheiten soll künftig jemals geschehen, ohne dass die auf dem Reichstag versammelten Reichsstände freiwillig zugestimmt und ihre Einwilligung gegeben haben.

Insbesondere aber soll den einzelnen Ständen das Recht zustehen, unter sich oder mit Auswärtigen zu ihrer Erhaltung und Sicherheit Bündnisse zu schließen, jedoch in der Weise, dass sich solche Bündnisse nicht gegen den Kaiser, gegen das Reich und dessen Landfrieden oder insbesondere gegen diesen Vertrag richten, vielmehr so beschaffen sind, dass der Eid, durch den jeder von ihnen Kaiser und Reich verpflichtet ist, in allen Teilen unberührt bleibt. [...]

Art. XVII,2: Zur größeren Gewähr und Sicherheit sämtlicher Bestimmungen soll der gegenwärtige Vertrag als ein dauerndes Verfassungsgesetz des Reiches [...] vorgeschrieben sein.

Zitiert nach: www.pax-westphalica.de/ipmipo [Zugriff vom 7. November 2014; übersetzt von Arno Buschmann]

1. *Arbeiten Sie die verfassungsrechtlichen Bestimmungen heraus. Erläutern Sie die Rechte und Befugnisse der Stände.*

2. *Beurteilen Sie die Bedeutung des Westfälischen Friedens für das Verhältnis der Stände zum Reich. Wie lässt sich das Reich auf dieser Grundlage charakterisieren?*

M3 Kontroverse Ansichten

a) Der preußische Historiker, Publizist und Politiker Heinrich von Treitschke urteilt im ersten Teil seiner 1879 veröffentlichten „Deutschen Geschichte im Neunzehnten Jahrhundert" über den Westfälischen Frieden:

Die Reichsverfassung erscheint wie ein wohldurchdachtes System, ersonnen, um die gewaltigen Kräfte des waffenfrohesten der Völker künstlich niederzudrücken. In der Tat wurde der unnatürliche Zustand nur durch die Wachsamkeit des gesamten Weltteils aufrechterhalten. Das heilige Reich blieb durch seine Schwäche, wie einst durch seine Stärke, der Mittelpunkt und die Grundlage des europäischen Staatensystems.

b) Der Historiker Johannes Burkhardt beurteilt 1998 die Bedeutung des VIII. Artikels für die Verfassung des Heiligen Römischen Reiches:

Mit dem Westfälischen Frieden bekamen und gaben sich die Deutschen früher als alle anderen in Europa ihre erste geschriebene Verfassung. Das gilt nicht nur formal, sondern auch inhaltlich. [...] Der berühmte Artikel VIII[1] ist der zentrale Verfassungsartikel, der grundsätzliche Aussagen zu den Rechten der Gewalten im Reich – hier der Fürsten als Landesherren und als Reichsstände – und zur Organisation der Reichsinstitutionen – Reichstag, Reichskreise und Reichsgerichtsbarkeit – macht. Das sind typische Verfassungsfragen bis heute. [...]

Im Reich muss seit 1648 ein paralleler Staatsausbau auf zwei Verfassungsebenen in Rechnung gestellt werden: auf der territorialen wie der gesamtstaatlichen Ebene. Es ist eine irrige Vorstellung, dass der Ausbau des Fürstenstaates gleichsam nur auf Kosten des Reiches möglich gewesen wäre oder umgekehrt. Es ging nicht um Machtverteilung, sondern um Arbeitsteilung und Kooperation zur Bewältigung der zunehmenden staatlichen Aufgaben. Auf der regionalen Ebene nahmen die Territorien oder ergänzend die Reichskreise selbstständig wichtige Rechts- und Verwaltungsaufgaben wahr und bauten ihre administrativen Systeme aus. Zugleich wurde auf der übergreifenden Ebene die Vertretung der Gesamtbelange nach innen und außen durch Reichsoberhaupt, Reichstag, Reichsgerichtsbarkeit und durch die Reichskreise mit ihrer Scharnier- und Exekutivfunktion nun voll institutionalisiert und durchorganisiert. Es besteht kein Anlass, wegen dieser Dualität der Verfassungsebenen an der Staatlichkeit des Reiches zu zweifeln. [...] Der Westfälische Friede kodifizierte[2] bis heute wirksame föderalistische Traditionen der deutschen Verfassungsgeschichte.

Erster Text: Heinrich von Treitschke, Deutsche Geschichte im Neunzehnten Jahrhundert. Erster Teil bis zum Pariser Frieden, Leipzig 1879, S. 21 (sprachlich modernisiert)
Zweiter Text: Johannes Burkhardt, Das größte Friedenswerk der Neuzeit. Der Westfälische Friede in neuer Perspektive, in: Geschichte in Wissenschaft und Unterricht 10/1998, S. 592-612, hier S. 597-602

1. *Vergleichen Sie die Bewertungen der Reichsverfassungen. Was hebt Treitschke und was Burkhardt hervor? Berücksichtigen Sie dabei M2.*

H *Arbeiten Sie die unterschiedlichen politischen Maßstäbe heraus.*

2. *Erläutern Sie Burkhardts Vergleich der Strukturen des Reiches und der Bundesrepublik Deutschland.*

[1] Vgl. M2.
[2] **kodifizieren**: nennen, zusammenfassen

Seit der Erfindung des Buchdrucks im 15. Jahrhundert spielten illustrierte Flugblätter in der politischen und religiösen Publizistik eine zentrale Rolle: in der vorreformatorischen konfessionellen Streitkultur, bei der Abwehr der „Türkengefahr", auf dem Höhepunkt der Reformation, im Bauernkrieg und schließlich wieder im Dreißigjährigen Krieg. Solche Flugblätter wandten sich nicht nur an Intellektuelle, sondern auch an die noch nicht vollständig alphabetisierte Bevölkerung in Stadt und Land. Sie wurden von Kolporteuren im Auftrag von Druckern auf den Märkten der Messestädte verkauft, gingen von Hand zu Hand und dienten auch als Maueranschläge.

Illustrierte Flugblätter untersuchen

Illustrierte Flugblätter untersuchen

Illustrierte Flugblätter sind Einblattdrucke, d. h. einseitig bedruckte Blätter mit Bildern (Holzschnitten oder Kupferstichen), im Gegensatz zu den Flugschriften, die mindestens vier Seiten Umfang haben. Da diese Flugblätter die Adressaten sofort erreichen wollen, arbeiten sie oft mit Vereinfachungen, was die Bild- und Textgestaltung betrifft. Sie bedienen sich in der Regel einer plakativen Argumentation, die den Betrachter belehren oder bei ihm religiöse, politische und soziale Gefühle wecken soll. Die Kombination aus Bild und Text spielt eine besondere Rolle. Sie soll informieren, das eigene Lager mobilisieren, den Gegner provozieren oder an die weltlichen und geistlichen Herrscher appellieren.

Beschreibung des Bildes und wichtiger Bilddetails

- Welches allgemeine Thema, welche Konflikte werden aufgegriffen? Welchen Sachverhalt stellt der Autor/Künstler dar?
- Was steht im Mittelpunkt, wie wird der Protagonist/werden die Protagonisten dargestellt? Durch welche Attribute werden sie kenntlich oder auch lächerlich gemacht? Welche Details werden im Bild berücksichtigt?
- Welche Attribute stehen im Vordergrund? Gibt es Textelemente im Bild, die Details besonders hervorheben/akzentuieren?
- Welche Symbole werden eingesetzt, die auf übergeordnete Sachverhalte verweisen?

Analyse des Bildes, auch unter Einbezug des Textes

- Welche Botschaft will das Bild vermitteln?
- Durch welche Textaussagen wird die Botschaft des Bildes unterstrichen?
- Bezieht der Autor/Künstler Stellung zu einer Konfliktpartei?
- Nimmt der Autor/Künstler selbst Stellung zur Bedeutung des von ihm dargestellten Sachverhaltes?

Historische Einordnung

- In welchem historischen Kontext stehen Bild und Text?
- Was weiß der Autor/Künstler über das dargestellte Thema und die Hintergründe?

Fehlende Informationen

- Oft sind Autor/Künstler, Auftraggeber und Drucker unbekannt.
- Häufig fehlen Angaben zum Erscheinungsort und -jahr; nur manchmal ist der Name des Verlegers angegeben.
- Informationen über die Reichweite, die Zentren der Verbreitung sowie über die Rezeption des Flugblattes sind selten.

Beurteilung

- Wie bewertet der Autor/Künstler den dargestellten Sachverhalt, über welche Informationen konnte er noch nicht verfügen?
- Von welchen Interessen ließ sich der Autor/Künstler leiten?
- Verweist die Deutung des Autors eher auf künftige Probleme oder auf gelöste Konflikte?

Beispiel und Analyse

▸ **„Neuer Auß Münster vom 25. deß Weinmonats im Jahr 1648. abgefertigter Freud= und Friedensbringender Postreuter."**
Anonymes Flugblatt (34,6 x 32,9 cm) mit Holzschnitt (15,0 x 27,1 cm) von 1648.

Auszug aus dem Text:

Ich komm von Münster her gleich Sporenstreich geritten,
und habe nun das meist des Weges überschritten.
Ich bringe gute Post und neue Friedenszeit,
der Friede ist gemacht, geendet alles Leid.
Man bläst ihn freudig aus mit hellen Feldtrompeten,
mit Kesselpauken Hall, mit klaren Klarinetten.
Merkur fliegt in der Luft, und auch der Friede. Ja,
ganz Münster, Osnabrück und alle Welt ist froh,
die Glocken tönen stark, die Orgeln lieblich klingen,
Herr Gott wir loben dich, die frohen Leute singen,
die Stücke donnern und sausen in der Luft,
die Fahnen fliegen schön, und alles jauchzet ruft:
der Höchste sei gelobt, der Friede ist getroffen,
fortan hat männiglich ein bestes Jahr zu hoffen,
der Priester und das Buch, der Ratsherr und das Schwert,
der Bauer und der Pflug, der Ochse und das Pferd.
Die Kirchen werden fort in voller Blüte stehen,
man wird zum Haus des Herrn in vollen Sprüngen gehen,
und hören Gottes Wort: Kunst wird sein hochgeachtet,
die Jugend wird studieren bei Tag und auch bei Nacht,
man wird des Herren Ruhm auf Psalter und auf Seiten,
im Osten und in West, in Süd und Nord ausbreiten;
die Seine und Paris, die Donau und ihr Wien,
der Belt und sein Stockholm sind friedlich, frisch und grün.

(Es folgen Bilder der gedeihlichen Arbeit im Frieden in Stadt und Land, endlich der Schlussvers:)

Es danke alles Gott, es dank Ihm früh und spät
was kreucht, fleucht, lebt und schwebt, und was nur Odem hat.

Zitiert nach: Herbert Langer, 1648. Der Westfälische Frieden. Pax Europaea und Neuordnung des Reiches, Berlin 1994, S. 144 f. (sprachlich modernisiert)

Beschreibung Das Bild wird beherrscht von einem lossprengenden Postreiter. Zwei Männer blicken ihm hinterher. Sie stehen vor einem Haus mit dem kaiserlichen Wappen. Mit dem Posthorn kündigt der Reiter eine Nachricht an: die Friedensbotschaft vom 24. Oktober 1648 aus Münster.
Der Holzschnitt ist zweigeteilt. In der himmlischen Sphäre schwebt links eine bekrönte Fama (in der römischen Mythologie die Gottheit des Ruhmes wie auch des Gerüchts) mit einer Posaune mit angehängtem Reichsadler in der Rechten und einer Fahne mit zwei gekreuzten Ölzweigen (Symbol des Friedens) in der Linken. Auf der gegenüberliegenden Seite hält der Götterbote Merkur (römischer Gott der Händler) in der Rechten ein Schreiben mit der Aufschrift PAX (Friede).
Der aus Münster kommende Reiter verkündet die Friedensbotschaft. Er reitet über ein Gelände, auf dem die Hinterlassenschaften des Krieges erkennbar sind: ein schiefes Grabkreuz und zerborstene Waffen (Muskete mit Stützgabel, Hellebarde, Trommel, Kanone, Lanze, Schwert u. a. m.). Am Horizont stehen die Namen der Residenzstädte der am Friedensschluss beteiligten Mächte: Wien (Kaiser), Paris (Frankreich) und Stockholm (Schweden). Unter dem Bild befindet sich ein gereimter Text in drei Spalten.

Analyse des Bildes unter Einbezug des Begleittextes Das Bild und der Text waren sicher nicht von einer Person. Künstler und Autor haben sich aber bestimmt im Umkreis von Münster bewegt und sehr rasch gearbeitet. Sie verfügten sichtlich über Kenntnisse des ausgehandelten Vertragswerkes, das einen Kompromiss unter allen wichtigen am Krieg beteiligten Akteuren herstellte (Kaiser, Reichsstände, Frankreich und Schweden). Bildgestaltung und Text nehmen die Perspektive des Reiches ein. Sie enthalten aber keine Stellungnahmen für oder gegen die beteiligten Mächte, sondern zeigen sich nur erfreut über den Frieden. Diese Botschaft, in die gleichermaßen Himmel (Gott) und Erde einbezogen sind, sollte das Flugblatt rasch verbreiten.

Historische Einordnung Der Holzschnitt macht auch auf die Bedeutung der Post für die Nachrichtenvermittlung (es verkehrten regelmäßig Postillione zwischen den Kongress- und Residenzorten) aufmerksam. Die allegorischen Elemente des Bildes heben die große Bedeutung des Friedensschlusses hervor. Der gereimte Text (für den lauten Vortrag gut geeignet) erläutert die Folgen des Ereignisses: Der allseits ersehnte Friede macht einen religiösen, politischen, wirtschaftlichen und kulturellen Neuanfang möglich. In allen Ländern werden sich die drei Konfessionen (Katholiken, Protestanten und Refomierte) nun entfalten können, wird die Kunst wieder geachtet und die Jugend fleißig studieren können. Für Handel und Gewerbe sowie Bauern und Gastwirte beginnen wieder gute Zeiten. Dafür sei, wie der Schlussvers zeigt, allein Gott zu danken.

Fehlende Informationen Wir wissen nicht, von wem die Grafik und der Text sind. Es ist auch unbekannt, wo und von wem das Flugblatt gedruckt und wo es überall verbreitet wurde. Ein Nachdruck des Flugblattes entstand im selben Jahr in Nürnberg. Wir kennen noch eine weitere Fassung. Sie stammt von dem in Augsburg tätigen Künstler und Verleger Marx Anton Hannas (gest. 1676). Das Bild dieses Flugblattes unterscheidet sich geringfügig, der Text stark von der hier besprochenen Vorlage.

Beurteilung Bild und Text danken Gott für den Frieden. Es wird kein Grund gesehen, das westfälische Vertragswerk zu relativieren. Dass die Konflikte zwischen Spanien und Frankreich andauern, wird nicht erwähnt. Das Flugblatt nimmt auch nicht vorweg, dass Kriege weiterhin Mittel der Politik blieben.

Bewertungen des Westfälischen Friedens

▲ **„PAX OPTIMA RERVM."**
Vorder- und Rückseite einer von Erna Becker-Kahns und H. A. gestalteten Medaille (ø 50 mm).
Die Vorderseite zeigt das Rathaus von Münster. Zum lateinischen Spruch auf der Rückseite siehe die Schaumünze von 1648 auf S. 414.
- *Untersuchen Sie die Abbildungen, nennen Sie Anlass und Umstände der Prägung und interpretieren Sie die Medaille.*

Grundsätzliche Bedeutung Ein „Universalfriede" ist 1648 nicht erreicht worden. Frankreich und Spanien setzen ihre Kriegshandlungen noch über zehn Jahre fort. Auch einen „immerwährenden Frieden" schuf der Westfälische Friede nicht. Es folgten zahllose europäische und weltweite Kriege. Trotzdem: Die Verträge von Münster und Osnabrück schufen eine grundlegende Friedensordnung für das Heilige Römische Reich, die weitreichende Folgen für ganz Europa hatte. Darüber hinaus beeinflusste der Friede die Diplomatie und das Völkerrecht bis zum Wiener Kongress* und darüber hinaus.

Aufnahme und Beurteilung des Friedens im Wandel der Zeit Schon bald nach 1648 setzten sich Geistliche, Historiker, Völkerrechtler und Staatsdenker intensiv mit den Friedensverträgen und ihrem Zustandekommen auseinander. Ihre Bewertungen fielen durchweg positiv aus. Eine Ausnahme sind die Überlegungen des Völkerrechtlers *Samuel von Pufendorf* (1632-1694). Er machte in den 1660er-Jahren den Kaiser, die Fürsten und die Geistlichkeit für den unübersichtlichen Zustand des Heiligen Römischen Reiches und die Reichsverfassung verantwortlich (▸ M1 a).

Ganz anders bewerteten der Franzose *Abbé de Saint-Pierre* (1658-1749) und der aus Genf stammende Schriftsteller und Philosoph *Jean-Jacques Rousseau* (1712-1778) das Vertragswerk. Sie betonten die geopolitische Bedeutung des Westfälischen Friedens. Auch andere Darstellungen des 18. Jahrhunderts, die bereits auf erste umfangreiche Akteneditionen zurückgreifen konnten, waren sich darin einig: Die Verträge sind das Fundament der Rechts- und Friedensordnung des Reiches (▸ M1 b). Diesem Urteil schloss sich auch *Friedrich Schiller* (1759-1805), der 1789 in Jena Professor für Geschichte wurde, in seiner „Geschichte des Dreißigjährigen Krieges" (1791-1793) an.

Die Wertschätzung des Westfälischen Friedens änderte sich mit den Revolutionskriegen nach 1792 und der Nationalisierung Europas. Der erste deutsche Historiker, der den Frieden aus nationaler Sicht scharf verurteilte, war der in Berlin lehrende Professor *Friedrich Rühs* (1781-1820). Durch die französische Einmischung sei 1648 die Macht des Alten Reiches erniedrigt und zerstört worden (▸ M2). Diesem Urteil schlossen sich dann nationalistisch gesinnte Historiker wie *Heinrich von Treitschke*** nach Gründung des Deutschen Kaiserreiches an. Die Nationalsozialisten machten sich dann nach 1939 daran, das „deutsche Unglück" und „europäische Verhängnis" von 1648 wieder rückgängig zu machen – wie der NS-Pädagoge und Philosoph *Alfred Bäumler* (1887-1960) meinte.

Nach der Katastrophe des Zweiten Weltkrieges wurden der ausgleichende Charakter und die europäische Dimension des Friedenswerkes wiederentdeckt und neu bewertet (▸ M3). Das wurde besonders deutlich bei der Eröffnung der Europaratsausstellung „1648 – Krieg und Frieden in Europa" in Münster und Osnabrück am 24. Oktober 1998, an der der Bundespräsident und zahlreiche europäische Staatsoberhäupter teilnahmen. Dazu fanden in dem Jubiläumsjahr zahlreiche wissenschaftliche Kongresse statt, die unsere Kenntnisse über den Westfälischen Frieden erweiterten.

- *Arbeiten Sie die genannten Bewertungskriterien heraus und ordnen Sie diese bestimmten Epochen zu.*

* Siehe S. 432 ff.
** Siehe S. 416, M3 a.

M1 Stimmen aus dem 17. und 18. Jahrhundert zum Westfälischen Frieden

a) Der Völkerrechtler Samuel von Pufendorf schreibt 1667 unter einem Pseudonym einen „Bericht vom Zustande des Teutschen Reichs". Obwohl das Buch von der kaiserlichen Zensur verboten wird, findet es eine große Resonanz.

Bei der Untersuchung der eigentlichen Staatsform des Reiches müssen wir besonders sorgfältig vorgehen, weil die meisten deutschen Schriftsteller aus Unkenntnis der Lehre von der Politik darüber die schlimmsten Irrlehren verbreiten. [...]

In Bezug auf die einzelnen Teile oder Stände des Reiches ergeben sich wenig Schwierigkeiten. Denn alle weltlichen und geistlichen Fürstentümer (erstere sind erblich, letztere durch Wahl vergeben) und auch die Grafschaften sind Monarchien, nur mit dem Unterschied, dass hier die Herrschaft der Fürsten absolut, dort aber durch Verträge mit den sogenannten Landständen beschränkt ist. Von den freien Städten werden einige aristokratisch regiert. [...] Andere haben eine Demokratie, weil der Senat von den Zünften gewählt und kontrolliert wird. [...]

Welche Staatsform man aber dem ganzen deutschen Reich zuschreiben soll, darüber sind sich die deutschen Schriftsteller nicht einig. [...]

Es bleibt uns also nichts anderes übrig, als das deutsche Reich, wenn man es nach den Regeln der Wissenschaft von der Politik klassifizieren will, einen irregulären und einem Monstrum ähnlichen Körper zu nennen, der sich im Laufe der Zeit durch die fahrlässige Gefälligkeit der Kaiser, durch den Ehrgeiz der Fürsten und durch die Machenschaften der Geistlichen aus einer regulären Monarchie zu einer so disharmonischen Staatsform entwickelt hat, dass es nicht mehr eine beschränkte Monarchie, wenngleich der äußere Schein dafür spricht, aber noch nicht eine Föderation mehrerer Staaten ist, vielmehr ein Mittelding zwischen beiden. Dieser Zustand ist die dauernde Quelle für die tödliche Krankheit und die inneren Umwälzungen des Reiches, da auf der einen Seite der Kaiser nach der Wiederherstellung der monarchischen Herrschaft, auf der anderen die Stände nach völliger Freiheit streben. [...]

Wir können den Zustand Deutschlands am besten als einen solchen bezeichnen, der einem Bund mehrerer Staaten sehr nahe kommt, in dem ein Fürst als Führer des Bundes die herausragende Stellung hat und mit dem Anschein königlicher Gewalt umgeben ist. [...]

Die Größe und Stärke des deutschen Reiches könnte, wenn es eine monarchische Verfassung hätte, für ganz Europa bedrohlich sein, aber es ist durch innere Krankheiten und Umwälzungen so geschwächt, dass es kaum sich selber verteidigen kann. Die Hauptursache des Übels ist der unharmonische und ungeordnete Zusammenhang des Staates. Eine noch so große Menge von Menschen ist nicht stärker als ein einzelner Mensch, solange jeder seinen eigenen Weg geht; alle Macht entsteht aus der Vereinigung.

b) Der französisch-schweizerische Schriftsteller und Philosoph Jean-Jacques Rousseau veröffentlicht 1756/61 Auszüge aus dem Friedensplan des 1658 geborenen Abbé Saint-Pierre; zur Staatenordnung nach 1648 heißt es:

Was in Wirklichkeit das europäische Staatensystem aufrechterhält, so gut das gehen mag, ist in der Hauptsache das Spiel der Verhandlungen, die sich nahezu allzeit im Gleichgewicht halten: Aber dieses System hat noch eine andere wirksamere Stütze, nämlich das Deutsche Reich, das vom Herzen Europas aus alle anderen Mächte im Zaum hält und vielleicht der Sicherheit der anderen noch mehr dienen kann als seiner eigenen; durch seine Größe und die Zahl und Tapferkeit seiner Völker ein achtunggebietendes Reich, dessen Verfassung allen von Nutzen ist, die, indem sie ihm die Mittel und den Willen zu Eroberungen unterbindet, es zugleich zu einer Klippe der Eroberer macht. Unerachtet der Fehler dieser Reichsverfassung ist es doch gewiss, dass, solange sie besteht, das Gleichgewicht Europas nicht verletzt werden kann, dass kein Herrscher zu befürchten hat, von einem anderen entthront zu werden, und dass der westfälische Friedensvertrag vielleicht für immer die Grundlage des politischen Systems unter uns bleiben wird.

Erster Text: Samuel von Pufendorf, Die Verfassung des deutschen Reiches, herausgegeben und übersetzt von Horst Denzer, Frankfurt am Main/Leipzig 1994, S. 181, 199-201 und 223
Zweiter Text zitiert nach: Kurt von Raumer, Ewiger Friede. Friedensrufe und Friedenspläne seit der Renaissance, Freiburg/München 1953, S. 343-368, hier S. 351 f.

Skizzieren Sie die Haltung der zwei Verfasser zu den Ergebnissen des Westfälischen Friedens und fassen Sie deren Hauptargumente zusammen.

M2 Eine Meinung aus dem 19. Jahrhundert

Der Historiker Friedrich Rühs wird mit 29 Jahren an die 1810 neu gegründete Berliner Universität berufen. Nach den „Befreiungskriegen" und zur Zeit des Wiener Kongresses (siehe S. 432ff.) erscheint 1815 das Werk, aus dem folgender Auszug stammt:

Der zweite Zweck, den die Franzosen zu erhalten suchten, war eine solche Auflösung der Einheit in Deutschland, eine solche Vernichtung aller alten Grundsätze und Begriffe, die es ihnen leicht machen musste, immer den Meister im Reich zu spielen. [...] Deswegen ward der Grundsatz aufgestellt, dass alle deutschen Stände souverän wären; die Franzosen behaupteten ausdrücklich, die deutschen Fürsten wären in ihrem Gebiet völlig so unumschränkt, als der Kaiser; sie hätten Recht über das Leben, die Güter und die Ehre ihrer Untertanen; sie könnten auch zum Beistand fremder Mächte Truppen werben; die Fürsten und selbst die Städte könnten nach Belieben unterhandeln und Bündnisse schließen. [...]
Entwickelte sich ein solcher Zustand der Dinge, so war das deutsche Reich seinem Wesen nach vernichtet: Alle Kraft war aufgelöst und gebrochen, und das heiligste Gut des deutschen Volkes, die freie ständische Verfassung, unwiederbringlich verloren; Frankreich konnte überall tätig sich stets eine bedeutende Partei erhalten [...]. Es war in der Tat eine höchst empörende Anmaßung unserer Erbfeinde, auf eine so frevelhafte Weise in die besonderen inneren Angelegenheiten Deutschlands einzugreifen. [...]
Der westfälische und der pyrenäische Friede [1659] hatten die Macht und das Ansehen Frankreichs ungemein erhöht: Nach Mazarins Tode übernahm Ludwig XIV. selbst das Heft der Regierung; der Erfolg, den Richelieu und sein Nachfolger gehabt hatten, spornte seinen Ehrgeiz, sie zu übertreffen; nichts schien ihm unmöglich, und die Herrschaft über die Erde war das Ziel, nach dem er strebte. Ununterbrochen trieb daher die französische Politik ihr hinterlistiges Spiel in Deutschland. [...]
Die Garantie des westfälischen Friedens ist jetzt [1815] durch die Tat aufgehoben und es versteht sich, dass Frankreich aus dem Vertrage keine Ansprüche mehr ableiten kann, um sich in die inneren Angelegenheiten Deutschlands zu mischen: Überhaupt war eine solche Vormundschaft schon in ihrer Idee unwürdig und entehrend; welches andere Volk hat sie sich je gefallen lassen? [...] Es muss ein allgemeines und ununterbrochenes Streben werden, alle Fremden aus Deutschland zu entfernen, weil sie das Vaterland beständig zu einem Spielball auswärtiger Politik gemacht haben.

Friedrich Rühs, Historische Entwicklung des Einflusses Frankreichs und der Franzosen auf Deutschland und die Deutschen, Berlin 1815, S. 75-79, 129 und 352f. (sprachlich modernisiert)

1. *Erläutern Sie Rühs' Standpunkt.*
2. *Vergleichen Sie das historische Urteil mit dem von Saint-Pierre (M1b).*

M3 Neue Blicke auf den Westfälischen Frieden

a) Johannes Burkhardt, dessen Forschungsschwerpunkt die Frühe Neuzeit ist, hält in einem 1998 veröffentlichten Aufsatz über den Westfälischen Frieden fest:

Der Friede war nur zu erlangen durch ein prinzipielles Abrücken aller von Maximalzielen und wurde dabei zu einer wichtigen Zäsur in der Ausbildung des europäischen Staatensystems. Das Staatensystem ist als Friedenskompromiss entstanden und erwies sich so als grundlegendes Konfliktlösungsmittel Europas. [...]
Die Kriege nach dem Westfälischen Frieden sind [...] nicht dem Staatensystem selbst anzulasten. Der Westfälische Frieden hatte ein neues Ordnungsideal aufgestellt, das aber erst durchgesetzt werden musste, oft selber mit kriegerischen Mitteln und mit allen Rückfällen und Verspätungen. [...]
Wenn so auch der Westfälische Frieden in der unmittelbaren Zukunft nicht den ewigen Frieden gebracht hat, so hat er doch das Modell aufgestellt, wie und nach welchen Grundlagen ein friedliches Zusammenleben in Europa möglich sein würde: eine prinzipielle Gleichrangigkeit aller Staaten. Nach allen Kriegen in den nächsten 150 Jahren versicherten die Friedensverträge regelmäßig erst einmal, dass man zum Westfälischen Frieden zurückkehren und er wieder gelten solle. Wenn man die sich von Friedensvertrag zu Friedensvertrag ändernde politische Landkarte ansieht, wirkt eine solche Klausel geradezu wahrheitswidrig. Aber gemeint war natürlich nach dem jeweiligen kriegerischen Rückfall die Wiederherstellung des Nebeneinanders der Staaten. Noch bevor das moderne Prinzip der Gleichheit der Menschen vor dem Gesetz in der Französischen Revolution formuliert wurde, ist es im Staaten- und Völkerrecht aufgekommen. Das inmitten einer Ständegesellschaft avantgardistische egalitäre Prinzip wurde seit dem Westfälischen Frieden zur Grundlage aller Friedensverträge und jeweils wiederhergestellter Staatensysteme.
Auch wenn wir heute wieder auf eine Einheit Europas zugehen, so doch ganz im Gegensatz zum alten Universalismus auf eine Einheit, die auf das gleichberechtigte Nebeneinander seiner Einzelstaaten gegründet ist. So wirkt das Grundprinzip des Friedensschlusses fort bis in die Gegenwart. Fast kann man den Eindruck haben, dass der Westfälischen Friede nicht so sehr in seiner unmittelbaren Zukunft als in einer Langzeitperspektive zum Friedensrezept Europas geworden ist.

b) Der Historiker Heinz Duchhardt gibt 1998 in einem Vortrag zu bedenken:

Das Experiment eines auf der Garantie zweier Großmächte beruhenden regionalen Sicherheitssystems scheiterte schon nach wenigen Jahren, vor allem auch deswegen, weil die beiden Garantiemächte selbst noch viel zu dynamisch waren, um sich in ihrem Expansionismus davon fesseln zu lassen – das gilt für Frankreich nach der Fronde[1], umso mehr als es seinen Krieg mit der Krone Spaniens ja noch gar nicht liquidiert hatte, aber das gilt auch für die extrem hochgerüstete Militärmacht Schweden, die sich nach 1648 mit dem doppelten Problem konfrontiert sah, radikal abrüsten zu müssen, aber nicht zu können, um die weitgespannten Beziehungen rund um die Ostsee nicht zu gefährden. Auch die Idee, durch den Post-Festum-Beitritt[2] der Nicht-Unterzeichnerstaaten faktisch eine Art Friedensgemeinschaft zu schaffen, deren Mitglieder sich denselben Zwecken verpflichtet fühlten wie die Unterzeichner, erwies sich als Fehlschlag, weil sich kein einziger dritter Staat zum Beitritt entschloss; das Modell fand dann auch während des Ancien Régime[3] keine Neuauflage mehr, auch wenn hier und da durch eine entsprechende Formel in bilateralen Verträgen noch einmal schüchterne Versuche in dieser Richtung gemacht wurden. Das Zwischenergebnis ist also einigermaßen ernüchternd: Die Architekten des Westfälischen Friedens vermochten keine dauerhafte europäische Friedensordnung zu schaffen, sondern in internationaler Hinsicht – nur darum geht es hier – nur ein Transitorium[4], das schon seit der Mitte der 1650er-Jahre und dann vollends in den 1660er-Jahren wieder in die Brüche ging, und ob wenigstens eine Art Modell geboren wurde, an das man später hätte anknüpfen können, mag schon hier mit einem Fragezeichen versehen werden. Aber dies wäre natürlich ein ganz und gar unbefriedigendes Ergebnis, das den Redner fast dazu zwingen würde, den Vortrag hier abzubrechen. Wenn ich das nicht tue, dann heißt das eben zugleich, dass in den Verhandlungen und den Texten von 1648 noch andere Elemente vorhanden gewesen sein müssen, die die Assoziation „europäische Friedensordnung" erlauben.

[1] **Fronde**: Aufstand des Hochadels gegen die absolutistische Regierungsform in Frankreich nach 1648
[2] **post festum**: hinterher, im Nachhinein
[3] **Ancien Régime**: frühere Regierungsform, ehemalige Regierung; der Begriff wurde während der Französischen Revolution geprägt und bezeichnet seitdem die vorrevolutionären politischen und gesellschaftlichen Zustände Frankreichs.
[4] **Transitorium**: Übergangsregelung, die nur für die Dauer eines Ausnahmezustandes gilt

c) Der US-amerikanische Politikwissenschaftler und Außenminister (1973-1977) Henry A. Kissinger schreibt 2014:

Jede internationale Ordnung, die diesen Namen verdient, muss früher oder später einen Gleichheitszustand erreichen; andernfalls wird sie sich in einem permanenten Kriegszustand befinden. Weil die mittelalterliche Welt unzählige Fürstentümer umfasste, ergab sich tatsächlich häufig eine Art faktischer Machtbalance. Doch erst nach dem Westfälischen Frieden trat die Machtbalance als System in Erscheinung. Das heißt, dass es nunmehr als Kernziel der Außenpolitik angesehen wurde, das Machtgleichgewicht herbeizuführen; es zu stören, würde eine Koalition zur Verteidigung des Gleichgewichtes auf den Plan rufen. [...]
Tatsächlich wurden nach dem Westfälischen Frieden zwei Machtgleichgewichte in Europa praktiziert: Ein übergreifendes Gleichgewicht, überwacht von England, bewahrte die allgemeine Stabilität. Und ein mitteleuropäisches Gleichgewicht, das im Wesentlichen von Frankreich geprägt wurde, wollte verhindern, dass ein vereintes Deutschland zum mächtigsten Land auf dem Kontinent würde. Über zweihundert Jahre lang konnten diese beiden Gleichgewichte verhindern, dass sich Europa selbst in Stücke zerriss, wie es im Dreißigjährigen Krieg geschehen war. Sie verhinderten zwar keine Kriege, begrenzten aber ihre Wirkung, weil das Ziel nicht totale Eroberung, sondern Gleichgewicht war.

Erster Text: Johannes Burkhardt, Das größte Friedenswerk der Neuzeit. Der Westfälische Frieden in neuer Perspektive, in: Geschichte in Wissenschaft und Unterricht, 49. Jg. (1998), S. 592-609, hier S. 595-597
Zweiter Text: Heinz Duchhardt, Friedensordnungen in Europa. Der Westfälische Friede als Modell?, in: Ders., Frieden im Europa der Vormoderne. Ausgewählte Aufsätze 1797-2011, herausgegeben und eingeleitet von Martin Espenhorst, Paderborn 2012, S. 122-132, hier S. 126 f.
Dritter Text: Henry A. Kissinger, Weltordnung, aus dem Amerikanischen von Karlheinz Dürr und Enrico Heinemann, München 2014, S. 44 ff. (ohne Anmerkungen)

1. *Arbeiten Sie Unterschiede der drei Bewertungen des Westfälischen Friedens heraus.*
H *Beginnen Sie Ihre Analyse mit einer Herausarbeitung der Schlüsselwörter.*
2. *Beurteilen Sie die Plausibilität der Argumentationen.*
H *Konzentrieren Sie sich auf jeweils einen der drei Texte und erarbeiten Sie eine Zusammenfassung. Stellen Sie Ihre Ergebnisse in Arbeitsgruppen einander vor.*

Europäische Friedensordnung nach den Napoleonischen Kriegen

▸ **„Le Congrès."**
Kolorierter Kupferstich (18 x 27 cm) von 1815. Das Motiv des Bildes ist eine Anspielung auf das Bonmot des österreichischen Diplomaten und Schriftstellers Charles Joseph Fürst de Ligne: „Der Kongress schreitet nicht vor, sondern er tanzt" (siehe S. 434 f., M3). Auf der linken Seite der französische Außenminister Talleyrand und sein englischer Amtskollege Castlereagh, in der Mitte tanzen der österreichische Kaiser Franz I., der russische Zar Alexander I. und der preußische König Friedrich Wilhelm III. Der sächsische König Friedrich August I. bemüht sich, seine Krone festzuhalten. Ganz rechts eine Personifikation der Republik Genua, die 1815 an das Königreich Sardinien-Piemont fiel.

Orientierung Am 20. April 1792 reagierte das revolutionäre Frankreich auf Interventionsdrohungen aus Berlin und Wien mit einer Kriegserklärung. Dies war der Auftakt zu einer Reihe von Kriegen, die den Aufstieg des Revolutionsgenerals Napoleon Bonaparte zum französischen Kaiser ermöglichten und Europa nachhaltig verändern sollten. Der Rhein wurde zur französischen Ostgrenze und Italien erobert und neu geordnet. Süddeutsche Fürsten schlossen sich unter dem Schutz Napoleons im Rheinbund zusammen. Das Heilige Römische Reich Deutscher Nation löste sich auf und viele deutsche Kleinstaaten verloren ihre Selbstständigkeit. Bis 1812 gliederte Frankreich Territorien in Norddeutschland, Niederlande, Spanien und Italien in sein Staatsgebiet ein. Gegen die französische Vorherrschaft regte sich militärischer Widerstand und nach der Völkerschlacht bei Leipzig 1813 zerfiel die napoleonische Herrschaft. Auf dem folgenden Wiener Kongress sollten die Staaten Europas neu geordnet werden, um den errungenen Frieden zu sichern. Die Aufgabe war gewaltig, vielfältig und vernetzt: Neue Staatsgrenzen sollten festgelegt, das Gleichgewicht der europäischen Mächte wiederhergestellt und die inneren Verhältnisse der deutschen Staatenwelt neu organisiert werden. Die gefundenen Lösungen beeinflussten die Innen- und Außenpolitik der europäischen Staaten bis Anfang des 20. Jahrhunderts.

1804
Kaiserkrönung Napoleons I. (2.12.)

1806
- Gründung des Rheinbundes (12.7.)
- Ende des Heiligen Römischen Reiches Deutscher Nation (6.8.)
- Niederlage Preußens in der Doppelschlacht von Jena und Auerstedt (14.10.)

1806 - 1812
Reformen in den Rheinbundstaaten und in Preußen

1812 - 181
Russlandfeldzug Napoleons

1800 | 1805 | 1810

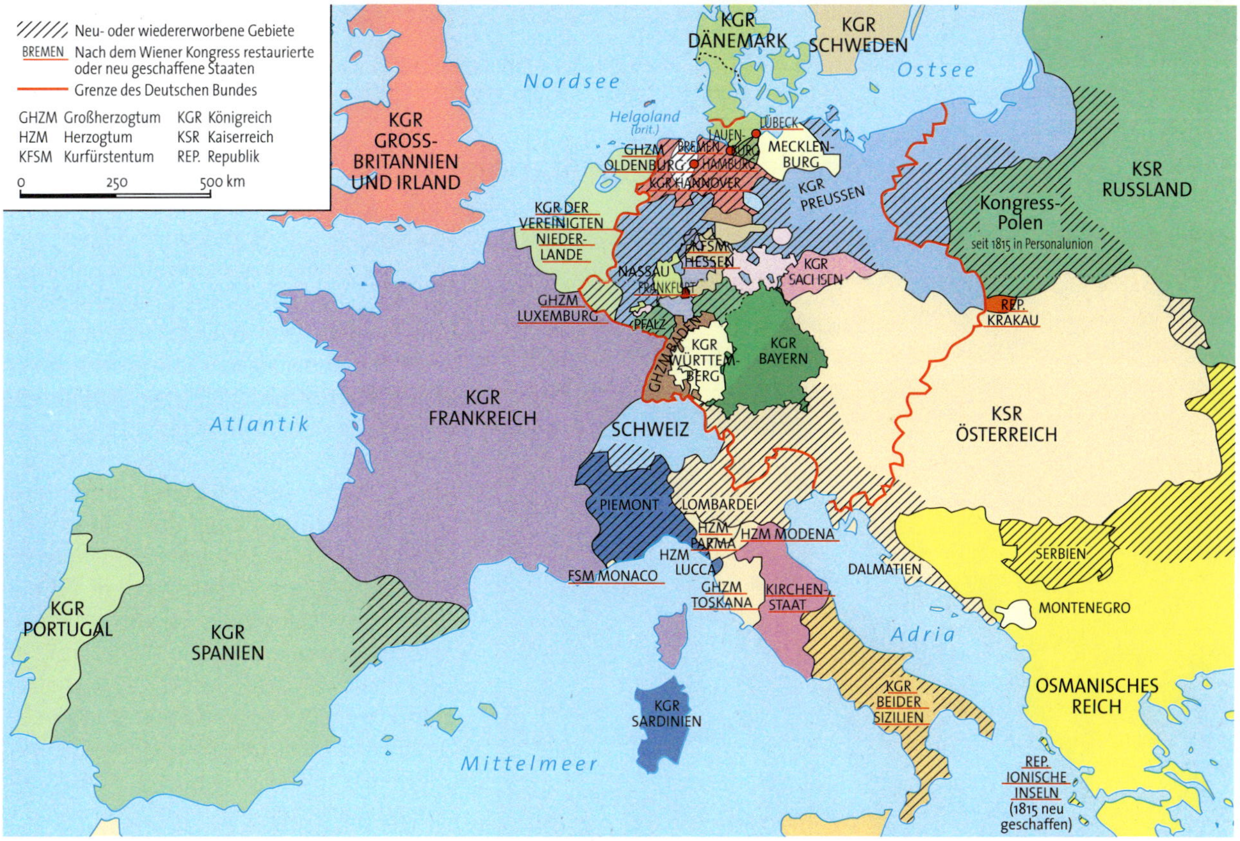

▲ **Europa nach dem Wiener Kongress.**

Das folgende Kapitel behandelt knapp die Napoleonischen Kriege, den Verlauf und die Ergebnisse des Wiener Kongresses von 1814/15. Im Mittelpunkt steht dabei die Neuordnung der deutschen Staatenwelt in der Mitte Europas im neu gegründeten Deutschen Bund. Während die Fürsten sich solidarisierten, um den inneren und äußeren Frieden nach ihren Vorstellungen zu sichern, besannen sich immer mehr Bürger auf die Ideen der Volkssouveränität und der Gewaltenteilung. Ihre nationalen und liberalen Forderungen stellten die in Wien gefundene Ordnung von Anfang an infrage.

Die zentralen Fragen des folgenden Kapitels sind:

- *In welchem Maße wurden die europäischen Grenzen durch die Napoleonischen Kriege und die Beschlüsse des Wiener Kongresses verändert?*
- *Mit welchen Zielsetzungen gingen die Kongressteilnehmer in die Verhandlungen und inwieweit konnten sie ihre Ziele erreichen?*
- *Welche Grundsätze prägten die Beschlüsse des Wiener Kongresses?*
- *Welche Funktion sollte der neu gegründete Deutsche Bund haben?*
- *Wie wirkte sich die Wiener Ordnung auf den Frieden aus?*

1813
Völkerschlacht bei Leipzig (16.-19.10.) und Ende des Rheinbundes

Sept. 1814 – Juni 1815
Wiener Kongress

1815
- Napoleons „Herrschaft der Hundert Tage" (1.3.-22.6.)
- Deutsche Bundesakte verabschiedet (8.6.)
- Napoleons Niederlage bei Waterloo (18.6.)
- Unterzeichnung der Schlussakte des Wiener Kongresses (9.6.)
- Russland, Österreich und Preußen gründen die „Heilige Allianz" (26.9.)
- Zweiter Pariser Friede (20.11.)

1814
Abdankung Kaiser Napoleons I. (6.4.) und Erster Pariser Friede (30.5.)

1818
Aachener Kongress (29.9.-21.11.)

1820
Fürstenkongress von Troppau (20.10.-20.12.)

1815 1820 1825

Europa im Schatten Napoleons

▲ **Napoleon I. im Ornat des Kaisers von Frankreich.**
Gemälde (223 x 143 cm) von François Gérard, um 1805.
Napoleon Bonaparte (1769 - 1821): geboren auf Korsika, mit 24 Jahren General, mit 26 Oberbefehlshaber der französischen Truppen in Italien. 1799 wurde er nach einem Staatsstreich Erster Konsul, fünf Jahre später machte er sich zum „Kaiser der Franzosen".

Am Anfang war Napoleon Seinen Aufstieg verdankte Napoleon Bonaparte der Französischen Revolution und den Revolutionskriegen. 1799 beendete er den zehn Jahre dauernden Revolutionsprozess durch einen Staatsstreich. Die 1799 verkündete Verfassung sicherte ihm das alleinige Recht der Gesetzesinitiative – und machte ihn zum Diktator. Anschließend bemühte er sich, das zerrüttete Land durch innere Reformen zu befrieden. Das von Napoleon 1804 eingeführte Gesetzbuch, der „Code civil", kam vor allem dem Bürgertum entgegen. Es garantierte persönliche Freiheit, Gleichheit vor dem Gesetz, Gewerbefreiheit und Trennung von Staat und Kirche. Napoleons Reformen verdeckten aber nur oberflächlich das Aus für die politischen Errungenschaften der Revolution wie das allgemeine Wahlrecht, die Gewaltenteilung sowie die Presse- und Versammlungsfreiheit. Nach fünf Jahren machte Napoleon sich selbst zum „Kaiser der Franzosen" und führte die erbliche Kaiserwürde für seine Familie ein. Frankreich war wieder eine Monarchie.

Napoleon und das Ende des Heiligen Römischen Reiches Napoleons aus der Revolution entstandene Herrschaft war eine Provokation für die europäischen Fürsten. Der 1799 ausgebrochene *Zweite Koalitionskrieg*, zu dem sich die Großmächte England, Russland, Österreich, Portugal und das Osmanische Reich zusammengefunden hatten, gab ihm dazu Gelegenheit. Im *Frieden von Lunéville* 1801 sicherte er seine Eroberungen. Dazu zählte das gesamte linke Rheinufer. Preußen und Österreich hatten es schon 1795/97 – während sie mit der dritten Teilung Polens beschäftigt waren – preisgegeben und festgelegt, dass die betroffenen weltlichen Reichsfürsten für ihre linksrheinischen Verluste mit rechtsrheinischen Gebieten entschädigt werden sollten. Die Grundlagen für diese Entschädigungen erarbeitete ein Ausschuss des Regensburger Reichstages. Das Ergebnis war der *Reichsdeputationshauptschluss*. Ihn musste 1803 das Oberhaupt des Heiligen Römischen Reiches Deutscher Nation, Kaiser **Franz II.**, anerkennen.

Franz II. (1768 - 1835): Herrscher aus dem Hause Habsburg. Er war von 1792 bis 1806 Oberhaupt des Heiligen Römischen Reiches Deutscher Nation und regierte bereits ab 1804 als Kaiser Franz I. von Österreich.

Die Schlüsselbegriffe des Reichsdeputationshauptschlusses lauteten **Säkularisation** und **Mediatisierung**. Von den knapp 300 selbstständigen Reichsständen des alten Reiches blieben nur noch 41 Flächen- und Stadtstaaten übrig. Die großen Gewinner waren die Herrscher von Preußen, Bayern, Baden und Württemberg. Sie konnten ihre Territorien zum Teil beträchtlich vergrößern.

Säkularisation: Einbeziehung kirchlichen Besitzes und Beseitigung geistlicher Reichsstände wie Fürstbistümer oder Reichsabteien durch weltliche Landesherren

Mediatisierung: Unterstellung bisher reichsunmittelbarer Stände wie Ritter und Reichsstädte unter die Landeshoheit eines anderen (mächtigeren) weltlichen Landesherrn

Frankreichs Vorherrschaft Nach Frankreichs Sieg über England, Österreich und Russland in der *Dreikaiserschlacht von Austerlitz* und dem *Frieden von Preßburg* 1805 begann Napoleon I., seine Vorherrschaft in Europa auszubauen. Ein Mittel dazu war es, die Macht der kleineren süddeutschen Fürsten im Heiligen Römischen Reich zu stärken. Sie nahmen Napoleons Unterstützung an, um ihre vollständige Souveränität gegenüber dem Reich zu erreichen und um Standeserhöhungen durchzusetzen. Anfang 1806 wurden Bayern und Württemberg Königreiche, Berg, Hessen-Darmstadt und Baden später Großherzogtümer. Im Juli desselben Jahres sagten sich 16 Staaten vom Reich los. Sie akzeptierten Napoleons „Schutzherrschaft" (*Protektorat*) und bildeten den *Rheinbund*. Im August 1806 dankte Franz II. als römisch-deutscher Kaiser ab. Das war das Ende des alten Heiligen Römischen Reiches Deutscher Nation. Ein Jahr später umfasste der Rheinbund alle deutschen Staaten außer Preußen und Österreich.

Preußens Niederlage und Napoleons Triumph König **Friedrich Wilhelm III. von Preußen** interessierte die Erhaltung des Reiches nicht. Mit Argwohn beobachtete er aber Napoleons Vorgehen, da dieser die Einflusszone Preußens in Norddeutschland nicht anzuerkennen schien. Im Oktober 1806 kämpften Preußen und Sachsen gegen napoleonische Truppen. Die Verbündeten wurden bei *Jena und Auerstedt* (Thüringen) vernichtend geschlagen. Preußen verlor seinen sächsischen Verbündeten und musste im *Frieden von Tilsit* (1807) alle Erwerbungen aus den polnischen Teilungen aufgeben. Sie wurden Teile des von Napoleon gegründeten Königreiches Westfalen und des Herzogtums Warschau.

Napoleon stand auf dem Höhepunkt seiner Macht und er begann, sein Fernziel umzusetzen: ein politisch, wirtschaftlich und rechtlich einheitliches Europa unter französischer Hegemonie.

Friedrich Wilhelm III. von Preußen: Der 1770 in Potsdam geborene Monarch aus dem Hause Hohenzollern regierte von 1797 bis zu seinem Tod 1840.

◂ **Preußen nach der Niederlage durch Napoleon (Frieden von Tilsit 1807).**

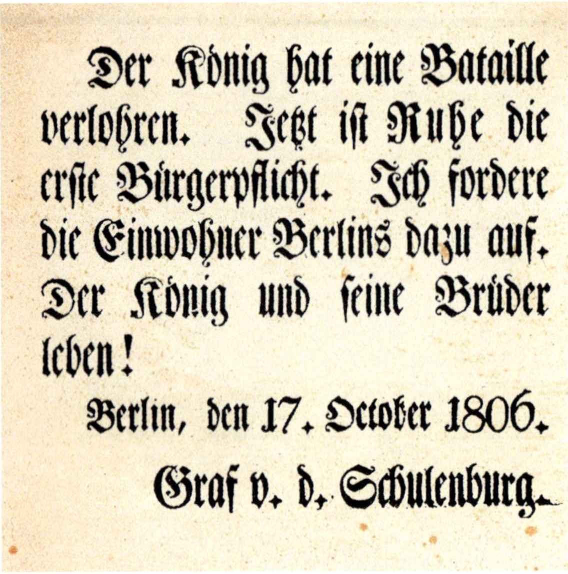

Der König hat eine Bataille verlohren. Jetzt ist Ruhe die erste Bürgerpflicht. Ich fordere die Einwohner Berlins dazu auf. Der König und seine Brüder leben!

Berlin, den 17. October 1806.

Graf v. d. Schulenburg.

▲ **Maueranschlag in Berlin.**
Nach der Niederlage von Jena und Auerstedt im Oktober 1806 ließ der Berliner Stadtkommandant dieses Plakat (15 x 18 cm) in Berlin anschlagen.

- *Der Historiker Gerhard Ritter schrieb zu diesem Anschlag: „Schulenburg hat [damit] gleichsam der versinkenden Epoche einen Grabstein gesetzt." Erläutern Sie diese Aussage.*

Oktoberedikt: Das Gesetz vom 9. Oktober 1807 leitete das Ende der Ständeordnung in Preußen ein. Es hob die Erbuntertänigkeit der Bauern auf, die somit persönlich frei wurden. Eigentümer des von ihnen bearbeiteten Landes konnten sie aber nur gegen eine Entschädigung an den Grundherrn (Regulierungsedikt vom 14. November 1811) werden, was nicht vielen gelang.

DVD-Tipp:
Napoleon und die Deutschen. Teil I-IV, ARD-Koproduktion/ Arte Edition, 2 DVDs, 2006

Reformen: Modernisierung zwischen Pragmatismus und Zwang Napoleon ordnete seine Herrschaftsbereiche neu. Seinem Schwager *Joachim Murat* vertraute er das linksrheinische Großherzogtum Berg an. Es sollte für immer bei Frankreich bleiben. Das neu entstandene Königreich Westfalen machte er zum Modell für die Rheinbundstaaten. Es wurde von Napoleons jüngstem Bruder *Jérôme Bonaparte* regiert und bekam Ende 1807 eine Verfassung nach französischem Vorbild. Alle Rheinbundstaaten wurden umfassend modernisiert. Sie erhielten einheitliche Wirtschaftsgebiete, zentrale Verwaltungen und neue Rechtsordnungen nach dem Vorbild des „Code civil".

Unter ganz anderen Voraussetzungen wurde das Königreich Preußen reformiert. Riesige Gebietsverluste, erdrückende Abgaben an Frankreich und der Wunsch, bald wieder zum Kreis der Großmächte zu gehören, zwangen die Regierung zu einer Mobilisierung aller Kräfte. Der leitende Minister *Karl Freiherr vom und zum Stein* sowie sein Nachfolger, *Karl August Freiherr von Hardenberg*, setzten sich für einen effizienteren Staat, den Abbau ständischer Privilegien und die Selbstverantwortung der Bürger ein.

Eingeleitet wurden die preußischen Reformen 1807 durch das **Oktoberedikt**. Es sollte alles beseitigen, „was den Einzelnen bisher hinderte, den Wohlstand zu erlangen, den er nach Maß seiner Kräfte zu erreichen fähig war". Es folgte 1810 die Einführung der *Gewerbefreiheit*, die den Zunftzwang beseitigte. Die *Städteordnung* brachte den größeren Gemeinden mehr *Selbstverwaltung*. Eine von *Wilhelm von Humboldt* nach 1809 begonnene *Bildungsreform* sollte die Fähigkeiten und Kräfte der Bürger auf breiter Grundlage entwickeln. Dem Aufstieg Preußens als europäische Großmacht sollte eine *Heeresreform* dienen. Sie wurde zwischen 1807 und 1814 vorangetrieben. Die aus Söldnern bestehende alte Armee wurde aufgelöst und nach französischem Muster in ein Volksheer umgewandelt. Alle männlichen Untertanen konnten fortan zum Militärdienst eingezogen werden. Im *Emanzipationsedikt* von 1812 wurde Juden die bürgerlichen Rechte gewährt; höhere Ämter in Justiz, Verwaltung und Militär blieben ihnen jedoch verwehrt.

Gegen Napoleon England, Preußen, Russland und andere europäische Mächte lehnten sich gegen die französische Vorherrschaft auf. Nachdem die „Grande Armée" 1812 in Russland eine halbe Million Menschen verloren hatte, beschloss Zar *Alexander I.*, der seit 1801 Russland regierte, den Kampf zur „Befreiung" Europas fortzusetzen. Doch erst als der preußische General *Ludwig Yorck von Wartenburg* ohne Zustimmung seines Königs Ende 1812 in der *Konvention von Tauroggen* den Russen den Weg nach Ostpreußen freigab, folgte Friedrich Wilhelm III. dem Signal zum *Befreiungskrieg*. Preußen erklärte Frankreich ebenfalls den Krieg und seine bürgerliche Elite versuchte, die Bevölkerung in allen deutschen Staaten mit nationalen Parolen zu mobilisieren (▸ M1). Mit mäßigem Erfolg, wie die historische Forschung inzwischen herausgefunden hat (▸ M2).*

* Siehe auch S. 134.

▲ **Europa unter französischer Vorherrschaft, um 1812.**

Österreich begann den Kampf erst, nachdem Russland und Preußen dem Vielvölkerstaat die Wiederherstellung der vorrevolutionären Ordnung zugesichert hatten. Die Rheinbundstaaten kämpften zunächst noch auf französischer Seite. Nach und nach wechselten sie aber das Bündnis und schlossen sich der preußisch-österreichischen Seite an. Nur Sachsen blieb Napoleon treu. Die Entscheidung fiel in der *Völkerschlacht bei Leipzig* im Oktober 1813. In der wohl bis zum Beginn des 20. Jahrhunderts größten Schlacht der Weltgeschichte mit bis zu 600 000 Soldaten wurden die napoleonischen Truppen geschlagen und zum Rückzug gezwungen.

▲ **„Die Völkerschlacht bei Leipzig 1813."**
Ölgemälde (187 x 347 cm) von Peter von Hess (Ausschnitt), 1853. Fürst Karl zu Schwarzenberg bringt den Monarchen Alexander I. von Russland, Kaiser Franz II. von Österreich und Friedrich Wilhelm III. von Preußen am 18. Oktober die Siegesbotschaft.
Die „Völkerschlacht" dauerte vom 16. bis 19. Oktober 1813. Zwischen 90 000 und 120 000 Soldaten starben auf dem Schlachtfeld.

1. *Erläutern Sie, wie es Napoleon gelingen konnte, große Teile Europas zu unterwerfen.*

2. *Bereiten Sie einen Vortrag für die Klasse vor. Das Thema Ihres Referates lautet: Warum besaß das Heilige Römische Reich Deutscher Nation keine Chance gegen Napoleon?*

M1 Ein starkes Deutschland – im Interesse Europas

Der preußische Reformer Karl Reichsfreiherr vom und zum Stein wird 1812 Berater des russischen Kaisers, vermittelt 1813 das preußisch-russische Bündnis gegen Napoleon und nimmt 1814/15 als Mitglied der russischen Delegation am Wiener Kongress teil. Im September 1812 verfasst er in St. Petersburg eine Denkschrift, die auf die zukünftige Rolle Deutschlands eingeht:

Das Glück der Waffen wird über das Schicksal Deutschlands und über die ihm zu erteilende Verfassung entscheiden. Die Auflösung des schändlichen Rheinbundes erfordert die Sicherheit von ganz Europa. Was soll aber an seine Stelle kommen? [...]
Es ist das Interesse Europas und namentlich Deutschlands, dass es zu einem kräftigen Staat erhoben werde, um Frankreichs Übermacht zu widerstehen und seine Selbstständigkeit erhalten zu können, um seine großen Ströme und seine Küsten England zugänglich zu erhalten, um Russland gegen französische Invasionen zu schützen. In dieser Absicht kann man das Land zwischen der Oder, dem Ausfluss des Rheins, Maas und den Mosel-Gebirgen zu einem einzigen kräftigen Staat erheben, oder man kann dieses so begrenzte Deutschland nach dem Lauf des Mains zwischen Preußen und Österreich teilen, oder man kann einzelne Teile dieses Landes z. B. in ein untergeordnetes Verhältnis gegen Österreich und Preußen setzen, alle diese Einrichtungen geben Deutschland mehr Kraft als es bisher hatte, aber die Wiederherstellung der ehemaligen Reichsverfassung ist unmöglich. [...]
Ist die Wiederherstellung der alten Monarchie unmöglich, so bleibt die Teilung Deutschlands zwischen Österreich und Preußen der Wiederherstellung der alten Reichsverfassung vorzuziehen, selbst dann, wenn es nötig sein sollte, um den Egoismus zu schonen, die vertriebenen Fürsten wiederherzustellen und sie in ein föderatives Verhältnis mit dem Teil von Deutschland zu setzen, der sie einschließt.

Zitiert nach: Die deutsche Verfassungsfrage 1812-1815, eingeleitet und zusammengestellt von Manfred Botzenhart, Göttingen 1968, S. 8

1. *Erklären Sie, wie Stein die Rolle Deutschlands in Europa einschätzt und welche Möglichkeiten er für die künftige Gestalt Deutschlands sieht.*

H *Erarbeiten Sie zur Veranschaulichung ein Schaubild.*

2. *Freiherr vom Stein erklärt, „die Wiederherstellung der ehemaligen Reichsverfassung ist unmöglich“ (Zeile 19 f.). Weisen Sie nach, warum diese Aussage zutraf.*

M2 Über den Mythos vom „Befreiungskrieg“

Die Tübinger Historikerin Ute Planert ist in einer 2007 veröffentlichten wissenschaftlichen Arbeit der Wahrnehmung und Bedeutung der „Befreiungskriege“ nachgegangen und kommt zu folgendem Ergebnis:

Die Vorstellung, dass sich die deutsche Nation in den Kriegen gegen Napoleon gebildet habe, lässt sich in dieser pauschalen Form nicht länger aufrechterhalten. Schon der Blick auf Preußen und die Bildungseliten macht deutlich, dass einerseits Nationalbewusstsein und antifranzösische Stereotype unter den Gebildeten bereits lange vor der Französischen Revolution verbreitet waren, andererseits die Nationalbegeisterung 1813 nicht einmal in Preußen alle Regionen, Konfessionen und Bevölkerungsschichten erfasste. Dass die Spenden- und Mobilisierungsbereitschaft mit dem geografischen Abstand zur preußischen Hauptstadt abnahm und sich in den katholischen Gebieten Schlesiens kaum Unterstützung regte, lässt deutlich erkennen, dass es in erster Linie die Loyalität zur preußischen Monarchie war, welche die Menschen zu Hilfeleistungen motivierte. Daneben spielten bei der preußischen Kriegsmobilisierung antifranzösische Affekte infolge der ökonomischen Ausbeutung und der Belastung durch die Grande Armée eine wichtige Rolle. Die bewusste Hinwendung zur deutschen Nation blieb jedoch eine Position intellektueller Minderheiten. Selbst für die meisten der rund 500 Publizisten, welche den „Befreiungskrieg“ propagandistisch abstützten, bildeten patriotisch-preußische und national-deutsche Vorstellungen noch eine unentwirrbare Gemengelage. Die starke religiöse Färbung gerade derjenigen Schriften, die sich – wie Arndts Kriegskatechismus[1] – an ein breites Publikum richteten, zeigt, dass zur Mobilisierung breiter Bevölkerungsschichten das nationale Argument allein nicht ausreichte.

Ute Planert, Der Mythos vom Befreiungskrieg. Frankreichs Kriege und der deutsche Süden: Alltag – Wahrnehmung – Deutung 1792-1841, Paderborn 2007, S. 655 f.

1. *Skizzieren Sie Planerts Kritik am Mythos „Befreiungskrieg“.*

2. *Gewichten und kategorisieren Sie die Argumente gegen den Mythos, die deutsche Nation habe sich „in den Kriegen gegen Napoleon gebildet“ (Zeile 1 f.). Berücksichtigen Sie dazu auch Seite 134.*

[1] Der preußische Schriftsteller und Historiker Ernst Moritz Arndt (1769-1860) rief in seinem 1812 veröffentlichten „Kurzen Katechismus für teutsche Soldaten nebst einem Anhang von Liedern“ und seinem ein Jahr später publizierten „Katechismus für den teutschen Kriegs- u. Wehrmann“ zum Kampf gegen den „Tyrannen“ Napoleon und alle seine Unterstützer auf.

Vom Ersten Pariser Frieden zum Wiener Kongress

◀ **„Übergabe der Stadt Paris an die verbündeten Monarchen."**
Kolorierte Radierung (36 x 48,4 cm), Wien, nach 1814.
Abgeordnete von Paris übergeben am 31. März 1814 den verbündeten Monarchen von Österreich, Russland und Preußen mit ihrem Gefolge ihre Stadt. Die Darstellung ist nicht authentisch. Kaiser Franz I. von Österreich (rot-weiße Uniform) war gar nicht dabei.
- *Beschreiben Sie die Kapitulationsgeste.*

Einmarsch in Frankreich Mit der Niederlage in der Völkerschlacht bei Leipzig brach die napoleonische Herrschaft innerhalb kurzer Zeit zusammen. Napoleon zog sich mit dem Rest seiner Truppen über den Rhein zurück. Die verbündeten Heere marschierten in Frankreich ein. Am 6. April 1814 wurde Kaiser Napoleon abgesetzt. Ihm folgte auf dem Thron der aus dem alten Geschlecht der Bourbonen stammende *Ludwig XVIII.*, dessen Bruder 1793 von den Revolutionären hingerichtet worden war. Napoleon, der mit einer Tochter Kaiser Franz I. verheiratet war und eine gezielte Heiratspolitik für die Angehörigen seiner Familie betrieben hatte, wurde trotz seiner vielen Kriege großzügig behandelt. Er erhielt die kleine Mittelmeerinsel Elba als souveränes Fürstentum und durfte sogar den Titel Kaiser weiterführen. Mehr aber sollte von seiner Macht über fast ganz Europa nicht übrig bleiben. Dem Bonaparte-Clan billigte der französische Staat einen jährlichen Unterhalt zu.

Erste Weichenstellungen für die Neuordnung Europas Rund zwei Monate nach der Abdankung Napoleons vereinbarten die Siegermächte mit Frankreich einen Frieden. In diesem *Ersten Pariser Frieden* vom 30. Mai 1814 musste Frankreich auf alle Eroberungen aus der Zeit der Revolution und Napoleons verzichten. Es behielt aber im Großen und Ganzen die Grenzen von 1792. Die während der Napoleonischen Kriege geraubten Kunstwerke durften, bis auf die Quadriga vom Brandenburger Tor, im Louvre bleiben.

Der Friedensvertrag wurde von acht Mächten unterzeichnet: von Russland, England, Preußen und Österreich sowie von Schweden, Spanien, Portugal und Frankreich. Die Vereinbarungen stellten auch die Weichen für die Neuordnung Europas sowie für den föderativen Zusammenschluss der deutschen Staaten. Alle offenen Fragen sollten von den betroffenen Mächten auf einem Kongress in Wien geregelt werden (▸ M1).

Frankreich und das zukünftige Gleichgewicht der Mächte Die Siegermächte hätten nach den langen Kriegsjahren dem Verlierer durchaus härtere Bedingungen auferlegen können. Wie ist die Milde gegenüber Frankreich zu erklären? Einerseits mit dem wiederhergestellten (restaurierten) Königtum der Bourbonen und andererseits mit dem Wunsch nach einer Wiederherstellung des Gleichgewichts der Mächte auf dem europäischen Kontinent. Auch wenn die Siegermächte den politischen Grundsatz der „**Balance of power**“ anerkannten und damit Frankreich weiterhin als Großmacht akzeptieren wollten, zeigte sich auf dem Wiener Kongress, dass die Briten und Österreicher unter „Gleichgewicht der Macht“ etwas anderes verstanden als die Russen oder Preußen.

Anders als beim fast fünf Jahre dauernden Friedenskongress in Münster und Osnabrück (1643-1648)* ging es 1814/15 in Wien nicht um die Festlegung der Friedensbedingungen, sondern um die Frage: Wie muss die europäische Ordnung aussehen, um einen dauerhaften Frieden zu erlangen? Dabei ging es nicht darum, alle Veränderungen der letzten 25 Jahre rückgängig zu machen. Das Hauptziel der großen Mächte war: Auf dem Kontinent sollte keine Macht mehr in der Lage sein, den anderen Mächten ihren Willen aufzudrücken. Dazu galt es, ein politisches und militärisches Gleichgewicht zu erstellen. Dabei sollten die alten dynastischen Verhältnisse beachtet sowie die Folgen der Kriege berücksichtigt werden.

Balance of power (Gleichgewicht der Macht): Grundprinzip der englischen Außenpolitik vom 17. bis 20. Jh. Ziel war es, das machtpolitische Gleichgewicht zwischen den europäischen Staaten zu wahren bzw. die Hegemonie einer Macht (oder eines Mächtebündnis) zu verhindern.

Europa in Wien Die kaiserliche Reichshauptstadt und Residenzstadt der Habsburger war für den Kongress wie geschaffen, weil sie zentral lag und die notwendige Infrastruktur besaß. Für die gekrönten Häupter bot die Hofburg Platz. Die vielen Villen und Paläste der rund 265 000 Einwohner zählenden Stadt dienten den Gesandten und Gästen als Unterkunft.

Alle europäischen Mächte waren eingeladen worden. Nur auf eine offizielle Teilnahme des Osmanischen Reiches hatte man verzichtet, obwohl es durchaus von den Napoleonischen Kriegen betroffen war.

Bei den Gesprächen, die 1648 zum Westfälischen Frieden geführt hatten, verhandelten allein die Gesandten, doch die Entscheidungen trafen die Fürsten in den fernen Residenzstätten. In Wien waren dagegen 15 gekrönte Häupter und rund 200 Fürsten mit ihren Delegationen anwesend. Die größten Abordnungen stellten Russland mit 53 und Preußen mit 46 Gesandten. England war mit 25 und Frankreich mit 15 Personen gekommen. Anwesend waren auch Vertreter von 33 deutschen Staaten sowie zahlreiche Standesherren, die ihre Selbstständigkeit nach 1803 verloren hatten. Hinzu kamen Abgesandte der Freien Städte und der Juden sowie zahlreiche Journalisten, Künstler, Schaulustige, Agenten und Prostituierte.

Lesetipps:
- *Heinz Duchhardt, Der Wiener Kongress. Die Neuordnung Europas 1814/15, München 2013*
- *Wolf D. Gruner, Der Wiener Kongress 1814/15, Stuttgart 2014*

Filmtipp:
„Und er bewegte sich doch. Neues vom Wiener Kongress“; eine Dokumentation von Roswitha und Ronald P. Vaughan, 2014

Die Arbeitsweise des Kongresses Der Kongress wurde am 3. November 1814 formlos eröffnet. Erste Gespräche zwischen den Gesandten Großbritanniens, Österreichs, Preußens und Russlands hatten schon ab September in Wien stattgefunden. Sie regelten vorab den Ablauf und die Organisation der Konferenz sowie den Umgang mit Frankreich. Dabei war deutlich geworden, dass die vier Siegermächte von 1814 den Verlauf des Kongresses bestimmen wollten. Gemeinsame Verhandlungen aller Teilnehmer, wie sie heute selbstverständlich sind, sollten nicht stattfinden. Stattdessen bildete man unterschiedliche Kommissionen, so zum Beispiel ein Gremium der sechs Großmächte (Österreich, Russland, Großbritannien, Preußen, Spanien und Frankreich) für „die großen

* Siehe S. 408 ff.

Interessen Europas" oder einen Ausschuss von fünf Mächten (Österreich, Preußen, Bayern, Hannover und Württemberg) „für die Organisation der deutschen Bundesverfassung". Nur bei Bedarf sollten die Vertreter anderer Staaten bzw. sonstige Abgesandte zu Verhandlungen hinzugezogen werden (▸ M2).

Der Kongress war nicht nur ein politisches, sondern auch ein gesellschaftliches Ereignis. Politik wurde auch am Rande der zahlreichen Empfänge, Hofbälle, Konzerte, Paraden und anderen Freizeitvergnügungen wie Jagden und Schlittenfahrten gemacht, die für die Gäste veranstaltet wurden (▸ M3).

Die Ziele der vier Siegermächte Zar Alexander I. von Russland verstand sich als „Befreier Europas". Er verlangte dafür kompromisslos das 1807 von Napoleon gegründete Herzogtum Polen. Seine Forderung stieß auf Widerspruch bei Österreich und England. Sie wollten den Zustand Polens vor den unrechtmäßigen Teilungen (1772, 1793 und 1795) durch Preußen, Russland und Österreich wiederherstellen, um eine Zwischenmacht zu Russland zu errichten.

Preußen galt als die schwächste Siegermacht. Es verfügte über kein geschlossenes Territorium. Es drängte nicht nur auf die Wiederherstellung seines Gebietsstandes von 1806/07, sondern wollte auch das Königreich Sachsen annektieren, das bis zuletzt aufseiten Napoleons gestanden hatte. Darüber hinaus erwartete es Gebiete am Rhein, die ihm bereits bei den Friedensverhandlungen in Paris in Aussicht gestellt worden waren. Der Zar war bereit, der Annexion Sachsens durch Preußen zuzustimmen. Als Gegenleistung forderte er von Preußen, seine polnischen Forderungen zu unterstützen.

Großbritannien befand sich in einer günstigen Position. Seine zentralen Ziele waren schon in Paris erfüllt worden. Es erklärte, auf dem Festland keinerlei Gebietsansprüche zu haben. Wichtig war der britischen Regierung nur, auf dem Kontinent jede Entwicklung zu vermeiden, die das Gleichgewicht der Großmächte sowie die Freiheit des Handels gefährden könnten. Diese Gefahr drohte aus britischer Sicht nur von zwei Seiten: von Frankreich und Russland.

Auch Österreich war an einer größeren Machtstellung Russlands in Europa nicht interessiert. Es unterstützte daher viele Forderungen Großbritanniens.

Ein besonderes Interesse hatte Österreich noch, dessen Außenminister **Klemens Wenzel Lothar Fürst von Metternich** den Kongress bald dominierte: Es wollte seine Macht im territorial zersplitterten Italien ausbauen. Dagegen gab es von britischer Seite keine Einwände.

Strittig war, wie genau der deutsche Raum durch einen lockeren Bund von Einzelstaaten zu organisieren sei. Hier stand die Frage im Raum, welche Rolle Österreich und Preußen dabei übernehmen sollten. In dieser Frage war Preußen das Problem. Es drängte auf einen den übrigen Großmächten gleichrangigen Status.

Die Interessen Frankreichs Um sein Land wieder unter den Großen einzuordnen, pochte Talleyrand* auf das Prinzip der Legitimität monarchischer Herrschaft, das es nach den Umwälzungen durch die Revolution und Napoleon nun wieder konsequent anzuwenden gelte. Frankreichs Handlungsspielraum war jedoch als Verliererstaat zunächst nur begrenzt. Es suchte aber seine Chance an der Seite der mittleren und kleinen Mächte, die sich von den Großmächten übergangen fühlten.

Skizzieren Sie die Ziele der fünf Mächte in den Friedensverhandlungen. Unterscheiden Sie dabei zwischen Konsolidierung, Erweiterung und gesamteuropäischer Ordnung.

▲ Klemens Fürst von Metternich.
Ölgemälde (111 x 141,5 cm) von Thomas Lawrence, um 1814.

Literaturtipp:
Wolfgang Siemann, Metternich. Staatsmann zwischen Restauration und Moderne, München ²2013

Klemens Fürst von Metternich: Der 1753 in Koblenz geborene Metternich war Diplomat und Staatsmann im Dienste Österreichs. 1809 wurde er Außenminister, später Staatskanzler. Metternich prägte die europäische Politik bis in die Mitte des 19. Jh.; er starb 1859 in Wien.

Internettipps:
Für weiterführende Informationen zum Wiener Kongress siehe Clip-Code 4677-40

* Zu Talleyrand siehe S. 438.

M1 Frieden und Freundschaft

Aus dem Pariser Friedensvertrag zwischen Frankreich und den alliierten Mächten vom 30. Mai 1814:

Da Seine Majestät der König von Preußen und Seine Alliierten an einem, und Seine Majestät der König von Frankreich und Navarra am andern Theile, ein gleiches Verlangen hegen, den langwierigen Erschütterungen von Europa und dem Unglücke der Völker durch einen festen, auf eine richtige Verteilung der Kräfte unter die Mächte, gegründeten, und in seinen Bestimmungen die Gewährleistung für seine Dauer enthaltenden Frieden, ein Ende zu machen, und Seine Majestät der König von Preußen und Seine Alliierten jetzt, wo Frankreich durch seine erfolgte Rückkehr unter die väterliche Regierung seiner Könige Europa ein Pfand der Sicherheit und der Beständigkeit gibt, von demselben diejenigen Bedingungen und Gewährleistungen nicht mehr erheischen wollen, welche Sie ungern unter einer vorigen Regierung von ihm gefordert hatten, so haben Ihre gedachte Majestäten Bevollmächtigte ernannt, um einen Friedens- und Freundschafts-Vertrag zu unterhandeln, zu schließen und zu unterzeichnen [...]

2. Art. Das Königreich Frankreich behält die Integrität seiner Grenzen, so wie selbige in dem Zeitpunkte am ersten Januar 1792 bestanden. [...]

6. Art. [...] Die Staaten Deutschlands werden unabhängig und durch ein föderatives Band vereinigt sein. [...]

18. Art. Da die alliierten Mächte [...] einen neuen Beweis ihres Verlangens geben wollen, die Folgen der durch den gegenwärtigen Frieden so glücklich beendigten Unglücksepoche verschwinden zu lassen, so leisten sie auf die Totalität der Summen Verzicht, welche die Staatsregierungen aus Kontrakten, für Lieferungen oder irgendwelche Vorschüsse [...] an Frankreich zu fordern haben. [...]

32. Art. Binnen einer zweimonatlichen Frist werden alle von einer oder der andern Seite in den gegenwärtigen Krieg verwickelt gewesene Mächte Bevollmächtigte nach Wien senden, um auf einem allgemeinen Kongresse die Vereinbarungen in Richtigkeit zu bringen, durch welche die Bestimmungen des gegenwärtigen Vertrages vervollständigt werden sollen.

Zitiert nach: Walter Demel und Uwe Puschner (Hrsg.), Von der Französischen Revolution bis zum Wiener Kongress 1789-1815, Stuttgart 1995, S. 72-75 (gekürzt)

1. *Arbeiten Sie die Grundidee der Bestimmungen heraus und erläutern Sie diese anhand der Schlüsselbegriffe.*
2. *Beurteilen Sie die Konsequenzen des 6. Artikels für die deutsche Nationalbewegung.*

M2 Der Wiener Kongress – ein politisches Treffen

Der Historiker Karl Griewank (1900-1953) über den Wiener Kongress:

[A]lles, was der Kongress an politischen Ergebnissen zeitigte, [ging] von den Verhandlungen der Großmächte untereinander und mit den einzelnen Staaten aus. Der Kongress sei gar kein Kongress, sagte schließlich Metternich voller Zweideutigkeit, seine Eröffnung sei keine Eröffnung und seine Kommissionen keine Kommissionen; sein Vorteil bestehe nur darin, ein Europa „sans distance“ zu bilden, d. h. die tonangebenden Leiter der Großmächte zusammenzuführen und den Vertretern der ganzen europäischen Staatenfamilie gegenüberzustellen. Es war eine Spätblüte absolutistischer Diplomatie in gesellschaftlichem Gewande mit leicht gelockerten Formen, gehoben durch die noch auf keinem Gesandtenkongress erlebte gleichzeitige Anwesenheit der meisten Fürsten und zugleich popularisiert durch geringere Abschließung von der bürgerlichen Öffentlichkeit. [...]

Nach dem sinnvollen Sprachgebrauch, der sich eingebürgert hat, bezeichnen wir als Wiener Kongress im weiteren Sinne die Gesamtheit der diplomatischen Verhandlungen, Kämpfe und Abmachungen, die sich auf dem großen politischen Treffen in Wien vom September 1814 bis in den Juni 1815 abgespielt haben.

Karl Griewank, Der Wiener Kongress und die europäische Restauration 1814/15, Leipzig [2]1954, S. 122 und 154

1. *Fassen Sie Griewanks Aussagen zusammen. Wo gibt er Fakten wieder, wo interpretiert er?*
2. *Vergleichen Sie die Arbeits- und Rahmenbedingungen des Wiener Kongresses mit heutigen internationalen politischen Treffen.*
3. F *Arbeiten Sie Übereinstimmungen und Unterschiede zwischen dem Wiener Kongress und den Verhandlungen heraus, die 1648 zum Westfälischen Frieden führten* *(siehe S. 408ff.).*

M3 „Sie kommen zu rechter Zeit ...“

Der 1783 geborene französische Diplomat Auguste Graf de La Garde schildert in seinen Erinnerungen einen Besuch beim fast achtzig Jahre alten österreichischen Fürsten Charles Joseph Fürst de Ligne in Wien Ende 1814:

Sie kommen zu rechter Zeit, um große Dinge zu sehen. Europa ist in Wien. Das Gewebe der Politik ist ganz mit Festlichkeiten durchsponnen. In Ihrem Alter liebt man die fröhlichen

▲ **Maskenball im Tanzsaal der Wiener Hofburg.**
Kolorierter Kupferstich (36,5 x 49,5 cm) von Josef Schütz, um 1815.
Die Damen und Herren wurden aufgefordert, zu den Festen in „vorzüglich geputztem Anzuge" zu erscheinen. Eine Maskierung war nicht verpflichtend. Der österreichische Kaiser und die fremden Monarchen trugen auf den Hofbällen entweder Uniform oder Zivilkleidung ohne jegliche Abzeichen und Orden. Der Zutritt war grundsätzlich auch der Bevölkerung möglich, sie musste aber vorher eine Eintrittskarte beantragen und sich die teure Ballkleidung leisten können.

Zusammenkünfte, die Bälle, die Vergnügungen und ich stehe Ihnen dafür, dass sie nicht viel Muße haben werden; denn der Kongress schreitet nicht vor, sondern er tanzt. Es ist ein königlicher Wirrwarr. Von allen Seiten schreit man: Friede, Gerechtigkeit, Gleichgewicht, Entschädigung, Legitimität, ein Wort um das Ihr Fürst von Benevent[1] das Diktionär der Diplomatie bereichert hat. Wer wird dies Chaos sichten und dem Strome von Ansprüchen einen Damm entgegensetzen? Ich für meine Person werde als gutmütiger Zuschauer nichts als einen Hut reklamieren, da ich meinen bloß mit dem Grüßen der Souveräne ruiniere, die man an jeder Straßenecke trifft. Aber endlich wird man doch, Robinson Crusoe[2] zum Trotz, einen allgemeinen, dauerhaften Frieden abschließen. Die Eintracht hat endlich die Völker verbunden, die so lange feindlich waren: Ihre berühmtesten Vertreter geben das erste Beispiel dazu. Eine seltsame Sache, die man hier zum ersten Male sieht: Das Vergnügen erringt den Frieden.

Zitiert nach: Walter Koschatzky (Hrsg.), Der Wiener Kongress 1. September 1814 bis 9. Juni 1815, Wien 1965, S. 323

[1] **Fürst von Benevent**: Gemeint ist Talleyrand, siehe S. 438.
[2] La Garde meint hier Napoleon.

1. *Gestalten Sie eine Reportage über die Arbeits- und Rahmenbedingungen der Diplomaten auf dem Wiener Kongress.*

2. *Nehmen Sie Stellung zu dem Thema: Diplomatie zwischen Vergnügen und Arbeit.*

H *Berücksichtigen Sie dabei die Bildlegende.*

Scheitert der Kongress?

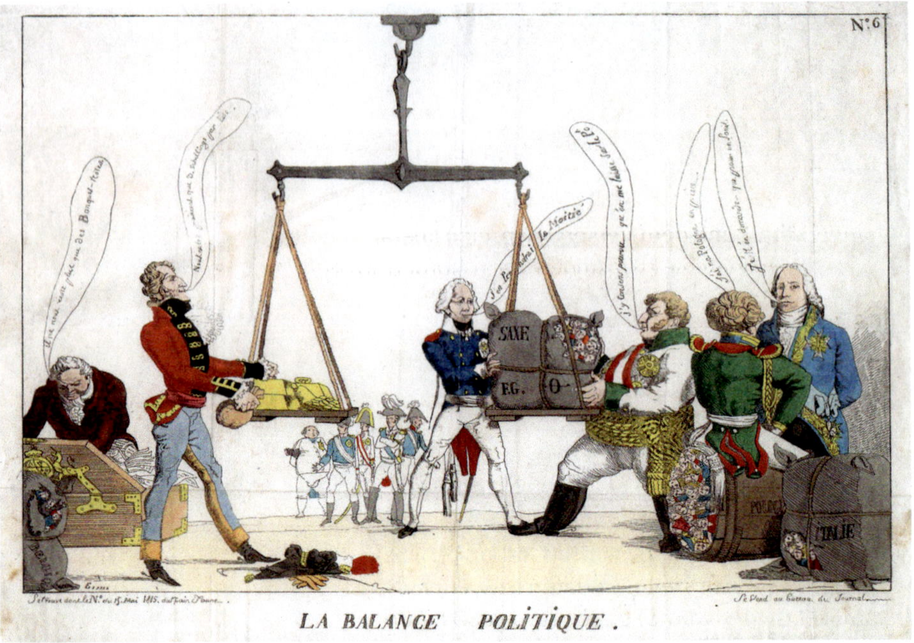

▸ **„La Balance politique."** *Kolorierter Kupferstich (27 x 41,5 cm) nach Eugène Delacroix aus dem Satireblatt „Le Nain jaune", Paris, 15. Mai 1815. Gerade wird Sachsen – und seine aus den geschnürten Paketen herausschauende Bevölkerung – vom preußischen König und dem beleibten Karl Philipp Fürst zu Schwarzenberg, Oberbefehlshaber der verbündeten Truppen in der Völkerschlacht bei Leipzig, in die Waagschale geworfen, deren Pendant auf der anderen Seite von dem britischen Außenminister Wellington mit Goldbarren und Geldmünzen gefüllt wird. Rechts warten noch das italienische Paket und das polnische Fass (auf dem der Zar sitzt und sich mit Talleyrand unterhält) darauf, aufgemacht zu werden bzw. auf die Waage zu kommen.*

- *Bestimmen Sie die Haltung des Kupferstechers und nehmen Sie dazu Stellung.*

Der Kongress in der Krise In Wien ging es um Machtpolitik und um Sicherung von Einflusszonen. Das zeigten die Forderungen Preußens und Russlands bzw. das sächsisch-polnische Problem deutlich (▸ M1). Der Streit zwischen den Siegermächten eskalierte, als Hardenberg am 30. Dezember 1814 deutlich machte, dass Preußen auf keinen Fall auf Sachsen verzichten wollte – auch wenn es deshalb Krieg geben könne. Großbritannien reagierte und schloss am 3. Januar 1815 ein Geheimbündnis mit Österreich und Frankreich gegen Russland und Preußen ab. Gewinner dieser Krise war Frankreich. Außenminister Talleyrand, der die preußisch-deutschen Einigungsbemühungen ablehnte (▸ M2), machte sich für die Interessen Sachsens stark und bot sich damit als potenziellen Bündnispartner an.

Der Kompromiss Im Februar 1815 kam es zu einer Verständigung zwischen den vier Siegermächten. Sie vereinbarten die Teilung Sachsens. Preußen bekam über die Hälfte der Fläche und etwa zwei Fünftel der Bevölkerung (rund 855 000 Menschen) zugesprochen. Aus der polnischen „Erbmasse" erhielt Preußen das Gebiet um Posen, Österreich bekam Galizien. Der Rest des polnischen Gebietes wurde zum Königreich Polen erhoben. Das sogenannte „Kongresspolen" wurde durch **Personalunion** eng mit dem russischen Zarenreich verbunden. Darüber hinaus sprach man Preußen Gebiete im Westen zu: Westfalen, Kleve-Berg und den Niederrhein. Die Verlagerung Preußens an den Rhein war eine britische Idee. Preußen sollte in Zukunft die nordöstliche Grenze Frankreichs bewachen. Das preußische Territorium blieb aber durch hannoverische und hessische Gebiete getrennt. *

Personalunion: Eine Person herrscht über verschiedene Staaten. In diesem Falle war der Zar von Russland gleichzeitig auch König von Polen.

* Siehe die Karte auf S. 425.

Napoleons „Herrschaft der Hundert Tage" Von Elba aus beobachtete Napoleon das Geschehen in Wien und in Frankreich genau. Informationen über Konflikte zwischen den Siegermächten sowie Nachrichten über die Unzufriedenheit vieler Franzosen mit der neuen Regierung unter Ludwig XVIII. veranlassten ihn, sein Glück noch einmal zu versuchen. Am 26. Februar verließ er mit 600 Mann Elba und landete am 1. März an der südfranzösischen Küste. Von dort marschierte er mit einer ständig wachsenden Anhängerschaft und dem Versprechen, eine liberale konstitutionelle Monarchie zu gründen, nach Norden. Im Triumph erreichte er am 20. März Paris. Ludwig XVIII., dessen Herrschaft zu keiner wirkungsvollen Gegenwehr im Stande war, floh aus Frankreich – und Napoleons „Herrschaft der Hundert Tage" begann.

Die Nachricht aus Elba erreichte Wien am 7. März. Sie löste höchste Unruhe und zahlreiche Aktivitäten aus. Eine Woche später wurde Napoleon zum „Feind und Störer des Weltfriedens" erklärt. Am 25. März 1815 erneuerten Russland, Österreich, Preußen und Großbritannien ihre Allianz von 1814. Jede Macht stellte Soldaten bzw. entsprechende Geldmittel für den Kampf gegen Napoleon bereit.

Für die französische Delegation in Wien war die Entwicklung eine Katastrophe. Talleyrands erfolgreiche Bemühungen, Frankreich wieder in den Kreis der Großmächte zu integrieren, schienen vergeblich gewesen zu sein.

▲ **„Der Congreß."**
Anonymer kolorierter Kupferstich (22,5 x 14,5 cm) von 1814/15.
Zar Alexander I. von Russland (links), Kaiser Franz I. von Österreich und König Friedrich Wilhelm III. von Preußen beraten über die Neuordnung Europas. Ihre Hände weisen auf die jeweils beanspruchten Gebiete. Ganz im Hintergrund beobachtet Napoleon I. von Elba aus, was sich in Wien abspielt.
- *Erläutern Sie die politische Aussage der Zeichnung.*

▲ **„Bonaparte landet am 1. März 1815 zu Cannes in Frankreich, um die Fackel des Krieges noch einmal über den Erdball zu schwingen ..."**
Zeitgenössische deutsche Karikatur.
- *Erklären Sie die Funktion der Zeichnung. Beachten Sie dabei auch die Herkunft.*

▲ **Charles-Maurice de Talleyrand-Périgord.**
Marmorbüste (Höhe: 75 cm) von Louis Desprez, 1839.
Der 1754 geborene Talleyrand wurde 1788 Bischof, ein Jahr später schloss er sich der Revolution an. 1792 ging er ins Exil nach England und in die USA, von 1797 bis 1807 war er erstmals Außenminister Frankreichs. Napoleons Eroberungspolitik gegenüber Österreich lehnte er ab. 1809 wurde er von Napoleon fallengelassen. 1814 trug er entscheidend zur Rückkehr der Bourbonen auf den Thron bei und wurde erneut Außenminister. Talleyrand starb 1838.

M1 Zur sächsischen Frage

Der österreichische Bevollmächtigte Johann Philipp Freiherr von Wessenberg schreibt im Oktober 1814 seiner Regierung:

Die sächsische Frage ist wie die polnische eine europäische Frage geworden. Sie verbindet sich mit der umfassenden Neuordnung Europas.
Sie kann niemals als eine Rechtsfrage angesehen werden. Keinesfalls darf das Verhalten des Königs von Sachsen oder der Grad seiner Schuld heute Gegenstand unserer Diskussionen sein; vielmehr ist der Wiener Hof mehr als jeder andere aufgerufen, zu prüfen und zu entscheiden, ob die Auslöschung des sächsischen Staates als Mitglied der europäischen Republik[1] und viel mehr noch als wesentlicher Bestandteil des Systems des deutschen Bundes nicht dem Zustand der Dinge widerspricht, den die verbündeten Mächte sich zum Ziel gesetzt und in Europa herzustellen versprochen hatten, und ob diese Auslöschung sich mit der Sicherheit der österreichischen Monarchie vereinbaren lässt. [...]
Für mich ist es offenkundig, dass kein politisches Ereignis die militärische und politische Stellung Österreichs grundlegender verändern kann als die Einverleibung Sachsens durch Preußen.

Zitiert nach: Klaus Müller (Hrsg.), Quellen zur Geschichte des Wiener Kongresses 1814/1815, Darmstadt 1986, S. 226 f.

[1] Gemeint ist das europäische Staatensystem.

Erläutern Sie die Bedenken des Gesandten.
F *Entwickeln Sie aus Wessenbergs Überlegungen Prinzipien für den Umgang mit besiegten Staaten.*

M2 Talleyrand über Deutschland

Talleyrand berichtet seinem König am 17. Oktober 1814:

Die, welche durch die Auflösung des Reiches und die Rheinbundakte von dem Range der Dynasten zu der Klasse der Untertanen herabgestiegen sind, ertragen mit Ungeduld die Herrschaft derjenigen, die ihresgleichen wirklich oder ihrer Meinung nach waren; sie trachten, eine Ordnung umzustürzen, die ihren Stolz empört, und alle Regierungen dieses Landes durch eine einzige zu ersetzen. Mit ihnen im Bunde sind die Männer der Universitäten, die von ihren Theorien erfüllte Jugend, und die, welche der Kleinstaaterei Deutschlands die Leiden zuschreiben, die sich durch so viele Kriege, deren beständiger Schauplatz es ist, über das Land ergossen haben. Die Einheit des deutschen Vaterlandes ist ihr Geschrei, ihr Glaube, ihre bis zum Fanatismus erhitzte Religion, und dieser Fanatismus hat selbst einige der gegenwärtig regierenden Fürsten ergriffen. Diese Einheit aber, von der Frankreich nichts zu fürchten hätte, wenn es das linke Rheinufer und Belgien besäße, würde jetzt die bedenklichsten Folgen für uns haben. Wer kann überdies die Folgen der Erschütterung einer Masse wie Deutschland vorhersehen, wenn die bisher getrennten Elemente in Bewegung kämen und sich verschmelzen? Wer weiß, wo der einmal gegebene Anstoß innehält? Die Lage Deutschlands, das zum großen Teile nicht weiß, wen es zum Herrn erhalten wird, die militärischen Besatzungen mit den Plackereien, die sie gewöhnlich zur Folge haben, das gegenwärtige Unbehagen, die Ungewissheit über die Zukunft, das alles begünstigt die Umsturzpläne.

Zitiert nach: Klaus Müller (Hrsg.), a. a. O., S. 366 f.

1. *Erläutern Sie, wen Talleyrand mit den Gegnern der „Ordnung“ meint.*
2. *Arbeiten Sie Talleyrands Grundüberzeugung heraus.*

Kein neues Reich in der Mitte Europas: der Deutsche Bund

Über die Zukunft der deutschen Staaten Im Ersten Pariser Frieden hatten die acht Siegermächte festgehalten: „Die Staaten Deutschlands werden unabhängig und durch ein föderatives Band vereinigt sein." Mit der Auslegung dieses Artikels befasste sich auf dem Wiener Kongress das „Deutsche Komitee". Es tat sich damit sehr schwer. Zunächst stand eine starke Vorherrschaft von Österreich und Preußen über die deutschen Staaten zur Diskussion. Dagegen wandten sich vor allem Bayern und Württemberg. Die zunehmenden Spannungen zwischen Wien und Berlin wegen der Ansprüche Preußens in Sachsen und Russlands in Polen trugen dann zu einer Neuorientierung Österreichs bei. Es ging in der Verfassungsfrage auf Distanz zu den preußischen Plänen und näherte sich den Vorstellungen der Mittel- und Kleinstaaten an, die eine rechtliche Gleichstellung und angemessene Beteiligung aller Mitgliedstaaten an den Bundesgeschäften gefordert hatten.

Während die Großmächte gegen Napoleon vorgingen und die kleineren Staaten um ihre zukünftige Sicherheit besorgt waren, kam es unter großem Zeitdruck am 10. Juni 1815 doch noch zu einer Einigung in der deutschen Verfassungsfrage.* Die Vereinbarung wurde auf den 8. Juni vordatiert, damit sie in die am 9. Juni fertiggestellte Schlussakte des Wiener Kongresses einbezogen werden konnte.

Der Deutsche Bund Die in Wien geschlossene Vereinbarung über den Deutschen Bund bildete einen Rahmenvertrag, dessen Ausgestaltung offen blieb. Ihm kam eine doppelte Aufgabe zu: Einerseits sollte er, wie die Präambel des Vertrages festhielt, „die Sicherheit und Unabhängigkeit Deutschlands" und die „Ruhe und das Gleichgewicht Europas" garantieren und andererseits ein „beständiger Bund" gleichberechtigter Staaten sein. Das Ergebnis war ein lockerer Staatenbund mit einem ausgeklügelten kollektiven Sicherheitssystem, das den Prinzipien von Legitimität und Restauration entsprach (▸ M1), aber die nationalen Kräfte, die ein Staatsoberhaupt, eine Regierung und eine Volksversammlung gefordert hatten, enttäuschte.** Das einzige gemeinsame Organ des Deutschen Bundes stellte die Bundesversammlung („Bundestag") unter dem Vorsitz Österreichs dar. Sie setzte sich aus weisungsgebundenen Gesandten aller Mitgliedstaaten zusammen und sollte die Bundesakte inhaltlich ausgestalten. Als besonderes Problem erwies sich die Verfassungsfrage. Artikel 13 der Bundesakte hatte den Erlass „landständischer Verfassungen" in den Bundesstaaten angekündigt, ohne diesen Artikel zu erläutern. Das Ergebnis: Die Mitglieder verstanden die Verfassungsfrage als innere Angelegenheit ihres Staates und damit nicht als Angelegenheit des Bundes.

Die Beurteilung des Deutschen Bundes wandelte sich im Laufe der Zeit. Sie war und ist bis heute abhängig von der nationalen oder von der europäischen Perspektive der Historiker (▸ M2 bis M4).

Lesetipp:
Wolf D. Gruner, Der Deutsche Bund 1815-1866, München 2012

* Auszüge aus der Bundesakte finden Sie auf S. 138, M3.
** Zur Kritik an der Bundesakte siehe auch S. 138, M4.

M1 Legitimität, Legalität und Restauration

Horst Möller, von 1982 bis 1989 Professor für Neuere Geschichte in Erlangen, erläutert 1989 die zentralen Begriffe der Wiener Ordnung so:

Sosehr sich die Staatsmänner über die fundamentalen Prinzipien einig waren, der Teufel steckte auch hier im Detail. Doch diese Fragen bewiesen zugleich, dass der Begriff „Restauration" und mit ihm der der „Legitimität" für Metternich und die in dieser Hinsicht gleichgesinnten Staatsmänner keineswegs einen reaktionären Sinn besaß. Metternich war ein Pragmatiker, kein Dogmatiker. So trug er selbst wieder und wieder zur Akzeptierung der durch die Revolution und Napoleon geschaffenen Veränderungen bei, als er die territorialen Folgen von Säkularisation und Mediatisierung anerkannte und die Auflösung des alten Reiches als unveränderbaren Tatbestand betrachtete: „Metternich entschied sich für die *Legalität* der territorialen Veränderungen und gegen die *Legitimität* unantastbarer Herrschaftsrechte" [Ernst Rudolf Huber].

Es ging ihm also keineswegs um die Wiederherstellung der vorrevolutionären politischen Verhältnisse oder der deutschen Staatenwelt der Zeit vor 1803/1806, sondern um eine Restauration der europäischen Ordnung. Sie bedurfte des Gleichgewichts der Großmächte, sie bedurfte der Legitimität, wo sie nicht erschüttert worden war, und der Legalität, wo Ordnung entstanden war. [...] Im Zweifel für die Ordnung – so lautete die Devise Metternichs, und zu ihr gehörte auch die bestehende Ordnung. Diesem Stabilitätsdenken entsprach es, die nationale Dynamik einzudämmen; Metternich setzte der nationalistischen Bewegung und ihren unkalkulierbaren Risiken ein Staatensystem entgegen. Die deutsche Frage wollte er in diesem Sinne staatenbundlich, nicht nationalstaatlich lösen. Das mochte eineinhalb Jahrhunderte lang konservativ wirken, aber im Lichte der politischen Erfahrungen erscheint seine Konzeption unglaublich modern. Konservativ war daran allein die fürstenstaatliche Komponente, doch gab es zu ihr im Zeitalter Metternichs und in seinem Staatensystem keine realisierbare Alternative.

Horst Möller, Fürstenstaat oder Bürgernation. Deutschland 1763-1815, Berlin 1994, S. 652

1. *Erläutern Sie auf der Grundlage der Ausführungen die Begriffe Legalität, Legitimität und Restauration.*
2. *Metternichs Konzeption sei „unglaublich modern" und gleichzeitig „konservativ". Erörtern Sie Möllers These.*

H *Bereiten Sie die Erörterung im Placemat-Verfahren vor.*

M2 Der Deutsche Bund – ein Friedensstaat

Der Göttinger Historiker Arnold Hermann Ludwig Heeren urteilt 1816 aus europäischer Sicht:

[Der Deutsche Bund] berührt, ganz oder beinahe, die Hauptstaaten des Westens und Ostens; und nicht leicht kann auf der einen oder der anderen Seite unseres Weltteils sich etwas ereignen, was ihm gleichgültig bleiben könnte. Aber in Wahrheit, auch den fremden Mächten kann es nicht gleichgültig sein, wie der Zentralstaat von Europa geformt ist! Wäre dieser Staat eine große Monarchie mit strenger politischer Einheit; ausgerüstet mit allen den materiellen Staatskräften, die Deutschland besitzt – welcher sichere Ruhestand wäre für sie möglich? Wäre er auch nicht für sich allein mächtig genug zum Erobern, was bedürfte es mehr als seiner Allianz mit einer Hauptmacht im Westen – um den Osten, mit einer Hauptmacht im Osten, um dem Westen gefährlich zu werden? Um bei jedem ausbrechenden Kriege den Weg nach Moskau oder nach Paris sich zu eröffnen? Ja! Würde ein solcher Staat lange der Versuchung widerstehen können, die Vorherrschaft in Europa sich zuzueignen, wozu seine Lage und seine Macht ihn zu berechtigen scheinen? [...]

Ein deutscher Staatenbund bildet also wieder den Mittelpunkt des Europäischen Staatensystems; und damit ist seine Freiheit, in dem oben erklärten Sinne, nicht bloß ausgesprochen, sondern auch begründet.

Ein solcher Bund kann seiner Natur nach schon nicht leicht Eroberer sein wollen, weil er kein Interesse dabei hat. Welchen Vorteil zöge er aus den Eroberungen; und wem sollten sie zugute kommen? Für die Vorteile eines einzelnen seiner Glieder werden die anderen nicht kämpfen; und Eroberungen für das Ganze wären nur insofern denkbar, als man etwa einen fremden Staat zwingen wollte, dem Bunde beizutreten; ein Fall, der hier so außerhalb der Grenzen der Wahrscheinlichkeit liegt, dass es unnütz sein würde, sich dabei zu verweilen. Aber gesetzt auch, er wollte erobern, so fehlen ihm die Mittel dazu. Es liegt, aus leicht einzusehenden Gründen, in dem Charakter eines Bundesstaates, dass, wie stark er auch zur Verteidigung sein mag, er doch schwach zum Angriff ist; vor allem wo er, wie hier, auf beiden Seiten von mächtigen Monarchien eingeschlossen wird.

Mit Recht werden wir also den Deutschen Bund den Friedensstaat von Europa nennen können [...].

Zitiert nach: Hagen Schulze und Ina Ulrike Paul (Hrsg.), Europäische Geschichte. Quellen und Materialien, München 1994, S. 188 f.

Erläutern Sie Heerens Aussage, dass es nicht gleichgültig sein kann, „wie der Zentralstaat von Europa geformt ist" (Zeile 6).

M3 Keine befriedigende Lösung

Treitschkes „Deutsche Geschichte im Neunzehnten Jahrhundert" (siehe S. 416, M3a) beeinflusst mehrere Generationen des Bildungsbürgertums. In einer um 1931 für Schüler kommentierten Ausgabe heißt es über den Wiener Kongress:

Die Herstellung einer wohlgesicherten norddeutschen Macht, wie sie der Nation not tat, war in Wien von Haus aus unmöglich, da Preußens Schicksal zum guten Teile von dem Willen seiner Feinde und Nebenbuhler abhing. [...] Bei dieser vorläufig noch unheilbaren Schwäche der Mitte des Weltteiles konnte das neue System des europäischen Gleichgewichtes, das in Wien begründet wurde, nur ein Notbehelf sein, ein schwächlicher Bau, der seine Dauer nicht der eigenen Festigkeit, sondern allein der allgemeinen Erschöpfung und Friedensseligkeit verdankte. [...] So entstand die Bundesakte, die unwürdigste Verfassung, welche je einem großen Kulturvolke von eingeborenen Herrschern auferlegt ward, ein Werk, in mancher Hinsicht noch kläglicher als das Gebäude des alten Reichs in den Jahrhunderten des Niedergangs. [...] Dieselbe Fremdherrschaft, die das alte Reich zugrunde gerichtet, belastete auch den neuen Bund.

Zitiert nach: Walther Gehl und Georg Wolff (Hrsg.), Heinrich von Treitschke, Der Wiener Kongress (Hirts Deutsche Sammlung, Bd. 1), Breslau 1931, S. 7, 9 f. und 29

1. *Weisen Sie die nationalistische Grundüberzeugung Treitschkes in seinen Ausführungen nach.*
2. *Vergleichen Sie Treitschkes Position mit Heerens Überlegungen (M2).*

M4 Zur aktuellen Beurteilung des Deutschen Bundes

a) Anselm Doering-Manteuffel lehrt Geschichte an der Universität Tübingen; er schreibt 1993:

Der Wiener Kongress und die übrigen Konferenzen des Jahres 1814/15 schufen das neue europäische Völkerrecht des beginnenden Jahrhunderts und mit ihm die Grundlage für ein neues System der Staatenbeziehungen. Die einzelnen Verträge ließen deutlich das Interesse der Staatsmänner erkennen, die Voraussetzungen für „Ruhe und Ordnung" in Europa zu schaffen, ein konservatives Interesse, welches nach dem Erlebten darauf gerichtet war, jedes neue Auflodern „der Revolution" zu verhindern. Als notwendige Aufgabe der Politik aller Großmächte galt ihnen die Bewahrung des Friedens, und daraus entstand ihre Bereitschaft zu solidarischem Handeln. Großmächtesolidarität, Friedenssicherung und Revolutionsprophylaxe hingen aus Engste zusammen und kennzeichneten die europäische Entwicklung bis 1848. [...] Die einzelnen Regierungen hatten allerdings unterschiedliche Auffassungen darüber, wie in der Zukunft „Ruhe und Ordnung" in Europa zu gewährleisten und die Revolution zu verhindern sei. Einig waren sie im Willen zur Abwehr der „Kräfte der Bewegung", der nationalen und liberalen Tendenzen in den Gesellschaften der europäischen Staaten.

b) Der Klagenfurter Historiker Reinhard Stauber beurteilt den Deutschen Bund 2014 so:

Zum ersten ist hervorzuheben, dass der Deutsche Bund durch ein sorgfältig überlegtes Vertragssystem mit der neuen europäischen Friedensordnung verwoben und von den europäischen Mächten sanktioniert war. Die Konstruktion des Bundes und die Art seiner Etablierung im Netzwerk der internationalen Politik wirkten defensiv, den Status quo wahrend und konfliktdämpfend.
Zum zweiten ging die Konstruktion des Bundes konform mit jenem politischen Prinzip, das sich als das „föderative Grundmuster der deutschen Geschichte" kennzeichnen lässt. Seine Merkmale sind die Vielfalt kleiner und mittlerer Staaten, die Pluralität kultureller Zentren und die Fortführung der Tradition der aus mehreren, eigenständigen Subeinheiten zusammengesetzten Staatswesen Alteuropas. Dieses Muster prägte die europäische Neuordnung von 1814/15 [...]. Der die Tradition des Alten Reiches und die Grundstruktur des Rheinbundes fortsetzende, im Friedensschluss von 1814 ausdrücklich verlangte und in der Ausgestaltung des Deutschen Bundes stark akzentuierte Föderalismus setzte einen wichtigen Akzent für die Geschichte des 19. Jahrhunderts: Er schuf einen Schutzraum für eine Reihe von Kleinstaaten, die, aus welchen Gründen auch immer, die territoriale Flurbereinigung der napoleonischen Zeit überlebt hatten, er räumte der Entwicklung der politischen Kultur der Mittelstaaten weite Freiräume ein und wirkte Zentralisierungstendenzen und der Hegemonie einer Einzelmacht entgegen.

Erster Text: Anselm Doering-Manteuffel, Die deutsche Frage und das europäische Staatensystem 1815-1871, München 1993, S. 8 f.
Zweiter Text: Reinhard Stauber, Der Wiener Kongress, Wien 2014, S. 202 f.

1. *Fassen Sie die Einschätzungen der beiden Historiker zusammen.*
2. *Bewerten Sie die „notwendigen" Aufgaben der Großmächte. Was legitimierte ihr Vorgehen?*
3. *Stauber spricht von einem „föderative[n] Grundmuster der deutschen Geschichte" (Zeile 29 f.). Erläutern Sie diese Auffassung mit Beispielen.*

Das Ende des Wiener Kongresses und die neue europäische Ordnung

▸ **Die Staatskanzlei in Wien.**
Tuschfederzeichnung (14,8 x 19,4 cm) von Norbert Bittner, um 1810.

▾ **Schlussakte des Wiener Kongresses.**
Die „Acte final du congrès de Vienne" wurde in Französisch, der damaligen Sprache der Diplomatie, verfasst. An den vier Ecken des Einbandes die Wappen Österreichs, Spaniens, Großbritanniens und Frankreichs.

Der Abschluss des Kongresses: die Wiener Schlussakte Die Ergebnisse des Kongresses – oder besser seiner Komitees – wurden in einer Akte mit 121 Artikeln und 17 Beilagen zusammengefasst. Sie enthielt alle Beschlüsse, Erklärungen und völkerrechtlichen Vereinbarungen. Dazu zählten die „Deutsche Bundesakte" ebenso wie der von den Großmächten unterzeichnete Appell, den atlantischen Sklavenhandel möglichst bald abzuschaffen, und Vereinbarungen über den zukünftigen Status und die Rechte von Diplomaten.

Am 9. Juni 1815 wurden die Arbeiten mit der Unterzeichnung der Schlussakte in der Staatskanzlei abgeschlossen. Da zu dem Zeitpunkt nicht mehr alle Bevollmächtigten in Wien waren, gingen die Dokumente anschließend auf eine mehrwöchige Reise zu den Kanzleien der betreffenden Staaten.

Hat der Kongress die Erwartungen des Pariser Friedens von 1814 erfüllt? Selbst die rechte Hand Metternichs, *Friedrich Gentz*, bezweifelte das unmittelbar nach der Unterzeichnung der Schlussakte (▸ M1).

Napoleons Waterloo und der Zweite Pariser Frieden Am 18. Juni 1815 wurde Napoleon in Waterloo (südlich von Brüssel) von den alliierten Truppen endgültig besiegt. Danach kamen die vier Siegermächte Großbritannien, Österreich, Preußen und Russland erneut nach Paris, um über Frankreichs Zukunft zu beraten.

Die Bedingungen des *Zweiten Pariser Friedens* vom 20. November 1815 fielen schärfer aus als die von 1814 (▸ M2). Frankreich verlor einige Randgebiete an die Niederlande, Sardinien-Piemont und deutsche Staaten. Außerdem musste es die Kunstwerke herauszugeben, die Napoleon geraubt hatte. Ausgleichszahlungen von 700 Millionen Francs und eine fünfjährige Besatzungszeit waren ebenfalls im Vertrag festgelegt.

In Paris erneuerten die vier Mächte am 20. November 1815 auch die *Quadrupelallianz* durch einen Vertrag und vereinbarten, durch regelmäßige Konferenzen in Verbindung bleiben zu wollen.

▲ **„Der Treueschwur" („Die Heilige Allianz").** *Malerei (44 x 35cm) von Heinrich Olivier, 1815.*
- *Analysieren Sie das dargestellte Herrschaftsverständnis.*
- *Entwerfen Sie einen Kommentar zu diesem Bild aus der Perspektive eines studentischen Teilnehmers an den „Befreiungskriegen".*

Die „Heilige Allianz" und der Kongress von Aachen Schon vor dem Abschluss des Zweiten Pariser Friedens hatte Zar Alexander I. einen Bund aller europäischen Staaten auf der Grundlage der christlichen Religion vorgeschlagen: die „Heilige Allianz". Alle europäischen Staaten sollten sich verpflichten, gegen mögliche neue Hegemoniebestrebungen einer Großmacht ebenso vorzugehen wie gegen revolutionäre Veränderungen der Herrschaftsordnungen. Der Vertrag wurde am 26. September 1815 von Zar Alexander I. von Russland, Kaiser Franz I. von Österreich und Friedrich Wilhelm III. von Preußen am 26. September 1815 in Paris unterzeichnet. Dem Bündnis traten danach alle europäischen Herrscher bis auf den Sultan und den Papst bei. Eine praktische Bedeutung hatte die „Heilige Allianz" nicht, da sie keine konkreten Maßnahmen vorschrieb.

Im September 1818 trat in Aachen ein erneuter Kongress zusammen. Österreich, Russland, Preußen und Großbritannien verhandelten über den vorzeitigen Abzug der alliierten Truppen aus Frankreich und die Reduzierung der Reparationszahlungen. Darüber hinaus ging es um die Frage, ob Frankreich wieder in den Kreis der europäischen Großmächte aufgenommen werden sollte. Man kam schließlich überein, dass es besser für die Stabilität der europäischen Friedensordnung sei, Paris in das Mächtesystem einzubinden. Das war ein offenes Bekenntnis zur *Pentarchie*: zur Herrschaft der fünf Großmächte über Europa.

Die Mittel der Friedenssicherung Die in Wien gefundene Friedensordnung sowie die folgenden Vereinbarungen der Großmächte beruhten auf drei Säulen:

- Gleichgewicht der Großmächte
- Diplomatie statt Krieg
- Solidarität der Monarchien („Heilige Allianz“)

Krisen sollten in Zukunft durch Verhandlungen zwischen den Mächten eingedämmt werden, bevor sie den Kontinent erneut in Flammen setzten. Im Selbstverständnis der Entscheidungsträger war diese Aufgabe den legitimen Herrschern vorbehalten. Das bedeutet auch die Beibehaltung der bestehenden monarchischen Ordnung. Im Fall von revolutionären Entwicklungen sollte sie notfalls auch gemeinsam militärisch verteidigt werden.

Die Verhandlungen hatten im Umgang mit dem Verlierer Frankreich Maßstäbe für Friedensverhandlungen gesetzt. Ihm war ein Recht auf Anhörung und sogar auf Mitwirkung eingeräumt worden, um so die gesamte europäische Ordnung langfristig zu stabilisieren.

Das Wiener System im 19. Jahrhundert Die 1815 gefundene internationale Ordnung wurde im 19. Jahrhundert in zweifacher Hinsicht auf die Probe gestellt: durch Spannungen der großen Mächte untereinander und durch Aufbegehren von Teilen der Bevölkerung gegen die bestehende Herrschaftsordnung.

Als nach 1819 in einigen italienischen Staaten, in Spanien, Portugal und Griechenland revolutionäre Erhebungen ausbrachen, trafen sich die Kernmächte der „Heiligen Allianz“ mehr oder weniger vollständig in Troppau (1820), Laibach (1821) und Verona (1822), um gemeinsam gegen den Aufruhr vorzugehen. Auch später wurden auf Konferenzen immer wieder gemeinsame Vorgehensweisen entwickelt. Ein Beispiel ist die *Londoner Konferenz* von 1830. In den südlichen Niederlanden war wegen der Vorherrschaft der Niederländer aus dem Norden die Revolution ausgebrochen und die Unabhängigkeit des Gebietes als Belgien erklärt worden. Die Londoner Konferenz von 1830 erkannte die Existenz des neuen Staates an und erklärte ihn für „neutral“, ein Status unter der Garantie der Großmächte.

Das europäische Mächtesystem der Pentarchie erwies sich als flexibel. Es veränderte sich aber durch die Revolutionen von 1848/49, durch Konflikte an der Peripherie Europas im Krimkrieg (1853/54-1856) sowie durch das aus Kriegen entstandene Deutsche Reich von 1871. Mit dem weltweiten Wettlauf der Mächte um Kolonien wurde die Sicherheitspolitik der fünf europäischen Großmächte unübersichtlicher. Sie endete 1914 mit dem Versagen der Regierungen, einen Kompromiss im Rahmen der bestehenden Ordnung zu finden. Dies trug zum Ausbruch des Ersten Weltkrieges und zum Aufstieg der Vereinigten Staaten von Amerika als globale Macht bei.

1. *Der Deutsche Bund erscheint heute als ein Modell für ein föderatives Europa. Setzen Sie sich mit der These auseinander.*
2. *Bereiten Sie in Gruppenarbeit eine Präsentation zu den Ergebnissen des Wiener Kongresses vor. Eine Gruppe übernimmt eine kritische, die andere eine positive Haltung. Nutzen Sie für Ihre Arbeit auch die Kontroverse auf Seite 450 f.*

M1 Gentz zieht Bilanz

a) Nach der Unterzeichnung der Schlussakte bilanziert Friedrich von Gentz im Sommer 1815 die Erwartungen an den Kongress, den Ablauf der Verhandlungen und die Ergebnisse. Zum ersten Themenkomplex schreibt er:

Niemals waren die Erwartungen der Öffentlichkeit so hochgesteckt wie vor der Eröffnung dieser feierlichen Zusammenkunft. [...] Von ihr versprach man sich eine allgemeine Reform des politischen Systems Europas, Garantien für einen ewigen Frieden, ja sogar die Rückkehr des Goldenen Zeitalters. Erreicht hat sie nur Restitutionen, die vorab mit Waffengewalt entschieden worden waren, Vereinbarungen zwischen Großmächten, die einem künftigen Gleichgewicht und der Erhaltung des Friedens in Europa kaum dienlich waren, und einige recht willkürliche Veränderungen im jeweiligen Besitzstand der kleineren Mächte, nicht aber eine einzige etwas erhabenere Tat, nicht eine einzige große Maßnahme zur Beförderung des öffentlichen Wohls, die die Menschheit für einen Teil ihrer langanhaltenden Leiden hätte entschädigen und ihre Zukunftssorgen hätte mindern können. [...]
Da nie genau bestimmt worden war, was der Kongress als solcher sein sollte, und die Befugnisse seiner Teilnehmer niemals nach einem festen und anerkannten Prinzip festgelegt wurden, trieb man bis zuletzt auf einer Woge von Unsicherheiten und Widersprüchen. [...]
Unter derartigen Umständen ist klar, dass allein die Gewalt bestimmte, was rechtmäßig war, und dass die Schwachen auf keine anderen Mittel zurückgreifen konnten als die der Protektion und Intrige. [...] Im Grunde waren sie [die Großmächte] sich nur einig, wenn es darum ging, anderen das Recht vorzuschreiben.

▲ **Friedrich von Gentz.**
Gemälde (76,5 x 64 cm) von Thomas Lawrence und William Seguier, um 1830.
Der konservative Staatsdenker und Publizist Friedrich von Gentz (1764-1832) war ein enger Berater Metternichs und Protokollführer der zentralen Verhandlungen des Wiener Kongresses.

b) Ein erstes Urteil:

Um über die Resultate dieses Kongresses ein gerechtes Urteil zu fällen, muss man die Umstände, unter denen er zusammentrat, die Aufgaben, die er zu lösen hatte, und die Begebenheiten, die während der letzten Monate in seine Wirksamkeit eingriffen, zu würdigen wissen. [...] Was der Kongress unter günstigeren Umständen zu leisten vermocht hätte, ergibt sich hinreichend aus dem, was er wirklich geleistet hat. Der wahre Wert seiner Resultate wird aber erst dann allgemein begriffen und anerkannt werden, wenn die neue Krisis [Napoleons Rückkehr] vorüber und das einzige große Hindernis des Friedens in Europa glücklich aus dem Wege geräumt sein wird. Dann wird sich deutlicher als heute offenbaren, welche mühsame Arbeit nun schon abgetan, welche Grundlagen einem künftigen Friedenswerke in den jetzt bestehenden Anordnungen gesichert, welch freies und weites Feld für jede wahrhaft große und wohltätige politische Maßregel nun geöffnet ist.

Erster Text zitiert nach: Adam Zamoyski, 1815 – Napoleons Sturz und der Wiener Kongress. Aus dem Englischen von Ruth Keen und Erhard Stölting, München 2014, S. 607f.
Zweiter Text zitiert nach: Alexandra Bleyer, Das System Metternich. Die Neuordnung Europas nach Napoleon, Darmstadt 2014, S. 60

Setzen Sie sich mit Gentz' Aussagen auseinander. Berücksichtigen Sie dazu auch M2 und M3 auf Seite 440f.

M2 Der Zweite Pariser Friede

Am 20. November 1815 muss Frankreich folgenden Vertrag der alliierten Siegermächte unterzeichnen:

I. Art. Die Grenzen von Frankreich werden dieselben sein, die im Jahre 1790 bestanden, mit Vorbehalt der Abänderungen auf einer oder der anderen Seite, welche der gegenwärtige Artikel bestimmt: [*Es folgen die Änderungen.*]

IV. Art. Der in Geld zu entrichtende Teil der den verbündeten Mächten von Seite Frankreichs verheißenen Entschädigung wird auf die Summe von siebenhundert Millionen Franken festgesetzt. [...]

V. Art. Da der Zustand von Unruhe und Gährung, dessen Wirkungen für Frankreich, nach so heftigen Erschütterungen, und besonders nach der letzten Katastrophe, ungeachtet der väterlichen Gesinnungen seines Monarchen, und der durch die Verfassungsurkunde allen Klassen seiner Untertanen zugesicherten Vorteile, notwendig noch fühlbar bleiben müssen, einstweilige Vorsichts- und Schutzmaßregeln für die benachbarten Staaten zur Pflicht macht; so ist in dieser Rücksicht als unumgänglich erachtet worden, während eines gewissen Zeitraumes durch ein Corps verbündeter Truppen, militärische Stellungen innerhalb der französischen Grenzen besetzen zu lassen, unter dem ausdrücklichen Vorbehalte, dass diese Besetzung der Souveränität Seiner allerchristlichsten Majestät, und dem durch gegenwärtigen Traktat anerkannten und bekräftigten Besitzstande keinen Eintrag tun soll. [...]

Die Dauer dieser militärischen Besetzung soll sich nicht über fünf Jahre hinaus erstrecken. Sie kann früher aufhören, wenn nach Verlauf von drei Jahren die verbündeten Souveräne nach einer mit Sr. Majestät dem Könige von Frankreich gemeinschaftlich angestellten Prüfung des Zustandes der Dinge, und des wechselseitigen Interesses der Mächte, besonders aber der Fortschritte, welche die Wiederherstellung der Ordnung und Ruhe in Frankreich bis dahin gemacht haben wird, zu der einstimmigen Überzeugung gelangen, dass die Beweggründe, welche sie zu dieser Maßregel veranlassten, nicht ferner obwalten. [...]

X. Art. Sämtliche während der Feindseligkeiten gemachte Gefangene, wie auch die Geißeln, die von einem oder dem andern Teile genommen oder gegeben worden sein könnten, sollen in der kürzest möglichen Frist zurückgegeben werden. Dasselbe gilt von den vor dem Traktate vom 30. Mai gemachten Gefangenen, insofern deren Zurückgabe noch unterblieben sein möchte.

Zitiert nach: www.staatsvertraege.de/Frieden1814-15/2pfv1815-i.htm [Zugriff vom 24. Januar 2015]

■ *Beurteilen Sie, welche Artikel einer dauerhaften Friedensordnung dienen sollten.*

▲ **„Die Wiederkehr des allgemeinen Weltfriedens."**
Einblattdruck (25 x 31 cm), der von Friedrich Campe 1815 in Nürnberg verlegt wurde.
Anlass für die gleichnishafte Darstellung ist der Zweite Pariser Friede zwischen der „Heiligen Allianz" und Frankreich vom 26. September 1815.
Die hier nicht abgedruckte Bildunterschrift lautet: „Nach zwanzigjährigem Blutvergießen kann sich nun die Menschheit der Früchte des Ackerbaus, des Handels, der Künste und Wissenschaften freuen und einer glücklichen Zukunft entgegensehen."
Über dem „Auge Gottes" schwebt eine Figur mit Fanfare und Palmzweig. Sie verkündet den Frieden. Im Vordergrund stehen neben der von Fesseln befreiten Frauengestalt, die Frankreich darstellt, die Vertreter der „Heiligen Allianz": Friedrich Wilhelm III. von Preußen, Kaiser Franz I. von Österreich und Zar Alexander I. von Russland. Die Frauengestalt will dem preußischen Herrscher einen Lorbeerkranz überreichen, dieser deutet jedoch auf den Zaren hin, der erkennen lässt, dass er den Kranz entgegennehmen will.

- *Erklären Sie den Hintergrund der Zeichnung.*
- *Die Personifikation Frankreichs überreicht den Siegermächten einen Lorbeerkranz – trotz der Bestimmungen des Friedensvertrages (M2). Bewerten Sie diese Geste.*

Lieder als historische Quellen analysieren

Lieder sind – bedauerlicherweise – wenig genutzte historische Quellen. Dabei sind sie wahrscheinlich so alt wie die Menschheit. Sie erinnern an individuelle und kollektive Erfahrungen, verkünden religiöse oder politische Einstellungen, erzeugen solidarische oder ablehnende Gefühle.

Lieder als historische Quellen analysieren

Lieder sind emotional – und enthalten religiöse, soziale oder politische Botschaften. Damit sind sie Ausdruck der Zeit, in der sie entstanden sind und in der sie gesungen werden. Sie sind in der Regel leicht lernbar und reproduzierbar. Man kann sie unabhängig von Ort und Zeit mit und ohne Instrumente singen. Sie stiften unter den Akteuren eine Einheit, die persönliche Differenzen oder Animositäten überbrückt.
Zielsetzung und Wirkung eines Liedes müssen nicht identisch sein. Sie hängen auch von der Weitergabe und Umdichtungen des Textes ab. Die Wirkung von Liedern kann kaum überschätzt werden, ist aber nicht genau zu ermitteln. Anhaltspunkte darüber geben Antworten auf folgende Fragen:

Formale Kennzeichen

- Um welchen Liedtyp handelt es sich (Liebes- oder Klagelied, geistliches Lied, Choral, Hymne, Marsch-, Kampf-, Arbeiterlied oder Protestsong)?
- Wie ist die textliche Struktur des Liedes (Reim, Rhythmus, rhetorische Mittel)?
- Welche Instrumente können es begleiten? Wie verändern sie die Wirkung des Liedes?
- Welche Bestandteile des Liedes tragen besonders zur kollektiven Wirkung bei?

Inhalt

- Welches Thema behandelt das Lied?

Historisch-politischer Kontext

- Wer ist der Verfasser des Liedes? Wer hat es vertont?
- Hat das Lied ein zeitloses Thema oder reagiert es auf ein aktuelles Ereignis?
- Gibt das Lied Antworten auf individuelle oder kollektive Herausforderungen?
- Welche Werte vermittelt es?
- Welche Vorstellungen vom Fremden und vom Eigenen enthält es?

Intention und Wirkung

- Bei welchen Anlässen wurde das Lied gesungen (während der Gottesdienste oder anlässlich von Nationalfeiertagen, vor Schlachten, während privater Feiern, auf Volksfesten, Vereins- oder Parteitagen oder Demonstrationen)?
- Wie sieht der Verbreitungsgrad des Liedes aus?
- Wann wurde es in welche Liedersammlungen aufgenommen? Wurde es dabei verändert?
- Wann und wie oft wurde es vertont?
- Gab es Versuche, das Lied zu zensieren oder zu verbieten?

Der deutsche Rhein

Sie sollen ihn nicht haben,
Den freien deutschen Rhein,
Ob sie wie gier'ge Raben
Sich heiser darnach schrei'n,

So lang er ruhig wallend
Sein grünes Kleid noch trägt,
So lang ein Ruder schallend
In seine Woge schlägt!

Sie sollen ihn nicht haben,
Den freien, deutschen Rhein,
So lang sich Herzen laben
An seinem Feuerwein,

So lang in seinem Strome
Noch fest die Felsen steh'n,
So lang sich hohe Dome
In seinem Spiegel seh'n!

Sie sollen ihn nicht haben,
Den freien, deutschen Rhein,
So lang dort kühne Knaben
Um schlanke Dirnen frei'n,

So lang die Flosse hebet
Ein Fisch auf seinem Grund,
So lang ein Lied noch lebet
In seiner Sänger Mund!

Sie sollen ihn nicht haben,
Den freien deutschen Rhein,
Bis seine Fluth begraben
Des letzten Mann's Gebein!

Nikolaus Becker

Zitiert nach: Werner Deetjen, Sie sollen ihn nicht haben! Tatsachen und Stimmungen aus dem Jahre 1840. Eine Studie, Weimar 1920, S. 13 f.

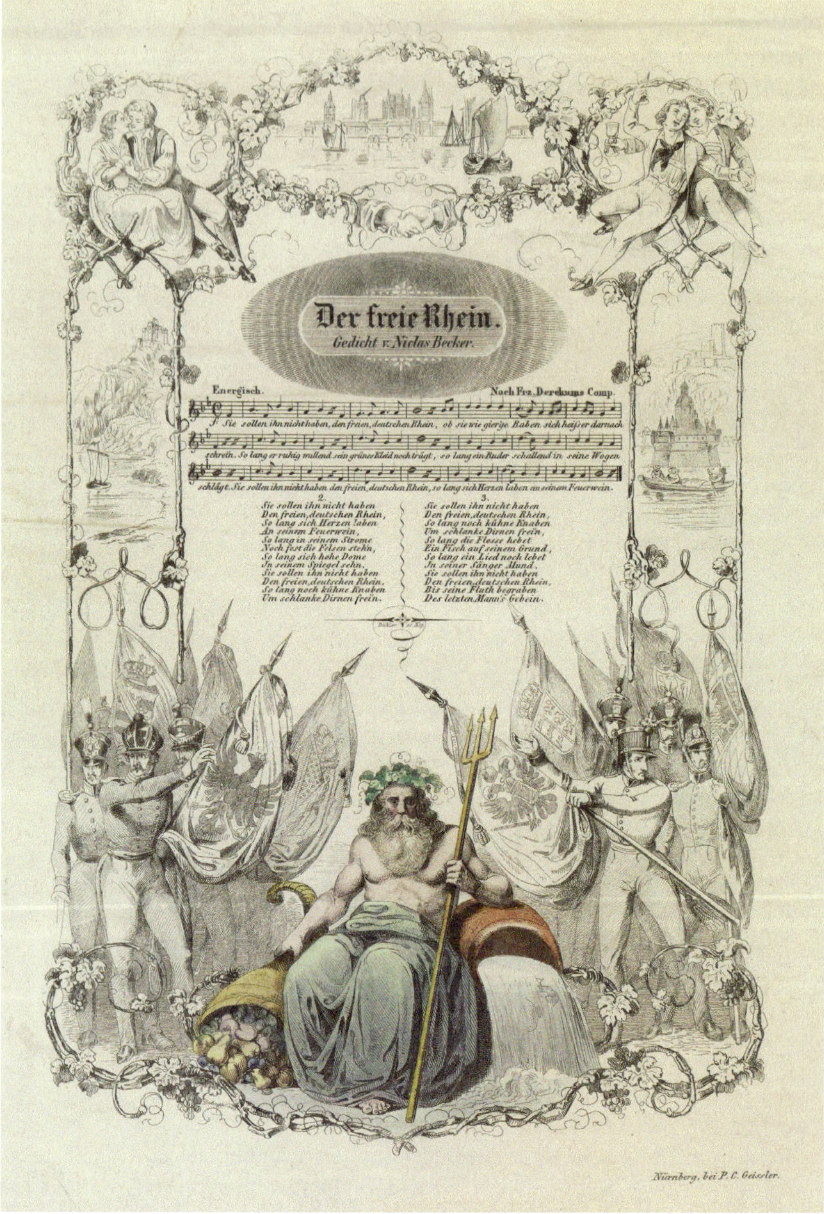

▲ **„Der freie Rhein."**
Liedblatt (29,7 x 20,4 cm), das von dem Nürnberger Kupferstecher und Verleger P. C. Geissler um 1840 hergestellt und vertrieben wurde. Inzwischen war der Titel des Gedichtes geändert worden.

Formale Kennzeichen Das Lied kann umstandslos dem Genre des politischen patriotischen Liedes zugeordnet werden. Seine Sprache und Bilder sind unmittelbar und leicht verständlich. Es eignete sich sehr gut für eine breite Rezeption, die durch Vertonungen vergrößert wurde, die keine professionellen Sänger oder einen Chor voraussetzen.

Inhalt Becker bezeichnet den Rhein als ursprünglichen deutschen Strom, den jeder ehrliebende Deutsche bis zu seinem letzten Blutstropfen verteidigen wird. Die Franzosen werden als „gierige Raben" herabgewürdigt und der Zusammenhalt der deutschen Nation pathetisch beschworen.

Historisch-politischer Kontext Nikolaus (auch Niclas) Becker (1809 - 1845) wurde in Bonn geboren, besuchte dort und in Düren das Gymnasium und studierte Jura. Er arbeitete danach als Gerichtsschreiber in Geilenkirchen. Hier dichtete er Anfang August 1840 das „Rheinlied". Durch das Gedicht wurde er schlagartig bekannt und mit zahlreichen Ehrungen bedacht. Der preußische König Friedrich Wilhelm IV. schenkte ihm den beachtlichen Betrag von 1 000 Talern und der König Ludwig I. von Bayern schickte Becker einen Ehrenpokal.
Angeregt wurde Becker zu dem Lied durch die Presse. Sie berichtete über die Forderung einiger französischer Politiker nach Wiederherstellung der Rheingrenze, wie sie zur Zeit Ludwigs XIV. und Napoleons vor dem Wiener Kongress bestanden hatte. Diese Nachrichten lösten vor allem in den deutschen Anliegerstaaten des Rheins (Preußen, Bayern und Hessen-Darmstadt) einen Sturm der nationalen Entrüstung aus. Nach Beckers „Rheinlied" entstanden weitere Rheindichtungen (z. B. von *Ernst Moritz Arndt, Max Schneckenburger* und *Robert E. Prutz*) und es entwickelte sich eine Stimmung wie zur Zeit der Befreiungskriege.

Intention und Wirkung Das Gedicht wurde erstmals am 18. September 1840 in der „Trierischen Zeitung" unter dem Titel „Der freie Rhein" veröffentlicht. Breite Wirkung entfaltete es, nachdem es am 8. Oktober 1840 in der auflagenstarken „Kölnischen Zeitung" abgedruckt und bald darauf vertont worden war. Dem Lied war es gelungen, die politische Stimmung der wachsenden deutschen Nationalbewegung auf den Punkt zu bringen.
Der in Paris lebende deutsche Dichter *Heinrich Heine* verspottete in seinem „Wintermärchen" von 1844 den nationalistischen Geist Beckers: „Wenn ich es höre, das dumme Lied / Dann möcht ich mir zerraufen / Den weißen Bart, ich möchte fürwahr / Mich in mir selbst ersaufen!"
Trotzdem: Beckers Gedicht wurde zum Volkslied. Bis Ende des 19. Jahrhunderts erschien sein „Rheinlied" in zahlreichen Gedichtbänden und Liedersammlungen. Es entstanden in dieser Zeit zwischen 70 und 200 Vertonungen, unter anderem von *Robert Schumann*. Somit darf begründet vermutet werden, dass dieses Lied häufig mit Pathos gesungen wurde und im emotional-politischen „Haushalt" zahlreicher Deutscher bis in die 1930er-Jahre fest verankert war.

Auf die Verse reagierten auch französische Dichter. Ein „Dichterstreit" entstand. Der Schriftsteller und Politiker Alphonse de Lamartine antwortete versöhnlich mit einer „Marseillaise de la Paix" und forderte den Rhein bzw. Becker auf: „schwemme mit dir fort den Ehrgeiz und das Hassen". Sein Kollege Alfred de Musset stellte in dem Gedicht „Le Rhin allemand" einfach fest: „Wir haben ihn gehabt, euren deutschen Rhein / Habt ihr das Weltgeschehen vergessen?"
Das Gedicht von Musset sowie viele weitere Texte und Informationen zum Mythos Rhein finden Sie im Internet auf dem Portal „Rheinische Geschichte" des Landschaftsverbandes Rheinland.

Bewertung und Fazit Beckers Text bündelte geschickt antifranzösische Ressentiments und gab der sich entfaltenden deutschen Nationalbewegung gleichsam eine „Nationalhymne". Das Lied passte sich im Laufe des 19. Jahrhunderts rasch und bereitwillig ins autoritäre Gefüge des Deutschen Kaiserreiches ein. Das aus der nach 1815 unterdrückten Nationalbewegung entstandene Lied diente dem fremdenfeindlichen und aggressiven Nationalismus, der auch Kriege im nationalen Interesse für gerechtfertigt hielt.

Geschichte kontrovers

Der Wiener Kongress – zynische Gleichgewichtspolitik oder neue Friedenskultur?

1814 begann der Wiener Kongress, der Europa nach Französischer Revolution und nach den Napoleonischen Kriegen mit Millionen Toten ordnen sollte. Die Ergebnisse des Kongresses sind sowohl zeitgenössisch als auch in der aktuellen historischen Forschung sehr umstritten. Handelte es sich um ein menschenverachtendes Gerangel von wenigen Großmächten um Sicherung strategisch-militärischer Einflusszonen auf Kosten schwacher Staaten oder um eine neue Machtbalance der Großmächte in Europa sowie in den deutschen Staaten? Stellte der Wiener Kongress eine Verhandlungsrunde dar, die pragmatisch neue Kooperationsregeln entwarf, um Frieden und Sicherheit zu gewinnen? Steht der Wiener Kongress demnach für eine zynische Gleichgewichtspolitik oder für eine neue Friedenskultur?

M1 Ideologisierte Kriege nach dem Wiener Kongress?

Der Historiker Michael Hundt von der Universität der Bundeswehr in Hamburg fasst 2002 das Ergebnis des Wiener Kongresses wie folgt zusammen:

Das von den Alliierten in den Jahren 1813-1815 errichtete europäische Gleichgewichtssystem sicherte dem Kontinent für die folgenden Jahrzehnte bis zum Krimkrieg 1853-56 äußere Ruhe und verhinderte zwischenstaatliche Kriege. [...] Dagegen scheiterte der Plan der Alliierten, neben dem Gleichgewichtssystem auch mit einem innenpolitischen Ordnungssystem auf Grundlage der monarchischen Gewalt die Ruhe in den europäischen Staaten herzustellen. Der ideologische Konflikt zwischen monarchischer und Volkssouveränität, der durch die Französische Revolution aufgebrochen war, sowie die Idee des Nationalismus ließen sich nicht mehr aus der Welt schaffen und bestimmten das gesamte 19. Jahrhundert über nicht nur die Innen-, sondern zunehmend auch die Außenpolitik, wenn sich liberale West- und konservative Ostmächte, dynastischer Vielvölkerstaat und nationale Bewegungen gegenüberstanden. Kriege, die im 18. Jahrhundert als Kabinettskriege geführt worden waren, wurden ideologisiert und erhielten damit eine innenpolitische Komponente, die bei Konflikt- und Kriegsbeendigungen rasch an Bedeutung gewann.

Michael Hundt, Frieden und internationale Ordnung im Zeitalter der Französischen Revolution und Napoleons I. (1789-1815), in: Bernd Wegner (Hrsg.), Wie Kriege enden. Wege zum Frieden von der Antike bis zur Gegenwart, Paderborn 2002, S. 121-160, hier S. 159 f.

M2 Ein echter Friede?

Der US-amerikanische Historiker und Schriftsteller David King bilanziert 2008 die Folgen des Wiener Kongresses so:

Schließlich, und das war das wichtigste Ergebnis, stellte der Kongress den Frieden wieder her – einen echten Frieden, der länger Bestand hatte, als alle Gesandten erwartet hätten. Trotz der vielen Spannungen und Feindseligkeiten, die im Zeitalter des Nationalismus schwelten und zu zahlreichen Aufständen, Rebellionen und Bürgerkriegen führten – Fakt ist, dass für 100 Jahre kein Konflikt mehr so sehr außer Kontrolle geriet, dass er alle Großmächte in einen Krieg hineinzog. Der nächste größere Konflikt war der Krimkrieg, gefolgt von den nationalen Einigungen Italiens und Deutschlands, doch es kam zu keiner kriegerischen Auseinandersetzung in den Größenordnungen der Napoleonischen Kriege oder des Ersten Weltkrieges.

Auch wenn der Wiener Kongress nicht der einzige Faktor war, der zu diesem Erfolg geführt hat, so spielte er doch eine unverzichtbare Rolle. Die in Wien versammelten Friedensstifter hatten ein System kollektiver Sicherheit etabliert und dadurch eine Entwicklung in Gang gesetzt, die von Lord Castlereagh zu Recht als der „große Apparat der europäischen Sicherheit" gepriesen wurde. Sie hatten zudem ein Forum geschaffen, bei dem sich Staatsführer regelmäßig trafen, um ihre Differenzen auszuräumen

– es war tatsächlich das erste Mal, dass die Staatsoberhäupter der Welt in einer Friedenszeit zu diesem Zweck zusammenkamen, den Frieden auch weiterhin zu erhalten. Nachdem die regelmäßigen Zusammenkünfte 1822 eingestellt worden waren, gab es noch gelegentliche Treffen, und Beratungen auf einem Kongress blieben fast ein Jahrhundert lang das bevorzugte Mittel der Konfliktlösung. Der Wiener Kongress förderte einen Geist der Verständigung, der in gewisser Weise bis heute unübertroffen blieb. Keine andere Friedenskonferenz der Geschichte kann als ähnlich erfolgreich gelten.

David King, Wien 1814. Von Kaisern, Königen und dem Kongress, der Europa neu erfand. Aus dem Amerikanischen von Helmut Dierlamm, Hans Freundl und Norbert Juraschitz, München 2014, S. 399

M3 Der folgenreichste Vorgang der modernen Geschichte?

Der Historiker Adam Zamoyski, geboren 1949, schreibt in der Einleitung seines 2007 veröffentlichten Buches „Rites of Peace. The Fall of Napoleon und the Congress of Vienna“:

Die Neuordnung Europas auf dem Wiener Kongress ist wahrscheinlich der folgenreichste Vorgang der modernen Geschichte. Nicht nur zeichnete der Kongress die Landkarte völlig neu. Er entschied, welche Nationen über die nächsten hundert Jahre politisch existieren würden und welche nicht. Er verordnete dem ganzen Kontinent eine Ideologie, die sich aus den Interessen der vier Großmächte ableitete. Sein Versuch, die Vereinbarungen dieser Mächte in Stein zu meißeln, führte dazu, dass sich ihre expansionistischen Bestrebungen auf Afrika und Südasien richteten. Er veränderte die Gestaltung der internationalen Politik von Grund auf. Zu den Folgen des Kongresses gehört damit alles, was seit seinem Ende in Europa geschehen ist, auch der aggressive Nationalismus, der Bolschewismus, der Faschismus, die beiden Weltkriege und letztlich die Europäische Union.

Adam Zamoyski, 1815 – Napoleons Sturz und der Wiener Kongress. Aus dem Englischen von Ruth Keen und Erhard Stölting, München 2014, S. 7 und 9 f.

M4 Einigung auf Kosten der kleineren Länder?

Der Historiker, Schriftsteller und Journalist Gustav Seibt, geboren 1959, beurteilt in einem Zeitungsartikel Entwicklung und Ergebnisse des Kongresses so:

Die bestimmende politische Idee war das Gleichgewicht der fünf großen Mächte. Das zentrale Instrument dazu war die „Verschiebung der Seelen“. Je mehr Bürger ein Land bekam, desto besser. Also wurde auf Karten an Provinzen herumgeschnibbelt, Land und Leute wechselten ihre Herrn, einfach so. Was Preußen im Osten an Russland verlor, bekam es im Westen und rückte als „Wacht am Rhein“ geostrategisch an den Strom. Polen fiel faktisch größtenteils an Russland. Frankreich selber blieb die Rolle des politisch Aussätzigen erspart, es durfte und sollte als Großmacht Teil der ersehnten Balance werden. [...] Die wahren Sieger waren die Angehörigen des Hochadels. Sie konnten oft ihre Territorien vergrößern und ihre Rechte vermehren – auf Kosten der kleineren Länder und deren Regenten. Enttäuscht waren auch diejenigen, die auf einen deutschen Nationalstaat gehofft hatten. Es reichte nur zum Deutschen Bund, einer Vereinigung von 35 Fürstentümern und vier Reichsstädten. Errungenschaften des revolutionären Frankreichs und der bonapartischen Ära – Religionsfreiheit, kodifiziertes Recht, Gleichberechtigung der Juden – waren perdu[1]. [...] Das Metternich'sche System setzte sich bleischwer (und oft erzkatholisch) auf den Kontinent, progressive Zeitgenossen dürften verzweifelt gewesen sein. Am 8. Juni 1815, einen Tag bevor der Kongress endete, ließ der Handlanger des Kaisers die Gesandten der deutschen Länder die Bundesakte unterzeichnen, mit deren Hilfe er in den Folgejahrzehnten jedes liberale oder revolutionäre Aufmucken unterdrücken konnte. Der Bund sei ein Instrument um „Ruhe und Ordnung“ aufrechtzuhalten, steht in Artikel 25.

Gustav Seibt: 200 Jahre Wiener Kongress Europa feiernd neu ausgekungelt, in: Süddeutsche Zeitung, 18. September 2014; zitiert nach: www.sueddeutsche.de/politik/jahre-wiener-kongress-europa-feiernd-neu-ausgekungelt-1.2135536 [Zugriff vom 14.März 2015]

1. *Zeigen Sie anhand von M1 bis M4 die Kontroverse mit ihren jeweiligen Begründungen, aber auch Gemeinsamkeiten in der Einschätzung auf.*
2. *Überprüfen Sie die Stellungnahmen M1 bis M4 anhand der Verfassertexte und Quellen des Kapitels.*
3. *„Der Wiener Kongress – zynische Gleichgewichtspolitik oder neue Friedenskultur?“ Nehmen Sie Stellung.*

[1] **perdu**: verloren, unauffindbar

Internationale Friedensordnung nach dem Ersten Weltkrieg

▲ **Die Unterzeichnung des Versailler Friedensvertrages.**
Ölgemälde (152 x 127 cm) von Willam Orpen, 1919.
Das Bild hält den Moment der Vertragsunterzeichnung im Spiegelsaal des Schlosses Versailles am 28. Juni 1919 fest. In dem Raum war am 18. Januar 1871 das Deutsche Kaiserreich ausgerufen worden (siehe hier S. 158 und 163).

Orientierung Als der Erste Weltkrieg am 11. November 1918 mit dem Waffenstillstand zwischen den Alliierten und dem Deutschen Reich endete, waren über acht Millionen Soldaten gefallen und über 20 Millionen verwundet worden. Das Deutsche Reich hatte keinen Kaiser und die Länder keine Fürsten mehr. Eine Revolution hatte sie und ihre Regierungen zum Rücktritt gezwungen.

In Berlin war am 9. November die Republik ausgerufen worden. Ein „Rat der Volksbeauftragten" mit dem SPD-Vorsitzenden Friedrich Ebert an der Spitze hatte eine Übergangsregierung gebildet. Sie sowie die erste aus den freien Wahlen vom Januar 1919 hervorgegangene demokratisch legitimierte Reichsregierung mussten nun gegenüber den Siegermächten die Verantwortung für den Krieg übernehmen, dessen Niederlage die Oberste Heeresleitung bereits Ende September 1918 eingestanden hatte.

Wie sollte angesichts der großen Kriegsopfer und -zerstörungen sowie der immensen wirtschaftlichen und sozialen Nachkriegsprobleme für Sieger und Verlierer ein dauerhafter Friede geschlossen werden? Wie sollte nach dem Zerfall dreier Vielvölkerreiche (Österreich-Ungarn, Russland und Osmanisches Reich) die internationale Ordnung der Zukunft aussehen? Wie war ein friedliches Zusammenleben in neuen Nationalstaaten möglich, die verschiedene Nationalitäten in sich schlossen? Diese Fragen, die vergleichbar mit den Friedensbemühungen während der Endphase des Dreißigjährigen Krieges 1643-1648 und nach den Napoleonischen Kriegen 1814/15 sind, stellten sich zwi-

3.3.1918 Unterzeichnung des Friedensvertrages von Brest-Litowsk zwischen den Mittelmächten und Sowjetrussland

4.10.1918 Erste Note mit der deutschen Bitte um Waffenstillstand geht an US-Präsident Wilson heraus

9.11.1918 Abdankung Kaiser Wilhelms II.; Novemberrevolution in Berlin

11.11.18 Unterzeichnung des Waffenstillstandsvertrages zwischen den Alliierten und dem Deutschen Reich im Wald von Compiègne

18.1.1919 Eröffnung der Pariser Friedenskonferenz

28.6.1919 Unterzeichnung des Friedensvertrages in Versailles

10.9.1919 Unterzeichnung des Vertrages von Saint-Germain durch Österreich

10.1.1920 Der Versailler Vertrag tritt in Kraft, der Völkerbund entsteht

4.6.1920 Unterzeichnung des Vertrages von Trianon mit Ungarn

15.11.1920 Der Völkerbund tritt zu seiner ersten Sitzung zusammen

11.5.1921 Annahme des Londoner Ultimatums und damit der Reparationsforderungen von 132 Mrd. Goldmark

11.1.1923 Einmarsch französischer und belgischer Truppen in das Ruhrgebiet

1917 | 1918 | 1919 | 1920 | 1921 | 1922 | 1923

◂ Europa nach 1919.
Jugoslawien (Süd-Slawien) hieß bis 1929 „Königreich der Serben, Kroaten und Slowenen".

schen dem 18. Januar und 28. Juni 1919 die verantwortlichen Politiker auf der Pariser Friedenskonferenz.

Die zentralen Themen der Konferenz waren der Umgang mit den Verlierern, die als alleinige Kriegsverursacher behandelt wurden, die Umsetzung des Selbstbestimmungsrechts der Völker sowie die Höhe der Wiedergutmachungsleistungen (Reparationen). Allen beteiligten und betroffenen Regierungen war nicht mehr möglich, einen Frieden unabhängig der öffentlichen Meinung in ihren Ländern im Stile fürstlicher Kabinettspolitik zu schließen. Sieger und Besiegte hatten in allen Fragen auf die nationalen Interessen ihrer Bevölkerungen Rücksicht zu nehmen.

Literaturtipp:
Eberhard Kolb, Der Frieden von Versailles, München [2]2011

Die zentralen Fragen des folgenden Kapitels sind:
- *Warum gelang es nicht, die Staatenordnung nach 1918 auf eine neue Grundlage zu stellen?*
- *Welche Ursachen hatte das Scheitern der internationalen Friedensordnung nach dem Ersten Weltkrieg?*

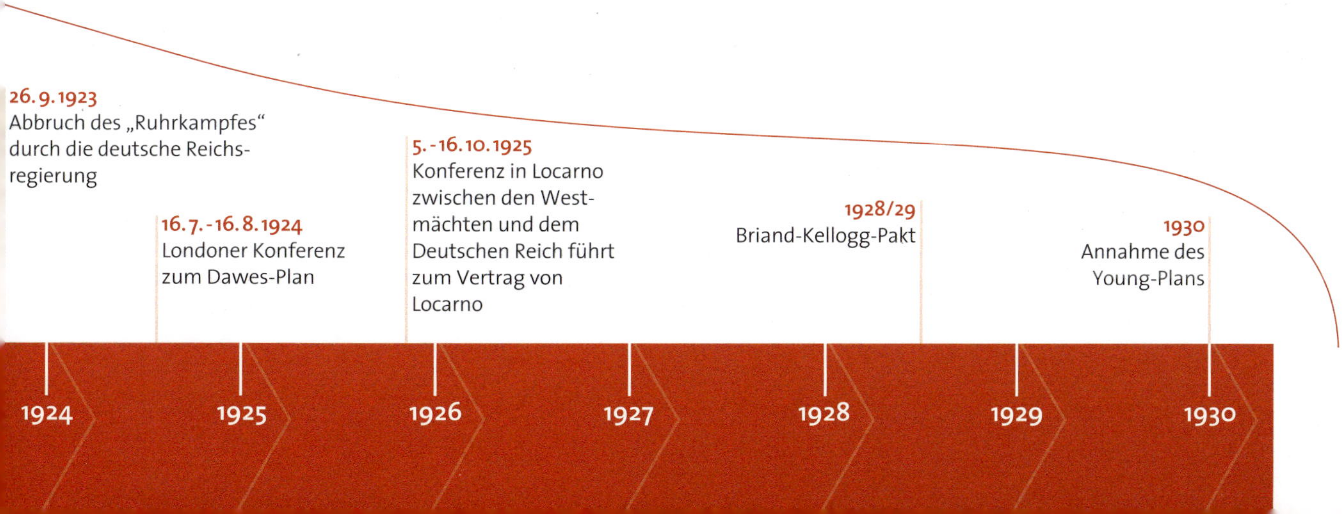

Die Pariser Friedensverhandlungen von 1919

▸ **„Die Großen Vier" in Versailles.**
Foto von Edward N. Jackson vom 27. Mai 1919. Von links nach rechts: David Llyod George (Großbritannien), Vittorio Emanuele Orlando (Italien), Georges Clemenceau (Frankreich) und Woodrow Wilson (USA).

David Lloyd George (1863-1945): britischer Politiker (Liberale Partei), 1916 Kriegsminister, 1916-1922 Premierminister

Georges Clemenceau (1841-1929): französischer Journalist und Politiker, 1906-1909 und 1917-1920 Premierminister

Woodrow Wilson (1856-1924): Jurist, Historiker und Politiker; 1913-1921 Präsident der USA (Demokrat). Wilson verfolgte soziale Reformen, war im Ersten Weltkrieg um die Neutralität der USA bemüht, führte sie aber dennoch 1917 in den Krieg. Ab 1918 engagierte er sich für die Errichtung des Völkerbundes. 1920 erhielt Wilson den Friedensnobelpreis für das Jahr 1919.

Vittorio Emanuele Orlando (1860-1952): Verfassungsrechtler und liberaler Politiker, von 1917 bis 1919 italienischer Ministerpräsident

Oktoberrevolution: Sturz der Provisorischen Regierung in Russland am 6./7. November (24./25. Oktober nach russischem Kalender) 1917. Danach erfolgte der gewaltsame Aufbau einer kommunistischen Gesellschafts- und Wirtschaftsordnung.

Verhandlungen der Siegermächte ■ Am 18. Januar 1919 versammelten sich die Vertreter der Siegerstaaten im Spiegelsaal des Schlosses Versailles bei Paris zur Eröffnung der Friedenskonferenz, auf den Tag genau 48 Jahre nach der Ausrufung des deutschen Kaiserreiches am selben Ort. Die Verhandlungen führten die 27 alliierten und assoziierten Mächte, auch von außerhalb Europas, die gegen Deutschland Krieg geführt oder dem Reich den Krieg erklärt hatten.

Zwar kamen zwischen Januar und Mai 1919 58 Kommissionen zu insgesamt 1646 Arbeitssitzungen zusammen, die wesentlichen Entscheidungen fällten aber **David Llyod George**, **Georges Clemenceau** und **Woodrow Wilson** im „Rat der Vier", zu dem noch **Vittorio Emanuele Orlando** zählte.

Nichtmitwirkende ■ Nicht alle wichtigen Mächte wirkten am Zustandekommen des Vertrages mit. Russland war nicht eingeladen worden. Es hatte bereits im März 1918 einen Friedensvertrag mit den Mittelmächten abgeschlossen (*Frieden von Brest-Litowsk*). Abgesehen davon befand es sich in einem Bürgerkrieg zwischen den Anhängern und Gegnern der **Oktoberrevolution**. Auch die Verliererstaaten hatten die Siegermächte – anders als nach den großen europäischen Kriegen 1648 und 1815 – nicht zu den Friedensverhandlungen zugelassen.

Erwartungshaltung in Deutschland ■ Nahezu alle deutschen Politiker wie auch die deutsche Öffentlichkeit gingen von einem milden Frieden aus. Lange rechneten sie mit nur geringen Gebietsabtretungen oder Entschädigungen wie zum Beispiel den Verlust Elsass-Lothringens an Frankreich und einiger Gebiete in der Provinz Posen an Polen. Diese Hoffnungen auf einen „Frieden des Rechts" stützten sich auf die Kriegsziele des amerikanischen Präsidenten Wilson (▸ M1), denn sie interpretierten die 14 Punkte durchaus in ihrem Sinne. Sie zählten darauf, dass Deutschland – um den Waffenstillstand zu erlangen – die Forderungen des amerikanischen Präsidenten erfüllt hatte, indem das Kaisertum und die „**autokratische**“ Herrschaftsform beseitigt worden war; zur Zeit der Friedensverhandlungen war das Deutsche Reich auf dem Weg, eine Demokratie westlichen Musters zu werden (▸ M2). Viele Deutsche glaubten zudem, dass die Alliierten das Reich auch aus eigenem Interesse nicht stark schwächen würden, um eine Ausbreitung der bolschewistischen Revolution in Russland zu verhindern.

Dabei hätten die Deutschen die Ausgangslage durchaus weniger illusionär und dafür realistischer einschätzen können. Noch im März 1918 hatte die deutsche Regierung im **Friedensvertrag von Brest-Litowsk** mit Russland ein Beispiel für einen „Siegfrieden“ gesetzt. Zudem wurden die Verbitterung und die Auswirkungen der Zerstörungen, die die deutsche Kriegsführung und Besetzung im Westen hinterlassen hatten, völlig unterschätzt. Bei Siegern und Besiegten zeigte sich auch bei Kriegsende eine negative Begleiterscheinung: ein überzogener Nationalismus. Die Propaganda, die Dauer und das große Leid des Krieges hatten nationale Erwartungen und Wünsche hervorgerufen, die nun von den demokratisch legitimierten Regierungen berücksichtigen werden mussten. Dabei fehlte besonders den politisch Verantwortlichen in Deutschland in der Zeit des Übergangs vom Kaiserreich zur Republik das Verständnis für die Interessen Frankreichs. Alle Hoffnungen setzten sie auf Wilsons unbestimmte Botschaft von einem „gerechten Frieden“.

autokratisch/Autokratie: Alleinherrschaft

Friedensvertrag von Brest-Litowsk: Vertrag zwischen den Mittelmächten (Deutsches Reich, Österreich-Ungarn, Osmanisches Reich und Bulgarien) und Sowjetrussland vom 3. März 1918. Sowjetrussland musste in diesem „Diktatfrieden“ auf Polen, Litauen und andere Gebiete verzichten sowie die Ukraine und Finnland als selbstständige Staaten anerkennen. Es verlor etwa 30 Prozent der Bevölkerung und rund 75 Prozent der Eisen- und Stahlindustrie. Der Vertrag wurde nach der Niederlage der Mittelmächte im November 1918 von der Sowjetregierung für ungültig erklärt.

Interessenlagen zu Beginn der Konferenz Wilson strebte eine internationale Friedensordnung an, in der Krieg nicht mehr möglich sein sollte. Ein kollektives Organ, ein Völkerbund, sollte verbindliche Regeln für das Zusammenleben demokratisch organisierter Völker schaffen, ihre Sicherheit garantieren und in Streitfragen schlichten.*

Darüber hinaus ging es den USA aber auch um wirtschaftliche Interessen, insbesondere um die Rückzahlung der Gelder, die sie als Kriegskredite an die verbündeten Länder verliehen hatten. Aus dieser Absicht ergab sich wie selbstverständlich, dass Deutschland finanzielle Entschädigungen, *Reparationen*, zu leisten habe.

- *Großbritannien* hatte wesentliche Kriegsziele eigentlich schon vor der Friedenskonferenz erreicht. Das Deutsche Reich war als Seemacht und koloniale Konkurrenz ausgeschaltet und würde aus dem Krieg wirtschaftlich geschwächt hervorgehen. Die U-Boote waren als Folge der Waffenstillstandsvereinbarung ausgeliefert, die Kriegsflotte war interniert worden.
  Das politische Ziel der britischen Regierung bestand nun darin, die Politik Berlins durch dessen Einbindung in eine internationale Ordnung zu zähmen und es berechenbar zu machen. Dazu war das Reich zu schwächen, und zwar in dem Maße, dass es sich in diese Ordnung einfügte und sie nicht dominierte (▸ M3). An einer überzogenen Schwächung des Reiches auf dem Niveau eines Mittelstaates hatte die britische Regierung jedoch kein Interesse, denn ein Machtvakuum in der Mitte Europas oder eine eindeutige französische Vorherrschaft schien ihr nicht erstrebenswert.
- *Frankreichs* Politik war nach der existenzbedrohenden Auseinandersetzung in diesem Krieg eindeutig fordernder; die französische Regierung hatte dabei zwei Ziele. Wesentlich war Sicherheit, der Schutz vor einer erneuten deutschen Aggression. Zugleich sollte aber möglichst auch eine dauerhafte politisch-militärische Überlegenheit Frankreichs in Europa festgeschrieben werden.
  Um diese Ziele zu erreichen, sollte Deutschland durch einen harten Friedensschluss geschwächt werden. Die stärkere Wirtschaftskraft des Landes und seine um 20 Millionen Menschen höhere Bevölkerungszahl beunruhigten Frankreich.

* Siehe S. 526.

Selbstbestimmungsrecht der Völker: Grundsatz, der auf den Ideen der Amerikanischen und Französischen Revolution fußt (Stichwort: Volkssouveränität). In der Oktoberrevolution verkündete W. I. Lenin (vgl. S. 79) diese Forderung, um das russische Vielvölkerreich zu zerschlagen. US-Präsident Wilson griff diese Idee auf, um für liberale und demokratische Staaten zu werben. Während der Pariser Friedensverhandlungen stand vor allem das Streben einzelner Völker nach Eigenstaatlichkeit und, verbunden damit, nach Autonomie in politischen, wirtschaftlichen, sozialen und kulturellen Fragen im Fokus.

Das Prinzip des **Selbstbestimmungsrechts der Völker** und andere Ideale hatten als „Sentimentalitäten" im Weltbild von Clemenceau wenig Platz. Für ihn war Machtpolitik unvermeidlich. Im Konkreten bedeutet diese Haltung territorial neben der Rückgliederung Elsass-Lothringens die Annektierung der Montanregion an der Saar mit ihren Kohlevorkommen und der Stahlindustrie. Die französische Militärgrenze sollte bis an den Rhein vorgeschoben, das Rheinland als von Frankeich abhängiger Pufferstaat organisiert werden. In Osteuropa waren zudem starke Staaten zu schaffen, die das Reich von dort umfassen konnten. Deshalb war Paris besonders an der territorialen, wirtschaftlichen und militärischen Stärkung Polens interessiert, was zumindest teilweise mit der Schwächung des Reiches parallel gehen würde, etwa durch Gebietsabtretungen.

▲ **„Die deutsche Friedensdelegation."**
Foto von August Scherl aus Versailles vom August 1919.
Von links nach rechts: Prof. Walther Schücking (1875-1935): Völkerrechtler, Pazifist und liberaler Politiker (DDP); Johannes Giesberts (1868-1938): Redakteur, Gewerkschafter und Zentrumspolitiker; Otto Landsberg (1869-1957): Jurist und sozialdemokratischer Politiker; Ulrich Graf von Brockdorff-Rantzau (1869-1929): Jurist, Diplomat (parteilos) und 1918/19 Außenminister; Robert Leinert (1873-1940): Redakteur, sozialdemokratischer Politiker und Oberbürgermeister von Hannover; Dr. Carl Melchior (1871-1933): Jurist, Bankier und liberaler Finanzpolitiker (DDP).

Deutsche Beteiligung am Friedensprozess Eine deutsche Delegation unter Leitung des Außenministers *Ulrich Graf von Brockdorff-Rantzau* reiste Ende April 1919 nach Paris und durfte am 7. Mai die Friedensbedingungen entgegennehmen. Zu den Bestimmungen des Entwurfes konnten innerhalb von 14 Tagen schriftlich Einwände erhoben werden. Die Alliierten wiesen deutsche Forderungen nach mündlichen Verhandlungen zurück. Deutschland sollte keine Chance gegeben werden, zwischen den Siegern bestehende Unterschiede auszunutzen und so das mühsam errichtete Gebäude der Kompromisse wieder zum Einsturz zu bringen.
Die deutsche Delegation überreichte den Alliierten eine Art Gegenfriedensvertrag, wobei man natürlich weit hinter den alliierten Vorstellungen zurückblieb. Doch die Siegermächte blieben im Wesentlichen hart. Sie forderten das Reich am 16. Juni 1919 ultimativ auf, den Vertrag innerhalb von sieben Tagen anzunehmen. Andernfalls werde der alliierte Vormarsch, dieses Mal in das Reich hinein, wieder aufgenommen.

- *Stellen Sie die unterschiedlichen Interessen der Konferenzteilnehmer sowie der deutschen Delegation in Versailles grafisch dar.*
- F *Entwerfen Sie eine geeignete Karikatur zu dieser Thematik.*

M1 Woodrow Wilsons Vierzehn-Punkte-Programm

Am 8. Januar 1918 skizziert US-Präsident Wilson in vierzehn Punkten seine Vorstellungen einer neuen Weltordnung:

Gerechtigkeit und faires Handeln der anderen Völker der Welt müssen gegen Gewalt und selbstsüchtigen Angriffsgeist gesichert werden. Sämtliche Völker sind in Wahrheit Genossen in diesem Interesse, und wir unsererseits erkennen mit äußerster Klarheit, dass, wenn anderen keine Gerechtigkeit gewährt wird, sie auch uns nicht gewährt werden kann. Das Programm des Weltfriedens ist daher unser Programm, und dieses Programm, das einzig mögliche Programm, wie wir es sehen, lautet:

I. Öffentliche Friedensverträge, öffentlich beschlossen, nach denen es keine privaten internationalen Abmachungen irgendwelcher Art geben darf. Vielmehr soll die Diplomatie stets frei und vor aller Öffentlichkeit sich abspielen.

II. Absolute Freiheit der Schifffahrt auf der See außerhalb der territorialen Gewässer sowohl im Frieden wie im Kriege [...].

III. Soweit als möglich Aufhebung sämtlicher wirtschaftlicher Schranken und die Festsetzung gleichmäßiger Handelsbedingungen zwischen sämtlichen Nationen, die dem Frieden zustimmen und sich zu seiner Aufrechterhaltung vereinigen.

IV. Angemessene Garantien, gegeben und genommen, dass die nationalen Rüstungen auf den niedrigsten Grad, der mit der inneren Sicherheit vereinbar ist, herabgesetzt werden.

V. Eine freie, offenherzige und absolut unparteiische Ordnung aller kolonialen Ansprüche, gegründet auf strenge Betrachtung des Prinzips, dass bei Bestimmung aller derartiger Fragen der Souveränität das Interesse der betreffenden Bevölkerung gleiches Gewicht haben muss wie die billigen Ansprüche der Regierung, deren Rechtstitel festgesetzt werden soll.

VI. Die Räumung des gesamten russischen Gebietes und eine derartige Erledigung aller Russland berührenden Fragen, um die beste und freieste Zusammenarbeit der übrigen Nationen der Welt zu sichern zur Erlangung einer ungehemmten und ungeschmälerten Möglichkeit zur unabhängigen Bestimmung ihrer eigenen politischen Entwicklung und nationalen Politik, und um ihnen eine aufrichtige Aufnahme innerhalb der Gesellschaft freier Nationen zu gewährleisten unter Gesetzen ihrer eigenen Wahl [...].

VII. Belgien [...] muss geräumt und wiederhergestellt werden. [...]

VIII. Das gesamte französische Gebiet müsste befreit und die verwüsteten Teile wiederhergestellt werden. [...]

X. Den Völkern Österreich-Ungarns, deren Platz unter den Nationen wir gefestigt und gesichert zu sehen wünschen, sollte die freieste Möglichkeit autonomer Entwicklung gewährt werden.

XI. Rumänien, Serbien und Montenegro sollten geräumt werden, besetzte Gebiete wiederhergestellt, [...] und die Beziehungen der verschiedenen Balkanstaaten zueinander aufgrund freundschaftlicher Verabredung gemäß den historisch festgesetzten Grenzen der Untertanenpflicht und der Nationalität festgelegt werden. [...]

XIII. Ein unabhängiger polnischer Staat sollte errichtet werden [...].

XIV. Eine allgemeine Gesellschaft der Nationen muss aufgrund eines besonderen Bundesvertrages gebildet werden zum Zweck der Gewährung gegenseitiger Garantien für politische Unabhängigkeit und territoriale Integrität in gleicher Weise für die großen und kleinen Staaten. In Bezug auf diese notwendige Berichtigung von Unrecht und Sicherung des Rechts betrachten wir uns als intime Genossen sämtlicher Regierungen und Völker, die sich gegen die Imperialisten zusammengeschlossen haben. Es gibt für uns keine Sonderinteressen oder andersartige Ziele. Bis zum Ende stehen wir zusammen.

Rüdiger vom Bruch und Björn Hofmeister (Hrsg.), Kaiserreich und Erster Weltkrieg 1871-1918, Stuttgart 2006, S. 453-455

1. *Erstellen Sie eine Präsentation mit den Grundsätzen der Friedensordnung.*
2. *Erläutern Sie, auf welche konkreten Probleme und Missstände Wilson mit seinem Programm reagiert.*
3. *Überprüfen Sie den Stellenwert des Selbstbestimmungsrechts der Völker für die Grundlegung der Weltfriedensordnung.*

M2 Zuversichtlich und versöhnlich

Der Sozialdemokrat und Vorsitzende des „Rates der Volksbeauftragten", Friedrich Ebert, sagt zur Eröffnung der Nationalversammlung am 6. Februar 1919:

Mit den alten Königen und Fürsten von Gottes Gnaden ist es für immer vorbei. *(Bravo! links. – Widerspruch rechts.)* [...] Das deutsche Volk ist frei, bleibt frei und regiert in Zukunft sich selbst. *(Bravo! links.)* Diese Freiheit ist der einzige Trost, der dem deutschen Volke geblieben ist, der einzige Halt, an dem es aus dem Blutsumpf des Krieges und der Niederlage sich wieder herausarbeiten kann. Wir haben den Krieg verloren. Diese Tatsache ist keine Folge der Revolution. *(Sehr wahr! links – Lebhafter Widerspruch rechts.)*

Meine Damen und Herren, es war die Kaiserliche Regierung des Prinzen Max von Baden, die den Waffenstillstand einlei-

◂ Eröffnung der Nationalversammlung im Nationaltheater in Weimar am 6. Februar 1919.
Zeitgenössische Postkarte. Am Rednerpult der Volksbeauftragte Friedrich Ebert (SPD), der am 11. Februar 1919 von der Nationalversammlung zum ersten Reichspräsidenten der Weimarer Republik gewählt wurde.

tete, der uns wehrlos machte. *(Zurufe.)* Nach dem Zusammenbruch unserer Verbündeten und angesichts der militärischen und wirtschaftlichen Lage konnte sie nicht anders handeln. *(Sehr richtig! links.)* Die Revolution lehnt die Verantwortung ab für das Elend, in das die verfehlte Politik der alten Gewalten und der leichtfertige Übermut der Militaristen das deutsche Volk gestürzt haben. *(Sehr wahr! links.)* [...]
Niederlage und Lebensmittelnot haben uns den gegnerischen Mächten ausgeliefert. Aber nicht nur uns, auch unsere Gegner hat der Krieg ungeheuer erschöpft. Aus dem Gefühl der Erschöpfung bei unseren Gegnern entspringt ihr Bestreben, sich schadlos zu halten am deutschen Volke, wird der Ausbeutungsgedanke in das Friedenswerk hineingetragen. Diese Rache- und Vergewaltigungspläne fordern den schärfsten Protest heraus. *(Bravo!)*
Das deutsche Volk kann nicht auf 20, 40 oder 60 Jahre zum Lohnsklaven anderer Länder gemacht werden. Das furchtbare Unglück des Krieges für ganz Europa kann nur wieder gutgemacht werden durch Handinhandgehen der Völker. [...]
Aber man soll nicht diejenigen strafen, die selbst Opfer waren, Opfer des Krieges. Opfer unserer früheren Unfreiheit. [...]
Für Gerechtigkeit, Freiheit und einen Dauerfrieden haben unsere Gegner nach ihren feierlichen Proklamationen kämpfen wollen. Die Waffenstillstandsbedingungen aber sind bisher unerhört hart und schonungslos durchgeführt worden. [...]
Aus diesen Akten alter Gewaltpolitik spricht kein Geist der Versöhnlichkeit. *(Lebhafte Zustimmung.)* [...]
Man stelle uns nicht vor die verhängnisvolle Wahl zwischen Verhungern und Schmach. Auch eine sozialistische Volksregierung und gerade diese muss daran festhalten: Lieber ärgste Entbehrung als Entehrung. *(Stürmischer Beifall.)* [...]
Im Vertrauen auf die Grundsätze des Präsidenten Wilson hat Deutschland die Waffen niedergelegt. Jetzt gebe man uns den Wilson-Frieden, auf den wir Anspruch haben. *(Bravo!)*
Unsere freie Volksrepublik, das ganze deutsche Volk erstrebt nichts anderes, als gleichberechtigt in den Bund der Völker einzutreten und sich dort durch Fleiß und Tüchtigkeit eine geachtete Stellung zu erwerben. *(Bravo!)*

Zitiert nach: Walter Mühlhausen (Hrsg.), Friedrich Ebert. Sein Leben, sein Werk, seine Zeit, Begleitband zur ständigen Ausstellung in der Reichspräsident-Friedrich-Ebert-Gedenkstätte, Heidelberg 1999, S. 221-223

1. *Analysieren Sie Eberts Rede im Hinblick auf seine Argumente, mit denen er einen „Wilson-Frieden" fordert. Stellen Sie seine Argumente in einer Grafik dar.*

2. *Gestalten Sie einen Zeitungsbericht über Eberts Rede, der sich auf die Erwartungen konzentriert, die Ebert in Bezug auf den Friedensvertrag und die künftige Rolle Deutschlands äußert.*

3. *Überprüfen Sie, ob Eberts Forderung nach einem „Wilson- Frieden" (Zeile 46) eine realistische Chance auf Verwirklichung hatte.*

M3 Albtraum Paris

John Maynard Keynes ist Mitglied der britischen Delegation in Versailles; er tritt noch vor dem Ende der Verhandlungen von seinem Posten zurück. Sein Buch über die wirtschaftlichen Folgen des Versailler Vertrages, aus dem hier zitiert wird, verfasst er 1919:

Von verrückter Verblendung und tolldreister Selbstsucht angetrieben, hat die deutsche Nation die Grundlagen umgestürzt, auf denen wir alle gelebt und gearbeitet haben. Doch die Wortführer der französischen und der britischen Nation gehen nun das Risiko ein, das von Deutschland begonnene Werk der Zerstörung zu vollenden – durch einen Frieden, der, sollte er in der vorgesehenen Form in Kraft treten, das komplexe, empfindliche politische System, welches der Krieg bereits erschüttert und halb zerbrochen hat, noch weiter beschädigen würde, anstatt es wiederherzustellen; jenes System, durch das alleine die Völker Europas arbeiten und existieren können.

Darin liegt die zerstörerische Bedeutung des Pariser Friedens. Wenn der europäische Bürgerkrieg damit enden würde, dass Frankreich und Italien ihre augenblickliche Siegerposition dazu missbrauchen, die niedergeworfenen Mächte Deutschland und Österreich-Ungarn zu vernichten, dann arbeiten sie auf ihre eigene Zerstörung hin, da sie mit den Opfern aufs Engste und Unauflöslichste durch verborgene seelische und wirtschaftliche Bande verknüpft sind. Jedenfalls musste ich als Engländer, der an der Pariser Konferenz als Mitglied des Obersten Wirtschaftsrates der Alliierten teilnahm, zwangsläufig in meinen Besorgnissen und Ansichten zum Europäer werden – eine neue Erfahrung. Hier, im Nervenzentrum des europäischen Systems, mussten meine britischen Sonderinteressen weitgehend wegfallen, und ich wurde von anderen und stets unheimlicheren Phantomen verfolgt. Paris war ein Albtraum, und alle dort waren morbid[1]. Ein Gefühl unmittelbar bevorstehender Katastrophe lag über der frivolen Szenerie; das sinnlose Handeln und die Kleingeistigkeit des Menschen angesichts der großen Ereignisse, mit denen er konfrontiert war; die hohe Bedeutung und gleichzeitige Unwirklichkeit der anstehenden Entscheidungen; Leichtfertigkeit, Blindheit, Dreistigkeit, verworrenes Geschrei von draußen – alle Elemente der antiken Tragödie waren versammelt.

John Maynard Keynes, Krieg und Frieden. Die wirtschaftlichen Folgen des Vertrages von Versailles, aus dem Englischen von Joachim Kulka, herausgegeben und mit einer Einleitung von Dorothea Hauser, Berlin 2014, S. 39 f. und S. 42 f.

[1] **morbid**: krankhaft, kränklich (von lat. morbidus: „krank", „ungesund")

▲ **John M. Keynes.**
Foto, um 1940.
John Maynard Keynes wurde 1883 geboren, studierte Philosophie, Geschichte und Mathematik und lehrte ab 1908 am King's College der Universität Cambridge Ökonomie. Er veröffentlichte wissenschaftliche Beiträge, schrieb Zeitungsartikel zu aktuellen Fragen und spekulierte erfolgreich an der Börse. Seit 1914 arbeitete er für das britische Schatzministerium. 1919 vertrat er das Finanzministerium bei den Friedensverhandlungen in Versailles. Privat verkehrte er am liebsten in Künstlerkreisen. 1925 heiratete er eine russische Balletttänzerin. Er starb 1946.
Zu seinen einflussreichsten Veröffentlichungen zählen seine Arbeit „Vom Gelde" (engl. 1930, dt. 1932) und das Buch über die „Allgemeine Theorie der Beschäftigung, des Zinses und des Geldes" (engl. und dt. Ausgabe 1936).

1. *Zeigen Sie alle Wertungen auf, die der Text von John Maynard Keynes enthält.*
   (H) *Beachten Sie insbesondere die verwendeten Adjektive.*
2. *Erläutern Sie den jeweiligen historischen Hintergrund von Keynes' Thesen, indem Sie nachweisen, auf welche Ereignisse, Interessen und Strukturen er sich bezieht. Präsentieren Sie Ihre Ergebnisse der Aufgaben 1 und 2 in grafischer Form.*
3. *Entwickeln Sie aus Keynes' Sicht Thesen für einen praktikablen Frieden.*
   (F) *Erörtern Sie in einer Diskussion, inwiefern Keynes' Bezeichnung des Ersten Weltkrieges als „europäischer Bürgerkrieg" berechtigt ist.*

Friedensschluss mit Deutschland: der Versailler Vertrag

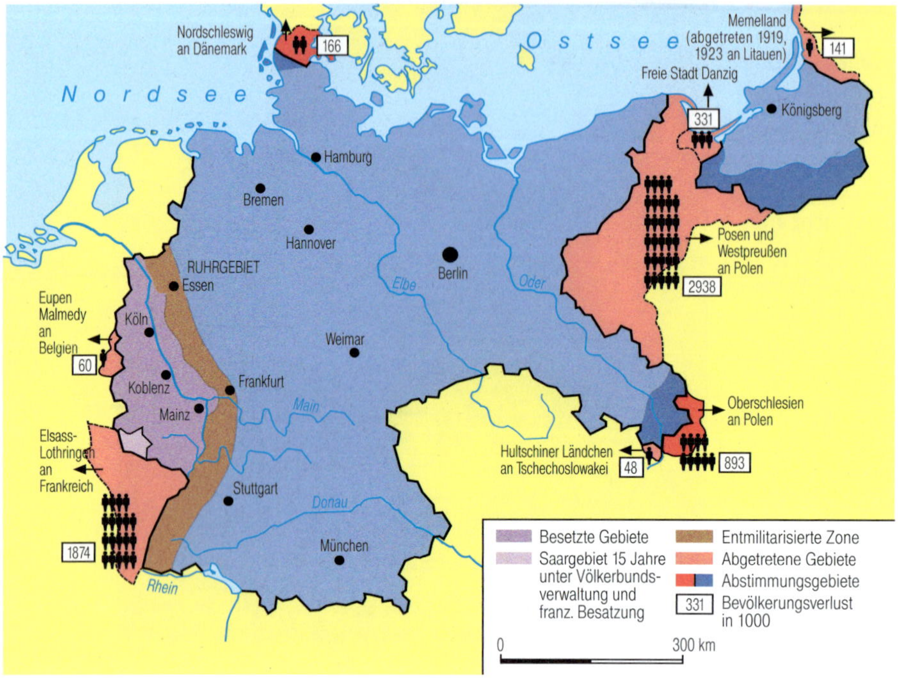

▲ **Deutsche Gebiets- und Bevölkerungsverluste nach dem Friedensvertrag von Versailles 1919.**

Das Vertragswerk Am 28. Juni 1919 wurde der Vertrag im Spiegelsaal zu Versailles unterzeichnet; er umfasste 440 Artikel. Den eigentlichen Bedingungen für den Friedensschluss vorangestellt war die *Völkerbundakte*, was den neuen Charakter der Friedensordnung unterstreichen sollte.* Im zweiten Teil folgten die Bestimmungen für den Frieden mit dem Reich.

- *Die territorialen Bestimmungen:* Deutschland verlor ein Siebtel seines Territoriums. Die Abtretungen lagen vor allem im Osten: Abgetreten wurden die Provinz Posen sowie der größte Teil Westpreußens; Danzig wurde zur Freien Stadt unter die Aufsicht des Völkerbundes gestellt. Damit waren das Reich und Ostpreußen durch den „polnischen Korridor" getrennt. Der östliche Teil Schlesiens kam nach einer Volksabstimmung ebenfalls an Polen. Im Westen war Elsass-Lothringen an Frankreich abzutreten. Das Saargebiet kam unter die Kontrolle des Völkerbundes, über das weitere Schicksal sollte die Bevölkerung nach 15 Jahren abstimmen.
- *Die militärischen Bestimmungen:* Das Heer wurde auf 100 000, die Marine auf 15 000 Mann beschränkt. Die allgemeine Wehrpflicht war aufzuheben, die neue Armee sollte eine Berufsarmee sein. Ferner wurden dem Reich moderne Waffen wie Panzer, Flugzeuge oder Unterseeboote verboten. Offiziell bezeichnete man diese Bestimmungen als ersten Schritt zu einer allgemeinen Abrüstung. Das Rheinland links des Flusses und 50 km östlich davon wurde entmilitarisierte Zone. Hier durften keine deutschen Truppen stationiert oder Befestigungen errichtet werden. Zudem wurden zur Absicherung der Erfüllung des Vertrages das linke Rheinufer und drei Brückenköpfe für bis zu 15 Jahre von alliierten Truppen besetzt.
- *Die wirtschaftlichen Bestimmungen:* Deutschland wurde zur Wiedergutmachung verpflichtet, ohne dass die Höhe der Reparationsleistungen schon festgelegt wurde. Dies lag daran, dass die Alliierten die Höhe der Ansprüche für die Verluste und Kriegskosten einschließlich Invaliden- und Hinterbliebenenrenten noch nicht errechnet hatten.
- *Die politischen Bestimmungen:* Die neue Berliner Regierung sollte alle Kriegsverbrecher ausliefern, darunter auch den Kaiser und alle führenden Militärs. Ihnen wollten die Alliierten einen Prozess wegen des Bruchs des internationalen Rechts machen (Artikel 227-228).** Außerdem erklärte Artikel 231 „Deutschland und seine Verbündeten als Urheber" des Krieges, um damit die Reparationsansprüche zu begründen.

Artikel 231 des Versailler Vertrages
Die alliierten und assoziierten Regierungen erklären, und Deutschland erkennt an, dass Deutschland und seine Verbündeten als Urheber für alle Verluste und Schäden verantwortlich sind, die die alliierten und assoziierten Regierungen und ihre Staatsangehörigen infolge des ihnen durch den Angriff Deutschlands und seiner Verbündeten aufgezwungenen Krieges erlitten haben.

Zitiert nach: www.documentarchiv.de/wr/vvo8.html [Zugriff vom 15. Mai 2015]

* Siehe M2, S. 469 f.
** Dazu kam es aber nicht.

▲ **„Was wir verlieren sollen!"**
Plakat (71 x 96 cm) von Louis Oppenheim von 1919.

Bewertung des Vertrages in Deutschland und Annahme ■ Der Vertrag stieß in Deutschland auf fast einmütige Ablehnung und wurde über alle Parteigrenzen hinweg und in allen Bevölkerungsschichten als „Diktat" empfunden. Vom amerikanischen Präsidenten Wilson sah man sich getäuscht, man verstand den Vertrag als Verrat an seinen eigenen Prinzipien, auf die man glaubte einen Anspruch zu haben. Im Mittelpunkt der Empörung stand der „Kriegsschuldartikel". So lastete der Vertrag wie ein Trauma auf der jungen Republik.

Aber trotz aller Erregung war über Annahme oder Ablehnung des Vertrages zu entscheiden. Reichskanzler Philipp Scheidemann* lehnte den Vertrag als „Gewaltfrieden" entschieden ab.

Die Alliierten drohten mit einer Besetzung des Reiches und die Oberste Heeresleitung signalisierte, dass ein erfolgreicher Widerstand nicht möglich sei. Der neuen Regierung unter dem Sozialdemokraten *Gustav Bauer* bliebt nichts anderes übrig, als sich in das Unvermeidliche zu fügen. Am 23. Juni 1919 stimmte die Nationalversammlung dem Versailler Vertrag mit deutlicher Mehrheit zu. Zuvor hatten alle Parteien eine Erklärung abgegeben, die der jeweils anderen Seite „vaterländische" Motive zubilligte.

Der „Vertrag" wurde als tiefe Demütigung der nationalen Ehre empfunden (▸ M) und der Republik angelastet. Konservative Kreise benutzten ihn in der innenpolitischen Auseinandersetzung zu unverantwortlicher Demagogie. Die demokratischen Politiker wurden in der Folge zu Sündenböcken für alles Negative gemacht, was nach 1918 über die Deutschen kam.

Bewertung des Vertrages bei den Alliierten ■ Aus Sicht vieler Franzosen, insbesondere der Militärführung und nationalistischer Politiker, war der Vertrag jedoch zu milde, weil er das Land angeblich nicht vor einem Wiedererstarken des Reiches schützte. Man sah darin nur eine Etappe auf dem Weg zum nächsten Konflikt mit dem östlichen Nachbarn. In Großbritannien dagegen kam es bald zu einem allgemeinen Unbehagen an dem Vertrag. Die USA aber unterzeichneten den Vertrag erst gar nicht, da der Kongress der Völkerbundakte nicht zustimmen wollte.

1. *Fassen Sie die Bedingungen des Friedensvertrages geordnet nach territorialen, wirtschaftlichen, politischen und militärischen Bedingungen zusammen.*
2. *Erläutern Sie, warum der Vertrag als „Verrat" an den Prinzipien der 14 Punkte (siehe M1, S. 457) verstanden werden konnte.*
3. *Der Versailler Vertrag wurde auf deutscher Seite als „Diktat", „Schandfrieden" und „Gewaltfrieden" beurteilt. Nehmen Sie dazu aus französischer Sicht Stellung.*

Am 12. Mai 1919 äußert sich Scheidemann in der Nationalversammlung zum Versailler Vertragswerk:
Das ist das Kerkerbild nach der einen Seite, dem Ausland zu: ohne Schiffe – denn unsere Handelsflotte geht in die Hände der Entente über –, ohne Kabel, ohne Kolonien, ohne ausländische Niederlassungen, ohne Gegenseitigkeit und Rechtsschutz, ja selbst ohne das Recht, mitzuwirken bei der Festsetzung der Preise für die von uns als Tribut zu liefernden Waren, für Kohle, pharmazeutische Artikel und so weiter, – ich frage Sie: Wer kann als ehrlicher Mann – ich will gar nicht sagen als Deutscher – nur als ehrlicher, vertragstreuer Mann solche Bedingungen eingehen? Welche Hand müsste nicht verdorren, die sich und uns in diese Fesseln legt?

Zitiert nach: http://germanhistorydocs.ghi-dc.org/docpage.cfm?docpage_id=4856&language=german [Zugriff vom 26. Juni 2015]

* Zu Scheidemann siehe auch S. 188.

◂ **„Nieder mit dem Gewaltfrieden!"**
Foto vom Frühjahr 1919 aus dem Berliner Lustgarten.
Am 8. Mai erlässt die Reichsregierung einen Aufruf gegen den „Gewaltfrieden von Versailles". Daraufhin finden im ganzen Reich Massendemonstrationen statt.

- *Erläutern Sie den Begriff „Gewaltfrieden" und das Vorgehen der Reichsregierung.*

▴ **„Versailles. Auch Sie haben noch ein Selbstbestimmungsrecht: wünschen Sie, daß Ihnen die Taschen vor oder nach dem Tode ausgeleert werden?"**
Karikatur von Thomas Theodor Heine aus dem „Simplicissimus" vom 3. Juni 1919.

- *Beschreiben Sie die Stimmung der deutschen Bevölkerung, die ausgedrückt werden soll.*
- *Erläutern Sie, welche Rollen die dargestellten Personen (von links nach rechts: Wilson, Clemenceau, Lloyd George) einnehmen.*

M „Wehrlos ist aber nicht ehrlos!"

Reichskanzler Gustav Bauer (SPD), der Nachfolger Philipp Scheidemanns, fordert am 23. Juni 1919, wenige Stunden vor Ablauf des alliierten Ultimatums, die Nationalversammlung auf, den Friedensvertrag unterzeichnen zu lassen:

Die Entente [...] will uns das Schuldbekenntnis auf die Zungen zwingen [...] es soll uns nichts, gar nichts erspart bleiben. Zur Verknechtung wollen uns die Feinde auch noch die Verachtung aufbürden!

[...] Hier wird ein besiegtes Volk an Leib und Seele vergewaltigt wie kein Volk je zuvor. [...] Unterschreiben wir! Das ist der Vorschlag, den ich Ihnen, im Namen des gesamten Kabinetts, machen muss. Bedingungslos unterzeichnen! Ich will nichts beschönigen.

Die Gründe, die uns zu diesem Vorschlag zwingen, sind dieselben wie gestern. Nur trennt uns jetzt eine Frist von knappen vier Stunden von der Wiederaufnahme der Feindseligkeiten. Einen neuen Krieg könnten wir nicht verantworten, selbst wenn wir Waffen hätten. Wir sind wehrlos. Wehrlos ist aber nicht ehrlos! Gewiss, die Gegner wollen uns an die Ehre; daran ist kein Zweifel. Aber dass dieser Versuch der Ehrabschneidung einmal auf die Urheber selbst zurückfallen wird, dass es nicht unsere Ehre ist, die bei dieser Welttragödie zugrunde geht, das ist mein Glaube bis zum letzten Atemzug.

Zitiert nach: Wolfgang Elben, Die Weimarer Republik, Frankfurt am Main [6]1975, S. 40 f.

1. *Analysieren Sie, warum Reichskanzler Bauer die Annahme des Vertrages empfahl, obwohl er einige Bestimmungen als unannehmbar bezeichnete.*
2. *Entwerfen Sie als Antwort auf Bauer eine Rede aus der Perspektive eines Abgeordneten, der die Unterzeichnung des Vertrages kategorisch ablehnt.*

Kontroverse Karikaturen interpretieren

Karikaturen sind **satirische** Aussagen in gezeichneter Form – mit und ohne Text – die ein aktuelles Thema aufgreifen. Ihr entscheidendes Merkmal ist die Verfremdung (ital. caricatura: „Zerrbild“, „Spottbild“; caricare: „überladen“, „übertreiben“). Dabei wird das thematisierte politische Handlungsfeld in ein anderes allgemein bekanntes (z. B. Alltagsleben, Literatur, Mythen, Märchen) übertragen und bleibt trotzdem erkennbar. Inhaltlich wollen Karikaturisten nicht durch Argumente überzeugen, sondern durch Wertung, Konfrontation und **Polemik** suggestiv Emotionen wecken.

Kontroverse Karikaturen interpretieren

Karikaturen wurden ursprünglich nur in satirischen Zeitschriften wie z. B. dem „Punch“ in Großbritannien oder dem „Kladderadatsch“ in Deutschland veröffentlicht. Worüber die Zeitgenossen lachten oder sich ärgerten, was ihnen gefiel oder was sie ablehnten, erfassen wir heute nicht auf Anhieb. Um die Aussage einer politischen Karikatur zu entschlüsseln, bedarf es zunächst der genauen Analyse, bevor sie interpretiert werden kann. In der Regel legen kurze Texte den gezeichneten Figuren Worte in den Mund oder bieten als plakative Unterschriften Hilfen für die Deutung. Neben dem Text sind Zeit- und Ortsangaben wichtige Erschließungshilfen. Generell setzen die Zeichner nicht nur die Kenntnis des dargestellten Sachverhalts voraus, sondern auch die für Karikaturen typische Symbol- und Bildersprache:

- Symbole und Metaphern (Krone und Zepter für Monarchie, Waage für Gerechtigkeit)
- Personifikation und **Allegorie** („Uncle Sam“ für die USA usw.)
- Tiervergleiche (der „russische Bär“, der „gallische Hahn“)
- visualisierte Redensarten („alle sitzen in einem Boot“, „den Gürtel enger schnallen“)
- historische Bildzitate („Der Lotse geht von Bord“, „Die Freiheit führt das Volk“)

Inhalt und Form

- Wer oder was ist dargestellt?
- Welche zeichnerischen Mittel setzt der Karikaturist ein?
- Welche Bedeutung haben diese zeichnerischen Mittel?
- Welcher Zusammenhang besteht zwischen Zeichnung und Textunterschrift?

Historischer Kontext

- Vor welchem historisch-politischen Hintergrund spielt sich das karikierte Geschehen ab?
- Auf welchen Sachverhalt / welche Person(en) konzentriert sich der Zeichner?
- Welche Aspekte hat er ausgeklammert?
- Welchem politischen Standort lässt sich der Karikaturist zuordnen?
  Zusatzfragen (für Recherche):
- Wo ist die Karikatur erschienen? Welcher politischen Richtung gehört diese an?
- Welche Informationen zur Person des Karikaturisten lassen sich finden?

Intention und Wirkung

- An welche Adressaten wendet sich die Karikatur?
- Welche Aussageabsicht verfolgt der Karikaturist?
- Inwiefern unterstützt ein Text die Wirkung der Zeichnung?
- Welche Wirkung wollte der Karikaturist beim zeitgenössischen Betrachter erzielen?

Bewertung und Aussage

- Welche der eingesetzten zeichnerischen Mittel sind für das Verständnis der Karikatur unbedingt notwendig/hilfreich/überflüssig? (Bitte begründen.)
- Warum kommt der Karikaturist ohne bzw. nicht ohne Textunterschrift aus?
  Um die Aussage zu erkennen, müssen alle Aspekte zusammengeführt und miteinander verknüpft werden.
- Worin besteht die Pointe der Karikatur?

Satire/satirisch: ursprünglich eine Spottdichtung, die vor allem menschliche Schwächen und Missstände in der Gesellschaft anprangerte. Zu den satirischen Mitteln gehören z. B. die Übertreibung, das Aufdecken von Widersprüchen zwischen Sein und Schein, Polemik, Ironie.

Polemik: scharfer Meinungsstreit in der politischen (literarischen oder wissenschaftlichen) Diskussion. Es wird kein Konsens angestrebt, sondern mit unsachlichen Angriffen und scharfer Kritik am Gegner versucht, die eigene Meinung durchzusetzen.

Allegorie (Attribut): Eine Allegorie stellt einen abstrakten Inhalt bildlich dar. In politischen Karikaturen sind oft Personifikationen von Staaten vorzufinden (z. B. die „Germania“ für Deutschland). Bei allegorischen Darstellungen von Tieren stehen diese selbst – ohne Attribut – für bestimmte Eigenschaften (z. B. der Fuchs für die Schläue).

Beispiel und Analyse

Überschrift der Karikatur:
„Der Friede und künftiges Kanonenfutter“

David Lloyd George:
Premierminister Großbritanniens (1916 - 1929)

Vittorio Emanuele Orlando:
Ministerpräsident Italiens (1917 - 1919)

weinendes Kind:
„1940 class“ verweist auf den Rekrutierungsjahrgang 1940

Woodrow Wilson:
Präsident der Vereinigten Staaten (1913 - 1921)

„Peace Treaty“:
nimmt Bezug auf den Versailler Vertrag

Georges Clemenceau:
Ministerpräsident Frankreichs (1906 - 1909 und 1917 - 1920)

Bildunterschrift:
„Der Tiger: Merkwürdig! Mir scheint, als hörte ich ein Kind weinen!“

▸ **„PEACE AND FUTURE CANNON FODDER.“**
Karikatur von Will Dyson aus der britischen Zeitung „Daily Herald“ vom 13. Mai 1919.

Überschrift der Karikatur:
„Die Komödie des Elends“
Die Karikatur trägt eine weitere Inschrift, die hier nicht zu erkennen ist: „Pass auf, Marianne, pass auf, Tag und Nacht bereitet sie [Germania] sich vor.“

Frauengestalt als Personifikation der französischen Republik (Marianne):
Eigenschaften: schlanke Figur, hübsche Frisur, schöne Kleidung/elegant, zurückhaltend

Im Hintergrund zu sehen:
Deutschland – die Wirtschaft boomt wieder (rauchende Schlote), die Wiederaufrüstung hat begonnen (Soldaten)

Frauengestalt als Personifikation Deutschlands (Germania):
Eigenschaften: feist, Pickelhaube und lange Zöpfe, zerrissene Kleidung, barfuß

Verweis auf die Produktion von Gaswaffen

▸ **„LA KOMÉDIE DE LA MISÉRE.“**
Karikatur aus der Satirezeitschrift „Le Ruy Blas“ vom 15. Mai 1921.

Inhalt und Form Die obere Karikatur des australischen Zeichners Will Dyson erschien in der englischen Zeitung „Daily Herald“ vom 13. Mai 1919. Vier Personen verlassen ein großes Gebäude. Es handelt sich dabei um die führenden Staatsmänner der Pariser Friedenskonferenz: Georges Clemenceau, Vittorio Orlando, Woodrow Wilson und David Lloyd George. Ein Kind, welches nackt hinter einer Säule steht, erregt die Aufmerksamkeit der ersten drei Staatsmänner. Über dem Kind ein Hinweis auf den Rekrutierungsjahrgang von Soldaten („class 1940“). Der französische Ministerpräsident im Vordergrund wundert sich und sagt: „Merkwürdig! Mir scheint, als hörte ich ein Kind weinen.“
In der unteren, französischen Karikatur stehen sich die Personifikationen Frankreichs und Deutschlands gegenüber. Marianne, Symbol der französischen Republik, mit Charme, schlank, zurückhaltend und in eleganter Kleidung. Die feiste, zerlumpte und unvorteilhaft dargestellte Germania hält ihre Hände ausgestreckt. Der stummen Frage Mariannes nach der Zahlungsbereitschaft der Deutschen antwortet die Germania sinnbildlich, indem sie durch ihren löchrigen Umhang den Blick auf ein Deutschland verbergen will, welches schon wieder aufrüstet. Auch die Wirtschaft boomt schon, wie die rauchenden Schlote im Hintergrund beweisen. Der Titel „Komédie“ ist bewusst mit „K“ geschrieben, um dem Ganzen einen „deutschen“ Charakter zu geben.

Historischer Kontext Beide Karikaturen nehmen Bezug auf den Vertrag von Versailles. Die deutsche Ablehnung des „Diktatfriedens“ war natürlich auch im Ausland nicht unbemerkt geblieben.
Der Überraschungseffekt beruht in der oberen Abbildung darauf, dass hier ein Kind weinend dargestellt wird, obwohl in den Siegerstaaten große Freude herrschte. Es ist auch nicht ohne Hintersinn, dass sich Clemenceau über das weinende Kind wundert. Er hatte sich bei den Friedensverhandlungen besonders unnachgiebig gegenüber Deutschland gezeigt. Das hatte ihm in Frankreich den Beinamen „Tiger“ eingebracht. Die untere Karikatur, nur wenige Tage nach der Festlegung der deutschen Reparationsschuld im Mai 1921 entstanden, zeigt, wie sehr Deutschland den Franzosen weiterhin Angst bereitete.

Intention und Wirkung Die obere Karikatur verdeutlicht die Reaktion eines Teils der britischen Medien auf die Unterzeichnung des Versailler Vertrages. Der „Daily Herald“, aber auch andere liberale Blätter wiesen darauf hin, dass dieser Vertrag zu hart sei und den Keim neuer Kriege in sich trage.
Die untere Karikatur fordert dagegen den Leser zur Wachsamkeit gegenüber dem östlichen Nachbarn auf. Deutschland habe gar nicht vor, den Vertrag aufrichtig zu erfüllen, sondern strebe Tag und Nacht danach, sich den Verpflichtungen zu entziehen.

Bewertung und Aussage Dysons Karikatur ist bemerkenswert weitsichtig: 1940 kämpfte der angegebene Rekrutierungsjahrgang bereits im Zweiten Weltkrieg. Die französische Karikatur von 1921 spiegelt dagegen zwei Jahre später das Misstrauen gegenüber der deutschen Koalitionsregierung aus SPD, Zentrum und DDP.*

* Siehe S. 188 f.

Die Pariser Friedensordnung und ihre Folgen

Pläne für Ostmitteleuropa Die Pariser Friedensmacher wollten nicht nur Friedensverträge mit einer Reihe von Staaten abschließen, sondern darüber hinaus eine neue dauerhafte Friedensordnung schaffen. Leitmotiv der Verhandlungen sollte Wilsons Verständnis vom Selbstbestimmungsrecht der Völker sein. Dabei standen die Akteure vor zahlreichen territorialen, politischen, wirtschaftlichen und militärischen Entscheidungen. Die Verträge bedeuteten die größte Umwälzung der europäischen Landkarte seit dem Wiener Kongress. Nur die im Krieg neutralen Länder waren nicht betroffen.

Die bis dahin dominierenden politischen Ordnungsmächte in Osteuropa, das Habsburger Reich, Russland und das Osmanische Reich, waren als Folge des Krieges zusammengebrochen. Neue Nationalstaaten, so zum Beispiel das Königreich der Serben, Kroaten und Slowenen (das spätere Jugoslawien), waren schon vor den Pariser Konferenzen entstanden und wurden nun von der Staatengemeinschaft anerkannt. Damit setzte sich ein Prozess der Nationalisierung und der Nationalstaatsbildung fort, der in den großen Reichen auch schon vor dem Weltkrieg zu spüren gewesen war.

Allerdings ließen sich in vielen Gebieten Osteuropas keine ethnisch homogenen Nationalstaaten schaffen; es war unmöglich, klare Grenzen nach Nationalitäten ziehen. Die Sprachengemeinschaften lebten in einer unauflösbaren Gemengelage.* Keine Grenzziehung wurde von beiden als gerecht empfunden. Es entstanden vielmehr neue Staaten mit vielen Nationalitäten, die sich aber als Nationalstaaten der **Titularnation** verstanden. Zugleich erhoben die neuen Staaten nationalistische Gebietsansprüche gegeneinander.

Titularnation (von lat. titulus: „Titel"): Begriff, der die staatstragende Bevölkerung einer Nation bezeichnet (Russen, Deutsche, US-Amerikaner usw.). Davon leitet sich gleichzeitig die Bezeichnung des Staates sowie die Bezeichnung der Staatsangehörigkeit ab (gilt demzufolge auch für ethnische Minderheiten).

Die Berufung auf das Selbstbestimmungsrecht in Kombination mit der Anwendung machtpolitischer Erwägungen erwies sich in Osteuropa als besonders problematisch (▸ M1). Die geschaffene Ordnung trug den Keim neuer Konflikte in sich. Denn die Lage in Europa war nach 1919 durch einen Gegensatz gekennzeichnet zwischen den Staaten, die die bestehenden Grenzen beibehalten, und denen, die sie verändern wollten. Dabei war Deutschland die stärkste der potenziell revisionistischen Mächte. Solange es sich ruhig verhielt, war es möglich, die neue Ordnung in Europa aufrechtzuerhalten.

Verträge mit weiteren Verlierern des Ersten Weltkrieges Der Pariser Friede setzte sich aus einer Reihe von Vertragswerken zusammen. Neben dem Vertrag von Versailles mit Deutschland gab es folgende Übereinkommen:

- Vertrag von *Saint-Germain* mit Österreich (1919),
- Vertrag von *Trianon* mit Ungarn (1920),
- Vertrag von *Neuilly* mit Bulgarien (1919) und
- Vertrag von *Sèvres* mit der Türkei (1920); dieser Vertrag konnte aber nicht umgesetzt werden und wurde durch den
- Vertrag von *Lausanne* (1923) ersetzt.

* Zu dieser Problematik vgl. auch den Methoden-Baustein „Mit Karten arbeiten" auf S. 85 bis 87, in dem die territorialen Veränderungen nach dem Ersten Weltkrieg sowie die Gemengelage der Nationalitäten in Ostmitteleuropa thematisiert werden.

◂ **Das Ende Österreich-Ungarns.**

Frieden mit Ungarn Im Vertrag von Trianon wurde Ungarn ebenso wie Österreich als verantwortlich für den Krieg und als Verlierer angesehen. Auch er enthielt die Satzung des Völkerbundes, zudem eine Festlegung der Kriegsschuld und der Pflicht zur Wiedergutmachung sowie die Beschränkung der Streitkräfte auf ein Berufsheer von 35 000 Mann. Umfangreiche Gebietsabtretungen reduzierten Ungarn auf ein Drittel seiner ehemaligen Fläche. Bei den territorialen Bestimmungen des Vertrages wurden letztlich nur die vollendeten Tatsachen festgeschrieben, denn die neu entstandenen Nachbarstaaten hatten diese Gebiete schon größtenteils in Besitz genommen.

Die Vereinbarungen erzeugten in Ungarn umfangreiche Ressentiments. Die tonangebenden Schichten des Adels und der Großgrundbesitzer, des Großbürgertums und des Klerus sahen sich als Opfer; eigene Fehler in der Vergangenheit beim Umgang mit anderen Nationen leugneten sie. Bevölkerung und Regierung waren nicht bereit, diese neue Nachkriegsordnung hinzunehmen. Die drei Millionen Ungarn in den Nachbarstaaten träumten bis zum Zweiten Weltkrieg von der Wiederherstellung eines Großungarn.

Der Wunsch nach einer Revision des Vertrages von Trianon führte Ungarn in der NS-Zeit an die Seite Deutschlands, wodurch ab 1938 große Gebiete wiedergewonnen werden konnten (z. B. die südliche Slowakei und das nördliche Rumänien). Diese gingen mit Ende des Zweiten Weltkrieges jedoch wieder verloren.

Historische Einschätzung Der Vertrag von Trianon zeigt zunächst einmal, dass Deutschland, das sich so ungerecht behandelt fühlte, durchaus mildere Friedensbedingungen zu akzeptieren hatte als Ungarn. Er macht auch deutlich, dass Entscheidungen von damals bis heute nachwirken. Nach dem Zweiten Weltkrieg ließen die sowjetische Vorherrschaft in Osteuropa und die Ideologie der „Brudervölker“ im Sozialismus keine freie Diskussion der Minderheitenfrage zu. Deshalb brach sich die Frage des Verhältnisses der Auslandsungarn zur Nation nach dem Zusammenbruch des Kommunismus wieder Bahn. So verabschiedete das ungarische Parlament 2010 ein Gesetz, nach dem Ungarn, die in anderen Ländern leben, die ungarische Staatsangehörigkeit annehmen dürfen.

THE GAP IN THE BRIDGE.

▸ **„THE GAP IN THE BRIDGE“**
(„Die Lücke in der Brücke“) Karikatur von Leonard Raven-Hill aus dem britischen Satiremagazin „Punch“ vom 10. Dezember 1919. Text auf der Bautafel: „THIS LEAGUE OF NATIONS BRIDGE WAS DESIGNED BY THE PRESIDENT OF THE U.S.A.“

- *Untersuchen Sie die Karikatur. Was wird hier aus welcher Sicht thematisiert?*

Ⓗ *Beachten Sie die Haltung von „Uncle Sam“. Tipps zur Analyse von Karikaturen finden Sie auf S. 463-465.*

Friedliche Streitschlichtung in einem Völkerbund ■ Eine wichtige Rolle bei der Sicherung der Friedensordnung sollte der Völkerbund* spielen (▸ M2). Er war daher auch integraler Bestandteil aller Pariser Friedensverträge. Dennoch konnte die neue zwischenstaatliche Organisation die in sie gemachten Erwartungen nicht erfüllen.

Da war zunächst einmal die Forderung der Satzung nach Einstimmigkeit bei den meisten Entscheidungen des Rates und der Vollversammlung. Zudem war der Völkerbund zunächst nur ein Zusammenschluss der Siegermächte und neutraler Staaten. Die für den Krieg verantwortlich gemachten Verliererstaaten sowie Sowjetrussland hatte man nicht von Anfang an aufgenommen. Das änderte sich erst im Laufe des nächsten Jahrzehntes (Österreich konnte 1920, Deutschland 1926 und die Sowjetunion 1934 beitreten). Aber diese positive Entwicklung konnte einen Makel nicht überdecken: Die Vereinigten Staaten traten dem Völkerbund nicht bei. Der Senat ratifizierte den Versailler Vertrag, und damit auch die Satzung des Völkerbundes, nicht. Er verschaffte damit Wilson eine große innenpolitische Niederlage und schwächte die Möglichkeiten der neuen internationalen Organisation von Anfang an.

Die USA wurden dann doch noch in die Nachkriegsordnung eingebunden: durch den *Briand-Kellogg-Pakt* von 1928. Das vom US-Außenminister *Frank Billings Kellogg* und seinem französischen Amtskollegen **Aristide Briand** initiierte Abkommen ächtete Angriffskriege als Mittel der Politik. Es wurde von elf Nationen erstunterzeichnet – darunter auch vom Deutschen Reich. Bis 1939 traten dem Vertrag 63 Nationen bei.

Mit der Idee einer internationalen Organisation zur Friedenswahrung wurde ein bedeutender Schritt auf völkerrechtlichem Gebiet gemacht, der nach dem Zweiten Weltkrieg durch die *Vereinten Nationen*** ausgebaut wurde.

Aristide Briand (1862-1932): französischer Politiker; zwischen 1909 und 1932 mehrfach u.a. Ministerpräsident und Außenminister; 1926 Friedensnobelpreis (gemeinsam mit Gustav Stresemann)

Auszug aus dem Briand-Kellogg-Pakt von 1928:

Art. I. Die Hohen Vertragschließenden Parteien vereinbaren, dass die Regelung und Entscheidung aller Streitigkeiten oder Konflikte, die zwischen ihnen entstehen könnten, welcher Art oder welchen Ursprungs sie auch sein mögen, niemals anders als durch friedliche Mittel angestrebt werden soll.

Zitiert nach: www.jura.uni-muenchen.de/fakultaet/lehrstuehle/satzger/materialien/kellogg1928d.pdf [Zugriff vom 20. Januar 2015]

1. *Skizzieren Sie die besonderen Probleme, mit denen sich die Verhandlungspartner in Paris konfrontiert sahen.*
2. *Nach den Vorstellungen des amerikanischen Präsidenten Wilson sollten die Friedensverträge einen „Frieden ohne Sieg“ bringen. Erörtern Sie, ob diese Vorstellung realistisch war.*

* Siehe auch S. 526.
** Siehe S. 526 ff.

M1 Zu den Auswirkungen der Pariser Vorortverträge

Der Historiker Sönke Neitzel schreibt 2014 über die Friedensverträge von 1919:

In Paris wurde also über viel mehr verhandelt als nur über die Schwächung Deutschlands. Die Grenzen Europas und Kleinasiens wurden neu gezogen. Gleich was die Siegermächte beschließen würden, eine einvernehmliche Lösung war nicht in Sicht, da es unmöglich war, etwa die Ethnien in Ostmitteleuropa sauber voneinander zu trennen. Zudem musste es den Siegermächten in erster Linie darum gehen, lebensfähige Staaten zu bilden, und keineswegs darum, überall das Selbstbestimmungsrecht der Völker zu verwirklichen. [...] Die größte Schwäche der Pariser Verträge und des aus diesen hervorgehenden Völkerbundes war zweifellos, dass sie – anders als der Wiener Kongress 1815 – keine Grundlage für ein stabiles Staatensystem schufen. Sowjetrussland stand abseits und bald auch die Vereinigten Staaten. Vor allem waren die Verlierer des Ersten Weltkrieges vorerst ausgeschlossen. Es handelte sich also nur um eine Teilordnung West- und Mitteleuropas, die unter einem permanenten Revisionsdruck kleiner und großer Mächte stand.

Trotz dieser niederschmetternden Bilanz waren die Pariser Vorortverträge besser als ihr Ruf. Allzu sehr ist man versucht, sie aus der Perspektive der 1930er-Jahre zu betrachten und nicht – wie es eigentlich geboten ist – aus der Zeit des Ersten Weltkrieges. 1919/20 standen die uneinigen Siegermächte vor der Herausforderung, in einem Klima von Misstrauen und Abneigung mit instabilen Staaten eine stabile Friedensordnung zu schaffen. Dabei konnte kein Meisterstück herauskommen. Die Zukunft musste zeigen, wie flexibel das System sein würde, ob es sich evolutionär weiterentwickelte, um die Ungerechtigkeiten zumindest so weit abzumildern, dass die Staaten Europas zu einem dauerhaften Miteinander finden konnten.

Sönke Neitzel, Wie die Weltkriege endeten, in: Ders., Zeitalter der Weltkriege, Informationen zur politischen Bildung 1/2014, herausgegeben von der Bundeszentrale für politische Bildung, Bonn 2014, S. 59-67, hier S. 59 f. und 62

1. *Recherchieren Sie die Entwicklung der ostmitteleuropäischen Staaten zwischen 1919 und 1939.*
2. *Vergleichen Sie die Grenzen der damaligen Staaten mit den heutigen Grenzen.*
3. *Überprüfen Sie, ob das Pariser Friedenssystem die von Neitzel geforderte Flexibilität aufwies.*

M2 Die Satzung des Völkerbundes

Dem Versailler Vertrag vom 28. April 1919 wird folgende Satzung des Völkerbundes vorangestellt:

In der Erwägung, dass es zur Förderung der Zusammenarbeit unter den Nationen und zur Gewährleistung des internationalen Friedens und der internationalen Sicherheit wesentlich ist, bestimmte Verpflichtungen zu übernehmen, nicht zum Kriege zu schreiten; in aller Öffentlichkeit auf Gerechtigkeit und Ehre gegründete internationale Beziehungen zu unterhalten; die Vorschriften des internationalen Rechts, die fürderhin als Richtschnur für das tatsächliche Verhalten der Regierungen anerkannt sind, genau zu beobachten, die Gerechtigkeit herrschen zu lassen und alle Vertragsverpflichtungen in den gegenseitigen Beziehungen der organisierten Völker peinlich zu achten, nehmen die Hohen vertragschließenden Teile die gegenwärtige Satzung, die den Völkerbund errichtet, an. [...]

Art. 2. Der Bund übt seine in dieser Satzung bestimmte Tätigkeit durch eine Bundesversammlung und durch einen Rat, denen ein ständiges Sekretariat beigegeben ist, aus. [...]

Art. 5. Beschlüsse der Bundesversammlung oder des Rates erfordern Einstimmigkeit der in der Tagung vertretenen Bundesmitglieder, es sei denn, dass in den Vorschriften dieser Satzung oder den Bestimmungen des gegenwärtigen Vertrages ausdrücklich ein anderes vorgesehen ist. [...]

Art. 8. Die Bundesmitglieder bekennen sich zu dem Grundsatz, dass die Aufrechterhaltung des Friedens eine Herabsetzung der nationalen Rüstungen auf das Mindestmaß erfordert, das mit der nationalen Sicherheit und mit der Erzwingung internationaler Verpflichtungen durch gemeinschaftliches Vorgehen vereinbar ist. [...]

Art 10. Die Bundesmitglieder verpflichten sich, die Unversehrtheit des Gebietes und die bestehende politische Unabhängigkeit aller Bundesmitglieder zu achten und gegen jeden äußeren Angriff zu wahren. [...]

Art. 11. Ausdrücklich wird hiermit festgestellt, dass jeder Krieg und jede Bedrohung mit Krieg, mag davon unmittelbar ein Bundesmitglied betroffen werden oder nicht, eine Angelegenheit des ganzen Bundes ist, und dass dieser die zum wirksamen Schutz des Völkerfriedens geeigneten Maßnahmen zu ergreifen hat. Tritt ein solcher Fall ein, so beruft der Generalsekretär unverzüglich auf Antrag irgendeines Bundesmitgliedes den Rat. [...]

Art. 12. Alle Bundesmitglieder kommen überein, eine etwa zwischen ihnen entstehende Streitfrage, die zu einem Bruche führen könnte, entweder der Schiedsgerichtsbarkeit oder der Prüfung durch den Rat zu unterbreiten. [...]

▲ **Erster Tagungsort des Völkerbundes in Genf.**
Foto von 1920.
Die ersten Sitzungen des Völkerbundes fanden im „Saal der Reformation" eines Genfer Hotels statt.

Art. 16. Schreitet ein Bundesmitglied [...] zum Kriege, so wird es ohne Weiteres so angesehen, als hätte es eine Kriegshandlung gegen alle anderen Bundesmitglieder begangen. Diese verpflichten sich, unverzüglich alle Handels- und Finanzbeziehungen zu ihm abzubrechen, ihren Staatsangehörigen jeden Verkehr mit den Staatsangehörigen des vertragsbrüchigen Staates zu untersagen und alle finanziellen, Handels- und persönlichen Verbindungen zwischen den Staatsangehörigen dieses Staates und jeden anderen Staates, gleichviel ob Bundesmitglied oder nicht, abzuschneiden. [...]

Art. 22. Auf die Kolonien und Gebiete, die infolge des Krieges aufgehört haben, unter der Souveränität der Staaten zu stehen, die sie vorher beherrschten, und die von solchen Völkern bewohnt sind, noch nicht imstande sind, sich unter den besonders schwierigen Bedingungen der heutigen Welt selbst zu leiten, finden die nachstehenden Grundsätze Anwendung: Das Wohlergehen und die Entwicklung dieser Völker bilden eine heilige Aufgabe der Zivilisation, und es ist geboten, in die gegenwärtige Satzung Bürgschaften für die Erfüllung dieser Aufgabe aufzunehmen.

Der beste Weg, diesen Grundsatz durch die Tat zu verwirklichen, ist die Übertragung der Vormundschaft über diese Völker an die fortgeschrittenen Nationen, die aufgrund ihrer Hilfsmittel, ihrer Erfahrungen oder ihrer geografischen Lage am besten imstande sind, eine solche Verantwortung auf sich zu nehmen [...].

Art. 23. Unter Vorbehalt der Bestimmungen der schon bestehenden oder künftig abzuschließenden internationalen Übereinkommen und im Einklang mit diesen Bestimmungen übernehmen die Bundesmitglieder Folgendes:

a) Sie werden sich bemühen, angemessene und menschliche Arbeitsbedingungen für Männer, Frauen und Kinder zu schaffen und aufrechtzuerhalten, sowohl in ihren eigenen Gebieten wie in allen Ländern, auf die sich ihre Handels- und Gewerbebeziehungen erstrecken, unter diesem Zwecke die erforderlichen internationalen Stellen zu errichten und zu unterhalten;
b) sie verbürgen der eingeborenen Bevölkerung in den ihrer Verwaltung unterstellten Gebieten eine gerechte Behandlung; [...]
e) sie werden die nötigen Anordnungen treffen, um die Freiheit des Verkehrs und der Durchfuhr sowie die gerechte Regelung des Handels aller Bundesmitglieder zu gewährleisten und aufrechtzuerhalten [...].

Zitiert nach: www.documentarchiv.de/wr/vvo1.html [Zugriff vom 20. Januar 2015]

1. *Skizzieren Sie die geplante künftige Friedensordnung und ihre Regularien.*
2. *Erläutern Sie, auf welche Missstände oder Probleme der Vorkriegsordnung und auf welche kriegsbedingten Veränderungen die Völkerbundsatzung reagiert.*
H *Legen Sie eine Tabelle an.*
3. *Arbeiten Sie heraus, inwiefern die Völkerbundsatzung den Schutz von Minderheiten vorsieht.*
F *Recherchieren Sie den gesamten Text des Artikels 22. Formulieren Sie eine Stellungnahme zu den Prinzipien des Umgangs mit von einer Kolonialherrschaft befreiten Völkern.*
4. *Überprüfen Sie, inwiefern die in den 14 Punkten niedergelegten Kriegsziele des Präsidenten Wilson (siehe M1, S. 457) in der Völkerbundsatzung angemessen umgesetzt wurden.*
F *Ein amerikanischer Senator begründete seine Ablehnung der Pariser Verträge mit dem Hinweis, dass die vier Großmächte über die Hälfte der Welt herrschen, dass diese Herrschaft eine Gewaltherrschaft sei und die USA mit der Unterzeichnung des Vertrages an dieser Gewaltherrschaft teilhaben würden. Überprüfen Sie die Stichhaltigkeit dieses Arguments in einer Debatte.*

Die Weimarer Republik im Schatten des Versailler Vertrages

Die Lüge vom „Dolchstoß" Neben dem von der Nationalversammlung widerwillig angenommenen Versailler Vertrag beeinflusste die *„Dolchstoßlegende"* die Stimmung der Bevölkerung der Nachkriegszeit. Schon im November 1918 verbreiteten rechtsradikale Zeitungen die angebliche Bemerkung eines britischen Generals, die deutsche Armee sei „von hinten erdolcht" worden. Streiks und politische Unruhen in der Heimat hätten sie zur Kapitulation gezwungen. Die beiden Generäle *Erich Ludendorff* und *Paul von Hindenburg* machten sich diese Version zu eigen und verbreiteten Ende 1919 eine Verschwörungstheorie, mit der sie die eigene Schuld an der militärischen Niederlage von sich ablenken und vor allem auf die Sozialdemokratie abwälzen wollten. Durch sein großes Ansehen, das er als General und Feldmarschall im Ersten Weltkrieg erworben hatte, vermochte es der spätere Reichspräsident Hindenburg, dieser Lüge besonderes Gewicht zu verleihen (▸ M1).

Ein Großteil der Bevölkerung glaubte dieser Verfälschung der Tatsachen, zumal die Öffentlichkeit an einer vorurteilsfreien Auseinandersetzung mit dem Geschehen im Ersten Weltkrieg kaum interessiert war. Zudem unterschätzten vor allem die Sozialdemokraten, welche Gefahren von der „Dolchstoßlegende" ausgingen: Sie vergiftete das politische Klima und diente deutschnationalen, völkischen und anderen rechtsextremen Gruppen und Parteien zur Propaganda gegen die republiktreuen Parteien, die bei Kriegsende Verantwortung übernommen und den Versailler Vertrag akzeptiert hatten.

Besonders fatal wirkte die Verknüpfung von Kriegsunschuldlüge und Dolchstoßlüge. Seit April 1919 lag der Regierung die von einer Kommission erstellte Sammlung deutscher Dokumente zum Kriegsausbruch vor, aus der hervorging, dass „man kaum umhin kam, von einer Hauptschuld des Deutschen Reiches und seines wichtigsten Verbündeten an der Auslösung des Weltkrieges zu sprechen"* (Heinrich August Winkler). Die Regierung entschied sich, diese Sammlung zunächst nicht zu veröffentlichen. So konnte in der Öffentlichkeit der Eindruck entstehen, der Artikel 231 des Versailler Vertrages habe keinerlei Berechtigung. Dieser „Schandartikel", mit dem die Reparationen legitimiert wurden, prägte das äußerst negative Bild des Versailler Vertrages in der deutschen Öffentlichkeit (▸ M2, M3).

▲ **„An die Kurzsichtigen."**
Karikatur von Werner Hahmann aus dem „Kladderadatsch"; 72. Jg., Nr. 48 vom 30. November 1919.
Paul von Hindenburg zeigt auf das Geschehen und sagt: „Ihr sucht die Wahrheit? Wenn sie aber erscheint, wünscht ihr sie zu allen Teufeln!"

- *Analysieren Sie die Karikatur. Berücksichtigen Sie den Text. Welche Position vertritt der Zeichner?*

Reparationsfrage Der Versailler Vertrag bestimmte, dass das Deutsche Reich Reparationen zu zahlen hatte, wies aber die Festlegung der genauen Höhe einer Kommission zu. Die europäischen Siegermächte benötigten die Reparationen, um die Kriegsfolgen in ihren eigenen Ländern zu beseitigen und um ihre während des Krieges aufgenommenen Schulden bei den USA zu tilgen. Frankreich sah zudem die Möglichkeit, Deutschland durch hohe Forderungen langfristig zu schwächen. Das *Londoner Abkommen* von 1921 verfügte, dass Deutschland 132 Milliarden Reichsmark in Form von Sach- oder Geldleistungen erbringen musste. Die deutsche Öffentlichkeit reagierte schockiert auf die Forderungen.

* Zitiert nach: Heinrich August Winkler, Der lange Weg nach Westen, Bd. 1, München 2000, S. 401

▲ **Antifranzösische Propaganda.**
Schießscheibe (⌀ 45 cm) mit Karikatur, 1923/24.
■ *Erläutern Sie das Feindbild aus der historischen Situation heraus.*

Als die Reparationskommission im Dezember 1922 feststellte, dass Deutschland mit den Lieferungen von Holz und Kohle im Rückstand war, ließ der französische Ministerpräsident *Raymond Poincaré* am 11. Januar 1923 französische und belgische Soldaten ins Ruhrgebiet einmarschieren. Die Reichsregierung stellte sofort alle Reparationen ein, rief die Bevölkerung zum passiven Widerstand gegen die Besatzungsbehörden auf und unterstützte Unternehmer sowie streikende Beamte und Arbeiter mit Geld. Doch die damit verbundene massive Steigerung von Staatsverschuldung und Inflation sowie der Druck der Alliierten veranlassten die Reichsregierung zum Abbruch des „Ruhrkampfes" am 26. September 1923.*

Im gleichen Jahr erreichte die deutsche Regierung bei den Siegermächten, dass ihre Zahlungsfähigkeit von neutraler Seite geprüft wurde. Im April 1924 legte ein Sachverständigenrat unter der Leitung des amerikanischen Bankiers *Charles Dawes* ein Gutachten zur Reparationsfrage vor, den sogenannten *Dawes-Plan*. Seine Annahme durch die Siegermächte und die deutsche Regierung 1924 auf der Londoner Konferenz bedeutete für das Deutsche Reich eine deutlich geringere jährliche finanzielle Belastung. Zunächst musste es eine Milliarde Goldmark jährlich zahlen, ab 1928/29 jährlich 2,5 Milliarden Goldmark. Eine Gesamtsumme und eine zeitliche Begrenzung wurden allerdings nicht festgelegt. Kredite aus den USA erleichterten die Reparationszahlungen.

1930 wurde dann der *Young-Plan* angenommen, benannt nach dem Vorsitzenden des Sachverständigenrates, dem US-Amerikaner *Owen D. Young*. Der Plan legte für die deutschen Reparationen eine Gesamtsumme von 112 Milliarden Goldmark fest, deren Restsumme über einen Zeitraum von 59 Jahren zu zahlen war. Die jährlichen Raten wurden erheblich gekürzt. Die Einschränkungen der deutschen Souveränitätsrechte entfielen mit diesem Plan.**

▲ **Gustav Stresemann.**
Zeitgenössisches Foto.
Für die Aussöhnung zwischen Frankreich und Deutschland setzten sich Stresemann (siehe S. 190) und Briand (siehe S. 468) leidenschaftlich ein. Wegen ihrer Bemühungen um die Bewahrung des Friedens in Europa erhielten sie 1926 gemeinsam den Friedensnobelpreis.

Verständigungspolitik Von 1923 bis 1929 prägte **Gustav Stresemann***** als Außenminister in häufig wechselnden Kabinetten die Beziehungen zum Ausland. Er war bereit, die Bestimmungen des Versailler Vertrages im Westen anzuerkennen, um das Sicherheitsbedürfnis Frankreichs zu befriedigen. Im Gegenzug erhoffte er Zugeständnisse der Alliierten bei der Revision des Vertrages in anderen Punkten. Stresemanns Außenpolitik stand jedoch immer unter dem Druck nationalistischer Kreise, die Erfolge der Revisionspolitik einforderten.

Im Oktober 1925 trafen sich auf einer Konferenz im schweizerischen Locarno führende europäische Politiker. Stresemann und sein französischer Amtskollege Aristide Briand hatten großes Interesse an einer Bereinigung des deutsch-französischen Gegensatzes. In den *Verträgen von Locarno* verpflichteten sich Deutschland, Frankreich und Belgien, keinen Krieg gegeneinander zu beginnen, und verzichteten auf eine Veränderung der bestehenden Grenzen zwischen ihren Staaten. Das Rheinland sollte nach dem Ende der Besatzung eine entmilitarisierte Zone bleiben. Bei Verletzung dieser Bestimmungen drohte ein Eingreifen der Garantiemächte Großbritannien und Italien. Eine Revision der Ostgrenzen hingegen ließ Stresemann offen. Deshalb verzichtete er in einem Schiedsvertrag mit Polen lediglich auf eine gewaltsame Änderung der Grenzen.

* Vgl. dazu auch S. 478 f.
** Zur Kontroverse um den Young-Plan siehe S. 206.
*** Zu Stresemann siehe auch S. 190.

Innenpolitisch waren die Verträge von Locarno umstritten (▸ M5, M6). Die nationale Rechte verurteilte sie als „Verrat an den Interessen Deutschlands“. Infolge der Versöhnungsbereitschaft gelang es Stresemann jedoch, das Ansehen Deutschlands in der Weltöffentlichkeit zu steigern. In Locarno wurde auch beschlossen, Deutschland in den Völkerbund aufzunehmen. Es trat ihm am 8. September 1926 schließlich bei.

▲ Gustav Stresemann spricht im Völkerbund in Genf.
Foto vom 10. September 1926.

Internettipp:
Für Stresemanns Rede im Völkerbund vom 10. September 1926 siehe Code 4677-41

Historische Einschätzung des Versailler Vertrages Sicherlich war der Vertrag für die ungefestigte Weimarer Republik eine starke Belastung. Die Notwendigkeit der Vertragsannahme ergab sich aber aus der Tatsache, dass Deutschland den Krieg verloren hatte und über keine Machtmittel verfügte, die Alliierten zu Änderungen im Vertragsentwurf zu zwingen. Demgegenüber bleibt aber festzuhalten: Trotz alle Härten bedeutete der Vertrag nicht das Ende Deutschlands.

Das Reich war entgegen den weitreichenden Forderungen Frankreichs durch den Widerstand besonders Lloyd Georges glimpflicher davongekommen, als es die französischen Positionen verlangt hatten. So fanden die Abtrennung des Rheinlandes, die Annektierung der Saar durch Frankreich oder die Übergabe ganz Oberschlesiens an Polen keine Aufnahme in den Vertrag. Vielmehr war Deutschland in seiner Einheit und Unabhängigkeit erhalten geblieben. Die Chancen Deutschlands auf einen machtpolitischen Wiederaufstieg blieben erhalten; das Reich blieb potenziell eine starke Macht.

Gewöhnlich schreibt ein Friedensvertrag ein für eine bestimmte Zeit bestehendes Übergewicht des Siegers über die Besiegten fest, welches in dem Maße zurückgeht, in dem der Besiegte seine Möglichkeiten nutzt, seine Stellung zurückzugewinnen. Den Beteiligten in Paris fehlte die Erkenntnis, dass nur zwei Alternativen bestanden hatten: Deutschland war entweder so zu schwächen, dass es völlig außer Stande gewesen wäre, das neue System durch Revision infrage zu stellen, oder aber es war abzusehen, dass es zu Anpassungen des Friedensvertrages kommen musste, damit das neue Staatensystem für Deutschland akzeptabel wurde. Frankreichs Versuche zwischen 1919 und 1923, die Durchsetzung der Bestimmungen und damit seines Übergewichtes konsequent zu erzwingen, scheiterten (▸ M4).

Was es von deutscher Seite in dieser Lage bedurfte, war eine solide Politik des langen Atems, eine mit den Prinzipien der kollektiven Sicherheit zu vereinbarende Außenpolitik. Dieser Weg war schließlich erfolgreich. Die Geschichte bis 1933 zeigt, was alles möglich war: die vorzeitige Räumung des Rheinlands, die abschließende Regelung der Reparationszahlungen (*Konferenz von Lausanne*, 1932)* und auch die Anerkennung der militärischen Gleichberechtigung Deutschlands (*Konferenz von Genf*, 1932).

1. *Stellen Sie die Etappen der Revision des Versailler Vertrages in einer Tabelle zusammen.*
2. *Formulieren Sie eine Denkschrift, die dem Auswärtigen Amt 1925 vorgelegt werden könnte. In dieser Denkschrift sollten Sie – in der Rolle eines Beamten der Weimarer Republik – erörtern, welche Möglichkeiten es gibt, einzelne Bestimmungen des Versailler Vertrages zu revidieren.*

* Siehe S. 117.

M1 Schuld waren die anderen

Ein öffentlicher Untersuchungsausschuss soll nach dem Krieg die Ursachen der deutschen Niederlage ergründen. Generalfeldmarschall Hindenburg erklärt am 18. November 1919:

Während sich beim Feinde trotz seiner Überlegenheit an lebendem und totem Material alle Parteien, alle Schichten der Bevölkerung in dem Willen zum Siege immer fester zusammenschlossen, und zwar umso mehr, je schwieriger ihre Lage wurde, machten sich bei uns, wo dieser Zusammenschluss bei unserer Unterlegenheit viel notwendiger war, Parteiinteressen breit, und diese Umstände führten sehr bald zu einer Spaltung und Lockerung des Siegeswillens.
Die Geschichte wird über das, was ich hier nicht weiter ausführen darf, das endgültige Urteil sprechen. Damals hofften wir noch, dass der Wille zum Siege alles andere beherrschen würde. Als wir unser Amt übernahmen, stellten wir bei der Reichsleitung eine Reihe von Anträgen, die den Zweck hatten, alle nationalen Kräfte zur schnellen und günstigen Kriegsentscheidung zusammenzufassen [...]. Was aber schließlich, zum Teil wieder durch Einwirkung der Parteien, aus unseren Anträgen geworden ist, ist bekannt. Ich wollte kraftvolle und freudige Mitarbeit und bekam Versagen und Schwäche.
Die Sorge, ob die Heimat fest genug bliebe, bis der Krieg gewonnen sei, hat uns von diesem Augenblicke an nie mehr verlassen. Wir erhoben noch oft unsere warnende Stimme bei der Reichsregierung. In dieser Zeit setzte die heimliche planmäßige Zersetzung von Flotte und Heer als Fortsetzung ähnlicher Erscheinungen im Frieden ein. Die Wirkungen dieser Bestrebungen waren der Obersten Heeresleitung während des letzten Kriegsjahres nicht verborgen geblieben. Die braven Truppen, die sich von der revolutionären Zermürbung freihielten, hatten unter dem pflichtwidrigen Verhalten der revolutionären Kameraden schwer zu leiden; sie mussten die ganze Last des Kampfes tragen.
Die Absichten der Führung konnten nicht mehr zur Ausführung gebracht werden. Unsere wiederholten Anträge auf strenge Zucht und strenge Gesetzgebung wurden nicht erfüllt. So mussten unsere Operationen misslingen, es musste der Zusammenbruch kommen; die Revolution bildete nur den Schlussstein. Ein englischer General sagte mit Recht: „Die deutsche Armee ist von hinten erdolcht worden." Den guten Kern des Heeres trifft keine Schuld. Seine Leistung ist ebenso bewunderungswürdig wie die des Offizierskorps. Wo die Schuld liegt, ist klar erwiesen.

Herbert Michaelis und Ernst Schraepler (Hrsg.), Ursachen und Folgen. Vom deutschen Zusammenbruch 1918 und 1945 bis zur staatlichen Neuordnung Deutschlands in der Gegenwart. Eine Urkunden- und Dokumentensammlung zur Zeitgeschichte, Bd. 4, Berlin o. J., S. 7f.

1. *Analysieren Sie Hindenburgs Aussage im Hinblick auf die von ihm verwendeten Wertungen.*
2. *Überprüfen Sie seine Vorwürfe mithilfe der Ihnen vorliegenden Fakten und Kenntnisse.*

F *Setzen Sie Ihre Ergebnisse in eine Karikatur um, die Hindenburgs Vorstellung von einem „Wir" und der bei anderen liegenden „Schuld" kritisch veranschaulicht.*

M2 Scham und Schande

Antonius John, geboren 1922 in Ahlen (Westfalen), erinnert an seine Kindheit in der Weimarer Republik:

Wir empfanden den Friedensschluss von Versailles als eine Schande, und wir schämten uns des verlorenen Krieges und erst recht des Staates, der daraus hervorgegangen war. Wer hatte uns diese Scham gelehrt, dieses Schandegefühl beigebracht? Ich weiß es nicht. Der Vater und das Elternhaus waren es gewiss nicht.
Auch mein Vater empfand Versailles als ein Unrecht. Er selbst war ja aus dem Osten vertrieben worden. Er hat mich aber immer wieder über historische Zusammenhänge aufgeklärt. Er glaubte an die Republik, glaubte an das Vaterland. Es waren wohl eher Gespräche mit den Schulkameraden, mit Leuten auf der Straße und die in der Öffentlichkeit überall anzutreffende intensive Propaganda, die so starke Wirkung auf uns ausübten. Es gab auch Lehrer, die kräftig in diese Kerbe schlugen. Wir wussten zwar nichts Genaues über Versailles. Wir kannten aber die Fakten, die wir als Schande zu empfinden hatten. [...]
Noch mehr erlag ich dieser Vorstellung, als ich wenig später in die Schule kam. Nun wurde mir endgültig klar, dass die Franzosen die Deutschen hassten und dass sie Deutschland für Generationen der „Ausbeutung" und der „Zinsknechtschaft" (was das war, wussten wir natürlich nicht) unterworfen hatten. Man habe uns nur ein paar schlecht bewaffnete Soldaten gelassen, habe uns ganze Provinzen entrissen und obendrein dafür gesorgt, dass sich die Deutschen im Zank der Parteien gegenseitig am Boden hielten.
Mein Vater versuchte zwar immer wieder, Hintergründe aufzuzeigen, um solche Äußerungen zu relativieren. Aber das wollten wir Jungen gar nicht hören. Im dritten Schuljahr konnten wir alle territorialen Verluste Deutschlands aufzählen, einschließlich des Hultschiner Ländchens, der Karoleninseln und Tschingtaus. Mit zehn Jahren kannten wir die Einwohnerzahlen und die Flächengröße aller abgetretenen

Gebiete. Wir waren darüber aufgeklärt, dass die Kolonien mehr als fünfmal so groß gewesen wären wie das Mutterland und dass ihre zehn Millionen Einwohner Tränen vergossen hätten, als die Deutschen gingen. Und wir waren darüber traurig und hatten eine Mordswut auf die Franzosen.

Antonius John, Weimar vor Ort – In Ahlen in Westfalen, in: Alltag in der Weimarer Republik. Erinnerungen an eine unruhige Zeit, herausgegeben von Rudolf Pörtner, Düsseldorf 1990, S. 638 f.

1. *Dieser Text ist ein Erinnerungsbericht, d. h. der Verfasser zeigt rückblickend, wie er geprägt wurde. Zeigen Sie anhand des Textes, wie er seine kindliche Prägung sehen will.*

H *Suchen Sie nach Textstellen, die verdeutlichen, dass der erwachsene Schreiber sich von dem Kind distanziert, das diesen Einflüssen ausgesetzt war.*

2. *Diskutieren Sie, inwiefern schulische oder familiäre Einflüsse junge Menschen beeinflussen.*

M3 Die Fallhöhe der Niederlage

Warum hatten die Niederlage im Ersten Weltkrieg und die Resultate der Friedenskonferenzen derart verheerende Auswirkungen auf das deutsche Empfinden? Der Historiker Peter März meint 2005:

Man muss [...], wenn man sich die mit Kriegsende und Kriegsdesaster verbundene Fallhöhe für die Menschen in Deutschland vergegenwärtigen will, vor allem auch einen Umstand mit bedenken, der unserer Gegenwart sehr fern gerückt ist: die rein militärischen Leistungen während des Ersten Weltkrieges als positiver Faktor der Orientierung und Identifikation, dazu das, was damals als Opferbereitschaft so hoch rangierte. Der physische, psychische und mentale Einsatz war nicht nur enorm gewesen, er hatte auch alles übertroffen, was die eigenen militärischen Fachleute vor dem Krieg für möglich gehalten hatten. [...]
Militärische Leistungen und Erfolge, gelungene Feldzüge in einem weiten Radius, vom Baltikum über Galizien, Rumänien, das Zweistromland bis Oberitalien, sind nach den Erfahrungen des Zweiten Weltkrieges [...] ein nicht nur zweifelhafter, sondern vielfach anrüchiger Teil der eigenen Geschichte geworden. Die Deutschen der Zwischenkriegszeit aber lebten und dachten hier ganz überwiegend in einer kulturell völlig anderen Welt, sieht man von der sich durchaus festigenden, aber isolierte Minderheit bleibenden Gruppe der Pazifisten ab. Bis weit in die Sozialdemokratie hinein herrschten Stolz auf und Genugtuung über das in vier Jahren gegen eine „Welt von Feinden" Erreichte. Dazu kam auch insbesondere im Reflex auf die vier Jahre Stellungskrieg im Westen so etwas wie die Ikonisierung der Schützengrabengemeinschaft. Sie habe in Dreck und Maschinengewehrfeuer Volksgemeinschaft konstituiert. Von dieser, ob tatsächlichen oder angenommenen Substanz zehrte noch die Volksgemeinschafts-Ideologie der Nationalsozialisten, mit dem Kult um den „einfachen" Gefreiten Adolf Hitler an der Spitze, mit Eintopf-Essen und Werben um den deutschen Arbeiter. [...]
Die Nation hatte in den Augen vieler, wenn nicht der meisten, alles gegeben, hatte erstaunliche Erfolge errungen und stand nun verarmt und gedemütigt da; dieses traumatisierende Resultat ging in seinen Wirkungen weit über die reine Dolchstoßlegende hinaus. Und das hier beschriebene Empfinden trug auch dazu bei, dass ein wirklich kritisch-bohrendes Fragen nach dem Warum und dem Wohin jetzt sehr weitgehend unterblieb bzw. als denunziatorisches Bemühen abgetan wurde. Die wirkliche Rechenschaftsablage über den Ersten Weltkrieg, über die Gründe für die deutsche Auskreisung vor 1914, über den eigenen Beitrag zur Herbeiführung des Krieges, über die fatalen Wirkungen der Siegfriedensambitionen, über die Intentionen der Menschenschlächterei im Stellungskrieg, all dies fand viel zu wenig statt. [...]
An dieser Stelle ergibt sich auch eine bedeutsame Diskrepanz zum Wahrnehmen und Erinnern unserer europäischen Nachbarn: Für sie ist und bleibt es der „Große Krieg", der letzte Reserven mobilisiert, der Landstriche verheert, Generationen teils ausgelöscht, teils geprägt und am Ende einen Sieg gebracht hat, der ein sehr bitterer war – aber eben doch noch einmal ein Sieg für Mächte, die dann nach 1945 deutlich an Gewicht in der Welt einbüßten. So ergaben sich „Ungleichzeitigkeiten" zwischen Deutschen einerseits, Briten und Franzosen andererseits.

Peter März, Der Erste Weltkrieg. Studien zu Politik und Geschichte, Bd. 1, München [2]2008, S. 306 f.

1. *Skizzieren Sie, welche Faktoren in der deutschen Gesellschaft die Niederlage von 1918 besonders unverträglich erscheinen ließen.*

2. *Stellen Sie den Unterschied in der Wahrnehmung des Ersten Weltkrieges zwischen Deutschland und seinen ehemaligen Kriegsgegnern gegenüber.*

M4 Frankreichs Position nach „Versailles“

Der Historiker Peter Krüger nimmt 1985 eine Einschätzung der französischen Position nach „Versailles“ vor:

Das kostete sicher in Frankreich große Überwindung, aber was sonst war sinnvoll, nachdem die klarste Lösung, „1871“ rückgängig zu machen und Deutschland durch die Übertragung eines Teils seines Wirtschaftspotenzials auf Frankreich, die Abtrennung der Rheinlande und Ähnliches mehr tatsächlich zu einer Macht minderen Ranges herabzudrücken, sich nicht hatte durchführen lassen? Es war doch politisch vermessen, einerseits den Versailler Vertrag aufzusetzen, der den Wiederaufstieg Deutschlands nicht strikt unterband, und andererseits anzunehmen, man könne möglicherweise für Jahrzehnte einen derartigen Druck auf das wiedererstarkende Deutschland aufrechterhalten, dass es den Status quo von 1918/19, die darauf gegründeten Friedensbedingungen und eine untergeordnete, seinem Gewicht keineswegs entsprechende internationale Stellung als permanent anerkannte. Ebenso wenig einleuchtend war die Hoffnung auf ein dauerhaft gegen Deutschland gerichtetes Bündnis, also dauerhafte Übereinstimmung der Interessen der Sieger. Es war deshalb nur folgerichtig, dass schon beim Abschluss des Vertrages bestimmte Kreise in Frankreich voller Illusionen darauf hofften, die Bedingungen später noch in ihrem Sinne ausgestalten zu können, während zur gleichen Zeit die Weltkriegsverbündeten der Franzosen, vor allem England und die Vereinigten Staaten, schon die Revision zugunsten der Deutschen als unumgänglich, ja sogar als erwünscht ins Auge fassten. Die Tatsache war also bekannt, dass der Versailler Vertrag eine Art Zwitterstellung einnahm, je nachdem zu hart oder zu wenig durchgreifend ausgefallen war. Wichtig jedoch bleibt, dass er eines immerhin entschied: Frankreich hatte sich nicht voll durchgesetzt, und die nachträglichen Bemühungen, das Versäumte nachzuholen, waren ziemlich aussichtslos; es blieben nur überlegte und begrenzte Revision und Verständigungspolitik im europäischen Rahmen. Das gilt in gleicher Weise für Deutschland, wenn es nicht durch sturen Widerstand zugrunde gehen oder durch allmähliche Vorbereitung von Gewaltlösungen alles aufs Spiel setzen und wieder eine große Koalition gegen sich vereinen wollte.

Peter Krüger, Die Außenpolitik der Republik von Weimar, Darmstadt ²1993, S. 86

1. *Skizzieren Sie die unterschiedlichen Optionen, die Krüger für Frankreich und Deutschland darstellt.*
2. *Erläutern Sie den Begriff „Zwitterstellung“ anhand der Ihnen bekannten Fakten.*

M5 Streit um die Locarno-Verträge

a) Der kommunistische Abgeordnete Wolfgang Bartels kommentiert die Locarno-Verträge am 30. Oktober 1925 im Preußischen Landtag:

Wenn man die einzelnen Verträge und ihre Paragrafen durchgeht, so sehen wir, dass Deutschland hinreichend Garantie gibt, aber dafür lediglich die Garantie erhält, dass es Kriegsbütteldienste leisten darf und andererseits Deutschland als Kriegsschauplatz ausliefern muss. Locarno bedeutet in Wirklichkeit – das wird auch in diesem Hause niemand zu bestreiten versuchen – die Auslieferung der Rheinlande, es bedeutet direkt ein Verschenken preußisch-deutschen Gebietes, es bedeutet die Garantie des Einmarsch- und Durchmarschrechtes durch Deutschland, es bedeutet die Kriegsdienstverpflichtung der deutschen Bevölkerung für die Entente gegen Russland, es bedeutet vor allem die Anerkennung der Aufrechterhaltung des Besatzungsregimes, und es bedeutet erneut das Bekenntnis zu dem Versailler Vertrag. Es bedeutet darüber hinaus verschärfte Ausbeutung, verschärfte Entrechtung, Unterdrückung, Elend, Übel, Not.

b) Der nationalsozialistische Abgeordnete Gregor Straßer nimmt am 24. November 1925 im Reichstag Stellung:

Wir Nationalsozialisten, wir Frontsoldaten und wir Frontoffiziere [...] verzichten nie und nimmer auf Elsass-Lothringen. Wir verzichten nie auf Eupen und Malmedy, auf die Saar und auf unsere Kolonien. Wir verzichten auf Nordschleswig so wenig wie auf Memel und Danzig, wie auf Westpreußen und Oberschlesien. Wir jungen Deutschen kennen unsere großdeutsche Aufgabe, und wir speisen die Brüder in Österreich und in Sudeten-Deutschland nicht mit leeren Worten ab. [...] Unser Staat, der [...] ein in sich geschlossener geworden ist, wird einst die Verträge von Versailles, London[1] und Locarno wie Papierfetzen zerreißen können, weil er sich stützt auf das, was Sie bewusst im deutschen Volke zerschlagen, wofür kein Opfer gebracht werden darf, nämlich auf die Bildung eines in sich geschlossenen Volkes.

Erster Text zitiert nach: Herbert Michaelis und Ernst Schraepler (Hrsg.), Ursachen und Folgen. Vom deutschen Zusammenbruch 1918 und 1945 bis zur staatlichen Neuordnung Deutschlands in der Gegenwart. Eine Urkunden- und Dokumentensammlung zur Zeitgeschichte, Bd. 6, Berlin o. J., S. 396 f. Zweiter Text zitiert nach: Detlef Junker u. a. (Hrsg.), Deutsche Parlamentsdebatten II. 1919-1939, Frankfurt am Main 1971, S. 180 f.

1. *Arbeiten Sie Gemeinsamkeiten und Unterschiede beider Texte hinsichtlich einer „Verzichtspolitik“ heraus.*
2. *Erläutern Sie die Motive bei den Gegnern der Verträge.*

[1] Gemeint ist die Annahme des Dawes-Plans 1924.

▸ **„Locarno? Wählt deutschnational!"**
Plakat (94 x 70,5 cm) der DNVP zur Reichstagswahl vom 20. Mai 1928.

- *Analysieren Sie die Wahlwerbung der DNVP im Hinblick auf die gestalterischen Mittel und die Aussage. Siehe dazu den Methoden-Baustein auf S. 213-215.*
- H *Erläutern Sie, worauf die Darstellung eines französischen Soldaten und des Rheins anspielt.*
- F *Gestalten Sie ein Gegenplakat.*

M6 „Scheidepunkt der europäischen Politik"

Der SPD-Abgeordnete Otto Wels stellt am 24. November 1925 im Reichstag die Locarno-Verträge in einen größeren Zusammenhang und sagt:

Wie man auch zu den Verträgen von Locarno und zu dem Eintritt Deutschlands in den Völkerbund stehen mag, das fühlt ein jeder: Wir stehen jetzt am Scheidepunkte der europäischen Politik. Es fragt sich jetzt, ob eine neue Welt, in der der Gedanke des Friedens lebendige Kraft haben soll, das Leben der Völker Europas in Zukunft beherrschen wird, oder ob die Mächte, die, auf Gewalt und kriegerischen Auseinandersetzungen fußend, dem Fortschritt, dem moralischen und materiellen Wiederaufbau den Weg dauernd versperren sollen. [...]

Was seit Jahrzehnten in Europa fehlte, das Bedürfnis nach europäischer Solidarität, das ist heute ein sichtbares Bedürfnis aller europäischen Völker geworden. Aus dem Munde der zahlreichen Kollegen dieses Hauses, die kürzlich aus den Vereinigten Staaten von Amerika zurückgekehrt sind, haben wir immer und immer wieder gehört, dass man auch dort drüben volles Verständnis für diese europäischen Gemeininteressen hat. Es zeigt sich jetzt allerdings mehr denn je die Notwendigkeit, die Allgemeininteressen Europas, die mit den Interessen jedes einzelnen Landes identisch sind, den selbstsüchtigen Interessen von Gruppen, Cliquen und Parteien voranzustellen. [...]

Es handelt sich gerade darum, das Bündnissystem der Vorkriegszeit und damit den Gegensatz, der zwischen Alliierten und Deutschland bestand, aus der Welt zu schaffen. Deutschland soll in Zukunft gleichberechtigt neben jenen Mächten stehen, nicht um mit ihnen gegen Russland zu marschieren, sondern um den Völkerbund aufzubauen, der schließlich auch Russland umfassen wird.

Zitiert nach: Wolfgang Michalka und Gottfried Niedhart (Hrsg.), Deutsche Geschichte 1918-1933. Dokumente zur Innen- und Außenpolitik, Frankfurt am Main 1992, S. 110 f.

1. *Wels spricht von den „Allgemeininteressen Europas, die mit den Interessen jedes einzelnen Landes identisch sind" (Zeile 19 f.) und stellt sie den „selbstsüchtigen Interessen von Gruppen, Cliquen und Parteien" (Zeile 20 f.) gegenüber. Erläutern Sie diese beiden „Interessen".*
2. *Verfolgen Sie anhand der Geschichte Europas von 1900 bis 1945, wann und in welcher Form sich diese unterschiedlichen Interessen durchsetzen konnten.*

H *Veranschaulichen Sie Ihre Erläuterung in einem Schaubild.*

F *Vergleichen Sie die Thesen von Wels mit der Vorstellung von Wilson für eine friedliche Welt (M1 auf S. 457).*

Geschichte regional

Der „Ruhrkampf" von 1923

Die Reparationen machen Probleme Die Zahlung der im Versailler Vertrag begründeten und von den Siegermächten festgelegten Wiedergutmachungsleistungen zählte zu den zentralen Problemen der jungen Weimarer Republik. Sie sah sich angesichts der sozialen und wirtschaftlichen Lage der Nachkriegszeit und der einsetzenden Inflation nicht in der Lage, die Forderungen zu erfüllen. Zwar konnten Zahlungsaufschübe vereinbart werden, aber insgesamt blieb bei den Alliierten, vor allem bei der französischen Regierung, der Verdacht, dass der Reichsregierung die wirtschaftlichen Schwierigkeiten gerade recht seien, um die Reparationszahlungen zu verzögern.

▲ **„Nein! Mich zwingt ihr nicht!"**
Plakat (90 x 60 cm) von 1923. Der Anschlag wurde von der „Reichszentrale für Heimatdienst" in Berlin herausgegeben. Diese Behörde war der Reichsregierung unterstellt.

Ein Krieg nach dem Krieg Nachdem das Deutsche Reich 1922 in Verzug mit Sachlieferungen von Telegrafenstangen und Kohle geraten war, kamen Frankreich, Belgien und Italien gegen den Widerspruch Großbritanniens überein, ihre Forderungen mit Gewalt durchzusetzen. Sie konnten sich dabei auf den Versailler Vertrag berufen, der ihnen das Recht zu Sanktionen bei schuldhaften Verzögerungen der deutschen Leistungen zubilligte. Die Regierung in Berlin sah die Gefahr, glaubte sie aber politisch nutzen zu können (▸ M1). Am 11. Januar 1923 besetzten französische und belgische Truppen das Ruhrgebiet – angeblich zum Schutze von Mitarbeitern ihrer Reparationskommissionen. Soldaten übernahmen die Kontrolle von Kohlengruben, Zechen und Verwaltungen, und das Ruhrgebiet wurde durch eine Zollgrenze vom übrigen Reich abgeschlossen.

Eine Welle der nationalen Empörung ging durch das Land. Anhänger und Feinde der Republik, radikale Nationalisten und Kommunisten protestierten gegen das Vorgehen der Besatzer. Die Reichsregierung rief die Bevölkerung am 10. Januar zum passiven Widerstand auf. Arbeiter, Angestellte und Beamte stellten im Ruhrgebiet ihre Arbeit ein und das Reich begann, sie und die Unternehmer finanziell zu unterstützen.

Die Besatzer reagierten unmissverständlich: Sie beschlagnahmten alle verfügbaren Gelder, verhängten massive Strafen gegen alle, die sich weigerten, ihren Befehlen nachzukommen, und wiesen vor allem Beamte einschließlich ihrer Familien aus dem Ruhrgebiet aus. Industrie, Verwaltung und Verkehr lagen lahm. Bald fehlte es an Nahrungsmitteln. Hunger und Krankheit waren die Folge. Sabotageakte und Sprengstoffattentate von Freikorps und Nationalsozialisten verschärften die Lage. Zuletzt waren 100 000 Besatzungssoldaten im Einsatz (▸ M2).

Das Ende Als Stresemann im Herbst 1923 neuer Reichskanzler wurde, führte kein Weg am Abbruch des passiven Widerstandes vorbei. Die Kosten dafür waren nicht mehr aufzubringen und hatten zur Hyperinflation beigetragen. Zahlten die Menschen im Ruhrgebiet Anfang Juli schon 8 000 Mark für ein Pfund Kartoffeln, mussten sie 14 Tage später dafür bereits 100 000 Mark ausgeben. Außerdem bröckelte der Widerstand, zumal es den französischen Ingenieuren und Eisenbahnern gelungen war, die Wirtschaft für ihre Zwecke in Gang zu bringen. Am 26. September 1923 verkündeten Reichspräsident und Reichsregierung den Abbruch des „Ruhrkampfes" (▸ M3). Zur gleichen Zeit agitierten in Bayern die Nationalsozialisten und in Sachsen und Thüringen beseitigte die Reichswehr gewaltsam die gewählten Regierungen, um angeblichen kommunistischen Putschversuchen zuvorzukommen.*
Bis Ende 1923 konnten die innenpolitischen Krisen (einschließlich des Hitler-Putsches) überwunden werden. Auch das Verhältnis zu den Westmächten wurde besser. Letztlich war der „Ruhrkampf" auch für die Besatzer kein Erfolg: Trotz Währungsreform von 1924 konnte das Reich die Wiedergutmachungsleistungen nicht in voller Höhe erbringen.

* Siehe dazu S. 191.

Ein französischer Soldat auf einem beschlagnahmten Kohlenzug im Ruhrgebiet.
Foto vom Januar 1923.

M1 Politische Überlegungen

Aufgrund von ersten Informationen über die geplante Besetzung des Ruhrgebietes bemerkt der parteilose Reichskanzler Wilhelm Cuno am 9. Januar 1923 in einer Ministerratssitzung:

Wenn es nun zu Sanktionen und Gewaltmaßnahmen [...] kommt, so wird die nächste Folge wohl eine starke nationale Welle sein. Es gilt, diese Welle dem Staate dienstbar zu machen, sie nicht sich selbst zu überlassen und nicht etwa unter das Zeichen des Hakenkreuzes, auch nicht der schwarz-weiß-roten Flagge kommen zu lassen, sondern dafür zu sorgen, dass sie von vornherein der Einigung und Versöhnung im deutschen Volke diene [...].

Zitiert nach: Gerd Krumeich, Der „Ruhrkampf" als Krieg [...], in: Ders. und Joachim Schröder (Hrsg.), Der Schatten des Weltkriegs: Die Ruhrbesetzung 1923, Essen 2004, S. 17

M2 Ein Rechtfertigungsversuch

Auf einem im Frühsommer 1923 im Ruhrgebiet verteilten Flugblatt französischer Herkunft heißt es:

Wer leidet darunter?
Als die belgisch-französischen Truppen ins Ruhrgebiet kamen, haben sie sich an den gesunden Verstand der Bevölkerung gewandt. Im selben Augenblick aber setzte die Berliner Regierung alles ins Werk, um zur allgemeinen Empörung aufzuhetzen.
Und als der ruhige Sinn dieser Bevölkerung diesen Plan vereitelte, versuchte sie nun, durch ihre Beamten und Angestellten, zum größten Schaden des Gebietes, den Alliierten alle möglichen Hindernisse in den Weg zu legen: Teilstreiks, Dienstverweigerung, Sabotage, Kundgebungen u.s.w.
Wie damals im Jahre 1918 die deutsche Heerführung ihren Rückzug durch brutale, systematische Verwüstung zu decken versuchte, ebenso wird jetzt die Cuno-Regierung das Ruhrgebiet sinnlos und aussichtslos zum Tummelplatz ihres törichten Widerstandes machen. [...] Deutsche, die Männer von 1914 führen Euch noch einmal ins Verderben.

Zitiert nach: Gerd Krumeich, Der „Ruhrkampf" als Krieg [...], a.a.O., S. 22

M3 „An das deutsche Volk!"

Am 26. September 1923 veröffentlichen Reichspräsident und Reichsregierung folgenden Aufruf:

Am 11. Januar haben französische und belgische Truppen wider Recht und Vertrag das deutsche Ruhrgebiet besetzt. Seit dieser Zeit haben Ruhrgebiet und Rheinland schwerste Bedrückungen zu erleiden. [...] Die Reichsregierung hat es übernommen, nach ihren Kräften für die leidenden Volksgenossen zu sorgen. In immer steigendem Maße sind die Mittel des Reichs dadurch in Anspruch genommen worden. In der abgelaufenen Woche erreichten die Unterstützungen für Rhein und Ruhr die Summe von 3500 Billionen Mark. In der laufenden Woche ist mindestens die Verdoppelung dieser Summe zu erwarten. Die einstige Produktion des Rheinlandes und des Ruhrgebietes hat aufgehört. Das Wirtschaftsleben im besetzten und unbesetzten Deutschland ist zerrüttet. Mit furchtbarem Ernst droht die Gefahr, dass bei Festhalten an dem bisherigen Verfahren die Schaffung einer geordneten Währung, die Aufrechterhaltung des Wirtschaftslebens und damit die Sicherung der nackten Existenz für unser Volk unmöglich gemacht werden. Diese Gefahr muss im Interesse der Zukunft Deutschlands ebenso wie im Interesse von Rhein und Ruhr abgewendet werden. Um das Leben von Volk und Staat zu erhalten, stehen wir heute vor der bitteren Notwendigkeit, den Kampf abzubrechen.

Zitiert nach: Heinz Hürten (Hrsg.), Weimarer Republik und Drittes Reich 1918-1945, Stuttgart 1995, S. 83 f.

1. *Für die französische und belgische Regierung war die Besetzung legitim, für das Reich ein Kriegsakt. Erläutern Sie die Einordnungen (M1 bis M3).*
2. *Beurteilen Sie das Verhalten der Reichsregierung sowie der Besatzer (M1 bis M3). Berücksichtigen Sie Text- und Bildquellen sowie den Verfassertext auf S. 478.*

Geschichte kontrovers

Der Versailler Vertrag – Katastrophe oder Chance?

Nach der Ende September 1918 von der Obersten Heeresleitung eingestandenen Niederlage des Deutschen Reiches mussten Vertreter der ersten frei und demokratisch gewählten Regierung am 28. Juni 1919 den Versailler Vertrag unterzeichnen. Das Zustandekommen und der Inhalt des Friedensvertrages lösten anhaltende Proteste aus. Die große Mehrheit der Deutschen lehnte den „Schmachfrieden", wie er damals genannt wurde, ab. Historiker sahen später in dem Vertrag einen Hauptgrund für den Aufstieg des Nationalsozialismus und den Beginn des Zweiten Weltkrieges. Erst Jahrzehnte nach der Gründung der Bundesrepublik Deutschland hat sich die Geschichtswissenschaft von dieser Interpretation gelöst.

M1 „Die führenden Feinde haben ihr Ziel erreicht"

Dietrich Schäfer, ein zu seiner Zeit angesehener Historiker und politischer Schriftsteller, hat Werke über die Geschichte der Hanse ebenso wie über die Kolonialgeschichte veröffentlicht. Seine zweibändige „Geschichte der Deutschen" erscheint zwischen 1910 und 1932 in zehn Auflagen. Auch seine zweibändige „Weltgeschichte der Neuzeit", die erstmals 1901 erscheint und bis 1922 in ständig aktualisierten Auflagen gedruckt wird, findet vor allem im Bürgertum viele Leser. In der „11. durchgesehenen und bis zur Gegenwart fortgeführten Auflage" des Werkes von 1919 beurteilt Schäfer Deutschlands Stellung nach dem Versailler Vertrag so:

Der Friede, der dem Kriege ein Ende gemacht hat, ist in der Tat ein anderer geworden als die früheren, so brutal und vernichtend, wie die Weltgeschichte kaum je einen sah. [...]
Der Friede löscht Deutschland aus der Reihe der Großmächte, ja der selbstständigen Staaten aus. Die Gebietsverluste, die sofortigen und die zunächst noch infrage gestellten, raubten ihm Millionen seiner Bevölkerung, dazu unentbehrliche Bodenschätze. Kernlande, ohne die Preußen nicht bestehen kann, gingen verloren. Millionen deutscher Leute wurden fremder Herrschaft unterworfen. Die Beziehungen zu den Nachbarvölkern wurden nicht geklärt, sondern verwickelt. An weiteren Streitigkeiten wird es nicht fehlen; ihre Entscheidung liegt beim Völkerbunde, dem Deutschland für absehbare Zeiten nicht angehören wird, von dem auch, wenn er Deutschland einmal zugelassen hat, vorbehaltlose Gerechtigkeit für Deutsche nicht zu erwarten ist.
[...] Deutschlands Verkehr wird der Aufsicht der Gegner unterstellt, unsere eigensten Ströme werden internationalisiert; wir sind nicht mehr Herren im eigenen Hause, viel abhängiger und hilfloser als einst nach dem Westfälischen Frieden. Dazu kommen neben der schweren Not, die der Krieg an sich verursacht hat, die ungeheuerlichen Ersatzforderungen der Feinde, eine nimmer endende Schraube, die jederzeit nach Belieben angezogen werden kann. [...] Unsere Regierenden beteuern, dass sie die eingegangenen Bedingungen ehrlich erfüllen wollen; sie stellen in Aussicht, was sie nicht halten können. [...] Die Feinde haben Monate vergehen lassen, ehe es ihnen gefallen hat, den Vertrag zu vollziehen. [...] Wo solches möglich ist, da möchte man verzweifelt rufen: „Lasst alle Hoffnung fahren! Deutsches Volk, du hast deine Rolle ausgespielt in der Weltgeschichte! Du verdienst nichts anderes als in Zukunft Sklave stärkerer und einsichtigerer Nationen zu sein." [...]
Die führenden Feinde haben ihr Ziel erreicht. Frankreich steht gegenüber Deutschland mächtiger da als einst unter Ludwig XIV. nach dem Westfälischen Frieden; seine Grenzen sind weiter vorgeschoben als damals.

Dietrich Schäfer, Weltgeschichte der Neuzeit, Zweiter Teil: Vom Ende des Siebenjährigen Krieges bis zur Gegenwart, Berlin [11]1919, S. 445 - 449

M2 Nüchterne Analyse des Versailler Vertrages

Der Historiker Peter Longerich schreibt 1995 über den Versailler Vertrag:

Bei einer nüchternen Analyse des Versailler Vertrages hätten jedoch auch die Chancen erkannt werden können, die er im Rahmen der Neuordnung Europas der deutschen Politik bot. Positiv zu verbuchen war, dass trotz erheblicher Gebietsverluste die Reichseinheit erhalten geblieben war, was nach der verheerenden Niederlage keineswegs als selbstverständlich hatte angenommen werden können. Zweitens stand Deutschland nicht mehr der geschlossenen Front der Kriegsgegner gegenüber: Im Gegenteil ergab sich die Chance, die tiefen Gegensätze, die nach der bolschewistischen Revolution zwischen Russland und den westlichen Siegermächten herrschten, zugunsten der deutschen Politik zu nutzen; und nach der Ablehnung der Ratifizierung des Versailler Vertrages durch das amerikanische Repräsentantenhaus und dem

▲ **„Die Grundlage für den Völkerbund. Nur so kann Deutschland darin geduldet werden!“**
Karikatur von Thomas Theodor Heine aus dem „Simplicissimus“ vom 11. März 1919.
- *Beschreiben Sie die in der Karikatur dargestellte Situation. Benennen Sie die Akteure.*
- *Analysieren Sie, welche Vorstellung von der Rolle Deutschlands im Völkerbund und in der internationalen Ordnung die Zeichnung vermittelt. Vergleichen Sie mit der Bewertung in M1.*

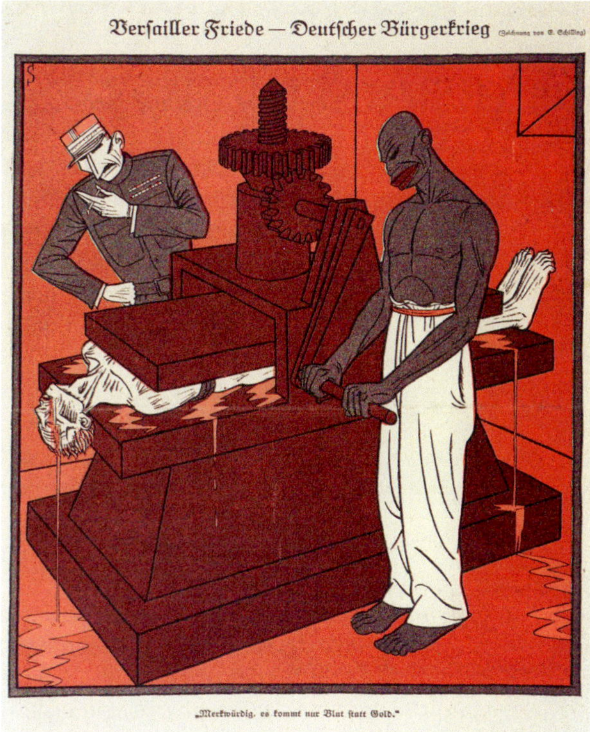

▲ **„Versailler Friede – Deutscher Bürgerkrieg.“ – „Merkwürdig, da kommt nur Blut statt Gold.“**
Karikatur von Erich Schilling aus dem „Simplicissimus“ vom 2. August 1922.
- *Beschreiben Sie die Zeichnung. Analysieren Sie dabei, welche Funktion der Künstler den gezeigten Personen zuweist. Für welche Gruppen könnten die einzelnen Akteure jeweils stehen?*
- *Erläutern Sie die Aussage der Karikatur. Beachten Sie dabei ihre Entstehungszeit.*

Abschluss eines deutsch-amerikanischen Friedensvertrages 1921 spielten die USA eher die Rolle eines Mittlers denn eines Siegers. Drittens eröffneten sich für die deutsche Außenpolitik vielfältige Möglichkeiten, gegenüber dem von Finnland bis Jugoslawien reichenden Gürtel kleiner, neu geschaffener Staaten eine Führungsrolle zu übernehmen. Viertens sprach der Zeitfaktor für eine allmähliche Lockerung der harten und diskriminierenden Friedensbestimmungen, etwa hinsichtlich der Bewaffnung und der Reparationen. Die mittel- und langfristigen Perspektiven der deutschen Politik sahen demnach keineswegs nur düster aus – vor allem wenn man sie mit der Sackgasse verglich, in die die wilhelminische „Weltpolitik“ 1914 geführt hatte. Eine solche Betrachtungsweise lag aber außerhalb der seinerzeit vorherrschenden nationalistischen Selbsttäuschung.

Peter Longerich, Deutschland 1918-1933. Die Weimarer Republik, Hannover 1995, S. 100

1. *Arbeiten Sie die Kriterien und Perspektiven heraus, an denen die Historiker ihre Urteile über den Vertrag festmachen.*
2. *Erläutern Sie die möglichen Gründe für die unterschiedlichen Sichtweisen. Informieren Sie sich im Internet über die beiden Historiker und berücksichtigen Sie das Erscheinungsjahr.*
3. *Vergleichen Sie die Aussagen über die Folgen des Versailler Vertrages für Deutschland.*
4. *Erörtern Sie, was die hier konstruierte Kontroverse über das historische Bewerten aussagt.*
5. *War der Versailler Vertrag eine Katastrophe oder eine Chance? Nehmen Sie dazu auf der Grundlage von M1 und M2 sowie des Lehrbuchtextes (siehe S. 471-477) Stellung.*

Konflikte und Frieden nach dem Zweiten Weltkrieg

▲ **„Das Veto der Bombe."**
„Es wird hier dauernd vom Frieden gesprochen – meine Herren der Friede bin ich!" Titelblatt der Satirezeitschrift „Simplicissimus" vom 10. Mai 1956.

Orientierung Der Übergang vom Krieg zum Frieden war angesichts der katastrophalen Zerstörungen, den über 55 Millionen Kriegstoten und den NS-Verbrechen gegen die Menschlichkeit nach 1945 besonders schwer.

Der Kampf der Alliierten gegen die „Hitler-Tyrannei" führte – trotz anderslautender Versprechen in der *Atlantik-Charta* und der *Charta der Vereinten Nationen* – nicht zu einem Weltfrieden. Die weltanschaulichen, sicherheitspolitischen und wirtschaftlichen Gegensätze zwischen den USA, Großbritannien und der Sowjetunion wurden auf der letzten Kriegskonferenz in Potsdam deutlich. Die Siegermächte einigten sich nur vage über das Vorgehen gegenüber Deutschland und vertagten die Lösung kontroverser Fragen auf später.

Der Kalte Krieg führte dann zu einer Teilung Deutschlands, Europas und der Welt sowie zu gewaltigen Rüstungsanstrengungen. Das atomare Patt der Supermächte verhinderte die „Stellvertreterkriege" in Korea und Vietnam ebenso wenig wie die Unterdrückung der Freiheitsrechte in vielen Staaten. Erst der KSZE-Prozess, die westliche Politik der Stärke und des Dialoges sowie der Wandel in der Sowjetunion trugen 1989 zum Ende des Kalten Krieges und der Überwindung der Teilung Deutschlands und Europas bei.

Eine Voraussetzung dafür war der von den USA in der Nachkriegszeit unterstützte westeuropäische Integrationsprozess. Er begann mit einer wirtschaftlichen Zusammenarbeit ehemals verfeindeter Staaten und führte zu einer engen Kooperation auf zahlreichen Gebieten. Dabei waren die Mitgliedstaaten bereit, einzelne Souveränitätsrechte an überstaatliche Institutionen abzugeben. Die Einigung machte Westeuropa zu einem Hort des Friedens, der Demokratie und des Wohlstandes. Die Folgen der Auflösung des Sowjetimperiums und die Osterweiterung stellten die EU vor neue sicherheitspolitische Herausforderungen.

Nach dem Scheitern des Völkerbundes begann mit den Vereinten Nationen ein neuer Versuch, die Menschheit mithilfe eine Weltorganisation von der „Geißel des

14. August 1941
In der Atlantik-Charta werden Grundsätze der internationalen Politik festgelegt

1945
• Die bedingungslose Kapitulation der deutschen Wehrmacht tritt in Kraft (8. Mai)
• Die Siegermächte übernehmen die Regierungsgewalt über Deutschland (5. Juni)
• Gründung der Vereinten Nationen (26. Juni)
• Potsdamer Konferenz (17. Juli bis 2. August)
• Die USA werfen zwei Atombomben auf Japan ab (6./9. August)

1945 - 1948
Sowjetisierung Ostmitteleuropas; die USA verstärken ihr Engagement in Westeuropa

18. April 1946
Der Völkerbund löst sich selbst auf

1949
Die USA, Kanada und zehn westeuropäische Staaten gründen die NATO; die Sowjetunion wird Atommacht

1952
Der EGKS-Vertrag tritt in Kraft

1955
Gründung des Warschauer Paktes zwischen der Sowjetunion und ihren Satellitenstaaten

1956
Der sowjetische Parteichef Chruschtschow verkündet die „friedliche Koexistenz"

1958
Die Römischen Verträge treten in Kraft

1961
Die DDR errichtet die Berliner Mauer

1962
Kuba-Krise: die Welt steht am Rande eines Atomkrieges

1964 - 1975
Die USA scheitern militärisch und politisch in Vietnam

1968
Der Atom-waffenspe vertrag so die unkon rollierte V breitung v Kernwaffe verhinderr

197
Der SALT I-Vertrag begren erstmals das atomare Wet rüsten zwischen den US und der UdSS

1940 · 1945 · 1950 · 1955 · 1960 · 1965 · 1970

◂ **Ausdehnung des sowjetischen Herrschaftsbereiches in Europa.**

Krieges“ zu befreien. Die nationalen Interessen ihrer souveränen Mitglieder sowie die Struktur der Organisation verhinderten das bislang. Trotzdem trugen die UN viel zur Verbreitung der Menschenrechte und zur Bewältigung zahlloser Probleme bei.

Im Zentrum des Kapitels stehen folgende Fragen:

- *Wie entwickelten sich die internationalen Beziehungen nach 1945?*
- *Welche politischen Strategien trugen zur Überwindung des Ost-West-Konfliktes und des Kalten Krieges bei?*
- *Welchen Beitrag leistete der europäische Einigungsprozess für die Sicherheit Europas?*
- *Welche Bedeutung hatten der Völkerbund und die Vereinten Nationen für die internationale Friedensicherung?*

1975
Die erste Konferenz über Sicherheit und Zusammenarbeit in Europa (KSZE) endet mit der Schlussakte von Helsinki

1979
NATO-Doppelbeschluss zur Nachrüstung von Mittelstreckenraketen in Europa; die Sowjetunion marschiert in Afghanistan ein

1983
Die Genfer Verhandlungen über Mittelstreckenwaffen (INF) werden abgebrochen

1985
Michail Gorbatschow wird Staats- und Parteichef der Sowjetunion und beginnt seine Reformpolitik aus Glasnost und Perestroika

1989/90
Fall der Berliner Mauer; friedliche Revolutionen in Osteuropa

1991
Die Sowjetunion und der Warschauer Pakt lösen sich auf

1992
Vertrag über die Europäische Union

1999 - 2007
Die meisten Staaten Ostmitteleuropas treten der NATO sowie der EU bei

1975 1980 1985 1990 1995 2000 2005

Das Ende des Zweiten Weltkrieges und die Konferenz von Potsdam

▲ **Die „Großen Drei" in Jalta.**
Foto vom 9. Februar 1945. Von links nach rechts: Winston S. Churchill (Großbritannien), Franklin D. Roosevelt (USA) und Josef W. Stalin (Sowjetunion).

Kriegsziele der Alliierten Während des Zweiten Weltkrieges wurden die Weichen für die Nachkriegsordnung Europas und der Welt gestellt. Die im August 1941 von US-Präsident Franklin D. Roosevelt* und dem britischen Premierminister Winston S. Churchill** erarbeitete „Atlantik-Charta", zu der sich 1942 auch der sowjetische Staats- und Parteichef Josef W. Stalin*** und andere Staatsführer bekannten, bildete die Grundlage der Anti-Hitler-Koalition. Sie legte nicht nur den gemeinsamen Kampf gegen die „Nazityrannei" fest. Die Unterzeichner der „Atlantik-Charta" bekannten sich auch dazu,

- auf die Vergrößerung ihrer Länder zu verzichten,
- Gebietsveränderungen nur mit Zustimmung der Völker zu akzeptieren,
- das Recht aller Völker anzuerkennen, ihre eigene Regierungsform zu wählen und
- die Zusammenarbeit zwischen allen Nationen so zu stärken, dass „alle Menschen in allen Ländern der Welt ihr Leben frei von Furcht und Mangel leben können".

Auf der Konferenz von Jalta (4. bis 11. Februar 1945) einigten sich die Staats- und Regierungschefs der „Großen Drei" über

- die zu gründenden „Vereinten Nationen",****
- eine mögliche Verschiebung der polnischen Grenzen nach Westen,
- die vollständige Entmilitarisierung Deutschlands und dessen Verpflichtung zu Wiedergutmachung,
- die Hinzuziehung Frankreichs als vierte Besatzungsmacht und
- das Recht der befreiten Völker, „demokratische Einrichtungen nach ihrer Wahl zu schaffen".

Der Zweite Weltkrieg endete in Europa am 8. Mai mit der **bedingungslosen Kapitulation** der deutschen Wehrmacht und in Fernost am 2. September mit der Unterwerfung Japans nach dem Abwurf zweier amerikanischer Atombomben auf Hiroshima und Nagasaki. Er hinterließ zahllose Zerstörungen und – so die Schätzungen – weltweit über 55 Millionen Kriegstote – und den erklärten Willen: „Nie wieder Krieg!"

Spannungen in der Anti-Hitler-Koalition Gegen Ende des Krieges begann Stalin – entgegen den Abmachungen von Jalta – den sowjetischen Machtbereich systematisch auszudehnen. Estland, Lettland und Litauen wurden in die UdSSR eingegliedert und in Polen, der Tschechoslowakei, Ungarn, Rumänien und Bulgarien wurde der Einfluss der Kommunisten auf Politik und öffentliches Leben stark ausgebaut, sodass der britische Premier Churchill vor der Entwicklung warnte und einen „Eisernen Vorhang" voraussagte (▸ M1).

Bedingungslose Kapitulation (*unconditional surrender*): Anfang 1943 hatten die Westalliierten auf der Konferenz von Casablanca die bedingungslose Kapitulation der Achsenmächte (Deutschland, Italien und Japan mit ihren Verbündeten) gefordert. Für das Deutsche Reich unterzeichnete die Führung der Streitkräfte am 7. Mai 1945 im US-Hauptquartier in Reims die Gesamtkapitulation. Sie trat am 8. Mai um 23:01 Uhr MEZ in Kraft. Aus protokollarischen Gründen war die Kapitulation am 8./9. Mai im Hauptquartier der Roten Armee in Berlin-Karlshorst wiederholt worden. Die deutsche Staats- und Wehrmachtführung räumte damit den alliierten Siegermächten das Recht ein, alle militärischen, politischen und gesellschaftlichen Angelegenheiten Deutschlands zu regeln.

* Siehe S. 100.
** Siehe S. 253.
*** Siehe S. 251.
**** Siehe S. 526.

Die Potsdamer Konferenz Am 5. Juni 1945 hatten die vier Siegermächte die oberste Regierungsgewalt in den vier Besatzungszonen und den vier Sektoren Berlins übernommen. Auf der Potsdamer Konferenz (17. Juli bis 2. August 1945) besprachen die Staats- und Regierungschefs der USA, Großbritanniens und der Sowjetunion alle territorialen, politischen und wirtschaftlichen Probleme, die der Krieg in ganz Europa verursacht hatte. Auf die Teilnahme Frankreichs hatte man verzichtet, obwohl es die vierte Besatzungsmacht in Deutschland war.

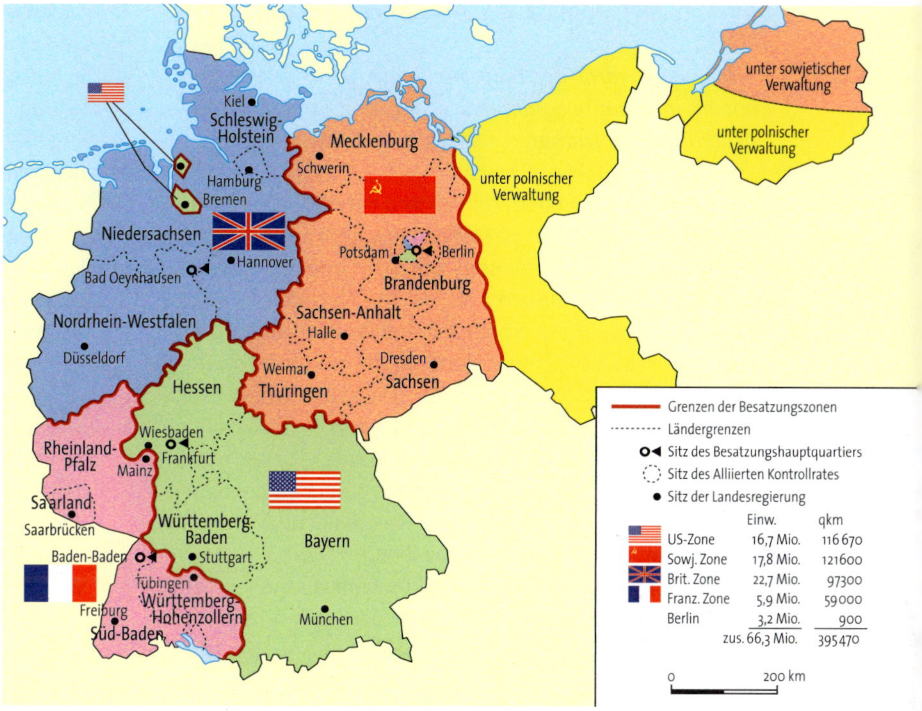

▲ **Die Besatzungszonen und die 1946/47 gebildeten Länder.**

Die Regierungschefs legten die Grundlage für die zukünftige Zusammenarbeit der Siegermächte in Europa fest. Relativ leicht konnten sie sich auf allgemeine politische Grundsätze einigen: Das Deutsche Reich sollte demokratisiert, entmilitarisiert, dezentralisiert und entnazifiziert werden. Die Art und Weise, wie diese Ziele erreicht werden sollten, wurde aber nicht genau festgelegt. Die Sowjetunion interpretierte die Vorgaben anders als die Westmächte.

Territorial gingen die Konferenzteilnehmer von Deutschland in den Grenzen von 1937 aus. Stalin forderte die Anerkennung der polnischen Westgrenze an Oder und Neiße, was die USA und Großbritannien aber ablehnten. Man einigte sich schließlich auf die Formulierung, dass die Festlegung der polnischen Westgrenze einem Friedensvertrag vorbehalten bleiben solle. Da die Sowjets aber über diese Gebiete verfügten, wurde die Grenze an Oder und Neiße errichtet.

Bezüglich der Reparationen, die Deutschland zur Wiedergutmachung der durch den Krieg verursachten Schäden zu leisten habe, fand man ebenfalls einen Kompromiss. Danach sollte jede Siegermacht nur aus ihren Besatzungszonen Reparationen entnehmen. Dazu bekam die Sowjetunion wegen des Umfangs der Zerstörungen in ihrem Land noch zusätzliche Lieferungen aus den Westzonen zugesagt. Obwohl die Alliierten Deutschland als „wirtschaftliche Einheit" behandelten, war damit das Land in vier Reparationsgebiete aufgeteilt (▸ M2).

Die Bestimmungen des Potsdamer Abkommens waren Kompromisse zwischen den Siegern, deren Interessen bereits auseinanderdrifteten. Endgültige Regelungen in Bezug auf Deutschland sollte ein künftiger Friedensvertrag enthalten. Dazu kam es – anders als mit allen anderen Kriegsgegnern der Alliierten – zunächst nicht. Erst 1990 – im Rahmen der Wiedervereinigung – wurde mit dem „Vertrag über die abschließende Regelung in Bezug auf Deutschland" ein Schlussstrich gezogen.*

1942 – Februar 1945 – August 1945. Skizzieren Sie die Entwicklung der Kriegsziele und Abmachungen der Siegermächte.

* Siehe S. 385, M5.

M1 Churchill prophezeit den Eisernen Vorhang

Im Mai 1945 warnt der britische Premierminister Winston Churchill in einem Telegramm an den US-amerikanischen Präsidenten Harry S. Truman vor der Politik der Sowjetunion:

1. Die Lage in Europa beunruhigt mich zutiefst. Ich erfahre, dass die Hälfte der in Europa stehenden amerikanischen Fliegerkräfte bereits die Verlegung nach dem Fernen Osten eingeleitet hat. Die Zeitungen sind voll von Nachrichten über den massiven Abzug der amerikanischen Armeen aus Europa hinaus. Auch unsere Armeen dürften aufgrund früherer Beschlüsse wesentlich reduziert werden. Die kanadische Armee zieht bestimmt ab. Die Franzosen sind schwach und schwer zu behandeln. Es liegt offen zutage, dass unsere bewaffnete Macht auf dem europäischen Kontinent binnen Kurzem dahinschwinden wird und dort nur noch bescheidene Kräfte zur Niederhaltung Deutschlands verbleiben.

2. Was aber soll dann in Bezug auf Russland geschehen? Ich habe mich stets um die Freundschaft der Russen bemüht; aber ihre falsche Auslegung der Jalta-Beschlüsse, ihre Haltung gegen Polen, ihr überwältigender Einfluss auf dem Balkan bis hinunter nach Griechenland, die uns von ihnen in Wien bereiteten Schwierigkeiten, die Verkopplung ihrer Macht mit der Besetzung und Kontrolle so ungeheurer und weiter Gebiete, die von ihnen inspirierte, kommunistische Taktik in so vielen anderen Ländern und vor allem ihre Fähigkeit, lange Zeit große Armeen im Felde stehen zu lassen, beunruhigen mich ebenso sehr wie Sie. Wie wird sich die Lage in ein bis zwei Jahren darstellen, wenn die britischen und amerikanischen Armeen nicht mehr existieren und die Franzosen noch keine beachtliche Armee aufgestellt haben, sodass wir nur über eine Handvoll Divisionen, davon die Mehrzahl französischer, verfügen, während Russland zwei- bis dreihundert unter den Fahnen hält?

3. Ein eiserner Vorhang ist vor ihrer Front niedergegangen. Was dahinter vorgeht, wissen wir nicht. Es ist kaum zu bezweifeln, dass der gesamte Raum östlich der Linie Lübeck-Triest-Korfu schon binnen Kurzem völlig in ihrer Hand sein wird. Zu all dem kommen noch die weiten Gebiete, die die amerikanischen Armeen zwischen Eisenach und der Elbe erobert haben, die aber, wie ich annehmen muss, nach der Räumung durch Ihre Truppen in ein paar Wochen gleichfalls der russischen Machtsphäre einverleibt sein werden. General Eisenhower wird alle nur möglichen Maßnahmen treffen müssen, um eine zweite Massenflucht der Deutschen nach Westen zu verhindern, wenn dieser enorme moskowitische Vormarsch ins Herz Europas erfolgt. Und dann wird der Vorhang von Neuem bis auf einen schmalen Spalt, wenn nicht gänzlich niedergehen. Damit werden uns russisch besetzte Territorien von vielen hundert Kilometern Tiefe wie ein breites Band von Polen abschneiden.

4. Die Aufmerksamkeit unserer Völker aber wird sich mit der Bestrafung Deutschlands, das ohnehin ruiniert und ohnmächtig darniederliegt, beschäftigen, sodass die Russen, falls es ihnen beliebt, innerhalb sehr kurzer Zeit bis an die Küsten der Nordsee und des Atlantik vormarschieren können.

5. Es ist unbedingt lebenswichtig, zu einer Verständigung mit Russland zu kommen, beziehungsweise zu sehen, wo wir mit Russland stehen, und das sofort, ehe wir unsere Armeen bis zur Ohnmacht schwächen und uns auf unsere Besatzungszonen zurückziehen [...].

Zitiert nach: Günter Schönbrunn, Weltkriege und Revolutionen 1914-1945, München 1979, S. 574f.

1. *Nennen Sie die Probleme, die der britische Premierminister im Mai 1945 sieht.*
2. *Ordnen Sie den Problemen konkrete Beispiele zu.*
3. *Erläutern Sie die Forderung, die Churchill aus seiner Analyse zieht (Punkt 5). Wie kann sie im Rahmen der politischen Lage im Frühjahr 1945 konkret umgesetzt werden?*
4. *Churchill wählt die Bezeichnung „Eiserner Vorhang". Untersuchen Sie, ob dieser Begriff für die Lage in Europa und Deutschland nach dem Zweiten Weltkrieg zutrifft.*

M2 Mitteilung über die Dreimächtekonferenz

Die Potsdamer Konferenz endet nicht mit einem Vertrag. Die Ergebnisse werden am 2. August 1945 in einem Kommuniqué veröffentlicht; darin heißt es:

II. Die Einrichtung eines Rates der Außenminister

Die Konferenz erreichte eine Einigung über die Errichtung eines Rates der Außenminister, welche die fünf Hauptmächte [Großbritannien, UdSSR, China, Frankreich und USA] vertreten, zur Fortsetzung der notwendigen vorbereitenden Arbeit zur friedlichen Regelung und zur Beratung anderer Fragen, welche nach Übereinstimmung zwischen den Teilnehmern in dem Rat der Regierungen von Zeit zu Zeit an den Rat übertragen werden können. [...]

2. (I) Der Rat tagt normalerweise in London, wo der ständige Sitz des Vereinigten Sekretariats sein wird, das durch den Rat zu schaffen ist. [...]

3. (II) Als eine vordringliche und wichtige Aufgabe des Rates wird ihm aufgetragen, Friedensverträge für Italien, Rumänien, Bulgarien, Ungarn und Finnland aufzusetzen, um sie den Vereinten Nationen vorzulegen und Vorschläge zur Regelung der ungelösten territorialen Fragen, die in Verbindung mit der Beendigung des Krieges in Europa entstehen,

auszuarbeiten. Der Rat wird zur Vorbereitung einer friedlichen Regelung für Deutschland benutzt werden, damit das entsprechende Dokument durch die für diesen Zweck geeignete Regierung Deutschlands angenommen werden kann, nachdem eine solche Regierung gebildet sein wird. [...]

III. Deutschland

Alliierte Armeen führen die Besetzung von ganz Deutschland durch, und das deutsche Volk fängt an, die furchtbaren Verbrechen zu büßen, die unter der Leitung derer, welche es zur Zeit ihrer Erfolge offen gebilligt hat und denen es blind gehorcht hat, begangen worden sind. Auf der Konferenz wurde eine Übereinkunft erzielt über die politischen und wirtschaftlichen Grundsätze der gleichgeschalteten Politik der Alliierten in Bezug auf das besiegte Deutschland in der Periode der alliierten Kontrolle. [...] Der deutsche Militarismus und Nazismus werden ausgerottet, und die Alliierten treffen nach gegenseitiger Vereinbarung in der Gegenwart und in der Zukunft auch andere Maßnahmen, die notwendig sind, damit Deutschland niemals mehr seine Nachbarn oder die Erhaltung des Friedens in der ganzen Welt bedrohen kann. [...]

A. Politische Grundsätze

1. Entsprechend der Übereinkunft über das Kontrollsystem in Deutschland wird die höchste Regierungsgewalt in Deutschland durch die Oberbefehlshaber der Streitkräfte der Vereinigten Staaten von Amerika, des Vereinigten Königreiches, der Union der Sozialistischen Sowjetrepubliken und der Französischen Republik nach den Weisungen ihrer entsprechenden Regierungen ausgeübt, und zwar von jedem in seiner Besatzungszone, sowie gemeinsam in ihrer Eigenschaft als Mitglieder des Kontrollrates in den Deutschland als Ganzes betreffenden Fragen. [...]

2. Soweit dieses praktisch durchführbar ist, muss die Behandlung der deutschen Bevölkerung in ganz Deutschland gleich sein.

3. Die Ziele der Besetzung Deutschlands, durch welche der Kontrollrat sich leiten lassen soll, sind:

(1) Völlige Abrüstung und Entmilitarisierung Deutschlands und die Ausschaltung der gesamten deutschen Industrie, welche für eine Kriegsproduktion benutzt werden kann, oder deren Überwachung. [...]

B. Wirtschaftliche Grundsätze

11. Mit dem Ziele der Vernichtung des deutschen Kriegspotenzials ist die Produktion von Waffen, Kriegsausrüstung und Kriegsmitteln, ebenso die Herstellung aller Typen von Flugzeugen und Seeschiffen zu verbieten und zu unterbinden. [...]

12. In praktisch kürzester Frist ist das deutsche Wirtschaftsleben zu dezentralisieren mit dem Ziel der Vernichtung der bestehenden übermäßigen Konzentration der Wirtschaftskraft, dargestellt insbesondere durch Kartelle, Syndikate, Trusts und andere Monopolvereinigungen.

13. Bei der Organisation des deutschen Wirtschaftslebens ist das Hauptgewicht auf die Entwicklung der Landwirtschaft und der Friedensindustrie für den inneren Bedarf (Verbrauch) zu legen.

14. Während der Besatzungszeit ist Deutschland als eine wirtschaftliche Einheit zu betrachten. [...]

IX. Polen

[...] Die Häupter der drei Regierungen bekräftigen ihre Auffassung, dass die endgültige Festlegung der Westgrenze Polens bis zu der Friedenskonferenz zurückgestellt werden soll.

Die Häupter der drei Regierungen stimmen darin überein, dass bis zur endgültigen Festlegung der Westgrenze Polens, die früher deutschen Gebiete östlich der Linie, die von der Ostsee unmittelbar westlich von Swinemünde und von dort die Oder entlang bis zur Einmündung der westlichen Neiße und die westliche Neiße entlang bis zur tschechoslowakischen Grenze verläuft, einschließlich des Teiles Ostpreußens, der nicht unter die Verwaltung der Union der Sozialistischen Sowjetrepubliken in Übereinstimmung mit den auf dieser Konferenz erzielten Vereinbarungen gestellt wird und einschließlich des Gebietes der früheren Freien Stadt Danzig, unter die Verwaltung des polnischen Staates kommen und in dieser Hinsicht nicht als Teil der sowjetischen Besatzungszone in Deutschland betrachtet werden sollen. [...]

XIII. Ordnungsmäßige Überführung deutscher Bevölkerungsteile

[...] Die drei Regierungen haben die Frage unter allen Gesichtspunkten beraten und erkennen an, dass die Überführung der deutschen Bevölkerung oder Bestandteile derselben, die in Polen, Tschechoslowakei und Ungarn zurückgeblieben sind, nach Deutschland durchgeführt werden muss. Sie stimmen darin überein, dass jede derartige Überführung, die stattfinden wird, in ordnungsgemäßer und humaner Weise erfolgen soll.

Zitiert nach: www.documentarchiv.de/in/1945/potsdamer-abkommen.html [Zugriff am 20. Mai 2015]

1. *Fassen Sie die zentralen Besatzungsziele zusammen.*
2. *Untersuchen Sie das Kommuniqué im Hinblick auf Widersprüche zwischen wirtschaftlichen und politischen Zielen.*
3. *Prüfen Sie, welche Formulierungen unterschiedlich ausgelegt werden konnten.*

Die Spaltung der Welt

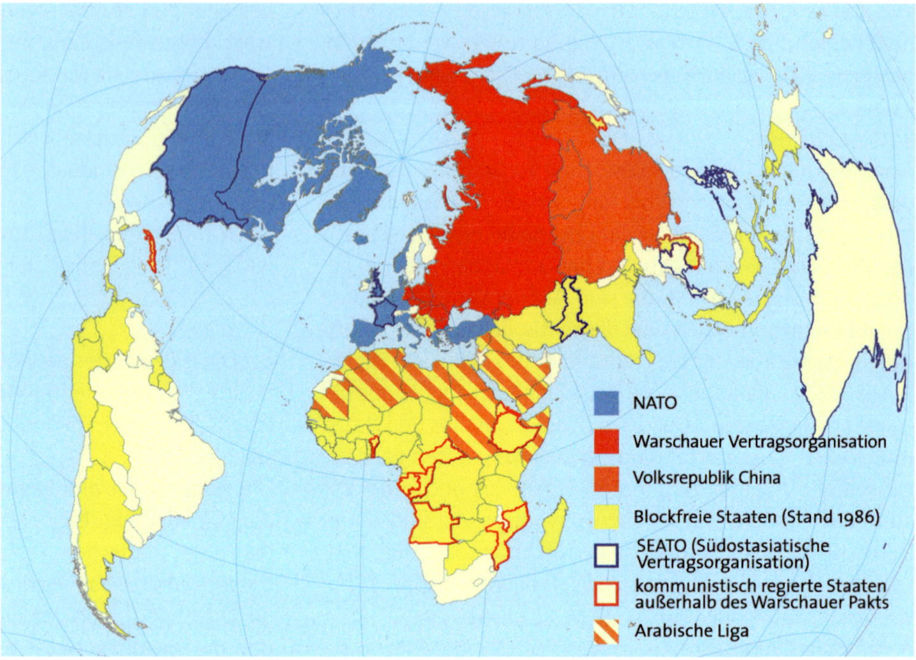

▸ Machtblöcke im Kalten Krieg um 1955.

Wettstreit der Visionen Der Kampf gegen die „Nazityrannei" hatte die politischen, wirtschaftlichen und gesellschaftlichen Gegensätze zwischen den Hauptmächten im Westen, den USA und Großbritannien, und der UdSSR im Osten überdeckt. Erst am Ende des Krieges wurden die unterschiedlichen Interessen deutlich. Worin lagen sie?

Sie bestanden vor allem aus ideologischen Unterschieden. Die in der Sowjetunion nach der Oktoberrevolution maßgebliche marxistisch-leninistische Lehre ging davon aus, dass nur in einer Volksdemokratie die Arbeiterklasse die Macht besitze und eine sozialistische Gesellschaft planmäßig aufgebaut werden könne. Für diesen Aufbau wurden die Vorherrschaft einer kommunistischen Partei und die staatliche Lenkung der Wirtschaft benötigt.

Die USA hingegen verstanden sich als Vorreiter der Demokratie mit den gesicherten Freiheitsrechten des Einzelnen, des Selbstbestimmungsrechts der Völker und einer freien Marktwirtschaft, die die Zunahme des Wohlstandes in diesen Staaten nach sich ziehen würde.

Beide Seiten hielten ihre Gesellschaftsordnungen für vorbildlich und wollten sie mit politischen und ökonomischen Mitteln weltweit verbreiten. Dabei sollte eine Vergrößerung der jeweiligen Einflussbereiche immer auch der eigenen Sicherheit dienen.

Ein Wettlauf um Einfluss und Macht beginnt Eine Verständigung der Weltmächte wurde angesichts ihrer unvereinbaren gesellschaftlichen und wirtschaftlichen Interessen und Ziele immer schwerer.

Das Kriegsende wurde zu einem Wettlauf um Einflusssphären der Siegermächte. Sie verhielten sich hier – wie der britische Historiker *Tony Judt* meinte – im Grunde nicht anders als viele Fürsten nach dem Dreißigjährigen Krieg und dem Wiener Kongress, um ihre Machtbereiche zu vergrößern.

1945 standen sowjetische Truppen in Berlin, im östlichen Deutschland und in Osteuropa. Im Fernen Osten versuchte Stalin, Einfluss auf die Besetzung und Kontrolle Japans zu gewinnen. Die Amerikaner kamen ihm mit dem Abwurf der Atombomben auf Hiroshima und Nagasaki zuvor. Im Dezember wurde Korea in einen sowjetisch beherrschten Norden und einen von Amerikanern kontrollierten Süden geteilt. In China, das die USA zu ihren Verbündeten zählten, flammte 1946 der Bürgerkrieg zwischen den Kommunisten unter **Mao Zedong** und der Nationalregierung unter *Chiang Kai-shek* wieder auf. Die Kommunisten setzen sich mit Unterstützung Moskaus durch und riefen am 1. Oktober 1949 in Peking die Volksrepublik China aus.

In Vorderasien weigerte sich die Sowjetunion zunächst, ihre Truppen vereinbarungsgemäß aus dem Iran zurückzuziehen. Außerdem forderte sie Küstengebiete der Türkei sowie die türkischen Meerengen. Die USA antworteten mit der demonstrativen Entsendung ihrer Flotte ins Mittelmeer. Auch die britische Regierung sah ihre Sicherheitsinteressen bedroht: In Griechenland, Ägypten, in der gesamten arabischen Welt, in Indien und in den fernöstlichen Kolonien förderte die Sowjetunion „nationale Befreiungsbewegungen". Ebenso wurde die Unterstützung der kommunistischen Parteien in Frankreich und Italien von den USA und Großbritannien als Beleg dafür gewertet, dass Stalin das Nachkriegschaos für seine Zwecke nutzen wollte.

Mao Zedong (1893-1976): chinesischer Revolutionär; 1949-1959 erster Staatschef der Volksrepublik China. Mao blieb als Vorsitzender der Kommunistischen Partei bis zu seinem Tod der einflussreichste Politiker Chinas.

Die Sowjetisierung Ostmitteleuropas Entscheidend für das immer schlechter werdende Verhältnis zwischen den Siegermächten war die Sowjetisierung der Staaten Ostmitteleuropas (▸ M1). Im Gegensatz zu den Abmachungen von Jalta ließ Stalin in Polen, Rumänien, Ungarn und Bulgarien keine freie, demokratische Entwicklung zu. Durch Unterdrückung und Einschüchterung der Bevölkerung, durch Schauprozesse und Wahlterror sowie die Zwangsvereinigung der sozialdemokratischen mit den kommunistischen Parteien errichteten die Kommunisten in diesen Ländern ihre Alleinherrschaft. Die Kollektivierung der Landwirtschaft sowie die Einbeziehung der zentral gesteuerten Volkswirtschaften in den sowjetischen Wirtschaftsbereich folgten auf dem Fuß. Stalins Gefolgsleute sorgten durch die systematische Entfernung nationaler „Abweichler" dafür, dass der Machtanspruch Moskaus nicht infrage gestellt wurde. Nur Jugoslawien konnte sich der sowjetischen Kontrolle entziehen.

Die USA reagieren Die Vereinigten Staaten reagierten auf die Sowjetisierung. US-Präsident Harry S. Truman* erhob im März 1947 die „Eindämmung" (*containment*) des Kommunismus zum Grundprinzip der Außenpolitik (*Truman-Doktrin* ▸ M2). Als Antwort darauf gründete Stalin Ende September 1947 das Kommunistische Informationsbüro (*Kominform*), das die weltweite Steuerung der kommunistischen Parteien unter Führung der Kommunistischen Partei der Sowjetunion (KPdSU) zur Aufgabe hatte.

Zur Stützung der nichtkommunistischen Länder in Europa rief die US-Regierung im Frühjahr 1948 das Europäische Wiederaufbauprogramm (*European Recovery Program*, ERP) ins Leben, nach seinem Initiator **George Marshall** auch *Marshall-Plan* genannt. Er bot den kriegszerstörten Ländern Europas wirtschaftliche Hilfe beim Wiederaufbau.** Den Ländern in seinem Machtbereich verbot Stalin die Beteiligung an diesem Programm und bildete stattdessen den **Rat für Gegenseitige Wirtschaftshilfe**. Dieser konnte aber den Mitgliedern keine Aufbauhilfe bieten.

George C. Marshall (1880-1959): General im Zweiten Weltkrieg, 1947-1951 US-Außenminister; erhielt 1953 den Friedensnobelpreis

Rat für Gegenseitige Wirtschaftshilfe (RGW, engl. COMECON): 1949 gegründete Organisation der sozialistischen Staaten unter Führung der Sowjetunion. Sie war eine Antwort der Sowjetunion auf den Marshall-Plan und sollte eine bessere Arbeitsteilung zwischen den sozialistischen Staaten ermöglichen. Der RGW wurde infolge der politischen Umwälzungen 1991 aufgelöst.

* Siehe S. 255.
** Siehe S. 319 f.

Blockbildung in West und Ost Wegen des großen militärischen Übergewichtes der Sowjetunion an Landstreitkräften in Europa gaben die britische und französische Regierung den Anstoß zu einem längerfristigen militärischen Engagement der USA in Europa. Nur ein gemeinsames Verteidigungssystem unter Mitwirkung der USA schien Westeuropa gegen die Sowjetunion schützen zu können. Die Berlin-Blockade von 1948/49* verstärkte das Gefühl der Bedrohung im Westen noch weiter.

Am 4. April 1949 gründeten zehn westeuropäische Staaten sowie die USA und Kanada die **NATO**. Ihre Hauptaufgabe sollte der Schutz sämtlicher Mitglieder gegen einen bewaffneten Angriff sein. Mit der Gründung der NATO gewährten die USA den Staaten Westeuropas dauerhaft militärischen Beistand.

Die Sowjetunion hatte dagegen schon seit 1945 bilaterale (zweiseitige) Abkommen über Freundschaft, Zusammenarbeit und gegenseitigen Beistand mit allen Staaten ihres Machtbereiches geschlossen.

Die Teilung Europas, der „Eiserne Vorhang", verlief unterdessen mitten durch das besiegte Deutschland. Als die Bundesrepublik Deutschland 1955 der NATO beitrat, unterzeichneten die UdSSR und ihre Verbündeten in Warschau den **Vertrag über Freundschaft, Zusammenarbeit und gegenseitigen Beistand**. Beide Bündnisse – und das unterschied sie von früheren Allianzen – besaßen bereits in Friedenszeiten ein gemeinsames militärisches Oberkommando. Die beiden deutschen Teilstaaten waren seitdem vollständig in das westliche bzw. östliche Bündnissystem integriert. War die deutsche Teilung 1945 durch die Gegensätze der Siegermächte verursacht worden, so standen sich Bundesrepublik und DDR nun selbst als verfeindete Staaten gegenüber. Deutschland, Europa und die Welt waren in zwei Lager geteilt (▸ M3).

NATO (*North Atlantic Treaty Organization*): 1949 gegründetes Militärbündnis. Die Mitglieder sichern sich gegenseitigen Beistand bei einem Angriff zu, wobei sie aber über die Art des Beistandes entscheiden können, der nicht automatisch militärisch sein muss.
Der NATO gehören 28 Staaten an (seit 2009). Zu den Gründungsmitgliedern zählen die USA und Kanada sowie Belgien, Dänemark, Frankreich, Großbritannien, Island, Italien, Luxemburg, Niederlande, Norwegen und Portugal.

Vertrag über Freundschaft, Zusammenarbeit und gegenseitigen Beistand: Militärbündnis, gegründet am 14. Mai 1955; im Westen „Warschauer Pakt" genannt. Ihm gehörten die UdSSR, Albanien (bis 1968), Bulgarien, ČSSR, DDR (bis 1990), Polen, Rumänien und Ungarn an. Der Vertrag wurde am 1. April 1991 aufgelöst.

„Friedliche Koexistenz" und atomares Gleichgewicht Nach dem Tod des Diktators Stalin 1953 hofften viele Menschen in der DDR, Ungarn und Polen auf politische und wirtschaftliche Reformen. Sie wurden enttäuscht. Die Sowjetunion unterdrückte im Juni 1953 den Volksaufstand in der DDR** sowie im Juni und Oktober 1956 die Erhebungen in Polen und Ungarn. Die Westmächte griffen nicht ein, obwohl sie dazu aufgefordert worden waren. Sie hatten inzwischen den „Eisernen Vorhang" akzeptiert.

Es folgte eine neue Phase der Ost-West-Beziehungen. **Nikita Chruschtschow**, der 1955 die Führung der Sowjetunion übernommen hatte, verkündete 1956 die Doktrin von der „friedlichen Koexistenz". Die unterschiedlichen Gesellschaftssysteme in Ost und West sollten vorerst nebeneinander bestehen und auf einen Krieg verzichten.

Das war auch dem Umstand geschuldet, dass beide Seiten inzwischen über Nuklearwaffen verfügten. Die USA waren seit 1945 zunächst der einzige Staat gewesen, der Atomwaffen besaß. Im August 1949 war auch der Sowjetunion die Zündung einer Atombombe gelungen. 1955 hatte die Sowjetunion mit den USA bei der Herstellung einer Wasserstoffbombe gleichgezogen. Am 4. Oktober 1957 sandte die Sowjetunion den ersten künstlichen Satelliten („Sputnik") in den Weltraum. Der „Sputnik-Schock" führte der westlichen Öffentlichkeit schlagartig die Fortschritte des Ostblocks bei der Raketentechnik vor Augen. Bald darauf verfügte die Sowjetunion über Langstreckenraketen, die die USA erreichen konnten. Die USA hatten ihre atomare Überlegenheit verloren und waren nun auf dem eigenen Territorium angreifbar. Zwischen den Supermächten trat eine strategische Pattsituation, ein „Gleichgewicht des Schreckens", ein.

Nikita Chruschtschow (1894-1971): von 1953 bis 1964 Parteichef der KPdSU, von 1958 bis 1964 Regierungschef der Sowjetunion; 1964 wurde er von Leonid Breschnew (siehe S. 495) gestürzt.

Literaturtipps:
- *Rolf Steininger, Der Kalte Krieg, Frankfurt am Main 2011*
- *Bernd Stöver, Der Kalte Krieg, München ⁴2012*

* Siehe S. 320 f.
** Siehe S. 342.

M1 „Drahtbericht aus Moskau“

Am 22. Februar 1946 schickt der Berater des US-Botschafters in Moskau, George F. Kennan, ein Telegramm nach Washington, das wesentliche Grundsätze der späteren amerikanischen Außenpolitik enthält:

Die UdSSR lebt immer noch inmitten feindseliger „kapitalistischer Einkreisung“, mit der es auf die Dauer keine friedliche Koexistenz geben kann. [...] Die Erfordernisse ihrer eigenen vergangenen und gegenwärtigen Position sind es, die die sowjetische Führung dazu zwingen, ein Dogma zu verkünden, nach dem die Außenwelt böse, feindselig und drohend, aber zugleich von einer schleichenden Krankheit befallen und dazu verurteilt ist, von immer stärker werdenden inneren Kämpfen zerrissen zu werden, bis sie schließlich von einer erstarkenden Macht des Sozialismus den Gnadenstoß erhält und einer neuen und besseren Welt weicht. Diese These liefert den Vorwand für das Anwachsen von Militär und Polizei im russischen Staat, für die Isolierung der russischen Bevölkerung von der Außenwelt und für die ständigen Versuche, die russische Polizeigewalt noch weiter auszuweiten, alles Dinge, die seit je den natürlichen Instinkten russischer Herrscher entsprechen. [...]

Wo es angezeigt und Erfolg versprechend scheint, wird man versuchen, die äußeren Grenzen der Sowjetmacht zu erweitern. [...]

Gegenüber Kolonialgebieten und rückständigen oder abhängigen Völkern wird die sowjetische Politik sogar auf amtlicher Ebene das Ziel verfolgen, Macht, Einfluss und Kontakte der hoch entwickelten westlichen Nationen zu schwächen, und zwar unter dem Gesichtspunkt, dass bei einem Erfolg dieser Politik ein Vakuum entstünde, das sowjetisch-kommunistisches Eindringen erleichtern müsste [...].

Alles in allem haben wir es mit einer politischen Kraft zu tun, die sich fanatisch zu dem Glauben bekennt, dass es mit Amerika keinen dauernden Modus vivendi[1] geben kann, dass es wünschenswert und notwendig ist, die innere Harmonie unserer Gesellschaft, unsere traditionellen Lebensgewohnheiten und das internationale Ansehen unseres Staates zu zerstören, um der Sowjetmacht Sicherheit zu verschaffen [...]. Sie [die Sowjetunion] arbeitet nicht nach festgelegten Plänen. Sie geht keine unnötigen Risiken ein. Der Logik der Vernunft unzugänglich, ist sie der Logik der Macht in hohem Maße zugänglich. Daher kann sie sich ohne Weiteres zurückziehen – und tut das im Allgemeinen –, wenn sie irgendwo auf starken Widerstand stößt. Wenn also dem Gegner genügend Hilfsmittel zur Verfügung stehen und er die Bereitschaft zu erkennen gibt, sie auch einzusetzen, wird er das selten tun müssen. Wenn die Situation richtig gehandhabt wird, braucht es zu keiner das Prestige verletzenden Kraftprobe kommen. [...]

Ich bin überzeugt, dass es in unserem Lande heute viel weniger antisowjetische Hysterie gäbe, wenn unser Volk mit der Situation besser vertraut wäre. Nichts ist so gefährlich oder so schrecklich wie das Unbekannte [...].

Viel hängt von der Gesundheit und Kraft unserer eigenen Gesellschaft ab. Der Weltkommunismus ist wie ein bösartiger Parasit, der sich nur von erkranktem Gewebe nährt. Das ist der Punkt, in dem Innen- und Außenpolitik einander begegnen.

George F. Kennan, Memoiren eines Diplomaten, Bd. 1, Stuttgart 1968, S. 553 ff.

◂ Demonstration gegen das wegen sowjetischer Atomspionage angeklagte Ehepaar Rosenberg im März 1951.
Die USA bekämpften die „rote Gefahr“ auch im eigenen Land. 1951 befand ein Gericht den Elektroingenieur Julius Rosenberg und seine Frau Ethel für schuldig, im Krieg Atomgeheimnisse an die Sowjetunion weitergegeben zu haben. Beide wurden zum Tode verurteilt und am 19. Juni 1953 hingerichtet. Die Hysterie wurde Anfang der 1950er-Jahre noch durch die „Hexenjagd“ des republikanischen Senators Joseph McCarthy gegen vermeintliche Kommunisten in Politik und Öffentlichkeit geschürt („McCarthyismus“).

1. *Arbeiten Sie heraus, worin Kennan den Unterschied zwischen „Logik der Vernunft“ und „Logik der Macht“ sieht.*
2. *Entwickeln Sie mögliche außenpolitische Konsequenzen der US-Regierung aus Kennans Analyse.*
3. *Stellen Sie dar, welches Bild Kennan von der Sowjetunion und von den USA zeichnet.*

[1] **Modus vivendi**: Übereinkunft

M2 Die Truman-Doktrin

In einer Rede vor dem Kongress fordert US-Präsident Truman am 12. März 1947 die Bereitstellung von 400 Millionen Dollar zur Unterstützung Griechenlands und der Türkei. In dem Zusammenhang erklärt Truman:

Eins der ersten Ziele der Außenpolitik der Vereinigten Staaten ist es, Bedingungen zu schaffen, unter denen wir und andere Nationen uns ein Leben aufbauen können, das frei von Zwang ist. Das war ein grundlegender Faktor im Krieg gegen Deutschland und Japan. [...]

In einer Anzahl von Ländern waren den Völkern kürzlich gegen ihren Willen totalitäre Regimes aufgezwungen worden. Die Regierung der Vereinigten Staaten hat mehrfach gegen Zwang und Einschüchterung bei der Verletzung des Jalta-Abkommens in Polen, Rumänien und Bulgarien protestiert. Und weiter muss ich feststellen, dass in einer Anzahl anderer Staaten ähnliche Entwicklungen stattgefunden haben. Im gegenwärtigen Abschnitt der Weltgeschichte muss fast jede Nation ihre Wahl in Bezug auf ihre Lebensweise treffen. Nur allzu oft ist es keine freie Wahl. Die eine Lebensweise gründet sich auf den Willen der Mehrheit und zeichnet sich durch freie Einrichtungen, freie Wahlen, Garantie der individuellen Freiheit, Rede- und Religionsfreiheit und Freiheit vor politischer Unterdrückung aus. Die zweite Lebensweise gründet sich auf den Willen einer Minderheit, der der Mehrheit aufgezwungen wird. Terror und Unterdrückung, kontrollierte Presse und Rundfunk, fingierte Wahlen und Unterdrückung der persönlichen Freiheiten sind ihre Kennzeichen.

Ich bin der Ansicht, dass es die Politik der Vereinigten Staaten sein muss, die freien Völker zu unterstützen, die sich der Unterwerfung durch bewaffnete Minderheiten oder durch Druck von außen widersetzen. Ich glaube, dass wir den freien Völkern helfen müssen, sich ihr eigenes Geschick nach ihrer eigenen Art zu gestalten.

Zitiert nach: Ernst Schraepler und Herbert Michaelis (Hrsg.), Ursachen und Folgen. Vom deutschen Zusammenbruch 1918 und 1945 bis zur staatlichen Neuordnung in der Gegenwart, Bd. 25, Berlin o. J., S. 148ff.

1. *Stellen Sie dar, inwiefern die Rede eine fundamentale Neuorientierung der US-Außenpolitik anzeigt.*
2. *Die USA müssten nach Truman den freien Völkern helfen, „sich ihr eigenes Geschick nach ihrer eigenen Art zu gestalten" (Zeile 28f.). Erörtern Sie, inwieweit diese Verpflichtung über den Grundsatz des Selbstbestimmungsrechts der Völker hinausgeht, den die USA bis dahin vertraten.*
3. *Diskutieren Sie den Anspruch von Großmächten, sich in die Belange „freier Völker" einzumischen.*

M3 Die Welt ist in zwei Lager geteilt

Bei der Gründung der Kominform entwickelt der sowjetische Delegierte Andrei Schdanow am 25. September 1947 auf Veranlassung Stalins die folgende Theorie:

Die Sowjetunion und die demokratischen Länder betrachteten als Hauptziele des Krieges die Wiederherstellung und Festigung der demokratischen Systeme in Europa, die Liquidierung des Faschismus, Verhütung der Möglichkeit einer neuen Aggression Deutschlands und allseitige dauernde Zusammenarbeit der Völker Europas. Die USA, und in Übereinstimmung mit ihnen Großbritannien, setzten sich im Krieg ein anderes Ziel: Beseitigung ihrer Konkurrenten auf dem Weltmarkt (Deutschland und Japan) und Festigung ihrer eigenen Vormachtstellung.

Die Meinungsverschiedenheiten in der Zielsetzung des Krieges und der Aufgaben der Nachkriegsgestaltung haben sich in der Nachkriegszeit vertieft. Es bildeten sich zwei einander entgegengesetzte politische Richtungen heraus: auf dem einen Pol die Politik der UdSSR und der demokratischen Länder, die auf Untergrabung des Imperialismus und Festigung der Demokratie gerichtet ist, auf dem anderen die Politik der USA und Großbritanniens, die auf Stärkung des Imperialismus und Drosselung der Demokratie abzielt. Da die UdSSR und die Länder der neuen Demokratie ein Hindernis bei der Durchführung der imperialistischen Pläne des Kampfes um die Weltherrschaft und der Zerschlagung der demokratischen Bewegung sind, wurde ein Kreuzzug gegen die UdSSR und die Länder der neuen Demokratie proklamiert, der auch durch Drohungen mit einem neuen Krieg vonseiten der besonders eifrigen imperialistischen Politiker der USA und Englands bestärkt wird. Auf diese Weise entstanden zwei Lager: das imperialistische, antidemokratische Lager, dessen Hauptziel die Weltherrschaft des amerikanischen Imperialismus und die Zerschlagung der Demokratie ist, und das antiimperialistische und demokratische Lager, dessen Hauptziel die Untergrabung des Imperialismus, die Festigung der Demokratie und die Liquidierung der Überreste des Faschismus ist.

Zitiert nach: Keesings Archiv der Gegenwart 1947, S. 1207f.

1. *Erklären Sie, inwiefern Schdanows Ausführungen eine Antwort auf Truman-Doktrin (M2) und den Marshall-Plan (siehe S. 319f.) sind.*
2. *Erläutern Sie den sowjetischen Demokratiebegriff.*
3. *Beurteilen Sie die Bedeutung der sogenannten Zwei-Lager-Theorie für das Verhältnis zwischen Moskau und den kommunistischen Parteien Osteuropas.*

Kriege und Krisen im Zeichen des Kalten Krieges

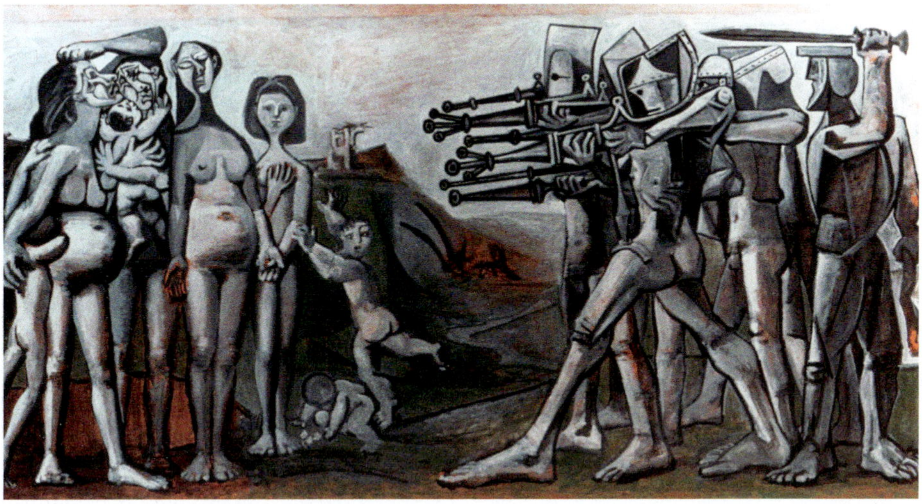

◂ **Massaker in Korea.**
Gemälde (1,10 x 2,10 m) des spanischen Künstlers Pablo Picasso (1881-1973) von 1951.

Von Korea nach Berlin Das militärische Gleichgewicht bewahrte die USA und die Sowjetunion davor, gegeneinander Krieg zu führen. Dennoch hielten zahlreiche Krisen und Konflikte in den 1950er- und 60er-Jahren den Ost-West-Gegensatz wach.

Zwischen 1950 und 1953 kämpften im *Korea-Krieg* US-Truppen an der Seite Südkoreas gegen nordkoreanische Truppen, die mit Billigung Moskaus von China unterstützt wurden. Der Krieg endete mit einem Waffenstillstand, der die Teilung des Landes bestätigte. Die Auseinandersetzungen hinterließen ein zerstörtes Land und Millionen von Kriegsopfern.

Der Korea-Krieg war der erste **Stellvertreterkrieg** zwischen den Großmächten. Nach dem Überfall des kommunistischen Nordkorea billigte die amerikanische Öffentlichkeit die dauernde Präsenz ihrer Truppen in Europa.

In der *Zweiten Berlin-Krise* 1958-1961 drängte der sowjetische Staats- und Parteichef Chruschtschow auf eine Neuregelung des Status von Berlin. Dabei wollte er den Abzug der westlichen Alliierten erreichen. Beide Seiten konnten sich nicht einigen, auch ein Gipfeltreffen im Juni 1961 blieb erfolglos. Die Welt befürchtete angesichts der sowjetischen Drohungen einen Atomkrieg. Die USA unter Präsident **John F. Kennedy** lenkten schließlich ein, indem sie lediglich für West-Berlin eine Bestandsgarantie aussprachen. Damit erkannte der Westen auch offiziell die alleinige Vormacht der Sowjetunion über die DDR und Ost-Berlin an. Moskau gab daraufhin der DDR-Führung im August 1961 freie Hand für den Bau der Berliner Mauer.* Sie wurde weltweit zum Symbol des Kalten Krieges.

Stellvertreterkrieg: Staaten führen einen militärischen Konflikt nicht direkt gegeneinander, sondern tragen ihn auf externem Gebiet oder gegen eine dritte Macht aus.

John F. Kennedy (1917-1963): von 1961 bis 1963 US-Präsident (Demokratische Partei). Er wurde bei einem Attentat in Dallas (Texas) getötet.

Die Kuba-Krise Vom 16. bis 18. Oktober 1962 stand die Welt am Rande eines dritten Weltkrieges. Nach einem jahrelangen Guerillakrieg gegen ein korruptes Militärregime hatte **Fidel Castro** 1959 die Macht in Havanna übernommen. Er erklärte Kuba zu einer sozialistischen Republik, führte eine Bodenreform durch und leitete die Verstaatlichung des gesamten US-Besitzes (Zucker- und Erdöl-Raffinerien, Banken, sonstige Unternehmen) ein. Die USA reagierten darauf mit einem Handelsembargo und dem Abbruch

Fidel Castro (geb. 1926): kubanischer Revolutionsführer und kommunistischer Diktator; von 1959 bis 2008 kubanischer Regierungs- und von 1976 bis 2008 zudem Staatspräsident

* Siehe S. 344.

▲ Reichweite der auf Kuba stationierten sowjetischen Atomraketen (links) und der in der Türkei aufgestellten US-Atomraketen.

- *Vergleichen Sie die strategische Situation der Europäer mit der der USA.*

der diplomatischen Beziehungen. Unterstützung fand Castro bei Chruschtschow, der im Sommer 1960 ein Militärabkommen mit Kuba schloss. Im April 1961 scheiterte eine von der US-Regierung veranlasste Invasion von Exilkubanern zur Entmachtung Castros, dessen Position dadurch erheblich gestärkt wurde. Der sowjetische Parteichef wollte die Gelegenheit nutzen, um sich in Lateinamerika eine Operationsbasis in der westlichen Hemisphäre zu schaffen.

Zu diesem Zeitpunkt verfügten die USA und die Sowjetunion über atomare Mittelstreckenraketen, die Nuklearsprengköpfe in wenigen Minuten mehrere tausend Kilometer weit transportieren konnten. Die Vereinigten Staaten besaßen jedoch einen strategischen Vorteil, da sie solche Raketen 1959 in den NATO-Staaten Italien und der Türkei stationiert hatten, von wo aus die UdSSR ohne wesentliche Vorwarnzeit erreichbar war. Demgegenüber konnte die Sowjetunion das Gebiet der USA nur mit Bombern oder Interkontinentalraketen erreichen, die durch eine ungleich längere Vorwarnzeit Abwehrmaßnahmen zuließen. Chruschtschow wollte nun die Gelegenheit nutzen, die militärstrategische Lage der Sowjetunion zu verbessern. Zudem bildete Kuba eine Basis für die Ausbreitung des Kommunismus in Lateinamerika, die er sich sichern wollte. 1961 begann die UdSSR deshalb, heimlich Atomraketen auf Kuba zu stationieren.

Seit Mitte Oktober 1962 hatte die US-Regierung durch Luftaufnahmen ihres Geheimdienstes den Beweis in Händen, dass auf Kuba sowjetische Mittelstreckenraketen in Stellung gebracht wurden. Die USA waren nun unmittelbar bedroht. Nach mehreren Krisensitzungen ordnete Kennedy eine Seeblockade an, außerdem forderte er Chruschtschow zum sofortigen Abzug der Waffen auf. In einem geheimen Briefwechsel lenkten beide Staatschefs Ende Oktober 1962 schließlich ein. Chruschtschow befahl den Rücktransport der Raketen, während Kennedy auf alle Invasionspläne gegen Kuba verzichtete und die – wenngleich veralteten – US-Raketen in der Türkei abzog (▸ M1).

Der Krieg in Vietnam Auch in Vietnam entstand während des Kalten Krieges ein „heißer" Stellvertreterkrieg. Er fiel in eine Phase, in der die Sowjetunion und die USA nach der Kuba-Krise bemüht waren, die militärische und scharfe machtpolitische Konfrontation abzubauen. Das globale Ringen um Einflusszonen aber hörte deshalb nicht auf.

Vietnam war 1954 auf einer internationalen Konferenz geteilt worden. Außerdem waren freie Wahlen beschlossen worden, die jedoch der diktatorisch regierende Präsident Südvietnams verhinderte. Die in Nordvietnam regierenden Kommunisten unterstützten die prokommunistischen Guerillakampfer (**Vietcong**) in Südvietnam, die bis 1962 einen Großteil der ländlichen Gebiete Südvietnams unter ihre Kontrolle gebracht

Vietcong: Untergrundorganisation aus verschiedenen politischen Gruppen, die 1960 den bewaffneten Kampf gegen die Regierung Südvietnams aufnahm hatten. In Washington fürchtete man, bei einem Sieg des Kommunismus in Südvietnam würden auch die übrigen Staaten Südostasiens einer nach dem anderen unter kommunistische Herrschaft geraten („*Domino-Theorie*"). Daher entsandte die US-Regierung zunächst Waffen und Militärberater, ehe sie im August 1964 unter Präsident *Lyndon B. Johnson* (1908 - 1973) offen in den Krieg eintrat.

Obwohl die US-Regierung chemische Kampfstoffe, mehr Bomben als im Zweiten Weltkrieg und bald auch mit 543 000 Mann (1968) doppelt so viele Soldaten wie Nordvietnam und der Vietcong einsetzte, gewann sie militärisch nicht die Oberhand.

Die Zivilbevölkerung Südvietnams litt unsäglich unter dem Bomben- und Dschungelkrieg. Bilder toter und verstümmelter Menschen gingen um die Welt. Flächenbombardements und chemische Kampfstoffe verwüsteten weite Landstriche. Etwa drei Millionen Vietnamesen kamen um, darunter eine Million Soldaten. Die Berichte in den Medien steigerten die öffentliche Kritik und den Widerstand gegen den Krieg, vor allem in den USA selbst. Waffenstillstandsverhandlungen zogen sich jedoch in die Länge. Obwohl bereits 1968 begonnen, wurden sie erst 1973 abgeschlossen. Die US-Truppen zogen sich daraufhin ganz zurück, sodass nordvietnamesische Truppen bis 1975 den Süden erobern konnten. 1976 folgte die Vereinigung zur Sozialistischen Republik Vietnam. Der Ansehensverlust für die US-Politik indes war enorm.

Leonid Breschnew (1907 - 1982): von 1964 bis 1982 Chef der KPdSU und von 1977 bis 1982 sowjetischer Staatschef

Die Unterdrückung des „Prager Frühlings" Der Ostblock bekam Ende der 1960er-Jahre erste Risse. In der Tschechoslowakei versuchte *Alexander Dubček* Anfang 1968, einen „Kommunismus mit menschlichem Antlitz" einzuführen. So sollten unter anderem die Einparteiendiktatur aufgehoben und oppositionelle Parteien zugelassen werden. Der „*Prager Frühling*" wurde von der Bevölkerung begeistert aufgenommen. Der sowjetische Parteichef **Leonid Breschnew** und weitere Regierungschefs des Warschauer Paktes befürchteten Auswirkungen auf weitere Staaten des Ostblocks, sahen die Vorherrschaft ihrer Kommunistischen Parteien in Gefahr und reagierten mit der „Breschnew-Doktrin" (▸ M2). Was sie bedeutete zeigte sich bald: Als die tschechoslowakische Regierung ihre Demokratisierungspolitik fortsetzte, marschierten am 20. August 1968 Truppen des Warschauer Paktes in die ČSSR ein. Die DDR unterstützte die Aktion propagandistisch. Die führenden Köpfe des „Prager Frühlings" wurden verhaftet und die Abhängigkeit der „sozialistischen Bruderrepublik" von Moskau wiederhergestellt.
Auch in dieser Phase des Kalten Krieges (▸ M3) respektierte der Westen den sowjetischen Machtbereich.

▲ **Niederschlagung des „Prager Frühlings".**
Foto aus Bratislava vom 21. August 1968.
Im Rahmen des „Prager Frühlings" gab es nicht nur Massendemonstrationen in der Hauptstadt, sondern auch in anderen großen Städten des Landes. Oft wird von diesem Foto nur der markierte Ausschnitt gezeigt.
- *Erörtern Sie, ob es angemessen ist, die Wirkung von Nachrichtenbildern durch Ausschnitte zu verändern.*

◄ **„O.k., Mr. President, wir reden miteinander."**
Karikatur aus der britischen Zeitung „Daily Mail" von 1962. Das „H" auf den Bomben ist das Zeichen für Wasserstoff. Links Chruschtschow, rechts Kennedy.
▪ *Analysieren Sie die Aussage der Karikatur.*

M1 Krisenmanagement um Kuba

Als die UdSSR ihre Mittelstreckenraketen auf Kuba in Stellung bringt, verhängen die USA eine Seeblockade. Daraufhin schreibt der sowjetische Staatschef Chruschtschow am 26. Oktober 1962 an US-Präsident Kennedy:

Wie können Sie [...] diese völlig falsche Interpretation geben, die Sie jetzt verbreiten, dass einige Waffen in Kuba Offensivwaffen sind, wie Sie sagen? Alle Waffen dort – das versichere ich Ihnen – sind defensiver Art; sie sind ausschließlich zu Verteidigungszwecken in Kuba gedacht, und wir haben sie auf Bitten der kubanischen Regierung nach Kuba entsandt. Und Sie behaupten, es seien Offensivwaffen. [...]
Sie haben nun piratenhafte Maßnahmen der Art angekündigt, die man im Mittelalter praktiziert hat, als man Schiffe überfiel, die internationale Gewässer befuhren; und Sie haben das eine „Quarantäne" um Kuba genannt. Unsere Schiffe werden wahrscheinlich bald die Zone erreichen, in der Ihre Kriegsmarine patrouilliert. Ich versichere Ihnen, dass die Schiffe, die gegenwärtig nach Kuba unterwegs sind, die harmlosesten, friedlichsten Ladungen an Bord haben. [...]
Lassen Sie uns deshalb vernünftig sein, Herr Präsident. Ich versichere Ihnen, dass die Schiffe, die nach Kuba unterwegs sind, keinerlei Rüstungsgüter an Bord haben. Die Waffen, die zur Verteidigung Kubas notwendig sind, sind bereits dort. Ich will nicht behaupten, dass es überhaupt keine Waffenlieferungen gegeben hat. Nein, es hat solche Lieferungen gegeben. Aber nun hat Kuba die notwendigen Verteidigungswaffen bereits erhalten. [...]
Wenn der Präsident und die Regierung der Vereinigten Staaten zusichern würden, dass die Vereinigten Staaten sich selbst nicht an einem Angriff auf Kuba beteiligen werden und andere von einem solchen Vorgehen abhalten; wenn Sie Ihre Kriegsmarine zurückrufen würden – das würde sofort alles ändern. Ich spreche nicht für Fidel Castro, aber ich glaube, er und die Regierung Kubas würden vermutlich eine Demobilisierung verkünden und würden das kubanische Volk aufrufen, ihre friedliche Arbeit aufzunehmen. Dann würde sich auch die Frage der Waffen erübrigen; denn wo keine Bedrohung ist, stellen Waffen für jedes Volk nur eine Belastung dar. [...]
Lassen Sie uns deshalb staatsmännische Klugheit beweisen. Ich schlage vor: Wir erklären unsererseits, dass unsere Schiffe mit Kurs auf Kuba keine Waffen an Bord haben. Sie erklären, dass die Vereinigten Staaten weder mit eigenen Truppen eine Invasion in Kuba durchführen werden noch andere Truppen unterstützen werden, die eine Invasion in Kuba planen könnten. Damit hätte sich die Präsenz unserer Militärexperten in Kuba erübrigt.

Kennedys Antwort vom 27. Oktober 1962:

Sehr geehrter Herr Vorsitzender,
ich [...] begrüße Ihre Absichtserklärung, eine sofortige Lösung des Problems anzustreben. Was jedoch als Erstes getan

werden muss, ist, die Arbeit an den offensiven Raketenstützpunkten in Kuba einzustellen und alle Waffensysteme in Kuba, die sich offensiv einsetzen lassen, zu entschärfen, und dies unter angemessenen Vorkehrungen der Vereinten Nationen.

[...] Wie ich Ihren Brief verstanden habe, enthalten Ihre Vorschläge [...] folgende Schlüsselelemente:

1) Sie würden sich bereit erklären, diese Waffensysteme unter angemessener Beobachtung und Überwachung der Vereinten Nationen abzuziehen, und sich verpflichten, geeignete Sicherheitsvorkehrungen vorausgesetzt, die weitere Einfuhr solcher Waffensysteme nach Kuba zu unterbinden.

2) Wir unsererseits würden uns bereit erklären – nachdem die Vereinten Nationen geeignete Vorkehrungen getroffen haben, die Erfüllung und Einhaltung dieser Verpflichtungen sicherzustellen –,

a) die Quarantäne-Anordnungen, die derzeit gelten, umgehend aufzuheben; und

b) Garantien gegen eine Invasion Kubas zu geben. Ich bin zuversichtlich, dass andere Länder der westlichen Hemisphäre bereit wären, das Gleiche zu tun.

Wenn Sie Ihren Vertretern entsprechende Anweisungen erteilen, gibt es keinen Grund, weshalb wir nicht in der Lage sein sollten, diese Vereinbarungen innerhalb einiger Tage zustande zu bringen und sie der Welt bekannt zu geben. Die Wirkung, die eine solche Klärung für den Abbau der Spannungen in der Welt hätte, würde es uns ermöglichen, auf eine umfassendere Vereinbarung über „andere Rüstungen" hinzuarbeiten, wie Sie es in Ihrem zweiten Brief vorschlagen, den Sie veröffentlicht haben. Ich möchte noch einmal erklären, dass die Vereinigten Staaten sehr daran interessiert sind, die Spannungen abzubauen und den Rüstungswettlauf zu beenden; und sollte Ihr Brief signalisieren, dass Sie bereit sind, Gespräche über eine Entspannung bezüglich der NATO und des Warschauer Paktes zu führen, sind wir gerne bereit, mit unseren Verbündeten über jeden sachdienlichen Vorschlag nachzudenken. Doch der erste wesentliche Schritt – lassen Sie mich dies betonen – ist die Einstellung der Arbeiten an den Raketenstützpunkten in Kuba und das Einleiten von Maßnahmen, diese Waffen zu entschärfen, und zwar unter wirksamen internationalen Garantien.

Zitiert nach: Bernd Greiner, Kuba-Krise. 13 Tage im Oktober, Nördlingen 1988, S. 319 ff. und 382 f.

1. *Analysieren Sie Chruschtschows Brief im Hinblick auf Formulierungen, mit denen er ein Nachgeben andeutet.*

2. *Arbeiten Sie heraus, welche Strategien US-Präsident Kennedy verfolgt, um die Situation zu entschärfen.*

M2 Breschnew-Doktrin

Unter Leitung des sowjetischen Staats- und Parteichefs Breschnew verfassen die Parteiführer Bulgariens, Ungarns, der DDR und Polens am 15. Juli 1968 einen Brief an die KP-Führung der ČSSR, in dem erstmals die „Breschnew-Doktrin" formuliert wird. In dem Schreiben heißt es:

Wir können [...] nicht damit einverstanden sein, dass feindliche Kräfte Ihr Land vom Weg des Sozialismus stoßen und die Gefahr einer Lostrennung der Tschechoslowakei von der sozialistischen Gemeinschaft heraufbeschwören. Das sind nicht mehr nur Ihre Angelegenheiten. Das sind die gemeinsamen Angelegenheiten aller kommunistischen und Arbeiterparteien und aller durch Bündnis, durch Zusammenarbeit und Freundschaft vereinten Staaten.

Zitiert nach: Boris Meissner, Die „Breshnew-Doktrin", Köln 1969, S. 47 f.

Entwickeln Sie Vorschläge für eine Antwort der KP-Führung der ČSSR auf diesen Brief.

M3 Erklärungsversuche zum Kalten Krieg

Der Historiker Bernd Stöver fasst 2007 verschiedene Erklärungsversuche für den Kalten Krieg zusammen:

(1) Nach der *traditionellen Vorstellung*, der frühesten Erklärung, war aus westlicher Sicht für die Entstehung und Forcierung des Kalten Krieges die marxistisch-leninistische Ideologie mit ihrem Anspruch auf die Weltrevolution verantwortlich. Diese habe die Sowjetunion prinzipiell auf einen aggressiven Kurs gegenüber dem Westen festgelegt. Pragmatische Annäherungen in Entspannungsphasen seien zwar möglich gewesen, nicht jedoch eine Abschwächung des Expansionsdrangs. [...]

(2) [*Revisionistische Erklärung*] [...] Als der erste Band der revisionistischen Schule, William A. Williams' *The Tragedy of American Diplomacy*, 1959 erschien, befand sich die Welt nach der nur kurze Zeit zurückliegenden Doppelkrise um Ungarn und Suez[1] mit der Zweiten Berlin-Krise wieder auf

[1] **Ungarn-Krise**: 1956 führte in Ungarn ein Volksaufstand zur Abschaffung der kommunistischen Einparteiendiktatur. Die sowjetische Armee beseitigte die neue Regierung und stellte die alten politischen Verhältnisse wieder her.
Suez-Krise: Ägypten hatte 1956 die britisch-französische Gesellschaft verstaatlicht, die bisher die Kontrolle über den Kanal ausgeübt hatte. Großbritannien und Frankreich griffen militärisch ein. Die USA und die Sowjetunion erreichten daraufhin den Rückzug der britischen und französischen Truppen.

Konfrontationskurs. Die Revisionisten [...] unterstrichen ausdrücklich die amerikanische Verantwortung für die Entstehung des Kalten Krieges. Die Sowjetunion sei aus dem Zweiten Weltkrieg geschwächt hervorgegangen und habe dem wirtschaftlich überlegenen Westen, insbesondere den USA und ihrer forcierten „Politik der Offenen Tür"[2], nahezu hilflos gegenübergestanden. Neben der ökonomischen Überlegenheit wurde hier ausdrücklich das amerikanische Atomwaffenmonopol der ersten Nachkriegsjahre als Argument für die amerikanische Verantwortung herangezogen. Stalins Politik sei weniger von imperialen Vorstellungen ausgegangen als von der Bewahrung und Sicherung des bestehenden Staates, der kontinuierlich gefährdet gewesen sei. [...]

(3) Beide Positionen näherten sich seit den Siebzigerjahren in der sogenannten *postrevisionistischen Interpretation* des Kalten Krieges an: Sie geht davon aus, dass gerade die angenommene Bedrohung durch die Gegenseite für die rasante Dynamik der Auseinandersetzung maßgeblich war. Kontinuierlich habe die verfehlte Wahrnehmung falsche Entscheidungen produziert. [...] Tatsächlich können die Postrevisionisten für sich verbuchen, dass vieles, was man nach der Öffnung bisher verschlossener Archive in den Jahren nach 1991 zutage förderte, in die Richtung wies, dass der Verlauf des Kalten Krieges nicht zuletzt durch massive Kommunikationsprobleme gefördert wurde. Gerade sein Ende – etwa der Wandel des Gorbatschow-Bildes im Westen – zeigt deutlich, wie stark die Überwindung von eingefahrenen Perzeptionsmustern[3] zur Beendigung des Kalten Krieges beitrug.

Dennoch stießen auch diese Interpretationen auf Kritik. Tatsächlich muss man sich natürlich fragen, ob die Einschätzungen der Gegenseite wirklich so konsequent falsch waren wie unterstellt. Schloss nicht schon der Universalanspruch der beiden Ordnungsentwürfe den jeweils anderen kategorisch aus? Wurde nicht trotz der Abrüstungsverhandlungen alles versucht, das gegnerische System weiterhin zu unterminieren[4], und zwar nicht nur im eigenen Machtbereich, sondern auch an den entlegensten Peripherien des Konflikts? Wo konnte es eine Fehlinterpretation der jeweiligen gegnerischen Vorstellungen bei der gigantischen nuklearen Aufrüstung geben, die schließlich militärisch sinnvoll nicht mehr eingesetzt werden konnte und in der Lage war, nicht nur die gesamte Erdbevölkerung mehrfach zu vernichten, sondern die Erde auf Dauer unbewohnbar zu machen?

Alle drei Antworten auf die Frage, *warum* dieser Konflikt begann und mit aller Härte und vollem Einsatz der Kräfte bis zum Ende geführt wurde, blieben zeitgebundene Teilerklärungen. So wie die traditionelle und revisionistische Erklärung jeweils einseitige Schuldzuweisungen unternahmen, schloss der kommunikationstheoretische Ansatz des Postrevisionismus weitgehend die Möglichkeit aus, dass der Kalte Krieg ein klassischer Machtkonflikt war, der nicht aus Versehen oder aufgrund von Verständigungsproblemen, sondern bewusst und kalkuliert in Eskalationen und Deeskalationen geführt wurde, weil er ausgefochten und siegreich beendet werden sollte. Gerade für diese Annahme sprach jedoch immer vieles.

Bernd Stöver, Der Kalte Krieg 1947-1991. Geschichte eines radikalen Zeitalters, München 2007, S. 16-19

1. *Stellen Sie die drei Interpretationen des Kalten Krieges tabellarisch gegenüber.*

H *Achten Sie auf Aspekte, die jeweils unterschiedlich gesehen wurden.*

2. *Erläutern Sie die Feststellung Stövers, die drei Interpretationen seien jeweils „zeitgebundene Teilerklärungen" (Zeile 61f.).*

3. *Nehmen Sie Stellung zu Stövers These, der Kalte Krieg sei ein „klassischer Machtkonflikt" (Zeile 66) gewesen.*

[2] **Politik der Offenen Tür**: Sie zielt darauf, dass keinem Land der freie Handel mit einem anderen Land verwehrt werden darf. Geprägt wurde der Begriff Ende des 19. Jh. im Zeitalter des Imperialismus. Die USA befürchteten damals, beim Wettlauf mit anderen Mächten um Einflusssphären zu unterliegen.

[3] **Perzeptionsmuster**: Wahrnehmungsmuster

[4] **unterminieren**: untergraben

Politische Reden interpretieren

Reden sind rhetorische Texte, die auf eine bestimmte Situation eingehen, welche der Redner im eigenen Sinne beeinflussen will. Dabei steht der Appell an die Zuhörer im Vordergrund. Bei der Beschäftigung mit historischen Themen begegnet uns hauptsächlich die politische Rede, die ein Politiker hält, um für sich, sein Programm oder ein Vorhaben zu werben, Gegner zu kritisieren oder um Ereignisse und Personen zu würdigen.

Politische Reden interpretieren

Reden sind für uns in Zeitung, Rundfunk, Fernsehen und digitalen Medien, aber auch in Geschichtsbüchern etwas Alltägliches. Wenn wir sie im Druckbild vor uns haben, vergessen wir leicht, dass es sich hierbei nicht um „normale" schriftliche, sondern mündlich vorgetragene Quellen handelt. Nicht umsonst heißt es bei im Vorabdruck veröffentlichten Reden ausdrücklich: „Es gilt das gesprochene Wort", denn: „Rede ist nicht Schreibe!"
Anders als alle anderen schriftlich fixierten Texte wurden und werden politische Reden für einen bestimmten Anlass, Ort und Adressatenkreis mit einer bestimmten Wirkungsabsicht verfasst und gehalten. Neben Inhalt und rhetorischen Stilmitteln beeinflussen Mimik und Gestik des Redners, die Redesituation und die Atmosphäre die Wirkung auf die Zuhörer. Auch wenn diese Faktoren nur in Ton- oder Bilddokumenten nachvollzogen werden können, darf ihre Wirkung für die Gesamtbewertung aber auch in nur schriftlich vorliegenden Reden nicht außer Acht gelassen werden. Bei der Analyse und Interpretation einer (politischen) Rede sind deshalb mehrere Ebenen zu berücksichtigen:

Formale Kennzeichen
- Wer ist der Redner und welche Funktion hat er?
- Was ist über seine politische Haltung oder seine Weltanschauung bekannt?
- Wann, wo und aus welchem Anlass wurde die Rede gehalten?

Inhalt und Stil
- Was ist Thema und Inhalt der Rede?
- Wie ist die Rede aufgebaut? Welche Merkmale kennzeichnen sie (Länge, Argumentation, Sprach- und Wortwahl, Stil, Umgangs- oder Hochsprache)?
- Wie wird der Vortrag gehalten (freier Vortrag oder abgelesen, Stimme, Tonfall, Tempo, Lautstärke, Körpersprache)?

Historischer Kontext
- Welchen Zeitraum, welches Ereignis oder welche Person behandelt die Rede?
- In welchem Bezug steht der Redner zum Thema?
- Wie ist die Redesituation und Atmosphäre (Art und Anlass der Veranstaltung, besonderer Redeort, Publikum, Rundfunk- oder Fernsehaufzeichnung)?

Intention und Wirkung
- An wen wendet sich der Redner?
- Welche Absichten verfolgt er?
- Welche Wirkung hatte die Rede auf Zuhörer, Zeitgenossen und spätere Leser/Zuhörer?

Einordnung und Bewertung
- Wie lässt sich die Rede in den historischen Kontext einordnen und bewerten?
- Welchen Einfluss hatte die Rede auf die Situation oder Entwicklung?

John F. Kennedy: Amtsantrittsrede vom 20. Januar 1961 (Ausschnitte)

Anrede in Tradition früherer Amtsantrittsreden

Meine Mitbürger,

Überhöhung des Redeanlasses; Signalwort „wir“

wir feiern heute nicht den Sieg einer Partei, sondern wir begehen eine Feier der Freiheit – die sowohl ein Ende als auch einen Anfang symbolisiert, die sowohl eine Erneuerung als auch eine Veränderung bedeutet, denn ich habe vor Ihnen und dem allmächtigen Gott den gleichen feierlichen Eid geschworen, den unsere Vorväter vor beinahe eindreiviertel Jahrhunderten vorgeschrieben haben. [...]

Anspielung auf atomares Wettrüsten; Appell/Dialogangebot an Sowjetunion

Und schließlich möchten wir an all jene Nationen, die sich selbst zu unserem Gegner erklären wollen, nicht ein Versprechen, sondern ein dringendes Ersuchen richten: dass beide Seiten erneut mit der Suche nach dem Frieden beginnen mögen, bevor die dunklen Mächte der Zerstörung, die von der Wissenschaft entfesselt worden sind, die ganze Menschheit in geplanter oder zufälliger Selbstvernichtung verschlingen.

Politisches Ziel: Überwindung des „Missile Gap“ durch atomares Patt

Wir werden sie nicht durch Schwäche in Versuchung führen. Denn nur, wenn die Stärke unserer Waffen über jeden Zweifel erhaben ist, können wir ganz sicher ausschließen, dass sie jemals angewandt werden. [...]

Anapher „Lasst uns“ als Appell an Solidarität und gemeinsame Verantwortung

Lasst uns auf beiden Seiten zum ersten Mal ernsthafte und präzise Vorschläge für die Inspektion und Kontrolle der Rüstungen formulieren – und die absolute Macht, andere Nationen zu vernichten, unter die absolute Kontrolle anderer Nationen bringen.

Aufbruch in Weltraum („New Frontier“) als Reaktion auf „Sputnik-Schock“

Lasst uns von beiden Seiten zusammenkommen, um die Wunder der Wissenschaft anstatt ihre Schrecken zu erwecken. Lasst uns gemeinsam die Sterne erforschen, die Wüsten erobern, die Krankheiten ausrotten, die Tiefen des Ozeans ausmessen und die Künste und den Handel fördern. [...]

Vision einer neuen Weltordnung

Und wenn in dem Dschungel des Argwohns ein Brückenkopf der Zusammenarbeit errichtet werden kann, dann lasst uns von beiden Seiten zu der nächsten Aufgabe zusammenkommen: der Schaffung nicht eines neuen Gleichgewichts der Kräfte, sondern einer neuen Welt des Rechtes und des Gesetzes, in der die Starken gerecht und die Schwachen sicher sind und der Friede für immer erhalten bleibt. [...]

Traditioneller, mit Pathos verbundener Appell an Nation und ihre Geschichte

In Ihren Händen, meine Mitbürger, wird noch viel mehr als in den meinigen der letztliche Erfolg oder Fehlschlag unseres Kurses liegen. Seit dieser Staat gegründet wurde, ist jede Generation aufgerufen gewesen, Zeugnis ihrer nationalen Loyalität abzulegen. Die Gräber junger Amerikaner, die diesem Ruf nachgekommen sind, sind auf dem ganzen Erdball verstreut. [...]

Anspielung auf Roosevelts „Vier-Freiheiten-Rede“

In der langen Geschichte dieser Welt ist es nur wenigen Generationen vergönnt gewesen, die Rolle der Verteidigung der Freiheit in der Stunde ihrer höchsten Gefahr zu spielen. Ich schrecke vor dieser Aufgabe nicht zurück – ich begrüße sie. [...]

Historischer, viel zitierter Satz: Aufruf zur Übernahme persönlicher Verantwortung für Bestehen der globalen Herausforderungen; Adressaten nicht nur Nation, sondern Weltöffentlichkeit

Und so, meine amerikanischen Mitbürger: Fragt nicht, was euer Land für euch tun wird – fragt, was ihr für euer Land tun könnt.

Meine Mitbürger in der Welt: Fragt nicht, was Amerika für euch tun wird, sondern fragt, was wir zusammen für die Freiheit des Menschen tun können.

Abschließender Appell für den Erfolg der amerikanischen „Mission“ (Sendungsbewusstsein)

Und schließlich, ob ihr Bürger Amerikas oder der Welt seid, verlangt von uns das gleiche hohe Maß an Stärke und Opferbereitschaft, das wir von euch verlangen werden. Mit einem guten Gewissen als einzigen sicheren Lohn, mit der Geschichte als dem letztlichen Richter unserer Taten lasst uns die Aufgabe in Angriff nehmen, das Land zu führen, das wir lieben, um seinen Segen und um seine Hilfe bitten – in dem Wissen aber, dass hier auf der Erde unser Werk wahrhaft Gottes Werk sein muss.

Zitiert nach: Herbert Schambeck, Helmut Widder und Marcus Bergmann (Hrsg.), Dokumente zur Geschichte der Vereinigten Staaten von Amerika, Berlin [2]2007, S. 547-551

Formale Kennzeichen ■ In den Präsidentschaftswahlen von 1960 konnte sich der demokratische Senator aus Massachusetts John F. Kennedy knapp gegen den langjährigen republikanischen Vizepräsidenten Richard Nixon durchsetzen. Am 20. Januar 1961 wurde Kennedy als jüngster gewählter US-Präsident vor dem Kongressgebäude in Washington feierlich in sein Amt eingeführt. Im Anschluss an seine Vereidigung hielt er wie jeder neue Präsident eine Amtsantrittsrede, die er mit seinem Redenschreiber Theodore C. Sorensen formuliert hatte.

Inhalt und Stil ■ Kennedys Antrittsrede ist eindeutig auf die Außenpolitik zugeschnitten. Der Präsident warnt vor der drohenden Gefahr einer Vernichtung durch Nuklearwaffen. Seinen ersten Appell richtet er an die Sowjetunion und ihre Verbündeten, gemeinsam mit der „Suche nach dem Frieden" zu beginnen. Sicherheit vor einem gegnerischen Atomschlag garantiere jedoch nur ein atomares Patt, das Kennedy durch weitere Aufrüstung erreichen will. Er vermittelt ein Bild der USA, die in einem – durch seinen Amtsantritt eingeläuteten – neuen Abschnitt der Weltgeschichte aus einer Position der Stärke heraus dem Gegner die Hand zu Verhandlungen ausstrecken und für die Vision einer von Frieden, Freiheit und Fortschritt erfüllten Weltordnung eintreten. Die Rede ist mit etwa 14 Minuten relativ kurz. Kennedy spricht pointiert und in knappen, verständlichen Sätzen, die er durch kurze Pausen zusätzlich unterteilt. Die Rede zeichnet sich nicht durch Argumente oder konkrete Vorschläge, sondern durch plakative Bilder, pathetische Aussagen, Signalwörter und emotionale Aufrufe aus. Wiederholt appelliert Kennedy nicht nur an die Opferbereitschaft und Verantwortung der eigenen Nation, sondern an die „Mitbürger der Welt", was den Anspruch der USA auf ihre Rolle als Weltordnungsmacht unterstreicht.

Historischer Kontext ■ Bei Kennedys Amtsantritt wurde die Außenpolitik besonders vom Rüstungswettlauf zwischen Ost und West geprägt. Im Mai 1961 umkreiste der sowjetische Kosmonaut Juri Gagarin als erster Mensch die Erde. Die Sowjetunion eröffnete damit nicht nur das Zeitalter der bemannten Raumfahrt, sondern auch die Weltraumrüstung. Erstmals war eine atomare Bedrohung der USA aus dem All durch sowjetische Raketen denkbar. Schon im Wahlkampf bemühte Kennedy den Mythos der „New Frontier", die er nun auf den Weltraum richtete. Kennedys Amtsantrittsrede war Teil einer vierstündigen Zeremonie, an der mehrere tausend Zuschauer teilnahmen. Die Rede wurde in Rundfunk und Fernsehen weltweit direkt übertragen.

Intention und Wirkung ■ Die Rede hat auf die Zeitgenossen der westlichen Welt, besonders die junge Generation, einen großen Eindruck gemacht und bei vielen ihr Ziel erreicht, die Hoffnung auf eine bessere, friedlichere Zukunft zu bestärken und die Nation auf ihren Zusammenhalt einzuschwören. Jedoch mag Kennedys mitunter apokalyptischer Unterton sowie die eingeforderten weitreichenden Verpflichtungen gegenüber Volk und Verbündeten manche Zuhörer verschreckt haben.

Einordnung und Bewertung ■ Kennedys Amtsantrittsrede gehört zu den berühmtesten politischen Reden. Besonders die Worte „Fragt nicht, was euer Land für euch tun wird – fragt, was ihr für euer Land tun könnt" sind bis heute populär. Sie leiteten eine neue Phase des politischen Aktivismus in den USA ein. Ein Beitrag zur Entspannung oder gar Lösung des Kalten Krieges war die Rede jedoch nicht. Kennedys Dialogangebot wurde von der Sowjetunion nicht als Zeichen der Stärke, sondern als Schwäche aufgefasst. Es kam zu keiner Annäherung. Im Gegenteil: Im August 1961 wurde unter sowjetischer Aufsicht die Berliner Mauer errichtet, im November desselben Jahres ordnete Kennedy eine Verstärkung des amerikanischen Engagements in Südvietnam an, und 1962 drohte der Kalte Krieg in der Kuba-Krise zu eskalieren.

Das Ende der Bipolarität

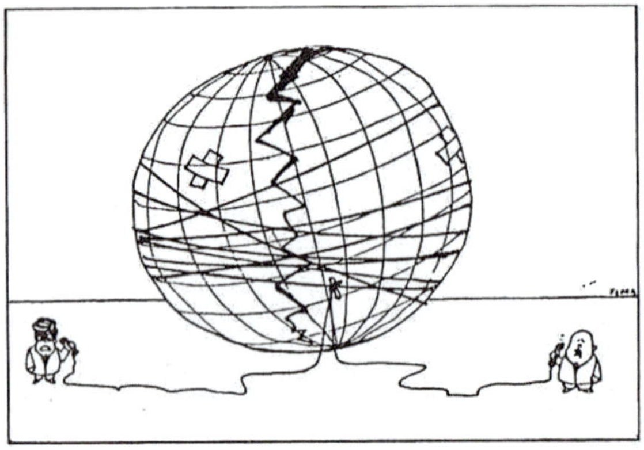

▲ **„Die Welt ist gerettet."**
Karikatur aus der Wochenzeitung „Die Zeit" vom 14. Juni 1963 von Paul Flora.

Atomwaffensperrvertrag: (*Treaty on Non-Proliferation of Nuclear Weapons*): Der Vertrag wurde von den USA, der Sowjetunion und Großbritannien zwischen 1965 und 1968 ausgehandelt und trat 1970 in Kraft. Inzwischen haben 191 Staaten (Stand: 2015) ihn angenommen. Nicht unterzeichnet haben bislang Indien, Israel, Pakistan und Südsudan. Nordkorea trat im Januar 2003 aus dem Vertrag aus. Er akzeptiert die friedliche Nutzung der Kernenergie, verbietet aber die Verbreitung von Kernwaffen und verpflichtet die Mitglieder zur Abrüstung von Kernwaffen.

SALT: Abkürzung für „Strategic Arms Limitation Talks"

Konferenz über Sicherheit und Zusammenarbeit in Europa: Die KSZE wurde 1973 als Gesprächsforum ost- und westeuropäischer Staaten, Kanadas und der USA mit dem Ziel gegründet, gemeinsame Projekte in den Bereichen Kultur, Wissenschaft, Wirtschaft, Umweltschutz und Abrüstung durchzuführen und zur Sicherheit und Durchsetzung der Menschenrechte in Europa beizutragen. Seit 1995 heißt sie „Organisation für Sicherheit und Zusammenarbeit in Europa" (OSZE).

Erste Schritte den Annäherung Angesichts des „Gleichgewichts des Schreckens" entwickelte sich nach der Kuba-Krise eine neue Sicherheitspolitik. Das Weiße Haus und der Kreml richteten eine direkte Fernschreiberverbindung („Heißer Draht") ein, die die Kommunikation in Konfliktfällen sicherstellen sollte.

Es entwickelten sich erste Rüstungskontrollvereinbarungen. Sie bezogen sich auf die Beendigung von überirdischen Kernwaffentests zum Schutz von Menschen und Umwelt vor einer weiteren radioaktiven Verseuchung (*Atomteststoppabkommen* 1963) und auf die Nichtverbreitung von Kernwaffen (**Atomwaffensperrvertrag** 1968).

Zu Beginn der 1970er-Jahre standen die Zeichen auf Entspannung. Die Sowjetunion suchte die Kooperation mit den USA, um das teure Wettrüsten einzuschränken und an der fortschrittlichen Technologie des Westens teilzuhaben. Außerdem war durch die Annäherung der USA an die Volksrepublik China Bewegung in die Ost-West-Beziehungen gekommen.

Ab 1969 führten die beiden Supermächte in Helsinki Verhandlungen über die Beschränkung strategischer Nuklearwaffen (**SALT**). 1972 wurde das erste SALT-Abkommen unterzeichnet. Es beschränkte die Zahl der atomaren Langstreckenraketen und Raketenabwehrsysteme.

Entspannung in Europa Die entspannte Weltpolitik ermöglichte auch die Neue Ostpolitik der Bundesregierung unter Bundeskanzler Willy Brandt. Durch den *Moskauer Vertrag* (1970), den *Warschauer Vertrag* (1970) und die innerdeutschen Verträge (1972) stellte sie das Verhältnis zu den osteuropäischen Staaten und zur DDR auf eine neue Grundlage und schuf die Basis für eine begrenzte Zusammenarbeit. Im *Viermächte-Abkommen* (1971) für Berlin konnte eine Verständigung für die Stadt gefunden werden, der Berlin-Krisen für die Zukunft vermied.*

Der KSZE-Prozess beginnt Von zentraler Bedeutung war die **Konferenz über Sicherheit und Zusammenarbeit in Europa** (KSZE). Vertreter von 35 Staaten (die USA, Kanada und alle europäischen Länder außer Albanien) verhandelten zwischen 1973 und 1975 in Helsinki über ihre Beziehungen, den Verzicht auf Gewaltandrohung und -anwendung, die bestehenden Grenzen und die Achtung der Menschenrechte und Grundfreiheiten. Das Ergebnis hielten sie 1975 in der Schlussakte von Helsinki fest (▸ M1). Vor allem die Bestimmungen über die Menschenrechte wirkten in den kommunistisch regierten Staaten befreiend. Die weiterhin verfolgten und unterdrückten Bürgerrechtler in der Tschechoslowakei, Polen und der DDR konnten sich nun bei Verletzungen ihrer Grundrechte auf die von ihren Staatschefs unterzeichneten Prinzipien der Schlussakte berufen. Sie wurden dabei von den westlichen Medien und Politikern unterstützt.

* Siehe auch S. 353.

▸ **Friedensdemonstration im Bonner Hofgarten.**
Foto vom 10. Oktober 1981. Die von zahlreichen Organisationen aus dem In- und Ausland organisierte Demonstration in der damaligen Hauptstadt der Bundesrepublik stand unter dem Motto „Gegen die atomare Bedrohung gemeinsam vorgehen". An der Abschlusskundgebung nahmen etwa 250 000 Menschen teil. Zu den Rednern zählte auch der Literatur-Nobelpreisträger Heinrich Böll. Weitere Großdemonstrationen, an denen zum Teil noch mehr Menschen teilnahmen, folgten.

Der Kalte Krieg kehrt wieder Ende der 1970er-Jahre verschlechterte sich das Verhältnis zwischen den beiden Supermächten wieder, als die Sowjetunion massiv aufrüstete. Mit einer neuen Generation von Interkontinentalraketen und neuen Mittelstreckenraketen (SS 20) versuchte sie, ihre militärische Position zu verbessern und in Europa zu einem Übergewicht zu gelangen.

Der Einmarsch sowjetischer Truppen in Afghanistan im Dezember 1979 bedeutete dann das Ende der Entspannungspolitik. Die USA beantworteten das sowjetische Vorgehen mit eine Reihe von Sanktionen. Sie stoppte die Ausfuhr von Weizen und Hochtechnologie in die Sowjetunion und boykottierte 1980 die Olympischen Spiele in Moskau.

In Europa machte vor allem Bundeskanzler Helmut Schmidt* die NATO auf die Gefahr eines sowjetischen militärischen Übergewichtes in Europa aufmerksam. Ende 1979 einigte sich das Verteidigungsbündnis auf einen „NATO-Doppelbeschluss". Er sah die Nachrüstung im Bereich der Mittelstreckenraketen vor, sollte die Sowjetunion nicht über den Abbau ihrer Mittelstreckenraketen verhandeln wollen.

US-Präsident **Ronald Reagan** setzte nach seinem Amtsantritt 1981 ganz auf eine „Politik der Stärke und des Dialoges" gegenüber der Sowjetunion. Mit einem gigantischen Rüstungsprogramm, Plänen zu einem Raketenabwehrsystem im Weltraum (*Star Wars*) und der Unterstützung von Gruppen, die gegen „kommunistische" Regime kämpften, sollte Moskau an einer weiteren Ausdehnung seiner Einflusszonen in Südasien, Afrika und Lateinamerika gehindert und an den Verhandlungstisch gezwungen werden. Da keine Einigung erzielt werden konnte, wurden 1983 die Rüstungsverhandlungen abgebrochen und in Europa Mittelstreckenraketen und Marschflugkörper aufgestellt. Ein neues Tief der Ost-West-Beziehungen war nach der hoffnungsvollen Entspannungspolitik erreicht (▸ M2).

Die zunehmende Rüstungspolitik der Mächte stieß im Westen auf eine breite außerparlamentarische Friedensbewegung,** die zum Teil von den kommunistischen Staaten unterstützt wurde.

Ronald Reagan (1911-2004): konservativer US-Politiker (Republikaner), von 1967 bis 1974 Gouverneur von Kalifornien und von 1981 bis 1989 Präsident der USA

* Zu Helmut Schmidt siehe S. 333.
** Zur deutschen Friedensbewegung in West und Ost siehe auch S. 334 und 366.

▲ **Michail S. Gorbatschow trifft Ronald Reagan.**
Foto von der Genfer Gipfelkonferenz vom November 1985.

Michail Gorbatschow (geb. 1931): von 1985 bis 1991 Parteichef der KPdSU und von März 1990 bis zum Zerfall der Sowjetunion Dezember 1991 Staatspräsident; er erhielt 1990 den Friedensnobelpreis

INF-Vertrag (*Intermediate Range Nuclear Forces*): Abkommen der Supermächte über die Beseitigung aller Mittelstreckenraketen mit einer Reichweite zwischen 500 und 5500 km

START: Abkürzung für „Strategic Arms Reduction Talks"

Die Wende in der Sowjetunion Im Rüstungswettlauf mit der überlegenen amerikanischen Wirtschaftsmacht konnte die Sowjetunion nicht mehr mithalten. Sie hatte stets wesentlich mehr Mittel in den Militärsektor gelenkt, als ihre Volkswirtschaft verkraften konnte. Der Wendepunkt kam 1985 mit **Michail Gorbatschow**, dem neuen Generalsekretär der KPdSU. Mit einer Politik der Offenheit (*Glasnost*) und Umgestaltung (*Perestroika*) versuchte er, der wirtschaftlichen Krise seines Landes Herr zu werden. Er wollte den Sozialismus nicht abschaffen, sondern reformieren.

Abkehr von der Weltmachtpolitik Auch in der Außenpolitik verkündete Gorbatschow seit 1985 ein „neues Denken". Es führte zu einem völligen Bruch mit der bisherigen Militär- und Sicherheitspolitik der Sowjetunion. Gorbatschow machte eine Reihe von Vorschlägen zur Beendigung des Wettrüstens, betonte den Gedanken der „gemeinsamen Sicherheit" und forderte die einvernehmliche Ausgestaltung des „europäischen Hauses". Innerhalb weniger Jahre wandelten sich die sowjetisch-amerikanischen Beziehungen tief greifend. Nach mehreren Gipfeltreffen Gorbatschows mit US-Präsident Reagan unterzeichneten beide in Washington am 8. Dezember 1987 den **INF-Vertrag**. Erstmals wurde ein wirklicher Abrüstungserfolg erzielt. Die Sowjetunion musste 1500, die USA 500 Systeme verschrotten. Moskau stellte zudem seine Unterstützung sozialistischer Regime in der Karibik, in Afrika und Asien ein (1986), zog seine Streitkräfte aus Afghanistan ab (1988/89) und kündigte vor der UNO einseitige Truppenverringerungen an (1989). Der wichtigste Schritt war jedoch das Abrücken von der Breschnew-Doktrin* und die Anerkennung der nationalen Unabhängigkeit der Ostblockstaaten (1987/88).

Erfolgreiche Abrüstungsverhandlungen Nach dem Sieg der Reformkräfte in den Staaten des Ostblocks unterzeichneten die Staaten der NATO und des Warschauer Paktes im November 1990 in Paris den *Vertrag über konventionelle Streitkräfte in Europa*. Vereinbart wurde neben einem drastischen Waffenabbau und Rüstungsobergrenzen auch ein detailliertes Überprüfungssystem.

Gleichzeitig erklärten die Staats- und Regierungschefs der KSZE-Konferenz in der „Charta von Paris für ein neues Europa" das Zeitalter der Konfrontation und Teilung Europas für beendet (▸ M3).

Im Juli 1991 einigten sich die Sowjetunion und die USA nach neunjähriger Verhandlungszeit auf eine Reduzierung ihrer interkontinentalen Atomraketen um knapp 40 Prozent (**START-I-Vertrag**). Einen weiteren einschneidenden Abbau der atomaren Vernichtungswaffen sollte schließlich der im Januar 1993 unterzeichnete *START-II-Vertrag* bringen, der die Beseitigung von etwa zwei Dritteln aller Nuklearwaffen bis zum Jahr 2003 festschrieb. Damit wäre in etwa der Stand der späten Fünfzigerjahre wieder erreicht worden. Allerdings trat der Vertrag nicht in Kraft. Der Rüstungswettlauf zwischen den beiden Supermächten und ihren Verbündeten war beendet, die Ära des Ost-West-Konfliktes vorbei (▸ M4).

* Siehe S. 497, M2.

Von der Sowjetunion zur Gemeinschaft Unabhängiger Staaten In der Sowjetunion verstand es Gorbatschow, sich an die Spitze der inneren Demokratisierungsprozesse zu stellen. Er erhielt dafür den Beifall der gebannt zuschauenden westlichen Öffentlichkeit. Allerdings verfügte er über kein Konzept für den dringend notwendigen Umbau der sowjetischen Planwirtschaft.

Der Zerfall des Landes war nicht aufzuhalten. Die Sowjetrepubliken, allen voran die **baltischen Staaten**, lösten sich von Moskau. Am 21. Dezember 1991 gründeten 15 nunmehr unabhängige Republiken die *Gemeinschaft Unabhängiger Staaten* (GUS) und erklärten die UdSSR für aufgelöst. Fünf Tage später trat Gorbatschow als Präsident der Sowjetunion zurück.

Baltische Staaten: Estland, Lettland und Litauen, seit 1918 unabhängig, 1940 von der Sowjetunion annektiert. 1991 erklärten sie ihre Unabhängigkeit und traten aus dem Staatsverband der UdSSR aus.

Der Ostblock löst sich auf Die von Moskau ausgehenden Reformanstöße ab Mitte der 1980er-Jahre hatten auch die oppositionellen *Bürgerrechtsbewegungen* in den Mitgliedstaaten der Warschauer Vertragsorganisation gestärkt. Als die sowjetische Außenpolitik ab 1989 die Entwicklung wieder bremsen wollte, war es bereits zu spät: Das Ende der kommunistischen Parteidiktaturen war nicht mehr aufzuhalten. Vorreiter des Wandels waren Polen und Ungarn, wo unter Mitwirkung kommunistischer Reformkräfte 1989 bzw. 1990 freie Wahlen stattfanden. Auch die DDR, die Tschechoslowakei, Bulgarien, Rumänien und Albanien befreiten sich meist friedlich von ihren kommunistischen Regierungen. Die DDR löste sich auf, und die aus ihr gebildeten fünf ostdeutschen Länder traten am 3. Oktober 1990 der Bundesrepublik Deutschland bei.* Im Juni und Juli 1991 wurden der Rat für Gegenseitige Wirtschaftshilfe (RGW) und das Militärbündnis der Warschauer Vertragsorganisation aufgelöst.

▲ **Wandel in Mittel-, Ost- und Südosteuropa bis 1991.**

„1989/90 ging ein globaler Konflikt zu Ende, der die gesamte Welt erfasste." Erläutern Sie diese Aussage des Politikwissenschaftlers Ernst-Otto Cziempiel.

* Siehe S. 380 f.

▲ **KSZE-Schlusskonferenz in Helsinki.**
Foto vom 1. August 1975.
Bundeskanzler Helmut Schmidt (vorne rechts) spricht mit dem DDR-Staatsratsvorsitzenden Erich Honecker.

▲ **„Helsinki und die Folgen."**
Karikatur aus dem „Deutschen Allgemeinen Sonntagsblatt" vom 19. Oktober 1975 von dem tschechisch-deutschen Zeichner Ivan Steiger.
■ *Interpretieren Sie die Karikatur.*

M1 KSZE-Schlussakte von Helsinki

Die Schlussakte vom 1. August 1975 stellt kein völkerrechtlich verbindliches Abkommen, aber eine Selbstverpflichtung der Staaten dar.

I. Souveräne Gleichheit, Achtung der der Souveränität innewohnenden Rechte
Die Teilnehmerstaaten werden gegenseitig ihre souveräne Gleichheit und Individualität sowie alle ihrer Souveränität innewohnenden und von ihr umschlossenen Rechte achten, einschließlich insbesondere des Rechts eines jeden Staates auf rechtliche Gleichheit, auf territoriale Integrität sowie auf Freiheit und politische Unabhängigkeit. Sie werden ebenfalls das Recht jedes anderen Teilnehmerstaates achten, sein politisches, soziales, wirtschaftliches und kulturelles System frei zu wählen und zu entwickeln sowie sein Recht, seine Gesetze und Verordnungen zu bestimmen. [...]
II. Enthaltung von der Androhung oder Anwendung von Gewalt
Die Teilnehmerstaaten werden sich in ihren gegenseitigen Beziehungen sowie in ihren internationalen Beziehungen im Allgemeinen der Androhung oder Anwendung von Gewalt, die gegen die territoriale Integrität oder politische Unabhängigkeit irgendeines Staates gerichtet oder auf irgendeine andere Weise mit den Zielen der Vereinten Nationen und mit der vorliegenden Erklärung unvereinbar ist, enthalten. [...]
III. Unverletzlichkeit der Grenzen
Die Teilnehmerstaaten betrachten gegenseitig alle ihre Grenzen sowie die Grenzen aller Staaten in Europa als unverletzlich und werden deshalb jetzt und in der Zukunft keinen Anschlag auf diese Grenzen verüben. [...]
V. Friedliche Regelung von Streitfällen
Die Teilnehmerstaaten werden Streitfälle zwischen ihnen mit friedlichen Mitteln auf solche Weise regeln, dass der internationale Frieden und die internationale Sicherheit sowie die Gerechtigkeit nicht gefährdet werden. [...]
VI. Nichteinmischung in innere Angelegenheiten
Die Teilnehmerstaaten werden sich ungeachtet ihrer gegenseitigen Beziehungen jeder direkten oder indirekten, individuellen oder kollektiven Einmischung in die inneren oder äußeren Angelegenheiten enthalten, die in die innerstaatliche Zuständigkeit eines anderen Teilnehmerstaates fallen. [...]
VII. Achtung der Menschenrechte und Grundfreiheiten
Die Teilnehmerstaaten werden die Menschenrechte und Grundfreiheiten, einschließlich der Gedanken-, Gewissens-, Religions- oder Überzeugungsfreiheit für alle ohne Unterschied der Rasse, des Geschlechts, der Sprache oder der Religion achten.

Zitiert nach: Helmut Krause und Karlheinz Reif (Bearb.), Die Welt seit 1945, München 1980, S. 691ff.

1. *Stellen Sie gegenüber: Welche Teile der Dokuments entsprechen vorwiegend den sowjetischen, welche den westlichen Interessen?*
2. *Begründen Sie, warum die KSZE-Schlussakte große Bedeutung für die Oppositionsbewegung in den osteuropäischen Staaten hatte.*
3. *Die Initiative für eine derartige Konferenz ging bereits in den 1950er-Jahren von der Sowjetunion aus. Der Westen lehnte ab, weil er die Teilung Deutschlands nicht zementieren wollte. Stellen Sie dar, warum die geschichtliche Entwicklung seitdem eine gewandelte Einstellung bewirkt haben könnte.*

M2 Fieberkurve der Ost-West-Beziehungen

Die Schärfe der Konfrontation und der Grad der Entspannung werden in eine Skala von –10 bis +10 eingeteilt. Im Mittelpunkt seiner Wertungen stehen die amerikanisch-sowjetischen Beziehungen:

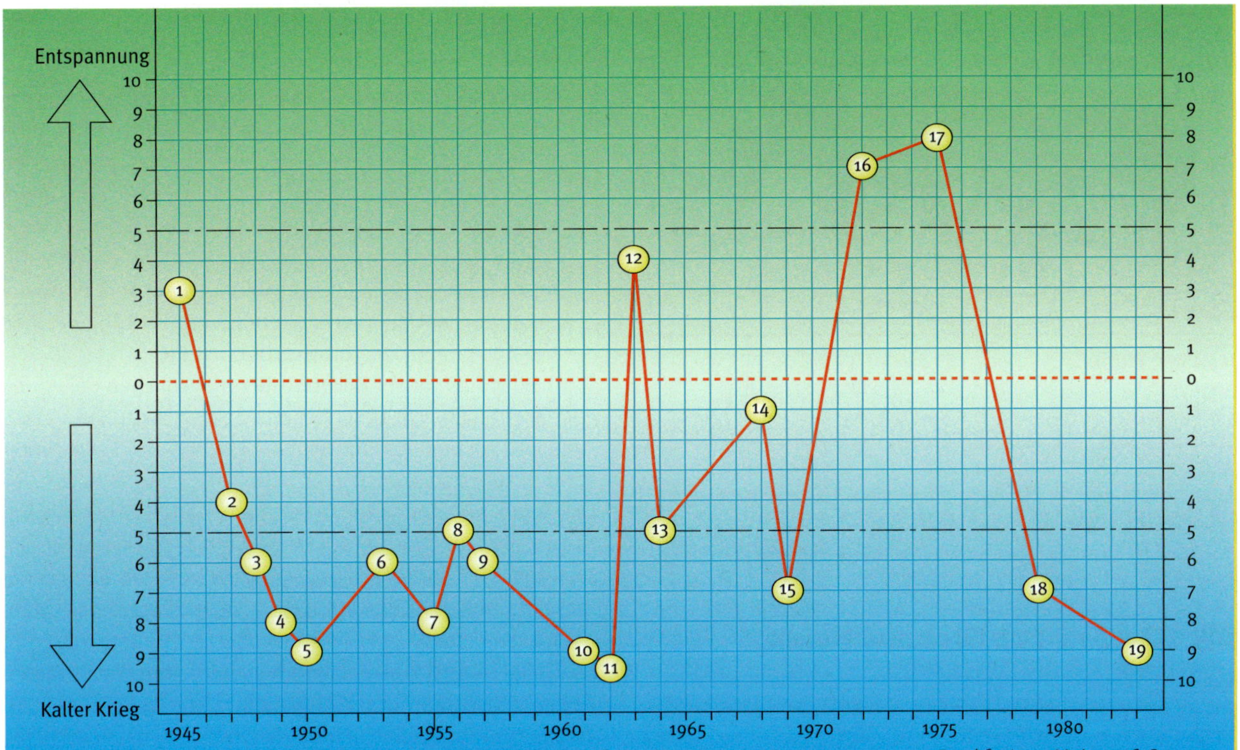

Grafik nach einer Idee von: Karl Dieterich Bracher, Die Krise Europas 1917 - 1975, Frankfurt am Main 1976, S. 443

1	1945	Ende des Zweiten Weltkrieges; Gründung der UNO
2	1947	Truman-Doktrin; Marshall-Plan; Zwei-Lager-Theorie
3	1948	Kommunistischer Umsturz in der Tschechoslowakei; Beginn der sowjetischen Blockade Berlins
4	1949	Gründung der NATO; kommunistische Staatsgründungen in China und der DDR
5	1950	Ausbruch des Korea-Krieges
6	1953	Tod Stalins; Volksaufstand in der DDR; Waffenstillstand in Korea
7	1955	Bundesrepublik wird NATO-Mitglied; Gründung der Warschauer Vertragsorganisation
8	1956	Aufstände in Polen und Ungarn; Suez-Krise[1]
9	1957	„Sputnik"-Erfolg der Sowjetunion
10	1961	Bau der Berliner Mauer
11	1962	Kuba-Krise
12	1963	Vertrag über den Stopp von Atomtests; „Heißer Draht" zwischen der amerikanischen und sowjetischen Führung
13	1964	Die USA erhöhen ihren militärischen Einsatz in Vietnam
14	1968	Kernwaffensperrvertrag; Ende des „Prager Frühlings"
15	1969	Mondlandung der Amerikaner
16	1972	SALT-I-Abkommen begrenzt die Zahl nuklearer Angriffswaffen zwischen den USA und der UdSSR
17	1975	Schlussakte der KSZE in Helsinki
18	1979	NATO-Doppelbeschluss; sowjetischer Einmarsch in Afghanistan
19	1983	Abbruch aller Rüstungskontrollverhandlungen

1. *Erläutern Sie den Verlauf der Ost-West-Beziehungen.*
2. *Überprüfen Sie, ob der Verlauf der „Kurve" zutreffend ist.*
3. *Bewerten Sie, ob die dargestellten Ereignisse alle denselben Stellenwert haben sollten.*
4. *Führen Sie in Partnerarbeit die Grafik für die Zeit bis 1991 weiter.*

[1] Suez-Krise: auch Sinai-Krieg genannt; siehe auch Anm. S. 497.

▲ **„Ohne Worte."**
Karikatur von Horst Haitzinger vom 20. November 1990. Die Karikatur zeigt (von rechts nach links) den deutschen Bundeskanzler Helmut Kohl, den französischen Staatspräsidenten François Mitterrand, US-Präsident George Bush und den sowjetischen Staatspräsidenten Michail S. Gorbatschow. Auf der Schleife steht „In höchster Freude".

M3 „Charta von Paris für ein neues Europa"

Am 21. November 1990 erklären die Staats- und Regierungschefs der KSZE-Teilnehmerstaaten in Paris:

Das Zeitalter der Konfrontation und der Teilung Europas ist zu Ende gegangen. Wir erklären, dass sich unsere Beziehungen künftig auf Achtung und Zusammenarbeit gründen werden.

Europa befreit sich vom Erbe der Vergangenheit. Durch den Mut von Männern und Frauen, die Willensstärke der Völker und die Kraft der Ideen der Schlussakte von Helsinki bricht in Europa ein neues Zeitalter der Demokratie, des Friedens und der Einheit an. [...]

Wir verpflichten uns, die Demokratie als die einzige Regierungsform unserer Nationen aufzubauen, zu festigen und zu stärken. In diesem Bestreben werden wir an Folgendem festhalten: Menschenrechte und Grundfreiheiten sind allen Menschen von Geburt an eigen; sie sind unveräußerlich und werden durch das Recht gewährleistet. Sie zu schützen und zu fördern ist vornehmste Pflicht jeder Regierung. Ihre Achtung ist wesentlicher Schutz gegen staatliche Übermacht. Ihre Einhaltung und uneingeschränkte Ausübung bilden die Grundlage für Freiheit, Gerechtigkeit und Frieden.

Demokratische Regierung gründet sich auf den Volkswillen, der seinen Ausdruck in regelmäßigen, freien und gerechten Wahlen findet. Demokratie beruht auf Achtung vor der menschlichen Person und Rechtsstaatlichkeit. Demokratie ist der beste Schutz für freie Meinungsäußerung, Toleranz gegenüber allen gesellschaftlichen Gruppen und Chancengleichheit für alle. [...]

In Übereinstimmung mit unseren Verpflichtungen gemäß der Charta der Vereinten Nationen und der Schlussakte von Helsinki erneuern wir unser feierliches Versprechen, uns jeder gegen die territoriale Integrität oder politische Unabhängigkeit eines Staates gerichteten Androhung oder Anwendung von Gewalt oder jeder sonstigen mit den Grundsätzen oder Zielen dieser Dokumente unvereinbaren Handlung zu enthalten. Wir erinnern daran, dass die Nichterfüllung der in der Charta der Vereinten Nationen enthaltenen Verpflichtungen einen Verstoß gegen das Völkerrecht darstellt.

Wir bekräftigen unser Bekenntnis zur friedlichen Beilegung von Streitfällen. Wir beschließen, Mechanismen zur Verhütung und Lösung von Konflikten zwischen den Teilnehmerstaaten zu entwickeln. [...]

Die Gefahr von Konflikten in Europa hat abgenommen, doch es bedrohen andere Gefahren die Stabilität unserer Gesellschaften. Wir sind entschlossen, bei der Verteidigung der demokratischen Institutionen gegen Verletzungen der Unabhängigkeit, souveränen Gleichheit oder territorialen Integrität der Teilnehmerstaaten zusammenzuarbeiten. Dazu zählen illegale Aktivitäten unter Anwendung von äußerem Druck, Zwang und Subversion. In dem Bewusstsein, dass die friedliche Beilegung von Streitfällen eine wesentliche Vervollständigung der Pflicht der Staaten ist, sich der Androhung oder Anwendung von Gewalt zu enthalten, und dass beide wesentliche Faktoren für die Aufrechterhaltung und Festigung des Weltfriedens und der internationalen Sicherheit sind, werden wir nicht nur darum bemüht sein, nach wirksamen Verfahren zur Verhütung immer noch möglicher Konflikte durch politische Mittel zu suchen, sondern im Einklang mit dem Völkerrecht auch geeignete Mechanismen zur friedlichen Beilegung eventueller Streitfälle festzulegen.

Zitiert nach: www.bundestag.de/blob/189558/21543d1184c1f627412a3426e86a97cd/charta-data.pdf [Zugriff am 18. Mai 2015]

1. *Fassen Sie die zentralen Aussagen der Quelle zusammen.*
2. *Erklären Sie den historischen Zusammenhang, der diese Erklärung 1990 möglich gemacht hat.*
3. *„Das Zeitalter der Konfrontation und Teilung Europas ist zu Ende gegangen" (Zeile 1 f.). Prüfen Sie, ob Sie dieser Aussage angesichts der Entwicklungen seit 1990 zustimmen können.*

M4 „Wir sind nicht länger mehr Gegner“

Anfang 1992 unterzeichnen der amerikanische Präsident George Bush und der russische Präsident Jelzin eine gemeinsame Erklärung:

Zum Abschluss dieses historischen Treffens zwischen einem amerikanischen Präsidenten und dem Präsidenten eines neuen und demokratischen Russland stimmen wir – die Führer von zwei großen Völkern und Nationen – überein, dass eine Reihe von Prinzipien die Beziehungen zwischen Russland und Amerika leiten sollten:

Erstens, dass Russland und die Vereinigten Staaten sich nicht länger als potenzielle Gegner betrachten. Von heute an wird ihre Beziehung durch Freundschaft und Partnerschaft charakterisiert sein, die auf gegenseitigem Vertrauen und Respekt und einer gemeinsamen Verpflichtung zu Demokratie und wirtschaftlicher Freiheit beruht.

▲ **„Gipfeltreffen.“**
Foto vom 30. Juli 1991.
Der russische Präsident Boris Jelzin (l.), der sowjetische Staatspräsident Michail Gorbatschow (m.) und US-Präsident George H. W. Bush (r.) unterhalten sich auf einem Empfang zu Ehren des US-Präsidentenpaares während des Gipfeltreffens zur Unterzeichnung des START-I-Vertrages in Moskau.

Zweitens, dass wir daran arbeiten werden, irgendwelche Überreste von Kalter-Kriegs-Feindseligkeit zu beseitigen, eingeschlossen Schritte zur Verringerung unserer strategischen Arsenale.

Drittens, dass wir alles in unserer Macht Stehende tun werden, um gegenseitiges Wohlbefinden unserer Völker zu fördern und die Bindungen so weit als möglich auszubauen, die unsere Völker jetzt vereinen. Offenheit und Toleranz sollten das Markenzeichen der Beziehungen zwischen unseren Völkern und Regierungen sein.

Viertens, dass wir aktiv freien Handel, Investitionen und wirtschaftliche Zusammenarbeit zwischen unseren beiden Ländern fördern.

Fünftens, dass wir jede Anstrengung unternehmen, die Förderung der von uns geteilten Werte der Demokratie, der Herrschaft des Rechts, der Respektierung der Menschenrechte einschließlich der Rechte von Minderheiten, der Respektierung von Grenzen und der friedlichen Veränderung weltweit zu unterstützen.

Sechstens, dass wir aktiv zusammenarbeiten, – die Ausbreitung von Massenvernichtungswaffen und dazugehöriger Technologie zu verhindern und die Ausbreitung von konventionellen Waffen auf der Grundlage von zu vereinbarenden Prinzipien zu beschränken; – regionale Konflikte friedlich beizulegen und – Terrorismus entgegenzutreten, Rauschgifthandel zu stoppen und der Umweltschädigung vorzubeugen.

Mit der Annahme dieser Prinzipien beginnen die Vereinigten Staaten und Russland heute eine neue Ära in ihren Beziehungen. In dieser neuen Ära streben wir nach Frieden, einem anhaltenden Frieden, der auf dauerhaften gemeinsamen Werten beruht. Dies kann ein Zeitalter von Frieden und Freundschaft sein, das nicht nur unseren Völkern, sondern Völkern in der ganzen Welt Hoffnung bringt. Denn während unser Konflikt die Welt für Generationen teilen half, können wir nun, in Zusammenarbeit mit anderen und zwischen uns, die Welt durch unsere Freundschaft vereinigen – eine neue Allianz von Partnern, die gegen die gemeinsamen Gefahren arbeitet, vor denen wir stehen.

Zitiert nach: Süddeutsche Zeitung vom 3. Februar 1992, S. 27

1. *Skizzieren Sie die Prinzipien der Beziehungen zwischen Russland und den USA.*
2. *Analysieren Sie, ob sich in der Erklärung überwiegend westliche Vorstellungen finden.*
3. *Beurteilen Sie, inwiefern eine Verständigung zwischen den USA, Europa und Russland bis heute für den Weltfrieden notwendig ist (M3 und M4).*

Geschichte kontrovers

Das Ende des Kalten Krieges – Ergebnis des militärischen Niederrüstens?

Das Ende des Kalten Krieges wurde im Jahr 1990 gleich von mehreren Seiten offiziell erklärt. Damit klang auch der scharfe Ost-West-Konflikt abrupt aus, der in seiner radikalsten Phase zu existenziellen Krisen geführt und die Welt beinahe in den Abgrund gestürzt hätte.

Am 25. Dezember 1991 wurde auf dem Kreml in Moskau die rote Fahne der Sowjetunion durch die weiß-blau-rote Fahne Russlands ersetzt. Die Staaten Osteuropas hatte sich schon aus dem Herrschaftsbereich der Sowjetunion befreit und die ehemaligen Sowjetrepubliken ihre Unabhängigkeit erklärt, nachdem freie Wahlen stattgefunden hatten. In der Geschichts- und Politikwissenschaft ist umstritten, warum dieser auf politischer, wirtschaftlicher und weltanschaulicher Ebene so massiv geführte Kalte Krieg mit dem Untergang der Sowjetunion endete. War dieser Zusammenbruch – gemessen an westlichem Fortschrittsdenken, das sich an Demokratie und Marktwirtschaft orientiert – eine von der Sowjetunion selbst verschuldete Krise oder Ergebnis eines Drucks massiver Aufrüstung seitens der USA? Oder erodierte die Sowjetunion langsam durch die westliche Entspannungspolitik und durch die Infiltration westlicher Ideen und Vorbilder?

M1 „Den amerikanischen Anstrengungen nicht gewachsen“

Zbigniew Brzeziński, ehemaliger Sicherheitsberater verschiedener amerikanischer Regierungen und Dozent an amerikanischen Universitäten, nimmt 1992 Stellung:

Der Kalte Krieg endete tatsächlich mit dem Sieg auf der einen und der Niederlage auf der anderen Seite. Diese Realität kann nicht bestritten werden – trotz der verständlichen Empfindlichkeiten, die eine solche Schlussfolgerung unter den Weichherzigen im Westen und einigen früheren Führern der besiegten Seite hervorruft. [...]
Die globale sowjetische Offensive dauerte unvermindert bis in die zweite Hälfte der 70er-Jahre an. Nicht länger durch die strategische amerikanische Stärke politisch gehindert, wurden sowjetische Truppen in Vietnam, Äthiopien, Jemen, Kuba, ganz zu schweigen von dem geopolitisch wichtigen Mittleren Osten, eingesetzt, während sowjetische militärische Stellvertreter in Mosambik, Angola und anderswo aktiv waren. [...] Das Ergebnis war die letzte Phase des Kalten Krieges ungefähr von 1979-1991. Sie war gekennzeichnet durch die graduelle Wiederaufnahme der ideologischen Initiative des Westens, durch den Ausbruch einer weltanschaulichen und politischen Krise im Lager des Gegners und durch den letzten und entscheidenden Stoß der USA im Rüstungswettlauf. Diese Phase dauerte ein Jahrzehnt. Ihr Ergebnis war Sieg. [...]
Die massive US-Verteidigung, die in den frühen Achtzigern aufgebaut wurde und die auch die Entscheidung einschloss, mit der Strategic Defense Initiative fortzufahren – beides schockte die Sowjets und strapazierte ihre Ressourcen. Ihre Größe, ihre Wucht und ihr technologischer Wagemut waren in Moskau vollkommen unerwartet gewesen. 1983 entwickelte sich eine echte Kriegsangst im Kreml und die USA wurden vielleicht eingeschätzt, sogar eine militärische Lösung anzustreben. Und dann in der Mitte des Jahrzehnts dämmerte es den sowjetischen Führern, dass sie weder mit den amerikanischen Anstrengungen gleichziehen konnten noch ihnen gewachsen waren. [...] Der Rüstungswettkampf erschöpfte die sowjetische Volkswirtschaft und widerlegte somit die eigenen ideologischen Erwartungen. [...]
Die reformorientierte Gorbatschow-Führung, umschmeichelt, umworben, sogar verführt durch den Westen und in seiner letzten Phase geschickt beeinflusst durch Präsident Bush und den deutschen Kanzler Helmut Kohl, wählte den zweiten Weg. Das Ergebnis war ein Chaos im östlich-zentralen Europa und dann Kapitulation. [...] Während des ganzen Kalten Kriegs war es Amerika, das die meiste Last trug und seinen stärksten Willen demonstrierte durchzuhalten. Die Alliierten Amerikas waren im Allgemeinen standhaft in kritischen Augenblicken, aber auf der anderen Seite neigten sie mehr zu Kompromissen. [...] Es war Amerika, das die ganze Zeit des Kalten Krieges die sowjetische Machtausübung mit einer Haltung und Führung aufhielt, die im Gesamten bemerkenswert konsistent war.

Zbigniew Brzeziński, The Cold War and its Aftermath, in: Foreign Affairs 71/1992, S. 31-49, hier S. 31-46 (übersetzt von Rolf Schulte)

M2 Die Attraktivität des Westens

Hat der Westen den Sieg im Kalten Krieg davongetragen? Historiker und Politologen widersprechen solchen Auffassungen, wie sie etwa von Zbigniew Brzeziński (M1) vertreten werden.

a) Archie Brown, Professor für Politikwissenschaft an der Universität Oxford, schreibt dazu 2010:

Die Beerdigung des Kalten Krieges war ein Sieg des Westens in dem Sinn, dass demokratische politische Systeme sich als attraktiver als die eigenen politischen Systeme für die Bürger des kommunistischen Europa erwiesen und dass sich die Marktwirtschaften als effizienter als die Planwirtschaften nach Sowjetstil herausgestellt hatten. Das ist etwas gänzlich anderes als die populäre Übervereinfachung, dass es der Druck der Reagan-Regierung oder die amerikanische Waffenüberlegenheit war, welche die sowjetische Führung in die Situation brachte, nichts anderes als die Niederlage einzugestehen. [...] Während Gorbatschow eventuell gute persönliche Beziehungen mit Reagan und Bush pflegte, war er ideell mehr mit europäischen sozialdemokratischen Staatmännern wie Brandt (obwohl er während der Perestroika-Periode nicht mehr deutscher Bundeskanzler war) und González[1] verbunden. [...] Obwohl wir eine Grenze der Entwicklung von Gorbatschows Ansichten in eine bestimme Richtung erkennen müssen, war diese Richtung sozialdemokratisch, eine Fusion liberaler und sozialistischer Traditionen.

b) Und John W. Young, Professor für internationale Geschichte an der Universität Nottingham/Großbritannien, äußert sich in derselben Veröffentlichung folgendermaßen:

Wenn der Zusammenbruch des Sowjetsystems als Ergebnis eines langzeitigen Versagens des Kommunismus gegenüber der freien Marktwirtschaft gesehen werden kann, dann war der Erfolg der Westeuropäer durch den Aufbau stabiler, blühender demokratischer Systeme, die ökonomischen Erfolg mit sozialer Gerechtigkeit verbanden, eine wichtige Komponente des Sieges des Westens im Kalten Krieg. Die Tagesordnung der NATO im Helsinki-Prozess wurde tatsächlich eingelöst. Die Sowjets mögen Anerkennung für ihre territorialen Nachkriegsgrenzen erzielt haben, aber nur auf Kosten, westliche Güter und Ideen in einem zunehmend altersschwachen marxistischen System zu erlauben. Für die Satellitenstaaten Osteuropas stellten die Freiheit und der Reichtum der westeuropäischen Nachbarn einen Magnet dar, der diese von Moskau wegzog und die Fundamente des Systems unterspülte, das in den späten 1989ern so spektakulär auseinanderbrach. [...]
Es war auch bedeutsam, dass dieses elastische System [Westeuropas] sich an der Haustür der Sowjetunion befand. Von hier aus konnten die Westeuropäer ihre Kredite an Osteuropa gewähren, Druck auf die Respektierung von Menschenrechten ausüben und Gorbatschows Glasnost-Politik nutzen. [...] Der entscheidende Beitrag für das Ende des Kalten Krieges zu freiheitlichen Bedingungen war die Demonstration, dass die Vorteile einer Marktwirtschaft mit politischer Demokratie, Wohlfahrtsmaßnahmen und sozialer Gerechtigkeit verbunden werden konnten.

[1] **Felipe González**: sozialdemokratischer Ministerpräsident Spaniens von 1982 bis 1996

▲ **„Die Russen einfach totrüsten."**
Karikatur von Luis Murschetz aus der Wochenzeitung „Die Zeit" vom 28. August 1981.
▪ *Charakterisieren Sie die Haltung des Zeichners zu der Kontroverse.*

Erster Text: Archie Brown, The Gorbatchev revolution and the end of the Cold War, in: Melvyn P. Leffler; Odd Arne Westad (Hrsg.), The Cambridge History of the Cold War, Vol. III, Cambridge 2010, S. 244-266, hier S. 264 f. (übersetzt von Rolf Schulte)
Zweiter Text: John W. Young, Western Europe and the end of the Cold War, 1979-1989, in: ebenda, S. 289-310, hier S. 289 ff., 309 f. (übersetzt von Rolf Schulte)

1. *Arbeiten Sie die unterschiedlichen Sichtweisen heraus (M1 und M2).*
2. *Vergleichen Sie die Positionen der Autoren in M1 und M2 mit der Darstellung auf Seite 502-505.*
3. *Das Ende des Kalten Krieges – Ergebnis militärischen Niederrüstens der Sowjetunion? Nehmen Sie Stellung.*

Der Weg zur europäischen Integration

▲ **„Coopération Intereuropéenne."**
Plakat, 1950.
Das Plakat (75 x 55 cm) warb für die „Innereuropäische Zusammenarbeit" und entstand um 1950 im Rahmen des Wettbewerbs des Marshall-Plans.

Europainitiativen in der Nachkriegszeit Schon unmittelbar vor und nach dem Ende des Zweiten Weltkrieges entstanden Initiativen für ein gemeinsames Europa. Sie knüpften an Vorstellungen der 1920er-Jahre an, gaben die Schuld an der Katastrophe den souveränen Nationalstaaten auf dem Kontinent und plädierten für eine europäische „Bundesordnung". Sie sei der „Schlüssel zum Frieden für die Welt" (▸ M1).

Winston Churchill* zählte zu den bekanntesten Politikern, die kurz nach dem Krieg die „Vereinigten Staaten von Europa" forderten (▸ M2). Allerdings ging Churchill davon aus, dass Großbritannien nicht Mitglied, sondern eine Art Schutzmacht des Zusammenschlusses sein sollte.

Churchills Appell beflügelte die Europabewegung. Auf einem ersten Europakongress in Den Haag, der im Mai 1948 etwa tausend Delegierte aus Parlamenten, Verbänden und Kirchen aus 19 Staaten zusammenführte, wurde über die gemeinsame europäische Zukunft diskutiert.

Die Politik konnte die Forderungen nach einem gemeinsamen Europa nicht ignorieren und reagierte. Doch den Visionen wurden durch die Realität Grenzen gesetzt: Die Regierungen waren zunächst nicht bereit, auf nationale Rechte zu verzichten. Außerdem war Deutschland nicht souverän, sondern stand unter der Kontrolle der vier Siegermächte. Zudem waren die zentralen Herausforderungen der Nachkriegszeit: der Kampf gegen den Hunger, der wirtschaftliche Wiederaufbau sowie der beginnende Kalte Krieg.

Den wichtigsten Impuls für ein gemeinsames Europa gaben die Vereinigten Staaten 1948 mit dem *Marshall-Plan***. Die USA waren aus ökonomischen und politischen Gründen langfristig an stabilen Verhältnissen in Europa interessiert. Einerseits, um sich einen Absatzmarkt für ihre Produkte zu sichern, und andererseits, um verlässliche Verbündete zu bekommen. Die Verteilung des Konjunkturprogramms übernahmen die Europäer selbst. Dafür wurde 1948 die *Organisation für Europäische Wirtschaftliche Zusammenarbeit* (**OEEC**) gegründet.

OEEC (*Organization for European Economic Cooperation*): 1948 gegründete Organisation; Mitglieder waren 16 (später 18) Teilnehmerstaaten. Die OEEC koordinierte den Wiederaufbau und förderte die wirtschaftliche und politische Zusammenarbeit Europas.
Nachfolgeorganisation ist seit 1961 die OECD (*Organization for Economic Cooperation and Development*), die sich nicht mehr auf Europa beschränkt. Sie berät und informiert über Wirtschaftsfragen und Bildung (z. B. PISA).

Die historischen Grundlagen des Einigungsprozesses Was waren die Gründe, die zur westeuropäischen Integration führten? Ein Prozess der europäischen Einigung schien eine Reihe von Problemen lösen zu können. Folgende Faktoren bestimmten um 1950 den beginnenden Einigungsprozess:

1. Nach der Katastrophe des Zweiten Weltkrieges, die noch viel verheerender war als die nach dem Ersten Weltkrieg, herrschte überall der Wunsch vor, dieses Mal einen dauerhaften Frieden zu gestalten.
2. Daraus folgte, dass die europäischen Völker den Nationalismus eindämmen mussten, der zu zwei Weltkriegen geführt hatte. Besonders zwischen Deutschland und Frankreich sollte es zu einer Versöhnung kommen.

* Siehe S. 253.
** Siehe S. 319 f.

3. Das drängende Problem nach dem Krieg war die Beseitigung der wirtschaftlichen Not, des Hungers und der Wiederaufbau. Dies war ohne ein Zusammenwirken aller Kräfte nicht zu bewerkstelligen.
4. Darüber hinaus war unklar, ob und wie Deutschland in Zukunft in Europa zu integrieren sei, damit keine Gefahr mehr von ihm ausgehen könne.
5. Außerdem befürchteten westeuropäische Politiker eine weitere Ausdehnung des sowjetischen Machtbereiches und forderten deshalb eine gemeinsame Verteidigung.
6. Zudem wünschten sich einige Politiker langfristig ein vereintes Europa, das als „dritte Kraft" unabhängig von den USA und der Sowjetunion handeln könne.

Umstritten war aber, wie die Einigung hergestellt werden und aussehen sollte. Staaten, die wenige Souveränitätsrechte abgeben wollten, bevorzugten die Verständigung zwischen den nationalen Regierungen, die *intergouvernementale Zusammenarbeit*. Die Anhänger einer *supranationalen Einigung* jedoch wollten, dass die Einzelstaaten Hoheitsrechte an gemeinsame europäische Organe abgeben sollten, die dann für alle entschieden. Die Auseinandersetzung über den einzuschlagenden Weg sollte den europäischen Einigungsprozess immer wieder vor Schwierigkeiten stellen.

Literaturtipps:
- *Dietmar Herz und Christian Jetzlsperger, Die Europäische Union, München ²2008*
- *Werner Weidenfeld, Die Europäische Union, München ³2013*

Erste Zusammenschlüsse Am 5. Mai 1949 gründeten Vertreter von zehn Staaten in London den **Europarat**. Er war die erste politische Organisation Europas mit Sitz in Straßburg. Die Parlamentarier und Regierungsvertreter des Europarates hatten zwar keine Entscheidungsbefugnisse, aber allein die Tatsache, dass ein solches Forum zum regelmäßigen Meinungsaustausch über die zwischenstaatliche Zusammenarbeit und europäische Fragen bestand, war ein großer Schritt vorwärts.

Auf dem Gebiet der Rechtspolitik wurde 1950 ein Meilenstein gesetzt, als die europäische *Konvention zum Schutz der Menschenrechte und Grundfreiheiten* beschlossen wurde. Seitdem können Bürgerinnen und Bürger vor dem *Europäischen Gerichtshof für Menschenrechte* die Einhaltung dieser Rechte einklagen.

Zum eigentlichen Motor der Integration wurde aber die wirtschaftliche Kooperation. Am 9. Mai 1950 veröffentlichte der französische Außenminister **Robert Schuman** den Plan seines Mitarbeiters **Jean Monnet**, die deutsche und französische Kohle- und Stahlproduktion – die damaligen Schlüsselindustrien dieser Staaten – einer unabhängigen **supranationalen Organisation** zu unterstellen (▸ M3). Diese Institution sollte offen sein für weitere europäische Länder. 1951 unterzeichneten Frankreich, Westdeutschland, Italien, die Niederlande, Belgien und Luxemburg den *Vertrag über die Gründung der Europäischen Gemeinschaft für Kohle und Stahl* (EGKS), auch *Montanunion* genannt.

Die Organe der EGKS hatten Vorbildcharakter für den gesamten Einigungsprozess: die *Hohe Behörde* (später: *Kommission*), den *Ministerrat* mit Vertretern der Mitgliedstaaten, einen *Gerichtshof* und eine *Parlamentarische Versammlung* (später: *Europäisches Parlament*).

Die Präambel des EGKS-Vertrages sprach aber nicht nur von Marktregulierungen, sondern von der Absicht, „durch die Errichtung einer wirtschaftlichen Gemeinschaft den ersten Grundstein für eine weitere und vertiefte Gemeinschaft unter Völkern zu legen, die lange Zeit durch blutige Auseinandersetzungen entzweit waren".

Europarat: 1949 als erste europäische Staatenorganisation gegründet. Er sieht seine Aufgabe vorwiegend in der Förderung der Demokratie und dem Schutz der Menschenrechte. Von den über 200 von ihm verabschiedeten Abkommen und Konventionen ist die bedeutendste die Europäische Menschenrechtskonvention (1950). Der Europarat zählt mittlerweile 47 Mitglieder. Er ist keine Institution der EU.

Robert Schuman (1886-1963): französischer Politiker; geboren in Elsass-Lothringen; besaß bis 1918 die deutsche Staatsbürgerschaft, danach die französische. Der Christdemokrat war 1948 bis 1952 französischer Außenminister und setzte sich früh für eine Aussöhnung mit Deutschland ein.

Jean Monnet (1888-1979): französischer Unternehmer; 1946-1950 Leiter des französischen Planungsamtes; enger Mitarbeiter des französischen Außenministers Schuman

Supranationale Organisation: Institution mehrerer Einzelstaaten, die Hoheitsrechte an gemeinsame Organe abgeben, die dann für alle entscheiden

Weitere Bemühungen Die Frage des deutschen Verteidigungsbeitrages sollte durch eine europäische Armee gelöst werden. Im Jahre 1952 wurde zwar die *Europäische Verteidigungsgemeinschaft* (EVG) von den sechs Gründungsmitgliedern der EGKS

▶ **Studenten zerstören eine Grenzschranke.**
Foto vom 7. August 1050. 300 Studenten aus acht europäischen Ländern trafen sich an der deutsch-französischen Grenze, zerbrachen die Grenzschranke zwischen Wissembourg (Weißenburg) und St. Germanshof und verbrannten sie demonstrativ. Zugleich forderten sie ein europäisches Parlament und eine europäische Regierung.

unterzeichnet, doch sie trat nicht in Kraft. Die französische Nationalversammlung lehnte sie ab, da die Mehrheit der Parlamentarier nicht bereit war, die Souveränität ihres Landes auf einem solch zentralen Gebiet aufzugeben. Eine parallel verhandelte *Politische Union* scheiterte damit ebenfalls.

Die Römischen Verträge und die Organe der Gemeinschaft Im Jahre 1957 erfolgte ein weiterer Schritt zur Integration Europas. Am 25. März 1957 wurden in Rom die Verträge über die Gründung der *Europäischen Wirtschaftsgemeinschaft* (EWG) und der *Europäischen Atomgemeinschaft* (*Euratom*) unterzeichnet. Die beiden Organisationen sollten einen gemeinsamen Markt schaffen und die Atomenergie zusammen nutzen. Die Umsetzung und Überwachung der Verträge wurde einer *Europäischen Kommission* mit Sitz in Brüssel übertragen. Diese neuen Gemeinschaften schufen einen einheitlichen Wirtschaftsraum für alle Waren, Dienstleistungen, Kapital sowie für Personen – ohne Einschränkungen durch Zölle und Restriktionen.

▲ **Bundeskanzler Konrad Adenauer und Staatspräsident Charles de Gaulle nach der Unterzeichnung des deutsch-französischen Freundschaftsvertrages im Elysée-Palast in Paris.**
Foto vom 22. Januar 1963.

Aussöhnung zwischen den Völkern Eine Bedingung für den erfolgreichen westeuropäischen Integrationsprozess war die Aussöhnung zwischen den europäischen Völkern. Der französische Staatspräsident **Charles de Gaulle** und der deutsche Bundeskanzler *Konrad Adenauer** trieben sie voran. Erster Höhepunkt der Beziehungen zwischen Frankreich und Deutschland war der am 22. Januar 1963 in Paris unterzeichnete deutsch-französische Freundschaftsvertrag (*Elysée-Vertrag*). Er sah nicht nur regelmäßige Beratungen der Staats- und Regierungschefs sowie von Ministern beider Länder vor, sondern auch die Zusammenarbeit in der Bildungs-, Kultur- und Jugendpolitik (▸ M4). Diese enge deutsch-französische Zusammenarbeit entwickelte sich zur „Lokomotive der europäischen Integration", wie der Historiker *Edgar Wolfrum* 2007 urteilte.

Charles de Gaulle (1890-1970): französischer General und Staatsmann; 1940 bis 1944 Chef des Widerstandes gegen die deutsche Besatzung, 1945 bis 1946 Ministerpräsident und vorläufiger Staatspräsident, 1958 bis 1969 Staatspräsident

1. *Ordnen Sie die sechs Faktoren des Einigungsprozesses (siehe S. 512 f.) bestimmten Kategorien zu (z. B. Wirtschaft, Außenpolitik ...).*
2. *Erläutern Sie die Sonderstellung der deutsch-französischen Beziehungen im Einigungsprozess.*

* Siehe S. 284.

M1 Für eine europäische Bundesordnung

Einige Widerstandskämpfer aus Italien, Frankreich, den Niederlanden, Norwegen, Dänemark, Polen und Jugoslawien sowie ein deutscher Nazigegner treffen sich in Paris und verkünden am 31. März 1944 folgendes Projekt:

Der Frieden in Europa stellt den Schlüssel zum Frieden in der Welt dar. Tatsächlich ist Europa im Zeitraum einer einzigen Generation das Auslösezentrum zweier Weltkriege geworden, wobei hierfür wesentlich maßgebend war, dass auf diesem Kontinent 30 souveräne Staaten existierten. Es ist unerlässlich, gegen diese Anarchie anzugehen, indem eine Bundesordnung für die europäischen Völker geschaffen wird.

Nur eine Bundesordnung wird die Teilnahme des deutschen Volkes am europäischen Leben gestatten, ohne dass es zur Gefahr für andere Völker würde.

Nur eine Bundesordnung wird es gestatten, die Probleme der Grenzziehung in Gebieten mit gemischter Bevölkerung zu lösen, sodass diese Gebiete aufhören, der Gegenstand irrer nationalistischer Begehrlichkeit zu sein, womit sie zu reinen Fragen der territorialen Abgrenzung, der Verwaltungshoheit werden.

Nur eine Bundesordnung wird die Erhaltung der demokratischen Institutionen in solcher Weise gestatten, dass die noch nicht politisch voll gereiften Völker die allgemeine Ordnung nicht gefährden können.

Nur eine Bundesordnung wird den wirtschaftlichen Wiederaufbau des Kontinents und die Ausschaltung der Monopole sowie der nationalen Autarkie gestatten. [...]

Es ist nicht möglich, schon jetzt die geografischen Grenzen einer Bundesordnung vorzusehen, die den europäischen Frieden gewährleisten soll. Jedoch ist es angebracht festzustellen, dass diese Bundesordnung von Anfang an stark und umfassend genug sein muss, um der Gefahr zu entgehen, nur die Einflusszone eines fremden Staates zu sein oder das Instrument für die Hegemonie-Politik eines Mitgliedes. Darüber hinaus muss sie von Anfang an allen Ländern offen stehen, deren Gebiet ganz oder teilweise in Europa liegt und die Mitglieder werden können und wollen.

Zitiert nach: Curt Gasteyger, Europa zwischen Spaltung und Einigung. Darstellung und Dokumentation 1945-2005, Bonn 2005, S. 44 f.

1. *Ordnen Sie diese Erklärung in die zeitgeschichtlichen Zusammenhänge ein.*

H *Berücksichtigen Sie die militärische und politische Lage.*

2. *Beurteilen Sie die aktuelle Relevanz des „Projektes".*

M2 Chancen für ein „Wiederaufleben Europas"

Winston Churchill, 1946 Oppositionsführer im britischen Unterhaus, am 19. September 1946 vor Studenten in der Universität Zürich:

Der erste Schritt bei der Neugründung der europäischen Familie muss eine Partnerschaft zwischen Frankreich und Deutschland sein. Nur auf diese Weise kann Frankreich die moralische Führung Europas wiedererlangen. Es gibt kein Wiederaufleben Europas ohne ein geistig großes Frankreich und ein geistig großes Deutschland. Die Struktur der Vereinigten Staaten von Europa, wenn sie gut und echt errichtet wird, muss so sein, dass die materielle Stärke eines einzelnen Staates von weniger großer Bedeutung ist. Kleine Nationen zahlen ebenso viel wie große und erwerben sich ihre Ehre durch ihren Beitrag zu der gemeinsamen Sache. Die alten Staaten und Fürstentümer Deutschlands, frei vereint aus Gründen gegenseitiger Zweckmäßigkeit in einem Bundessystem, können alle ihren individuellen Platz in den Vereinigten Staaten von Europa einnehmen.

Ich versuche nicht, ein ausführliches Programm zu entwerfen für Hunderte von Millionen Menschen, die glücklich und frei sein wollen, zufrieden und sicher, die die vier Freiheiten[1], von denen der große Präsident Roosevelt sprach, genießen und nach den in der Atlantik-Charta verankerten Grundsätzen[2] leben wollen. Ist dies ihr Wunsch, so müssen sie es nur sagen, und gewiss finden sich Mittel und Möglichkeiten, um diesen Wunsch Wirklichkeit werden zu lassen.

[...] Wenn es uns gelingen soll, die Vereinigten Staaten von Europa oder welchen Namen auch immer sie tragen werden zu errichten, müssen wir jetzt damit beginnen.

Zitiert nach: Curt Gasteyger, Europa zwischen Spaltung und Einigung, a.a.O., S. 47f.

1. *Zeigen Sie auf, welche Struktur sich Churchill bezüglich der Vereinigten Staaten Europas und welche bezüglich Deutschland vorstellt.*
2. *Erläutern Sie Churchills These, dass nur in der Partnerschaft mit Deutschland Frankreich „die moralische Führung Europas wiedererlangen" kann.*
3. *Ordnen Sie Churchills Überlegungen in die Nachkriegssituation ein.*

[1] Freiheit der Meinung, Freiheit der Religion, Freiheit von Not und Freiheit von Furcht

[2] Siehe S. 494f.

M3 Der Schuman-Plan: Realpolitik und Vision

Der französische Außenminister Robert Schuman trägt am 9. Mai 1950 in einer Regierungserklärung den Plan aus der Feder seines Mitarbeiters Jean Monnet vor:

Europa lässt sich nicht mit einem Schlag herstellen und auch nicht durch eine einfache Zusammenfassung: Es wird durch konkrete Tatsachen entstehen, die zunächst eine Solidarität der Tat schaffen. Die Vereinigung der europäischen Nationen erfordert, dass der jahrhundertealte Gegensatz zwischen Frankreich und Deutschland ausgelöscht wird. Das begonnene Werk muss in erster Linie Deutschland und Frankreich umfassen. [...]
Die französische Regierung schlägt vor, die Gesamtheit der französisch-deutschen Kohlen- und Stahlproduktion unter eine gemeinsame Oberste Aufsichtsbehörde (*Haute Autorité*) zu stellen, in einer Organisation, die den anderen europäischen Ländern zum Beitritt offensteht. Die Zusammenlegung der Kohlen- und Stahlproduktion wird sofort die Schaffung gemeinsamer Grundlagen für die wirtschaftliche Entwicklung sichern – die erste Etappe der europäischen Föderation – und die Bestimmung jener Gebiete ändern, die lange Zeit der Herstellung von Waffen gewidmet waren, deren sicherste Opfer sie gewesen sind. Die Solidarität der Produktion, die so geschaffen wird, wird bekunden, dass jeder Krieg zwischen Frankreich und Deutschland nicht nur undenkbar, sondern materiell unmöglich ist. Die Schaffung dieser mächtigen Produktionsgemeinschaft, die allen Ländern offensteht, die daran teilnehmen wollen, mit dem Zweck, allen Ländern, die sie umfasst, die notwendigen Grundstoffe für ihre industrielle Produktion zu gleichen Bedingungen zu liefern, wird die realen Fundamente zu ihrer wirtschaftlichen Vereinigung legen. [...] Durch die Zusammenlegung der Grundindustrien und die Errichtung einer neuen Obersten Behörde, deren Entscheidungen für Frankreich, Deutschland und die anderen teilnehmenden Länder bindend sein werden, wird dieser Vorschlag den ersten Grundstein einer europäischen Föderation bilden, die zur Bewahrung des Friedens unerlässlich ist.

Zitiert nach: Klaus-Jörg Ruhl (Hrsg.), „Mein Gott, was soll aus Deutschland werden?" Die Adenauer-Ära 1949-1963, München 1985, S. 86 ff.

1. *Skizzieren Sie die Bedeutung der geplanten Montanunion und die wesentlichen Argumente, die aus französischer Sicht dafür sprechen.*
2. *Erläutern Sie am Beispiel der Europäischen Gemeinschaft für Kohle und Stahl das Integrationskonzept.*

M4 Deutschland und Frankreich

Am 22. Januar 1963 erklären der französische Staatspräsident Charles de Gaulle und Bundeskanzler Konrad Adenauer in Paris:

Der Bundeskanzler der Bundesrepublik Deutschland, Dr. Konrad Adenauer, und der Präsident der Französischen Republik, General de Gaulle, haben sich

- zum Abschluss der Konferenz vom 21. und 22. Januar 1963 in Paris, an der auf deutscher Seite der Bundesminister des Auswärtigen, der Bundesminister der Verteidigung und der Bundesminister für Familien- und Jugendfragen; auf französischer Seite der Premierminister, der Außenminister, der Armeeminister und der Erziehungsminister teilgenommen haben,
- in der Überzeugung, dass die Versöhnung zwischen dem deutschen und dem französischen Volk, die eine jahrhundertealte Rivalität beendet, ein geschichtliches Ereignis darstellt, das das Verhältnis der beiden Völker zueinander von Grund auf neu gestaltet,
- in dem Bewusstsein, dass eine enge Solidarität die beiden Völker sowohl hinsichtlich ihrer Sicherheit als auch hinsichtlich ihrer wirtschaftlichen und kulturellen Entwicklung miteinander verbindet,
- angesichts der Tatsache, dass insbesondere die Jugend sich dieser Solidarität bewusst geworden ist, und dass ihr eine entscheidende Rolle bei der Festigung der deutsch-französischen Freundschaft zukommt,
- in der Erkenntnis, dass die Verstärkung der Zusammenarbeit zwischen den beiden Ländern einen unerlässlichen Schritt auf dem Wege zu dem vereinigten Europa bedeutet, welches das Ziel beider Völker ist, mit der Organisation und den Grundsätzen der Zusammenarbeit zwischen den beiden Staaten, wie sie in dem heute unterzeichneten Vertrag niedergelegt sind, einverstanden erklärt.

Zitiert nach: www.1000dokumente.de [Zugriff am 20. Mai 2015]

1. *Zeigen Sie die Grundprinzipien der deutsch-französischen Beziehungen auf, wie sie in diesem Vertrag dargelegt werden.*
2. *Erläutern Sie die besondere Bedeutung der Jugendarbeit für zwischenstaatliche Beziehungen.*

Erweiterungen und Herausforderungen

▲ **Europafahne.**
Der Europarat führte diese Flagge 1955 ein. 1986 übernahm die Europäische Gemeinschaft diese Fahne auch als ihr Symbol. Der blaue Hintergrund steht für den Himmel. Der Kreis aus zwölf goldenen fünfstrahligen Steinen hat nichts mit den Mitgliedstaaten zu tun, sondern ist ein altes Sinnbild für die Vollkommenheit (Beispiele: das Jahr hat zwölf Monate, es gibt zwölf Tierkreiszeichen und zwölf Apostel).

▲ **Entwicklung der Europäischen Union.**
(Stand: Juli 2015)

Europäischer Rat: unter dieser Bezeichnung 1974 vereinbarte regelmäßige Konferenz der Staats- und Regierungschefs der EG und späteren EU. Sie fand alle drei bis sechs Monate statt. Der Vorsitz wechselt bis heute, jedes halbe Jahr übernimmt ein anderer Mitgliedstaat den Vorsitz.
Der Rat wurde 1986 in die Einheitliche Europäische Akte der EG aufgenommen. Diese bestätigte seine Aufgabe, die gemeinsame Politik zu steuern.

Nationale kontra supranationale Interessen Die Staaten taten und tun sich schwer, nationale Souveränitätsrechte an supranationale Organe abzugeben. Die wirtschaftlichen Erfolge machten die Europäische Gemeinschaft aber attraktiv. 1973 fand die erste Erweiterung statt: Dänemark, Großbritannien und Irland traten ihr bei. Ein Jahr später wurde die Zusammenarbeit mit dem **Europäischen Rat** vertieft. Die Staats- und Regierungschefs trafen sich fortan regelmäßig, um über allgemeine politische Zielvorstellungen und wichtige Initiativen zu entscheiden. 1979 fanden die ersten Direktwahlen zum Europäischen Parlament statt. Dennoch blieb die Gemeinschaft politisch oft gelähmt, da es ihr wegen der unterschiedlichen nationalen Interessen nicht gelang, die geforderten einstimmigen Entscheidungen bei wichtigen Fragen zu finden.

Integration als Voraussetzung für die deutsche Einheit Als nach dem Fall der Mauer die Wiedervereinigung Deutschlands anstand, befürchteten Politiker in Frankreich, Großbritannien, Polen und andere Staaten, dass das wiedervereinigte Deutschland eine Vormachtstellung in Europa anstreben könnte. Sie und die USA machten ihr Einverständnis zur Wiedervereinigung abhängig von der festen Einbindung Deutschlands in die europäischen Institutionen und die NATO. Die Bundesregierung bekannte sich eindeutig zur europäischen Integration und ihren Bündnisverpflichtungen. Dies war auch eine wichtige Voraussetzung für den „Zwei-plus-Vier-Vertrag“ von 1990. Erst mit diesem „Friedensvertrag“, der als das Ergebnis eines Integrationsprozesses gesehen werden kann, sicherten die vier Siegermächte den Deutschen nach 45 Jahren das Recht der uneingeschränkten Selbstbestimmung wieder zu (▸ M1).*

Der Integrationsprozess geht weiter Schon bald danach wurde mit dem *Vertrag von Maastricht*, der 1993 in Kraft trat, der bedeutendste Schritt zur europäischen Integration seit den Römischen Verträgen von 1957 unternommen. Die drei Gemeinschaften (EGKS, EWG und Euratom) wurden unter dem Dach der *Europäischen Union* zusammengefasst. Darüber hinaus einigten sich die damaligen zwölf Staats- und Regierungschefs auf einen noch engeren Zusammenschluss in der Wirtschafts-, Innen-, Außen- und Sicherheitspolitik (▸ M2, M3).

Seit 1999 gibt es eine *Währungsunion*, in der ab 2002 der Euro auch als Bargeld gültig ist. Der Währungsunion gehören inzwischen 19 EU-Staaten an (Stand: Januar 2015).

Als bisheriger Endpunkt des Integrationsprozesses ist der *Vertrag von Lissabon* zu sehen, der 2009 in Kraft trat. Er machte die Entscheidungsverfahren der EU demokratischer und effizienter. Für die Außenpolitik bedeutsam wurde das neue Amt eines Hohen Vertreters bzw. einer Hohen Vertreterin der Union für Außen- und Sicherheitspolitik.

	Bevölkerung (in Mio.) und Anteil an der Weltbevölkerung	Export (in Mrd. US-Dollar) und Anteil am Welthandel	Bruttoinlandsprodukt (in Mio. US-Dollar)	Militärausgaben (in Mrd. US-Dollar) und Anteil am Bruttoinlandsprodukts
EU 27	501 (7,3%)	2133 (14,9%)	17545,9	270,6 (1,5%)
China	1341 (19,4%)	1898 (13,2%)	7062,8	143,0 (2,0%)
Indien	1225 (17,8%)	305 (2,1%)	1944,1	48,9 (2,6%)
USA	310 (4,5%)	1480 (10,3%)	15120,7	711,0 (4,7%)
Russland	143 (2,1%)	522 (3,6%)	1841,1	71,9 (3,9%)
Japan	127 (1,8%)	823 (4,5%)	5832,2	59,3 (1,0%)

▲ **Das weltpolitische Potenzial der Europäischen Union (2010/11).**
Nach: Werner Weidenfeld, Die Europäische Union, München ³2013, S. 205
- *Ermitteln Sie für jede Spalte die Rangordnung. Berücksichtigen Sie auch das Bruttoinlandsprodukt.*
- *Erläutern Sie das weltpolitische Potenzial der Europäischen Union.*

Die Gemeinsame Sicherheits- und Außenpolitik Die wirtschaftlichen und gesellschaftlichen Umbrüche nach dem Zusammenbruch des Ostblocks trugen in den 1990er-Jahren zu einem Wiederaufleben des militanten Nationalismus bei, so zum Beispiel in der zerfallenen Bundesrepublik Jugoslawien. Dies führte 1994 zum ersten bewaffneten Einsatz der NATO seit ihrer Gründung. Ein Jahr später konnte dann mit internationaler Unterstützung ein Friede zwischen den Parteien in Bosnien durchgesetzt werden. Als sich das Kosovo aus dem von Serben dominierten restlichen Staatsverband von Serbien und Montenegro lösen wollte, kam es 1998 erneut zu einem Krieg auf dem Balkan. Obwohl Russland und die Volksrepublik China sich im Sicherheitsrat der Vereinten Nationen gegen eine militärische Lösung des Konfliktes ausgesprochen

* Siehe S. 378 f.

▲ **EUPOL.**
Foto vom 28. März 2010.
In Afghanistan unterstützt die EU den Aufbau einer Polizei. Das Bild zeigt einen Ausbildungsleiter aus Schleswig-Holstein (rechts).

Jahr	Angriffe* Horn von Afrika	Angriffe* Golf von Aden
2009	80	117
2010	139	53
2011	160	37
2012	49	13
2013	7	6
1. Hälfte 2014	3	4

* Der Verband Deutscher Reeder schätzte die Kosten für Lösegelder, Schutzausrüstungen, Versicherungen und Ausweichrouten zwischen 2008 und 2011 auf etwa 5,3 Milliarden Euro jährlich.

▲ **Piratenangriffe vor der Küste Somalias.**
Zitiert nach: Christina Elmer und Claus Hecking, Was wurde eigentlich aus ... den Piraten von Somalia?, www.spiegel.de/panorama/justiz/horn-von-afrika-was-wurde-aus-den-piraten-von-somalia-a-985982.html [Zugriff vom 29. Juni 2015]

■ *Skizzieren Sie den Verlauf der Piratenangriffe vor Somalias Küsten.*

hatten, griffen NATO-Truppen – darunter auch deutsche Soldaten – die Bundesrepublik Jugoslawien an, um Angriffe der Serben auf die Kosovo-Albaner zu verhindern und die zunehmende Zahl der Kriegsflüchtlinge zu stoppen.

Die Europäische Union musste befürchten, dass der Konflikt auf dem Balkan sich auf Griechenland, die Türkei und den Mittleren Osten ausweiten könnte. Um ihre Sicherheit zu erhöhen und weniger abhängig von den USA zu werden, verstärkte die EU ihre eigenen außen- und sicherheitspolitischen Bemühungen. Das schon 1970 eingerichtete Verfahren der *Europäischen Politischen Zusammenarbeit* (EPZ) wurde ab 1999 durch eine *Gemeinsame Sicherheits- und Verteidigungspolitik* (GSVP) intensiviert.

Als Reaktion auf die Terroranschläge vom 11. September 2001 und die folgenden internationalen Konflikte entwickelte der Europarat 2003 eine *Europäische Sicherheitsstrategie*, um den neuen weltpolitischen Herausforderungen gerecht werden zu können (▸ M4). Diese Strategie nennt als Hauptbedrohungen Europas den internationalen Terrorismus, die Verbreitung von Massenvernichtungswaffen, den Zerfall von Staaten, regionale Konflikte sowie die organisierte Kriminalität – und rechtfertigt damit den Einsatz von zivilen und militärischen Mitteln außerhalb der EU. Seitdem führt die EU internationale Missionen zur Friedenssicherung, Konfliktverhütung und Stärkung der internationalen Sicherheit entsprechend den Grundsätzen der UN-Charta* durch, vorrangig auf dem Balkan, in Afghanistan und Afrika.

Inzwischen ist mit dem Vertrag von Lissabon (2009) aus der GSVP die *Gemeinsame Außen- und Sicherheitspolitik* (GASP) geworden. Die EU tut sich trotzdem schwer, eine eigenständige Sicherheitspolitik zu entwickeln. Das zeigte sich zum Beispiel 2011 in der Libyen, wo das diktatorische Regime brutal gegen Proteste vorging. Während sich Frankreich und Großbritannien für militärische Einsätze aussprachen, hielt sich Deutschland aus nationalen Interessen zurück. Es leistete auch keinen nennenswerten Beitrag zu der von den Vereinten Nationen legitimierten Intervention. Gleichwohl beteiligen sich deutsche Soldaten an den militärischen Einsätzen und zivilen Missionen der EU auf der ganzen Welt (▸ M5).

2012 erhielt die EU für den „erfolgreichen Kampf für Frieden und Versöhnung und für Demokratie sowie die Menschenrechte" und für „die stabilisierende Rolle der EU bei der Verwandlung Europas von einem Kontinent der Kriege zu einem Kontinent des Friedens" den Friedensnobelpreis.**

Die Bedeutung der EU in der multipolaren Welt hat zugenommen. Ihre Zukunft hängt davon ab, welche weiteren nationalen Souveränitätsreche ihre 28 Mitgliedstaaten (Stand: Januar 2015) bereit sind, an die gemeinsamen Institutionen abzugeben, und ob ihre Mitglieder kompromissfähig genug sind, zentrale Herausforderungen trotz des Prinzips der Einstimmigkeit gemeinsam zu lösen.

■ *Stellen Sie die Etappen der europäischen Integration in einer Grafik zusammen.*
Ⓗ *Verwenden Sie ggf. eine Treppe als Grundmetapher.*

* Siehe S. 530 f., M2.
** Siehe S. 524 f.

M1 Ein Integrationsfrieden und die Wiedervereinigung Deutschlands

Im Zusammenhang mit der deutschen Wiedervereinigung von 1990 schreibt der Politikwissenschaftler Hanns Jürgen Küsters über den „Zwei-plus-Vier-Vertrag" von 1990 (siehe hier S. 385) und die Art des Friedensvertrages:

Die internationalen Beziehungen kannten bis zum Zweiten Weltkrieg zwei Arten des Friedensschlusses: den „Karthago"-Frieden – grausam, hart, inflexibel, unbarmherzig –, wobei der Frieden mit militärischer Gewalt für lange Zeit aufrechterhalten bleiben muss, weil er keine inneren Widerstände der Besiegten duldet, und den Verhandlungsfrieden – weise, moderat, tolerant, nachsichtig –, der den Besiegten noch als Verhandlungspartner akzeptiert. Dieser Friede beruht im Wesentlichen auf der Annahme, dass die menschliche Kreatur zur Regeneration fähig ist, Verfehlungen einsieht und im Laufe der Zeit ihr Verhalten bessert. Diese Friedensart impliziert Großmütigkeit und setzt darauf, dass der Sieger jederzeit seine Überlegenheit ausspielen kann, um den Frieden zu garantieren. [...]
Die eigentlichen Schwierigkeiten, zu einem Friedensvertrag über Deutschland zu kommen, bestanden nicht zwischen Siegern und Besiegten, sondern unter den Siegern, sich über die Interessen und Prinzipien zu verständigen. Somit hatten die alliierten Siegermächte aus den negativen Erfahrungen der Versailler Konferenz nicht gelernt. 1919 wollten die Siegermächte absolute Sicherheit und totale Gerechtigkeit erreichen und heraus kam ein zerbrechlicher Waffenstillstand. Der Diktatfrieden mit harten Strafmaßnahmen implizierte den Anreiz für revisionistische Forderungen und zerstörte das eigene Vertragswerk. 1945 suchte man zunächst die Institution zu stärken und den förmlichen Friedensschluss so lange wie möglich hinauszuzögern, weil man sich über die Strafmaßnahmen nicht einig war und kein Konzept für Besiegte hatte, sie wieder in die Staatengemeinschaft zu integrieren. Die Angst vor dem Frieden hatte seine Wurzeln in der Angst vor einem erneuten Revisionismus. [...]
Nach dem Zweiten Weltkrieg wäre ein Diktatfriede möglich gewesen, schien aber angesichts der Erfahrungen mit Versailles nicht opportun. Ein Verhandlungsfriede kam nicht in Betracht. Die Weisheit, die internationalen Beziehungen zu stabilisieren und zum Verlierer wieder normale Verhältnisse herzustellen, lag wohl in der Entscheidung für den Integrationsfrieden. [...]
Integrationsfriede bedeutet, der Sieger unterwirft nicht den Besiegten, sondern gibt ihm im Rahmen eines internationalen Verbundsystems die Möglichkeit zur Rückkehr in die internationale Staatengemeinschaft in fester politischer, wirtschaftlicher und militärischer Bindung an eine Staatengruppierung, jedoch unter Wahrung seiner legitimen Rechte als Staat. [...]
Integrationsfriede bezeichnet einen vorausschauenden Frieden, der den Gegner nicht zerschmettert, sondern ihm die Möglichkeit zugesteht, unter Kontrolle eines Allianzsystems, das ein gewisses Machtgleichgewicht herzustellen vermag, seine Verteidigungsfähigkeit wiederzuerlangen. [...]
Elementare Voraussetzung für die positive Wirkung des Integrationsfriedens ist die politische und vor allem die Adaption der gesellschaftlichen Werteordnung des Siegers durch den Besiegten unter Beibehaltung des Zustandes der sicherheitspolitischen und wirtschaftlichen Bindungen. Dabei sind die Herstellung der Nichtangriffsfähigkeit des Besiegten und der Verzicht auf Dominanz des Siegers Garantien für den Erhalt der bestehenden Friedensordnung.

Hanns Jürgen Küsters, Der Integrationsfriede. Viermächte-Verhandlungen über die Friedensregelung mit Deutschland 1945-1990, München 2000, S. 13 und 894-898 (Anm. gestrichen)

1. *Diktatfriede – Verhandlungsfriede – Integrationsfriede. Skizzieren Sie Voraussetzungen, Prinzipien und Folgen dieser drei Friedensformen.*
   H *Verwenden Sie ein Tabelle für eine Gegenüberstellung.*
2. *Entwickeln Sie Vorstellungen von einem „möglichen" Diktatfrieden (Zeile 32) nach dem Zweiten Weltkrieg.*
3. *Nehmen Sie zu Küsters' Aussagen zur „Entscheidung für den Integrationsfrieden" Stellung (vgl. Zeile 32 bis 38).*

M2 Die Ziele der EU im Maastrichter Vertrag

Im Artikel B des Vertrages über die Europäische Union vom 7. Februar 1992 werden die allgemeinen Ziele und Prinzipien der Abmachungen genannt:

Die Union setzt sich folgende Ziele:
- Die Förderung eines ausgewogenen und dauerhaften wirtschaftlichen und sozialen Fortschritts, insbesondere durch Schaffung eines Raumes ohne Binnengrenzen, durch Stärkung des wirtschaftlichen und sozialen Zusammenhalts und durch Errichtung einer Wirtschafts- und Währungsunion, die auf längere Sicht auch eine einheitliche Währung nach Maßgabe dieses Vertrags umfasst;
- die Behauptung ihrer Identität auf internationaler Ebene, insbesondere durch eine gemeinsame Außen- und Sicherheitspolitik, wozu auf längere Sicht auch die Festlegung einer gemeinsamen Verteidigungspolitik gehört, die zu gegebener Zeit zu einer gemeinsamen Verteidigung führen könnte;

- die Stärkung des Schutzes der Rechte und Interessen der Angehörigen ihrer Mitgliedstaaten durch Einführung einer Unionsbürgerschaft;
- die Entwicklung einer engen Zusammenarbeit in den Bereichen Justiz und Inneres;
- die volle Wahrung des gemeinschaftlichen Besitzstands und seine Weiterentwicklung, wobei [...] geprüft wird, inwieweit die durch diesen Vertrag eingeführten Politiken und Formen der Zusammenarbeit mit dem Ziel zu revidieren sind, die Wirksamkeit der Mechanismen und Organe der Gemeinschaften sicherzustellen.

Die Ziele der Union werden nach Maßgabe dieses Vertrags entsprechend den darin enthaltenen Bedingungen und der darin vorgesehenen Zeitfolge unter Beachtung des Subsidiaritätsprinzips[1], wie es in Artikel 3b des Vertrags zur Gründung der Europäischen Gemeinschaft bestimmt ist, verwirklicht.

Zitiert nach: Presse- und Informationsamt der Bundesregierung (Hrsg.), Bulletin Nr. 16, 12. Februar 1992, S. 114

1. *Untersuchen Sie, welche Ziele neu sind und welche bestehende Zielsetzungen weiterführen.*

H *Die Beantwortung schließt ein Sowohl-als-auch ein.*

2. *Nehmen Sie Stellung dazu, inwiefern die genannten Ziele die Umsetzung von moralischen Vorstellungen widerspiegeln.*

M3 Mitterrand über die Bedeutung Europas für Frankreich

Nach der Unterzeichnung des Maastrichter Vertrages hält der französische Staatspräsident François Mitterrand am 5. Juni 1992 vor Studierenden und Lehrenden des Institut d'Études Politiques in Paris eine Rede. Anlass ist das anstehende französische Referendum über den Vertrag:

Von einer Generation zur nächsten haben wir gelernt, dass Frankreich Erbfeinde hatte; es waren allerdings nie dieselben! Frankreich hatte ungefähr ganz Europa zum Erbfeind. Die Zeit Englands ist wohlbekannt, aber die Spaniens ist auch noch nicht so lange her, und das österreichisch-ungarische Reich, Preußen, die Sowjetunion und Deutschland, oder sagen wir das Reich, das macht eine Menge Erbfeinde, und sogar ein paar zu viele, wenn man sich darin zurechtfinden will. Ich erinnere mich, sie gezählt zu haben: In Wirklichkeit gibt es in Europa nur ein einziges Land, mit dem wir nie im Krieg waren. Das einzige Land, mit dem wir niemals Krieg geführt haben – es ist angelegen, daran zu erinnern, aber wir werden es nicht tun – das ist Dänemark. Kurz, Frankreich war die meiste Zeit ein unangenehmer Nachbar. [...]
Schließlich die letzte Alternative, diejenige, die ohne Zweifel die Debatte der nächsten Monate beherrschen wird: das Vaterland oder Europa? Handelt es sich um gegensätzliche Begriffe? Ist derjenige, der sich als Gemeinschaftseuropäer versteht, ein schlechter Patriot? Gibt derjenige sein Vaterland auf, der aus Patriotismus Frankreich, und nur Frankreich wählt – ohne die Nützlichkeit bestimmter Abkommen zu leugnen, aber ohne ein strukturell entscheidendes Abkommen, wie das von Maastricht, zu unterstützen? Ist er deshalb ein schlechter Europäer? Ich werde mich nicht auf diese Art von Diskussion einlassen. Ich habe einmal versucht, dies auszudrücken, indem ich sagte: „Frankreich ist unsere Heimat, aber Europa ist unsere Zukunft."

Themenportal Europäische Geschichte (2009), URL: www.europa.clio-online.de/2009/Article=423 [Zugriff vom 10. Februar 2012]

1. *Benennen Sie die Aspekte, die sich aus dem Spannungsfeld zwischen nationalstaatlicher und europäischer Identität ergeben.*

2. *Formulieren Sie eine Rede zum Thema „Deutschland ist unsere Heimat, aber Europa ist unsere Zukunft".*

H *Notieren Sie die Passagen aus Mitterrands Rede, die übernommen werden können. Entscheiden Sie dann, was Ihrer Meinung nach ergänzt bzw. anders akzentuiert werden muss.*

M4 Die weltpolitische Herausforderung der EU

Der Politikwissenschaftler Herfried Münkler erläutert 2005 in seinem Buch über „Imperien" auch die weltpolitische Lage Europas:

Europa ist durch die veränderten Konstellationen nach dem Ende des Ost-West-Gegensatzes und dem Zusammenbruch der Sowjetunion erheblich stärker herausgefordert, als man sich dies Anfang der 1990er-Jahre vorstellen konnte und wollte. Zunächst wurde das Ende des weltpolitischen Gegensatzes als Chance begriffen, die Teilung des Kontinents in zwei konträre politische Lager zu überwinden und den in Westeuropa begonnenen Prozess einer die Nationalstaaten übergreifenden wirtschaftlichen und politischen Integration schrittweise auf Mittel- und Osteuropa auszudehnen. Rückblickend zeigt sich, dass man den befürchteten Widerstand Russlands überschätzt, während man die dabei auftretenden

[1] Auf die EU bezogen bedeutet das Subsidiaritätsprinzip, dass die EU nur tätig wird, wenn ein Ziel auf europäischer Ebene besser erreicht werden kann als auf der Ebene der einzelnen Mitgliedstaaten.

wirtschaftlichen und sozialen Probleme unterschätzt hat. Dass sich mit der „Wiedervereinigung Europas“ auch dessen politisches Gewicht verändern und es weltpolitisch eine gewichtigere Rolle spielen werde, ist von einigen Beobachtern vorausgesagt worden, wobei die Erwartungen bezüglich der Rolle, die den Europäern dabei zufallen werde, in der Regel weit überzogen waren. [...]
Tatsächlich bestand und besteht die Herausforderung der Europäischen Union darin, dass sie auf der einen Seite mit einem postimperialen Raum konfrontiert war, in dem sich mit großer Geschwindigkeit alle die Konflikte und Instabilitäten entwickelten, die für postimperiale Räume typisch sind, während sich auf der anderen Seite die bislang als wohlwollender Hegemon[1] agierende westliche Führungsmacht zunehmend in einen imperialen Akteur verwandelte, der auf die Wünsche und Vorstellungen seiner Verbündeten kaum noch Rücksicht nahm. Die meisten europäischen Politiker sind von diesen Entwicklungen auch deswegen überrascht worden, weil sie die Handlungslogik eines Imperiums nicht auf ihrer Rechnung hatten: Sie dachten in der politischen Recheneinheit Staat – und wurden mit postimperialen Räumen auf der einen und einem imperialen Akteur auf der anderen Seite konfrontiert. Die Irritationen begannen bei der Frage, welche Reaktion auf die jugoslawischen Zerfallskriege angemessen sei, und steigerten sich bis zu den politischen Zerwürfnissen im Vorfeld des Irak-Krieges. Hat nun, wie einige meinen, Europa an Bedeutung und Einfluss gewonnen? Oder hat es, wie andere dagegenhalten, an beidem verloren?

Herfried Münkler, Imperien. Die Logik der Weltherrschaft – vom Alten Rom bis zu den Vereinigten Staaten, Berlin 2005, S. 245 f.

1. *Erläutern Sie die „Wiedervereinigung Europas“ durch die EU. Was ist mit „postimperialem Raum“ gemeint?*
2. *Analysieren Sie das politische Verhalten der EU-Staaten im Rahmen der Jugoslawien-Kriege und des Irak-Krieges, die Münkler nennt.*
3. *Überprüfen Sie, welche Antwort auf die beiden Schlussfragen Münklers angemessen ist. Ist Europa seit 1990 in der Welt wichtiger geworden?*

[1] **Hegemon** (griech.): Vorherrscher, Vormacht; hier also die USA

M5 Piratenabwehr vor Somalia

Seit 2008 sind etwa 1200 Soldaten der EU vor der Küste Somalias im Einsatz, um Piraten abzuwehren. Ende 2011 debattiert die EU über eine Ausweitung des militärischen Einsatzes; dazu schreibt der Journalist Hauke Friederichs am 2. Januar 2012 in „Zeit online“:

Seit mehr als drei Jahren versuchen Kriegsschiffe im Auftrag der Europäischen Union die Piraterie vor Somalia einzudämmen, doch selbst moderne Waffensysteme schrecken die Seeräuber nicht ab. Die Flotten Europas bieten vor Somalia alles auf, was sie haben: Seefernaufklärer, Speedboote, Bordhubschrauber, Fregatten und Korvetten suchen nach Piraten, eskortieren Frachter des Welternährungsprogramms und Handelsschiffe durch den Golf von Aden und setzen nicht selten Raubboote fest. [...]
Die Piraten haben ihr Jagdgebiet ausgedehnt, sie schlagen längst nicht mehr nur vor der somalischen Küste zu, auch auf dem Indischen Ozean gehen sie auf Beutefang. 199 Seeleute mussten laut EU als Gefangene der Piraten den Jahreswechsel verbringen. [...] Deshalb will die EU nun die Anti-Piraterie-Mission Atalanta ausweiten. Die beteiligten Kriegsschiffe sollen künftig auch gegen Ziele an Land vorgehen dürfen, etwa Boote der Piraten am Strand zerstören – oder ihre Einrichtungen. [...]
Somalia gilt als hoffnungsloser Fall der internationalen Politik. Der Staat existiert nur noch auf dem Papier, einzelne Regionen wie Somaliland oder Puntland handeln längst autonom. [...]
Durch Einsätze an Land könnten die europäischen Soldaten in innersomalische Konflikte verwickelt werden, befürchtet Rainer Arnold, verteidigungspolitischer Sprecher der SPD. [...] Und noch eine Gefahr besteht bei der Ausweitung des Einsatzes: Das Zerstören von Booten und Lagerhallen an Land könnte wie so oft die Falschen treffen. Deutsche Soldaten berichten schon heute, wie schwer es bei Einsätzen auf dem Wasser ist, zwischen Fischern und Piraten zu entscheiden. Am Strand dürfte das kaum anders sein.

Zitiert nach: Hauke Friederichs, Die riskante Anti-Piraten-Strategie der EU, in: www.zeit.de/politik/ausland/2012-01/piraten-somalia-europa [Zugriff vom 29. Juni 2015]

1. *Im März 2012 beschließt die EU die Ausweitung des militärischen Einsatzes. Arbeiten Sie die Motive heraus, in dieser Region vorzugehen. Beachten Sie dazu auch die Tabelle auf Seite 520.*
2. *Prüfen Sie, inwiefern der Einsatz ein von Münkler (M4) erläutertes Szenario darstellt.*

Geschichte kontrovers

Die Europäische Union – eine Erfolgsgeschichte?

Aus zwei Weltkriegen ging Europa zerstört, geteilt und geschwächt hervor. Frieden in Sicherheit und Freiheit wurde zur zentralen Forderung der Nachkriegszeit. Die Hauptgegner der Vergangenheit, Deutschland und Frankreich, begannen, sie umzusetzen. Ab 1951 entstanden in Westeuropa zunächst ein ökonomischer (EGKS und EWG) und dann ein politischer Zusammenschluss (EG, EU).

2012 erhielt die EU den Friedensnobelpreis für ihre Verdienste bei der Umwandlung Europas von einem Kontinent der Kriege zu einem Kontinent des Friedens. Dieses Projekt mit möglichem Vorbildcharakter hatte und hat auch seine Schattenseiten, seine ungeklärten Probleme. Eine wichtige Frage stellt sich daher: Ist die EU-Geschichte eine Erfolgsgeschichte?

M1 „Kein Gespenst von vorgestern ...“

Paul Nolte lehrt Geschichte mit Schwerpunkt Zeitgeschichte an der Freien Universität Berlin. In einem am 3. März 2012 in der Boulevard-Zeitung „Bild“ veröffentlichten Interview hält er fest:

Europa, das war nach dem Zweiten Weltkrieg eine Geschichte von Frieden und Wohlstand. Deutschland und Frankreich, die alten Feinde, reichten sich die Hand. Nach der Nazi-Diktatur fand die Bundesrepublik auf der europäischen Straße in die Völkergemeinschaft zurück. Überall, wo in Europa Diktaturen stürzten und die Menschen Freiheit erlangten, strebten sie nach Europa: in Spanien, Portugal und Griechenland seit den 70er-Jahren, und nach dem Fall des Kommunismus in ganz Mittel- und Osteuropa. Jetzt, inmitten der Krise, will Serbien Mitglied der Europäischen Union werden. Das europäische Erfolgsmodell ist kein Gespenst von vorgestern, sondern Realität von heute – und Auftrag für morgen. [...] Meine Vision heißt deshalb: Europa muss wieder ein politisches Projekt werden. Als Geldverteilungsmaschine, als Löcherstopf-Apparat hat es keine Zukunft. Die Politiker müssen besser erklären, wofür Europa gut ist. Mit dem Hinweis auf den Zweiten Weltkrieg ist es nicht mehr getan. Denn selbst die meisten Großeltern können ihren Enkeln davon nicht mehr berichten. Aber sie können erklären, dass die Zugehörigkeit zu Europa viel mehr ist als ein unverständlicher Rettungsschirm. Es ist der Schutz von Freiheit und Menschenrechten. Es ist die Bewegungsfreiheit über Grenzen, die erst zwei Jahrzehnte offen stehen. Es ist, gerade in Deutschland, Grundlage unseres Wohlergehens, auch im privaten Leben, vom Arbeitsplatz bis zu Reisen und Konsum.

Zitiert nach: www.bild.de/politik/inland/europaeische-union/historiker-paul-nolte-beurteilt-euro-krise-22945040.bild.html [Zugriff vom 7. Juni 2015]

M2 „Kein Friedensprojekt“

Peter Strutynski ist Lehrbeauftragter für Politikwissenschaft an der Universität Kassel und Bundessprecher der Initiative „Friedensratschlag“. In einem Beitrag für das „Neue Deutschland“ kommentiert er am 8. Dezember 2012 die Vergabe des Nobelpreises an die EU:

Nach Alfred Nobels letztem Willen sollten den Preis Menschen oder Organisationen erhalten, die „am meisten oder am besten auf die Verbrüderung der Völker und die Abschaffung oder Verminderung stehender Heere sowie das Abhalten oder die Förderung von Friedenskongressen hingewirkt“ haben. Drei frühere Nobelpreisträger [...] haben beim Nobelpreis-Komitee gegen die Verleihung Protest eingelegt, indem sie darauf hinwiesen, dass die EU „eindeutig kein Vorkämpfer für den Frieden“ sei. [...]

Mit dem Lissabon-Vertrag 2009 verpasste sich die EU ein ansehnliches Instrumentarium militärischer Rüstungs- und Interventionsfähigkeit. Zu nennen sind etwa:

- eine Aufrüstungsverpflichtung („Verbesserung der militärischen Fähigkeiten“),
- die Aufstellung von Krisenreaktionskräften (Battlegroups),
- die Schaffung der „Europäischen Verteidigungsagentur“ und
- eine allgemeine Beistandsverpflichtung, die der EU endgültig den Charakter eines Militärpakts verleiht.

Über all dies schweigt sich das Nobelpreis-Komitee aus. [...] Die Verleihung des Friedensnobelpreises an die EU ist ein Tiefpunkt in der über 100-jährigen Geschichte dieser weltweit bedeutendsten Auszeichnung.

Zitiert nach: www.ag-friedensforschung.de/themen/Friedenspreise/nobel2012a.html [Zugriff vom 7. Juni 2015]

M3 Wider den antieuropäischen „Shitstorm"

▲ **„... zum Beispiel ..."**
Karikatur von Thomas Plaßmann von 2005 (Baaske Cartoons).
- *Beschreiben Sie die Karikatur.*
- *Analysieren Sie die Aussage der Zeichnung.*

Der Journalist Ludwig Greven kommentiert am 12. Oktober 2012 in der Wochenzeitung „Die Zeit" die Reaktionen auf die Entscheidung, der EU den Friedensnobelpreis zu verleihen:

Kaum war am Morgen bekannt geworden, dass die EU in diesem Jahr den Friedensnobelpreis erhält, begann im Netz ein wahrer Shitstorm der Empörung. [...] Europa ist, zumindest wenn es nach der überwiegenden Zahl derer geht, die sich im Netz und auch sonst zu Wort melden, als Friedensprojekt und überhaupt gescheitert. Es mag heute im Internet, auf der Straße, in der Politik, auch in Redaktionen selbst führender deutscher Blätter angesagt sein, sich über „Eurokraten" und Anhänger einer angeblich veralteten proeuropäischen Ideologie lustig zu machen, die immer noch die „alte Erzählung" vom geeinten Europa als Bollwerk gegen Krieg und Not verbreiten. Und natürlich gibt die reale EU, insbesondere deren Verwaltung in Brüssel, reichlich Anlass zur Kritik, wie viele Institutionen und Regierungen. Aber die tiefe Verachtung, die der europäischen Idee heute entgegengebracht wird, ist völlig unangebracht. [...]

Auch wenn der alte Kontinent [...] als Inbegriff verfehlter, veralteter Politik abgetan wird, gilt die europäische Einigung vielen Menschen nicht nur in Europa bis heute als einzigartiges Beispiel, wie aus früheren, jahrhundertelangen Feinden Freunde und Partner wurden. Es ist gerade mal 70 Jahre her, zwei Generationen, dass sich der Kontinent im von Deutschland ausgelösten Zweiten Weltkrieg zerfleischte, mit 60 Millionen Toten. Und es ist auch gerade einmal gut 20 Jahre her, dass der Kalte Krieg endete, der Europa in der Mitte teilte und 40 Jahre lang jederzeit zum „heißen Krieg" hätte werden können. Vor allem in Osteuropa ist das nicht vergessen. Auf einer Tagung junger Europäer aus Polen, Ungarn, Tschechien, Weißrussland, Frankreich und Deutschland im Frühjahr [...] waren es vor allem die Osteuropäer, die von Europa als Garanten des Friedens sprachen. [...]

Das geeinte Europa ist aber noch weit mehr als ein Schutzwall gegen die Schatten der Vergangenheit. Es schützt ganz konkret die Freiheit seiner Bürger: [...] Es ist nicht zuletzt auch die EU, die Rechtsstaatlichkeit in den einzelnen Mitgliedstaaten garantiert. [...] Europa ist eine Insel der Seligen, des Friedens, der Freiheit, der Demokratie und des Wohlstands in der Welt.

Zitiert nach: www.zeit.de/politik/ausland/2012-10/eu-friedensnobelpreis-internet/komplettansicht [Zugriff vom 8. Juni 2015]

1. *Zeigen Sie anhand von M1 bis M3 die kontroversen Positionen mit ihren jeweiligen Begründungen auf.*
2. *Überprüfen Sie die Stellungnahmen M1 bis M3 anhand der Informationen im Darstellungstext (siehe S. 518 ff.).*
3. *Die EU – eine Erfolgsgeschichte? Nehmen sie dazu Stellung.*

H *Positionieren Sie sich auf einer Meinungslinie zwischen Pro und Kontra. Begründen Sie Ihre Position.*

Frieden – eine Utopie? Die Bedeutung des Völkerbundes und der Vereinten Nationen

▲ **Zeichen der „Vereinten Nationen".**
Die Vereinten Nationen (engl.: „League of Nations"; franz.: „Société des Nations") verwendeten dieses Symbol nur zwischen 1939 und 1941.

Die Idee des Friedens und der Völkerbund 1795 hatten Russland, Preußen und Österreich Polen unter sich aufgeteilt und von der Landkarte Europas getilgt. Vor diesem Hintergrund veröffentlichte im selben Jahr der Königsberger Philosoph *Immanuel Kant* einen Aufsatz mit dem Titel „Zum Ewigen Frieden". Er ging der Frage nach, unter welchen Bedingungen Friede möglich sei.

Kant war nicht der erste, der sich diese Frage stellte, aber seine Überlegungen beeinflussten am Ende des Ersten Weltkrieges Völkerrechtler und Politiker, als es darum ging, eine neue Friedensordnung zu entwerfen, die nicht nur diesen Krieg beenden sollte, sondern alle Kriege.

Kants Projekt wurde mit dem Völkerbund konkret (▸ M1). US-Präsident Wilson hatte dafür gesorgt, dass in der 1919 veröffentlichten Satzung des Völkerbundes „jeder Krieg und jede Bedrohung mit Krieg" eine „Angelegenheit des ganzen Bundes" sein sollte.* Dieses Ziel der kollektiven Friedenssicherung sollte der Völkerbund auf dem Wege der freiwilligen Selbstverpflichtung souveräner, aber friedfertiger demokratischer Staaten erreichen.

Die Befürworter des Völkerbundes hatten nicht mit dem politischen Widerstand in den eigenen Reihen, dem nationalen Egoismus sowie mit der „Sprengkraft" des Selbstbestimmungsrechts der Völker gerechnet, das den Pariser Vorortverträgen zugrunde gelegt worden war. Dem Völkerbund gehörten anfangs 42 und zuletzt 63 Staaten an. Wichtige Staaten wie die USA fehlten aber von Anfang an oder waren – wie Deutschland und die Sowjetunion – nur zeitweise Mitglieder. Während der Völkerbund auf humanitärem, sozialem und wirtschaftlichem Gebiet durchaus erfolgreich war, scheiterte er an seinen Hauptaufgaben, nämlich den Frieden zu sichern, die Rüstung zu beschränken und Angriffskriege zu verhindern. Gegen die aggressive Politik Japans, Italiens, Deutschlands und der Sowjetunion konnte er nichts ausrichten.**

Vom Völkerbund zu den Vereinten Nationen Der Völkerbund hatte den Zweiten Weltkrieg nicht verhindern können. Aber schon vor dem Eintritt der Vereinigten Staaten in den Krieg hatten der US-Präsident *Franklin D. Roosevelt* und der britische Premierminister *Winston S. Churchill* den Plan einer neuen Weltorganisation zur Sicherung des Friedens gefasst. Vor allem die USA wollten ihre freiheitlichen Ideale in einer künftigen „One World" verwirklicht sehen. Das Ergebnis der amerikanisch-britischen Gespräche war die am 14. August 1941 verkündete Atlantik-Charta***, zu der sich 1942 auch die Sowjetunion und andere Staaten bekannten.

Am 26. Juni 1945 – in Japan dauerte der Krieg noch an – beschlossen in San Francisco 50 Staaten einstimmig die Charta der *Vereinten Nationen* (UN = *United Nations*; häufig auch UNO = *United Nations Organization*). Die Satzung trat am 24. Oktober 1945 in Kraft (▸ M2). Feierlich erklärten die Staaten, die kommenden Generationen vor der „Geisel des Krieges" bewahren zu wollen. Die UN sollten keine Umstrukturierung des Völkerbundes sein, sondern eine neue zwischenstaatliche Weltorganisation. Sie wollten die Fehler des Vorgängers vermeiden, die internationale Zusammenarbeit stärken und den Frieden besser als bisher sichern. Der Völkerbund löste sich am 18. April 1946 selbst auf.

* Siehe S. 469 f., M2.
** Siehe dazu auch S. 468.
*** Siehe S. 484.

◄ **„Non-Violence."**
Foto von 2003. Skulptur von Carl Fredrik Reuterswärd auf der Visitor's Plaza vor dem UN-Gebäude in New York.

Ziele und Prinzipien Die Vereinten Nationen beruhen auf einer gleichberechtigten Zusammenarbeit souveräner Staaten auf Regierungsebene (multilaterale intergouvernementale Zusammenarbeit). Ihre Mitglieder verpflichten sich, ihr Verhalten nach den Prinzipien der Charta auszurichten. Im Gegensatz zur EU geben sie aber keine Souveränitätsrechte an die Organisation ab.

Von Anfang an verbanden die Vereinten Nationen die Sicherung des Friedens mit der Forderung nach einer internationalen Zusammenarbeit zum Schutz der Menschenrechte. Angesicht der Tatsache, dass soziale, wirtschaftliche, ökologische und humanitäre Probleme Ursachen für Kriege sind, sind die Vereinten Nationen auf zahlreichen Gebieten tätig – sie bekämpfen zum Beispiel Armut, Hunger, Kinderarbeit sowie Flüchtlingselend und fordern Wirtschafts- und Bildungsprogramme sowie Klimaschutzmaßnahmen.

1945	51*
1960	99
1970	127
1980	154
1990	159
2015	193

* Polen unterzeichnete die UN-Charta erst später, zählt aber zu den 51 Gründungsmitgliedern.

▲ **Mitgliedstaaten der Vereinten Nationen.**
Nach: Klaus Dieter Wolf, Die UNO. Geschichte, Aufgaben, Perspektiven, München ²2010, S. 15 (aktualisiert)

Organisation der UN Das im Laufe der Jahre entstandene, sehr komplexe UN-System besteht aus den Hauptorganen, den durch die UN geschaffenen Hilfsorganisationen (z. B. Kinderhilfswerk UNICEF, Entwicklungsprogramm UNDP) sowie den durch Abkommen an die UN gebundenen Sonderorganisationen (z. B. die UNESCO oder der Internationale Währungsfonds IWF). Die UN haben inzwischen 193 Mitgliedstaaten (Stand: 2015); ihre Hauptorgane sind:

- Die in der Regel einmal jährlich tagende *Generalversammlung* (auch: Vollversammlung) ist offiziell das zentrale Beratungsorgan der UNO. Jedes Mitglied hat in ihr eine Stimme. Die Generalversammlung wählt für jeweils fünf Jahre einen Generalsekretär, der die laufenden Geschäfte führt. Neben Wahlen für weitere UN-Organe beschränkt sich die Tätigkeit der Generalversammlung darauf, Resolutionen zu verabschieden, die für die Mitglieder aber nicht verbindlich sind.
- Der *Sicherheitsrat* verfügt über weit mehr Macht und ist besonders im Hinblick auf die Erhaltung des Weltfriedens das eigentliche Entscheidungsorgan. Er besteht aus fünf ständigen Mitgliedern (USA, Russland als Nachfolgestaat der Sowjetunion,

Großbritannien, Frankreich und China) und zehn nichtständigen, von der Generalversammlung auf zwei Jahre gewählten Mitgliedern. Der Sicherheitsrat (auch: Weltsicherheitsrat) stellt fest, ob eine Bedrohung des Friedens vorliegt, und kann Zwangsmaßnahmen zur Wahrung des Weltfriedens beschließen, die von Wirtschaftssanktionen bis zur Anwendung von Waffengewalt zur Herstellung und Sicherung des Friedens reichen. „Beschlüsse des Sicherheitsrates [...] bedürfen der Zustimmung von neun Mitgliedern einschließlich sämtlicher ständigen Mitglieder" (Art. 27 UN-Charta). Es kann also jedes ständige Mitglied mit seinem Vetorecht Beschlüsse verhindern.

- Der *UN-Generalsekretär* leitet die gesamte Verwaltung der UN, ist also der höchste Verwaltungsbeamte und Repräsentant der Weltorganisation. Er wird auf Vorschlag des Sicherheitsrates von der Generalversammlung für fünf Jahre gewählt, mit der Möglichkeit einer einmaligen Wiederwahl. Ihm steht ein ganzes Bündel an Kompetenzen im politischen Bereich zu. Die Leitung der UN-Friedensmissionen nimmt darunter eine herausragende Stellung ein.

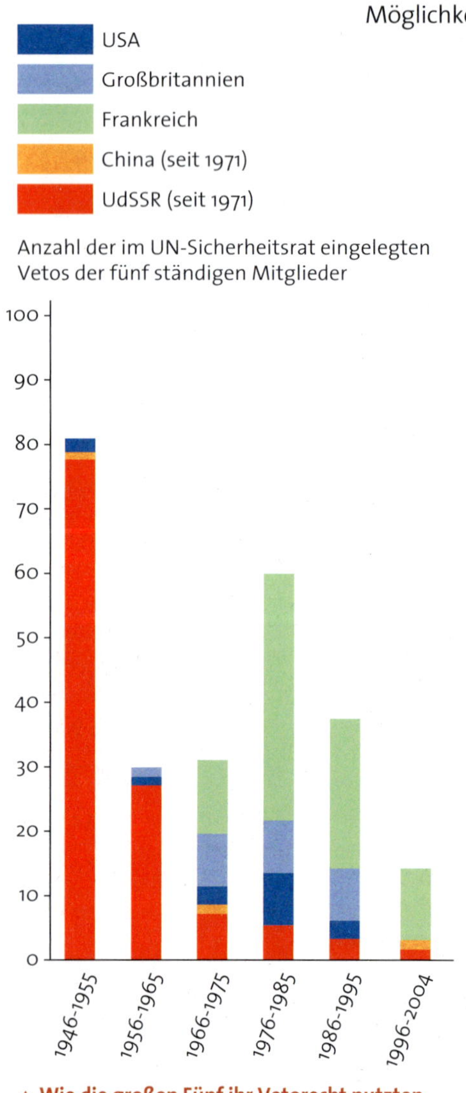

▲ **Wie die großen Fünf ihr Vetorecht nutzten.**
Aus: Atlas der Globalisierung. Das 20. Jahrhundert, Berlin 2011, S. 72

■ *Charakterisieren Sie das Verhalten der Mitglieder vor und nach dem Ost-West-Konflikt.*

Friedenssicherung In der UN-Charta wurden wichtige Prinzipien für die Friedenserhaltung festgelegt:

- Verpflichtung aller Staaten zur friedlichen Beilegung von Konflikten
- Verbot von Androhung und Anwendung von Gewalt
- Beistandsverpflichtung aller Mitglieder für Maßnahmen der UN

Nur der UN-Sicherheitsrat ist befugt, im Falle einer Friedensbedrohung Zwangsmaßnahmen, Sanktionen oder Militäraktionen zu beschließen.

Es wird unterschieden zwischen einem „weichen Mandat", das nur friedliche Mittel zur Konfliktlösung vorsieht, und einem „robusten Mandat", das UN-Blauhelmen auch den Einsatz von Waffengewalt gestattet.

Eine Zwischenbilanz Die Vereinten Nationen konnten den Weltfrieden bis heute nicht sichern. Allein zwischen 1945 und 1992 wurden 184 Kriege gezählt. Die Zahl der militärischen Konflikte stieg auch nach dem Kalten Krieg an: Von 1992 bis 2000 wurden über 30 neue Kriege gezählt. Viele davon entstanden durch den Zerfall von Staaten. Oft stehen sich inzwischen keine staatlichen Armeen mehr gegenüber, sondern mindestens auf einer Seite irreguläre bewaffnete Gruppen, militärische Befreiungsbewegungen oder internationale Terrororganisationen wie *al-Qaida* oder der *Islamische Staat*.

Probleme und Aussichten Während des Kalten Krieges lähmten vor allem die Gegensätze der beiden verfeindeten Supermächte im Sicherheitsrat die Handlungsmöglichkeiten der Vereinten Nationen. Insgesamt legten sie in der Phase rund 280 Mal ihr Veto gegen Resolutionen ein.

Nach dem Ende des Ost-West-Konfliktes sind es die unterschiedlichen sicherheitspolitischen Interessen der fünf ständigen Mitglieder des Sicherheitsrates, die die UN oft handlungsunfähig machten.

Zwar stieg die Zahl der Friedensmissionen nach 1990 deutlich an, doch zugleich wurden immer wieder die Grenzen der Weltorganisation

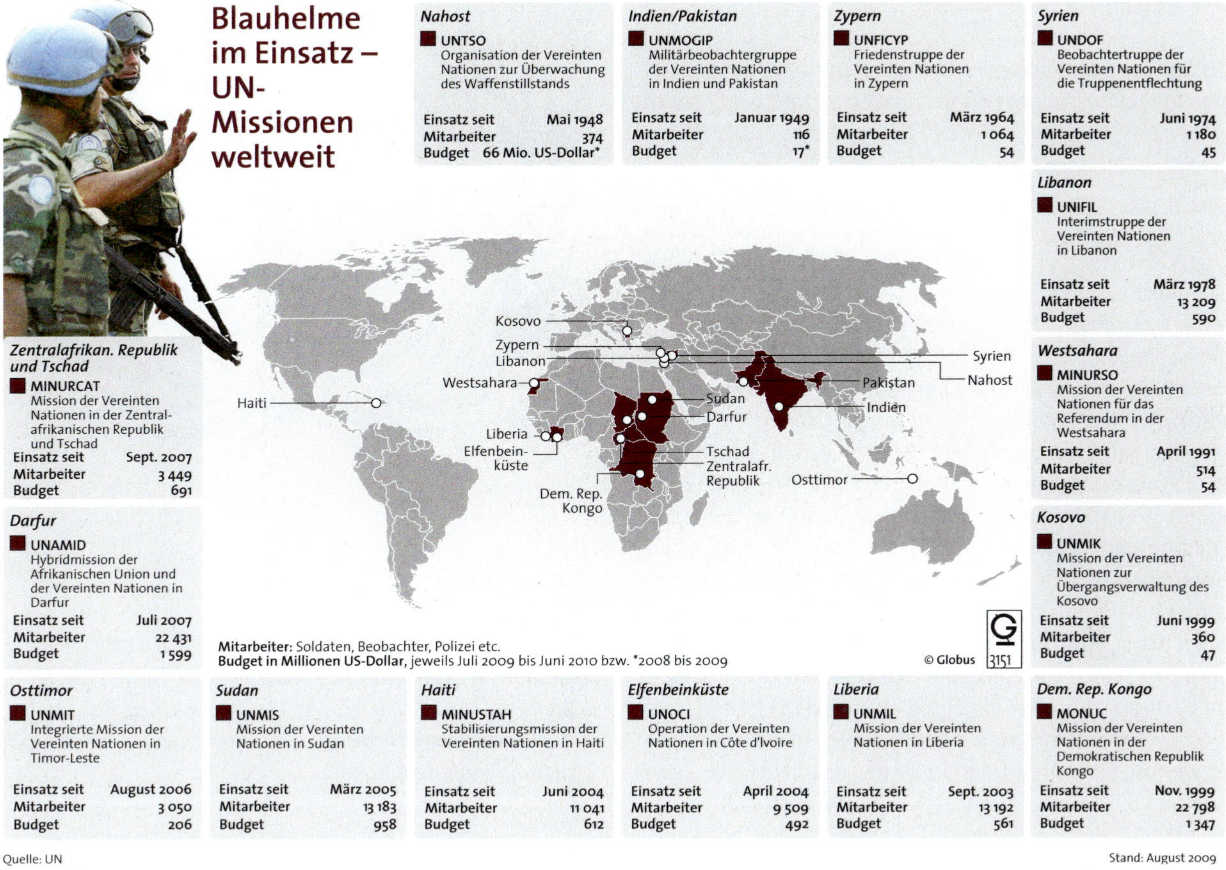

▲ **Blauhelme im Einsatz.** *Grafik der UN von 2009. Mitte 2014 waren fast 118 000 Personen, darunter über 98 700 Soldaten, Militärbeobachter und Polizisten sowie rund 19 000 internationale und lokale Zivilexperten und Freiwillige, für friedenserhaltende oder friedensstiftende Maßnahmen der UN im Einsatz.*

deutlich. Zahlreiche Resolutionen zum Nahost-Konflikt wurden nicht umgesetzt. Darüber hinaus waren die UN in den 1990er-Jahren nicht in der Lage, den Zerfall Somalias, den Völkermord in Ruanda und die Massaker in Bosnien (▸ M3) zu verhindern.

Die Gründe für das Scheitern der Vereinten Nationen sind struktureller Art. Sie lähmten schon die Arbeit des Völkerbundes. Einen ersten Beitrag zur verbesserten Konfliktregelung war die 1992 im Auftrag des Sicherheitsrates von Generalsekretär *Boutros Boutros-Ghali* erstellte „Agenda für den Frieden“. Die darin enthaltenen Ansätze einer präventiven Sicherheitspolitik sowie von Maßnahmen zur Stabilisierung nach dem Ende eines Konfliktes sollten die Erfolgschancen von Friedenseinsätzen erhöhen (▸ M4).

Der Erfolg der Agenda blieb bescheiden. Weiterhin ignorierten viele Mitgliedstaaten die Beschlüsse der UN oder sie beteiligten sich nicht an den freiwilligen Friedensmissionen. Hinzu kamen finanzielle Probleme, da viele Staaten die notwendigen Mittel und Streitkräfte für die UN-Missionen nicht zur Verfügung stellten.

Weitere Reformen sind notwendig, damit die Vereinten Nationen Kriege verhindern, Konflikte lösen, Menschenleben retten und die Menschenrechte durchsetzen können. Darauf wies auch UN-Generalsekretär *Kofi Annan* 2001 bei der Übernahme des Friedensnobelpreises hin (▸ M5).

1. *Stellen Sie Chancen und Probleme der Weltorganisation einander gegenüber.*
2. *Verfassen Sie einen Leitartikel, in dem Sie die Notwendigkeit der UN erörtern.*

M1 Völkerrecht und Friede

Der Königsberger Immanuel Kant veröffentlicht 1795 seine Abhandlung „Vom ewigen Frieden". In dieser Schrift geht es auch um die Erhaltung des erzielten Friedens – eine Frage, die die Vereinten Nationen noch immer beschäftigt.

Das Völkerrecht soll auf einen Föderalismus freier Staaten gegründet sein. [...] Bei dem Begriffe des Völkerrechts, als eines Rechts zum Kriege, lässt sich eigentlich gar nichts denken [...], es müsste denn darunter verstanden werden: dass Menschen, die so gesinnt sind, ganz recht geschieht, wenn sie sich untereinander aufreiben, und also den ewigen Frieden in dem weiten Grabe finden, das alle Gräuel der Gewalttätigkeit samt ihren Urhebern bedeckt. – Für Staaten, im Verhältnisse untereinander, kann es nach der Vernunft keine andere Art geben, aus dem gesetzlosen Zustande, der lauter Krieg enthält, herauszukommen, als dass sie, ebenso wie einzelne Menschen, ihre wilde (gesetzlose) Freiheit aufgeben, sich zu öffentlichen Zwangsgesetzen bequemen und so einen (freilich immer wachsenden) Völkerstaat (civitas gentium), der zuletzt alle Völker der Erde befassen würde, bilden. Da sie dieses aber nach ihrer Idee vom Völkerrecht durchaus nicht wollen, mithin, was in thesi[1] richtig ist, in hypothesi[2] verwerfen, so kann an die Stelle der positiven Idee einer Weltrepublik (wenn nicht alles verloren werden soll) nur das negative Surrogat[3] eines den Krieg abwehrenden, bestehenden und sich immer ausbreitenden Bundes den Strom der rechtscheuenden, feindseligen Neigung aufhalten, doch mit beständiger Gefahr ihres Ausbruchs. [...]
Wenn es Pflicht, wenn zugleich gegründete Hoffnung da ist, den Zustand eines öffentlichen Rechts, obgleich nur in einer ins Unendliche fortschreitenden Annäherung wirklich zu machen, so ist der ewige Friede, der auf die bisher fälschlich so genannten Friedensschlüsse (eigentlich Waffenstillstände) folgt, keine leere Idee, sondern eine Aufgabe, die nach und nach aufgelöst, ihrem Ziele (weil die Zeiten, in denen gleiche Fortschritte geschehen, hoffentlich immer kürzer werden) beständig näher kommt.

Zitiert nach: Kurt von Raumer, Ewiger Friede. Friedensaufrufe und Friedenspläne seit der Renaissance, Freiburg / München 1953, S. 431 f. und 460

1. *Skizzieren Sie Kants Argumentation. Unterscheiden Sie dabei zwischen idealen und realistischen Zielen.*
2. *Erörtern Sie in einem Essay den Unterschied zwischen einem „Zustand öffentlichen Rechts" (Zeile 25) als wirklichen Frieden und den „fälschlich so genannten Friedensschlüsse[n]" (Zeile 27 f.).*

[1] **in thesi**: im Allgemeinen
[2] **in hypothesi**: im Besonderen
[3] **negatives Surrogat**: schlechter Ersatz

▲ Symbol der Vereinten Nationen.

M2 Aus der Charta der UNO

Die UN-Charta (Grundgesetz) tritt am 24. Oktober 1945 in Kraft, nachdem die fünf Großmächte China, Frankreich, Großbritannien, UdSSR und USA sowie die Mehrheit der übrigen Unterzeichnerstaaten die Ratifikationsurkunden bei der US-Regierung hinterlegt haben.

Art. 1: Die Vereinten Nationen setzen sich folgende Ziele:
(1.) den Weltfrieden und die internationale Sicherheit zu wahren und zu diesem Zweck wirksame Kollektivmaßnahmen zu treffen, um Bedrohungen des Friedens zu verhüten und zu beseitigen, Angriffshandlungen und andere Friedensbrüche zu unterdrücken und internationale Streitigkeiten oder Situationen, die zu einem Friedensbruch führen könnten, durch friedliche Mittel nach den Grundsätzen der Gerechtigkeit und des Völkerrechts zu bereinigen oder beizulegen;
(2.) freundschaftliche, auf der Achtung vor dem Grundsatz der Gleichberechtigung und Selbstbestimmung der Völker beruhende Beziehungen zwischen den Nationen zu entwickeln und andere geeignete Maßnahmen zur Festigung des Weltfriedens zu treffen;
(3.) eine internationale Zusammenarbeit herbeizuführen, um internationale Probleme wirtschaftlicher, sozialer, kultureller und humanitärer Art zu lösen und die Achtung vor den Menschenrechten und Grundfreiheiten für alle ohne Unterschied der Rasse, des Geschlechts, der Sprache oder der Religion zu fördern und zu festigen.
Art. 2: [...] (3.) Alle Mitglieder legen ihre internationalen Streitigkeiten durch friedliche Mittel so bei, dass der Weltfriede, die internationale Sicherheit und die Gerechtigkeit nicht gefährdet werden. [...]

(7.) Aus dieser Charta kann eine Befugnis der Vereinten Nationen zum Eingreifen in Angelegenheiten, die ihrem Wesen nach zur inneren Zuständigkeit eines Staates gehören, [...] nicht abgeleitet werden [...].

Art. 41: Der Sicherheitsrat kann [...] die vollständige oder teilweise Unterbrechung der Wirtschaftsbeziehungen [...] und den Abbruch der diplomatischen Beziehungen beschließen.

Art. 42: Ist der Sicherheitsrat der Auffassung, dass die in Artikel 41 vorgesehenen Maßnahmen unzulänglich sein würden oder sich als unzulänglich erwiesen haben, so kann er mit Luft-, See- oder Landstreitkräften die zur Wahrung oder Wiederherstellung des Weltfriedens und der internationalen Sicherheit erforderlichen Maßnahmen durchführen. Sie können Demonstrationen, Blockaden und sonstige Einsätze der Luft-, See- oder Landstreitkräfte von Mitgliedern der Vereinten Nationen einschließen.

Art. 43: (1.) Alle Mitglieder der Vereinten Nationen verpflichten sich, zur Wahrung des Weltfriedens und der internationalen Sicherheit dadurch beizutragen, dass sie nach Maßgabe eines oder mehrerer Sonderabkommen dem Sicherheitsrat auf sein Ersuchen Streitkräfte zur Verfügung stellen, Beistand leisten und Erleichterungen einschließlich des Durchmarschrechts gewähren, soweit dies zur Wahrung des Weltfriedens und der internationalen Sicherheit erforderlich ist.

Zitiert nach: Peter J. Opitz und Volker Rittberger (Hrsg.), Forum der Welt. 40 Jahre Vereinte Nationen, Bonn 1986, S. 318 ff.

1. *Die UN-Charta wurde vom Scheitern des Völkerbundes und dem Verlauf des Zweiten Weltkrieges beeinflusst. Arbeiten Sie die Bestimmungen heraus, die dies deutlich machen.*

2. *Untersuchen Sie die UN-Charta daraufhin, an welchen Wertvorstellungen sich die UNO orientiert.*

3. *„Mächtige Nationen sind selten gute Mitglieder eines internationalen Clubs, der dafür eingerichtet ist, die Ausübung nationaler Macht einzugrenzen.“*
Diskutieren Sie diese Aussage des britischen Historikers Paul Kennedy, die er in Bezug auf die Organisation der Vereinten Nationen gemacht hat.

F *Recherchieren Sie nach UN-Entscheidungen und -Einsätzen, die die Aussage belegen oder widerlegen könnten.*

4. *Es gibt zahlreiche Befürworter des Vorschlages, die UN-Charta um eine explizite Verpflichtung zur humanitären Intervention zu ergänzen. Bewerten Sie Durchsetzbarkeit und Sinngehalt dieses Vorschlages.*

M3 Blutrausch auf dem Balkan

a) Auf den Seiten der Bundeszentrale für politische Bildung findet sich folgende kurze Erklärung zum Krieg in Bosnien-Herzegowina:

Dem Krieg in Bosnien-Herzegowina ging der Zerfall des Vielvölkerstaats Jugoslawien voraus. Seit 1989 führten ethnisierte politische Konflikte – forciert durch nationalistische Akteure – zu Spannungen zwischen muslimischen Bosniaken, bosnischen Serben und bosnischen Kroaten. Diese eskalierten nach der Unabhängigkeitserklärung von Bosnien und Herzegowina und der Ausrufung einer bosnisch-serbischen Republik (Republika Srpska) Anfang März 1992. In der Folge kam es zwischen den Teilrepubliken zu kriegerischen Auseinandersetzungen. [...]

Im Verlauf des Krieges kam es in großem Umfang zu „ethnischen Säuberungen“. Nach einer NATO-Intervention wurde am 21. November 1995 der Krieg mit der Annahme des Vertrages von Dayton beendet. Der Bosnien-Krieg forderte mindestens 100 000 Tote. Etwa 2,2 Millionen Menschen flohen oder wurden vertrieben.

b) Der Sozialwissenschaftler und Journalist Hans Michael Kloth beschreibt 2008 in einem Artikel, was sich 1995 in Bosnien abgespielt hat:

Den Horror von Srebrenica illustriert eine einfache Zahl: 7800 Bosniaken wurden dort von einer serbischen Soldateska im Jahr 1995 umgebracht – unter den Augen der Weltöffentlichkeit.

[...] Vieles wies darauf hin, dass die „ethnische Säuberung“ Srebrenicas das nächste Ziel im Feldzug der Serbenführer Karadzic und Mladic sein würde. Andererseits schien das 75 Kilometer nordöstlich Sarajewos gelegene Srebrenica sicher. Die Bergbaustadt lag in einer von fünf UNO-Schutzzonen, die die Vereinten Nationen 1993 im Kriegsgebiet ausgerufen hatte. Rund 500 Blauhelm-Soldaten aus den Niederlanden waren seit gut einem Jahr bei Srebrenica stationiert, um den „Safe haven“ zu schützen und Bürgerkriegsflüchtlingen einen Zufluchtsort zu bieten. Doch die Serben interessierte das Konzept der Schutzzonen wenig; ihnen kam sogar entgegen, dass sich ihre Opfer dort konzentriert versammelten. Für die Blauhelme hatten sie nur Verachtung übrig; von der UNO wollten sie sich nicht hindern lassen, die verhassten Muslime zu vertreiben – oder gleich umzubringen.

Am 6. Juli 1995 begannen die Serben vorzurücken. Die UNO-Schutztruppe verhielt sich passiv. Vier Tage später drangen Mladics Truppen in die Stadt selbst ein, in der sich rund 50 000 muslimische Bosnier drängten. Angesichts der Über-

◂ **Wenige Stunden vor dem Massaker.**
Foto vom 13. Juli 1995. Niederländische UN-Blauhelme schauen von einem Schützenpanzerwagen in Potocari zu, wie die aus Srebrenica kommenden Flüchtlinge getrennt werden. Männer und Jungen wurden anschließend nach Bratunac transportiert und dort hingerichtet, nur wenige überlebten.

macht von 15 000 Angreifern reagierten die Blauhelme kopflos. Ihr Mandat erlaubte es ihnen eigentlich zurückzuschießen, aber die nur leicht bewaffnete Einheit machte sich vor allem Sorgen um die eigene Haut. Dazu kam Chaos in der Führung. Erst am Abend des 10. Juli forderte das „Dutchbat" Luftunterstützung an – doch obwohl zeitweise 60 Flugzeuge in der Luft kreisten, warf nur eine einzelne niederländische F-16 eine einsame Bombe ab. Am Vormittag des 11. Juli zogen sich die Blauhelme auf ihre Basis zurück. „Haut ab", riefen die Abrückenden der Zivilbevölkerung zu, „die Tschetniks kommen!"

Um 16 Uhr am 11. Juli 1995 besetzten serbische Milizionäre das Rathaus. Dann brach die Hölle über Srebrenica herein. „Es wird ein Fest werden, dann reicht das Blut bis zu den Knien", soll Eroberer Mladic gesagt haben, als er die Stadt betrat. Ob diese Worte so fielen oder nicht – der Gewaltexzess, der folgte, war ungeheuerlich. [...] In einer Zinkfabrik im Vorort Potocari pferchten die serbischen Eroberer gefangene Zivilisten zusammen. Am frühen Morgen des 13. Juli wurden die Internierten zu Bussen und Lkws getrieben, um angeblich nach Tuzla evakuiert zu werden. Doch besteigen durften die wartenden Wagen nur Frauen und Kinder – die Männer wurden separiert. Betroffene berichteten später, wie sich ihre Busse den Weg durch lange Kolonnen von Gefangenen beiderseits der Straße bahnen mussten. Die meisten dieser Männer wurden kurz darauf ermordet. [...]

Die Rolle der Blauhelme in den Tagen nach der Einnahme Srebrenicas wurde zu einem der dunkelsten Kapitel der Geschichte des Balkan-Krieges. Ausführliche Untersuchungen belegten später, dass die niederländischen Soldaten zwar in Einzelfällen auch halfen, insgesamt aber eine katastrophale Rolle spielten: Schutzsuchende wurden abgewiesen, gegen Gräueltaten wurde nicht eingeschritten. Es kam im Gegenteil zu Verbrüderungen zwischen Serben und „Dutchbat"-Soldaten – und sogar zur Beteiligung von Niederländern bei der Selektion von Bosniern. Zum Symbol des Versagens wurde ein Foto, auf dem sich UNO-Befehlshaber Oberst Thom Karremans und General Mladic zuprosten. In den Gläsern sei Wasser gewesen, kein Sekt, rechtfertigte sich Karremans später.

Erster Text zitiert nach: www.bpb.de/themen/FPLCJN.html [Zugriff vom 16. Februar 2012]
Zweiter Text: Hans Michael Kloth, Blutrausch auf dem Balkan, in: http://einestages.spiegel.de/static/topicalbumbackground/2415/blutrausch_auf_dem_balkan.html [Zugriff vom 26. März 2012]

1. *Erstellen Sie eine Chronologie der Geschehnisse um Srebrenica im Jahr 1995.*
2. *Informieren Sie sich ausführlich über den Krieg auf dem Balkan und arbeiten Sie Konfliktursachen, -gegenstände und beteiligte Akteure heraus.*
3. *Recherchieren Sie, wie die Vereinten Nationen auf die Gräueltaten in Bosnien reagierten. Erläutern Sie dabei insbesondere die Rolle des internationalen Strafgerichtshofes in Den Haag für die Verfolgung der Verbrechen im Jugoslawien-Krieg und präsentieren Sie Ihre Ergebnisse in Form eines Referates oder einer Power-Point-Präsentation.*

M4 Konfliktbewältigungsstrategien

Die folgende Typisierung der friedenspolitischen Konfliktbewältigungsstrategien und -instrumente wird in ihren Grundzügen erstmals 1992 in der „Agenda für den Frieden" vom damaligen Generalsekretär der Vereinten Nationen, Boutros Boutros-Ghali, vorgenommen und später modifiziert:

Vorbeugende Diplomatie (*preventive diplomacy*), hierunter fällt der Einsatz diplomatischer Mittel mit dem Ziel, das Entstehen von Streitigkeiten zwischen einzelnen Parteien zu verhüten, die Eskalation bestehender Streitigkeiten zu Konflikten zu verhindern und – sofern es doch zu Konflikten kommen sollte – diese einzugrenzen.
Vorbeugende Einsätze (*preventive deployments*) sind präventive Truppeneinsätze, um den Ausbruch eines Konfliktes im Vorfeld zu verhindern. [...]
Friedensschaffung (*peace-making*) ist der Prozess bis zum Abschluss eines Friedensvertrags oder Waffenstillstands und bezeichnet Aktivitäten mit dem Ziel, feindliche Parteien zu einer Einigung zu bringen, [...].
Friedenssicherung (*peace-keeping*) bezeichnet die Errichtung einer personellen Präsenz der Vereinten Nationen vor Ort mit Zustimmung aller Konfliktbeteiligten durch Einsatz von durchweg leichtbewaffneten Soldaten, Wahlbeobachtern und Polizisten zur Überwachung und Durchführung von Waffenstillstands- und Friedensvereinbarungen. Die Friedenssicherung ist eine Technik, welche die Möglichkeiten für eine Konfliktverhütung wie auch eine Friedensschaffung erweitert.
Friedensdurchsetzung (*peace-enforcement*) sind Einsätze stärker bewaffneter UN-Truppen und als vorläufige Maßnahme nach Kapitel VII, Artikel 40 der UN-Charta zu verstehen. Darunter fallen Maßnahmen z. B. zur Wiederherstellung und Aufrechterhaltung der Waffenruhe, die aufgrund ihrer stärkeren Bewaffnung über den Auftrag an Friedenstruppen hinausgehen, aber nicht mit Zwangsmaßnahmen zu verwechseln sind, die – nach Artikel 43 der Charta – verhängt werden können, um gegen Angriffshandlungen vorzugehen.
Friedenserzwingung durch militärische Gewalt (*use of military force*) bezeichnet militärische Zwangsmaßnahmen nach Kapitel VII, Artikel 42 der Charta, die bei Bedrohung oder Bruch des Friedens oder bei Angriffshandlungen verhängt werden können, um den Weltfrieden aufrechtzuerhalten. [...]
Friedenskonsolidierung (*post-conflict peace-building*) ist nach erfolgreicher Beendigung eines Konfliktes auf die Wiederherstellung bzw. Förderung staatlicher Strukturen gerichtet, die geeignet sind, den Frieden zu festigen und zu konsolidieren, um das Wiederaufleben eines Konfliktes zu verhindern. Hierzu gehören die Demobilisierung von (Ex-)Kombattanten, ihre Entwaffnung und Rehabilitierung durch Wiedereingliederung in die Zivilgesellschaft; ferner der Aufbau von Verwaltung und Justiz nach rechtsstaatlichen Prinzipien.

Zitiert nach: Auswärtiges Amt (Hrsg.), ABC der Vereinten Nationen, Berlin 2000, S. 37-39 (www.dadalos-d.org/frieden/grundkurs_2/agenda.htm [Zugriff am 17. Mai 2015])

Arbeiten Sie die Handlungsebenen der „Agenda für den Frieden" heraus.

M5 Warum Frieden?

2001 geht der Friedensnobelpreis an die UN und ihren Generalsekretär Kofi Annan. In seiner Dankesrede sagt er am 10. Dezember 2001:

Während der letzten fünf Jahre habe ich immer wieder daran erinnert, dass die Charta der Vereinten Nationen mit den Worten: „Wir, die Völker ..." beginnt. Nicht immer wird verstanden, dass „wir, die Völker" aus Individuen bestehen, deren Anspruch auf fundamentalste Menschenrechte viel zu oft den angeblichen Interessen eines Staates oder einer Nation geopfert wurde. Ein Völkermord beginnt mit der Tötung eines Menschen, nicht wegen etwas, was er getan hätte, sondern was er ist. Eine „ethnische Säuberungskampagne" beginnt mit einem Nachbarn, der sich gegen einen anderen wendet. Armut beginnt, wenn auch nur einem einzigen Kind das Grundrecht auf Bildung verwehrt wird. Was mit dem mangelnden Schutz der Würde eines einzelnen Menschenlebens beginnt, endet nur allzu oft im Unglück ganzer Nationen.
In diesem neuen Jahrhundert müssen wir von der Erkenntnis ausgehen, dass der Friede nicht nur Staaten und Völkern, sondern jedem einzelnen Mitglied dieser Gemeinschaften gehört. Die Souveränität der Staaten darf nicht länger als Schutzschild für schwere Menschenrechtsverletzungen missbraucht werden. Der Friede muss in der täglichen Existenz jedes Menschen in Not real und greifbar werden. Um den Frieden muss man sich vor allem deshalb bemühen, weil er für jedes Mitglied der Menschheitsfamilie die Voraussetzung für ein Leben in Würde und Sicherheit ist.

Zitiert nach: www.unric.org/de/frieden-und-sicherheit-pressemitteilungen/4065 [Zugriff vom 15. Juni 2015]

1. *Erläutern Sie das Spannungsverhältnis zwischen staatlicher Souveränität und dem Schutz der Menschenrechte an einem konkreten Beispiel.*
2. *Entwickeln Sie zu Kofi Annans Forderungen konkrete Empfehlungen für ein friedliches Miteinander in unserer Gesellschaft.*

Kompetenzen erweitern – vertiefen – anwenden

Friedensschlüsse und Ordnungen des Friedens in der Moderne

Sachkompetenz

M1 „Ein ums andere Mal …"

Der irische Historiker Brendan Simms von der Universität Cambridge (Großbritannien) hat über die internationalen Beziehungen geforscht. In der „Schlussbetrachtung" seines 2013 veröffentlichten Buches „Kampf um Vorherrschaft" schreibt er:

Ein ums andere Mal, vom Westfälischen Frieden über die Ergebnisse des Wiener Kongresses bis zur Bildung der Europäischen Wirtschaftsgemeinschaft und dem neuen Auftrieb, den die europäische Integration nach dem Fall der Mauer erhielt, ist der Zusammenhang zwischen der inneren Ordnung in Deutschland und dem Frieden in Europa zutage getreten. Einige der bedeutendsten internationalen Institutionen, Verträge und Prozesse – der Völkerbund, die Vereinten Nationen, das Projekt der europäischen Integration, der Atomwaffensperrvertrag und (zum Teil) die NATO – waren ursprünglich geschaffen beziehungsweise eingeleitet worden, um Deutschland im Zaum zu halten.

Brendan Simms, Kampf um Vorherrschaft. Eine deutsche Geschichte Europas 1453 bis heute. Aus dem Englischen von Klaus-Dieter Schmidt, München ^{2}2014, S. 720

1. *Erstellen Sie eine Tabelle, in der Sie die Friedensschlüsse von 1648, 1815 1918/19 und 1945, die Ergebnisse und ihre Bedeutung/Folgen eintragen. Beschränken Sie sich auf Stichwörter.*
2. *Begründen Sie Simms' Aussagen anhand der europäisch-deutschen Geschichte.*

M2 „Es ist nicht die Absicht …"

Das „Potsdamer Kommuniqué" (siehe S. 486 f., M2) enthält folgenden Absatz:

Es ist nicht die Absicht der Alliierten, das deutsche Volk zu vernichten oder zu versklaven. Die Alliierten wollen dem deutschen Volk die Möglichkeit geben, sich darauf vorzubereiten, sein Leben auf einer demokratischen und friedlichen Grundlage von Neuem wiederaufzubauen. Wenn die eigenen Anstrengungen des deutschen Volkes unablässig auf die Erreichung dieses Zieles gerichtet sein werden, wird es ihm möglich sein, zu gegebener Zeit seinen Platz unter den freien und friedlichen Völkern der Welt einzunehmen.

Zitiert nach: www.documentarchiv.de/in/1945/potsdamer-abkommen.html [Zugriff am 20. Mai 2015]

1. *Erläutern Sie, wie diese Absichtserklärung nach 1945 umgesetzt wurde.*

H *Gehen Sie dabei auf den Kalten Krieg ein.*

M3 Über das Recht auf Selbstbestimmung

Robert Lansing, US-Außenminister von 1915 bis 1920 und Chef der amerikanischen Delegation bei der Pariser Friedenskonferenz, schreibt am 30. Dezember 1918:

Je länger ich über die Erklärung des Präsidenten bezüglich des Rechts auf „Selbstbestimmung" nachdenke, umso überzeugter bin ich von der Gefahr, die entsteht, wenn solche Ideen manchen Völkern (*races*) in den Kopf gesetzt werden. Es wird unweigerlich zur Grundlage unerfüllbarer Forderungen auf dem Friedenskongress werden und in vielen Ländern Schwierigkeiten erzeugen. […] Die Formel ist mit Dynamit geladen. Sie wird Hoffnungen wecken, die nie verwirklicht werden können. Ich fürchte, sie wird Tausende von Leben kosten.

Zitiert nach: Jörg Fisch, Das Selbstbestimmungsrecht der Völker. Die Domestizierung einer Illusion, München 2010, S. 154

Erläutern Sie, auf welche Erklärung Wilsons sich Lansing bezieht und von welchen Volksgruppen er den Frieden bedroht sehen könnte. Überprüfen Sie seine Befürchtungen anhand der historischen Entwicklung nach 1919.

Urteilskompetenz

M „Krieg als Fortsetzung der Politik ..."

Der Schriftsteller und Filmemacher Alexander Kluge bezieht sich in seinem Essay „Krieg" von 2001 auf den preußischen General und Kriegstheoretiker Clausewitz (1780-1831), der als Begründer der modernen Kriegslehre gilt:

Clausewitz bezeichnet Krieg als Fortsetzung der Politik mit anderen Mitteln in der Hinsicht, dass unter den Einwirkungen der Realität Kriege von sich aus auf einen Friedensschluss hinführen. Irgendwann ist der Krieg erschöpft und bricht zum Frieden hin zusammen. Zugleich deutet Clausewitz aber auch an, dass die charakteristische Struktur eines Krieges auch die Struktur des Friedensschlusses beeinflusst. Ähnlich einer Handschrift. [...] Die Struktur gewalttätiger und zugleich unvollständiger Friedensschlüsse ist nicht nur an den Folgen für den Gegner, sondern auch an den Folgen für das eigene Land zu erkennen. [...]
Gelungene Friedensschlüsse sind Fließgleichgewichte. In einigen Fällen kann man sehen, dass sie nicht nur den Krieg beendigen, sondern ganze Wirklichkeiten hinwegschwemmen, die Kriegsauslöser waren.

Alexander Kluge, Krieg, in: Anette Selg und Rainer Wieland (Hrsg.), Die Welt der Encyklopédie, Frankfurt am Main 2001, S. 211-216, hier S. 214

■ *Setzen Sie sich mit Kluges Thesen anhand der Ihnen aus diesem Kapitel bekannten Kriege, Friedensschlüsse und Nachkriegsordnungen auseinander.*

Handlungskompetenz

M „Wenn man Frieden will ..."

Der Friedensforscher Dieter Senghaas kritisiert, dass viele Staaten ihre Sicherheitspolitik immer noch nach der alten römischen Maxime „will man den Frieden, so bereite man den Krieg vor" ausrichten. Er verweist in dem Zusammenhang auf Kant (siehe S. 530, M1) und betont, dass Frieden kein Naturzustand sei und daher „gestiftet" werden müsse. Die Forderung müsse also lauten: „Wenn man Frieden will, so bereite man den Frieden vor."

Vgl. Dieter Senghaas, Zum irdischen Frieden. Erkenntnisse und Vermutungen, Frankfurt am Main 2004

■ *Erörtern Sie Senghaas' Kritik in einem Essay über die Rolle des Völkerbundes und der Vereinten Nationen für die Sicherung des Friedens.*

Ⓗ *Berücksichtigen Sie die Satzungen des Völkerbundes (S. 469 f., M2) und der Vereinten Nationen (S. 530 f., M2).*

Methodenkompetenz

▲ **„Von höherer Warte betrachtet."**
Karikatur von Fritz Behrendt aus der „Süddeutschen Zeitung" vom 9. Juli 1962.

■ *Interpretieren Sie die Karikatur, die die Versöhnungsgeste zwischen Charles de Gaulle und Bundeskanzler Adenauer in der Kathedrale von Reims am 8. Juli 1962 thematisiert, indem Sie ...*
- *ihren Aufbau, die Personen und ihre Haltung beschreiben und analysieren.*
- *die Aussage der Karikatur herausarbeiten.*
- *die Schlüssigkeit der Aussage über die deutsch-französische Geschichte überprüfen.*

Gehen Sie auf Personen ein, die Sie ggf. vermissen.

Ⓗ *Bei den hier gezeichneten Personen handelt es sich um Friedrich II., Napoleon und Bismarck (auf der Wolke) sowie de Gaulle und Adenauer (unten). Recherchieren Sie die Kriege, die die Figuren auf der Wolke geführt haben.*

Tipp!
Für die Analyse von Karikaturen vgl. den Methoden-Baustein „Kontroverse Karikaturen interpretieren" auf S. 463-465.

Klausurtraining: Übungsaufgaben mit Lösungsvorschlägen

Hinweise zur Bearbeitung der Probeklausur

Die Anforderungen und Erwartungen in Geschichtsklausuren liegen nicht in der bloßen Wiedergabe von Erlerntem ohne genauen Fragenbezug, sondern überwiegend im souveränen Anwenden gelernter Inhalte auf andere Sachverhalte und im angemessenen, eigenständigen Beschreiben und Beurteilen komplexer Problembereiche.*

1. Lesen Sie die Aufgabenstellung langsam und sorgfältig durch.
2. Beachten Sie die jeweiligen Anforderungsbereiche. Diese können Sie an den „Operatoren" erkennen (siehe dazu auch die Übersicht vorne im Buch). Je schwieriger die Aufgaben sind, desto stärker werden sie bei der Bewertung gewichtet – unabhängig davon, wie umfangreich die Ausarbeitung ist.
   Insgesamt gibt es drei Anforderungsbereiche:
   Im **Anforderungsbereich I** (Reproduktion) wird von Ihnen bei der Bearbeitung das Wiedergeben von Sachverhalten und Zusammenhängen aus einem abgegrenzten Gebiet sowie das Anwenden und Beschreiben bereits geübter Arbeitstechniken erwartet.
   Der **Anforderungsbereich II** (Reorganisation und Transfer) verlangt von Ihnen das selbstständige Erklären, Bearbeiten, Darstellen, Ordnen und Anwenden schon bekannter Inhalte auf neue Zusammenhänge und Sachverhalte.
   Im **Anforderungsbereich III** (Reflexion und Problemlösung) wird von Ihnen der genau durchdachte Umgang mit komplexen Sachverhalten sowie selbstständig ausgewählten Methoden erwartet. Ziel Ihrer Arbeit ist es, zu eigenen Deutungen, Folgerungen, Verallgemeinerungen, Begründungen und Wertungen zu gelangen.
3. Erschließen Sie die Intention der Aufgabenstellungen mit zentralen Fragen (z. B. Was verlangt die Aufgabe von mir? Welche Schlüsselbegriffe sind enthalten und welche Schwerpunkte muss ich deswegen bei der Beantwortung setzen?).
4. Halten Sie die Reihenfolge der Aufgaben möglichst ein. Nehmen Sie den Einsatz an Arbeit und damit den Zeitaufwand entsprechend der erreichbaren Punktezahl vor.
5. Hinweise zur Vorbereitung von Analyse und Interpretation einer Textquelle:
   a) Lesen Sie den Text sorgfältig durch, wenn nötig auch mehrfach, gliedern Sie den Text in Sinnabschnitte und markieren Sie wesentliche Gedanken und Schlüsselbegriffe, soweit sie zur Aufgabenstellung gehören. Arbeiten Sie mit farbigen Stiften.
   b) Arbeiten Sie zu den gestellten Aufgaben aus der Quelle stichpunktartig, aber bereits grob strukturiert, wichtige inhaltliche Aussagen heraus und belegen Sie sie mit treffenden Zitaten (Zeilenbelege!) und eigenen Argumenten.
   c) Verwenden Sie, soweit möglich und für das Textverständnis nötig, Angaben zum Autor (z. B. politischer Standort, Intentionen) und zur Quelle selbst (Entstehungszeit, historischer Kontext, Adressate).
6. Schreiben Sie ganze, nicht zu lange Sätze und benutzen Sie die notwendigen Fachbegriffe. Die Wortwahl sollte klar und sachlich sein.
7. Trennen Sie klar zwischen Textwiedergabe, eigenen Erläuterungen und eigener Stellungnahme.
8. Achten Sie beim abschließenden Durchlesen in erster Linie auf den Inhalt, aber auch auf Rechtschreibung, Grammatik und Satzbau.

* Weitere Tipps zur Bearbeitung von Klausuren finden Sie hinten im Buch.

M „Kein Schlussstrich"

Der Deutsche Bundestag und der Bundesrat erinnern am 8. Mai 2015 in einer öffentlichen Gedenkstunde im Berliner Reichstagsgebäude an das Ende des Zweiten Weltkrieges. Als Gastredner spricht der Historiker Heinrich August Winkler (geb. 1938):

In der deutschen Geschichte gibt es keine tiefere Zäsur als den Tag, dessen 70. Wiederkehr wir heute gedenken: den 8. Mai 1945. Er markiert das Ende des Zweiten Weltkriegs in Europa, den Zusammenbruch des nationalsozialistischen Regimes, das diesen Krieg entfesselt hatte, und den Untergang des ein Dreivierteljahrhundert zuvor von Bismarck gegründeten Deutschen Reiches. Zwölf Jahre lang hatten die Nationalsozialisten frenetisch die nationale Einheit der Deutschen beschworen. Als ihre Herrschaft in einem Inferno ohnegleichen unterging, war ungewiss, ob die Deutschen jemals wieder in einem einheitlichen Staat zusammenleben würden.

In seiner historischen Rede zum 40. Jahrestag der bedingungslosen Kapitulation des Deutschen Reiches hat der damalige Bundespräsident Richard von Weizsäcker die Deutschen gemahnt, den 8. Mai 1945 nicht vom 30. Januar 1933 zu trennen – dem Tag, an dem Reichspräsident von Hindenburg Hitler zum Reichskanzler ernannte. Den 8. Mai 1945 aber gelte es, als das Ende eines Irrweges deutscher Geschichte zu erkennen, das den Keim der Hoffnung auf eine bessere Zukunft barg. Der Irrweg, von dem Weizsäcker sprach, hatte nicht erst 1933 begonnen. [...] Die Wahlerfolge der Nationalsozialisten in der Endphase der Weimarer Republik sind ohne die lange Vorgeschichte der deutschen Vorbehalte gegenüber der westlichen Demokratie nicht zu erklären. Dasselbe gilt für die rasch wachsende Popularität, derer Hitler sich nach seiner sogenannten „Machtergreifung" erfreute. [...]

Die zweite, diesmal totale Niederlage Deutschlands im 20. Jahrhundert erschütterte das Selbstbewusstsein der Deutschen ungleich stärker als die Niederlage von 1918. Es war nicht so, dass die überwältigende Mehrheit der Deutschen den Sieg der Alliierten im Mai 1945 als Befreiung erlebt hätte. Anders als die Völker, denen dieser Sieg die Befreiung von deutscher Fremd- und Gewaltherrschaft brachte, bedeutete der „Zusammenbruch" des nationalsozialistischen Regimes für viele Deutsche zugleich den Zusammenbruch ihres Glaubens an den „Führer" und ihrer Hoffnungen auf einen deutschen „Endsieg". Als Befreiung erlebten die bedingungslose Kapitulation zunächst nur die Deutschen, denen der verbrecherische Charakter von Hitlers Herrschaft schon vorher bewusst geworden oder von jeher bewusst gewesen war. [...]

Es sollten Jahrzehnte vergehen, bis sich in Deutschland [...] die Einsicht durchsetzte, dass der Holocaust die Zentraltatsache der deutschen Geschichte des 20. Jahrhunderts ist. Gleichzeitig wuchs eine andere Erkenntnis: Der von den alliierten Soldaten, nicht zuletzt denen der Roten Armee, unter schwersten Opfern erkämpfte Sieg über Deutschland hatte die Deutschen in gewisser Weise von sich selbst befreit – befreit im Sinne der Chance, sich von politischen Verblendungen und von Traditionen zu lösen, die Deutschland von den westlichen Demokratien trennten. [...] Seine Einheit erlangte Deutschland 1990 nur wieder, weil es glaubwürdig mit jenen Teilen seiner politischen Tradition gebrochen hatte, die der Entwicklung einer freiheitlichen Demokratie westlicher Prägung entgegenstanden. [...]

Abgeschlossen ist die deutsche Auseinandersetzung mit der eigenen Vergangenheit nicht, und sie wird es auch niemals sein. Jede Generation wird ihren Zugang zum Verständnis einer so widerspruchsvollen Geschichte wie der deutschen suchen. Es gibt vieles Gelungene in dieser Geschichte, nicht zuletzt in der Zeit nach 1945, über das sich die Bürgerinnen und Bürger der Bundesrepublik Deutschland freuen und worauf sie stolz sein können. Aber die Aneignung dieser Geschichte muss auch die Bereitschaft einschließen, sich den dunklen Seiten der Vergangenheit zu stellen. Niemand erwartet von den Nachgeborenen, dass sie sich schuldig fühlen angesichts von Taten, die lange vor ihrer Geburt von Deutschen im Namen Deutschlands begangen wurden. Zur Verantwortung für das eigene Land gehört aber immer auch der Wille, sich der Geschichte dieses Landes im Ganzen bewusst zu werden. [...]

Würden die Deutschen der bequemen Versuchung nachgeben, sich nicht mehr an das erinnern zu wollen, was Deutsche nach 1933 und vor allem im Zweiten Weltkrieg an Schuld auf sich geladen haben, sie würden doch immer wieder damit konfrontiert werden, dass die Nachfahren der Opfer diese Geschichte so leicht nicht vergessen können. [...] Unter eine solche Geschichte lässt sich kein Schlussstrich ziehen. [...]

Neben dem Vergessen gibt es freilich auch noch eine andere Gefahr im Umgang mit dem dunkelsten Kapitel der deutschen Geschichte: eine forcierte Aktualisierung zu politischen Zwecken. Wenn Deutschland sich an Versuchen der Völkergemeinschaft beteiligt, einen drohenden Völkermord oder andere Verbrechen gegen die Menschlichkeit zu verhindern, bedarf es nicht der Berufung auf Auschwitz. [...] Jede tagespolitisch motivierte Instrumentalisierung der Ermordung der europäischen Juden läuft auf die Banalisierung dieses Verbrechens hinaus.

Ein verantwortlicher Umgang mit der Geschichte zielt darauf ab, verantwortliches Handeln in der Gegenwart möglich zu machen.

Zitiert nach: www.bundestag.de/dokumente/textarchiv/2015/kw19_gedenkstunde_wkii_rede_winkler/373858
[Zugriff vom. 6. Juli 2015] (stark gekürzte Fassung)

Aufgabenstellung und Leistungserwartungen

1. Aufgabenstellung
Analyse von Sekundärliteratur und kritische Auseinandersetzung mit ihr.

1. *Stellen Sie den Text vor und analysieren Sie ihn.*
2. *Erläutern Sie die Auffassung Winklers von der deutschen Geschichte des 19. und 20. Jahrhunderts, indem Sie zentrale Aspekte des deutschen Weges zu einem demokratischen Staat miteinbeziehen.*
3. *Verfassen Sie unter Bezugnahme auf Winklers Überlegungen eine eigene Stellungnahme hinsichtlich der Verantwortung der Nachgeborenen.*

2. Zugelassene Hilfsmittel:
Wörterbuch zur deutschen Rechtschreibung

3. Inhaltsbezogene Kenntnisse und methodische Kompetenzen
Inhaltsbezogene Kenntnisse

Kapitel 2: Nation – Nationalismus – Nationalstaat
- „Volk“ und „Nation“ im Kaiserreich

Kapitel 3: Die Zeit des Nationalsozialismus – Voraussetzungen, Herrschaftsstrukturen, Nachwirkungen und Deutungen
- Politische und ideologische Voraussetzungen des Nationalsozialismus
- Die Herrschaft des Nationalsozialismus in Deutschland
- Vergangenheitspolitik und „Vergangenheitsbewältigung“

Kapitel 4: Von der getrennten zur vereinten Nation
- Nationale Identität unter den Bedingungen der Zweistaatlichkeit in Deutschland

Kapitel 5: Friedensschlüsse und Ordnungen des Friedens in der Moderne
- Konflikte und Frieden nach dem Zweiten Weltkrieg

Methodische Kompetenzen
- Erkennen von Verstehensproblemen und ihre Klärung
- Aufgabenorientierte Anwendung von Schritten der Interpretation von Textquellen

4. Erwartungshorizont
a) Inhaltliche Leistung

Teilaufgabe 1

Der Schüler / die Schülerin stellt die Rede vor, indem er / sie ...

den Redner und seine Adressaten benennt:
- Heinrich August Winkler (Historiker)
- Bundestag, Bundesrat, Öffentlichkeit

die Quellengattung und den Anlass der Rede nennt:
- (politische) Gedenkrede
- Gedenktag zum 70. Jahrestag des Kriegsende

das Thema der Rede aufzeigt:
- kritische Auseinandersetzung mit der Bedeutung des 8. Mai in der deutschen Geschichte
- Aufforderung zu einem angemessen Umgang mit der Vergangenheit durch „verantwortliches Handeln in der Gegenwart“

Der Schüler / die Schülerin analysiert die Rede, indem er / sie ...
die Gedanken und Hauptaussagen herausarbeitet und akzentuiert:

- Der 8. Mai 1945 als „Zäsur" (Zeile 1) = „Ende eines Irrweges" (Zeile 19)
- Definition des „Irrweges" als „Vorbehalt" gegenüber der westlichen Demokratie = Voraussetzung für den Sieg des Nationalsozialismus (Zeile 24 - 27)
- Erst langsame Erkenntnis eines deutschen „Irrweges" in der deutschen Gesellschaft (Zeile 28 - 51)
- Bruch mit dieser Tradition = Voraussetzung der Wiedervereinigung (Zeile 51 - 55)
- Verantwortung der „Nachgeborenen" zum Erinnern an die Verbrechen während der NS-Herrschaft (Zeile 56 - 78)
- Gefahr der Instrumentalisierung des Erinnerns für tagespolitische Zwecke (Zeile 79 - 91)

die Argumentationsstruktur erläutert:

- Winkler knüpft an die Rede des Bundespräsidenten zum 40. Jahrestag des Kriegsendes und den Begriff „Irrweg" an.
- Er erweitert die Definition des „Irrweges" zu einer langen Vorgeschichte des Nationalsozialismus und erklärt so die „Popularität" Hitlers sowie die problematische Vergangenheitsbewältigung in der Nachkriegszeit (antidemokratische Tradition).
- Winkler bestimmt indirekt den „Holocaust" als „Zentraltatsache" der deutschen Geschichte des 19. und 20. Jahrhunderts.
- Winkler benennt die Abkehr vom „Irrweg" der antidemokratischen Tradition als Voraussetzung der Wiedervereinigung.
- Er bestimmt Vergessen und Instrumentalisieren des Holocaust als Problemfälle.
- In der historischen Verantwortung für Holocaust und Vernichtungskrieg begründet Winkler die Aufforderung zum „verantwortlichen Handeln in der Gegenwart".
- Das Ende der Rede ist als (politischer) Appell zu verstehen.

Teilaufgabe 2

Der Schüler / die Schülerin erläutert die historischen Bezüger Winklers, indem er / sie ...
auf folgende Entwicklungen und Aspekte verweist:

- die „nationale Frage" im 19. Jahrhundert: Kulturnation / Deutscher Bund / Verhältnis von liberalen und nationalen Forderungen / überwiegend ablehnende Einstellung der Monarchen zur nationalen Frage
- Kaiserreich: Reichsgründung 1871 „von oben" (Einheit vor Freiheit) und durch drei Kriege / Nationalismus als „politische Religion" / Tradition des Antisemitismus und der Ausgrenzung von Minderheiten (z. B. Germanisierungspolitik)
- Weimarer Republik: Belastung durch ein konservativ geprägtes Bürgertum / latente Republikfeindlichkeit / politische Krisen / Ablehnung des Versailler Vertrages als „Schandfriede" / ökonomische Krisen / Präsidialkabinette
- Nationalsozialismus: nationalsozialistische Ideologie / Holocaust / Vernichtungskrieg / Widerstand / Kapitulation 1945
- Vergangenheitspolitik: demokratische „Umerziehung" und Entnazifizierung / verspätete Aufarbeitung der NS-Zeit (z. B. anhand der Feiern zum 8. Mai und zum 27. Januar)
- Friedensordnung nach 1945: Kalter Krieg / Blockbildung / Westintegration / Mauerfall / Wiedervereinigung / europäische Einigung

die Kontroverse zum „deutschen Sonderweg" erklärt und Winklers Argumentation darin einordnet.
Winklers Orientierung am demokratisch-parlamentarischen System als wesentlich herausstellt.

Teilaufgabe 3

Der Schüler / die Schülerin ...
verfasst unter Bezugnahme auf Winklers Überlegungen eine Stellungnahme hinsichtlich der Veranwortung der Nachgeborenen. Dabei können mehrere Aspekte angesprochen werden.
außenpolitische Verantwortung:
- verantwortungsvolle Rolle Deutschlands in der Welt
- Mitglied der NATO, Teil der EU
- Verpflichtung zum Frieden und Friedenserhalt
- besondere Verantwortung gegenüber den Opfern der NS-Verbrechen sowie deren Nachkommen
- Verantwortung gegenüber den Staaten, die während des Zweiten Weltkrieges unter NS-Herrschaft litten

innenpolitische, gesellschaftliche Verantwortung:
- Verpflichtung zum Einhalten und Fördern der Menschenrechte
- hilfsbereiter Umgang mit Flüchtlingen
- keine Ausgrenzung von Minderheiten
- Erinnerungskultur

b) Darstellungsleistung

Der Schüler / die Schülerin leistet eine formal gute Darstellung, indem er / sie ...
- den Bezug zur Aufgabenstellung wahrt und den Text schlüssig, stringent und klar strukturiert.
- die Aussagen schlüssig beschreibt, deutet, wertet und aufeinander bezieht.
- die Ausführungen am Text belegt.
- die Aussagen unter Beachtung der Fachsprache präzise und begrifflich differenziert formuliert.
- sprachlich korrekt sowie syntaktisch und stilistisch sicher schreibt.

Glossar

Absolutismus (lat. *legibus absolutus*: von den Gesetzen losgelöst): monarchische Herrschaftsform (▶ *Monarchie*) des 17. bis 19. Jh., in der Fürsten ihre Stellung von Gott und ihrer Herkunft (▶ *Dynastie*) ableiteten und versuchten, „losgelöst" von den Gesetzen und den Ständen (Geistlichkeit, Adel und Bürgertum) zu regieren. Die absolutistischen Fürsten fühlten sich nur Gott und ihrem Gewissen verantwortlich. Zu ihren wichtigsten Machtmitteln gehörte das stehende Heer.

68er-Bewegung: Angeregt durch die amerikanische Bürgerrechtsbewegung protestierten in der Bundesrepublik Deutschland seit Mitte der 1960er-Jahre Schüler und Studenten gegen die bestehenden politischen und wirtschaftlichen Verhältnisse, gegen überlieferte Vorstellungen in Elternhaus, Schule und Universität sowie gegen den Krieg der USA in Vietnam und die ▶ *Notstandsgesetze*. Die „kapitalistischen" Verhältnisse (▶ *Kapitalismus*) sollten durch „sozialistische" (▶ *Sozialismus*) ersetzt werden. Höhepunkte der 68er-Bewegung entstanden nach der Ermordung des friedlichen Demonstranten Benno Ohnesorg im Juni 1967 und nach dem Attentat auf den Studentenführer Rudi Dutschke im April 1968. Die „68er" stärkten das politische Interesse der Bevölkerung, förderten die Frauen- und Bürgerbewegungen, änderten Erziehungsstile und probierten neue Formen des Zusammenlebens aus.

Aktiengesellschaft: Da für den Bau von Fabriken, Eisenbahnen oder Zechen enorme Kapitalmengen nötig waren, organisierten sich die meisten Unternehmen in Form von Aktiengesellschaften, bei denen sich Aktionäre über den Ankauf von Anteilen am Gründungskapital – den Aktien – am Gewinn und Verlust des Unternehmens beteiligten. Auch ausländische Kapitalgeber konnten auf diese Weise Eigentum an deutschen Firmen erwerben. 1907 waren vier Fünftel der 100 größten deutschen Industrieunternehmen Aktiengesellschaften. Rund zwei Drittel des gesamten Kapitals befanden sich in ihren Händen.

„Aktion T4": nach dem Verwaltungssitz der Vernichtungsaktion in der Tiergartenstraße 4 in Berlin bezeichneter Code (▶ *„Euthanasie"*).

Alldeutscher Verband: 1891 gegründet, setzte sich die nationalistische Organisation für eine Stärkung und Verbreitung des Deutschtums ein und befürwortete eine imperialistische Politik (▶ *Imperialismus*).

Anti-Hitler-Koalition: die von 1941 bis 1945 verbündeten Gegner des nationalsozialistischen Deutschland (▶ *Nationalsozialismus*) mit den USA, Großbritannien und der Sowjetunion an der Spitze. Die „Großen Drei" legten auf der Konferenz von Casablanca Anfang 1943 die ▶ *bedingungslose Kapitulation* Deutschlands, Japans und Italiens als Kriegsziel fest.

Antisemitismus: wörtlich „Semitenfeindschaft" (Semiten: Angehörige einer verwandten Gruppe von Völkern in Vorderasien und Nordafrika); der Begriff bezieht sich aber nur auf Juden. Die um 1880 in Deutschland entstandene Bezeichnung meint die seit dem 1. Jh. n. Chr. bestehende Ablehnung oder Bekämpfung von Juden aus religiösen oder sozialen Gründen sowie die in der 2. Hälfte des 19. Jh. beginnende rassisch (biologisch) begründete Judenfeindschaft (▶ *Rassenideologie*). Der ▶ *Nationalsozialismus* stellte den Antisemitismus ins Zentrum seiner „Weltanschauung" und Politik. Seine Anhänger rechtfertigten damit die ▶ *„Nürnberger Gesetze"* und die ▶ *„Arisierung"* jüdischen Eigentums ebenso wie die systematische Vernichtung der Juden (▶ *Holocaust*).

Appeasement („Beruhigung", „Beschwichtigung"): die auf Friedenswahrung bedachte britische Außenpolitik gegenüber der auf Expansion angelegten nationalsozialistischen Außenpolitik (▶ *Nationalsozialismus*). Um die angespannte außenpolitische Lage zu beruhigen, akzeptierten die Regierungschefs von Großbritannien, Frankreich und Italien auf der Konferenz von München 1938 die Abtretung der überwiegend von Deutschen bewohnten Grenzgebiete Böhmens (Sudetenland) von der Tschechoslowakei („Münchener Abkommen"). Die Appeasement-Politik blieb erfolglos; im März 1939 ließ Hitler ganz Böhmen und Mähren besetzen, kurz darauf begann der ▶ *Zweite Weltkrieg*.

„Arier": im ethnologisch-sprachwissenschaftlichen Sinne Völker der indogermanischen Sprachfamilie. Im 19. Jh. wurde der Begriff in eine Überlegenheit der „weißen", dann der germanischen Rasse umgedeutet. In der ▶ *Rassenideologie* der Nationalsozialisten (▶ *Nationalsozialismus*) bezeichnete „Arier" die überlegene „Herrenrasse".

„Arisierung": Bezeichnung für die Vernichtung der wirtschaftlichen Existenz der deutschen Juden nach 1933. Ihr Eigentum wurde selten freiwillig und meistens erzwungen und unter Wert an „arische" Erwerber (▶ *Arier*) verkauft. Nach den ▶ *Novemberpogromen* gab es eine gesetzlich geregelte Zwangsarisierung jüdischer Unternehmen.

Artikel 131 GG: Das Gesetz zu diesem Artikel des Grundgesetzes vom 11. Mai 1951 erlegte dem öffentlichen Dienst auf, mindestens 20 Prozent des Besoldungsaufwandes für jene Beamten und Berufssoldaten zu verwenden, die derzeit noch „ausgeschieden sind und bisher nicht oder nicht ihrer früheren Stellung entsprechend verwendet werden". Aus diesem Grund stellten die Behörden schon aus Budget-Gründen bevorzugt wieder diese NS-Belasteten (Juristen, Gestapo-Leute, Berufssoldaten und Schreibtischtäter) ein.

„Asoziale": Im ▶ *„Dritten Reich"* als minderwertig geltende, „arbeitsscheue" oder unangepasst lebende Menschen wie Bettler, Landstreicher, Prostituierte, Fürsorgeempfänger oder Alkoholiker.

Atomwaffensperrvertrag (engl. *Treaty on Non-Proliferation of Nuclear Weapons*): Der Vertrag wurde von den USA, der Sowjetunion und Großbritannien zwischen 1965 und 1968 ausgehandelt und trat 1970 in Kraft. Inzwischen haben 191 Staaten (Stand: 2015) ihn angenommen. Nicht unterzeichnet haben bislang Indien, Israel, Pakistan und Südsudan. Nordkorea trat im Januar 2003 aus dem Vertrag aus. Er akzeptiert die friedliche Nutzung der Kernenergie, verbietet aber die Verbreitung von Kernwaffen und verpflichtet die Mitglieder zur Abrüstung von Kernwaffen.

Aufklärung: Epoche der Wissenschafts- und Geistesgeschichte, die sich im 17. und 18. Jh. entfaltete. Die Aufklärer verließen sich bei ihrer Suche nach der Wahrheit auf Vernunft (lat. *ratio*), Experimente und Erfahrungen (griech. *empeiria*). Sie setzten sich für eine bessere Schulbildung der Menschen ein. Der bedeutendste deutsche Aufklärer war der Königsberger Philosoph Immanuel Kant.

Auschwitz: Das Lager Auschwitz wurde nah der polnischen Stadt Oświęcim im Jahr 1939 für politische Häftlinge aus Polen eingerichtet. Ab September 1941 begann der Ausbau zum größten ▸ *Vernichtungslager* im deutschen Machtbereich. Dort wurden ab Mai 1942 vornehmlich jüdische Häftlinge systematisch ermordet (▸ *Holocaust*). Außerdem entstanden mehrere große Industriebetriebe (z. B. IG Farben in Monowitz), für die die Häftlinge Zwangsarbeit leisten mussten. Bis zur Befreiung von Auschwitz am 27. Januar 1945 starben dort etwa eine Million Menschen (▸ *Tag der Befreiung*).

Balance of power („Gleichgewicht der Macht"): Grundprinzip der englischen Außenpolitik vom 17. bis 20. Jh. Ziel war es, das machtpolitische Gleichgewicht zwischen den europäischen Staaten zu wahren bzw. die ▸ *Hegemonie* einer Macht (oder eines Mächtebündnis) zu verhindern.

Baltische Staaten: Estland, Lettland und Litauen, seit 1918 unabhängig, 1940 von der Sowjetunion annektiert. 1991 erklärten sie ihre Unabhängigkeit und traten aus dem Staatsverband der UdSSR aus.

Bedingungslose Kapitulation (engl. *unconditional surrender*): Forderung der Vereinigten Staaten und Großbritanniens von 1943 gegenüber Deutschland, Italien und Japan. Die für den ▸ *Zweiten Weltkrieg* verantwortlichen Staaten sollten sich ohne Verhandlungen und Forderungen ergeben und anschließend von den Siegermächten politisch neu geordnet werden.

Bergen-Belsen-Prozess: Als erster Prozess gegen jene, die die „Tötungsarbeit" in den ▸ *Konzentrations-* und ▸ *Vernichtungslagern* verrichtet hatten, wurde am 17. September 1945 in Lüneburg der „First Belsen Trial" gegen den KZ-Kommandanten, 20 weitere SS-Männer, 16 Aufseherinnen des Lagers und elf Funktionshäftlinge von einem britischen Militärgericht eröffnet. Der Kommandant, weitere sieben Männer und drei Frauen wurden zum Tode verurteilt. 19 Personen, darunter acht Funktionshäftlinge, erhielten Haftstrafen, die übrigen Freisprüche.

Blut-und-Boden-Ideologie: basierte auf der Vorstellung, „dass ein gesunder Staat im eigenen Volk (Blut) und im eigenen Boden seinen Schwerpunkt haben muss" (Meyers Lexikon von 1936). Dabei sollte das Bauerntum (die germanisch-nordische Rasse) für die Lebensgrundlagen des Volkes sorgen und einen Gegenpol zur urbanen Moderne und zum „Nomadentum" der Juden bilden (▸ *Rassenideologie*).

Breschnew-Doktrin: Benannt nach dem sowjetischen Parteichef Lenoid Breschnew (1907-1982); demnach sei die UdSSR bzw. der ▸ *Warschauer Pakt* berechtigt, Abweichungen vom „Weg des ▸ *Sozialismus*" auch mit militärischer Gewalt zu verhindern. Breschnew veröffentlichte die Doktrin, nachdem die Demokratisierungspolitik der tschechoslowakischen Regierung 1968 von der Sowjetunion gewaltsam zerschlagen wurde.

CARE: Abkürzung für *Cooperative for American Remittances to Europe* (später *to Everywhere*); in den USA gegründete Organisation für Hilfssendungen.

Chauvinismus ▸ *Nationalismus*

Demokratie (griech. *demos*: Volk; *kratéin*: Herrschaft): Herrschaft des Volkes über sich selbst. In Athen konnten sich seit Mitte des 5. Jh. v. Chr. alle einheimischen und wehrfähigen Bürger an der Regierung und Rechtsprechung beteiligen; bei Wahlen und Abstimmungen entschied die Mehrheit der Stimmen. Die amerikanische Unabhängigkeitserklärung (1776) und die ▸ *Französische Revolution* (1789-1799) gaben dem Wunsch nach ▸ *Volkssouveränität* und demokratisch gewählten Regierungen eine neue Bedeutung. Im Deutschen Kaiserreich (1871-1918) wurde zwar der Reichstag demokratisch gewählt, doch die Regierung wurde vom Kaiser bestimmt. Verfassungsreformen von Oktober 1918 bildeten die Grundlage für die ▸ *parlamentarische Demokratie* in Deutschland, die 1919 in der ▸ *Weimarer Verfassung* und 1949 im Grundgesetz der Bundesrepublik Deutschland festgeschrieben wurden.

Deportation: Zwangsverschickung bzw. Verbannung von Menschen aus ihrer Heimat; für die Zeit des ▸ *„Dritten Reiches"* und des ▸ *Zweiten Weltkrieges* bezieht sich der Begriff auf die durch das nationalsozialistische Regime millionenfach verschleppten Menschen, die in die ▸ *Konzentrations-* und ▸ *Vernichtungslager* oder zur Zwangsarbeit deportiert wurden.

Deutsche Frage: Frage nach der Einheit Deutschlands, insbesondere zwischen 1949 und 1990. Nach dem Scheitern der Viermächte-Verwaltung Deutschlands 1948 und der Gründung der Bundesrepublik Deutschland und der DDR 1949 war es Ziel der westdeutschen Politik, die Einheit Deutschlands durch das Selbstbestimmungsrecht des deutschen Volkes wiederherzustellen. Auch die DDR bekannte sich zunächst zur deutschen Einheit, gab diese Position dann aber auf. Im ▸ *Grundlagenvertrag* von 1972 erkannten sich die beiden deutschen Staaten an; die Bundesrepublik mit dem Vorbehalt, dass die Deutschen ihre Einheit in „freier Selbstbestimmung" anstreben würden. Das Ende des ▸ *Kalten Krieges* ermöglichte am 3. Oktober 1990 die friedliche Wiedervereinigung.

Deutscher Bund: nach dem Zerfall des ▸ *Heiligen Römischen Reiches Deutscher Nation* auf dem ▸ *Wiener Kongress* 1815 gegründeter Zusammenschluss von anfangs 34 unabhängigen (souveränen) Fürsten und vier freien Städten (Lübeck, Hamburg, Bremen und Frankfurt am Main). Ziel des Deutschen Bundes war, die innere und äußere Sicherheit der Mitgliedstaaten zu gewährleisten. Sitz der Bundesversammlung (Bundestag) war Frankfurt am Main. Der Deutsche Bund blieb bis zur Gründung des Norddeutschen Bundes 1866 bestehen.

Diktatur: Herrschaft einer Person, Gruppe oder Partei, die die Macht im Staat weitgehend unbeschränkt ausübt und die ▸ *Menschen- und Bürgerrechte* nicht beachtet. Beispiele sind das ▸ *„Dritte Reich"*, die Sowjetunion, die DDR und die Volksrepublik China.

Diplomaten: Zwischen den Herrschern (Regierungen) verschiedener Gemeinwesen (Staaten) verhandeln Diplomaten (Gesandte, Botschafter). Sie haben die Interessen ihrer Auftraggeber wahrzunehmen, deren Ansehen zu vergrößern, Informationen zu beschaffen und Streitigkeiten zu schlichten. Etwa seit Mitte des 17. Jh. besitzen sie in den gastgebenden Staaten bestimmte Vorrechte wie die Unverletzlichkeit ihrer Person.

„Dolchstoßlegende": nach 1918 von rechtsradikalen Zeitungen verbreitete und seit 1919 von Hindenburg vertretene Behauptung, die deutsche Armee sei im ▸ *Ersten Weltkrieg* nicht an der Front besiegt, sondern durch fehlende Unterstützung aus der Heimat „von hinten erdolcht" und zur Kapitulation gezwungen worden. Diese Geschichtsfälschung verschweigt, dass führende Militärs Ende September 1918 die Niederlage gegen die übermächtige Allianz der Gegner eingestanden hatten.

Dreiklassenwahlrecht: Wahlsystem, bei dem die wenigen Großsteuerzahler der ersten Klasse (etwa fünf Prozent der Wahlberechtigten) ebenso viele Abgeordnete wählen konnten wie die Masse der Bevölkerung (rund 80 Prozent). Dieses Wahlsystem galt in Preußen von 1850 bis 1918.

„Drittes Reich": Nach dem Zusammenbruch von 1918 tauchte unter national denkenden Politikern (▸ *Nationalismus*) die Forderung auf, nach den beiden deutschen Kaiserreichen (962-1806 und 1871-1918) ein „Drittes Reich" entstehen zu lassen. Mit der ▸ *„Machtergreifung"* der Nationalsozialisten von 1933 wurde es üblich, vom „Dritten Reich" zu sprechen.

Dynastie (griech. *dynastes*: „Herrscher"): Abfolge von miteinander verwandten Herrschern, denen es gelang, die Herrscherwürde in ihrer Familie zu behalten.

Einsatzgruppen: Sondereinheiten, die nach dem Einmarsch in besetzte und eroberte Gebiete, so etwa in Polen und in der Sowjetunion, die „Bekämpfung der Reichsfeinde" übernehmen sollten (▸ *Zweiter Weltkrieg*). Bereits in Polen sowie dann vor allem in der Sowjetunion geschah dies vor allem durch Erschießungen. Auf sowjetischem Gebiet ermordeten die Einsatzgruppen, die mit der Wehrmacht ins Land kamen, vermutlich über eine Million Menschen, vor allem jüdische Männer, Frauen und Kinder (▸ *Holocaust*).

Entente (frz. „Bündnis", „Eintracht"): Im ▸ *Ersten Weltkrieg* kämpfte die Entente (Frankreich, Großbritannien und Irland, Russland und Verbündete wie USA) gegen die ▸ *Mittelmächte*.

Entspannungspolitik: Nach der Kuba-Krise von 1962 bemühten sich die westlichen Regierungen unter Führung der USA gegenüber der Sowjetunion und anderen kommunistischen Staaten (▸ *Kommunismus*) um eine andere Politik. Bessere politische, wirtschaftliche und kulturelle Beziehungen sowie Vereinbarungen über Rüstungskontrolle und Gewaltverzicht sollten helfen, den Ost-West-Gegensatz (▸ *Kalter Krieg*) zu überwinden. Die von Bundeskanzler Willy Brandt (SPD) betriebene ▸ *Neue Ostpolitik* war Teil der Entspannungspolitik.

Entstalinisierung: Abkehr der sowjetischen Führung von der Politik Stalins seit dessen Tod 1953. Unter dem neuen Parteichef Chruschtschow distanzierte sich die UdSSR von der Person Stalins, seiner Alleinherrschaft und seiner Wirtschaftspolitik (▸ *Stalinismus*). Kritiker kamen zu Wort, die Gefangenenlager (GULag) wurden aufgelöst, die Bevormundung der Ostblockstaaten ließ nach („Tauwetter"). Die Verbrechen der Stalin-Ära (1927-1953) durften erwähnt werden, wurden aber nicht aufgearbeitet.

„Ermächtigungsgesetz": das vom Reichstag am 23. März 1933 beschlossene Gesetz, das der Regierung des Reichskanzlers Hitler erlaubte, Gesetze ohne das Parlament zu beschließen. Gegen das zunächst befristete Gesetz, das die ▸ *„Gleichschaltung"* beförderte und die nationalsozialistische ▸ *Diktatur* (▸ *Nationalsozialismus*) festigte, stimmten nur die anwesenden Abgeordneten der SPD. Die Abgeordneten der KPD waren gar nicht erst eingeladen worden; sie war entweder bereits geflohen oder untergetaucht oder verhaftet worden.

Erster Weltkrieg: der von 1914 bis 1918 dauernde Krieg, dessen Ursachen in den machtpolitischen Gegensätzen, dem Rüstungswettlauf und der imperialistischen Politik (▸ *Imperialismus*) der europäischen Großmächte lagen. Vordergründiger Anlass der „Urkatastrophe des 20. Jahrhunderts" – so der US-Diplomat George F. Kennan 1979 – war die Ermordung des österreichischen Thronfolgerehepaares in Sarajewo am 28. Juni 1914. Die Versenkung amerikanischer Schiffe durch deutsche U-Boote sowie das sich andeutende Ende des russischen Zarenreiches trugen zum Kriegseintritt der USA am 6. April 1917 auf der Seite der ▸ *Entente* gegen die ▸ *Mittelmächte* bei. Etwa zehn Millionen Soldaten starben in dem mit modernen Waffen wie Panzer, U-Boote, Flugzeuge und Giftgas geführten Krieg.

Europäische Einigung: Am Anfang des Einigungsprozesses nach dem ▸ *Zweiten Weltkrieg* stand die Zusammenarbeit der westeuropäischen Staaten im 1949 gegründeten ▸ *Europarat* und in der 1951 entstandenen Europäischen Gemeinschaft für Kohle und Stahl (EGKS, ▸ *Montanunion*). Der Erfolg führte 1957 zur Gründung der ▸ *Europäischen Wirtschaftsgemeinschaft* (EWG) und der Europäischen Atomgemeinschaft (EURATOM). EGKS, EURATOM und EWG wurden 1967 zur Europäischen Gemeinschaft (EG) zusammengefasst. Sie erhielten gemeinsame Organe (Kommission, Ministerrat, Parlament und Gerichtshof). Ihre Mitglieder vereinbarten eine intensive wirtschaftliche, außenpolitische, soziale, ökologische und kulturelle Zusammenarbeit. Der Vertrag von Maastricht erweiterte 1992 die Zuständigkeit der EG. Er machte den Weg für die Wirtschafts- und Währungsunion frei und erklärte das Staatenbündnis zur Europäischen Union (EU). Die wichtigsten Veränderungen waren die engere Zusammenarbeit in der Außen- und Wirtschaftspolitik und die gemeinsame Währung „Euro" (1999/2002). Nach der Auflösung des sowjetischen Machtbereiches nahm die EU zwölf weitere Mitglieder auf, davon zehn ehemalige Ostblockstaaten. Seit 2013 zählt die EU 28 Mitgliedstaaten.

Europäische Wirtschaftsgemeinschaft (EWG): Im März 1957 vereinbarten die Mitglieder der ▸ *Montanunion* (Belgien, Frankreich, Italien, Luxemburg, die Niederlande und die Bundesrepublik Deutschland) in den „Römischen Verträgen" eine gemeinsame Wirtschafts- und Handelspolitik. Der Anfang 1958 in Kraft getretene Vertrag war Grundlage der ▸ *europäischen Einigung*.

Europäischer Rat: unter dieser Bezeichnung 1974 vereinbarte regelmäßige Konferenz der Staats- und Regierungschefs der EG und späteren EU. Sie fand alle drei bis sechs Monate statt. Der Vorsitz wechselt bis heute, jedes halbe Jahr übernimmt ein anderer Mitgliedstaat den Vorsitz. Der Rat wurde 1986 in die Einheitliche Europäische Akte der EG aufgenommen. Diese bestätigte seine Aufgabe, die gemeinsame Politik zu steuern.

Europarat: 1949 als erste europäische Staatenorganisation gegründet. Er sieht seine Aufgabe vorwiegend in der Förderung der ▸ *Demokratie* und dem Schutz der ▸ *Menschenrechte*. Von den über 200 von ihm verabschiedeten Abkommen und Konventionen ist die bedeutendste die

Europäische Menschenrechtskonvention (1950). Der Europarat zählt 47 Mitglieder (Stand: 2015).

Europäische Union ▶ *Europäische Einigung*

„Euthanasie“: Sterbehilfe, abgeleitet von griech. „guter“ oder „leichter Tod“; der verharmlosende Ausdruck steht für die systematischen Morde an körperlich und geistig beeinträchtigten Menschen während der NS-Zeit (▶ *Nationalsozialismus*).

Faschismus: eine antidemokratische und antikommunistische sowie extrem nationalistische Weltanschauung (▶ *Nationalismus*) und Bewegung, die nach dem ▶ *Ersten Weltkrieg* in Italien entstand und in fast allen europäischen Ländern Anhänger fand. Im Deutschen Reich vertraten die Nationalsozialisten (▶ *Nationalsozialismus*) faschistische Vorstellungen.

Flucht und Vertreibung: Gemeint ist sowohl die am Ende des ▶ *Zweiten Weltkrieges* einsetzende Flucht von Deutschen aus ihren Heimatgebieten vor der sowjetischen Armee und ihren osteuropäischen Verbündeten als auch die erzwungene Vertreibung, Umsiedlung oder Ausweisung der in den deutschen Ostgebieten und den deutschen Siedlungsgebieten im Ausland lebenden Deutschen nach 1945; ihre Zahl wird auf etwa zwölf bis 14 Millionen (1950) geschätzt.

Französische Revolution: Während der Französischen ▶ *Revolution* entstanden zwischen 1789 und 1799 verschiedene Staatsformen. 1791 wurde Frankreich ▶ *konstitutionelle Monarchie*, 1792 demokratische Republik (▶ *Demokratie*) und unter Napoleon ein diktatorisches Kaiserreich (▶ *Diktatur*). Die ▶ *Menschen- und Bürgerrechte* zählen ebenso zum Erbe der Französischen Revolution wie die Schreckensherrschaft der Jakobiner.

Freikorps: extrem antirepublikanische und antikommunistische paramilitärische Verbände. Sie gehörten nicht zu den regulären Truppen und bestanden aus ehemaligen Berufssoldaten, Abenteurern, Studenten oder Schülern, meist Männer, die nach dem ▶ *Ersten Weltkrieg* kein Zuhause und keine Arbeit hatten und nicht in ein ziviles Leben zurückgefunden hatten.

Friedensvertrag von Brest-Litowsk: Vertrag zwischen den ▶ *Mittelmächten* und Sowjetrussland vom 3. März 1918. Mit diesem Vertrag schied Russland aus dem ▶ *Ersten Weltkrieg* aus. Es musste in diesem „Diktatfrieden“ auf Polen, Litauen und andere Gebiete verzichten sowie die Ukraine und Finnland als selbstständige Staaten anerkennen. Russland verlor etwa 30 Prozent der Bevölkerung und rund 75 Prozent der Eisen- und Stahlindustrie. Der Vertrag wurde nach der Niederlage der Mittelmächte im November 1918 von der Sowjetregierung für ungültig erklärt.

Genossenschaft: Zusammenschluss von selbstständigen Personen zu einem Geschäftsbetrieb. Damit können verschiedene Bereiche wie Einkauf, Lagerung oder Maschinenhaltung gemeinsam („genossenschaftlich“) betrieben und die Kosten verteilt werden.

Genozid ▶ *Völkermord*

Gewaltenteilung: eine während der ▶ *Aufklärung* entwickelte Lehre, die sich gegen die absolutistische Regierungsweise (▶ *Absolutismus*) richtete. Demnach sind die Hauptaufgaben eines Staates von drei getrennten Einrichtungen zu erfüllen, die sich gegenseitig kontrollieren: Das Parlament (Legislative) beschließt Gesetze, die Regierung (Exekutive) führt sie aus und die unabhängigen Gerichte (Judikative) sprechen Recht.

Ghetto: primär in Polen und den besetzten Gebieten der Sowjetunion während des ▶ *Zweiten Weltkrieges* von Deutschen eingerichtete abgesperrte Wohnbezirke, in denen die jüdische Bevölkerung unter unmenschlichen Bedingungen zusammengepfercht und häufig sich selbst überlassen wurde. Die Konzentrierung der Juden wurde gleichzeitig für die Ausbeutung ihrer Arbeitskraft genutzt. Katastrophale hygienische Verhältnisse, Unterversorgung und Epidemien führten zum Tod vieler Zehntausend Menschen. Nach Auflösung der Ghettos wurde die jüdische Bevölkerung fast ausnahmslos in ▶ *Vernichtungslager* deportiert (▶ *Deportation*, ▶ *Holocaust*).

Glasnost und Perestroika: Die Begriffe „Glasnost“ („Offenheit“, „Durchsichtigkeit“) und „Perestroika“ („Umbau“, „Umgestaltung“) stehen für Gorbatschows Reformpolitik in der Sowjetunion von 1985 bis 1991. Sie sollte die kommunistische Herrschaft (▶ *Kommunismus*) stabilisieren, erreichte aber das Gegenteil.

Gleichgewichtspolitik ▶ *Balance of power*

„Gleichschaltung“: So nannten die Nationalsozialisten (▶ *Nationalsozialismus*) ihre Maßnahmen, Staat, Gesellschaft und Kultur mit ihrer Partei personell und ideologisch zu durchdringen und damit zu beherrschen. Nach der Ernennung Hitlers zum Reichskanzler (30. Januar 1933) begann die „Gleichschaltung“ mit dem ▶ *„Ermächtigungsgesetz“* vom 23. März 1933. Anschließend nahmen die Nationalsozialisten den Ländern ihre Eigenständigkeit, führten eine Einparteienherrschaft ein, kontrollierten die Medien, lösten alle Gewerkschaften sowie sonstige Verbände auf und integrierten sie in ihre Organisationen (▶ *„Machtergreifung“*).

Globalisierung: Der Begriff charakterisiert vor allem die rapiden wirtschaftlichen Wandlungsprozesse seit den 1990er-Jahren. Allgemein kann unter Globalisierung ein Prozess verstanden werden, in dem sich Wirtschafts- und Gesellschaftssysteme über die Grenzen der Nationalstaaten hinaus in ökonomischer, aber auch sozialer und kultureller Hinsicht immer stärker miteinander vernetzen.

Grundlagenvertrag: In dem 1972 unterschriebenen Dokument erkannten die Bundesrepublik Deutschland und die DDR sich als gleichberechtigte Staaten an und verpflichteten sich zu „gutnachbarschaftlichen Beziehungen“ (▶ *Neue Ostpolitik*). Die Bundesrepublik Deutschland hielt an dem Recht des deutschen Volkes fest, seine Einheit „in freier Selbstbestimmung“ anzustreben. Der Bundestag billigte den Vertrag im Mai 1973.

Grundrechte ▶ *Menschen- und Bürgerrechte*

Hallstein-Doktrin: benannt nach dem Staatssekretär im Auswärtigen Amt Walter Hallstein (1951-1957). Sie besagte, dass die Aufnahme diplomatischer Beziehungen zur DDR durch Drittstaaten als „unfreundlicher Akt“ der Bundesrepublik gegenüber betrachtet werden müsse. Ziel war es, die DDR außenpolitisch zu isolieren. Die sozialliberale Koalition gab die Hallstein-Doktrin im Rahmen der ▶ *Neuen Ostpolitik* nach 1967 auf.

Hegemonie (griech. *hegemonia*: Oberbefehl): Bemühungen eines Herrschers oder eines Staates um die Vorherrschaft in einem Bündnis oder einem Gebiet. Seit dem 17. Jh. bemühte sich beispielsweise Frankreich um eine Vorherrschaft auf dem Kontinent. England setzte dagegen in Europa auf ein „Gleichgewicht der Macht" (▶ *Balance of power*), um seine Vorherrschaft auf den Weltmeeren zu sichern. Im Zeitalter des ▶ *Imperialismus* strebten die wirtschaftlich-industriellen Mächte Europas, die USA und Japan eine Hegemonie über unterlegene Regionen an.

Heilige Allianz: Bündnis, um die monarchische Staatsordnung (▶ *Monarchie*) zu sichern. Nach dem ▶ *Wiener Kongress* verpflichteten sich 1815 die Herrscher Russlands, Preußens und Österreichs, gemeinsam gegen nationale und liberale Bewegungen (▶ *Liberalismus*, ▶ *Nationalismus*, ▶ *Restauration*) vorzugehen. Der Heiligen Allianz traten fast alle europäischen Herrscher bei; sie zerfiel Mitte des 19. Jh.

Heiliges Römisches Reich Deutscher Nation: seit 1512 gebräuchliche Gesamtformel für den Herrschaftsbereich des von den Kurfürsten (seit 1356 sieben, ab 1648 acht) gewählten römisch-deutschen Kaisers und der in ihm verbundenen Reichsterritorien. Das „Heilige Römische Reich" wurde trotz Kaiser nie zentral regiert. Nach Gründung des ▶ *Rheinbundes* 1806 zerfiel es unter dem Druck Napoleons.

Historikerstreit: westdeutsche Debatte der Jahre 1986/87, in der über die historische Einzigartigkeit des ▶ *Holocaust* sowie über die zukünftige Auseinandersetzung mit dem ▶ *Nationalsozialismus* kontrovers diskutiert wurde.

Hitler-Putsch: misslungener Versuch Hitlers, des Vorsitzenden der republikfeindlichen und antisemitischen (▶ *Antisemitismus*) Nationalsozialistischen Deutschen Arbeiterpartei (NSDAP), am 8./9. November 1923 in Bayern die Macht gewaltsam an sich zu reißen und mit einem „Marsch auf Berlin" die Reichsregierung in Berlin zu stürzen. Während des ▶ *„Dritten Reiches"* wurde der 9. November als „Tag der nationalen Erhebung" gefeiert.

Hitler-Stalin-Pakt: deutsch-sowjetischer Nichtangriffsvertrag von 1939. Er sicherte das Deutsche Reich vor einer militärischen Auseinandersetzung mit der Sowjetunion; zugleich ermöglichte er sowohl dem Deutschen Reich als auch der Sowjetunion, gegen Polen vorzugehen. Ein geheimes Zusatzprotokoll legte die Aufteilung Polens fest (▶ *Zweiter Weltkrieg*).

Holocaust (griech. *holócaustos*: „völlig verbrannt" bzw. „Brandopfer"): wurde zunächst als Lehnwort ins Englische übernommen, gilt heute weltweit als Synonym für die systematische Ermordung von mindestens sechs Millionen europäischen Juden und anderen Opfergruppen. In der jüdischen Tradition wird für diesen ▶ *Völkermord* (Genozid) der Begriff „Shoa" (hebräisch „Großes Unheil", „Katastrophe") verwendet, der sich ausschließlich auf die Judenvernichtung bezieht.

Hoover-Moratorium: Das nach dem US-Präsidenten Herbert Hoover benannte Moratorium stundete 1931 alle Kriegsschulden der europäischen Länder sowie die deutschen Reparationsleistungen (▶ *Reparationen*) für ein Jahr.

Imperialismus (lat. *imperium*: Herrschaft): „Großreichspolitik" in allen Epochen. Im engeren Sinne die direkte oder indirekte Herrschaft wirtschaftlich-industriell entwickelter Mächte Europas, der USA und Japans über unterlegene Regionen von ungefähr 1880 bis zum Ende des ▶ *Ersten Weltkrieges*. Aus kommunistischer Sicht (▶ *Kommunismus*) ist der Imperialismus das höchste Stadium des ▶ *Kapitalismus*.

Inflation (lat. *inflatio*: Anschwellen): anhaltende Geldentwertung durch Ansteigen des allgemeinen Preisniveaus und Abwertung der Kaufkraft der Währung aufgrund einer massiven Vermehrung des Geldes. Opfer der Inflation sind vor allem Menschen, die von Ersparnissen leben. Zu besonders starken Inflationen kam es nach dem ▶ *Ersten Weltkrieg* in fast allen kriegführenden Staaten und nach dem ▶ *Zweiten Weltkrieg*. Zu den Ursachen zählte die enorme Staatsverschuldung wegen hoher Rüstungsausgaben vor und während der Kriege. Die Währungsreformen von 1923 und 1948 beendeten sie.

INF-Vertrag (*Intermediate range Nuclear Forces*): Abkommen der Supermächte über die Beseitigung aller Mittelstreckenraketen mit einer Reichweite zwischen 500 und 5500 km.

Innere Emigration: Viele Künstler, Dichter und Gelehrte, die nach 1933 ins benachbarte Ausland oder später nach Übersee flohen, mussten Deutschland verlassen, weil ihr Leben gefährdet war oder um Verhaftungen zu entgehen; Einzelne verließen ihr Heimatland auch aus Protest gegen das neue Regime. Wer zurückblieb, da er nicht unmittelbar gefährdet war, musste mit Publikations- und Ausstellungsverbot rechnen. Einige Schriftsteller hüllten ihre Vorbehalte gegenüber dem Regime in historische Beispielgeschichten, die nicht ohne Weiteres aufzuschlüsseln waren, oder sie schrieben für die Zeit nach dem erhofften Zusammenbruch des ▶ *„Dritten Reiches"*. Um diese Autoren zu charakterisieren, sprach man in den Nachkriegsjahren von der „Inneren Emigration". Dieser Begriff soll ausdrücken, dass nicht alle, die nicht zur „Äußeren Emigration" gezwungen worden waren, automatisch auf der Seite des nationalsozialistischen Regimes gestanden haben.

Kalter Krieg: Bezeichnung für den politischen, wirtschaftlichen und militärischen Konkurrenzkampf zwischen den Großmächten USA und UdSSR und ihren Bündnissen (▶ *NATO* und ▶ *Warschauer Pakt*). Erstes Zeichen des Kalten Krieges war die ▶ *Truman-Doktrin* von 1947. Frühe Höhepunkte waren die Blockade West-Berlins von 1948 und der Korea-Krieg (1950-1953). Die amerikanische „Politik der Stärke und des Dialogs" und die Reformen Gorbatschows in der Sowjetunion (▶ *Glasnost und Perestroika*) beendeten 1989/90 den Kalten Krieg. Die USA wurden einzige Weltmacht.

Kapitalismus: Im 15. Jh. entstand eine Wirtschaftsform, in der es für Unternehmer nicht mehr wie zuvor darum ging, allein ein zum Leben ausreichendes Auskommen zu erwirtschaften, sondern möglichst hohe Gewinne zu erzielen. Im Kapitalismus herrschen im Gegensatz zum ▶ *Kommunismus* die Interessen der Unternehmer vor, die Eigentümer von Besitz und Kapital sind.

Koalitionsrecht: erlaubt den Zusammenschluss zu Vereinen, Parteien und Gewerkschaften.

Kollektivschuldthese: Unmittelbar nach 1945 unterstellten Opfer und Befreier allen Deutschen eine Mitschuld an den NS-Verbrechen (▶ *Nationalsozialismus*, ▶ *Holo-*

caust). Bei der Entnazifizierung wurde in den westlichen Besatzungszonen schuldhaftes Verhalten einzelner Personen, nicht einer Gruppe (Kollektiv) untersucht und bestraft. In der Sowjetischen Besatzungszone reichte oft die Zugehörigkeit zu einer Gruppe wie Gutsbesitzer, Unternehmer oder Bankiers, um kollektiv verurteilt und enteignet zu werden.

Kommunismus (lat. *communis*: „allgemein", „allen gemeinsam"): eine politische, soziale und wirtschaftliche Weltanschauung, die von einem gemeinsamen Eigentum an den Produktionsmitteln ausgeht, in der es keine Ausbeutung mehr gibt und Frieden und Gerechtigkeit herrschen. Gegenteil des Kommunismus ist der ▸ *Kapitalismus*. Nach Marx und Engels ist der Kommunismus das anzustrebende Endstadium der gesellschaftlichen Entwicklung; ihre Gesellschaftstheorie wurde durch Lenin weiterentwickelt (▸ *Marxismus-Leninismus*).

Konferenz über Sicherheit und Zusammenarbeit in Europa (KSZE): Die erste KSZE-Konferenz wurde 1973 eröffnet. Es nahmen die Regierungschefs von 35 Staaten (Mitglieder der ▸ *NATO*, des ▸ *Warschauer Paktes* sowie neutrale und ungebundene europäische Staaten) teil. Sie verpflichteten ihre Länder am Konferenzende 1975 in der Schlussakte von Helsinki zu Gewaltverzicht, zur Unverletzlichkeit der bestehenden Staatsgrenzen, zur Wahrung der ▸ *Menschen- und Bürgerrechte* und zum ständigen Dialog. Mit dem Ende des ▸ *Kalten Krieges* und der Auflösung des Warschauer Paktes änderten sich die Aufgaben der Konferenz. Seit 1995 heißt sie Organisation für Sicherheit und Zusammenarbeit in Europa (OSZE). Sie zählt 57 Mitglieder (Stand: 2015) und hat ihren Sitz in Wien.

Konkordat: völkerrechtlicher Vertrag zwischen der katholischen Kirche und einer weltlichen Regierung.

Konstitutionelle Monarchie: Regierungsform, in der die absolute Macht des Monarchen (▸ *Absolutismus*, ▸ *Monarchie*) durch eine Verfassung (lat. *constitutio*) gesetzlich begrenzt wird. Ein König steht zwar weiterhin an der Spitze des Staates, an der Gesetzgebung aber wirkt ein Parlament mit.

Konzentrationslager: Anfang des 20. Jh. erstmals für Kriegsgefangene eingerichtete Lager. In Deutschland wurde mit der Verordnung des Reichspräsidenten „zum Schutz von Volk und Staat" von 1933 die „Rechtsgrundlage" für die Konzentrationslager geschaffen. In ihnen wurden politische Gegner und unerwünschte Minderheiten gefangen gehalten, misshandelt und zur Arbeit gezwungen. Zu den zahllosen Konzentrationslagern entstanden in den von den Deutschen im Osten besetzen Gebieten ▸ *Vernichtungslager*.

Kulturelles/kommunikatives Gedächtnis: Theorie, die in den 1980er-Jahren von den Kulturwissenschaftlern Jan und Aleida Assmann weiterentwickelt wurde. Kulturelles und kommunikatives Gedächtnis sind Teil des kollektiven Gedächtnisses, das die Erinnerungsleistung einer Gruppe von Menschen beschreibt. Während das kommunikative Gedächtnis etwa 80 Jahre zurückreicht und durch mündliche Erzählung, Erfahrung und Hörensagen geprägt wird, reicht das kulturelle Gedächtnis weit in die Vergangenheit zurück. Das kulturelle Gedächtnis ist nicht an Zeitzeugen gebunden, sondern benötigt „Expertenwissen" – Lehrer, Priester, Schamanen usw. geben Mythen und Traditionen weiter, die als kultureller Besitz der Gemeinschaft verstanden werden.

Länderfinanzausgleich: Eine im Grundgesetz verankerte Regelung, nach der die Bundesländer der Bundesrepublik Deutschland mit höheren Steuereinnahmen (Geberländer) Ausgleichszahlungen an Länder mit geringerem Steueraufkommen (Nehmerländer) leisten.

Landwehr: Bestandteil des preußischen Heeres; die Landwehr umfasste alle Männer bis zum 40. Lebensjahr, die nicht dem stehenden Heer angehörten.

Liberalismus (lat. *liberalis*: „freiheitlich", „eines freien Menschen würdig"): Staats-, Gesellschafts- und Wirtschaftslehre, die von der ▸ *Aufklärung* geprägt war und sich von freier Entfaltung des Einzelnen einen Fortschritt in Kultur, Recht, Wirtschaft und Gesellschaft erhoffte. Liberale forderten die Gründung einer ▸ *Nation* sowie Verfassungen, ▸ *Menschen- und Bürgerrechte* und eine freie Wirtschaft.

„Machtergreifung": nationalsozialistische Bezeichnung für die Übernahme der Regierung durch Hitler am 30. Januar 1933, der die Weimarer Republik (▸ *Weimarer Verfassung*) in einen totalitären Staat (▸ *Nationalsozialismus*, ▸ *Totalitarismus*) umwandelte. Nach dem ▸ *„Ermächtigungsgesetz"* vom 23. März 1933 begann die ▸ *„Gleichschaltung"* von Staat, Gesellschaft und Kultur.

Marshall-Plan: US-Außenminister George C. Marshall kündigte am 5. Juni 1947 ein „Europäisches Wiederaufbauprogramm" (ERP: *European Recovery Program*) für alle europäischen Staaten an. An den Verhandlungen über das Programm und an der Gründung der für die Verteilung der Mittel vorgesehenen Organisation für Europäische Wirtschaftliche Zusammenarbeit (▸ *OEEC*) beteiligten sich aber 1948 nur westeuropäische Staaten. Die amerikanische Hilfe sollte den wirtschaftlichen Wiederaufbau fördern und zur politischen Stabilisierung des Westens beitragen.

Marxismus-Leninismus: Gesellschaftstheorie nach den Lehren von Karl Marx und Wladimir I. Lenin. Ihr zufolge soll eine revolutionäre Partei die fortschrittlichen Kräfte eines Landes vereinen und der Arbeiterklasse zur Herrschaft verhelfen, notfalls mit Gewalt (▸ *Kommunismus*, ▸ *Oktoberrevolution*).

Mediatisierung (lat. *im-mediatus*: „un-mittelbar"): Unterstellung bisher reichsunmittelbarer Stände wie Ritter und Reichsstädte unter die Landeshoheit eines anderen (mächtigeren) weltlichen Landesherrn; sie wurde auf Napoleons Wunsch durch den Reichsdeputationshauptschluss von 1803 umgesetzt (▸ *Rheinbund*).

Menschen- und Bürgerrechte: im engeren Sinne die unantastbaren und unveränderlichen Freiheiten und Rechte aller Menschen, die ihnen von Natur aus, d. h. mit ihrer Geburt, zustehen – unabhängig von ihrer Stellung in Staat, Gesellschaft, Beruf und Religion (Naturrecht). Dazu zählen das Recht auf Leben, die Unverletzlichkeit der Person, Freiheit, Eigentum, aber auch die Gleichheit vor dem Gesetz, das Recht auf Meinungs- und Glaubensfreiheit sowie auf Widerstand gegen Unterdrückung. Die Magna Charta libertatum (1215), die Bill of Rights (1689), die Virginia Bill of Rights und die amerikanische Unabhängigkeitserklärung von 1776 sowie die französische Verfassung von 1791 (▸ *Französische Revolution*) und die Erklärung der

Grundrechte der Frankfurter Nationalversammlung von 1848 sind Zeugnisse der Menschenrechtsentwicklung. Die 1948 von den ▸ *Vereinten Nationen* verkündete Allgemeine Erklärung der Menschenrechte sowie die 1950 verabschiedete Konvention zum Schutze der Menschenrechte und Grundfreiheiten des ▸ *Europarates* stehen in der Tradition dieser Veröffentlichungen.
Die Begriffe „Menschenrechte“ und „Grundrechte“ unterscheiden sich im Wesentlichen durch den von ihnen beanspruchten Geltungsbereich: Während die Menschenrechte sich auf alle Menschen beziehen, gelten die Grundrechte nur für die Bürger und Bürgerinnen eines Staates, der sie ihnen verfassungsrechtlich garantiert.

Mindestumtausch („Zwangsumtausch“): Besucher der DDR und Ost-Berlins mussten täglich einen bestimmten Betrag in DDR-Mark umtauschen; dies trug der Regierung Devisen ein.

Mittelmächte: Im ▸ *Ersten Weltkrieg* kämpften die Mittelmächte (Österreich-Ungarn, Osmanisches Reich und Bulgarien) gegen die ▸ *Entente*.

Monarchie (griech. *mon-archia*: „Allein-Herrschaft“): Herrschaft eines Fürsten. Monarch wurde man in der Regel durch Erbfolge oder Wahl. Im Zeitalter des ▸ *Absolutismus* erreichte die monarchische Regierungsform ihre größte Verbreitung in Europa. Mit der ▸ *Aufklärung* setzte sich die Forderung nach einer ▸ *konstitutionellen Monarchie* zunächst in England und dann auf dem europäischen Kontinent durch. Die Novemberrevolution von 1918 (▸ *Revolution*) führte zum Ende der Monarchien im Deutschen Reich.

Montanunion: die 1951 gegründete Europäische Gemeinschaft für Kohle und Stahl (EGKS). Sie förderte die Zusammenarbeit in der Montanindustrie (montan: Bergbau und Hüttenwesen betreffend). Ihr Erfolg leitete die Gründung der ▸ *EWG* ein (▸ *Europäische Einigung*).

Nation (lat. *natio*: „Herkunft“, „Abstammung“): Als Nation wird seit dem 18. Jh. eine große Gruppe von Menschen mit gleicher Abstammung, Geschichte, Sprache und Kultur oder mit gemeinsamer Regierung und Staatsordnung (Verfassung) in einem Staat bezeichnet. Nationen sind insofern keine natürlichen Gebilde. Sie sind einerseits Konstruktionen der Politik und leben andererseits davon, dass sich Menschen zu ihr bekennen.

Nationalismus: weltanschauliches Bekenntnis (Ideologie) zur eigenen ▸ *Nation* und dem Staat, dem man angehört. Auf der einen Seite stand die Überzeugung, dass alle Völker einen Anspruch auf nationale Selbstbestimmung haben, auf der anderen die Hochschätzung des eigenen Volkes. Die Abwertung anderer Nationen trug von Anfang an zu einem übersteigerten Nationalbewusstsein (Chauvinismus) bei, einem Kennzeichen des ▸ *Imperialismus* und des ▸ *Nationalsozialismus*.

Nationalsozialismus: Von 1933 bis 1945 übte die republikfeindliche und antisemitische (▸ *Antisemitismus*) „Nationalsozialistische Deutsche Arbeiterpartei“ (NSDAP) die Herrschaft im Deutschen Reich aus. Nach der ▸ *„Machtergreifung“* führten das ▸ *„Ermächtigungsgesetz“* und ▸ *„Gleichschaltung“* zum Ende der ▸ *parlamentarischen Demokratie* und des Rechtsstaates. Die NS-Politik war verantwortlich für den Terror des ▸ *SS-Staates*, die ▸ *„Euthanasie“*, den ▸ *Zweiten Weltkrieg* und den ▸ *Holocaust*.

Nationalversammlung: 1789 erklärten sich die gewählten und ernannten Vertreter der Stände zur Nationalversammlung (▸ *Französische Revolution*). 1848 trafen sich die von der Bevölkerung gewählten Abgeordneten in der Frankfurter Paulskirche, um einen Nationalstaat zu gründen und eine Verfassung für diesen auszuarbeiten.

NATO (*North Atlantic Treaty Organization*): ein im ▸ *Kalten Krieg* gegründetes Militärbündnis mit Sitz in Brüssel. Die NATO wurde 1949 zur gemeinsamen Verteidigung und zur Sicherung von Frieden und Freiheit von zehn westeuropäischen Staaten, den USA und Kanada gegründet. Die Bundesrepublik Deutschland trat ihr 1955 bei. Nach dem Zerfall des ▸ *Warschauer Paktes* 1991 schlossen sich zum Missfallen Russlands zahlreiche ost- und mitteleuropäische Staaten der NATO an. Seit 2009 gehören der NATO 28 Staaten an.

Neoabsolutismus: Regierungsform ohne Verfassung und Parlament, die sich am ▸ *Absolutismus* des 18. Jh. orientiert und liberale Bestrebungen (▸ *Liberalismus*) des Bürgertums sowie Anliegen nationaler Minderheiten unterdrückt.

Neue Ostpolitik: die von der SPD/FDP-Koalition unter Bundeskanzler Willy Brandt (SPD) ab 1969 praktizierte ▸ *Entspannungspolitik*. Sie führte zu Verträgen mit der Sowjetunion, Polen, der Tschechoslowakei und zu dem 1973 in Kraft getretenen ▸ *Grundlagenvertrag* mit der DDR. Die Bundesrepublik Deutschland bestätigte darin die nach 1945 entstandenen Grenzen, hielt aber fest, dass sie „auf einen Zustand des Friedens in Europa“ hinarbeiten wolle, „in dem das deutsche Volk in freier Selbstbestimmung seine Einheit wiedererlangen“ könne.

Notstandsgesetze: Sie sollen im Falle eines inneren und äußeren Notstandes die Handlungsfähigkeit der Regierung sichern, indem sie die Einschränkung von Grundrechten erlauben, darunter das Brief-, Post- und Fernmeldegeheimnis sowie die Unverletzbarkeit der Wohnung. Die 1968 eingeleitete Gesetzgebung wurde in der Bundesrepublik von einem breiten Protest begleitet (▸ *68er-Bewegung*).

Novemberpogrome: Bezeichnung für die im ▸ *SS-Staat* angeordnete Gewalt gegen Juden und die Zerstörung jüdischer Einrichtungen und Geschäfte am 9./10. November 1938 (▸ *Pogrom*). Ziel war es, die Juden aus Wirtschaft und Gesellschaft auszuschließen und aus dem Deutschen Reich zu vertreiben (▸ *„Arisierung“*, ▸ *Antisemitismus*).

„Nürnberger Gesetze“: Bezeichnung für die am 15. September 1935 von den Nationalsozialisten (▸ *Nationalsozialismus*) auf dem „Reichsparteitag der Freiheit“ in Nürnberg verabschiedeten antisemitischen Rassegesetze (▸ *Antisemitismus*, ▸ *Rassenideologie*). Juden verloren das Wahlrecht und durften keine öffentlichen Ämter mehr übernehmen. Eheschließungen zwischen Juden und Nichtjuden wurden verboten. Verstöße konnten mit Gefängnis bestraft werden.

OEEC (*Organization for European Economic Cooperation*): 1948 gegründete Organisation; Mitglieder waren 16 (später 18) Teilnehmerstaaten. Die OEEC koordinierte den Wiederaufbau und förderte die wirtschaftliche und politische Zusammenarbeit Europas. Nachfolgeorganisation ist seit 1961 die OECD (*Organization for Economic Cooperation and Development*), die sich nicht mehr auf Europa beschränkt. Sie berät und informiert über Wirtschafts- und Bildungsfragen (z. B. PISA).

Oktoberedikt: Das Gesetz vom 9. Oktober 1807 leitete das Ende der Ständeordnung in Preußen ein. Es hob die Erbuntertänigkeit der Bauern auf, die somit persönlich frei wurden. Eigentümer des von ihnen bearbeiteten Landes konnten sie aber nur gegen eine Entschädigung an den Grundherrn (Regulierungsedikt vom 14. November 1811) werden, was nicht vielen gelang.

Oktoberrevolution: Sturz der Provisorischen Regierung in Russland am 6./7. November (24./25. Oktober nach russischem Kalender) 1917. Danach erfolgte der gewaltsame Aufbau einer kommunistischen Gesellschafts- und Wirtschaftsordnung (▸ *Kommunismus*, ▸ *Marxismus-Leninismus*).

Parlamentarische Demokratie: Staatsform, in der die gesetzgebende Gewalt bei den vom Volk frei gewählten Abgeordneten des Parlaments liegt (▸ *Demokratie*). Die ausführende Gewalt (Regierung) wird vom Staatspräsidenten ernannt, ist aber von Mehrheiten im Parlament abhängig (▸ *Gewaltenteilung*). Die nach der Novemberrevolution von 1918 erarbeitete ▸ *Weimarer Verfassung* war Grundlage der ersten parlamentarischen Demokratie in Deutschland.

Partisanen: bewaffnete Widerstandskämpfer im Hinterland.

Perestroika ▸ *Glasnost und Perestroika*

Personalunion: Ein Monarch (▸ *Monarchie*) herrscht gleichzeitig über verschiedene Staaten.

Planwirtschaft: Wirtschaftsordnung, in der die Produktion von Gütern sowie deren Verteilung anders als in einer ▸ *Sozialen Marktwirtschaft* nach staatlich festgelegten Plänen (z. B. Fünfjahrespläne) vorgenommen wird. Sie kennzeichnete die Wirtschaftspolitik der UdSSR und der von ihr abhängigen Staaten wie der DDR.

Pogrom (russ. „Zerstörung", „Verwüstung"): staatlich geduldete und geförderte gewaltsame Ausschreitungen gegen Minderheiten; besonders während der NS-Zeit gegen Juden (▸ *Antisemitismus*, ▸ *Holocaust*, ▸ *Novemberpogrome*).

Polnische Teilungen: Preußen unter Friedrich II., dem Großen, Österreich unter Maria Theresia und Russland unter Katharina II. teilten Polen 1772, 1793 und 1795 schrittweise unter sich auf, bis kein polnischer Staat mehr bestand. Sie veränderten damit das Gleichgewicht der Macht (▸ *Balance of power*) in Europa erheblich.

Polykratie (von griech. *poly*: „viel" und *kratéin*: „Macht"): Vielzahl konkurrierender Herrschaftsansprüche und Zuständigkeiten; Kennzeichen der Herrschaft im ▸ *„Dritten Reich"*.

Potsdamer Konferenz: die letzte große Kriegs- und erste Nachkriegskonferenz in Europa vom 17. Juli bis 2. August 1945 (▸ *Zweiter Weltkrieg*). Teilnehmer waren die Regierungschefs der Vereinigten Staaten, Großbritanniens und der Sowjetunion. Verhandelt wurden die Zukunft Deutschlands und das Ende des Krieges in Fernost.

Präsidialkabinett: Von 1930 bis 1933 hatten die Regierungen im Deutschen Reich keine Mehrheit im Reichstag (Parlament); sie waren auf das Vertrauen des Reichspräsidenten Hindenburg angewiesen, der nach der ▸ *Weimarer Verfassung* ohne parlamentarische Zustimmung Verordnungen mit Gesetzeskraft (Notverordnungen) erlassen durfte, wenn „die öffentliche Sicherheit und Ordnung erheblich gestört oder gefährdet" war (Artikel 48). Von der im Gesetz vorgesehenen Möglichkeit, die Notverordnungen „auf Verlangen des Reichstages außer Kraft zu setzen", wurde mangels fehlender Mehrheiten kein Gebrauch gemacht.

Rassenideologie: Rasse ist ein Begriff der Biologie (Zoologie) und bezeichnet eine größere Gruppe von Einzelwesen mit einheitlichen Erbmerkmalen. Erst im 19. Jh. wurde der Begriff auf Menschen angewandt und zur weltanschaulichen Frage. Rassistisches Denken geht davon aus, dass die eigene Rasse einer fremden überlegen ist (▸ *Sozialdarwinismus*). Kennzeichen von Rassismus sind: Benachteiligung, Ausgrenzung und Unterdrückung von Menschen wegen ihrer Herkunft, Hautfarbe oder Religion. Rassismus fand immer dort Anhänger, wo andere Bevölkerungsgruppen unterdrückt und entrechtet wurden, um eigene Machtpositionen zu behaupten oder zu erlangen. Der ▸ *Antisemitismus* während des ▸ *Nationalsozialismus* war Ausdruck von Rassismus, er endete im ▸ *Holocaust*.

Rat für Gegenseitige Wirtschaftshilfe (RGW, engl. COMECON): 1949 gegründete Organisation der sozialistischen Staaten (▸ *Sozialismus*) unter Führung der Sowjetunion. Sie war eine Antwort der Sowjetunion auf den ▸ *Marshall-Plan* und sollte einheitliche Wirtschaftsbedingungen im gesamten Ostblock schaffen. Der RGW wurde infolge der politischen Umwälzungen 1991 aufgelöst.

Räterepublik: Herrschaftsform, die eine direkte ▸ *Demokratie* mithilfe von Räten verwirklichen will. Die Räte werden auf verschiedenen Ebenen gewählt bis hin zum Zentralrat. Sie sind an die Weisungen der Wähler gebunden und vereinen gesetzgebende, ausführende und rechtsprechende Gewalt auf sich.

Reichsstände: reichsunmittelbare, d. h. dem Kaiser des ▸ *Heiligen Römischen Reiches Deutscher Nation* direkt unterstellte geistliche und weltliche Herrscher, die über eigene Territorien verfügten, sowie die freien Reichsstädte. Die Reichsstände hatten Sitz und Stimme im Reichstag und tagten in drei Kollegien (Kurien): dem Kurfürstenrat, dem Reichsfürstenrat und dem Rat der Reichsstädte.

Reparationen: Wiedergutmachungsleistungen für Kriegsfolgen, die die Siegermächte von den Verlierern verlangen. Bei der Festlegung von Reparationen geht es – wie die Bestimmungen des ▸ *Versailler Vertrages* nach dem ▸ *Ersten Weltkrieg* belegen – nicht nur um Wiedergutmachung, sondern auch um die wirtschaftliche und militärische Schwächung eines Gegners. Auch nach dem ▸ *Zweiten Weltkrieg* wurden von den Siegermächten Reparationen erhoben.

Restauration (lat. *restaurare*: „wiederherstellen"): Wiederherstellung der politischen, rechtlichen und sozialen Zustände einer früheren Epoche nach einer Revolution. Nach 1815 (▸ *Wiener Kongress*) machten die europäischen Herrscher unter Führung Metternichs die politischen Veränderungen der Revolutionszeit und Napoleons rückgängig und unterdrückten nationale und liberale Ideen (▸ *Nationalis-*

mus, ▸ *Liberalismus*), um eine neue ▸ *Revolution* zu verhindern.

Revolution (lat. *revolutio*: „Umwälzung"): grundlegende und tief greifende Veränderungen; in der Politik wird von Revolutionen gesprochen, wenn der Zugang zur Macht in einem Staat in kurzer Zeit grundlegend verändert wird (▸ *Französische Revolution*, ▸ *Oktoberrevolution*). Revolutionen sind das Gegenteil von Reformen und mit weitreichenden kulturellen, sozialen, wirtschaftlichen und rechtlichen Veränderungen sowie in der Regel mit Anwendung von Gewalt verbunden.

Revolutionskriege: gemeint sind die Koalitionskriege Frankreichs gegen andere europäische Großmächte, die von 1792 bis 1815 andauerten. In der Völkerschlacht bei Leipzig fiel das Bündnis der Rheinbundstaaten (▸ *Rheinbund*) 1813 auseinander. Napoleon musste 1814 abdanken. Im März 1815, während die Fürsten noch auf dem ▸ *Wiener Kongress* über die Neuordnung Europas berieten, konnte Napoleon seine Macht in Frankreich für 100 Tage wiedergewinnen. In der Schlacht von Waterloo im Juni 1815 verlor er sie endgültig.

Rheinbund (*Confédération du Rhin*): 1806 schloss sich eine Reihe von deutschen Mittelstaaten auf Initiative von Napoleon zu einer Konföderation deutscher Staaten zusammen und sorgte damit für das Ende des ▸ *Heilige Römischen Reiches Deutscher Nation*. Napoleon belohnte seine neuen Verbündeten durch Rangerhöhungen. Zugleich führten die Rheinbundstaaten zahlreiche Reformen nach französischem Vorbild durch. Die Bevölkerung der Rheinbundstaaten musste für die Napoleonischen Kriege Truppen stellen bzw. durchziehende Soldaten versorgen. Nach der Völkerschlacht bei Leipzig löste sich der Rheinbund 1813 auf.

Rote Armee Fraktion (RAF): Die RAF verstand sich als bewaffneter Arm einer sozialistischen Bewegung (▸ *Sozialismus*), die im „Städtekampf" die Abschaffung des ▸ *Kapitalismus* vorantreiben wollte. Die Terrorgruppe verübte eine Serie von bewaffneten Banküberfällen und politischen Attentaten, bei denen zahlreiche Menschen ums Leben kamen.

Säkularisation (lat. *saecularis*: „weltlich"): Nach 1803 wurden im ▸ *Heiligen Römischen Reich Deutscher Nation* die geistlichen Kurfürstentümer, viele Bistümer und Abteien des Reiches aufgelöst. Ihre Gebiete und ihren Besitz zogen weltliche Landesherren ein. Dieser Vorgang trug zur stärkeren Trennung von Kirche und Staat bei. Die Säkularisation wurde von der ▸ *Aufklärung*, der ▸ *Französischer Revolution* und den Napoleonischen Reformen beeinflusst.

SALT (*Strategic Arms Limitation Talks*): 1969 begannen Gespräche zwischen den beiden Supermächten über die Beschränkung von offensiven Langstreckenraketen und Raketenabwehrsystemen (▸ *Entspannungspolitik*); sie führten 1972 zum SALT I-Vertrag.

Schlieffen-Plan: Er ist benannt nach dem ehemaligen Chef des deutschen Generalstabs, Alfred Graf von Schlieffen. Der bereits 1905 von ihm für einen Zweifrontenkrieg entwickelte Plan sah vor, dass die deutsche Armee mithilfe moderner Transportmittel durch die neutralen Staaten Belgien und Luxemburg vorstößt. Nach einem schnellen Sieg über Frankreich sollten die Armeen dann gegen Russland im Osten marschieren. Der Plan, zu dem keine Alternative vorbereitet worden war, scheiterte im ▸ *Ersten Weltkrieg*.

Schutzstaffel (SS): 1925 gegründete Parteiformation zum persönlichen Schutz Hitlers, ab 1934 „selbstständige Organisation" der NSDAP mit polizeilicher Machtbefugnis (▸ *SS-Staat*).

Selbstbestimmungsrecht der Völker: Grundsatz, der auf den Ideen der Amerikanischen und ▸ *Französischen Revolution* fußt (▸ *Volkssouveränität*). In der ▸ *Oktoberrevolution* verkündete W. I. Lenin 1917 diese Forderung, um das russische Vielvölkerreich zu zerschlagen. US-Präsident Wilson griff diese Idee am Ende des ▸ *Ersten Weltkrieges* auf, um für liberale und demokratische Staaten zu werben. Während der Pariser Friedensverhandlungen stand vor allem das Streben einzelner Völker nach Eigenstaatlichkeit und, verbunden damit, nach Autonomie in politischen, wirtschaftlichen, sozialen und kulturellen Fragen im Fokus (▸ *Versailler Vertrag*).

Sicherheitsdienst (SD): 1931 als Geheimdienst der ▸ *Schutzstaffel* (SS) zur Überwachung politischer Gegner und Parteimitglieder eingerichtet, ab 1934 parteiinterner Nachrichtendienst der NSDAP (▸ *Nationalsozialismus*).

Sowjetische Militärtribunale (SMT): Ihre Rechtsnorm war das sowjetische Kriegsrecht und die sowjetische Strafprozessordnung. Im ▸ *Zweiten Weltkrieg* verurteilten SMT fast 160 000 Angehörige der Roten Armee zum Tode. Zwischen 1945 und 1955 wurden etwa 35 000 deutsche Zivilisten und ebenso viele Kriegsgefangene durch SMT verurteilt.

Sozialdarwinismus: Hierbei wird die Evolutionstheorie des englischen Naturforschers Charles Darwin über die „Entstehung der Arten" in stark vereinfachter und damit verfälschter Weise auf menschliche Gesellschaften übertragen: Im „Kampf ums Dasein" könnten sich demnach nur die weiter entwickelten und daher überlegenen Völker und Staaten durchsetzen (▸ *Rassenideologie*).

Soziale Marktwirtschaft: Wirtschaftsordnung der Bundesrepublik Deutschland, in der anders als in der ▸ *Planwirtschaft* der Markt die Produktion und Verteilung von Gütern regelt. Angebot und Nachfrage regulieren weitgehend die Preise. Der Staat garantiert die Vertragsfreiheit, den Wettbewerb und ein funktionierendes Geldwesen. Die Soziale Marktwirtschaft bemüht sich im Vergleich zur freien Marktwirtschaft durch gesetzliche Rahmenbedingungen um einen möglichst gerechten Ausgleich zwischen wirtschaftlich stärkeren und schwächeren Gruppen der Gesellschaft.

Sozialismus (lat. *socius*: „Genosse"): eine Wirtschafts- und Gesellschaftsordnung, die auf gesellschaftlichen oder staatlichen Besitz der Produktionsmittel zielt und eine gerechte Verteilung der Güter an alle Mitglieder der Gemeinschaft anstrebt. Während des Deutschen Kaiserreiches verfolgten die Sozialdemokraten sozialistische Ziele und wurden deshalb verfolgt („Sozialistengesetz"). In Russland sollte nach der ▸ *Oktoberrevolution* von 1917 der Sozialismus die kommunistische Gesellschaftsordnung (▸ *Kommunismus*, ▸ *Marxismus-Leninismus*) vorbereiten. Seit der Novemberrevolution von 1918 (▸ *Revolution*) vertrat die KPD sozialistische Positionen nach sowjetischem Vorbild, lehnte die ▸ *parlamentarische Demokratie* ab und setzte sich für eine ▸ *Räterepublik* ein.

Spartakus-Aufstand: initiiert vom Spartakusbund, einer Gruppe radikaler Sozialisten (▶ *Sozialismus*), die den Kern der Ende Dezember 1918 gegründeten KPD bildete. Der Aufstand wurde von ▶ *Freikorps* und Regierungstruppen niedergeschlagen. Die Wortführer Rosa Luxemburg und Karl Liebknecht wurden nach ihrer Verhaftung von Offizieren ermordet.

SS-Staat: Bezeichnung für den verbrecherischen Staat der Nationalsozialisten (▶ *Nationalsozialismus*). Nach der ▶ *„Machtergreifung"*, dem ▶ *„Ermächtigungsgesetz"* und der ▶ *„Gleichschaltung"* beherrschte die 1925 gegründete SS (▶ *Schutzstaffel*) der NSDAP die gesamte Polizei. Sie wurde zum Hauptträger des NS-Terrors, der mit der Ausschaltung von politischen Gegnern begann und mit dem ▶ *Holocaust* endete. Der Begriff „SS-Staat" darf nicht darüber hinwegtäuschen, dass auch andere Institutionen wie SA (▶ *Sturmabteilung*) und Wehrmacht für Verbrechen im NS-Staat mitverantwortlich waren.

Stalinismus: Bezeichnung für das Gesellschafts- und Herrschaftssystem, das unter Stalin entstand. Seine Kennzeichen waren eine undemokratische und totalitäre Herrschaft (▶ *Demokratie*, ▶ *Totalitarismus*), in der sich alle dem Führungsanspruch der kommunistischen Partei (▶ *Kommunismus*) unterordnen mussten, ein Personenkult der Parteiführer sowie Terror und Zwang bei der Umsetzung politischer, wirtschaftlicher und weltanschaulicher Ziele.

Stellvertreterkrieg: Staaten führen einen militärischen Konflikt nicht direkt gegeneinander, sondern tragen ihn auf externem Gebiet oder gegen eine dritte Macht aus. Während des ▶ *Kalten Krieges* führten die USA und die Sowjetunion z. B. in Korea und Vietnam Stellvertreterkriege.

Sturmabteilung (SA): 1920 gebildete, militärisch organisierte und uniformierte Saalschutz- und Kampftruppe der NSDAP (▶ *Nationalsozialismus*).

Supranationale Organisation: Institution mehrerer Einzelstaaten, die Hoheitsrechte an gemeinsame Organe abgeben, die dann für alle entscheiden (▶ *Europäische Einigung*).

Syllabus errorum: 1864 listete Papst Pius IX. 80 „Irrtümer" auf. Sie betrafen vor allem die anderen christlichen Konfessionen sowie liberale Grundsätze wie die Trennung von Kirche und Staat.

Tag der Befreiung: Am 27. Januar wird alljährlich der Befreiung des ▶ *Vernichtungslagers*, ▶ *Auschwitz-Birkenau* durch die Rote Armee 1945 gedacht. Seit 1996 ist der 27. Januar in Deutschland ein gesetzlicher Gedenktag („Tag des Gedenkens an die Opfer des Nationalsozialismus"). 2005 erklärten die ▶ *Vereinten Nationen* den 27. Januar zum „Internationalen Tag des Gedenkens an die Opfer des ▶ *Holocaust*".

Titularnation (von lat. *titulus*: „Titel"): Begriff, der die staatstragende Bevölkerung einer ▶ *Nation* bezeichnet (Russen, Deutsche, US-Amerikaner usw.). Davon leitet sich gleichzeitig die Bezeichnung des Staates sowie die Bezeichnung der Staatsangehörigkeit ab (gilt demzufolge auch für ethnische Minderheiten).

Totalitarismus (lat. *totus*: „ganz", „völlig"): undemokratische und diktatorische Herrschaftsform (▶ *Demokratie*, ▶ *Diktatur*), in der keine Freiheit herrscht, keine freien Wahlen erlaubt sind und in der die Menschen mit allem, was sie sind, in den Dienst des Systems gestellt werden. Der ▶ *Stalinismus* in der Sowjetunion, der ▶ *Faschismus* in Italien und die Herrschaft der Nationalsozialisten (▶ *Nationalsozialismus*) sind Beispiele totalitärer Herrschaft.

Truman-Doktrin: US-Präsident Harry S. Truman versprach 1947 jeder Nation, die sich für die demokratische Lebensweise (▶ *Demokratie*) entscheidet, Militär- und Wirtschaftshilfe (▶ *Marshall-Plan*). Er reagierte damit auf den wachsenden Einfluss der Sowjetunion auf Griechenland und die Türkei. Die Truman-Doktrin ist ein Ausdruck des beginnenden ▶ *Kalten Krieges*.

UN ▶ *Vereinte Nationen*

Unfehlbarkeitsdogma: Das erste Vatikanische Konzil legte 1870 fest, dass der Papst in Fragen der Glaubens- und Sittenlehre unfehlbar sei.

Vereinte Nationen (UN, *United Nations*): Die Weltorganisation wurde 1945 als Nachfolgerin des ▶ *Völkerbundes* gegründet; ihr Hauptsitz ist in New York. Den UN gehören inzwischen fast alle Staaten an. Ihre Hauptziele sind die Erhaltung des Friedens, Abrüstung und Garantie der ▶ *Menschen- und Bürgerrechte*. 2001 erhielt sie den Friedensnobelpreis.

Vernichtungslager: Ab 1941 entstanden in den von den Deutschen besetzten polnischen und weißrussischen Gebieten Vernichtungslager. In den „Tötungsanstalten" Auschwitz-Birkenau, Belzec, Chelmno (Kulmhof), Majdanek, Sobibor und Treblinka wurden Juden millionenfach ermordet (▶ *Auschwitz*, ▶ *Holocaust*).

Versailler Vertrag: Ergebnis der Pariser Friedenskonferenz von 1919, an der das Deutsche Reich und Sowjetrussland nicht teilnehmen durften. Der Vertrag wurde am 28. Juni 1919 im Schloss von Versailles unterzeichnet, trat am 10. Januar 1920 in Kraft, beendete mit weiteren Verträgen den ▶ *Ersten Weltkrieg* und war Grundlage für den ▶ *Völkerbund*. Er machte das Deutsche Reich und seine Verbündeten für den Kriegsausbruch verantwortlich (Art. 231) und legte umfangreiche Gebietsabtretungen sowie Wiedergutmachungsleistungen (▶ *Reparationen*) fest. Die Siegermächte bestanden auf einer vorbehaltlosen Anerkennung des Vertrages. Das „Versailler Diktat" führte vor und nach der Unterzeichnung zu innenpolitischen Auseinandersetzungen in der nach der Novemberrevolution von 1918 entstandenen Weimarer Republik („Erfüllungspolitik").

Vertrag über Freundschaft, Zusammenarbeit und gegenseitigen Beistand ▶ *Warschauer Pakt*

Vietcong: Untergrundorganisation aus verschiedenen politischen Gruppen, die um 1960 den bewaffneten Kampf gegen die Regierung Südvietnams aufnahm.

Völkerbund: nach dem ▶ *Ersten Weltkrieg* im Zusammenhang mit dem ▶ *Versailler Vertrag* 1920 von 32 Staaten gegründete internationale Organisation zur Wahrung des Friedens und zur Zusammenarbeit aller Völker mit Sitz in Genf. 1926 wurde Deutschland, 1934 auch die Sowjetunion aufgenommen. Unter Hitler verließ Deutschland 1933 die Organisation, 1939 wurde die Sowjetunion ausgeschlossen. Von Anfang an litt der Völkerbund darunter, dass die USA ihm nicht beitraten. Die 1945 gegründeten ▸ *Vereinten Nationen* sind Nachfolgerin des Völkerbundes.

Völkermord (Genozid): Auslöschung willkürlich definierter Gruppen von Menschen unter zumeist extrem brutalen Begleitumständen; der englische Begriff für Völkermord, *genocide*, geht auf Raffael Lemkin, einen Juristen polnisch-jüdischer Herkunft, zurück, der ihn im Jahr 1944 prägte. Das Wort „Genozid" setzt sich aus dem griechischen *genos* (Stamm, Rasse, Volk) und dem lateinischen *cadere* (töten) und dem Suffix *-cide* zusammen. Beispiele für Genozide in der Geschichte sind die Völkermorde an den Herero in Deutsch-Südwestafrika (Namibia) 1904 und den Armeniern während des ▸ *Ersten Weltkrieges* sowie vor allem der ▸ *Holocaust*. 1948 definierten die ▸ *Vereinten Nationen* als eine Handlung, die „in der Absicht begangen wird, eine nationale, ethnische, rassische oder religiöse Gruppe als solche ganz oder teilweise zu zerstören".

Volkseigener Betrieb (VEB): Industrie- oder Dienstleistungsbetrieb, der aus Enteignung oder Verstaatlichung hervorging und formal im Besitz des Volkes war. VEBs wurden im Rahmen der ▸ *Planwirtschaft* von der Staats- und Parteiführung zentral gesteuert.

Volkskongresse 1947/48 sollten ein „gesamtdeutsches Vorparlament" sein. Auf Einladung der SED nahmen ausgewählte gesellschaftliche Vertreter aller Besatzungszonen teil. Aus dem Zweiten Volkskongress ging 1948 der „Deutsche Volksrat" hervor.

Volkssouveränität (frz. *souveraineté*): der während der ▸ *Aufklärung* am Ende des 18. Jh. entwickelte Grundsatz, wonach das Volk Inhaber aller Staatsgewalt sei. Herrschaftsgrundlage sollten Wahlen und Abstimmungen sein. Sie bilden eine Grundvoraussetzung für jede demokratische Ordnung (▸ *Demokratie*).

Waldheimer Prozesse: Von April bis Juni 1950 wurden in Waldheim (Sachsen) 3324 Insassen ehemaliger sowjetischer Speziallager in der DDR in dreißigminütigen „Prozessen" zu Strafen von 15 bis 25 Jahren Haft verurteilt. Als Informationen zu den Geheimverfahren durchsickerten, eröffnete man gegen zehn offenkundige Nazi-Verbrecher Schauprozesse, in denen auch lebenslängliche Haftstrafen oder Todesurteile verhängt wurden. In den Medien suggerierte man danach, dass die vorangegangenen Verfahren ebenfalls öffentlich gewesen seien.

Warschauer Pakt (Warschauer Vertragsorganisation): Die 1955 gegründete Organisation fasste unter Führung der Sowjetunion alle militärischen Kräfte Osteuropas einschließlich der DDR zusammen. Der Pakt ergänzte die zwischenstaatlichen Verträge der Sowjetunion mit den von ihr abhängigen Staaten und war das Gegenstück zur 1949 gegründeten ▸ *NATO*. Nach dem Ende des ▸ *Kalten Krieges* und der Sowjetunion zerfiel das Bündnis 1991. Einige ehemalige Mitglieder schlossen sich danach gegen den Willen Russlands der NATO an.

Weimarer Verfassung: die 1919 von der in Weimar tagenden Nationalversammlung erarbeitete Verfassung. Sie trat am 11. August 1919 in Kraft und machte das Deutsche Kaiserreich zur parlamentarischen Republik (▸ *parlamentarische Demokratie*). Die Verfassung enthielt umfangreiche Grundrechte (▸ *Menschen- und Bürgerrechte*) und wies dem Reichstag (Parlament) eine zentrale Rolle im Gesetzgebungsverfahren zu. Trotzdem war der Reichspräsident das mächtigste Verfassungsorgan, da der Reichskanzler sein Vertrauen benötigte, er den Reichstag auflösen konnte und das Recht hatte, Notverordnungen nach Art. 48 mit Gesetzeskraft zu erlassen. Dieses Nebeneinander von Präsidentenmacht und Parlamentsdemokratie führte am Ende der Weimarer Republik zu Problemen.

Westfälischer Friede: Der in Münster und Osnabrück geschlossene Friede beendete 1648 den Dreißigjährigen Krieg. Durch ihn verlagerte sich das politische Schwergewicht vom ▸ *Heiligen Römischen Reich Deutscher Nation* auf die souveränen Territorialstaaten, gleichzeitig gewannen durch den Friedensschluss andere europäische Mächte mehr Einfluss auf die deutsche Politik.

Wiener Kongress: 1814/15 versammelten sich die europäischen Mächte in Wien, um in einer neuen Friedensordnung das Gleichgewicht der Mächte (▸ *Balance of power*) auf dem Kontinent wiederherzustellen und revolutionäre Bestrebungen (▸ *Revolution*) zu verhindern (▸ *Restauration*).

Young-Plan: unter dem Vorsitz des amerikanischen Finanzmanagers Owen D. Young ausgehandelte Neuregelung der deutschen Reparationsverpflichtungen (▸ *Reparationen*) von 1929, bei der erstmals die Gesamtsumme auf 112 Milliarden Goldmark über einen Zeitraum von 59 Jahren festgelegt wurde.

Zentrale Stelle der Landesjustizverwaltungen zur Aufklärung nationalsozialistischer Verbrechen: Sie nahm ihre Arbeit am 1. Dezember 1958 auf und ermittelte systematisch zu nationalsozialistischen Verbrechen (▸ *Nationalsozialismus*), die jenseits der alten Reichsgrenzen an Zivilisten und in den ▸ *Konzentrations-* und ▸ *Vernichtungslagern* begangen wurden, da die bundesdeutschen Staatsanwaltschaften und Gerichte für in ihrem Bezirk begangene Straftaten oder dort lebende Täter zuständig waren. Ab 1964 wurde ihre Zuständigkeit auf das Bundesgebiet erweitert.

Zweiter Weltkrieg: Er begann am 1. September 1939 mit dem Überfall des Deutschen Reiches auf Polen. Im Westen begannen die Kämpfe 1940 mit der Besetzung aller Anliegerstaaten. Im Sommer 1941 marschierten deutsche Truppen in die Sowjetunion ein. Gegen Deutschland und seine Verbündeten schlossen sich die USA, Großbritannien und die Sowjetunion zur ▸ *Anti-Hitler-Koalition* zusammen, um eine ▸ *bedingungslose Kapitulation* Deutschlands, Italiens und Japans zu erreichen. Am 8. Mai 1945 trat die Kapitulation der Wehrmacht in Kraft. In Fernost fand der Krieg erst nach dem Abwurf zweier amerikanischer Atombomben auf die japanischen Industriestädte Hiroshima und Nagasaki sein Ende. Über 55 Millionen Menschen verloren im Zweiten Weltkrieg ihr Leben.

Personenregister

Die hervorgehobenen Seitenzahlen verweisen auf die Erläuterungen zu Begriffen und Personen in den Marginalspalten und im Glossar.

Sachregister

Die hervorgehobenen Seitenzahlen verweisen auf die Erläuterungen zu Begriffen und Personen in den Marginalspalten und im Glossar.

Bildnachweis

© 2011, Le Monde diplomatique / taz-Verlags- und Vertriebs GmbH, Berlin – S. 528 • 23/5 Filmproduktion GmbH, Berlin – S. 277 • Agentur Focus / Magnum Photos / Elliot Erwitt, Hamburg – S. 491 • Akademie der Künste, Berlin//© The Heartfield Community of Heirs / VG Bild-Kunst, Bonn 2015 – S. 209 • akg-images, Berlin – S. 23, 29, 32, 38, 42, 43, 47, 60, 63, 66, 84, 95, 114, 140, 203, 220, 229, 239, 240, 340, 367, 418, 429, 459; - / Chaplin-United Artists – S. 23; - / Erich Lessing – S. 402; - / Ladislav Bielik – S. 495; - / visioars – S. 426; akg-images, Berlin//© VG Bild-Kunst, Bonn 2015 – S. 70, 83, 217, 235 • Alimdi.net / Thomas Müller, Deisenhofen – S. 377 • Archiv der sozialen Demokratie der Friedrich-Ebert-Stiftung, Bonn – S. 31 • Artothek, Weilheim – S. 132 • Baaske Cartoons / Plaßmann, Müllheim – S. 525 • Bavaria Film GmbH, Geiselgasteig – S. 277 • Bayer-Archiv, Leverkusen – S. 12, 21 • Bayerisches Staatsarchiv, München // © VG Bild-Kunst, Bonn 2015 – S. 53 • Heinz Behling, Berlin – S. 364 • © Belvedere, Wien – S. 398 • Bildarchiv Preußischer Kulturbesitz, Berlin – S. 29, 30, 42, 44, 45, 110, 163, 164, 186, 227, 282, 462, 479; - / Dietmar Katz – S. 190; - / Geheimes Staatsarchiv – S. 161; - / Heinrich Hoffmann – S. 195 (2); - / Kunstbibliothek, SMB, Knud Petersen – S. 437; - / Max Ittenbach – S. 345; - / / Staatsbibliotehk zu Berlin / Carola Seifert – S. 471 • Bildarchiv Preußischer Kulturbesitz, Berlin//© VG Bild-Kunst, Bonn 2015 – S. 193 • Bildarchiv Preußischer Kulturbesitz, Berlin//© The Heartfield Community of Heirs / VG Bild-Kunst, Bonn 2015 – S. 142 • Bridgeman Images / Archives Charmet, Berlin – S. 93 • Buena Vista International GmbH, München – S. 374 (3), 375 • Bundesarchiv / Sig.: Bild 146-1971-037-34, Fotograf: Schwerl, August, Koblenz – S. 456 • Bundesarchiv / Sig.: Bild 183-S51620 / Bestand: Allg. Dt. Nachrichtendienst – ZB, Koblenz – S. 77 • Bundesarchiv / Sig.: Bild 183-G0218-0040-001, Fotograf: Hubert Link, Koblenz – S. 331 • Bundesarchiv /Sig.: Bild 102-08490, Fotograf: o. Ang., Koblenz – S. 473 • Bundesarchiv, Sig.: Plak. 002-307-029, Grafiker: Geiss, Karl, August 1930, Koblenz – S. 214 • Bundesausgleichsamt, Berlin – S. 329 • Bundesbeauftragter für Unterlagen des Staatssicherheitsdienstes der ehemaligen Deutschen Demokratischen Republik (BStU), Außenstelle Dresden, AU 896/89, Bd. 2, Bl. 30 (u), Berlin – S. 355 • Bundesregierung / Adrian, Berlin – S. 320 • Bündnis 90 / Die Grünen, Bundesgeschäftsstelle, Berlin – S. 334 • Charité: Berliner Medizinhistorisches Museum, Humboldt-Universität: HZK, Habel, Berlin – S. 80 • Constantin Film, München – S. 270 • Cover: Cicero 04/2015 Titelkünstler Olaf Hajek – S. 128 • Daily Star / Bill Coldwell – S. 379 • ddp images / AP, Hamburg – S. 532 • Der Spiegel, Hamburg – S. 128, 218, 276, 398 • Deutsche Bank AG, Frankfurt – S. 116 • Deutsche Post AG, Bonn – S. 269, 398 (2) • Deutsches Historisches Museum, Berlin – S. 72, 134, 143, 168, 172, 183, 206, 207, 227 (2), 238, 241, 257, 285, 289, 318, 328, 341, 431, 445, 472, 512 • Deutsches Historisches Museum, Berlin//© VG Bild-Kunst, Bonn 2015 – S. 362 • © Martin Dietzsch, Duisburg – S. 127 • DIZ / Süddeutscher Verlag, Bilderdienst, München – S. 191, 231, 235, 249, 514; - / dpa, München – S. 503; - / G. Pfeiffer, München – S. 337; - / Scherl, München – S. 171; - / SZ Photo, München – S. 316 • dpa Picture-Alliance, Frankfurt – S. 124, 171, 188, 207, 251, 290, 367, 391, 472; - / akg-images, Frankfurt – S. 30, 62, 176, 223, 228, 250, 317, 330 (2), 333, 344, 376, 62; - / AP Images – S. 515; - / Austrian Archives – S. 208; - / Berliner Verlag, Pschewoschny, Uli – S. 157; - / Can Merey – S. 520; - / CSU Archives / Everett Collection – S. 253; - / Eibner Pressefoto//© VG Bild-Kunst, Bonn 2015 – S. 311; - / / Elke Bruhn-Hoffmann – S. 333; - / Heinrich Sanden – S. 299; - / / HIP / The National Archives – S. 484; - / imagno – S. 115; - / Judaica / Sammlung Richter – S. 231; - / Julian Strateschulte – S. 10; - / Mary Evans Picture Library//© VG Bild-Kunst, Bonn 2015 – S. 481; - / nowosti – S. 509; - / Oliver Berg – S. 185; - / Roland Weihrauch – S. 10; - / S. Ziese – S. 184; - / The Print Collector / Heritage I / Art Media, Frankfurt//© Succession Picasso / VG Bild-Kunst, Bonn 2015 – S. 493; - / United Archives / TopFotort – S. 260; - / UPI – S. 353; - / Wolfgang Berat – S. 350; - / Wolfgang Kumm – S. 381; - / Wolfgang Weihs – S. 380; - / ZB – S. 342; - / ZB / Bernd Settnik – S. 390; - / ZB / Klaus Franke – S. 381; - / ZB / Peter Ending – S. 128; - / ZB / Wolfgang Weihs; Waltraud Grubitzs – S. 369 • dpa-infografik / Globus-Grafik, Frankfurt – S. 529 • Eastblockworld.com, Elmenhorst – S. 292 • © epd-bild / Hans-Jürgen Röder, Frankfurt – S. 361 • Doreen Eschinger, Berlin – S. 266, 273, 304, 305, 312 • Express Syndication Ltd., London – S. 284 • Harald Focke, Bassum – S. 51 • Forschungs- und Gedenkstätte Normannenstraße, ASTAK e. V., Berlin – S. 366 • Jörg Frank, Köln – Umschlag • Germanisches Nationalmuseum, Nürnberg – S. 146, 182, 446; - / © Georg Janßen – S. 437, 448 • Getty Images, München – S. 396; - / AFP – S. 322; - / DEA / G. Dagli Orti – S. 160; - / General Photographic Agency – S. 77; - / Hulton Archive / Stringer – S. 188; - / Hulton Archive – S. 100, 318; - / Imagno – S. 230; - / Mondadori – S. 281; - / Photothek Thomas Imo – S. 380; - / Popperfoto – S. 258, 284; - / Sean Gallup – S. 377; - / Time & Life Pictures – S. 504 • Horst Haitzinger, München – S. 508 • Haus der Geschichte der Bundesrepublik Deutschland, Bonn – S. 312; -/ © Bestand Erna Wagner-Hehmke – S. 321 • Historisches Archiv Krupp, Essen – S. 26/27, 26 (2), 27 • Historisches Museum der Stadt Frankfurt, Frankfurt – S. 130 • Historisches Museum der Stadt Ratingen, Ratingen – S. 14 • Holocaust. Die Geschichte der Familie Weiß. DVD erhältlich im Handel. © polyband.de – S. 301 • Imperial War Museum, London – S. 77, 82, 478; / - / Horace Nicholls – S. 78 • Institut für Zeitungsforschung, Dortmund – S. 506 • IPON / Stefan Boness, Berlin – S. 393 • David King, Wien 1814. Von Kaisern, Königen und dem Kongress, der Europa neu erfand, © Piper Verlag, München 2014 – S. 450 • Victor Klemperer, LTI, Notizbuch eines Philologen, reclam Verlag, Ditzingen 2015 – S. 274 • Hanns Erich Köhler / Wilhelm Busch - Deutsches Museum für Karikatur und Zeichenkunst, Hannover – S. 356 • Kommunalarchiv Herford / Fotosammlung Georg Heese, Herford – S. 234 • Konrad-Adenauer-Stiftung; KAS / ACDP 10-001: 664 / CC BY-SA 3.0, St. Augustin – S. 329 • Kreismuseum Wewelsburg, Büren-Wewelsburg – S. 184 • Alfred Krupp von Bohlen und Halbach-Stiftung, Essen – S. 27 • Felix-Nussbaum-Haus / Kulturgeschichtliches Museum, Osnabrück – S. 409 • Kunstmuseum im Ehrenhof, Düsseldorf – S. 152 • Kunstmuseum Moritzburg, Halle – S. 400, 408 • Landschaftsverband Westfalen-Lippe (LWL) / LWL-Museumsamt, Münster – S. 10 • Library of Congress, Washington D. C. – S. 461 • LWL-Museum für Kunst und Kultur (Westfälisches Landesmuseum),

Münster / Sabine Ahlbrand-Dornseif – S. 414 • Frans Masereel Centrum, Kasterlee//© VG Bild-Kunst, Bonn 2015 – S. 92 • Münchner Stadtarchiv, München – S. 142 • Münchner Stadtmuseum, München – S. 197, 198, 199, 200 (2), 310 • Jürgen Murschetz, München – S. 511 • Musée Carnavalet, Paris – S. 133 • Musée National des Chateau de Versailles et de Trianon, Paris – S. 438 • Museum der Stadt Neustadt an der Weinstraße, Neustadt a.d. Weinstraße – S. 148 • National Gallery, London – S. 412 • Nationalarchiv Namibia, Windhoeck – S. 54 (2) • Niedersächsische Staatskanzlei, Hannover – S. 394 • Österreichische Nationalbibliothek / Kartensammlung und Globenmuseum, Wien – S. 435 • Österreichisches Staatsarchiv, Wien – S. 182; - / Haus-, Hof- und Staatsarchiv / Sig.-Nr. AUR 1815 VI9 – S. 442 • Privatbesitz / Foto Thomasz Samek – S. 420 • Rheinisches Industriemuseum, Oberhausen – S. 80 • Sächsische Landesbibliothek – Staats- und Universitätsbibliothek, Dresden – Umschlag, 424, 436 • Boris Sajtinac, Paris//© VG Bild-Kunst, Bonn – S. 388 • Sammlung Karl Stehle, München – S. 220 • Masha Schaichet – S. 323 • Andreas Schoelzel, Berlin – S. 378 • Rainer Schwalme, Groß-Wasserburg – S. 397 • Staatliche Kunstsammlung, Dessau – S. 443 • Staatliches Museum, Schwerin – S. 404 • Staatsarchiv, München – S. 208 • Staatsbibliothek, Bamberg – S. 192, 481 • Staatsbibliothek, Bamberg//© VG Bild-Kunst, Bonn 2015 – S. 462 • Staatsgalerie, Stuttgart – S. 39 • Stadtarchiv Lippstadt – AB Nies 822 0 053, Lippstadt – S. 327 • Stadtgeschichtliches Museum, Leipzig – S. 371 • Stadtmuseum Münster / Foto Thomasz Samek, Münster – S. 409, 415 • The New York Public Library / Lenox an Tilden Foundation, New York – S. 105 • Ullstein-Bild, Berlin – S. 37; - / AP – S. 352, 357; - / Granger Collection – S. 90; - / histopics – S. 141; - / Joker / Walter G. Allgöwer – S. 307; - / Klöppel – S. 359; - / Müller-Stauffenberg – S. 311; - / phalanx Fotoagentur – S. 527; - / Roger Viollet, Berlin – S. 99; - / Sven Simon, Berlin – S. 333 • United Nations, New York – S. 526, 530 • United States Holocaust Museum, Washington – S. 262 • Universal Studios, Universal City, California, U.S. – S. 277 • Universitätsbibliothek Heidelberg, Sig. 33.1880, Seite 587, Heidelberg – S. 179 • Universitätsbibliothek, München – S. 73 • © VG Bild-Kunst, Bonn 2015 – S. 101, 348 • Walter Ballhause-Archiv, Plauen – S. 115, 117, 122 • Wien Museum, Wien – S. 442 • www.wikimedia.org – S. 28; - / Library of Congress – S. 84; - / BArch, Bild 146-1990-009-13 / CC BY-SA 3.0 – S. 506; - / British War Museum – S. 452; - / David Liuzzo – S. 135; - / Deutsches Historisches Museum – S. 155; - / Edward Linley Sambourne – S. 50; - / Elleff Groom – S. 167; - / Henrik Plötz / CC BY-SA 3.0 – S. 378; - / Kalispera Dell / CC BY-SA 3.0 – S. 395; - / Kunsthistorisches Museum Wien – S. 433; - / Leonard Raven-Hill – S. 468; - / Library of Congress – S. 255; - / Library of Congress – S. 454; - / Museen Nord / Bismarck Museum – S. 158; - / USGOV_PD – S. 320; - / Will Dyson – S. 464 • Adam Zamoyski, 1815 – Napoleons Sturz und der Wiener Kongress, C. H. Beck Verlag, München 2014 – S. 451

Ziel

Klausuren

In Klausuren sollen Sie zeigen, dass Sie fachspezifisches Material anhand von Aufgaben angemessen bearbeiten können. Dabei sollen Sie Ihr Wissen mit neuen Sachverhalten problembewusst verknüpfen und begründet Stellung nehmen.

Anforderung

Reproduktion

Im Anforderungsbereich I beschreiben Sie geordnet und gerafft historische Zustände oder Entwicklungen.

Reorganisation und Transfer

Im Anforderungsbereich II bearbeiten Sie Materialien problem- und methodenbewusst zu einem aus dem Unterricht bekannten Thema.

Reflexion und Problemlösung

Der Anforderungsbereich III verlangt gründliches Nachdenken und eine Lösung. Sie müssen auf Grundlage Ihrer Materialienanalyse ein Problem untersuchen und bewerten. Ihre Stellungnahme kann eine abwägende Diskussion gegensätzlicher Standpunkte erfordern. Abschließend müssen Sie dazu selbst Position beziehen.

Tipp

Die Operatoren der Anforderungsbereiche I bis III finden Sie vorne im Buch erklärt.

Vorgehen

Aufgaben erfassen

- ☑ Lesen Sie die Aufgaben sorgfältig durch; unterstreichen Sie den Operator. Versuchen Sie, den Auftrag genau zu erfassen. Machen Sie sich ihn bei Bedarf in eigenen Worten klar. Finden Sie Schlüsselbegriffe und klären Sie kurz ihre Bedeutung.

Operatoren beachten

- ☑ Erledigen Sie die Aufgaben streng anhand der Operatoren. Sie zeigen Ihnen, zu welchen Anforderungsbereichen Sie jeweils arbeiten sollen.

Kernaussagen ermitteln

- ☑ Lesen Sie den Text zunächst als Ganzes, um Thema und Hauptaussagen im Zusammenhang zu begreifen. Im zweiten Durchgang ermitteln Sie aufgabenbezogen die wesentlichen Aussagen. Unterstreichen Sie dabei Wörter statt Sätze; so fällt es Ihnen leichter, eigene Formulierungen zu finden und sich von der Vorlage zu lösen.

Aussagen strukturieren

- ☑ Stellen Sie zunächst den Autor und die Quelle (Entstehungszeit, historischer Kontext, Adressaten) vor, wiederholen Sie aber nicht die wissenschaftliche Fundstelle des Textes.

Text gliedern

- ☑ Gliedern Sie Ihren Text folgerichtig. Setzen Sie Schwerpunkte in Inhalt und Umfang Ihres Textes. Achten Sie bei Ihrem Zeit- und Arbeitsaufwand auf die Gewichtung der Aufgaben.
- ☑ Geben Sie die Hauptgedanken eigenständig in indirekter Rede im Konjunktiv wieder.

Aussagen belegen

- ☑ Direkte Zitate empfehlen sich, wenn der Operator intensive Textarbeit verlangt und sie einen Kernaspekt in auffälligen Worten ausdrücken. Eine Erläuterung in eigenen Worten muss folgen.
- ☑ Halten Sie die Reihenfolge der Aufgaben ein. Vermeiden Sie Überschneidungen.

Stil

- ☑ Schreiben Sie kurze, verständliche Hauptsätze oder Satzgefüge. Drücken Sie sich sachlich aus und benutzen Sie Fachbegriffe.

Letzte Kontrolle

- ☑ Planen Sie Zeit für die Durchsicht ein. Lesen Sie Ihre Klausur zunächst nur unter inhaltlichen Gesichtspunkten; erst in einem zweiten Durchgang achten Sie auf Rechtschreibung, Grammatik und Satzbau. Achten Sie auf die Zeitenfolge (Präsens mit Perfekt; Präteritum mit Plusquamperfekt). Nutzen Sie zulässige Wörterbücher.

Fachliteratur finden und nachweisen

Recherchieren und Ausleihen in der Bibliothek

- ☑ Um sich für ein Referat einen Überblick über ein Thema zu verschaffen oder es einzugrenzen, eignen sich Lexika und Nachschlagewerke als erste Informationsquellen. Für die gründliche Erarbeitung eines Themas benötigen Sie Fachliteratur.
- ☑ Angaben zu Fachbüchern spezieller Themen finden sich im Literaturverzeichnis von Handbüchern und Überblicksdarstellungen, im Internet und im Katalog der Bibliothek.
- ☑ In der Bibliothek sind Bücher alphabetisch in einem Verfasser- und in einem Sachkatalog aufgelistet und über eine Signatur, eine Folge von Zahlen und Buchstaben, im Karteikarten- oder Computersystem der Bibliothek für ein leichtes Auffinden genau verzeichnet.
- ☑ Bücher, die nicht in der örtlichen Bibliothek vorrätig sind, können über die Fernleihe aus anderen Bibliotheken entliehen werden. Über die Online-Kataloge können Titel nach Schlagworten oder dem Namen des Autors gesucht und direkt an die Ausgabestelle der Bibliothek bestellt werden.

Literatur auswerten und belegen

- ☑ Finden Sie zu einem Thema mehr Bücher, als Sie auswerten können, müssen Sie eine Auswahl treffen. Prüfen Sie anhand des Inhaltsverzeichnisses, der Einführung und/oder der Zusammenfassung sowie des Registers, ob das Buch ergiebig sein könnte. Benutzen Sie im Zweifel die neueste Ausgabe.
- ☑ Weisen Sie jedes Buch, das Sie für Ihr Referat benutzt haben, am Schluss des Textes nach. Notieren Sie sich daher bei der Vorarbeit die Titel der Bücher. Aussagen, die Sie wörtlich oder indirekt zitieren, belegen Sie zusätzlich mit Seitenangaben. So kann jeder Leser nachlesen und überprüfen, woher und von wem die Aussagen stammen.
  Beispiel für eine korrekte Literaturangabe:

Vorname und Name des Autors | Titel | Verlagsort und Jahr der Veröffentlichung | bei Zitat zusätzlich Seitenangabe

Edgar Wolfrum und Stefan Westermann, Die 101 wichtigsten Personen der deutschen Geschichte, München 2015, S. 10

Vorname und Name des Autors | Titel | Vorname und Name der Herausgeber des Sammelbandes

Karola Fings, Der Völkermord an den Sinti und Roma im Nationalsozialismus, in: Oliver von Mengersen (Hrsg.), Sinti und Roma. Eine deutsche Minderheit zwischen Diskriminierung und Emanzipation, Bonn 2015, S. 101-123, hier S. 103

Titel des Sammelbandes | Verlagsort und Jahr der Veröffentlichung | Seitenangabe des Beitrages | bei Zitat genaue Seitenangabe

Quellenarbeit in Archiven

Vorbereitung und Recherche

- ☑ Für die Recherche zu regional- und lokalgeschichtlichen Themen bieten sich Archive an. Dort werden Urkunden, Pläne, Karten, Zeitungen, Briefe, Tagebücher, Fotos sowie Akten mit anderen Unterlagen von Behörden, Firmen, Vereinen und Privatleuten aufbewahrt.
- ☑ Vor der Arbeit im Archiv sollten Sie sich genau über das Thema informieren, die zu erarbeitenden Aspekte festlegen und Fragen formulieren.
- ☑ Inzwischen werden viele Archivstücke elektronisch erfasst und in Datenbanken archiviert. Auf den Internetseiten der Archive können Sie sich über den Bestand informieren, digital vorliegende Dokumente einsehen oder die Signatur der Akten heraussuchen.

Material erfassen, ordnen und auswerten

- ☑ Haben Sie geeignetes Material gefunden, notieren Sie sich die genaue Fundstelle. Eine Ausleihe ist nicht üblich. Erfassen Sie das Material sicherheitshalber vor Ort (handschriftlich, per Laptop oder Scanner).
- ☑ Nach der Rückkehr aus dem Archiv müssen Sie das gesammelte Material sichten und ordnen, bevor Sie es zu einer Darstellung verarbeiten können.